TEORIA GERAL
DO DIREITO POLICIAL

TEORIA GERAL DO DIREITO POLICIAL

2019 • 6ª Edição

Manuel Monteiro Guedes Valente

Doutor em Direito pela Univers dade Católica Portuguesa

Presidente do Instituto de Cooperação Jurídica Internacional

Professor Associado da Universidade Autónoma de Lisboa

Professor do Programa do Curso de Mestrado e Doutorado em Ciências Criminais da Pontifícia Universidade Católica do Rio Grande do Sul – Brasil

Professor Convidado da Escola Superior de Polícia da Academia Nacional de Polícia – Polícia Federal – Brasil

Advogado & Jurisconsulto

Of-Counsel da Feldens Madruga Advogados & Associados

ALMEDINA

TEORIA GERAL DO DIREITO POLICIAL

AUTOR
Manuel Monteiro Guedes Valente

1ª Edição: Novembro, 2005

EDITOR
EDIÇÕES ALMEDINA, S.A.
Rua Fernandes Tomás, nºs 76-80
3000-167 Coimbra
Tel.: 239 851 904 · Fax: 239 851 901
www.almedina.net · editora@almedina.net

Design de colecção: FBA.
Capa: Edições Almedina

PRÉ-IMPRESSÃO
EDIÇÕES ALMEDINA, SA
IMPRESSÃO E ACABAMENTO
...
Setembro, 2019
DEPÓSITO LEGAL
...

Escrito em consonância com o anterior acordo ortográfico.

ALMEDINA | GRUPOALMEDINA

BIBLIOTECA NACIONAL DE PORTUGAL – CATALOGAÇÃO NA PUBLICAÇÃO

VALENTE, Manuel Monteiro Guedes, 1970-

Teoria geral do direito policial. – 6ª ed. - (Manuais universitários)
ISBN 978-972-40-8078-9

CDU 34

Aos meus alunos europeus, africanos e sul-americanos,
razão de ser deste nosso estudo contínuo.

Aos meus amigos do Brasil pelo estudo e debate das ideias –
Alexandre Wunderlich, Antenor Madruga,
António Vieira, Eduardo Sanz, Eliomar da Silva Pereira,
Geraldo Prado, Luciano Feldens, Miguel Reale Jr., Márcio Garcia e
Nereu Giacomolli – por contribuírem para que possamos ajudar
a construir uma sociedade mais justa, livre, solidária e humana.

"Aqui se funda também o direito (...) da polícia, (...) se ocupa da *segurança* pública, da *tranquilidade* e do *decoro* [que o sentido do decoro (*sensus decoris*), como gosto negativo, se não embate em virtude da mendicidade, do alvoroço das ruas, do fedor, da voluptuosidade pública (*versus volgivaga*) enquanto ofensas ao sentido moral], facilita muito ao governo a sua tarefa de governar o povo mediante lei".

Immanuel Kant, *Metafísica dos Costumes* – Parte I – *Princípios Metafísicos da Doutrina e do Direito,* (Tradução de Artur Mourão), Lisboa: Edições 70, LDA., 2004, p. 140.

NOTA À 6ª EDIÇÃO

Esgotada mais uma edição da *Teoria Geral do Direito Policial*, cumpre-nos a tarefa de apresentar ao leitor, aos alunos e estudiosos da actividade jus constitucional, administrativa e criminal da Polícia e de os demais actores judiciários com quem colabora e que coadjuva, uma nova edição dotada de uma teoria científico-jurídica, de jurisprudência e de legislação nacional, europeia e internacional, todas actualizadas e intrínsecas à ciência jurídico-policial. Assumimos que as relações jurídicas produzidas no momento pela actividade da Polícia, assim como o respectivo tópico jurídico, não se exaurem no espaço nacional, mas escrevem-se num tempo e num espaço supranacional, razão pela qual impende sobre nós o dever de debulhar o tema dentro de uma visão holística da função de Polícia.

Pretendemos apresentar-vos um texto que afirmem as ciências jurídico-policiais como ciência jurídica imbuída de uma multidisciplinariedade e de uma transdisciplinaridade, que nos permitam compreender o seu objeto – *o Direito regente da actividade [função] de Polícia* – como um escopo só possível e próprio de um Estado constitucional democrático. Do miolo do texto, verão que só as Constituições Democráticas deram à Polícia e à sua função dignidade e legitimidade constitucional: função subordinada aos comandos constitucionais e à legalidade democrática.

Esta ideia perpassa toda a obra e assume o seu pilar regente, com o qual nos referenciamos e nos revemos e que foi nossa intenção clarificar e densificar com novos pontos de análise: tais como a actuação da

Polícia no quadro da cibercriminalidade e a cooperação jurídica [judiciária e policial] propulsionada pela decisão europeia de investigação. Outros pontos de análise e de estudo haveríamos de tratar, mas o rigor de uma melhor maturação ou a sua publicação em separado, impuseram que nos cingíssemos ao conteúdo que vos retrazemos a público.

Continua a ser uma obra de trabalho e de apoio a qualquer quadro jurídico dos países de língua oficial portuguesa, assim como de os demais países hispânicos, onde temos tido a fortuna de sermos lidos e estudados e submetidos à crítica científica. É para todos vós, cultores do Direito, ciência da vida democrática em sociedade, que trabalhamos e vos deixamos este nosso labor que visa, acima de tudo, ser um pequeno passo para a afirmação da função de Polícia como garante e produtora de Direitos Humanos.

Boa leitura e reflexão.

Lisboa (ICJI), 05 de agosto de 2019

NOTA À 5ª EDIÇÃO

Esgotou-se mais uma Edição e respetiva reimpressão. Impõe-se que tragamos à estampa uma nova edição mais actualizada, revista e alterada em matérias que são essenciais ao compromisso funcional da Polícia para com a sociedade. Alerta-se, desde já, que é impossível tratar de todos os temas da actividade policial, razão pela qual decidimos manter a espinha dorsal que desenhamos há muitos anos e actualizamos para a leccionação das matérias emergentes das *relações jurídico-administrativas* e *jurídico-criminais produzidas no momento.*

Continuamos as nossas indagações pela doutrina portuguesa e estrangeira, sendo de destacar a alemã, a brasileira, a espanhola, a francesa e a italiana, sem olvidarmos a importância comparativa crítica da doutrina anglo-saxónica. Pretendemos manter uma obra de fundo para os vários actores do sistema de segurança e do sistema de justiça, em especial do sistema de justiça criminal nacional, europeu e internacional. Hoje, é impensável abordar a ciência jurídico-policial sem um olhar supranacional de todos os fenómenos conflituantes com a actividade de polícia: político, social, económico, jurídico, judicial e criminal.

Nesta edição apuramos o conceito de Polícia tendo em conta a necessidade de demonstrar a necessidade de uma actualização tópica sem menosprezar a história e os seus actores, e renovamos um capítulo dedicado à legitimidade da actividade de polícia: legitimidade jus normativa e sociológica. É um 'novo' capítulo que segue a linha central do teor epistemológico, axiológico e sistemático da edição anterior. Mas existiu um aprofundamento e uma ampliação de um tema que nos é cada vez mais caro nas decisões de *prevenção criminal* – segurança e tranquilidade públicas, assim como de fiscalização e sancionamento administrativo – e de *repressão* ou de *coadjuvação à repressão criminal* – intervenção jurídico-processual penal por iniciativa própria ou por ordem e determinação das autoridades judiciárias.

Esta obra destina-se a todos os cultores do Direito como ciência da vida em sociedade, sendo de destacar os nossos alunos e os juízes, magistrados do Ministério Público, advogados e polícias. É uma obra essencial para a defesa de uma Polícia democrática que *está ao serviço do povo e da democracia constitucional.*

A todos, fazemos votos de reflexão e estudos profícuos.

Pinhal Novo, 14 de abril de 2017

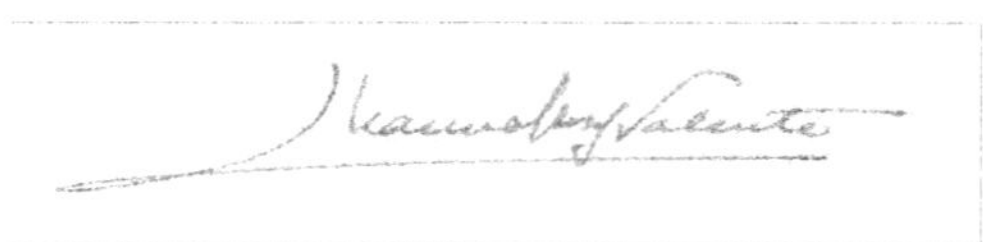

NOTA À 4ª EDIÇÃO

Esgotadas a 3ª Edição e as duas pequenas reimpressões, impunha-se que actualizássemos e desenvolvêssemos o *Teoria Geral do Direito Policial*. Procuramos aprofundar e ampliar os temas que se interconexionam e se prendem com as *relações jurídicas de momento* – administrativas e criminais – *produzidas pela actuação da Polícia*. Procuramos, ainda, actualizar o nosso pensamento tendo em conta a evolução legislativa e as novas leituras portuguesas, alemãs, italianas, espanholas, brasileiras, francesas e do sistema anglosaxónico.

Os nossos alunos são os maiores e mais exigentes credores de um livro que os ajude a estudar, a pensar e a interrogar-se sobre as questões jurídico-operativas de uma actividade que lida com a liberdade, com a justiça e com a segurança de todos os cidadãos. Foi este o intuito que nos moveu para esta nova edição. Tivemos esse objectivo e essa obrigação de modo a podermos debater os temas com maior profundidade e amplitude.

Um livro é, sempre, uma obra em contínua actualização e desenvolvimento. Optamos por manter a estrutura das edições anteriores. Promovemos pequenas alterações de conteúdo, que é estudado pelos cultores de uma "nova" unidade curricular do Direito e pelos nossos alunos portugueses e dos vários países lusófonos.

Boa leitura e bons questionamentos.

Pinhal Novo, 31 de Agosto de 2014

NOTA À 3ª EDIÇÃO

Esgotada a 2ª Edição do nosso *Teoria Geral do Direito Policial*, impôs-se-nos a obrigação de trazer à estampa mais uma edição actualizada e ampliada sobre uma ciência que se afirma com o decorrer dos anos: a *ciência policial*. Esta afirmação deriva da necessidade de um estudo aprofundado da actividade da *Polícia* como entidade ao serviço do povo e do respeito da dignidade da pessoa humana. Essa actividade implica um pensamento cada vez mais epistémico e axiológico dentro da ciência jurídica: fonte normativa e material legitimadora da actividade de polícia.

Os debates que têm crescido com os nossos alunos sobre a actividade híbrida da Polícia obriga-nos a ampliar o nosso âmbito de estudo e aprofundar muito dos temas desenvolvidos nas edições anteriores. Este labor impôs que procedêssemos a uma nova organização sistemática dividida em duas partes: uma geral e outra mais direccionada para o *polícia em sentido judiciário*, sem alguma vez perder de vista a tridimensionalidade da concepção constitucional de Polícia.

Um livro é uma obra em constante evolução, em constantes encontros e desencontros, em constantes descobertas e acepções teoréticas, em constante arrumo e desarrumo. Este mecanizar de um livro procura sempre ser o melhor para aqueles que nos escutam e nos desafiam a melhorar o nosso pensar na construção de uma ciência humana e que se quer cada vez mais humanizada. Muito do que esta edição traz de novo para o mundo dos humanos é fruto das longas horas de leccionação no Instituto Superior de Ciências Policiais e Segurança Interna e na Universidade Autónoma de Lisboa. Não respondemos a todas as questões, nem trazemos todas respostas. Procuramos, apenas, apontar rumos de entendimento e de orientações para que a Polícia e os demais operadores gravitacionais sejam actores da edificação de uma sociedade mais solidária, justa e livre.

Pinhal Novo, 24 de Novembro de 2011

NOTA INTRODUTÓRIA
2ª EDIÇÃO

Escrever sobre Polícia é escrever da humanidade civilizada como nos ensinam os versos do poeta[1]:

> "E se esta informação não for inteira
> Tanto quanto convém, deles pretende
> Informar-te que é gente verdadeira,
> A quem mais falsidade enoja e ofende.
> Vai ver-lhe a frota, as armas e a maneira
> Do fundido metal que tudo rende,
> E folgarás de veres a **polícia**
> Portuguesa na paz e na milícia".

A Polícia carrega, em si mesma, a marca da norma não só geral e abstracta (social), como também dotada de imperatividade e de coercibilidade (jurídica). A Polícia, como actividade de defesa da liberdade democrática, de garantia da segurança interna e dos direitos do cidadão, não pode ser vista só sob o ponto de vista sociológico, nem do ponto de vista político – braço ou instrumento deste –, nem sob o ponto de vista operacional – estratégico, táctico e técnico.

[1] LUÍS VAZ DE CAMÕES, *Os Lusíadas*, Canto VII, Estrofe LXXII. Negrito nosso.

Impõe-se um aprofundamento jurídico teórico-prático da actividade da Polícia, que fundamente e justifique a necessidade de um corpo organizado dotado de *ius imperii* na prossecução de uma das tarefas fundamentais do Estado: defesa e garantia dos direitos e liberdades fundamentais. Esta tarefa incrementa-se num cenário de liberdade, de justiça e de segurança e num espaço dotado de qualidade de vida e bem-estar, cuja actividade da Polícia é essencial, mas não exclusiva. Essa actividade enraíza-se no Direito de polícia ou Direito policial. A este Direito subjaz uma teoria geral que atravessa todas as funcionalidades de polícia: ordem e tranquilidade pública, administrativa e judiciária.

Ao longo deste livro procuramos estudar a razão de ser de um Direito de polícia ou Direito policial, a tipologia Polícia [quer numa vertente histórica, quer nas acepções de força de segurança, de polícia administrativa, de polícia judiciária, em sentido orgânico e funcional, na acepção mais aprofundada da Polícia Municipal, sem olvidar o Corpo da Guarda Prisional. Actualizou-se, nesta 2ª Edição, a nossa visão sobre a segurança interna como tarefa fundamental do Estado, em especial, na defesa e garantia dos direitos dos cidadãos, sobre a legitimidade social e normativa da actividade policial, sobre os princípios da actividade policial inseridos em um «moderno Estado constitucional democrático de direito», sobre as competências no quadro contra-ordenacional e criminal da polícia e as competências específicas, principalmente no quadro criminal, tais como a aquisição da notícia do crime, as medidas cautelares e de polícia e a sua distinção com as medidas de polícia, a detenção quer para identificação quer para ser presente à AJ, a investigação criminal [quer como pilar da liberdade, quer o regime jurídico, quer o meio excepcional de investigação criminal – o agente infiltrado], sobre as revistas e buscas preventivas e de segurança; a videovigilância como meio de manutenção da ordem e segurança públicas e de prevenção da prática de crimes, e sobre a cooperação policial nacional e internacional.

Continuamos a promover um estudo capaz de congregar os temas gerais da actividade da Polícia que abarcam o Direito constitucional, o Direito administrativo e o Direito criminal substantivo e adjectivo de modo a permitir não só a teorização da actividade policial no âmbito jurídico, mas também uma consulta e estudo com melhor qualidade quer no acesso às posições doutrinais quer às fontes em que ancoramos para escalpelização de cada assunto e tomada de posição.

Passados vinte cinco anos da criação e da implementação do curso de licenciatura em Ciências Policiais na Escola Superior de Polícia, actual Instituto Superior de Ciências Policiais e Segurança Interna, que é, na atualidade, o ciclo de estudos integrado de mestrado em ciências policiais, a sociedade reclama um manual dedicado ao *ex libris* da actividade policial que seja uma teorização geral do Direito policial. Façanha que abraçamos, com a humildade de quem reconhece que o caminho a percorrer é, ainda, muito longo, e que representa o fruto dos últimos 11 anos de leccionação da matéria que queremos partilhar com a comunidade científica, policial, jurídica, política, e com toda comunidade.

Uma última palavra será para os que foram e são meus alunos. O manual que trazemos à estampa é para vos ajudar a estudar as matérias que debatemos ao longo das nossas aulas. Mas, deve ser um instrumento de crescimento intelectual e de espírito crítico quanto às áreas de excelência da actividade de Polícia para que, agora e no futuro, sejam actores de mudança e de acção na construção de uma Polícia melhor e, por conseguinte, de um Mundo mais justo, mais livre e mais solidário, em suma mais humanizado.

Pinhal Novo, 13 de Setembro de 2009

LISTA DE ABREVIATURAS & ACRÓNIMOS

Ac.	– Acórdão
Ac. STJ	– Acórdão do Supremo Tribunal de Justiça
Ac. TC	– Acórdão do Tribunal Constitucional
AJ	– Autoridade Judiciária
AP	– Autoridade de Polícia
APC	– Autoridade de Polícia Criminal
APOL	– Autoridades Policiais
art.	– artigo
ASAE	– Autoridade de Segurança Alimentar e Económica
ASP	– Autoridade de Saúde Pública
AT	– Autoridade Tributária e Aduaneira
BFD	– Boletim da Faculdade de Direito da Universidade de Coimbra
CAAS	– Convenção de Aplicação do Acordo Schengen
CCiv.	– Código Civil
CDC	– Convenção sobre os Direitos das Crianças
CDT	– Comissão para a Dissuasão da Toxicodependência
CE	– Código da Estrada
CEDH	– Convenção Europeia dos Direitos do Homem
Cf.	– Conferir
Cfr.	– Confrontar
CG	– Comandante Geral
CMVM	– Comissão de Mercados de Valores Mobiliários
CNPD	– Comissão Nacional de Protecção de Dados
CNUCOT	– Convenção das Nações Unidas Contra a Criminalidade Organizada
CP	– Código Penal

CPA – Código de Procedimento Administrativo
CPP – Código de Processo Penal
CRP – Constituição da República Portuguesa
CSM – Conselho Superior da Magistratura
CT – Código do Trabalho
DEI – Decisão Europeia de Investigação
DGRSP – Direcção-Geral de Reinserção e Serviços Prisionais
DL – Decreto-Lei
DN – Director Nacional
DUDH – Declaração Universal dos Direitos do Homem
EMP – Estatuto do Ministério Público
FAS – Forças Armadas
GNR – Guarda Nacional Republicana
i. e. – *ipsum est*
IGAE – Inspecção Geral das Actividades Económicas
IGT – Inspecção Geral do Trabalho
IML – Instituto de Medicina Legal
JIC – Juiz de Instrução Criminal
LCC – Lei do Cibercrime
LCT – Lei de Combate ao Terrorismo
LCJIMP – Lei de Cooperação Judiciária Internacional em Matéria Penal
LOASAE – Lei Orgânica da Autoridade de Segurança Alimentar e Económica
LODGRSP – Lei Orgânica da Direcção-Geral de Reinserção e Serviços Prisionais
LOGNR – Lei Orgânica da Guarda Nacional Republicana
LOIC – Lei Orgânica da Investigação Criminal
LOPJ – Lei Orgânica da Polícia Judiciária
LOPJM – Lei Orgânica da Polícia Judiciária Militar
LOPSP – Lei Orgânica da Polícia de Segurança Pública
LOSEF – Lei Orgânica do Serviço de Estrangeiros e Fronteiras
LOT – Lei Orgânica dos Tribunais
LPC – Laboratório de Polícia Científica
LPDP – Lei de Protecção de Dados Pessoais
LQCOA – Lei Quadro das Contraordenações Ambientais
LSI – Lei de Segurança Interna
LSM – Lei de Saúde Mental
MAI – Ministro da Administração Interna
MJ – Ministro da Justiça
nº – número

MP	– Ministério Público
NUIPC	– Número Único de Identificação de Processo Crime
OA	– Ordem dos Advogados
OPC	– Órgão de Polícia Criminal
OPM	– Órgão de Polícia Municipal
p.	– página
p. e.	– por exemplo
PGR	– Procurador-Geral da República
PIDCP	– Pacto Internacional sobre Direitos Civis e Políticos
PJ	– Polícia Judiciária
PJM	– Polícia Judiciária Militar
PM	– Polícia Municipal
pp.	– páginas
PSP	– Polícia de Segurança Pública
RDPC	– *Revue de Droit Penal et de Criminologie*
RGCO	– Regime Geral das Contra-Ordenações
RGR	– Regulamento Geral do Ruído
RJAE	– Regime Jurídico das Acções Encobertas para Fins de Prevenção e Investigação Criminal
RJED	– Regime Jurídico do Combate à Violência, ao Racismo, à Xenofobia e à Intolerância nos Espectáculos Desportivos
RJV	– Regime Jurídico da Utilização de Câmaras de Vídeo em Locais Públicos de Utilização Comum
RMP	– Revista do Ministério Público
RPCC	– Revista Portuguesa de Ciência Criminal
RST	– Regulamento de Sinalização de Trânsito
séc.	– século
SEF	– Serviços de Estrangeiros e Fronteiras
ss.	– seguintes
SSI	– Sistema de Segurança Interna
STA	– Supremo Tribunal Administrativo
TA	– Tratado de Amesterdão
TC	– Tribunal Constitucional
Tc	– Tribunal de Comarca
TCE	– Tratado da Comunidade Europeia
TFUE	– Tratado de Funcionamento da União Europeia
TIC	– Tribunal de Instrução Criminal
TIR	– Termo de Identidade e Residência
TM	– Tratado de Maastricht
TRC	– Tribunal da Relação de Coimbra

TRE – Tribunal da Relação de Évora
TRG – Tribunal da Relação de Guimarães
TRL – Tribunal da Relação de Lisboa
TRP – Tribunal da Relação do Porto
TUE – Tratado da União Europeia
UAFGNR – Unidade de Acção Fiscal da Guarda Nacional Republicana
UE – União Europeia
UCE – Universidade Católica Editora
V. – Volume
v. g. – *verba gratia*
Vol. – Volume

Parte I
Teoria Geral do Direito Policial
Enquadramento Geral

Capítulo I
Razão de Ser de uma Teoria Geral do Direito Policial

Sumário: § 1º Âmbito da Teoria Geral do Direito Policial
§ 2º Conteúdo da Teoria Geral do Direito Policial
§ 3º O Direito Policial como ramo do Direito Público
§ 4º Razão da destrinça e da integração do Direito Policial como ramo do Direito Público
§ 5º Fontes do Direito Policial

Fontes: **Amaral**, Diogo Freitas do *et Alii*, *Código do Procedimento Administrativo Anotado e Comentado*, 6ª Edição, Coimbra: Almedina, 2007; **Amaral**, Diogo Freitas do, *Última Lição*, Coimbra: Almedina, 2007; **Canaris**, Claus-Wilhelm, *Pensamento Sistemático e Conceito de Sistema na Ciência do Direito*, 4ª Edição, Tradução do alemão *Systemdenken und Systembergriff in der Jurisprudenz* de António Manuel Rocha e Menezes Cordeiro, Lisboa: Fundação Calouste Gulbenkian, 2008; **Cordeiro**, António Menezes, *Tratado de Direito Civil Português* – I – Parte Geral – Tomo I, 2ª Edição, Coimbra: Almedina, 2000; **Fernandes**, Luis A. Carvalho, *Teoria Geral do Direito Civil* – I – *Introdução, Pressupostos da Relação Jurídica*, 3ª Edição, Lisboa: Universidade Católica Editora, 2001; Freitas, Manuel da Costa, "Teoria", *in Logos* – Enciclopédia Luso-Brasileira de Filosofia, Lisboa/S. Paulo: Verbo, 1992, Vol. 5, Colunas 108-117; **Hespanha**, António Manuel, *O Caleidoscópio do Direito e a Justiça nos Dias e no Mundo de Hoje*, Coimbra: Almedina, 2007; **Larenz**, Karl, *Metodologia da Ciência do Direito*, 3ª Edição, (Tradução do alemão *Methologenlehre der Rechtswissenschaft* de José Lamego),

Lisboa: Fundação Calouste Gulbenkian, 1997; **Maurer**, Hartmut, *Direito Administrativo Geral*, (Tradução do Alemão *Allgemeines Verwaltungsrecht* - 14. *Auflage* de Luís Afonso Hech), S. Paulo: Editora Manole, 2006; **Mautner**, Thomas (Dir.), *Dicionário de Filosofia*, (Tradução do inglês *The Penguin Dictionary of Philosophy* de Desidério Murcho, Sérgio Miranda e Vitor Gerreiro), lisboa: Edições 70, LDA., 2010; **Medeiros**, Rui, *Responsabilidade Civil dos Poderes Públicos*, Lisboa: Universidade Católica Editora, 2005; **Pinto**, Carlos Alberto da Mota, *Teoria Geral do Direito Civil*, 3ª Edição (11ª Reimpressão, Coimbra: Coimbra Editora, 1996; **Raposo**, João, *Direito Policial* – I, Colecção do Centro de Investigação do ISCPSI, Coimbra: Almedina, 2006; **Rodrigues**, Adriano Duarte, "Teoria", *in Polis* – Enciclopédia Verbo da Sociedade e do Estado, Lisboa/S. Paulo: Verbo, 1987, Vol. 5, Colunas 1158-1161; **Rodrigues**, J. Resina, "Técnica", *in Logos* – Enciclopédia Luso-Brasileira de Filosofia, Lisboa/S. Paulo: Verbo, 1992, Vol. 5, Colunas 28-31 ou *in Polis* – Enciclopédia Verbo da Sociedade e do Estado, Lisboa/S. Paulo: Verbo, 1987, Vol. 5, Colunas 1126-1129; **Silva**, Germano Marques da, *Introdução ao Estudo do Direito*, Lisboa: Universidade Católica Editora, 2006; **Stober**, Rolf, *Direito Administrativo Económico Geral. Fundamentos e Princípios. Direito Constitucional e Económico*, (Tradução da 15ª Edição alemã *Allgemeines Wirtschaftsverwaltungsrecht: Grundlagen des Wirtschaftsverfassungs – und Wirtschaftsverwaltungsrechts, des Weltwirtschafts – und Binnenmarktrechts* de António Francisco de Sousa), Lisboa: Universidade Lusíada Editora, 2088; **Valente**, Manuel Monteiro Guedes e **Mulas**, Nieves Sanz, *Direito de Menores – Estudo Luso-Hispânico sobre Menores em Perigo e Delinquência Juvenil*, Lisboa: Âncora Editora, 2003; **Valente**, Manuel Monteiro Guedes, *Do Ministério Público e da Polícia. Prevenção Criminal e Acção Penal como Execução de uma Política Criminal do Ser Humano*, Lisboa: UCE, 2013; *Segurança. Um Tópico Jurídico em Reconstrução*, Lisboa: Âncora Editora, 2013; *Consumo de Drogas – Reflexões sobre o Quadro Legal*, 3ª Edição, Coimbra: Almedina, 2006; *Teoria Geral do Direito Policial* – Tomo I, 1ª Edição, 2005: Almedina, Coimbra.

§ 1º Âmbito da Teoria Geral do Direito Policial

1. O curso de licenciatura/mestrado em Ciências Policiais tem uma estrutura curricular que lhe permite ser um curso académico-científico de nível universitário e, em simultâneo, um curso que prepara os diplomados para o exercício de uma profissão e para a progressão de uma carreira.

Do curso consta a disciplina de **Técnica do Serviço Policial**, que tem uma vertente teórica e técnico-jurídica, muito originária da antiga Escola Prática de Polícia, sedeada em Lisboa. Mas, como disciplina de um curso de nível superior universitário tem de ser doutrinária e dogmática, o que implica uma mudança na estrutura inicial da cadeira – adequando-a ao modelo de cadeira de um curso universitário capaz de dotar os alunos de um pensamento teórico, de um pensamento técnico-jurídico e de um pensamento prático propício às soluções dos conflitos sociais, cujas atribuição e competência pertencem à Polícia – e, consequentemente, a alteração do seu nome para uma denominação própria e digna de unidade curricular universitária, sem que perca a vertente teórica-jurídica, técnico-jurídica e prática que lhe está subjacente.

Neste sentido, consideramos que, tendo em conta a actividade da polícia – de ordem e tranquilidade pública, administrativa e judiciária[2] –, e a necessidade de criação e de cimentação de uma unidade curricular universitária que se debruce sobre o seu estudo académico e científico dessa actividade jurídico-policial-operativa, que deixou de ser o reflexo do "velho princípio «quem manda, manda bem»" e passou a ser o reflexo do "princípio «da autoridade explicativa»"[3], a denominação correcta desta unidade curricular é, no nosso entendimento, *Teoria Geral do Direito Policial.*

[2] Concepção tripartida ou tridimensional funcional consagrada no art. 272º da CRP. Quanto a este assunto, *infra* Capítulo IV – Da Natureza Jurídico-Constitucional da Actividade Policial. Ver, também, o nosso *Segurança. Um Tópico Jurídico em Reconstrução*, Lisboa: Âncora Editora, 2013, pp. 21-114.

[3] Ou seja, em democracia, não se aceita como bastante e suficiente que se mande, mas impõe-se que "é preciso explicar constantemente as razões determinantes das decisões que se vão tomando". Cfr. DIOGO FREITAS DO AMARAL, *Última Lição*, Coimbra: Almedina, 2007, p. 17.

O novo plano curricular do *ciclo de estudos integrado em ciências policiais*, ministrado no Instituto Superior de Ciências Policiais e Segurança Interna, propôs como nova unidade curricular científica a *Teoria Geral de Direito Policial* com o intuito de promover um estudo científico-jurídico de toda a actividade da Polícia e a sua relação com os demais actores do sistema de segurança e de justiça, em especial o sistema de justiça criminal. Esta teoria necessita(rá) de um aprofundamento prático que pode ser ministrado na *Técnica do Serviço Policial* em aulas práticas onde se afere a qualidade técnica, táctica e jurídica da decisão dos responsáveis pela acção de polícia. É um caminho a seguir na afirmação de uma 'nova' área científica do Direito: ciências jurídico-policiais.

§ 2º Conteúdo da Teoria Geral do Direito Policial

2. A *Teoria Geral do Direito Policial* deve ter por objecto de estudo toda a actividade jusinternacional, jusconstitucional e jusordinária de polícia [de segurança, administrativa e criminal] de modo à criação de uma doutrina fundante de uma ciência juspolicial que se encontre e manifeste em toda e qualquer Polícia, considerada no âmbito material, orgânico e formal: *v. g.*, Polícia de Segurança Pública (PSP)[4], Guarda Nacional Republicana (GNR)[5], Polícia Judiciária (PJ)[6], Serviço de

[4] Cfr. a Lei de Orgânica da PSP, aprovada pela Lei nº 53/2007, de 31 de Agosto, que revogou a Lei nº 5/99, de 27 de Janeiro.

[5] Cfr. a Lei de Orgânica da GNR, aprovada pela Lei nº 63/07, de 6 de Novembro, que revogou o DL nº 231/93, de 26 de Junho, rectificado pela Declaração de Rectificação nº 138/93, de 13 de Julho, alterado pelo DL nº 298/94, de 24 de Novembro, pelo DL nº 188/99, de 2 de Junho e DL nº 15/2002, de 29 de Janeiro, excepto os artigos 29º e 30º, até que entrasse em vigor a nova lei de segurança interna, e os artigos 33º, 92º e 94º, até entrasse em vigor o novo Estatuto dos Militares da Guarda, por força do art. 54º da actual LOGNR.

[6] Cfr. a Lei de Orgânica da PJ, aprovada pela Lei nº 37/2008, de 6 de Agosto [que revogou o DL nº 275-A/2000, de 9 de Novembro, rectificado pela Declaração de Rectificação nº 16-D/2000, de 30 Novembro, alterado pelo Lei nº 103/2001, de 25 de Agosto, DL nº 323/2001, de 17 de Novembro, DL nº 304/2002, de 13 de Dezembro, e DL nº 43/2003, de 13 de Março], alterada pelo Decreto-Lei nº 81/2016, de 28 de Novembro, e pelas Leis nº 103/2015, de 24 de Agosto, e nº 26/2010, de 30 de Agosto.

Estrangeiros e Fronteiras (SEF)[7], Autoridade de Segurança Alimentar e Económica (ASAE)[8].

Quanto ao Decreto nº 204/X, que veio originar a LOPJ, é de referir que soi suscitada a fiscalização preventiva da inconstitucionalidade pelo Presidente da República, no que respeitava a algumas normas dos artigos 22º, nº 2, e 29º, nº 1 do citado Decreto, que optava pela «deslegalização das competências das nova sundiades da PJ», tendo o TC se pronunciado pela inconstitucionalidade das referidas normas, por «violação da reserva de acto legislativo imposta no nº 4 do art. 272º» da CRP. Cf. Ac. TC nº 304/2008, de 30 de maio de 2008.

[7] Cfr. a Lei Ogânica do SEF, aprovada pelo DL nº 252/2000, de 16 de Outubro, alterado pelos Decretos-Lei nº 240/2012, de 6 de Novembro, nº 121/2008, de 11 de Julho, e nº 290-A/2001, de 17 de Novembro.

[8] Cfr. a Lei Orgância da ASAE, aprovada pelo DL nº 194/2012, de 23 de Agosto. Deve, para melhor compreensão da orgânica e funcionamento da ASAE, consultar-se a Portaria nº 35/2013, de 30 de Janeiro, que fixa a estrutura nuclear da ASAE, e o Despacho nº 2032/2013, de 4 de Fevereiro, que cria as unidades orgânicas flexíveis da ASAE.

Quanto à anterior Lei Orgânica da ASAE, aprovada pelo DL nº 274/2007, de 30 de Julho, é de relembrar que o Tribunal da Relação de Lisboa pronunciou-se pela inconstitucionalidade orgânica da lei orgânica da ASAE, com os seguintes argumentos:

> «1 – Na tensão dialéctica entre a liberdade e a segurança o conceito constitucional de forças de segurança não pode deixar de ser perspectivado numa visão ampla que abranja todos os corpos organizados que tenham por missão, principal ou secundária, garantir a segurança interna, o que inclui obrigatoriamente a prevenção de crimes que ponham em causa o direito à segurança dos cidadãos (artigo 27º, nº 1, da C.R.P.)
>
> A Autoridade de Segurança Alimentar e Económica (ASAE) foi criada pelo DL nº DL 237/2005, de 30 de Dezembro. Subsequentemente, o DL 274/2007, de 30 de Julho aprovou a orgânica da ASAE, mantendo as atribuições gerais inicialmente previstas para esta autoridade.
>
> Entre as atribuições gerais previstas no primeiro diploma não se previam, todavia, as competências actualmente contempladas nas als. z) a ab) do art. 3º/2 do DL 274/2007.
>
> As novidades constantes do DL 274/2007 contemplam a atribuição de poderes de órgão e autoridade de polícia criminal, decorrente do art. 15º e a concessão do direito de uso e porte de arma ao pessoal de inspecção da ASAE contemplado no art. 16º do DL nº 274/2007.
>
> Constituindo a criação, definição de tarefas e direcção orgânica das forças de segurança é matéria de lei, perante o quadro normativo exposto, a alínea aa) do art. 3º DL 274/2007, ao atribuir à ASAE a competência para desenvolver acções de natureza preventiva e repressiva em matéria de jogo ilícito, não pode deixar de enfermar de inconstitucionalidade orgânica, por violação de reserva de lei da AR.
>
> 2 – No caso dos autos a arguida, ora recorrente, chegou a ser detida pela ASAE, tendo sido também esta autoridade que a libertou. O art. 272º/2 da CRP impõe que em sede de direitos fundamentais, a polícia só pode agir dentro dos limites autorizados pela lei,

Como representação intelectual de observações e de leis das ciências policiais, a *Teoria* – como actividade cognitiva orientada para entrar na realidade inteligível do ser, ou seja, como ontologia que não se afasta da subordinação kantiana à prática[9] – procura criar uma base doutrinária dotada de história (jurídico-policial), *i. e.*, de um *fundo*

devendo, pois, resultar também da lei todas as medidas restritivas de direitos que uma força policial pode utilizar, sendo que entre os actos de polícia que traduzem restrições de direitos fundamentais conta-se sem dúvida a detenção. A sujeição das medidas de polícia ao princípio da tipicidade legal colhe o seu último fundamento no princípio democrático.

A afirmação de que a actuação da ASAE no âmbito do processo penal surge sempre subordinada à direcção de uma autoridade judiciária, ignora todo o campo de actuação cautelar deixado aos órgãos de polícia criminal também no âmbito do inquérito criminal com incidência nos direitos fundamentais dos visados. É neste ponto que reside, indubitavelmente, a justificação para a imposição de acto legislativo. Conclui-se, assim, que também o art. 15º do DL 272/2007 na parte em que confere poderes de órgão e autoridade de polícia criminal à ASAE, em conjugação com a atribuição que é feita pelo mesmo diploma de competência para prevenir e reprimir certos crimes enferma de inconstitucionalidade orgânica.

3 – O art. 381º/1 do CPP prevê as situações em que há lugar a julgamento em processo sumário. Considerando a inconstitucionalidade orgânica acima afirmada, nenhuma das previsões ali em referência cobre a situação dos autos,

E sendo assim, manifesto é que o julgamento em processo sumário realizado importou a nulidade insanável estabelecida no art. 119º/f) do CPP.». Cfr. Ac. TRL nº 358/08, de 25 de Junho de 2009, consultado em *http://www.dgsi.pt/jtrl.nsf/*, no dia 31 de Agosto de 2009. O tribunal da Relação de Lisboa, seguindo a posição já expressa, no Processo nº 81/08.9 ECLSB.L1-9, decidiu, em 18 de Fevereiro de 2010, pela inconstitucionalidade orgânica da Lei Orgânica da ASAE. Cfr. *www.dcsi.pt/jtrl.nsf/*, consultado no dia 16 de Julho de 2011. O Tribunal Constitucional concluiu que a al. *aa*) do nº 2 do art. 3º e o art. 15º do Decreto-Lei nº 274/2007 "não padecem de vício de inconstitucionalidade orgânica, por violação do art. 164º alínea *u*)" da CRP, uma vez que a ASAE não é uma força de segurança. Cfr. Ac. TC nº 84/2010, de 3 de Março de 2010, consultado em *www.tribunalconstitucional.pt/tc//tc/acordãos/20100084.html.*

[9] Quanto à concepção e evolução filosófica de *teoria*, Manuel da Costa Freitas, "Teoria", *in Logos* – Enciclopédia Luso-Brasileira de Filosofia, Lisboa/S. Paulo: Verbo, 1992, Vol. 5, Colunas 108-117. Podemos, também, avocar a ideia de ***teoria*** como "um conjunto de proposições que fornecem princípios ou explicações de uma dado tópico", no sentido de se formularem "critérios" de boa actuação policial. Cfr. Thomas Mautner (Dir.), *Dicionário de Filosofia*, (Tradução do inglês *The Penguin Dictionary of Philosophy* de Desidério Murcho, Sérgio Miranda e Vitor Gerreiro), lisboa: Edições 70, LDA., 2010, pp. 727-728.

comum de concepções abertas à discussão e à dogmatização científica, de princípios gerais e específicos de cada ramo jurídico e policial tendo em conta a matéria específica – *p. e.*, desenvolver os princípios gerais da actuação policial tendo em conta a estrutura base da actuação policial e a concepção jusinternacional, jusconstitucional e jusordinária do nosso país e da própria União Europeia, porque ao abordarmos a temática dos menores em perigo ou delinquentes temos de nos debruçar sobre os princípios que regem a actuação policial neste ramo jurídico e policial –, das posições jurisprudenciais e doutrinárias atinentes à actividade policial.

A unidade curricular não se prende, única e em exclusivo, com o "conjunto dos meios postos em acção pelo homem com vista à obtenção dos seus fins"[10], ou seja, não se esgota nos objectivos e nos meios materiais, mas estende-se à teoria do sistema jurídico-policial, integrando a sua hermenêutica. Pois, esta unidade curricular não se esgota no "método de agir que aplica os conhecimentos fornecidos pela ciência"[11], porque a mesma se baseia em normas jurídicas que "visam as relações entre as pessoas, as condutas sociais"[12], sendo estas intersubjectivas.

A violação de uma norma jurídica dá lugar a consequências jurídicas: civis, administrativas (contra-ordenacionais, disciplinares) e criminais. Já as normas técnicas, que "orientam o homem na sua relação com os meios para a obtenção dos fins pretendidos"[13], promovem relações do homem com as coisas ou instrumentos materiais e nunca relações intersubjectivas. Acresce que as consequências da violação de normas técnicas são de natureza material, tais como "a imperfeição da obra ou a ineficácia da actividade para a realização do fim pretendido"[14].

[10] Cf. J. Resina Rodrigues, "Técnica", *in Logos* – Enciclopédia Luso-Brasileira de Filosofia, Lisboa/S. Paulo: Verbo, 1992, Vol. 5, Colunas 28-31 (Col. 27) ou *in Polis* – Enciclopédia Verbo da Sociedade e do Estado, Lisboa/S. Paulo: Verbo, 1987, Vol. 5, Colunas 1126-1129 (Col. 1126).

[11] Quanto a este assunto e ao que se segue neste ponto, Germano Marques da Silva, *Introdução ao Estudo do Direito*, Lisboa: Universidade Católica Editora, 2006, p. 43.

[12] *Ibidem.*

[13] *Ibidem.*

[14] *Ibidem.*

A actividade de segurança, jurídico-administrativa e jurídico-criminal da Polícia, constitucionalizada no art. 272º da CRP, está subordinada à Constituição e à lei[15], aos preceitos constitucionais tutelantes dos direitos, liberdades e garantias fundamentais[16], aos princípios orientadores e vinculativos da actuação da administração estadual[17], aos diplomas legais das diversas matérias atinentes às suas atribuições e competências à jurisprudência e à doutrina.

Afigura-se-nos que esta unidade curricular não possa ser circunscrita a uma técnica – a do serviço policial –, porque a actuação policial é de relação humana, intersubjectiva e a violação de uma qualquer norma jurídica reguladora dessa relação pode gerar responsabilidade civil, administrativa (disciplinar) e criminal. Pois, estamos perante uma *Teoria* e não uma técnica, não obstante de esta teoria estar imbuída de uma técnica jurídica muito própria do ramo do Direito policial.

3. Consideramos que é uma *Teoria Geral* porque o doutrinário não se esgota numa Polícia orgânica e formalmente isolada, pois não escrevemos para a Polícia de Segurança Pública (PSP) ou para outra polícia, mas para todas as polícias portuguesas, europeias e de países terceiros, em especial para os Países de Língua Oficial Portuguesa, para toda a comunidade científica e universitária, e, ainda, para a sociedade em geral.

Pretendemos que esta teoria seja um "conjunto de regras ou de normas a que devem obedecer os fenómenos"[18] de natureza jurídico--administrativa e jurídico-criminal policial, assim como a interpretação dos mesmos face ao ordenamento jurídico em vigor. A *teoria geral* compreende o conjunto de princípios, axiomas, normas e regras regentes de toda a actividade da Polícia.

Esta Teoria *Geral*, que se destina a vários actores formais de controlo e não formais de controlo e à comunidade em geral, procura não esquecer os saberes práticos da natureza da técnica jurídica admi-

[15] Cfr. art. 3º, nº 2 da CRP.

[16] Cfr. art. 18º, nº 1 da CRP.

[17] Cfr. artigos 266º e ss. da CRP e artigos 1º e ss. do CPA.

[18] Cf. Adriano Duarte Rodrigues, "Teoria", *in Polis* – Enciclopédia Verbo da Sociedade e do Estado, Lisboa/S. Paulo: Verbo, 1987, Vol. 5, Colunas 1158-1161 (Col. 1160).

nistrativa e criminal, dotando os operadores judiciários – todos eles – de instrumentos e utensílios técnicos que lhes permitam operativizar as normas jurídicas legitimantes da actuação daqueles, criando-se, desta feita, um *fundo comum* ou geral do Direito Policial.

4. Defendemos que é uma *Teoria Geral do Direito Policial* porque a Polícia é, sem dúvida, a face visível do Estado e, consequentemente, da lei e, sendo esta a manifestação positiva do direito, não poder-se-ia afastar a Teoria Geral da ciência do Direito em sentido lato, *i. e.*, dos princípios gerais do direito, dos princípios gerais de cada ramo do direito, do direito positivado (supraconstitucional, constitucional e infraconstitucional), da jurisprudência e da doutrina[19]. O Direito não se esgota no designado direito positivo, que é uma parte do direito vigente. Há mais direito para além do direito formal, que integra a nossa concepção de Direito, como o direito natural[20].

Acresce a este Direito um âmbito específico de interpretação e de aplicação – o campo jurídico-administrativo e jurídico-criminal policial[21]. Desde logo coloca-se a questão de saber se estamos a falar de **Direito de Polícia** ou de **Direito da Polícia**. Cumpre-nos fazer uma destrinça jurídica (e filosófica) dos conceitos em causa, tendo como base ou critério principal os destinatários e os fruidores do Direito. Consideramos que o critério dos interesses tutelados pelas normas informadoras do Direito a aferir não seria o mais adequado, porque

[19] Seguimos o desiderato amalgamado no nº 1 do art. 3º do CPA, cuja nova redação manteve este desiderato, e, desta feita, a posição doutrinal espelhada por DIOGO FREITAS DO AMARAL *et ALII*, *Código do Procedimento Administrativo Anotado e Comentado*, 6ª Edição, Coimbra: Almedina, 2007, pp. 39-40.

[20] Neste sentido e com profundo desenvolvimento, GERMANO MARQUES DA SILVA, *Introdução ao Estudo...*, 2006, pp. 61 e ss.. Para o ilustre professor e na linha de J. BAPTISTA MACHADO, o "direito natural está no direito positivo, informando-o, mediatizando-o, dando-lhe uma direcção, um sentido, e é fundamento da sua validade, o que tem como necessária consequência que o juiz, chamado a aplicar o Direito, bem pode ter de frustrar um determinado desígnio do legislador, não, porém, por desrespeito pela lei, mas, bem ao contrário, porque a sua técnica jurídica o leva a dar precedência a quadros dominantes do direito vigente e a transformar qualquer elemento novo estranho por modo tal que ele possa integrar-se harmonicamente no sistema global". Cfr. pp. 64-65.

[21] Claro que estes dois campos não se constroem nem se aferem fora do campo jurídico--constitucional, ao qual se encontra vinculada a Polícia.

há interesses que se verificam, cumulativa e independentemente, do destinatário da norma jurídica.

O **Direito da Polícia** compreende os princípios, as normas positivadas, as decisões judiciais, as decisões administrativas e a doutrina aplicáveis internamente aos elementos pertencentes à organização Polícia. Esta difere de acordo com a natureza de cada uma das polícias: se **força ou serviço de segurança,** se **polícia de ordem e tranquilidade pública,** se **polícia administrativa** e se **polícia judiciária.** Para se aferir da natureza única ou cumulativa de cada uma das polícias impõe-se que se faça um estudo das respectivas leis orgânicas, sendo de destacar que há polícias, como a GNR e a PSP, que podem revestir, em simultâneo, a natureza de **força de segurança**, de polícia de **ordem e tranquilidade públicas**, de polícia **administrativa** e de polícia **judiciária**.

A ASAE enquadra-se como polícia de natureza originária administrativa e, em casos muito específicos, de natureza judiciária[22].

A Polícia Judiciária (PJ) tem, no quadro material ou funcional, uma predominante natureza judiciária[23], sem sequer se olvidar que, no plano teleológico, as suas atribuições e competências dirigem-se para que haja ordem, tranquilidade e segurança públicas. Não se afigura que a PJ tenha natureza originária de força de segurança, mas sim a natureza de uma polícia do múnus jurídico dos serviços de segurança. Estas polícias e a sua natureza têm um Direito próprio de orgânica e de funcionamento táctico e técnico intrassistémico, que compreende o designado *Direito da Polícia*.

[22] Cfr. artigos 1º, nº 1 e 2º do DL nº 194/2012, de 23 de Agosto, como materialização da ASAE como polícia administrativa. Da conjugação do inciso *v)* da al. *a)* do nº 2 e do inciso *vi)* da al. *b)* do nº 2 do art. 2º e art. 15º do DL nº 194/2012, de 23 de Agosto, como materialização da ASAE como polícia criminal ou judiciária. Cfr. *supra* nota 8. Mesmo que a ASAE venha integrar uma Polícia Nacional Civil, a natureza originária da unidade orgânica, adstrita às funções actuais da ASAE, é administrativa ou de polícia administrativa.

[23] A PJ é «um corpo superior de polícia criminal auxiliar da administração da justiça», como prescreve o art. 1º da LOFPJ, competindo-lhe «coadjuvar as autoridades judiciárias na investigação» e «desenvolver e promover as acções de prevenção, detecção e investigação da sua competência ou que lhe sejam cometidas pelas autoridades judiciárias competentes», nos termos do nº 1 do art. 2º e como especificam os artigos 3º e 4º da LOFPJ.

O **Direito de Polícia**, não obstante poder ter os elementos policiais como destinatários na qualidade de cidadãos, compreende os princípios gerais, as normas regulares da actuação e da conduta policial na prossecução das suas atribuições e competências na defesa da legalidade democrática, na garantia da segurança interna e dos direitos dos cidadãos, cujos destinatários se encontram indeterminados e indefinidos no espaço do território nacional ou da União Europeia e, até mesmo, internacional[24]. Este direito é enformado [e informado] e mediatizado pela jurisprudência e pela doutrina, que não obstante não serem fontes imediatas de Direito, nem de Direito de polícia, são suas fontes de hermenêutica e, desta feita, fontes mediatas de direito e, consequentemente, fontes mediatas de direito de polícia[25].

A *Teoria Geral* incide sobre o *Direito de Polícia* ou *Direito Policial* em sentido estrito, ou seja, aquele que confere legalidade e legitimidade às suas acções desenvolvidas para materialização da sua tarefa, e não sobre o Direito da Polícia. Não nos esquecemos de que a actividade jurídico-administrativa e jurídico-criminal da polícia se afere, também e especialmente, de preceitos próprios das leis orgânicas e de funcionamento de cada polícia: *v. g.*, as normas que se prendem com a natureza da polícia, com as atribuições e competências, com a qualidade dos elementos policiais no âmbito material da sua actuação – *p. e.*, o art. 1º da LOFPSP estipula que a PSP é uma *força de segurança*, o art. 3º do mesmo diploma refere as *atribuições* da PSP (de ordem e tranquilidade pública, administrativas e judiciárias), o art. 10º do mesmo diploma identifica quem é considerado legalmente como *autoridade de polícia* e o art. 11º do mesmo diploma identifica e determina quem é *autoridade* e *órgão de polícia criminal.*

João Raposo[26] considera que o *Direito Policial* engloba não só o *direito de polícia*, como também o *direito da polícia*. Defende, desta feita,

[24] O **Direito de Polícia** (ou mais conhecido por Direito Policial) não se confine, hoje, a um espaço territorial exíguo e fixo por fronteiras terrestres, mas face à cooperação policial em matéria penal e administrativa (e judiciária), há normas que regulam as condutas dos elementos policiais para além do espaço do território vestefaliano. Quanto à Cooperação Policial *infra* Capítulo V da Parte II.

[25] Quanto a este assunto *infra* § 4º Fontes de Direito Policial.

[26] Cfr. João Raposo, *Direito Policial* – I, Colecção do Centro de Investigação do ISCPSI, Coimbra: Almedina, 2006, p. 17.

uma concepção ampla de Direito Policial. Contudo e com a devida vénia, consideramos que, num sentido restritivo, o *Direito Policial* se prende mais com o *Direito de Polícia,* não obstante a qualidade em que a Polícia intervém – *v. g.*, se na veste de Autoridade de Polícia, se de Autoridade e/ou de Agente Policial, se de Autoridade e/ou Órgão de Polícia Criminal – se se aferir do plano orgânico e formal do *Direito da Polícia.*

Afastamo-nos da posição de ROLF STOBER[27] quando reduz o *direito policial* às relações jurídicas promovidas pela implementação da **cláusula geral de polícia** – *protecção da ordem e segurança públicas* – actuante nas situações de perigo; nem o reduzimos ao estatuto de subsidiariedade face aos demais ramos do direito (*p. e.*, direito administrativo económico).

Consideramos que o *Direito de Polícia* ou o *Direito Policial* tem uma maior amplitude, tem o seu objecto próprio e, não obstante ser subsidiário em certas situações, tem natureza originária. Realçamos, não obstante esta não ser a sede própria da discussão, que nos interrogamos, na linha fundante de LARENZ[28] e de CANARIS[29], se em um futuro próximo temos ou não de estudar a actividade de polícia – objecto das ciências policiais – e os comandos jurídicos que a sustentam como um sistema jurídico-policial ou como uma teoria sistémica jurídico-policial.

A **Teoria Geral do Direito Policial** deve estudar e analisar as questões de índole geral que relevam para os diversos tipos das relações jurídico-policiais, podendo estas não se esgotarem na esfera do Direito Público – veja-se o caso das *relações de vizinhança* no que concerne ao *ruído*, cuja tutela da *fruição total da propriedade* se manifesta no quadro do *direito civil* (art. 1346º do CCiv.) e no quadro do direito administrativo sancionatório (art. 24º do Regulamento Geral do

[27] Cfr. ROLF STOBER, *Direito Administrativo Económico Geral. Fundamentos e Princípios. Direito Constitucional e Económico,* (Tradução do alemão *Allgemeines Wirtschaftsverwaltungsrecht: Grundlagen des Wirtschaftsverfassungs – und Wirtschaftsverwaltungsrechts, des Weltwirtschafts – und Binnenmarktrechts* de ANTÓNIO FRANCISCO DE SOUSA), 3ª Edição, Lisboa: Universidade Lusíada Editora, 2008, pp. 24-26.

[28] Cfr. KARL LARENZ, *Metodologia da Ciência do Direito,* (Tradução do alemão *Methologenlehre der Rechtswissenschaft* de JOSÉ LAMEGO), 3ª Edição, Lisboa: Fundação Calouste Gulbenkian, 1997, pp. 261-270 e 674-697.

[29] Cfr. CLAUS-WILHELM CANARIS, *Pensamento Sistemático e Conceito de Sistema na Ciência do Direito,* Tradução do alemão *Systemdenken und Systembergriff in der Jurisprudenz* de ANTÓNIO MANUEL ROCHA E MENEZES CORDEIRO, 4ª Edição, Lisboa: Fundação Calouste Gulbenkian, 2008.

Ruído[30]) – e não serem exclusivamente emergentes do Direito de Polícia, mas se aferirem dos diplomas legais que compõem o núcleo do Direito da Polícia.

§ 3º O Direito Policial como ramo do Direito Público

5. O *Direito Policial* em sentido estrito ou o *Direito de Polícia* deve ser integrado como ramo do Direito Público, tendo em conta o critério da *posição dos sujeitos da relação jurídica* produzida no momento.

O (i) critério dos *interesses*, o (ii) critério dos *interesses preponderantemente (ou não exclusivamente) públicos* e dos *interesses preponderantemente (ou não exclusivamente)* privados e o (iii) critério da *natureza* ou da (iv) *posição de supremacia ou subordinação do sujeito da situação jurídica* não se nos afiguram como critérios lineares e transparentes na integração do Direito Policial como Direito Público.

(i) O critério dos interesses

A concepção de que é direito público quando a norma jurídica tutela *interesses públicos ou colectivos* e direito privado se a norma jurídica tutelar interesses *privados ou individuais*, não se adequa à concepção contemporânea ou hiper-moderna de Direito[31]. Seguindo a teoria dos interesses protegidos, o Direito policial seria direito público se as suas

[30] Cujo incumprimento da ordem de cessação de ruído é punida como contra-ordenação ambiental leve, nos termos das als. *a*) e *b*) do nº 2 do art. 22º da Lei Quadro das Contra-Ordenações Ambientais (LQCOA), aprovada pela Lei nº 50/2006, de 29 de Agosto [alterada pela Lei nº 25/2009, de 26 de Março, pelo DL nº 42-A/2016, de 12 de Agosto, e pelas Leis nº 114/2015, de 28 de Agosto, e nº 89/2009, de 31 de Agosto], por força das als. *h*) e *i*) do nº 1 do art. 28º do Regime Geral do Ruído (RGR), aprovado pelo DL nº 9/2007, de 17 de Janeiro, rectificado pela Declaração de Rectificação nº 18/2007, de 16 de Março, e alterado pelo DL nº 278/2007, de 1 de Agosto.

[31] Neste sentido Carlos Alberto da Mota Pinto, *Teoria Geral do Direito Civil*, 3ª Edição (11ª Reimpressão), Coimbra: Coimbra Editora, 1996, p. 24. Esta destrinça assentava na criação de ULPIANO de que o direito público «*ad statum rei romanae spectat*» e o direito privado «*ad singulorum utilitatem pertinet*». Cfr. Carlos Alberto da Mota Pinto, *Teoria Geral...*, p. 24. Quanto à *teoria dos interesses*, António Menezes Cordeiro, *Tratado de Direito Civil Português* – I – Parte Geral – Tomo I, 2ª Edição, Coimbra: Almedina, 2000, p. 29.

normas tutelassem interesses essencialmente colectivos ou gerais e seria direito privado se as suas normas tutelassem interesses essencialmente privados ou singulares[32]. Contudo, não se pode optar por fundar a diferenciação e integração do Direito de Polícia como Direito Público com base na teoria dos interesses, pelas razões que se expõem de seguida.

6. Todo o Direito é, hoje e em simultâneo, direito público e direito privado, porque quer um quer outro protegem interesses públicos e privados. Como sabemos existem normas de direito privado que tutelam interesses públicos, cuja garantia e defesa também cabem à Polícia, e fazem parte da actividade jurídico-administrativa e jurídico-criminal policial. Logo, são normas jurídicas que se entroncam na realização do direito por meio dessa actividade.

Há normas jurídicas de direito privado que prosseguem interesses individuais ou privados e, cumulativamente, tutelam interesses colectivos ou gerais: *v. g.*, a sujeição da compra e venda de bens imóveis a escritura e a registo, não só se procura tutelar o direito de propriedade contra a sua ocupação ou usurpação por parte de outrem, mas procura facilitar a prova da realização do acto e da propriedade[33] e prosseguir a segurança do comércio[34]; as normas da responsabilidade pelo risco, como a do art. 502º do CCiv., que estipula a responsabilidade pelos danos provocados pelo uso de animais – em que há a preocupação de tutelar a propriedade de outrem numa mesma posição jurídica – e que, não obstante ser uma norma jurídica de direito privado, procura tutelar interesses públicos da ordem e tranquilidade pública; as normas jurídico-civis sobre o casamento, que tutelam o interesse privado dos contraentes quanto à fidelidade ou quanto à prestação de alimentos e,

[32] Quanto a este assunto no âmbito do direito civil, Luis A. Carvalho Fernandes, *Teoria Geral do Direito Civil – I – Introdução, Pressupostos da Relação Jurídica*, 3ª Edição, Lisboa: Universidade Católica Editora, 2001, p. 19.

[33] O crime de usurpação de coisa imóvel, p. e p. pelo art. 215º do CP, só se verifica se o imóvel for usurpado por quem não é seu legítimo proprietário, cuja certeza se afere com facilidade caso a sua aquisição tenha obedecido aos quesitos formais: escritura e respectivo registo. A escritura e respectivo registo facilitam a identificação do titular do direito de queixa face a um crime de dano, p. e p. pelo art. 212º do CP.

[34] Cfr. Carlos Alberto da Mota Pinto, *Teoria Geral...*, p. 25.

em simultâneo, à validade do acto, tutelam o interesse público de proteger o bem jurídico instituição da família monogâmica, possibilitando a identificação das situações que se enquadrem no crime de *bigamia*, p. e p. art. 247º do CP; as normas referentes à (obrigação de) prestação de alimentos nos termos dos artigos 1874º e 2003º e ss. do CCiv., cujo não cumprimento pode consignar a prática do crime de *violação da obrigação de alimentos*, p. e p. pelo artigo 250º do CP.

Do mesmo modo se podem enquadrar as normas referentes à tutela civil dos menores no que concerne à educação a dar aos filhos menores pelos detentores do poder paternal – art. 1885º do CCiv. –, que tutelam interesses privados da pessoa do menor que é a promoção do seu «desenvolvimento físico, intelectual e moral» e, em simultâneo, tutelam o interesse público do desenvolvimento integral do menor inserido na sociedade de modo a evitar que o menor entre numa situação de perigo[35]. Nestas situações que à *priori* se afiguram de natureza privada e que implicam a intervenção jurídico-administrativa ou jurídico-criminal da polícia, podem ser enquadradas no quadro do Direito Público.

Há normas de Direito Público que tutelam interesses públicos e, cumulativamente, interesses privados. Desde logo as normas jurídico-criminais que tutelam interesses públicos – da segurança, da tranquilidade e da paz públicas ou de uma paz harmoniosa capaz de dar aos cidadãos um espaço e um tempo adequados ao exercício pleno dos direitos e liberdades fundamentais –, tutelam interesses privados e singulares – a vida, a integridade física individual, a liberdade pessoal, a reserva da intimidade da vida privada e familiar, o património individual.

Outro exemplo referenciado pelos Autores cinge-se ao quadro normativo-administrativo, que tutela os interesses públicos emergentes da relação da Administração Pública com os particulares, e destina-se

[35] A intervenção pública formal ou não formal no âmbito das crianças e jovens em perigo só é admissível no quadro factual do art. 3º da Lei nº 147/99, de 1 de Setembro, que aprovou a Lei de Protecção de Crianças e Jovens em Perigo (LPCJP). Quanto a este assunto Manuel Monteiro Guedes Valente e Nieves Sanz Mulas, *Direito de Menores – Estudo Luso-Hispânico sobre Menores em Perigo e Delinquência Juvenil*, Lisboa: Âncora Editora, 2003, pp. 53-154.

também a tutelar os interesses dos particulares colocados em causa nessa relação[36].

Retira-se, do exposto, que as normas jurídicas – sejam protectoras de interesses privados sejam protectoras de interesses públicos – visam um interesse geral público: a *realização do Direito*[37]. Daqui afere-se que a *teoria dos interesses* a proteger não é adequada à cisão e à identificação do Direito Policial ou o Direito de Polícia como Direito Público.

(ii) O critério dos interesses preponderantes

7. A teoria da tutela dos *interesses preponderantemente (ou não exclusivamente) públicos* como integradora das normas no Direito Público e da tutela dos *interesses preponderantemente (ou não exclusivamente) privados* como integradora das normas no Direito Privado[38] não é um critério adequado a separar a natureza jurídica das normas jurídico-administrativa e jurídico-criminais policiais.

Casos há em que dificilmente se pode aferir qual o interesse preponderante: *v. g.*, a tutela prosseguida com a intervenção da Polícia no quadro da menoridade numa situação de perigo que leva aquele serviço público a informar a Comissão de Protecção de Menores Restrita territorialmente competente e que visa a tutela de um interesse público – o desenvolvimento integral da criança para que seja um ser humano útil e fundamental ao desenvolvimento comunitário – ou a tutela de interesse privado – imposto pelo interesse superior da criança no seu desenvolvimento físico, intelectual e moral. Há uma dúbia certeza que não facilita a clarificação do Direito Policial como ramo do Direito Público.

Acresce a este argumento da incerteza[39], o argumento de que existem normas jurídicas sistematizadas em diplomas predominantemente detentores e exemplares de Direito Privado que têm por fim a tutela de interesses públicos: *v. g.*, as normas imperativas que se aplicam inde-

[36] Neste sentido CARLOS ALBERTO DA MOTA PINTO, *Teoria Geral...*, pp. 25-26 e ANTÓNIO MENEZES CORDEIRO, *Tratado de Direito...* – I – Parte Geral – Tomo I, 2ª Edição, p. 29.

[37] Cfr. CARLOS ALBERTO DA MOTA PINTO, *Teoria Geral...*, p. 26.

[38] Cfr. CARLOS ALBERTO DA MOTA PINTO, *Teoria Geral...*, p. 26 e LUIS A. CARVALHO FERNANDES, *Teoria Geral ...* – I, 3ª Edição, p. 19.

[39] Quanto a este assunto, CARLOS ALBERTO DA MOTA PINTO, *Teoria Geral...*, p. 26.

pendentemente da vontade das partes – *p. e.*, a obrigatoriedade de acto público na aquisição e na doação de imóveis, (artigos 875º e 947º do CCiv.) – e que visam proteger essencialmente interesses públicos[40].

A certeza do titular do direito de propriedade do bem imóvel é fundamental na actuação jurídico-administrativa e jurídico-criminal da Polícia: *p. e.*, para identificação e determinação do agente do ilícito de ordenação social fiscal por incumprimento da prestação do Imposto Municipal sobre Imóveis ou para identificação e determinação do titular do direito de queixa quando existe dano sobre esse bem.

(iii) O critério da natureza dos sujeitos da relação jurídica

8. O critério da *natureza dos sujeitos da relação jurídica* [*situação jurídica*] ou *da posição* ocupada daqueles – de *supremacia* e de *subordinação* – não se nos afigura adequado para destrinçar e integrar o Direito Policial dentro do ramo de Direito Público[41].

O serviço público de polícia, materializado pela Polícia em geral, não a coloca como face visível do Estado como receptora exclusiva de normas de direito público – pois, é receptora e lida com normas de direito privado, como da responsabilidade civil pelo risco –, nem a coloca sempre numa situação de supremacia face aos cidadãos e estes numa posição de subordinação face à Polícia. Esta rege-se por normas de direito privado quando adquire um bem e negoceia sem recurso à expropriação, ficando aqui em pé de igualdade com o cidadão em geral, ou fica sujeita às normas da responsabilidade pelo risco sempre que uma viatura sua danifica outra viatura de um cidadão.

As normas jurídicas a que a Polícia está sujeita e por que se rege nem sempre são de Direito Público e nem sempre lhe dão supremacia sobre o cidadão e respectiva subordinação por parte deste.

Acresce referir que o Direito Privado regula relações jurídicas de pessoas singulares de supremacia e de subordinação – *v. g.*, as normas do exercício do poder paternal, do exercício da tutela, que são normas fundamentais na actuação da Polícia no âmbito jurídico-adminis-

[40] Cfr. Carlos Alberto da Mota Pinto, *Teoria Geral...*, pp. 26-27.

[41] Quanto a este assunto Carlos Alberto da Mota Pinto, *Teoria Geral...*, pp. 27-28 e António Menezes Cordeiro, *Tratado de Direito...*– I – Parte Geral – Tomo I, 2ª Edição, p. 29.

trativo do consumo de drogas[42] – e de pessoas jurídicas (colectivas) – *v. g.*, as relações entre as associações e sociedades e os respectivos membros[43]. Este critério não delimita correctamente a integração do *direito policial* no Direito Público.

(iv) O critério da posição ou da qualidade dos sujeitos da e na relação jurídica

9. O critério da *posição ou da qualidade dos sujeitos das relações jurídicas produzidas* é aquele que se nos afigura como o mais correcto e claro para integrar o Direito Policial ou Direito de Polícia como ramo do Direito Público. Este critério consigna que se o sujeito exerce o direito na relação jurídica numa posição investido de poderes especiais – de *ius imperii* ou de autoridade e competência – esse sujeito ou as normas jurídicas que *in casu* lhe conferem essa qualidade ou posição são normas de Direito Público[44], caso não lhe confiram essa qualidade ou o dispam dessa veste, as normas por que se está a reger esse sujeito são normas de *Direito Privado* – cuja actuação dos sujeitos se pauta pela liberdade e igualdade da posição ou da qualidade[45].

A Polícia promove ou concretiza *relações jurídico-administrativas obrigacionais* – no que concerne ao pagamento de rendas por fruição de imóveis arrendados a particulares –, *relações jurídico-administrativas de longa duração* – promovidas entre a instituição e os seus elementos

[42] Quanto a este assunto, o nosso *Consumo de Drogas – Reflexões sobre o Quadro Legal*, 3ª Edição, Coimbra: Almedina, 2006, pp. 129-136. Cfr. art. 3º, nº 1 da Lei nº 30/2000, de 29 de Novembro, e art. 14º do DL nº 130-A/2001, de 23 de Abril.

[43] Cfr. Carlos Alberto da Mota Pinto, *Teoria Geral...*, p. 28.

[44] Como afirma Menezes Cordeiro, neste domínio os sujeitos não se relacionam dentro de uma lógica de liberdade (autodeterminação da vontade) e de igualdade, pois há um dos sujeitos da relação jurídica que impera e limita a liberdade do outro sujeito. Cfr. António Menezes Cordeiro, *Tratado de Direito...* – I – Parte Geral – Tomo I, 2ª Edição, pp. 29-30. Mas, nesta limitação não se pode ultrapassar a essência e o conteúdo central dos direitos do outro sujeito sob pena de *abuso de direito* e de legitimação por parte do outro sujeito de resistir e de se insurgir jurisdicionalmente contra o exercício ajurídico do outro sujeito investido de poderes de mando, podendo consignar a prática do crime de *abuso de poder*, p. e p. pelo art. 382º do CP.

[45] Quanto a este assunto, Carlos Alberto da Mota Pinto, *Teoria Geral...*, pp. 28-31, António Menezes Cordeiro, *Tratado de Direito...* – I – Parte Geral – Tomo I, 2ª Edição, p. 29-32, e Luís A. Carvalho Fernandes, *Teoria Geral ...* – I, 3ª Edição, pp. 19-22.

(relações jurídicas administrativas referentes à pessoa), entre a instituição e outros organismos do Estado como serviços tributários (relações jurídicas administrativas relativas ao património) e entre a instituição e outros serviços fornecedores de bens essenciais como a água, a electricidade (relações jurídicas de instituição e uso).

Mas as relações jurídicas promovidas e concretizadas no âmbito do Direito Policial e estudadas na nossa Teoria Geral do Direito Policial são as designadas *relações jurídico-administrativas ou jurídico-criminais de momento*, que se prendem com a necessidade de intervenção por iniciativa própria ou por solicitação de outrem (titular ou não do direito ou bem jurídico afectado ou de uma Autoridade Judiciária ou entidade pública) para solucionar uma situação jurídico-administrativa ou jurídico-criminal (ou até mesmo civil, tributária, de menoridade e familiar ou laboral) concreta e real de momento ou de exígua duração[46].

A Polícia, na sua actividade jurídico-administrativa e jurídico-criminal, está, em regra, dotada de atribuições e investida desses poderes especiais – de *ius imperii* – como defensora da legalidade democrática, como defensora e garante da segurança interna e dos direitos dos cidadãos.

As normas que lhe conferem esta qualidade ou posição na relação jurídica estabelecida com o cidadão, que lhe legitimam a restrição limitada constitucional e legalmente dos direitos e liberdades do cidadão, são de *Direito Público* e não de Direito Privado. Essas normas compõem o grosso se não o todo do Direito Policial ou do Direito de Polícia. Neste sentido, o Direito Policial é Direito Público.

§ 4º Razão da destrinça e da integração do Direito Policial como ramo do Direito Público

10. A inserção do Direito Policial como ramo do Direito Público impõe-se por razões de cientificidade na sistematização, no agrupamento e na delimitação dos grupos das normas jurídicas, porque interfere no campo da aplicação do direito ao caso concreto. Ora vejamos.

[46] Quanto à doutrinação desta matéria, HARTMUT MAURER, *Direito Administrativo Geral*, (Tradução do Alemão de LUÍS AFONSO HECH), S. Paulo: Manole, 2006, pp. 190-192.

Da actuação da Polícia pode resultar uma situação de agressão a bens ou interesses privados dignos de tutela civil, de tutela administrativa e de tutela criminal. Neste sentido, é preciso averiguar se a relação que gera a agressão a esse bem jurídico ou interesse particular se enquadra no foro do direito público ou no foro do direito privado, para que afira da jurisdição competente.

Se a questão se prende com o incumprimento de um contrato de arrendamento por parte da instituição Policial – o não pagamento da renda respectiva e contratualizada –, o foro competente é o tribunal judicial civil. Se a questão tem a ver com o reconhecimento de um direito afectado com a intervenção jurídico-administrativa da polícia ou com o restabelecimento de um direito de fornecimento de bens de restauração ao público por suspensão do mesmo por razões formais (inexistência da respectiva licença) ou materiais (excesso de ruído), o foro competente é o tribunal administrativo. A destrinça é fundamental para apuramento da *jurisdição competente*[47] da actuação ou da relação jurídica produzida pela Polícia.

11. Acresce que a Polícia, como sujeito de relações jurídicas, desenvolve actos que podem gerar *responsabilidade civil* contratual, extracontratual e pelo risco[48]. É necessário saber se a actuação daquela se regeu por normas jurídicas de Direito Público – centrando-se na designada gestão pública – ou se por normas de Direito Privado – enquadrando-se na actividade gestão privada. Impõe-se apurar o regime jurídico a aplicar: se o regime especial de responsabilidade pelos danos causados por entes do Estado ou se o regime prescrito no Código Civil.

Refira-se que se a responsabilidade por actuação da Polícia se enquadrar na gestão pública, o foro competente é o foro administrativo,

[47] Quanto a uma visão global da relação jurídica no âmbito da razão de ser da destrinça dos ramos do direito – público ou privado –, Carlos Alberto da Mota Pinto, *Teoria Geral...*, pp. 31-33.

[48] Quanto à responsabilidade civil por actos ilícitos ou objectivos, Rui Medeiros, *Responsabilidade Civil dos Poderes Públicos*, Universidade Católica Editora, Lisboa, 2005. O Regime da Responsabilidade Civil Extracontratual do Estado e demais Entidades Públicas foi aprovado pela Lei nº 67/2007, de 31 de Dezembro.

conquanto se for enquadrada na gestão privada, o foro competente é o tribunal judicial (Civil). A correcta inserção da actuação nas normas jurídicas no ramo do Direito Público ou não é fundamental para se destrinçar o regime jurídico material e processual a aplicar nos casos de responsabilidade[49] pelos danos causados pela actuação da Polícia.

§ 5º Fontes do Direito Policial

12. As fontes do Direito Policial não se afastam das fontes dos restantes ramos do Direito[50]. Consideramos que são *fontes imediatas* ou *directas* do Direito Policial a lei – direito escrito – e o costume – direito consuetudinário –, sendo que são fontes *mediatas* ou *indirectas* a jurisprudência e a doutrina. Consideramos, ainda, os princípios fundamentais do direito, não obstante serem apenas direito material objectivo e não direito positivo até consagração em fonte formal, como fontes do Direito Policial, porque não só o legitimam, como o enformam e o validam na materialização da actuação jurídico-administrativa e jurídico-criminal da Polícia.

Os *princípios fundamentais do direito* – "conjunto de princípios supra positivos que enformam o direito positivo, dando-lhe uma direcção, um sentido, e são fundamento da sua validade e também que, chame-se o que se lhe chamar (*direito natural*, *princípio da justiça* ou simplesmente *princípios fundamentais do Direito*) esses princípios fazem parte do direito objectivo, são Direito" – vinculam o legislador constituinte, o legislador ordinário e não podem ser afastados "sem perversão da ordem jurídica ou do sentido jurídico da comunidade, sem perda do fundamento de legitimidade e, portanto, da validade por parte das leis que os desrespeitarem"[51].

[49] Quanto à responsabilidade pelos danos causados pelos detentores de *ius imperii* na relação jurídica, Carlos Alberto da Mota Pinto, *Teoria Geral...*, pp. 33-34.

[50] Quanto às fontes do direito em geral, António Manuel Hespanha, *O Caleidoscópio do Direito. O Direito e a Justiça nos Dias e no Mundo de Hoje*, Coimbra: Almedina, 2007, pp. 430-474.

[51] Cf. Germano Marques da Silva, *Introdução ao Estudo...*, pp. 83-86.

Os princípios fundamentais ou gerais do Direito impõem-se por expressarem, mais do que a busca da *ratio legis*, a *ratio iuris* de todo o sistema como um todo epistemológico e axiológico[52]. Nesse sentido, o substracto epistemológico e axiológico do Direito Policial assenta em princípios gerais do Direito e em princípios da intervenção policial, que em sede própria estudaremos[53].

As fontes do Direito Policial podem ser *internas* – lei, costume, jurisprudência e doutrina – e *externas* – tratado [Convenções, Protocolos, Regulamentos da União Europeia, Diretivas, Decisões-Quadro], costume, decisões de organismos internacionais, jurisprudência das jurisdições internacionais e doutrina.

Há princípios que enformam o nosso direito positivo interno cuja aferição se apura em textos normativos internacionais: *v. g.*, o princípio de estado de necessidade de intervenção do Estado face a uma situação concreta que afecte a «ordem pública e o bem-estar numa comunidade democrática» ou o princípio da cláusula geral de polícia, proclamado no nº 2 do art. 29º da DUDH, é um princípio crucial enformador de fundamento da legitimidade normativa e sociológica de uma actuação da Polícia que restrinja direitos e liberdades dos cidadãos. Este princípio é um princípio fundamental do direito que se retira do direito positivo internacional e que permite a interpretação e a integração de uma lacuna jurídica fundamentadora de uma intervenção restritiva do gozo e exercício de direitos e liberdades dos cidadãos.

13. No que concerne à lei – todo o direito positivado (supraconstitucional, constitucional, infraconstitucional)[54] – como fonte de Direito Policial não levanta dúvidas. Contudo, face à constitucionalização da função ou missão da Polícia – nº 1 do art. 272º da CRP –, tendo

[52] Seguimos Claus-Wilhelm Canaris, *Pensamento Sistemático...*, 4ª Edição, pp. 76-102.

[53] Cf. *infra* Capítulo VI desta Parte I.

[54] Não olvidamos os *Regulamentos de Polícia* como fonte de Direito Policial, pois "são actos do poder administrativo" na prossecução da actividade administrativa. Pode falar-se dos *regulamentos policiais de distrito* – que eram propostos pelo Governo Civil para aprovação do Ministro da Administração Interna –, das *posturas municipais* – regulamentos independentes – e dos *regulamentos de polícia* – de natureza complementar e de "execução de determinadas leis". Cfr. João Raposo, *Direito Policial* – I, p. 19.

como primeiro mote a defesa da legalidade democrática, sob a égide dos princípios constitucionalizados no art. 266º da CRP, especialmente o princípio da legalidade, parece-nos que se pode questionar o *costume* como fonte do Direito Policial.

O costume é fonte de Direito[55] e, como tal, fonte do Direito Policial, sob pena de enrijecermos a legalidade em detrimento da justiça justa e de uma aplicação do direito de acordo com o tempo e o espaço a que o mesmo diz respeito. Para HARTMUT MAURER só existe direito consuetudinário se for o resultado de um "exercício prolongado e genérico" e se os que o praticam tiverem convictos de que "esse exercício é juridicamente ordenado (*opinio iuris*)".

Acresce que esta norma consuetudinária tem de ser precisa quanto ao seu conteúdo sob pena de estar ferida de validade e, ainda, sempre que seja arguida em processo litigioso é preciso que esta norma consuetudinária seja reconhecida judicialmente. Refira-se que o costume deixa de valer como fonte de direito sempre que cai em desuso quer por derrogação de norma escrita posterior, quer por norma consuetudinária posterior derrogante[56]. Consideramos, assim, que só deve ser admitido o costume com conteúdo preciso e que seja [ou possa ser] judicialmente reconhecido.

Como se sabe o costume pode ser elemento conformador e interpretativo da norma – *secundum legem* –, pode integrar situações não previstas – *praeter legem* – ou pode ser contrário à norma escrita – *contra legem*[57]. Ora vejamos.

Se a Polícia considerar que o art. 82º do Código do Trabalho (CT), que criminaliza o uso de mão-de-obra infantil, deve ser aplicado de acordo com uma interpretação literal em todo o território português, sem que se atenda aos costumes do local – *v. g.*, das aldeias do

[55] Cfr. GERMANO MARQUES DA SILVA, *Introdução ao Estudo...*, pp. 114-116 e ANTÓNIO MANUEL HESPANHA, *O Caleidoscópio do Direito...*, pp. 461-468.

[56] Cfr. HARTMUT MAURER, *Direito Administrativo...*, pp. 75-76. Quanto a um exemplo puro de desuso do costume, pode referir-se o caso do direito de correcção do professor da escola primária – norma consuetudinária – que fora derrogado quer por os cidadãos não estarem convictos de que tem valor jurídico quer por as leis escritas escolares posteriores contrariarem essa tese. Cfr. HARTMUT MAURER, *Direito Administrativo...*, p. 77.

[57] Cfr. GERMANO MARQUES DA SILVA, *Introdução ao Estudo...*, pp. 115-116 e HARTMUT MAURER, *Direito Administrativo...*, p. 76.

interior –, promove uma injustiça, porque as populações do interior e mesmo famílias mais pobres das zonas urbanas ou não têm onde deixar os filhos menores após a frequência da escola ou não podem por insuficiência económica ou não há uma rede pública e privada de apoio a estas famílias. Faz parte dos usos e costumes das aldeias levar os filhos para a lavoura após o *terminus* da escola, sob pena de ficarem em uma situação de abandono e de perigo – potencialidade temporal para o uso de utensílios perigosos em casa como facas, garfos, fogão, (...). Neste sentido e, mesmo *contra legem*, o costume é fonte de Direito Policial.

14. A *jurisprudência* e a *doutrina*[58] são fontes mediatas ou indirectas do Direito Policial. Estas duas fontes do Direito Policial revelam o sentido, o alcance e o conteúdo das normas jurídicas, sendo que a jurisprudência procura integrar lacunas, porque a lei não prevê tudo. São, por isso, "revelação do Direito".

Acresce referir que da jurisprudência se aferem a*córdãos com força obrigatória geral*, que vigoram para toda a comunidade e para todos os operadores judiciários, inclusive para a Polícia. Neste sentido, a Polícia não pode interpretar uma norma ou aplicar uma norma jurídico-administrativa ou jurídico-criminal, cuja interpretação ou norma tenha sido declarada inconstitucional com força obrigatória geral, porque aquela norma deixou de ter validade jurídica. Do mesmo modo consideramos que a Polícia não pode actuar jurídico-administrativamente ou jurídico-criminalmente violando o disposto em um acórdão uniformizador de jurisprudência, a não ser que o caso concreto imponha essa intervenção e a mesma seja fundamentada[59].

[58] Quanto a este assunto, António Manuel Hespanha, *O Caleidoscópio do Direito...*, pp. 460-461 e 453-460.

[59] Quanto a estes assuntos em geral, Germano Marques da Silva, *Introdução ao Estudo...*, pp. 117-122.

Capítulo II
Da Tipologia «Polícia»

Sumário: Secção I – Da polícia em geral:
§ 6º Considerações gerais
§ 7º Da polícia como força de segurança
§ 8º Da polícia em sentido orgânico e funcional
§ 9º Da polícia como Órgão de Polícia Criminal
Secção II – Da Polícia administrativa especial – a polícia municipal:
§ 10º Considerações gerais
§ 11º Da construção da polícia municipal: princípios enformadores
§ 12º Do quadro jurídico-constitucional
§ 13º Lei Quadro – da concepção à fiscalização dos seus actos
§ 14º Dos agentes de polícia municipal
Secção III – Nova Tipologia de Polícia:
§ 15º Dos contributos finais para uma nova tipologia de polícia municipal
§ 16º Conclusão capitular: uma nova tipologia de polícia

Fontes: **AMARAL**, DIOGO FREITAS DO, *Curso de Direito Administrativo* – Vol. I, 2ª Edição e 3ª Edição, Coimbra: Almedina, 1994 e 2007; **BARRETO**, MASCARENHAS, *História da Polícia em Portugal*, Braga: Braga Editora, 1979; **BOVA**, SERGIO, "Polícia", *in Dicionário de Política*, Dirigido por NORBERTO BOBBIO, NICOLA MATTEUCI e GIANFRANCO PASQUINO, (Tradução do italiano CARMEN C. VARRIALLE, GAETANO LO MÔNACO, JOÃO FERREIRA, LUÍS GUERREIRO CACAIS e RENZO DINI – Coordenação da tradução JOÃO FERREIRA), 5ª Edição, Brasília: UNB – Imprensa Oficial, 2004;

Caetano, Marcello, *Manual de Direito Administrativo* – Vol. I, 10ª Edição (7ª reimpressão), Coimbra: Almedina, 2001; *Princípios Fundamentais do Direito Administrativo*, 2ª Reimpressão Portuguesa, Coimbra: Almedina, 1996; **Campos**, Manuel Fontaine, *O Direito e a Moral no Pensamento de Friedrrich Hayek*, Porto: UCP, 2000; **Canotilho**, Gomes e **Moreira**, Vital, *Constituição da República Portuguesa Anotada*, 3ª Edição, Coimbra: Coimbra Editora, 1993; *Constituição da República Portuguesa Anotada* – Vol. II, 4ª Edição, Coimbra: Coimbra Editora, 2006; **Canotilho**, Gomes, *Direito Constitucional e Teoria da Constituição*, 3ª Edição, Coimbra: Almedina, 1999; **Castro**, Catarina Sarmento e, *A Questão das Policias Municipais*, Coimbra: Coimbra Editora, 2003; **Caupers**, João, *Introdução ao Direito Administrativo*, 9ª Edição, Lisboa: Âncora Editora, 2007; **Cavaco**, Paulo Daniel Peres, "A Polícia no Direito Português, Hoje", *in Estudos de Direito de Polícia*, (Seminário de Direito Administrativo de 2001/2002, regido por Jorge Miranda), Lisboa: AAFDL, 2003; **Clemente**, Pedro, *Da Polícia de Ordem Pública*, Lisboa: Edição do Governo Civil de Lisboa, 1998; **Correia**, Sérvulo, "Polícia", *in Dicionário Jurídico da Administração Pública*, Vol. VI, Lisboa, 1994; **Costa**, José De Faria, "O direito penal e o tempo", *in BFD da Universidade de Coimbra – Volume Comemorativo*, Coimbra, 2003; **Cunha**, J. Damião da, *O Ministério Público e os Órgãos de Polícia Criminal no Novo Código de Processo Penal*, Porto: UCE, 1993; **Dias**, Jorge De Figueiredo, *Direito Processual Penal*, (Colecção Clássicos Jurídicos), Reimpressão da 1ª Edição de 1974, Coimbra: Coimbra Editora, 2004; **Duarte**, I. Sousa, *Código de Polícia Municipal e Administração*, 1881; **Fernandes**, Fernand, *O Processo Penal como Instrumento de Política Criminal*, Coimbra: Coimbra Editora, 2001; **Ferrajoli**, Luigi, *Derecho y Razon. Teoría del Grantismo Penal*, (Tradução do Diritto e Ragione. Teoria del Garantismo Penale, Gius. Laterza & Fligi, 1989, de Perfecto Andrés Ibáñez et Alii), 7ª Edição, Madrid: Editorial Trotta, 2005; **Ferri**, Enrico, *Princípios de Direito Criminal – O Criminoso e o Crime*, (Tradução de Luiz de Lemos d' Oliveira), Campinas/SP: Russel, 2003; **Freitas**, Justino A. de, *Instituições de Direito Administrativo Português*, 2ª Edição, 1861; **Liszt**, Franz von, *Tratado de Direito Penal*, (Tradução de José Higino Duarte Pereira), Campinas/SP: Russell, 2003, Tomo II; **Lomba**, Pedro, "A Actividade da Polícia como Relação Administrativa", *in Estudos de Direito de Polícia*, (Coordenação de Jorge Miranda), Lisboa: AAFDL, 2003; **Luciano**, Júlio César, "Estudo de Carácter Geral", *in Estudos de Direito de Polícia*, (Seminário de Direito Administrativo de 2001/2002, regido por Jorge Miranda), Lisboa: AAFDL, 2003; **Magalhães**, José, *Dicionário da Revisão Constitucional*, Lisboa: Editorial Notícias, 1999; **Maurer**, Hartmut, *Direito Administrativo Geral*, (Tradução do alemão *Allgemeines Verwaltungsrecht*, 14. Auflage, de Luís Afonso Heck), Barueri, São Paulo: Manole, 2006; **Meirelles**, Hely Lopes, *Direito Administrativo Brasileiro*, 35ª Edição, (actualizada por Eurico De Andrade Azevedo, Délio Balestero Aleixo e José Emmanuel Burle Filho), São Paulo: Malheiros Editores, 2009; **Mesquita**, Paulo Dá, *Direcção do Inquérito Penal e Garan-*

tia Judiciária, Coimbra: Coimbra Editora, 2003; **Miranda**, Jorge, *Manual de Direito Constitucional – Tomo V – Actividade Constitucional do Estado*, Coimbra: Coimbra Editora, 1997; **Pérez**, Francisco Alonso/**Sanches**, J. Cabanillas/**Castarroyo**, J. Escalante/**Maluenda**, Jaime Fa/**Escalona**, A. Nicolás M./**Plaza**, C. J. San Román e **Pereira**, Arturo, *Manual del Polícia*, 4ª Ed., Madrid: La Ley, 2004; **Pinheiro**, Alexandre Sousa e **Fernandes**, Mário João De Brito, *Comentário à IV Revisão Constitucional*, Lisboa: AAFDL, 1999; **Polaino-Orts**, Miguel, *Derecho Penal del Enemigo*, Barcelona: Bosch, 2009; **Queiró**, Afonso Rodrigues, "Competência", *in Dicionário Jurídico de Administração Pública* – Vol. II, 2ª Edição, (Director José Pedro Fernandes), Lisboa, 1990; **Raposo**, João, *Lições de Direito Policial*, (policopiadas), ISCPSI, 2004; *Direito Policial – I*, Colecção Científica do ICPOL, Coimbra: Almedina, 2006; **Rawls**, John, *Uma Teoria para a Justiça*, (Tradução do inglês *A Theory of Justice* de Carlos Pinto Correia), Lisboa: Editorial Presença, 1993; **Rodrigues**, Laura Zúñiga, *Política Criminal*, Madrid: Colex, 2001; **Silva**, Germano Marques da, *Ética Policial e Sociedade Democrática*, Lisboa: Edição do ISCPSI, 2001; *Curso de Processo Penal* – Volumes I e III, 4ª e 2ª Edições, Lisboa/S. Paulo: Verbo; **Sousa**, Marcello Rebelo de e **Matos**, André Salgado de, *Direito Administrativo Geral – Introdução e Princípios Fundamentais* – Tomo I, Lisboa: Dom Quixote, 2004; **Teixeira**, António Braz, *Sentido e Valor do Direito*, Lisboa: INCM, 2ª Ed., 2000; **Valente**, Manuel Monteiro Guedes, *Do Ministério Público e da Polícia. Prevenção Criminal e Acção Penal como Execução de uma Política Criminal do Ser Humano*, Lisboa: UCE, 2013; "Os desafios de uma Polícia de um Estado de dierito e democrático", *in Politeia*, Ano IX – 2012, Lisboa: ISCPSI, 2014; *Segurança – Um Tópico em Reconstrução*, Lisboa: Âncora Editora, 2013; *Dos Órgãos de Polícia Criminal – Natureza-Intervenção Cooperação*, Coimbra: Almedina, 2004; "Enquadramento Jurídico Das Polícias Municipais: Do quadro constitucional ao quadro ordinário", *in Estudos de Homenagem ao Professor Germano Marques da Silva*, Coimbra: Almedina, 2004; *Consumo de Drogas – Reflexões sobre o Novo Quadro Legal*, 3ª Edição, Coimbra: Almedina, 2006; *Escutas Telefónicas – Da Excepcionalidade à Vulgaridade*, Coimbra: Almedina, 2004; *Regime Jurídico da Investigação Criminal Comentado e Anotado*, 3ª Edição, Coimbra: Almedina, 2006; *Revistas e Buscas*, 2ª Edição, Coimbra: Almedina, 2005; *Processo Penal* – Tomo I, Coimbra: Almedina, 2005; *Direito Penal do Inimigo e o Terrorismo*. 2ª Edição, São Paulo: Almedina Brasil, 2016 ou 3ª Edição – Versão Portuguesa. Coimbra: Almedina, 2019; **Wolff**, Hans J., **Bachof**, Otto e **Stober**, Rolf, *Direito Administrativo* – Vol. I, (Tradução da 11ª Edição Alemã *Verwaltungsrecht* de António Francisco de Sousa), Lisboa: Fundação Calouste Gulbenkian, 2008; **Zippelius**, Reinhold, *Teoria Geral do Estado*, 3ª Edição, (Tradução do alemão *Allgemeine Staatslehre* de Karin Praefke-Aires Coutinho sob a coordenação de Gomes Canotilho), Lisboa: Fundação Calouste Gulbenkian, 1997.

Secção I
Da Polícia em Geral

§ 6º Enquadramento geral. Evolução (breve) histórica do conceito de polícia

15. A Polícia, que outrora fora a "expressão «administração pública»: era, então, toda a acção do Príncipe dirigida a promover o bem-estar e comodidade dos vassalos"[60], que passara por expressar

[60] Cf. Marcello Caetano, *Manual de Direito Administrativo* – Vol. II, 7ª Reimpressão da 10ª Edição, Coimbra: Almedina, 2004, p. 1145.
Numa concepção de Estado de direito formal e autoritário, Sergio Bova considera que ***Polícia*** significa "uma função do Estado que se concretiza numa instituição de administração positiva e visa a pôr em ação as limitações que a lei impõe à liberdade dos indivíduos e dos grupos para salvaguarda e manutenção da ordem pública, em suas várias manifestações: da segurança das pessoas à segurança da propriedade, da tranquilidade dos agregados humanos à proteção de qualquer outro bem tutelado com disposições penais". É de reler a evolução do conceito político e jurídico de ***Polícia***: num sentido etimológico, significa o "*conjunto de instituições necessárias ao funcionamento e à conservação da cidade-Estado*"; na Idade Média, significa "a *boa ordem da sociedade civil*, da competência das autoridades políticas do Estado, em contraposição à boa ordem moral, do cuidado exclusivo das autroidades religiosas"; na Idade Moderna, significou "toda a atividade da administração pública: veio assim a identificar-se um Estado Polícia (...) um ordenamento em que toda a função administrativa era indicada com o termo de Polícia", ou seja, falamos do período germânico conhecido como *Kameralisten*; no séc. XIX, passa a significar a "*atividade tendente a assegurar a defesa da comunidade dos perigos internos*" que se representavam em *ações e situações contrárias à ordem pública* – cuja defesa "se expremia na repressão de todas aquelas manifestações que

uma "actividade extensa, e por muitos títulos benemérita, em diversos domínios relativos ao progresso moral, económico e cultural da Nação"[61]. Esta actividade extensa desenvolve-se através de meios arbitrários e que, com a Revolução francesa, deixara de constituir ou ser suporte de um Estado de polícia e autoritário para ser elemento integrante de um Estado subordinado ao direito ou mundo jurídico.

A Polícia é ou deve ser, hoje, um garante da liberdade do cidadão face às ofensas ilícitas concretizadas e/ou produzidas quer por outrem quer pelo próprio Estado. A legitimidade da polícia passou, no pós segunda Grande Guerra e com a afirmação do jusnaturalismo, a assentar na defesa e garantia dos direitos dos cidadãos e a assumir-se como um actor, dotado de *ius imperii*, ao serviço da democracia e do povo[62].

O objecto, a finalidade e a função da polícia mereceu ser normativizada no Código dos Delitos e das Penas, promulgado a 3 do Brumário do ano IV, em França, que determinava que a polícia é «instituída para manter a **ordem pública**, a **liberdade**, a **propriedade**, a

pudessem desembocar numa mudança das relações político-econômicas entre as classes sociais" – e à *segurança pública* – que "compreendia a salvaguarda da integridade física da população, nos bens e nas pessoas, contra inimigos naturais e sociais". Cfr. SERGIO BOVA, "Polícia", *in Dicionário de Política*, Dirigido por NORBERTO BOBBIO, NICOLA MATTEUCI e GIANFRANCO PASQUINO, (Tradução do italiano CARMEN C. VARRIALLE, GAETANO LO MÔNACO, JOÃO FERREIRA, LUÍS GUERREIRO CACAIS e RENZO DINI – Coordenação da tradução JOÃO FERREIRA), 5ª Edição, Brasília: UNB – Imprensa Oficial, 2004, pp. 944. Quanto ao *Kameralisten*, PIERANGELO SCHIERA, "Cameralismo", *in Dicionário de Política*, Dirigido por NORBERTO BOBBIO, *et Alii*, pp. 137-141. Quanto ao séc. XIX, podem-se ver as constituições dos vários Estados que acentuam a ideia de defesa do colectivo contra os *perigos internos* ou contra os «inimigos» do Estado legal. Esta ideia de Polícia manteve-se ao longo do séc. XX, em alguns Estados até ao fim da segunda Grande Guerra, e em outros Estados até à e, em alguns Estados, após a queda das ditaduras.

61 Cf. MARCELLO CAETANO, *Manual de Direito...* – Vol. II, 7ª Reimpressão da 10ª Edição, pp. 1146-1147.

62 Quanto a esta nova concepção de polícia constitucionalizada e democrática, o nosso "Os desafios de uma Polícia de um Estado de direito e democrático", *in Politeia*, Ano IX – 2012, Lisboa: ISCPSI, 2014, pp. 247-250.

segurança individual. O seu carácter principal é a **vigilância**. A **sociedade** considerada em massa é o seu **objecto**»[63].

Mas a polícia historicamente[64] manteve – por estar sempre presente nos fenómenos em evolução e estar em constante contacto com a sociedade que é multifacetada – sempre uma liberdade de acção que lhe permitiu decidir pela oportunidade de intervenção[65].

16. JUSTINO DE FREITAS[66] considerava a polícia como a "parte da administração que tem por objecto a manutenção da ordem pública e a segurança individual", sendo que podia ser vista como *polícia política, administrativa* – "a que consiste em impedir as infracções das leis e na sustentação da ordem pública em cada lugar, bem como em toda a parte do reino" – e *judiciária*.

A polícia, para SOUSA DUARTE[67], devia ser entendida como o "cuidado incessante da autoridade e seus agentes pela execução fiel das leis[68], da propriedade e da tranquilidade de todos os cidadãos"[69], sendo como um pára-raios que afasta os perigos dos governos e do povo[70], garantindo-lhes a "pública segurança por modo insensível e permanente".

[63] Negrito nosso. Texto retirado de MARCELLO CAETANO, *Manual de Direito...* – Vol. II, p. 1148.

[64] Quanto à evolução histórica da Polícia em Portugal, MASCARENHAS BARRETO, *História da Polícia em Portugal*, Braga: Braga Editora, 1979.

[65] Neste sentido MARCELLO CAETANO, *Manual de Direito...* – Vol. II, 7ª Reimpressão da 10ª Edição, p. 1148. Acresce que, hoje, não podemos defender uma actividade discricionária da polícia – que mantém a discricionaridade só e exclusivamente quanto aos meios materiais [*p. e.*, se utiliza motociclos ou viaturas para patrulhar ou se em vez de patrulhar uma Rua com uma patrulha com dois elementos ou com um só elemento ou se, na realização de um mandado de busca domiciliária, a polícia decide entrar pela janela em vez de entrar pela porta] e nunca no quadro normativo – que se deve reger entre os vértices do princípio da oportunidade.

[66] JUSTINO A. DE FREITAS, *Instituições de Direito Administrativo Português*, 2ª Edição, 1861, p. 192. Citado por MARCELLO CAETANO, *Manual de Direito...* – Vol. II, pp. 1148-1149.

[67] I. SOUSA DUARTE, *Código de Polícia Municipal e Administração*, 1881. Citado por MARCELLO CAETANO, *Manual de Direito...* – Vol. II, p. 1148.

[68] Uma Polícia subordinada ao princípio da legalidade.

[69] Uma Polícia subordinada ao princípio da igualdade emergente do pensamento kantiano.

[70] Uma Polícia subordinada ao princípio da prevenção do perigo, sendo esta a sua principal função.

FRANZ von LISZT, ao analisar as infracções contra as diversas polícias – da imprensa, sanitária, dos costumes, industrial, da viação (linhas férreas) e de navegação – fala-nos da *polícia de segurança* que tem por missão evitar "as violações daquelas disposições que são tomadas para o fim de se proteger a vida, o património e de um modo geral a ordem pública"[71].

FERRI[72], tendo em conta a perigosidade social – em que assenta a defesa preventiva da sociedade – defende que é na avaliação preventiva do perigo do crime que se enquadra a polícia de segurança – que compreende "as providências de defesa preventiva" do social, *i. e.*, compreende as "medidas de polícia" que se destinguem das medidas de segurança que intervêm *post delictum* – "defesa repressiva" da sociedade.

O mote comum na concepção de polícia era a manutenção da ordem e segurança públicas – entendida como situação essencial à vivência normal dos cidadãos – e defesa e garantia de direitos individuais como a propriedade.

17. No tempo contemporâneo, as concepções jurídicas (de polícia), no ensinamento de MARCELLO CAETANO[73], cingem-se aos destinatários dos preceitos legais: se normativos, estávamos perante *agentes administrativos*; se reguladores de condutas individuais, os órgãos e serviços do Estado apresentam-se como *garantes* – da eficácia do direito, da sanção da violação da conduta gerando uma contra-ordenação –; e como *instrumento* – receber a denúncia de um crime, ajudar a vítima a dirigir-se ao hospital ou ao IML, levantar o auto de contra-ordenação.

[71] FRANZ von LISZT, *Tratado de Direito Penal*, (Tradução de JOSÉ HIGINO DUARTE PEREIRA), Campinas/SP: Russell, 2003, Tomo II, p. 427.

[72] ENRICO FERRI, *Princípios de Direito Criminal – O Criminoso e o Crime*, (Tradução de LUIZ DE LEMOS D' OLIVEIRA), Campinas/SP: Russel, 2003, pp. 261-274, p. 266.

[73] MARCELLO CAETANO, *Manual de Direito...* – Vol. II, p. 1149. É de relembrar que o conceito do ilustre professor de Direito está datado e fixado num sistema político-constitucional da Constituição política de 1933. Os seres humanos eram os únicos possíveis atores de condutas negativas e os principais bens e interesses suscetíveis de serem lesados ou ofendidos eram os interesses e bens gerais. Existia uma dimensão estrutural e político-jurídica fixada na trilogia: Deus, pátria e família. O ser humano não ocupava nem era credor de tamanha dimensão, que veio alcançar com a Constituição democrática de 1976.

Neste sentido, o saudoso Mestre concebia a **polícia** como o "*modo de actuar da autoridade administrativa que consiste em intervir no exercício das actividades individuais susceptíveis de fazer perigar interesses gerais, tendo por objecto evitar que se produzam, ampliem ou generalizem os danos sociais que as leis procuram prevenir*"[74]. Deste conceito excluem-se as decisões judiciais, pois a razão de ser da polícia, como ilustra FIGUEIREDO DIAS[75], é a "manutenção da ordem e a preservação da segurança e da tranquilidade pública", sendo que no quadro judiciário – prevenção criminal – a polícia, mesmo a PJ, é actividade auxiliar da administração da justiça – *i. e.*, *ab initio ad finem* do processo crime, aquela é órgão de coadjuvação da AJ – apesar da sua autonomia e organização hierárquica próprias.

A polícia, na esteira de MARCELLO CAETANO[76], encerra em si mesma o exercício de *poder*[77] – material – que limita a conduta humana que se garante por estar dotada de *coacção*, que se manifesta na *intervenção sobre o exercício de actividades individuais* – pois, o ordenamento prescreve normas de conduta para os cidadãos [condutas individuais] que, a cada momento, são tentados a violar e a provocar danos sociais –, que são *susceptíveis de fazer perigar interesses gerais* ou colectivos – só a violação das normas, cujos danos se projectam na vida da comunidade, devem ser evitados pela polícia –, cujo fim se embrenha na *prevenção dos danos sociais* – por acção de cautela, de vigilância, pois se há perigo de constituição de dano, a polícia deve evitá-lo, restringi-lo – e, caso se verifique o dano, ter-se-á de *investigar* para que a AJ possa desenvolver as diligências capazes de descobrir a verdade, realizar a justiça no respeito dos direitos fundamentais e possa alcançar a paz jurídica e para

[74] *Idem*, p. 1150. No sentido de que a polícia é a expressão da "dupla cara do controlo social: controlo e garantia" e como o primeiro contacto do cidadão com o controlo social, LAURA ZUÑIGA RODRIGUES, *Política Criminal*, Madrid: Colex, 2001, pp. 218-222.

[75] JORGE DE FIGUEIREDO DIAS, *Direito Processual Penal*, (Colecção Clássicos Jurídicos), Reimpressão da 1ª Edição de 1974, Coimbra: Coimbra Editora, 2004, pp. 397-400.

[76] MARCELLO CAETANO, *Manual de Direito...* – Vol. II, pp. 1150-1153.

[77] Neste sentido e sobre a polícia e o poder de polícia, JÚLIO CÉSAR LUCIANO, "Estudo de Carácter Geral", *in Estudos de Direito de Polícia*, (Seminário de Direito Administrativo de 2001/2002, regido e coordenado por JORGE MIRANDA), Lisboa: AAFDL, 2003, pp. 18-29 e LAURA ZUÑIGA RODRIGUES, *Política Criminal*, p. 218.

que não se gere o sentimento de impunidade – *danos* esses que devem merecer *tutela jurídica* e não estar à disposição da discricionaridade.

18. A concepção de *Polícia* não se esgota, nos nossos dias, neste quadro de Marcello Caetano centrado na prevenção de perigos gerais que afectem interesses gerais como refere, também, Hartmut Maurer[78], a par da prevenção dos perigos técnico-específicos.

Começamos, desde já, a apontar que não são só as actividades individuais que são susceptíveis de lesar ou colocar em perigo de lesão interesses ou bens jurídicos individuais e supraindividuais. Há actividades levadas a cabo pelas pessoas jurídicas ou colectivas capazes de lesar ou colocar em perigo de lesão aqueles bens jurídicos: *v. g.*, no âmbito do direito do ambiente podemos aferir condutas que podem imputar responsabilidade penal às pessoas colectivas tais como danos contra a natureza, crime p. e p. pelo art. 278º do CP, poluição, crime p. e p. pelo art. 279º do CP conjugados com o art. 11º do CP.

À polícia cabe prosseguir uma actividade de prevenção criminal na função de vigilância e de prevenção criminal *stricto sensu* capaz de evitar o perigo dessas lesões ou a colocação em perigo de lesão desses bens jurídicos, cujas condutas potencialmente lesivas podem ser desenvolvidas por uma pessoa singular (ser humano) ou por uma pessoa colectiva.

Acresce referir que a concepção de Marcello Caetano se esgota na intervenção policial para evitar *interesses gerais*. Uma polícia contemporânea ou pós-moderna procura evitar que condutas de pessoas singulares e/ou pessoas colectivas possam afectar interesses gerais ou colectivos e interesses singulares e individuais.

Os bens jurídicos a tutelar com a actividade diária da polícia são bens gerais e, também, bens jurídicos individuais: *v. g.*, vida, integridade física, liberdade pessoal, reserva da intimidade da vida privada e familiar, património, inviolabilidade de domicílio, de telecomunicações e de correspondência.

Se houver uma tutela eficiente dos bens e valores jurídicos individuais por parte da polícia, essa tutela tem reflexos positivos e expan-

[78] Hartmut Maurer, *Direito Administrativo Geral*, (Tradução da 14ª Edição alemã de Luís Afonso Heck), Barueri, S. P.: Manole, 2006, p. 7.

sivos no quadro da tutela de interesses e bens gerais da comunidade. A actividade da polícia não se resume a prevenir os danos sociais de interesses gerais, mas estende-se à prevenção dos danos sociais de interesses individuais.

Adite-se, ainda, que a actividade jurídico-administrativa e jurídico-criminal de uma polícia pós-moderna se deve basear em primeira linha na prevenção do perigo – que antecede a prevenção do risco e do dano. À polícia hodierna cabe-lhe evitar que o perigo possa surgir e gerar o risco e o posterior dano social.

> Se a polícia de uma determinada localidade verifica que há um grupo de jovens que se junta num determinado local e a determinadas horas para se associarem e, posteriormente, desenvolverem actos delituosos, impõe-se-lhe que actue de modo a recolher a informação objectiva e subjectiva capaz de fundamentar a actuação de modo a evitar que o perigo se verifique e, caso este se esteja a desenvolver, evitar que o dano (social) ocorra e, caso este se materialize, evitar que os efeitos negativos do dano se desenvolvam e reintegrar o interesse ou bem jurídico lesado ou colocado em perigo de lesão.

Concorre para este desiderato a consideração de que se impõe que a polícia promova estudos técnicos, operativos, sociológicos e jurídicos para que de futuro aquele perigo não se volte a verificar. Nesta perspectiva concorre a ideia basilar de que a polícia está ao serviço do povo e não ao serviço do Estado e dos poderosos e de que se apresenta como primeiro pilar na defesa e garantia efectiva dos direitos e liberdades dos cidadãos[79].

§ 7º Da polícia como força de segurança

19. A Polícia reveste *prima facie* o manto de força de segurança, desde logo por imperativo constitucional – nº 4 do art. 272º da CRP.

[79] Na linha de Beristain e de Rodríguez-Villasante, por todos Francisco Alonso Pérez, José Cabanillas Sánches, José Escalante Castarroyo, Jaime Fa Maluenda, Antonio Nicolás M. Escalona, Carlos Julio San Román Plaza e Arturo Pereira, *Manual del Policía*, 4ª Ed., Madrid: La Ley, 2004, pp. 21-22.

Só as polícias que caibam na concepção constitucional de Polícia do art. 272º – aquelas que possam ser enquadradas como de ordem ou tranquilidade pública, administrativa e judiciária (a nível nacional) – podem vestir o manto de força de segurança, desde que se encontrem dentro do *princípio da territorialidade*, do *princípio da reserva de lei* e do *princípio da unidade de organização* para todo o território nacional.

O *princípio da territorialidade* é delimitador, mas não exclusivo para determinar se uma força policial é ou não força de segurança, *i. e.*, não é por se apelidar de polícia ou por deter competências materiais de polícia que se pode afirmar que esta ou aquela «polícia» é uma força de segurança.

A competência territorial da actuação da polícia – competência para actuação ou não em todo o território nacional ou em determinadas zonas desse território [competência localizada (*p. e.*, polícia municipal, a polícia marítima)] – é um elemento que reforça ou dá consistência à concepção de uma dada polícia como força de segurança, como acontece com a PSP e a GNR, cujas competências materiais se verificam em todo o território nacional[80]. A ASAE, que é um «serviço central de administração do Estado» dotado de poderes de polícia, detém, também, competência territorial nacional[81], mas não é uma força de segurança. Impõe-se ao quesito do princípio da *territorialidade* outros quesitos que dão à PSP e à GNR a natureza de força de segurança, começando desde logo pela própria lei orgânica a determiná-las como força de segurança e por aquela ser uma lei da Assembleia da República.

Como temos defendido, a prossecução das atribuições e o exercício das competências a nível do território nacional, a obediência ao princípio da *territorialidade*, é fundamental para que uma Polícia seja constitucionalmente considerada força de segurança.

[80] Cfr. nº 1 do art. 5º da LOPSP e nº 1 do art. 5º da LOGNR, sendo que a esta foi-lhe também atribuída competência de actuação "no mar territorial", o que levanta questões conflituantes (cognoscivelmente inaceitáveis) de competência territorial e material quanto à Polícia Marítima.

[81] Cfr. nº 1 do art. 1º do DL nº 194/2012, de 23 de Agosto, que aprovou a nova Orgânica da ASAE.

O Corpo da Guarda Prisional[82] (CGP) exerce funções de polícia de ordem, tranquilidade e segurança pública, socorrendo-se da função de vigilância da prevenção criminal para evitar a criminalidade dentro do *espaço do sistema prisional*, espaço este localizado em determinadas áreas do território nacional. Como se sabe, existem estabelecimentos prisionais em todo o território nacional e, caso só existisse um estabelecimento prisional, o CGP deslocar-se-ia, devido ao exercício da função de custódia, em todo o território nacional para condução de reclusos ou presos preventivamente a diligências judiciais.

O espaço do sistema prisional engloba o *espaço fixo* – *p. e.*, estabelecimentos e edifícios do sistema prisional – e o *espaço móvel* – *p. e.*, viaturas celulares. Do mesmo modo podemos aferir que as forças de segurança GNR e PSP actuam em todo o território nacional com a especificidade de *respeito da jurisdição territorial de cada uma das forças de segurança*, assim como a força de segurança PM tem o seu espaço de intervenção – território marítimo português – e estão obrigadas a cooperar mutuamente.

Neste sentido e estando o sistema prisional implantado em todo o território nacional, consideramos que o CGP, que prossegue as suas atribuições e efectiva as suas competências em todo o território nacional – quer em espaço fixo quer em espaço móvel –, a par da sua dependência da Administração Central do Estado [Direcção Geral dos Serviços Prisionais, cuja fixação Orgânica é da competência do órgão de soberania Governo por Decreto-Lei, nos termos da al. *a*) do nº 1 do art. 198º da CRP], preenche o princípio da *territorialidade* das forças de segurança.

20. O nº 4 do art. 272º da CRP enquadra como *força de segurança* a(s) polícia(s) administrativa(s) que tenha(m) por função a garantia

[82] Quanto à qualificação do Corpo da Guarda Prisional como força de segurança no espaço do sistema prisional, o nosso *Natureza Jurídica do Corpo da Guarda Prisional*, Lisboa: EDIUAL, 2008. O estudo desenvolvido nessa data entroncava numa Lei Orgânica da Direcção-Geral dos Serviços Prisionais – DL nº 125/2007, de 27 de Abril –, que foi revogada pela nova Lei Orgânica da Direcção Geral de Reinserção e Serviços Prisionais (LODGRSP), aprovada pelo Decreto-Lei nº 215/2012, de 28 de Setembro, devendo ser lido como um instrumento de apoio à mudança que se imprimiu nesta área dos sistema de justiça criminal.

"da ordem jurídico-constitucional, através da segurança de pessoas e bens e da prevenção criminal"[83] e subordinou a organização das forças de segurança ao princípio de *reserva de lei*[84] – art. 164º, al. *u*) da CRP – da qual deve constar a caracterização normativa de *força de segurança* – *p. e.*, nº 1 do art. 1º da Lei nº 53/2007, de 31 de Agosto, que aprova a Organização e Funcionamento da Polícia de Segurança Pública (LOFPSP), o art. 1º da Lei Orgânica da Guarda Nacional Republicana (LOGNR), aprovada pela Lei nº 63/2007, de 6 de Novembro. Contudo, a Lei Orgânica da Polícia Judiciária caracteriza-a como «corpo superior de polícia criminal auxiliar da administração da justiça» [nº 1 do art. 1º], procurando afastar a PJ da vertente policial de ordem e tranquilidade pública e administrativa e denominando-a de auxiliar da administração da justiça, que lhe cumpre prosseguir desde logo na prevenção da criminalidade e não apenas na repressão. A Lei Orgânica do Serviço de Estrangeiros e Fronteiras (LOSEF) caracteriza-o como *serviço de segurança* [nº 1 do art. 1º].

O princípio da *reserva de lei*[85], num plano *negativo*, proíbe "a intervenção de outra fonte de direito diferente da lei (a não ser que se trate de normas meramente executivas da administração)" e, num plano *positivo*, significa que, nas matérias sujeitas a reserva de lei, o regime jurídico das mesmas deva ser estabelecido pela lei e não ser declinada a "competência normativa a favor de outras fontes (proibição da «incompetência negativa do legislador»)"[86]. O nº 4 do art. 272º da CRP estipula que cabe à lei definir o regime das forças de segurança.

Considerando que se pretende garantir aos cidadãos o respeito pela *legitimidade democrática* em determinadas matérias, como é o caso do regime das forças de segurança, cuja organização e funcionamento

[83] GOMES CANOTILHO e VITAL MOREIRA, *Constituição da República Portuguesa Anotada*, 3ª Edição, Coimbra: Coimbra Editora, 1993, p. 957. Posição que mantém na 4ª Edição, acrescentando que o art. 272º condensa o designado *direito constitucional de polícia*, GOMES CANOTILHO e VITAL MOREIRA, *Constituição da República Portuguesa Anotada* – Vol. II, 4ª Edição, Coimbra: Coimbra Editora, 2006, pp. 862 e 858.

[84] Quanto a este assunto, JORGE MIRANDA, *Manual de Direito Constitucional – Tomo V – Actividade Constitucional do Estado*, Coimbra: Coimbra Editora, 1997, pp. 215-218.

[85] Quanto à reserva de lei, JORGE MIRANDA, *Manual de Direito ...*– Tomo V, pp. 194 e ss..

[86] GOMES CANOTILHO, *Direito Constitucional e Teoria da Constituição*, 7ª Edição, Coimbra: Almedina, 2003, p. 726.

afectam direitos, liberdades e garantias dos cidadãos, e que só o parlamento eleito é representativo do povo, impõe a Constituição que, no respeito pelo princípio do Estado de direito (concretizado pelos princípios da confiança e da segurança jurídicas, assim como da proporcionalidade, da igualdade e da imparcialidade) e do princípio democrático, as matérias sujeitas a reserva de lei sejam de reserva lei parlamentar[87]. Só se admite como fonte de direito a lei da AR e não se admite outra fonte de direito para legislar sobre o regime dessa mesma matéria.

O legislador, até à Revisão Constitucional de 1997, considerava que a *reserva de lei* imposta pelo nº 4 do art. 272º da CRP, que fora aditado com a 1ª Revisão Constitucional (1982)[88], significa reserva de decreto-lei, porque entendia que a organização e o funcionamento da polícia era matéria legislativa do Governo, uma vez que se entendia que estamos no âmbito da organização da administração, cuja competência de organização (ou poder de organização) era reserva do executivo[89].

As polícias e, de entre as várias espécies de polícia, as forças de segurança existem, não obstante deterem originariamente natureza executiva, para defender a legalidade democrática, defender e garantir a segurança interna e os direitos dos cidadãos. Mas, da sua *actuação, pode resultar (melhor, resulta em regra) uma drástica restrição dos direitos e liberdades fundamentais de cidadãos.* E, na nossa opinião, a consciencialização de que a organização e o funcionamento (o regime) das forças de segurança (e só estas de entre as várias polícias) são da competência reservada da AR, ou seja, devem obedecer ao princípio da *reserva de lei* da AR, cuja legitimidade normativa e legitimidade sociológica democráticas se encontra depositada e reside na natureza da Polícia e na

[87] Quanto as estas questões, GOMES CANOTILHO, *Direito Constitucional...*, 7ª Edição, pp. 724-727.

[88] Cfr. art. 203º da Lei Constitucional nº 1/82, de 30 de Setembro. Acresce referir que este mesmo preceito aditou a expressão «garantir a segurança interna» entre «defender legalidade democrática e os direitos dos cidadãos», assim como substituiu a expressão «A Polícia tem por função» pela expressão actual «A polícia tem por funções».

[89] Cfr. GOMES CANOTILHO, *Direito Constitucional...*, 7ª Edição, p. 732.

possibilidade da mesma recorrer a meios coercivos para a prossecução das funções consagradas pela Constituição.

O legislador constituinte tinha duas opções: ou optava pela *reserva de lei absoluta* – cujo regime das forças de segurança só podia ser estipulado por lei da AR – ou por *reserva de lei relativa* – cujo regime era da competência da AR, podendo ser deferida ao Governo por lei de autorização legislativa que estipulasse o objecto, o sentido, a extensão e a duração da autorização. Caso o legislador constitucional optasse pela reserva de lei relativa, configurava-se com o pensamento constitucional referente ao regime dos serviços de informações e do segredo do Estado e com as matérias (restritivas, mas não do conteúdo) dos direitos, liberdades e garantias dos cidadãos. Destes dois casos apontados, só as matérias referentes aos direitos, liberdades e garantias dos cidadãos é que se mantiveram no âmbito da reserva relativa[90].

O regime dos serviços de informações e do segredo de Estado, assim como o regime das forças de segurança configuram como *reserva absoluta de competência legislativa da AR*, conforme als. *q*) e *u*) respectivamente do art. 164º da CRP. Desta feita, somos da opinião de que a reserva de lei prevista no nº 4 do art. 272º da CRP é *reserva absoluta*, ganhando em garantia e confiança da comunidade quanto à legitimidade democrática da força de segurança.

Quer na LOPSP quer na LOGNR, o fundamento Jurídico-Constitucional da legislação tem sido o da *competência política e legislativa da AR:* a al. *c*) do art. 161º da CRP – «Fazer leis sobre todas as matérias, salvo as reservadas pela Constituição ao Governo». Interpretamos esta opção político-legislativa no sentido de *reforçar a legitimidade democrática das forças de segurança no quadro político-constitucional* e no sentido de que *o regime das forças de segurança não é da reserva de competência do executivo.*

Quanto ao regime das forças de segurança, tem-se optado não só por uma *reserva de lei absoluta*, como também por uma *reserva de competência político-legislativa*. Mas, nem sempre o legislador segue este comando: vejam o caso do Corpo da Guarda Prisional, cuja qualificação orgânica-material é de força de segurança por meio de um Decreto-Lei de iniciativa governamental.

[90] Cfr. al. *b*) do nº 1 do art. 165º da CRP e a redacção da al. *b*) do nº 1 do art. 168º da CRP antes da Revisão Constitucional de 1997.

A consagração expressa em lei – Decreto-Lei do Governo, mas devia ser por lei da AR – do CGP como *força de segurança*[91], em sentido orgânico (ou institucional) e em sentido material (ou funcional), é, na nossa opinião, o culminar de um reconhecimento de que o CGP, não obstante as suas funções serem específicas quanto à matéria – *segurança pública em meio institucional* (segurança, tranquilidade e salubridade); prevenção criminal através da função de vigilância e, como veremos cuidadamente, no quadro de cessação do delito e dos efeitos negativos daquele no seio prisional e da comunidade em geral, através da função de prevenção criminal *stricto sensu*; contribuição através da sua postura, da sua urbanidade, da sua justiça e humanidade para a reinserção social dos reclusos; promoção do respeito pelas leis gerais do país dentro do espaço do sistema prisional e pelas leis penitenciárias; e, ainda, pilar da sua razão de ser, defesa e garantia do respeito por todos, sem excepção, dos direitos e liberdades fundamentais e quanto ao território de acção, não podia deter um regime orgânico e funcional isolado dos demais regimes das forças de segurança, a mais que o pessoal do CG detém, também, o *ius imperii* do uso da força nas situações que a lei tipifica, em especial no Código de Execução de Penas e Medidas Privativas da Liberdade (CEPMPL) e no Regulamento de Utilização de Meios Coercivos Não Letais nos Estabelecimentos Prisionais (RUMCNLEP). Podemos avançar que a aproximação do regime estatutário do CGP ao regime da força de segurança PSP[92], quanto às carreiras

[91] O legislador em 2012 manteve o CGP como *força de segurança de intervenção no meio institucional* – melhor, no espaço do sistema prisional –, mantendo a missão dessa segurança em 2014. Cfr. art. 28º do DL nº 215/2012, de 28 de Setembro, que aprovou a Orgânica da Direção-Geral de Reinserção e Serviços Prisionais (LODGRSP), e o art 3º do DL nº 3/2014, de 9 de janeiro, que aprovou o Estatuto Corpo da Guarda Prisional (ECGP).

[92] Não obstante a alteração legislativa que o Copro da Guarda Prisional sofreu nos últimos anos, e para se demonstrar que o legislador continua a não assumir uma posição séria e conforme à consagração do CGP como força de segurança, é de relembrar o art. 8º do DL nº 33/2001, de 8 de Fevereiro, que havia aditado, entre outros, o art. 46º que equiparava o pessoal do CGP ao pessoal da PSP para efeitos de remuneração (vencimentos, suplementos, gratificações e abonos), de aposentação, de transporte e demais regalias sociais. Mas, já no Preâmbulo do DL nº 399-D/84, de 28 de Dezembro, o legislador considerou que a «estruturação da carreira do pessoal de vigilância passa a **obedecer aos novos figurinos de idênticas forças de segurança**, quer nacionais, quer europeias, e a sua estratificação fica a dever-se às características de que se reveste a organização penitenciária portuguesa". Pena é que tenha, nessa data, atribuído *natureza de funcionário civil*

e remuneração, serviu de base para que a aproximação gradual se processasse, agora, no plano orgânico e funcional.

Acresce que o poder político, em 2007, consciente de que o aumento da criminalidade violenta e organizada no espaço público livre se reflecte consequentemente numa comunidade prisional violenta e ligada ao crime organizado e estruturado, não podia deixar de reforçar a natureza da polícia que tem por missão a execução de penas e medidas privativas da liberdade e contribuir para a respectiva reinserção[93].

Esta consciência de que a reinserção do recluso se faz com segurança, tranquilidade e ordem pública no *espaço do sistema prisional*, assim como com a prevenção de qualquer ilícito criminal dentro daquele espaço, levou a que o legislador tipificasse a criação e a manutenção de um *sistema de informações de segurança prisional articulado com o sistema de segurança nacional interno*, nos termos da al. *o*) do nº 2 do art. 2º da então Orgânica da Diração-Geral dos Serviços Prisionais. A actual orgânica da Direcção-Geral de Reinserção e Serviços Prisionais manteve a mesma atribuição da DGRSP, conforme se retira da al. *s)* do art. 2º da LODGRSP.

Se o crime evolui, a resposta ao crime deve evoluir, sem alguma vez esquecer que violência traz violência, mas a contenção da violência e da possibilidade de conflito (prevenir o perigo de violência) dentro do espaço prisional é imprescindível. O reforço das prerrogativas do pessoal do CGP como força de segurança funciona como a lança na busca de uma legitimidade democrática própria e inerente à natureza daquelas, pelo que defendemos que *a organização e o funcionamento (o regime) do CGP deve estar sob reserva absoluta de lei da AR*.

do Estado [art. 1º do DL nº 399-D/84 e art. 1º do DL nº 174/93] e *qualidade de agente de autoridade* [art. 43º do DL nº 399-D/84 e art. 40º do DL nº 174/93] ao pessoal de vigilância. Estes diplomas foram revogados pelo art. 8º do DL nº 3/2014, de 9 de Janeiro, que aporvou o novo [e melhor (?)] Estatuto do Pessoal do Corpo da Guarda Prisional (EPCGP), que lhes atribui a qualidade de *agente de autoridade* com natureza de «trabalhadores da DGRSP com funções de segurança pública em meio institucional, armados e uniformizados (...), que têm por missão garantir a segurança e tranquilidade da comunidade prisional (...)», nos termos do art. 3º deste diploma.

[93] Cfr. o Preâmbulo da ODGSP, aprovada pelo DL nº 125/2007, de 27 de Abril, assim como o Preâmbulo do DL nº 391-C/2007, de 24 de Dezembro. Estes diplomas foram revogados pela al. *b)* do art. 38º do DL nº 215/2012, de 28 de Setembro, e pela al. *a)* do art. 8º do DL nº 3/2014, de 9 de Janeiro, respectivamente.

Mas o legislador, em 2012 e em 2014, continuou a optar por Decreto do Governo, com fundamento constitucional da al. *a)* do nº 1 do art. 198º da CRP: competência legislativa em matérias não reservadas à Assembleia da República. Continua-se a considera que a atividade do CGP, apesar de qualificado pelo Governo como atividade de ***força de segurança*** – art. 28º da nova LODGRSP –, não tem dignidade de ser submetida à AR e ao cumprimento do princípio da reserva de lei como impõe o nº 4 do art. 272º da CRP. Das duas uma: ou o rigor legiferante foi fechado numa gaveta ou o legislador criou uma força de segurança no plano formal sem a legitimidade jus constitucional material de uma força de segurança.

Como argumento positivo-legal da nossa posição, apontamos para a omissão do legislador na então ODGSP quanto ao diploma que devia reger o regime do CGP, contrariamente ao que o legislador havia prescrito na anterior ODGSP: «A carreira do pessoal de vigilância é regulada em diploma autónomo», conforme art. 110º do DL nº 268/81, de 16 de Setembro, cuja forma legal não podia ser superior a de DL. Como força de segurança, o CGP não pode exercer o seu conteúdo funcional expresso no art. 28º da actual LODGRSP, nos actuais CEPMPL e regime de recurso ao MCNLEP, aprovados pela Lei nº 115/2009, de 12 de Outubro, com base em densificações regulamentares administrativas[94], porque, como já se

[94] Como já havíamos considerado, a densificação das atribuições da DSS, que estava prevista no Despacho nº 22058/2008, de 17 de Julho de 2008, publicado no DR, II Série, nº 164, pp. 37265-37267, pontos 1.2, 2.3 e 2.4, assim como das suas duas divisões – DVSL e DAAE –, não obstante obedecer a imposições legais – tais como ao nº 6 do art. 21 da Lei nº 4/2004, de 15 de Janeiro, que estipula *"a criação, alteração ou extinção das unidades orgânicas no âmbito da estrutura flexível visa assegurar a permanente adequação do serviço às necessidades de funcionamento e de optimização dos recursos, tendo em conta uma programação e controlo criterioso dos custos e resultados"* –, assim como o art. 3º da Portaria nº 516/2007, de 30 de Abril, que estipula a missão do da DSS – «garantir a segurança, a disciplina e ordem nos estabelecimentos prisionais e a vigilância dos reclusos que devam ser custodiados ao exterior», assim como exerce funções de gestão do CGP que vai materializar esta missão de acordo com o seu conteúdo funcional, consagrado no art. 16º da então ODGSP, ***estavam em desconformidade com o preceituado no nº 4 do art. 272º da CRP, que impõe a reserva de lei absoluta***, desde a 4ª Revisão Constitucional, uma vez que trata de matérias que são próprias do regime da força de segurança CGP.
A opção política em 2013 foi a de manter a DSS como *unidade orgânica nuclear* da DGRSP, como se afere da al. *e)* do nº 1 do art. 1º da Portaria nº 118/2013, de 25 de Março, que revogou a Portaria nº 516/2007, de 30 de Abril.

pronunciou o TC[95], seguindo a nossa posição, essas densificações por portaria ou despacho violam a *reserva de lei absoluta da AR* imposta pelo nº 4 do art. 272º da CRP: quesito constitucional identificador de uma polícia como força de segurança.

A actuação do CGP incide, em maioria, sobre o dia-a-dia de menores, sujeitos a medidas tutelares educativas, e de reclusos, que são cidadãos como todos os demais, que se encontram a cumprir uma pena ou uma medida privativa da liberdade, mas devem merecer, melhor, merecem a mesma tutela que os outros cidadãos. A polícia que lhes garante os direitos, que lhes garante a segurança, a ordem, a tranquilidade, e que defende e garante a legalidade no espaço do sistema prisional, deve estar submetida à mesma garantia constitucional de legitimidade, de legalidade e de responsabilidade, ou seja, *à mesma legitimidade democrática.*

Desta feita, defendemos que a tipificação da Organização e do Funcionamento – atribuições e competências –, *i. e.*, o regime jurídico de atuação do CGP, como garantia e segurança jurídica dos cidadãos e do próprio pessoal do CGP, e conteúdo funcional expresso no art. 28º da ODGRSP, só pode ser materializada por *lei da AR*, por força do nº 4 do art. 272º e da al. *u*) do art. 164º da CRP, *sob pena de inconstitucionalidade orgânica, formal e material.*

A identificação e a adstrição de algumas competências à DSS – *p. e.*, procedimentos de segurança de reclusos, interacção e articulação com outras forças e serviços de segurança, recolha e tratamento de informações necessárias à mautenção da ordem no espaço do sistema prisional – mereciam tratamento legislativo superior. Impõe-se que se respeitasse o princípio de *reserva de lei*, ainda que fosse no mínimo uma *reserva relativa* da AR. Consideramos que, na última década governativa, existe uma tendência para desconstitucionalizar o processo de adstrição de competências de actividade de polícia, que muito se agrava quando estamos a falar de uma corporação que o legislador qualifica de força de segurança, conforme nº 1 do art. 28º da LODGRSP.

[95] Cfr. Ac. TC nº 304/2008, de 30 de Maio de 2008: "o adequado modo de funcionamento interno duma força de segurança não deve escapar à reserva de acto legislativo", sendo que a definição das competências internas *não pode ser deslegalizada.* A LOPJ, aprovada pela Lei nº 37/2008, de 6 de Agosto, prevê em lei as unidades da PJ – art. 22º, nº 1 –, assim como as competências dos respectivos dirigentes – cfr. os artigos 23º a 37º –, remetendo para DL o estabelecimento das respectivas competências que, na nossa opinião, não podem ir para além das atribuições e competências materiais e territoriais da PJ no seu todo e de quem dirige, ou seja, ao Governo caberá, nos termos da al. *c*) do nº 1 do art. 198º da CRP desenvolver ou densificar aquelas competências, nunca podendo ultrapassar os limites expressos em lei da AR.

A necessidade do legislador constitucional subordinar a aprovação do regime e das forças de segurança ao princípio de *reserva de lei* prende-se com o facto de uma intervenção operacional daquelas, por si só, poder ser restritiva de direitos, liberdades e garantias fundamentais do cidadão, devendo essa restrição emergir de uma legitimidade constitucional.

Consideramos que, não obstante o nº 4 do art. 272º se dirigir às polícias que são, a par de *polícia administrativa* e *polícia judiciária*, *polícia de segurança e ordem públicas* (forças de segurança), o primado da *reserva de lei* se deve estender a todas as polícias, mesmo as que esgotam a sua natureza no quadro administrativo e no quadro jurídico-criminal – *v. g.*, a ASAE – por da sua actuação resultarem restrições aos direitos e liberdades dos cidadãos, matéria da *competência legislativa relativa da AR* por força da al. *b*) do nº 1 do art. 165º da CRP. A competência legislativa do Governo nesta matéria deve carecer de lei de autorização legislativa nos termos do nº 2 do art. 165º da CRP.

A *reserva de lei* reforça o princípio da legalidade de actuação administrativa e jurisdicional, pois, como afirma Jorge Miranda, impõe a *prevalência de lei*, a *prioridade de lei*, a "sujeição de conteúdo dos actos administrativos e jurisdicionais aos critérios, aos valores, ao sentido imposto pela lei como acto legislativo", assim como pode envolver o *monopólio normativo* – nos casos em que a Constituição exige reserva absoluta [*v. g.*, art. 164º da CRP] – ou, no mínimo, a *fixação primária de sentido normativo* pela lei de autorização legislativa – nos casos em que a Constituição admite a autorização legislativa, devendo esta fixar «o objecto, o sentido, a extensão e a duração da autorização» [*v. g.*, nº 2 do art. 165º da CRP].

A *reserva de lei* preconiza a proibição de regulamentos autónomos, em especial, os das autarquias locais quanto à polícia administrativa [excepto nos casos do «poder regulamentar próprio» das autarquias locais *in casu* art. 241º tendo em conta nº 3 do art. 237º da CRP], cuja função deve ser exercida subordinada à Constituição, à lei e aos regulamentos de grau superior, à proibição da deslegalização, à proibição ou restrição máxima da discricionaridade administrativa, a possível fiscalização jurisdicional da interpretação e aplicação dos conceitos indeterminados por parte de Administração, e, ainda, uma suficiente densidade normativa [evitar os conceitos indeterminados] no quadro da reserva de lei absoluta.

21. O nº 4 do art. 272º da CRP consagra, ainda, o princípio da *unidade de organização das forças de segurança* para todo o território nacional – o que implica, como assim estatui a CRP, que só os órgãos de soberania – *v. g.*, AR e Governo [desde que não se enquadre na alínea *u*) do artigo 164º e na alínea *b*) do nº 1 do artigo 165º, ambos da CRP] – podem criar, definir as tarefas e a direcção orgânica das forças de segurança[96].

Face a este comando constitucional, as Assembleias Regionais e das Autarquias estão impedidas constitucionalmente de legislar sobre esta matéria. Este princípio de restrição de competências legislativas recai sobre a Administração Central do Estado, que não pode legislar nem criar, por meio de actos jurídicos [*p. e.*, despachos ou portarias ministeriais], unidades orgânicas e funcionais que exerçam funções de polícia no quadro jurídico-constitucional-operativo do art. 272º da CRP. Aquelas não detêm "o poder de acção e de actuação"[97] atribuído constitucionalmente à AR e, nos casos em que não seja força de segurança, ao Governo para legislar sobre o regime das polícias com natureza de polícia administrativa. Neste quadro inserem-se a GNR, a PSP, a PM e, actualmente, como se retira do Ac. do TC nº 304/2008, a PJ.

[96] Desde logo se afasta do lote das forças de segurança a Polícia Municipal, que é criada por deliberação da Assembleia Municipal – *ex vi* do art. 11º da Lei Quadro [Lei nº 19/2004, de 19 de Maio]. Quanto a este assunto *infra* Secção II – Da Polícia Administrativa Especial: A polícia municipal, § 13º Lei Quadro – Da Concepção à fiscalização dos seus actos. Quanto a este assunto no quadro da fiscalização preventiva abstracta do Decreto da Assembleia da República nº 204/X, o TC "pronunciou-se pela inconstitucionalidade das normas constantes dos artigos 22º, nº 2, e 29º, nº 1, do Decreto da Assembleia da República nº 204/X, na parte em que determinam que as competências das diversas unidades da Polícia Judiciária são estabelecidas nos termos da portaria referida no mencionado nº 2 do artigo 22º, por violação da reserva de acto legislativo importa no artigo 272º, nº 4, da Constituição da República Portu-guesa". Cfr. Ac. TC nº 304/2009, de 30 de Maio de 2008, Proc. nº 428/08, consultado em *www.tribunalconstitucional.pt/tc/acordaos*.

[97] Cfr. Gomes Canotilho, *Direito Constitucional...*, 7ª Edição, p. 543.

O CGP é um corpo policial que actua em todo o território – quer em *espaço móvel* [*p. e.*, viaturas celulares que se deslocam com reclusos de um estabelecimento prisional a um tribunal, a uma secção de inquéritos ou a transferência para outro estabelecimento] quer em *espaço fixo* [existem vários estabelecimentos prisionais em todo o território nacional] –, composto por um quadro único com estrutura una e hierarquizada para todo o território nacional[98], válida em qualquer parte do território nacional, dependente de um director único: director-geral de Reinserção e Serviços de Prisionais[99], que não pertence à carreira do CGP.

Desta feita, defendemos que CGP preenche, também, o princípio da *unicidade de organização das forças de segurança* para todo o território, pelo que é, material e formalmente (por força do art. 28º da ODGRSP), uma força de segurança, nos termos do nº 4 do art. 272º da CRP, e, por força do mesmo comando constitucional, o regime jurídico do CGP – *criação, identificação de atribuições, definição de tarefas e direcção orgânica*[100] com as respectivas atribuições e competências – é da reserva absoluta de (competência) legislativa da AR, conforme impõe o nº 4 do art. 272º conjugado com a al. *u*) do art. 164º da CRP.

§ 8º Da polícia em sentido orgânico e funcional

22. De realçar, neste canto, é a caracterização da POLÍCIA nas suas vertentes institucional ou orgânica, funcional ou material.

Quanto ao sentido **orgânico ou institucional de polícia**, CATARINA SARMENTO E CASTRO defende ser o "conjunto de órgãos e agentes pertencentes a serviços administrativos cuja função essencial consiste

[98] Conquanto o anterior Estatuto previa um mapa de pessoal com 5234 elementos, conforme Anexo I e art. 10º do então EPCGP, a opção estatutária de 2014, aprovada pelo DL nº 3/2014, de 9 de Janeiro, foi não fixar o número de elementos do mapa de pessoal.

[99] Cfr. nº 1 do art. 24º do atual EPCGP. No regime anterior, o CGP dependia hierarquicamente de um subdirector-geral da Direcção de Serviços de Segurança, conforme al. *a*) do nº 2 do art. 3º da Portaria nº 516/2007, de 30 de Abril, que fora revogada pelo art. 13º da Portaria nº 118/2013, de 25 de Março.

[100] Cfr. GOMES CANOTILHO e VITAL MOREIRA, *Constituição da República...*, 3ª Edição, p. 957.

no desempenho de tarefas materiais de polícia"[101], conquanto SÉRVULO CORREIA, considera como tal, "todo o serviço administrativo que, nos termos da lei, tenha como tarefa exclusiva ou predominante o exercício de uma actividade de polícia"[102]. Esta posição permite que órgãos ou serviços da administração central e, até mesmo, local que desempenham funções materiais de polícia administrativa ou de polícia judiciária sejam, também, considerados como polícia em sentido orgânico ou institucional – *v. g.*, a ASAE, que é um «serviço central da administração directa do Estado»[103], e a Polícia Municipal, que é um serviço municipal vocacionado para o «exercício de funções de polícia administrativa»[104].

No que respeita ao **sentido funcional de polícia**, MARCELLO CAETANO considera a polícia como o "*modo de actuar da autoridade administrativa que consiste em intervir no exercício das actividades individuais susceptíveis de fazer perigar interesses gerais, tendo por objecto evitar que se produzam, ampliem ou generalizem os danos sociais que as leis procuram prevenir*"[105], enquanto que SÉRVULO CORREIA considera-a como sendo a "actividade da Administração Pública que consiste na emissão de regulamentos e na prática de actos administrativos e materiais que controlam condutas perigosas dos particulares com o fim de evitar que estas venham ou continuem a lesar bens sociais cuja defesa preventiva através de actos de autoridade seja consentida pela Ordem Jurídica"[106].

[101] CATARINA SARMENTO E CASTRO, *A Questão das Polícias Municipais*, Dissertação de mestrado em Ciências Jurídico Políticas – FDUC –, 1999, p. 293. Quanto a este assunto PEDRO CLEMENTE, *Da Polícia de Ordem Pública*, Lisboa: Edição do Governo Civil de Lisboa, 1998, pp. 31 e ss. e JOÃO RAPOSO, *Lições de Direito Policial*, (policopiadas), ISCPSI, 2004.

[102] SÉRVULO CORREIA, "Polícia", *in Dicionário Jurídico da Administração Pública*, Vol. VI, Lisboa, 1994, p. 393. Quanto a este assunto PEDRO CLEMENTE, *Da Polícia...*, p. 42 e JOÃO RAPOSO, *Direito Policial – I*, Colecção do ICPOL, Coimbra: Almedina, pp. 24-26.

[103] Cfr. nº 1 do art. 1º da LOASAE.

[104] Cfr. nº 1 do art. 1º da LQPM.

[105] MARCELLO CAETANO, *Manual de Direito Administrativo* – Vol. II, 7ª Reimpressão da 10ª Edição, Coimbra: Almedina, 2004, p. 1150.

[106] SÉRVULO CORREIA, "Polícia", *in Dicionário Jurídico...* – Vol. VI, p. 393.

Numa visão jurídico-operativa, JOÃO RAPOSO entende como polícia em sentido material ou funcional "os actos jurídicos e as operações materiais desenvolvidas por certas autoridades administrativas – as autoridades policiais – e respectivos agentes de execução, com vista a prevenir ocorrências de situações danosas, em resultado de condutas humanas imprevidentes ou ilícitas"[107]. Na sua actividade de investigação criminal, a polícia – OPC – desenvolve uma actividade de protecção de bens sociais individuais e colectivos ou supra-individuais. Protecção esta que se manifesta, desde logo, na tentativa e na concretização de reintegração do bem jurídico agredido pela conduta humana alvo da intervenção da Polícia.

Acresce referir que não é por a lei estipular que um dado serviço dotado de prerrogativas de polícia é órgão de polícia criminal, que, por si só, tem essa natureza judiciária. É o *exercício material* da função de polícia judiciária pelos elementos desse serviço que lhe dá essa natureza de OPC, pois a lei apenas dá forma a materialidade ou à funcionalidade da actividade real e concreta[108].

23. Face ao quadro constitucional emergido da CRP/76, a concepção funcional de polícia deve ser muito mais abrangente de modo que colha as funções consagradas no nº 1 do art. 272º da CRP, *i. e.*, a posição de PAULO CAVACO aglutina esta visão ampla de polícia em sentido funcional: "actividade administrativa específica e destinada, na relação que estabelecem as autoridades e serviços de polícia com os particulares, a garantir e prevenir a defesa da legalidade democrática, da segurança interna e dos direitos dos cidadãos, seja ela ablativa de

[107] Cf. JOÃO RAPOSO, *Direito Policial* – I, pp. 26-27.

[108] Esta nossa posição afastava a ideia que alguns retiravam dos nº 2 e nº 3 do art. 38º do DL nº 237/2005, de 30 de Dezembro, segundo a qual só os elementos vindos da extinta IGAE é que eram OPC e APC. Este raciocínio arreiga-se à matriz formal e a uma interpretação formalista e orgânica dos preceitos citados e não tinha em conta que o legislador quisera transferir as atribuições e competências da IGAE e não das pessoas que aí desempenhavam funções, *i. e.*, o legislador transferiu para a ASAE as funções – atribuições e competências – materiais de OPC que eram da extinta IGAE, independentemente dos elemtos da ASAE que as iriam desempenhar.

direitos ou prestacional, tenha ela por base, respectivamente, um interesse público ou particular"[109].

A polícia em sentido material engloba, hoje, o quadro jurídico-administrativo, jurídico-criminal, jurídico-civil, jurídico-tributário, todos eles conformes o quadro jurídico-constitucional. Não podemos esgotar o sentido material de polícia no plano jurídico-administrativo, quando o seu campo de acção se estende a vários domínios jurídicos.

A actividade de polícia hoje reflecte-se e releva no âmbito da segurança interna (próximo do quadro jurídico-constitucional), quando aplica medidas de polícia gerais – identificação de pessoas – ou medidas de polícia especiais – encerramento temporário de paióis –, no âmbito jurídico-administrativo quando procede ao levantamento do auto de notícia pela prática de uma infracção contra-ordenacional, no âmbito jurídico-tributário quando levanta um auto de notícia ou procede à apreensão de provas reais por suspeita da prática de uma infracção ao Regime Geral das Infracções Tributárias (RGIT), no âmbito jurídico-civil quando elabora uma participação relevativamente ao incumprimento de uma diligência imposta por lei ou regulamento e que gerou uma responsabilidade pelo risco ou quando identifica os herdeiros de uma pessoa falecida, no âmbito jurídico-criminal quando detém uma pessoa pela prática de um crime (público), e no âmbito da cooperação judiciária europeia ou internacional quando procede a uma diligência solicitada por uma autoridade competente de outro Estado e determinada pela autoridade judiciária portuguesa competente.

A materialidade de função de polícia releva em maior quantidade de *relações jurídico-administrativas de momento* e *relações jurídico-criminais de momento*, mas não se esgota nestes dois quadros jurídicos, pelo que o conceito material de polícia tem de ser mais abrangente e capaz de aglutinar um lato sentido funcional de polícia.

24. No sentido material ou funcional de polícia, esta pode promover medidas de índole policial, ou seja, medidas de competência própria das polícias, tendo em conta a competência subjectiva activa para

[109] PAULO DANIEL PERES CAVACO, "A Polícia no Direito Português, Hoje", *in Estudos de Direito de Polícia*, (Seminário de Direito Administrativo de 2001/2002, regido e coordenado por JORGE MIRANDA), Lisboa: AAFDL, 2003, p. 107.

a promoção de cada uma das medidas. As medidas de índole policial ou policiais podem sintetizar-se em três quadrantes de acordo com a natureza jurídica da actividade policial: de segurança [*medidas puras de polícia* ou em sentido estrito], administrativa [*medidas administrativas cautelares de polícia* ou *medidas cautelares administrativas de polícia*] ou judiciária/criminal [*medidas cautelares e de polícia*].

O primeiro quadrante, que está dentro de função de garantia de segurança interna, consagrada no nº 1 do art. 272º da CRP, encabeça as designadas **medidas puras de polícia**[110], que são ordenadas pela Autoridade de Polícia[111] e/ou promovidas pelos Agentes de Polícia que estão subordinados àquela Autoridade, que exercem uma função de comando e/ou direcção, ou seja, os Agentes de Polícia encontram-se em situação de dependência hierárquica.

Estas medidas podem ser ***medidas (gerais) de polícia***[112] – *v. g.*, identificação de pessoas, suspeitas, interdição temporária de acesso e circulação, evacuação ou abandono temporários, remoção de objectos, veículos ou outros obstáculos – ou ***medidas especiais de polícia***[113] – *p. e.*, realização de revistas e buscas para detectar armas, substâncias ou engenhos explosivos; apreensão temporária de armas, munições, explosivos e substâncias ou objectos proibidos; realização de acções de fiscalização em estabelecimentos e outros locais públicos ou abertos ao público; acções de vistoria ou instalação de equipamentos de segurança; encerramento temporário de paióis; revogação ou suspensão de autorizações aos titulares dos paióis, depósitos ou fábricas de armas ou explosivos; encerramento temporário de estabelecimento de venda de armas, cessação da actividade de empresas, grupos, organizações ou associações dedicadas ao terrorismo, ao crime organizado e violento; inibição radiofónica e isolamento electromagnético ou barramento de comunicações.

O segundo quadrante prende-se com a designada **polícia de natureza administrativa** que tem por inerência a competência para prati-

[110] Quanto às medidas de polícia Luís Fiães Fernandes e Manuel Monteiro Guedes Valente, *Segurança Interna – Reflexões e Legislação*, Coimbra: Almedina, 2005, pp. 23-26.

[111] Cfr. art. 26º da LSI.

[112] Cfr. art. 28º da LSI.

[113] Cfr. art. 29º da LSI.

car ***medidas preventivas administrativas*** – *p. e.*, a indicação numa dada via rodoviária de que está a decorrer uma fiscalização da velocidade por meio de radar, licenciamento e/ou autorizações de actividades [p. e., de segurança privada], recolha de informação urbanística para decisões administrativas, recolha de informações sobre actividades para decisão de licenciamento ou de autorização, fiscalização e controlo preventivos de atividades sujeitas a intervenção administrativa – ou ***medidas cautelares administrativas*** (medidas cautelares de polícia administrativa) – *p. e.*, todas as diligências desenvolvidas pela polícia, investida de natureza de autoridade policial ou agente policial, no âmbito do ilícito de ordenação social são medidas cautelares administrativas sancionatórias, porque o órgão administrativo competente para decidir da infracção não é quem a verifica e dela dá notícia, mas um órgão diferente[114] ou de hierarquia superior[115]. Podemos indicar como uma medida cautelar administrativa de polícia a restrição de actividade de segurança privada à empresa de segurança ou ao titular de cartão profissional de segurança privada, proposta pelas forças de segurança e decidida pelo membro do Governo responsável pela área da administração interna, nos termos do artigo 53º-A do RJSP. O Ministro da Administração Interna exerce, neste espectro, uma função própria das autoridades policiais.

O terceiro quadrante arreiga-se à ideia de polícia de natureza judiciária (OPC) ou criminal, que pode aplicar, por iniciativa própria, as designadas ***medidas cautelares e de polícia***[116], previstas e tipificadas na legislação processual de acordo com os princípios orientadores da intervenção policial: *p. e.*, providências cautelares [nº 1 do art. 249º], apreensões cautelares de provas [al. *c)* do nº 2 do art. 249º do CPP], revistas e buscas não domiciliárias [nº 1 do art. 251º do CPP].

[114] Veja-se o caso do consumo de estupefacientes, cuja competência para a instrução processual e decisão é a CDT e não a polícia que levanta o auto.

[115] Veja-se o caso da segurança privada, cuja decisão final da infracção é do Director Nacional da PSP, sendo que o levantamento dos autos e instrução do processo é de órgãos de posição hierarquica inferior.

[116] Para uma melhor compreensão desta matéria, o nosso *Do Ministério Público e da Polícia. Prevenção Criminal e Acção Penal como Execução de uma Política Criminal do Ser Humano*, Lisboa: UCE, 2013, pp. 249-328.

§ 9º Da polícia como *polícia judiciária*: Autoridade de Polícia Criminal e Órgão de Polícia Criminal

25. A polícia, enraizada na função de prevenção de criminalidade, *maxime* na sua função de prevenção criminal *stricto sensu*, reveste natureza de órgão [auxiliar ou integrante] da administração da justiça como órgão de polícia criminal (OPC) – al. *c)* do nº 1 do art. 1º do CPP e art. 3º da LOIC –, *i. e.*, reveste o sentido de *polícia judiciária*, que se destingue da polícia em sentido administrativo pela própria natureza das medidas que aplica em uma e em outra circunstância congregadora.

A nossa posição afasta-se da ideia de que a polícia judiciária se identifica com a designada polícia repressiva como escreve SERGIO BOVA. A polícia judiciária desenvolve uma função que vai para além da "averiguação dos delitos, sua repressão para impedir que continuem, a garantia das provas e das pessoas indiciadas à autoridade judiciária, e todas as investigações que esta julgue necessárias ou úteis para o desenvolvimento da instrução"[117], porque consideramos que esta polícia também desenvolve uma função de prevenção de delitos e de coadjuvação das autoridades judiciárias. É, como já escrevemos, por meio desta coadjuvação que a polícia judiciária ou criminal desenvolve a função repressiva[118].

A polícia criminal, ou seja, o OPC pode socorrer-se de *medidas cautelares e de polícia*[119] – temporárias, precárias, carentes e dependentes de apreciação e validação judicial – para a prossecução das suas competências próprias processuais penais e praticar os actos e/ou as diligências processuais penais determinados pela AJ competente na fase do processo em curso.

Cabe ao OPC coadjuvar as AJ, colher a notícia do crime, impedir as suas consequências, descobrir os seus agentes e promover actos necessários e urgentes idóneos a assegurar os meios de prova, deter os

[117] Cfr. SERGIO BOVA, "Polícia", *in Dicionário de Política*, 5ª Edição, p. 945.

[118] Para mais desenvolvimento sobre esta matéria, o nosso *Do Ministério Público e da Polícia...*, pp. 249-328.

[119] Quanto às medidas cautelares e de polícia *infra* §§ 45º-51º e o nosso *Processo Penal* – Tomo I, 3ª Edição, Coimbra: Almedina, 2004, pp. 295-312.

agentes dos crimes em flagrante delito, elaborar os autos de notícia, comunicar o crime à AJ, proceder à identificação dos suspeitos da prática de crime e de testemunhas, proceder à recolha de informações sobre os crimes, proceder a exames no local do crime, proceder a apreensões cautelares, à revista de suspeitos, à busca não domiciliárias e domiciliárias por ordem ou autorização da autoridade judiciária competente, proceder à suspensão da correspondência e à sua apreensão por ordem ou autorização do juiz, proceder à realização de intercepção e gravação e transcrição de conversações e comunicações por ordem ou autorização do juiz, proceder à intercepção celular, proceder ao registo de voz (*off*) e imagem – conforme artigos 55º, 171º e ss., 241º e ss., 263º, 288º do CPP e art. 6º da Lei nº 5/2002, de 10 de Janeiro.

O elemento policial pode, no mesmo momento e no mesmo facto motivador da intervenção policial, ter de revestir uma triplica ou dupla natureza – agente de polícia, agente policial ou de órgão de polícia criminal – conforme seja a natureza de intervenção e da medida a aplicar ao caso concreto.

Vejamos o seguinte exemplo:

A, agente da PSP, procede a uma busca a uma viatura que vai entrar num recinto desportivo onde irá decorrer um jogo de futebol. Actua nos termos da alínea *a)* do artigo 29º da LSI, ou seja, intervenção enquanto agente de polícia e aplica uma medida pura de polícia. Da sua actuação verifica que a viatura não tem em dia a inspecção periódica, infringindo as normas rodoviárias, sendo que *A* actua como agente policial e aplica uma medida cautelar administrativa de polícia. Na continuidade da sua acção, *A* verifica que o condutor da viatura transporta vários pacotes de cocaína, destinados a venda para consumo do seu grupo de adeptos, consignando o crime de *tráfico*, p. e p. pelo artigo 21º do DL nº 15/93, de 22 de Janeiro. *A* actua como órgão de polícia criminal e aplica medidas cautelares e de polícia, previstas nos artigos 248º e ss. do CPP. Analisemos e aprofundemos as questões que o exemplo se nos apresenta.

No quadro de agente de polícia, o agente actua segundo o regime das *medidas puras* de polícia, previstas nos artigos 27, 28º e 29º da LSI. No quadro de agente policial, actua no âmbito o sentido de polícia administrativa abarca as designadas *medidas administrativas de polícia* ou *medidas preventivas administrativas* ou *medidas cautelares administrativas*:

medidas preventivas administrativas, dotadas de carácter público, que assentam na ideia de perigo e aplicadas independentemente da verificação do dano social, da competência de órgãos da Administração dotados de prerrogativas de actividade policial, de controlo jurisdicional posterior, destinadas a controlar comportamentos individuais perigosos e vinculadas ao fim e à competência[120].

O elemento policial pode iniciar a sua actuação no quadro das *medidas puras de polícia* – *p. e.*, revista para detecção de objectos perigosos à entrada de um local público ou de acesso livre ao público, onde vai decorer um evento social com elevado número pessoas, conforme al. *a)* do art. 29º da LSI –, passar a intervir no campo das *medidas cautelares administrativas de polícia* – *p. e.*, possuir a quantidade de estupefaciente admitida por lei para consumo próprio, nos termos da Lei nº 30/2000, de 29 de Novembro[121] – e terminar por ter de aplicar uma *medida cautelar e de polícia* – *p. e.*, verificar que aquela pessoa corresponde às características (identificação física) transmitidas pela rede policial de ter procedido a uma subtracção de dinheiro e outros objectos pessoais (telemóvel) de um casal de idosos numa das ruas adjacentes ao local do evento, de cuja revista preventiva resulta a descoberta do dinheiro e do telemóvel subtraídos ao cidado casal. A partir deste momento, o elemento policial passa atuar como polícia criminal, *i. e.*, como OPC nos termos da legislação processual penal, *maxime* CPP.

26. Os conceitos de *autoridade de polícia*, de *autoridade de polícia criminal* e de *autoridade policial* não se confundem porque se enquadram em planos de natureza, atribuições e competência distintos e dotam os sujeitos detentores dessa prerrogativa de uma qualidade jurídica específica. Todos aqueles conceitos atribuem ao titular da qualidade

[120] Quanto a este assunto MARCELLO CAETANO, *Manual de Direito Administrativo* - Vol. II, 7ª Reimpressão da 10ª Edição, Coimbra: Almedina, 2004, pp. 1169-1171, PEDRO LOMBA, "A Actividade da Polícia como Relação Administrativa", *in Estudos de Direito de Polícia*, (Coordenação de JORGE MIRANDA), Lisboa: AAFDL, 2003, Vol. I, pp. 211-216 e *infra* §§ 38º e 39º.

[121] Para mais desenvolvimento sobre esta ideia, veja-se o nosso *Do Ministério Público e da Polícia...*, pp. .....

[111] Quanto a esta matéria, o nosso *Consumo de Drogas. Reflexões Sobre o Quadro Legal*. Coimbra: Almedina, 2006.

poderes materiais de decisão e de poderes hierárquicos sobre os agentes de polícia, os órgãos de polícia criminal e os agentes policiais, *i. e.*, acarretam o exercício de poder de direcção e de assumpção de responsabilidades inerentes a esses poderes.

Esta opção político-legislativa encontra força legal na exigência de *reserva e precedência de lei* na designação de «quem» ou «quais as categorias» podem e em que circunstâncias são atribuídas as qualidades de *autoridade de polícia* – art. 26º da LSI – e de *autoridade de polícia criminal* – al. *d*) do art. 1º do CPP. Nem todos os elementos das polícias podem deter essas qualidades, mas tão-só aqueles que o legislados entender reunirem os conhecimentos, as competências e capacidades adequadas e necessárias para o exercício de prerrogativas de *ius imperii*, restritivas de direitos e liberdades individuais em situações excepcionais.

A qualidade jurídica de *autoridade policial*, que se desenvolve no plano administrativo, *não exige reserva e precedência de lei* que especifique «quem» ou «quais as categorias» detêm essa qualidade, bastando tão-só que ocupe a função de hierarquia superior aos demais elementos policiais no enquadramento da actividade de polícia em concreto.

A natureza de cada uma destas figuras jurídicas (e operacionais) advém da própria natureza e atribuições da instituição policial a que o elemento está adstrito.

A qualidade jurídica de *autoridade de polícia* está adstrita à natureza de *polícia de ordem e tranquilidade públicas*, cuja acção operativa se estende em todo o quadro funcional jurídico-constitucional: defesa da *legalidade democrática* e defesa e garantia da *segurança interna* e dos *direitos do cidadão*.

A qualidade jurídica de *autoridade de polícia criminal* está adstrita à natureza de *polícia judiciária* que se afere da função de prevenção criminal *stricto sensu* de assento constitucional, conforme nº 3 do art. 272º da CRP.

A qualidade de *autoridade policial* está, de forma intrínseca, ligada à natureza de *polícia administrativa* que não se esgota no quadro das forças e serviços de segurança e estende-se à administração, melhor, às autoridades administrativas com poderes de polícia[122].

[122] Quanto aos *poderes de polícia administrativa geral e específica* segundo uma visão de supremacia do interesse público, sem escudar os direitos fundamentais do indivíduo, Hely

As qualidades jurídicas em que intervêm as autoridades ancoram nas *atribuições* expressas em cada lei orgânica, nas finalidades e interesses que a lei (orgânica e de mais leis) incumbe às polícias de prosseguir e ganham dimensão jurídico-operativa com as *competências*: conjunto de poderes funcionais de que cada uma das autoridades está incumbida por lei para prosseguir as atribuições[123].

Os critérios aferidores da competência de que o legislador se socorreu foram os critérios da *hierarquia* – as categorias detentoras da qualidade de autoridade estudadas estão elencadas e enumeradas pelo lei segundo um critério hierárquico superior com reflexo interno e externo à própria instituição policial – e da *matéria* – a lei confere a determinadas categorias dispostas hierarquicamente o exercício de poderes necessários para a prossecução das atribuições da instituição policial.

O critério territorial não é essencial para se aferir a qualidade de autoridade por ser tão-só limitativo para o exercício da actividade da instituição e não do órgão (categoria) em si mesmo, *i. e.*, o critério do território que significa uma "desconcentração territorial da competência administrativa" não é essencial à assumpção de autoridade de polícia, de autoridade de polícia criminal e de autoridade policial porque estas qualidades jurídicas são exercidas dentro do quadro jurídico-constitucional territorial da Polícia a que pertence.

27. Em caso algum, **a polícia**, seja judiciária seja administrativa, aplica *medidas policiais de segurança*, que assentam na prevenção do perigo [oriundo de estados de perigosidade e de necessidade], com o intuito de se prevenir ou evitar uma conduta que provoque um dano

Lopes Meirelles, *Direito Administrativo Brasileiro*, 35ª Edição, (actualizada por Eurico de Andrade Azevedo, Délcio Balestero Aleixo e José Emmanuel Burle Filho), São Paulo: Malheiros Editores Ltda., 2009, pp. 131-144.

[123] Quanto ao conceito de *competência*, Diogo Freitas do Amaral, *Curso de Direito Administrativo* – Vol. I, 2ª Edição, Coimbra: Almedina, 1994, pp. 604 e ss. e Afonso Rodrigues Queiró, "Competência", *in Dicionário Jurídico da Administração Pública* – Volume II, 2ª Edição, (Director José Pedro Fernandes), Lisboa, 1990, pp. 534-539.

social e de afastar os indivíduos perigosos da produção desses danos, cuja aplicação é juridiscional e pertença dos Tribunais[124].

Refira-se que nem todas as polícias administrativas revestem natureza originária de OPC, nem todas estas revestem natureza originária de polícia administrativa: *p. e.*, a PJ, que como prescreve o art. 1º da LOPJ, é «um corpo superior de polícia criminal auxiliar da administração da justiça», não obstante, como afirma FIGUEIREDO DIAS, deter, também, um espectro de natureza administrativa[125], quanto à sua organização autónoma e à actuação na prevenção da criminalidade. Já os elementos da PSP, da GNR, do SEF e da ASAE podem revestir as duas naturezas, sendo que a PSP e a GNR também preenchem o ideário de força de segurança: polícia de ordem e tranquilidade públicas.

Quanto à PM, como vamos tratar na secção seguinte, não pode ser enquadrada no quadro jurídico-constitucional de *Polícia* do art. 272º da CRP, nem de OPC nem de polícia de ordem e tranquilidade pública nem de administrativa nacional. A PM é um serviço do município com funções de polícia administrativa local.

[124] *Ibidem*. As medidas de segurança são a consequência jurídico-penal, que estão sujeitas ao princípio da legalidade e da tipicidade (nº 2 do art. 1º do CP), aplicadas aos casos de estado de perigosidade e por um Tribunal.

[125] Cfr. JORGE DE FIGUEIREDO DIAS, *Direito Processual Penal*, [Colecção Clássicos Jurídicos], Coimbra: Coimbra Editora, 2004, pp. 397-400 (p. 397, nota 6).

Secção II
Da Polícia Administrativa Especial: A Polícia Municipal

§ 10º Considerações gerais

28. O estudo das *polícias municipais*[126], segundo uma perspectiva policial, jurídica e política[127], obriga-nos a ver a cordilheira toda e não uma só montanha. O conjunto faz o todo e dele se aparta na diferença e nele se amalgama para se confundir (ou fundir) com a natureza, o objecto e a finalidade.

Pretendemos, assim, continuar a participar na crítica construtiva de uma POLÍCIA quer administrativa, quer de ordem e tranquilidade pública, quer judiciária, quer nacional quer venha a deter natureza

[126] Cumpre-nos fazer dois apontamentos: o primeiro para ilucidar os leitores que esta secção tem como base o texto "ENQUADRAMENTO JURÍDICO DAS POLÍCIAS MUNICIPAIS: Do quadro constitucional ao quadro ordinário", *in Estudos de Homenagem ao Professor GERMANO MARQUES DA SILVA*, Coimbra: Almedina, 2004, pp. 249-278, com as devidas alterações adequadas à inserção neste capítulo; o outro prende-se com o destaque dado a esta secção dedicado às polícias municipais, informando-se que este destaque se deve ao facto de só se fazer referência à natureza da polícia municipal nos §§ desta secção. Quanto às Polícias Municipais, com grande interesse jurídico e académico-científico, cfr. Parecer da PGR nº 28/2008, de 5 de Agosto, publicado no DR, II, de 12 de Agosto de 2008, pp. 35 859-35 875.

[127] Com humildade é nosso ensejo aglutinar e acoplar estas três vertentes de estudo em uma só, sem que façamos uma destrinça rectilínea dos vários patamares discursivos e dialécticos, pois procuraremos construir um texto unívoco dentro da diferença.

territorialmente limitada – local – capaz de cumprir o desiderato da defesa e da garantia dos direitos dos cidadãos – *prima facie* – e da defesa da legalidade e da segurança interna – nacional ou local.

Este estudo prende-se com um olhar sobre a problemática destrinça que deve recair sobre o **fundamento**, a **natureza**, o **objecto** e a **finalidade** das *polícias municipais*[128] face à POLÍCIA no quadro nacional.

Procuramos verter algumas considerações que podem ajudar-nos a reflectir um pouco mais sobre que POLÍCIA MUNICIPAL temos e queremos, porque desejamos o melhor para cumprir a *esfíngica tarefa fundamental* do Estado: a liberdade fundeada no respeito e na prossecução da dignidade da pessoa humana e, consequentemente, na construção do Homem colectivo e a segurança como direito garantia dos demais direitos e liberdades, sem que alguma vez se absolutize em detrimento da liberdade e da justiça, mesmo quando estes valores são materializados ou são desenvolvidos por acções materiais da administração local.

§ 11º Da construção da *polícia municipal*: princípios enformadores

29. A génese das polícias municipais não emerge do Séc. XX, pois a origem da própria polícia em um enquadramento histórico-geográfico prende-se com a sua visualização local e/ou municipal. A sua origem era marcadamente municipal ou citadina: *p. e.*, no séc. XIX, destaca-se a Guarda Real de Polícia de Lisboa e do Porto, que estavam sob o comando do Intendente Geral de Polícia[129]. Não pensemos que se inventou uma nova organização policial, apenas a história se escreve com outros contornos contemporâneos.

A ideia de polícia de proximidade, face ao «espaço» e ao «tempo» contemporâneo[130], parece-nos, retirou do centro da discursividade

[128] Que, apesar da sua alma híbrida, consideramos serem diferentes não só em razão da matéria, como também em razão do território, que, face à natureza, permitem consolidar uma ideia própria de polícia municipal.

[129] MASCARENHAS BARRETO, *História da Polícia em Portugal*, Braga: Braga Editora, 1979, p. 117.

[130] Quanto ao tempo e ac espaço como condicionantes dos estudos científicos, inclusive da polícia, PAULO CAVACO, "A polícia no direito português, hoje", *in Estudos de Direito de*

normativa o pensamento de *descentralização* das tarefas incumbidas ao Estado central e aos serviços dominantes – *in casu* forças de segurança ou POLÍCIA na acepção do art. 272º da CRP – e ocupou o centro legitimador da decisão política. Contudo, o renascimento das polícias municipais ancora na ideia central da democraticidade contemporânea: a descentralização de funções administrativas – que até então eram da competência exclusiva do Estado e passaram a ser confiadas a outras pessoas colectivas territoriais[131] [autarquias locais][132-133]. Desta feita, afastamos a ideia de proximidade – termo de mero quadrante estratégico-político – como factor jurídico determinante na origem das polícias municipais.

30. A criação de polícias municipais advém do *princípio ideológico jurídico-constitucional de descentralização* – consagrado no nº 2 do art. 267º da CRP – baseado quer na ideia de que coexistem interesses caracteristicamente próprios localizados[134] e nacionais quer na ideia de que se devem aproximar da comunidade os serviços e de que os

Polícia, (Coordenados por JORGE MIRANDA), Lisboa: AAFDL, 2003, p. 72 e FARIA COSTA, "O direito penal e o tempo", *in BFD da Universidade de Coimbra – Volume Comemorativo*, Coimbra, 2003, pp. 1139 e ss.. Quanto ao *tempo* e *espaço* como elementos gravitacionais da ciência em geral e da ciência jurídico-criminal em particular, seguindo a teoria de ÉTIENNE KLEIN, o nosso *Do Ministério Público e da Polícia...*, pp. 299-328 e 501-536.

[131] No sentido da descentralização como filão das polícias municipais, CATARINA SARMENTO E CASTRO, *A Questão das Polícias Municipais*, Coimbra: Coimbra Editora, 2003, p. 184.

[132] Quanto à centralização e descentralização DIOGO FREITAS DO AMARAL, *Curso de Direito Administrativo*, 2ª Edição, Coimbra: Almedina, 1994, Vol. I, p. 693 e ss..

[133] Quanto à descentralização das tarefas do Estado em outras pessoas colectivas territoriais – dinâmica contrária à centralização, em que «na gestão dos interesses locais» prevalecia «a *hierarquia dos serviços e das competências* de tal modo que os serviços locais e as respectivas chefias» estavam «sempre subordinados aos serviços e às chefias centrais» –, MARCELLO CAETANO, *Manual de Direito Administrativo*, 10ª Edição (7ª Reimpressão), Coimbra: Almedina, 2001, Vol. I, pp. 248 e ss. e *Princípios Fundamentais do Direito Administrativo*, 2ª Reimpressão Portuguesa, Almedina, Coimbra, 1996, p. 71. Neste sentido DIOGO FREITAS DO AMARAL, *Curso de Direito...*, p. 693 e ss. e GOMES CANOTILHO e VITAL MOREIRA, *Constituição da República Portuguesa Anotada*, 3ª Edição, Coimbra: Coimbra Editora, 1993, pp. 75 e 76, 927 e 928, e GOMES CANOTILHO, *Direito Constitucional e Teoria da Constituição*, 3ª Edição, Coimbra: Almedina, 1999, pp. 170 e 343 e ss..

[134] Quanto a este assunto e na linha de pensamento de VIEIRA DE ANDRADE, CATARINA SARMENTO E CASTRO, *A Questão das Polícias...*, p. 186.

cidadãos devem participar no «governo» dos seus interesses[135] – conforme nº 1 do art. 267º da CRP. Defendemos que não nos podemos socorrer da ideia de proximidade como princípio reitor para fundamentar a criação e a organização de uma polícia municipal, por considerarmos como argumento jurídico-constitucional o princípio da descentralização[136] de funções administrativas, que coabita com o princípio da centralização no teor de incumbência de determinação das condições base sustentáveis da comunidade pelas instâncias estatais supra-ordenadas[137].

A *descentralização* de que falamos, apesar de poder haver alguma aproximação no quadro político, não se confunde com a descentralização dos corpos de polícia de que nos fala SERGIO BOVA, a "direta dependência dos corpos de Polícia dos prefeitos e, por consequência, do Governo nacional, permite que eles sejam utilizados na instauração do estado de ordem que o executivo exige para o desenvolvimento da sua própria função", não obstante considerar que essa descentralização, assente na ideia de um "recrutamento regional e local e a organização estruturada sobre essa base e esse raio de ação limitado poderiam constituir um fator de po-

[135] Neste sentido se pode ler CATARINA SARMENTO E CASTRO, *A Questão das polícias...*, p. 163 e ss.. Refira-se que esta formulação não se encontra em contradição com a formulação da última frase do parágrafo anterior, porque não consideramos o conceito «proximidade» como um tipo jurídico, mas antes um tipo estratégico-político.

[136] Quanto às vantagens da descentralização – "as maiores eficiência e celeridade em abstracto da administração; a sua maior democraticidade, possibilitada pela proximidade das pessoas colectivas públicas em relação aos problemas concretos a resolver; a especialização administrativa; a limitação do poder público através da sua repartição por uma multiplicidade de pessoas colectivas" – e respectivas desvantagens – "proliferação de centros de decisão, de patrimónios autónomos e de exigências de gestão financeira, bem como o alargamento do número de servidores públicos, muitos deles sem qualificações técnicas para o exercício de funções com apreciável nível de especialização", que se traduzem em dificuldades de controlo e em riscos de ineficiências em concreto, que são mais evidentes nos casos em que os titulares dos órgãos não têm de estar necessariamente preparados para responsabilidades de gestão administrativa" –, MARCELO REBELO DE SOUSA e ANDRÉ SALGADO DE MATOS, *Direito Administrativo Geral – Introdução e Princípios Fundamentais* – Tomo I, 2ª Edição, Lisboa: Dom Quixote, 2006, pp. 145-146.

[137] REINHOLD ZIPPELIUS, *Teoria Geral do Estado*, (Tradução do alemão *Allgemeine Staatslehre* de KARIN PRAEFKE-AIRES COUTINHO sob a coordenação de GOMES CANOTILHO), 3ª Edição, Lisboa: Fundação Calouste Gulbenkian, 1997, p. 403.

tenciação da atividade de Polícia no verdadeiro e específico campo da segurança pública, ao mesmo tempo que poderia ser mais moderado e, (...), o emprego desses corpos em funções de ordem pública"[138].

Pertinente é saber se, no plano conceptual, a descentralização se reveste de carácter absoluto originário, *i. e.*, se a prossecução de funções administrativas por parte do serviço municipal é de competência originária ou se de competência subsidiária. Plano de discussão que se nos afigura complexo, mas cujo véu tentaremos descortinar em um ponto próprio.

31. Consideramos, assim, que há uma fonte de descentralização das tarefas prosseguidas pela administração central do Estado, na recriação das polícias municipais, mas não olvidamos que a Lei Quadro das Polícias Municipais [LQPM] reflecte, também, o *princípio da desconcentração*[139] de poderes – nº 2 do art. 267º da CRP –, sem prejuízo de prescrever os limites constitucionais advindos «dos poderes de direcção, superintendência e tutela dos órgãos competentes».

O legislador, ao estipular que as polícias municipais são criadas por deliberação da assembleia municipal, sob proposta da Câmara Municipal – nº 1 do art. 11º da LQPM –, procedeu à *desconcentração dos poderes políticos de decisão da necessidade e utilidade da criação de serviços administrativos locais* para a prossecução de tarefas que, até então, estavam nas mãos do poder central. Há uma desconcentração do poder de decisão da necessidade e utilidade de uma polícia local, o que permitirá um melhor ajustamento à descentralização e prossecução das tarefas.

Mas a criação, por deliberação da assembleia municipal, de uma polícia municipal não é suficiente para que a mesma tenha eficácia e validade jurídica. A LQPM impõe que aquela deliberação seja ratificada pelo Conselho de Ministros sob a forma de Resolução do Conselho de Ministros – nº 3 do art. 11º da LQPM –, ou seja, não há uma

[138] Para mais desenvolvimento, SERGIO BOVA, "Polícia", *in Dicionário de Política*, 5ª Edição, pp. 947-948.

[139] Quanto ao princípio da desconcentração DIOGO FREITAS DO AMARAL, *Manual de Direito...* – Vol. I, 3ª Edição, pp. 833-871.

desconcentração total não obstante a deliberação ser de um órgão colegial eleito por voto popular e de ter consagração constitucional.

A intervenção do Estado Central, que se deve cingir a questões de tutela da legalidade[140], impõe-se porque a polícia municipal é um serviço público municipal que exerce funções de *polícia administrativa*, e, por isso, da sua actuação pode resultar a restricção de direitos e liberdades (fundamentais ou não) do cidadão. Podemos quase afirmar que há, assim, uma desconcentração subordinada ao princípio da subsidiariedade, de que falaremos de seguida, melhor, uma desconcentração limitada à supervisão da tutela de legalidade pelo órgão de soberania Governo.

32. Outro ponto de análise prende-se com a questão do *princípio da subsidiariedade* – consagrado no nº 1 do art. 6º da CRP – a par da autonomia das autarquias locais e da descentralização democrática da administração pública. Pois, cumpre-nos esclarecer a nossa opinião quanto à diferenciação e quanto à interligação entre os dois princípios que devem nortear a discussão em torno das polícias municipais.

> O princípio da *subsidiariedade* foi consagrado no art. 6º da CRP, com a 4ª Revisão Constitucional, operada pela Lei Constitucional nº 1/97, de 20 de Setembro. Como ponto de discussão sobre o princípio da subsidiariedade e a sua interpretação constitucional, retemos as palavras de Alexandre Sousa Pinheiro e Mário João de Brito Fernandes, quando afirmam que "É difícil encontrar *espaço normativo* para o *princípio da subsidiariedade* num Estado unitário. A sua origem e justificação reside no *federalismo* e na consequente *pluralidade constitucional*, como muito bem o atesta o exemplo dos estados Unidos. Uma interpretação aligeirada da *subsidiariedade* na Constituição pode levar à conclusão de que os órgãos do estado exercem de forma residual as suas competências em relação às autarquias locais e às regiões autónomas. É uma tese não só superficial, quanto falsa. As competências dos órgãos das regiões autónomas e das autarquias locais devem ser determinadas de acordo com a Constituição,

[140] Quanto ao poder de tutela da legalidade do Estado sobre os órgãos autárquicos, João Caupers, *Introdução ao Direito Administrativo*, 9ª Edição, Lisboa: Âncora Editora, 2007, pp. 146-147 (143-144).

nomeadamente com as regras de competência para a prática de actos normativos. (...) O *princípio da subsidiariedade* surge na Constituição não como uma realidade jurídica com conteúdo normativo autónomo, podendo, na mais lata das interpretações, operar como apoio hermenêutico ao princípio da descentralização(...), mas como *afirmação política* apegada a um discurso em voga. A previsão de elementos de linguagem próprios do quotidiano político numa lei fundamental nunca é boa solução"[141].

Trazemos à colação a posição de GOMES CANOTILHO: "Em articulação com a cláusula da integração europeia (art. 7º/6) e o com o princípio do Estado Unitário (art. 6º/1), o *princípio da subsidiariedade* adquiriu (depois da revisão de 1992, no que respeita à União Europeia, e depois da revisão de 1997, no que se refere à estrutura do Estado Unitário), dimensão estruturante da ordem constitucional portuguesa. O princípio da subsidiariedade densificado a nível das relações Estados-membros/União europeia e do Estado Unitário/regiões autónomas e autarquias locais é expressão de um **princípio geral de subsidiariedade** que pode formalizar-se assim: as comunidades ou esquemas organizatório-políticos superiores só deverão assumir as funções que as comunidades mais pequenas não poderem cumprir da mesma forma ou de forma mais eficiente. O princípio da subsidiariedade articula-se com o princípio da descentralização democrática (...)"[142].

Neste sentido de princípio geral da subsidiariedade, REINHOLD ZIPPELIUS afirma que este princípio é um princípio estruturante de exigência de uma maior autodeterminação da comunidade, permitindo que "quanto mais poder decisório se encontrar nas comunidades inferiores, tanto maior será a medida em que os indivíduos se podem afirmar na vida comunitária" e acrescenta que, como princípio estrutural global, apresenta-se como "um compromisso entre a pluralidade e a auto-realização mais amplas possíveis, por um lado, e a necessidade de constituir uma estrutura global organizativa e uma compensação geral dos interesses, por outro lado"[143].

[141] Cf. ALEXANDRE SOUSA PINHEIRO e MÁRIO JOÃO DE BRITO FERNANDES, *Comentário à IV Revisão Constitucional*, Lisboa: AAFDL, 1999, pp. 4344.

[142] Cf. GOMES CANOTILHO, *Direito Constitucional...*, p. 346.

[143] Cf. REINHOLD ZIPPELIUS, *Teoria Geral...*, pp. 159/160. Quanto aos assuntos em discussão, JOSÉ MAGALHÃES, *Dicionário da Revisão Constitucional*, Lisboa: Editorial Notícias, 1999, 187 a 189.

Como ensinam MARCELO REBELO DE SOUSA e ANDRÉ SALGADO DE MATOS, o princípio da subsidiariedade pode apresentar-se como "um *critério* de descentralização: esta deverá assegurar que as atribuições e competências administrativas sejam prosseguidas e exercidas pelo nível de administração melhor colocado para o fazer com maior racionalidade, eficácia e proximidade em relação aos cidadãos"[144].

O princípio da *descentralização* encerra, em si mesmo, a ideia de chamar à prossecução de funções administrativas do Estado central outras pessoas colectivas, das quais e *in casu* se destacam as autarquias locais. O princípio da *subsidiariedade* engloba a natureza nascente e promotora do exercício dessas funções administrativas, *i. e.*, se essas funções preencherem o quadro de competências originárias ou se revestirem a capa da subsidiariedade descendente ou ascendente.

Parecem idênticos, mas, digamos, são diferentes na acepção material que se interligam no hífen da concordância operativa do conceito constitucional: a natureza emerge da função a prosseguir e esta pode revestir carácter próprio ou comunal ou carácter impróprio e descentralizado, influenciando dedutivamente aquela. A criação das polícias municipais, imbuída de uma ideia de desconcentração, imbrica no princípio da *descentralização* de funções administrativa sob o olhar operativo do princípio da *subsidiariedade*.

33. Ganha relevo a discussão de submeter à crítica os factores contribuintes da necessidade de criar *ab initio* uma nova estrutura policial: de índole estratégico-política, jurídico e histórico.

Os primeiros factores – estratégico-políticos – advêm da necessidade de responder ao sentimento de medo pela propagação da ideia de aumento de insegurança. Discordamos, contudo, que tenha havido um aumento tal que fomentasse este sentimento por considerarmos que, hoje, existe uma maior visibilidade informativa dos fenómenos criminógenos, o que induz o cidadão a conhecer *in momento* o facto criminal e, consequentemente, a ter uma mais consciente visão da insegurança –, associando-se àqueles factores a insuficiência de efectivos

[144] Cf. MARCELO REBELO DE SOUSA e ANDRÉ SALGADO DE MATOS, *Direito Administrativo...* – Tomo I, p. 142.

nas forças de segurança e o afastamento destas face ao cidadão e a desarmonização da actuação policial em áreas concretas[145].

Como resposta à falta de efectivos colmatou-se com o aumento de efectivos nos quadros das forças de segurança e, como se profetizara, com a criação de polícias municipais, que a jusante veio beneficiar da ideia de proximidade com o cidadão e de harmonização e/ou de acoplamento de determinadas acções – tarefas – que ocupavam em demasia as forças de segurança de âmbito nacional ou estatal. Acompanhamos CATARINA CASTRO ao escrever que "não pode a criação das polícias municipais pretender apenas solucionar um problema de falta de efectivos"[146], pelo que, em nosso entender, vence o ideário estratégico-político da proximidade no nascimento e proliferação de polícias municipais.

34. No plano jurídico, há a referir que materializa-se o pensamento do legislador constituinte de que a própria actividade de determinadas tarefas de administração da segurança[147] (interna)[148] – que imbrica

[145] Quanto a este assunto, CATARINA SARMENTO E CASTRO, *A Questão das Polícias...*, p. 165.

[146] *Idem*, p. 166.

[147] Em sentido lato, consideramos a topologia *segurança* como uma necessidade colectiva, na linha de pensamento das teorias administrativas sobre as necessidades colectivas desenvolvidas por MARCELLO CAETANO e DIOGO FREITAS DO AMARAL: uma das necessidades colectivas, cuja satisfação *regular e contínua* deve ser provida pela *actividade típica dos organismos e indivíduos* da Administração Pública, *nos termos estabelecidos pela legislação aplicável*, devendo aqueles obter para *o efeito os recursos mais adequados e utilizar as formas mais convenientes*, quer sob *direcção ou fiscalização* do poder político, quer sob o *controle dos tribunais* [DIOGO FREITAS DO AMARAL, *Curso de Direito Administrativo* – Vol. I, Almedina, Coimbra, 1996, pp. 32 e ss.. Itálico nosso]. Quanto a este assunto, o nosso *Dos Órgãos de Polícia Criminal – Natureza-Intervenção-Cooperação*, Coimbra: Almedina, 2004, pp. 78-79 e *infra* §15º. Para um maior desenvolvimento da tipologia de segurança, os nossos *Segurança – Um Tópico Jurídico em Reconstrução*. Lisboa: Ancora Editora, 2013, e "Contributos para uma Tipologia de Segurança Interna", *in I Colóquio de Segurança Interna*, Coimbra: Almedina, 2005, pp. 69-98.

[148] Colocamos segurança (interna) entre parêntesis por considerarmos que as policias municipais não preenchem *ab initio* as prerrogativas originárias de segurança interna, podendo com a sua actividade de segurança administrativa contribuir para a prossecução de segurança interna.

Desde já avançamos que entendemos que **a segurança interna**, como efeito de segurar, de afastar o perigo, surge como tarefa de proteger as pessoas e os valores que constituem

com a segurança externa a montante e com as questiúnculas securitárias locais a jusante – deve ser, por um lado, levada a cabo por pessoas colectivas territoriais distintas do Estado – *descentralização*[149] – e que, por outro lado, há tarefas que prosseguidas por aquelas pessoas colectivas territoriais alcançam os mesmos fins de bem-estar e desen-

a sociedade política, devendo, como poder político, ser um instrumento juridicamente organizado e tecnicamente estruturado na defesa externa e na defesa da ordem e tranquilidade interna e deve, primeiramente, ter como fim a realização não ficta, mas real do princípio estruturante de qualquer Estado moderno que é o respeito da dignidade da pessoa humana através da promoção de uma ordem, de uma segurança e de uma tranquilidade públicas, que seja capaz e eficiente na protecção das pessoas contra quaisquer ameaças ou agressões de outrem ou dos próprios poderes públicos que ponham em causa a sua vida, a sua integridade física ou moral, que seja eficaz não só na protecção, como também na promoção do bem-estar material das pessoas, que passa pela protecção dos seus bens, de forma a evitar que sejam danificados ou subtraídos ao seu domínio directo e imediato. Não olvidamos o nº 1 do art. 1º da Lei de Segurança Interna, aprovada pela Lei nº 53/2008, de 4 de Setembro, no qual se prescreve que segurança interna consiste em «garantir a ordem, a segurança e a tranquilidade públicas, proteger pessoas e bens, prevenir a criminalidade e contribuir para assegurar o normal funcionamento das instituições democráticas, o regular exercício dos direitos e liberdades fundamentais dos cidadãos e o respeito pela legalidade democrática».
A segurança, nesta perspectiva, não pode ser encarada unicamente como coacção jurídica e coacção material, mas primordialmente como "uma garantia de exercício seguro e tranquilo de direitos, liberto de ameaças ou agressões", quer na sua dimensão negativa – direito subjectivo à segurança que comporta a defesa face às agressões dos poderes públicos – quer na sua dimensão positiva – direito positivo à protecção exercida pelos poderes públicos contra quaisquer agressões ou ameaças de outrem [Gomes Canotilho e Vital Moreira, *Constituição da República...*, 3ª Edição, p. 184]. Na nossa opinião, foi neste sentido que o legislador Constitucional consagrou o direito à segurança no mesmo número do mesmo artigo (27º) da Constituição que consagrou o direito à liberdade, funcionando os dois como corolários e fundamento da expressão de todos os demais direitos pessoais, culturais, sociais e económicos. Quanto a este assunto o nosso *Dos Órgãos de Polícia...*, pp. 78 a 80.

149 Quanto à descentralização, considerando o enraizamento histórico e jurídico, assim como a origem dos elementos policiais [da PSP], a RCM nº 45/2007, de 19 de Março, aponta como objectivos na reestruturação do Sistema das Forças e Serviços de segurança, a descentralização para as Polícias Municipais de Lisboa e do Porto as competências da PSP no âmbito da fiscalização de trânsito nas cidades respectivas, "devolvendo aos municípios plenos poderes de regulação de trânsito e estacionamento, sem prejuízo das competências gerais da PSP na prevenção e repressão de ilícitos e na garantia da segurança pública". Cfr. al. *c)* do ponto 3.2 da RCM nº 45/2007, de 19 de Março.

volvimento organizado em segurança – *subsidiariedade*[150]. Acresce que a transferência do poder da criação das polícias municipais pela Assembleia Municipal, sob proposta da Câmara Municipal, é a prossecução do princípio jusconstitucional da desconcentração, ou seja, há assim uma *desconcentração* política, mas também jurídica não obstante ser mitigada uma vez que tal deliberação não vale por si só, pois a sua eficácia depende de ratificação por Resolução do Conselho Ministros[151].

Há acrescentar que, face ao quadro constitucional vigente, a actividade de polícia municipal não pode ultrapassar os limites conceptuais e teleológicos de uma polícia materialmente subsidiária no plano da segurança interna – actividade constitucionalmente originária das forças de segurança ou Polícia, que, como força capaz de servir os interesses vitais da comunidade politicamente organizada, se apresenta e se impõe como garantia da estabilidade dos bens, mas também como

[150] Quanto ao princípio da subsidiariedade, os nossos *Consumo de Drogas – Reflexões Sobre o Quadro Legal*, 3ª Edição, Coimbra: Almedina, 2006, pp. 91-93 [Como afirma Pio XI, na encíclica "*Quadragésimo Anno*", este princípio é um "importantíssimo princípio da filosofia social", defendendo que, "assim como não é lícito retirar aos indivíduos, para o passar à comunidade, aquilo que eles podem realizar por iniciativa e meios próprios, assim também é contra a justiça, representa grave dano e perturba profundamente a recta ordem entregar a uma sociedade maior e de grau mais elevado o que as sociedades menores e de grau inferior são capazes de realizar"; com efeito, toda actividade social deve, por natureza, ajudar os membros do grupo social *(subsidium afferre)* e nunca, pelo contrário, destruí-los ou absorvê-los.
A *subsidiariedade* é a expressão da natureza quer da pessoa como ser individual, quer da sociedade, da "anterioridade e primado da pessoa e da múltipla dimensão social da mesma". Este princípio exprime "a especificidade e indispensabilidade do papel da sociedade – não apenas do Estado, embora muito particularmente dele – relativamente aos seus membros (individuais e colectivos)] e *Escutas Telefónicas – Da Excepcionalidade à Vulgaridade*, Coimbra: Almedina, 2003, p. 55. Quanto ao *princípio da subsidiariedade* como um princípio constante de direito da União Europeia que o Estado (e a sua administração) deve assumir como princípio de direito interno, Hans J. Wolff, Otto Bachof e Rolf Stober, *Direito Administrativo* – Vol. I, (Tradução do alemão, *Verwaltungsrecht*, Vol. I, 11ª Edição, de António Francisco de Sousa), Lisboa: Fundação Calouste Gulbenkian, 2006, p. 187.

[151] Exceptuam-se deste regime as Polícias Municipais de Lisboa e do Porto, às quais foi, por força do art. 21º da LQPM, atribuído um regime especial, aprovado pelo DL nº 13/2017, de 26 de Janeiro – Regime Especial das Polícias Municipais de Lisboa e do Porto, constituídas exclusivamente por pessoal com funções policiais da Polícia de Segurança Pública.

durabilidade credível das normas e de irrevogabilidade das decisões do poder que respeita a interesses justos e comuns[152].

35. No que concerne ao factor histórico, temos a dizer que assistimos, há vários anos e em vários países, à criação e à implementação de estruturas policiais de índole «comunal» e, ainda, ao nascimento de novos corpos de polícia municipal e, em outros casos, ao aumento de funcionários agentes de polícia municipal. Contexto ao qual não poderíamos resistir durante muito tempo, pois vivemos em uma pequena aldeia global.

Cumpre-nos chamar à colação dois instrumentos do Conselho de Ministros do Conselho da Europa que cunharam o mote das polícias municipais: a Recomendação nº R (95) 12, de 11 de Setembro de 1995, sobre Gestão da Justiça Penal, da qual se destacam as recomendações nº 8 – no que respeita à implementação geográfica de novas instalações – e nº 13 – no que concerne à especialização e ao desenvolvimento de novas carreiras profissionais com o intuito de obter novos conhecimentos teóricos e práticos; e a Recomendação nº R (96) 8, de 5 de Setembro de 1996, sobre a Política Criminal em uma Europa em Transformação, da qual se destaca a medida a implementar nº 8 – no sentido de os Estados-membros se encorajarem em desenvolver estratégias de prevenção nos planos locais e regionais.

§ 12º Do quadro jurídico-constitucional

36. Analisado o quadro constitucional, consideramos que as polícias municipais são polícias *operativas de contexto espacial delimitado* – município – e *parte integrante* de pessoas colectivas – com autonomia jurídica – distintas do Estado, *i. e.*, enquadram a Administração Autónoma e promovem a descentralização administrativa e o ideário do princípio da subsidiariedade da prossecução dos fins colectivos – «manutenção da tranquilidade pública e (...) protecção das comunidades

[152] Quanto a este assunto o nosso *Dos Órgãos de Polícia...*, p. 79.

locais»[153], conforme nº 3 do art. 237º da CRP – através do princípio da cooperação[154].

A CRP é clara quanto ao âmbito territorial operativo das polícias municipais – devendo ter-se em referência que o nº 4 do art. 272º da CRP prescreve que o regime das forças de segurança [Polícia] é único e «para todo o território nacional»[155] – e à sua dimensão de atribuições e competências de polícia tipicamente administrativa, afastando, desde logo, a vertente judiciária da polícia municipal que se retira do art. 272º da CRP.

Realce-se que, não obstante esta concepção determinativa de polícia, consideramos que a policia municipal é um serviço público de cariz local que desempenha actos de *ius imperii* no canto das suas atribuições e competências que emergem da natureza da pessoa colectiva município ou, nas palavras de Catarina Castro, que exerce «poderes funcionais que visam a satisfação de interesses próprios do município»[156]. Caso contrário, seria ilegítima a tutela administrativa – controlo da legalidade[157] – do poder central sobre as autarquias locais e, por maioria de razão, sobre os seus órgãos e serviços[158].

Sentidos vertidos na Lei Quadro das Polícias Municipais – quer na Lei nº 140/99, de 28 de Agosto, quer na Lei nº 19/2004, de 20 de Maio –, da qual resulta que as polícias municipais são «serviços municipais», que «têm âmbito municipal» e que exercem «funções de polícia administrativa»[159].

[153] Negrito nosso.

[154] O nº 3 do art. 237º da CRP consagra que «as polícias municipais *cooperam* na manutenção da tranquilidade pública e na protecção das comunidades locais».

[155] Apesar do Projecto do PS propor que se aditasse, *in fine*, "sem prejuízo da possibilidade de criação de corpos de polícia municipal". Alexandre Sousa Pinheiro e Mário João de Brito Fernandes, *Comentário à IV Revisão...*, p. 562.

[156] Catarina Sarmento e Castro, *A Questão das Polícias...*, p. 399. Cfr. art. 235º da CRP.

[157] Cfr. art. 242º, nº 1 da CRP.

[158] Quanto à tutela administrativa, art. 10º da Lei nº 19/2004, de 20 de Maio.

[159] Cfr. art. 1º da Lei nº 19/2004, de 20 de Maio.

37. Da Constituição retira-se que as atribuições[160], as competências[161] e as funções de polícia municipal[162] de que a lei quadro a venha dotar cingem-se, por um lado, ao princípio da cooperação[163] e, por outro, à prossecução da tranquilidade pública e de protecção de pessoas e bens do município. Quanto ao princípio da cooperação faremos uma análise autónoma de seguida, prendamo-nos, neste porto de discussão, com o fim genérico da actividade da polícia municipal.

Não discordamos de CATARINA CASTRO relativamente à concepção que apresenta quanto à *tranquilidade pública* pertencer ou fazer parte da segurança interna[164-165] em sentido lato, quer como elemento componente ou similar de ordem pública quer como no sentido de

[160] Cfr. art. 2º da Lei nº 19/2004, de 20 de Maio.

[161] Cfr. art. 4º da Lei nº 19/2004, de 20 de Maio.

[162] Cfr. art. 3º da Lei nº 19/2004, de 20 de Maio.

[163] Quanto a uma análise mais ampla e profunda do princípio da cooperação, *infra* Capítulo V da Parte II.

[164] Quanto à questão da segurança interna, o nosso "A segurança como tarefa fundamental do Estado de Direito Democrático", *in Dos Órgãos de Policia Criminal*, Coimbra: Almedina, 2004, pp. 75 a 83.

[165] Quanto à segurança (interna) e como já escrevemos e afirmamos, recordamos que, segundo GOMES CANOTILHO e VITAL MOREIRA, a segurança, como "garantia de exercício seguro e tranquilo dos direitos, liberto de ameaças ou agressões", ou seja, mais como "garantia de direitos do que" como "direito autónomo", nasce com o art. 3º da Constituição de 1822, na qual se consagra "a ideia de segurança pessoal" em que ao governo competia promover a protecção de "todos para poderem conservar os seus direitos pessoais" [GOMES CANOTILHO e VITAL MOREIRA *Constituição da República...*, na 3ª edição p. 184 (na 4ª Edição, vol. I, p. 478)]. Quer na sua *dimensão negativa* (protecção contra *os poderes públicos*), quer na sua *dimensão positiva* (protecção contra *agressões de outrem*), o direito à segurança não pode, como bem jurídico tutelado constitucionalmente – bem jurídico garantia dos demais bens jurídicos –, ser promovido de forma que viole a prossecução dos direitos fundamentais pessoais, cujo exercício lhe limitam a sua amplitude baseada no pressuposto da realização do interesse público [Pensamos importante referir que o interesse público deveria ser "o de que cada um tenha as melhores possibilidades de alcançar a satisfação dos seus interesses" [MANUEL FONTAINE CAMPOS, *O Direito e a Moral no Pensamento de Friedrich Hayek*, Porto: UCP, 2000, p. 106].
O direito à segurança, que deve ser preferencialmente prosseguido e garantido pelo Estado, não deve socorrer-se de meios ou medidas de cariz de Estado de Polícia, mas sim de meios que encontram o seu fundamento e a sua causa de existência nos próprios direitos pessoais enraizados na promoção do respeito da dignidade humana. Como direito do cidadão surge como dever do Estado, que, além desta garantia, lhe compete constitucional-

paz, calma e repouso[166]. Contudo, há a realçar para esta concepção o carácter residual espacial e de conteúdo dessa visão de segurança interna *lato sensu*. Não podemos conceber uma polícia municipal com missão de tranquilidade pública em que qualquer acto de polícia administrativa municipal se enquadre, por regra, em acto de segurança interna, mesmo que em sentido lato.

A tranquilidade pública é, em si mesmo, uma *necessidade* e um *fim* nacional e, por maioria de razão, local, o que nos impele a restringir a essa natureza os actos de polícia administrativa municipal adstritos a atribuições especificas de segurança: *p. e.*, a fiscalização do cumprimento de normas relativas a espectáculos, cuja competência de autorização ou de licença caiba ao município. Pois, caso ultrapasse este limite pode deturpar-se o escopo originário constitucional da criação e implementação das polícias municipais, porque entraremos no âmbito da tranquilidade pública *stricto sensu*.

A actividade de garantia e de protecção de pessoas e bens face a condutas humanas, típicas, ilícitas e culposas [crimes] e de preven-

mente *garantir os direitos e liberdades fundamentais e o respeito pelos princípios do Estado de Direito Democrático* [al. *b)* do art. 9º da CRP].

Pensamos que é, nesta perspectiva, que GERMANO MARQUES DA SILVA fala em limitar as restrições *ao mínimo indispensável, para se poder conciliar o aprofundamento das liberdades individuais com a segurança colectiva* [GERMANO MARQUES DA SILVA "Entrevista", *in Polícia Portuguesa*, nº 124, Maio-Junho 2000, pp. 15-16]. As liberdades individuais são as respeitantes aos direitos pessoais, que estão *directamente ao serviço da protecção da esfera nuclear das pessoas e da sua vida* [GOMES CANOTILHO e VITAL MOREIRA, *Constituição da República...*, na 3ª edição, p. 179 (na 4ª Edição, Vol. I, p. 461)], cuja protecção não se esgota civilmente, mas se estende a uma tutela penal de alguns desses direitos [direito à vida, à integridade física, à imagem, à reserva da vida privada, ao bom nome e reputação].

O direito à segurança não pode nem deve ser encarado como um direito absoluto do cidadão, nem como uma garantia absoluta de todos os outros direitos, porque estes podem ser garantidos não só através de uma acção activa do Estado, mas também através de medidas e acções preconizadas pelos próprios cidadãos, que devem ter um papel dinâmico e activo fundamental na prossecução e desenvolvimento de um Estado que se quer de Direito e Democrático. Perante esta perspectiva o Estado não se pode arrogar como defensor absoluto dos direitos dos cidadãos com todos os meios técnicos, mesmo que eficazes e eficientes, que possam pôr em causa não só direitos, liberdades e garantias, como ainda o desenvolvimento livre e responsável de uma sociedade. Para mais desenvolvimentos e o contraponto *liberdade*, o nosso *Dos Órgãos de Polícia Criminal...*, pp. 108 e ss..

[166] CATARINA SARMENTO E CASTRO, *A Questão das Polícias...*, p. 329.

ção criminal, prescrita para as polícias dotadas de natureza de ordem e tranquilidade públicas, administrativa e judiciária, melhor, que podem revestir natureza de órgão de polícia criminal, característica que, como temos vindo a defender, só as forças e serviços de segurança de panorama operativo nacional e de funções amplas e gerais de segurança interna vestem[167], está reservada às polícias criminais ou polícias com natureza constitucional judiciária.

38. Quanto à protecção de pessoas e bens, como actividade administrativa da polícia municipal, acresce uma ornamentação de *especificidade geográfica* – *i. e.*, veste natureza local ou territorial identificada, determinada e restrita no plano do território nacional – e de *cariz municipal* – *p. e.*, a vigilância nos transportes públicos locais [al. *b)* do nº 2 do art. 3º da Lei nº 19/2004, de 20 de Maio] ou a guarda de edifícios e equipamentos públicos municipais [al. *d)* do nº 2 do art. 3º da Lei nº 19/2004, de 20 de Maio].

A própria Lei Quadro consagra que «a competência territorial das polícias municipais *coincide com a área do município*», só podendo actuar fora da sua jurisdição territorial em situações de flagrante delito e de emergência perante solicitação de autoridade municipal competente – conforme art. 5º. No que concerne a este preceito e à cláusula prescrita na parte final do nº 2 – *mediante solicitação da autoridade municipal competente* –, defendemos que ou se aplica, segundo uma interpretação restritiva, apenas às situações de «emergência de socorro» ou perde qualquer sentido lógico-jurídico uma vez que, quanto à detenção em flagrante delito, qualquer cidadão pode deter outro cidadão por crime punível com pena de prisão[168]. Caso se interprete de modo diferente estamos a retirar ou a esvaziar o conteúdo funcional do agente de polícia municipal.

39. A tranquilidade e a protecção de pessoas e bens, para que encerre o teor de serviço municipal de polícia, carece do elemento localizante – município ***Y*** ou ***Z*** –, sendo neste contexto que se

[167] Neste sentido José Manuel Damião da Cunha, *O Ministério Público e os Órgãos de Polícia Criminal no Novo Código de Processo Penal*, Porto: UCE, 1993, p. 102 e ss..
[168] Cfr. al. *b)* do nº 1 do art. 255º do CPP.

pode falar que aquela actividade ancora no campo da segurança interna *lato sensu*.

A própria Lei Quadro revela o cuidado na formulação das funções e das competências desta polícia, ao identificar e prescrever, em várias alíneas, a subjugação da promoção da actividade administrativa de polícia municipal à «área da sua jurisdição» [nº 1 do art. 2º], à «coordenação com as forças de segurança» [als. *a)* e *b)* do nº 2 do art. 3º] e à clausula restritiva «sem prejuízo do disposto na legislação sobre segurança interna e nas demais leis orgânicas das forças de segurança» [nº 4 do art. 2º].

Podemos aduzir que a tranquilidade pública e a protecção das comunidades – pessoas e bens – encerram não só uma vertente geográfica localizante, mas também e por essa razão uma vertente limitativa.

A sua operatividade identifica-se, determina-se e restringe-se por um lado às atribuições e funções de *cariz descentralizado* e *subsidiário*, não obstante as prerrogativas próprias da autonomia administrativa inerente ao município, jamais podendo alcançar o escopo de função global de polícia consagrado no art. 272º da CRP, e, por outro lado, aquelas desenvolvem-se num espaço geográfico que não se identifica com território nacional, embora nele inserido.

40. O carácter subsidiário da função de polícia municipal enlaça-se, *prima facie*, no plano da segurança interna *stricto sensu* – prevenção criminal[169] – e em certas actividades de tranquilidade pública, cuja

[169] Quanto ao sentido de ***prevenção criminal***, consagrada no nº 3 do art. 272º da CRP, como demonstram os nossos estudos, acompanhamos a dupla função – a de **vigilância** [levada a cabo pela POLÍCIA e que visa evitar que se infrinjam "as limitações impostas pelas normas e actos das autoridades para a defesa da segurança interna, da legalidade democrática e dos direitos dos cidadãos", sem que alguma vez se deixe de respeitar esses mesmos direitos; *p. e.*, o direito a manifestar-se não pode funcionar como limite do direito de liberdade de circulação dos demais cidadãos, o que implica uma acção de vigilância sobre os que se manifestam de modo a que estes não ponham em causa as normas que regulamentam o direito de manifestação, a legalidade do próprio acto manifestação e os direitos de todos os demais cidadãos] e a de **prevenção criminal** *stricto sensu* [na qual compete à POLÍCIA adoptar "medidas adequadas para certas infracções de natureza criminal", medidas essas que visam a protecção de pessoas e bens, a vigilância de indivíduos e locais suspeitos, sem que se restrinja ou limite o exercício dos direitos, liberdades e garantias do cidadão] –

operatividade depende, por um lado, dos preceitos da lei de segurança interna e das leis orgânicas e de funcionamento das forças de segurança e, ainda, da legislação penal substantiva e adjectiva, e, por outro, da coordenação com as demais forças de segurança que deve existir na prossecução das suas funções sob pena de não se racionalizar os meios humanos e materiais em um país carente de recursos financeiros.

A vertente subsidiária advém da própria concepção constitucional vertida na forma verbal «cooperam» do nº 3 do art. 237º da CRP. Não nos debruçaremos neste ponto sobre o princípio da cooperação, de análise sequente, mas tão-só no deslindamento do sentido constitucional limitativo e determinante das funções de polícia municipal. Neste sentido, ALEXANDRE PINHEIRO e MÁRIO FERNANDES consideram que o carácter subsidiário da actividade de polícia municipal no campo do *ius criminalis* se manifesta no caso de "detenção em flagrante delito na ausência de autoridade judicial ou entidade policial e solicitar a intervenção de tais entidades"[170].

41. Se nos recolhermos no nº 1 do art. 272º da CRP, verificamos que o legislador quis, constitucionalmente, identificar e determinar

e consideramos que, apesar do legislador ordinário ter prescrito que «os órgãos de polícia municipal têm competência para o levantamento de auto ou o desenvolvimento de inquérito por ilícito de mera ordenação social, de transgressão ou criminal por factos estritamente conexos com violação de lei ou recusa da prática de acto legalmente devido no âmbito das relações administrativas», nos termos do nº 3 do art. 3º da lei Quadro – prescrição que, no nosso entender, parece ultrapassar os limites materiais consagrados no nº 3 do art. 237º da CRP –, a actividade dos órgãos de polícia municipal não pode estender-se à função de prevenção criminal *stricto sensu* e que, mesmo no âmbito da função de vigilância, consideramos que só é admissível no âmbito das atribuições – art. 2º da Lei Quadro – e das funções de polícia – art. 3º da lei Quadro – locais como *cooperante* na manutenção da tranquilidade pública e na protecção das comunidades. Quanto às funções de prevenção criminal acima descritas, GOMES CANOTILHO e VITAL MOREIRA, *Constituição da República Portuguesa Anotada*, 3ª Edição, Coimbra: Coimbra Editora, 1993, pp. 956/957 e, na mesma linha de pensamento, os nossos *Regime Jurídico da Investigação Criminal Comentado e Anotado*, 3ª Edição, Coimbra: Almedina, 2006, pp. 31 e 33 e *Dos Órgãos de Polícia* ..., pp. 18, 80 e 81.

[170] ALEXANDRE S. PINHEIRO e MÁRIO J. DE BRITO FERNANDES, *Comentário à IV Revisão*..., p. 517. Visão Vertida na al. *e)* do nº 1 do art. 4º da Lei Quadro da Polícia Municipal e na al. *b)* do nº 1 do art. 255º do CPP.

a função da polícia ao consagrar que «a polícia **tem** por funções...». Dir-nos-ão que é uma construção abrangente em que também cabe a polícia municipal. Posição que merece alguns apontamentos preliminares para que possamos demonstrar a nossa discordância quanto à função originária.

O legislador constitucional, em primeiro lugar e em termos sistemáticos, sentiu necessidade de aditar o preceito das polícias municipais em um artigo inserido nos Princípios Gerais (Capítulo I) do Poder Local (Titulo VIII), da Organização do Poder Político da CRP (Parte III), conquanto o art. 272º se insere na Administração Pública (Título IX). Caso entendesse que as funções de «manutenção da tranquilidade pública e (...) protecção das comunidades» fossem de carácter originário *ab initio* das polícias municipais, o prescrito no nº 3 do art. 237º estaria vertido no art. 272º da CRP.

Em segundo lugar, a forma verbal «cooperam» afasta a função originária de «manutenção da tranquilidade pública e (...) protecção das comunidades», pois pressupõe que essa função é da competência originária de outro serviço público, como se verifica consagrado no art. 272º, nº 1 da CRP: «a polícia **tem** por funções...». Esta Polícia – administrativa, de ordem e tranquilidade pública e judiciária – detém o dever próprio e original da prossecução de manutenção da tranquilidade pública e de protecção da comunidade nacional.

Em terceiro lugar, a epígrafe do art. 237º é «descentralização administrativa», ou seja, a confiança de funções administrativas que, até então, estavam na esfera do poder central, tais como a tranquilidade pública e de protecção da comunidade (local) obedece ao princípio da descentralização[171]. A pessoa colectiva autarquias locais prossegue interesses próprios, mas em um quadro global nacional, cuja prossecução por aquela polícia se funda no âmbito da cooperação com as forças de segurança, tendo em conta os *vectores da subsidiariedade negativa* – o que a polícia municipal não deve fazer, *p. e.* o nº 4 do art. 2º, o nº 5 do art. 3º da Lei Quadro – e os *vectores da subsidia-*

[171] Cfr. nº 1 do art. 267º CRP. Quanto ao princípio da descentralização administrativa, MARCELLO CAETANO, *Manual de Direito Administrativo*, Almedina, pp. 248 e ss.; DIOGO FREITAS DO AMARAL, *Curso de Direito...* – Vol. I, 2ª Edição, pp. 693 e ss.; GOMES CANOTILHO e VITAL MOREIRA, *Constituição da República...*, 3ª Edição, pp. 75-76 e 927-928.

riedade positiva – o que a polícia municipal deve fazer, *p. e.* as medidas cautelares de identificação, de revista de indivíduos suspeitos da prática de crime [nº 4 do art. 3º da Lei Quadro] ou a sua detenção em flagrante delito e sua entrega imediata ao OPC competente [al. *e)* do art. 4º da Lei Quadro].

Como se retira do exposto, no âmbito da *prevenção criminal*, os actos da polícia municipal não assumem a natureza funcional de órgão de polícia criminal. São, assim, atos subsidiários face à competência originária das demais forças de segurança de âmbito nacional – *p. e.*, PSP, GNR, PJ, ASAE, SEF.

42. Relevante é a consagração constitucional do ***princípio da cooperação***[172] desde logo com a forma verbal «cooperam» – nº 3 do art. 237º da CRP – que se traduziu na Lei Quadro – art. 2º, nºs 2 e 3. Daqui reforça-se a ideia de que os interesses de segurança do município não se separam dos interesses de segurança da comunidade nacional, impondo-se não uma sobreposição directiva por parte das forças de segurança ou de subalternização das polícias municipais, mas antes uma relação administrativa de harmonização de intervenção e de exercício articulado na manutenção da tranquilidade pública e na protecção das comunidades (locais) que influenciará a segurança interna nacional, demonstrando-se, desta feita, que "os interesses municipais em matéria de polícia não são de prossecução livre e independente da realização dos interesses nacionais nessa matéria"[173].

A cooperação deve ser entendida quer no *plano vertical* – em que se aproxima da lealdade para com a hierarquia e se manifesta na coadjuvação a que estão sujeitas as autoridades policiais para com o poder judicial – e no *plano horizontal* – face à qual as policiais municipais devem cooperar com as demais forças de segurança e estas para com aquelas sob a égide da reciprocidade, «nomeadamente através da *partilha da informação* relevante e necessária para a prossecução das respectivas atribuições e na *satisfação de pedidos de colaboração* que legiti-

[172] Quanto ao princípio da cooperação, o nosso *Dos Órgãos de Polícia* ..., pp. 209 a 240 e *infra* Capítulo V da Parte II. Quanto a este assunto, Catarina Sarmento e Castro, *A Questão das Polícias...*, p. 401 e ss.

[173] Catarina Sarmento e Castro, *A Questão das Polícias...*, p. 403.

mamente forem solicitados»[174], nos termos dos nºs 2 e 3 do art. 2º da Lei Quadro.

43. O enquadramento da polícia municipal como polícia administrativa[175-176] – cooperando na manutenção da tranquilidade pública e na protecção das comunidades locais – levanta o véu da questiúncula sobre a **natureza** ou **não de órgão de polícia criminal**[177]. Como referimos, encontra-se afastada a possibilidade de actividade de polícia municipal no âmbito da prevenção criminal, ou seja, de polícia promotora de actos de natureza pré-judiciária ou judiciária ou, nas palavras de GERMANO MARQUES DA SILVA, «actos de polícia» ou «pré-processual»[178], não revestindo a caracterização de órgão de polícia criminal, que lhes está vedado *ex lege* – nº 5 do art. 3º.

[174] Itálico nosso.

[175] No sentido da polícia municipal como uma polícia administrativa – que deve actuar em "actividades comerciais, de urbanização, trânsito e ambiente", cuja conexão com as actividades típicas de forças de segurança é de afastar –, ALEXANDRE S. PINHEIRO e MÁRIO J. DE BRITO FERNANDES, *Comentário à IV Revisão...*, p. 517.

[176] A actividade de polícia é, *ab initio*, de natureza administrativa, por traduzir o «modo de actuar da autoridade administrativa que consiste em intervir no exercício das actividades individuais susceptíveis de fazer perigar interesses gerais, tendo por objectivo evitar que se produzam, ampliem ou generalizem os danos sociais que as Leis procuram prevenir» [MARCELLO CAETANO, *Manual de Direito...* – Vol. II, 10ª Edição, p. 1150], concepção que influenciada pelo art. 18º Código francês dos Delitos e das Penas de 3 do Brumário do ano IV, a *polícia administrativa* «tem por objecto a manutenção habitual da ordem pública em toda a parte e em todos os sectores da administração geral. O seu fim é, principalmente, o de prevenir os delitos», que por sua vez considerava como *polícia judiciária* aquela que «investiga os delitos que a polícia administrativa não impediu que se cometessem, reúne as respectivas provas e entrega os autores aos tribunais encarregados por lei de os punir»[MARCELLO CAETANO, *Manual de Direito...* – Vol. II, 10ª Edição, p. 1153 e *Princípios Fundamentais...*, p. 267].

[177] Quanto à concepção de órgão de polícia criminal, o nosso *Dos Órgãos de Polícia ...*, pp.11 e ss.; GERMANO MARQUES DA SILVA, *Curso de Processo Penal* – Vol. I, 4ª Edição, Lisboa/S. Paulo: Verbo, pp. 275 a 284, e no que concerne às medidas cautelares e de polícia, Vol. III (2ª Edição), pp. 63 e ss..

[178] GERMANO MARQUES DA SILVA, *Curso de Processo...* – Vol. III, p. 63. Na primeira edição, o ilustre professor na 1ª edição fala-nos de acto «pré-processual», conquanto na 2ª edição em «actos de polícia», pois não difere na natureza e no sentido de que temos falado, porque, quer em uma acepção quer em outra, carece de apreciação e de validação judicial.

A actividade da polícia municipal é de natureza administrativa, não obstante a Lei Quadro consagrar a realização de actos processuais judiciários no plano do direito penal processual típicos dos órgãos de polícia criminal, tais como a identificação[179] e revista de suspeito pela prática de crimes[180] [nº 4 do art. 3º], a detenção e entrega imediata de suspeitos quando surpreendidos em flagrante delito [al. *e)* do nº 1 do art. 4º]. Contudo, a prossecução dos mesmos actos – *p. e.*, a prática de medidas cautelares e de polícia, como o exame, a apreensão, a busca não domiciliária ao local do crime, a apresentação do detido ao juiz de turno – cabe aos demais órgãos de polícia criminal.

44. Realce merece a disposição do nº 3 do art. 3º da Lei Quadro no que concerne à *elaboração de inquérito por ilícito criminal* por factos estritamente conexos com violação de lei no âmbito das relações administrativas ou por recusa da prática de acto legalmente devido também no âmbito das relações administrativas. Por um lado, há a referir que esta nova função de elaboração de inquérito criminal não se encontrava prevista na anterior LQPM, Lei nº 140/99, e que, no nosso entender, ultrapassa os limites do nº 3 do art. 237º da CRP, e por outro, a desobediência a que este preceito se refere não se confunde com a falta de «obediência devida a ordem ou mandado legítimos que tenham sido regularmente comunicados e emanados do agente de polícia municipal»[181].

A consignação de desenvolvimento de inquérito por ilícito criminal encontra **um limite iminentemente funcional** – os factos delituosos criminais têm de se prender com as funções de «fiscalização do cumprimento das normas regulamentares municipais», [al. *a)* do nº 1 do art. 3º da Lei Quadro], de «fiscalização do cumprimento das nor-

[179] A identificação impõe-se por razões de identificação do autor da infracção contra-ordenacional, nos termos do art. 49º do RGCO.

[180] Assim como defendemos a revista de segurança no quadro administrativo ou a própria revista preventiva e de segurança prevista na al. *b)* do nº 1 do art. 251,º do CPP. Quanto à revista preventiva e de segurança, o nosso *Revistas e Buscas*, 2ª Edição, Coimbra: Almedina, 2005, pp. 24-26 e *infra* Capítulo III da Parte II.

[181] Prevista no nº 1 do art. 14º da LQPM. Quanto a esta questão e a outras referentes aos Órgãos de Polícia Municipal, Parecer da PGR 28/2008, DR, nº 155, 12 de Agosto de 2008, pp. 35859 e ss..

mas de âmbito nacional ou regional cuja competência de aplicação ou de fiscalização caiba ao município», [al. *b)* do nº 1 do art. 3º da Lei Quadro], e de «aplicação efectiva das decisões das autoridades municipais», [al. *c)* do nº 1 do art. 3º da Lei Quadro].

Mas está, de todo em todo, afastada a possibilidade de exercício de competências próprias de OPC, devendo o agente de polícia municipal, sempre que detenha em flagrante delito um suspeito da prática de crime punido com pena de prisão, entregar o mesmo de imediato à autoridade judiciária ou a entidade policial, conforme al. *e)* do art. 4º da Lei Quadro e nos termos do art. 255º, nº 1, al. *b)* do CPP. Deste preceito, pode retirar-se que o **órgão de polícia municipal não é** para efeitos do Código de Processo Penal **entidade policial**, não podendo ser por maioria de razão OPC.

45. Outro ponto de relevo é a submissão da actividade de polícia municipal aos princípios constitucionalmente consagrados para a demais administração pública, tendo sempre presente, por um lado, a prossecução do interesse público (local) e, por outro, o respeito pelos direitos e interesses legalmente protegidos dos munícipes.

As polícias municipais encontram-se, desta feita, subordinadas à Constituição e à lei – nº 2 do art. 266º, art. 3º, nº 2 e art. 18º, nº 1 da CRP – e devem prosseguir os princípios da igualdade – art. 266º, nº 2 e art. 13º da CRP –, da proporcionalidade *lato sensu* ou da proibição do excesso na sua tríplice vertente [adequação; exigibilidade ou necessidade e subsidiariedade; e proporcionalidade *stricto sensu*][182], da justiça, da imparcialidade e da boa fé – art. 266º, nº 2 da CRP –,

[182] Conforme se retira do art. 16º da LQPM. Quanto ao princípio da proporcionalidade *lato sensu* ou da proibição do excesso, referimos que é um principio que deve verificar-se quer no plano legiferante quer no plano da interpretação e aplicação das normas desde a actividade de *prima facie* – como a de polícia – até à actividade de decidir quer administrativa quer judicialmente. Neste sentido, os nossos *Dos Órgãos de Polícia...*, pp. 196 e 197, *Regime Jurídico da Investigação Criminal ...*, 3ª Edição, p. 68 e *Escuta Telefónicas ...*, 2ª Edição, pp. 61-65.

democrático e da lealdade[183] e o pleno respeito e fomento do princípio da liberdade[184].

Os princípios que vinculam as forças e serviços de segurança devem nortear as polícias municipais que, nos seus actos, podem infligir restrições ao exercício de direitos, liberdades e garantias dos cidadãos munícipes, que não perdem a categoria de sujeitos desses mesmos direitos só porque a intervenção é administrativa e não penal.

[183] Quanto ao princípio democrático e da lealdade, GERMANO MARQUES DA SILVA, *Curso de Processo...* – Vol. I, 4ª Edição, pp. 66 e ss., *Ética Policial e Sociedade Democrática*, Edição do ISCPSI, 2001, pp. 67 e ss., e os nossos *Dos Órgãos de Polícia ...*, pp. 59 a 74, *Processo Penal* – Tomo I, 3ª Edição, Coimbra: Almedina, 2005, pp. 183-191 e 193-201.

[184] A liberdade, como conjunto complexo de direitos e de deveres que os homens e as suas instituições definem e proclamam, apresenta-se-nos também como realidade inerente ao ser humano que, como nos ensina o sábio grego [*Apud* JOHN RAWLS, *Uma Teoria para a Justiça*, (Tradução do inglês *A Theory of Justice* CARLOS PINTO CORREIA), Lisboa: Editorial Presença, 1993, p. 197], detém o sentido do que é justo e injusto e constrói no seu intelecto e na sua materialidade uma concepção de justiça sedimentada em critérios de equidade [Sobre as teorias da justiça, veja-se ANTÓNIO BRAZ TEIXEIRA, *Sentido e Valor do Direito*, INCM, 2ª Ed., 2000, pp. 223 e ss.], que permite a edificação de um caminho adequado e equilibrado entre o dogma e a intolerância, fomentando um reducionismo que promova uma visão de mera preferência entre a religião e a moral. Como princípio, inerente a um Estado de direito democrático, a liberdade, sendo um direito natural de todo ser humano que se realiza no seu próprio pensar e age livremente no mundo, que, como ser livre e pessoal, deve exigir "a consagração legal de tudo o que seja indispensável para a realização de cada homem"[*Idem*, p. 210].

Nesta linha de pensamento, afirmamos que a liberdade apenas se concretiza quando a justiça, como "insubstancial que de nada depende mas do qual, no mundo jurídico, tudo depende", se enraíza em princípios como os da igualdade e da imparcialidade. O Homem encontra-se quando o princípio da liberdade é rebocado e reforçado com os princípios da ordem, da paz, do respeito pela personalidade individual, da solidariedade, da segurança, funcionando todos em coexistência intrínseca e harmoniosa como se de corolários simultâneos se tratassem. A **liberdade** apresenta-se à **POLÍCIA** como **meta a defender** e a **alcançar** como se lhe **impõe constitucionalmente** – art. 272º da CRP –, devendo promover todos os actos atinentes a esse cumprimento *ex vi* do art. 3º conjugado com o art. 18º, nº 1 da CRP. Neste sentido, o nosso *Dos Órgãos de Polícia...*, pp. 41 e ss..

§ 13º Lei Quadro – da concepção à fiscalização dos actos da Polícia Municipal

46. O nº 1 do art. 1º da Lei Quadro considera as polícias municipais como «*serviços municipais* especialmente vocacionados para o exercício de *funções de polícia administrativa*, com as competências, poderes de autoridade e inserção hierárquica». Apresenta-se como um serviço público territorialmente limitado – município a que pertence – com uma especialidade funcional: exercer funções de *polícia administrativa*. Esta concepção delimita a caracterização da polícia municipal e afasta, desde logo, qualquer aproximação ou comparação aos OPC.

Apesar de muitos defenderem que existe um conflito de natureza, consideramos que não se vislumbra qualquer conflito, pois a actividade da polícia municipal só roça as arestas do plano judiciário nos casos estritos do inquérito criminal no âmbito do nº 3 do art. 3º, da identificação e revista no âmbito do nº 4 do art. 3º, e nos casos de detenção em flagrante delito por crime punido com pena de prisão e a sua entrega imediata a autoridade judiciária ou entidade policial – al. *e)* do art. 4º da Lei Quadro.

Esta miragem de actividade emerge quer dos princípios da necessidade e subsidiariedade positiva – face às circunstâncias factuais e como primeiro passo na manutenção da tranquilidade pública, impõe-se àquelas a aplicação de medidas cautelares até que a entidade competente possa intervir e tomar conta da ocorrência – quer do princípio da cooperação vertical e horizontal activa.

47. No patamar do exercício de funções de polícia administrativa, compete, prioritariamente, aos municípios fiscalizar «o cumprimento das leis e regulamentos que disciplinem matérias relativas às atribuições das autarquias e à competência dos seus órgãos», conforme nº 1 do art. 2º da Lei Quadro. Fiscalização espelhada ao longo dos artigos 3º e 4º, sendo que, como se referiu, há atribuições e competências que estão sujeitas à cláusula de coordenação e de respeito pelas atribuições e competências das forças de segurança.

Como sabemos, há normas de âmbito nacional cuja concreção se realiza no plano geográfico local e cuja fiscalização se manifesta mais profícua em um plano estratégico localizado – por meio das polícias municipais – promovendo-se a democracia participativa e o princípio da subsidiariedade.

A prevenção e a vigilância do cumprimento das normas regulamentares que incidem sobre o quotidiano do munícipe podem, a longo prazo, consciencializar os responsáveis políticos e a comunidade local da necessidade de construir uma sociedade dentro dos padrões do direito e da cidadania, conduzindo-nos à co-responsabilização.

48. Como já deixamos patente, a polícia municipal quer na sua natureza própria de atribuição e de competência quer na natureza de cooperação é e deve ser encarada como garante dos direitos dos cidadãos – locais. Esta concepção retira-se, desde logo, do nº 3 do art. 237º da CRP ao consagrar que «as polícias municipais cooperam (...) na **protecção** das comunidades das locais».

A protecção engloba, em nosso entender e no respeito pelo princípio da descentralização e da subsidiariedade, não só bens materiais – sendo muitos deles constituintes de direitos fundamentais carreados de tutela jurídico-criminal, como a propriedade –, mas também bens jurídicos pessoais constituintes do núcleo central dos direitos fundamentais pessoais – como a vida, a integridade física, a reserva da intimidade da vida privada, a imagem, a palavra, a honra.

Na actividade de cooperação directa ou indirecta com as forças de segurança – POLÍCIA –, a polícia municipal está vinculada à constituição e à legalidade (e ao Direito) – nº 2 do art. 3º da CRP e nº 1 do art. 3º do CPA – e, por conseguinte, aos preceitos constitucionais respeitantes aos direitos, liberdades e garantias – nº 1 do art. 18º da CRP. Consideramos, desta feita, que a natureza de cooperação não afasta o ónus de defesa e garantia dos direitos fundamentais do cidadão, pois esse desiderato está enraizado na função de polícia (municipal).

49. À assembleia municipal, sob proposta da câmara municipal, compete, por *deliberação*, **criar as polícias municipais**, conforme nº 1 do art. 11º da Lei Quadro.

Da *deliberação* deve constar «a enumeração das respectivas competências e a área do território do município» em que são exercidas –

nº 1 do art. 12º da Lei Quadro –, e deve formalizar-se através da «aprovação do regulamento da polícia municipal e do respectivo quadro de pessoal», cuja eficácia depende de ratificação por Resolução do Conselho de Ministros e respectiva publicação em Diário da República, conforme nºs 2 e 3 do art. 11º da Lei Quadro e artigos 2º, 3º, 4º, e 5º do DL nº 197/2008, de 7 de Outubro, que estipula as regras a observar na criação das polícias municipais e regula as relações entre a administração central e os municípios.

Da Lei Quadro retira-se que compete ao Governo promover as medidas legislativas adequadas e necessárias a dotar os municípios com polícia municipal de meios financeiros que correspondam às necessidades inerentes às *competências efectivamente exercidas*[185], ou seja, que garantam o **financiamento** das polícias municipais.

A dotação dos meios financeiros depende, nos termos do art. 13º conjugado com os artigos 11º e 12º da LQPM, de cada município e da análise do caso concreto tendo como fio orientador as competências que a polícia municipal exerce de forma efectiva.

50. Problema que nos acerca é a **fiscalização da legalidade da actividade de polícia municipal e da legalidade na criação**, na organização e funcionamento das polícias municipais. Quem é competente para fiscalizar e controlar da legalidade? Como se depreende, não está em causa o controlo de mérito, pois este encontra-se vedado constitucionalmente – *a contrario* art. 242º, nº 1 da CRP.

Quanto ao controlo do cumprimento legal e regulamentar na criação, organização e funcionamento das polícias municipais são competentes os membros do Governo responsáveis pelas áreas das finanças e das autarquias locais – nº 1 do art. 10º da Lei Quadro.

Quanto à actividade de polícia municipal que viole gravemente direitos, liberdades e garantias do cidadão munícipe compete «ao membro do Governo responsável pela **administração interna**, por **iniciativa própria** ou **mediante proposta** do membro do Governo responsável pelas autarquias locais, determinar a investigação» – nº 2 do art. 10º da Lei Quadro. Interrogação pertinente é a de se

[185] Cfr. art. 13º da LQPM.

saber se a Inspecção-Geral da Administração Interna (IGAI) pode ou não proceder a esta investigação? Somos da opinião que pode e deve.

Da Lei Quadro não resulta qualquer restrição ou limitação a que a investigação de esses actos ofensivos/lesivos de direitos possa ser levada a cabo por aquela inspecção, como ainda a IGAI é uma inspecção do MAI que se pode accionar *ex officio*, a pedido ou por determinação para proceder a uma investigação sempre que da actuação dos OPM haja ou resulte uma ilegalidade ou um exercício desproporcional das atribuições e competências que lhe estão adstritas.

Refira-se, ainda, que se da violação resultar a ofensa a um bem jurídico digno de tutela jurídico-criminal, o Ministério Público não só pode, como deve, desde que seja crime público, proceder ou ordenar que se proceda à investigação para apuramento da verdade, como recai sobre os outros agentes de polícia municipal o ónus de comunicar esses delitos à autoridade judiciária ou à entidade policial[186].

Acresce que devemos referir que aos superiores hierárquicos[187], inclusive o presidente da câmara, aos quais cumpre o dever de orientação da actividade de polícia municipal local, cabe o dever de fiscalização e controlo da actividade de função de polícia municipal, devendo promover os respectivos processos disciplinares de acordo com o estatuto disciplinar próprio[188] e comunicar às autoridades competentes as matérias factuais que consignem a prática de um crime.

§ 14º Dos órgãos de polícia municipal

51. Cabe-nos abordar uma das mais polémicas questiúnculas sobre a polícia municipal. Como se retira do exposto, consideramos que os agentes de polícia municipal não podem revestir natureza de Órgão de Polícia Criminal (OPC), apesar de na Lei Quadro se prescrever a admissibilidade da prática de alguns actos típicos daquele órgão

[186] Cfr. al. *b*) do nº 1 do art. 242º do CPP.

[187] Quanto aos poderes de fiscalização do superior hierárquico, DIOGO FREITAS DO AMARAL, *Curso de Direito...* – Vol. I, 2ª Edição, pp. 640 e ss., MARCELLO CAETANO, *Manual de Direito...* – Vol. I, 10ª Edição, pp. 244 e ss..

[188] Cfr. nº 1 do art. 19º da LQPM.

auxiliar ou coadjuvador da Autoridade Judiciária (AJ)[189]. Face a esta posição, cumpre-nos discretear sobre o posicionamento em termos de atribuições e competências, exercício de autoridade e, consequentemente, o recurso a meios coercivos:

a. A **actividade** desenvolvida pelo órgãos de polícia municipal é **administrativa** e de **âmbito territorial** – art. 2º, nº 1 da Lei Quadro –, *i. e.*, afasta-se a ideia de função ou prossecução de actos processuais penais quer como medidas cautelares e de polícia quer como actos determinados pela AJ.

b. Contudo, do nº 3 do art. 3º afere-se que os órgãos de polícia municipal (OPM) têm competência para levantar auto e/ou desenvolver inquérito por ilícito criminal, mas que tenha por objecto «factos estritamente conexos com violação de lei ou recusa[190] da prática de acto legalmente devido no âmbito das relações administrativas» e o nº 4 do art. 3º prescreve que os OPM «podem proceder à **identificação e revista**[191] dos suspeitos no local do cometimento do ilícito», podendo detê-los em flagrante delito [conforme al. *b*) do nº 1 do art. 255º do CPP e al. *e*) do art. 4º da LQPM] no âmbito de exercício de poderes de autoridade, devendo de imediato entregar o detido ou à AJ ou ao OPC competentes[192]. Competências estas, que, face ao preceituado

[189] Quanto à coadjuvação à AJ por parte dos OPM, consideramos que a mesma se processa por imperativo constitucional – nº 3 do art. 202º da CRP. Neste sentido, não se nos afigura muito correcta nem conforme este comando constitucional o nº 3 do art. 4º da LQPM ao estipular que a execução de comunicações, notificações e pedidos de averiguações por ordem das AJ se processará mediante protocolo do governo com o município.

[190] Quanto à recusa que pode gerar a consignação do crime de desobediência, art. 14º da LQPM.

[191] Compreende-se, como já referimos, que os OPM façam a revista de suspeito da prática de crime, pois esta enquadra-se, principal e fundamentalmente, no âmbito da revista de segurança ou medida preventiva e, por conseguinte, de preservação de provas materiais ou reais que se perderiam se a revista não fosse efectuada. Quanto às revistas de segurança ou medida preventiva, o nosso *Revistas e Buscas*, 2ª Edição, pp. 24-26 e *infra* Capítulo III da Parte II.

[192] Segue-se o determinado pelo art. 255º, nº 1, al. *b*) e nº 2 do CPP. Quanto à revista efectuada pelo OPM, o nosso *Revistas e Buscas*, 2ª Edição, pp. 53-54. Quanto a este assunto e na nossa linha de pensamento, cfr. Parecer da PGR nº 28/2008, de 5 de Agosto, publicado no DR, II Série, em 12 de Agosto de 2008.

no nº 3 do art. 237º da CRP, podem estar feridas de inconstitucionalidade material, pelo que só podem ser vistas como residuais e subsidiárias e, como tal, não lhes confere natureza de OPC, posição corroborada pelo nº 5 do art. 3º da Lei Quadro. Desta feita, os agentes de polícia municipal apenas podem, no exercício de poderes de autoridade, desenvolver funções de órgão de polícia municipal.

Acresce reafirmar que o OPM pode e deve, em flagrante delito, deter um cidadão pela prática de um crime com o ónus de o entregar de imediato à AJ ou a entidade policial territorialmente competente. Pois, se um cidadão pode deter, muito mais um OPM que é detentor de uma formação mínima jurídica.

No nosso entender, os OPM podem proceder à revista de segurança dos agentes da prática de crime em flagrante delito, nos termos da al. *b*) do nº 1 do art. 251º e al. *c*) do nº 5 do art. 174º do CPP. Esta *revista preventiva é uma medida de segurança* para evitar que os OPM transportem, para entrega à AJ ou ao OPC, detidos munidos de objectos perigosos ou proibidos que coloquem em perigo a vida e a integridade física.

c. A **identificação de infractores das normas administrativas**, cuja fiscalização compete aos agentes de polícia municipal, bem como a solicitação de apresentação da documentação de identificação necessária à actividade em curso estão subjugadas ao *princípio da necessidade* – quer para proceder à fiscalização quer para a elaboração do auto referente à infracção – conforme nº 2 do art. 14º da Lei Quadro.

A identificação estipulada neste preceito não se confunde com a identificação prescrita no nº 4 do art. 3º da Lei Quadro, por esta se cingir, única e em exclusivo, ao âmbito de suspeitos da prática de crime, conquanto a identificação prescrita no nº 2 do art. 14º da Lei Quadro se cinge aos infractores de normas administrativas a que estão obrigados e sujeitos no quadro da fiscalização camarária, típicas do campo de atribuição e competência da polícia municipal.

Pode aferir-se que está vedado aos agentes de polícia municipal a possibilidade de procederem a revista de qualquer infractor no âmbito da função de polícia dentro das suas atribuições e competências administrativas. Contudo, consideramos que os OPM, no âmbito das suas atribuições e competências, podem e devem proceder à apreensão de «objectos que serviram ou estavam destinados a servir para a prática de uma contra-ordenação, ou que por esta forma produzidos, e bem assim quaisquer outros que forem susceptíveis de servir de prova», nos termos do nº 1 do art. 48º-A do RGCO.

d. Outro ponto de discussão prende-se com a subjugação do recurso a **meios coercivos** ao princípio da *legalidade* – «só podem utilizar os meios coercivos previstos na lei», como o uso de arma de fogo [art. 17º da Lei Quadro e art. 23º do DL nº 239/2009, de 16 de Setembro, que aprova o regime de direitos e deveres dos OPM] –, ao *princípio da proporcionalidade ou da proibição do excesso* – «na estrita medida das necessidades decorrentes do exercício das suas funções, da sua legítima defesa ou de terceiros» –, ao *princípio da subsidiariedade* – a solicitação das forças de segurança territorialmente competentes [GNR ou PSP] para fazer uso de meios coercivos indispensáveis à situação de ordem ou tranquilidade públicas e salvaguarda do interesse público que sejam indisponíveis ou não autorizados para a polícia municipal, nos termos do art. 16º da Lei Quadro – e, concomitantemente, ao princípio de reserva de lei –, *ex vi* art. 161º, 164º e 165º da CRP.

Pode-se, em jeito de súmula e como temos defendido, referir que os agentes de polícia municipal detêm uma natureza hibridamente esfumada, cujos ramos se alongaram mais do que a raiz e o tronco. No nosso entender, permitiu criar-se uma dúvida de actuação diária, que urge solucionar sob pena de a confusão e as 'guerrilhas' se amalgamarem e criarem um 'caos' da tipologia (ou topologia) a aceitar e implementar quanto às atribuições e competências de cada Polícia.

Secção III
Nova Tipologia de Polícia

§ 15º Dos contributos finais para uma nova tipologia de polícia

52. Do exposto neste capítulo, consideramos que devemo-nos perguntar que polícia em geral e que polícia municipal queremos no futuro. No que respeita à polícia municipal, devemo-nos questionar se queremos uma polícia municipal de cariz administrativo, mantendo-se o quadro constitucional actual e o regime jurídico vigente; ou se queremos uma polícia municipal de cariz administrativo e de ordem e tranquilidade públicas idêntica à PSP e à GNR, dotada de pormenores de polícia judiciária; ou, se pelo contrário, queremos reestruturar as forças de segurança e incluir no lote destas a polícia municipal; ou ainda, se queremos uma polícia municipal de índole fiscalizante.

Devemos, contudo e em primeiro lugar, interrogarmo-nos sobre que modelo de POLÍCIA queremos consagrar constitucionalmente nos próximos tempos: modelo *diversificado* segundo a natureza de cada uma polícia; modelo *unificado* com maximização das funcionalidades numa só atribuição geral, *i. e.*, polícia nacional; ou um modelo *unificado com maximização de cada funcionalidade em competência, atribuição e natureza única* sem perda das características ou traços identitários de cada uma das polícias (prevenção e segurança, investigação criminal, administrativa, fronteira, saúde e economia).

Pensamos que o grande problema actual é permitir que a polícia municipal desempenhe certos actos que roçam o panorama de polícia judiciária e, simultaneamente, vedar-lhes o exercício de funções típicas dos órgãos de polícia criminal, criando-lhes um caminho turbulento em que irão caminhar cujos acertos colmatar-se-ão com o tempo – manifestação da realeza humana. Este caminho turbulento está presente na multiplicidade de polícias e de serviços administrativos com poderes de polícia.

53. Defendemos que, face ao quadro constitucional, a polícia municipal não deve desenvolver funções de órgão de polícia criminal, pois deve apenas cingir-se ao quadro de polícia administrativa dotada de prerrogativas de autoridade, nem deve proceder a inquéritos de índole criminal, nem mesmo quanto a «factos estritamente conexos com violação de lei ou recusa da prática de acto legalmente devido no âmbito das relações administrativas». A Polícia Municipal, face ao quadro constitucional vigente, devia cingir-se à natureza originária atribuída pela Constituição na Revisão de 1997: natureza administrativa local e cooperante com as forças de segurança territorialmente competentes na manutenção da ordem pública.

Como se depreende da nossa exposição, consideramos que, por um lado, na esteira de ALEXANDRE S. PINHEIRO e MÁRIO J. FERNANDES, "as polícias municipais e as forças de segurança são realidades constitucionalmente diferentes"[193], e que, por outro, a polícia municipal emerge de um quadro jurídico-constitucional de *desconcentração* quanto à criação e de *descentralização* e de prossecução de tarefas sob a égide do princípio da *subsidiariedade* negativa e positiva, jamais se configurando como órgão de polícia criminal, e que aquela está vinculada aos mesmos princípios constitucionais que a demais POLÍCIA, consagrada no art. 272º da CRP, na defesa e garantia e respeito dos direitos fundamentais dos cidadãos (locais), sem que nos olvidemos de que a *ética policial*, como ensina GERMANO MARQUES DA SILVA, que "comunga de toda a problemática que é própria desta e como tal é também a

[193] ALEXANDRE S. PINHEIRO e MÁRIO J. DE BRITO FERNANDES, *Comentário à IV Revisão...*, p. 517. Neste mesmo sentido, GOMES CANOTILHO e VITAL MOREIRA, *Constituição da República...* – Vol. II, 4ª Edição, pp. 727 e 862.

expressão, no contexto policial, de uma ética geral"[194], se deve erigir como exigência natural.

§ 16º Conclusão capitular: uma nova tipologia de Polícia

54. Cumpre-nos contribuir para a construção de uma tipologia de polícia não em sentido restrito, mas em sentido lato, capaz de congregar a construção jurídico-constitucional – ou seja, constitucionalizada em um Estado de direito democrático – ornada e embebida pelo freio da liberdade e da democraticidade.

Consideramos que ***Polícia*** em sentido lato[195] é (*i*) actividade de natureza executiva[196] – ordem e tranquilidade públicas e administrativa –, (*ii*) dotada de natureza judiciária[197] no quadro de coadjuvação e

[194] GERMANO MARQUES DA SILVA, *Ética Policial...*, p. 20. No que respeita à vinculação aos princípios constitucionais por parte dos OPM, cfr. art. 3º do DL nº 239/2009, de 16 de Setembro.

[195] Este tópico é resultado de vários anos de investigação e de indagação científica e respeita a nova ordem jurídico-constitucional democrática e pretende alertar para uma nova dimensão material e funcional do que deve ser a Polícia de um mundo global.

[196] Mas esta nossa constatação não significa que a Polícia esteja ao serviço do Governo. Como já escrevemos e defendemos, a Polícia está ao serviço do Povo e da democracia. Veja-se o nosso "Os desafios Emergentes de uma Polícia...", *in Politeia*, Ano IX – 2012, pp. 255-267.

[197] Cumpre, desde já, afirmar que não acompanhamos DÁ MESQUITA quando defende que a actividade processual dos OPC determinada pelo MP se desenvolve como "uma função tipicamente executiva" [PAULO DÁ MESQUITA, *Direcção do Inquérito Penal e Garantia Judiciária*, Coimbra: Coimbra Editora, 2003, p. 143]. A actividade da Polícia, nas vestes de polícia judiciária, após a intervenção da AJ e quando por determinação desta – MP, JIC ou Juiz – actua como se fosse a entidade originária a executar a diligência. Se estamos no plano executivo, a subordinação/dependência funcional – que se afirma no plano judiciário penal – desaparece e coloca em causa a coerência sistemática de dependência (subordinação) funcional processual penal dos OPC face às AJ, em especial face ao MP. Se há uma relação funcional executiva – administrativa – coloca-se em causa a autonomia orgânica e hierárquica da Polícia que a Constituição impõe sob os princípios da *precedência* e da *reserva de lei* [artigo 272º, nº 4 da CRP e Ac. TC nº 304/2008, de 30 de maio de 2008, Processo nº 428/28]. Aditamos, também, à nossa posição o afastamento da ideia de uma *natureza administrativa* do MP, porque este é um órgão do poder judicial e nele se integra por força da Constituição, cabendo-lhe colaborar com o juiz no "exercício do poder jurisdicional"

de prossecução de actos próprios no âmbito da legislação processual penal – cuja (*iii*) função jurídico-constitucional[198] se manifesta na concreção (*iv*) da defesa da legalidade democrática, (*v*) da garantia da segurança interna e (*vi*) da defesa e garantia dos direitos do cidadão e (*vii*) da prevenção criminal[199] quer (*viii*) por vigilância quer (*ix*) por prevenção criminal *stricto sensu*, podendo para cumprimento daquelas funções (*x*) fazer uso da força – coacção – dentro (*xi*) dos limites do estritamente necessário e (*xii*) no respeito pelo Direito e pela pessoa humana.

A Polícia é, hoje, não só (*xiii*) defensora e garante da legalidade democrática, da segurança interna nacional e europeia e dos direitos dos cidadãos, como também é ela (*xiv*) promotora desses mesmos interesses, valores, bens jurídicos, cuja (*xv*) acção se deve conformar com a lei infraconstitucional, constitucional e supraconstitucional. A Polícia deve ser (*xvi*) o garante do bem-estar e da qualidade de vida em li-

[Gomes Canotilho, *Direito Constitucional e Teoria da Constituição*, 3ª Reimpressão da 7ª Edição, Coimbra: Almedina, 2003, p. 684]. Desta forma, os OPC, no exercício de actos de investigação criminal por determinação do MP, desenvolvem actos não de natureza executiva ou de dependência executiva, mas actos de natureza judiciária e dependência funcional judiciária penal. Quanto a este assunto, o nosso *Do Ministério Público e da Polícia...*, p. 270.

198 Impõe-se que se afirme, desde já, que actividade de Polícia desenvolve-se subordinada a vários ramos do Direito – *v. g.*, Direito Constitucional, Direito civil, Direito penal e Processual penal, Direito administrativo, Direito de ordenação social –, mas que, em conjunto, formam uma unidade jurídica científica que é designada de Direito policial que resume o todo da actividade de Polícia: defesa da sociedade "perante perigos, tendo por objecto uma protecção preventiva de bens jurídicos" [Fernando Fernandes, *O Processo Penal como Instrumento de Política Criminal*, Coimbra: Coimbra Editora, 2001, p. 34]. Quanto a este assunto, o nosso *Do Ministério Público e da Polícia...*, p. 264.

199 A *prevenção criminal* hodierna, onde o *perigo* e o *risco* são os *ignidores* da actividade de Polícia, implica um *conceito de Polícia conglobante de uma multiplicidade material e processual que seja capaz de exprimir uma ideia de actualidade jurídico-constitucional e supraconstitucional*: Polícia subordinada à ordem jurídica material vigente na defesa e garantia dos direitos e liberdades fundamentais do ser humano. A *incerteza* e a *liquidificação societária* exigem uma Polícia erigida em padrões constitucionais que lhe permita *pensar*, *decidir* e *agir* em toda e qualquer situação em que estejam a ser lesados ou colocados em perigo de lesão bens jurídicos individuais e *supra* individuais ou em que esteja em causa a normalidade jurídica com condutas – não jurídico-criminais – geradoras de desordem, intranquilidade, insalubridade, em suma, insegurança ameaçadora dos direitos e liberdades dos demais cidadãos. Cf. o nosso *Do Ministério Público e da Polícia...*, p. 261.

berdade, em justiça e em segurança de todos os cidadãos, (***xvii***) sem qualquer discriminação, inclusiva de condição de arguido ou de vítima, marcando-se como actuação no respeito e na defesa da dignidade da pessoa humana[200].

A Polícia ocupa um espaço relevante na ordem jurídica material vigente, na ordem social, na ordem cultural, na ordem política e, por essa razão, está ao serviço do cidadão indefeso contra todas as ameaças e ofensas – incluindo as estatais ou de organizações não estatais de utilidade pública – e cumpre-lhe, face à subordinação ao *Direito* – aos princípios gerais do Direito, aos princípios de cada ramo do Direito, ao Direito positivado [supraconstitucional, constitucional, infraconstitucional], à jurisprudência e à doutrina –, na prossecução da sua missão, defender e garantir a legalidade democrática, a segurança interna e todos os direitos dos cidadãos quer num quadro nacional quer no quadro supranacional: europeu e internacional.

A Polícia deve ser o garante do *bem-estar* e da *qualidade de vida* em liberdade, em justiça e em segurança de todos os cidadãos (sem qualquer discriminação, inclusiva de condição de arguido ou de vítima), marcando-se como actuação no respeito e na defesa da dignidade da pessoa humana. Este conceito democrático e amplo de Polícia, que actua directamente com os direitos e liberdades fundamentais de qualquer ser humano[201] – vítima, arguido ou indiciado, testemunha, indivíduo isolado ou em comunidade –, engloba a função de defensora da legalidade democrática, de garante da segurança interna e de defensor e garante dos direitos de todos os cidadãos e de auxiliar, coadjuvar na administração da justiça, por força do artigo 202º, nº 3 da CRP, cabendo-lhe actuar sempre com base em uma política de segurança integrada numa polícia criminal do *ser humano*[202].

Esta acepção de Polícia [global], integrada efectiva e plenamente no espírito do Estado de direito material social democrático, afasta os

[200] Neste mesmo sentido conceptual de Polícia e com maior desenvolvimento, o nosso *Do Ministério Público e da Polícia...*, pp. 259-281.

[201] Neste sentido Luigi Ferrajoli, *Derecho y Razon. Teoría del garantismo penal*, (Tradução do italiano – *Diritto e Ragione. Teoria del garantismo penale* – de Perfecto Andrés Ibáñez *et Alii*), 7ª Edição, Madrid: Editorial Trotta, 2005, p. 766.

[202] Cf. o nosso *Do Ministério Público e da Polícia...*, pp. 261-262.

receios ou diminui os receios de discricionariedade do subsistema penal de Polícia de que nos fala LUIGI FERRAJOLI[203], que designa de direito penal e processual de Polícia como aquele que tem "funções de prevenção de delitos e, mais em geral, de perturbações da ordem pública, através de medidas de defesa social ante ou extra *delictum* aplicadas por via administrativa a sujeitos «perigosos» ou «suspeitos»". Como temos defendido, concebemos uma Polícia que actue sob a égide do equilíbrio entre a defesa e garantias dos direitos fundamentais pessoais e a defesa da sociedade face à criminalidade – de massa e organizada (estruturada) – na afirmação kantiana da *liberdade* como o *mais elevado valor da justiça*.

Defendemos uma Polícia subordinada e vinculada ao *Direito* – ordem jurídica material vigente do Estado de direito democrático – e ao respeito e à prossecução efectiva de defesa e garantia dos direitos e liberdades fundamentais pessoais de cada ser humano. Caso contrário, os receios de LUIGI FERRAJOLI, escritos na história da humanidade, do ressurgimento e da cimentação de um modelo *Tätertyp* – «tipo normativo de autor» – do nacional socialismo ou do modelo estalinista do «inimigo do povo», personificado no cidadão perigoso ou suspeito, como se encontra hoje materializado no *Patriot Act* do estado-unidense[204], são uma efectiva realidade.

[203] LUIGI FERRAJOLI, *Derecho y Razón...*, 7ª Edição, pp. 764-765. Tradução do espanhol nossa.

[204] Cf. LUIGI FERRAJOLI, *Derecho y Razón...*, 7ª Edição, pp. 764-765 e *Democracia y Garantismo*, (Tradução dos vários artigos em italiano de PERFECTO ANDRÉS IBÁÑEZ *et Alii*), Madrid: Editorial Trotta, 2008, pp. 234-243. No sentido da necessidade de um Direito penal do inimigo como salvaguarda da sociedade e do Estado de direito dos cidadãos, como discípulo de GÜNTHER JAKOBS, MIGUEL POLAINO-ORTS, *Derecho Penal del Enemigo*, Barcelona: Bosch, 2009. Para uma análise crítica do modelo ou sistema penal integral do inimigo, o nosso *Direito Penal do Inimigo e o Terrorismo: o «progresso ao retrocesso»*. 2ª Edição, São Paulo: Almedina Brasil, 2016 ou 3ª Edição – Versão Portuguesa, Coimbra: Almedina, 2019.

Capítulo III
Da Segurança como Tarefa Fundamental do Estado de Direito Democrático

Sumário: § 17º Enquadramento geral
§ 18º Da Segurança como direito dos Cidadãos
§ 19º Das funções de Polícia como garantia dos direitos e da segurança
§ 20º Da investigação criminal eficiente como 'trave mestra' da segurança num Estado de direito democrático
§ 21º Conclusão capitular

Fontes: **Amaral**, Diogo Freitas do, *Curso de Direito Administrativo* – Vol. I, 2ª Edição, Coimbra: Almedina, 1996; **Antunes**, Luís Filipe Colaço, *O Direito Administrativo sem Estado. Crise ou Fim de Paradigma?*, Coimbra: Coimbra Editora, 2008; **Beleza**, Tereza e **Isasca**, Frederido, *Direito Processual Penal Textos*, Lisboa: AAFDL, 1992; **Bobbio**, Norberto, *Teoria Geral da Política. A Filosofia Política e as Lições dos Clássicos*, Tradução do italiano *Teoria Generale Della Politica* de Daniela Beccaccia Versioni, 20ª Edição, Rio de Janeiro: Elsevier Editora Lda., 2000; **Caetano**, Marcello, *Manual de Ciência Política e Direito Constitucional* – Tomo I, Reimpressão, 6ª Edição, Coimbra: Almedina, 1996; *Manual de Direito Administrativo* – Vol. II, 7ª Reimpressão da 10ª Edição, Coimbra: Almedina, 2004; **Canotilho**, Gomes e **Moreira**, Vital, *Constituição da República Portuguesa Anotada*, 3ª Edição, Coimbra: Coimbra Editora, 1993 (e 4ª Edição, Vol. I, 2007); **Clemente**, Pedro, *Da Polícia de Ordem Pública*, Lisboa: Governo Civil de Lisboa, 1998; **D'Agosino**, Francesco, *Direito e Justiça. Para Uma Introdução ao Estudo do Direito*, Tradução do italiano *Diritto e Giustizia – Per Una*

Introduzione allo Studio del Derecho de Maria do Rosário Pernas, Cascais: Principia, 2014; **Hassemer**, Winfried, *A Segurança Pública no Estado de Direito*, (Tradução do alemão *Innere Sicherheit im Rechsstaat* de Carlos Eduardo Vasconcelos), Lisboa: AAFDL, 1995; **Larguier**, Jean, *La Procédure Pénale*, Paris: Presses Universitaires de France, 1976; **Kelsen**, Hans, *Teoria Geral das Normas*, [Tradução do alemão *Allgemeine Theorie der Normen* (1979) de José Florentino Duarte], Porto Alegre: Sergio António Fabris Editor, 1986; **Miranda**, Jorge e **Medeiros**, RUI, (Coord.), *Constituição Portuguesa Anotada* – Tomo I, Coimbra: Coimbra Editora, 2005; **Raposo**, João, *Direito Policial* – I, Colecção ICPOL-ISCPSI, Coimbra: Almedina, 2006; **Rotman**, Edgardo, "O conceito de prevenção do crime", *in Revista Portuguesa de Ciência Criminal* (RPCC), Coimbra: Coimbra Editora, Ano 8º, Fasc. 3º, 1998; **Rosseau**, Jean-Jacques, *O Contrato Social (Manuscrito de Genebra)*, Tradução do francês *Du Contrat Social ou Essai sur la Forme de la République (Première Version)* de Manuel João Pires), Lisboa: Temas e Debates, 2012; **Sousa**, António Francisco de, "Prevenção e repressão como função da Polícia", *in Revista do Ministério Público* (RMP), Ano 24, Abril/Junho, 2003, nº 94; **Valente**, Manuel Monteiro Guedes, *Do Ministério Público e da Polícia. Prevenção Criminal e Acção Penal como Execução de uma Política Criminal do Ser Humano*, Lisboa: UCE, 2013; *Segurança – Um Tópico Jurídico em Reconstrução*, Lisboa: Âncora Editora, 2013; Segurança: Bem Jurídico Supranacional". JANUS.NET e-journal of International Relations, Vol. 3, nº 2, outono 2012, *observare.ual.pt/janus.net/pt_vol3_n2_art4*; *Regime Jurídico da Investigação Criminal Comentado e Anotado*, 2ª Edição, Coimbra: Almedina, 2004; "A Investigação Criminal como Motor de Arranque do Processo Penal", *in Revista Portuguesa*, Ano LXIII, II Série, nº 122, Março/Abril 2000; "Terrorismo: Fundamento da Restrição de Direitos?", *in Terrorismo*, (Coord. Adriano Moreira), 2ª Edição, Coimbra: Almedina, 2004; "Enquadramento Jurídico das Polícias Municipais – Do Quadro Constitucional ao Quadro Ordinário", *in Estudos de Homenagem ao Professor Doutor Germano Marques da Silva*, Coimbra: Almedina, 2004; "Contributos para uma Tipologia de Segurança Interna", *in I Colóquio de Segurança Interna*, Coimbra: Almedina, 2005; *Direito Penal do Inimigo e o Terrorismo: O "Progresso ao Retrocesso"*, S. Paulo: Almedina Brasil, 2010 ou 3ª Edição – Versão Portuguesa, Coimbra: Almedina, 2019.

§ 17º Enquadramento geral

55. Ler, ouvir e falar de ***segurança***[205] implica, em regra e de imediato, um pensamento de coacção, de restrição de direitos, de liberdades e garantias fundamentais pessoais, sociais, culturais e económicos. São poucos os que pensam na *segurança* como um direito garantístico do exercício dos demais direitos, liberdades e garantias fundamentais, *i. e.*, como direito a uma efectiva garantia[206] dos demais direitos, liberdades e garantias fundamentais pessoais.

Mas, e desde já, frisámos que a segurança é um bem jurídico vital garantia dos demais bens jurídicos fundamentais da vida humana, mas jamais se sobrepõe ao dierito e ao princípio da liberdade. Mantemos a nossa posição de *que a liberdade é a primeira das seguranças*[207]. Este nosso axioma impõe, como equilíbrio da vida humana em comunidade, que se defenda a *segurança* como uma taefa fundamental do Estado.

Falamos de uma liberdade que ultrapassa a dimensão colectiva e encontra eco na dimensão individual do ser humano, ou seja, ultrapassa a dimensão do contrato social de ROSSEAU, em que a liberdade resulta da *vontade geral* que o colectivo anónimo – Estado [legal em contraponto com o estado natureza] – deve proteger. ROSSEAU[208] integra a *liberdade*, a par da *igualdade*, como "o *maior bem de todos*, que deve ser a base de qualquer sistema de legislação", sendo que a liberdade se afirma como dependência particular por ser "outra tanta força tirada

[205] Este capítulo tem como base o texto publicado na Revista *Polícia Portuguesa*, nº 125º, Set//Out de 2000, pp. 27 a 29, sob o mesmo título. Procedeu-se, como nas edições anteriores, a alterações e actualizações formais, materiais (conteúdo) e bibliográficas para uma melhor aproximação às novas concepções e doutrinas sobre a matéria e a uma maior profundidade do conceito de Segurança (interna).

[206] Cfr. GOMES CANOTILHO e VITAL MOREIRA, *Constituição da República Portuguesa Anotada* – Vol. I, 4ª Edição, Coimbra: Coimbra Editora, pp. 478-479. Quanto à concepção de segurança como bem vital garantia dos demais bens e valores, o nosso *Segurança – Um Tópico Jurídico em Reconstrução*, Lisboa: Âncora Editora, 2013, pp. 115-135.

[207] Veja-se, neste sentido e com maior desenvolvimento e fundamentação, o nosso *Do Ministério Público e da Polícia*..., pp. 388-396, 487-500, e 541.

[208] Cfr. JEAN-JACQUES ROSSEAU, *O Contrato Social (Manuscrito de Genebra)*, [Tradução do francês *Du Contrat Social ou Esai sur la Forme de la République (Première Version)* de MANUEL JOÃO PIRES)], Lisboa: Temas e Debates, 2012, pp. 55-64 e 131.

do corpo do Estado; e a igualdade, porque a liberdade não pode subsistir sem ela".

Ao lermos os jornais, ao ouvirmos a rádio ou ao vermos e ouvirmos a televisão que a criminalidade aumenta, todos nós reclamamos ao poder político que garanta a segurança na e da comunidade, que mantenha a justiça nas relações interpessoais e sociais, e que promova o nosso bem-estar, preconizando "uma ordem capaz de tornar plenamente efectivos os direitos e as liberdades" (artº 28º DUDH) de todos os indivíduos, de forma a que cada um ocupe o "seu lugar próprio *e* ao qual corresponda uma função no todo sem prejuízo das finalidades e actividades particulares de cada um"[209-210].

A *segurança*, como bem jurídico colectivo ou supra-individual e individual[211], não pode ser analisada, materializada e sentida segundo uma perspectiva limitativa dos demais direitos fundamentais. Devemos analisar e olhar para a *segurança* segundo uma visão humanista e humanizante, como um direito garantia da liberdade física e psicológica do ser humano, como cidadão integrado no colectivo societário e cidadão ser individual cuja liberdade, que se prende com a ideia de "homem enquanto indivíduo, que se relaciona coe-

[209] MARCELLO CAETANO, *Manual de Ciência Política e Direito Constitucional* – Tomo I, Reimpressão da 6ª Edição, Coimbra: Almedina, 1996, p. 143 (Itálico nosso) e *Manual de Direito Administrativo* – Vol. II, 7ª Reimpressão da 10ª Edição, Coimbra: Almedina, 2004, pp. 1145-1175.

[210] Se olharmos para a sistemática do Código Penal português, a Parte Especial dedica o Capítulo V do Título IV aos *Crimes contra a ordem e tranquilidade públicas* [artigos 295º a 307º]. Mas, os dois capítulos anteriores – *Dos crimes de perigo comum* e *Dos crimes contra a segurança das comunicações* – estão dotados de tipos legais de crime que, havendo a sua prática, afectam a ordem e a tranquilidade públicas, *i. e.*, a segurança da comunidade – *p. e.*, crimes de incêndio [p. e p. pelo art. 272º do CP], de captura ou desvio de meio de transporte [p. e p. pelo art. 287º do CP], de condução perigosa [p. e p. pelo art. 291º do CP], de lançamento de projéctil contra veículo [p. e p. pelo art. 293º do CP].
Digamos que a ordem, a tranquilidade e a paz públicas, que se impõe à Polícia que garanta, ultrapassam um só ramo do direito e o próprio direito, ou seja, aquelas abancam o espectro social, cultural, económico e jurídico – *v. g.*, o direito penal, o direito administrativo preventivo e sancionatório e o próprio campo do direito civil [veja o caso da responsabilidade extracontratual e pelo risco].

[211] Para uma melhor compreensão deste nosso posicionamento jurídico-constitucional e jurídico-criminal, o nosso *Segurança – Um Tópico...*, pp. 118-120 e 133-135.

xistencialmente com outros indivíduos e não com um anonimo todo colectivo"[212], seja capaz de promover o usufruto pleno dos demais direitos e liberdades fundamentais pessoais.

Exposta esta realidade de necessidade de abandono do estado natureza e de afirmação de um estado legal subordinado ao jusnaturalismo e não ao juspositivismo, impõe-se a criação de uma força colectiva – POLÍCIA – capaz de promover, respeitar e garantir, em níveis aceitáveis, a *segurança* dos cidadãos e dos seus bens. Este axioma onera o Estado de direito democrático a consagrar, de forma expressa ou de forma implícita, a segurança como sua tarefa fundamental. Este olhar filosófico-jurídco reforça a nossa posição quanto à liberdade, como direito e princípio, assim como de que a *segurança é uma topologia poliédrica, plurifuncional e plurinormativa*[213].

§ 18º Da segurança como direito dos Cidadãos

56. A vida é, como sabemos, o principal interesse do homem, logo este precisa de ser amparado contra os perigos não só da natureza, mas também da cobiça humana, da prepotência e violência dos mais poderosos. O direito inalienável *vida* impõe ao Estado que, como afirma MARCELLO CAETANO[214], garanta "no seio da própria sociedade a existência pacífica segundo as regras da justiça que define e impõe".

Essa missão – tutela do direito/valor vida –, atribuída a todo o Estado como aglomerado de seres humanos promotores de relações coexistenciais e, em especial, à Polícia por força da Constituição [*in fine* nº 1 do art. 272º da CRP], encontra-se subordinada ao Direito, que não pode ser de "estrutura *frágil* e *fria*" de que nos fala D'AGOSTINO[215], mas

[212] Cf. FRANCESCO D'AGOSINO, *Direito e Justiça. Para Uma Introdução ao Estudo do Direito*, (Tradução do italiano *Diritto e Giustizia – Per Una Introduzione allo Studio del Derecho* de MARIA DO ROSÁRIO PERNAS), Cascais: Principia, 2014, pp. 37-38 (38).

[213] Cfr. os nossos *Segurança – Um Tópico....*, pp. 120-123 e 133-135, e "Segurança: Bem Jurídico Supranacional". JANUS.NET e-journal of International Relations, Vol. 3, nº 2, outono 2012, *observare.ual.pt/janus.net/pt_vol3_n2_art4*.

[214] MARCELLO CAETANO, *Manual de Ciência Política...* – Tomo I, Reimpressão da 6ª Edição p. 144.

[215] FRANCESCO D'AGOSINO, *Direito e Justiça...*, p. 37.

um direito que se *autolimita* e se dota, em simultâneo, de estrutura jusconsticional *poder* de se *autonormativizar* [sob a égide das três *funções normativas* do *dever ser*: *imposição, autorização* e *permissão*[216]] para que seja *interpretado* e *aplicado* na construção de uma sociedade mais *justa*, mais *livre* e mais *solidária*.

A tutela da vida e dos demais valores só é possível em um Estado de direito material social democrático sob o primado de um Direito dotado de *poder*, sob pena daquele ser *vazio*[217].

Ao Estado compete, assim e em uma lógica de afirmação do Direito como poder, institucionalizar uma força colectiva organizada jurídica e funcionalmente – POLÍCIA – que tenha por fim realizar os "interesses gerais e os princípios socialmente aceites"[218], coadjuvada por "meios de acção coerciva"[219] capazes de resolver o maior número de conflitos, evitando o surgimento de milícias, de bandos armados, da chamada justiça privada e justiça popular.

A segurança[220], nesta perspectiva, não pode ser encarada unicamente como coacção jurídica e coacção material, mas primordialmente como "uma garantia de exercício seguro e tranquilo de direitos, liberto de ameaças ou agressões"[221], quer na sua *dimensão negativa* – di-

[216] Veja-se, nesta linha de pensamento em que nos apoiamos, HANS KELSEN, *Teoria Geral das Normas*, [Tradução do alemão *Allgemeine Theorie der Normen* (1979) de JOSÉ FLORENTINO DUARTE], Porto Alegre: Sergio António Fabris Editor, 1986, pp. 116-128.

[217] Seguimos o pensamento de que o "poder sem direito é cego, mas o direito sem poder é vazio" de NORBERTO BOBBIO, *Teoria Geral da Política. A Filosofia Política e as Lições dos Clássicos*, (Tradução do italiano *Teoria Generale Della Politica* de DANIELA BECCACCIA VERSIONI), 20ª Edição, Rio de Janeiro: Elsevier Editora Lda., 2000, pp. 238-252 (240).

[218] MARCELLO CAETANO, *Manual de Ciência Política...* – Tomo I, Reimpressão da 6ª Edição, p. 145.

[219] MARCELLO CAETANO, *Manual de Ciência Política...* – Tomo I, Reimpressão da 6ª Edição, p. 145.

[220] A segurança, como acto ou efeito de segurar, de afastar o perigo, surge como tarefa de proteger as pessoas e os valores que constituem a sociedade política, devendo o poder político ser um instrumento juridicamente organizado e tecnicamente estruturado na defesa externa e na defesa da ordem e tranquilidade interna. Quanto a tipologias de segurança e tipologia de segurança interna, o nosso "Contributos para uma tipologia de Segurança Interna", *in I Colóquio de Segurança Interna*, Coimbra: Almedina, 2005, pp. 69-88.

[221] GOMES CANOTILHO e VITAL MOREIRA, *Constituição da República Portuguesa Anotada*, 3ª Edição, Coimbra: Coimbra Editora, 1993, p. 184 ou Vol. I, 4ª Edição, 2007, p. 478.

reito subjectivo à segurança que comporta a defesa face às agressões dos poderes públicos – quer na sua *dimensão positiva* – direito positivo à protecção exercida pelos poderes públicos contra quaisquer agressões ou ameaças de outrem[222].

Na nossa opinião, foi neste sentido que o legislador Constitucional consagrou o direito à segurança no mesmo número do mesmo artigo – 27º – da Constituição que consagrou o direito à liberdade[223], funcionando os dois como corolários e fundamento da expressão de todos os demais direitos pessoais, culturais, sociais e económicos.

57. Socorrendo-nos da teoria das *necessidades colectivas* como fundo de *interesse público*, desenvolvida por MARCELLO CAETANO e DIOGO FREITAS DO AMARAL, consideramos que a ***segurança*** é uma dessas necessidades colectivas, cuja satisfação *regular e contínua* deve ser provida pela *actividade típica dos organismos e indivíduos* da Administração Pública, *nos termos estabelecidos pela legislação aplicável*, devendo aqueles obter para *o efeito os recursos mais adequados e utilizar as formas mais convenientes*, quer sob *direcção ou fiscalização* do poder político e executivo, quer sob o *controle dos tribunais*[224]. **Necessidade colectiva** por ser concebida como bem jurídico supra-individual que a todos beneficia como *interesse público*, inato a uma comunidade democraticamente organizada, e por representar a face da cedência dos cidadãos ao poder político de uma das tarefas em troca de uma limitação estreita da liberdade. Necessidade que se sobrepõe, na visão do homem sujeito de direitos e de deveres, à necessidade de sobrevivência do Estado poderoso, *i. e.*, que está ao serviço da comunidade e não do Estado como aparelho de poder[225].

[222] *Ibidem.*

[223] A liberdade, como *valor supremo da justiça*, tem de ser entendida como o *maior princípio da justiça* e do ser humano [Quanto a este assunto *infra* § 43º Do princípio da liberdade].

[224] DIOGO FREITAS DO AMARAL, *Curso de Direito Administrativo* – Vol. I, 2ª Edição, Coimbra: Almedina, 1996, pp. 29-32.

[225] Os nºs 1 e 2 do art. 1º da Lei nº 53/2007, de 31 de Agosto, que aprova a LOPSP, é claro ao determinar que a Polícia de Segurança Pública (PSP) é «uma força de segurança (...) com natureza de serviço público» que tem por «missão assegurar a legalidade democrática, garantir a segurança interna e os direitos dos cidadãos».

Como defende BECCARIA, foi "a ***necessidade*** que obrigou os homens a ceder parte da sua liberdade: é, pois, certo que cada um não quer colocar no depósito público senão a mínima parte possível, aquela que basta para induzir os outros a defendê-lo"[226]. Mas, como já expusemos, a segurança não pode transformar-se em princípio reitor e pedra angular do Estado de direito material democrático no recurso ao Direito penal sob pena de coisificarmos o ser humano e de propugnarmos um Direito penal de autor típico dos Estados totalitários e Estados de polícia, e de **negarmos um sistema penal integral do ser humano**[227].

Esta nossa visão jurídico-política da *segurança* como função ou tarefa fundamental do Estado, ao qual cada cidadão confiou parte da sua liberdade para gerir em prol da edificação do bem individual e supra-individual, convive, face à evolução ascendente do sentimento de insegurança (e segurança) e face à fonte de produto monetário e económico que a segurança gera, com o *crescimento* da 'complementariedade', melhor, da *subsidiariedade da segurança individual* – serviço licenciado de autoprotecção privada – ou da segurança promovida por pessoas colectivas – prestação de serviços de segurança por empresas de segurança detentoras de Alvará.

O monopólio da prossecução da segurança pelo Estado tem-se desintegrado para dar lugar e espaço à sua promoção, em determinados sectores da comunidade [privado individual e colectivo], por outras pessoas colectivas que estão adstritas à verificação das finalidades e pressupostos prescritos pela legislação da segurança privada – DL nº 35/2004, de 21 de Fevereiro, alterado pelo DL nº 198/2005, de 10 de Novembro, e pela Lei nº 38/2008, de 8 de Agosto: *v. g.*, serviços de autoprotecção e empresas de prestação de serviços.

Convém, aqui, relembrar a constatação e respectivo receio do penalista e constitucionalista alemão WINFRIED HASSEMER de que se entrega às empresas de segurança privada a tutela primeira de bens jurídicos afectados – lesados ou colocados em perigo de lesão – por

[226] Cf. CESARE BECCARIA, *Dos Delitos e das Penas*, (Tradução do italiano *Dei Delitti e Dell Pene* de JOSÉ DE FARIA COSTA), Lisboa: Fundação Calouste Gulbenkian, 1998, p. 65. Itálico nosso.

[227] Quanto a este assunto, o nosso *Direito Penal do Inimigo e o Terrorismo: O "Progresso ao Retrocesso"*, S. Paulo: Almedina Brasil, 2010.

uma criminalidade (de massa) que mais aterroriza os cidadãos e que faz correr a ideia protectora do Estado ao qual foi entregue uma parcela da liberdade de cada cidadão, para o proteger, atribuição originária que transfere para o sector privado sob o seu olhar licenciador e fiscalizador.

Esta solução (de *despublicização* de uma actividade inata de *interesse público*) descredibiliza a confiança do cidadão depositada no Estado, gera uma desigualdade na fruição real do bem segurança – nem todos têm posses para se socorrerem de serviços de autoprotecção ou de serviços prestadores de segurança –, e enfraquece o Estado no acesso à informação do mundo do crime de massa e do crime organizado. Há, assim, um perigo para o Estado de direito democrático com a promoção da *destatalização* da função de segurança[228].

58. Podemos, assim, considerar que a tarefa fundamental do Estado – *segurança*, promovida e garantida sob o primado do Direito/ /poder – **impõe** não só a **organização de uma força capaz de servir os interesses vitais da comunidade política, a garantia da estabilidade dos bens**, mas também **a durabilidade credível das normas e a irrevogabilidade das decisões do poder que respeitem interesses justos e comuns.**

Prosseguindo este raciocínio e tendo sido a segurança consagrada como direito fundamental do cidadão, mesmo que garantistico dos demais direitos, compete ao Estado garanti-lo como sua tarefa fundamental por força da al. *b)* do art. 9º da CRP[229].

[228] Quanto a este assunto, WINFRIED HASSEMER, *A Segurança Pública no Estado de Direito*, (Tradução do alemão *Innere Sicherheit im Rechsstaat* de CARLOS EDUARDO VASCONCELOS), Lisboa: AAFDL, 1995, p. 113. Quanto à destatalização das funções do Estado ou privatização daquelas, LUÍS FILIPE COLAÇO ANTUNES, *O Direito Administrativo Sem Estado. Crise ou Fim de Paradigma?*, Coimbra: Coimbra Editora, 2008, pp. 36-46.

[229] A al. *b*) do art. 9º da CRP consagra como tarefa fundamental do Estado a garantia «dos direitos, liberdades fundamentais e o respeito pelos princípios do Estado de direito democrático". Quanto às medidas de polícia o nº 3 do art. 1º, os artigos 28º, 29º, 30º e 31º da LSI. No mesmo sentido e defendendo o monopólio do Estado na prossecução da segurança interna, JOÃO RAPOSO, *Direito Policial* – I, Colecção ICPOL-ISCPSI, Coimbra: Almedina, 2006, p. 44.

Como já afirmamos, para prosseguir esta tarefa nobre e imperativa em um Estado de direito democrático, Este tem de recorrer às Forças de Segurança – POLÍCIA –, que, por força do nº 1 do art. 272º do CRP, "tem por funções defender a legalidade democrática e garantir, a segurança interna e os direitos dos cidadãos", podendo e devendo, para cumprir a missão, recorrer às *medidas de polícia*[230] previstas na lei, que jamais podem ser utilizadas para além do estritamente necessário.

§ 19º Das funções de Polícia como garantia dos direitos dos cidadãos e da segurança

59. O Estado tem como tarefa fundamental a segurança de todos os cidadãos – nacionais ou não – e dos seus bens, cujo conteúdo programático se insere na segurança interna. Quanto à segurança interna, o nº 1 do art. 1º da Lei da Segurança Interna continua a reduzi-la a actividade e, nessa medida, estipula que aquela consiste em "garantir a ordem, a segurança e a tranquilidade públicas, proteger pessoas e bens, prevenir a criminalidade e contribuir para assegurar o normal funcionamento das instituições democráticas, o regular exercício dos direitos e liberdades fundamentais dos cidadãos e o respeito pela legalidade democrática".

Cuidamos, contudo, em acrescentar que o conceito na nossa opinião não se esgota neste articulado e que é um conceito muito limitado ao reduzi-la a uma «actividade», quando encerra em si mesma um estado, meios, instrumentos e fins.

A segurança interna deve, em primeira linha, ter como fim a realização não ficta, mas real do princípio estruturante de qualquer Estado pós-moderno – o princípio da *dignidade da pessoa humana*[231]

[230] Seguimos, aqui, o conceito abrangente inscrito no nº 2 do art. 272º da CRP, que enquadra as medidas puras de polícia, as medidas administrativas e as medidas cautelares e de polícia.

[231] A dignidade da pessoa humana, reconhecida pelo preâmbulo da DUDH como "fundamento da liberdade, da justiça e da paz no mundo", apresenta-se como princípio estruturante do nosso Estado e como fundamento do direito à vida, à integridade física e moral, à liberdade e à segurança quer pessoal, quer colectiva. Cfr. art. 1º e a anotação a este comando constitucional em GOMES CANOTILHO e VITAL MOREIRA, *Constituição da República...* –

– através da promoção de uma ordem, de uma segurança e de uma tranquilidade públicas, que seja capaz e eficiente na protecção das pessoas contra quaisquer ameaças ou agressões de outrem ou dos próprios poderes públicos que ponham em causa a sua vida, a sua integridade física ou moral, que seja eficaz não só na protecção, como também na promoção do bem-estar material das pessoas, que passa pela protecção dos seus bens, de forma a evitar que sejam danificados ou subtraídos ao seu domínio directo e imediato, e, ainda, na prossecução do bem-estar e qualidade de vida.

O Estado, ao proteger a vida, a integridade, a liberdade e a propriedade das pessoas, promove a defesa dos demais direitos pessoais, culturais, sociais e económicos através da acção das forças de segurança e demais instituições e entidades englobantes no conceito de *polícia*, a quem está cometida também a *função de prevenção da criminalidade* por força do nº 3 do art. 272º da CRP[232].

60. A missão *prevenção criminal*, por nós designada de *trilogia funcional da prevenção criminal*[233], comporta duas funções de polícia primordiais: a função de vigilância e a função de prevenção criminal em sentido estrito[234].

Prosseguindo com Gomes Canotilho e Vital Moreira, a ***função de vigilância*** levada a cabo pela Polícia tenta evitar que se infrinjam "as limitações impostas pelas normas e actos das autoridades para a defesa da segurança interna, da legalidade democrática e dos direitos dos cidadãos"[235], sem que alguma vez se deixe de respeitar esses mesmos direitos.

O exercício de qualquer direito não pode funcionar como limite dos direitos dos outros. Todos temos direito a circular na via pública – a pé,

Vol. I, 4ª Edição, pp. 196-201, e em Jorge Miranda e Rui Medeiros (**Dir.**), *Constituição Portuguesa Anotada* – Tomo I, Coimbra: Coimbra Editora, 2005, pp. 51-57.

[232] Neste sentido Gomes Canotilho e Vital Moreira, *Constituição da República...*, 3ª Ed., p. 957 ou Vol. II, 4ª Edição, 2010, p. 861.

[233] Cf. o nosso *Do Ministério e da Polícia...*, pp. 307-312.

[234] Quanto a este assunto e no mesmo sentido, *supra* §15º.

[235] Gomes Canotilho e Vital Moreira, *Constituição da República...*, 3ª Ed., p. 956 ou Vol. II, 4ª Edição, 2010, p. 861.

com veículo (etc.) –, mas este direito não pode implicar a restrição total do direito de liberdade de circulação dos demais cidadãos, o que implica uma acção de vigilância sobre os que circulam na via pública de modo a que estes não ponham em causa as normas que regulamentam o direito de circulação, a legalidade do próprio acto e os direitos de todos os demais cidadãos: *p. e.*, o peão tem direito a que o condutor do veículo lhe dê passagem na passadeira, mas o peão não se pode prevalecer deste direito para parar a normal circulação de viaturas; ou a ordem de cessação de ruído de vizinhança, produzido entre as 23H00 e as 07H00, ou a ordem para que o produtor do ruído adopte medidas adequadas a fazer cessar de imediato a incomodidade, dada pelo elemento policial [art. 24º do Regulamento Geral do Ruído (RGR), aprovado pelo DL nº 9/2007, de 17 de Janeiro, alterado pelo DL nº 278/2007, de 1 de Agosto] é um acto de vigilância preventiva, quando pró-activa, e repressiva, quando reactiva[236].

Se o elemento policial ***A*** verificar que, na residência de ***B***, existe ruído incomodativo para os restantes habitantes do prédio ou zona, entre as 23H00 e as 7H00, deve intervir de forma preventiva para que evite o conflito interpessoal, alertando e ordenando a ***B*** que o ruído excede o admissível e que afecta a paz pública, ou seja, que produz incomodidade. Nos termos do art. 24º do RGR, ***A*** deve ordenar a ***B*** que adopte medidas adequadas a fazer cessar o ruído, assim como pode determinar um tempo para que ***B*** cesse o ruído, pois não se exige que haja uma solicitação das pessoas que se encontram incomodadas com o ruído de ***B***. Promover-se-á, desta feita, uma actuação proactiva do conflito latente e evita-se que se produza o dano em concreto, que se gere o conflito e, sequentemente, uma acção reactiva.

Se vai ocorrer um evento em que se prevê um elevado número de pessoas e, sendo possível a entrada de armas e objectos proibidos e perigosos no recinto do evento, a decisão/ordem da *autoridade de polícia* dos *agentes de polícia* procederem à *revista* dessas pessoas e à busca às mochilas e viaturas para evitar que aqueles objectos entrem no recinto e coloquem

[236] Quanto à actuação pró-activa e reactiva da polícia, Edgardo Rotman, "O conceito de prevenção do crime", *in Revista Portuguesa de Ciência Criminal* (RPCC), Ano 8º, Fasc. 3º, 1998, pp. 319-372 e António Francisco de Sousa, "Prevenção e repressão como função da Polícia", *in Revista do Ministério Público* (RMP), Ano 24, Abril/Junho, 2003, nº 94, pp. 49-74.

em perigo a vida e a integridade física dos cidadãos ali presentes, nos termos da al. *a*) do art. 29º da LSI, enquadra-se na função de vigilância.

É um *poder-dever* que recai sobre a *autoridade de polícia* que deve promover uma actuação subordinada aos princípios da legalidade e da porporcionaldiade em sentido lato – como estipula o art. 30º da LSI, o nº 2 do art. 272º conjugado com os artigos 266º, 18º e 3º, nº 2 da CRP –, que deve elaborar o respectivo *relatório* de toda a actividade e remetê-lo ao juiz de instrução cirminal ou juiz de comarca territorialmente competente para fiscalização *a posteriori* desta actividade da Polícia.

61. Os ilustres professores afirmam ainda que à POLÍCIA cabe, ainda, a **função de prevenção criminal em sentido estrito** que se traduz "na adopção de medidas adequadas para certas infracções de natureza criminal", medidas essas que visam a protecção de pessoas e bens, a vigilância de indivíduos e locais suspeitos – medidas cautelares e de polícia –, sem que se restrinja ou limite o exercício efectivo dos direitos, liberdades e garantias do cidadão[237].

A prática das medidas cautelares e de polícia – *p. e.*, a identificação de um suspeito de um crime ou a recolha de informações sobre esse crime [art. 250º do CPP] – é um acto de polícia próprio da função de prevenção criminal *stricto sensu*[238].

Se, no exemplo do evento, os agentes de polícia, ao procederem à revista, detectarem, em flagrante delito, um cidadão na posse de uma arma proibida, crime p. e p. pelo art. 85º do RJAM, não só se altera a natureza da sua actuação – de preventiva passa a reactiva –, como se altera a qualidade do elemento policial – de agente de polícia passa a órgão de polícia criminal – e, ainda, passa da função de vigilância para a função de prevenção criminal *stricto sensu*.

[237] GOMES CANOTILHO e VITAL MOREIRA, *Constituição da República...*, 3ª Edição, pp. 956/ /957 ou Vol. II, 4ª Edição, 2010, p. 861.

[238] Quanto à amplitude e profundidade dogmática das funções de prevenção criminal como integrantes de uma *trilogia funcional* – que detém ainda a funções de restabelecimento da paz jurídica – e a respectiva integração no *hexágono da prevenção cirminal*, o nosso *Do Ministério Público e da Polícia...*, pp. 299-328. Quanto à função de vigilância ou da prevenção criminal *stricto sensu* no âmbito da droga, o nosso *Regime Jurídico da Investigação...*, 3ª Edição, pp. 31-32 e pp. 113-117.

A Polícia na prossecução das *funções de vigilância* e de *prevenção criminal em sentido estrito* promove e garante a segurança pública (domínio público e domínio privado), protege a vida e a integridade das pessoas e a sua propriedade, assegura não só o normal funcionamento das instituições e o respeito da legalidade democrática, mas também garante a materialização dos direitos e liberdades, sendo o bem-estar cultural e económico próprio de uma sociedade organizada política, cultural, social e economicamente[239].

A *segurança* (interna) não se esgota, desta feita, na manutenção da ordem ou da tranquilidade públicas: *i. e.*, na função única exclusiva de vigilância. A *segurança* impõe uma amplitude na sua acção que extravasa a orla administrativista e operacional da Polícia e atraca na actividade preventiva ou repressiva do *ius puniendi*: *v. g.*, os actos praticados por iniciativa própria ou *a priori* da intervenção judicial e por ordem ou *a posteriori* da intervenção daquela impelem-nos a considerar que compõem a estrutura ou os instrumentos/institutos jurídicos para a prossecução do fim segurança.

§ 20º Da investigação criminal eficiente como 'trave mestra' da segurança num Estado de direito democrático

62. A investigação criminal, levada a cabo pela polícia – polícia criminal ou judiciária ou órgãos de polícia criminal –, procura descobrir, recolher, conservar, examinar e interpretar provas reais e também procura localizar, contactar e apresentar as provas pessoais que conduzam ao esclarecimento da verdade material judicialmente admissível dos factos que consubstanciam a prática de um crime[240], ou seja,

[239] Cfr. artigo 3º da Lei nº 53/2007, de 31 de Agosto, e artigos 1º, 28º e 29º da LSI.

[240] Cfr. os nossos *Regime Jurídico da Investigação Criminal Comentado e Anotado*, 3ª Edição, Coimbra: Almedina, 2006 e "A Investigação Criminal como Motor de Arranque do Processo Penal", *in Revista Portuguesa*, Ano LXIII, II Série, nº 122, Março/Abril 2000, pp. 2 e ss. e Gomes Dias *apud* Tereza Beleza e Frederido Isasca, *Direito Processual Penal Textos*, Lisboa: AAFDL, 1992 p. 65.

a investigação criminal pode ser o motor de arranque e o alicerce do processo crime que irá decidir pela condenação ou pela absolvição[241].

Estas decisões jurisdicionais dependem, em grande medida e muitas vezes quase em exclusivo – os julgamento de processo sob forma sumária que assentam em uma presunção de legalidade da actução da polícia –, do empenho e da qualidade da investigação levada a cabo pela Polícia. Desta espera-se que esteja preparada para conduzir uma tarefa que tem de colocar acima de tudo a dignidade da pessoa humana do(s) suspeito(s) e a defesa dos seus direitos, liberdades e garantias, de forma a que se evite a condenação de um inocente.

Uma investigação eficaz e eficiente na descoberta e na recolha de indícios suficientes, no exame e interpretação dos mesmos, conseguindo obter em tempo útil as provas reais que confirmam a ocorrência de um *factum criminis* em um determinado local, em uma dada hora e o modo da sua execução, pode conduzir a uma rápida localização e contacto com o(s) agente(s) desse mesmo *factum criminis*, podendo-os apresentar em tempo útil (sem que tenha decorrido a prescrição[242] ou sem que tenha decorrido o prazo de apresentação de queixa[243]), não só aumenta, sem margem de dúvidas, as possibilidades da responsabilização e punição desses agentes, mas também pode permitir a sua melhor reintegração e ressocialização (art. 40º CP).

63. A descoberta de quem comete delitos – dos autores – e a sua provável responsabilização – provoca no seio da comunidade, principalmente, no âmago dos "criminosos" [ou seja, condenados por sentença transitada em julgado] e dos que pensam ou pretendem praticar crimes, um sentimento de receio, um sentimento de insegurança quanto aos actos delituosos que pretendam efectuar, porque sabem que a "máquina" investigadora é eficaz na sua actuação e eficiente na descoberta dos autores dos crimes, prosseguindo-se assim prevenção geral negativa e positiva e a prevenção especial do direito punitivo,

[241] Quanto a este assunto, cfr. os nossos "A Investigação Criminal ...", *in Polícia Portuguesa*, Ano LXIII (II Série), nº 122, Março/Abril 2000, pp. 2 e ss. e, de forma mais desenvolvida, *Regime Jurídico da Investigação Criminal* ..., 3ª Edição, 2006.

[242] Art. 118º e ss. do CP.

[243] Art. 115º CP.

i. e., promove a prevenção criminal e, por consequência, o estado físico e cognitivo de segurança.

Um sentimento de possível punidade pelos actos violadores das normas que tutelam jurídico-criminalmente os bens jurídicos fundamentais instala-se, promove uma diminuição da criminalidade e reflecte, nessa linha sucessória de efeitos, uma maior segurança real e psicológica dos cidadãos. Como afirmava MONTESQUIEU, não é a moderação das penas que conduz ao relaxamento[244], à irresponsabilidade, mas sim a impunidade dos actos que violam as normas essenciais ao funcionamento da sociedade.

A investigação criminal pode funcionar como uma trave mestra da *segurança* (interna) – tarefa fundamental do Estado – e que "se revela essencial à existência, à sobrevivência e ao desenvolvimento da comunidade nacional (e supra-nacional) e garante a manutenção de ordem pública e o progresso constante, pacífico e harmonioso da sociedade"[245].

§ 21º Conclusão capitular

64. Sociedade em que reine a desordem, a intranquilidade, a irresponsabilidade, a impunidade[246], não usufrui de bem-estar económico, social e cultural, nem tem progresso pacífico e harmonioso, nem produz, desta feita, a liberdade adequada e desejada para que se exerçam os direitos fundamentais. Em suma, não existe *segurança* que garanta o exercício individual dos direitos e liberdades fundamentais pessoais.

A *segurança*, que deve ser tida em conta pelos cidadãos como **forma activa de participação na organização política da sua**

[244] JEAN LARGUIER, *La Procédure Pénale*, Paris: Presses Universitaires de France, 1976, p. 9.

[245] PEDRO CLEMENTE, *Da Polícia de Ordem Pública*, Lisboa: Governo Civil de Lisboa, 1998, p. 108.

[246] A criminalidade diminui e a segurança real aumenta e credibiliza-se sempre que quem infringe é responsabilizado, reintegrado e ressocializado (art. 40º CP) e aquele que não infringiu é absolvido. Realizam-se os fins da prevenção geral e especial do direito punitivo, credibilizando-se as instituições que investigam e que julgam, que procuram prevenir o ilícito.

comunidade, não deve, na nossa opinião, ser excluída das responsabilidades fundamentais do Estado através da sua transferência quer para entidades privadas – segurança privada –, quer para pessoas colectivas territoriais[247].

Quanto ao perigo desta transferência, HASSEMER afirma que "A nossa polícia, por exemplo, retira-se para a rectaguarda na luta contra o crime em favor das empresas de segurança precisamente no campo das formas de criminalidade que mais imediatamente atemorizam os cidadãos. Este facto constitui-se num escândalo da política de segurança e num perigo para o Estado de direito. Privatiza-se um campo que é o cerne do Estado e isto tem consequências: desigualdade entre os ricos e os pobres no tocante à protecção contra o crime; perda da sujeição à lei, da protecção dos direitos humanos e do controlo do Estado de direito no combate ao crime"[248].

A prossecução e a garantia da *segurança* (interna) é função da POLÍCIA enquanto braço prossecutor e rosto visível da prossecução de uma das tarefas fundamentais do Estado de direito material social democrático, cabendo àquela promovê-la, defendê-la e repô-la dentro dos princípios norteadores da actividade policial integrantes do pilar dos Estados pós-modernos: o princípio do *respeito da dignidade da pessoa humana*. O exercício de uma função de soberania – segurança – implica sempre o efectivo respeito pela Constituição e pela legalidade democrática.

A omissão da função «garantir a segurança interna» é uma ofensa grave ao ideário constitucional de construção de um Estado ao serviço do cidadão e da democracia e edificador de um *espaço de liberdade, de justiça e de segurança nacional, regional e internacional*.

[247] Referimo-nos às posições perigosamente andantes de transferência para as policiais municipais – art. 237º, nº 3 da CRP – de tarefas materiais de segurança interna e de esvaziamento do conteúdo duro das forças de segurança – art. 272º da CRP. Quanto a este assunto, o nosso "Enquadramento Jurídico das Polícias Municipais – Do Quadro Constitucional ao Quadro Ordinário", *in Estudos de Homenagem ao Professor Doutor GERMANO MARQUES DA SILVA*, Coimbra: Almedina, 2004, pp. 249-278.

[248] WINFRIED HASSEMER, *A Segurança Pública no Estado de Direito*, (Tradução do alemão *Innere Sicherheit im Rechsstaat* de CARLOS EDUARDO VASCONCELOS), Lisboa: AAFDL, 1995, p. 113.

Capítulo IV
Da Natureza Jurídico-Constitucional da Actividade de Polícia

Sumário: § 22º Enquadramento do tema
§ 23º Natureza político-legislativa da actividade de polícia (?)
§ 24º Natureza judicial da actividade de polícia (?)
§ 25º Natureza executiva da actividade de polícia
α. Defesa da legalidade democrática
β. Garantia da segurança interna
γ. Defesa e garantia dos direitos dos cidadãos
§ 26º Da interdisciplinaridade da actividade de polícia com o poder judicial
α. Direito civil
β. Direito administrativo
γ. Direito criminal
δ. Direito de menores
ε. Direito do trabalho
ζ. Direito tributário
§ 27º Breves considerações finais do capítulo

Fontes: Albuquerque, Paulo Pinto de, *Comentário ao Código de Processo Penal à Luz da Constituição da República Portuguesa e da Convenção Europeia dos Direitos do Homem*, 2ª Edição, Lisboa: UCE, 2008; **Amaral**, Diogo Freitas do, *Curso de Direito Administrativo* – Volume I, 3ª Edição, (Colaboração de Luís Fábrica, Carla Amado Gomes e J. Pereira da Silva), Coimbra: Almedina, 2007; **Amorim**, João Pacheco,

"A Garantia do Bem Jurídico «Segurança (Interna)» no Direito do Urbanismo", in *Urbanismo, Segurança e Lei*, Coimbra: Almedina, 2007; **Andrade**, José Carlos Vieira de, *Os Direitos Fundamentais na Constituição de 1976*, 2ª Edição, Coimbra: Almedina, 2001; **Barreto**, Mascarenhas, *História da Polícia em Portugal*, Braga, 1979; **Beleza**, Tereza e **Isasca**, Frederico, *Direito Processual Penal – textos*, Lisboa: AAFDL, 1992; **Caetano**, Marcello, *Princípios Fundamentais do Direito Administrativo*, 2ª Reimpressão Portuguesa, Coimbra: Almedina, 2003; *Manual de Direito Administrativo* – Volume II, 7ª Reimpressão da 10ª Edição, Coimbra: Almedina, 2004; **Canotilho**, J. J. Gomes e **Moreira**, Vital, *Constituição da República Portuguesa Anotada*, 3ª Edição, Coimbra: Coimbra Editora, 1993; *Constituição da República Portuguesa Anotada* – I e II, 4ª Edição, Coimbra: Coimbra Editora, 2007 e 2010; **Clemente**, Pedro, *Da Polícia de Ordem Pública*, Lisboa: Governo Civil de Lisboa, 1998; **Costa**, José de Faria, *Direito Penal e Globalização. Reflexões não locais e pouco globais*, Coimbra: Wolters Kluvers Portugal/Coimbra Editora, 2010; **Dias**, Jorge de Figueiredo (Coord.), *Comentário Conimbricense ao Código Penal*, Coimbra: Coimbra Editora, 1999 (Tomo I), 2000 (Tomo II e III); *Direito Processual Penal*, (Colecção Clássicos Jurídicos – Reimpressão da 1ª Edição de 1974), Coimbra: Coimbra Editora, 2004; **Ferrajoli**, Luigi, *Derecho y Razon. Teoría del Garantismo Penal*, (Tradução do italiano *Diritto e Ragione* de Perfecto Andrés Ibáñez *et Alii*), 7ª Edição, Madrid: Editorial Trotta, 2005; **Fioravanti**, Maurizio, *Constitución de la Antigüedad a Nuestros Días*, (Tradução do italiano *Constituzione* de Manuel Martínez Neira), Madrid: Editorial Trotta, 2007; **Garcia**, Maria da Glória F. P. D., "Sociedade de Risco e Legislação Urbanística", in *Urbanismo, Segurança e Lei*, Coimbra: Almedina, 2007; **Giacomolli**, Nereu José, *Prisão, Liberdade e as Cautelares Alternativas ao Cárcere*, Madrid/Barcelona/Buenos Aires/São Paulo: Marcial Pons, 2013; **Gómez Colomer**, Juan-Luis, "Estado Democrático e Modelo Policial: Uma Proposta de Estrutura para Obter uma Investigação Eficaz do Crime", *in* Fauzi Hassan Choukr e Kai Ambos (Coord.), *Polícia e Estado de Direito na América Latina*, Rio de Janeiro: *Lumen Juris* Editora, 2004; **Kelsen**, Hans, *Teoria Geral das Normas*, [Tradução do alemão *Allgemeine Theorie der Normen* (1979) de José Florentino Duarte], Porto Alegre: Sergio António Fabris Editor, 1986; **Larenz**, Karl, *Metodologia da Ciência do Direito*, (Tradução do alemão *Methodenlehre der Rechtswissenschaft* de José Lamego), 3ª Edição, Lisboa: Fundação Calouste Gulbenkian, 1997; **Larguier**, Jean, *La Procédure Pénale*, 4ª Ed., Paris: Presses Universitaires de France, 1973; **Lipovetsky**, Gilles, "O Reino da Hipercultura: Cosmopolitismo e Civilização Ocidental", *in* Gilles Lipovetsky e Hervé Juvin, *O Ocidente Mundializado. Controvérsia sobre a Cultura Planetária*, (Tradução de Luís Filipe Sarmento), Lisboa: Edições 70 LDA., 2011; **Lopes Jr.**, Aury e **Gloeckner**, Ricardo Jacobsen, *Investigação Preliminar no Processo Penal*, 5ª Edição, São Paulo: Editora Saraiva, 2013; **Malarino**, Ezequiel, "A Polícia nos Estados de Direito Latino-Americano: Um Resumo Comparativo", *in* Fauzi Hassan Choukr e Kai Ambos (Coord.), *Polícia e Estado de Direito na*

América Latina, Rio de Janeiro: *Lumen Juris* Editora, 2004; **Medeiros**, Rui, *A Decisão de Inconstitucionalidade. Os Autores, o Conteúdo e os Efeitos da Decisão de Inconstitucionalidade da Lei*, Lisboa: UCE, 1999; **Otero**, Paulo, "Coadjuvação", *in Dicionário Jurídico da Administração Pública* – 1º Suplemento, (Dir. José Pedro Fernandes), Lisboa, 1998; **Pérez**, Francisco Alonso *et alii*, *Manual del Policía*, 4ª Edição, Madrid: La Ley, 2004; **Raposo**, João, *Direito Policial* – I, Colecção Científica do ICPOL-ISCPSI, Coimbra: Almedina, 2006; **Rotman**, Edgardo, "O conceito de prevenção do crime", *in Revista Portuguesa de Ciência Criminal* (RPCC), Coimbra: Coimbra Editora, Ano 8º, Fasc. 3º, 1998; **Sundfeld**, Carlos Ari, *Fundamentos de Direito Público*, 4ª Edição – 10ª Tiragem, São Paulo: Malheiros Editores Ltda., 2009; **Silva**, Germano Marques da, *Curso de Processo Penal*, 2ª Edição, Lisboa/S. Paulo: Verbo, 2000, Vol. III; *Ética Policial e Sociedade Democrática*, Lisboa: Edição do ISCPSI, 2000; **Silva**, José Afonso da, *Comentário Contextual à Constituição*, 6ª Edição, São Paulo: Malheiros Editores, 2009; **Sousa**, António Francisco de, "Prevenção e repressão como função da Polícia", *in Revista do Ministério Público* (RMP), Ano 24, Abril/Junho, 2003, nº 94; **Valente**, Manuel Monteiro Guedes, As Autoridades de Polícia Criminal: (Já) é tempo de clarificar a sua intervenção no processo penal. In: *Liber Amicorum Manuel Simas Santos*. Coord. André Piton e Ana Carneiro. Lisboa: Rei dos Livros, 2016, pp. 875-891; *Ciências Policiais – Ensaios*, Lisboa: UCE, 2014; *Do Ministério Público e da Polícia. Prevenção Criminal e Acção Penal como Execução de uma Política Criminal do Ser Humano*, Lisboa: UCE, 2013; *Segurança – Um Tópico Jurídico em Reconstrução*, Lisboa: Âncora Editora, 2013; "A Segurança (Interna) na Constituição da República Portuguesa de 1976", *http://www.oabrs.org.br/esa/revista/colunista/manuel-monteiro-guedes-valente/11*, Out2013; "Terrorismo – Fundamento de restrição de direitos?", *in Terrorismo*, Coordenação de Adriano Moreira, 2ª Edição, Coimbra: Almedina, 2004; *Regime Jurídico da Investigação Criminal Comentado e Anotado*, 3ª Edição, Coimbra: Almedina, 2006; "Cooperação Policial – Viagem Inacabada", *in Projecto Grotius II Penal*, Varsóvia, 12 de Setembro de 2002; "A Segurança como tarefa fundamental do Estado de Direito Democrático", *in Revista Pública Portuguesa*, Ano LXIII, II Série, nº 125, SET/OUT 2002; *Consumo de Drogas – Reflexões sobre o Quadro Legal*, 3ª Edição, Coimbra: Almedina, 2006; "A investigação Criminal como motor de arranque do Processo Penal", *in Revista Polícia Portuguesa*, Ano LXIII, II Série, nº 122, Mar/Abr. 2000; "Da Polícia da República de Moçambique – Parecer", *in Galileu Revista de Economia e Direito*, Lisboa: EDIUAL, Tomo XI, nº 2, 2006; "A Desorientada Sistemática e Desmesurada Ampliação dos Meios de Obtenção de Prova e das Medidas Cautelares e de Polícia. Que tarefa esfíngica!", *in Galileu – Revista de Economia e Direito*, Lisboa: EDIUAL, Vol. XII, nº 2, 2007// XIII, nº 1, 2008; "A Legislação Urbanística: Lacuna da Intervenção Prévia das Forças de Segurança", in *Urbanismo, Segurança e Lei*, Coimbra: Almedina, 2007; *Direito de Menores – Derecho de Menores*, (Co-autoria de Nieves Sanz Mulas), Lisboa: Âncora Editora, 2003; **Zbinden**, Karl, *Criminalística.*

Investigação Criminal. Apêndice com as Instruções para o Processo Penal Alemão, (Tradutor desconhecido), Lisboa: Impresso na Tipografia-Escola da Cadeia Penitenciária de Lisboa, 1957.

§ 22º Enquadramento do tema

65. Caracterizar a natureza da actividade de polícia é um desafio de extrema complexidade e susceptível de criar fricções opinativas quanto à sua real caracterização, desde logo por se considerar que a "actividade policial é uma coisa pública"[249] e que reflecte o "modelo de organização política" do Estado. A natureza da actividade de polícia reflecte a concepção jurídico-constitucional do Estado.

A POLÍCIA, hoje, não é um instrumento de poder exercido de forma totalitária[250], mas a "face visível da lei" e do próprio Estado, que está ao serviço da democracia e do povo, que é e que deve ser um instrumento de conciliação entre os três poderes: político-legislativo, judicial e executivo. Poderes estes consagrados na Constituição onde a polícia encontra a sua natureza, estrutura organizacional, as linhas e os princípios de intervenção[251].

> A Polícia, em vários momentos da história da humanidade, foi utilizada como instrumento de cimentação e de concretização do poder despótico e arbitrário do príncipe ou do detentor do poder político: a polícia era o instrumento visível e operativo do exercício do despotismo.
>
> Veja-se a personagem FROGO do filme *O CORCUNDA de Notre-Dame*, que utilizava a Guarda (Polícia) para oprimir e perseguir o povo (em especial os cidadãos de etnia cigana), infligindo-lhe dor por meio da tortura

[249] Cfr. EZEQUIEL MALARINO, "A Polícia nos Estados de Direito Latino-Americano: Um Resumo Comparativo", *in* FAUZI HASSAN CHOUKR e KAI AMBOS (Coord.), *Polícia e Estado de Direito na América Latina,* Rio de Janeiro: *Lumen Juris* Editora, 2004, p. 120.

[250] Quanto à evolução da actividade da polícia no sentido de verdadeiro serviço público de defesa e garantia da ordem, tranquilidade e segurança públicas, MASCARENHAS BARRETO, *História da Polícia em Portugal,* Braga, 1979.

[251] Neste sentido JUAN-LUIS GÓMEZ COLOMER, "Estado Democrático e Modelo Policial: Uma Proposta de Estrutura para Obter uma Investigação Eficaz do Crime", *in* FAUZI HASSAN CHOUKR e KAI AMBOS (Coord.), *Polícia e Estado de Direito na América Latina,* Rio de Janeiro: *Lumen Juris* Editora, 2004, p. 95.

e da instauração do medo pelo uso abusivo da força. Esta personagem contrasta com a de FEBUS, Capitão da Guarda, que considera que a sua função e a da Guarda é defender e garantir a segurança do povo e, neste sentido, defender e garantir os direitos e liberdades dos cidadãos de Paris. O Capitão FEBUS opõe-se a FROGO, não cumpriu as suas ordens e, com a força e a ajuda de CORCUNDA, afasta do poder o déspota de Paris.

Pretendemos, neste capítulo, estudar a natureza da actividade diária da POLÍCIA – dos actos jurídicos e materiais produzidos nas relações jurídico-administrativas e jurídico-criminais – face à acepção consagrada no artº 272º da CRP. É a própria *actividade de polícia* que fundamenta a sua própria natureza[252]. Não basta a caracterização formal da lei, pois impõe-se que a natureza da polícia seja aferida da materialidade da sua operatividade diária subordinada à Constituição e ao direito.

É a materialidade da função que dá a essência da forma legislativa atribuída à Polícia, ou seja, como KELSEN[253] escrevera sobre o *dever--ser* como realidade ou *sentido* do *ser*, aqui defendemos que é a matéria exposta pela actividade de polícia que realiza a forma constitucional e legal de Polícia.

66. A acção de polícia, que se pode manifestar de diferentes formas – na ajuda a um cidadão a atravessar a rua, na identificação de indivíduos que bloqueiam a passagem de pessoas e respectiva reposição da livre circulação, na identificação de um indivíduo que cometeu uma infracção ambiental, na identificação e detenção do cidadão que acabara de cometer um crime –, pode revestir diferentes características conforme a natureza do fundamento jurídico-operativo da intervenção concreta da polícia, ou seja, conforme a natureza do direito e dever de agir da polícia.

[252] Neste sentido KARL ZBINDEN, *Criminalística. Investigação Criminal. Apêndice com as Instruções para o Processo Penal Alemão*, (Tradutor desconhecido), Lisboa: Impresso na Tipografia--Escola da Cadeia Penitenciária de Lisboa, 1957, pp. 111-113.

[253] Cfr. HANS KELSEN, *Teoria Geral das Normas*, [Tradução do alemão *Allgemeine Theorie der Normen* (1979) de JOSÉ FLORENTINO DUARTE], Porto Alegre: Sergio António Fabris Editor, 1986, pp. 120-122 (122).

Se a acção de polícia se manifesta na execução de uma ordem superior hierárquica de reposição da liberdade de circulação afectada pela realização de um bloqueio da via pública, afastando os manifestantes que interditam a circulação de pessoas, pode-se afirmar que esta acção se enquadra na natureza executiva da acção do Estado. Mas se a acção da polícia de afastamento dos manifestantes resultar de uma ordem judicial/ordem judiciária ou se for para reposição do bem jurídico afectado – liberdade de decisão e de acção – por existir a prática de crime de *coacção*, p. e p. pelo art. 154º do CP[254], por iniciativa própria da polícia, já reveste natureza jurídico-criminal judicial ou judiciária, deferida quando age por decisão judicial, e pré-judicial, pré-judiciária ou precária quando age por iniciativa própria. Acresce que se a acção de polícia for de regulamentação jurídico-administrativa das normas jurídicas de *direito de polícia* (ou direito policial) ou de *direito da polícia*, pode falar-se de uma acção de polícia próxima da natureza político-legislativa. Como veremos, esse poder de regulamentação por um acto – despacho – não é originário nem lhe está legitimado pela Constituição, mas por fonte legal. É a lei que identifica e determina, sem ofensa dos comandos constitucionais, o titular legítimo do poder regulamentar e todas as situações que podem ser regulamentadas administrativamente, que podem estar sujeitas a uma maior densificação concreta das normas jurídicas[255].

O **Direito de Polícia**, não obstante poder ter os elementos policiais como destinatários na qualidade de cidadãos, compreende os princípios gerais, as normas regulares da actuação e da conduta policial na prossecução das suas atribuições e competências na defesa da legalidade democrática, na garantia da segurança interna e dos direitos dos cidadãos, cujos destinatários se encontram indeterminados e indefinidos no espaço do território nacional ou da União Europeia e, até mesmo, internacional. Este direito é informado e mediatizado pela jurisprudência e pela doutrina, que não

[254] No sentido de que o corte ou bloqueio de estradas pode consignar a prática do crime de coacção, p. e p. pelo art. 154º do CP, Américo Taipa de Carvalho, *Comentário Conimbricense ao Código Penal – Parte Especial* – Tomo I, (comentário ao art. 154º do CP), (Dirigido por Figueiredo Dias), Coimbra: Coimbra Editora, 1999, pp. 352-369 (353 e 366-367).

[255] Neste sentido se deve ler Hans Kelsen, *Teoria Geral das Normas*, pp. 129-133.

obstante não serem fontes imediatas de direito, nem de direito de polícia, são suas fontes de hermenêutica e, desta feita, fontes mediatas de direito e, consequentemente, fontes mediatas de direito de polícia.

O **Direito de Polícia** ou **Direito Policial** não se confina, hoje, a um espaço territorial exíguo e fixo por fronteiras terrestres, mas face à cooperação policial em matéria penal e administrativa (e judiciária) há normas que regulam as condutas dos elementos policiais para além do espaço do território vestefaliano. Para JOÃO RAPOSO, o *Direito Policial* engloba não só o *direito de polícia*, como também o *direito da polícia*. Defende, desta feita, uma concepção ampla de Direito Policial. Contudo, consideramos que, num sentido restritivo, o *Direito Policial* se prende mais com o *Direito de Polícia*, não obstante a qualidade em que a Polícia intervém – *v. g.*, se na veste de Autoridade de Polícia e/ou agente de polícia, se de Autoridade e/ou de Agente Policial, se de Autoridade e/ou Órgão de Polícia Criminal – se afira orgânica e formalmente do *Direito da Polícia*[256].

Consideramos que o **Direito da Polícia** compreende os princípios, as normas positivadas, as decisões judiciais, as decisões administrativas e a doutrina aplicáveis internamente aos elementos pertencentes à organização Polícia. Esta difere de acordo com a natureza de cada uma das polícias: se força ou serviço de segurança, se polícia de ordem e tranquilidade pública, se polícia administrativa e se polícia judiciária[257].

Mas este poder material de regulamentação de determinados responsáveis da Polícia não significa, face à nossa Constituição, poder legislativo e, em consequência, natureza político-legislativa da sua actividade, mas sim um poder regulamentador integrador das normas jurídicas da vivência interna e externa da Polícia. Este poder não cria nem fundamenta relações jurídicas, mas tão-só ajuda a integrar ou implementar as normas jurídicas emanadas pelo legítimo poder legislativo que identificam e determinam as relações jurídico-policiais (administrativas e criminais) produzidas de momento[258].

[256] Quanto ao Direito da Polícia, JOÃO RAPOSO, *Direito Policial* – I, ICPOL – ISCPSI, Coimbra: Almedina, 2006, p. 17. Quanto a este debate, *supra* §º 2º.

[257] Quanto a este debate, *supra* §º 2º.

[258] Quanto a este assunto *supra* § 3º.

§ 23º Natureza político-legislativa da actividade de Polícia (?)

67. A POLÍCIA, não obstante ao longo dos tempos fazer a concordância entre o poder político-legislativo e a comunidade, em geral, e as demais instituições governamentais e não governamentais, em especial, não tem natureza originária político-legislativa.

O brocado «diz-me a polícia que tens, dir-te-ei o Estado que és» é uma manifestação de que o *modus operandi* da polícia é o reflexo da materialidade do sistema político de um Estado, mas não basta essa característica de face visível do sistema político para se afirmar que a POLÍCIA detém, constitucionalmente, natureza político-legislativa. Uma coisa é ser manifestação dessa natureza, outra diferente é ser detentor dessa natureza, o que não acontece com a POLÍCIA.

A natureza *político-legislativa* é da competência própria do poder político, como se depreende dos artigos 161º e seguintes da CRP. A natureza *político-legislativa* do Estado obedece ao princípio de *reserva constitucional* ou de *reserva de lei constitucional* dos órgãos de soberania Assembleia da República [artigos 161º a 165º da CRP] e Governo [artigos 197º e 198º da CRP], sem esquecer a competência político-legislativa das Assembleias Regionais [artigos 227º e 228º da CRP]. Adite-se que, até 1996, os tribunais superiores (STJ) podiam legislar através dos assentos. Mas o Ac. do TC nº 743/96, de 28 de Maio, declarou a norma do artigo 2º do CCiv. inconstitucional[259].

Purificou-se o respeito pelo *princípio da separação de poderes*: o poder de legislar e governar (político); o poder de julgar (judicial); e o poder de executar a governação (executivo). Não pode existir promiscuidade entre quem legisla e quem tem por incumbência interpretar e aplicar as leis aos casos concretos submetidos à decisão administrativa ou jurisdicional.

[259] Cfr. *DR*, I Série, de 18 de Julho de 1996. O TC decidiu "declarar a inconstitucionalidade com força obrigatória geral, da norma do artigo 2º do Código Civil, na parte em que atribui aos tribunais competência para fixar doutrina com força obrigatória geral, por violação do disposto no artigo 115º, nº 5, (*actual art. 112º da CRP*) da Constituição".

Esta decisão do TC não afasta a obrigação de fiscalização da constitucionalidade[260] das normas jurídicas emanadas do poder político por parte dos tribunais e dos que[261] da sua actuação no dia-a-dia pode restringir direitos, liberdades e garantias fundamentais – em especial a polícia, que, em regra, na sua actuação diária, restringe direitos e liberdades fundamentais: *p. e.*, uma simples *identificação* no âmbito da segurança interna, nos termos da al. *a)* do nº 1 do art. 28º da LSI, restringe o *ius ambulandi* de qualquer cidadão.

Esta acepção impõe que a polícia faça sempre um *juízo concreto de interpretação daquela norma em conformidade com a Constituição*[262], em especial com os preceitos respeitantes aos direitos, liberdades e garantias fundamentais pessoais[263].

68. A Polícia não tem competência legislativa no sentido literal e constitucional consagrado no art. 112º da CRP. As várias forças e serviços de segurança – GNR, PSP, PJ, SEF, (etc.) – desempenham actividades atinentes a atribuições e competências complexas, que, por essa razão, necessitam de ser densificadas de forma a poderem ser

[260] A fiscalização da constitucionalidade das normas jurídicas é *essencial e indispensável* como "instrumento de protecção dos indivíduos e das minorias" face a possíveis "actos arbitrários dos legisladores e das maiorias políticas", assim como para "impedir que um dos poderes, o mais forte, que sempre é o poder legislativo, possa aspirar a cobrir e a representar todo o espaço da constituição, identificando-se com o seu primeiro fundamento, com o próprio povo". Cfr. Maurizio Fioravanti, *Constitución de la Antigüedad a Nuestros Días*, (Tradução do italiano – *Constituzione* – de Manuel Martínez Neira), Madrid: Editorial Trotta, 2007, p. 109. Tradução nossa.

[261] Serviços, órgãos e respectivos titulares e agentes do Estado.

[262] Quanto à interpretação das normas conforme a Constituição, Karl Larenz, *Metodologia da Ciência do Direito*, (Tradução do alemão *Methodenlehre der Rechtswissenschaft* de José Lamego), 3ª Edição, Lisboa: Fundação Calouste Gulbenkian, 1997, pp. 479-484.

[263] No sentido de que a polícia não pode praticar actos com base em lei ou numa interpretação da norma jurídica desconforme a Constituição, em especial se estivermos no plano dos direitos, liberdades e garantias fundamentais, tendo em conta que a interpretação conforme a Constituição se apresenta como "um princípio regra de aplicação da lei geral", Rui Medeiros, *A Decisão de Inconstitucionalidade. Os Autores, o Conteúdo e os Efeitos da Decisão de Inconstitucionalidade da Lei*, Lisboa: UCE, 1999, pp. 209-214 e 289-301. Desenvolvemos esta matéria com maior pormenor e profundidade quando abordamos o princípio da constitucionalidade, *infra* §31º.

operacionalmente materializadas pelos elementos que actuam ou têm de actuar, imediata e directamente, face ao facto ou ao perigo em curso.

A Polícia, como autoridade administrativa, necessita de regulamentar a actividade em concreto para "facilitar a execução de certa e determinada lei". Apoiando-nos nos ensinamentos de MARCELLO CAETANO[264], a *regulamentação* produzida pelos responsáveis da Polícia é *complementar* ou de *execução*, que tem fundamento na lei a regulamentar e a densificar para esclarecimento das normas e estabelecimento do processo de aplicação, ou *autónoma*, que não depende de qualquer lei específica a regulamentar e que se destina a regular a actividade policial cujas atribuições e competências se encontram previstas em diversos diplomas avulsos de modo a concentrar o *modus operandi* e a melhorar o funcionamento dos serviços de polícia e o serviço público.

Esta competência regulamentar exercida pelos responsáveis da Polícia é própria e "inerente à autoridade de que dispõe para executar as leis", assim como se afere das atribuições e competências genéricas (*regulamentação autónoma* para dinamizar a ordem jurídica) e específicas *(regulamentação complementar ou de execução* de determinada lei) inscritas nas leis orgânicas de cada instituição e nos diplomas avulsos.

Os Directores Nacionais, Gerais e/ou Comandantes Gerais das várias polícias[265] podem emitir, por escrito e sob a forma de *despacho interno, directivas e circulares internas que funcionam como regulamentos internos para a prossecução material e operativa das atribuições e competências da Polícia.* Estes documentos escritos, gerais e abstractos, que vinculam, desde que não consignem a prática de crime ou de ilegalidade, os elementos da instituição policial em causa, devem obedecer a uma norma habilitante e devem, obrigatoriamente, estar em conformidade com o Direito – os princípios gerais do direito, os princípios do

[264] Cfr. MARCELLO CAETANO, *Princípios Fundamentais do Direito Administrativo*, 2ª Reimpressão Portuguesa, da Coimbra: Almedina, 2003, pp. 80-81.

[265] Este poder material dos Directores Nacionais, Gerais, Comandantes Gerais e Inspectores-gerais advém das competências de comando, de direcção, de gestão, de controlo e de fiscalização: conforme nº 1 do art. 21º da LOPSP, nºs 2 e 3 do art. 23º da LOGNR, art. 24º da LOPJ, art. 5º da LOASAE.

direito *sub judice*, as normas positivas da lei em regulamentação e, ainda, com a jurisprudência e com a doutrina – e com a Constituição.

Estas *normas internas*, que têm *força operativa* e que podem ser, em alguns casos, *actos jurídicos*[266] (*p. e.*, a alteração do horário de trabalho por razões de segurança de um determinado espaço territorial onde se verificou um aumento exponencial de crimes contra o património), não preenchem o comando constitucional do art. 112º da CRP: não são actos resultantes de um poder ou não têm natureza político-legislativa[267]. São, pois, actos jurídicos de poder executivo que procuram agilizar a actividade da polícia dentro dos comandos supraconstitucionais, constitucionais e infraconstitucionais, densificando-os e simplificando-os para uma melhor segurança em liberdade.

Summo rigore, os Regulamentos internos (Directivas, Circulares, Normas de Execução Permanente) e outros despachos densificadores da actividade de polícia que os órgãos superiores das polícias emanam não podem, de acordo com a Constituição, ser considerados normas jurídicas *stricto sensu*.

Podemos afirmar que essas normas de execução de determinadas leis e de dinamização da ordem jurídica são *normas reguladoras do funcionamento interno de execução da actividade operacional de polícia* que podem (ou não) ter efeitos materiais ou jurídicos externos. Mas não se sobrepõem à ordem político-legislativa válida, legítima, vigente e efectiva, nem detêm valor legislativo, porque não emanam do órgão com competência constitucional concreta para emanação da ordem jurídico-positiva.

Essas normas de execução, de integração ou deregulação *não são inovação originária da ordem jurídica*[268], não obstante cumpetir-lhe aplicar a Constituição.

[266] Quanto aos actos jurídicos de polícia como exemplo de medidas de polícia com efeitos externos, João Raposo, *Direito Policial* – I, p. 23.

[267] Da mesma forma consideramos que as portarias dos ministros da tutela – Ministro da Administração Interna, Ministro da Justiça, Ministro da Defesa, Ministro da Economia –, a que aludem as varais leis orgânicas das várias polícias, não são manifestação originária do poder ou da natureza político-legislativa das polícias, mas do poder ou natureza executiva das polícias.

[268] Neste sentido veja-se Carlos Ari Sundfeld, *Fundamentos de Direito Público*, 4ª Edição – 10ª Tiragem, São Paulo: Malheiros Editores Ltda., 2009, p. 73.

§ 24º Natureza judicial da actividade de Polícia (?)

69. A concepção de Polícia, como já referimos, pode enquadrar a natureza de polícia de ordem e tranquilidade públicas, de polícia administrativa e de polícia judiciária. Desta feita, a Polícia, até pelo seu enquadramento sistemático-constitucional [encontra-se na Parte III, no Título IX, dedicado à Administração Pública], não tem natureza originária judicial nem se enquadra dentro do poder judicial, que se encontra constitucionalizado no Título V (Tribunais) da Parte III (Organização do poder político).

A Polícia, como manifestação de poder material, apresenta-se-nos como uma das *autoridades de coadjuvação do poder judicial*[269]. Mas esta actividade de coadjuvação não "significa aplicar a lei ao caso concreto conflituoso"[270] e decidir com força de caso julgado. Só o tribunal tem esta atribuição. À polícia cabe coadjuvar o tribunal de modo que possa decidir dentro do Direito e *administrar a justiça em nome do povo*.

Interroga-se, muitas vezes, sobre a legitimidade da prossecução de certos actos pré-processuais[271] e processuais criminais[272] realizados pela Polícia em sentido judiciário face à própria Constituição, em especial quanto às garantias do processo criminal, consagradas em vários preceitos constitucionais: *v. g.*, artigos 25º, 26º, 27º, 28º, 32º e 34º da CRP.

Acresce referir que o princípio da *coadjuvação* jurídico-processual criminal não se confunde na globalidade conceptual e operativa com o princípio da coadjuvação interna e externa jurídico-administrativa, não obstante a essência da coadjuvação ser a mesma nas duas naturezas: "colaboração entre dois órgãos (...) estabelecida por lei, originando

[269] Cfr. artigos 202º, nº 3, 266º, 267º e 272º conjugados com os artigos 3º e 18º todos da CRP. A concretização deste princípio encontra-se inscrita nas alíneas *c*) e *d*) do art. 1º, nº 2 do art. 9º, artigos 55º e 56º, 248º a 253º, 263º, 288º, nº 1 e 290º, nº 2 do CPP e no art. 2º da LOIC.

[270] Cfr. Carlos Ari Sundfeld, *Fundamentos de Direito...*, 4ª Edição – 10ª Tiragem, p. 73.

[271] Quando os actos detêm natureza de *medida cautelar e de polícia*, nomeadamente as medidas previstas nos artigos 248º a 253º do CPP.

[272] Todos os actos desenvolvidos por determinação da AJ: MP, JIC e Juiz.

uma relação inter-orgânica que tem por objectivo que um órgão principal (coadjuvado) possa ser auxiliado no exercício das suas funções por outro órgão (coadjutor)"[273]. No plano jurídico-processual criminal a competência é, constitucional e legalmente, originária do órgão coadjuvado e a prossecução da mesma pelo órgão coadjutor desenvolve-se sob a *direcção* do órgão coadjuvado, que tem sobre aquele uma posição externa gradual superior.

Estes actos próprios e os delegados pela AJ à Polícia[274], na veste de polícia judiciária (OPC e APC), podem e, em regra, são essenciais à descoberta da prova real e à localização da prova pessoal do crime que conduzem à *descoberta da verdade material, prática, judicial e processualmente* válida[275] e, por conseguinte, à *realização da justiça*, assim como ao *restabelecimento da paz jurídica*. Contudo, estes desideratos só são alcançáveis se existir, ao longo do processo (desde a notícia do crime), o respeito e a *garantia dos direitos fundamentais do cidadão*.

No âmbito do poder judicial, pode afirmar-se que a Polícia – mais concretamente na veste de órgão de polícia criminal – promove uma actuação indirecta ou deferida quer por despacho de delegação genérica, nos termos do nº 4 do art. 270º do CPP[276], quer por despacho de delegação específica, aposto no processo crime em concreto.

[273] Paulo Otero, "Coadjuvação", *in Dicionário Jurídico da Administração Pública* – 1º Suplemento, (Dir. José Pedro Fernandes), Lisboa, 1998, p. 69.

[274] Cfr. Directiva nº 1/2002, da PGR, DR, II S, 4 de Abril de 2002, infra §71º.

[275] Acoplamos aqui a consequência jurídico-processual criminal de uma atividade processual dos vários atores judiciários, cujo papel da policia criminal é crucial. Para uma melhor leitura deste axioma sobre a verdade que se procura descobrir no processo-crime em concreto, Jorge de Figueiredo Dias, *Direito Processual Penal*, Clássicos Jurídicos – Reimpressão da Edição de 1974, Coimbra: Coimbra Editora, pp. 193-194.

[276] Somos da opinião de que o Procurador-geral da República (PGR) não pode, por *despacho de natureza genérica*, atribuir competências aos OPC e às APC que não se encontrem previstas na legislação processual penal, sob pena de esse despacho estar ferido de inconstitucionalidade material. Pois, como iremos frisar, por respeito ao *princípio da autonomia interna* do MP no processo crime em concreto, não se pode delegar, de forma genérica, atribuições que só por despacho concreto do MP, titular do processo crime em curso, podem ser deferidas aos OPC. Estes só podem iniciar e promover, com a prática de actos próprios pré-processuais, as medidas cautelares e de polícia, assim como a detenção em flagrante delito e a apresentação do arguido detido ao MP para que este deci-

As *medidas cautelares e de polícia* não podem ser consideradas como actos puros de natureza judicial, nem se consideram *ab initio* actos processuais no sentido originário. As medidas cautelares e de polícia só ganham natureza processual e, em consequência, judicial depois de serem *apreciadas* e *validadas* pela autoridade judiciária competente: MP [na fase de inquérito], JIC [nas fases de inquérito e de instrução] e Juiz [na fase solene de julgamento][277].

70. As *medidas cautelares e de polícia*, aplicadas pelos OPC e [determinadas pela] APC no plano jurídico-processual-criminal, não se confundem (nem se podem confundir) com as *medidas de polícia* aplicadas pelas Autoridades de Polícia (AP) e pelos agentes de polícia no quadro da segurança interna, nem com as *medidas cautelares administrativas de polícia* aplicadas pelas Autoridades Policiais (APol) e agentes policiais no quadro jurídico-administrativo sancionatório. Não obstante todas estas medidas se enquadrarem no campo geral das medidas de polícia e de terem *natureza precária, temporária, cautelar e urgente*, o objecto motivador da intervenção e a teleologia das mesmas diferem e não se confundem.

As *medidas cautelares e de polícia* têm natureza urgente e obedecem a um leque de princípios estruturantes legitimadores e limitadores da actividade pré-processual da *polícia em sentido judiciário*: *v. g.*, o princípio da *indispensabilidade* da actuação do OPC, sob pena de perda de provas reais e pessoais fundamentais e circunstanciais para o processo crime; o princípio do *periculum in mora* da intervenção judiciária; o princípio da legalidade e tipicidade das medidas ou medidas a aplicar ao caso concreto; o princípio da proporcionalidade *lato sensu* ou da proibição do excesso e dos seus corolários (adequação, exigibilidade, necessidade, subsidiariedade e proporcionalidade *stricto sensu*); o princípio *in dubio por libertate*, ou seja, caso exista dúvida sobre o suspeito ou sobre a possibilidade da existência de crime, o OPC deve optar pela liberdade

da do andamento do processo crime em curso. Caso se entenda de maneira diferente, podemos estar a abrir a "cova" do MP, como magistratura autónoma do poder judicial, e a transformá-lo, como já o fora, numa mera função de parecer jurídico.

[277] GERMANO MARQUES DA SILVA, *Curso de Processo Penal* – III, 2ª edição, Lisboa/S. Paulo: Verbo, 2000, pp. 63 e ss..

daquele e não pela restrição da sua liberdade; o princípio da judiciarização e, consequente, jurisdicionalização das medidas aplicadas quer no plano da fiscalização abstracta geral e do controlo em concreto quer no plano da apreciação e respectiva validação judiciária e judicial. Estas medidas não têm natureza judiciária e, muito menos, judicial.

A previsão legal de que a *comunicação da notícia do crime e das medidas cautelares e de polícia* pode ser feita no prazo de 10 dias – conforme o nº 3 do art. 243º e 248º do CPP – contraria a teleologia da admissibilidade da prossecução de actos próprios por parte da polícia e da subordinação dos mesmos ao princípio da judiciarização e da jurisdicionalização de todo o processo penal, incluindo os actos da fase pré-processual que devem, de imediato, ser comunicados ao Ministério Público e todo o expediente, logo que se termine a respectiva elaboração, deve-lhe ser entregue.

O prazo de 10 dias para a comunicação da notícia do crime e das diligências cautelares e urgentes não se prefigura conforme à judiciarização (contrariando o nº 1 do art. 219º da CRP) e jurisdicionalização (contrariando os nº 1 e 4 do art. 32º da CRP) de todo o processo crime, prefigurando-se antes como uma tentativa possível de policialização do processo na fase do inquérito[278].

Se um OPC identifica um cidadão por existir uma suspeita objectiva de ser o agente de um crime de *furto*, p. e. p. pelo art. 203º CP, e levanta o respectivo auto de notícia e auto de apreensão e, para sua segurança e preservação de provas reais, procede à revista e à busca não domiciliária onde o cidadão se encontra, sem que primeiramente haja uma ordem da AJ, o OPC não actua *contra legem*. O OPC actua no quadro da ordem jurídica válida e a actividade jurídico-processual não se enquadra originariamente no poder judicial. O OPC materializa tão-só actos próprios de polícia no campo da função de prevenção criminal *stricto sensu*, que não se confundem com actos do poder judicial.

Contudo, se o OPC identifica o cidadão por recair sob ele a suspeita de que existe um mandado de captura para que cumpra uma

[278] Quanto a uma crítica a esta solução legislativa da reforma processual penal de 2007, o nosso "A Desorientada Sistemática e Desmesurada Ampliação dos meios de obtenção de Prova e das Medidas Cautelares e de Polícia. Que tarefa esfíngica!", *in Galileu – Revista de Economia e Direito*, Vol. XII, nº 2, 2007/XIII, nº 1, 2008, pp. 246-248.

pena ou medida privativa de liberdade, o OPC já não está a aplicar uma medida cautelar e de polícia, mas está a promover um acto judicial propriamente dito: o OPC é, aqui, o braço operativo da decisão do poder judicial.

Esta actividade (melhor, o impulso da actividade) do OPC não é da competência própria, mas sim derivada e coadjuvante, *i. e.*, o OPC é, neste caso, executor de uma decisão judicial e é um órgão coadjutor do tribunal, ou seja, do poder judicial. O OPC assume-se, de pleno, como os braços do poder judicial.

71. A promoção de actos puros e originários do poder judicial não se enquadra nas atribuições e competências próprias e originárias da polícia criminal – APC e OPC[279] –, mas antes no quadro jurídico das competências deferidas e das atribuições de coadjuvação[280].

No quadro do exercício do poder judicial, a POLÍCIA – de ordem pública, administrativa e judiciária – apresenta-se como *órgão colaborador ou coadjuvante* na realização da justiça em nome do povo pelo tribunal. Essa coadjuvação passa, *prima facie*, pela defesa da legalidade democrática, pela defesa e garantia da segurança interna, e pela defesa e garantia efectiva dos direitos dos cidadãos, por força do nº 1 do artº 272 do CRP.

[279] A doutrina tem procedido a críticas e a alertas da admissibilidade de APC deterem prerrogativas de *ius imperii* que nem ao MP e ao JIC o legislador atribuiu. Cfr. PAULO PINTO DE ALBUQUERQUE, *Comentário do Código de Processo Penal à Luz da Constituição da República e da Convenção Europeia dos Direitos do Homem*, 2ª Edição actualizada, Lisboa: UCE, 2008, p. 682; e o nosso As Autoridades de Polícia Criminal: (Já) é tempo de clarificar a sua intervenção no processo penal. In: *Liber Amicorum Manuel Simas Santos*. Coord. André Piton e Ana Carneiro. Lisboa: Rei dos Livros, 2016, pp. 875-891.

[280] Como se pode depreender das várias leis orgânicas das polícias. Já diferente, mas ferido de inconstitucionalidade material, por violação do nº 4 do art. 32º da CRP, se podia ler o artº 11º-A da anterior LOPJ, cuja doutrina criticou, que admitia que as Autoridades de Polícia Criminal da PJ, Inspectores e Directores da PJ, substituíssem o MP e o JIC na autorização de perícias, e que se transferiu para o art. 12º da actual LOPJ. Não obstante a revogação da al. *d*) do nº 1 do art. 12º da LOPJ pelo art. 3º da Lei nº 26/2010, de 30 de Agosto, continuamos a considerar que as prerrogativas atribuídas àquelas APC – tais como a determinação de *realização de perícias* [al. *a*) do nº 1 do art. 12º da LOPJ] e de *detenção fora de flagrante delito* [nos termos do art. 257º do CPP] –, ultrapassam os limites materiais da Constituição e viola o *princípio da indisponibilidade das competências*. Quanto a estes assuntos *infra* § 75º e o nosso *Processo Penal* – Tomo I, 3ª Edição, pp. 323-331.

A prossecução da missão da polícia está subordinada aos princípios jusconstitucionais estruturantes da actuação policial, consagrados nos artigos 1º, 3º, 6º, 13º, 18º, 32º, 34º, 266º e 267º da CRP[281].

O primeiro *fundamento*, *fim* e *limite* da actuação da polícia, independentemente da natureza da acção (ordem pública, administrativa e judiciária), é a Constituição e, por conseguinte, os princípios que regem a actuação da administração pública, *in casu* a polícia. A constitucionalização da polícia impõe a imediata e inequacionável subordinação de toda a actividade da Polícia à Constituição e aos princípios que lhe estão subjacentes e que são pilares do próprio Estado de direito e democrático: *maxime*, o princípio do respeito da dignidade da pessoa humana.

Neste sentido, a acção da polícia impende que esta pratique actos pré-processuais que possam, no futuro e em geral, garantir a realização do Direito e, em especial, do Direito Administrativo e do Direito Penal, e, por conseguinte, o alcance da paz jurídica, o restabelecimento pleno da legalidade democrática e da garantia dos direitos dos cidadãos, sejam vítimas directas sejam vítimas indirectas sejam arguidos ou, até mesmo, seja toda a comunidade.

72. Aos tribunais cumpre "administrar a justiça em nome do povo", por força do nº 1 do art. 202º da CRP, *i. e.*, materializar e concretizar, com independência, o poder judicial em nome do povo em obediência à Constituição ou aos princípios nela consagrados e à lei[282]. O tribunal é composto pelo Juiz e pelo Ministério Público, que têm como parceiros na administração da justiça os advogados e como coadjuvantes directos e imediatos os oficiais de justiça e, ainda, os órgãos de polícia criminal. Contudo, sociológica e antropologicamente, é no juiz que se personifica o poder judicial.

A Constituição, para a prossecução da missão judicial, dota os tribunais de dois grandes pilares orgânicos: a magistratura judicial (artigos 215º a 218º da CRP) e a magistratura do Ministério Público (artigos 219º e 220º da CRP), que são amparados e equilibrados pelo patrocínio forense (art. 208º da CRP).

[281] Quanto a estes princípios regentes da actividade de polícia, *infra* §§30º-42º.

[282] Cfr. artigos 203º e 204º da CRP.

Podemos, já aferir, que a polícia não se apresenta como actor principal do poder judicial, mas tão-só como actor coadjuvante de várias cenas do *iter processualis*. O actor principal da acção penal é o Ministério Público e da função jurisdicional é o Juiz.

A administração da justiça implica, constitucionalmente, "assegurar a defesa dos direitos e interesses legalmente protegidos dos cidadãos, reprimir a violação da legalidade democrática e diminuir os conflitos de interesses públicos e privados", conforme nº 2 do artº 202º da CRP. A (missão) administração da justiça é um complexo activo de actores e de actividades que permitem aos tribunais o exercício da função jurisdicional e respectiva tutela de direitos (fundamentais) dos cidadãos.

O desiderato de concretização desse exercício levou ao legislador constitucional consagrar que os tribunais têm "direito à coadjuvação das outras autoridades", conforme consagrado pelo nº 3 do art. 202º da CRP. Questão pertinente é saber a que autoridades se refere o legislador constitucional.

Gomes Canotilho e Vital Moreira[283] defendem que o legislador constituinte quis vincular, com a expressão "*todas as demais autoridades do Estado,* nomeadamente", toda a máquina administrativa (a *Administração* no seu todo), "sem excluir, porém, os tribunais uns em relação aos outros". O direito à coadjuvação, como afirmam estes Autores, envolve três patamares essenciais:

i. o direito de solicitação de "ajuda das demais autoridades";
ii. o dever de prestação dessa ajuda; e
iii. "a ajuda deve ser prestada nos termos indicados pelo tribunal interessado".

Face ao exposto, defendemos que não está de acordo com o primado da coadjuvação judicial constitucional a LQPM prescrever que a colaboração das polícias municipais se proceda de acordo com o protocolo a celebrar entre o Governo e o município, nos termos do nº 3 do art. 4º da LQPM. Todas as polícias têm o dever de coadjuvar o tribunal, conforme se retira do artº 202º e do artº 272º da CRP.

[283] Gomes Canotilho e Vital Moreira, *Constituição da República Portuguesa Anotada*, 3ª Edição, Coimbra: Coimbra Editora, 1993, p. 793 ou Vol. II, 4ª Edição, 2010, p. 510.

Neste sentido, consideramos que a actuação da POLÍCIA, na coadjuvação dos tribunais para administração da «justiça em nome do povo», pode considerar-se em dois patamares temporais distintos: o patamar da *intervenção preventiva* – sempre anterior à intervenção do tribunal – e o patamar da *intervenção repressiva ou reactiva* – que pode ser anterior ou posterior à intervenção do tribunal. Estes patamares não se esgotam no campo judiciário e jurisdicional.

O pensamento filosófico-jurídico-operativo, imbricado aos tempos da prevenção e da repressão ou reacção,tem vigência no campo administrativo e no campo da ordem e tranquilidade públicas.

73. A POLÍCIA, no patamar temporal da *função preventiva*, deve evitar que os desideratos da *legalidade democrática*, dos *direitos dos cidadãos* e da *segurança interna* sejam lesados ou colocados em perigo de lesão por condutas humanas negativas [sancionadas pelo Direito administrativo ou pelo Direito penal]. A intervenção da Polícia, neste patamar temporal, enquadra-se (deve-se enquadrar) *a priori* da intervenção do tribunal.

A ideia de uma POLÍCIA actualizada [face à sociedade pós-moderna ou da *tardo-modernidade*[284]], é aquela que se antecipa à verificação de factos que ponham em causa a ordem, a tranquilidade e a segurança públicas[285]: como por exemplo, obter e recolher o máximo de informações para que uma manifestação legítima e legal não se transforme em ilegítima e ilícita.

Esta actuação da Polícia, que se destina a promover e a garantir o direito de manifestação dos cidadãos e a garantir e defender a segu-

[284] Expressão e concepção de JOSÉ DE FARIA COSTA, *Direito Penal e Globalização. Reflexões não locais e pouco globais*, Coimbra: Wolters Kluvers Portugal/Coimbra Editora, 2010, p. 7. Quanto à temática de uma Polícia científica na era da tardo-modernidade, o nosso *Ciências Policiais – Ensaios*, Lisboa: UCE, 2014, pp. 25-47.

[285] Função designada por muitos de *pró-activa*, que se contrapõe à função *reactiva*, após a verificação do facto perturbador da ordem e tranquilidade públicas ou ofensivo de bens jurídicos tutelados criminalmente. Quanto a este assunto EDGARDO ROTMAN, "O conceito de prevenção do crime", *in Revista Portuguesa de Ciência Criminal* (RPCC), Coimbra: Coimbra Editora, Ano 8º, Fasc. 3º, 1998, pp. 319-372, ANTÓNIO FRANCISCO DE SOUSA, "Prevenção e repressão como função da Polícia", *in Revista do Ministério Público* (RMP), Ano 24, Abril/Junho, 2003, nº 94, pp. 49-74.

rança dos cidadãos que se manifestam e dos que não se manifestam, desenvolve-se no quadro jus constitucional da *função de vigilância* da prevenção.

Como sabemos, é impossível prevenir todos os factos criminógenos ou contra-ordenacionais. Face à verificação da infracção, a POLÍCIA intervém (muitas vezes) segundo os ditames da repressão, ou seja, com o fundamento de fazer cessar a infracção (lesão ou o perigo de lesão) em curso. Neste campo, a intervenção policial pode enquadrar-se em uma de duas situações: *a priori* ou *a posteriori* da intervenção do tribunal – *v. g.*, autoridade judiciária e, em algumas situações como da segurança interna, autoridade judicial.

Como intervenção repressiva *a priori* da intervenção do tribunal, podemos referir as *medidas cautelares e de polícia* previstas nos artigos 248º e ss. do CPP, assim como a medida precária privativa da liberdade *detenção em flagrante delito*, artigos 254º e ss. do CPP, a *constituição de arguido*, artigos 58º e ss. do CPP, a aplicação do *termo de identidade e residência*, artigos 61º, nº 2 al. *c)*, 196º e 385º, nº 1 do CPP.

Os elementos da Polícia, enquanto órgãos de polícia criminal, praticam actos préprocessuais temporários e precários que passam a ser processuais após a sua apreciação e validação pela autoridade judiciária competente. Contudo, há a frisar que nem todos os preceitos enquadrados sistematicamente no capítulo das medidas cautelares e de polícia são puras medidas cautelares e de polícia. Devido a alguma confusão conceptual, o legislador colocou meios de obtenção de prova no Capítulo das medidas cautelares e de polícia: *v. g.*, *localização celular* [art. 252º-A do CPP] e *apreensão de correspondência* [nºs 1 e 2 do art. 252º do CPP][286].

Como intervenção repressiva *a posteriori* da intervenção do tribunal, podemos referir os actos que emergem de um despacho de delegação específica, no qual a AJ determina as diligências e os actos investigatórios (sendo estes já processuais) que o OPC leva a cabo para se apurar da verdade material dos factos, como se depreende dos artigos 263º e 270º do CPP – quanto ao inquérito – e do art. 290º do CPP – quanto à instrução. Arriscamos, pois, a afirmar que, neste âmbito, a POLÍCIA (OPC) desenvolve actos próprios do poder judicial – apresentando-se

[286] Quanto a esta matéria *infra* §§ 56º e 57º.

desta feita como operador de justiça [operador judiciário] não por natureza própria, mas indirecta, delegada ou deferida.

Consideramos que o Despacho de natureza genérica previsto no nº 4 do art. 270º do CPP não consigna uma intervenção do OPC *a posteriori* da intervenção judiciária, pois esta só é admissível no caso concreto e não no plano abstracto. Os actos praticados no plano do despacho de natureza genérica são actos de natureza pré-processual e precária, sujeitos sempre à apreciação e validação da AJ competente.

A prossecução das diligências expressas por despacho concreto da AJ pelo OPC e APC enraíza a natureza judicial. Mas o OPC e a APC podem ter necessidade de levar a cabo, após a intervenção da AJ e do seu despacho de natureza concreta, actos pré-processuais devido à urgência e ao *periculum in mora* para salvaguarda de prova, por força do nº 3 do art. 249º do CPP. Estes actos mantêm a natureza pré-processual e só ganham natureza processual após a apreciação e validação da autoridade judiciária competente.

Os **OPC** e as **APC** são os *dedos*, as *mãos*, os *olhos*, o *pensamento* do poder judicial (onde se inserem as autoridades judiciárias e a autoridade judicial).

§ 25º Natureza executiva da actividade policial (?)

74. A Polícia encontra-se sistematicamente enquadrada no Título IX – *Administração Pública* – da Constituição portuguesa e depende do poder executivo. A Constituição reflecte a construção doutrinária do Direito administrativo, que considera a polícia como *serviço público operacional e principal* e, como tal, dentro da administração a cargo do Governo que ocupa uma posição de superior hierárquico para com os serviços de polícia que não detêm personalidade jurídica[287].

[287] Quanto a estes conceitos no quadro do Direito administrativo, Diogo Freitas do Amaral, *Curso de Direito Administrativo* – Volume I, 3ª Edição, (Colaboração de Luís Fábrica, Carla Amado Gomes e J. Pereira da Silva), Coimbra: Almedina, 2007, pp. 790-798 (796-797) e 900.

As forças e serviços de segurança não detêm personalidade jurídica, não obstante deterem autonomia administrativa, e encontram-se constitucionalmente enquadradas na organização administrativa directa do Estado.

Desta forma, à polícia cabe-lhe aplicar a lei *ex officio*, ou seja, sempre que se imponha e no respeito pela ordem jurídica como uma unidade sitemática, deve intervir por sua iniciativa[288]. Verifica-se esta iniciativa na dimensão da ordem e tranquilidade públicas – LSI –, na dimensão administrativa – legislação administrativa preventiva, de fiscalização e de sancionamento – e na dimensão judiciária ou cirminal – legislação processual penal.

O art. 272º da CRP consagra que a POLÍCIA «tem por *funções*»[289]. Em 1976, o legislador constituinte não optou por proceder a uma descrição pormenorizada das tarefas concretas da polícia, como veio a acontecer com o legislador constituinte do Brasil, em 1988, ao elencar as tarefas de cada uma das dimensões de polícia no art. 144º da CRFB.

O legislador constitucional português identifica uma polícia como função de soberania – *segurança* – por um serviço constitucionalizado autónomo e independente dos demais serviços e órgãos do Estado. Esta opção inicia a desmilitarização da segurança – e da polícia – de modo a dar uma maior amplitude à natureza civil e de cidadania às funções de polícia[290].

Esta opção Constitucional de 1976 conduz-nos a deduzir que à POLÍCIA cabem atribuições e competências subordinadas à Constituição e à lei sob a orientação do poder executivo quer em sentido lato quer em sentido estrito.

> A subordinação à Constituição e à legalidade democrática, a par de não terem personalidade jurídica, implica que os serviços de polícia – a Polícia – se encontrem ao serviço do povo soberano e ao serviço da afirmação da dignidade da pessoa humana e não ao serviço de um ou outro

[288] Cfr. CARLOS ARI SUNDFELD, *Fundamentos de Direito...*, 4ª Edição – 10ª Tiragem, p. 73.

[289] Itálico nosso.

[290] Quanto a este assunto com maior desenvolvimento, o nosso "A Segurança (Interna) na Constituição da República Portuguesa de 1976", *http://www.oabrs.org.br/esa/revista/colunista/manuel-monteiro-guedes-valente/11*, Out2013.

pensamento político (ou família política). Somos da opinião de que a Polícia deve ter personalidade jurídica para se enquadrar na administração indirecta do Estado e ganhar maior autonomia e não estar numa posição de inferior hierárquico [apesar do subalterno estar obrigado a não cumprir as ordens e instruções que impliquem responsabilidade criminal[291]]. A obediência não é cega e à Polícia cabe cumprir as funções constitucionalizadas e que delas se aferem.

Refira-se que, apesar do artigo sobre a *Polícia* estar integrado no título respeitante à Administração Pública, a topologia de POLÍCIA do art. 272º da CRP engancha numa *tridimensionalidade*: a dimensão de *polícia ordem e tranquilidade pública* (segurança), a dimensão de *polícia administrativa*[292] e a dimensão de *polícia judiciária*.

As três dimensões de polícia consagradas neste comando constitucional têm vigência nas forças segurança: PSP, GNR, PM. Os outros serviços de segurança ou outras polícias só detêm as dimensões de polícia administrativa e de polícia judiciária [*p. e.*, SEF, ASAE, AT] ou só detêm a dimensão de polícia judiciária [*p. e.*, segundo uma visão restritiva a PJ].

Importa relembrar que a actuação de cada polícia contribui para a defesa e garantia da segurança pública e dos direitos dos cidadãos e garante a legalidade democrática.

Os princípios consagrados no art. 272º da CRP são princípios gerais da actuação policial independentemente da dimensão em que a Polícia actua. Desta feita, estes e todos os princípios constitucionais respeitantes à actuação do Estado, em especial os que restringem os direitos e liberdades fundamentais oneram "todos os tipos de polícias, (...): a) *a polícia administrativa* em sentido restrito; b) *a polícia de segurança*; c) *a polícia judiciária*"[293].

O preceito constitucional, partindo do *conceito orgânico* de polícia – "conjunto de órgãos e institutos encarregados da actividade de polícia"[294] –, fundada numa concepção "tendencialmente funcional e

[291] Cfr. nº 3 do art. 271º da CRP.

[292] Neste sentido GOMES CANOTILHO e VITAL MOREIRA, *Constituição da República...*, 3ª Edição, pp. 954-955 ou Vol. II, 4ª Edição, 2010, p. 858.

[293] *Idem*, p. 955.

[294] *Ibidem*.

teleológica"[295], procura marcar e acentuar o âmbito de "acção ou actividade" da POLÍCIA, que se concentra em três escopos constitucionais fulcrais à vida em sociedade.

a. *Defesa da Legalidade Democrática*

75. A função de «defesa da legalidade democrática» não se identifica "com a função tradicional de defesa da «ordem pública», que abrangia a defesa da *tranquilidade* (manutenção da ordem na rua, lugares públicos, etc.), da *segurança* (prevenção de acidentes, defesa contra catástrofes, prevenção de crimes) e da *salubridade* (águas, alimentos, etc.)[296].

Na esteira de GOMES CANOTILHO e VITAL MOREIRA, defendemos que o sentido do conceito *legalidade democrática* "estará, porventura, ligado à ideia de garantia de respeito e cumprimento das leis em geral, naquilo que concerne à vida da colectividade"[297]. Se o Estado se funda na legalidade democrática – nas regras próprias de um Estado de *direito democrático*[298] –, impõe-se que a POLÍCIA, uma das faces da autoridade pública, esteja submetida "à lei em geral, de acordo com o *princípio da legalidade* ou, mais amplamente, o *princípio da juridicidade*"[299], por força do art. 266º da CRP[300], assim como lhe cumpre a função de defender [e garantir] a *legalidade democrática*, ou seja, defender todas as leis que dizem respeito à vida em sociedade.

A POLÍCIA de um *Estado de direito material social democrático* está onerada a defender, garantir, respeitar e promover a assumpção concreta da ordem jurídica *legítima*, *válida*, *vigente* e *efectiva*[301]: *i. e.*, da

[295] *Ibidem.*

[296] *Ibidem.*

[297] *Ibidem.* O conceito legalidade democrática aparece no texto constitucional em várias disposições – artigos 3º, nº 2; 199º, al. *f)*; 202º, nº 2; 219º, nº 1 – sem que os seus contornos se apresentem de forma transparente. Neste sentido GOMES CANOTILHO e VITAL MOREIRA, *Constituição da República...*, 3ª Edição, pp. 69 e 955.

[298] *Idem*, p. 69.

[299] *Ibidem.*

[300] Quanto ao princípio da legalidade da actividade policial *infra* §31º.

[301] Quanto à legitimidade, à validade, à vigência e à efectividade da lei, LUIGI FERRAJOLI, *Derecho y Razon. Teoría del Garantismo Penal*, (Tradução do italiano *Diritto e Ragione* de PERFECTO ANDRÉS IBÁÑEZ *et ALII*), 7ª Edição, Madrid: Editorial Trotta, 2005, pp. 357-362.

legalidade democrática. Este ónus amplia-se ou redobra-se quando em causa estão direitos humanos.

Na perseguição criminal, com a aplicação de medidas cautelares e de polícia exige-se à POLÍCIA criminal que não só garanta à vítima a tutela dos seus direitos (e à comunidade a paz social) como se encontra adstrita a respeitar os direitos, liberdades e garantias fundamentais do visado com a intervenção policial e a promover a sua concretização [*p. e.*, permitir e aconselhar contacto com familiar ou com o defensor].

76. A ideia de defesa e garantia da *legalidade democrática* [a par da garantia dos direitos do cidadão] conduz-nos a repensar a função da POLÍCIA dentro do arquétipo constitucional e a submetê-la ao cumprimento integral dos desígnios constitucionais que têm reflexão e refracção na legislação infraconstitucional e no Direito. É, desta forma, que apontamos como ponto de partida da função de Polícia a interpretação do art. 272º com o art. 9º da CRP.

Este desafio implica que se aponte uma área de acção estatal política e jurídica cuja intervenção da Polícia se impõe no patamar da prevenção sob a forma de *função de vigilância*: p. e., no campo do *urbanismo* como fonte e espaço de afirmação dos direitos e liberdades fundamentais dos cidadãos[302].

[302] Neste sentido, o nosso "A Legislação Urbanística: Lacuna da Intervenção Prévia das Forças de Segurança", in *Urbanismo, Segurança e Lei*, Coimbra: Almedina, 2007, pp. 123-135, JOÃO PACHECO AMORIM, "A Garantia do Bem Jurídico «Segurança (Interna)» no Direito do Urbanismo", in *Urbanismo, Segurança e Lei*, Coimbra: Almedina, 2007, pp. 137-143 e MARIA DA GLÓRIA F. P. D. GARCIA, "Sociedade de Risco e Legislação Urbanística", in *Urbanismo, Segurança e Lei*, Coimbra: Almedina, 2007, pp. 201-215. Não se pretende ressuscitar a polícia das edificações, serviço municipal, que tinha por funções prevenir a segurança, a salubridade e a estética das edificações, tinha uma função de âmbito *safety*, mas dar uma maior amplitude de afirmação e exercício de direitos e liberdades fundamentais com uma intervenção prévia da Polícia no quadro urbanístico de forma a evitar construções promotoras de espaços propícios à prática de crimes e limitativos de intervenção dos serviços de apoio de urgência [eliminação de obstáculos]. Quanto à polícia das edificações, MARCELLO CAETANO, *Manual de Direito Administrativo* – Volume II, 7ª Reimpressão da 10ª Edição, Coimbra: Almedina, 2004, pp. 1195-1197.

Esta intervenção, mesmo não prevista na lei ordinária, impõe-se por força do nº 1 do art. 18º da CRP, porque a POLÍCIA, como uma das faces da Administração, "*não pode restringir*, mas pode e deve, *no âmbito das suas atribuições e competências*, *proteger*, *promover* e até *concretizar*, na falta de lei específica, as normas relativas aos direitos, liberdades e garantias". Impõe-se à POLÍCIA uma actividade de "*execução* vinculada da Constituição" [303].

Da qualidade do urbanismo afere-se o *bem-estar e qualidade de vida do povo*, tarefa fundamental do Estado e direito dos cidadãos [al. *d*) do art. 9º da CRP artigos 65º e 66º da CRP] que à POLÍCIA cumpre defender e garantir por força do nº 1 do art. 272º da CRP. Impõe-se, deste modo, uma visão ampla da *legalidade democrática* e de execução operativa vinculada à Constituição nesta sociedade designada de *hipermoderna*[304] que exige uma intervenção pró-activa e preventiva das polícias para evitar a lesão ou a colocação em perigo de lesão os bens jurídicos – direitos e liberdades fundamentais – dos cidadãos.

Onera-se, hoje, a subordinação a um pensar e a um modelo intervencionista dentro do jus positivismo crítico e construtivo que dê aos cidadãos a garantia de segurança, mas que esta seja edificada e subordinada à efectiva liberdade de cada cidadão[305]. Impõe-se uma intervenção segundo uma legalidade axiologicamente aferida da dimensão material do Direito, que garante a dimensão formal do Direito.

[303] Quanto a este pensamento num plano global dos direitos fundamentais, JOSÉ CARLOS VIEIRA DE ANDRADE, *Os Direitos Fundamentais na Constituição de 1976*, 2ª Edição, Coimbra: Almedina, 2001, pp. 227-234 (232).

[304] Quanto à realidade social e violenta da internacionalização da cultura como hipercultura, cosmopolitismo e civilizacionismo ocidental, GILLES LIPOVETSKY, "O Reino da Hipercultura: Cosmopolitismo e Civilização Ocidental", *in* GILLES LIPOVETSKY e HERVÉ JUVIN, *O Ocidente Mundializado. Controvérsia sobre a Cultura Planetária*, (Tradução de LUÍS FILIPE SARMENTO), Lisboa: Edições 70 LDA., 2011, pp. 13-112.

[305] Seguimos a nossa posição defendida em *Do Ministério Público e da Polícia. Prevenção Criminal e Acção Criminal como Execução de uma Política Criminal do Ser Humano*, Lisboa: UCE, 2013, pp. 487-499 e 541.

b. *Defesa e Garantia de Segurança Interna*

77. A prossecução da função de *defesa e garantia da segurança interna* por parte da POLÍCIA colide, em regra e por necessidade, com direitos, liberdades e garantias fundamentais dos cidadãos, cuja análise mais pormenorizada se fará quando analisarmos os princípios da liberdade (e da segurança) como fundamento e limite da actividade policial.

Ao Estado cabe como tarefa fundamental a *segurança interna*, porque desta depende a integridade (e a reintegração) da legalidade democrática e o exercício dos direitos dos cidadãos com qualidade de vida e bem-estar dentro dos princípios do Estado de direito democrático.

O conceito de *segurança* interna é *poliédrico* e não se esgota no conceito aprovado em 1987, pelo art. 1º da Lei nº 20/87, de 12 de Julho[306], que aprovou a primeira Lei de Segurança Interna, que a nova Lei da Segurança Interna, aprovada pela Lei nº 53/2008, de 29 de Agosto, manteve.

Este conceito legal, que estipula que a *segurança interna* «é a actividade desenvolvida pelo Estado para garantir a ordem, a segurança e a tranquilidade públicas, proteger pessoas e bens, prevenir a criminalidade e contribuir para assegurar o normal funcionamento das instituições democráticas, o regular exercício dos direitos e liberdades fundamentais dos cidadãos e o respeito pela legalidade democrática»[307], não se afigura adequado à nova ordem jurídica e política nacional e supranacional.

É um conceito fechado nos muros nacionais emergente da era da guerra fria, não obstante podermos encontrar neste conceito ou partir deste conceito para uma dimensão supranacional e para uma responsabilidade activa plurisubjectiva: Estado na sua dimensão total (entidades públicas e privadas, singulares e colectivas).

A segurança interna é mais do que uma actividade, do que uma tarefa. A segurança interna é, como bem essencial ao desenvolvimento harmonioso da sociedade, uma *necessidade real e cognitiva colectiva e individual de uma sociedade política e jurídica organizada* que representa a natureza de Estado [de vários Estados – *v. g.*, União Europeia –],

[306] Alterado pela Lei nº 8/91, de 1 de Abril.
[307] Cfr. nº 1 do art. 1º da LSI.

atribuição de todos os entes [públicos e privados] e *função primordial* adstrita à Polícia. Se a segurança é uma garantia e um direito fundamental dos demais direitos consagrados na Constituição, vincula as entidades públicas e privadas e aplica-se directamente por força do nº 1 do art. 18º da CRP.

A segurança interna é uma *necessidade* com *natureza individual e colectiva* – estatal – que se afirma como *atribuição* e *função contributiva* de todos os membros de uma comunidade e *tarefa* (*função primordial*) da Polícia[308].

> A função contributiva ou cooperadora não se confunde com a atribuição constitucional originária que representamos como função primordial. Esta asserção afasta a ideia de chamar as Forças Armadas a desempenhar funções primordiais ou originárias de segurança interna, pelo contrário impõe-lhes o dever de se subordinarem à atribuição originária constitucional de satisfação de uma necessidade colectiva e individual: segurança interna. Falamos de uma necessidade interna entregue à Polícia, conquanto a necessidade de segurança externa pertence, originária e constitucionalmente, às Forças Armadas[309].

A topologia de *segurança interna*, como *necessidade colectiva e individual*, assenta desde logo na *soberania do povo* e no seu pilar nevrálgico: o respeito da *dignidade da pessoa humana*[310]. Esta assumpção desenrola-se pela promoção de uma segurança global [ordem e tranquilidade públicas locais, nacionais, regionais e internacionais], que seja eficaz e eficiente na protecção das pessoas contra quaisquer ameaças ou agressões de outrem ou dos próprios poderes públicos que ponham em causa a sua vida, a sua integridade física ou moral, que seja eficaz

[308] Quanto a uma análise mais aprofundada do conceito de segurança (interna), o nosso *Segurança – Um Tópico em Reconstrução*, Lisboa: Âncora Editora, 2013, pp. 115-135.

[309] Cf. o nosso "A Segurança (Interna) na Constituição da República Portuguesa de 1976", http://www.oabrs.org.br/esa/revista/colunista/manuel-monteiro-guedes-valente/11, Out2013.

[310] A dignidade da pessoa humana, reconhecida pelo preâmbulo da DUDH como "fundamento da liberdade, da justiça e da paz no mundo", apresentando-se como princípio estruturante do nosso Estado e como fundamento do direito à vida, à integridade física e moral, à liberdade e à segurança quer pessoal, quer colectiva.

na protecção e na promoção do bem-estar material (e cognitivo) das pessoas, que passa pela protecção dos seus bens, de forma a evitar que sejam danificados ou subtraídos do seu domínio directo e imediato. A colmatação da necessidade *segurança interna* é atribuição e função primordial da POLÍCIA e abarca a sua tridimensionalidade constitucional.

O Estado, ao proteger a vida, a integridade e a propriedade das pessoas, promove a defesa dos demais direitos pessoais, culturais, sociais e económicos através da acção da POLÍCIA [forças de segurança, serviços de segurança ou autoridades administrativas com poderes de polícia]. A segurança interna abarca a necessidade de realização dos direitos e liberdades dos cidadãos [pessoais, sociais, culturais, económicos, políticos], que se desenvolve dentro da função de prevenção da criminalidade, por força do nº 3 do artº 272º da CRP[311].

78. O legislador constituinte ao atribuir a função de "garantir a segurança interna" à Polícia quis "justamente colocar as Forças Armadas à margem dessa função"[312]. Este escopo reforça-se quando se conjugam o nº 1 e o nº 3 do art. 272º com a al. *u*) do art. 164º e al. *c*) do nº 1 do art. 161º, e os artigos 1º, 3º, nº 2, e 18º da CRP. Acresce que o legislador constituinte delimitou a intervenção das forças armadas a «qualquer agressão ou ameaça externas»[313] e não agressão ou ameaça interna.

Desta interligação resulta que a *prevenção criminal*, "incluindo a dos crimes contra a segurança do Estado" – previstos e punidos pelos artigos 308º e ss. do CP –, é *atribuição* e *função primordial* da POLÍCIA e apresenta-se como instrumento funcional para defender e garantir a segurança interna.

A necessidade segurança interna só é garantida com eficácia e eficiência quando se evitam as violações às regras do Estado de direito democrático e, quando aquelas se verificam, se descobrem e respon-

[311] A nossa posição assenta no pensamento de GOMES CANOTILHO e VITAL MOREIRA, *Constituição da República...*, 3ª Edição, p. 957 ou Vol. II, 4ª Edição, 2010, p. 861.

[312] *Ibidem*.

[313] Cfr. *in fine* nº 1 do art. 273º da CRP.

sabilizam os seus agentes[314]. Podemos afirmar que *a segurança interna ancora na hexagonia da prevenção criminal*[315].

Neste patamar de intervenção há, de forma inquestionável, uma interdisciplinaridade entre a natureza executiva e a natureza judicial dos actos praticados pela Polícia: ao prosseguir uma função de prevenção criminal em sentido estrito a POLÍCIA pratica actos que se enquadram no âmbito judicial, como a identificação e detenção do autor de um crime, assim como as medidas cautelares e de polícia aplicadas no caso concreto que são, *a posteriori*, objecto de apreciação e validação da autoridade judiciária competente.

Desta feita e seguindo a tese de GOMES CANOTILHO e VITAL MOREIRA[316], a topologia constitucional de *prevenção criminal* comporta duas funções: a *função de vigilância* e a *função de prevenção criminal em sentido estrito (stricto sensu).*

79. A *função de vigilância*, actividade diária levada a cabo pela POLÍCIA, consigna a principal função de Polícia: prevenir quaisquer lesões ou perigos de lesão da ordem e tranquilidade públicas, administrativas e criminais, praticadas directa ou indirectamente pelo ser humano [*p. e.*, a violação da norma do CE que proíbe ultrapassagem pelo lado direito e por esta razão ocorre um acidente] ou emergentes de erros de acção e omissão do ser humano [*p. e.*, a má sinalização rodoviária originadora de um caos no tráfego rodoviário]. A prevenção de factos ilícitos ou irregulares, germinadores de ocorrências que afectam a segurança interna, é a atribuição e função primordial das polícias.

[314] Sobre este assunto, os nossos "A Segurança como tarefa fundamental do Estado de Direito Democrático", *in Revista Pública Portuguesa*, ano LXIII, II Série, nº 125, SET/OUT 2002, pp. 27 e ss., *Consumo de Drogas – Reflexões Sobre Quadro Legal*, Coimbra: Almedina, 3ª Edição, 2006, pp. 83-88, *O Novo Regime Jurídico do Agente Infiltrado – Comentado e Anotado – Legislação Complementar*, (em co-autoria com FERNANDO GONÇALVES e MANUEL JOÃO ALVES) Coimbra: Almedina, 2001, pp. 28 e ss..

[315] Quanto a esta nossa teoria – hexagonia da prevenção criminal – o nosso *Do Ministério Público e Da Polícia. Prevenção Criminal...*, pp. 299-328.

[316] GOMES CANOTILHO e VITAL MOREIRA, *Constituição da República...*, 3ª Edição, p. 956 ou Vol. II, 4ª Edição, 2010, p. 861.

A *função de vigilância* consigna que a Polícia deve evitar que se infrinjam "as limitações impostas pelas normas e actos das autoridades para a defesa da segurança interna, da legalidade democrática e dos direitos dos cidadãos"[317], sem que alguma vez se deixe de respeitar esses mesmos direitos. A prossecução de segurança interna só é admissível se na efectivação da função de vigilância a Polícia maximizar o exercício dos direitos e liberdades fundamentais do cidadão.

Como exemplo da concretização da função de vigilância pode apontar-se o *estudo e consequente delimitação do percurso de um desfile* de índole manifestante por parte da Polícia de modo a que os manifestantes exerçam o direito de se manifestar e os demais cidadãos possam circular livremente e possam prosseguir a vida sem limitações abruptas devido à manifestação. O *direito de manifestação*[318] não pode funcionar como limite do direito de liberdade de circulação dos demais cidadãos, o que implica uma acção de vigilância sobre os que se manifestam de modo a que estes não ponham em causa as normas que regulamentam o direito de manifestação, a legalidade do próprio acto manifestação e os direitos de todos os demais cidadãos.

Outro exemplo é a obrigação da Polícia local verificar se a *sinalização rodoviária* está conforme os planos de segurança e, caso verifique que existem sinais colocados de forma contraditória e promotores de engarrafamentos, deve informar a entidade competente para proceder à respectiva alteração e recolocação dos sinais.

Importa referir que defendemos uma *função de vigilância ampla* que ancore numa ideia de prevenção de condutas humanas que infrinjam a ordem jurídica positiva e as que violem as decisões administrativas e/ou as ordens das autoridades de polícia legítimas e legais. Esta amplitude conduz-nos a afirmar que a função de vigilância desenvolve-se nas dimensionalidades de Polícia de ordem e tranquilidade pública e de Polícia administrativa.

[317] Gomes Canotilho e Vital Moreira, *Constituição da República...*, 3ª Edição, p. 956 ou Vol. II, 4ª Edição, 2010, p. 861.

[318] Quanto ao exercício do *direito de manifestação*, o nº 2 do art. 45º da CRP e o DL nº 406/74, de 29 de Agosto.

A decisão administrativa de *encerramento de um estabelecimento comercial* deve ser fiscalizada no sentido de evitar que os detentores da licença ou alvará de exploração desobedeçam à decisão da autoridade administrativa.

A ordem de *interdição de circulação de pessoas* numa determinada rua por razões de segurança, nos termos da al. *c*) do nº 1 do art. 28º da LSI implica que os agentes de polícia vigiem a rua e o cumprimento da ordem de aplicação da medida de polícia. O incumprimento da decisão administrativa e da ordem da autoridade de polícia coloca em causa a legalidade democrática e, por conseguinte, a segurança interna.

80. À POLÍCIA compete, também, a *função de prevenção criminal em sentido estrito (stricto sensu)* que se traduz "na adopção de medidas adequadas para certas infracções de natureza criminal", medidas essas que visam a protecção de pessoas e bens, a vigilância de indivíduos e locais suspeitos, sem que se restrinja ou limite o exercício dos direitos, liberdades e garantias do cidadão[319]. Esta função de prevenção criminal desenvolve-se no âmbito jurídico-criminal e tem como ponto de partida a dimensionalidade de POLÍCIA em sentido judiciário.

A prossecução da *função de prevenção criminal stricto sensu* enquadra os actos pré-processuais – *medidas cautelares e de polícia*, previstas na legislação processual penal [em especial, artigos 248º e ss. do CPP] –, as diligências e os actos processuais de investigação criminal[320] que se dirijam a preservar e a salvaguardar as provas reais e pessoais de um crime no decurso de um processo.

[319] GOMES CANOTILHO e VITAL MOREIRA, *Constituição da República...*, 3ª Edição, pp. 956-957 ou Vol. II, 4ª Edição, 2010, p. 861.

[320] Quanto à investigação criminal, o nosso *Regime Jurídico da Investigação ...*, 3ª Edição, Coimbra: Almedina, 2006 e *infra* §§ 64º a 88º. Este é o campo de excelência de intervenção dos Delegados de Polícia – Federal e Civil de cada Estado da Federação do Brasil – como se afere dos §§ 1º e 4º do art. 144º da CRP. Para uma melhor leitura e compreensão desta dimensão de investigação criminal, mais precisamente, investigação preliminar levada a cabo pela polícia judiciária no âmbito do inquérito policial, aconselham-se as leituras de JOSÉ AFONSO DA SILVA, *Comentário Contextual à Constituição*, 6ª Edição, São Paulo: Malheiros Editores, 2009, pp. 635-640; AURY LOPES JR. e RICARDO JACOBSEN GLOECKNER, *Investigação Preliminar no Processo Penal*, 5ª Edição, São Paulo: Editora Saraiva, 2013, pp. 127-133; e NEREU JOSÉ GIACOMOLLI, *Prisão, Liberdade e as Cautelares Alternativas ao Cárcere*, Madrid/Barcelona/Buenos Aires/São Paulo: Marcial Pons, 2013, pp. 45-49 (46-47).

Se um elemento de uma Polícia com atribuições e competência em matéria jurídico-criminal tem conhecimento de um facto que a lei qualifica como crime tem o dever de dar conhecimento deste crime ao MP e, para tal, está habilitado a proceder à aplicação das *medidas urgentes e necessárias* – *v. g.*, exames no local do crime, recolha de informações gerais e específicas, apreensões, identificações, revistas e buscas não domiciliárias – para que se assegurem os meios de prova reais e pessoais e, deste modo, possa levantar auto de notícia onde mencione os elementos ou factualidades constitutivos do crime [*o quê*], a data [*quando*], o local [*onde*], as «circunstâncias em que o crime foi cometido» [*o modo* e *o porquê*], a identificação dos agentes, dos ofendidos e das testemunhas [*quem*][321].

A Polícia, ao exercer as suas *funções de vigilância* e *de prevenção criminal em sentido estrito*, promove e garante a ordem, a segurança e tranquilidade públicas, protege a vida, a integridade das pessoas e a sua propriedade, assegurando não só o normal funcionamento das instituições e o respeito da legalidade democrática, mas também garante a materialização dos direitos e liberdades, sendo o bem-estar [social (como o ambiente), cultural e económico] um dos mais reclamados em uma sociedade organizada política, cultural, social e economicamente[322].

81. A *prevenção criminal em sentido estrito* pode ser materializada desde que se verifique uma intervenção policial inicial e sequente investigação policial baseada nos ensinamentos científicos das ciências sociais e, na essência, nos fundamentos das ciências jurídico-criminais.

Os fundamentos das ciências jurídico-criminais, como sabemos, são fulcrais para se promover uma prevenção criminal *stricto sensu*, que alcança os seus objectivos materiais e processuais permitindo que se desenvolvam actos que consignam uma investigação criminal legal, científica e eticamente aceite e defendida por toda a colectividade.

[321] Cfr. artigos 241º a 253º do CPP.

[322] Cfr. artigos 3º da LOPSP e artigos 1º, 28º e 29º da LSI. Quanto a esta unidade no Direito constitucional do Brasil, José Afonso da Silva, *Comentário Contextual...*, 6ª Edição, pp. 635-636.

A investigação criminal, levada a cabo pela POLÍCIA, procura descobrir, recolher, conservar, examinar e interpretar *provas reais* e, também, localizar, contactar e apresentar as *provas pessoais* que conduzam ao esclarecimento da verdade material dos factos que consubstanciam a prática de um crime[323]. Esta actividade de coadjuvação das autoridades judiciárias na realização da justiça é fundamental para que a acção policial seja eficaz [*in initio*] e seja eficiente na determinação do desfecho do processo [*in fine*].

A investigação criminal[324], que inicia com a notícia do crime e ganha fôlego com o despacho de natureza concreta do MP para a prossecução de investigação criminal, funciona como o motor de arranque, como o ignidor e como o alicerce do processo crime que tem de decidir pela condenação ou pela absolvição[325]. Nesta linha de raciocínio, pode alavancar-se que a investigação criminal pode funcionar como o pilar da prevenção criminal prescrita no nº 3 do artº 272º da CRP.

As decisões (e opções) das autoridades judiciárias dependem, em muito, do empenho e da qualidade dos actos e diligências investigatórias – iniciadas com a aplicação das medidas cautelares e de polícia – levados a cabo pela POLÍCIA. Desta espera-se que esteja preparada para conduzir uma tarefa que tem de colocar acima de tudo a dignidade do(s) suspeito(s) e a defesa dos seus direitos, liberdades e garantias, de forma a que se evite a condenação de um inocente.

Uma investigação eficaz, como já afirmamos, na descoberta e na recolha de indícios suficientes, no exame e interpretação dos mesmos, na obtenção em tempo útil de *provas reais* [que confirmam a ocorrência de um facto num determinado local, numa dada hora e o modo da

[323] Quanto à investigação criminal, o nosso "A investigação Criminal como motor de arranque do Processo Penal", *in Revista Portuguesa*, Ano LXIII, II Série, nº 122, Mar/Abr. 2000, pp. 2 e ss., *Lei e Crime – O Agente Infiltrado versus o Agente Provocador – Os Princípios do Processo Penal*, (em co-autoria com F. GONÇALVES e MANUEL JOÃO ALVES), Coimbra: Almedina, 2001, p. 22, e GOMES DIAS *apud* TEREZA BELEZA e FREDERICO ISASCA, *Direito Processual Penal – Textos*, Lisboa: AAFDL, 1992 p. 65. Cf. *infra* §§ 64º a 88º.

[324] Quanto à investigação criminal, o nosso *Regime Jurídico da Investigação Criminal...*, 3ª Edição, Coimbra: Almedina, 2006.

[325] Quanto a este assunto, o nosso "A investigação criminal ...", *in Revista Portuguesa*, Ano LXIII, II Série, nº 122, Mar/Abr. 2000, pp. 2 e ss..

sua execução], pode conduzir a uma rápida e eficiente localização e contacto com as *provas pessoais* [o(s) agente(s) desse mesmo facto ilícito criminal], podendo-os apresentar em tempo útil [sem que tenha decorrido a prescrição[326], ou sem que tenha decorrido o prazo de apresentação de queixa[327]].

Esta sequência lógica interventiva da Polícia, aumenta, sem margem de dúvidas, as possibilidades da responsabilização dos agentes do crime e permite uma melhor reintegração e ressocialização (artº 40º do CP). Só existe eficácia de prevenção criminal, se esta for direccionada a uma maior eficiência por meio de um processo limpo, ou seja, *fair trail*.

82. A probabilidade da descoberta de quem comete delitos provoca no seio da comunidade e, principalmente, no âmago dos "criminosos", um sentimento de receio, um sentimento de insegurança quanto aos actos delituosos que pretendam efectuar, porque sabem que a máquina de prevenção e investigação criminal é eficaz e eficiente na sua actuação e na descoberta dos autores dos crimes. Alcançado este desiderato e como já afirmamos, prossegue-se a prevenção geral negativa e positiva e a prevenção especial negativa e positiva do Direito punitivo.

Este sequencial labor germina um consequente sentido de possível responsabilidade penal dos agentes dos actos violadores das normas que garantem uma tutela jurídico-criminal dos bens jurídicos fundamentais e conduz a uma diminuição da criminalidade, que consequentemente reflectirá uma maior segurança real e psicológica dos cidadãos[328].

A *prevenção criminal em sentido estrito*, por meio de medidas e actos de investigação criminal funciona como instrumento legal e material de que a POLÍCIA deve fazer uso para promover e levar a cabo um dos

[326] Cfr. art. 118º e ss. do CP.

[327] Cfr. art. 115º do CP.

[328] Como afirmara MONTESQUIEU, não é a moderação das penas que conduz ao relaxamento, à irresponsabilidade, mas sim a impunidade dos actos que violam as normas essenciais ao funcionamento da sociedade. MONTESQUIEU *apud* JEAN LARGUIER, *La Procédure Pénale*, 4ª Edição, Paris: Presses Universitaires de France, 1973, p. 9.

bens mais preciosos da sociedade e uma necessidade colectiva e individual: a *segurança interna*, que é uma tarefa fundamental do Estado, porque "se revela essencial à existência, à sobrevivência e ao desenvolvimento da comunidade nacional" e internacional, assim como "garante a manutenção da ordem pública e o processo constante, pacífico e harmonioso da sociedade"[329].

c. *Defesa e Garantia dos Direitos do Cidadão*

83. À POLÍCIA cabe como função, conforme o consagrado *in fine* do nº 1 do art. 272º da CRP, a defesa e garantia dos *direitos dos cidadãos*. Este comando constitucional obriga-nos a elucidar que o legislador constituinte não limitou os direitos que a Polícia deve defender e garantir, nem estratificou os destinatários dessa defesa e garantia. Pretende-se, desta feita, que a Polícia *defenda e garanta todos os direitos* – fundamentais pessoais, sociais, culturais, económicos, políticos e todos os demais previstos em legislação infraconstitucional e os que integrem a nossa Constituição por via do art. 16º da CRP – e que essa *defesa e garantia sejam efectivas para todo o ser humano* sem excepção ou sem discriminações.

Como escrevem GOMES CANOTILHO e VITAL MOREIRA, a defesa e a garantia dos direitos dos cidadãos impõe-se à POLÍCIA como uma "obrigação de protecção pública dos direitos fundamentais"[330], cuja prossecução se deve articular com o *direito à segurança*, consagrado pelo nº 1 do art. 27º da CRP, como direito fundamental e direito garantia da prossecução do princípio da liberdade.

A obrigação de garantir os direitos e liberdades fundamentais pessoais, que recai sobre o Estado, preconiza uma protecção dos cidadãos face a agressões provenientes de terceiros e dos próprios poderes públicos, defendendo-os e garantindo-lhes a liberdade de exercício de direitos através da actividade policial. Este exercício bipo-

[329] PEDRO CLEMENTE, *Da Polícia de Ordem Pública*, Lisboa: Governo Civil de Lisboa, 1998, p. 198.

[330] GOMES CANOTILHO e VITAL MOREIRA, *Constituição da República...*, 3ª Edição, p. 956 ou Vol. II, 4ª Edição, 2010, p. 859.

lariza-se ao encontrar os direitos dos cidadãos como um limite da actividade e como "um dos próprios fins dessa função"[331].

A defesa e garantia dos direitos dos cidadãos encontram-se consagrados como uma das tarefas fundamentais do Estado, *ex vi* al. *b)* do art. 9º da CRP. Os direitos e liberdades fundamentais apresentam-se como "um encargo *do Estado de direito democrático*, no sentido de os garantir e de os fazer observar por todos"[332], impondo-se Àquele "uma postura *activa* para os fazer valer como elemento objectivo da sociedade"[333], passando essa "postura activa" pela actividade de POLÍCIA à qual cabe a sua defesa e garantia, que passará também pela *defesa da legalidade democrática*[334] *e garantia da segurança interna*[335].

84. Se analisarmos as Leis Orgânicas das várias Polícias – PSP, GNR, PJ, SEF, ASAE (etc.) – verificamos que, explicita ou implicitamente, se consigna que as suas funções se dirigem na essência à defesa da *legalidade democrática*, à defesa e garantia da *segurança interna* e à defesa e garantia dos *direitos do cidadão*[336].

As várias polícias exercem a actividade subordinada à Constituição e à legalidade democrática [e ao Direito] e o escopo do nº 1 do art. 272º encontra guarida em todas as dimensões de POLÍCIA.

As funções primordiais desenvolvidas pela Polícia, quando prosseguidas e executadas, têm o *carácter de serviço público*, e revestem uma roupagem executiva, principalmente na *função de vigilância*, e uma roupagem judicial, essencialmente na *função de prevenção criminal «stricto sensu»*. Pode afirmar-se que todas estas funções preenchem o ideário do Estado de direito material social democrático.

[331] Cfr. GOMES CANOTILHO e VITAL MOREIRA, *Constituição da República...*, 3ª Edição, p. 956 ou Vol. II, 4ª Edição, 2010, p. 859.

[332] Cfr. GOMES CANOTILHO e VITAL MOREIRA, *Constituição da República...*, 3ª Edição, p. 93 ou Vol. I, 4ª Edição, 2007, p. 277. Itálico nosso.

[333] Cfr. GOMES CANOTILHO e VITAL MOREIRA, *Constituição da República...*, 3ª Edição, p. 93 ou Vol. I, 4ª Edição, 2007, p. 277.

[334] Cfr. *supra* ponto a. deste §.

[335] Cfr. *supra* ponto b. deste §.

[336] Cfr. a título de exemplo o nº 2 do art. 1º da LOPSP, nº 2 do art. 1º da LGNR, artigos 2º, 3º, 4º, 5º, 6º, 7º, 8º da LOPJ, art. 1º da LSI.

§ 26º Da interdisciplinaridade da actividade de polícia com o poder judicial

85. A Polícia, como verificamos no §º anterior, desenvolve actos quer a *priori* quer a *posteriori* da intervenção do poder judicial. Este labor desenrola-se por entre uma interdisciplinaridade natural entre órgãos e serviços do poder executivo com o exercício do poder judicial pelos seus titulares, manifestação que se verifica em vários patamares e ramos das ciências jurídicas.

α. *Direito Civil*

86. A Polícia não dirime questões do foro civil. Contudo, participa factos que lhe são comunicados ou que presencia do âmbito daquele foro, assim como efectua diligências processuais que se enquadram no foro civil, dos quais destacamos *apreensões* de bens ordenadas pelo tribunal, acompanhamento nos *arrestos*, nas *penhoras* judiciais.

Quanto às *participações* elaboradas pelos elementos policiais, elaboradas no âmbito do Direito civil, defendemos que devem ser enviadas para os Tribunais de Comarca (Tc) uma vez que o seu arquivamento e guarda nas instalações policiais pode não ter qualquer utilidade. Caso se decida não se enviar para o Tc e aguardar que a mesma seja solicitada pelo tribunal competente, os elementos policiais devem elaborar um auto sempre que intervenham, mesmo que a questão se enquadre no foro civil.

Existem vários exemplos desta interdisciplinaridade, dos quais destacamos: as *participações de acidente*, cujos autos têm servido de prova em sede de audiência de julgamento, sendo uma prova documental que permitirá ao Tribunal decidir de forma equitativa e justa; e as *participações devido a danos provocados por animais* – art. 502º do CCiv. –, cuja participação policial se apresenta como documento importante para a decisão judicial sobre a responsabilidade civil.

β. *Direito administrativo*

87. O Direito administrativo (preventivo e sancionatório), como se verificará ao longo do curso e como já verificaram em várias cadeiras já leccionadas, é um espaço de elevada actividade de Polícia. O âmbito jurídico-administrativo é onde a dimensionalidade de polícia administrativa ganha vida e se desenvolve.

A prestação de informações aos legais e legitimamente interessados [artigos 82º e ss. do CPA], o licenciamento ou emissão de alvará para o exercício da segurança privada [DL nº 35/2004, de 21 de Fevereiro], o encerramento de um espectáculo e divertimento público [nº 2 do artº 33º do DL nº 310/2002, de 18 de Dezembro], o encerramento de uma via ao trânsito [art. 9º do CE], o levantamento de um auto de notícia por contra-ordenação [artigos 48º e ss. RGCO], são alguns dos muitos exemplos demonstrativos do espaço da actividade de Polícia no âmbito administrativo.

Podíamos enumerar muitos mais exemplos que demonstrassem a vertente fortemente administrativa da actuação policial, autos que irão servir de suporte para instrução de processos e decisões administrativas – p. e., decisão de suspensão de uma atividade comercial por parte da entidade reguladora e fiscalizadora – e, em sede de recurso contencioso, judiciais.

γ. *Direito criminal*

88. No âmbito criminal, como já sabem e como veremos, é o ramo do Direito onde as manifestações de interdisciplinaridade se concretizam com maior vigor.

A Polícia, na prossecução das suas funções de defesa da legalidade democrática, de garantia da segurança interna e defesa e garantia dos direitos, legalidades e garantias, previne e reprime o crime – facto humano típico, ilícito, culposo (e punível) –, cuja realização parte do Direito penal material – que tutela bens jurídicos fundamentais ao desenvolvimento do homem inserido na sua comunidade e defende o agente do crime face à força punitiva estatal – para se efectivar com o Direito processual penal.

Como já defendemos, o Processo Penal surge como forma de realizar o direito penal substantivo, permitindo assim o reconhecimento jurídico da existência de um crime e a aplicação das penas ou das medidas de segurança, fundada no respeito pelos interesses e direitos jurídica e constitucionalmente protegidos na dialéctica indivíduo/sociedade[337].

Vestido de uma função instrumental visando a *realização de justiça*[338], o Processo Penal apresenta-se também como um instrumento legal fundamental de legitimação e de legalidade da intervenção da POLÍCIA como Órgão de Polícia Criminal (OPC), como se destaca na:

- aquisição e comunicação da notícia do crime (artigos 241º a 248º do CPP);
- aplicação de medidas cautelares e de polícia (artigos 248º e ss. CPP);
- detenção (artº 254º e ss.);
- realização de exames, revistas, buscas, apreensões, escutas telefónicas, etc., (artigos 171º a 190º do CPP).

Como temos afirmado, o Direito penal material e processual penal, subordinados a uma interpretação e aplicação conformes à Constituição, são um *livro Sagrado* que todo elemento policial criminal deve consultar e estudar todos os dias.

δ. *Direito de menores*

89. No âmbito da menoridade, plano em que a actuação policial se tem demonstrado preponderante quer na vigência da *Organização Tutelar Educativa* (OTM), quer, depois de 01JAN2001, com a *Lei Tutelar Educativa* (LTE) – conforme se depreende dos artigos 50º e ss., dos artigos 72º e ss. e 128º – e com a *Lei de Protecção de Crianças e Jovens em Perigo* (LPCJP) – como se depreende dos artigos 7º, 8º, 64º, 66º, 93º.

[337] Quanto a este assunto o nosso *Lei e Crime* ..., (Co-autoria de FERNANDO GONÇALVES e MANUEL JOÃO ALVES), pp. 12-13, notas 9, 10, 11, 12. No Direito brasileiro, AURY LOPES JR. e RICARDO GLOECKNER, *Investigação Preliminar*..., 5ª Edição, pp. 128-134.

[338] Cfr. o nosso *Lei e Crime* ..., (Co-autoria de FERNANDO GONÇALVES e MANUEL JOÃO ALVES), p. 14.

A POLÍCIA no âmbito da menoridade é, em regra, a primeira instituição a intervir, cabendo-lhe por inerência dos princípios gerais do Direito e das normas do Direito Internacional Público, constitucionais e infraconstitucionais, uma promoção e protecção dos direitos das crianças que é tarefa fundamental do Estado e obrigação de toda a sociedade por força do art. 69º da CRP.

Como «face visível da lei», acrescentamos do Direito, a POLÍCIA surge como operador da justiça, quer como auxiliadora quer como coadjuvante quer, ainda, como a primeira «mão» da justiça, e incumbe-lhe uma intervenção capaz de evitar e de pôr cobro a qualquer uma das situações prescritas no art. 3º da LPCJP[339], como, p. e., o trabalho de mão de obra infantil, que pode consignar a prática de um crime de *utilização indevida de trabalho de menor*, p. e p. pelo artigo 82º do CT.

ε. *Direito do trabalho*

90. No âmbito laboral, a Polícia actua, hoje, em várias *operações conjuntas* com a Inspecção Geral do Trabalho, mais propriamente com a Autoridade das Condições de Trabalho (ACT), anterior IDICT[340], e com os Serviços de Estrangeiros e Fronteiras (SEF), quer na prevenção quer na repressão das condições de trabalho em especial na prevenção e repressão da imigração ilegal com fundamento em contratos de trabalho ilícitos e em condições de trabalho esclavagista. Como função da POLÍCIA cabe a prevenção de crimes [*ex vi* nº 3 do artº 272º da CRP], recai sobre a mesma a prevenção do crime de *infracção de regras de segurança*, p. e p. pelo art. 152º-B do CP.

Como sabemos e como nos tem revelado a imprensa, a imigração ilegal está muito intimamente ligada ao mercado de emprego, mais propriamente na área da hotelaria e da construção civil, o que tem motivado que a investigação e a repressão de um dos fenómenos mais preocupantes dos nossos dias, pela forma como se encontram

[339] Quanto à intervenção no âmbito da menoridade, o nosso *Direito de Menores – Derecho de Menores*, (Co-autoria de NIEVES SANZ MULAS), Lisboa: Âncora Editora, 2003.

[340] Instituto para o Desenvolvimento e Inspecção das Condições de Trabalho que deu lugar à Autoridade das Condições de Trabalho.

estruturadas e organizadas as redes, se proceda na base da cooperação policial e judicial[341].

Vivem-se, em muitos casos, situações integrantes do crime de *escravidão*, p e p. pelo art. 159º do CP. Este fenómeno agrava-se em momentos de crises económicas e financeiras como a que se vive desde 2007/2008. Esta realidade criminógena impõe aos actores policiais – de ordem pública, administrativa e judiciária – uma actuação preventiva e pro-activa de modo a evitar que existam seres humanos em situações de trabalho desumanas, perigosas e integrantes da prática de crimes previstos no CT e no CP.

ζ. *Direito tributário*

91. A elevada importância orçamental, assumida no quadro económico-financeiro europeu e internacional, impõe uma actividade de polícia tributária, sem olvidar a económica e financeira, cada vez mais preventiva – evitar que os bens jurídicos supra-individuais sejam lesados ou colocados em perigo de lesão por condutas humanas negativas –, *função de vigilância*, e reactiva na identificação dos agentes das infracções administrativas e criminais e na determinação dos elementos – objectivos e subjectivos – das infracções, *função de prevenção criminal em sentido estrito*, de modo a que exista uma identidade do objecto subjectivo com o objecto processual do processo administrativo ou do processo-crime.

Esta consciencialização direccionou o decisor político-legislativo para a (re)criação de uma *autoridade tributária e aduaneira* (AT) – «serviço da administração directa do Estado dotado de autonomia administrativa» –, com *natureza administrativa*: cabendo-lhe «administrar os impostos, direitos aduaneiros e demais tributos que lhe sejam atribuídos, bem como exercer o controlo da fronteira externa da União Europeia e do território aduaneiro nacional, para fins fiscais, económicos e de protecção da sociedade, de acordo com as políticas definidas pelo Governo e o Direito da União Europeia» através das atribuições de «assegurar a respectiva liquidação e cobrança dos impostos»,

[341] Sobre este assunto, o nosso "Cooperação Policial – Viagem Inacabada", *in Projecto Grotius II Penal*, Varsóvia, 12 de Setembro de 2002 e *infra* §§ 106º a 111º.

«informar os particulares sobre as respectivas obrigações fiscais e apoiá-los no cumprimento», «exercer a acção de inspecção tributária, prevenindo e combatendo a fraude e evasão fiscais», «exercer a acção de justiça tributária e assegurar a representação da Fazenda Pública junto dos órgãos judiciais»[342].

Do diploma que aprovou a orgânica e as atribuições da AT não se aferem atribuições e competências de natureza criminal (*judiciária*), mas esta natureza mantém-se através do art. 37º do RGIT quando estipula que «qualquer *órgão de polícia criminal* ou *agente da administração tributária* pratica, em caso de *urgência ou de perigo de demora*, os actos cautelares necessários e urgentes para assegurar os meios de prova, nos termos do disposto no artigo 249º do Código de Processo Penal»[343].

Os agentes da AT não são órgãos de polícia criminal, mas em sede processual penal no quadro dos crimes tributários têm prerrogativas de órgãos de polícia criminal para a preservação das provas reais e das pessoais. A AT tem uma natureza judiciária indirecta ou deferida.

A área jurídico-tributária é uma das áreas jurídicas de excelência de intervenção dos Estados na edificação de uma sociedade mais justa e mais solidária. Esta área de intervenção da polícia é, hoje, uma das mais críticas e das que mais impõe uma actuação de acordo com a Constituição. É uma das áreas de maior cooperação entre as polícias que impõe uma interligação entre a dimensão administrativa e a dimensão criminal.

§ 27º Breves considerações finais do capítulo

92. Depreende-se, deste capítulo, a *natureza híbrida e complexa* da actividade da PPolícia na prossecução das suas próprias funções. Mas, a actividade policial está dotada de democraticidade e de legalidade,

342 Cfr. artigos 1º e 2º do DL nº 118/2011, de 15 de Dezembro, diploma que aprovou a orgânica da autoridade tributária e aduaneira.

343 Itálico nosso. Quanto a esta matéria, GERMANO MARQUES DA SILVA, *Direito Penal Tributário. Sobre as Responsabilidades das Sociedades e dos Administradores Conexas com o Crime Tributário*, Lisboa: UCE, 2009, pp. 152-154.

assente no pilar do respeito da dignidade da pessoa humana, que lhe cumpre defender e garantir, mesmo contra os abusos do poder material e formal, e *está ao serviço do povo* (de todos os seres humanos).

A actuação da POLÍCIA não se esgota no mero contacto com o cidadão na resolução dos problemas, pois estende-se aos planos jurídico, social, económico e cultural. A interdisciplinaridade garante-lhe uma natureza capaz de se entrelaçar na demanda de uma liberdade e segurança próprias de uma sociedade em crescente no exercício da cidadania.

A legitimidade emana de uma concepção clara de que a POLÍCIA não **está ao serviço** do poder pelo poder (do poder partidário-político), mas ao serviço **dos interesses da comunidade** e do **ser humano, interesses e valores consagrados na *ordem jurídica legítima, válida, vigente e efectiva*.**

Capítulo V
Da Legitimidade Normativa e Sociológica da Actividade da Polícia[344]

Sumário: § 28º Da legitimidade da acção preventiva e repressiva do Estado
§ 29º A tolerância como fonte de legitimidade
§ 30º Da legitimidade como limite à 'desajustada' «demanda da segurança»

Fontes: **AAVV**, *Código Penal – Actas e Projecto da Comissão de Revisão,* Edição do Ministério da Justiça (distribuição Rei dos Livros), Lisboa, 1993; **Agostinho**, Santo, *A Cidade de Deus,* (Tradução de J. Dias Pereira), 2ª Edição, Lisboa: Fundação Calouste Gulbenkian, 1996, Vols. I e III; **Almeida**, Luís Nunes de, "Tolerância, Constituição e Direito Penal", *in Revista Portuguesa de Ciência Criminal* (*RPCC*), Ano 13, nº 2, 2003; **Almeida**, Maria Cândida de, "O Ministério Público. Contributo para uma cidadania", *in Estudos em Homenagem a Cunha Rodrigues* – Volume I, (Organização J. de Figueiredo Dias *et Alii*), Coimbra: Coimbra Editora, 2001; **Alonso Pérez**, Francisco *et Alii*, *Manual del Policía,* 4ª Edição, Madrid: La Ley, 2004; **Amaral**, Diogo Freitas do, *Do 11 de Setembro à Crise do Iraque,* Lisboa: Bertrand Editora, 2003; *Curso*

[344] O conteúdo deste capítulo foi aprofundado e, por essa razão, optou-se por seguir o que havíamos escrito para a tese de doutoramento em Direito. Uma vez que a tese de doutoramento se encontra esgotada e não é nossa intenção republicá-la, aproveitamos o estudo mais ampliado e aprofundado sobre este tema para ser reintroduzido desde a 5ª Edição desta obra com as devidas alterações no âmbito da *Teoria Geral do Direito Policial.*

de Direito Administrativo, Coimbra: Almedina, 2007, Vol. II; **Andrade**, José Carlos Vieira de, *Os Direitos Fundamentais à Luz da Constituição da República Portuguesa de 1976*, 3ª Edição, Coimbra: Almedina, 2001; **Andrade**, Manuel da Costa, "Sobre o Regime Processual Penal das Escutas Telefónicas", *in RPCC*, Ano I, Fasc. 3, Julho-Setembro, 1997; *Sobre os Meios Proibidos de Prova em Processo Penal*, Coimbra: Coimbra Editora, 1992; **Beccaria**, Cesare, *Dos Delitos e das Penas*, (Tradução do *Dei Delitti e Delle Pene* de José de Faria Costa), 2ª Edição, Lisboa: Fundação Calouste Gulbenkian, 1998; **Bobbio**, Norberto, *As Ideologias e o Poder em Crise*, (Tradução do italiano – *Ideologie e il potere in crisi* – de João Ferreira), 4ª Edição, Brasília: UNB Editora, 1999; **Cancio Meliá**, Manuel e **Díez**, Goméz-Jara (Coord.), *Derecho Penal del Enemigo. El Discurso Penal de la Exclusión*, Madrid e Montevideo: Edisofer s. l. e Editorial B de *f* Ltda., 2006, Volumes 1 e 2; **Canotilho**, J. J. Gomes, *Direito Constitucional e Teoria da Constituição*, 3ª Edição, Coimbra: Almedina, 1999 (7ª Edição, 2003); **Canotilho**, J. J. Gomes e **Moreira**, Vital, *Constituição da República Portuguesa Anotada*, 4ª Edição, Coimbra: Coimbra Editora, 2007, Vol. I; **Carbonell Mateu**, Juan Carlos, *Derecho Penal: Concepto y Principios Constitucionales*, 3ª Edição, Valencia: Tirant lo Blanch, 1999; **Chiavario**, Mario, "Opções Valorativas e Técnicas Legislativas na Tutela da Liberdade de Consciência. Algumas Experiências da Codificação Processual Penal de Itália", *in Revista Portuguesa de Ciência Criminal*, (Tradução do italiano de Cristina Líbano Monteiro), Coimbra/Lisboa: Coimbra Editora/Aequitas, Ano 7, Fasc. 1º, 1997; **Damián Moreno**, Juan "Un Derecho Procesal de Enemigos?", *in Derecho Penal del Enemigo. El Discurso Penal de la Exclusión*, Cancio Meliá e Goméz-Jara Díez (Coord.), Madrid e Montevideo: Edisofer s. l. e Editorial B de F Ltda., 2006, Volumes 1; **Delmas-Marty**, Mireille, *Por um Direito Comum*, (Tradução do francês – *Pour un Droit Commun* – de Ermantina de Almeida Prado Galvão), São Paulo: Martins Fontes, 2004; **Dias**, Jorge de Figueiredo, *Direito Processual Penal*, Clássicos Jurídicos, Reimpressão da 1ª Edição de 1974, Coimbra: Coimbra Editora, 2004; *Direito Processual Penal*, (Lições Coligidas por Maria João Antunes), Coimbra, 1988-9; *Direito Penal. Parte Geral – Tomo I. Questões Fundamentais. A doutrina geral do crime*, 2ª Edição, Coimbra: Coimbra Editora, 2007; **Duhamel**, Olivier e **Mény**, Yves (Dir.), *Dictionnaire Constitucionnel*, Paris: Presses Universitaires de France, 1992; **Engish**, Karl, *Introdução ao Pensamento Jurídico*, (Tradução do alemão *Einführung in das Juristische Denken*, Estugarda, 1983, por J. Baptista Machado), 7ª Edição, Lisboa: Fundação Calouste Gulbenkian, 1996; **Espada**, João Carlos, *A Tradição da Liberdade*, S. João do Estoril: Principia, 1998; **Ferrajoli**, Luigi, *Derecho y Razon. Teoría del Grantismo Penal*, (Tradução do italiano *Diritto e Ragione. Teoria del Garantismo Penale*, Gius. Laterza & Fligi, 1989, de Perfecto Andrés Ibáñez *et Alii*), 7ª Edição, Madrid: Editorial Trotta, 2005; "Jurisdição e democracia", (Tradução de Eduardo Maia Costa), *in Revista do Ministério Público*, Ano 18º, Out./Dez., 1997, nº 72; *Democracia y Garantismo*, (Tradução do italiano de Perfecto Andrés Ibáñez *et Alii*), Madrid: Editorial Trotta, 2008;

Garcia, Maria da Glória Ferreira Pinto Dias, *Da Justiça Administrativa em Portugal. Sua Origem e Evolução*, Lisboa: UCE, 1994; **Gouveia**, Jorge Bacelar, *Manual de Direito Constitucional*, Vol. I, Coimbra: Almedina, 2005; **Habermas**, Jürgen, *Direito e Moral*, [Traduzido do alemão – *Recht und Moral (Tanner Lectures 1986) aus «Faktizitat und Geltung Beitrage zur Diskurstheorie dês Rechts und des Democratischen Rechtsstates»* – por Sandra Lippert], Lisboa: Piaget Editora, 1999; *Técnica e Ciência como "Ideologia"*, (Tradução do *Technik und Wissenschaft als «Ideologie»* de Artur Morão), Coimbra: Edições 70, 2006; **Hart**, Herbert L. A., *O Conceito de Direito*, (Tradução *The Concept of Law*, Oxford University Press, 1964, de Armindo Ribeiro Mendes), 2ª Edição, Lisboa: Fundação Calouste Gulbenkian, 1995; **Hassemer**, Winfried, "Alternativas al principio de culpabilidad?", *in Cuadernos de Política Criminal*, Madrid: Instituto Universitario de Criminología – Universidad Complutense de Madrid, nº 18, 1982; *A Segurança Pública no Estado de Direito*, (Tradução do alemão – *Innere Sicherheit im Rechtsstaat* – de Carlos Eduardo Vasconcelos), Lisboa: AAFDL, 1995; *História das Ideias Penais na Alemanha do Pós-Guerra*, (Tradução do alemão – *Strafrechtswissenschaft in der Bundesrepublik Deutschland* – de Carlos Eduardo Vasconcelos), Lisboa: AAFDL, 1995; "Seguridad por intermedio del Derecho penal", *in Problemas Actuales del Derecho Penal y de la Criminología. Estudios penales en memoria de la Profesora Dra.* María del Mar Díaz Pita, (Dir. Francisco Muñoz Conde e Tradução do alemão – *Sicherheit und Strafrecht* – de Gabriela E. Córdova e Julio B. J. Maier), Valencia: Tirant lo Blanch, 2008; **Hespanha**, António Manuel, *Cultura Jurídica Europeia – Síntese de um Milénio*, 3ª Edição, Mem Martins: Publicações Europa América, 2003; **Hobsbawm**, Eric, *Globalização, Democracia e Terrorismo*, (Tradução do original *Globalisation, Democracy and Terrorism* de Miguel Romeira), Lisboa: Editorial Presença, 2008; **Ibáñez**, Perfecto Andrés, "Por um Ministério Público «dentro da legalidade»", *in RMP*, Lisboa, Ano 18º, Abril/Junho, 1997, nº 70; **Jakobs**, Günther, **Cancio Melia**, Manuel, *Derecho Penal del Enemigo*, 2ª Edição, (Tradução do *Bürgerstrafrecht und Feindstrafrecht* de Manuel Cancio Meliá), Cizur Menor/Madrid: Thomson/Civitas, 2006; *Sobre la Normativización de la Dogmática Jurídico-Penal*, (Tradução do alemão – *Die Idee der Normativierung in der Strafrechtsdogmatik* – de Manuel Cancio Melia e de Bernardo Feijóo Sánchez), Madrid: Thomson/Civitas, 2003; **Kaufmann**, Arthur, *Filosofía del Derecho*, (Tradução do alemão – *Rechtsphilosophie* – de Luis Villar Borba e Ana María Montoya), 2ª Edição, Reimpressão, Bogotá: Universidad Externato de Colombia, 2006; **Kelsen**, Hans, *A Justiça e o Direito Natural*, (Tradução de João Baptista Machado), Coimbra: Almedina, 2001; *Teoria Pura do Direito*, (Tradução do alemão *Reine Rechtslehre*, Verlag Franz Deuticke, Viena, 1960, de João Baptista Machado), Coimbra: Amado Editores, 1984; **Larenz**, Karl, *Metodologia da Ciência do Direito*, (Tradução do alemão *Methodenlehre der Rechtswissenschaft*, 6ª Edição, Berlim: Springer-Verlag, 1991, de José Lamego), 3ª Edição, Lisboa: Fundação Calouste Gulbenkian, 1997; **Medeiros**, Rui, *A Decisão de Inconstitucionalidade. Os Autores, o Conteúdo e os*

Efeitos da Decisão de Inconstitucionalidade da Lei, Lisboa: UCE, 1999; **Miranda**, Jorge, *Manual de Direito Constitucional* – Tomo IV – *Direitos Fundamentais*, 3ª Edição, Coimbra: Coimbra Editora, 2000; *Manual de Direito Constitucional* – Tomo V – *Actividade Constitucional do Estado*, Coimbra: Coimbra Editora, 1997; **Miranda**, Jorge e **Medeiros**, Rui (Org.), *Constituição Portuguesa Anotada* – Tomo I, Coimbra: Coimbra Editora, 2005; **Moncada**, L. Cabral, *Filosofia do Direito e do Estado – Volume II – Doutrina e Crítica*, Colecção Clássicos Jurídicos, Reimpressão da 1ª Edição de 1966, Coimbra: Coimbra Editora, 2006; **Montesquieu**, *O Espírito das Leis*, (Tradução do *L'Esprit des Lois* de Cristina Murachco), 3ª Edição, S. Paulo: Martins Fontes, 2005; **Moura**, José Souto de, "Dignidade da pessoa e poder judicial", *in Revista do Ministério Público*, Ano 18º, Abril/Junho, 1997, nº 70; **Muñoz Conde**, Francisco, "Prólogo a la Edición española", *in La Ciencia del Derecho Penal ante el Nuevo Milenio*, Valencia: Tirant lo Blanch, 2004; **Neves**, António Castanheira, *Coordenadas de uma Reflexão sobre o Sentido Actual do Direito*, Lições policopiadas de Filosofia de Direito, Centro de Publicações da UCP, 2002/03; *O Actual Problema Metodológico da Interpretação Jurídica* – I, Coimbra: Coimbra Editora, 2003; *Digesta: Escritos acerca do Direito, do Pensamento Jurídico, da sua Metodologia e Outros* – Volume 2, Coimbra: Coimbra Editora, 1995; **Otero**, Paulo, *Instituições Políticas e Constitucionais*, Vol. I, Coimbra: Almedina, 2007; *Legalidade Administração Pública. O Sentido da Vinculação Administrativa à Juridicidade*, Coimbra: Almedina, 2003; **Pinto**, Paulo Mota, «Notas sobre o "imperativo de tolerância" e seus limites», *in Estudos em Memória do Conselheiro Luís Nunes de Almeida*, Coimbra: Coimbra Editora, 2007; **Popper**, Karl R., *The Open Society and Its Enemies, Vol. 1: The Spell of Plato*, Mew York, 2003; **Radbruch**, Gustav, *Filosofia do Direito*, (Tradução do alemão – *Rechtsphilosophie* – de Marlene Holzhausen), São Paulo: Martins Fontes, 2004; *Introdução à Ciência do Direito*, (Tradução de Vera Barkow), São Paulo: Martins Fontes, 1999; **Rangel**, Paulo Castro, "A Justiça nas Constituições", *in Julgar*, Coimbra: Coimbra Editora, Setembro-Dezembro, Número Especial, 2008; **Rawls**, John, *Uma Teoria para a Justiça*, (Tradução de Carlos Pinto Correia), Lisboa: Editorial Presença, 1993; **Rodrigues**, Anabela Miranda, "O Tribunal Penal Internacional e a Prisão Perpétua – que futuro", *in Direito e Justiça*, Lisboa: UCE, Vol. XV, 2001, Tomo 1; "Política Criminal – Novos Desafios, Velhos Rumos", *in Liber Discipulorum Jorge de Figueiredo Dias*, (Org. Manuel da Costa Andrade, José de Faria Costa, Anabela Miranda Rodrigues e Maria João Antunes), Coimbra: Coimbra Editora, 2003; **Rodrigues**, Anabela Miranda e **Mota**, José Lopes da, *Para uma Política Criminal Europeia*, Coimbra: Coimbra Editora, 2002; **Roxin**, Claus, *Derecho Procesal Penal*, (Tradução do alemão – *Strafverfahrensrech*, 25ª Ed. – de Julio B. J. Maier), Buenos Aires: Editores del Puerto s. r. l., 2000; *Estudos de Direito Penal*, (Tradução dos vários artigos em alemão de Luís Greco), 2ª Edição, Rio de Janeiro: Renovar, 2008; **Sandel**, Michael J., *O Liberalismo e os Limites da Justiça*, (Tradução do *Liberalism and the Limits of Justice*, 2ª Ed., de Carlos Pacheco do Amaral), Lisboa: Fundação Calouste

Gulbenkian, 2005; **Silva**, Germano Marques da, *Ética Policial e Sociedade Democrática*, Lisboa: Edição do ISCPSI, 2001; **Silva Sánchez**, Jesús María, *La Expansión del Derecho Penal. Aspectos de la Política Criminal en las Sociedades Postindustriales*, 2ª Edição (2ª Reimpressão), Montivideo/Buenos Aires: B de *f*, 2008; **Teixeira**, António Braz, *Sentido e Valor do Direito*, Lisboa: INCM, 2ª Edição, 2000; **Tocqueville**, Alexis, *Da Democracia na América*, (Tradução de Carlos Correia Monteiro Oliveira), Cascais: Principia, 2002; **Valente**, Manuel Monteiro Guedes, *Escutas Telefónicas – Da excepcionalidade à vulgaridade*, Coimbra: Almedina, 2004; *Revistas e Buscas*, 2ª Edição, Coimbra: Almedina, 2005; *Do Mandado de Detenção Europeu*, Coimbra: Almedina, 2006; "Da «concordância prática» da Actuação Policial", *in Reuniões e Manifestações. Actuação Policial*, Coimbra: Almedina, 2008; *Direito Penal do Inimigo e o Terrorismo. O «Progresso ao Retrocesso»*, São Paulo/Coimbra: Almedina Brasil Ltda., 2010 (2016, 2ª Edição ou 3ª Edição – Versão Portuguesa, Coimbra: Almedina, 2019); **Zaffaroni**, Eugénio Raúl, *O Inimigo no Direito Penal*, (Tradução do Espanhol – *El Enemigo en el Derecho penal* – de Sérgio Lamarão), 2ª Edição, Rio de Janeiro: Revan, 2007; *Em Busca das Penas Perdidas: A perda de legitimidade do sistema penal*, (Tradução do espanhol – *En Busca de las Penas Perdidas* – de Vânia Romano Pedrosa e Amir Lopez da Conceição), 5ª Edição, Rio de Janeiro: Revan, 2001; **Zippelius**, Reinhold, *Teoria Geral Do Estado*, (Tradução do alemão de Karin Praefke-Aires Coutinho), 3ª Edição, Lisboa: Fundação Calouste Gulbenkian, 1997.

§28º Da legitimidade da acção preventiva e da acção repressiva do Estado [*v. g.*, Polícia]

93. À acção do Estado, na desenvoltura de tarefa ou missão fundamental liberdade/segurança para garantia de exercício pleno dos direitos fundamentais dos cidadãos, não basta pedestalizar uma das *tarefas* e destronar a outra. Essa sacralização conduziria ou a uma anarquia total ou a um *Estado polícia*.

A harmonização inerente ao convívio mútuo entre liberdade e segurança impele à cedência de um direito em detrimento do outro sem que algum perca a extensão e o alcance do seu conteúdo essencial consagrado constitucionalmente[345], e, nunca, a restrição de algum pode ferir a área centrífuga da dignidade da pessoa humana do outro e dos outros. Esta dialéctica não pode nem deve, num Estado de direito democrático contemporâneo, fundar-se, em exclusivo, numa ordem jurídica positivista[346], como se

[345] Quanto à restrição jus constitucionalizada das restrições de direitos consagrados constitucionalmente, em especial à imposição de não afetação da extensão e do alcance do conteúdo do preceito constitucional, J. J. Gomes Canotilho e Vital Moreira, *Constituição da República Portuguesa Anotada* – Vol. I, 4ª Edição, Coimbra: Coimbra Editora, 2007, pp. 395-396 e Jorge Miranda e Rui Medeiros (Org.), *Constituição Portuguesa Anotada* – Tomo I, Coimbra: Coimbra Editora, 2005, p. 163. Como a restrição de um direito implica com a "sua extensão objectiva", com a sua "compressão" e com a "amputação de faculdades que *a priori* estariam nele compreendidas" (*Idem*, p. 159), a norma jurídica restritiva não pode ser objecto de uma interpretação extensiva, mas antes de uma interpretação restritiva. Cfr. Jorge Miranda, *Manual de Direito Constitucional* – Tomo IV – *Direitos Fundamentais*, 3ª Edição, Coimbra: Coimbra Editora, 2000, p. 340. Qualquer interpretação da norma jurídica que ultrapasse a restrição admitida constitucionalmente, será uma interpretação que afectará, por si só, a *legitimidade normativa constitucional*, assim como a *legitimidade sociológica* de que fora empossado o legislador constitucional.

[346] O tempo "em que tranquilamente se assentou na ideia de que deveria ser possível estabelecer uma clareza e segurança jurídicas absolutas através de normas rigorosamente elaboradas, e especialmente garantir uma absoluta univocidade a todas as decisões judiciais e a todos os actos administrativos", advindo do iluminismo, evolui para um tempo em que a par da vinculação dos tribunais e da administração à lei se impõe, mas não como vinculação absoluta, porque aqueles devem orientar a decisão, sem violar o espírito da lei, em direcções e vias que dêem maior consistência à norma jurídica por ser social e politicamente válida. Podemos dizer que os tribunais e a administração devem orientar a decisão dentro do princípio da legalidade, mas não absolutizá-lo. Cfr. Karl Engish, *Introdução ao Pensamento Jurídico*, (Tradução do alemão *Einführung in das Juristische Denken*, Estugarda, 1983,

fosse a única fonte legitimadora e de validade do poder legislativo--político e do poder executivo.

A acção do Estado, *maxime* da Polícia (acção preventiva e reactiva), não pode obedecer apenas ao Direito positivo – a que o Estado está submetido (nº 2 do artigo 3º da CRP e nº 1 do art. 3º do CPA) –, criado pela vontade livre, mas deve submeter a sua decisão de promoção de segurança, de prevenção e de reacção ao crime aos "princípios jurídicos cientificamente, naturalmente ou racionalmente válidos"[347], cuja vontade livre do poder político-legislativo não detém legitimidade para os destronar.

À actividade de Polícia, quer no plano de ordem e tranquilidade pública, quer no plano de polícia administrativa, quer no plano de polícia judiciária, *maxime*, de investigação criminal – desenvolvida pelos OPC, sob olhar dirigente, fiscalizador e orientador da AJ – não basta arrogar-se da legalidade positiva para se afirmar dotada do verdadeiro mandato ou *lex populi*. Exige-se que o mandato legal obedeça a outras premissas supralegais ou a princípios jurídicos *supra* positivos[348].

por J. Baptista Machado), 7ª Edição, Lisboa: Fundação Calouste Gulbenkian, 1996, pp. 206-207.

[347] Cfr. António Manuel Hespanha, *Cultura Jurídica Europeia – Síntese de um Milénio*, 3ª Edição, Mem Martins: Publicações Europa América, 2003, p. 229. Importa aqui deixar a ideia jusnaturalista do Direito que parte do jusracionalismo da vontade: "o direito constitui, é certo, o produto de um acto livre da vontade dos sujeitos, ou de um acto livre do poder; mas só a vontade *recta, racional, iluminada*, possui a virtude de criar verdadeiro direito". *Ibidem*. Na linha de Kant de que *devemos agir como se o nosso agir fosse lei universal*, ou de Hume, em que o agir segundo «um plano científico de obtenção do máximo prazer ou utilidade pessoais», ou de Rousseau, em que o agir visa um *interesse geral* e comum, a vontade subordinar-se-ia à razão e criar-se-ia uma ordem jurídica racional e natural sem antinomias. *Ibidem*.

[348] A exigência que recai sobre a prevenção e a reacção imediata ao *factum criminis* da Polícia impõe-se também à acção penal atribuída constitucionalmente ao Ministério Público: não basta que esteja previsto o requisito propulsor da acção penal – *factum criminis* –, mas exige-se que se afira da legitimidade normativo-constitucional e que esta obedeça a premissas ou princípios jurídicos *supra* positivos materializantes da ideia de justiça que impeça um inocente de ser responsabilizado por um crime que não praticou e uma vítima (individual ou colectiva) de ver negada a reintegração do bem jurídico lesado ou colocado em perigo de lesão: p. e., arquivamento por irrelevância jurídico-criminal face à desnecessidade de prevenção geral e especial. Apelamos a uma ideia de justiça que "não é princípio completo, mas o princípio específico do direito, que nos dá pauta para a sua determinação

A legitimidade firmada na "racionalidade inerente à forma jurídica", na legitimidade do "conceito positivista do direito" de MAX WEBER[349], para quem o direito é "aquilo que o legislador político (independentemente de este ser ou não, democraticamente, legitimado) delibera como direito, de acordo com um procedimento, legalmente institucionalizado"[350], não é nem pode ser, hoje, suficiente para fundamentar a acção de prevenção e de reacção na defesa da legalidade democrática, na defesa e garantia da segurança interna e dos direitos dos cidadãos atribuída ao Estado por meio da Polícia[351] que contribui para

conceptual: o direito é a realidade cujo sentido é servir a justiça" [Cf. GUSTAV RADBRUCH, *Filosofia do Direito*, (Tradução do alemão – *Rechtsphilosophie* – de MARLENE HOLZHAUSEN), São Paulo: Martins Fontes, 2004, p. 51].

[349] Quanto a este assunto MAX WEBER, *Wirtschaft und Gesellschaft*, Colónia, 1964, pp. 160 e ss., citado por JÜRGEN HABERMAS, *Direito e Moral*, [Traduzido do alemão – *Recht und Moral (Tanner Lectures 1986) aus «Faktizität und Geltung Beiträge zur Diskurstheorie der Rechts und des Democratischen Rechtsstates»* – por SANDRA LIPPERT], Lisboa: Piaget Editora, 1999, pp. 13-14 e 16-34.

[350] Cfr. JÜRGEN HABERMAS, *Direito e Moral...*, p. 14. Claro está que mesmo num Estado ditatorial ou absolutista a norma jurídica positivada, mesmo que injusta, será sempre direito válido desde que tenha sido aprovada de acordo com a norma legitimadora de legislar do soberano. Pois, como nos ensina LUIGI FERRAJOLI, se num Estado totalitário existir uma norma jurídica que autorize o soberano (ditador) a legislar arbitrariamente sobre o destino a dar à vida dos cidadãos, não obstante ser uma norma jurídica injusta e violadora dos princípios jusconstitucionais sobre direitos humanos, é válida por ter sido aprovada de acordo com o direito positivo. Cfr. LUIGI FERRAJOLI, *Derecho y Razon. Teoría del Grantismo Penal*, (Tradução do *Diritto e Ragione. Teoria del Garantismo Penale*, Gius. Laterza & Fligi, 1989, de PERFECTO ANDRÉS IBÁÑEZ *et ALII*), 7ª Edição, Madrid: Editorial Trotta, 2005, p. 358.

[351] A legitimidade pode fundamentar uma decisão contrária à legalidade: *p. e.*, o general de GAULLE considerava que tinha legitimidade nacional para se opor ao regime de Vichy que tinha imposto a sua lei. As suas acções eram contrárias às leis deste governo de índole nacional socialista (de teor nazista). Do mesmo modo, pode acontecer que a Polícia, que está ao serviço *do povo, pelo povo e para o povo*, opte por actuar *contra legem* por esta ser injusta e injustificada ou se da aplicação da mesma resultar um efeito negativo maior do que a sua não aplicação: o primeiro oficial da PSP, Comandante de um Grupo do Corpo de Intervenção, que, em 1992, recebeu ordens para agir com uma carga policial sobre os manifestantes da Marinha Grande e que não a cumpriu por considerar que a acção policial estava ferida de legitimidade – valor superior à legalidade –, porque os manifestantes já não recebiam o salário há mais de 7 meses, e contradisse a ordem com a afirmação: «Não dou ordem de carga sobre pessoas que se manifestam porque não têm o salário em

que haja uma adequada reacção do Estado com a finalidade global de reintegrar o bem jurídico lesado ou colocado em perigo de lesão e a reinserção com responsabilidade do agente do *factum criminis*[352].

É de realçar, desde já, a posição de JÜRGEN HABERMAS, quando afirma que "a legalidade pode, exclusivamente, receber a sua legitimidade, de uma racionalidade de procedimento de grande valor moral", como consequência de uma "mudança formal do direito com o objectivo de reunir diferentes motivos para um conceito mais adequado da racionalidade jurídica"[353] às sociedades complexas.

dia e passam fome!». Este oficial agiu *contra legem*, mas salvaguardou um bem superior à própria reposição da *ordem pública por não existir autorização da manifestação*, que é a *integridade física em toda a sua dimensão* e, acima de tudo, a dignidade da pessoa humana.
Este oficial foi destituído do cargo de comando, tendo avançado outro grupo com um novo comandante que cumpriu a ordem hierárquica, que cumpriu a legalidade imposta pela maioria, mesmo sendo injusta e violadora dos preceitos constitucionais: *v. g.*, art. 18º da CRP. Acompanhamos GERMANO MARQUES DA SILVA quando escreve, com assertividade, que a "adjectivação da legalidade, (...), pretendeu significar que não basta a positivação do comando, mas que a lei se tem de conformar com a cultura democrática, com a exigência originária de justiça, com os valores jurídicos fundamentais que se expressam nas axiologias da dignidade da pessoa humana", e que em "democracia há-de pressupor-se que as leis vigentes, cotadas pela maioria, são a expressão temporal do ideal de justiça, mas a regra da maioria não é por si só garantia de democraticidade. Quando isso não sucede, quando as leis, ainda que votadas pela maioria, não se conformam com os ideais democráticos pode justificar-se a desobediência civil e até a rebelião destinada a coagir a maioria a mudar a lei não democrática" [GERMANO MARQUES DA SILVA, *Ética Policial e Sociedade Democrática*, Lisboa: Edição do ISCPSI, 2001, pp. 60-61.]. A Polícia, cuja missão constitucional é a defesa e garantia dos direitos de todos os cidadãos, face a interpretação e a possível aplicabilidade de uma lei antidemocrática *in casu*, não pode aplicá-la com uma venda nos olhos sem «pesar» as consequências jurídicas e materiais da sua acção.

352 A Polícia é um ator importante para que a *acção penal*, atribuída ao Ministério Público – nº 1 do artigo 219º da CRP –, possa alcançar o seu maior desiderato: a realização da justiça no respeito pelos direitos, liberdades e garantias fundamentais de todos os cidadãos com a afirmação do Direito.

353 Cf. JÜRGEN HABERMAS, *Direito e Moral...*, p. 15. Recordamos, neste canto, a escrita autorizada de CABRAL MONCADA quando escrevera "que todo o direito positivo dum povo vive, necessariamente, dentro dum clima ou ambiente de moral positiva desse mesmo povo, como um embrião dentro da matriz", porque não existe "direito positivo algum que não assente num conjunto de crenças e concepções morais também positivas, tão temporais e históricas como ele", ou seja, se o direito recebe da moral a pátria, a dignidade, o prestígio e a raiz da obrigatoriedade, "importa não esquecer que também não é pouco aquilo

J. HABERMAS, na linha de WOLFGANG ABENDROTH, considera que o conceito de lei deve ser "despido, de forma positivista, de todas as determinações interiores de racionalidade" e que o "mínimo ético" deve passar, "da forma semântica da lei, para a forma democrática da legislação" emergente de um Estado democrático, "centro de uma sociedade autodeterminante e transformadora"[354]. Não obstante existir a possibilidade de muitos defenderem uma promoção da insegurança jurídica por não fundamentar exclusivamente a acção do Estado no positivismo normativo[355], acompanhamos J. HABERMAS que, na linha de DENNINGER, afirma que o Direito deve ser interpretado e aplicado "à luz de princípios supremos constitucionais e de uma compreensão holista da constituição", de modo que se proceda a uma substituição do poder instituído – do poder com base na legalidade da lei e medi-

que ele lhe dá". Neste sentido e na linha deste mestre, poder-se-á afirmar que o Direito protege e reforça a coercibilidade da moral emergente do mínimo ético, cujo respeito é essencial à existência da sociedade. A negação de condutas que afectam bens jurídicos – não furtar, não matar, não agredir – reflecte a ideia de "deveres morais e jurídicos". O direito positivo dá forma à moral, cria as condições sociais necessárias á realização plena e livre da personalidade moral do homem, que o "ajude a sentir-se pessoa moral e livre". Cfr. L. CABRAL MONCADA, *Filosofia do Direito e do Estado – Volume II – Doutrina e Crítica*, Colecção Clássicos Jurídicos, Reimpressão da 1ª Edição de 1966, Coimbra: Coimbra Editora, 2006, pp. 134-140 (138-139). A Polícia não pode, em exclusividade, afirmar e justificar a sua acção no direito positivo, se este não for o espelho da positivação desse mínimo ético exigível para a vivência em comunidade e se for contrário à ordem jurídica estabelecida no seu todo.

[354] Cfr. JÜRGEN HABERMAS, *Direito e Moral...*, p. 43.

[355] Recordamos aqui a posição de KARL LARENZ, ao analisar a destrinça de legitimidade de legitimação de LUHMANN, quando afirma que não pode haver confusão entre a legitimação normativa, quer justificada pelo direito positivo quer pelo direito natural (que justifica aquele), com a aceitação dessa decisão por parte dos destinatários, ou seja, com a legitimidade sociológica. Esta, na linha de LUHMANN, e muito próximo do que já temos afirmado, consigna «uma disposição generalizada para aceitar decisões de conteúdo ainda indeterminado, dentro de certos limites de tolerância». Cfr. KARL LARENZ, *Metodologia da Ciência do Direito*, (Tradução do alemão *Methodenlehre der Rechtswissenschaft*, 6ª Edição, Berlim: Springer-Verlag, 1991, de JOSÉ LAMEGO), 3ª Edição, Lisboa: Fundação Calouste Gulbenkian, 1997, pp. 276-277.

das – por um «domínio com base numa legitimidade, judicialmente, sancionada»"[356].

Exige-se, com CASTANHEIRA NEVES[357], que a acção preventiva e a reacção ao crime se arreiguem a uma validade do Direito "de sentido material (axiológico-normativamente material) e, como tal, fundamento não só da *legitimidade* instituinte, mas verdadeiramente de *validade* constituinte (constituinte do seu próprio conteúdo normativo de direito)", *i. e.*, que aquelas acções assentem num Direito como "directa referência a um suprapositivo fundamento axiológico-normativo enquanto o *constituens* desse mesmo sentido – o fundamento constitutivo tanto da sua juridicidade como da sua normatividade como normatividade jurídica". Impõe-se a subordinação a um direito como "intencionalidade distintiva do humano e do inumano, do justo e do injusto, do válido e do inválido". Falamos da *intencionalidade* que "convoca constitutivamente sempre certos valores e certos princípios normativos – (...), aqueles valores e princípios normativos que pertencem ao *ethos* fundamental, ao *epistéme* prático de uma certa cultura numa certa época, e assim metapositivos e pressupostos da própria normatividade do direito, como que numa transcendência ou transcendentalidade prático-normativa em que unicamente pode reconhecer o seu sentido de direito".

Afirmamos que não basta a obediência à legalidade assente na dimensão positiva. Impõe-se que a acção de prevenção criminal e de reacção ao crime se afirmem nos valores e princípios que espessam a

[356] Cfr. JÜRGEN HABERMAS, *Direito e Moral...*, pp. 48-49. É neste sentido que lemos as palavras de MARIO CHIAVARIO: "Permanece no entanto, indiscutível que um código de processo penal suportaria mal ver-se reduzido ao resultado de um trabalho de «engenharia normativa» ou, pior ainda, a um somatório de prescrições de pormenor para serem aplicadas com pedantismo burocrático, com o único fim de assegurar que se chegue a uma qualquer decisão respeitadora de certas «formas»". Cfr. MARIO CHIAVARIO, "Opções Valorativas e Técnicas Legislativas na Tutela da Liberdade de Consciência. Algumas Experiências da Codificação Processual Penal de Itália", *in Revista Portuguesa de Ciência Criminal*, (Tradução do italiano de CRISTINA LÍBANO MONTEIRO), Coimbra/Lisboa: Coimbra Editora/Aequitas, Ano 7, Fasc. 1º, 1997, p. 102.

[357] A. CASTANHEIRA NEVES, *O Actual Problema Metodológico da Interpretação Jurídica* – I, Coimbra: Coimbra Editora, 2003, pp. 211-213.

legitimidade como valor de ordem superior – metapositivo e transcendental – e que engloba e abarca a própria legalidade positivada[358].

94. As acções de Polícia – jurídico-criminal ou jurídico-administrativa ou de ordem e tranquilidade públicas –, dirigidas à concretização de um espaço nacional, regional e internacional de liberdade, de justiça e de segurança, por meio da demanda da realização de uma justiça humanista, obedecem a "princípios jurídicos supra-positivos" que funcionem como "contrapeso contra o «positivismo objectivo e o positivismo do poder» de «maiorias irresponsáveis, jus-cegas, amedrontadas ou violentadas»"[359], de modo que a legislação seja submetida a uma jurisdição que deve obediência à lei positiva – art. 203º da CRP –, mas que, por força da obediência e subordinação à Constituição e aos «princípios nela consignados» – art. 204º da CRP –, deve obediência «às leis supremas de uma justiça material»[360], como a liberdade, a justiça e a segurança, que têm uma "força jurídica pré-constituinte, supraconstituinte, se impõem à vontade do legislador constituinte formal"[361].

A acção do Estado, muito em especial da Polícia e dos demais operadores do sistema de justiça, em qualquer uma das vertentes, cuja restrição de direitos e liberdades fundamentais se venha a operar, que se enraíze, somente, na *legitimidade normativa* – ou na "legitimidade através da legalidade" – estabiliza, sem dúvida, o sistema, por força do "código jurídico" e por esgotar o "sistema jurídico". Mas esta legitimidade é uma "auto-ilusão"[362], porque, não obstante a virtude da inalte-

[358] Neste sentido OLIVIER DUHAMEL e YVES MÉNY (Dir.), *Dictionnaire Constitucionnel*, Paris: Presses Universitaires de France, 1992, pp. 565-566.

[359] Cfr. F. WIEACKER, *Privatrechtsgeschichte der Neuzeit*, Göttingen, 1967, p. 560 citado por JÜRGEN HABERMAS, *Direito e Moral...*, p. 50.

[360] F. WIEACKER, *Privatrechtsgeschichte...*, p. 604, citado por JÜRGEN HABERMAS, *Direito e Moral...*, p. 50.

[361] PAULO OTERO, *Instituições Políticas e Constitucionais, I*, Coimbra: Almedina, 2007, p. 604. Falamos da Constituição substancial ou material, cujos valores já estão predefinidos e aos quais o legislador constitucional deve-lhe obediência. Quanto a este assunto e com uma análise sintética, PAULO CASTRO RANGEL, "A Justiça nas Constituições", *in Julgar*, Coimbra: Coimbra Editora, Setembro-Dezembro, Número Especial, 2008, pp. 42-43.

[362] Cfr. JÜRGEN HABERMAS, *Direito e Moral...*, pp. 72-74. Veja-se a lúcida exposição de MARIA DA GLÓRIA GARCIA quando expõe a facilidade dos sistemas antidemocráticos para

rabilidade, o positivismo[363] instrumentaliza o Direito[364] e não passa de ser uma "ordem de um soberano"[365], que pode ou não reagir à pressão das alterações exigíveis pelas sociedades complexas.

A reacção – melhor, a adequação da reacção operativa ao facto simples ou ao fenómeno complexo dentro do quadro do direito positivado – só é possível se as normas jurídicas, em que essa acção reactiva se fundamenta, forem interpretadas dentro do código jurídico pré-estabelecido em obediência a razões supra-jurídicas legitimadas, ou seja, se não se prender em exclusivo à norma positiva, mas se encon-

converterem o princípio da legalidade (positivista) em fonte de legitimidade da actuação do Estado antidemocrático, apresentando-se aos cidadãos como o único regime vigente garantista contra abusos por se auto limitar. Cfr. Maria da Glória Ferreira Pinto Dias Garcia, *Da Justiça Administrativa em Portugal. Sua Origem e Evolução*, Lisboa: UCE, 1994, pp. 604-606.

[363] Concordamos, contudo, com J. Habermas quando afirma que o positivismo permitiu desdiferenciar o Direito, libertando-o das "normas morais, fundamentadas jus-estranha ou jus-racionalmente", assim como o tornou "independente da política, portanto da legislação e administração". Cfr. Jürgen Habermas, *Direito e Moral...*, p. 75. Contudo, essa separação não significa que deixa de existir, em si mesmo, uma conexão entre moral e direito, porque a ideia de justiça intrínseca à moral e os seus traços especiais, assim como as distinções entre as regras e os princípios morais das regras jurídicas e sociais, demonstram que, nas diferenças, existe correlação e uma conexão entre moral e direito. Quanto a este assunto, Herbert L. A. Hart, *O Conceito de Direito*, (Tradução do inglês *The Concept of Law*, Oxford University Press, 1964, de Armindo Ribeiro Mendes), 2ª Edição, Lisboa: Fundação Calouste Gulbenkian, 1995, pp. 169-228 (170-171).

[364] Veja-se como o direito positivo fundamentou e fundamenta os intentos de defesa do Estado em detrimento da defesa da sociedade ou do indivíduo derrogando a sua função genética como aconteceu com o direito penal hitleriano e dos Estados autoritários ou de Estados polícia ou Estados de segurança nacional, como vaticinava Gustav Radbruch, *Filosofia do Direito*, pp. 241-245. Este (sentir de) renascimento de um direito penal de deriva securitária ou belicista – direito penal do inimigo – espelha-se cada vez mais na ideia de afirmar «a segurança como a primeira das liberdades», que encontra no delinquente o inimigo da ordem política estabelecida. Quanto ao recurso da tipificação de todas as técnicas de investigação e de restrição elevada de liberdades e garantias em busca de elevada eficácia na segurança máxima como se o Direito penal fosse um Direito de inimigos e de reacção à perigosidade, Eugénio Raúl Zaffaroni, *O Inimigo no Direito Penal*, (Tradução de espanhol *El Enemigo en el Derecho penal* de Sérgio Lamarão), 2ª Edição, Rio de Janeiro: Revan, 2007, pp. 102-124 e o nosso *Direito Penal do Inimigo e o Terrorismo: o «Progresso ao Retrocesso»*, 2ª Ed., São Paulo, Almedina, 2016.

[365] Cfr. Jürgen Habermas, *Direito e Moral...*, p. 93.

trar, para a acção capaz de prevenir ou solucionar um problema novo da sociedade evolutiva e complexa, um fundamento supra-jurídico: *v. g.*, um princípio geral do Direito como o princípio *in dubio pro libertate* ou o princípio da inviolabilidade da vida humana e da intangibilidade da dignidade da pessoa humana. Falamos de uma interpretação e operacionalização jurídica subordinada à "*«consciência jurídica geral»* da comunidade" que é a "síntese de todos os valores e princípios normativos que nessa comunidade dão sentido fundamental ao direito ou que verdadeiramente lhe conferem o *sentido de direito*"[366].

Somos da opinião de que não é exigível que o Direito positive a obrigação da Polícia intervir sempre que esteja, em perigo, a vida ou a integridade física de uma pessoa, porque a vida é um direito fundamental de qualquer cidadão e à Polícia cumpre, como missão, defender e garantir todos os direitos de todos os cidadãos[367]; além de que, se qualquer cidadão tem o dever de proteger a vida de qualquer cidadão,

[366] Cf. A. Castanheira Neves, *Digesta: Escritos acerca do Direito, do Pensamento Jurídico, da sua Metodologia e Outros* – Volume 2º, Coimbra: Coimbra Editora, 1995, p. 65. Segue este mesmo pensamento para interpretação e operacionalização jurídica da actividade administrativa, tendo em conta a "ordem axiológica suprapositiva (...) como critério último de fundamento e de validade de toda a ordem jurídica", Paulo Otero, *Legalidade Administração Pública. O Sentido da Vinculação Administrativa à Juridicidade*, Coimbra: Almedina, 2003, pp. 411-412.

[367] A previsão legal da *revista e busca* (a bens móveis) efectuadas aos cidadãos, que desejem entrar num estádio de futebol ou num recinto de eventos de grande concentração humana – *v. g.*, al. *a*) do art. 29º da Lei de Segurança Interna (LSI) ou o revogado art. 5º da Lei nº 8/97, de 12 de Abril, pela Lei nº 5/2006, de 23 de Fevereiro, que aprovou o novo Regime Jurídico das Armas e suas Munições –, é a positivação, melhor, a tipificação de uma acção operativa das forças de segurança que se baseava na *cláusula geral de polícia* que se afere do *princípio de estado de necessidade de intervenção do Estado*. Este acto material de polícia impunha-se subjugado aos princípios supra-positivos e constitucionais, reitores da actuação policial, e com fundamento na defesa preventiva da *vida e integridade física* dos cidadãos que se aglomeram para os grandes eventos. Não obstante a diferenciação do regime quanto aos executantes, o art. 25º da Lei nº 39/2009, de 30 de Julho [alterada pela Lei nº 52/2013, de 25 de Julho, e pelo DL nº 114/2011, de 30 de Novembro], que aprova o *regime jurídico do combate à violência, ao racismo, à xenofobia e à intolerância nos espectáculos desportivos, de forma a possibilitar a realização dos mesmos com segurança*. Estas revistas e buscas assentam na ideia de evitar que entrem no recinto objectos que possam lesar ou colocar em perigo de lesão bens jurídicos pessoais.

muito mais esse dever (como *dever ser*) recairá no Estado, em especial àqueles a quem fora confiada a segurança da comunidade[368].

Realce-se que o Estado deve, como *Estado de direitos humanos*, como o Estado português, respeitar e promover (através de defesa e protecção efectiva física humana e material) o princípio da inviolabilidade da vida humana não só com a criação de condição de qualidade de vida adequada à promoção do bem jurídico vida, com a proibição da pena de morte, com a proibição de sacrificar vidas humanas para salvar outras vidas humanas[369], como também com a criminalização das condutas humanas que agridam ou coloquem em perigo de lesão a vida (violem o princípio da inviolabilidade da vida humana), como se lhe impõe que preveja a respectiva judiciarização processual e que dote os operadores estatais, detentores do dever de defender a vida (como primeiro ou a pedra angular dos direitos dos cidadãos), de instrumentos jurídicos que lhes permitam cumprir esse *dever ser* face a uma efectiva ou possível ameaça objectiva de violação do direito[370].

Um dos argumentos utilizados pelos movimentos que impuseram ao legislador ordinário a criação do tipo legal de crime de violência doméstica, nos

[368] Veja-se o caso da al. *a*) do nº 5 do art. 174º do CPP, que tem na essência a urgência na salvaguarda da vida e integridade física das pessoas: imagine-se que há a comunicação ao MP, por parte de uma Polícia de que ***A*** se encontra sequestrado na casa ***X***. Mesmo que não exista prescrição jurídica que legitime a autorização da entrada naquela residência, somos da opinião de que não só o MP está legitimado a ordenar a entrada na casa ***X***, como a Polícia se encontra legitimada a entrar na casa ***X*** para salvaguarda da vida, da integridade física e da liberdade de ***A***. A intervenção da Polícia, como do MP ou do JIC, impõe-se não apenas no campo do *ser*, como do *dever ser* ético-jurídico inscrito nos princípios gerais do direito.

[369] Não obstante se aceitar que uma pessoa possa não ser punida por matar outra para salvar muitas vidas humanas em perigo num barco, que para poder flutuar não pode levar mais do que *Y* número de pessoas, não quer dizer que esse agente não seja submetido a um processo-crime, onde se apurará se agiu em estado de necessidade ou de direito de necessidade. Quanto a este assunto a tese de doutoramento de Conceição da Cunha, *Vida contra Vida*, defendida na Universidade Católica Portuguesa (Porto), no dia 7 de Janeiro de 2009. Cfr. Maria Conceição Ferreira da Cunha, *Vida Contra Vida: Conflitos Existenciais e Limites do Direito Penal*, Coimbra: Coimbra Editora, 2010.

[370] Este nosso raciocínio segue a linha de pensamento de Paulo Otero, quando nos fala do princípio da inviolabilidade da vida humana num Estado de direitos humanos como o português. Cfr. Paulo Otero, *Instituições Políticas...*, Vol. I, pp. 575-578.

finais do séc. XX[371], era a necessidade de dotar as polícias de legitimidade normativo-penal para intervir na defesa da vítima, permitindo àquelas a possibilidade de entrar na residência para fazer cessar a agressão em curso. Não nos parece um argumento juridicamente válido, por duas ordens de razão: a primeira prende-se com o facto de a vida ou a integridade física da pessoa humana ser um bem jurídico superior digno de tutela jurídico-constitucional, jurídico-criminal, jurídico-civil e jurídico-policial, pelo que, sempre que a vida ou a integridade física de alguém estivesse em perigo, como é o caso, a polícia estava obrigada a agir na salvaguarda desses bens jurídicos superiores à inviolabilidade de domicílio ou à inviolabilidade na intromissão da vida privada e familiar por força do princípio de *estado de necessidade de intervenção do Estado* para salvaguarda de bens jurídicos inerentes (inatos) à ordem e à tranquilidade públicas[372]; a segunda prende-se com o facto de que está a decorrer um crime de ofensas à integridade física e que, por essa razão, cumpre à Polícia intervir em legítima defesa da vítima (de terceiro) e fazer cessar o crime, independentemente da sua natureza pública ou semipública. Acresce a este argumento considerarmos que o bem jurídico integridade física tem o mesmo valor e merece a mesma tutela jurídico-criminal independentemente do agressor[373]

[371] A introdução, no nº 2 do art. 152º do CP, do crime de violência doméstica, por meio da Lei nº 48/95, de 15 de Março, inicialmente com natureza semipública e, posteriormente, com natureza pública com a Lei nº 7/2000, de 27 de Maio, mas com a manutenção dos elementos típicos da *reiteração* e da *intensidade*, que foram eliminados com a Reforma Penal de 2007 (Lei nº 59/2007, de 4 de Setembro), parece-nos que não só contraria a ideia de força de direito penal – quanto mais se fragmenta a tutela penal de um bem jurídico – *in casu*, integridade física –, mais se diminui a força centrífuga dessa tutela, como também se levanta a questão do princípio de necessidade consagrado no nº 2 do art. 18º da CRP por manifesta incoerência e declaração de fracasso da tutela pré-existente nos artigos 143º a 148º do CP. Quanto à evolução legislativa deste preceito, MANUEL LOPES MAIA GONÇALVES, *Código Penal Anotado e Comentado – Legislação Complementar*, Coimbra: Almedina, 14ª Edição (2001), pp. 517-519, 17ª Edição (2005), pp. 549-552, 18ª Edição (2007), pp. 589-592.

[372] Cfr. nº 2 do art. 29º da DUDH que é direito constitucional aplicável em Portugal por força dos artigos 8º e 16º da CRP. Já o CPP/87 previa a possibilidade das polícias agirem sempre que a vida ou a integridade física de alguém estivesse em perigo: al. *a*) do nº 4 (actual nº 5) do art. 174º do CPP.

[373] Neste mesmo sentido se devem ler as reservas de FIGUEIREDO DIAS, que, em sede de comissão de revisão do CP, tinha "reservas quanto à extensão da protecção ao cônjuge" expressa no nº 2 do art. 151º, futuro art. 152º do CP, e de MANUEL DA COSTA ANDRADE que considerava que "este artigo, em rigor, poderia ser eliminado, pois a protecção de que se ocupa (integridade física) já se encontra consagrada nos noutros artigos". AAVV, *Código*

e do espaço onde ocorre a agressão, pois há muito que o Direito, em especial o Direito penal, deixou de obedecer a brocados populares – «entre marido e mulher, ninguém meta a colher» –, excepto se eles encerrarem em si mesmo a encarnação de um princípio geral do Direito.

Os direitos fundamentais (*v. g.*, a vida, a integridade física, a liberdade) são valores[374] que "*amam-se* em si mesmo por serem valores", cuja concretização ou construção geral se realiza pelas normas[375], às quais se *obedece* em "consciência na medida em que as podemos considerar reflexo generalizado de valores nelas sintetizados ou coagulados", que geram o *dever ser*[376]. A vida e a integridade física são *valores* dignos de tutela jurídica e, por isso, dignos de serem concretizados/ /positivados em *normas*, que impõem a todo o cidadão (em especial e com agravo aos que exercem funções estatais, como a Polícia), o *dever ser* de não só os respeitarem como limite da sua acção, como também de os defenderem e garantirem em liberdade[377] como fins a prosseguir e como fundamento da intervenção operativa preventiva ou reactiva[378].

A acção da Polícia, independentemente de existência de norma positiva, é um *dever ser* na prossecução do princípio da inviolabilidade da vida e da integridade [física] humanas, porque estes são valores coagulados quer em norma natural quer em norma positiva. Cumpre-lhes o *dever ser* de evitar que esses valores sejam afectados em prol de protec-

Penal – Actas e Projecto da Comissão de Revisão, Lisboa: Edição do Ministério da Justiça (distribuição Rei dos Livros), 1993, p. 230.

[374] Considera-se, aqui, que o sentido de *valor* de CABRAL MONCADA: "o fenómeno concreto da consciência, imediatamente apreensível em cada caso por meio de revelação única e *sui generis*, antes de qualquer construção generalizadora do intelecto". L. CABRAL MONCADA, *Filosofia do Direito e do Estado – Volume II –...*, Reimpressão da 1ª Edição de 1966, p. 36.

[375] Deve ler-se *norma* na acepção de CABRAL MONCADA: "construção generalizada, já realizada posteriormente" pelo intelecto, "para uso de uma pluralidade de consciências ou de homens" que vivem em comum e em liberdade". Cfr. L. CABRAL MONCADA, *Filosofia do Direito e do Estado – Volume II –...*, Reimpressão da 1ª Edição de 1966, p. 36.

[376] Cfr. L. CABRAL MONCADA, *Filosofia do Direito e do Estado – Volume II –...*, Reimpressão da 1ª Edição de 1966, p. 36-38.

[377] Cfr. L. CABRAL MONCADA, *Filosofia do Direito e do Estado – Volume II –...*, Reimpressão da 1ª Edição de 1966, p. 36-38.

[378] No sentido de os direitos fundamentais serem limite e fim da actuação da Polícia, GERMANO MARQUES DA SILVA, *Ética Policial...*, p. 61.

ção de valores inferiores: a inviolabilidade de domicílio ou a inviolabilidade da reserva da intimidade da vida privada do agressor (agente do *factum criminis*). Há, assim, um *valor* de actuação, inscrito e consagrado em *normas* jurídicas gerais, abstractas, imperativas e coercivas [*v. g.*, nº 1 do art. 272º e al. *b*) do art. 9º conjugado com o nº 1 do art. 18º e com o art. 24º da CRP] e, sequentemente, emergente de um *dever ser*, ou seja, de um Direito[379].

A prevenção da lesão ou do perigo de lesão a valores e bens jurídicos citados enquadra-se no paradigma da função de vigilância[380] que se afere do nº 3 do art. 272º conjugado com a al. *b*) do art. 9º da CRP. A acção de prevenção na função de vigilância encontra-se sob legitimidade jus constitucional e sociológica, tendo esta expressão na ideia jurídico-filosófico-política da Constituição como manifestação da *vontade do povo* e a *Magna Charta* dos postulados referenciais e protectorais da *dignidade da pessoa humana*[381].

[379] Quanto ao *dever ser* como direito, normas com ciência jurídica, Hans Kelsen, *Teoria Pura...*, p. 49-56 e 145-149 e L. Cabral Moncada, *Filosofia do Direito e do Estado – Volume II –...*, Reimpressão da 1ª Edição de 1966, pp. 34-35.

[380] Quanto à função de vigilância da prevenção criminal *supra* Capítulo IV desta Parte.

[381] Não obstante a acção de prevenção de valores superiores ser a manifestação da prevenção da intocabilidade das normas jurídicas, consideramos que a *théos* e a *éthos* desta acção não é a intocabilidade do normativismo ou da força do normativismo, mas a tutela efectiva e eficaz (sem lesão ou sem perigo de lesão possível ou minorado no seu máximo) dos bens jurídicos, valores fundamentais da comunicabilidade humana, que têm expressão na ordem jurídica. Afastamo-nos da tese do cerrado normativismo jurídico-criminal de Günther Jakobs quando defende que a tutela penal, por meio da pena, não se destina de imediato a tutelar bens jurídicos, mas reafirmar a força jurídica da norma jurídico-criminal violada pela conduta humana e, posteriormente, só no plano mediato, se concretiza a tutela de bens jurídicos. Cfr. Günther Jakobs, *Sobre la Normativización de la Dogmática Jurídico-Penal*, (Tradução do alemão – *Die Idee der Normativierung in der Strafrechtsdogmatik* – de Manuel Cancio Melia e de Bernardo Feijóo Sánchez), Madrid: Thomson/Civitas, 2003, pp. 59-61: "a pena não tutela bens jurídicos, e muito menos ainda os reintegra, só tutela a vigência da norma. A protecção de bens jurídicos em todo o caso se obterá como resultado *mediato*". Pois, "o Direito não é um muro protector colocado à volta dos bens, mas uma relação entre pessoas. Portanto, a ideia de Direito penal como protecção de bens jurídicos só pode significar que se protege uma pessoa ou a generalidade, enquanto colectivo imaginado de todas as pessoas, na sua relação com outra pessoa, contra a lesão dos direitos sobre os seus bens". Tradução do espanhol nossa.

Num raciocínio lógico-constitucional, consideramos que a prevenção criminal *stricto sensu*, levada a cabo pela Polícia, integra a dimensão de polícia judiciária – polícia criminal –, cujo objecto da sua actividade vai integrar a *acção penal* a cargo do Ministério Público, que dirige a investigação criminal na fase do inquérito e é coadjuvado pelos órgãos de polícia criminal[382], e vai contribuir para identificar e determinar o objecto da acusação, da pronúncia [quando requerida a abertura de instrução] e do julgamento. Esse objecto de actividade influencia e é determinante na identificação e determinação do objecto do processo.

Impera, e de outra forma não era aceite pela sociedade, como não se adequava ao *dever ser* de actuar inscrito no Direito (em sentido amplo), porque "existem valores e normas que os consagram", se não prevalecesse o princípio universal de defesa e garantia de bens jurídicos superiores inerentes à dignidade humana (*v. g.*, a vida ou integridade física) contra qualquer ameaça, oriunda quer de outro cidadão quer do próprio Estado[383]. De outra forma, consideramos, com J. HABERMAS, que a resistência à ordem jurídica e à sua operacionalização, assim como a desobediência civil, é legítima, porque não são o resultado de um direito autónomo fruto de uma "democracia realizada"[384].

95. A intervenção de prevenção e de reacção da Polícia, jurídico-criminal ou jurídico-administrativa ou de ordem e tranquilidade públicas carece de uma dupla *legitimidade*: por um lado, o fundamento das intervenções entronca na Constituição e no Direito[385], sendo que

[382] Cfr. nº 3 do art. 272º conjugado com o nº 1 do art. 219º da CRP, as als. *b*) e *c*) do art. 1º, art. 48º, 53º, 55º, 56º, 262º e 263º do CPP e os nºs 1, 2, 4 e 7 do art. 2º da LOIC.

[383] Falamos, aqui, da prevalência de um princípio geral ou director do Direito, como nos fala MIREILLE DELMAS-MARTY, *Por um Direito Comum*, (Tradução do francês – *Pour un Droit Commun* – de ERMANTINA DE ALMEIDA PRADO GALVÃO), São Paulo: Martins Fontes, 2004, pp. 131-133.

[384] Cfr. JÜRGEN HABERMAS, *Direito e Moral...*, pp. 105, 120-121.

[385] Deve considerar-se este conceito de Direito em sentido amplo e não em sentido restrito. O conceito de Direito não se esgota numa visão positivista. Neste conceito de Direito enquadram-se os *princípios gerais do direito* (nacionais, europeus e internacionais), *princípios gerais de cada ramo de direito* em concreto, o *direito positivado* (supraconstitucional, constitucional e infraconstitucional), a *jurisprudência* e a *doutrina*. No sentido de uma visão mais ampla de Direito para além da visão positivista da ordem jurídica, DIOGO FREITAS DO

as normas jurídicas positivadas que mandata estes operadores (judiciários) do Estado para intervir por iniciativa própria ou por autorização ou ordem de outrem (hierárquica, judiciária ou judicial) deve emanar do órgão eleito pelo povo, *i. e.*, *legitimação normativa constitucional*; e, por outro, não só a lei em si mesma, mas também a intervenção da Polícia devem sentir-se necessárias, úteis, essenciais à vida em comunidade e à sobrevivência harmoniosa da sociedade aos olhos de todos os cidadãos, *i. e.*, *legitimação social*[386].

Quanto à primeira vertente, encontra-se, em regra[387], preenchida face à origem orgânica dos diplomas que regem na generalidade e na especialidade a intervenção positiva e negativa do Estado no quadro da prevenção e da reacção ao *factum criminis* por parte das polícias. Como podemos verificar, os vários diplomas orgânicos e de funcionamento das várias polícias – GNR[388], PSP[389] e PJ[390] – têm como fundamento constitucional a al. *c*) do art. 161º, respeitando a exigência do princípio de *reserva de lei*, consagrado no nº 4 do art. 272º da CRP[391], e

AMARAL *et* ALII, *Código de Procedimento Administrativo Anotado*, 6ª Edição, Coimbra: Almedina, 2007, p. 40.

[386] Deve ser acatada pelos cidadãos "pela obediência voluntária". REINHOLD ZIPPELIUS, *Teoria Geral Do Estado*, (Tradução de KARIN PRAEFKE-AIRES COUTINHO), 3ª Edição, Lisboa: Fundação Calouste Gulbenkian, 1997, pp. 71 e 154-156. Quanto à *legitimidade sociológica* assente na confiança de que o povo tributa a polícia, GERMANO MARQUES DA SILVA, *Ética Policial...*, p. 20.

[387] Dizemos «em regra», porque nem sempre o poder legislativo respeita os comandos constitucionais que determinam que o regime das forças de segurança (das polícias), cuja actividade pode colidir com os direitos e liberdades fundamentais dos cidadãos, está sujeito aos princípios da *reserva de lei* e de *precedência de lei*, por força do nº 4 do art. 272º conjugado com a al. *u)* do art. 164º da CRP. Quanto a este assunto, cfr. o Ac. TC nº 304/08, de 30 de Maio de 2008, em que o TC por meio da fiscalização abstracta preventiva suscitada pelo Presidente da República, pronunciou-se pela inconstitucionalidade dos preceitos que admitiam a deslegalização da definição das competências de unidades orgânicas internas, ao prever que aquelas seriam fixadas por Portaria do Ministro da Justiça.

[388] Cfr. Lei nº 63/2007, de 6 Outubro.

[389] Cfr. Lei nº 53/2007, de 31 Agosto.

[390] Cfr. Lei nº 37/2008, de 6 Agosto.

[391] O princípio da *reserva de lei*, num plano *negativo*, proíbe "a intervenção de outra fonte de direito diferente da lei (a não ser que se trate de normas meramente executivas da administração)" [Quanto à reserva de lei, JORGE MIRANDA, *Manual de Direito Constitucional* – Tomo V, Coimbra: Coimbra Editora, 1997, pp. 194 e ss.]. Num plano *positivo*, significa que,

detêm uma legitimidade *política* e *legislativa* (sociológica e normativa constitucional).

Consideramos que o legislador constituinte pretendeu garantir aos cidadãos o respeito pela *legitimidade democrática* em determinadas matérias, como é o caso do regime das forças de segurança, cuja organização e funcionamento afectam direitos, liberdades e garantias dos cidadãos. Só o Parlamento eleito é o órgão de soberania por excelência representativo do povo. Impõe a Constituição que, no respeito do *princípio do Estado de direito* (concretizado pelos princípios da confiança e da segurança jurídicas, assim como da proporcionalidade, da igualdade e da imparcialidade) e do *princípio democrático*, as matérias sujeitas a *reserva de lei* sejam de reserva lei parlamentar[392]. Por isso, só a lei da Assembleia da República é fonte de Direito destas matérias e não se admite outra fonte de Direito para legislar sobre o regime jurídico da orgânica e função das Polícias.

Interpretamos esta opção no sentido de *reforçar a legitimidade democrática das forças de segurança no quadro político-constitucional* e no sentido de que *o regime das forças de segurança (Polícia) não é da reserva de competência do executivo*. Acrescentamos que esta opção germina a legitimidade jurídica material e sociológica como manifestação da vontade do povo.

Já diferente é a nossa opinião quanto aos preceitos das Leis Orgânicas da PSP[393] e da GNR[394] que estipulam que a fixação das unidades operacionais é feita por portaria do Ministro da Administração Interna. Consideramos que podemos estar perante uma inconstitucionalidade orgânica, formal e material de acordo com os fundamentos do Ac. TC nº 304/2008, de 30 de Maio, que, em sede de fiscalização abstracta preventiva, o TC *pronunciou-se pela inconstitucionalidade das normas* do Decreto da Assembleia

nas matérias sujeitas a *reserva de lei*, o regime jurídico das mesmas deva ser estabelecido pela lei e não ser declinada a "competência normativa a favor de outras fontes (proibição da «incompetência negativa do legislador»)" [GOMES CANOTILHO, *Direito Constitucional e Teoria da Constituição*, 7ª Edição, Coimbra: Almedina, 2003, p. 726]. A al. *u)* do art. 164º da CRP estipula que cabe à lei definir o regime das forças de segurança, impondo a *reserva de lei* nos planos positivo e negativo, cujo reforço normativo constitucional tem expressão no nº 4 do art. 272º da CRP.

[392] Quanto as estas questões, GOMES CANOTILHO, *Direito Constitucional...*, 7ª pp. 724-727.

[393] Cfr. als. *c)*, *d)* e *e)* do nº 4 e nº 5 do art. 65º da LOPSP.

[394] Cfr. als. *e)*, *f)* e *g)* do nº 6 e nº 7 do art. 53º da LOGNR.

da República que aprovara a Lei da Lei Orgânica da PJ que previam a criação de unidades especiais por despacho do Diretor Nacional por *violação* do princípio da *reserva de lei* consagrado no nº 4 do artigo 272º da CRP. Neste sentido, pode estar em causa a *legitimidade normativo-constitucional* a que deve estar subjugada a organização e o funcionamento daquelas forças de segurança por violação do princípio da *reserva de lei*.

LUIGI FERRAJOLI[395] escreve que a *legitimidade jurídica* (normativa) não se esgota na *legitimidade jurídica formal*: aquela que diz respeito aos actos normativos da criação da norma e à vigência da norma, que diz respeito ao órgão e à forma do acto legislativo. O Autor considera que a legitimidade jurídica abarca fundamentalmente a *legitimidade jurídica substancial* (material): aquela que respeita aos conteúdos dessas normas e a saber se esses conteúdos são ou não proibidos por violação de princípios jus naturais que as constituições modernas assimilaram e que fazem parte do ordenamento jurídico como Direito, principalmente no que concerne aos direitos e liberdades fundamentais. Impõe-se, desta feita, um juízo de constitucionalidade das normas jurídico-formais a aplicar pelos operadores estatais e, até mesmo, pelos particulares.

Este juízo impõe-se, muito em especial à Polícia, em especial quando da sua actuação se pode aferir uma agressão ao exercício de um ou mais direitos fundamentais e, como consequência, ao próprio direito fundamental restringido ou agredido: *p. e.*, a privação da liberdade de um cidadão por suspeita da prática de um crime – caso a lei pro-

[395] Cfr. LUIGI FERRAJOLI, *Derecho y Razon*..., 7ª Edição, p. 359. Acompanhamos o Autor quando afirma que será uma «pobreza de linguagem teórica», dos normativistas e dos realistas, quando confundem "a existência de normas jurídicas com a sua validade ou com a sua eficácia, acreditando como válidas normas só vigentes ou só eficazes ou desacreditando como não vigentes normas só inválidas ou ineficazes", porque aqueles ignoram "a categoria de «vigência» como conceito diferente tanto da «validade» como da «eficácia»" e revelam uma "incompreensão da especificidade do «estado de direito» que não por casualidade se confunde com o «estado jurídico», de maneira que, como disse Kelsen, «todo estado é um estado de direito»", estado e direito identificam-se e priva-se de sentido a mesma ideia de uma auto-obrigação". Cfr. LUIGI FERRAJOLI, *Derecho y Razon*..., 7ª Edição, p. 360 (Tradução nossa). O "Estado é uma ordem jurídica", como afirma HANS KELSEN, *Teoria Pura do Direito*, (Tradução do *Reine Rechtslehre*, Viena: Verlag Franz Deutiche, 1960, de JOÃO BAPTISTA MACHADO), Coimbra: Amado Editores, 1984, p. 385.

cessual penal admitisse que a privação da liberdade poderia ocorrer desde que houvesse uma simples suspeita, que não fosse baseada em elementos objectivos identificadores do agente do crime, incumbia à Polícia, na qualidade de OPC, não aplicar esta norma só porque é válida, só porque está dotada de legitimidade jurídica formal, mas porque não está dotada *de legitimidade jurídica substancial ou material*, sendo inconstitucional materialmente por violação do nº 2 do art. 18º da CRP[396].

A autoridade de polícia criminal [Polícia], quando decide proceder a uma busca domiciliária com fundamento na al. *a*) do nº 5 do art. 174º *ex vi* da al. *a*) do nº 3 do art. 177º do CPP – nos casos de «terrorismo, de criminalidade violenta ou altamente organizada, quando haja fundados indícios da prática iminente de crime que ponha em grave risco a vida ou a integridade física de qualquer pessoa», inclusiva do agente do crime – não pode fundamentar a decisão só na previsão jurídico-processual-constitucional, pois impõe-se um juízo de *legitimidade jurídica substancial e material*: o facto motivador é um *factum criminis* materialmente enquadrado na disposição legal em apreço; existe a impossibilidade do JIC autorizar ou ordenar a busca domiciliária; e esta diligência é não só o meio adequado e exigível para a prossecução dos fins do processo penal (em especial a garantia dos direitos dos cidadãos e o alcance da paz jurídica), como também é o meio menos oneroso para o alcance desse desiderato.

Um juízo de legalidade e tipicidade não é bastante. Esse juízo deve ser submetido à exegese de princípios constitucionais que restringem ao quadrante da necessidade quaisquer restrições de direitos e liberdades fundamentais. Cumpre, assim, um juízo material da acção jurídico-processual sob pena de se optar por uma interpretação contrária

[396] Relembramos, aqui, a importância da interpretação jurídico-criminal a efectuar pela APC, e o ensinamento de CABRAL MONCADA: "O fim da interpretação deve consistir na descoberta da verdade da própria lei e não na vontade do legislador. O intérprete deve, muitas vezes, poder ser mais inteligente do que o homem legislador que fez a lei". Cfr. L. CABRAL MONCADA, *Filosofia do Direito...*, Vol. II, p. 81, nota 2. No sentido de interpretar a norma penal com finalidade que melhor se ajusta à tutela do bem jurídico e não com outra finalidade (como a do legislador), JUAN CARLOS CARBONELL MATEU, *Derecho Penal: Concepto y Principios Constitucionales*, 3ª Edição, Valencia:Tirant lo Blanch, 1999, p. 247.

aos primados constitucionais, dos quais se destacam o nº 2 do art. 3º, o nº 2 do art. 18º e o nº 3 do art. 34º da CRP.

A opção contrária, só firmada na legitimidade normativa, não só contraria a ideia de justiça de um Estado de direito matéria social democrático, como valor supremo da *comunicabilidade intersubjectiva humana*[397] e da relação de confiança entre os cidadãos e entre estes e o Estado, não se afigura encastrada na legitimidade jurídica substancial. Esta acepção impõe-nos limites à prevenção e reacção/persecução criminal, assim como um pensamento diverso deste espelha o alerta de BOBBIO[398]: "Os meios maus corrompem até os melhores fins".

No que diz respeito à *legitimidade sociológica*, vertente da aceitação por parte dos destinatários[399], da necessidade e da utilidade da actividade ou das medidas processuais penais ou administrativas aplicadas pela Polícia, poder-se-á levantar dúvidas no seu preenchimento. A actividade da polícia, na sua tríplice vertente, conduz e fundamenta critérios de eficácia e permite vinculá-las à não violação de direitos fundamentais, mesmo que, para isso, se abdique de descobrir a verdade material(?); ou, contrariamente, aquelas medidas afectam de forma grave os direitos e liberdades dos cidadãos – de modo que a sua não aplicação causa(ria) um mal inferior ao provocado pela sua intervenção e aplicação – que, apesar de legais, não lhes é reconhecida utilidade e não é aceite pela comunidade essa intervenção.

> Como exemplo, trazemos à colação a detenção de um indivíduo que acabara de furtar dinheiro num estabelecimento comercial do Cacém: a população regozijou-se com a detenção do agente do delito, mas criticou a força «bruta» do agente da PSP que o tentava sentar na viatura com o recurso a joelhadas no abdómen[400].

[397] Quanto ao Direito penal como manifestação de uma intercomunicabilidade humana ou intersubjectividade relacional, o nosso *Direito Penal do Inimigo e o Terrorismo. O «Progresso ao Retrocesso»*, 2ª Edição, São Paulo: Almedina Brasil, 2010, pp. 89-91.

[398] NORBERTO BOBBIO, *As Ideologias e o Poder em Crise*, (Tradução do italiano – *Ideologie e il potere in crisi* – de JOÃO FERREIRA), 4ª Edição, Brasília: UNB Editora, 1999, p. 112.

[399] Cfr. LUHMANN *apud* KARL LARENZ, *Metodologia da Ciência...*, 3ª Edição, p. 276.

[400] Descrevemos as imagens e comentários televisivos relativamente ao facto relatado. Este comportamento policial, próprio da não preparação para a intervenção técnica e táctico-operacional dos elementos policiais, que hoje minorou, é próprio do designado con-

A legitimidade normativa e sociológica da actuação policial quebra-se, respectivamente, com a ofensa à integridade física do suposto agente do crime e com a não-aceitação de um uso desmesurado da força física, *i. e.*, quebra-se a confiança e o mandato que o povo, por meio da lei, dá à Polícia para a prossecução da liberdade/segurança e seja consequente instrumento visível de justiça.

Acresce referir que o povo tolera que os OPC e/ou os agentes policiais, ao actuarem, restrinjam direitos e liberdades do cidadão suspeito da prática de um crime ou de um ilícito de ordenação social, mas limita, pelo Direito, essa tolerância sob pena de se gerar a intolerância por parte daqueles com os agentes de qualquer infracção punida por lei, quer a título de crime quer a título de contra-ordenação. Adite-se, ainda, que a limitação, de que falamos, não se esgota no direito positivo, pois é-lhe superior, porque nasce desde logo da ideia de subordinação a todos os ditames da dignidade da pessoa humana. Qualquer actuação que viole qualquer princípio corolário do pilar central da humanidade – dignidade da pessoa humana – é uma actuação intolerante e, exceptuando-se os casos de justificação ou de exculpação, é uma actuação ilegítima.

§ 29º A tolerância como fonte de legitimidade

96. Poder-se-á aferir que a legitimidade da intervenção da Polícia não emerge da impiedade e obstinação de Porfírio da qual se deve apartar, por os *olhos vendados* não se apresentarem como a solução para a concretização de uma sociedade mais justa, mais livre e mais solidária. A legitimidade da acção restritiva de direitos e liberdades [fundamentais], levada a cabo pelo do Estado, em especial pela Polícia,

ceito de *policização* – "*processo de deterioração ao qual se submetem pessoas dos setores carentes da população que se incorporam às agências militarizadas do sistema penal e que consiste em deteriorar sua identidade original e substituí-la por uma identidade artificial, funcional ao exercício do poder da agência*" –, desenvolvido por Eugenio Raúl Zaffaroni, *Em Busca das Penas Perdidas: A perda de legitimidade do sistema penal*, (Tradução do espanhol – *En Busca de las Penas Perdidas* – de Vânia Romano Pedrosa e Amir Lopes da Conceição), 5ª Edição, Rio de Janeiro: Revan, 2001, p. 141.

deve enraizar-se na ponderação e na tolerância de APOLEIO[401], para que, como nos ensina SANTO AGOSTINHO, "não nos vença o desejo de vingança"[402].

O princípio da tolerância, como princípio de justiça e de humanidade, emergente, na linha de VOLTAIRE, como "a primeira lei da natureza"[403], deve estar enraizado de tal modo no Direito regente da actividade de Polícia, em especial o Direito penal material e processual – evitar uma política criminal que considere objecto de perseguição criminal condutas humanas sem dignidade penal, violando os princípios inerentes à intervenção do direito penal como a *ultima et extrema ratio* do direito sancionatório[404] –, que possa vincular o legislador processual penal a prever instrumentos jurídico-processuais-criminais dentro do mesmo espírito (de tolerância) para que os operadores judiciários, em especial os OPC, actuem sob a égide da tolerância.

[401] SANTO AGOSTINHO, *A Cidade de Deus,* (Tradução de J. DIAS PEREIRA), 2ª Edição, Lisboa: Fundação Calouste Gulbenkian, 1996, Vol. I, Livro II, Capítulo XVI, p. 233. Quanto ao princípio da tolerância como um princípio da justiça penal, LUÍS NUNES DE ALMEIDA, "Tolerância, Constituição e Direito Penal", *in Revista Portuguesa de Ciência Criminal (RPCC)*, Coimbra: Coimbra Editora, Ano 13, nº 2, 2003, pp. 159-175. Segundo PAULO MOTA PINTO, deve-se entender *tolerância* como «renúncia, por parte do tolerante, ao exercício de um poder negativo em relação a ideias, comportamentos ou pessoas que não lhe são indiferentes e que desaprova, designadamente na crença e religião, das ideias políticas, de convicções ou costumes sociais, ou de outros aspectos relativos à "forma de vida" alheia». A *tolerância* implica que exista um «*poder ou possibilidade de impedir* ou perturbar o objecto da tolerância», que o *objecto a tolerar* (ideia, comportamento ou pessoa) seja *relevante* para o tolerante, ou seja, não pode ser indiferente (indiferença e tolerância são completamente diferentes), que haja uma *divergência*, que recai sobre o objecto a tolerar uma reprovação, «um *específico fundamento* ético, ou moral, para a divergência ou para a renúncia à reacção», ou seja, uma «divergência ou reprovação por *razões normativas*», que se manifeste na prática – «na adopção de uma conduta tolerante» – e como virtude – «tenha uma fundamentação normativa correspondente à virtude da tolerância, como por exemplo, o respeito da dignidade alheia». Cfr. PAULO MOTA PINTO, «Notas sobre o "imperativo de tolerância" e seus limites», *in Estudos em Memória do Conselheiro* LUÍS NUNES DE ALMEIDA, Coimbra: Coimbra Editora, 2007, pp. 748-749.

[402] SANTO AGOSTINHO, *A Cidade de Deus,* 2ª Edição, Vol. III, Livro XXII, Capítulo XXIII, p. 2332.

[403] Quanto ao aqui descrito PAULO OTERO, *Instituições Políticas...*, Vol. I, p. 193.

[404] Neste sentido LUÍS NUNES DE ALMEIDA, "Tolerância, Constituição e Direito Penal", *in RPCC,* Ano 13, nº 2, pp. 164 e ss..

A descoberta da verdade material é um valor e um fim do processo penal, mas essa descoberta e a *verdade* tem de ser *material, prática e judicial e processualmente válida*[405]. Não pode ser obtida por meio de tortura ou de suplícios ou de métodos inquisitórios do passado.

Um *Estado de direitos humanos* deve vincular a acção desses operadores ao princípio da tolerância que passa, desde logo, por respeitar *ab initio ad finem* o princípio da presunção da inocência e o respeito e a consciencialização de que o perseguido criminalmente é um ser humano e não uma «coisa» ou uma «não-pessoa»[406]. A tolerância apresenta-se na construção desse Estado como "um dos mais importantes princípios éticos que, indubitavelmente, sempre tem que estar em estreita relação com o *princípio da responsabilidade*"[407].

[405] Cfr. Jorge de Figueiredo Dias, *Direito Processual...*, (Clássicos Jurídicos), p. 194.

[406] A ideia de que existem agentes de determinados tipos legais de crime que não são «merecedores» de defesa face ao *ius puniendi, i. e.*, que não são titulares de direitos, liberdades e garantias jurídico-processuais e constitucionais por serem declarados previamente *inimigos* da sociedade, *não-pessoas, coisas,* não só é contrária à ideia de tolerância, de justiça, de humanidade, como é uma construção vazia de legitimidade jurídica formal e substancial e de legitimidade sociológica, assim como é contrária à ideia de Direito penal de liberdade ou Direito penal do ser humano próprio de um Estado de direito material social democrático. Afastamo-nos, em absoluto, das teses de Günther Jakobs, *Derecho Penal del Enemigo*, (Tradução do alemão – *Bürgerstrafrecht und Feindstrafrecht* – de Manuel Cancio Meliá), 2ª Edição, Cizur Menor/Madrid: Thomson/Civitas, 2006, pp. 21-83. A despersonalização do ser humano para fins de perseguição criminal, como se amalgama no *Patriot Act*, não se coaduna com a ideia de *Estado de direitos humanos* como "processo em permanente movimento" [Paulo Otero, *Instituições Políticas...*, Vol. I, p. 609], e enraíza uma ameaça, como ameaça totalitária da democracia, à afirmação do ser humano. Quanto à crítica, profunda e partilhada por nós, da despersonalização do ser humano face ao crescimento do Direito penal do inimigo, Jorge de Figueiredo Dias, *Direito Penal. Parte Geral. Questões Fundamentais. A doutrina geral do crime – Tomo I.*, 2ª Edição, Coimbra: Coimbra Editora, 2007, pp. 35-37 e 97-99, Eugenio Raúl Zaffaroni, *O inimigo no Direito...*, 2ª Edição, pp. 70 e ss., Luigi Ferrajoli, *Democracia y Garantismo*, (Tradução do italiano por aavv), Madrid: Editorial Trotta, 2008, pp. 237-239. Cf. o nosso *Direito Penal do Inimigo e o Terrorismo...*, 2ª Edição, pp. 85-124 ou 3ª Edição – Versão Portuguesa, pp. 103-146.

[407] Cf. Arthur Kaufmann, *Filosofía del Derecho*, (Tradução do alemão – *Das Verfahren der Rechtsgewinnung – Eine rationale Analyse* – de Luis Villar Borba e Ana María Montoya), 2ª Edição, Reimpressão, Bogotá: Universidad Externato de Colombia, 2006, p. 418 (em especial pp. 511-582). Tradução do espanhol nossa. Neste sentido se pode ler Reinhold Zippelius, *Teoria Geral...*, 3ª Edição, pp. 341-342.

Tolerância no respeito pela dignidade da pessoa humana quer por não opção de recurso a medidas de polícia [quadro da segurança interna, quadro administrativo preventivo e sancionatório, quadro processual penal[408]] quer por reconhecer ao outro o direito de fuga à auto-incriminação quando se recusa a que os OPC procedam a uma revista preventiva e de segurança ou a uma revista corporal – *v. g.*, a prevista o art. 53º do DL nº 15/93, de 22 de Janeiro –, assim como se deve admitir que o agente do crime possa resistir à detenção (não se devendo actuar de modo a que a vida e a integridade física daquele seja lesada de forma incondicionada e excessiva) e, até mesmo, mentir (responder sem verdade) no processo: fuga à *auto-incriminação*.

O Direito penal e processual penal, assim como os intérpretes e aplicadores da lei devem ter esta consciência de tolerância pelo comportamento de uma pessoa que tudo faz para não se auto-incriminar. Quanto à restrição do direito à integridade física plena imposta pelo direito (*legitimidade normativa*) e pela sociedade (*legitimidade sociológica*) quando a pessoa, cujo direito será restringido, seja o autor da lesão ou do perigo, não se enquadra neste contexto, porque nestes casos a Polícia age, na nossa opinião, em legítima defesa de terceiro e, em último caso, em estado de necessidade justificante.

A acção do Estado, *maxime* Polícia, deve reger-se pelo princípio da tolerância, excepto se dessa acção indulgente resultar a destruição da sociedade, caso em que a Polícia, por imperativo constitucional [artigos 272º conjugado com a al. *b*) do art. 9º da CRP], deve agir em autodefesa ou auto-preservação ou em defesa de sociedade. Neste sentido, a *tolerância* tem limites, desde logo quando das condutas ou dos comportamentos ilícitos – *p. e.*, a colocação de várias bombas numa cidade ou arma biológicas em águas públicas e se desconheça o local dos explosivos e o depósito daquela –, pode resultar a colocação «em perigo da sociedade tolerante e suas instituições»[409].

[408] Podemos afirmar que as *proibições de prova* – art. 126º do CPP em obediência ao nº 8 do art. 32º da CRP – são uma *manifestação do princípio da tolerância como consequência jurídica* de obtenção de provas que violam o respeito da dignidade humana, cujo primado se afirma na prossecução da tolerância como prática e virtude.

[409] Cfr. PAULO MOTA PINTO, «Notas sobre o "imperativo de tolerância" e seus limites», *in Estudos em Memória* ..., p. 772. Seguimos, assim, o pensamento autorizado de JOHN RAWLS,

Nesta linha de pensamento, consideramos que a restrição de direitos e liberdades fundamentais de alguém que não tolera as normas jurídicas estabelecidas – pela prática de condutas negativas lesivas ou que colocam em perigo de lesão bens jurídicos – só deve ocorrer caso essas condutas ponham em perigo a liberdade e a segurança da sociedade. Só é legítimo limitar a tolerância dos que, com o seu comportamento (ou ideias), colocam em perigo o desenvolvimento harmonioso da comunidade[410]. De outro modo qualquer acção do Estado, ou de um ente colectivo em sua representação, actua como os intolerantes e deslegitimam o fundamento normativo da intervenção quer seja penal quer seja jurídico-administrativo-policial, porque seria uma contradição da prática e da virtude da tolerância.

O Estado de direito e democrático, assente no respeito da dignidade da pessoa humana, cujos direitos e liberdades fundamentais são o fundamento e a razão de ser do Estado subordinado à Constituição material ou substantiva, que absorve a formal, e ao Direito, não pode dotar os seus operadores judiciários e administrativos de dispositivos legais de índole securitária totalitarista, em que o direito penal material e processual, como instrumento da segurança, passa a ser a *prima et sola ratio* da intervenção estadual, e não a *excepta et ultima ratio*[411].

Uma Teoria da Justiça, p. 181: "embora uma seita intolerante não tenha por si mesma legitimidade para protestar contra a intolerância, a sua liberdade deve ser limitada apenas quando os que praticam a tolerância, sincera e fundamentadamente, acreditam que a sua própria segurança e a dos que defendem a liberdade estão em perigo".

[410] É relevante compreender e pensar na posição de KARL POPPER quando defende que não deve haver espaço ou liberdade ilimitada para os intolerantes, porque a materialização de uma tolerância ilimitada gerará o fim da tolerância, propondo que se preveja a incriminação do incitamento à intolerância e à perseguição como se incrimina o "incentivo ao homicídio, ou ao sequestro, ou ao renascimento do tráfico de escravos". Impõe-se que se defenda os tolerantes contra os intolerantes sob pena de destruição da sociedade tolerante. Cfr. KARL R. POPPER, *The Open Society and Its Enemies, Vol. 1: The Spell of Plato*, Mew York, 2003, p. 293, citado também por PAULO MOTA PINTO, «Notas sobre o "imperativo de tolerância" e seus limites», *in Estudos em Memória ...*, pp. 771-772.

[411] Seguimos WINFRIED HASSEMER, *História das Ideias Penais na Alemanha do Pós-Guerra*, (Tradução do alemão – *Strafrechtswissenschaft in der Bundesrepublik Deutschland* – de CARLOS EDUARDO VASCONCELOS), Lisboa: AAFDL, 1995, pp. 65-70.

Os Estados, em momentos de crise e de riscos novos[412], devem, precavida e preventivamente, legislar para que todos os bens jurídicos humanos sejam tutelados, protegidos e garantidos. Mas este desiderato, enleado à ideia da crescente criminalidade estruturada (dita organizada), não pode ser o embrião da implementação de um Estado polícia, cuja eficácia da investigação admitirá meios e técnicas de prevenção da criminalidade[413] e de obtenção de prova ofensivos da dignidade da pessoa humana, assim como admitir-se-á um Direito penal baseado, única e em exclusivo, na punição como expiação do mal praticado à sociedade, deixando de parte os princípios humanistas da fragilidade humana e que orientam a intervenção do direito penal[414]. Como ensina L. NUNES DE ALMEIDA, "Se é verdade – como se tem apontado – que a intolerância radica sobretudo na ignorância e no medo (medo do desconhecido, do estranho, do diferente), facilmente se entenderá que se encontra em fase adiantada de preparação um caldo de cultura favorável a que essa informação possa vir a irromper com uma significativa virulência"[415].

As *correntes* do *securitarismo* – que, fundado na ideia da ameaça terrorista global e iminente, encontra como solução para a materialização da segurança a restrição drástica e significativa das liberdades – e a do *justicialismo* – que, enraizado na "globalização da delinquência económica e financeira e no alastramento da «criminalidade dos poderosos»"[416], defende, como solução da prevenção e repressão desta

[412] SILVA SÁNCHEZ analisa os novos riscos oriundos da sociedade pós-industrial e germinadores da *institucionalização da insegurança* pelo Direito, em especial pelo Direito penal, e legitimadores da restrição ampliada dos direitos, liberdades e garantias dos cidadãos, que, na nossa opinião, mais não são do que manifestações de intolerância da sociedade face aos novos desafios e à realidade por si construída. Cfr. JESÚS MARÍA SILVA SANCHEZ, *La Expansión del Derecho penal. Aspectos de la Política Criminal en las Sociedades Postindustriales*, 2ª Edição (2ª Reimpressão), Montivideo/Buenos Aires: B de *f*, 2008, pp. 15-20.

[413] Quanto à impossibilidade da massificação de meios de controlo da criminalidade e do indivíduo substituir um Direito penal do futuro, posição que perfilhamos, CLAUS ROXIN, *Estudos de Direito Penal*, (Tradução dos vários artigos em alemão de LUÍS GRECO), 2ª Edição, Rio de Janeiro: Renovar, 2008, pp. 5-9.

[414] Neste sentido, LUÍS NUNES DE ALMEIDA, "Tolerância, Constituição...", *in RPCC*, Ano 13, nº 2, pp. 159-175 (163-172).

[415] *Idem*, p. 169.

[416] *Idem*, p. 171.

criminalidade, o sacrifício das garantias jurídico-constitucionais e processuais penais – *são contrárias à ideia do princípio da tolerância*[417]. Existem limites que um Estado de direito material democrático não pode ultrapassar.

As dificuldades investigatórias devem ser superadas com formação das polícias – com o recurso à massa encefálica em vez da massa muscular – e com os novos meios científicos de investigação, assim como com as verdadeiras medidas de política criminal de prevenção da criminalidade: *p. e.*, políticas de emprego, de habitação, de urbanismo, de educação, de apoio familiar (etc.)[418]. A prevenção e a reacção/perseguição criminais não podem basear-se em meios e técnicas intolerantes que são o fundamento da própria perseguição estatal, sob pena de subversão total dos princípios do Estado de direito e democrático.

O Estado, em especial todos os operadores judiciários, assim como qualquer cidadão, não pode olvidar que a "*justiça substitui o curto-circuito da vingança* pela colocação à distância dos protagonistas, cujo símbolo em direito penal é o estabelecimento de uma distância entre

[417] Como exemplo de concretização do princípio da *tolerância* por parte do **Tribunal Constitucional**, podemos apontar, como L. Nunes de Almeida, os seguintes arestos: Ac. TC nº 456/93 sobre a inconstitucionalidade das normas que previam a possibilidade da PJ promover medidas preventivas, no quadro da criminalidade económica e financeira e do crime de corrupção, e o Ac. TC nº 334/94 sobre a não inconstitucionalidade dessas medidas, desde que fosse dada imediata notícia do crime e instaurado o respectivo inquérito; Ac. TC nº 479/94 que declarou a inconstitucionalidade da interpretação da possibilidade de condução de cidadão a departamento policial para identificação por razões de segurança sem quaisquer suspeitas da prática de crime; Ac. TC nº 507/94 que declarou a inconstitucionalidade da interpretação normativa de que se podia proceder a busca domiciliária, sem mandado judicial, desde que quem tivesse disponibilidade do espaço, e não o visado com a busca, consentisse (quanto a este assunto o nosso *Revistas e Buscas*, 2ª Edição, Coimbra: Almedina, 2005, pp. 119-130); Ac. TC nº 407/97 que considerou "constitucionalmente exigível que o auto de intercepção e gravação de escutas telefónicas seja de imediato lavrado e levado ao juiz, para que este possa atempadamente decidir sobre a sua junção aos autos ou pela destruição dos elementos recolhidos e, ainda, sobre a manutenção ou cessão de escutas"; Ac. TC nº 578/98, que admite, com limitações, o recurso ao agente infiltrado e repudia o recurso ao agente provocador como meios de obtenção de prova. Cfr. Luís Nunes de Almeida, "Tolerância, Constituição...", *in RPCC*, Ano 13, nº 2, pp. 173-174.

[418] Nesta linha de pensamento, Winfried Hassemer, *A Segurança Pública no Estado de Direito*, (Tradução do alemão – "Innere Sicherheit im Rechtsstaat", *Strafverteidiger*, 1993 – de Carlos Eduardo Vasconcelos), Lisboa: AAFDL, 1995, pp. 109 e ss..

crime e pena"[419], ou, tocquevillemente falando, a justiça surgiu para substituir uso da violência[420]. Este pensar aparta qualquer acto policial de intervenção física sobre o corpo do agente de um crime para além do estritamente necessário e só admite essa intervenção quando por respeito e com fundamento ao princípio da necessidade ou em acção de legítima defesa de outrem ou do próprio, por quebrar a *lex* do povo a si deferida[421]. A Polícia está ao serviço de todos os cidadãos e cumpre-lhe defender a legalidade democrática. Esta posição conceptual, desenvolvida em campo de complexidade funcional, é uma manifestação do princípio da tolerância como princípio legitimante da acção de prevenção e de reacção/persecução criminais.

No quadro jurídico-criminal cabe à Polícia (enquanto OPC e APC) o dever de *coadjuvar o tribunal a administrar (e a realizar) a justiça em nome do povo*[422], dever este inscrito como função ou tarefa fundamental do Estado – "perseguir e punir o crime e o criminoso"[423] –, que não pode ser negligenciada, "sob pena de minar os fundamentos em que assenta a sua legitimidade"[424]. Mas esta função legitimada pelo povo não pode ser alcançada por qualquer meio e para qualquer fim, encontra-se, desde logo, limitada pelos vértices jusinternacionais (DUDH, PIDCP, CEDH e CDFUE) e jusconstitucionais, que colocam o *ser humano* no centro da discussão como sujeito, que todos operadores judiciários

[419] ANABELA MIRANDA RODRIGUES, "O Tribunal Penal Internacional e a Prisão Perpétua – que futuro", *in Direito e Justiça*, Lisboa, Vol. XV, 2001, Tomo 1, p. 17. Itálico nosso.

[420] Cfr. ALEXIS DE TOCQUEVILLE, *Da Democracia na América*, (Tradução de CARLOS CORREIA MONTEIRO OLIVEIRA), Cascais: Principia, 2002, p. 180.

[421] Do mesmo modo e não sendo o Ministério Público "um instrumento cego de perseguição criminal" [MARIA CÂNDIDA DE ALMEIDA, "O Ministério Público. Contributo para uma cidadania", *in Estudos em Homenagem a Cunha Rodrigues* – Volume I, (Organização J. DE FIGUEIREDO DIAS ET ALII), Coimbra: Coimbra Editora, 2001, p. 54] e de a todo o custo conseguir *um culpado* e *um condenado*, cabe-lhe, por força constitucional, que carreie para o processo todos os indícios de prova e provas reais e pessoais que gerem um *juízo de culpabilidade sobre o arguido, acusando-o*, assim como os que gerem um *juízo de inocência, abstendo-se de acusar*, e, ainda como defensor da *legalidade democrática*, recorrer das sentenças de condenação que considere desproporcional para o arguido.

[422] Missão suprema do Tribunal: nº 1 do art. 202º da CRP.

[423] Cfr. JORGE DE FIGUEIREDO DIAS, *Direito Processual Penal*, Clássicos Jurídicos, Reimpressão da 1ª Edição de 1974, Coimbra: Coimbra Editora, 2004, p. 24.

[424] Cfr. JORGE DE FIGUEIREDO DIAS, *Direito Processual...*, p. 24.

[*v. g.*, a Polícia] têm o dever de respeitar e de promover sob pena realizarem uma acção ilegítima, mesmo que seja, no plano formal, legal e promotora do «mito segurança»[425].

Os cidadãos, como escreve GERMANO MARQUES DA SILVA, dispõem-se "a colaborar com uma polícia que lhe pareça claramente legítima, ou seja, uma polícia que respeite a legalidade, seja tecnicamente eficaz, cumpra os imperativos morais dominantes e seja eticamente responsável"[426]. Qualquer actuação da Polícia contrária a este ideário quebra a "ideia de equilíbrio e de perfectibilidade ideal", assim como se quebra a "«justiça» como ideia", ou seja, "a ordem ideal, a ordem perfeita", que só se concretizará no cosmos e não no caos, na "ideia de «ordem»", essência da convivência da comunidade sob uma "regra ou norma que possibilite o mínimo de condições indispensáveis para esses fins, quer de uns quer de outros, poderem ser atingidos sem se atropelarem"[427].

A acção da Polícia, na sua tríplice dimensão funcional, só é aceite pela comunidade quando promotora de uma "ordem", de um equilíbrio, de uma justiça em liberdade, subjugada à legitimidade normativa e sociológica, enraizada numa ética de responsabilidade promotora da máxima de que o *respeito dos fins próprios de cada um* implica o *respeito do fim universal de todos*[428]: vivência em harmonia e em liberdade numa ordem una de valores e normas, regida pelo *dever ser* (Direito).

[425] Seguimos a posição de WINFRIED HASSEMER que nos alerta para os perigos de uma concreção da instrumentalização do Direito penal contemporâneo em que a perigosidade se afirma como elemento estruturante do tipo legal de crime, relegando para segundo plano a culpabilidade ou promovendo um «Direito penal de culpabilidade preventivo», como forma de estabelecer uma ideia cognitiva de segurança, exigida pela sociedade face aos novos «velhos» riscos. Cfr. WINFRIED HASSEMER, "Seguridad por intermedio del Derecho penal", *in Problemas Actuales del Derecho Penal y de la Criminología. Estudios penales en memoria de la Profesora Dra. MARÍA DEL MAR DÍAZ PITA*, (Dir. FRANCISCO MUÑOZ CONDE e Tradução do alemão – *Sicherheit und Strafrecht* – de GABRIELA E. CÓRDOVA e JULIO B. J. MAIER), Valencia: Tirant lo Blanch, 2008, pp. 25-64 (31-49).

[426] GERMANO MARQUES DA SILVA, *Ética Policial e Sociedade Democrática*, Lisboa: Edição do ISCPSI, 2001, p. 85.

[427] Cfr. L. CABRAL MONCADA, *Filosofia do Direito...*, Vol. II, pp. 42-43.

[428] Cfr. L. CABRAL MONCADA, *Filosofia do Direito...*, Vol. II, p. 44.

97. A legitimidade de base legal da intervenção da polícia em sentido judiciário – quer por *iniciativa própria*, como a realização de exames no local do crime para a descoberta, recolha e conservação de vestígios e indícios probatórios[429] e de provas, quer por *iniciativa condicionada ou dependente de autorização*, como a autorização judiciária (MP) para proceder a buscas não domiciliárias ou autorização ou ordem judicial (JIC) para a realização de intercepções e gravação de comunicações e o posterior recurso concreto a este método de recolha, descoberta ou localização e contacto de provas reais e pessoais[430] a requerimento da APC[431] – deve resultar de uma política de segurança, orientada por uma política criminal centrada e direccionada para o *ser humano* como sujeito do processo e não como objecto do processo [ou dos outros e/ou do Estado] ou como «coisa».

O Ser Humano deve, no ***plano criminal***, ser considerado como centro nevrálgico da decisão de recurso a qualquer medida cautelar e de polícia ou a qualquer meio de obtenção de prova ou a determinação de quaisquer diligências restritivas da liberdade. Esta mesma filosofia deve prevalecer quando estamos no ***plano administrativo*** – em que se aplicam medidas cautelares administrativas policiais (*v. g.*, identificação[432], apreensão[433], levantamento do auto de notícia[434], suspensão do alvará ou da licença da actividade de segurança privada[435], suspensão da actividade ruidosa[436]) – e quando estamos no ***plano da segurança interna*** – em que se aplicam as medidas de polícia gerais[437] (*v. g.*, iden-

[429] Cfr. al. *a)* do nº 2 do art. 249º conjugado com os artigos 171º a 173º do CPP.

[430] Nesta matéria de perseguição de *elevada danosidade social* pela realização de intercepção e de gravação de comunicações e conversações, e pela necessidade de limitação máxima ao seu recurso, seguimos as posições de MANUEL DA COSTA ANDRADE, *Sobre os Meios Proibidos de Prova em Processo Penal*, Coimbra: Coimbra Editora, 1992 e o nosso *Escutas Telefónicas – Da excepcionalidade à vulgaridade*, 2ª Edição, Coimbra: Almedina, 2008.

[431] Cfr. nº 3 do art. 268º e nº 2 do art. 269º do CPP.

[432] Cfr. art. 49º do RGCO.

[433] Cfr. art. 48º-A do RGCO.

[434] Cfr. art. 48º do RGCO.

[435] Cfr. artigos 53º e 60º do RJSP.

[436] Cfr. art. 18º da RGR.

[437] Cfr. art. 28º da LSI.

tificação, interdição temporária da via de circulação) e especiais[438] (*v. g.*, revistas e buscas não domiciliárias por suspeita de posse de armas, suspensão da actividade de manuseamento e comercialização de armas e explosivos).

A comunidade aceita que a Constituição e a lei prevejam instrumentos jurídico-operativos legitimadores da acção de uma força colectiva, que actua em nome do Estado, em nome do povo, para que haja liberdade em segurança adequada ao exercício dos direitos. A admissão pelo povo de restrição de liberdades e de garantias no plano criminal e administrativo *não significa um mandato ilimitado de acção* e um *mandato não fiscalizável dessa acção* que está sujeita à fiscalização prévia do juiz das liberdades (JIC) ou a fiscalização posterior deste e do povo. A *tolerância* do povo não é ilimitada sob pena de se auto acorrentar e de auto condicionar na exigência de publicidade e transparência de todos os processos.

No plano criminal, a comunidade admite a acção dessa força colectiva [por iniciativa da Polícia ou por ordem ou autorização da autoridade judiciária] para que se alcancem as *finalidades do processo penal*: descoberta da verdade, realização da justiça, garantia dos direitos fundamentais de todos os cidadãos e alcance da paz jurídica e social.

A sociedade e a lei admitem e aceitam que aquela força colectiva – Polícia –, dotada de *ius imperii*, intervenha, por iniciativa própria face à urgência e ao *periculum in mora* da intervenção das autoridades judiciárias, para prevenir a ofensa ou a lesão de bens jurídicos ou para prevenir que condutas humanas coloquem em perigo de lesão bens jurídicos fundamentais ao desenvolvimento harmonioso da comunidade. Mas o primeiro crivo de legalidade da acção da força colectiva está atribuído ao Ministério Público[439], ao qual aquela está obrigada a transmitir todas e quaisquer notícia de crime ou toda e qualquer acção, no âmbito processual penal, em especial todas aquelas que gerem restrição de direitos e liberdades de um cidadão para imediata aferição da necessidade por meio da apreciação e validação do juiz das liberdades.

[438] Cfr. art. 29º da LSI.

[439] Cfr. artigos 242º, nº 1, al. *a*), 243º, nº 3, 245º, 248º, 250º e 253º do CPP e art. 2º, nº 3 da LOIC.

Pode, ainda, afirmar-se que a sociedade e a lei admitem – *toleram* – que essa força colectiva intervenha, mesmo sem fiscalização imediata posterior da autoridade judiciária, para protecção de outros bens jurídicos não tutelados pelo direito penal, mas tutelados pelo ordenamento jurídico, *maxime* direito de ordenação social. Mas ***essa intervenção não é ilimitada***, não está fora da redoma dos princípios gerais do Direito, não está fora do princípio da unicidade do Direito, não está ausente de axiomas cruciais que dão àquela força colectiva a legitimidade de intervir em nome dos que cederam a liberdade para que dentro dessa cedência haja liberdade, justiça, ordem, segurança, tranquilidade e paz públicas.

Podemos, neste momento, afirmar que a acção jurídico-policial criminal ou administrativa não pode subverter a lógica estrutural da vida humana. A acção da Polícia deve emergir de uma política de segurança subjugada a uma política criminal humanista e humanizante[440] e não emergente de uma política de segurança que inverte a política criminal em seu instrumento jurídico-operativo, em que se apregoa a *tolerância-zero* como solução dos fenómenos criminais ou de ordenação social que colocam em perigo de lesão ou lesionam bens jurídicos essenciais à convivência e desenvolvimento humano.

Toda e qualquer política de segurança, que respeite a política criminal do *ser humano*, deve praticar a *virtude*, o *valor* e o *princípio da tolerância*, que deve ser encarnado no Direito penal como um valor da justiça e da liberdade. Só podemos falar de legitimidade sociológica no quadro da acção policial se aquela for o reflexo da tolerância, sob pena de *securitização total* da *acção de prevenção e reacção/persecução criminal* – com o intuito de proteger e reintegrar o bem jurídico lesado e de promover a função preventiva especial – e de *securitização total* da *acção jurídico-administrativo-policial* – preventiva e reactiva –, e sob pena de se instaurar um Estado polícia.

Neste patamar e acoplando a esta realidade, aquela que emerge da globalização económica ou capitalista desregulada e sem integração das massas imigratórias, trazemos à colação o pensamento de ERIC HOBS-

[440] Nesta linha de construção de um espaço de liberdade, justiça e segurança com uma política criminal humanista e humanizante, *supra* Parte I.

BAWM[441] quando afirma que é impressionante o "declínio na aceitação da legitimidade do Estado, ou a aceitação voluntária da obrigação para com autoridades governantes e suas leis, por parte dos que vivem nesses territórios, sejam cidadãos ou súbditos". O Autor alerta que a "obediência dos cidadãos" desaparece ao mesmo ritmo que desaparece a "obediência natural das pessoas na presença do poder". Acrescenta este Autor que, a par desta realidade evolutiva, se constata que a "extraordinária ascensão da tecnologia e de outros meios de manter os cidadãos debaixo de vigilância em todos os instantes – câmaras de circuito fechado, escutas telefónicas, acesso a dados pessoais e a computadores – não tornou o Estado e a lei mais efectivos, embora tenha tornado os cidadãos menos livres". Esta acepção por parte dos cidadãos esmorece a legitimidade sociológica, porque a sociedade já não aceita a lei e a operabilidade da mesma por não efectivar os seus direitos, liberdades e garantias, mas antes diminui-los.

Se o legislador constituinte e, sequentemente, o legislador ordinário optarem por desvalorizar a política criminal como a ciência regente das demais políticas – *v. g.*, política de segurança humanista –, instrumentalizando-a em benefício de uma política de segurança securitária ou, até mesmo, belicista, cujo exercício dos direitos e liberdades fundamentais pessoais [em especial os processuais penais, assim como de âmbito processual administrativo] sofre uma maior e mais extensa limitação [restrição], podem promover a legitimidade normativa positivista da acção do Estado: mandatada em primeira linha na Polícia. Mas esvaziam, em simultâneo, a legitimidade normativa humanista (ou a legitimidade jurídica material humanista), assim como a legitimidade sociológica.

98. A legitimidade tem, sem qualquer equívoco, de ser o produto da prossecução da finalidade máxima da actividade de Polícia e da sua razão de ser – protecção (defesa e garantia) e promoção dos direitos e liberdades fundamentais pessoais, sem olvidar os sociais, culturais, económicos e políticos. Este desiderato deve ser colocado no alto do obelisco ou no pilar central do Estado de direito democrático: o

[441] Cfr. ERIC HOBSBAWM, *Globalização, Democracia e Terrorismo*, (Tradução do original *Globalisation, Democracy and Terrorism* de MIGUEL ROMEIRA), Editorial Presença, 2008, pp. 41-42.

respeito da dignidade da pessoa humana. A legitimidade da existência e da acção da Polícia emerge da vontade do povo na construção de um "moderno **Estado constitucional democrático de direito**"[442] e assenta no respeito da dignidade da pessoa humana como *limite*, como *fim* e como *fundamento/pressuposto* da acção de segurança, de prevenção e persecução criminal.

Neste Estado, não é [lógico e] admissível que se defenda que as polícias devem tão-só obediência à lei positivada. Os brocados de que "a lei diz, a polícia cumpre!" e "*dura lex, sed lex*" não são próprios de um Estado que assenta em dois grandes pilares consagrados no art. 1º da CRP: dignidade da pessoa humana e vontade do povo. O *pensar* e o *agir* segundo aqueles brocados não se coadunam com a Polícia da pós-modernidade, consciente de que a sua actuação obedece à Constituição e à lei, mas sobretudo ao Direito, ao *dever ser* emergente de *valores* e de *normas* como expressões de *factos*.

Esta tese assenta na ideia de que aqueles actores estatais não podem, nem devem, actuar segundo uma interpretação (de uma norma jurídica) que contrarie um valor constitucional formal e/ou material, um valor supralegal ou, até mesmo, um valor material inscrito nas teias constitucionais, tão-só porque a sua actuação tem fundamento numa norma positiva. Essa opção coloca em causa a legitimidade sociológica, que impõe àqueles a obrigação de interpretar o comando positivo de acordo com os princípios constitucionais em especial com os que dizem respeito à interpretação da restrição dos direitos, liberdades e garantias fundamentais[443]: *v. g.*, o princípio *odiosa sunt restringenda*[444].

[442] J. J. GOMES CANOTILHO, *Direito Constitucional e Teoria da Constituição*, 3ª Edição, Coimbra: Almedina, 1999, p. 108 (7ª Edição, pp. 112-113).

[443] Cfr. nº 2 do art. 18º, nº 2 do art. 3º, 204º e art. 266º da CRP. Quanto à necessidade da Administração (polícia) respeitar o princípio da constitucionalidade das normas jurídico-ordinárias restritivas de direitos, liberdades e garantias fundamentais, sob pena de futuras indemnizações aos cidadãos afectados e respectiva responsabilidade dos agentes que agiram e agrediram desproporcionalmente aqueles bens jurídicos tutelados juridicamente, RUI MEDEIROS, *A Decisão de Inconstitucionalidade. Os Autores, o Conteúdo e os Efeitos da Decisão de Inconstitucionalidade da Lei*, Lisboa: UCE, 1999, pp. 167-236.

[444] Cfr. JORGE MIRANDA, *Manual de Direito...* – Tomo IV – *Direitos Fundamentais*, 3ª edição pp. 337-341.

LUIGI FERRAJOLI identifica as fontes da legitimação do poder judicial com "o sistema das garantias, ou seja, dos limites e vínculos – primeiro entre todos, o princípio da estrita legalidade penal – destinados a reduzir ao máximo o arbítrio dos juízes, para tutela dos direitos dos cidadãos"[445]. Consideramos, nesta linha, que a legitimidade do poder material da polícia entronca nos direitos e liberdades fundamentais, como *fundamento/pressuposto, fim e limite*, como razão de ser da polícia: sua *éthos*.

À teorização de LUIGI FERRAJOLI coagulamos a *liberdade* como limite imanente de todo o poder – quer político, quer executivo, quer judicial – e do seu respectivo exercício. A liberdade não é só condição transcendental de comunicação humana e intrapessoal[446], mas apresenta-se kantianamente como o *mais alto princípio (o mais alto valor) da justiça*[447]. A liberdade, como a democracia, não se proclama. A liberdade cultiva-se e exerce-se, sendo esse culto e exercício responsáveis pela sua conversão em princípio[448], cuja limitação ou restrição jamais pode ferir o seu núcleo essencial – a dignidade da pessoa humana – que impõe que, em conflito com o poder, se preserve e se reclame a protecção da dignidade[449].

Esta acessão do Ser Humano leva a que se defenda e se opte pelo primado da justiça e a prioridade do «eu» face ao colectivo, em que a liberdade, como valor a ser garantido por aquela, que não pode ser violada e suprimida em benefício do bem estar comum, não pode tam-

[445] LUIGI FERRAJOLI, "Jurisdição e democracia", *in RMP*, Ano 18º, Out./Dez., 1997, nº 72, p. 20.

[446] Quanto a este assunto WINFRIED HASSEMER, "Alternativas al principio de culpabilidad?", *in Cuadernos de Política Criminal*, Instituto Universitario de Criminología – Universidad Complutense de Madrid, nº 18, 1982, pp. 473 e ss..

[447] HANS KELSEN, *A Justiça e o Direito Natural*, (Tradução de JOÃO BAPTISTA MACHADO), Coimbra: Almedina, 2001, p. 81.

[448] Quanto à liberdade como princípio de actuação da polícia/OPC *infra* Capítulo VI. Quanto à liberdade como princípio em que o homem político se realiza na construção da sua própria eticidade, JOHN RAWLS, *Uma Teoria da Justiça*, (Tradução do inglês – *A Theory of Justice* – CARLOS PINTO CORREIA), Lisboa: Editorial Presença, 1993, pp. 167-170, 178-191 e ANTÓNIO BRAZ TEIXEIRA, *Sentido e Valor do Direito*, Lisboa: INCM, 2ª Ed., 2000, pp. 223 e ss..

[449] Quanto a este assunto, JOSÉ SOUTO DE MOURA, "Dignidade da pessoa e poder judicial", *in RMP*, Ano 18º, Abril/Junho, 1997, nº 70, p. 95 e ss..

bém ser suprimida para benefício de um bem maior da sociedade, porque só existe sociedade com seres humanos individualizados e individualizáveis com igualdade de direitos e de dignidade, que são agentes activos, volitivos, distinguíveis do meio ambiente, e com capacidade de fazerem escolhas[450]. Das escolhas do ser individual – do «eu» – destacamos a vontade de ceder parte da sua liberdade para que o ente abstracto representativo do todo exerça a tutela efectiva dos direitos de todos, mas sob limites, entre os quais a liberdade e a justiça, valores superiores emergentes da legitimidade.

A legitimidade normativa e sociológica é, hoje, *fundamento/pressuposto, fim* e *limite* imanente da acção de prevenção e reacção da Polícia para a prossecução das funções jurídico-constitucionais, reprovando qualquer acção idónea e realista lesiva ou conducente a perigo de lesão de valores, de bens jurídicos fundamentais à realização da pessoa humana[451].

§30º Da legitimidade como limite à 'desajustada' «demanda da segurança»

99. Um pensar jurídico-filosófico teorético e prático sobre legitimidade da intervenção estatal, quer formal quer material, obriga-nos a olhar o Homem como centro nevrálgico de qualquer decisão jurí-

[450] Neste sentido e na linha rawlsiana, MICHAEL J. SANDEL, *O Liberalismo e os Limites da Justiça*, (Tradução do *Liberalism and the Limits of Justice*, 2ª Ed., de CARLOS PACHECO DO AMARAL), Lisboa: Fundação Calouste Gulbenkian, 2005, pp. 40-50 (40, 41 e 44).

[451] Neste sentido se deve ler a obrigatoriedade de libertação do cidadão detido por erro na pessoa ou nos pressupostos, por força do art. 261º do CPP. Não se deve manter detido um cidadão para cumprimento de pena efectiva de prisão por mandado de detenção, quando esse cidadão estava objectivamente impossibilitado da prática do crime por que fora condenado (por ausência objectiva no estrangeiro há mais de 16 anos) e se apurou que, não obstante os dados pessoais estarem correctos, os mesmos foram fornecidos pelo irmão, que tinha uma cópia do bilhete de identidade ou do passaporte, às autoridades policiais e judiciais. Podemos mesmo afirmar que, neste exemplo, existindo a dúvida, se impõe a liberdade do cidadão por respeito ao princípio *in dubio pro libertate*. Acompanhamos a posição de JOSÉ CARLOS VIEIRA DE ANDRADE, *Os Direitos Fundamentais à Luz da Constituição da República Portuguesa de 1976*, 3ª Edição, Coimbra: Almedina, 2001, p. 299, nota 55.

dica (legiferante, interpretativa e aplicativa da lei) face à cada vez mais crescente bandeira da «demanda da segurança»[452] cristalizada e a quase esquecida bandeira fulcral de uma comunidade que se deseja e se quer em democracia crescente: a liberdade[453]. As bandeiras apontadas – da segurança – relevam de acordo com a estrutura conceptual ou tipológica sobre o *ser humano* face à cedência que se vai operacionalizando da sua liberdade com o intuito de aumentar a qualidade e bem-estar da vivência em comunidade.

A teoria de que a cedência da liberdade se deve auto limitar e auto regular pela auto assumpção que cada membro da comunidade pragmatiza[454] e que, por sua vez, pode e deve influenciar as decisões jurídico-político-sociais sobre o *modus agendi* do Estado e, muito em especial da Polícia, cede espaço às teorias de positivação dos limites de acção do cidadão. A teoria da liberdade e da democraticidade do exercício de direitos e liberdades fundamentais – que implica a assumpção de que a cada direito corresponde um dever –, nesta sociedade do medo, cedem em prol das teorias securitivistas ou justicialistas.

[452] Demanda que se materializa com as teses do *securitarismo* e do *justicialismo*, em que a segurança é o fundamento da justiça e da liberdade e não o resultado da soma destas duas premissas. Quanto a este assunto, o nosso *Do Mandado de Detenção Europeu*, Coimbra: Almedina, 2006, pp. 99-108 (108) e ANABELA MIRANDA RODRIGUES e JOSÉ LOPES DA MOTA, *Para uma Política Criminal Europeia*, Coimbra: Coimbra Editora, 2002, p. 41, quando, na linha de D. FLORE, afirmam que a construção de um sistema de justiça penal *global* na Europa privilegiou o pendor policial e o pendor repressivo, porque foi a «vontade de reprimir que motivou os desenvolvimentos que conheceram os diversos mecanismos de cooperação», sendo que a «cooperação no âmbito do apoio à vítima ou da reinserção social das pessoas condenadas tem sido o "parente pobre" dos trabalhos conduzidos no seio da União Europeia». Este *pendor securitário* e a *instrumentalização do Direito penal* pela teoria da *perigosidade* está bem frisada em WINFRIED HASSEMER, "Seguridad por intermedio...", *in Problemas Actuales...*, pp. 25-64.

[453] Entendamos, neste campo, a liberdade como princípio primordial da realização do homem como ser humano, e não como direito fundamental.

[454] Cfr. CESARE BECCARIA, *Dos Delitos e das Penas*, (Tradução do *Dei Delitti e Delle Pene* de JOSÉ DE FARIA COSTA), 2ª Edição, Lisboa: Fundação Calouste Gulbenkian, 1998, p. 65: "Foi, portanto, a necessidade que obrigou os homens a ceder parte da sua liberdade: é, pois, certo que cada um não quer colocar no depósito público senão a mínima parte possível, aquela apenas que baste para induzir os outros a defendê-lo. O conjunto destas partes mínimas possíveis forma o direito de punir; tudo o mais é abuso e não justiça; é facto, mas não é já direito".

A segurança física e real, a ser prosseguida e materializada pela polícia (art. 272º da CRP), e a segurança alcançada pela credibilidade da justiça criminal por meio da eficácia máxima da acção penal em detrimento das garantias [restrição ou interpretação restritiva da extensão das garantias jurídico-constitucionais-processuais, ou seja, uma interpretação em desfavor do arguido (*in malam partem*)] apresentam-se como desideratos fundamentais da vivência e desenvolvimento humano. Assistimos, desta feita, à pedestalização da *segurança* como o mais alto valor da justiça e da humanidade[455], cuja teoria de edificação se enraíza na tese da *perigosidade*[456].

[455] Esta opção parte do pressuposto, errado na nossa opinião, de que os fenómenos criminógenos emergem, única e exclusivamente, por causa das garantias processuais e por causa da inexistência de força "musculada" positivada em lei, em que a polícia se apresenta como a personificação da punição, do castigo imediato. Os fenómenos criminais têm, na nossa opinião, como uma das principais causas a não concretização dos direitos fundamentais sociais, económicos e culturais, sem esquecer os direitos fundamentais pessoais. Podemos acrescer, a esta ideia, o pensamento de MONTESQUIEU, quando afirma que não é o aumento das penas ou a severidade do direito penal que gera uma menor incidência criminal, mas sim a certeza da punibilidade. Este grande pensador do séc. XVIII, alerta que a "severidade das penas é mais conveniente ao governo despótico, cujo princípio é o terror, do que à monarquia ou à república, que têm como motor a honra e a virtude", assim como a "experiência demonstrou que nos países onde as penas são suaves o espírito do cidadão é marcado por elas, como o é, em outros lugares, pelas grandes" penas. MONTESQUIEU alerta-nos para o facto de as penas poderem perverter a essência da sua existência e de corromperem a própria legitimidade do exercício do poder punitivo pelo Estado. Esta construção doutrinal aplica-se, *mutatis mutandis*, à acção da polícia que é, *prima facie*, o motor da acção punitiva do Estado, devendo a acção ser moderada e dotada de virtude democrática. Cfr. MONTESQUIEU, *O Espírito das Leis*, (Tradução do francês – *L' Esprit des Lois* – de CRISTINA MURACHCO), 3ª Edição, S. Paulo: Martins Fontes, 2005, pp. 93 e 95 (54-62).

[456] Preocupa-nos a construção da teoria da *perigosidade* como tese regente da intervenção do Direito penal – em que o homem é predeterminado ou pré-identificado como delinquente, que nos permite constatar a medida da sua *periculosidade*, em que a pena neutraliza o perigo e ressocializa o delinquente, cujo limite e fundamento é a perigosidade do delinquente ou presumível delinquente –, em contraposição à teoria da *culpabilidade* – que admite que o homem tem capacidade de escolha (liberdade de decisão e de acção), que admite que a sua escolha seja censurada, em que a pena retribui culpabilidade e esta é o seu fundamento e limite. Vejam-se as assertivas e profundas críticas a este caminho em ANABELA MIRANDA RODRIGUES, "Política criminal – Novos Desafios, Velhos Rumos", *in Liber Discipulorum* JORGE DE FIGUEIREDO DIAS, Org. MANUEL DA COSTA ANDRADE, JOSÉ DE FARIA COSTA, ANABELA MIRANDA RODRIGUES e MARIA JOÃO ANTUNES, Coimbra:

A defesa ilimitada de uma praxis de eficácia e de máxima eficiência policial e judicial baliza uma imagem do Ser Humano não como um sujeito – dotado de direitos e de deveres –, mas como um instrumento da comunidade, como objecto de um único percurso para uma única meta – descoberta da verdade. Nem a valoração do homem ético de CASTANHEIRA NEVES[457] nem do homem político de JOHN RAWLS[458] travam a tão bem caracterizada, por ANABELA MIRANDA RODRIGUES, «demanda da segurança» – a cruzada dos nossos representantes – ou o «progresso do retrocesso»[459].

Este caminho gera o processo de "autocoisificação do Homem"[460], que cede tudo o que tem sem se aperceber de que se transforma numa «coisa» do Estado e a Polícia apresenta-se como o grande guardião desses objectos e trata-os de acordo com essa natureza. Este fenómeno não se esgrime por iniciativa ou por imposição supranacional no espaço das soberanias estatais. A demanda da segurança e a assumpção da perigosidade como elemento da criminalização de condutas e de desnudamento de garantias processuais – administrativas e penais – é um fenómeno globalizado e glocalizado.

100. A demanda da segurança prosseguida a nível da União Europeia, como se pode retirar das Decisões-quadro no âmbito do direito penal e processual penal europeu[461], e a nível da ONU, como se retira da Convenção das Nações Unidas para a Prevenção e Repressão da Criminalidade Organizada e Transnacional, é desorganizada no *inte-*

Coimbra Editora, 2003, pp. 216-220, EUGENIO RAÚL ZAFFARONI, *O Inimigo no Direito...*, 2ª Edição, pp. 70-82 e 109-114, e o nosso *Direito Penal do Inimigo e o Terrorismo*. 2ª Edição, pp. 85-124.

[457] ANTÓNIO CASTANHEIRA NEVES, *Coordenadas de uma Reflexão sobre o Sentido Actual do Direito*, Lições policopiadas de Filosofia de Direito, Centro de Publicações da UCP, 2002/03, pp. 34 e ss..

[458] JOHN RAWLS, *Uma Teoria de Justiça...*, pp. 197 e ss..

[459] Expressões de ANABELA MIRANDA RODRIGUES proferidas na aula de Mestrado na Faculdade de Direito da Universidade de Coimbra, na cadeira de Processo Criminal, no dia 21 de Novembro de 2003. Neste sentido, ANABELA MIRANDA RODRIGUES e JOSÉ LOPES DA MOTA, *Para uma Política criminal...*, pp. 41 e ss..

[460] Cfr. JÜRGEN HABERMAS, *Técnica e Ciência...*, p. 74.

[461] Quanto a uma análise da Decisão-Quadro do Mandado de Detenção Europeu, o nosso *Do Mandado de Detenção...*, pp. 121-201.

lecto, na *formalização* e na *materialização*. Esta tríplice desorganização e preocupação desesperada é contrária à lógica de construção de qualquer doutrina, filosofia, ideologia e identidade.

A logicidade exigida devia seguir os mesmos passos da construção de uma casa: no quadro do ***intelecto*** esquematiza-se os alicerces no plano de servir a elevação dos pilares e acento das traves mestras e paralelas ou secundárias, aos quais se aplicam as conhecidas placas de betão armado ou falso e se ornam com paredes exteriores – duplas – e interiores – simples –, terminando com o telhado capaz de suportar os invernos tenebrosos e os verões escaldantes, *i. e.*, intelectualiza-se a orgânica e o funcionamento da Polícia e das autoridades judiciárias; da visualização do intelecto o arquitecto ***formaliza***-a transcrevendo-a para o papel, *i. e.*, o poder político-legislativo formaliza a intelectualização através de diploma legal [al. *c*) do art. 161º da CRP][462]; e, por sua vez, o construtor e os pedreiros – as Polícias – materializam-na como se tratasse de uma obra de Deus, ***materializam*** a actividade e os programas jurídico-político-constitucionais segundo o Direito.

A lógica empreendida não se verifica quanto à *intelectualização*, *formalização* e *materialização* da actividade daqueles operadores estatais (e judiciários) que, por sua vez, se vai reflectir na política criminal e, em especial, nas políticas de *segurança*. Sem este pensar há uma desorientada e desequilibrada idealização da segurança, que passa de direito de garantia dos demais direitos fundamentais para primeiro direito sagrado, como primeiro valor jurídico da humanidade, gerando-se a defesa e garantia da segurança como cruzada. Como demanda, subalterniza-se os valores da liberdade e da justiça[463] por meio da instrumentalização da ciência global do Direito penal[464].

[462] Base constitucional necessária para aprovação das leis orgânicas da PSP, da GNR e da PJ. Pois, o regime das polícias como forças de segurança obedece ao princípio da *reserva de lei absoluta*, conforme se retira da conjugação do nº 4 do art. 272º com a al. *u)* do art. 164º da CRP. Quanto a este assunto, o Ac. TC nº 304/2008, de 30 de Maio de 2008, consultado em *www.tribunalconstitucional.pt*.

[463] Quanto à instrumentalização do direito penal face às políticas de segurança e na linha de Winfried Hassemer, A. Silva Dias, "Que Direito Penal Queremos nós Europeus...", *in RPCC...*, Ano 14, nº 3, 2004, p. 318.

[464] A *liberdade*, a *justiça* e a *segurança* (física, real, cognitiva, jurídica) são três valores fundamentais da realização do *ser humano*. Contudo, jamais alguns deles se podem absolutizar

A actual «demanda da segurança» *intelectualiza*-se, *formaliza*-se e *materializa*-se de forma 'desordenada' sob a égide de um discurso político, originando políticas de segurança precárias e reactivas quer no plano legiferante quer no plano executivo da intervenção do Estado. Estas políticas, emergentes de uma desenfreada sede legislativa, como se a prevenção e a reacção ao fenómeno criminal fossem concretizadas por decreto, ajustam-se e são cozidas ao retalho que se descoseu ou à parte do tecido, ainda bom, que se rasgou com o esforço inadequado dos homens servidores do Estado.

Este desnorte na construção de um espaço [*europeu*] de segurança fruto da conjugação dos valores da liberdade e da justiça tem como efeito um desenfreado pendor legislativo, isento de uma linha estratégica de prossecução do direito à segurança, que não só produz uma ideia de *securitarismo* e de *justicialismo*, como também lançam a dúvida sobre a força ou a valência ou não do princípio da segurança jurídica. A teoria de que tudo deve estar previsto em lei para que os operadores estatais possam sentir-se legitimados a agir pode gerar um estádio de insegurança jurídica e um estádio de incerteza e de não transparência[465]. Esta factualidade gerará uma ilegitimidade normativa e sociológica da acção dos operadores estatais [Polícia] por não-aceitação daquela baseada num quadro legal de insegurança jurídica[466].

sob pena de se instituir ou o *anarquismo* ou o *justicialismo* ou o *securitarismo*. É da convivência dos três valores que nascerá o equilíbrio, sendo que a segurança deverá ser a consequência da convivência entre liberdade e justiça. Cfr. o nosso *Do Mandado de Detenção...*, p. 108.

[465] Quanto a este assunto REINHOLD ZIPPELIUS, *Teoria Geral...*, 3ª Edição, pp. 388-389.

[466] Como exemplo desta procura de legislar tudo e mais alguma coisa, veja-se o Regime Jurídico das Armas e Munições (RJAM), aprovado pela Lei nº 5/2006, de 23 de Fevereiro, que já sofreu três alterações (Lei nº 59/2007, de 4 de Setembro, Lei nº 17/2009, de 6 de Maio, e Lei nº 26/2010, de 30 de Agosto), tendo a segunda alteração servido para alterar ou melhorar a interpretação da aplicação de medida de coacção prisão preventiva, estipulando que «É aplicável ao arguido a prisão preventiva quando houver fortes indícios da prática de crime doloso previsto no nº 1, punível com pena de prisão de máximo superior a três anos, verificadas as demais condições de aplicação da medida», conforme nº 4 do art. 95º-A (consultado no sitio www.assmbleiadarepublica.pt, no dia 19 de Fevereiro de 2009). Os crimes a que se refere o preceito são os *crimes cometidos com arma*, cujo conceito se encontra estipulado no art. 1º e ss. do RJAM, os *crimes de detenção de arma proibida, tráfico e mediação de armas, detenção de armas e outros dispositivos, produtos ou substâncias em locais proibidos,*

A «demanda da segurança» salta para a ordem do dia com a mediatização dos fenómenos criminógenos, cujos factos reais entram a toda a hora no nosso espaço íntimo (casa, olhos e intelecto) sem qualquer autorização. Este processo cria o *παηέον* [*paneón*], diga-se esquizofrenia securitária, e, consequentemente, um desejo contínuo de segurança que se pensa ser alcançável com a produção legislativa. Desta forma, o direito à segurança converteu-se em elixir dos políticos na busca do apoio popular[467], muitas vezes ou quase sempre, apresentou-se como bandeira de campanha, vertendo no futuro próximo uma *política securitária* isolada da política criminal.

A política da eficácia[468] olvida a causa e atraca-se na presumível solução imediata do problema sem que se cure a raiz ou o ramo causador

previstos nos artigos 86º, 87º e 89º do RJAM. Parece-nos que é desnecessário o legislador prescrever que a prática de crime com o recurso a arma exige a aplicação da medida de coacção prisão preventiva, por duas ordens de razão: a primeira, não pode o intérprete aplicar a medida de coacção prisão preventiva sem que estejam preenchidos os pressupostos previstos no art. 202º do CPP, assim como os princípios da legalidade, da necessidade, da adequação e da proporcionalidade, sem esquecer as condições gerais de aplicação das medidas de coacção, conforme artigos 191º, 192º, 193º e 204º do CPP; a segunda, prende-se com a facto de que não é a melhor técnica legislativa utilizar uma lei de alteração do RJAM para proceder a alterações ao CPP, especificando uma situação concreta da aplicação da medida de coacção prisão preventiva quando a mesma resultaria da aplicação da al. *b)* do nº 1 do art. 202º do CPP: **a prática de crime com uma arma é e será sempre enquadrável dentro do conceito de *criminalidade violenta*.**

467 Quanto a este assunto Perfecto Andrés Ibáñez, "Por um Ministério Público «dentro da legalidade»", *in RMP*, Ano 18º, Abril/Junho, 1997, nº 70, p. 11. Neste mesmo sentido e com uma crítica quanto ao aproveitamento político dos fenómenos criminógenos que geram insegurança real e cognitiva, Juan Damián Moreno, "Un Derecho Procesal de Enemigos?", *in Derecho Penal del Enemigo. El Discurso Penal de la Exclusión*, Cancio Meliá e Goméz-Jara Díez (Coord.), Madrid e Montevideo: Edisofer s. l. e Editorial B de *f* Ltda., 2006, Volumes 1, pp. 463-468.

468 Não obstante a crítica construtiva própria da ciência, refira-se que o legislador, por meio da LQPC (Lei nº 17/2006), tentou promover a submissão da eficácia, vector da política criminal, a uma estratégia global de prevenção criminal, de acção criminal (inclusive de investigação criminal) e de reinserção social do delinquente. Essa tentativa ganhou algum espaço na LPC2007 (Lei nº 51/2007) e afirmou-se com maior extensibilidade na LPC2009 (Lei nº 38/2009, de 20 de Julho), que enleia vários operadores judiciários e sociais na prossecução do fim último do Direito penal: que o cidadão submetido à acção punitiva do Estado não volte a delinquir, ou seja, *ne peccetur*, devendo-se promover a «reintegração responsável na sociedade» do condenado sem processos de

da alteração da ordem e da tranquilidade públicas e, por consequência, da segurança como bem jurídico da comunidade que se encontra enfaixada constitucionalmente entre os vértices da liberdade e da justiça. A absolutização da segurança acarreta um risco: a miopia e a falsa visão dos problemas, que gera[*rá*] um Estado polícia, dotado de legitimidade normativa formal, mas despido de qualquer legitimidade sociológica e, até mesmo, de legitimidade normativa material.

Trazemos à colação a constatação de Perfecto Andrés Ibáñez: "O político pragmático – (...) – quer soluções rápidas para os problemas que o preocupam, tratando-se geralmente numa perspectiva conjuntural, marcada pela cadência das datas eleitorais. Precisa de encontrar para esses problemas causas facilmente identificáveis e cómodos sujeitos-objecto de imputação. (...) Com essa inspiração redutora, forma abrindo caminho, na doutrina e também em diversas legislações, propostas que se orientam para o alargamento das margens de discricionariedade no exercício da acção penal, para propiciar a negociação da pena com o arguido, para ensaiar formas processuais expeditas, só para baixar os custos do processo penal, que ostensivamente se administrativiza", desjudicializando-se e deslegitimando-se a razão de intervenção punitiva do Estado e, consequentemente, da acção jurídico-processual e jurídico-administrativa policial.

101. A Polícia, como particular operador de *ordem pública*, *administrativo* e *judiciário*, é vista pelo cidadão e tem-se apresentado como o primeiro promotor da solução dos problemas que afectam os cidadãos por duas ordens de razão.

A primeira razão diz respeito à **situalização espacial e temporal** da polícia: encontra-se territorialmente implementada a nível nacional e está vinculada ao princípio de funcionamento na prestação do serviço de segurança. Esta situalização não se verifica em muitos mais serviços públicos – podemos apontar o serviço de saúde e de bombeiros, não obstante a lei prever os Tribunais de Turno –, o que facilita

estigmatização (nº 2 do art. 14º da LPC2009). Desiderato este que a LPC2015 tentou manter e que a LPC2017, fortemente securitária no articulado, procurou assegurar através do Anexo, que integra a mesma por força do artigo 17º da LPC2017.

uma política pragmática e eficaz na solução de focos de desordem ou intranquilidade públicas. A segunda entronca na **cultura secular do «papão polícia»**. A ameaça permanente da intervenção policial diária – baseada na lógica da prevenção geral negativa – tem um efeito imediato, mesmo que efémero, sobre o cidadão. Mas esta cultura distorce a idealização constitucional de polícia como serviço público em prol do interesse público [defesa da legalidade democrática, defesa e garantia da segurança interna] no respeito e promoção dos direitos fundamentais dos cidadãos. Esta cultura ainda enraizada na sociedade não é legitimadora da acção da polícia, pois promove o medo da acção preventiva e reactiva (repressiva) e não o respeito pelos valores próprios da vivência humana.

A acção preventiva e reactiva da Polícia, como garante dos direitos dos cidadãos, de todos os direitos (inclusive o direito à segurança) e de todos os cidadãos, não pode funcionar como a *prima et sola ratio* da acção tutelar dos bens jurídicos dignos (ou não) de tutela penal[469]. Não obstante ser um serviço público implementado em todo o território e em funcionamento permanente, denotando presumível eficácia e pragmatismo na vigência inatacável das normas jurídicas, a Polícia, cuja acção é, muitas vezes, restritiva de direitos e liberdades, deve actuar sempre na base de defesa e garantia de todos os direitos dos cidadãos. Desta feita, afirmamos que não se pode atribuir à Polícia o papel principal da resolução de todos os problemas criminógenos baseado na personificação da punição – «papão polícia» –, porque estaremos a deslegitimar a acção da polícia. A busca da segurança tem limites jurídicos, económicos, sociais, culturais e político-criminais: o vector da legitimidade quanto aos meios de que o Estado se pode socorrer para promover um estádio e espaço de liberdade em segurança capaz de vivência harmoniosa da sociedade.

Esta construção ideológico-filosófico-política da acção preventiva e reactiva e acção penal gera a ideia de que a tutela de bens jurídicos só

[469] Acoplamos à ideia de afastamento do direito penal como a *prima et sola ratio* da tutela de bens jurídicos a tese de que a Polícia, não obstante contribuir, diária e permanentemente, para essa tutela por meio da prevenção criminal em sentido amplo, deve actuar, senão depois, ao menos em parceria com outros serviços públicos com competência e atribuições necessárias à tutela dos bens jurídicos dignos ou não de tutela penal.

se efectiva com um reforço ilimitado dos instrumentos preventivos e de precaução de uma acção policial ou judiciária [eficaz e pragmática], baseada na ideia de que os novos riscos, como a ameaça terrorista, a ameaça criminógena da biogenética e da bioquímica, não admitem uma acção *ab initio ad finem* jurisdicional do Estado, enraíza-se no proclamado Direito penal do inimigo e no discurso legitimador das teses do *securitarismo* e do *justicialismo*.

Este cenário faz com que se releve a preocupação de MUÑOZ CONDE, ao afirmar que, após o 11 de Setembro de 2001, o Direito penal, Direito de tutela das garantias e dos direitos fundamentais dos cidadãos, transformou-se em um "Direito penal bélico, um «Direito penal do inimigo» (...), em que as garantias praticamente desapareceram para converter-se exclusivamente em um instrumento que busca a todo o custo a segurança cognitiva, por cima de qualquer outro valor de direito fundamental", regressando-se "ao tempo mais obscuro do Direito penal totalitário"[470]. Esta concepção de Direito penal de guerra impregna a Polícia de uma legitimação enraizada na «demanda da segurança» própria de um Estado de polícia ou autoritário, cuja aceitação pelo «povo» se desmorona no belisco incontrolável dos direitos fundamentais.

A pugna por um Direito penal do inimigo[471], cujos direitos fundamentais cedem face ao incrementar de políticas securitárias ou justicialistas e de etiquetagem do ser humano, enleia o pensar da polícia

[470] FRANCISCO MUÑOZ CONDE, "Prólogo a la Edición española", *in La Ciencia del Derecho Penal ante el Nuevo Milenio*, Valencia: Tirant lo Blanch, 2004, p. 13. Tradução nossa. Trazemos à colação a preocupação e a constatação histórica beccariana de que "Os países e os tempos dos mais atrozes suplícios foram sempre os das mais sangrentas e desumanas acções, pois que o espírito de ferocidade que guiava a mão do legislador era o mesmo que regia a mão do parricida e do sicário". Cfr. CESARE BECCARIA, *Dos Delitos...*, pp. 115-116.

[471] Quanto ao Direito penal do inimigo – sendo este um indivíduo perigoso que não pode estar sujeito ao *direito penal do cidadão* –, GÜNTHER JAKOBS, *Derecho Penal del Enemigo*, 2ª Edição, (Tradução do alemão – *Bürgerstrafrecht und Feindstrafrecht* – de MANUEL CANCIO MELIÁ), Cizur Menor: Thomson/Civitas, 2006, pp. 21-56. Quanto a uma análise profunda sobre o Direito penal substantivo e adjectivo do inimigo, CANCIO MELIÁ e GOMÉZ-JARA DÍEZ (Coord.), *Derecho Penal del Enemigo. El Discurso Penal de la Exclusión*, Madrid/Montevideo: Edisofer s. l. e Editorial B de *f* Ltda., 2006, Volumes 1 e 2, e o nosso *Direito Penal do Inimigo....*, 2ª Edição, pp. 85-124 ou 3ª Edição – Versão Portuguesa, pp. 103-146.

como força colectiva. A Polícia, como face visível da intervenção preventiva e reactiva (repressiva) do Estado, composta por seres humanos, interioriza a mensagem de que há delinquentes para os quais os direitos, liberdades e garantias devem ser restringidos por serem altamente perigosos, cujo direito a aplicar deve ser diferente do Direito penal do cidadão, e pragmatiza esse discurso no exercício da sua actividade jurídico-criminal e jurídico-administrativa preventiva e reactiva (repressiva). A opção por um pensar securitário, em que o Direito penal se instrumentaliza em políticas de segurança, restringe, de modo acutilante, a *liberdade* de todo e qualquer cidadão quer como direito fundamental pessoal quer como princípio da expressão imanente da dignidade da pessoa humana e, por essa razão, como o *mais alto valor da justiça*[472].

A Polícia, que encontra o seu fundamento na defesa e garantia de todos os direitos dos cidadãos[473], não pode autodestruir-se por ofender, nas suas acções diárias, a essência da sua existência em prol de um direito garantia – segurança –, auto aniquilando-se por uma diminuição desmesurada da extensão e do alcance de direitos e de valores fundamentais à [*sobre*]vivência da sociedade: *v. g.*, a vida, a integridade pessoal, a liberdade, a reserva da intimidade da vida privada e familiar, a palavra, a imagem, a honra, em suma os direitos conteúdo da dignidade da pessoa humana[474].

A segurança não pode sobrepor-se ao valor da justiça, que substitui a violência privada e pública (exercida pelo soberano). Não podem as normas jurídicas injustas validamente aprovadas socorrer-se do disposto do nº 2 do art. 8º do CCiv. – «O dever de obediência à lei não pode ser afastado sob o pretexto de ser injusto ... o conteúdo do preceito legislativo» – para não serem materialmente contrariadas quando a injustiça dessa norma é contrária aos padrões jus constitucionais e

[472] HANS KELSEN, *Justiça e o Direito...*, p. 81.

[473] Neste sentido, FRANCISCO ALONSO PÉREZ *et* ALII, *Manual del Policía*, 4ª Edição, Madrid: La Ley, 2004, pp. 17 e ss.

[474] Como afirma CLAUS ROXIN, há limites "à faculdade de intervenção do Estado, que devem proteger o inocente face à perseguições injustas e afectações excessivas da liberdade, e que também devem assegurar ao culpado a salvaguarda de todos os direitos de defesa". Cfr. CLAUS ROXIN, *Derecho Procesal Penal*, (Tradução do alemão – *Strafverfahrensrecht*, 25ª Ed. – de JULIO B. J. MAIER), Buenos Aires: Editores del Puerto s. r. l., 2000, p. 2.

supraconstitucionais regentes do *dever ser*. Este preceito não pode ser a pedra forte de suporte de normas jurídicas que, à nascença, já são injustas e ilegítimas por violação de padrões supralegais, e, por essa razão, se defenda que não se admite a fiscalização da constitucionalidade como forma de desobediência à norma[475].

Os novos riscos não podem funcionar como alavanca de nihilificação dos direitos, liberdades e garantias fundamentais. Não nos podemos esquecer de que as novas (velhas) ameaças, como "o terrorismo internacional de grande envergadura"[476], colocam ao Direito o desafio "de encontrar um novo equilíbrio entre as necessidades da segurança nacional e as do respeito pelos direitos fundamentais"[477]. Este equilíbrio deve ser o fruto da "procura permanente de harmonização das exigências da acção política e administrativa, na prossecução dos interesses gerais, com as exigências de garantia dos cidadãos, na defesa dos direitos e interesses legítimos"[478], criando-se um Direito como

[475] Neste sentido Jorge Bacelar Gouveia, *Manual de Direito Constitucional*, Coimbra: Almedina, 2005, Vol. I, p. 748. Razão pela qual se impõe um juízo de constitucionalidade por parte da APC ou da APOL ou da AP para evitar lesões desnecessárias e irreparáveis de direitos e liberdades fundamentais pessoais. Cf. *infra* §32º.

[476] Cfr. Diogo Freitas do Amaral, *Do 11 de Setembro à Crise do Iraque*, Lisboa: Bertrand Editora, 2003, p. 53.

[477] Cfr. Diogo Freitas do Amaral, *Do 11 de Setembro...*, p. 53. Este equilíbrio emergente da «concordância prática» entre os valores em conflito é o desafio que se exige ao decisor político, ao legislador e ao intérprete e aplicador da lei restritiva de direitos, liberdades e garantias. Impera, neste contexto, as exigências constitucionais consagradas no art. 18º, nº 2 e nº 3 da CRP. Quanto à «concordância prática» no quadro legiferante, Gomes Canotilho, *Direito Constitucional...*, 7ª edição, p. 1225, no quadro jurídico-processual-penal, J. de Figueiredo Dias, *Direito Processual Penal*, (Lições Coligidas por Maria João Antunes), Coimbra, 1988-9, pp. 24-26, e, neste quadro, mas referente à valoração de provas obtidas por conhecimentos fortuitos, Manuel da Costa Andrade, "Sobre o Regime Processual Penal das Escutas Telefónicas", *in RPCC*, Ano I, Fasc. 3, Julho-Setembro, 1997, pp. 405-406, no quadro da acção policial jurídico-administrativo e jurídico-processual-penal, o nosso "Da «concordância Prática» da Actuação Policial", *in Reuniões e Manifestações. Actuação Policial*, Coimbra: Almedina, 2008, pp. 291-298.

[478] Cfr. Diogo Freitas do Amaral, *Do 11 de Setembro...*, p. 53. Quanto aos limites do interesse público a ser prosseguido pela Administração Pública – teoria que se aplica à polícia na prossecução do interesse público «segurança» –, face ao interesse e direito legítimo dos particulares, Diogo Freitas do Amaral, *Curso de Direito Administrativo*, Coimbra: Almedina, 2007, Vol. II, pp. 35-40.

"uma balança de valores"[479] fundadores e legitimadores da actuação judiciária e jurídico-administrativo-policial.

A legitimidade jurídica formal e material e a legitimidade sociológica são, em simultâneo, fundamento e limite da acção jurídico-administrativo-policial e, por conseguinte, deve ser limite das teses securativistas e justicialistas da acção do Estado. A *legitimidade*, a par da *tolerância*, da *justiça* e da *liberdade*, valores que não podem ser eliminados[480], é um *limite imanente* à «demanda da segurança».

[479] Cfr. Diogo Freitas do Amaral, *Do 11 de Setembro...*, p. 52.

[480] Neste sentido e acrescentando-se que a justiça é o valor pelo qual todos os outros valores se reconciliam e se acomodam, Michael J. Sandel, *O Liberalismo...*, p. 40.

Capítulo VI
Dos Princípios da Intervenção da Polícia

Sumário: § 31º Considerações gerais
§ 32º Dos princípios da legalidade e da constitucionalidade
§ 33º Do princípio da proibição do excesso ou da proporcionalidade *lato sensu*
§ 34º Do princípio respeito dos interesses e dos direitos protegidos dos cidadãos
§ 35º Do princípio da prossecução do interesse público
§ 36º Do princípio da boa fé
§ 37º Do princípio da oportunidade da actuação policial
§ 38º Do princípio democrático na actuação da POLÍCIA:
a. Considerações gerais
b. Da actuação da Polícia [autoridades e órgãos de polícia criminal] como realização dos princípios constitucionais
c. Do princípio democrático como princípio de dignidade e de liberdade
d. Da inadmissibilidade de provas como manifestação do princípio democrático
§ 39º Do princípio da lealdade na actuação da POLÍCIA:
a. Considerações gerais
b. Do princípio da lealdade e os métodos proibidos de prova
c. Da actividade policial na administração da justiça e do princípio da lealdade
§ 40º Dos princípios da igualdade e da imparcialidade
§ 41º Do princípio da Justiça

§ 42º Do princípio da "concordância prática" na actuação da POLÍCIA
§ 43º Do Princípio da Liberdade:
a. Considerações genéricas
b. Manifestações do princípio da liberdade na actuação da polícia em geral e dos órgãos de processo penal
α. primado da liberdade individual
β. estrutura do processo
γ. presunção de inocência
δ. princípio do contraditório
ε. princípio da juridicidade
ζ. princípio da lealdade
η. identificação e determinação do objecto do processo
θ. da libertação em caso de detenção ilegal

Fontes: **AMARAL**, DIOGO FREITAS DO *et ALII*, *Código do Procedimento Administrativo Anotado*, 3ª Edição, Coimbra: Almedina, 1997; **AMARAL**, DIOGO FREITAS DO, *Direito Administrativo* – Vol. II, Lisboa, 1988I; "O princípio da justiça no art. 266º da Constituição", in *Estudos de Homenagem ao Prof. Doutor Rogério Soares, Boletim da Faculdade de Direito, Stvdia Ivridica, 61, Ad Honorem – 1*, Coimbra: Coimbra Editora, 2001; **ANDRADE**, JOSÉ VIEIRA DE, *Direitos Fundamentais na Constituição Portuguesa de 1976*, 2ª Edição & 3ª Edição, Coimbra: Almedina, 2001 & 2004; "Interesse Público", i*n Dicionário Jurídico da Administração Pública* – Vol. V, (Director JOSÉ PEDRO FERNANDES), Lisboa, 1993; **ANDRADE**, MANUEL DA COSTA, "Sobre o Regime Processual penal das Escutas Telefónicas", *in RPCC*, Ano I, Fasc. 3º, Julho-Setembro, 1991; "*Bruscamente no Verão Passado", a Reforma do Código de Processo Penal. Observações críticas sobre uma lei que podia e devia ter sido diferente.* Coimbra: Coimbra Editora, 2009; **ARISTÓTELES**, "Do Discurso e do Discurso Jurídico", *in Obra Jurídica*, Porto: Rés-Editora, Colecção Resjurídica; **BANDEIRA DE MELLO**, CELSO ANTÔNIO, *O Conteúdo Jurídico do Princípio da Igualdade*, 3ª Edição – 22ª Tiragem, São paulo: Malheiros Editores Ltda., 2012; **BELEZA**, TEREZA e **ISASCA**, FREDERICO, *Direito Processual Penal – Textos*, Lisboa: AAFDL, 1992; **BELEZA**, TEREZA *et ALII*, *Apontamentos de Direito Processual Penal*, Lisboa: AAFDL, 1995, III Vol.; **BERNAL POLIDO**, CARLOS, *El Principio de la Proporcionalidad y los Derechos Fundamentales*, 3ª Edição, Madrid: Centro de Estudios Políticos y Constitucionales, 2007; **BOBBIO**, NORBERTO, *Teoria Geral da Política. A Filosofia Política e as Lições dos Clássicos*, (Tradução do italiano *Teoria Generale Della Politica* de DANIELA BECCACCIA VERSIANI), 20ª Tiragem, Rio de Janeiro: Elsevier Editora Ltda., 2000; **BOSLY**, HENRY-D. e **VANDERMEERSCH**, DAMIEN, "La loi Belge du 30 juin 1994 relative a la protection de la vie privée contre les écoutes, la prise de connaissance et de telecomunications et de telecomunications privées », *in Revue de Droit Penal et de Criminologie*, 75º Année, Avril 1995 ; **CAETANO**, MARCELLO,

Manual de Direito Administrativo, 7ª Reimpressão da 10ª Edição, Coimbra: Almedina, 2004, Vol. II; **Canaris**, Claus-Wilhelm, *Pensamento Sistemático e Conceito de Sistema na Ciência do Direito*, (Tradução do alemão *Systemdenken und Systembegriff in der Jurisprudenz* de Menezes Cordeiro), 4ª Edição, Lisboa: Fundação Calouste Gulbenkian, 2008; **Canas**, Vitalino, "Princípio da proibição do excesso e a polícia", *in I Colóquio de Segurança Interna* – Tomo I, (Coord. Manuel Monteiro Guedes Valente), Coimbra: Almedina, 2005, e "Princípio da Proporcionalidade", *in Dicionário da Administração Pública* – Vol. VI, (Dirigido por José Pedro Fernandes), Lisboa, 1994; **Canotilho**, Gomes e **Moreira**, Vital, *Constituição da República Portuguesa Anotada*, 3ª Edição, Coimbra: Coimbra Editora, 1993 (e 4ª Edição, 2007, Vol. I); **Canotilho**, Gomes, *Direito Constitucional e Teoria da Constituição*, Coimbra: Almedina, 1999; **Carvalho**, Salo de, *Penas e Medidas de Segurança no Direito Penal Brasileiro*, São Paulo: Editora Saraiva, 2013; **Caupers**, João, *Introdução ao Direito Administrativo*, Lisboa: Âncora Editora, 2000; **Comte-Sponville**, André, *Pequeno Tratado das Grandes Virtudes*, (Tradução do francês *Petit Traité des Grandes Virtus* de Maria Bragança), Lisboa: Editorial Presença, 1995; **Cordeiro**, António Menezes, *Tratado de Direito Civil Português* – I – Parte Geral – Tomo I, 2ª Edição, Coimbra: Almedina, 2000; **Cunha**, José Manuel Damião da, *O Caso Julgado Parcial*, Porto: Publicações da Universidade Católica, 2002; **Dias**, Jorge De Figueiredo e **Andrade**, Manuel da Costa, *Criminologia – O Homem Delinquente e a Sociedade Criminógena*, Reimpressão, Coimbra: Coimbra Editora, 1992; **Dias**, Jorge de Figueiredo, *Direito Processual Penal*, Coimbra: Coimbra Editora, 1981; *Direito Penal Português – As Consequências Jurídicas do Crime*, Lisboa: Aequitas – Editorial Notícias, 1993; *Direito Processual Penal*, (Lições Coligidas por Maria João Antunes), Coimbra: Coimbra Editora, 1988-9; "Do princípio da «objectividade» ao princípio da «lealdade» do comportamento do Ministério Público no Processo Penal", (Anotação ao AC. STJ nº 5/94, Proc. nº 46444), *in Revista de Legislação e Jurisprudência*, Ano 128, nº 3860, 1996; "O Novo Código de Processo Penal", *in* Teresa Beleza e Frederico Isasca (Coord.). *Direito Processual penal – Textos*, Lisboa: AAFDL, 1992; **Duhamel**, Olivier e **Meny**, Yves, *Dictionnaire constitucionnel*, Paris: Puf, 1992; **Esteves**, Maria da Assunção Andrade, *A Constitucionalização do Direito de Resistência*, Lisboa: AAFDL, 1989; **Ferreira**, Manuel Cavaleiro de, *Curso de Processo Penal* – 1º Volume, Lisboa: Edirora Danúbio, Lda., 1986; **Feldens**, Luciano, *A Constituição Penal. A Dupla Face da Proporcionalidade no Controle de Normas Penais*, Porto Alegre: Livraria do Advogado, 2005; *Direitos Fundamentais e Direito Penal – A Constituição Penal* –, 2ª Edição, Porto Alegre: Livraria do Advogado, 2012; **Giacomolli**, Nereu José, *O Devido Processo Penal. Abordagem Conforme a Constituição Federal e o Pacto de São José da Costa Rica. Cases da Corte Interamericana, do Tribunal Europeu e do STF*, São Paulo: Atlas, 2014; **Gomes**, D. António Ferreira, "A sociedade e o Trabalho: Democracia, Sindicalismo, Justiça e Paz", in *Direito e Justiça*, Vol. I, 1980; **Hassemer**, Winfried, *Persona, Mundo y Responsabilidad*, (Tradução de Francisco

MUÑOZ CONDE e de Mª DEL MAR DÍAZ PITA), Valencia: Tirant lo Blanch Alternativa, 1999; **HESPANHA**, ANTÓNIO MANUEL, *O Caleidoscópio do Direito. O Direito e a Justiça Nos Dias de Hoje*, 2ª Edição, reelaborada, Coimbra: Almedina, 2009; **LARENZ**, KARL, *Metodologia da Ciência do Direito*, 3ª Edição, (Tradução do alemão *Methodenlehre der Rechtswissenschaft* de JOSÉ LAMEGO), Lisboa: Fundação Calouste Gulbenkian, 1997; **LISZT**, FRANZ von, *Tratado de Direito Penal* – Tomo II, (Tradução do alemão *Lehrbuch des deutschen Strafrechts* de JOSÉ HIGINO DUARTE PEREIRA), Campinas/SP: Russell, 2003; **LOMBA**, PEDRO, "A Actividade da Polícia como Relação Administrativa", *in Estudos de Direito de Polícia*, (Coordenação de JORGE MIRANDA), Lisboa: AAFDL, 2003, Vol. I; **MAURER**, HARTMUT, *Direito Administrativo Geral*, (Tradução do alemão *Allgemeines Verwaltungsrecht* – 14. *Auflage* de LUÍS AFONSO HECH), S. Paulo: Editora Malone, 2001; **MEDEIROS**, RUI, *A Decisão de Inconstitucionalidade. Os Autores, o Conteúdo e os Efeitos da Decisão de Inconstitucionalidade da Lei*, Lisboa: Edições da UCP, 1998; **MEIREIS**, MANUEL AUGUSTO ALVES, *O Regime das Provas Obtidas pelo Agente Provocador em Processo Penal*, Coimbra: Almedina, 1999; **MEIRELLES**, HELY LOPES, *Direito Administrativo Brasileiro*, 35ª Edição, (actualizada por EURICO DE ANDRADE AZEVEDO, DÉLCIO BALESTERO ALEIXO e JOSÉ EMMANUEL BURLE FILHO), São Paulo: Malheiros Editores Ltda., 2009; **MIRANDA**, JORGE, "O Regime dos Direitos, Liberdades e Garantias", *in Estudos Sobre a Constituição*, Lisboa: Petrony, 1979, 3º Vol.; *Manual de Direito Constitucional* – Tomo IV – *Direitos Fundamentais*, (2ª Edição e 3ª Edição), Coimbra: Coimbra Editora, 1993 e 2000; "Igualdade", *in Dicionário Jurídico da Administração Pública* – Vol. V, (Director JOSÉ PEDRO FERNANDES), Lisboa, 1993; **MOURA**, JOSÉ SOUTO DE, "Inquérito e Instrução", in *Jornadas de Direito Processual Penal. O Novo Código de Processo Penal*, Coimbra: Almedina, 1995; **NEVES**, A. CASTANHEIRA, "O princípio da legalidade criminal", *in Digesta*, Coimbra: Coimbra Editora, 1995, Vol. I; **NOVAIS**, JORGE REIS, *As Restrições aos Direitos Fundamentais não Expressamente Autorizadas pela Constituição*, Coimbra: Coimbra Editora, 2003; **OLIVEIRA**, MÁRIO ESTEVES DE, **GONÇALVES**, PEDRO COSTA e **AMORIM**, J. PACHECO, *Código do Procedimento Administrativo*, Coimbra: Almedina, 1997; **OTERO**, PAULO, *Legalidade e Administração Pública. O Sentido da Vinculação Administrativa à Juridicidade*, Coimbra: Almedina, 2003; **PÉREZ**, FRANCISCO ALONSO, *Medios de Investigación en el Proceso Penal*, 2ª Edição, Madrid: Dykinson, 2003; **PINHEIRO**, ALEXANDRE SOUSA e **FERNANDES**, MÁRIO JOÃO DE BRITO, *Comentário à IV Revisão Constitucional*, Lisboa: AAFDL, 1999; **PINTO**, MARIA DA GLORIA FERREIRA, "Princípio da igualdade – Fórmula vazia ou carregada de sentido?", *in BMJ*, nº 385; **PRADO**, GERALDO, *Prova Penal e Sistema de Controles Epistêmicos. A quebra da cadeia de custódia das provas obtidas por métodos ocultos*, Madrid/Barcelona/Buenos Aires/São Paulo: Marcial Pons, 2014; **PRETO**, ANTÓNIO MARTINEZ VALADAS, "Jurisdição", *in Dicionário Jurídico da Administração Pública* – Vol. V, (Director JOSÉ PEDRO FERNANDES), Lisboa, 1993; **RAWLS**, JOHN, *Uma Teoria para a Justiça*, (Tradução do inglês *A Theory of Justice* de CARLOS PINTO CORREIA), Lisboa: Editorial Presença, 1993; **RO-**

DRIGUES, LAURA ZUÑIGA, *Politica Criminal*, Madrid: Colex, 2001; **SEGORBE**, BEATRIZ e **TRABUCO**, CLÁUDIA, *O Conselho Constitucional Francês*, Coimbra: Quarteto, 2002; **SILVA**, GERMANO MARQUES DA, *Curso de Processo Penal*, Lisboa/São Paulo: Verbo, 1999, Volumes, I, II e III; *Ética Policial e Sociedade Democrática*, Lisboa: Edição do ISCPSI, 2001; "Bufos, Infiltrados, Provocadores e Arrependidos. Os princípios democrático e da lealdade em Processo Penal", *in* TEREZA BELEZA (Coord.), *Apontamentos de Direito Processual Penal* - Volume III, Lisboa: AAFDL, 1995; **SOUSA**, MARCELO REBELO DE, *Lições de Direito Administrativo* - I, Lisboa: Lex, 1999; **SOUSA**, MARCELLO REBELO DE e **MATOS**, ANDRÉ SALGADO DE, *Direito Administrativo Geral – Introdução e Princípios Fundamentais* - Tomo I, Lisboa: Dom Quixote, 2004; **SOUSA**, RABINDRANATH CAPELO DE, *O Direito Geral da Personalidade*, Coimbra: Coimbra Editora, 1995; **TEIXEIRA**, ANTÓNIO BRAZ, *Sentido e Valor do Direito*, 2ª Edição, Lisboa: INCM, 2000; **TOCQUEVILLE**, ALEXIS DE, *Da Democracia na América*, Tradução do francês *De la Démocratie en Amérique* de CARLOS CORREIA MONTEIRO DE OLIVEIRA, S. João do Estoril: Principia, 2002; **VALENTE**, MANUEL MONTEIRO GUEDES, *Do Ministério Público e da Polícia. Prevenção Criminal e Acção Penal como Execução de uma Política Criminal do Ser Humano*, Lisboa: UCE, 2013; "Meios ocultos de Investigação. Contribuição mínima para uma reflexão maior", *in: Boletim IBCCRIM – Publicação do Instituto Brasileiro de Ciências Criminais*. Ano 23 – Nº 274 – setembro de 2015. São Paulo: IBCCRIM, pp. 2-4. ISSN: 1676-3661; "A Investigação Criminal como Motor de Arranque do Processo Penal", in *Polícia Portuguesa*, Ano LXIII, II Série, nº 122, Março/Abril, 2000; *Regime Jurídico do Agente Infiltrado Comentado e Anotado*, (Co-autoria FERNANDO GONÇALVES e MANUEL J. ALVES), Coimbra: Almedina, 2001; *Escutas Telefónicas – Da Excepcionalidade à Vulgaridade*, Coimbra: Almedina, 2004 (1ª Edição) e 2008 (2ª Edição); "Enquadramento Jurídico das Polícias Municipais: Do Quadro Constitucional ao Quadro ordinário", *in Estudos de Homenagem ao Professor Doutor Germano Marques da Silva*, Coimbra: Almedina, 2004; *Consumo de Drogas – Reflexões Sobre o Quadro Legal*, 3ª Edição, Coimbra: Almedina, 2006; *Processo Penal* - Tomo I, Coimbra: Almedina, 2004; "Revistas e Buscas – Que viagem queremos fazer?", *in I Congresso de Processo Penal – Memórias*, Coimbra: Almedina, 2005; **VITORINO**, ANTÓNIO, *Carta dos Direitos Fundamentais da União Europeia*, São João do Estoril: Principia, 2002; **WOLFF**, HANS, **BACHOF**, OTTO e **STOBBER**, ROLF, *Direito Administrativo* - Vol. 1, Traduçaõ do alemão *Verwaltunsrecht*, vol. 1, de ANTÓNIO FRANCISCO DE SOUSA, Lisboa: Fundação Calouste Gulbenkian, 2006; **ZIPPELIUS**, REINHOLD, *Teoria Geral Do Estado*, (Tradução do alemão *Allgemeine Staatslehre* de KARIN PRAEFKE-AIRES COUTINHO), Lisboa: 3ª Edição, Fundação Calouste Gulbenkian, 1997.

§ 31º Considerações gerais

102. Mantemos a sistemática das edições anteriores, com um ajuste doutrinário sobre os princípios desenvolvidos e tidos como orientadores e regentes das actividade policial.

A trilogia, que seguimos na nossa tese de doutoramento e diferente da exposta nas páginas seguintes, assenta em uma lógica sistemática centrada na *prevenção criminal e na acção penal como execução de uma política criminal do ser humano* e, por essa razão, apresentamos nessa obra três grandes princípios *fundamento, fim* e *limite* da acção do Estado de direito material social democrático: *princípio da superioridade ética do Estado* [constitucionalidade, legalidade, boa fé, igualdade (universalidade) e imparcialidade (isenção e objectividade), e prossecução do interesse público]; *princípio da supremacia dos direitos, liberdades e garantias fundamentais pessoais* [direitos, liberdades e garantias fundamentais – fundamento, fim e limite –, proibição do excesso e da proporcionalidade *lato sensu*, concordância prática, justiça e não violência]; e o *princípio da dignidade da pessoa humana* [dignidade humana, democraticidade, lealdade, inadmissibilidade valorativa de provas e liberdade][481].

A Polícia, como face visível da lei e do Estado e rosto da sua natureza, não detém um exercício material do «poder» ilimitado ou arbitrário, mas, contrariamente a muitos momentos da história, está subordinada à Constituição e à lei, em sentido formal e material, e a todo o Direito[482]: princípios gerais do direito, princípios gerais do ramo específico do direito a aplicar, lei formal e material, jurisprudência e doutrina.

[481] Cfr. o nosso *Do Ministério Público e da Polícia. Prevenção Criminal e Acção Penal como Execução de uma Política Criminal do Ser Humano*, Lisboa: UCE, 2013, pp. 381-499.

[482] Quanto a este assunto Diogo Freitas do Amaral *et Alii*, *Código do Procedimento Administrativo Anotado*, 3ª Edição, Coimbra: Almedina, 1997, p. 40, anotação ao art. 3º do CPA, que prescreve a vinculação dos órgãos da Administração à lei e ao direito. É de frisar que o novo CPA, aprovado pelo DL nº 4/2015, de 7 de janeiro, na linha da lei de autorização legislativa Lei nº 42/2014, de 11 de julho, manteve o mesmo conteúdo do nº 1 do artigo 3º do CPA anterior. Cfr. nº 2 do art. 3º da CRP.

Como escreve LARENZ[483], os princípios e subprincípios assumem-se como os "alicerces de um sistema jurídico", dos quais se destacam a legalidade da atividade administrativa, a vinculação do legislador à tutela e respeito de determinados direitos fundamentais, "a independência dos juízes, o direito de acesso à justiça, a proibição de intromissões arbitrárias no *status* jurídico do indivíduo e a proibição da retroactividade de leis desvantajosas".

A POLÍCIA, sistematicamente, enquadrada no Título IX – *Administração Pública* – da Parte III – *Organização do Poder Político* – da Constituição da República Portuguesa, tem de actuar de acordo com os princípios gerais vinculativos da administração pública, consagrados nos artigos 266º e ss. em conjugação com os artigos 1º, 3º, 6º, 9º, do 12º ao 23º, do 24º ao 79º da CRP, cujo estudo pretendemos aprofundar neste capítulo. Acresce que iremos abordar a POLÍCIA na sua tríplice vertente consagrada no art. 272º da CRP: *polícia de ordem e tranquilidade pública* – segurança –, *polícia administrativa* e *polícia judiciária* (OPC).

A Polícia está, *ab initio ad finem*, subordinada ao princípio do Estado de direito como *ideia directiva* de todos os princípios seus integrantes e do sistema jurídico material ao qual se aduzem "os subprincípios e princípios jurídicos gerais concretizadores na sua conjugação plena de sentido, devida justamente à ideia de "Estado de Direito"[484].

Impõe-se que se avoquem os princípios ético-jurídicos da atuação do Estado, *maxime* Polícia, como quesitos teleológico-objectivos da interpretação e em conexão com o desenvolvimento do Direito, *i. e.*, o intérprete e aplicador das normas deve, em muitas situações, abandonar o sistema de normas assente na ideia de *ratio legis* e procurar por detrás da lei a *ratio iuris* para que os princípios se assumam como ideias base de uma justiça material[485].

[483] Cf. KARL LARENZ, *Metodologia da Ciência do Direito*, 3ª Edição, (Tradução do alemão *Methodenlehre der Rechtswissenschaft* de JOSÉ LAMEGO), Lisboa: Fundação Calouste Gulbenkian, 1997, p. 676.

[484] Cf. KARL LARENZ, *Metodologia da Ciência do Direito*, 3ª Edição, p. 676.

[485] Cf. KARL LARENZ, *Metodologia da Ciência do Direito*, 3ª Edição, p. 674 e CLAUS-WILHELM CANARIS, *Pensamento Sistemático e Conceito de Sistema na Ciência do Direito*, (Tradução do alemão *Systemdenken und Systembergriff in der Jurisprudenz* de MENEZES CORDEIRO), 4ª Edição, Lisboa: Fundação Calouste Gulbenkian, 2008, p. 77.

§ 32º Dos princípios da legalidade e da constitucionalidade

103. À POLÍCIA cabe, constitucionalmente, a função de «defesa da legalidade democrática» – nº 1 do art. 272º da CRP –, *i. e.*, garantir o "respeito e cumprimento das leis em geral, naquilo que concerne à vida da colectividade"[486]. Se lhe cumpre tão nobre missão, não pode a mesma apartar-se da legalidade que defende e garante sob pena de se esboroar a legitimidade da sua acção diária, ou seja, a POLÍCIA deve obediência à lei e à Constituição. Desta feita, podemos afirmar que não podemos olvidar o princípio da constitucionalidade ao estudarmos o princípio da legalidade.

No que concerne à obediência ao princípio da legalidade duas questões se levantam: a *dimensão negativa* do princípio da legalidade, *i. e.*, "*princípio da prevalência da lei*"[487] – todos os actos da Polícia têm de se conformar com as leis, sob pena de serem ilegais[488], *i. e.*, o *fundamento* da actuação da Polícia está na Constituição e na lei (legalidade democrática); e a *dimensão positiva* do princípio da legalidade, *i. e.*, "princípio da "*precedência de lei*"[489] – a Polícia só pode intervir de acordo e com base na lei ou com autorização desta[490], *i. e.*, o *limite* da actuação da Polícia está na Constituição e na legalidade democrática.

A Polícia está obrigada a respeitar e a prosseguir todo o bloco da legalidade – que se afirma como *fundamento*, *fim* e *limite* de toda a sua atuação –, cuja dimensão funcional e material incluí a *cláusula geral de polícia*.

[486] GOMES CANOTILHO e VITAL MOREIRA, *Constituição da República Portuguesa Anotada*, 3ª Edição, Coimbra: Coimbra Editora, 1993, p. 955 ou II Volume, 4ª Edição, 2010, p. 859.
[487] GOMES CANOTILHO e VITAL MOREIRA, *Constituição da República...*, 3ª Edição, pp. 922-923 ou II Volume, 4ª Edição, 2010, pp. 797-799. Para uma análise administrativa e doutrinária do princípio da legalidade, HARTMUT MAURER, *Direito Administrativo Geral*, (Tradução do alemão *Allgemeines Verwaltungsrecht* – 14. *Auflage* de LUÍS AFONSO HECH), S. Paulo: Editora Malone, 2001, pp. 121-140.
[488] GOMES CANOTILHO e VITAL MOREIRA, *Constituição da República...*, 3ª Edição, pp. 922-923 ou Vol. II, 4ª Edição, 2010, p. 798-799.
[489] *Ibidem.*
[490] *Ibidem.*

A actuação da polícia sob a égide da *cláusula geral de polícia* não viola o princípio da legalidade nem da constitucionalidade, por se considerar, com JORGE MIRANDA[491] e REIS NOVAIS[492], que a concretização da *cláusula geral de polícia* só é admissível quando ela tem como real essência a afirmação da própria legalidade na tutela de valores – *p. e.*, ordem pública – garantes dos direitos e liberdades fundamentais dos cidadãos[493].

Somos defensores da *cláusula geral de polícia* ou do *princípio da estado de necessidade de intervenção do Estado* sob pena de direitos e liberdades fundamentais dos cidadãos serem delatados por inexistência de tipicidade das medidas e actos de polícia a aplicar ao caso concreto: p. e., a não entrada em residência de uma pessoa idosa, que viva sozinha, sem familiares conhecidos, para averiguar do seu estado de saúde quando os vizinhos afirmam que a mesma havia combinado encontrar-se com eles e, há mais de um ou dois dias, não sabem nada da mesma e nem consegue contactar com a pessoa em causa, sob pena de permanecer morta no interior da residência durante oito anos sem que ninguém tenha conhecimento do facto.

Em causa estão direitos fundamentais pessoais, como a vida e integridade física da pessoa, cujo *estado de necessidade justificante* pode fundamentar a entrada na residência[494].

[491] Cfr. JORGE MIRANDA, *Manual de Direito Constitucional* – Tomo IV – *Direitos Fundamentais*, 3ª Edição, Coimbra: Coimbra Editora, 2000, pp. 299-305.

[492] Cfr. JORGE REIS NOVAIS, *As Restrições aos Direitos Fundamentais Não Expressamente Autorizadas pela Constituição*, Coimbra: Coimbra Editora, 2003, pp. 475-487.

[493] Não falando da *cláusula geral de polícia*, mas enquadrando o seu sentido na teoria do *estado de necessidade*, como "um regime legal excepcional", MARCELO REBELO DE SOUSA, *Lições de Direito Administrativo* – Volume I, Lisboa: Lex, 1999, pp. 88-89.

[494] Quanto a esta matéria o nosso *Do Ministério Público e da Polícia. Prevenção Criminal e Acção Penal como Execução de uma Política Criminal do Ser Humano*. Lisboa: UCE, 2013, pp. 265, 318-320, 341 (737), 398-412. Quanto ao interesse público como *cláusula geral* – "intervenções administrativas em situações de *excepção*, onde surge em concreto e com um alto grau de imperiosidade, de *agressão*, (expropriação, nacionalização, regulamentação), em que aparece contraposto em abstracto a direitos subjectivos dos particulares, de *polícia* (proibições, imposições e respectiva fiscalização e sancionamento), em que assegura o limite da licitude das actuações privadas, ou de *autorização* (nos seus diferentes graus e modalidades), em que exige tipicamente a composição concreta de interesses privados e públicos" –, JOSÉ CARLOS VIEIRA DE ANDRADE, "Interesse Público", *in Dicionário Jurídico da Administração Pública* – Volume V, Lisboa: Editor JOSÉ PEDRO FERNANDES, 1993, p. 281.

104. Quanto à *dimensão positiva* do princípio da legalidade há a questionar se a sua valência é igual na medida e na intensidade para a *polícia coactiva* – principalmente de reposição da ordem e tranquilidade pública ou de repressão criminal – e para a *polícia prestadora de serviços* – *p. e.*, pró-activa ou preventiva no plano criminal e polícia administrativa [escola segura, idosos em segurança, serviço de armas] – e se, como interrogam GOMES CANOTILHO e VITAL MOREIRA, "para este efeito não se deverá considerar como lei a própria Constituição, falando-se a este propósito em *execução imediata ou directa da Constituição*"[495]. A mesma questão se coloca quanto à *polícia protectiva* do cidadão e garantista dos cidadãos de um Estado de direito democrático, que está ao serviço do povo e da Constituição.

No que respeita a esta última questão, há a indagar se a Polícia, que, na sua actividade imediata de funções, acarreta, em regra, uma provável limitação ao exercício de direitos dos cidadãos, está subordinada ao *princípio da constitucionalidade*[496], se executa directamente a Constituição ou se, apenas, deve obediência à lei: que define o interesse público a seguir pela Polícia. Não obstante a concepção constitucional democrática de que a Polícia (enquanto Administração) não está isenta de obediência à lei, a problemática de actuação conforme a Constituição e de afastamento de uma norma legal por ser admissível a sua inconstitucionalidade [orgânica, formal e material] coloca-

[495] GOMES CANOTILHO e VITAL MOREIRA, *Constituição da República...*, 3ª Edição, p. 923 ou Vol. II, 4ª Edição, 2010, p. 797-799 (799).

[496] Quanto a este assunto, GOMES CANOTILHO e VITAL MOREIRA, *Constituição da República...*, 3ª Edição, p. 923 e RUI MEDEIROS, *A Decisão de Inconstitucionalidade. Os Autores, o Conteúdo e os Efeitos da Decisão de Inconstitucionalidade da Lei*, Lisboa: Edições da UCP, 1998, pp. 167 e ss.. Quanto ao sistema francês que não admite o princípio de constitucionalidade, por a lei ser a fonte exclusiva e incontestada do direito, BEATRIZ SEGORBE e CLÁUDIA TRABUCO, *O Conselho Constitucional Francês*, Coimbra: Quarteto, 2002, pp. 61-63. Para CAVALEIRO DE FERREIRA, existia o dever das autoridades públicas – que produzem *actos de poder* – respeitarem e materializarem os preceitos constitucionais por força do art. 18º da CRP, mas a *fiscalização da constitucionalidade* apenas estava atribuída ao Tribunal Constitucional, e encontrava-se limitada aos *diplomas normativos*, beneficiando os cidadãos de um amparo politico através do Provedor de Justiça. A *fiscalização dos actos de poder*, para CAVALEIRO DE FEREIRA, estava adstrita à tutela judicial, melhor, jurisdicional. Cfr. MANUEL CAVALEIRO DE FERREIRA, *Curso de Processo Penal* – 1º Volume, Lisboa: Edirora Danúbio, Lda., 1986, pp. 60-63.

-se quando se situa no plano do art. 18º, nº 1 da CRP: «Os preceitos constitucionais respeitantes aos direitos, liberdades e garantias são **directamente aplicáveis** e **vinculam entidades públicas** e privadas»[497]. Ora vejamos:

α. à polícia cabe garantir os direitos dos cidadãos – nº 1 do art. 272º da CRP – e os preceitos constitucionais referentes a direitos fundamentais aplicam-se directamente e vinculam aquela quer como sua garante quer como sua respeitante – nº 1 do art. 18º da CRP;

β. se surgisse uma lei que permitisse o recurso ao método da provocação para obtenção de prova criminal, levantar-se-ia a questão de saber se a Polícia poderia ou não recorrer a esse método;

γ. se defendermos que a Polícia deve obediência à lei e que não pode interpretar e aplicar a norma em conformidade com a constituição, por se presumir constitucional até a declaração de inconstitucionalidade, a Polícia ao recorrer ao método da provocação para obter provas criminais violaria o prescrito no nº 8 do art. 32º da CRP – situação que condenamos;

δ. mas, se, face ao nº 8 do art. 32º da CRP e considerando que a Polícia podia fiscalizar (difusamente) a constitucionalidade da norma em causa, aquela não só podia como devia recusar aplicar tal método ofensivo dos direitos, liberdades e garantias fundamentais; *i. e.*,

ε. defendemos que, sempre que relativamente a uma norma a interpretar e aplicar pela Polícia, seja suscitada a inconstitucionalidade ou que alguém responsável da Polícia tenha dúvidas objectivas da não constitucionalidade da mesma, a Polícia deve obediência ao princípio da constitucionalidade, *i. e.*, não deve aplicar a norma sob pena de ofender direitos, liberdades e garantias do cidadão e provocar um mal maior do que se não tivesse aplicado a norma (presumidamente) inconstitucional.

Em último recurso, a Polícia tem o dever de interpretar a norma de acordo com a Constituição e aplicar na parte que não fere o espírito constitucional consagrado.

[497] Negrito nosso.

Acresce referir que JORGE MIRANDA[498], não obstante considerar que não cabe à administração fiscalizar a constitucionalidade das normas infraconstitucionais – por existirem "diferentes características da função jurisdicional e da função administrativa" do Estado, assim como por "imperativos de certeza e de segurança jurídica" –, defende que, em certas situações, se deve "deixar à Administração uma margem de não aplicação", em especial nos casos em que estejam em "causa direitos insusceptíveis de suspensão mesmo em estado de sítio (art. 19º, nº 6)" da CRP – vida, integridade física, identidade pessoal, capacidade civil, cidadania, irretroactividade de lei criminal, direito de defesa dos arguidos, liberdade de consciência e de religião. Estamos a falar de alguns direitos fundamentais pessoais que compreendem o núcleo essencial da dignidade da pessoa humana.

Na linha de BACHOF, VIEIRA DE ANDRADE[499] admite que não é possível amarrar a Administração a uma "obediência cega à lei" com uma "presunção absoluta da constitucionalidade" da mesma, sob pena da Administração se resumir a "um poder nulo". Desta feita, VIEIRA DE ANDRADE considera que se deve admitir uma desaplicação de uma norma infraconstitucional por estar ferida de inconstitucionalidade material sempre que estejam em causa direitos, liberdades e garantias fundamentais, em obediência à «teoria da evidência» da inconstitucionalidade e do princípio da Unidade da Constituição.

A Administração está vinculada à lei, mas também está vinculada à aplicabilidade directa dos preceitos constitucionais referentes aos direitos liberdades e garantias fundamentais pessoais por força do

[498] JORGE MIRANDA, *Manual de Direito Constitucional* – Tomo IV – ..., 3ª Edição, pp. 318-319. Na defesa da fiscalização da constitucionalidade pela Administração nas situações apresentadas por JORGE MIRANDA, posição intermédia da doutrina, PAULO OTERO, *Legalidade e Administração Pública. O Sentido da Vinculação Administrativa à Juridicidade*, Coimbra: Almedina, 2003, pp. 667-673 (668), tendo em conta que poder-se-ia concentrar no Governo *poderes sem paralelo em qualquer Estado democrático* – legislativo, executivo e jurisdicional – e transformar em uma "certa inutilidade perante o próprio órgão que tem o primado *de facto* de exercício do poder legislativo e o primado *de iure* de exercício do poder regulamentar" (p. 670).

[499] Cf. JOSÉ CARLOS VIEIRA DE ANDRADE, *Os Direitos Fundamentais na Constituição Portuguesa de 1976*, 2ª Edição, Coimbra: Almedina, 2001, pp. 206-211.

nº 1 do art. 18º da CRP. Impõe-se, como escreve Assunção Esteves[500], uma «concordância prática» entre os valores em jogo, ou seja, uma harmonização[501] entre o *princípio da legalidade* da actividade da Administração e o *princípio da constitucionalidade*, entre o princípio da *separação de poderes* e o princípio da *tutela efectiva dos direitos dos cidadãos*.

É neste múnus que a Polícia intervém, em regra, e, na linha de Düring e Hofmann[502], consideramos que a Polícia deve suspender a aplicação de uma lei inconstitucional materialmente – p. e., aplicação retroactiva de lei penal desfavorável – até que o tribunal Constitucional a declare inconstitucional com força geral obrigatória.

105. Com a devida vénia, consideramos que os pressupostos do *flagrante* e da *manifesta* inconstitucionalidade apontados por Gomes Canotilho e Vital Moreira[503] não consomem toda a problemática, nem solucionam *ex ante* as violações de direitos e liberdades fundamentais pessoais insusceptíveis (de restrição total ou) de suspensão.

Na linha de Rui Medeiros, que defende que o "princípio da subordinação da Administração à Constituição aponta, (...), para o reconhecimento de uma competência administrativa de fiscalização da constitucionalidade das leis e, mais concretamente, para a admissibilidade de um poder administrativo de rejeição das leis inconstitucionais"[504], consideramos que, por um lado, o art. 18º, nº 1 da CRP impõe que qualquer entidade pública – *p. e.*, a Polícia – está vinculada ao respeito dos direitos, liberdades e garantias não só consagradas na Constituição, mas também os consagrados no direito internacional – *ex vi* do art. 16º, nº 2 da CRP – e, por outro, a Polícia, como entidade ou serviço do Estado ao *serviço do povo*, está subordinada à Constituição – *ex vi* do nº 2 do art. 3º da CRP –, *i. e.*, "as normas e princípios hie-

[500] Cf. Maria da Assunção Andrade Esteves, *A Constitucionalização do Direito de Resistência*, Lisboa: AAFDL, 1989, pp. 242-246 (243).

[501] É desta harmonização do tecido jurídico como um todo que fala Salo De Carvalho, *Penas e Medidas de Segurança no Direito Penal Brasileiro*, São Paulo: Editora Saraiva, 2013, p. 298.

[502] Düring e Hofmann *apud* Maria da Assunção Andrade Esteves, *A Constitucionalização do Direito...*, p. 244.

[503] Gomes Canotilho e Vital Moreira, *Constituição da República...*, 3ª Edição, p. 924.

[504] Rui Medeiros, *A Decisão de Inconstitucionalidade...*, p. 167.

rarquicamente superiores da Constituição"[505], pelo que "as actuações administrativas não devem ser inconstitucionais" e "as autoridades administrativas são chamadas a contribuir para a concretização das normas da Lei Fundamental"[506].

Avocamos, como nosso argumento, a posição de HANS WOLFF, OTTO BACHOF e ROLF STOBBER[507], quando escrevem que o Estado de direito material impõe que a Administração – incluindo a Polícia – está vinculada à juridicidade material de modo a promover a *unidade do poder do Estado e da ordem jurídica* sob uma interpretação conforme à Constituição que promova *segurança jurídica* e *igualdade jurídica*, ou seja, o princípio da constitucionalidade e da legalidade da atividade administrativa do Estado implicam o integral "respeito pelo **primado da lei**", incluindo em primeira linha a **Constituição** como **Lei Fundamental** de um Estado democrático de direito.

106. A POLÍCIA desenvolve actos ou promove por iniciativa própria ou por determinação de autoridade [de polícia, administrativa ou judicial] medidas de polícia – medidas puras de polícia (LSI), administrativas[508] ou processuais penais – que devem estar previstas em lei anterior à sua aplicação e que não podem «ser utilizadas para além do necessário», conforme nº 2 do art. 272º conjugado com o nº 2 do art. 18º da CRP[509].

Centremos a discussão na *precedência da lei* e na *tipicidade* das medidas de polícia, *i. e.*, em um Estado de direito democrático não se alvitra a hipótese da polícia poder recorrer a medidas que não estejam previamente tipificadas em lei – pois, com a CRP de 1976 foram afastadas do nosso ideário a atipicidade das medidas de polícia[510] e as medidas de polícia reactivas.

[505] GOMES CANOTILHO e VITAL MOREIRA, *Constituição da República...*, 3ª Edição, p. 922.

[506] RUI MEDEIROS, *A Decisão de Inconstitucionalidade...*, p. 169.

[507] Cfr. HANS WOLFF, OTTO BACHOF e ROLF STOBBER, *Direito Administrativo* – Vol. 1, (Tradução do alemão *Verwaltunsrecht*, vol. 1, de ANTÓNIO FRANCISCO DE SOUSA), Lisboa: Fundação Calouste Gulbenkian, 2006, pp. 433-436 e 441.

[508] Cfr. art. 3º do CPA e art. 1º, nºs 2 e 3 da LSI.

[509] Quanto à proibição do excesso, falaremos no próximo §.

[510] Há, como já referimos, que distinguir *medida de polícia* – acto ou medida preventiva administrativa, dotada de carácter público, que assenta na ideia de perigo e aplicada

Qualquer acto de polícia ou medida de polícia – seja civil, seja administrativa, seja criminal – tem de encontrar "fundamento necessário na lei" e tem de se configurar como "medidas ou procedimentos individualizados e com conteúdo suficientemente definido na lei"[511]. Arrogando-nos da posição de GOMES CANOTILHO e VITAL MOREIRA, pode afirmar-se que:

α. seja um *regulamento geral* emanado de autoridade de polícia – *p. e.*, normas de segurança de acesso a um recinto em que decorrerá um evento durante um ano civil;
β. seja uma *decisão concreta e particular – p. e.*, ordem de cessação de ruído [art. 24º do Regulamento Geral do Ruído], ordem de suspensão de um espectáculo público [art. 33º, nº 2 do DL nº 310/02, de 18 de Dezembro[512]], a suspensão imediata da actividade de segurança privada [nº 1 do art. 53º do DL nº 34/2013, de 16 de Maio, alterado pela Lei nº 46/2019, de 8 de Julho];
γ. seja *medida ou acto coercivo – p. e.*, uso da arma de fogo, detenção para identificação [art. 250º do CPP] ou detenção [art. 254º e ss. do CPP];
δ. seja *acto ou medida operativa de vigilância – p. e.*, vigilância de zonas de tráfico de droga [art. 2º do DL nº 81/95, de 22 de Abril] ou

independentemente da verificação do dano social, da competência de órgãos da Administração dotados de prerrogativas de actividade policial, de controlo jurisdicional posterior, destinada a controlar comportamento individuais perigosos e vinculadas ao fim e à competência – da *medida de segurança* – que assenta na prevenção do perigo, com o intuito de se prevenir ou evitar uma conduta que provoque um dano social e de afastar os indivíduos perigosos da produção desses danos, cuja aplicação é jurisdicional e pertença dos Tribunais. Quanto a este assunto MARCELLO CAETANO, *Manual de Direito Administrativo* – Vol. II, 7ª Reimpressão da 10ª Edição, Coimbra: Almedina, 2004, pp. 1169-1171, PEDRO LOMBA, "A Actividade da Polícia como Relação Administrativa", *in Estudos de Direito de Polícia*, (coordenação de JORGE MIRANDA), Lisboa: AAFDL, 2003, Vol. I, pp. 211-216.

[511] GOMES CANOTILHO e VITAL MOREIRA, *Constituição da República...*, 3ª Edição, p. 956 ou Vol. II, 4ª Edição, 2010, p. 859-861.

[512] Que aprovou o *Regime Jurídico do Licenciamento e Fiscalização pelas Câmaras Municipais de Actividades Cometidas aos Governos Civis*, tendo sido alterado pela Lei nº 105/2015, de 25 de Agosto, pelo Decreto-Lei nº 51/2015, de 13 de abril, pela Lei nº 75/2013, de 12 de Setembro, e pelos Decretos-Lei nº 204/2012, de 29 de Agosto, nº 48/2011, de 01 de Abril, nº 114/2008, de 01 de Julho, nº 9/2007, de 17 de Janeiro, e nº 156/2004, de 30 de Junho.

vigilância de pessoas [*in fine* al. *a*) do nº 1 do art. 28º da LSI, aprovada pela Lei nº 53/2008, de 29 de Agosto].

Qualquer que seja a actuação policial, medida ou acto de polícia, de natureza de segurança interna, administrativa ou pré-processual ou, até mesmo, processual, está sujeita "ao princípio da precedência da lei e da tipicidade legal"[513] e uma interpretação das normas conforme a Constituição.

107. O princípio da legalidade[514], quanto às medidas cautelares e de polícia e os meios de obtenção de prova, impõe que não basta que o meio de obtenção de prova esteja previsto na lei: *p. e.*, artigos 187º a 190º do CPP quanto às escutas telefónicas.

O princípio da legalidade impõe, ainda, como limite orientador e protector dos direitos individuais do cidadão suspeito e terceiro, que o recurso a qualquer uma das medidas cautelares e de polícia – previstas nos artigos 248º e ss. do CPP – ou aos meios de obtenção de prova – *p. e.*, realização das escutas – preencha determinados pressupostos a montante e a jusante, ou seja, «exigências de fundamento e critério» para que cumpra a sua "*função de garantia*, exigida pela ideia de Estado-de-Direito, contra o exercício ilegítimo (político-juridicamente ilegítimo) já abusivo (persecutório e arbitrário), já incontrolável (subtraído à racionalidade jurídico-dogmático e crítico-metodológico) do *ius puniendi*"[515].

A **montante**, o pedido para a prossecução de um meio de obtenção de prova – *p. e.*, busca domiciliária ou a realização de escutas

[513] Gomes Canotilho e Vital Moreira, *Constituição da República...*, 3ª Edição, p. 956 ou Vol. II, 4ª Edição, 2010, pp. 859-861. Pode-se afirmar que o *princípio da legalidade* é, hoje, "o fundamento, o critério e o limite de toda a actividade administrativa", inclusive da polícia, cuja acção se aceita por estado de necessidade interventivo. Diogo Freitas do Amaral *et Alii*, *Código de Procedimento Administrativo...*, 3ª Edição, p. 40.

[514] Como defende Figueiredo Dias, "o princípio da legalidade defende e potencia o efeito de prevenção geral que está e deve continuar ligado não unicamente à pena, mas a toda a administração da justiça penal". Figueiredo Dias, *Direito Processual Penal*, Coimbra: Coimbra Editora, 1981, p. 120.

[515] A. Castanheira Neves, "O princípio da legalidade criminal", *in Digesta*, Coimbra: Coimbra Editora, 1995, Vol. I, p. 353.

telefónicas – efectuado pelo MP a solicitação do OPC deve, por um lado, respeitar a tipicidade substantiva – a suspeita da prática do crime sobre que incide o fundamento da busca ou, em especial, de entre outros requisitos, os crimes que podem ser objecto de escuta telefónica –, por outro, deve respeitar a excepcionalidade e a indispensabilidade do meio em causa, e, ainda, deve fazer referência de que aquele meio de obtenção de prova não só é o meio adequado à prossecução dos fins do processo penal, *maxime* investigação criminal, mas também é o meio necessário e o mais proporcional *stricto sensu* para a prossecução daqueles fins.

A **jusante**, o despacho do juiz, que autoriza ou ordena a realização daquela busca ou da intercepção e gravação de comunicações e conversações telefónicas, deve ser, por um lado, um exame crítico às razões apontadas pelo MP e OPC e, por outro, deve ser fundamentado de facto e de direito[516] de forma que os direitos e liberdades fundamentais dos cidadãos, que tanto suor custou aos nossos antepassados, não estejam à mercê de um deferimento baseado na confiança no solicitante.

A mesma lógica se deve encontrar no âmbito das medidas cautelares e de polícia: a *montante*, o OPC deve fazer um juízo de saber se a medida está tipificada e se, estando tipificada, estão ou não preenchidos os pressupostos ou o conteúdo dessa medida; conquanto a *jusante*, não só a autoridade de polícia criminal (APC), mas o MP ou JIC se impõe na apreciação desse juízo de legalidade para posterior validação – art. 251º, nº 2 e 253º, nº 2 conjugados com o nº 5 do art. 174º do CPP.

[516] Quanto à fundamentação de facto e de direito do requerimento e do despacho de autorização ou de ordem do juiz, veja-se al. *b)* do nº 1 e nº 5º do art. 97º do CPP. No âmbito administrativo, em especial dos actos administrativos praticados pela Polícia, consideramos, com Marcelo R. de Sousa, que o dever de fundamentação expressa e acessível é "essencial para o esclarecimento dos administrados" e apresenta-se como concretização do princípio do respeito pelos direitos e interesses legalmente protegidos dos administrados, sendo que este dever se considera como próximo (comum) "aos direitos subjectivos e aos interesses indirectamente protegidos". Cfr. Marcelo Rebelo de Sousa, *Manual de Direito Administrativo* – Volume I, pp. 427 e 100.

108. A interpretação conforme a Constituição impõe-se como exége normativa infraconstitucional nos Estados de direito material social democráticos, que têm como pilar a dignidade da pessoa humana[517], e assentam a estrutura de Estado em princípios ético-jurídicos incrustados na ordem jurídico-constitucional. Com LARENZ[518], e com CANARIS[519] no quadro da unidade da ordem jurídica, consideramos que toda e qualquer actividade do Estado, em especial da Polícia, deve obediência interpretativa conforme a Constituição.

A residência positivo-normativa de princípios como o princípio da dignidade da pessoa humana, da igualdade, do Estado de direito e do Esatdo social, do Estado democrático, da reserva de constituição, da proporcionalidade *lato sensu*, é a Lei Fundamental[520]. É na Constituição que deve residir a subordinação da interpretação das normas infra-constitucionais, em especial as que restringem os direitos e liberdades fundamentais como as que resultam de leis legitimadoras da actuação policial: *v. g.*, LSI, CPP, RJAM, RJAE.

Esta nossa posição, acompanhando LARENZ e CANARIS [na defesa de um *sistema* jurídico como *unidade da ordem jurídica* que mais não é do que uma *ordem axiológica ou teleológica de princípios gerais de Direito – ratio iuris*[521]], permite que se defenda uma interpretação segundo outros critérios de interpretação, que não contradiga os princípios constitucionais, em detrimento de uma outra interpretação cuja disposição final esteja ferida de inconstitucionalidade material, ou seja, "sempre obtém preferência aquela que melhor concorde com os princípios da Constituição"[522].

É nesta linha que defendemos o *modus operandi* da polícia na identificação dos agentes de infracções contra-ordenacionais[523], por considerarmos que a mesma não contradiz os princípios constitucionais e é aquela que mais se identifica com os princípios da dignidade da pes-

[517] Cfr. art. 1º da CRP, art. 1º da Lei Fundamental alemã, art. 1º da CRFB.

[518] Cfr. KARL LARENZ, *Metodologia da Ciência do Direito*, 3ª Edição, pp. 749-484.

[519] Cfr. CLAUS-WILHELM CANARIS, *Pensamento Sistemático e Conceito...*, 4ª Edição, pp. 66-102.

[520] Cfr. KARL LARENZ, *Metodologia da Ciência do Direito*, 3ª Edição, pp. 749-481.

[521] CLAUS-WILHELM CANARIS, *Pensamento Sistemático e Conceito...*, 4ª Edição, p. 77.

[522] Cf. KARL LARENZ, *Metodologia da Ciência do Direito*, 3ª Edição, p. 480.

[523] Cfr. *infra* ponto η. da al. c. do §45º.

soa humana, da proporcionalidade e da igualdade. A opção pelo crime de *desobediência* p. e p. pelo art. 348º do CP viola não só o princípio da proporcionalidade em sentido lato no corolário da razoabilidade, como o princípio *odiosa sunt restringenda* e, desta feita, o princípio da igualdade e o princípio da dignidade da pessoa humana.

§ 33º Do princípio da proibição do excesso ou da proporcionalidade *lato sensu*

109. O princípio da proibição do excesso ou da proporcionalidade *lato sensu* é um princípio de consolidação do Estado de direito material social e democrático e tem a sua amplitude e essência no plano da legiferação e da hermenêutica jurídica. É um princípio enformador do princípio da legalidade como limite a quaisquer arbitrariedades do poder legislativo, do poder judicial e do poder executivo. Afirma-se como princípio densificador da dignidade da pessoa humana[524-525].

[524] Para um estudo aprofundado sobre o princípio da proporcionalidade como garante dos direitos fundamentais, Carlos Bernal Polido, *El Principio de la Proporcionalidad y los Derechos Fundamentales*, 3ª Edição, Madrid: Centro de Estudios Politicos y Constitucionales, 2007 e Luciano Feldens, *A Constituição Penal. A Dupla face da Proporcionalidade no Controle de Normas Penais*, Porto Alegre: Livraria do Advogado, 2005, pp. 155-210 e *Direitos Fundamentais e Direito Penal – A Constituição Penal –*, 2ª Edição, Porto Alegre: Livraria do Advogado, 2012, pp. 149-170.

[525] Afastamo-nos da *tese limitativa da proporcionalidade e da necessidade* de Lerche, por considerarmos que Lerche tem uma posição de proporcionalidade que mais não é do que a proporcionalidade em sentido restrito ou a razoabilidade. Cfr. Lerche *apud* Karl Larenz, *Metodologia da Ciência do Direito*, 3ª Edição, pp. 684-685.

O princípio da proporcionalidade *lato sensu* ou da proibição do excesso[526-527], no que concerne à POLÍCIA (*maxime* OPC), reparte-se nos seus corolários directos – adequação, necessidade e exigibilidade, proporcionalidade *stricto sensu* ou razoabilidade – e nos corolários indirectos – subsidiariedade e indispensabilidade.

É um princípio de consagração constitucional no art. 18º, nº 2, no art. 266º, nº 2 e art. 272º, nº 2 da CRP. Cumpre afirmar, na esteira de GOMES CANOTILHO e VITAL MOREIRA, que o princípio da proibição do excesso é um princípio conglobado e integrado do Estado de direito democrático[528], cuja materialização ultrapassa a visão abstracta e formal e se enraíza na própria aplicabilidade concreta da norma. É um princípio garante das liberdades fundamentais[529] que as polícias têm de respeitar e promover na aplicação de normas restritivas.

Os pressupostos da proporcionalidade *lato sensu* prescritos para a *lege ferenda* devem, também, verificar-se e materializar-se na interpretação e aplicação da norma sempre que em causa se possa restringir ou coarctar direitos, liberdades e garantias dos cidadãos, *i. e.*, o art. 18º, nº 2 da CRP deve verificar-se sempre na operacionalização da lei ad-

[526] Quanto ao princípio da proporcionalidade VITALINO CANAS, "Princípio da proibição do excesso e a polícia", *in I Colóquio de Segurança Interna*, Coimbra: Almedina, pp. 185-211, e "Princípio da Proporcionalidade", *in Dicionário da Administração Pública* – Vol. VI, e LAURA ZUÑIGA RODRIGUES, *Politica Criminal*, Madrid: Colex, pp. 58-63. Quanto ao princípio da proporcionalidade *lato sensu* no âmbito do recurso às escutas telefónicas, o nosso *Escutas Telefónicas – Da Excepcionalidade à Vulgaridade*, Coimbra: Almedina, 2004, pp. 53-54, MANUEL DA COSTA ANDRADE, ""*Sobre o Regime Processual Penal das Escutas Telefónicas*", *in RPCC*, Ano I, Fasc. 3º, Julho-Setembro, 1991, pp. 386 e ss., FRANCISCO ALONSO PÉREZ, *Medios de Investigación en el Proceso Penal*, 2ª Edição, Madrid: Dykinson, 2003, pp. 404 a 406, HENRY-D. BOSLY e DAMIEN VANDERMEERSCH, "La Loi Belge du 30 juin 1994 relative a la protection de la vie privée contre les écoutes, la prise de connaissance et de telecomunications et de telecomunications privées", *in Revue de Droit Penal et de Criminologie (RDPC)*, 75º Année, Avril 1995, pp. 319-322.

[527] Para um melhor aprofundamento do princípio da proporcionalidade como corolário do magno princípio da supremacia dos direitos, liberdades e garantias fundamentais, integrado na trilogia fundamento, fim e limite, o nosso *Do Ministério Público e da Polícia...*, pp. 381-499.

[528] GOMES CANOTILHO e VITAL MOREIRA, *Constituição da República...*, 4ª Edição, Vol. I, p. 205.

[529] Cfr. CARLOS BERNAL POLIDO, *El Principio de la Proporcionalidad...*, 3ª Edição, pp. 281-292.

ministrativa – conforme art. 7º, nº 2, conjugado com o nº 2 do art. 3º do CPA – criminal – conforme se afere de vários preceitos materiais e processuais (art. 40º do CP e art. 191º do CPP).

110. O dever da actividade da Polícia se limitar ao estritamente necessário e mostrar-se apta para o efeito retira-se do nº 2 do art. 272º, do nº 2 do art. 266º e da 2ª parte do nº 2 do art. 18º da CRP, que consiste no princípio da proporcionalidade ou princípio da proibição do excesso, que tem como corolários:

α. O *princípio da adequação, i. e.*, as medidas restritivas legalmente previstas devem revelar-se como *meio* adequado para a prossecução dos *fins* visados pela lei[530], salvaguardando-se outros direitos ou bens jurídicos constitucionalmente protegidos – *p. e.*, a ordem de cessação de ruído de vizinhança [art. 24º do Regulamento Geral do Ruído] deve ser adequada ao fim geral que é permitir o gozo e o exercício do direito ao descanso e sossego.

β. O *princípio da exigibilidade ou da necessidade*, ou seja, as medidas restritivas previstas na lei devem revelar-se necessárias, melhor, devem ser exigíveis na medida em que essas medidas nunca devem transpor as exigências do fins de prossecução do interesse a tutelar [*a fortiori* art. 29º, nº 2 da DUDH], porque são o meio mais eficaz e menos oneroso para os restantes direitos, liberdades e garantias – a ordem de cessação de ruído de vizinhança pode ser exigível devido à hora em que o mesmo ocorre.
Importa, desde já frisar, que não olvidamos a *subsidiariedade* como corolário da *necessidade* e a *indispensabilidade* como corolário da *exigibilidade*, a cujo estudo voltaremos no tempo certo.

γ. O *princípio da proporcionalidade em sentido restrito* ou da *razoabilidade*[531], *i. e.*, as medidas ou os meios legais restritivos e os fins

[530] No sentido do *meio idóneo* a alcançar o *fim* imediato e mediato ou no plano da "*relação de adequação medida-fim*" no quadro do Direito penal e constitucional, LUCIANO FELDENS, *A Constituição Penal...*, pp. 162-163.

[531] Neste sentido MARCELO REBELO DE SOUSA e ANDRÉ SALGADO DE MATOS, *Direito Administrativo Geral – Introdução e Princípios Fundamentais* – Tomo I, Lisboa: Dom Quixote, 2004, p. 207.

obtidos situam-se em uma justa e proporcionada medida, impedindo-se a adopção de medidas legais – formais e materiais – restritivas desproporcionadas, excessivas, em relação aos fins obtidos[532] – *i. e.*, a ordem de cessação do ruído é menos gravoso para o cidadão advertido do que proceder de imediato à autuação prevista na al. *g*) do nº 1 do art. 28º do respectivo Regulamento ou a autoridade policial procede, primeiramente, à notificação do proprietário ou possuidor da viatura, cujo alarme esteja accionado, antes da ordem a remoção da mesma, se aquela medida for razoável para repôr o bem-estar dos cidadãos, como se retira do nº 2 do art. 23º do RGR pois, se o proprietário do veículo for contactado no prazo de vinte minutos para desligar o alarme não se afigura conforme aos princípios da legalidade material e ao direito proceder à remoção do mesmo. O art. 18º da CEDH e o art. 30º da Convenção Interamericana estipulam que as restrições devem ater-se aos fins em nome dos quais são estabelecidas ou permitidas, devendo as mesmas apenas ser adoptadas se esses fins não puderem ser alcançados por meio de medidas menos gravosas[533].

Do exposto e em termos gerais, podemos afirmar que o princípio da proporcionalidade é um "princípio informador e conformador da actividade"[534] da Polícia, desde logo por na desenvoltura das medidas de polícia não puderem «ser utilizadas para além do necessário» – *ex vi* da parte final do nº 2 do art. 272º da CRP – ou só puderem afectar os direitos subjectivos ou interesses legalmente protegidos «em termos adequados e proporcionais aos objectivos a realizar» – *ex vi* do nº 2 do art. 7º do CPA –, ou seja, deverem obedecer aos "requisitos da neces-

[532] Neste sentido Gomes Canotilho e Vital Moreira, *Constituição da República...*, 4ª Edição, Vol. I, p. 393 e Jorge Miranda, "O Regime dos Direitos, Liberdades e Garantias", *in Estudos Sobre a Constituição*, Lisboa: Petrony, 1979, 3º Vol., p. 82 e *Manual de Direito Constitucional* – Tomo IV – *Direitos Fundamentais*, (2ª Edição), Coimbra: Coimbra Editora, p. 307.

[533] Jorge Miranda, *Manual de Direito Constitucional* – Tomo IV – ..., (2ª Edição), p. 307.

[534] Gomes Canotilho e Vital Moreira, *Constituição da República...*, 3ª Edição, p. 924 ou Vol. II, 4ª Edição, 2010, p. 801.

sidade, da exigibilidade e da proporcionalidade"[535] face à possível lesão de direitos, liberdades e garantias do cidadão.

111. O freio ao arbítrio ou ao abusivo recurso às medidas de polícia – sejam de segurança interna [*p. e.*, identificação de pessoas que circulem em locais sujeitos a vigilância *ex vi* da al. *a*) do nº 1 do art. 28º da LSI], sejam administrativas [*p. e.*, suspensão de um espectáculo *ex vi* art. 33º, nº 2 do DL nº 310/02, de 18 de Dezembro], sejam criminais [*p. e.*, a apreensão de bens suspeito de terem servido para a prática de um crime, *ex vi* al. *c*) do nº 2 do art. 249º conjugado com o nº 4 do art. 178º do CPP] – pode aferir-se, desde logo, da verificação ou não dos pressupostos consteladores do princípio da proporcionalidade *lato sensu*.

Mais, quanto aos meios de obtenção de prova mais gravosos – como por exemplo, o recurso às buscas domiciliárias, à apreensão de correspondência, às escutas e/ou ao agente infiltrado – aquele freio deve, desde logo, verificar-se no momento da solicitação – requerimento – e, consequentemente, no momento da autorização ou da ordem de realização desses meios[536].

Se a verdade facto-pessoal já estiver descoberta e se houver prova suficiente para acusar ou não acusar ou para pronunciar ou não pronunciar, a diligência não reveste qualquer interesse judiciário. Tendo em conta que, da actividade de Polícia pode resultar restrições de direitos e liberdades fundamentais dos cidadãos, os meios de obtenção de prova, as medidas cautelares e de polícia e as medidas administrativas devem obediência ao princípio da proporcionalidade *lato sensu* ou da proibição do excesso. Veja-se a seguinte exposição.

α. A decisão pela solicitação – primeira triagem do MP – de autorização para realização de determinados meios de obtenção de prova e o sequente despacho de autorização ou ordem do juiz

[535] *Ibidem.*

[536] No caso das escutas telefónicas devem verificar-se as razões de crença de que a diligência é «indispensável para a descoberta da verdade ou que a prova seria, de outra forma, impossível ou muito difícil de obter», *ex vi* da parte final do nº 1 do art. 187º do CPP. Quanto ao regime jurídico das escutas telefónicas, o nosso *Escutas Telefónicas. Da Excepcionalidade à Vulgaridade*, 2ª Edição, Coimbra: Almedina, 2008.

deve fundar-se em pressupostos de *adequação* do meio de obtenção de provas reais e pessoais para o caso concreto, *i. e.*, para a prossecução dos fins visados na prevenção e investigação do facto delituoso *sub judice*, e não em abstracto, e das próprias finalidades do porcesso penal de estrutura acusatória como o português.

Se o MP, após o estudo criterioso das circunstâncias factuais apresentadas pelo OPC detentor do processo, considerar que com a realização de uma busca domiciliária se atingem os mesmos objectivos – descoberta e recolha de prova real e contacto e localização de prova pessoal – que se atingiriam com a realização *p. e.* de uma escuta telefónica, não deve solicitar a realização desta ao JIC, mas antes a autorização para proceder a uma busca domiciliária, por *ser adequada aos fins do processo.*

Por maioria de razão se impõe, a montante, o mesmo raciocínio à APC que solicita a realização do meio de obtenção de prova e, a jusante, ao juiz que cabe decidir sobre a solicitação.

O mesmo raciocínio se impõe no campo das *medidas cautelares e de polícia*: a apreensão de bens ilícitos ou a identificação de testemunhas de um crime devem ser adequadas aos fins do processo penal em geral e do processo *sub judice*, ou seja, se outras medidas se mostrarem mais adequadas [*p. e.*, detenção para identificação, *ex vi* da al. *g*) do nº 3 do art. 27º da CRP e do art. 250º do CPP, ou a realização de revista ou de busca não domiciliária, nos termos do nº 1 do art. 251º do CPP], aquelas devem ser afastadas.

Este pensamento aplica-se no plano das *medidas administrativas*: se o controlo electrónico à entrada de um recinto desportivo se mostrar adequado, não se deve efectuar a revista manual e de tacto no corpo das pessoas[537]. E, ainda, no campo das *medidas de*

[537] Não olvidamos que a revista electrónica não detecta pedras, bolas de golfe ou pacotes de sumo, de leite ou garrafas de água, que podem ser usadas como arma de arremesso. Quanto aos procedimentos na entrada dos recintos desportivos, no que concerne à revista de segurança e de prevenção, art. 25º do Decreto-Lei nº 39/2009, de 30 de Julho, alterado pela Lei nº 52/2013, de 25 de Julho, e pelo DL nº 114/2011, de 30 de Novembro, e *infra* §§ 98º a 101º.

polícia stricto sensu: se a identificação se mostrar adequada a assegurar os bens jurídicos vitais dos cidadãos que se deslocam a um recinto desportivo [al. *a*) do nº 1 do art. 28º da LSI] não devem as autoridades policiais determinar a interdição das pessoas violando o *ius ambulandi* [al. *c*) do nº 1 do art. 28º da LSI].

β. A *exigibilidade e/ou necessidade* do meio de obtenção de prova impõe-se quer em uma perspectiva material quer em uma perspectiva filosófico-jurídica. Ora vejamos com o exemplo da realização das escutas telefónicas.

A prossecução daquelas não se esgota em um olhar de eficácia, de eficiência e/ou economia processual e, ainda, de celeridade processual, pois as *finalidades* do processo penal[538] – realização da justiça e descoberta da verdade, protecção dos direitos fundamentais, restabelecimento da paz jurídica e "concordância prática" – não podem ser examinados isoladamente, por serem uma estrutura maciça de um todo, que se entrelaça e se interliga, cujas decisões se devem co-ponderar para que uma finalidade não se absolutize e aniquile a(s) outra(s).

Como afirma W. HASSEMER, "um míope entendimento do que se considera hoje como um direito penal eficaz pode ser, mais tarde, contraproducente"[539], ou seja, uma construção míope do direito policial, dotando as polícias de instrumentos cujas *exigibilidade* e *necessidade* são questionáveis, por não se apurarem as verdadeiras razões da não operacionalidade dos instutos jurídicos existentes, pode-nos conduzir a um resultado de maior desequilíbrio e de abusos de poder incontroláveis ou de difícil controlo hierárquico interno e externo (administrativo e judicial). A *história da humanidade demonstra que o reforço dos poderes materiais das polícias* gera não mais segurança e liberdade, mas antes *maiores violações dos direitos e liberdades fundamentais*[540].

538 FIGUEIREDO DIAS, *Direito Processual...*, (1989), pp. 20 a 26.

539 WINFRIED HASSEMER, *Persona, mundo y responsabilidad (...)*, p. 95.

540 Quanto a esta situação conceptual para a qual alertamos e tendo por base a teoria da *janela partida*, EDGARDO ROTMAN, "O conceito de prevenção do crime", *in RPCC*, Coimbra: Coimbra Editora, Ano 8º, Fasc. 3º, 1998, pp. 319-371.

Acresce que os pressupostos de eficácia e eficiência no 'combate' ao crime preenchem o ideário ilustrativo da política de segurança e afastam-se da estratégia de uma política criminal direccionada para a prevenção criminal *lato sensu*: prevenção criminal nos sentidos de vigilância e *stricto sensu* do nº 3 art. 272º da CRP; e prevenção geral – negativa e positiva – e prevenção especial – negativa e positiva – do direito punitivo.

Absorvidos por este sentido de retracção à reacção contra o medo com medidas de investigação preventivas coactivas, a decisão quer pela solicitação pela APC, quer pelo MP quer do despacho de autorização ou ordem do juiz obriga a que aqueles façam um juízo valorativo da necessidade ou exigibilidade da realização das escutas telefónicas não em abstracto, mas *in casu concreto*. Se os fins da escuta se alcançarem com a realização de uma busca e respectiva apreensão de bens ilícitos, aquela mostrar-se-á desnecessária e inexigível.

No plano das medidas cautelares e de polícia, a *exigibilidade* e a *necessidade* da medida tem de se verificar – *p. e.*, a apreensão dos bens ilícitos *ex vi* da al. *c*) do nº 2 do art. 249º do CPP deve mostrar-se necessária e exigível para a preservação da prova real – e, no plano das medidas administrativas, preventivas e sancionatórias, também se impõe o mesmo raciocínio – *i. e.*, a revista electrónica [de segurança e preventiva] não pode ser arbitrária no sentido de estar à mercê do elemento que a efectua, mas deve ser exigível face ao risco de afectação da segurança que o evento acarreta, ou o bloqueamento da viatura, por não pagamento da taxa, previsto no art. 164º, nº 1, al. *a*) em conjugação com o art. 163º, nº 1, al. *c*) por infracção ao art. 71º, nº 1, al. *d*) do CE, quando a aplicação da coima prevista na al. *a*) do nº 2 do art. 71º do CE for não só adequada, como suficiente para a reposição da ordem jurídica.

Esta posição afere-se do prescrito no nº 3 do art. 163º do CE quando o legislador estipulou que "as autoridades competentes para fiscalização *podem* bloquear o veículo". O legislador não utilizou o presente do indicativo "bloqueam", mas optou por dar espaço hermenêutico às autoridades competentes que se constroi em obediência à *exigibilidade* e *necessidade* do bloqueamento.

Esta nem existe quando o parquímetro adstrito ao parque estiver com avaria técnica, caso o façam, as autoridades abusam dos poderes de que estão investidos e podem incorrer no crime de abuso de poder, p. e p. pelo art. 382º do CP.

γ. Há, ainda, a referir a verificação do princípio da proporcionalidade *stricto sensu*, designado também por razoabilidade ou por princípio da *justa medida*[541], que consigna, por seu turno e tendo em conta o mesmo exemplo da escuta, que a solicitação ou a decisão de autorização ou de ordem de realização das escutas telefónicas emirja, como meio legal de investigação criminal que afecta, directa e indirectamente, direitos fundamentais do cidadão suspeito e do cidadão terceiro, de uma justa e proporcional ponderação entre o meio em si mesmo e os fins almejados, *i. e.*, tem de se verificar uma proporcionalidade quanto às finalidades do processo *sub judice* – quer de prevenção quer de investigação criminal – e quanto à gravidade do crime em investigação ou a investigar[542]. Pressupostos estes de verificação cumulativa por parte da APC, do MP e do JIC.

A *medida cautelar e de polícia* tem de ser a menos onerosa para os direitos, liberdades e garantias do cidadão tendo em conta os fins do processo crime – a detenção para identificação afigura-se menos onerosa do que a detenção para apresentação imediata ao juiz. Do mesmo modo devemos optar por uma *medida administrativa* menos onerosa para aqueles direitos a revista de segurança electrónica é menos onerosa do que a pessoa estar sujeita à apalpação de outrem, *i. e.*, à revista manual e de tacto que restringe a integridade da pessoa e a própria intimidade pessoal.

O recurso a *medidas de polícia no âmbito de segurança interna* obedece aos princípios de *necessidade* e *exigibilidade* [nº 2 do art. 2º e art. 30º da LSI] para protecção dos bens jurídicos e na prevenção dos crimes estipulados no nº 3 do art. 1º da LSI, sob pena das

[541] Cfr. LUCIANO FELDENS, *A Constituição Penal...*, p. 166.

[542] Quanto à proporcionalidade *stricto sensu* no recurso a meios de obtenção de prova, o nosso *Regime Jurídico do Agente Infiltrado Comentado e Anotado*, (co-autoria FERNANDO GONÇALVES e MANUEL JOÃO ALVES), Coimbra: Almedina, 2001, p. 83.

Autoridades de Polícia e Agentes de Polícia incorrerem em prática de um crime previsto na ordem jurídico-criminal. O recurso às medidas previstas nos artigos 28º e 29º da LSI tem de ser *exigível* e *necessário* para os fins da actividade de segurança interna, estipulados nos nºs 2 e 3 do artigo 1º do mesmo diploma.

δ. Acresce, apesar de filho ilegítimo do princípio da proporcionalidade, mas legítimo do princípio da exigibilidade ou da necessidade, falar do princípio da *subsidiariedade*[543], que deve pesar na decisão de quem solicita (APC e/ou MP) e de quem decide (JIC) pelo despacho de autorização ou de ordem à realização de meios de obtenção de prova.

Ousando designá-lo de princípio da escadaria ascendente, como já referimos, e tendo em conta o exemplo da escuta telefónica, a APC só deve solicitar ao MP e, consequentemente, este ao JIC a realização das escutas se os meios de obtenção de prova menos gravosos – exame, revistas, buscas, apreensões e posteriores exames periciais aos objectos apreendidos (*p. e.*, a um documento, a uma carta para verificação de caligrafia, a dactiloscopia, ...) – não forem os adequados, os necessários e proporcionais *stricto sensu* para a concretização das finalidades do processo – quer inculpem quer absolvam.

A subsidiariedade deve verificar-se desde logo na aplicação de *medidas cautelares e de polícia* – pois, se o OPC considerar que a

[543] Quanto a este assunto, Figueiredo Dias, *Direito Penal Português – As Consequências do Jurídicas Crime*, Lisboa: Aequitas – Editorial Notícias, 1993, p. 446, § 705. No âmbito das escutas telefónicas, Manuel Da Costa Andrade, "Sobre o Regime Processual Penal...", *in RPCC*, pp. 387, Bosly e Vandermeersch, "La Loi Belge...", *in RDPC*, pp. 322 e 323. Luciano Feldens considera este princípio como sinónimo do critério de necessidade e de intervenção mínima do Direito penal. Cfr. Luciano Feldens, *A Constituição Penal...*, pp. 163-166.

O princípio da *subsidiariedade* de que falamos, apesar de beber a filosofia e a teleologia no princípio da subsidiariedade da actuação/relação do Estado face ao cidadão próprio da organização dos serviços e órgãos, não se confunde com o mesmo, como se preconiza no âmbito das polícias municipais [Cfr. os nossos "Enquadramento Jurídico das Polícias Municipais: Do Quadro Constitucional ao Quadro ordinário", *in Estudos de Homenagem ao Professor Doutor Germano Marques da Silva*, Coimbra: Almedina, 2004, pp. 249-278, e *Consumo de Drogas – Reflexões Sobre o Quadro Legal*, 3ª Edição, Coimbra: Almedina, 2014, pp. 91-93].

identificação do suspeito da prática de crime no local for suficiente para a preservação dos meios de prova pessoal, não deve deter o suspeito para identificação – e na aplicação das *medidas administrativas* – se o simples aviso ao proprietário do veículo cujo alarme não se desliga automaticamente for suficiente para impedir o desassossego instalado, a polícia não deve ordenar a remoção do veículo[544].

A opção para aplicação de qualquer uma das *medidas de polícia de segurança interna* tem de ser após um juízo (mesmo que mínimo) de *subsidiariedade* sob pena de infracção criminal: se a opção pela interdição temporária de circulação ou de acesso for suficiente para a prossecução dos fins de segurança interna, não deve a Autoridade de Polícia determinar aos Agentes de Polícia que efectuem revistas e buscas previstas na al. *a*) do art. 29º da LSI. Decisão contrária viola o princípio da *subsidiariedade* a par dos demais corolários do princípio da proibição do excesso.

ε. O corolário da *indispensabilidade*[545] entronca no princípio da exigibilidade da actividade ou actuação em concreto da polícia. Este princípio regente da actividade persecutória do Estado dotado de *ius puniendi* tem relevância nos meios ocultos de investigação criminal[546], sendo que o legislador português prescreveu-o no nº 1 do art. 187º do CPP ao estipular que o recurso ao meio de obtenção de prova intercepção e gravação de comunicações –

[544] Quanto a este assunto art. 23º do Regulamento Geral do Ruído. A não remoção do veículo não afasta o levantamento do respectivo auto de notícia para posterior (apreciação) procedimento administrativo e futura decisão de aplicação de coima pela prática de uma contra-ordenação leve – al. *g*) do nº 1 do art. 28º do RGR. Não obstante a observância do princípio da legalidade, não está afastada a possibilidade da materialização do princípio da oportunidade, de que falaremos mais à frente.

[545] Para mais desenvolvimentos dogmáticos, o nosso *Do Ministério Público e da Polícia...*, pp. 448-452.

[546] Quanto aos meios ocultos de obtenção de prova – investigação criminal –, o nosso "Meios ocultos de Investigação. Contribuição mínima para uma reflexão maior", *in: Boletim IBCCRIM – Publicação do Instituto Brasileiro de Ciências Criminais.* Ano 23 – Nº 274 – setembro de 2015. São Paulo: IBCCRIM, pp. 2-4. ISSN: 1676-3661, e Manuel da Costa Andrade, *"Bruscamente no Verão Passado", a Reforma do Código de processo penal. Observações críticas sobre uma lei que podia e devia ter sido diferente.* Coimbra: Coimbra Editora, 2009, pp. 106 e ss.

vulgo escuta telefónica –, a par de outros pressupostos, exige-se a fundamentação da *indispensabilidade* deste *meio* para o *fim descoberta da verdade* sob pena do JIC não autorizar o recurso a este meio de obtenção.
Consideramos que devem revestir esta axiologia dogmática processual penal do princípio da indispensabilidade todos os meios intrusivos e ocultos de investigação criminal: *v. g.*, a busca domiciliária em flagrante delito, a apreensão de correspondência, o registo de voz (*off*) e imagem, o recurso ao agente infiltrado, a intrusão nos sistema informático ou as buscas informáticas e electrónicas, monitorização do fluxo digital e tráfego de dados, monitorização do GPS, IMEI, ID, IP (etc.).

§ 34º Do princípio do respeito dos direitos e interesses legalmente protegidos dos cidadãos

112. A actividade de Polícia colide, na maior parte das situações, com os direitos e interesses dos cidadãos – quer direitos subjectivos clássicos quer os demais direitos substantivos, processuais e procedimentais. Releva, claramente, a posição que o cidadão ocupa, nos nossos dias de democracia, quando a actuação se centra no plano administrativo preventivo e punitivo e no plano criminal, assim como no plano de segurança interna.

A doutrina tem cuidado em clarificar o conteúdo e o alcance da expressão constitucional «direito e interesse legalmente protegido». O debate sobre o alcance desta expressão de consagração constitucional tem colocado em cima da mesa a ideia de que a *prossecução do interesse público não é ilimitada*, mas tem como barreira o *direito e interesse legalmente protegido*[547]. A discussão congloba o espaço material (substantivo) e o espaço procedimental dos administrados (particulares).

[547] Cfr. Diogo Freitas do Amaral, *Direito Administrativo* – Volume II, Lisboa, 1988, pp. 81-82. Demonstração desta dialéctica e da ideia de debate sobre os sentido deste princípio constitucional no quadro administrativo – material e procedimental –, Raquel Carvalho, *O Direito à Informação Administrativa Procedimental*, Porto: Publicações Universidade Católica, 1999, pp. 98-111 e toda a bibliografia referenciada.

VASCO PEREIRA DA SILVA[548] defende que a diferenciação entre *direito subjectivo* e *interesse legítimo* se esgota numa questão de uma maior ou menor amplitude de conteúdo de cada uma das categorias, porque são "duas formas de designar a posição jurídico-subjectiva dos privados perante a Administração Pública, às quais corresponde sempre o mesmo regime jurídico". Para este Autor o direito subjectivo e o interesse legítimo têm o mesmo tratamento jurídico e a amplitude afere-se da "concreta relação jurídico-administrativa estabelecida entre o particular e a Administração e da interpretação das normas jurídicas aplicáveis".

A questão já fora debatida por LARENZ[549], que considera que estamos perante o "princípio de uma tutela acrescida dos «direitos subjectivos» e da tutela indirecta de bens" que subjazem às próprias regulações legais.

É direito subjectivo e consequente interesse legítimo (imediato ou mediato) o particular exigir à POLÍCIA que intervenha independentemente de ser ou não lesado por uma acção humana negativa[550]. O particular tem o *direito subjectivo* – a *segurança* como direito fundamental subjectivo, como matéria (substância) inerente à condição vivencial humana –, que é *interesse legítimo* – a *segurança* como interesse próprio independentemente da condição em que intervém o particular que, desde logo, pode exigir à POLÍCIA que não prossiga o interesse público de modo a prejudicar a harmonia da vida familiar e comunitária de forma ilegal[551] –, *de exigir à Polícia que patrulhe a rua ou o espaço onde reside e que intervenha sempre que haja uma infracção* – contra-ordenacional ou criminal – mesmo que não seja o titular legítimo da tutela imediata da Polícia, mas é o titular legítimo da tutela mediata.

A policialização das ruas não assenta na exclusiva prossecução do interesse público geral – segurança pública –, mas na prossecução

[548] VASCO PEREIRA DA SILVA, *Em Busca do Acto Administrativo Perdido*, Coimbra: Almedina, 1998, pp. 216-220 (218 e 219). Parece-nos que RAQUEL CARVALHO segue a posição VASCO P. DA SILVA, como se pode ler em RAQUEL CARVALHO, *O Direito à Informação Administrativa...*, p. 102.

[549] Cfr. KARL LARENZ, *Metodologia da Ciência do Direito*, 3ª Edição, pp. 275-276, 662 e 681.

[550] Acompanhamos VASCO PEREIRA DA SILVA, *Em Busca do Acto ...*, pp. 255-273 (255-260).

[551] Segue-se de perto a posição de DIOGO FREITAS DO AMARAL, *Direito Administrativo* – Volume II, pp. 80-104 (86-98).

de um direito subjectivo à liberdade em segurança e de um interesse legítimo a exigir a respectiva concretização independentemente de ser ou não lesado directo com uma conduta humana negativa.

A segurança pública apresenta-se aos particulares como direito subjectivo e como interesse legítimo cujo alcance e dimensão de amplitude se afere da posição de imediato titular ou de mediato titular. Esta posição encontra reforço no princípio do respeito da dignidade da pessoa humana que só é possível caso se traduza no aprofundamento e alargamento do espectro dos direitos, liberdades e garantias fundamentais como fonte de legitimação do poder estatal: *in casu*, da POLÍCIA.

O respeito deste princípio pela POLÍCIA emerge, desde logo, do nº 1 do art. 272º da CRP por se apresentar como sua função a garantia dos direitos do cidadão e, por aquela se enquadrar na administração pública, do nº 1 do art. 266º da CRP, cujos princípios norteadores cabe-lhe respeitar e promover na sua actividade diária.

A protecção dos direitos fundamentais dos cidadãos – todos os direitos e os fundamentais por excelência – apresenta-se como obrigação do Estado, quer em uma *vertente positiva* – defendendo-os e garantindo-os face à ameaça de outrem – quer em uma *vertente negativa* – não actuar de modo que os ofenda e sacrifique arbitrária e desmesuradamente.

Os direitos e interesses do cidadão são, por um lado, fundamento da actuação da polícia – um fim em si mesmo – e, por outro, um limite imanente da actividade administrativa em geral[552] e, em especial, da

[552] No sentido de que o princípio do respeito dos direitos e interesses legalmente protegidos do cidadão é a dimensão subjectiva do princípio da legalidade – pois, proíbe que aqueles interesses e direitos particulares sejam afectados com o "desrespeito dos parâmetros de juricidade da actuação administrativa", MARCELO REBELO DE SOUSA e ANDRÉ SALGADO DE MATOS, *Direito Administrativo Geral – Introdução e Princípios Fundamentais* – Tomo I, Lisboa: Dom Quixote, 2004, p. 204. Como ensina LAURA Z. RODRIGUES, os direitos fundamentais que centram a pessoa humana como um fim em si mesma, em que o indivíduo se sobrepõe ao Estado, são "valores de referência no ordenamento jurídico, como valores supra ordenados que dão conteúdo à validade e à legitimidade de todas as normas e políticas do Estado", inclusive ao conteúdo em que se insere a Polícia. LAURA ZUÑIGA RODRIGUES, *Politica Criminal*, pp. 54-55.

actividade policial[553], muito em especial no âmbito do direito administrativo sancionatório e criminal e da intervenção de segurança interna.

113. O princípio **do respeito dos direitos e interesses legalmente protegidos dos cidadãos** tem expressão em uma das finalidades do processo criminal: garantir e defender os direitos fundamentais do cidadão (arguido ou vítima ou outro cidadão membro da comunidade).

A protecção dos direitos fundamentais das pessoas, sejam ou não suspeitos da prática de um determinado crime, não se esgota na individualidade do visado, pois tutela, sobremaneira, "o interesse da comunidade de que o processo penal decorra segundo as regras do Estado de Direito"[554]. Interesse esse que deve ser função primordial da Polícia, que não pode ser baluarte da garantia dos direitos e, simultaneamente, delator dessa garantia.

Neste sentido, somos da opinião de que, *p. e.*, se ***A*** é suspeito de *tráfico de droga* – crime p. e p. pelos arts. 21º e ss. do DL nº 15/93, de 20 de Janeiro –, não se afigura legalmente admissível a realização de intercepção e gravação de comunicações e conversações entre ***A*** e outrém insuspeito, mesmo socorrendo-nos do princípio da verdade material que claudica quando a lesão aos direitos fundamentais é mais grave do que a não aplicação das consequências jurídicas do crime[555]. O direito à *palavra* e à reserva da *intimidade da vida privada e familiar* do insuspeito sobrepõe-se à descoberta da verdade material, sob pena de produzirmos um sistema em que «vale tudo» faz desmoronar a credibilidade e a legitimidade da actuação policial, assim como a legitimidade do Estado em perseguir os agentes do crime.

No quadro das *medidas administrativas* (de polícia) devemos, como afirma FREITAS DO AMARAL, centrar a ideia de que o interesse parti-

[553] Neste sentido GOMES CANOTILHO e VITAL MOREIRA, *Constituição da República...*, 3ª Edição, p. 956 ou Vol. II, 4ª Edição, 2010, p 859.

[554] FIGUEIREDO DIAS, *Direito Processual Penal*, 1988-9, p. 22.

[555] Quanto a este assunto o nosso *Escutas Telefónicas...*, 2ª Edição, pp. 66. Esta nossa posição ganhou expressão com as limitações dos sujeitos passíveis de ser objecto de uma intercepção e gravação de comunicações impostas pela nova redacção dada pela Lei nº 48/2007, de 29 de Agosto, que precedeu à Reforma do Código de Processo Penal.

cular tem relevância e é um limite imanente e material da intervenção administrativa, em especial da polícia, conciliando desta feita o interesse público ou comum com "os direitos subjectivos e interesses legítimos dos particulares"[556]: *p. e.*, a *revista de segurança* prescrita no art. 25º da Lei nº 39/2009, de 30 de Julho[557], tem *duas vertentes imediatas* [uma *comunitária*, protecção e defesa da integridade pessoal dos vários utentes ou fruidores do evento; outra *particular e individual*, afastamento de suspeita de porte de objecto que constitua perigo para si ou para os demais cidadãos], mas não pode aquela constituir um fim absoluto e sem qualquer fundamento; outro exemplo é a *inibição temporária (12H) de conduzir* por se encontrar com excesso de álcool no sangue, que ultrapassa todo espectro comunitário (tutela da vida e integridade física dos demais cidadãos) e incide no espectro individual na salvaguarda da integridade do próprio inibido[558].

No plano das *medidas de polícia de segurança interna* a conciliação defendida por FREITAS DO AMARAL ganha relevo por as medidas aplicadas colidirem com o exercício de direitos fundamentais pessoais: *p. e.*, a inibição de circulação de pessoas [prevista na al. *b*) do nº 1 do art. 28º da LSI] por razões de segurança pública colide com a liberdade pessoal de andar ou se dirigir para a sua própria residência. Mas esta restrição tem de se fundar na garantia de salvaguarda do direito à vida ou à integridade física do próprio cidadão inibido, sob pena de exercício abuso do poder por parte da Autoridade de Polícia e do Agente de Polícia[559].

[556] DIOGO FREITAS DO AMARAL, *Direito Administrativo* – Vol. II, Lisboa, 1988, pp. 81-82. No sentido de aprofundamento dos direitos fundamentais, o nosso "Revistas e Buscas – Que viagem queremos fazer?", *in I Congresso de Processo Penal – Memórias*, Coimbra: Almedina, 2005, pp. 286-289. O DL nº 39/2009, de 30 de Julho, foi alterado pela Lei nº 52/2013, de 25 de Julho, e pelo DL nº 114/2011, de 30 de Novembro.

[557] Quanto às revistas de segurança e de prevenção, o nosso *Revistas e Buscas*, 2ª Edição, Coimbra: Almedina, 2005, pp. 24-26.

[558] Quanto a este assunto art. 160º, nº 1 do CE, que com o DL nº 44/2005, de 3 de Fevereiro, passa a art. 154º, nº 1.

[559] Como reforço de garantia dos direitos e interesses protegidos dos cidadãos pode apontar-se o posterior controlo jurisdicional da decisão de autoridade de polícia e da execução do agente de polícia como se afere dos artigos 31º e 32º da LSI.

§ 35º Do princípio da prossecução do interesse público

114. O princípio da prossecução do interesse público *lato sensu* por parte da actividade policial – quer de ordem e tranquilidade pública, quer administrativa, quer judiciária, entendida como prevenção criminal de modo que se viva em segurança e se exerça os direitos e liberdades sem «medo do perigo e do debilitamento das normas jurídicas» – ancora nas finalidades próprias de uma Administração Pública que tem de prosseguir o que teleologicamente a lei e a Constituição consignam de interesse público, «interesse geral», «interesse colectivo» ou «utilidade pública»[560].

O interesse público, como "interesse radicalmente objectivo, não individualizado nem individualizável", correspondente a uma necessidade pública e de um grupo indistinto de indivíduos[561], apresenta-se, duplamente, à Polícia como fundamento e como "um dos mais importantes limites da margem de livre decisão"[562].

A Polícia, por um lado, só está *legitimada a prosseguir o interesse público*, devendo apartar-se da prossecução de interesses privados, mesmo que tenha de intervir para repor a ordem e a tranquilidade pública em benefício de cidadãos em casos particulares.

> Se ***A*** e ***B*** se encontram a discutir na via pública, provocando incómodo, por ***A*** não ter entregue as batatas ao restaurante de ***B***, como estava contratualizado, a Polícia só pode intervir para repor o sossego e o descanso dos demais cidadãos e aconselhar ***A*** e ***B*** a resolverem a questão privada [do incumprimento do contrato] em sede de tribunal civil,

[560] Gomes Canotilho e Vital Moreira, *Constituição da República...*, 3ª Edição, p. 922 ou Vol. II, 4ª Edição, 2010, p. 795. Acresce que qualquer interesse ou necessidade colectiva não só deve ser individualizada, como também deve pressupor a realização do direito. Neste sentido Marcelo Rebelo de Sousa e André Salgado de Matos, *Direito Administrativo...* – Tomo I, p. 37.

[561] Quanto ao conceito de *interesse público*, que pode ser primário e secundário, José Carlos Vieira de Andrade, "Interesse Público", *in Dicionário Jurídico de Administração Pública* – Volume V, (Director José Pedro Fernandes), Lisboa, 1993, pp. 275-282.

[562] Marcelo Rebelo de Sousa e André Salgado de Matos, *Direito Administrativo...* – Tomo I, p. 201 (na 2ª Edição, p. 205).

devendo elaborar um auto de notícia quer por razões de ruído de vizinhança quer como prova futura da ocorrência.

A Polícia, por outro lado, *só deve prosseguir o interesse público prescrito na lei ou que dela se retire* – *p. e.*, a polícia, na actuação administrativa, não pode fazer cessar o ruído de vizinhança para aplicar a coima para que se obtenha receitas orçamentais, mas para repor a ordem e tranquilidade públicas e para garantir aos demais cidadãos a fruição do direito de descanso e, consequentemente, saúde e bem-estar. O interesse público a prosseguir pela polícia é aquele que está juridificado, como manifestação legislativa específica ou como cláusula geral de *excepção*, de *agressão*, de *polícia* ou de *autorização*[563].

115. Na sua actividade administrativa, a POLÍCIA deve promover as medidas administrativas tipificadas na lei e no mínimo necessário e indispensável, sem que aniquile os direitos individuais do visado ou de qualquer outra pessoa. As medidas administrativas aplicadas pela Polícia devem direccionar-se para prossecução do interesse público.

> Se *A*, portador de anomalia psíquica, pratica actos que danificam viaturas ou outros bens de outrem, criando uma situação de «perigo para bens jurídicos de relevante valor, próprios ou alheios, de natureza pessoal ou patrimonial» [nº 1 do art. 12º da Lei de Saúde Mental LSM], a Polícia, entenda-se elemento policial, na impossibilidade de contactar a AJ ou autoridade de saúde pública (ASP) pode e deve proceder à condução do *A* para internamento em hospital, *ex vi* do nº 3 do art. 23º, conjugado com o art. 22º da LSM. Deste exemplo podemos, também, extrair uma vertente de protecção do direito e interesse particular de *A*: promoção do direito à saúde e bem-estar.

O interesse público impõe à Polícia que conduza *A* para internamento – que actua como uma medida administrativa cautelar de polícia, prevista na lei, adequada a repor a segurança (e a saúde) pública(s) –, mas já não é legal a detenção do mesmo por duas ordens de razão: primeiro, por ultrapassar o fim teleológico prescrito

[563] Quanto a este assunto JOSÉ CARLOS VIEIRA SE ANDRADE, "Interesse Público", *in Dicionário Jurídico...* – Volume V, pp. 280-281.

artigos 22º e 23º, nº 3 da LSM e, em segundo, por infligir sobre o direito de liberdade e de integridade pessoal do *A* um gravame muito maior do que legal e legitimamente se aceita, por não se poder absolutizar o interesse público segurança, tendo em conta que o indivíduo é inimputável e carece de tratamento hospitalar.

116. A prossecução do interesse público tem materialidade na tridemensionalidadefuncional de polícia: ordem e tranquilidade públicas, administrativa e judiciária ou criminal.

Na dimensão criminal, melhor, no *âmbito do processo penal*, a *realização da justiça* e a *descoberta da verdade material* [processual e judicialmente válida] acarreta uma finalidade ou interesse público geral, *i. e.*, como ensina Figueiredo Dias, "por detrás da imposição de uma pena está uma finalidade de prevenção geral de integração e, portanto, uma exigência de verdade e de justiça na aplicação da sanção"[564].

O interesse público do *restabelecimento da paz jurídica* "posta em causa pelo crime – ou até pela suspeita da prática do crime" abraça não só o arguido – que deve «ser julgado no mais curto prazo compatível com as garantias de defesa», art. 32º, nº 2 da CRP –, como também a comunidade jurídica, "que reforça a sua fidelidade aos bens jurídico-penais, apesar do crime"[565]. O restabelecer a paz jurídica produz o restabelecimento da paz social.

O *restabelecimento da paz jurídica e social* inicia o seu processo com a intervenção *ab initio* da Polícia ao tomar conta da *notitia criminis* e ao promover todas as medidas cautelares e de polícia adequadas, necessárias e proporcionais à prossecução do interesse comum. Mas esse interesse não é absoluto, *i. e.*, as medidas cautelares e de polícia têm de ser as legalmente tipificadas e não se sobrepõem face aos direitos fundamentais do suspeito que se apresentam como limite imanente e material da intervenção policial, não obstante a sua compressão ser constitucionalmente admitida. Desta forma, só é admissível que a Polícia colabore na descoberta da verdade material, mas esta tem de ser *processual, prática e judicialmente válida*.

[564] Figueiredo Dias, *Direito Penal Português...*, pp. 22.
[565] Figueiredo Dias, *Direito Penal Português...*, p. 24.

No *âmbito administrativo* – dimensão funcional administrativa –, trazemos à colação a fiscalização dos proprietários dos canídeos que circulam na via pública sem licença, que é uma medida administrativa que tem ou deve ter efeitos na defesa dos direitos e interesses da comunidade em geral, mas também do próprio proprietário no sentido de sanar a irregularidade em que se encontra[566].

No *quadro da segurança interna* – dimensão funcional de ordem e tranquilidade públicas –, exige-se à Polícia que promova a *segurança pública* (ordem e tranquilidade públicas) como um bem supra-individual e, por isso, de interesse público. Desta feita, exige-se que, face à realização de um evento em que se reunem milhares de pessoas, a Autoridade de Polícia determine aos Agentes de Polícia que procedam à revista dessas pessoas e à busca às viaturas que se desloquem para o evento de modo a evitar que entrem armas ou objectos perigosos e proibidos que coloquem em perigo a vida e a integridade física dos cidadãos presentes no evento, por força da al. *a*) do art. 29º da LSI.

O *interesse público* apresenta-se, como se depreende nas várias dimensões de *Polícia*, como fundamento, como finalidade e como limite da actividade de polícia tendo por base a conciliação do mesmo com a prossecução dos direitos fundamentais do cidadão[567].

§ 36º Do princípio da boa-fé

117. O **princípio da boa-fé** é um princípio de consagração constitucional recente, figurando *in fine* nº 2 do art. 266º da CRP, desde a 4ª Revisão Constitucional [Lei Constitucional nº 1/97], não obstante de já figurar no art. 6º-A do anterior CPA – desde a reforma operada pelo DL nº 6/96, de 31 de Janeiro – e que se manteve com o actual CPA

[566] Quanto aos canídeos DL nº 313/2003, de 17 de Dezembro [alterada pela Lei nº 49/2007, de 31 de Agosto], DL nº 314/2003, de 17 de Dezembro [alterado pelo DL nº 20/2019, de 30 de Janeiro], e Portaria 421/2004, de 24 de Abril.

[567] Neste sentido ao falar do poder de polícia, em especial na dimensão administrativa, Hely Lopes Meirelles, *Direito Administrativo Brasileiro*, 35ª Edição (actualizada por Eurico de Andrade Azevedo, Délcio Balestero Aleixo e José Emmanuel Burle Filho), São Paulo: Malheiros Editores Ltda., 2009, pp. 135-138.

– art. 10º –, assim como de e por ser referência na jurisprudência do STA, conforme se pode constatar nos Acs. de 30/09/93, rec. 20 659, e de 24/10/96, rec. 39 578[568]. O princípio da boa-fé, cuja teorização científico-jurídica se processou ao longos dos tempos no direito civil, foi erigido a *princípio jurídico autónomo de direito público* pela Constituição, cuja actividade da administração pública em geral, e da polícia em particular, deve subsumir-se à *racionalidade material*[569].

O princípio da boa-fé, até então, podia revisitar-se no âmbito do princípio da *justiça*, de consagração constitucional – art. 266º, nº 2 da CRP – e administrativa – art. 8º do CPA. Contudo, entendeu autonomizar-se o princípio da boa fé por não ser, hoje, um mero princípio de intenção moral, mas por *ser um verdadeiro princípio legitimador da actividade da administração em geral* e, muito em especial, da polícia, e por corresponder "à necessidade de criar um clima de *confiança* e previsibilidade no seio da Administração Pública"[570], onerando, desde logo, a administração [Polícia] actuar com fundamento em "valores básicos do ordenamento" e adoptar, por respeito a um "dever jurídico-funcional", condutas "consequentes e não contraditórias".

O princípio da boa-fé apresenta-se como "instrumento garantístico das expectativas e da confiança dos particulares geradas a partir de comportamentos"[571], neste caso, da polícia. Pode avocar-se o pensamento de LARENZ[572], quando defende que o *princípio da confiança*[573] é um *elemento* do *princípio da boa fé*, como se requer no trafego-negocial jurídico.

[568] Quanto a este assunto ALEXANDRE SOUSA PINHEIRO e MÁRIO JOÃO DE BRITO FERNANDES, *Comentário à IV Revisão Constitucional*, Lisboa: AAFDL, 1999, p. 546.

[569] Cfr. GOMES CANOTILHO e VITAL MOREIRA, *Constituição da República Portuguesa* – Volume II, 4ª Edição, Coimbra: Coimbra Editora, 2010, pp. 803-804.

[570] DIOGO FREITAS DO AMARAL *et ALII*, *Código do Procedimento...*, p. 47. Itálico nosso.

[571] ALEXANDRE SOUSA PINHEIRO e MÁRIO JOÃO DE BRITO FERNANDES, *Comentário à IV Revisão Constitucional*, p. 547. A confiança é, principalmente no direito civil, tutelada desde o direito romano, pois não faria sentido que não fosse tutelada jurídico-constitucionalmente. Quanto à tutela da confiança no direito civil, ANTÓNIO MENEZES CORDEIRO, *Tratado de Direito Civil Português* – I – *Parte Geral* – Tomo I, 2ª Edição, Coimbra: Almedina, 2000, pp. 233 e ss..

[572] Cfr. KARL LARENZ, *Metodologia da Ciência do Direito*, 3ª Edição, p. 678.

[573] Quanto ao princípio da confiança como um dos princípios jurídicos do sistema, KARL LARENZ, *Metodologia da Ciência do Direito*, 3ª Edição, pp. 677-678 e o seu discípulo CLAUS-WILHELM CANARIS, *Pensamento Sistemático e Conceito...*, 4ª Edição, pp. 88-102 e 202-204.

O princípio da boa-fé é o espelho do princípio da lealdade no âmbito processual penal, que a POLÍCIA deve materializar no labor da prevenção criminal. Não queremos afastar o princípio da boa fé na desenvoltura de actos pré-processuais ou processuais da polícia, que, na nossa opinião, se deve verificar sempre que haja uma actuação da polícia: *p. e.*, ao proceder à apreensão de bens de proveniência ilícita – al. *c)* do nº 2 do art. 249º do CPP –, a polícia (OPC) não deve apreender bens que não tenham essa natureza, *i. e.*, só deve apreender os bens de que tenha a certeza da sua proveniência ilícita[574], sob pena de violação do princípio da boa fé e de quebra de confiança que a comunidade deposita na actuação da polícia[575].

118. O princípio da boa-fé ganha relevância na actividade administrativa da Polícia e, dentro desta, na de cariz sancionatório, principalmente no âmbito do direito rodoviário. Vejamos o seguinte exemplo:

> *A*, agente policial, ao patrulhar a Rua *Y*, durante vários dias não autua qualquer veículo estacionado em cima do passeio, por considerar que o estacionamento em cima do passeio não afecta qualquer direito de outrem e, até, facilita a circulação rodoviária e pedonal. Mas, durante um turno, *A* decide autuar todos os veículos que se encontram em cima do passeio da Rua *Y*.

A actuação de *A* não se coaduna com o princípio da boa fé por ter quebrado a *confiança* e a *previsibilidade* criada naqueles moradores. Não obstante de se verificar a infracção ao art. 49º do CE, somos da opinião que a actuação de *A* não se coaduna com o ideário do princípio da boa fé e, também, da oportunidade da intervenção policial, que deve orientar a concretização do princípio da legalidade, porque ao longo de vários dias e semanas deu a entender aos administrados que

[574] A apreensão, nos termos da al. *c)* do nº 2 do art. 249º do CPP, só é admissível jurídico-constitucionalmente e jurídico-processual-criminalmente desde que estejam preenchidos os pressupostos da medida cautelar e de polícia, sob pena de se violar o princípio da tipicidade.

[575] Acresce referir que o princípio da boa fé advém ou surge por influência e imposição do princípio de segurança jurídica.

não seriam autuados por terem o veículo em cima do passeio, tendo em conta a falta de espaço para estacionar.

O exemplo que apresentamos vai de encontro com a posição de MÁRIO ESTEVES DE OLIVEIRA/PEDRO COSTA GONÇALVES/J. PACHECO AMORIM[576], quando afirmam que há ofensa do princípio da boa fé por o particular ser *induzido em erro* pela Administração na sua actuação diária, cuja alteração de actuação provoca um efeito desfavorável ao administrado de boa fé, que está, de forma objectiva, associada aos valores da justiça, da igualdade e da proporcionalidade[577]. A conduta ***A*** ao violar o ***princípio da boa fé*** é uma conduta que viola também o princípio da ***protecção da confiança***, corolário do princípio da boa fé[578].

O mesmo conteúdo axiomático do princípio aplicado à função administrativa da polícia também se aplica à sua função criminal ou judiciária. O OPC que, perante uma dúvida ou perante uma situação em que os indícios probatórios de flagrante delito são duvidosos, costuma não proceder à detenção do presumível agente do crime, não pode, em situações idênticas ou similares optar pela detenção. Do mesmo modo se pode dar exemplo do OPC que, ao executar um mandado de captura para cumprimento de pena de prisão por aquela pessoa não ter procedido ao cumprimento da pena de multa a que fora condenado, não costuma prender se o cidadão visado pagar a pena de multa, logo e no respeito pelo princípio da boa-fé e da confiança não pode proceder à prisão de um outro cidadão que se predispôs a cumprir a pena, pagando a multa a que foi condenado[579].

[576] MÁRIO ESTEVES DE OLIVEIRA, PEDRO COSTA GONLAVES e J. PACHECO AMORIM, *Código do Procedimento Administrativo*, Coimbra: Almedina, 1997, p. 114.

[577] Quanto à *boa fé objectiva* na actuação da administração, que se traduz "no imperativo de encontrar um equilíbrio tendencial nas relações entre a administração pública e os particulares", MARCELO REBELO DE SOUSA, *Lições de Direito Administrativo* – I, Lisboa: Lex, 1999, p. 126 e à *boa fé objectiva* em termos gerais, com mais precisão no direito civil, ANTÓNIO MENEZES CORDEIRO, *Tratado de Direito Civil... – I – Parte Geral* – Tomo I, 2ª Edição, pp. 228 e ss..

[578] Quanto ao *princípio da protecção da confiança* como princípio – corolário do *princípio da boa fé* da actividade administrativa em geral, que nasce da *criação de confiança, situação de confiança, investimento de confiança* e respectivos nexos de causalidade, MARCELO REBELO DE SOUSA, *Lições de Direito Administrativo* – Volume I, pp. 117-118.

[579] Cfr. *infra* §62º, alínea b., ponto 222 (*iii*).

§ 37º Do princípio da oportunidade da actuação policial

119. A obediência cega e absoluta ao princípio da legalidade ou ao princípio *dura lex, sed lex* não se coaduna com a concepção do Homem fraco e naturalmente propenso a errar. Ancorados na linha de pensamento democrático da actuação da polícia - quer no quadro de polícia de ordem e tranquilidade públicas, quer no de polícia administrativa quer no de polícia judiciária - encontramos o princípio da legalidade e, como vector de legitimação e de cimentação da actuação, o princípio da oportunidade.

O **princípio da oportunidade** da intervenção policial não se encontra positivado, mas faz, hoje, parte do nosso direito, em especial da doutrina e pode enquadrar-se como princípio estruturante do processo penal[580] e, por maioria de razão, como princípio geral da actividade policial.

Impõe-se, desde já, dois apontamentos iniciais relativos ao princípio da oportunidade. A opção pela aplicação deste princípio não afasta nem aniquila a verificação do princípio da legalidade e, ainda, se pode afirmar que é uma das formas de concretizar o fundamento teleológico da lei.

A opção por não deter um indivíduo em detrimento de levantar única e exclusivamente o auto de notícia em uma situação enquadrável na legítima defesa, não ofende o princípio da legalidade da promoção penal. Promove-se este princípio no respeito pelo princípio *odiosa sunt restringenda* por meio da aplicação do princípio da oportunidade.

A opção pelo princípio da oportunidade deve reger-se segundo critérios de objectividade e de isenção para que não se aniquile o princípio da legalidade e da boa fé da intervenção policial: *p. e.*,

> A decisão de ***A*** não autuar os veículos da Rua ***Y*** tem de ser isenta e objectiva, tendo em conta as circunstâncias factuais de inexistência de lugares para estacionar, de não afectarem qualquer bem jurídico individual ou colectivo superior [*p. e.*, liberdade de locomoção, como a saída de residência], de permitirem circulação rodoviária. A decisão não pode ser contra-

[580] Sobre este assunto, o nosso *Processo Penal* –Tomo I, 3ª Edição, Coimbra: Almedina, 2004, pp. 203-234.

ditória, *i. e.*, não pode o ***A*** optar por autuar o ***B*** e o ***C*** e, arbitrariamente, não autuar os demais cidadãos pelas restantes infracções.

120. O princípio da oportunidade não tem expressão formal, mas material e instrumental no sentido de ser um princípio inerente à prossecução da actividade não só judicial criminal, mas também administrativa do Estado. Nesta linha de pensamento, a POLÍCIA, face visível do Estado, não se pode apartar dos princípios que humanizam e legitimam a sua intervenção.

No plano da *ordem e tranquilidade públicas* – âmbito de segurança interna –, a opção de proceder à revista de todos os utentes de um evento cultural enquadra-se em um *plano de oportunidade operacional e táctica* face às informações de que a polícia dispõe e à prevenção do perigo. Não pode-mos afirmar que há ofensa ao princípio da legalidade por inobservância dos pressupostos e de ser desproporcional – desadequada, desnecessária e desproporcional *stricto sensu* – a decisão de proceder à revista de segurança de todos os utentes do espectáculo desportivo, prevista no art. 25º da Lei nº 39/2009, de 30 de Julho.

Como exemplo académico, podemos indicar a decisão da Autoridade de Polícia de mudar o local de reunião ou manifestação não respeitando a verificação da distância dos 100m prevista no art. 13º do DL nº 406/74, de 29 de Agosto, cujo não cumprimento deste normativo não afecta o princípio da legalidade.

No âmbito administrativo, se o elemento policial ***A***, em vez de autuar o ***B*** por se fazer passear na via pública com um canídeo não perigoso, com trela e açaimo funcional, mas sem licença emitida pela Junta de Freguesia, nos termos do art. 4º da Portaria nº 421/2004, de 24 de Abril, optar por informar ***B*** da infracção e da necessidade de regularizar a detenção do canídeo, materializa o princípio da oportunidade.

Não olvidamos que o art. 42º do RGCO submete o procedimento contra-ordenacional ao princípio da legalidade, mas é preciso relembrar que o RGCO foi aprovado antes da Revisão Constitucional de 1997, que, para a acção penal, alterou o pilar de subordinação: a acção penal deixou de estar "subordinada ao princípio da legalidade" para ser "orientada pelo princípio da legalidade".

Quanto ao quadro jurídico-criminal, se o elemento policial ***A*** optar por aceitar a identificação de ***B*** no local, sem que tenha sido identificado nos termos dos nºs 3 e 4 do art. 250º do CPP, e confirmada por ***C***, que foi identificado com Bilhete de Identidade, em vez de o deter para identificação, materializa o princípio da oportunidade da intervenção policial.

§ 38º Do princípio democrático na actuação da polícia

a. Considerações gerais

121. ARISTÓTELES escrevera que "as acções boas e as acções más (...) são voluntárias, quando são cumpridas com conhecimento de causa"[581]. Muitas das acções policiais podem reflectir uma má actuação por ser cumprida "com conhecimento de causa", principalmente quando viola um dos princípios cruciais na edificação da justiça – o **princípio democrático**[582]. Princípio que releva de sobremaneira no plano judiciário, mas que não menos é a sua relevância no âmbito da ordem e tranquilidade públicas e administrativo, cuja actividade policial pode e deve respeitar, defender e garantir no seu processo de concreção.

Tendo como base a formulação de LINCOLN quando considerava como «essência» da democracia o "governo do povo, pelo povo e para o povo"[583-584] e que a POLÍCIA é a face visível do povo e da administração da justiça, impõe-se que actue dentro dos ditames do princípio democrático, que, como "*norma jurídica* constitucionalmente positivada"[585], é, consequentemente, um princípio de actuação não só

[581] ARISTÓTELES, "Do Discurso e do Discurso Jurídico", *in Obra Jurídica*, Colecção Resjurídica, Porto: Rés-Editora, p. 149.

[582] Quanto ao princípio democrático no âmbito do processo penal, o nosso *Processo Penal* – Tomo I, 3ª Edição, pp. 183-191.

[583] LINCOLN *apud* GOMES CANOTILHO, *Direito Constitucional e Teoria da Constituição*, 3ª Edição, Coimbra: Almedina, 1999, p. 281.

[584] Cfr. art. 202º, nº 1 da CRP.

[585] Cfr. GOMES CANOTILHO, *Direito Constitucional...*, 3ª Edição, p. 281.

no plano processual penal[586], mas também no plano administrativo e de operacionalidade da segurança pública.

b. Da actuação da Polícia [autoridades e órgãos de polícia criminal] como realização dos princípios constitucionais

122. Os fins da actuação da polícia, em especial no quadro do processo penal, não se esgotam na descoberta da verdade material a qualquer custo, em especial dos direitos fundamentais. A tutela efectiva[587] dos **direitos, liberdades e garantias individuais** é uma das finalidades da Polícia **não só contra as agressões dos particulares, mas também contra os abusos do** ***jus puniendi*** **do Estado.**

No conflito entre direitos e interesses dos particulares legalmente protegidos e o interesse comum, a polícia não pode arrogar-se de todos os meios e métodos ao seu dispor para prosseguir o interesse comum em detrimento dos direitos e interesses dos particulares. Os fins não podem e, muito menos, devem em um Estado de direito democrático justificar os meios e métodos.

Quem se arroga da moral para defender a legalidade, garantir a segurança e os direitos dos cidadãos, não pode socorrer-se de meios desonestos, de meios em nada deontológicos, embora apregoados como eficazes, mas nem sempre eficientes, para surpreender alguns infractores. Como exemplo deste comportamento menos decoroso e menos transparente, podemos referir os radares de detecção da velocidade: a colocação às escondidas dos aparelhos demonstrava um método de prevenção rodoviária designado de «caça à multa», que em nada contribuía para a prevenção.

[586] O direito processual penal é, "por excelência, direito constitucional aplicado" [HENKEL *apud* J. DE FIGUEIREDO DIAS, "O Novo Código de Processo penal", *in* TEREZA BELEZA e FREDERICO ISASCA (Coord.), *Direito Processual Penal – Textos*, Lisboa: AAFDL, 1992, p. 12], pelo que jamais se pode apartar dos princípios constitucionais quer na legiferação processual penal, quer na aplicação das mesmas normas na fase do inquérito, na da instrução e na do julgamento.

[587] Cfr. art. 2º da CRP quando consagra que a "República Portuguesa é um Estado de direito democrático, baseada (...) no respeito e na garantia de *efectivação* dos direitos e liberdades fundamentais". Itálico nosso.

123. A Polícia deve ser promotora da materialização dos princípios e dos direitos próprios de um Estado de direito democrático, ou seja, **deve materializar o princípio democrático como "*forma de legitimação do poder*"[588] de modo a que se torne no "*impulso dirigente* de uma sociedade"[589]**. Ao materializar o princípio democrático, a Polícia materializa os direitos fundamentais que, além de serem um "elemento constitutivo do estado de direito"[590], também "são um elemento básico para a realização do princípio democrático"[591], fundamento para a existência de uma força colectiva dotada de prerrogativas de *ius imperii* e, simultaneamente, limite imanente e concreto da sua actuação. Os direitos fundamentais impõem à Polícia uma atitude contra o exercício do poder autoritário no sentido de que exigem que toda e qualquer intervenção – no plano civil, administrativo, da menoridade, laboral, tributário, económico e criminal – se desenvolva de acordo com as regras da transparência democrática[592].

c. Do princípio democrático como princípio de dignidade e de liberdade

124. O *princípio democrático* impõe que ao cidadão seja dada a liberdade de escolha dos seus actos. Na linha de GERMANO MARQUES DA SILVA "a capacidade para o bem e para o mal está em cada um de nós como uma possibilidade que as circunstâncias podem sempre ajudar a exteriorizar – «a ocasião faz o herói e o ladrão»"[593], logo não faz parte da democracia que exista uma Polícia que tenha por função concretizar a democracia como um valor essencial da sociedade e que, em

[588] GOMES CANOTILHO, *Direito Constitucional...*, 3ª Edição, p. 282. Negrito nosso.
[589] *Ibidem*. Negrito nosso.
[590] *Idem*, p. 284.
[591] *Ibidem*.
[592] Neste sentido GOMES CANOTILHO, *Direito Constitucional...*, 3ª Edição, p. 285.
[593] GERMANO MARQUES DA SILVA "Bufos, Infiltrados, Provocadores e Arrependidos. Os princípios democrático e da lealdade em Processo Penal", *in* TEREZA BELEZA e Outros, *Apontamentos de Direito Processual Penal* – Vol. III, Lisboa: AAFDL, 1995, p. 63 e *Curso de Processo Penal* – Vol. II, Lisboa//São Paulo: Verbo, 1999, p. 160.

simultâneo, utilize meios e métodos antidemocráticos[594], próprios de uma legitimação autoritária do poder.

O respeito e a promoção da *dignidade da pessoa humana* como princípio estruturante do Estado de direito democrático obriga a que a *igualdade*[595] entre todos os cidadãos face à lei, igualdade de direitos e de deveres, *seja uma igualdade de natureza e de dignidade humana*, afastando toda e qualquer discriminação de tratamento, *i. e.*, a Polícia não pode partir para uma intervenção administrativa sancionatória – contra-ordenação – e/ou uma investigação criminal escalonizando as pessoas segundo uma apetência ou não para a prática do mal.

A Polícia não deve olhar para o ***A*** ou ***B*** como se fossem infractores por natureza, como se estivessem imbuídos de uma apetência natural para o mal. Caso o faça, está, indiscutivelmente, a violar o princípio da igualdade, prejudicando-o no sentido de que se parte, *p. e.*, para uma investigação com o pressuposto de que o indivíduo ***A*** ou ***B*** irá cometer o crime ***Y***, não interessa o meio ou método para denunciá-lo.

As teorias de LOMBROSO, de GAROFALO e de FERRI são contrárias ao princípio democrático e delatores do respeito da dignidade da pessoa humana. Mais, se o elemento policial provocar a conduta ilícita, *suprimindo-lhe a livre formação da vontade*, viola o princípio democrático no sentido de violação dos direitos e liberdades fundamentais.

125. A concepção democrática da sociedade impõe que a polícia tenha necessariamente uma visão do ser humano como um ser frágil e de

[594] Neste sentido GERMANO MARQUES DA SILVA, *Curso de Processo Penal* – Vol. II, Lisboa/ / São Paulo: Verbo, 1999, p. 159. No sentido de que a polícia deve ter "um autêntico talento democrático", reconhecendo-se que a polícia é "parte integrante do conjunto do sistema penal", que está "ao serviço da comunidade", serviço esse democrático e profissional – tendo em conta a "planificação, coordenação e avaliação das suas actividades" – e que é uma "autêntica polícia democrática de respeito pelos direitos fundamentais dos cidadãos", LAURA ZUÑIGA RODRIGUES, *Política Criminal...*, pp. 219-220.

[595] Para ALEXIS DE TOCQUEVILLE o sentido da democracia no mundo moderno assenta na igualdade de condições. Cfr. ALEXIS DE TOCQUEVILLE, *Da Democracia na América*, Tradução do francês *De la Démocratie en Amérique* de CARLOS CORREIA MONTEIRO DE OLIVEIRA, S. João do Estoril: Principia, 2002, pp. 39, 42, 49, 329, 339, 587-590, 669-673 e 715-721. Nesta mesma linha se podem ler OLIVIER DUHAMEL e YVES MENY, *Dictionnaire Constitutionnel*, Paris: Puf, 1992, p. 286.

que o polícia não é um «pária»[5963] impoluto da sociedade. **A situação económica, social ou psicológica do ser humano pode conduzi-lo à prática de uma acto ilícito em um momento que, não fossem aquelas condicionantes, jamais o praticaria**[597].

Se a sociedade democrática cria ao homem muitas ocasiões propícias a transformá-lo em um agente infractor, não podemos defender, *p. e.*, o método da provocação[598] do crime para a descoberta da verdade material ou para a descoberta de provas pessoais e reais, mas antes recriminar este método de investigação criminal que cria o seu próprio objecto[599].

Sufragando a posição de GERMANO MARQUES DA SILVA e apoiando-nos nas suas palavras, defendemos que a Polícia perturba mais a ordem pública "com a violação das regras fundamentais da dignidade e da rectidão da actuação judiciária, pilares fundamentais da sociedade democrática, do que pela não repressão de alguns crimes, por mais graves que sejam, pois são sempre muitos, porventura a maioria, os que não são punidos, por não descobertos, sejam quais forem os métodos de investigação utilizados"[600]. A Polícia [*face visível do Estado*] não pode prevenir e reprimir as infracções com o recurso a meios ilícitos sob pena de negar a sua própria *ethos*.

[596] Quanto à polícia se sentir «pária» da sociedade, WESTLEY *apud* JORGE DE FIGUEIREDO DIAS e MANUEL DA COSTA ANDRADE, *Criminologia – O Homem Delinquente e a Sociedade Criminógena*, Reimpressão, Coimbra: Coimbra Editora, 1992, p. 465.

[597] Como acontece no designado furto de formigueiro ou no furto praticado por toxicodependentes para obterem o dinheiro suficiente para a aquisição do estupefaciente ou substância psicotrópica.

[598] Seguindo GERMANO MARQUES DA SILVA, a provocação é informativa e formativa, porque "cria o próprio crime e o próprio criminoso". Além de denunciá-lo, é um método de investigação criminal contrário às concepções democráticas da sociedade, porque corrói a dignidade da pessoa humana e viola a igualdade do cidadão perante a lei, cujo tratamento se baseia em análises momentâneas de apetência ou não para a prática de actos ilícitos. GERMANO MARQUES DA SILVA, *Curso de Processo...* – Vol. II, 2ª Edição, p. 160.

[599] *Ibidem*. A provocação não é um método de investigação legal e deontológico próprio de uma sociedade assente em valores morais e éticos como o da solidariedade, o do perdão, o do respeito pela dignidade da pessoa humana, pela personalidade humana que por natureza é frágil.

[600] GERMANO MARQUES DA SILVA, *Curso de Processo...* – Vol. II, 2ª Edição, p. 161 e "Bufos, Infiltrados, Provocadores...", *in* TEREZA BELEZA *et ALII*, *Apontamentos...*, III Vol., p. 64.

d. Da inadmissibilidade de provas *(ilícitas)* como manifestação do princípio democrático

126. O *princípio democrático* tem maior expressão na dimensão funcional criminal da polícia ou na natureza de polícia judiciária por ser nesta dimensão que os direitos e liberdades fundamentais pessoais mais estão expostos e susceptíveis de serem agredidos. Contudo, não podemos descurar a cultura do princípio democrático em outros planos: como o *administrativo*, principalmente, sancionatório e no de *ordem e tranquilidade pública*.

A ideia de que a inadmissibilidade das provas que sejam contrárias à lei – art. 125º do CPP –, *i. e.*, a ilicitude da prova que seja obtida por métodos e meios não só proibidos, mas também inconciliáveis quer com os princípios gerais do direito, quer com os princípios estruturantes de cada ramo do direito, em especial do processo penal[601], estipula que se essas provas não foram obtidas através de um agente que actua legalmente, mas sim por um agente que tem uma conduta objectivamente criminosa, não podem ser usadas contra quem inicialmente se propunha, mas tão-só contra quem as obteve de forma ilícita.

Os métodos da *provocação* ou da *tortura* são, no nosso entender, meios enganosos, cruéis e desacreditados, que ofendem a dignidade da pessoa humana, que, como meios criminosos, ilícitos de obtenção de provas, violam os princípios estruturantes do processo penal que são a materialização dos princípios constitucionais do Estado de direito democrático que ornam e cristalizam não só o respeito como o culto da dignidade da pessoa humana.

As provas obtidas através destes meios são provas proibidas por força do art. 126º do CPP e nº 8 do art. 32º da CRP, a par da respectiva responsabilidade criminal, disciplinar e civil que possa advir para o elemento policial.

A opinião dos que defendem **a provocação** do crime como um meio eficaz no "combate" à criminalidade é, no nosso entender, **contrária aos preceitos fundamentais da dignidade, da rectidão da acção judiciária** e, na sua essência, **à ética e à moral da actuação**

[601] Neste sentido Germano Marques da Silva, "Bufos, Infiltrados, Provocadores...", *in* Tereza Beleza *et Alii*, *Apontamentos...*, p. 64.

do Estado que se deve apresentar, em uma concepção democrática, **como a primeira pessoa de bem, caracterizada por uma actuação transparente nos seus métodos de investigação criminal,** *i. e.*, **a provocação retira a legitimidade ao** *ius puniendi*. Este pensamento estende-se ao direito administrativo sancionatório: *v. g.*, ao Direito de ordenação social.

Esta nossa posição assenta no Comando Constitucional de que ao arguido *são assegurados* os *direitos de audiência e de defesa no processo por contra-ordenação*, conforme nº 10 do art. 32º da CRP. O direito de defesa implica, para nós, a aquisição da nulidade de todas as provas obtidas por métodos proibidos por força do nº 8 do art. 32º e do art. 42º do RGCO.

127. O princípio democrático funda-se na defesa dos direitos e liberdades fundamentais pessoais e assenta na legalidade democrática da actuação do *jus puniendi*.

Desta feita, o princípio democrático não é compatível com métodos de investigação contra-ordenacional ou criminal objectivamente criminosos, *i. e.*, meios e métodos criminosos. Quer o processo contra-ordenacional quer o processo criminal não admitem provas contrárias à lei, à ordem pública, ao direito, e que a lei não admita, e/ou que tenham sido obtidas com violação do princípio democrático, cuja vontade para a prática da infracção é desvirtuada.

> Se ***A***, agente policial, para obter provas para um processo contra-ordenacional por venda de bebidas alcoólicas a menores – DL nº 9/2002, de 24 de Janeiro –, incentiva ***B***, proprietário do estabelecimento comercial *Y*, a vender uma bebida alcoólica ao menor ***C***, ***A*** provoca o ilícito e as provas por si obtidas não são admissíveis no processo contra-ordenacional – *ex vi* do art. 41º, nº 2 [no qual se estipula a sujeição das autoridades administrativas aos mesmos deveres das entidades competentes para o processo criminal] e do nº 2 do art. 48º [no qual se estipula que as autoridades policiais têm deveres equivalentes aos que têm em matéria criminal] do RGCO, que se reforça com o disposto nos artigos 125º e 126º do CPP que se aplicam subsidiariamente *ex vi* do art. 41º do RGCO, cuja tutela constitucional se encontra salvaguardada pelo nº 8 e nº 10 do art. 32º da CRP.

Se *A*, agente policial, para obter provas para um processo crime por homicídio, agride/tortura *B* para que confesse o crime, a confissão não é valorada por ter sido obtida mediante tortura – art. 126º, nº 1 do CPP e art. 32º, nº 8 da CRP –, a par de um processo crime por ofensas à integridade física de *B*.

128. Como já afirmamos, é no quadro criminal que o *princípio democrático* ganha maior relevância, no que concerne à acção dos OPC que têm como função primordial, no âmbito do processo penal, coadjuvar as autoridades judiciárias – o MP na fase de inquérito, o JIC na instrução e o juiz na fase de julgamento – artigos 55º, 288º, 290º, nº 2 do CPP.

Aos OCP não compete unicamente a obrigatoriedade de comunicar a *noticia criminis* – art. 240º, nº 1, al. *a*) do CPP –, mas, sob a dependência funcional e orientação do MP – art. 263º do CPP –, compete-lhes também efectuar a investigação criminal que compreende a efectivação de diligências necessárias na busca de provas que permitam reconstituir os factos que, no "respeito pelo princípio de verdade material"[602], conduzam a uma decisão judiciária: submeter ou não submeter um ser humano a julgamento.

Esta decisão "funciona como filtro de selecção que impedirá o assoberbamento dos tribunais com casos inviáveis"[603] e procura-se, desta forma, libertar os tribunais de processos que levariam à partida a uma absolvição do arguido[604]. **A função dos OPC é**, sem dúvida, **importantíssima no desenrolar do processo, digamos crucial na defesa dos direitos e liberdades do cidadão.**

Entidades e agentes que têm de "levar a cabo quaisquer actos ordenados por uma autoridade judiciária ou determinados" pelo CPP – al. *c*) do art. 1º do CPP –, os OPC estão subjugados aos princípios gerais do direito e aos princípios processuais penais. À polícia acresce

[602] José Souto de Moura, "Inquérito e Instrução", *in Jornadas de Direito Processual Penal. O Novo Código de Processo Penal*, Coimbra: Almedina, 1995, p. 84.

[603] *Ibidem.*

[604] Neste sentido o nosso estudo "A Investigação Criminal como Motor de Arranque do Processo Penal", in *Polícia Portuguesa*, Ano LXIII, II Série, nº 122, Março/Abril, 2000, p. 4.

a responsabilidade da defesa da *legalidade democrática* e da garantia dos *direitos do cidadão* – nº 1 do art. 272º da CRP.

Acima da descoberta da verdade material – descoberta do *como, onde, quando, o quê, quem* e *porquê* –, **encontra-se a liberdade e os direitos de cada cidadão, cuja garantia é uma das tarefas fundamentais do Estado** [al. *b*) do art. 9º da CRP]: *v. g.*, a prosseguir pela polícia.

Os OPC, se exercem uma actividade investigatória em um Estado assente nos primados do direito e da democracia, devem actuar de acordo com o princípio democrático, tendo sempre em consideração cada indivíduo como um ser humano sujeito à fraqueza do mal e nunca *à priori* como um criminoso.

§ 39º Do princípio da lealdade na actuação da POLÍCIA

a. Considerações gerais

129. Um Estado de direito democrático assente na dignidade da pessoa humana e na vontade popular, como propósito ideológico e pragmático da construção de uma sociedade livre, justa e solidária[605], exige uma POLÍCIA que tenha como interesse e fim não só garantir a segurança interna, mas que promova o respeito e a garantia dos direitos fundamentais da pessoa na pugna pela paz jurídica[606] e consubstancia, assim, a defesa da legalidade democrática.

A *defesa da legalidade democrática*, a *garantia da segurança interna* e *dos direitos dos cidadãos* alcançam-se se os operadores do Estado (*maxime* da justiça e em especial a POLÍCIA) procederem legalmente – seguindo critérios de objectividade, de acordo com os preceitos constitucionais que enformam a actuação da polícia – e se, fundamentalmente, a actuação daqueles for regida e orientada por princípios deontológicos que, de alguma forma, "integram os princípios jurídicos, mais não seja

[605] Cfr. art. 1º da CRP.

[606] Neste sentido JORGE DE FIGUEIREDO DIAS, *Direito Processual Penal*, (Lições Coligidas por MARIA JOÃO ANTUNES), Coimbra, 1988-9, pp. 20 e ss..

para iluminar o intérprete na busca do espírito da lei, princípio reitor da interpretação jurídica"[607].

Sufragamos a posição de GERMANO MARQUES DA SILVA, quando afirma que o **princípio da lealdade**, como princípio "de natureza essencialmente moral"[608], que deve traduzir "uma maneira de ser da investigação e obtenção das provas em conformidade com o respeito dos direitos da pessoa e a dignidade da justiça"[609], é **um princípio integrante do processo penal, uma vez que impõe aos agentes – de entre os quais se destacam os OPC/polícia –, que operam a administração da justiça, a obrigatoriedade de actuarem no estrito respeito pelos valores próprios da pessoa humana,** como a sua dignidade (valor supremo que se sobrepõe aos próprios fins de justiça), como a sua integridade pessoal (física ou moral)[610], cuja "interdição é absoluta"[611], como a própria liberdade de formação e manifestação da sua vontade perante a demais sociedade.

A polícia/OPC deve, sempre, optar por uma atitude de profundo respeito pela personalidade humana[612] e de respeito pela realização de justiça criminal e/ou administrativa, que não se alcança quando *a priori* esses agentes se socorrem de meios de obtenção de prova e de inves-

[607] GERMANO MARQUES DA SILVA, "Bufos, Infiltrados, Provocadores...", *in* TEREZA BELEZA *et* ALII, *Apontamentos...*, III Vol., p. 65.

[608] *Ibidem.*

[609] GERMANO MARQUES DA SILVA, "Bufos, Infiltrados, Provocadores...", *in* TEREZA BELEZA *et* ALII, *Apontamentos* – Vol. III, p. 65 e GERMANO MARQUES DA SILVA, *Curso de Processo...* – Vol. I, 4ª Edição e Vol. II, 2ª Edição, pp. 53 e 161.

[610] Cfr. 1ª parte do nº 8 do art. 32º e nºs 1 e 2 do art. 26º e art. 25º da CRP.

[611] GOMES CANOTILHO e VITAL MOREIRA, *Constituição da República...*, 3ª Edição, p. 206 ou Vol. I, 4ª Edição, 2007, p. 524.

[612] Cuja tutela geral está consagrada no art. 70º da CC, que, segundo RABINDRANATH CAPELO DE SOUSA, imprime o respeito que todos devem ao homem como um ser intelectivo capaz de "perceber e entender dados dos sentidos, de organizar e orientar os sentimentos (...), em suma, de pensar e conhecer". RABINDRANATH CAPELO DE SOUSA, *O Direito Geral da Personalidade*, Coimbra: Coimbra Editora, 1995, p. 234. Quanto à protecção dos direitos da personalidade – que, na linha de OTTO VON GIERKE, se sintetiza como os "direitos que concedem ao seu sujeito um domínio sobre uma parte da sua própria esfera da personalidade", *i. e.*, direitos subjectivos que devem ser observados por todos –, ANTÓNIO MENEZES CORDEIRO, *Tratado de Direito Civil*, Tomo I, pp. 201-215 (p. 203).

tigação que violam um dos pilares do Estado moderno: o respeito pela dignidade da pessoa humana[613].

b. Do princípio da lealdade e os métodos proibidos de prova

130. O Estado de direito democrático impõe à polícia/OPC a obrigatoriedade de proceder com atitude leal na obtenção de provas no âmbito contra-ordenacional e criminal, desde logo por imposição constitucional – "a nulidade de todas as provas obtidas mediante tortura, coacção, ofensa da integridade física ou moral da pessoa, abusiva intromissão na vida privada, no domicílio, na correspondência ou nas telecomunicações", *ex vi* do nºs 8 e 10 do art. 32º da CRP –, cuja expressão processual se manifesta nos artigos 118º e 126º da CPP e nos artigos 42º e 43º do RGCO.

O *princípio da lealdade*, cuja violação na obtenção de provas[614] é "fundamento de proibição de provas"[615], não se esgota na fase da investigação, nem na recolha de provas do processo criminal e contra-ordenacional, pois deve verificar-se em todo o procedimento.

O *princípio da lealdade* impõe a prossecução dos interesses e fins do processo segundo critérios de legalidade e de objectividade[616]. Critérios estes que, conjuntamente com os princípios gerais do Direito devem nortear a actuação da polícia/OPC que não pode operar por meios ilícitos para obter a *notitia criminis* ou contra-ordenacional, com o fundamento de que o indivíduo *A* tem uma propensão natural para a prática da infracção *X* ou *Y*, cuja materialização só depende única e exclusivamente de um incitamento, de uma provocação.

[613] Neste sentido GERMANO MARQUES DA SILVA, *Curso de Processo...* – Vol. I, 4ª Edição e Vol. II, 2ª Edição, p. 53 e p. 161.

[614] A prova penal é, sempre, e deve ser encarda como um complexo e melindroso problema para o processo penal. Neste sentido GERMANO MARQUES SA SILVA, *Curso de Processo...* – Vol. I, 4ª Edição, p. 53.

[615] GERMANO MARQUES DA SILVA, *Curso de Processo...* – Vol. II, 2ª Edição, p. 161 e "Bufos, Infiltrados, Provocadores...", *in* TEREZA BELEZA e Outros, *Apontamentos...* – Vol. III, p. 65.

[616] Neste sentido JORGE DE FIGUEIREDO DIAS, "Do princípio da «objectividade» ao princípio da «lealdade» do comportamento do Ministério Público no Processo Penal", (Anotação ao AC. STJ nº 5/94, Proc. nº 46444), *in Revista de Legislação e Jurisprudência* (RLJ), Ano 128, nº 3860, Março de 1996, pp. 344 e ss..

O incitamento ou a interpelação à prática do facto presente *X*, confirmando-se a aptidão de *A* para a prática daquela infracção, é um meio de obtenção de prova próprio dos processos de estrutura inquisitória em que a verdade material era o fim essencial do processo (criminal) para a realização da justiça[617]: acima do Homem, detentor de direitos e deveres, estava a verdade, bem supremo e absoluto.

131. A polícia/OPC não pode ver a verdade material como valor supremo, contrariamente à dignidade da pessoa humana, à sua integridade, à sua liberdade de pensar, de conhecer, de decidir e de agir sem qualquer coacção, interpelação, provocação. A busca da verdade material não se pode prender com métodos ou meios criminosos com a finalidade de prevenir o cometimento de infracções – criminais e contra-ordenacionais. Se optássemos por esse caminho, teríamos uma justiça enferma cultivada por uma sociedade delatora e germinadora da autodestruição[618].

A polícia/OPC para prosseguir a função que lhe está adstrita constitucionalmente – defesa da legalidade democrática, garantia da segurança interna e dos direitos do cidadão – não pode apartar-se de princípios éticos, deontológicos e morais que são a essência de bens jurídicos de tutela constitucional e jusinternacional.

O *princípio da lealdade* é um "princípio que hoje, um pouco por toda a parte, vai sendo reputado essencial à actuação"[619] não só do MP, como afirma FIGUEIREDO DIAS, mas também reputado essencial à actuação de toda a máquina de justiça – administrativa ou criminal –, *i. e.*, a todos os sujeitos processuais e os operadores, em especial a polícia/OPC, primeiro embate de restrição dos direitos e liberdades do cidadão.

[617] Neste sentido MANUEL AUGUSTO ALVES MEIREIS, *O Regime das Provas Obtidas pelo Agente Provocador em Processo Penal*, Coimbra: Almedina, 1999, p. 196.

[618] Neste sentido GERMANO MARQUES DA SILVA, *Curso de Processo...* – Vol. II, 2ª Edição, p. 162 e "Bufos, Infiltrados, Provocadores...", *in* TEREZA BELEZA *et* ALII, *Apontamentos...* – Vol. III, p. 66. Quanto à ordem pública, como "factor sistemático de limitação da autonomia privada", ANTÓNIO MENEZES CORDEIRO, *Tratado...* –Tomo I, pp. 507-508.

[619] JORGE DE FIGUEIREDO DIAS, "Do princípio da «objectividade»...", in *RLJ*, Ano 128, nº 3860, p. 344.

c. Da actividade policial na administração da justiça e do princípio da lealdade

132. O *princípio da lealdade*, como o democrático, releva sobremaneira no quadro jurídico-criminal, sem nos olvidarmos do administrativo sancionatório em que existe obtenção de prova. Tendo em conta esta relevância e a sua desenvoltura nos tempos contemporâneos, CLAUS ROXIN crismou o princípio de "«o mais alto princípio de todo o processo penal: o de exigência de *fair trail*», de um *procedimento leal*"[620], ao qual toda a administração da justiça – inclusive e principalmente a polícia//OPC – deve subordinar-se para que se respeitem as normas essenciais à dignidade e à rectidão da acção judiciária, para que não se confundam justiça e infractores, para que exista uma diferença de qualidade entre aqueles e os que vêem na paz jurídica um pilar fulcral da Ordem Pública[621].

A consagração constitucional do princípio da lealdade retira-se do nº 8 do art. 32º da CRP e impera como ditame e limite orientador da actividade da polícia/OPC, quer quando actuam por iniciativa própria preventiva e repressiva quer no patamar da coadjuvação[622] da AJ – MP ou JIC ou Juiz –, devendo actuar de acordo com os critérios de legalidade, de isenção e de objectividade.

O **MP**, como ensinam LOWE/ROSENBERG, é "um **órgão público da administração da justiça (guardião da lei)**", logo tem o dever de "velar para que as decisões obedeçam à lei, não ponham em causa a unidade da ordem jurídica e não inflijam qualquer sacrifício injustificado ao arguido"[623]. Do mesmo modo o MP **deve impelir os OPC/ /polícia a actuarem de acordo com os princípios inerentes a um**

[620] CLAUS ROXIN, *Derecho Procesal Penal*, (Tradução do alemão – Strafverfahrensrech, 25ª Ed. – de JULIO B. J. MAIER), Buenos Aires: Editores del Puerto s. r. l., 2000, pp. 13, 101, 108, e *apud* JORGE DE FIGUEIREDO DIAS, "Do princípio da «objectividade»...", *in RLJ*, Ano 128, nº 3860, p. 344-345.

[621] Neste sentido GERMANO MARQUES DA SILVA, *Curso de Processo...* – Vol. I, 4ª Edição e Vol. II, 2ª Edição, pp. 52 e ss. e 160 e ss., e "Bufos, Infiltrados, Provocadores...", *in* TEREZA BELEZA *et ALII*, *Apontamentos...* –Vol. III, pp. 65 e 66.

[622] Cfr. artigos 55º e 263º do CPP.

[623] LEOWE/ROSENBERG *apud* JORGE DE FIGUEIREDO DIAS, "Do princípio da «objectividade»...", in *RLJ*, ano 128, nº 3860, p. 348. Negrito nosso.

processo leal e **não ofensivo à integridade pessoal** e **dignidade da pessoa humana do suposto infractor,** que é **sujeito de direitos** e **de deveres** e **não objecto** do processo em curso ou da intervenção policial administrativa *sub judice* em desenvolvimento.

133. O procedimento leal por parte da polícia /OPC proíbe que se faça uso de meios e métodos de actuação e de investigação proibidos, como a provocação[624] na recolha de provas, porque **o suspeito (arguido) nunca deve ser tratado como um objecto** – como um meio de prova utilizado contra si mesmo, característica do processo de estrutura inquisitória[625] –, mas tem de ser visto como **um sujeito processual** – "que persiste e subsiste na plenitude do seu sentido e alcance mesmo quando figura (ao mesmo tempo) como um meio de prova"[626].

O princípio da lealdade impele e impede a polícia/OPC a não recorrer a meios enganosos, a métodos ardilosos que traduzem a obtenção de provas de forma ilícita, que induzem o arguido à prática de factos que não praticaria se não fosse ardilosamente interpelado, provocado e incitado. Este pensamento tem expressão no quadro jurídico-criminal e no quadro do Direito de ordenação social.

O princípio da lealdade impele os OPC que evitem o recurso a estratégias de investigação que conduzam à auto-incriminação, violando o princípio *nemo tenetur se ipsum accusare* mesmo que estejam perante criminalidade organizada transnacional, sob pena de se colocar em causa o *princípio do Estado de direito* que impõe, de entre outros, a legalidade da actividade da administração, a vinculação do legislador e do hermenêuta e aplicador do direito aos direitos fundamentais, a proibição de intromissões arbitrárias na vida privada e familiar dos cidadãos[627].

[624] Que funciona como um verdadeiro "atentado à liberdade de formação e actualização da vontade", Manuel Augusto Alves Meireis, *O Regime de Provas...*, p. 206.

[625] Neste sentido Manuel Augusto Alves Meireis, *O Regime de Provas...*, p. 206.

[626] Manuel da Costa Andrade, *Sobre as Proibições de Prova em Processo Penal*, Coimbra: Coimbra Editora, 1992, p. 212 e 213.

[627] Quanto ao princípio do Estado de direito como princípio diretriz ou ideia directiva dos demais princípios, Karl Larenz, *Metodologia da Ciência do Direito*, 3ª Edição, p. 676.

Apoiando-nos nas palavras de FIGUEIREDO DIAS, a par do "dever de legalidade e de objectividade", a polícia/OPC deve assumir no processo "um estrito dever de lealdade, de *fair play* do seu comportamento", cuja análise "se concretiza em exigências muito concretas de forma de actuação"[628]. **Dever esse que deve estar presente aquando do aparecimento de novos meios técnicos** e **científicos de investigação criminal**[629] **e contra-ordenacional**, cujo uso deve ser conforme à proibição constitucional do nº 8, do art. 32º e à legalidade internacional [artigos 5º e 12º da DUDH , artigos 3º e 8º CEHD e art. 7º do PIDCP], aos artigos 125º e 126º do CPP e aos artigos 42º e 43º do RGCO.

O *princípio da lealdade* impele a polícia/OPC e demais agentes do Estado a ter um comportamento de respeito e a promover a dignidade da pessoa humana, os direitos e liberdades fundamentais e a dignidade da justiça, escopos de um Estado de direito democrático[630].

O *princípio da lealdade* pretende que a eficácia da justiça seja um valor a alcançar, mas cujo processo se desenvolva em uma sociedade livre e democrática, onde os fins jamais justificam os meios, que se evite a degradação da dignidade da pessoa humana e da justiça, cuja eficácia só é de louvar quando se alcança "pelo engenho e arte"[631], sob pena da polícia/OPC fazer uso de formas incontroláveis de resposta ao crime, que se podem traduzir em consequências perversas e indesejáveis[632].

§ 40º Dos princípios da igualdade e da imparcialidade

134. A junção destes dois princípios fundamentais na actividade da polícia – de ordem pública, administrativa e/ou judiciária – deve-se à inter-relação dos mesmos, apesar de não se confundirem, sendo que o

[628] JORGE DE FIGUEIREDO DIAS, "Do princípio da «objectividade»...", in *RLJ*, Ano 128, nº 3860, p. 349.

[629] Neste sentido GERMANO MARQUES DA SILVA, *Curso de Processo...* – Vol. I, 4ª Edição, p. 53.

[630] Neste sentido JORGE DE FIGUEIREDO DIAS, "Do princípio da «objectividade»...", in *RLJ*, Ano 128, p. 350.

[631] GERMANO MARQUES DA SILVA, *Curso de Processo...* – Vol. I, p. 54.

[632] Neste sentido MANUEL DA COSTA ANDRADE, *Sobre as Proibições...*, p. 233.

princípio da imparcialidade é, necessariamente, uma consequência do *princípio da igualdade*, sendo que este se prende com o princípio da legalidade, assim como é uma exigência do princípio da justiça[633], e, na linha de FIKENTSHER e PAWLOWSKI, LARENZ[634] considera como um dos "pressupostos da justiça (material)" a par da normatividade do Direito[635].

O *princípio da igualdade*[636] tem consagração geral e universal no art. 13º da CRP e, como afirmam GOMES CANOTILHO e VITAL MOREIRA, reveste o manto de "um dos princípios estruturantes do sistema constitucional global, conjugando dialecticamente as dimensões liberais, democráticas e sociais inerentes ao conceito de *Estado de direito democrático e social*"[637].

O *princípio da igualdade* como princípio estruturante de *Estado de direito democrático e social*, por um lado, impõe que exista igualdade na aplicação do direito – *dimensão liberal*, em que todos são iguais perante a lei geral e abstracta –, por outro, garante a igualdade dos cidadãos na participação da vida política da comunidade – *dimensão democrática*, que proíbe discriminações no pleno exercício do poder político – e, ainda, exige que sejam eliminadas as desigualdades fácticas geradores

[633] Neste mesmo sentido MARCELO REBELO DE SOUSA, *Lições de Direito Administrativo – Volume I*, pp. 119 e 122. No sentido de que pensar "em igualdade é pensar em justiça (...); é redifinir as relações entre pessoas e entre normas jurídicas; é indagar da lei e da generalidade da lei", JORGE MIRANDA, "Igualdade", *in Dicionário Jurídico da Administração Pública* – Volume V, (Director JOSÉ PEDRO FERNANDES), Lisboa, 1993, pp. 100-117 (100).

[634] Cfr. KARL LARENZ, *Metodologia da Ciência do Direito*, 3ª Edição, p. 224.

[635] Afastamo-nos, como BOBBIO, da igualdade como "ideia de justiça formal, no sentido tradicional da palavra (*sum cuique tribuere*)", que "afirma pura e simplesmente que devem ser tratados do mesmo modo aqueles que pertençam à mesma categoria". Cfr. NORBERTO BOBBIO, *Teoria Geral da Política. A Filosofia Política e as Lições dos Clássicos*, (Tradução do italiano *Teoria Generale Della Politica* de DANIELA BECCACCIA VERSIANI), 20ª Tiragem, Rio de Janeiro: Elsevier Editora Ltda., 2000, p. 491. Para uma análise do princípio da igualdade numa dimensão material, CELSO ANTÔNIO BANDEIRA DE MELLO, *O Conteúdo Jurídico do Princípio da Igualdade*, 3ª Edição – 22ª Tiragem, São paulo: Malheiros Editores Ltda., 2012.

[636] Quanto ao princípio da igualdade, GOMES CANOTILHO, *Direito Constitucional e Teoria da Constituição*, 3ª Edição, Coimbra: Almedina, 1999, pp. 398-407, MARIA DA GLORIA FERREIRA PINTO, "Principio da igualdade – Fórmula vazia ou carregada de sentido?", *in BMJ*, nº 385, JORGE MIRANDA, *Manual de Direito Constitucional* – Tomo IV – ..., 3ª Edição, pp. 221-254.

[637] GOMES CANOTILHO e VITAL MOREIRA, *Constituição da República...*, 3ª Edição, p. 125 ou Vol. I, 4ª Edição, 2007, pp. 336-337.

de desigualdades de qualificação jurídica de modo que se concretize uma igualdade de facto ou material económica, social e cultural (em suma, de qualificação jurídica) – *dimensão social*, que possa «promover (...) a igualdade real entre os portugueses», conforme al. *d*) do art. 9º da CRP[638].

135. A vinculação da POLÍCIA ao *princípio da igualdade* emerge do nº 2 do art. 266º da CRP, cuja consagração é "refracção do princípio geral consagrado no art. 13º" da CRP[639]. A Polícia não só está vinculada ao *princípio da igualdade* como se impõe que actue de forma a materializá-lo, denunciando por exemplo a discriminação racial.

O *princípio da igualdade* no âmbito da actuação da polícia releva quer no **quadrante** *negativo* (dever de não agir[640]) – em que se proíbem tratamento preferenciais ou tratamentos diferenciados em situações idênticas (*qualificações jurídicas* idênticas na substância face aos *valores constitucionais e legais*[641]) – quer no **quadrante** *positivo* (dever de agir[642]) – que impõe tratamento igual para situações iguais ou tratamento igual para situações de *qualificação jurídica* substancial igual face aos *valores constitucionais e legais*.

O princípio da *igualdade* apresenta-se à Polícia como uma «proibição do arbítrio e proibição de discriminação»[643] e funciona como limite

638 Quanto a esta estrutura de análise do princípio da igualdade, GOMES CANOTILHO e VITAL MOREIRA, *Constituição da República...*, 3ª Edição, p. 126 ou Vol. I, 4ª Edição, 2007, pp. 336-337.

639 GOMES CANOTILHO e VITAL MOREIRA, *Constituição da República...*, 3ª Edição, p. 924 ou Vol. II, 4ª Edição, 2010, p. 801. Para um estudo mais adequado, DIOGO FREITAS DO AMARAL *et ALII*, *Código do Procedimento...*, p. 42.

640 Com desenvolvimento e numa vertente mais de Administração Pública, MARCELO REBELO DE SOUSA, *Lições de Direito Administrativo* –Volume I, pp. 122-123.

641 Neste sentido deve ler-se LARENZ quando, na linha de PAWLOWSKI, atribui a função de direcção, ou seja, cabe às leis "assegurar o igual tratamento do que é igual, mediante o estabelecimento do que deve ser tratado igualmente e do que deve ser tratado distintamente", assim como a análise que faz sobre a teoria do belga PERELMAN sobre a igualdade. Cfr. KARL LARENZ, *Metodologia da Ciência do Direito*, 3ª Edição, pp. 224 e 242-247.

642 Neste mesmo sentido, MARCELO REBELO DE SOUSA, *Lições de Direito Administrativo* – Volume I, pp. 122-123.

643 Cfr. Ac. STA de 29 de Abril de 1993, AD nº 385, pp. 53 e ss., citado por DIOGO FREITAS DO AMARAL *et ALII*, *Código do Procedimento Administrativo*, 3ª Edição, p. 43.

ao exercício de poderes discricionários[644], cuja teorização administrativa é profícua. À Polícia, como defensora da legalidade, *proíbem-se quaisquer discriminações intoleráveis*: tratamento desigual do que deve ser igual e tratamento igual do que deve ser desigual[645]. Este dever de *não discriminação intolerável* implica um *dever de não agir* – *p. e.*, não identificar pessoas não suspeitas – e um *dever de agir* – *p. e.*, identificar só as pessoas suspeitas da prática de um crime.

Acresce que o princípio da *igualdade* exige à Polícia que actue com *obrigação de diferenciação*: como escreve MARCELO REBELO DE SOUSA[646], este corolário impõe a introdução na relação jurídica a produzir de "toda a *discriminação ou diferenciação não só tolerável como imprescindível*". Este corolário impõe um *dever de agir* da Polícia: tratar desigual "o que deve ser desigual e ainda o não é"[647], tratar desigual "o que deve ser igual e ainda é desigual (*discriminações positivas*)"[648] e impedir que as entidades pública e privadas subordinadas à acção da Polícia "tratem igualmente o que deve ser desigual"[649].

Vejamos alguns exemplos práticos:

α. Se ***A***, agente da polícia, optar por autuar «veículo sim veículo não» da Rua ***Y*** que se encontra em infracção ao art. 49º do CE, viola o princípio da igualdade nos dois quadrantes, tem uma actuação arbitrária.

β. No âmbito criminal podemos verificar actuações que podem ferir a igualdade de tratamento – *p. e.*, ***B***, ***C***, ***D*** e ***E*** são surpreendidos por ***A*** a furtar em um estabelecimento comercial,

[644] Cfr. Ac. STA de 19 de Outubro de 1995, AD nº 412, pp. 413 e ss., citado por DIOGO FREITAS DO AMARAL *et ALII*, *Código do Procedimento ...*, 3ª Edição, p. 43.

[645] Neste sentido, MARCELO REBELO DE SOUSA, *Lições de Direito Administrativo* – Volume I, p. 124.

[646] MARCELO REBELO DE SOUSA, *Lições de Direito Administrativo* – Volume I, p. 124.

[647] Não se exige que a lei imponha expressamente que os elementos policiais, no plano judiciário, actuem de forma diferente entre uma mulher suspeita e um homem suspeito da prática de um crime: *p. e.*, não obstante não estar previsto, a revista deve ser feita à mulher por elemento feminino e ao homem por elemento masculino.

[648] Podemos apontar como exemplo os casos em que a Polícia deve permitir que a mulher agredida pelo cônjuge apresenta queixa num posto policial seja ouvida em departamento não visível e não audível pelos demais cidadãos e elementos policiais que se encontram nesse departamento policial.

[649] Cfr. MARCELO REBELO DE SOUSA, *Lições de Direito Administrativo* – Volume I, p. 124.

mas ***A*** identifica somente ***B***, ***C***, ***D*** enquanto que ***E***, por ser seu amigo, não identifica, nem o conduz à Esquadra.

γ. E, em termos de polícia no sentido de ordem e tranquilidade públicas, se o comandante da Esquadra ***X*** opta sempre por colocar táctica e operacionalmente dois elementos junto da Escola ***Y***, sem que o faça com as restantes escolas da zona, pode afigurar-se uma situação de violação do princípio da igualdade se todas estiverem com índices de criminalidade idênticos ou, mesmo, iguais.

Podemos afirmar que o princípio da igualdade, num Estado constitucional democrático, implica uma tetra dimensionalidade e funcionalidade:

tratar igual o que é igual [= é =]
tratar diferente o que é diferente [≠ é ≠]
tratar igual o que é diferente, mas devia ser igual [= é ≠, =]
tratar diferente o que é igual, mas devia ser diferente [≠ é =, ≠]

Releva, ainda, referir que o *princípio da igualdade* impõe a verificação do *princípio da autovinculação da Administração, maxime* Polícia, no sentido de esta ter de aplicar as normas jurídicas que admitam a discricionariedade da actuação da Polícia de acordo "com os mesmos critérios, as mesmas medidas e as mesmas condições a todos os particulares". Apoiando-nos no exemplo descrito em γ, impõe-se, táctica e operacionalmente, ao Comandante da Esquadra ***X*** que use dos mesmos critérios, das mesmas medidas e condições para com todas as escolas da sua zona, devendo os dois elementos percorrer todas as escolas.

136. No que concerne ao *princípio da imparcialidade,* com consagração constitucional no art. 266º, nº 2 da CRP e no artigo 9º do CPA, e corolário do *princípio da igualdade,* releva na actividade da polícia quer quando promotora da sua função quer como objecto dos seus interesses particulares, em especial dos elementos policiais, de modo que se proteja a *isenção* e *objectividade* da actividade de polícia[650].

[650] Neste sentido para toda a actividade administrativa, MARCELO REBELO DE SOUSA, *Lições de Direito...* – Volume I, p. 126.

Este princípio, que não se confunde nem se aproxima do princípio da neutralidade, por a Polícia ter a seu cargo interesses públicos a prosseguir preconiza que, por um lado, a polícia na prossecução do interesse público – *p. e.*, garantir a segurança interna – actue de forma isenta na determinação daquele para que não sacrifique desnecessaria e desporporcionalmente os direitos e interesses dos particulares: *p. e.*, na delimitação do espaço da manifestação, a polícia não pode sacrificar o direito de *ius ambulandi* dos moradores (prejudicando-os) para que os manifestantes tenham a liberdade total sobre e naquele local (favorecendo-os); por outro lado, a Polícia deve garantir o direito de circulação dos moradores da zona interdita, mas já pode interditar esse direito aos manifestantes; a par deste procedimento impõe-se à Polícia que proceda da mesma forma com todos os moradores da zona e com todos os manifestantes, *i. e.*, que não interdite a um morador a passagem ou que deixe circular o manifestante, o que criaria um critério disforme da Polícia prosseguir o interesse público: defesa e garantia dos direitos dos cidadãos e da segurança interna.

Acresce referir que o *princípio da imparcialidade* se encontra mais vulnerável no âmbito do exercício de direitos dos elementos da POLÍCIA, cujas garantias do *impedimento* ou da *suspeição* ou da *escusa* – previstas nos artigos 69º a 76º [69º e 73º] do CPA – são olvidadas com o recurso à identificação de prerrogativa de autoridade policial.

> ***A***, agente da polícia, que, após o porteiro da discoteca o impedir de entrar de forma arbitrária, se identifica como autoridade policial para proceder contra-ordenacionalmente; ou ***B***, elemento policial, tem um acidente de viação e se faz valer da sua condição para levantar o auto de acidente de viação realizado pela polícia local. Quer a atitude de ***A*** quer a de ***B*** violam o *princípio da imparcialidade*.

As garantias de *impedimento*, de *recusa* e *escusa* prescritas para as autoridades judiciárias – MP, JIC e Juiz – no quadro jurídico-criminal [artigos 53º, 39º e 47º do CPP] aplicam-se, *mutatis mutandis*, às autoridades de polícia criminal e aos órgãos de polícia criminal, *i. e.*, a *todos os elementos policiais que exerçam funções de polícia judiciária*.

§ 41º Do princípio da Justiça

137. A justiça que defendemos no quadro da actividade policial ultrapassa a ideia de *justiça formal* como *princípio de acção*, de PERELMAN, que impõe um *tratamento igual dos seres da mesma categoria* – "tratamento igual do que é (essencialmente) igual". Defendemos um princípio de justiça material que proibe condutas policiais arbitrárias e parciais, que impõe equidade de actuação, uma actuação justa e proporcional, na linha de HENKEL, como manifestação de injunções normativas *positivas* e materiais *negativas*[651].

Só nesta perspectiva *material* de justiça se pode falar em *Direito* com função de "fundamentar e manter uma sociedade pacífica duradoura entre os membros da comunidade jurídica", os grupos sociais, os povos e os Estados[652], e como igualdade de modo que não se viole a lei, os interesses legítimos dos outros, o direito e os direitos.

Avoca-se um princípio da justiça assente na *legalidade* e na *igualdade* em direitos de acção da polícia, ou seja, uma actuação sob a égide da *equidade* que implica não apenas a *legalidade* e a *utilidade* da acção policial, mas também implica respeitar e promover o respeito das *diferenças* e da *diversidade* com *inteligência*, *prudência*, *coragem*, *lealdade*, *generosidade* e *tolerância*[653].

A submissão da actividade policial ao **princípio da justiça**[654] – consagrado no nº 2 do art. 266º da CRP e no art. 8º [primeira parte] do CPA – é uma consequência do Estado de direito democrático que vincula toda a actividade administrativa, inclusive a policial, a "critérios

[651] Cfr. estes autores em KARL LARENZ, *Metodologia da Ciência do Direito*, 3ª Edição, pp. 241-258.

[652] KARL LARENZ, *Metodologia da Ciência do Direito*, 3ª Edição, pp. 49-251.

[653] Veja-se a análise evolutiva da justiça desde ARISTÓTELES, HOBBES, ROSSEAU, LOCKE, ESPINOZA, KANT, RAWLS, ANDRÉ COMTE-SPONVILLE, *Pequeno Tratado das Grandes Virtudes*, (Tradução do francês *Petit Traité des Grandes Virtus* de MARIA BRAGANÇA), Lisboa: Editorial presença, 1995, pp. 68-94.

[654] Quanto a um estudo profundo sobre o princípio da justiça, DIOGO FREITAS DO AMARAL, "O princípio da justiça no artigo 266º da Constituição", *in Estudos em Homenagem ao Prof. Doutor ROGÉRIO SOARES, Boletim da Faculdade de Direito, STVDIA IVRIDICA, 61, AD HONOREM* – 1, Coimbra: Coimbra Editora, 2001, pp. 685-704.

de justiça material ou de valor, constitucionalmente plasmados"[655], sendo de destacar "o princípio da dignidade da pessoa humana (art. 1º), o princípio da efectividade dos direitos fundamentais (art. 2º)"[656], a igualdade, a proporcionalidade, a boa fé, a razoabilidade, a equidade. A justiça assume-se, assim, como referência das "exigências gerais do Direito"[657].

Podemos afirmar que a *justiça*, como princípio positivado (e como direito de todos os cidadãos), apresenta-se como uma "pauta de valores supremos da ordem constitucional, pauta essa encimada pelos direitos fundamentais e baseada na dignidade da pessoa humana"[658]. Esta pauta não só deve ser respeitada pela Polícia, como lhe cabe ser seu baluarte e promovê-la na sua actuação diária[659].

A violação pela polícia/OPC de um destes princípios materiais ou valores constitui violação do princípio da justiça: se a medida cautelar e de polícia for desproporcional ao fim do processo *in concreto* – *p. e.*, deter para identificação quando poder-se-ia identificar no local, art. 250º do CPP –, se a medida administrativa for detractora da confiança – boa fé – criada no particular – *p. e.*, autuar os veículos estacionados em cima do passeio quando nunca a polícia o fez – ou se a medida operacional de ordem pública ofender a dignidade da pessoa humana – *p. e.*, o uso de algemas a um cidadão, em frente aos filhos, que provoca distúrbios quando com um simples agarrar de braço em cada lado, poder-se-ia levá-lo para a viatura policial ou para um local recatado.

[655] Gomes Canotilho e Vital Moreira, *Constituição da República...*, 3ª Edição, p. 925 ou Vol. II, 4ª Edição, 2010, p. 802, e Diogo Freitas do Amaral *et Alii*, *Código do Procedimento...*, 3ª Edição, p. 44.

[656] Gomes Canotilho e Vital Moreira, *Constituição da República...*, 3ª Edição, p. 925 ou Vol. II, 4ª Edição, 2010, p. 802. Para Aguado Correa, o princípio da justiça – no sentido de moderação, medida justa e de equilíbrio –, a par do princípio da liberdade, é um pilar basilar do princípio da proporcionalidade. Aguado Correa *apud* Laura Zuñiga Rodrigues, *Política...*, p. 58.

[657] Cfr. Karl Larenz, *Metodologia da Ciência do Direito*, 3ª Edição, p. 342.

[658] Cf. Marcelo Rebelo de Sousa, *Lições de Direito...* – Volume I, p. 119.

[659] No quadro jurídico-criminal, a justiça apresenta-se à Polícia e ao MP (e aos demais operadores judiciários) como pressuposto de toda a ordem jurídica. Quanto a um estudo aprofundado nesta linha de pensamento, o nosso *Do Ministério Público e da Polícia...*, pp. 460-464.

Podemos afirmar que o princípio da justiça é um princípio geral de intervenção da actividade policial por esta, desde logo, ser a face visível não só da lei, mas de todo o direito e, por conseguinte, da justiça. Impõe-se à Polícia que actue de modo que não haja ofensa dos princípios da proporcionalidade, da igualdade, da imparcialidade e da dignidade da pessoa humana conjugados com o interesse público (não absoluto) e do respeito dos direitos e interesses legítimos dos particulares.

§ 42º Do princípio da "concordância prática" na actuação da polícia

138. O princípio da «concordância prática»[660] é um princípio que a doutrina constitucional e processual penal fez revigorar face à interpretação das normas quando na balança se procura equilibrar princípios e direitos e interesses públicos e privados relevantes.

LARENZ[661], na linha de ALEXY, avoca este princípio na análise que faz sobre a "contradição entre os princípios", designando-o de *mandado de optimização* no sentido de que "cada princípio tem de ceder perante o outro, de modo que ambos sejam actuados «em termos óptimos»", tendo em conta os bens jurídicos em conflito se impõem uma ponderação dos mesmos e o valor posicional dos princípios dentro da unidade do sistema jurídico.

O princípio da **concordância prática** ou da **harmonização**, tendo em conta que o seu campo electivo tem sido os direitos fundamentais – "colisão entre direitos fundamentais ou entre direitos fundamentais e bens jurídicos constitucionalmente protegidos"[662] –, está direccionado para a actuação policial, que, em regra, significa, por um lado, a garantia de um direito fundamental pessoal ou colectivo – a segurança, a liberdade, a vida, a integridade física, a reserva da intimidade

[660] Quanto a este assunto, o nosso "Da «concordância prática» da actuação policial", *in Reuniões e Manifestações. Actuação Policial*, Colecção Científica do Centro de Investigação do ISCPSI, Coimbra: Almedina, 2009, pp. 291-298.

[661] Cfr. KARL LARENZ, *Metodologia da Ciência do Direito*, 3ª Edição, p. 676.

[662] GOMES CANOTILHO, *Direito Constitucional ...*, 3ª Edição, p. 1150.

da vida privada, a imagem, a honra –, *i. e.*, de um bem jurídico cuja tutela jurídico-constitucional e jurídico-criminal se encontra materializada, e, por outro, a restrição de outro bem jurídico – *p. e.*, a liberdade física ou de circulação face à ordem de detenção ou à ordem de permanência no local do facto que originou a intervenção da polícia.

A natureza poliédrica e multifacetada da Polícia – actor primeiro nas condutas humanas e nos acontecimentos naturais que inferem com o exercício dos direitos de cada um ou da comunidade – onera-nos a missão de dotá-la não só de instrumentos materiais e de meios humanos adequados a fazer frente ao fenómeno motivador da alteração da ordem, da tranquilidade, da segurança públicas – ou seja, do normal funcionamento das instituições e do normal desenvolvimento da comunidade organizada económica, social, cultural e politicamente –, como também de instrumentos legais e doutrinários que legalizem e legitimem a intervenção da mesma – falamos da legitimidade normativa que não pode sobreviver sem a legitimidade sociológica[663] – e lhe dêem a confiança necessária para que possa prosseguir, sem dúvidas cartesianas, a função que lhe está conferida pela constituição.

139. O princípio da **concordância prática ou da harmonização** "impõe a coordenação e combinação dos bens jurídicos em conflito de forma a evitar o sacrifício (total) de uns em relação aos outros"[664]. Pretende este princípio que não se esvazia de sentido, conteúdo e essência qualquer outro princípio, outro direito, outro interesse ou outra finalidade processual ou de actuação em prol da absolutização do que se pretende proteger ou que se protegeu.

Pretende-se que a actuação de qualquer ente estadual – quer interpretativa quer operativa – se arrogue da previsão legal pura e crua e se olvide da interpretação conforme a Constituição e a salvaguarda de todos os bens em conflito – que ganham espaço de igual valor constitucional – face a "limites e condicionamentos recíprocos de forma a conseguir uma harmonização ou concordância prática entre estes bens"[665].

[663] Quanto a este assunto Reinhold Zippelius, *Teoria Geral do Estado*, (Tradução do alemão *Allgemeine Staatslehre* de Karin Praefke-Aires Coutinho), 3ª Edição, Lisboa: Fundação Calouste Gulbenkian, 1997, pp. 71 e 154-156 e *supra* Capítulo III.

[664] Gomes Canotilho, *Direito Constitucional...*, 3ª Edição, p. 1150.

[665] Gomes Canotilho, *Direito Constitucional...*, 3ª Edição, p. 1150.

O princípio da concordância prática não se confunde com o princípio da proporcionalidade em sentido lato, nem com o princípio da proporcionalidade em sentido restrito. Estes princípios, que se apresentam como limites ao arbítrio do poder legiferante e material de interpretação e aplicação das normas que restringem direitos, liberdades e garantias, não consubstanciam um limite ao esvaziamento ou à nihilificação do conteúdo e do alcance do bem jurídico afectado, mas um limite à trituração desse bem jurídico face à inadequação, à desnecessidade e inexigibilidade de intervenção e à não acepção do fim face à interpretação e/ou ao meio empregue.

O princípio da concordância prática ou da harmonização – aliado ao princípio da unidade jurídica – impõe a concreção máxima de cada um dos bens jurídicos em colisão, sendo que prevalecerá um sem que seja deificado e sem que o outro, bem jurídico sacrificado, não seja desnudado e esterilizado.

140. O processo penal é direito constitucional materializado. Sendo esta área jurídica de relevante valor e interesse para a Polícia, o princípio da concordância prática ganha espaço e releva não só face à colisão de direitos, liberdades e garantias do cidadão – que se impõe para a prossecução das finalidades do processo –, como também releva na concreção das finalidades do processo em conflito – realização da justiça, descoberta da verdade, defesa e garantia dos direitos fundamentais e paz jurídica.

Quanto às finalidades do processo penal, como afirma o decano FIGUEIREDO DIAS, é impossível uma "integral harmonização" das finalidades em torno de "todos ou na generalidade dos concretos problemas do processo penal", o que implicará, em caso de conflito, a compressão mais ou menos de uma das finalidades do processo penal face ao caso concreto e ao bem jurídico a tutelar, mas sempre atribuindo a cada uma das finalidades "a máxima eficácia possível: **de cada finalidade há-de salvar-se**, em cada situação, **o máximo conteúdo possível**, optimizando-se os ganhos e minimizando-se as perdas axiológicas e funcionais", ou seja, a «concordância prática»[666].

[666] JORGE DE FIGUEIREDO DIAS, *Lições de Processo Penal,* (Coligidas por MARIA JOÃO ANTUNES), Edição Policopiada, Coimbra, 1988-9, pp. 24 a 26. Negrito nosso.

No âmbito do processo penal, a actuação policial – principalmente na promoção das designadas medidas cautelares e de polícia – não pode olvidar as finalidades do processo nem os bens jurídicos que deve tutelar a sua intervenção. Do mesmo modo se impõe uma assumpção da concordância prática ou da harmonização quando em colisão se encontram princípios de actuação da polícia:

- Princípio da legalidade *versus* o princípio da oportunidade;
- Princípio da prossecução do interesse público *versus* o respeito do interesse legalmente protegido do particular;
- Princípio liberdade *versus* princípio da segurança;
- Princípio da justiça *versus* princípio da igualdade.

Acresce referir que igual conflito se desenvolve quando o elemento policial tem em mãos dois direitos fundamentais que deve tutelar – *p. e.*, o direito à vida e o direito à integridade física –, que não pode sobrevalorizar um em relação ao outro, mas deve salvaguardar o direito social e juridicamente mais relevante – vida – sem que desnude totalmente o de menor relevo – a integridade física.

Agrava-se o conflito quando de um lado a polícia deve preservar as provas de um delito, tendo necessidade de recorrer aos exames previstos na al. *a*) do nº 2 do art. 249º do CPP, e do outro tem de restringir o direito à liberdade de circulação de pessoas – quer por não poderem passar no local do delito quer por serem obrigadas a permanecer no local até ordem em contrário.

Há a harmonização de dois direitos – o direito da vítima na descoberta da verdade e na realização da justiça e o direito de e à liberdade dos demais cidadãos. A concretização desses direitos é uma das finalidades do processo penal.

141. O princípio da concordância prática ou da harmonização, como princípio próprio do processo penal e como pêndulo na prossecução das respectivas finalidades, deve, também, ser encarado no momento da decisão de solicitação, por parte da APC à AJ, de autorização ou ordem de realização de certos meios de obtenção de prova: buscas domiciliárias, apreensão de correspondência, escutas telefónicas, recurso ao agente infiltrado.

Há casos com "carácter irremediavelmente antimónio e antitético"[667] quanto à função/finalidade da actividade policial, e a solução para a "impossibilidade de harmonização integral das finalidades" dessa actividade pode estar na "tarefa – infinitamente penosa e delicada – de operar a *concordância prática das finalidades em conflito*"[668].

Como já referimos, esta tarefa conduz à compressão das finalidades, dos direitos e dos princípios em conflito, de "forma a atribuir a cada uma a máxima eficácia possível". De cada finalidade, de cada direito e de cada princípio em colisão "há-de salvar-se, em cada situação, o máximo conteúdo possível, optimizando-se os ganhos e minimizando-se as perdas axiológicas e funcionais"[669].

Na situação de *A*, agente policial, ter de prosseguir a função de *garantir a segurança interna – p. e.*, efectuar uma detenção de um indivíduo pela prática de condução perigosa, crime p. e p. pelo art. 291º do CP – não pode ultrapassar o limite imperativo da detenção, *i. e.*, priva-o da liberdade, mas não pode para tal socorrer-se de meios que ofendam a integridade física ou a vida do infractor.

O agente *A* concilia, na prática, a finalidade/função de garantia da segurança interna e dos direitos dos cidadãos, prossegue a finalidade da realização da justiça, da defesa e garantia dos direitos fundamentais – infractor e demais transeuntes – e alcança a paz jurídica por submeter a julgamento quem cometeu um facto delituoso censurável e censurado social e jurídico-criminalmente.

Seguindo a teorização para o plano criminal de Figueiredo Dias, deve promover-se uma optimização das finalidades/funções em conflito, mesmo que existam casos em que se impõe "eleger uma só das finalidades, por nela estar em causa a intocável dignidade da pessoa humana"[670] – *p. e.*, optar por não deter o infractor porque na operacionalização da detenção pode ofender-se a dignidade da pessoa – impelindo-se que, sempre que esteja em causa a dignidade da pessoa

[667] Jorge de Figueiredo Dias, *Lições de Processo Penal*, pp. 25.

[668] *Ibidem*. Segue, assim, a teoria de de Konrad Hesse no plano dos direitos fundamentais nos termos jurídico-constitucionais. Cfr. Konrad Hesse *apud* Jorge de Figueiredo Dias, *Lições de Processo Penal*, pp. 25, n. 38.

[669] *Ibidem*.

[670] *Ibidem*.

humana do arguido ou de outrem, não se promove qualquer transacção, dando primazia absoluta à finalidade/função que melhor protege e garante o respeito da dignidade da pessoa humana – princípio estruturante do Estado de direito democrático, consagrado no art. 1º da CRP[671].

Cabe ao polícia/OPC, na harmonização das finalidades/função da sua actividade e dos princípios que norteiam o recurso às medidas cautelares e de polícia, aos meios de obtenção de prova ou aos meios coercivos potencialmente mais violadores dos direitos fundamentais, dar primazia aos que garantem com maior vigor o respeito da dignidade da pessoa humana e a defesa e garantia àqueles direitos sob pena de nihilificação de valores ou bens jurídicos.

142. A actuação da *Polícia de ordem pública, administrativa e judiciária* tem de atender ao «princípio da concordância prática». As funções ou fins adstritos à polícia constitucionalmente (art. 272º da CRP) são uma das tarefas fundamentais do Estado de direito e democrático. Mas, essas funções não são estanques nem são absolutas, uma vez que à polícia se impõe que faça a harmonização das funções inculcadas face à obrigação de ao Estado se exigir que garanta aos cidadãos bem-estar e qualidade de vida. Desde logo, se impõe à polícia que não absolutize a segurança em detrimento total da liberdade, porque esta solução não garantirá os direitos dos cidadãos, nem o bem-estar e muito menos qualidade de vida aos cidadãos – tarefas fundamentais do Estado [als. *b*) e *d*) do art. 9º da CRP].

A actuação das forças e serviços de segurança implicará, muitas vezes, a restrição de direitos e liberdades fundamentais dos cidadãos. No sentido de evitar uma restrição excessiva ou aniquiladora de qualquer um dos direitos ou liberdades fundamentais, assim como de princípios norteadores da intervenção policial, o princípio da «concordância prática» tem de se materializar não só no plano legisferante, como também no plano hermenêutico da actuação policial.

A prossecução de um princípio, de uma finalidade ou de um direito ou liberdade por parte da actuação policial implicará que,

[671] *Idem*, p. 26.

na restrição do princípio, da finalidade, do direito ou da liberdade, se opte por uma concordância que permite aproveitar o máximo de cada um dos elementos em conflito sem que algum seja nihilificado. Caso contrário promover-se-á um desequilíbrio do sistema da actuação policial.

§ 43º Do Princípio da Liberdade

a. Considerações genéricas

143. A **liberdade**[672], como conjunto complexo de direitos e de deveres que os homens e as suas instituições definem e proclamam e como realidade inerente ao ser humano que, como nos ensina o sábio grego[673], imbricada em uma concepção de justiça sedimentada em critérios de equidade[674], apresenta-se à POLÍCIA como **meta a defender e a alcançar** como se lhe impõe constitucionalmente – art. 272º da CRP – devendo promover todos os actos atinentes a esse cumprimento *ex vi* do art. 3º conjugado com o art. 18º, nº 1 da CRP, tendo em conta que a privação (restrição) da liberdade só se admite no quadro constitucional previsto no nº 3 do art. 27º da CRP.

Princípio inerente a um Estado de direito democrático e direito natural de todo ser humano que se realiza no seu próprio pensar, decidir e agir livremente no mundo, que, como ser livre e pessoal, a liberdade exige "a consagração legal de tudo o que seja indispensável para a realização de cada homem"[675]. Desta feita, defendemos que a liberdade só se concretiza quando a justiça, como "insubstancial que de nada depende mas do qual, no mundo jurídico, tudo depende", se

[672] Quanto ao princípio da liberdade no processo penal, os nossos *Processo Penal* – Tomo I, 3ª Edição, pp. 257-276 e *Do Ministério Público e da Polícia...*, pp. 487-499.

[673] ARISTÓTELES *apud* JOHN RAWLS, *Uma Teoria para a Justiça*, (Tradução de CARLOS PINTO CORREIA), Lisboa: Editorial Presença, 1993, p. 197.

[674] Sobre as teorias da justiça veja-se ANTÓNIO BRAZ TEIXEIRA, *Sentido e Valor do Direito*, 2ª Edição, Lisboa: INCM, 2000, pp. 223 e ss..

[675] *Idem*, p. 210.

enraíza em princípios como os da igualdade e da imparcialidade[676] enformadores da actividade policial.

144. A liberdade não só é um direito natural, um valor, um ideal, mas é também um princípio que deve ser cultivado pela polícia/OPC de modo que cada sujeito de direitos e de deveres possa autodeterminar-se, escolher voluntária e espontaneamente, ausente de quaisquer interferências na procura incessante de realização de necessidades e do seu ideal de crescimento e desenvolvimento no seio comunitário.

Mas a liberdade não pode ser circunscrita ao campo privado, ao campo da política, da moral, das ideias, da acção, da palavra, do culto (...). A liberdade, como princípio, tem de ser pública na qual todos os cidadãos se revejam e se sintam membros de uma comunidade, na qual participam activamente e para a qual dirigem os seus intentos éticos, morais e religiosos, e na qual encontrem a legitimação da actuação policial, baluarte de garantia.

A natureza pública da liberdade preconiza-se em dois vectores:

α. o *negativo* que consubstancia a proclamação da liberdade face ao poder do Estado, cuja estrutura de funcionamento, quer seja económica, quer seja judicial, quer seja política, jamais pode funcionar como base de restricção daquela sem fundamento enraizado na própria essência da liberdade face à restrição. Esta, como o art. 18º da CRP consagra, deve estar expressamente prevista na Constituição – 1ª parte do nº 2[677].

[676] O Homem encontra-se quando o princípio da liberdade é rebocado e reforçado com os princípios da ordem, da paz, do respeito pela personalidade individual, da solidariedade, da segurança, funcionando todos em coexistência intrínseca e harmoniosa como se de corolários simultâneos se tratassem. Veja-se, nesta mesma linha e indissociável, a liberdade e a igualdade como princípios de justiça humana, NORBERTO BOBBIO, *Teoria Geral da Política...*, 20ª Tiragem, pp. 488-492.

[677] Concordamos com a tese de que "a admissibilidade da restrição **à liberdade terá de encontrar no texto constitucional** *expressão suficiente e adequada* (parecendo de admitir, porém que a previsão não necessita de ser *directa* para ser *expressa*)" [Cfr. GOMES CANOTILHO e VITAL MOREIRA, *Constituição da República...*, 2ª Edição, 1º Vol., p. 167 e ss., negrito nosso]. JORGE MIRANDA defende que estamos perante o princípio da tipicidade das restrições autónomas dos direitos, liberdades e garantais [JORGE MIRANDA, *"O Regime dos Direitos, Liberdades e Garantias"*, in *Estudos Sobre a Constituição* – 3º Vol., Lisboa: Livraria Petrony, 1979, p. 81].

A restrição deve salvaguardar outros direitos ou interesses constitucionalmente protegidos – *in fine* do nº 2[678] – e deve limitar-se ao estritamente necessário e mostrar-se apta para o efeito – 2ª parte do nº 2[679]. A restrição não pode aniquilar a liberdade diminuindo a extensão e o alcance essencial do seu conteúdo – *in fine* do nº 3[680-681].

A *perspectiva negativa da liberdade* impõe à Polícia deveres jurídico-constitucionalmente consagrados e de auto-limitação e/ou de condicionamento da sua actividade: *p. e.*, no dever de pro-

[678] Este pressuposto significa que a restrição da liberdade não pode ser desmotivada, de forma gratuita e arbitrária, sendo necessário que esse direito ou interesse que se invoca tenha uma adequada e suficiente expressão constitucional, como acontece com os interesses de *segurança interna* (art. 272º) e de *defesa nacional* (art. 273º). Neste sentido GOMES CANOTILHO e VITAL MOREIRA, *Constituição da República...* – 1º Vol., 2ª Edição, pp. 169 e 170.

[679] A restrição do exercício da liberdade tem de encarnar o *princípio da proporcionalidade* ou *princípio da proibição do excesso*, cujo alcance depende do íntegro respeito dos seus corolários: o *princípio da adequação* para a prossecução dos fins visados; o *princípio da exigibilidade*, as medidas restritivas da liberdade devem ser exigíveis (*a fortiori* art. 29º, nº 2 da DUDH), porque são o meio mais eficaz e menos oneroso para liberdade; o *princípio da proporcionalidade em sentido restrito*, em que os meios legais restritivos e os fins obtidos situam-se numa justa e proporcionada medida. Neste sentido GOMES CANOTILHO e VITAL MOREIRA, *Constituição da República...*, 1º Vol., pp. 170 e 171. Cfr. JORGE MIRANDA, "O Regime dos Direitos...", *in Estudos sobre...* – 3º Vol., p. 82 e o art. 18º da CEDH e *supra* § 22º.

[680] No equacionamento da problemática do conteúdo essencial de um direito em confronto com outro bem, jamais a ponderação pode fundamentar a *aniquilação* de quaisquer direitos fundamentais, que são *bens jurídicos objectivos*. Neste sentido GOMES CANOTILHO e VITAL MOREIRA, *Constituição da República...*, 1º Vol., p. 172. Cfr. JORGE MIRANDA, "O Regime dos Direitos...", *in Estudos sobre...* – 3º Vol., p. 82.

[681] Neste sentido JOHN RAWLS, que afirma que "os argumentos para a restrição da liberdade decorrem do próprio princípio da liberdade", [JOHN RAWLS, *Uma Teoria...*, p. 195]. *A privação da liberdade tem de se cimentar na própria essência de liberdade de outros e nunca na salvaguarda de princípios de autoritarismo estatal.* No modelo inquisitório a verdade material pura e crua era o fim único e exclusivo, mas no modelo de estrutura acusatória a dignidade humana é o fim único, cuja realização depende da defesa da própria liberdade individual face aos poderes do estado, que, muitas das vezes, se arrogam da prossecução do interesse público como forma de justificar o injustificável. Neste plano, a defesa desenvolve-se e efectiva-se através de instrumentos jurídicos supra legais e ordinários, desde diplomas internacionais, passando pela Constituição da República e pela legislação ordinária interna.

mover e materializar os princípios da presunção de inocência – todo o suspeito da prática de crime presume-se inocente até trânsito em julgado –, da celeridade processual – devendo promover as suas atribuições e competências de modo a que a liberdade do cidadão não seja privada de forma excessiva – do respeito pela integridade pessoal das pessoas (moral e física) – a polícia não pode actuar de forma a ofender a integridade do cidadão, como agredindo-o voluntariamente ou usar desproporcionadamente da força física.

β. o *positivo* que reveste a defesa do cidadão[682] face a agressões e ameaças dos demais membros da comunidade, cuja actividade da polícia/OPC se funda e se legitima.

A efectividade da liberdade depende da vontade de estruturação e organização do Estado que se manifesta na criação não só de uma defesa material dessa liberdade, desenvolvida e exercida pelas forças de segurança, pelos tribunais, mas também e necessariamente na criação de um espírito de serviço público por parte daquelas que devem actuar de acordo com os instrumentos jurídicos em vigor no nosso ordenamento jurídico.

145. O Estado ao legislar autolimita-se de modo a se legitimar perante os seus membros. Estes não vêem com bons olhos a restrição da sua liberdade em prol de interesses muitas vezes recheados de receitas milagrosas e de promessas de eficácia na protelação da liberdade face aos demais cidadãos e ao próprio Estado.

Sendo que é no processo penal que o princípio da liberdade ganha maior relevo e no qual a *polícia em sentido judiciário* ganha dimensão activa e que aquele é, como ensina Jean Larguier, um instrumento jurídico imbuído e edificado segundo o primado da liberdade do cidadão. O *princípio da liberdade* deve reflectir-se na intervenção da polícia como reflexo de uma busca humana que procura assegurar *todas as garantias de defesa*[683] ao arguido e, consequentemente, de protecção *erga omnes.*

[682] Defesa promovida pela Polícia, cujos actos se apresentam como garantia dos direitos do cidadão.

[683] Cfr. art. 32º, nº 1 da CRP.

Na defesa da liberdade de todos, podemos falar da consagração da *natureza excepcional e precária da detenção* que é, inequivocamente, uma manifestação de que o legislador constitucional procurou sedimentar e vincular a actividade da polícia/OPC, no processo penal, à defesa dos inocentes e dos homens honestos com base no princípio da liberdade.

O art. 27º da CRP consagra a *liberdade* não apenas como *direito*, mas como *valor* e *princípio* a defender e a cultivar por todos os operadores da justiça. Acresce que a privação da liberdade depende de *sentença judicial condenatória*, mas a mesma tem de se fundar na *prática de acto punido por lei com pena de prisão ou de aplicação judicial de medida de segurança*. Mas a disposição legal que declare o acto punível tem de ser anterior à prática do mesmo, conforme consagra o nº 1 do art. 29º da CRP e o artº 1º do CP.

Os princípios da legalidade, da tipicidade e da não retroactividade da lei penal são corolários consequentes do princípio da liberdade[684] que a polícia deve ter presente em cada actuação em concreto.

John Rawls afirma que "a existência de mecanismos penais eficazes constitui a garantia que os sujeitos dispõem face aos seus semelhantes"[685], a cuja formulação acrescentamos que essa garantia se deve efectivar mais fortemente face aos poderes do Estado, principalmente quando estamos *no campo criminal em que o exercício da liberdade está mais fortemente limitado e condicionado*, devendo esta liberdade 'menor' ser melhor protegida de modo que se transforme em uma efectiva realidade.

A Constituição da República Portuguesa, nos artigos 27º, 28º, 29º, 30º, 31º, 32º e 33º, procurou incutir no espírito do legislador, do intérprete e do aplicador da lei – *maxime* polícia/OPC – o sentido de que **o princípio da liberdade é um valor sagrado e supremo que se sobrepõe à própria verdade material**, *i. e.*, apoiando-nos na síntese de

[684] Como afirma John Rawls, "ao aplicar o princípio da legalidade, devemos ter em mente a totalidade dos direitos e deveres que definem as liberdades e ajustar em conformidade as exigências respectivas". John Rawls, *Uma Teoria...*, p. 195.

[685] *Ibidem*.

José Vieira de Andrade, a polícia/OPC deve obediência ao **princípio** *in dubio pro libertate* – tem de optar pela solução "menos restritiva ou onerosa para a esfera da livre actuação dos indivíduos – um imperativo da razão prática que não dispensa a procura da solução mais correcta", mesmo que não seja a liberdade total[686].

John Rawls titula este valor como o princípio da prioridade da liberdade, que ancorado em razões de justiça e de respeito pelos demais princípios humanos, pode possibilitar a concretização da *democracia constitucional*[687].

b. Manifestações do princípio da liberdade na actuação dos OPC – Polícia

α. primado da liberdade individual

146. O primado da liberdade individual emerge *ab initio* do princípio da legalidade quer no plano substantivo criminal, que impõe a existência de uma conduta que consubstancie um *facto descrito e declarado passível de pena/contra-ordenação por lei anterior ao momento da sua prática*[688], quer no plano adjectivo, cujas medidas ou actos a praticar pela polícia/OPC têm de estar tipificadas na lei. Neste sentido, se exige que se a polícia//OPC tiver dúvidas deve dar primazia à liberdade: *in dubio pro libertate*.

No âmbito criminal, a intervenção polícia/OPC no que concerne à detenção encontra-se limitada à natureza do crime – se for de natureza particular a privação da liberdade não se mantém, *ex vi* do art. 255º, nº 4 do CPP – e, em caso de erro quer da pessoa quer na análise dos pressupostos, aqueles têm de libertar o detido, *ex vi* do art. 261º do CPP.

[686] José Vieira de Andrade, *Direitos Fundamentais na Constituição Portuguesa de 1976*, 3ª Edição, Coimbra: Almedina, p. 309, nota 60. Neste sentido Laura Zuñiga Rodrigues, *Política...*, pp. 54 e 58.

[687] John Rawls, *Uma Teoria...*, p. 197.

[688] Cfr. nº 1 do art. 1º do CP e o art. 1º do RGCO.

β. estrutura do processo (crime)

147. A Polícia não está ausente no que à estrutura do processo diz respeito, por a consagração do princípio da separação de funções ou do acusatório, que tem como substracto a dicotomia de que quem investiga e acusa é diferente de quem julga, procurar concretizar o sonho da prossecução do trapézio da liberdade. Trapézio esse que está em uma balança que anda de um lado para o outro, mas que está preso ao suporte da fiscalização de outrem.

A investigação funciona como uma balança, onde colocamos em um dos pratos todos os indícios criminais e onde registamos expressa e tacitamente os meios/métodos de obtenção desses indícios, mas também no outro temos o arguido, detentor de direitos e liberdades fundamentais, que tem o seu direito de defesa e de contrariar aqueles indícios e de apresentar elementos que fundamentem a sua contraditoriedade. Contudo, ambos os pratos estão presos e controlados por um pé capaz de equilibrar o balançar de forma que a acção penal não caia no autoritarismo ou no tão conhecido Estado polícia.

148. A separação das funções promove necessariamente o respeito pelo princípio da liberdade, porque a ponderação e análise factual é, sem dúvida, mais justa, a mais que exerce-se com independência, com imparcialidade e objectividade, tendo como fim último a realização da pessoa humana e da sua dignidade.

A estrutura acusatória encontra voz no *juiz das liberdades* que fiscaliza todos os actos praticados pela polícia/OPC – artigos 251º, nº 2, 253º, 174º, nº 6 e 178º, nº 5 do CPP – e a quem cabe autorizar os actos que colidam com direitos fundamentais – art. 32º, nº 4 da CRP e artigos 268º e 269º do CPP – que afastou o fantasma do juiz polícia típico do processo de natureza inquisitória pura. Podemos aferir que o nº 7 do art. 8º da LOIC tem, na sua génese, não só a operatividade judicial, mas também diminuição do fulgor emotivo do OPC que procedeu à investigação criminal e demais diligências na fase do inquérito.

O princípio da liberdade impõe à polícia/OPC uma intervenção fundamentada[689] e fundeada na concreção dos demais princípios gerais e específicos de actuação e baseada no exame crítico das medidas cautelares e de polícia, assim como se exige à Autoridade de Polícia Criminal que fundamente o requerimento ao MP ou ao JIC para a emissão de mandados de busca domiciliária, de apreensão ou de intercepção e gravação de comunicações[690], e, até mesmo, à Autoridade Policial quanto às medidas cautelares administrativas por que se optou em um caso concreto.

γ. presunção de inocência

149. O princípio da liberdade preenche o conteúdo do princípio da presunção de inocência até trânsito em julgado. A inadmissibilidade da presunção de culpa acarreta o reconhecimento de que a privação da liberdade, entenda-se a física e a psicológica, é um mal que

[689] João Caupers, relativamente à fundamentação da decisão administrativa, afirma que a fundamentação da decisão, a indicação das razões que a fundamentam, é "um factor indispensável para controlar a legalidade desta", além de "procurar assegurar o rigor de ponderação de interesses subjacentes à decisão" [João Caupers, *Introdução ao Direito Administrativo*, Lisboa: Âncora Editora, 2000, p. 73]. A fundamentação de uma decisão não pode ser vista como "um requisito meramente formal", mas como o fornecimento a todos das "razões que fundamentam o processo de decisão naquele sentido, e estas razões têm que ser confrontadas com as intenções genéricas da norma aplicada". Cfr. António Manuel Hespanha, *O Caleidoscópio do Direito. O Direito e a Justiça nos Dias de Hoje*, 2ª Edição, Coimbra: Almedina, 2009, p. 601.
No Direito criminal processual a *fundamentação* obriga necessariamente à ponderação dos factos e das disposições legais que conduzem à convicção do tribunal, o que funciona indubitavelmente como factor indispensável de controlo da legalidade da decisão judicial. A fundamentação, mecanismo de controlo das jurisdições modernas, tem o seu maior fulgor não num processo de natureza inquisitória, mas sim num processo de natureza acusatória, em que a convicção do tribunal se forma na audiência de julgamento, devendo a mesma passar de mera convicção oratória a convicção escrita e amalgamada na sentença. A fundamentação pode ser vista como uma consequência imediata e inevitável do processo de estrutura acusatória que tem como primado a defesa dos direitos e liberdades do arguido face aos poderes do *ius puniendi*, que, pela sua simbologia, ao iniciar-se o inquérito criminal, coarcta toda e qualquer liberdade de acção física e moral.

[690] Quanto a este assunto, o nosso *Escutas Telefónicas...*, 2ª Edição, pp. 78-80.

não deve ser, primeiramente, posto em prática com fundamento em razões políticas, religiosas, culturais ou económicas[691], nem com fundamento em presunções fruto de deduções empíricas ou coloquiais.

É de avocar a construção de NEREU GIACOMOLLI[692] quando opta por defender o *estado de inocência* em detrimento da presunção de inocência. Esta contrução impõe um maior respeito pelo ditame de cidadão sujeito e não objecto do processo. Esta construção é de reclamar para a actução policial que deve olhar para o agente da infracção criminal como inocente.

Como ensina GERMANO MARQUES DA SILVA, face à crescente ideia de insegurança pela visibilidade do crescimento da criminalidade, promovida pelos *mass media*, existe o perigo de a polícia, no intuito de promoção de medidas policiais de intimidação, olhar para tudo como se fosse suspeito, sendo, assim, "uma doença de profissão policial", que se caracteriza por criar nos agentes policiais a "tendência para ver tudo como fonte potencial de perturbação e de desordem e consequentemente a abordar todas as situações com um sentimento de desconfiança"[693]. Imaginemos o seguinte exemplo:

> Se ***A*** estava junto do carro e este consta para apreender porque foi furtado, logo ***A*** é o agente do crime, deve ser detido e presente ao juiz de instrução para primeiro interrogatório judicial. Perante os factos descritos, presume-se que ***A*** foi o autor material daquele comportamento desviante e censurável jurídico-criminalmente.

Estes pensamentos e estas deduções violam a essência dos princípios que regem o Direito penal substantivo e adjectivo, dos direitos, liberdades e garantias dos cidadãos, e são próprios de um processo de índole inquisitória, em que a presunção de culpa é regra e a de ino-

[691] Não podemos pensar que, como *A* não tem meios de sobrevivência e anda a minguar nas ruas, deve o mesmo ser coarctado da sua liberdade de modo que não incomode os demais cidadãos cumpridores.

[692] Para uma maior desenvolvimento, NEREU JOSÉ GIACOMOLLI, *O Devido Processo Penal. Abordagem Conforme a Constituição Federal e o Pacto de São José da Costa Rica. Cases da Corte Interamericana, do Tribunal Europeu e do STF*, São Paulo: Atlas, 2014, pp. 89-111.

[693] GERMANO MARQUES DA SILVA, *Ética Policial e Sociedade Democrática*, Lisboa: Edição do ISCPSI, 2001, p. 52.

cência é a excepção, tendo o arguido o ónus de provar a sua inocência. O princípio da liberdade impõe ao Estado – *maxime* polícia/OPC – o ónus da prova de que *A* foi o autor dos factos descritos e que a lei penal qualifica como crime de *furto de uso de veículo* – p . e p. pelo art. 208º do CP – ou de *furto qualificado* – p. e p. pelo art. 204º do CP.

Se persistir a dúvida de que se *A* foi ou não o autor do furto, deve conduzir o tribunal à decisão de absolvição e não de condenação. A descrição *de que não se provou, mas tudo leva a crer que* é típica de um processo de estrutura inquisitória e de um Estado totalitário ou de polícia, em que o arguido, a quem estava cometido o *onus probandi*, não conseguiu provar a sua inocência, logo se presume a sua culpa, quando esta jamais deve ser presumida.

150. À polícia/OPC, face ao princípio da presunção de inocência, cabe pugnar por promover a celeridade processual[694], uma vez que o arguido deve *ser julgado no mais curto prazo compatível com as garantias de defesa* – *in fine* do nº 2 do art. 32º da CRP –, devendo promover com a maior celeridade possível as diligências solicitadas pela AJ competente.

Que liberdade tem um indivíduo quando, sendo arguido de um processo crime, vê a comprovação judicial da sua inocência a ser adiada *sine die*? Não tem liberdade, não pode vivê-la, exercitá-la e senti-la como sua e como real.

A Polícia na sua intervenção, quer *a priori* quer *a posteriori*, deve partir sempre do pressuposto de que o indivíduo que investiga ou sobre qual está a praticar actos ou diligências processuais é inocente até sentença transitada em julgado, evitando-se assim a ideia errónea e muitas vezes falível de que aquele é o culpado e não um culpado.

[694] Mas a celeridade processual jamais pode ser promovida com base na restrição dos direitos, liberdades e garantias do cidadão. Estes também e jamais podem servir para justificar a morosidade da justiça ou da inércia dos operadores da justiça. *Impõe-se um equilíbrio entre a tutela efectiva de cada direito, liberdade e garantia sob pena de delatarmos a justiça. Sem justiça não existe democracia.* Neste sentido Anabela Miranda Rodrigues, "A Celeridade do Processo Penal – Uma Visão de Direito Comparado", *in Actas de Revisão do Código de Processo Penal* – Vol. II – Tomo II, Lisboa: Assembleia da República – Edições, 1999, p. 75.

δ. princípio do contraditório

151. A actividade da POLÍCIA não só está sujeita ao princípio do contraditório no sentido de que os seus actos podem e devem ser discreteados no processo crime quer pela acusação quer pela defesa, porque a verdade material não é só a de quem investiga como todo acto material ou diligência está sujeito a ser contraditado quer pelo fiscalizador interno ou externo quer pelas autoridades judiciais quando suscitadas.

A verdade só pode ser plena quando se descobre a *verdade material, prática, judicial e processualmente válida*[695] o agente do crime e não um agente do crime, a causa real do crime e não a causa real de uma das partes.

A *verdade* procurada e que é ou deve ser contraditada em sede de julgamento onera a polícia/OPC a actuar com *isenção* e *objectividade* de modo a evitar que um cidadão seja submetido a um processo (contra-ordenação e/ou crime) sem fundamento de facto e de direito, nem lhe ser qualificada a conduta quando existem circunstâncias de previlegiamento ou, até mesmo, justificantes ou exculpantes.

No âmbito criminal, tendo em conta a necessidade de chamar o arguido a participar na administração da justiça criminal, o legislador constitucional consagrou a subordinação ao princípio do contraditório a audiência de julgamento e os actos instrutórios – 2ª parte do nº 5 do art. 32º da CRP –, nos quais são discreteados os actos produzidos pela Polícia *a priori* e *a posteriori* da intervenção judicial que coadjuvaram na identificação e determinação do objecto do processo.

152. A produção de prova é realizada na audiência de julgamento, devendo os meios de prova apresentados nesta fase ser *submetidos ao princípio do contraditório, mesmo que tenham sido oficiosamente produzidos pelo tribunal*, conforme estipula o nº 2 do art. 327º do CPP. Os meios de prova – produzidos e/ou obtidos pelos OPC/Polícia – têm de ser discutidos e debatidos entre a acusação e a defesa, proporcionando um

[695] Cfr. JORGE DE FIGUEIREDO DIAS, *Processo Penal...*, Reimpressão da 1ª Edição, Colecção Clássicos Jurídicos, p. 194.

controlo das provas por parte do arguido e um discreteamento do resultado quer das apresentadas pela acusação, quer das apresentadas por si próprio[696].

A inquirição de testemunha – muitas vezes, elemento policial – está sujeita ao contraditório, nº 4 do art. 348º do CPP, e nas alegações finais é dada a palavra quer à acusação quer à defesa, sendo esta, sob pena de nulidade, sempre o última a falar, nºs 1 e 2 do art. 360º do CPP[697].

O princípio do contraditório tem relevância para a actuação da polícia/OPC como freio balizador e limitador da actuação preventiva e repressiva, quer a *priori* quer a *posteriori* da intervenção da AJ. Mas é a montante, na consciencialização de que o seu labor vai ser examinado e contradito em outras sedes, que deve induzir a polícia/OPC a prosseguir uma actuação cingida ao primado da liberdade, assim como a carrear para o processo todos os elementos probatórios independentemente de serem ou não favoráveis ao arguido.

ε. princípio da juridicidade

153. O princípio da juridicidade dos actos da polícia/OPC advém da tutela efectiva dos direitos fundamentais como manifestação concreta do princípio de separação de poderes[698], considerados em uma perspectiva individual e colectiva, como os da dignidade, da liberdade, da igualdade e da segurança que se prosseguem através de um processo penal jurisdicionalizado, no qual tem presença um juiz imparcial, que apenas se deve preocupar com a realização da justiça[699].

[696] Neste sentido GERMANO MARQUES DA SILVA, *Curso de Processo...* – Vol. I,4ª Edição, p. 77.

[697] Cfr. artigos 327º, 348º, 355º e 360º do CPP. Acrescentamos que o nº 3 do art. 321º também estipula que a decisão de exclusão ou de restrição da publicidade é, sempre que possível, precedida de **audição contraditória** dos sujeitos processuais interessados, (negrito nosso).

[698] Nesta linha e com profundo desenvolvimento sobre a jurisdicionalização em geral, ANTÓNIO MARTINEZ VALADAS PRETO, "Jurisdição", *in Dicionário Jurídico da Administração Pública* – Volume V, (Dirigido por JOSÉ PEDRO FERNANDES), Lisboa, 1993, pp. 319-349.

[699] Neste sentido GERMANO MARQUES DA SILVA, *Curso de Processo...* – Vol. I, 4ª Edição, pp. 52 e 53.

Nesta perspectiva, o juiz funciona como *barómetro independente*[700] que assegura a efectivação de direitos, liberdades e garantias do arguido, assim como dos direitos e liberdades de todos os cidadãos.

O princípio juridicidade impende como uma espada sobre a polícia/OPC na demanda de uma actividade sujeita a todo tempo à fiscalização e intervenção judicial, quer seja actividade administrativa, quer seja actividade judiciária criminal em sede de competências próprias ou delegadas.

ζ. princípio da lealdade

154. A proibição de medidas cautelares e de polícia e de métodos enganosos, criminosos e delatores na obtenção da prova, consagrada no art. 126º do CPP, funciona como um garante da liberdade de todos os cidadãos. Uma liberdade física e moral que se consubstancia na própria liberdade de decisão ou de formação da sua própria vontade, que não é impelida, nem interpelada a ser a génese de uma conduta punida pelo ordenamento jurídico como crime e, até mesmo, como contra-ordenação. Pois, a lealdade, como ensina GERMANO MARQUES DA SILVA, "pretende imprimir na investigação criminal toda uma atitude de respeito pela dignidade das pessoas e da justiça"[701].

O princípio da lealdade é, neste sentido, um corolário do princípio da liberdade, que, como valor a respeitar mesmo em detrimento da verdade material, apenas se realiza em um processo penal de estrutura acusatória em que a sua moldura é recheada pelos primados do princípio democrático que deve legitimar todo o poder do Estado e ser o impulso orientador de uma sociedade[702] erigida em valores éticos e morais inerente ao respeito pela dignidade da pessoa humana.

[700] No sentido de que o juiz independente é garante da expressão e da tutela da liberdade, que está na lei, legitima e devidamente promulgada, D. ANTÓNIO FERREIRA GOMES, "A sociedade e o Trabalho: Democracia, Sindicalismo, Justiça e Paz", *in Direito e Justiça*, Vol. I, 1980, p. 14.

[701] GERMANO MARQUES DA SILVA, *Ética Policial* ..., p. 69.

[702] Neste sentido GOMES CANOTILHO, *Direito Constitucional* ..., p. 281.

155. A primazia da liberdade contra os abusos do poder punitivo é própria de um Estado que se rege pelos primados do direito e da democracia em que o *indivíduo em si é um sujeito de direitos e de deveres* e não um objecto do qual se arranca uma verdade capaz de satisfazer os interesses gerais de segurança e de cumprimento do dever.

Os princípios democrático e da lealdade são duas traves mestras de um processo capaz de traduzir "uma maneira de ser da investigação e obtenção das provas em conformidade com o respeito dos direitos da pessoa e a dignidade da justiça"[703], impondo-se **aos agentes que operam a administração da justiça a obrigatoriedade de actuarem no estrito respeito pelos valores próprios da pessoa humana,** como a sua dignidade (valor supremo que se sobrepõe aos próprios fins de justiça), como a sua integridade pessoal (física ou moral)[704], cuja "interdição é absoluta"[705], como a própria liberdade de formação e manifestação da sua vontade perante a demais sociedade, ou seja, a Polícia/OPC deve ter uma atitude de profundo respeito pela personalidade humana[706] e de respeito pela realização de justiça, promovendo-se assim a realização do princípio da liberdade quer na sua dimensão positiva, quer na negativa.

A justiça não se realiza quando *a priori* os seus agentes se socorrem de medidas de polícia ou meios de obtenção de prova e de investigação que violem um dos pilares do processo penal: o respeito pela dignidade da pessoa humana[707], que por sua vez violam o princípio da liberdade.

[703] Germano Marques da Silva, "Bufos, Infiltrados, Provocadores, ...", *in* Tereza Beleza *et Alii*, *Apontamentos...* – Vol. III, p. 65; e *Curso de Processo...* – Vol. I (1ª Edição, 1992) e Vol. II (2ª Edição, 1999), pp. 53 e 161.

[704] Cfr. 1ª parte do nº 8 do art. 32º e nºs 1 e 2 do art. 26º e art. 25º da CRP.

[705] Gomes Canotilho e Vital Moreira, *Constituição da República...*, 3ª Edição, p. 206.

[706] Cuja tutela geral está consagrada no art. 70º da CC, que, segundo Rabindranath Capelo de Sousa, imprime o respeito que todos devem ao homem como um ser intelectivo capaz de "perceber e entender dados dos sentidos, de organizar e orientar os sentimentos (...), em suma, de pensar e conhecer". Rabindranath Capelo de Sousa, *O Direito Geral da Personalidade*, Coimbra: Coimbra Editora, 1995, p. 234.

[707] Neste sentido Germano Marques da Silva, *Curso de Processo...* – Vol. I (1ª Edição, 1992) e Vol. II (2ª Ed., 1999), pp. 53 e 161.

η. identificação e determinação do objecto do processo

156. A actividade policial, principalmente na fase de inquérito e, nesta na de investigação, é crucial para a identificação e determinação do objecto do processo[708], mas a indisponibilidade do objecto transforma-se em manifestação do princípio da liberdade.

A Polícia/OPC, na sua actividade investigatória, deve funcionar como o instrumento técnico-táctico essencial para que juridicamente se determine e se identifique o objecto do processo penal[709], pois dela depende em muito a credibilidade da justiça e da salvaguarda dos valores superiores como o da liberdade.

As limitações à liberdade de qualificação jurídica dos factos descritos na acusação ou na pronuncia é, sem qualquer dúvida, uma manifestação de que o processo penal procura defender os direitos, as garantias e as liberdades do arguido, que se presume inocente até transito em julgado, cuja liberdade individual é preciso preservar e assegurar o mais garantisticamente de modo que não se condenem inocentes, mesmo que se saiba que se absolvem culpados.

Acresce que cumpre à Polícia defender e garantir os direitos de todos os cidadãos, inclusive arguidos – art. 272º, nº 1 da CRP –, dos quais se destaca a liberdade. Na labuta diária, no quadro criminal de intervenção policial, o papel das polícias/OPC releva para identificar e determinar o objecto do processo crime e evitar que o cidadão seja julgado e condenado por um crime que não cometeu.

No mesmo sentido ideológico-operativo, a actividade de polícia administrativa sancionatória – quadro contra-ordenacional – é crucial para identificar e determinar o objecto do processo, como se pode retirar dos artigos 48º e 48º-A do RGCO –, *p. e.*, não basta levantar o auto de notícia, impõe-se à autoridade policial que descreva e indique todas as circunstâncias factuais que enquadrem a conduta de determinada pessoa em uma contra-ordenação, *i. e.*, o auto não pode

[708] Quanto a este assunto José Manuel Damião da Cunha, *O Caso Julgado Parcial*, Porto: Publicações da Universidade Católica, 2002, pp. 809-811.

[709] Quanto a este assunto com maior desenvolvimento, o nosso "Do Objecto do Processo: Da Importância dos Órgãos de Polícia Criminal na sua Identificação e Determinação", *in Politeia*, Ano III, nº 2, 2006, pp. 115-139.

nem deve facilitar a imprecisão probatória e de tipificação da conduta: se *A* anda na via pública com um canídeo sem trela, não pode resultar no processo contra-ordenacional a ideia de que não se afigura a circulação com canídeo sem trela, mas antes sem identificação e registo, como estipulam o DL nº 313/2003, alterado pela Lei nº 49/2007, de 31 de Agosto, o DL nº 314/2003 e a Portaria nº 421/2004.

θ. **da libertação em caso de detenção ilegal**

157. Como manifestação do princípio da liberdade – "interesse individual juridicamente protegido que consiste na *livre manifestação da vontade*"[710], *i. e.*, *liberdade de acção* e não mero *livre-arbítrio* –, os OPC ou as APC estão obrigados a proceder à *libertação* de qualquer cidadão detido logo que seja manifesto que a detenção se efectuou «por erro sobre a pessoa ou fora dos casos em que era legalmente admissível ou que a medida se tornou desnecessária», nos termos do nº 1 do art. 261º do CPP[711].

O princípio da liberdade vigora, também, quando o OPC recorre à detenção para identificação – al. *g)* do nº 3 do art. 27º da CRP e art. 250º do CPP –, a qual deve cessar logo que se tenha procedido à diligência, devendo-se colocar em liberdade todo e qualquer cidadão sem discriminações.

[710] FRANZ von LISZT, *Tratado de Direito Penal* –Tomo II (Tradução de JOSÉ HIGINO DUARTE PEREIRA), Campinas/SP: Russell, 2003, pp. 94-95.

[711] Quanto a este assunto, o nosso *Processo Penal* – Tomo I, 3ª Edição, pp. 347-350.

Capítulo VII
Das Competências em Geral Face à Natureza da Infracção

Sumário: § 44º Considerações gerais
§ 45º Do papel da POLÍCIA nas contra-ordenações:
a. Considerações gerais
b. Das contra-ordenações em geral
c. Da actividade policial no processo contra-ordenacional
d. Dos direitos do arguido em processo contra-ordenacional breve alusão geral
§ 46º Da intervenção em geral da POLÍCIA – OPC – no âmbito criminal

Fontes: **CANARIS**, CLAUS-WILHELM, *Pensamento Sistemático e Conceito de Sistema na Ciência do Direito,* (Tradução do alemão *Systemdenken und Systembegriff in der Jurisprudenz* de ANTÓNIO MANUEL DA ROCHA E MENEZES CORDEIRO), 4ª Edição, Lisboa: Fundação Calouste Gulbenkian, 2008; **CANOTILHO**, GOMES e **MOREIRA**, VITAL, *Constituição da República Portuguesa Anotada,* 3ª Edição, Coimbra: Coimbra Editora, 1993 e Volumes I e II, 4ª Edição, 2007 e 2010; **CORREIA**, EDUARDO, "Direito penal e o direito de mera ordenação social", *in Direito Penal Económico e Europeu: Textos Doutrinários – Problemas Gerais* – Vol. I, Coimbra: Coimbra Editora, 1998; *A Teoria do Concurso em Direito Criminal. Caso Julgado e Poderes de Cognição do Juiz,* Coimbra: Almedina, 1996; **COSTA**, JOSÉ DE FARIA, *Noções Fundamentais de Direito Penal (Fragmenta iuris poenalis). Introdução. A Doutrina Geral da Infracção [A Ordenação Fundamental da Con-*

duta (Facto) Punível: A Conduta Típica (o Tipo)], 2ª Edição, Coimbra: Coimbra Editora, 2009; **Dias**, Jorge de Figueiredo e **Andrade**, Manuel da Costa, *Criminologia. O Homem Delinquente e a Sociedade Criminógena*, 2ª Reimpressão, Coimbra: Coimbra Editora, 1997; **Dias**, Jorge de Figueiredo, "O movimento da descriminalização e o ilícito de mera ordenação social", *in Direito Penal Económico e Europeu: Textos Doutrinários – Problemas Gerais* – Vol. I, Coimbra: Coimbra Editora, 1998; *Direito Penal – Parte Geral – Questões Fundamentais – A Doutrina Geral do Crime* – Tomo I, Coimbra: Coimbra Editora, 2005; *Consequências Jurídicas do Crime*, Lisboa: Aequitas, 1993; *Direito Processual Penal*, (colecção Clássicos Jurídicos – Reimpressão da 1ª Edição de 1974), Coimbra: Coimbra Editora, 2004; **Fernandes**, António Joaquim, *Regime Geral das Contra-Ordenações – Notas Práticas*, Lisboa: Ediforum, 1998; **Gómez Colomer**, Juan-Luis, "Estado Democrático e Modelo Policial: Uma Proposta de Estrutura para Obter uma Investigação Eficaz do Crime", *in* Fauzi Hassan Choukr e Kai Ambos (Coord.), *Polícia e Estado de Direito na América Latina*, Rio de Janeiro: *Lumen Juris* Editora, 2004; **Gonçalves**, Maia, *Código de Processo Penal Anotado e Comentado*, 12ª Edição, Coimbra: Almedina, 2001; **Larenz**, Karl, *Metodologia da Ciência do Direito*, (Tradução do alemão *Methodenlehre der Rechtswissenschaft* de José Lamego), 3ª Edição, Lisboa: Fundação Calouste Gulbenkian, 1997; **Mendes**, António de Oliveira e **Cabral**, José dos Santos, *Notas ao Regime Geral das Contra-Ordenações e Coimas*, Coimbra: Almedina, 2003; **Monteiro**, Cristina Líbano, "O consumo de Droga na política e na técnica legislativa: Comentário à Lei nº 30/2000", *in Revista Portuguesa de Ciências Criminais*, Ano 11, Fasc. 3º, Vol. I; **Pereira**, António Beça, *Regime Geral das Contra-Ordenações e Coimas*, 5ª Edição, Coimbra: Almedina, 2003; **Pinheiro**, Alexandre Sousa e **Fernandes**, Mário João de Brito, *Comentário à IV Revisão Constitucional*, Lisboa: AAFDL, 1999; **Silva**, Germano Marques da, *Direito Penal Português – II – Teoria Geral do Crime*, 2ª Edição, Lisboa/São Paulo: Verbo, 2005; *Curso de Processo Penal* – Vol. II e Vol. III, 2ª Edição, Lisboa//São Paulo: Verbo, 1999; **Valente**, Manuel Monteiro Guedes, *Do Ministério Público e da Polícia. Prevenção Criminal e Acção Penal como Execução de uma Política Criminal do Ser Humano*, Lisboa: UCE, 2013; *Consumo de Drogas – Reflexões Sobre o Quadro Legal*, 4ª e 7ª Edições, Coimbra: Almedina, 2014 e 2019; *Direito de Menores – Estudo Luso-Hispânico sobre Menores em perigo e Delinquência Juvenil*, (co-autoria com Nieves Sanz Mulas), Lisboa: Âncora Editora, 2003; *Processo Penal* – Tomo I, 3ª Edição, Coimbra: Almedina, 2010.

§ 44º Considerações gerais

158. A POLÍCIA quer vista a pele de *polícia de segurança pública* – autoridade de polícia e agente de polícia – quer de *polícia administrativa* – autoridade policial ou agente policial – quer de *polícia criminal – órgãos de polícia criminal ou autoridades de polícia criminal* – e em qualquer tipo ou sistema político (foi) é e será sempre a face visível do Estado e as mãos da lei. A orgânica e o funcionamento dela é o resultado da sociedade que criamos e das estruturas de poder material que construímos. A Polícia é o rosto do Estado e da sua Constituição política.

Se optamos por dar um pendor mais securitário, em que a autoridade é fruto do normativo imposto, teremos uma Polícia que defenderá, em primeira linha, o Estado e tudo o que aquele representa na sociedade, cuja legitimação apenas emerge da *lex*.

Se optarmos por dar um pendor mais humanizante e vincado às políticas criminais de índole democratizante, teremos uma Polícia que não esgota a legitimação do poder material na *lex*, mas encontra-a na vontade popular e no exercício aceite e apoiado por todos, cuja acção não se centra na defesa do Estado, pessoa dotada de *ius imperii*, mas na prossecução de um serviço público próprio e imbricado com as funções que lhe estão adstritas constitucionalmente – defesa da legalidade democrática, garantia da segurança (interna) e garantia dos direitos (de todos os direitos) dos cidadãos – teleologicamente ancoradas no respeito da dignidade da pessoa humana.

A Polícia, materialmente falando e enquanto actividade diária que a todos afecta positiva ou negativamente, deve ser encarada sempre como força colectiva prestadora de serviço público quer no quadro de ordem pública, quer no de polícia administrativa, quer no de polícia judiciária.

A polícia não pode ser esbulhada de prerrogativas legais de *ius imperii* que limitem ou inoperacionalizem a prossecução das consagradas funções. Contudo, a actividade da polícia não pode ultrapassar os limites que o direito – princípios gerais, norma, jurisprudência e doutrina – lhe impõe para que seja legal e legítima.

159. O esbulho das prerrogativas de intervenção da Polícia não pode verificar-se ou variar consoante a natureza da infracção, *i. e.*, não podemos dar todas e mais algumas prerrogativas de intervenção no âmbito criminal e diminuir por completo se a infracção for de natureza contra-ordenacional.

Deve haver um equilíbrio admissível face à censurabilidade que recai sobre a infracção, pois os pressupostos formais e materiais de intervenção que legitimam e limitam devem ser os mesmos no plano criminal e no plano contra-ordenacional, mas mais acuradamente positivados e concretizados no plano criminal por encerrar em si mesmo o princípio da liberdade – valor supremo da justiça.

Neste sentido, é comummente aceite a *detenção para identificação* no quadro jurídico-criminal processual – nº 6 do art. 250º do CPP *ex vi* da al. *g*) do nº 3 do art. 27º da CRP –, mas de discussão viva no quadro contra-ordenacional[712]. Contudo, aos que defendem a não detenção para identificação no quadro administrativo sancionatório – contra-ordenações – pergunta-se se à recusa de identificação deve corresponder a detenção por crime de *desobediência*, p. e p.pelo art. 348º do CP.

Se a recusa à ordem de identificação por infracção de natureza contra-ordenacional e feita a cominação legal, emitida por agente de autoridade ou por agente de policial, pode o mesmo ou deve o mesmo deter o infractor pela prática do crime de *desobediência*. Poder-se-á dizer que se assim for ou se esta for a opção, estar-se-á a defender a opção mais restritiva da liberdade. Pois e como se esgrimirá em §º próprio, é um contrasenso aceitar esta solução muito mais restritiva da liberdade do cidadão, admitindo uma extensibilidade interpretativa e derrogação do princípio da proibição do excesso, além de que a al. *g*) do nº 3 do art. 27º da CRP não limita, no nosso entender, a detenção para identificação ao campo criminal.

[712] No Parecer da PGR nº 579/2002, L-H, conclui-se pela não aceitação da detenção para identificação no plano administrativo sancionatório. Quanto a este assunto *infra* § 45º (c.).

§ 45º Do papel da Polícia nas contra-ordenações

a. Enquadramento geral

160. As contra-ordenações, que surgiram, na Alemanha[713], no após II Grande Guerra como reacção contra à *hiper criminalização* ou "inflação incriminatória" com "legislação penal extravagante"[714], são, hoje[715], uma das áreas por excelência da actividade policial: *v. g.*, no quadro rodoviário, ambiental, dos ruídos, dos licenciamentos, da ordem pública, da propriedade industrial e intelectual, da segurança social e tributário, dos estupefacientes e substâncias psicotrópicas, dos animais de companhia, (etc.).

Cumpre-se, a par da "exigência de que se retirasse dos quadros do direito penal um larguíssimo número de infracções de nula ou duvidosa relevância ética" e da "necessidade de guardar o conteúdo ético que vive nas sanções penais (...) para comportamentos também eles eticamente relevantes, e de distinguir estes das infracções que não deveriam ser ameaçadas com penas criminais, mas com meras advertências sociais, coimas e sanções ordenativas", uma das razões da criação alemã das *Ordnungswidrigkeit*: a "conveniência de revestir o processamento destas infracções de especificidades que permitissem,

[713] Com a promulgação, em 1949, da *Wirtschaftsstrafgesetz*, e, em 1952, da *Gesetz über Ordnungswidrigkeiten*. Em Portugal, foi sob a batuta de Eduardo Correia, ainda Ministro da Justiça, que surgiu o primeiro diploma a instituir o ilícito de mera ordenação social: DL nº 232/79, de 24 de Julho. Em Itália, é a Lei nº 689, de 24 de Novembro de 1981, que introduz a figura da *Ordnungswidrigkeit*. Quanto a este assunto Jorge de Figueiredo Dias, "O movimento da descriminalização e o ilícito de mera ordenação social", *in Direito Penal Económico e Europeu: Textos Doutrinários – Problemas Gerais*, Coimbra: Coimbra Editora, Volume I, 1998, pp. 21-22 e, quanto à ***autonomia do direito de mera ordenação social***, *Direito Penal – Parte Geral* – Tomo I, Coimbra: Coimbra Editora, 2004, pp. 149-157.

[714] Jorge de Figueiredo Dias, "O movimento da descriminalização...", *in Direito Penal Económico...* – Volume I, p. 21.

[715] Veja-se a discussão que existe em dar maior amplitude de intervenção ao direito contra-ordenacional como um *tertium generus* do Direito penal e as críticas que fazemos a este possível modelo defendido por W. Hassemer, no nosso *Do Ministério Público e da Polícia. Prevenção Criminal e Acção Penal como Execução de uma Política Criminal do Ser Humano*, Lisboa: UCE, 2013, pp. 148-149.

sobretudo, a aplicação das sanções pelos agentes administrativos encarregados da fiscalização e controlo das respectivas actividades"[716], como é o caso da Polícia em sentido administrativo.

161. As contra-ordenações apresentam-se como uma área por excelência de intervenção da administração sancionatória em geral e da Polícia administrativa em especial. Como ensina o saudoso Prof. EDUARDO CORREIA[717], nesta actividade administrativa, não promovida pelo MP, o princípio da oportunidade, a par do princípio da legalidade de intervenção, ganha *grande amplitude*, que se reflecte na actividade da polícia em sentido administrativo[718].

Como ensinam FIGUEIREDO DIAS e COSTA ANDRADE[719] existem virtualidades do Direito de ordenação social, direito autonomizado[720] do Direito penal, material e processual, no campo da descriminalização e do intervencionismo estatal como a diminuição do *estigma* sancionatório e a "desmassificação da justiça criminal" por processamento em primeira instância pertencer às entidades administrativas (*v. g.*, a Polícia em sentido administrativa).

[716] *Ibidem*.

[717] EDUARDO CORREIA, "Direito penal e o direito de mera ordenação social", *in Direito Penal Económico e Europeu: Textos Doutrinários – Problemas Gerais*, Coimbra: Coimbra Editora, Vol. I, 1998, p. 14.

[718] Quanto a este assunto *supra* § 26º Do princípio da oportunidade. A Administração, com a Revolução Francesa, "juridifica-se e sujeita-se à legalidade, ao mesmo tempo que a actividade policial se concentra na protecção antecipada de perigos indeterminados para a consistência dos direitos subjectivos do cidadão" [FIGUEIREDO DIAS, *Direito Penal...*, p. 145].
A POLÍCIA deixa de constituir o pilar do designado *Estado de Polícia*, não estando aquela subordinada a preceitos jurídicos, para estar não só sujeita à legalidade e juricidade, mas também assumir-se como o garante dos direitos do cidadão face aos perigos não dignos de tutela penal.

[719] Cfr. JORGE DE FIGUEIREDO DIAS e MANUEL DA COSTA ANDRADE, *Criminologia. O Homem Delinquente e a Sociedade Criminógena*, 2ª Reimpressão, Coimbra: Coimbra Editora, 1997, p. 422.

[720] Neste mesmo sentido e tendo em conta a diferença qualitativa entre Direito penal e Direito de ordenação social, JOSÉ DE FARIA COSTA, *Noções Fundamentais de Direito Penal (Fragmenta iuris poenalis)*, 2ª Edição, Coimbra: Coimbra Editora, 2009, pp. 35-49 (36).

As contra-ordenações apresentam-se, hoje, como instrumento de regulação social de reposição da normalidade afectada e de protecção de bens jurídicos carentes de dignidade de tutela penal, cuja sanção administrativa se encontra como suficiente para tutelar áreas como a ordem e tranquilidade públicas, como a circulação rodoviária, como a ordenação administrativa de licenciamentos quer de estabelecimentos quer de espectáculos públicos quer de actividades, que pela sua natureza ruidosa ou de risco, impõem uma licença de entidade competente – *p. e.*, uso de explosivos, obras na via pública ou no sector privado (etc.).

Partilhamos, contudo, da preocupação de Figueiredo Dias quanto ao ilícito de mera ordenação alargar o seu âmbito de incidência "à custa do ilícito penal", carregando aquele «a responsabilidade de obviar aos grandes e novos riscos da sociedade pós-industrial através da construção de um "**direito de intervenção preventivo**" dotado de *sanções (administrativas) mais fortes, pesadas e diversificadas relativamente* às coimas», fardo que pode implicar dois problemas: o do ilícito administrativo passar a "assumir competência exclusiva para sancionar certos ilícitos **dignos e carentes de pena**" e o de as sanções administrativas a aplicar deixarem de "ser a coima para constituir, com diferente etiqueta, verdadeiras **penas ou medidas criminais**"[721].

162. As contra-ordenações induzem-nos a materializar alguns princípios como o da *ultima ratio* do direito penal, como o da subsidiariedade – *p. e.*, princípio fundamento para a descriminalização do consumo de estupefacientes e substâncias psicotrópicas[722] – como o da descentralização administrativa. E, ainda, no quadro da polícia administrativa permite que se possa desenvolver uma actividade *ab initio ad finem* dotada de exercício de competências formais e materiais que

[721] Jorge de Figueiredo Dias, *Direito Penal – Parte Geral – Questões Fundamentais – A Doutrina Geral do Crime* – Tomo I, Coimbra: Coimbra Editora, 2005, pp. 156-157. Veja-se a nossa preocupação sobre a utilização do Direiro, em geral, e do direito de ordenação social, em especial, como instrumento de Governo, que oloca em causa o princípio da legalidade da política criminal – do *se* e do *como* intervir –, em *Do Ministério Público e da Polícia...*, pp. 146-154.

[722] Quanto a este assunto o nosso *Consumo de Drogas – Reflexões Sobre o Quadro Legal*, 7ª Edição, Coimbra: Almedina, 2019, pp. 136-139.

acarretam uma maior responsabilidade por serem, *ipso facto*, garantes da legalidade e da oportunidade da intervenção, que não pode ferir princípios como o da justiça, o da boa fé, o da imparcialidade, o da igualdade, o da proporcionalidade *lato sensu* – adequação, necessidade, proporcionalidade *stricto sensu* –, na prossecução do interesse público e particular.

Acrescente-se que os direitos dos cidadãos não ficam à mercê da Polícia (e da Administração) sem controlo jurisdicional. Desde logo, o nº 10 do art. 32º da CRP consagra para o processo contra-ordenacional o assegurar ao arguido dos direitos de audiência e de defesa, que acarreta, necessariamente, todas as garantias inerentes àqueles direitos que emergem do processo crime e os nºs 4 e 5 do art. 268º da CRP consagram o recurso contencioso e à justiça administrativa sempre que um direito do cidadão seja afectado por uma decisão ou acto material da administração, *i. e.*, encontra-se inquestionavelmente consagrado o *princípio da plenitude da garantia jurisdicional administrativa*[723].

b. Das contra-ordenações em geral

163. A Polícia no quadro jurídico das contra-ordenações não pode olvidar que estamos perante um regime sancionatório, *i. e.*, punitivo[724] de condutas que afectam bens jurídicos, cuja tutela o legislador entendeu não dotar de dignidade penal, por, como ensina FIGUEIREDO DIAS na esteira de LANGUE, os bens jurídicos serem apenas "*motivo* e não *conteúdo* do tipo" ou por o fundamento da ilicitude ser "só a *consequência* e não *causa* da proibição legal"[516]. Não obstante esta linha doutrinária, há princípios que se impõem como verificação concreta e de respeito pela *praxis* policial.

No que concerne à actividade da polícia importa reter alguns pontos de reflexão face ao pendor coactivo e restritivo dos direitos dos

[723] Quanto a este assunto, GOMES CANOTILHO e VITAL MOREIRA, *Constituição da República Portuguesa Anotada*, 3ª Edição, Coimbra: Coimbra Editora, 1993, p. 937. Neste sentido e envergando este princípio, cfr. o art. 28º do DL nº 292/2000, de 14 de Novembro, alterado pelo DL nº 259/2002, de 23 de Novembro.

[724] Neste sentido JORGE DE FIGUEIREDO DIAS, *Direito Penal...*, p. 153.

cidadãos emergente do regime geral e dos regimes específicos das contra-ordenações:

α. A ideia chave de que, *ex vi* art. 32º do RGCO, o *direito penal se aplica subsidiariamente ao direito de mera ordenação social*, acarreta em si a constatação de que "o direito das contra-ordenações se não é direito penal, é em todo o caso direito sancionatório de carácter punitivo"[725], o que impele a polícia a empenhar *in concreto* os princípios de intervenção próprios da zona do direito criminal.

β. A *concepção normativa* de contra-ordenação – «todo o facto ilícito e censurável que preencha um tipo legal no qual se comine uma coima», art. 1º do RGCO – impele que a polícia consi dere não só a ilicitude, mas a tipicidade, a culpabilidade e a punibilidade de uma conduta com uma coima[726]. Desta feita, as causas de justificação e de exculpação devem ser tidas em conta na actuação policial.

γ. A polícia não pode cominar uma conduta como contra-ordenação se à altura da prática a mesma não for descrita e declarada passí vel de coima – art. 2º do RGCO –, *i. e.*, a acção policial está vin culada à previsão legal da sanção da conduta como contra-ordenação – princípio da *legalidade* –, pois não há coima sem lei.

δ. Quanto à aplicação das contra-ordenações no *tempo*, cumpre referir que:

i) proibe-se a retroactividade da lei contra-ordenacional – nº 1 do art. 3º do RGCO;

ii) se à data da intervenção da polícia a conduta violadora de norma de ordenação social for punida a título de contra-ordenação e no desenrolar do processo deixar de ser punida a qualquer título sancionatório, o processo deve ser arquivado por deixar de existir a tipicidade e a consequente ilicitude, culpabilidade e a punibilidade – *ex vi* do nº 2 do art. 3º do RGCO;

[725] Jorge de Figueiredo Dias, *Direito Penal – Parte Geral...*, p. 153.

[726] Quanto a este assunto, António Joaquim Fernandes, *Regime Geral das Contra-Ordenações – Notas Práticas*, Lisboa: Ediforum, 1998, pp. 23-25.

iii) mas, se a norma de ordenação social for temporária, a conduta negativa é sempre punida a título de contra-ordenação – *ex vi* do nº 3 do art. 3º do RGCO;

iv) se a conduta for punida com uma coima de um valor monetário e, com posterior alteração, esse valor aumentar, o processo deve ser dirigido para aplicação do primeiro regime sancionatório;

v) contudo, se apesar do valor da coima ser superior, o arguido puder requerer a sua suspensão ou a sua substituição por trabalho a favor da comunidade por não deter o valor em que foi coimado, apresentando-se este regime mais favorá vel, a decisão deve optar por este último e não pelo de menor valor monetário;

vi) acresce os casos em que se verifica que a conduta *X* é punida a título de crime e, em um dado momento, passou a ser punida a título de contra-ordenação, a polícia deve ter presente que o processo – mêsmo detendo as mesmas garantias do processo crime – deve transitar para a entidade competente para o processamento e aplicação da coima respectiva – *p. e.*, a Lei nº 30/2000, de 29 de Novembro, descriminalizou *stricto sensu* a conduta criminal consumo de estupefacientes e de substâncias psicotrópicas, cuja entidade competente para o processamento e aplicação da sanção passou a ser a CDT, cuja execução ficou a cargo dos Governos Civis[727].

ε. A polícia deve ter presente que *as causas de justificação e de exculpação* prescritas para o direito penal, por aplicação subsidiária – excepto os artigos 8º, nº 2 e 9º do RGCO –, se apli cam ao *ilícito de mera ordenação social* – até por obediência ao princípio da unicidade do direito [art. 31º, nº 1 do CP] e vivência dos princípios jurídico-constitucionais.

ζ. Quanto aos *elementos subjectivos*, a polícia deve ter em conta se a conduta se enquadra no quadro jurídico do *dolo* – directo, ne-

[727] Quanto a este assunto o nosso *Consumo de Drogas...*, 7ª Edição, pp. 185-221, mais precisamente pp. 213-221.

cessário e eventual [art. 14º do CP] – ou da *negligência* – consciente e inconsciente [art. 15º do CP] –, cujo auto de notícia deve reflectir com a maior rectidão o estado em que o agente praticou a conduta punida como contra-ordenação.

η. Na mesma linha, há a referir que a polícia deve aferir a *imputabilidade* do agente no momento da prática da infracção contra-ordenacional[728] – se era maior ou menor de 16 anos de idade – art. 10º do RGCO – [de extrema importância no quadro do consumo de drogas[729] ou na prática de facto punível como contra-ordenação em que haja danos para terceiros, inclusive Estado] ou se existia, *no momento da prática do facto*, alguma situação enquadrável na inimputabilidade por anomalia psíquica – art. 11º do RGCO – [*p. e.*, de relevante interesse no quadro do consumo de drogas[730]];

θ. Quanto ao *concurso de contra-ordenações* – a polícia deve ter em conta o preceituado no art. 19º do RGCO e os princípios inerentes ao direito criminal que dirimem a problemática do concurso de infracções. Contudo, ao lermos o art. 19º do RGCO podemos retirar que só existe *concurso real* ou *efectivo* de infracções contra-ordenacionais, *i. e.*, que não existe um bem jurídico tutelado por duas contra-ordenações diferentes. A dou trina, no caso da prática de tipos de contra-ordenações que protejam o mesmo bem jurídico, tem-o enquadrado na desi gnada contra-ordenação continuada, aplicando-se as regras do crime continuado prescrito no art. 30º, nº 2 do CP por aplicação subsi-

728 Como afirmam António de Oliveira Mendes e José dos Santos Cabral, só se pode censurar juridicamente um comportamento humano "se contrário ao Direito e pessoalmente censurável ao agente, censura só admissível quando o agente se encontra em condições para se comportar de outro modo, isto é, de acordo com as exigências do ordenamento jurídico". António de Oliveira Mendes e José dos Santos Cabral, *Notas ao Regime Geral das Contra-Ordenações e Coimas*, Coimbra: Almedina, 2003, p. 45. Neste sentido António Beça Pereira, *Regime Geral das Contra-Ordenações e Coimas*, 5ª Edição, Coimbra: Almedina, 2003, p. 43.

729 Quanto a este assunto o nosso *Consumo de Drogas...*, 7ª Edição, pp. 177-180.

730 *Idem*, pp. 180-184.

diária nos termos do art. 32º do RGCO[731]. Mas, parece-nos que a opção deveria ser a de aplicação ou do princípio da especialidade ou da subsidiariedade ou da consumpção do direito criminal[732].

i. No que concerne ao *concurso de infracções pela prática do mesmo facto*[733] – *p. e.*, prática de condução sob o efeito do álcool, punida a título de crime pelo art. 292º do CP e a título de contra-ordenação – o agente da infracção deve ser responsabilizado e punido a título de crime, podendo ser-lhe aplicada sanção acessória prevista para a contra-ordenação, *i. e.*, não pode ser condenado a título de crime e de contra-ordenação pela prática do *mesmo facto – ne bis in idem –*, pois face ao *concurso ideal ou aparente de infracções* prevalece quer pelo princípio da subsidiariedade quer da consumpção quer da especialidade a punição a título de crime, o que invalida a aplicação por parte da autoridade administra tiva – polícia – da respectiva coima[734].

[731] Na linha Erich Göhler, António Beça Pereira, *Regime Geral...*, p. 57. Por todos, António de Oliveira Mendes e José dos Santos Cabral, *Notas ao Regime...*, pp. 59-60 e António Joaquim Fernandes, *Regime Geral...*, pp. 45-46.

[732524] Quanto a este assunto, Germano Marques da Silva, *Direito Penal Português – Teoria Geral do Crime* – Vol. I, 2ª Edição, Lisboa/S. Paulo: Verbo, pp. 305-321, Eduardo Correia, *A Teoria do Concurso em Direito Criminal. Caso Julgado e Poderes de Cognição do Juiz*, Coimbra: Almedina, pp. 348 e ss. e *Direito Criminal* – Vol. II, Coimbra: Almedina, pp. 203-224, Jorge de Figueiredo Dias, *Direito Penal...*, p. 161 e *Consequências Jurídicas do Crime*, Lisboa: Aequitas, pp. 276 e ss..

[733] Importa, desde já, reter que não estamos a falar de *concurso aparente e real* de contra-ordenações, que deve seguir as regras do concurso aparente e real de crimes, mas quando a conduta em si mesma praticada pode ser punida a título de crime e de contra-ordenação ou quando o agente pratica várias condutas, sendo uma delas crime e as outras contra-ordenações.

[734] Se a polícia já tiver coimado o agente e, posteriormente, aquele for condenado a título de crime, deve a coima caducar, nos termos do art. 82º do RGCO, e se a polícia já tiver coimado o agente e, posteriormente, aquele for acusado em processo crime pelo mesmo facto, deve ser suspensa a execução da coima, nos termos do nº 2 do art. 90º do RGCO. Quanto a este assunto, António de Oliveira Mendes e José dos Santos Cabral, *Notas ao Regime...*, pp. 61-62, 203-204 e 211, António Beça Pereira, *Regime Geral...*, pp. 59, 145-146 e 151-152 e António Joaquim Fernandes, *Regime Geral...*, pp. 46-47, 115-116, 126-127.

Mas, se *A* praticar o crime de *condução sob a influência do álcool* – p. e p. pelo art. 292º do CP – e se não parou ao sinal STOP – contra-ordenação prevista no art. 21º do RST, aprovado pelo Decreto Regulamentar nº 22-A/98, de 1 de Outubro e punida pelo art. 23º, al. *a)* do RST, ou seja, no quadro do *concurso real de infracções*, pode ser punido a título de crime pela condução sob a influência do álcool e a título de contra-ordenação pela desobediência ao sinal de paragem obrigatória STOP, podendo ser aplicada pela AJ competente para a aplicação da sanção criminal – art. 38º do RGCO[735].

Acresce que, no caso da contra-ordenação ser pelo consumo de estupefacientes e se enquadre no âmbito da Lei nº 30/2000, de 29 de Dezembro, *ex vi* do art. 41º do DL nº 130-A/2001, de 23 de Abril, o processamento da contra-ordenação é da competência da CDT territorialmente competente[736].

c. Da actividade policial no processo contra-ordenacional

164. A polícia administrativa – considerada no RGCO como «autoridades policiais» – no quadro das contra-ordenações em geral não só está investida de prerrogativas de *ius imperii*, como de deveres legais de respeito pelos direitos e garantias do arguido, de colaboração com a AJ competente no quadro do concurso de infracções e de sujeição da decisão ao controlo e fiscalização hierárquica e jurisdicional.

Neste sentido, apraz-nos iniciar com as prerrogativas de que as *autoridades policias* – conceito que engloba os conceitos *stricto sensu* de

É de suscitar a violação do princípio *ne bis in idem* face ao preceituado no nº 1 do art. 28º da Lei nº 50/2006, de 20 de Agosto, que aprova o Regime Jurídico Aplicável às Contra-Ordenações Ambientais, alterada pela Lei nº 89/2009, de 31 de Agosto, ao estipular que «Se o mesmo facto constitui simultaneamente crime e contra-ordenação ambiental, o arguido é responsabilizado por ambas as infracções, instaurando-se, para o efeito, processos distintos a decidir pelas autoridades competentes».

[735] Quanto a este assunto e com posições diferenciadas António de Oliveira Mendes e José dos Santos Cabral, *Notas ao Regime...*, pp. 97-98, António Beça Pereira, *Regime Geral...*, pp. 82-83 e António Joaquim Fernandes, *Regime Geral...*, pp. 67-68.

[736] Quanto a este assunto o nosso *Consumo de Drogas...*, 7ª Edição, p. 187, nota 445.

Autoridades Policiais e de Agentes Policiais – se encontram investidas para a prossecução da sua acção administrativa, preventiva e sancionatória, no âmbito das contra-ordenações.

α. As *autoridades policiais*, em regra, no âmbito das contra-ordenações mantêm *direitos – p. e.*, de respeito pela ordem dada de identificação – *e deveres equivalentes – p. e.*, proceder ao levantamento do auto de notícia da infracção ou envio do processo contra-ordenacional ao MP se a conduta constituir crime ou for punida, também, a título de crime nos termos do art. 40º, nº 1 que têm no âmbito criminal – *ex vi* do nº 2 do art. 48º do RGCO.

β. Neste sentido, as *autoridades policiais* têm de *tomar conta dos eventos ou circunstâncias* que sejam susceptíveis de constituir *responsabilidade por contra-ordenação* de que tenham conhecimento[737] – 1ª parte do nº 1 do art. 48º e nº 1 do art. 54º do RGCO – *i. e.*, devem elaborar ou auto de notícia[738] – se presenciarem a infracção – ou auto de ocorrência – quando lhe seja comunicada a infracção – ou participação da infracção [nº 1 do art. 54º do RGCO] – no caso das contra-ordenações tributárias para os funcionários que não sejam competentes para levantar auto de notícia, mas que sejam autoridades policiais, como os elementos da PSP, nos termos do art. 60º, nº 1 em conjugação com os artigos 57º e 58º do RGIT [aprovado pela Lei nº 15/2001, de 5 de Junho, tendo já sido alterado 28 vezes].

γ. No levantamento do auto de notícia por contra-ordenação, as *autoridades policiais* devem tomar as *providências necessárias para salvaguardar as provas* da infracção – podendo para o efeito proceder, nos termos do art. 249º do CPP, a exames, a identificação de testemunhas e a apreensões de objectos [art. 249º, 171º do

[737] Quanto à aquisição da notícia da infracção, refira-se que pode ser de forma directa e própria ou por denúncia. Quanto a este assunto no plano criminal que se aplica à contra-ordenação o nosso *Processo Penal* – Tomo I, 3ª Edição, Coimbra: Almedina, 2004, pp. 279-286.

[738] Quanto ao auto de notícia ou de ocorrência, deve seguir-se o preceituado no art. 243º do CPP que se aplica subsidiariamente nos termos do art. 41º do RGCO. Quanto a este assunto o nosso *Processo Penal...* – Tomo I, 3ª Edição, pp. 286-293.

CPP e 48º-A do RGCO] – *ex vi* da 2ª parte do nº 1 do art. 48º do RGCO.

δ. Compete às *autoridades policiais* proceder à *comunicação* da notícia da contra-ordenação e das provas recolhidas às autoridades administrativas competentes para o processamento e aplicação de medidas administrativas provisórias ou definitivas e das sanções contra-ordenacionais – *ex vi* do nº 3 do art. 48º e do art. 54º do RGCO – *p. e.*, se elementos da PSP ou da GNR verificarem a contra-ordenação prevista no art. 57º do DL nº 28/84, de 20 de Janeiro [*abate de reses com inobservância de requisitos técnicos*] devem comunicá-la à Autoridade de Segurança Alimentar e Economia (ASAE) *ex vi* do nº 1 do art. 52º do mesmo diploma conjugado com a al. *m)* do nº 2 do art. 3º da LOASAE.

ε. As *autoridades policiais* podem e devem, para preservar provas de que ocorreu ou de que estava a decorrer ou de que iria decorrer a contra-ordenação, *apreender*, «provisoriamente», os objectos da contra-ordenação ou produzidos pela conduta, as sim como outros que possam servir de prova – no caso de venda de bebidas alcoólicas a menores, o vasilhame, uma amostra do líquido para perícia futura, o dinheiro[739] e o talão ou cartão de compra e venda – que devem ser restituídos, caso não sejam declarados perdidos, nos termos do art. 22º do RGCO, quando a sua apreensão se mostrar desnecessária ou haja decisão condenatória definitiva – conforme art. 48º-A do RGCO.
Já o novo Regime Jurídico do Consumo de Drogas fala em apreensão das doses diárias desde que se mostre necessário. Contudo, defendemos que se devem apreender as doses de que o "indiciado" se faz transportar para serem submetidas a teste rápido e para salvaguarda de prova real no caso de se vir apurar que não estavamos no âmbito do consumo, mas do tráfico de droga[740].

[739] Quanto a este assunto o nosso *Direito de Menores – Estudo Luso-Hispânico sobre Menores em Perigo e Delinquência Juvenil*, (co-autoria com NIEVES SANZ MULAS), Lisboa: Âncora Editora, 2003, pp. 102-106.

[740] Cfr. o nosso *Consumo de Drogas...*, 7ª Edição, pp. 167-169.

ζ. Quanto às provas a recolher ou a produzir, as *autoridades policiais* têm de obedecer ao nº 8 do art. 32º da CRP e ao art. 125º e 126º do CPP, *i. e.*, não se pode produzir prova com a intromissão ilícita na correspondência e telecomunicações ou que violem segredo profissional ou que colidam com a reserva da intimidade da vida privada – exames corporais, ao sangue – excepto se obtidas com o consentimento do titular ou com autorização ou ordem judicial, sob pena de *serem provas proibidas*[741] – *ex vi* do art. 42º do RGCO. O processo contra-ordenacional tem, paulatinamente, ganho as garantias processuais penais na linha do que o artigo 32º, nº 10 da CRP consagra. Destaca-se a proibição de produção e de valoração de prova caso a mesma tenha sido obtido com violação do princípio *nemo tenetur se ipsum accusare*. Seja em que processo sancionatório for, o Estado não pode admitir como prova obtida por meio da auto-incriminação inconsciente por serem consideradas como ilícitas. As garantias processuais penais têm sido integradas no âmbito do processo contra-ordenacional como se impõe por força constitucional – artigo 32º da CRP –, sendo de destacar a proibição da violação do princípio *nemo tenetur se ipsum accusare* e admissibilidade da fuga à autoincriminação. A violação deste princípio gera uma proibição de prova. As provas têm de provir de uma produção lícita, democrática e leal, sob pena de não se poderem valorar por serem provas proibidas.

η. A prossecução do processo contra-ordenacional impõe a *identificação* do agente da mesma, sob pena do não conhecimento do autor da contra-ordenação inviabilizar o processo e a respectiva responsabilização, pelo que o art. 49º do RGCO legitima normativamente as *autoridades policiais* a «exigir ao agente de uma contra-ordenação a respectiva identificação». Quando a lei prescreve o verbo «exigir» está a dotar a ordem da autoridade policial de *ius imperii*, devendo, se necessário, socorrer-se das

[741] Neste sentido António de Oliveira Mendes e José dos Santos Cabral, *Notas ao Regime...*, p. 111. Quanto à proibição de provas no quadro criminal que se aplica, com adequada adaptação, ao processo contra-ordenacional, o nosso *Processo Penal* – Tomo I, 3ª Edição, pp. 363-373 e 418-437.

formalida des prescritas no art. 250º do CPP, inclusive a condução à esqua dra ou posto policial para proceder à identificação, caso se verifique a situação ou pressuposto do nº 6 do art. 250º do CPP.

Este procedimento levanta a questão de se saber se as *autoridades policiais* podem deter para identificar um arguido de uma contra-ordenação. ALEXANDRE PINHEIRO e MÁRIO FERNANDES[742] consideram que a interpretação do art. 49º do sentido de permissão de detenção para identificação[743] no âmbito das contra-ordenações é inconstitucional, por aquela detenção só ser admissível nas situações em que se admite a privação da liberdade, o que, naturalmente, não se admite no regime contra-ordenacional. Neste mesmo sentido, se decidiu o Parecer da Procuradoria Geral da República – Proc. nº 579/2002, L-H –, limitando a aplicação subsidiária do art. 250º do CPP.

Na doutrina, ANTÓNIO MENDES/JOSÉ CABRAL[744] e ANTÓNIO PEREIRA[745] defendem a aplicação do regime prescrito na Lei nº 5/95, de 21 de Fevereiro[746]. Nos termos do art. 3º deste

[742] ALEXANDRE SOUSA PINHEIRO e MÁRIO JOÃO DE BRITO FERNANDES, *Comentário à IV Revisão Constitucional*, Lisboa: AAFDL, 1999, pp. 121-122.

[743] O art. 42º do DL nº 232/79, de 24 de Julho, que havia aprovado o primeiro regime das contra-ordenações, previa a possibilidade das autoridades policiais, em flagrante delito, procederem à detenção para identificação, cuja duração jamais poderia ultrapassar as 24 horas.

[744] ANTÓNIO DE OLIVEIRA MENDES e JOSÉ DOS SANTOS CABRAL, *Notas ao Regime...*, p. 132.

[745] ANTÓNIO BEÇA PEREIRA, *Regime Geral...*, p. 98.

[746] Que muitos autores consideram que se encontra revogada tacitamente pelo art. 250º do CPP com a redacção dada pela Lei nº 58/98, de 25 de Agosto. MAIA GONÇALVES, *Código de Processo Penal Anotado e Comentado*, 12ª Edição, Coimbra: Almedina, p. 515. Posição que seguimos por considerarmos que não faz sentido termos dois regimes legais para identificação de suspeitos da prática de crime, de penetração ou permanência irregular no território nacional ou sobre quem exista processo de extradição ou de expulsão, apesar de um mais garantístico do que o outro – o previsto na Lei nº 5/95 –, quando, face às divergências que existiam na conciliação entre a Lei nº 5/95 e o art. 250º do CPP original, se prescreveu um novo art. 250º com o intuito de harmonizar o procedimento da identificação de acordo com a al. *g*) do nº 3 do art. 27º CRP, devendo-se por isso considerar o regime previsto na Lei nº 5/95 revogado tacitamente. Quanto a este assunto, GERMANO MARQUES DA SILVA, *Curso de Processo Penal* – Vol. II, 2ª Edição, Lisboa/S. Paulo: Verbo, 1999, p. 211, nota 2 e Vol. III, pp. 66-67. Quanto à recusa à ordem de identifi-

diploma, as autoridades policiais podem conduzir ao posto policial mais próximo para identificação quem se recusar a identificar sem que o tempo de privação da liberdade seja superior a duas horas.

Posições que merecem uma reflexão teórico-prática por influírem no desenrolar do processo contra-ordenacional: quanto à segunda posição, a de que as autoridades policiais devem optar por se reger pela Lei nº 5/95, a par da revogação tácita operada pelo art. 250º com a redacção dada pela Lei nº 58/98, de 25 de Agosto, acresce que apenas se dirige a suspeitos da prática de crime, de penetração ou permanência irregular no território nacional ou sobre quem exista processo de extradição ou de expulsão – nº 1 do art. 1º –, o que, face à possível inconstitucionalidade defendida por ALEXANDRE PINHEIRO e MÁRIO FERNANDES[747] gera uma problemática de operatividade policial; quanto à posição destes dois autores, consideramos que se for aplicada *tout cour* gera absoluta inoperabilidade do regime jurídico, porque muitas vezes os cidadãos arguidos pela prática de uma contra-ordenação recusam-se a identificar e a polícia, socorrendo-se do art. 250º do CPP, tem como solução última a condução do cidadão ao posto policial para identificação.

Acresce referir que o regime de identificação pelos agentes das forças e serviços de segurança previsto na Lei nº 5/95, ao estipular a restrição da liberdade do cidadão por um prazo máximo de duas horas, cuja suspeita se reportava à prática de crime grave e muito grave, criava um regime desigualitário materialmente por ser mais benévolo que o regime do art. 250º do CPP, cujo prazo máximo de restrição da liberdade é (era) de seis

cação no âmbito da fiscalização rodoviária e o crime de desobediência, tendo em conta o art. 388º do Código Penal antes da reforma operada pelo DL nº 48/95, de 15 de Março e o art. 348º do Código Penal em vigor, Parecer nº 13/96, da Procuradoria-Geral da República, publicado no Diário da República nº 286, II série, de 12 de Dezembro de 1997, pp. 15247-15255. Quanto ao *Crime de Desobediência*, p. e p. pelo art. 348º do CP, MANUEL MAIA GONÇALVES, *Código Penal Português Anotado e Comentado*, 17ª Edição, Coimbra: Almedina, 2005, pp. 1000-1010.

[747] ALEXANDRE SOUSA PINHEIRO e MÁRIO JOÃO DE BRITO FERNANDES, *Comentário à IV Revisão...*, pp. 121-122.

horas para todo e qualquer crime. Podíamos ter um cidadão suspeito pela prática de crime contra a propriedade detido para identificação durante seis horas e um outro suspeito da prática de crime contra a vida (*p. e.*, homicídio) detido para identificação durante duas horas.

O regime de identificação instituído gerava uma violação grave do princípio constitucional da igualdade e do princípio de proporcionalidade *stricto sensu*.

O argumento de que a al. *g*) do nº 3 do art. 27º da CRP apenas se refere aos casos de suspeição em que a lei admita a privação da liberdade, não colhe o nosso apoio por duas ordens de razão: quando o legislador constitucional prescreve a «**detenção de suspeitos**, para efeitos de identificação, nos casos e pelo tempo estritamente necessário»[748], não identifica a natureza do suspeito – se de crime, se de ter penetrado e permanecer irregular no território nacional, se de ter um processo de extradição ou de expulsão ou se de ter praticado uma contra-ordenação –, pois deixa um campo aberto a preencher pelo legislador ordinário e pelo intérprete dentro da vinculação aos direitos, liberdades e garantias do cidadão; em segundo lugar, a **própria identificação** *in loco* **ou** *in situ* **é uma privação da liberdade do cidadão** – é uma detenção (atípica) –, muitas vezes mais coerciva e ofensiva de direitos fundamentais pessoais – imagem, reserva da intimidade privada e familiar, honra – do que a condução ao posto policial, em que a identificação se processa de forma mais resguardada e fora dos olhares prontos para criticar, opinativamente, e levantar a suspeita e o «fumo do fogo».

Ou será que, face à não admissibilidade da condução ao posto policial do suspeito da prática da contra-ordenação (detenção) para identificação, se deve optar por permitir que, perante a recusa de identificação por parte do cidadão, as autoridades policiais façam a *cominação ao crime de desobediência* – p. e p. pelo art. 348º do CP –, como defendem António Pereira[749] e

[748] Negrito nosso.

[749] António Beça Pereira, *Regime Geral...*, p. 98.

ANTÓNIO FERNANDES[750], admitindo-se que, afinal, a solução para as contra-ordenações é a ameaça penal?

A opção pela cominação ao crime de desobediência por recusa à identificação solicitada por autoridade administrativa foi expressa no art. 47º da Lei Quadro das Contra-Ordenações Ambientais, aprovada pela Lei nº 50/2006, de 29 de Agosto.

Compreendemos a opção legislativa face à relutância em admitir a condução a posto policial para identificação, mas **não apoiamos a solução aprovada**, porque ***demonstra que a validade e a força das contra-ordenações só funciona com a ameaça penal***, além de que viola o princípio da proporcionalidade *stricto sensu* consagrado no nº 2 do art. 18º da CRP uma vez que o ordenamento jurídico detém uma solução jurídica menos agressiva para os direitos e liberdades fundamentais do cidadão: conduzir ao posto policial para identificar é um regime menos gravoso do que deter por cominação ao crime de desobediência.

Defendemos que *não deve haver cominação do crime de desobediência em contra-ordenações*[751] e que, como *ultima ratio*, as autoridades policiais podem conduzir o agente de uma contra-ordenação para identificação nos termos do art. 250º, nº 6 do CPP por aplicação subsidiária nos termos do art. 41º do RGCO, sob pena de não só se inoperacionar a actividade da polícia no âmbito das contra-ordenações, como também de ser impossível responsabilizar o agente da contra-ordenação por inexistência de identificação do mesmo.

Esta opção é, na nossa opinião, a que mais se confina em concordância com o art. 18º, nº 2 da CRP. Esta interpretação não contraria nem ofende os princípios constitucionais, antes pelo contrário materializa-os – princípio *odiosa sunt restringenda*, princípio da proibição do excesso ou da proporcionalidade *lato sensu*, princípio da subsidiariedade e da indispensabilidade, princípio

[750] ANTÓNIO JOAQUIM FERNANDES, *Regime Geral...*, p. 80.

[751] Neste sentido CRISTINA LÍBANO MONTEIRO, "O consumo de Droga na política e na técnica legislativa: Comentário à Lei nº 30/2000", *in Revista Portuguesa de Ciências Criminais*, Ano 11, Fasc. 3º, Vol. I, p. 75, nota 9.

da segurança jurídica – e está conforme à ordem jurídico-constitucional[752].

Seguimos a linha de interpretação das normas dentro do sistema como "uma ordem axiológica e teleológica de princípios gerais de Direito" e, nesta linha, como "*unidade* da ordem jurídica"[753].

θ. Na fase do processo contra-ordenacional, as *autoridades policiais* podem solicitar que *testemunhas* e *peritos* compareçam e se pronunciem sobre a matéria do processo, sob pena do pagamento de uma sanção pecuniária por falta injustificada[754] – nos termos do art. 52º do RGCO.

ι. As *autoridades policiais* têm o *dever de colaborar* com as autoridades administrativas ou serviços públicos no quadro das contra-ordenações – nº 3 do art. 54º do RGCO –, podendo essa colaboração se materializar na própria investigação e ins trução do processo contra-ordenacional, *i. e.*, situamo-nos no quadro da *cooperação horizontal*. A par desta cooperação, há a *cooperação vertical – i. e.*, a colaboração que as *autoridades policiais* têm de prestar à AJ quando o processo contra-orde nacional é instruído nos termos do art. 38º do RGCO – *ex vi* do nº 1 do art. 56º do RGCO –, assim como à *AJ compete cola borar* com as autoridades policias, quando investidas de autoridade administrativa ou para investigar e instruir o processo, para consulta do processo e exame dos objectos aprendidos nº 1 do art. 45º do RGCO.

κ. As *autoridades policiais*, principalmente na função de autori dade administrativa, têm o dever de comunicar e de notificar os

[752] Cfr. Karl Larenz, *Metodologia da Ciência do Direito*, (Tradução do alemão *Methodenlehre der Rechtswissenschaft* de José Lamego), 3ª Edição, Lisboa: Fundação Calouste Gulbenkian, 1997, p. 480.

[753] Cfr. Claus-Wilhelm Canaris, *Pensamento Sistemático e Conceito de Sistema na Ciência do Direito*, (Tradução do alemão *Systemdenken und Systembegriff in der Jurisprudenz* de António Manuel da Rocha e Menezes Cordeiro), 4ª Edição, Lisboa: Fundação Calouste Gulbenkian, 2008, p. 77.

[754] A justificação deve seguir o preceituado pelo art. 117º do CPP *ex vi* do art. 41º do RGCO.

arguidos das decisões, dos despachos e das medidas que tomam para que aqueles possam exercer o seu direito de de fesa, inclusive o recurso – artigos 46º e 47º do RGCO.

d. Dos direitos do arguido em processo contra-ordenacional breve alusão geral

165. O arguido em processo contra-ordenacional não fica despido de direitos, liberdades e garantias processuais. O nº 10 do art. 32º da CRP consagra-os como limite da administração e como efectivação constitucional do Estado de direito democrático. A par do respeito e da garantia dos direitos e liberdades inerentes ao ser humano, ao agente de um processo de contra-ordenação deve ser garantido o *direito de audiência e defesa* – nº 10 do art. 32º da CRP e 50º do RGCO – sob pena de *nulidade insanável* nos termos do art. 119º, al. *c*) e art. 122º do CPP *ex vi* do art. 41º do RGCO[755].

O *direito de audiência e defesa* consiste em o arguido poder consultar o processo [conhecer todas as circunstâncias de facto e de direito constantes do processo contra-ordenacional, sob pena de nulidade dependente de arguição[756]] – pois, com a notificação termina o segredo de justiça – e se pronunciar, em um prazo razoável, sobre a contra-ordenação imputada e sobre a sanção ou sanções em que incorre, quer de forma escrita, quer verbal com redução para os autos, quer pessoalmente, quer por pessoa mandatada para o efeito – advogado[757] – ou nomeado, oficiosamente ou por requerimento, pela autoridade administrativa, cuja recusa cabe recurso para o tribunal territorialmente competente – *ex vi* do art. 53 e art. 61º do RGCO.

Ao arguido é assegurado o *direito de recurso* – garantia jurisdicional – da decisão, do despacho ou da medida cautelar ou definitiva a aplicar pela autoridade policial – quando investida de autoridade administrativa e desde que as medidas não se destinem à preparação do arquivamento do processo ou aplicação da sanção – para o tribunal

[755] Neste sentido António Joaquim Fernandes, *Regime Geral...*, p. 82.

[756] Neste sentido veja-se Assento nº 1/2003, DR, IS, nº 21, 25 de Janeiro, pp. 547-559.

[757] Neste sentido António Joaquim Fernandes, *Regime Geral...*, p. 81.

competente nos termos do art. 61º do RGCO. Este direito de recurso é a materialização do *direito de acesso à justiça* – art. 20º da CRP – e da *garantia da tutela jurisdicional* dos administrados consagrada no nº 4 do art. 268º da CRP.

166. As contra-ordenações surgem imbuídas da possibilidade de concretizar o *princípio da oportunidade* na actuação administrativa regida dentro dos quadrantes do princípio da legalidade [art. 61º do RGCO] – que vingou com maior veemência por se mostrar como mais garantístico para o cidadão e por razões de cautela da actividade da Administração, *i. e.*, por representar um perigo deixar àquela a possibilidade de "definir o *se*, o *quando* e o *como* perseguir e sancionar infractores"[758]. Mas, consideramos que a Administração tem o dever de concretizar o princípio da oportunidade como direito do cidadão a decisões administrativas sancionatórias mais justas.

Do RGCO pode, de forma escassa, admitir-se a manifestação do princípio da oportunidade[759] na possibilidade do *pagamento voluntário* – art. 50º-A do RGCO – e a *admoestação* – art. 51º do RGCO. Contudo, a manifestação do princípio da oportunidade ganha relevo na interpretação e aplicação do normativo dos regimes específicos: *p. e.*, o art. 24º do RGR, aprovado pelo DL nº 9/2007, de 17 de Janeiro[760], prevê que, antes de proceder ao levantamento do auto de notícia por contra-ordenação por ruído de vizinhança, a autoridade policial alerte o infractor para que cesse o ruído.

O *não cumprimento da ordem de cessação da incomodidade* é sancionado como *contra-ordenação ambiental leve* por força das als. *h*) e *i*) do nº 1 do

[758] António de Oliveira Mendes e José dos Santos Cabral, *Notas ao Regime...*, p. 112. Itálico nosso.

[759] Quanto ao princípio da oportunidade da actividade policial *supra* § 37º.

[760] O DL nº 9/2007, de 17 de Janeiro, revogou o regime anterior previsto no DL nº 292/2000, de 14 de Novembro, alterado pelos Decretos-Leis nºs 76/2002, de 26 de Março, 259/2002, de 23 de Novembro e 293/2003, de 19 de Novembro, com o intuito de "clarificar a articulação do novo Regulamento Geral do Ruído com outros regimes jurídicos, designadamente o da urbanização e da edificação e o da autorização e licenciamento de actividades".

art. 28º do DL nº 9/2007, de 17 de Janeiro[761], conjugadas com o nº 1 do art. 25º da Lei nº 50/2006, de 29 de Agosto, que aprova o Regime Jurídico Aplicável às Contra-Ordenações Ambientais, alterada pela Lei nº 89/2009, de 31 de Agosto[762].

§ 46º Da intervenção em geral da Polícia: *polícia judiciária*

167. A verdadeira razão de ser da Polícia, como ensina Figueiredo Dias[763], é "a manutenção da ordem e a preservação da segurança e da tranquilidade pública", onde se enquadra – por "exigências de segurança geral" – a *prevenção criminal* e a *luta contra a criminalidade* – permitindo àquela, como órgão auxiliar da justiça na sua veste de OPC e, em casos específicos, na veste da APC, a prática de actos processuais penais de competência própria – medidas cautelares e de polícia – carentes de apreciação e validação judicial e de actos processuais penais por determinação da AJ competente na fase do processo em curso – MP [inquérito], JIC [instrução] e Juiz [julgamento].

A competência da Polícia para a prevenção criminal emerge, *ab initio*, do texto constitucional ao incumbir à polícia – dentro da segurança pública geral e em sentido judiciário – a *prevenção dos crimes*, «incluindo contra a segurança do Estado, (...) com a observância das regras gerais sobre polícia e com o respeito pelos crimes, liberdades e garantias dos cidadãos» – nº 3 do art. 272º da CRP.

A CRP dota a Polícia de competência própria para a prevenção criminal *stricto sensu* – traduzida "na adopção de medidas adequadas para certas infracções de natureza criminal", medidas essas que visam

[761] O *processamento* da contra-ordenação e a *aplicação* de coima de *ruído de vizinhança* é da competência da Câmara Municipal territorialmente adstrita ao local da infracção, por força do art. 30º, nº 2 do DL nº 9/2007, de 17 de Janeiro.

[762] Ao incumprimento da ordem de cessação da incomodidade – *ruído de vizilhança* – pode corresponder uma coima de € 200,00, quando praticada a título de negligência, ou de € 400,00, quando praticada a título de dolo, por força da al. *a*) do nº 2 do art. 22º da Lei nº 50/2006, de 29 de Agosto, alterada pela Lei nº 89/2009, de 31 de Agosto.

[763] Jorge de Figueiredo Dias, *Direito Processual Penal*, (Colecção Clássicos Jurídicos – Reimpressão da 1ª Edição de 1974), Coimbra Editora, 2004, pp. 397-398.

a protecção de pessoas e bens, a vigilância de indivíduos e locais suspeitos, sem que se restrinja ou limite o exercício dos direitos, liberdades e garantias do cidadão[764].

A POLÍCIA no sentido de *polícia judiciária* – podendo investir-se quer como OPC quer como APC[765] –, como veremos no capítulo sequente, é um garante da liberdade dos cidadãos ao prevenir e reprimir a prática de crimes. A POLÍCIA é (deve ser) o garante de bens fundamentais dignos de tutela penal, garantia promovida com um processo penal democrático.

[764] GOMES CANOTILHO e VITAL MOREIRA, *Constituição da República Portuguesa Anotada*, 3ª Edição, Coimbra: Coimbra Editora, 1993, pp. 956-957 ou no II Volume, 4ª Edição, pp. 859-861. Quanto a este assunto *supra* § 24º e 25º e *infra* Parte II, Capítulo I.

[765] Quanto a este assunto *supra* §§ 8º e 9º.

Parte II
Atribuições e Competências Gerais e Específicas Face à Tridimensionalidade da Polícia

Capítulo I
Atribuições e Competências Específicas no Âmbito do Processual Penal

Sumário: § 47º Introdução
Secção I – Da Notícia do Facto – Crime/Contra-Ordenação:
§ 48º Considerações gerais
§ 49º Da notícia do crime
§ 50º Do auto de notícia
Secção II – Das Medidas Cautelares e de Polícia no Processo Criminal:
§ 51º Da comunicação da notícia do crime
§ 52º Das providências cautelares
§ 53º Da identificação, detenção para identificação e solicitação de informações
§ 54º Da revista enquanto medida cautelar e de polícia
§ 55º Da busca enquanto medida cautelar e de polícia e/ou busca não domiciliária
§ 56º Da localização celular
§ 57º Da apreensão de correspondência
§ 58º Da elaboração do relatório
§ 59º Das medidas cautelares e de polícia na lei do cibercrime
Secção III – Da Detenção:
§ 60º Da concepção e da finalidade da detenção
§ 61º Da detenção em flagrante delito:
a. concepção de flagrante delito
b. detenção em flagrante delito

§ 62º Da detenção fora de flagrante delito
§ 63º Da libertação de detido

Fontes: **Agostinho**, Santo, *A Cidade de Deus*, (Tradução *De Civitate Dei* de J. Dias Pereira), 2ª Edição, Lisboa: Fundação Calouste Gulbenkian, 1996, Vol. I, Livro II, Capítulo XVI; **Albuquerque**, Paulo Pinto de, *Comentário ao Código de Processo Penal à Luz da Constituição da República Portuguesa e da Convenção Europeia dos Direitos do Homem*, 2ª Edição, Lisboa: Universidade Católica Editora, 2008; **Andrade**, Manuel da Costa, *Sobre as Proibições de Prova em Processo Penal*, Coimbra: Coimbra Editora, 1992; "Criminologia", in *Polis, Enciclopédia Verbo da Sociedade e do Estado*, Lisboa/S. Paulo: Editorial Verbo, 1997; **Beccaria**, Cesare, *Dos Delitos e das Penas*, (Tradução do italiano *Dei Delitti e Delle Pene* de Lucia Guidicini), S. Paulo: Martins Fontes, 1991; **Beleza**, Teresa Pizarro e **Isasca**, Frederico, *Direito Processual Penal – Textos*, Lisboa: AAFDL, 1992; **Beleza**, Tereza e **Isasca**, Frederido, *Direito Processual Penal Textos*, Lisboa: AAFDL, 1992; **Beleza**, Tereza et Alia, *Apontamentos de Direito Processual Penal*, AAFDL, Lisboa, 1995, III Vol.; **Bobbio**, Norberto, *Teoria Geral da Política. A Filosofia Política e as Lições dos Clássicos*, (Organizado por Michelangelo Bovero e Tradução do italiano *Teoria Generale Della Politica* de Daniela Beccaccia Versiani), Rio de Janeiro: Elsevier Editota Ltda., 2000; **Cachão**, Fernanda, "A qualidade do agente", in *Euronotícias*, 27 de Julho de 2001; **Colomer**, Juan-Luis Gomez, *El Processo Penal Aleman, Introducion y Normas Basicas*, Barcelona: Bosch, Casa Editorial, AS, 1985; **Conde**, Francisco Muñoz, "Prólogo", *in La Ciência Del Derecho Penal ante el Nuevo Milénio*, Valência: Tirante lo Blanch, 2004; **Correia**, Eduardo, *Direito Criminal*, (Colaboração de Jorge de Figueiredo Dias), Coimbra: Almedina, 1997, Vol. I; **Costa**, José de Faria, "As Relações entre o Ministério Público e a Polícia: A Experiência Portuguesa", *in BFD*, Coimbra, Vol. LXX, 1994; **Dias**, Jorge de Figueiredo e **Andrade**, Manuel da Costa, *Criminologia, O Homem Delinquente e a Sociedade Criminógena*, Coimbra: Coimbra Editora, Reimpressão, 1992; **Dias**, Jorge de Figueiredo, *Direito Processual Penal*, (Col. Clássicos Jurídicos), Coimbra: Coimbra Editora, Reimpressão da 1ª Edição, 2004; "Sobre os sujeitos processuais no novo Código de Processo Penal", *in O Novo Código de Processo Penal*, Jornadas de Direito Processual Penal, Coimbra: Almedina, 1988; *Direito Penal Português – As consequências jurídicas do crime*, Lisboa: Aequitas – Editorial Notícias, 1993; **Duhamel**, Olivier e **Meny**, Yves, *Dictionnaire constitucionnel*, Paris: Puf, 1992; **Faria**, Miguel José, *Direitos Fundamentais e Direitos do Homem*, 3ª Edição, Lisboa: ISCPSI, 2001; **Ferreira**, Manuel Cavaleiro de, *Curso de Processo Penal* – Vol. I, Lisboa: Editora Danúbio, L.da, 1986; *Curso de Processo Penal* – Vol. 2º, Lisboa, 1981; *Curso de Processo Penal I*, Reimpressão da U. Católica, 1981; *Direito Penal Português* – Vol. I, Lisboa/S. Paulo: Editorial Verbo, 1982; **Franchimont**, Michel, **Jacobs**, Ann e **Masset**,

Adrien, *Manuel de Procédure Pénale,* Ed. Collection Scientifique de la Faculté de Droit de Liége, 1989; **Gonçalves**, Fernando e **Alves**, Manuel João, *Os Tribunais, as Polícias e o Cidadão,* Coimbra: Almedina, 2000; **Gonçalves**, Manuel Lopes Maia, *Código Processual Penal Anotado,* 7ª Edição, Coimbra: Almedina, 1996; **Gonzalez-Castell**, Adán Carrizo, "El Agente Infiltrado en España y Portugal", *in Criminalidade Organizada e Criminalidade de Massa,* Coimbra: Almedina, 2009; **Hassemer**, Winfried, *A Segurança Pública no Estado de Direito,* (Tradução do alemão *Innere Sicherheit im Rechsstaat* de Carlos Eduardo Vasconcelos), Lisboa: AAFDL, 1995; **Horst**, Harthmuth, "Os Limites da Prevenção Criminal à Luz dos Direitos do Homem", *in Revista Portuguesa de Ciência Criminal,* Ano 8, 1998; **Larenz**, Karl, *Metodologia da Ciência do Direito,* (Tradução do alemão *Methodenlehre der Rechtswissenschaft* de José Lamego), Lisboa: Fundação Calouste Gulbenkian, 1978; **Larguier**, Jean, *La Procédure Pénale,* Paris: Presses Universitaires de France, 1976; **Lealhenriques**, Manuel e **Pinho**, David Borges de, *Código de Processo Penal Anotado,* 2ª Edição, Lisboa: Rei dos Livros, 2000, II Vol.; **Lopes Jr.**, Aury, *Direito Processual Penal,* 10ª Edição, São Paulo: Editora Saraiva, 2013; **Mannheim**, Hermann, *Criminologia Comparada* – Vol. I, (Tradução do inglês *Comparative Criminology – A Text Book* de Manuel da costa Andrade e de José Faria Costa), Lisboa: Fundação Calouste Gulbenkian, 1984; **Meireis**, Manuel Augusto Alves, *O Regime das Provas Obtidas pelo Agente Provocador em Processo Penal,* Coimbra: Almedina, 1999; **Mendonza**, Amparo López, "De la investigación policial", *in Revista Oficial de la Dirección General de la Policía,* nº 163; **Mesquita**, Dá, "Repressão Criminal e Iniciativa Própria dos Órgãos de Polícia Criminal", *in I Congresso de Processo Penal – Memórias,* Coimbra: Almedina, 2005; **Miranda**, Jorge, "O Regime dos Direitos, Liberdades e Garantias", *in Estudos Sobre a Constituição* – 3º Vol., Lisboa: Petrony, 1979; *Manual de Direito Constitucional* – Tomo IV – *Direitos Fundamentais,* (2ª Edição), Coimbra: Coimbra Editora, 2000; **Molina**, António García-Pablos de, *Criminología – Una Introducción a sus Fundamentos Teóricos para Juristas,* Valencia: Tirant lo Blanch Libros, 1996; **Moura**, José Souto de, " Inquérito e Instrução" *in Jornadas de Direito Processual Penal/O novo Código de Processo Penal,* Coimbra: CEJ, Livraria Almedina, 1995; **Mulas**, Nieves Sanz, *Alternativas a la Pena Privativa de Liberdad,* Madrid; Colex, 2000; **Nunes**, Duarte Rodrigues, *Revistas e Buscas no Código de Processo Penal,* Coimbra: GESTLEGAL, 2019; **Oneto**, Isabel, *O Agente Infiltrado,* Coimbra: Coimbra Editora, 2005; **Parente**, Andreia Cristina Ribeiro, *A Extensibilidade da Competência Própria dos Órgãos de Polícia Criminal no inquérito, Instrução e Julgamento. O caso do nº 3 do art. 249º do Código de processo Penal,* Lisboa: ISCPSI (Biblioteca), 2014; **Pereira**, Rui, «O "Agente Encoberto" na Ordem Jurídica Portuguesa», *in I Congresso de Processo Penal* – Memórias, Coimbra: Almedina, 2005; **Perez**, Francisco Alonso, *Medios de Investigación en el Proceso Penal,* 2ª Edição, Madrid: Dykinson, 2003; **Pinheiro**, Alexandre Sousa e **Fernandes**, Mário João de Brito, *Comentário à IV Revisão Constitucional,* Lisboa: AAFDL, 1999; **Pinho**, David Borges de, *Da*

Acção penal – Tramitação e Formulários, Coimbra: Livraria Almedina, 1988; **Pinto**, António Augusto Tolda, *A Tramitação Processual Penal*, 2ª Edição, Coimbra: Coimbra Editora, 2001; **Poiares**, Carlos Alberto, *Análise Psicocriminal das Drogas – O discurso do Legislador*, Braga: Almeida & Leitão, Ldª, 1998; **Popper**, Karl, *Conjecturas e Refutações*, (Tradução do inglês *Conjectures and Refutations* de Benedita Bettencourt), Coimbra: Almedina, 2003; Prado, Geraldo, *A Cadeia de Custódia da Prova no Processo Penal*, São Paulo: Marcial Pons, 2019; **Queiró**, Afonso Rodrigues, "Competência", *in Dicionário Jurídico da Administração Pública* – Volume II, 2ª Edição, (Dirigido por José Pedro Fernandes, 1990; **Rodrigues**, Anabela Miranda e **Duarte-Fonseca**, António Carlos, *Comentário da Lei Tutelar Educativa*, Coimbra: Coimbra Editora, 2000; **Rodrigues**, Anabela Miranda, "A fase preparatória do processo penal – tendências na Europa. O caso português", *in STVDIA IVRIDICA*, Nº 61, Coimbra: Coimbra Editora; "O Inquérito no Novo Código de Processo Penal", *in Jornadas de Direito Processual Penal – O Novo Código de Processo Penal*, Coimbra: CEJ, Livraria Almedina, 1995; Prefácio de *Lei e Crime: O Agente Infiltrado versus o Agente Provocador – Os Princípios do Processo Penal*, Coimbra: Almedina, 2001; "Política Criminal – Novos Desafios, Velhos Rumos", *in Liber Discipulorum para Figueiredo Dias*, Coimbra: Coimbra Editora, 2003; **Rodrigues**, J. Narciso da Cunha, "A posição Institucional e as Atribuições do Ministério Público e das Polícias na Investigação Criminal", *in BMJ*, nº 337; **Salinas**, Henrique, *Os Limites Objectivos do «ne bis in idem» e a Estrutura Acusatória no Processo Penal*, Lisboa: UCE, 2014; **Santos**, Manuel Simas, **Leal-Henriques**, Manuel e **Pinho**, David Borges de, *Código de Processo Penal Anotado*, Lisboa: Rei dos Livros, 1996, 1º Vol.; *Código de Processo Penal Anotado*, Lisboa: Rei dos Livros, 1997, 2º Vol.; **Silva**, Germano Marques Da, *Curso de Processo Penal* – Vol. I, Lisboa/S. Paulo: Verbo, 1993; *Curso de Processo Penal* – Vol. II, 2ª Ed., Lisboa/S. Paulo: Verbo, 2000; *Curso de Processo Penal* – Vol. III, 2ª Edição, Lisboa/S. Paulo: Verbo; *Direito Penal Português* – Vol. I, Lisboa/S. Paulo: Editorial Verbo, 1997; *A Ética Policial e Sociedade Democrática*, Lisboa: Edições do ISCPSI, 2001; "Bufos, Infiltrados, Provocadores e Arrependidos", *in Direito e Justiça*, Vol. VIII, T. 2; **Sousa**, Pedro, "Da Análise de Informações como Contributo para que o Ministério Público Ultrapasse Uma Certa Passividade Durante a Fase Preparatória do Processo", *in Estudos de Homenagem ao Juiz Conselheiro António da Costa Neves Ribeiro*, Coimbra: Almedina, 2007; **Tornaghi**, Hélio, *Curso de Processo Penal*, 4ª Edição, S. Paulo: Editora Saraiva, 1987; **Valente**, Manuel Monteiro Guedes, *As Autoridades de Polícia Criminal: (Já) é tempo de clarificar a sua intervenção no processo penal*. In: Liber Amicorum Manuel Simas Santos. Coord. André Piton e Ana Carneiro. Lisboa: Rei dos Livros, 2016, pp. 875-891; *Cadeia de Custódia da Prova*, Coimbra: Almedina, 2019; *Do Ministério Público e da Polícia. Prevenção Criminal e Acção Penal como Execução de uma Política Criminal do Ser Humano*, Lisboa: UCE, 2013; *Da Publicação da Matéria de Facto Nas Condenações Nos Processos Disciplinares*, Lisboa: ISCPSI, 2000; "Investigação Criminal como motor de arranque do Processo

Penal", *in Polícia Portuguesa*, Ano LXIII, nº 122, Março/Abril, 2000; *Lei e Crime: O agente infiltrado versus o agente provocador – Os princípios do processo penal*, (Co-autoria de FERNANDO GONÇALVES e MANUEL JOÃO ALVES), Coimbra: Almedina, 2001; *O Novo Regime Jurídico do Agente Infiltrado*, (Co-autoria de FERNANDO GONÇALVES e MANUEL J. ALVES), Coimbra: Almedina, 2001; "Natureza da Actuação Policial", *in Polícia Portuguesa*, Ano LXV, nº 134, Março/Abril, 2002; "Dos Delitos Contra a Economia e Contra a Saúde Pública: A actuação dos OPC face ao novo quadro legal da investigação Criminal", *in Revista Polícia Portuguesa*, nº 135, Maio/Junho, 2002; "COOPERAÇÃO POLICIAL – Uma Viagem Inacabada!", *in Cooperación Policial y Judicial en Materia de Delitos Financeiros, Fraude y Corrupción – Delitos Financeiros, Fraude y Corrupción en Europa* – Vol. IV, Salamanca: Aquilafuente, Ediciones Universidad de Salamanca, nº 40, 2002; *Consumo de Drogas – Reflexões Sobre o Quadro Legal*, 3ª Edição, Coimbra: Almedina, 2006; *Direito de Menores*, (Co-autoria com NIEVES SANZ MULAS), Lisboa: Âncora Editora, 2003; *Regime Jurídico da Investigação Criminal Comentado e Anotado*, 2ª Edição, Coimbra: Almedina, 2004; *Dos Órgãos de Polícia Criminal*, Coimbra: Almedina, 2004; *Processo Penal* – Tomo I, Coimbra: Almedina, 2004 e 2ª Edição, 2009; "Terrorismo: Fundamento de Restrição de Direitos?", *in Terrorismo*, Coordenado por ADRIANO MOREIRA, 2ª Edição, Coimbra: Almedina, 2004; *Revistas e Buscas*, 2ª Edição, Almedina, 2005; "Revistas e Buscas: Que viagem queremos fazer?", *in I Congresso de Processo Penal – Memórias*, Coimbra: Almedina, 2005; *Natureza Jurídica do Corpo da Guarda Prisional*, Lisboa: EDIUAL, 2008; *Escutas Telefónicas. Da Excepcionalidade à Vulgaridade*, 2ª Edição, Coimbra: Almedina, 2008; **ZIEGLER**, JEAN, *Os Senhores do Crime*, Lisboa: Terramar.

§ 47º Introdução

168. A POLÍCIA – seja de ordem ou tranquilidade públicas, seja administrativa, seja judiciária – detém atribuições e competências gerais[766] e específicas, cujo estudo se impõe face a hibricidade da actividade de polícia. Não só nas leis orgânicas e de funcionamento de cada força e serviço de segurança – Polícia –, como em outros diplomas se pode verificar um elenco de actos ora de competência geral ora específica a prosseguir com a actividade de polícia.

Nesta linha de pensamento, podemos referir que a actividade de *polícia judiciária* (*polícia criminal*) pode, quando falamos de actos praticados no âmbito das competências de prevenção criminal *stricto sensu* e de forma aparente, revestir natureza genérica para a PJ, mas já não para a PSP, GNR, SEF, ASAE, IGAC. Em termos gerais, a actividade judiciária criminal é da natureza [competência] originária dos tribunais, cabendo à POLÍCIA – seja PJ, seja PSP, seja GNR e todas as demais polícias criminais – coadjuvar aqueles na «administração da justiça».

Desta feita, a actividade policial judiciária criminal, apesar de poder contar com actos de competência e iniciativa própria, é de competência específica e não geral, desde logo pela sua natureza temporária, precária e cautelar, *i. e.*, só podem revestir a natureza de acto processual após apreciação e validação por parte da AJ competente.

Ao longo deste capítulo iremos debruçar o nosso estudo sobre a actividade policial em uma das suas facetas específicas, actuando como OPC ou como APC, fazendo-se algumas referências à polícia no quadro do RGCO – dimensão funcional administrativa.

[766] Quanto às competências gerais *supra* Parte I, Capítulo VII.

Secção I
Da Notícia do Facto – Crime/Contra-Ordenação

§ 48º Considerações gerais

169. Os Órgãos de Polícia Criminal (OPC), como «entidades e agentes policiais a quem caiba levar a cabo quaisquer actos ordenados por uma autoridade judiciária ou determinados» pelo CPP [al. *c*) do nº 1 do art. 1º do CPP[767]] e toda a legislação processual penal, têm o dever de «coadjuvar as autoridades judiciais com vista à realização das finalidades do processo» [nº 1 do art. 55º, arts. 270º e 288º, nº 1 do CPP] e, em especial, «mesmo por iniciativa própria, colher notícia dos crimes e impedir quanto possível as suas consequências, descobrir os seus agentes e levar a cabo os actos necessários e urgentes destinados a assegurar os meios de prova» [nº 2 do art. 55º do CPP], cujas disposições se enquadram no Livro VI, Titulo I, Capítulos I, II, III, artigos 241º e ss. do CPP.

O CPP – art. 1º, nº 1, al. *c*), art. 55º e art. 263º – estipula que os OPC coadjuvam o Ministério Público[768] na fase do inquérito, cuja direcção

[767] Cfr. artigo 2º, nºs 1, 2 e 3 da LOIC.

[768] Neste mesmo sentido se podia ler, desde logo, na al. *c)* do nº 3 do art. 3º da da primeira versão da Lei de Organização da Investigação Criminal aprovada pela Lei nº 21/2000, de 10 de Agosto, alterada pelo Decreto-Lei nº 305/2002, de 13 de Dezembro, e que fora revogada pela Lei nº 49/2008, de 27 de Agosto, alterada pelas Leis nº 57/2015, de 23 de Junho, nº 38/2015, de 11 de Maio, e nº 34/2013, de 16 de Maio. Quanto a este

lhe compete, nos termos do nº 1 do art. 263º do CPP e art. 219º da CRP. Sendo o inquérito[769] «o conjunto de diligências que visam investigar a existência de um crime, determinar os seus agentes e a responsabilidade deles e descobrir e recolher as provas, em ordem à decisão sobre a acusação», cumpre aos OPC coadjuvar quer por iniciativa própria – *medidas cautelares e de polícia* – quer por determinação do MP[770] – despacho de natureza específica – proceder a diligências que elucidem aquele da decisão de dedução ou não da acusação, quer por determinação do JIC que o conduzam a decidir pela pronúncia ou não pronúncia.

Os OPC têm, também, o dever de coadjuvar o JIC na fase de instrução – *ex vi* nº 1 do art. 288º e nº 2 do art. 290º do CPP – e o juiz na fase de julgamento – como se retira do artigos 340º e ss. do CPP.

170. A Polícia, quer na veste de polícia judiciária ou criminal – órgão de polícia criminal – quer na de polícia administrativa, tem de intervir ou para evitar a prática de um crime ou de uma contra-ordenação, ou para evitar que outros ou o próprio agente destrua os meios de prova, ou para salvar ou minorar os riscos das vítimas e, até mesmo, do próprio autor do facto[771]: crime/contra-ordenação.

Os OPC promovem, em regra, uma intervenção anterior à comunicação do crime ao Ministério Público. A base legal para essa intervenção encontra-se no nº 2 do art. 55º do CPP, que comete aos OPC

assunto em concreto, é de salientar a leitura dos artigos 2º e 3º, nº 4, alínea *a)* [e alínea *b)*] da LOIC.

[769] O inquérito no Processo Tutelar Educativo compreende «o conjunto de diligências que visam investigar a existência de facto qualificado pela lei como crime e determinar a necessidade de educação do menor para o direito, com vista à decisão sobre a aplicação de medida tutelar», ou seja, o inquérito detém uma dupla função: "a actividade de investigação sobre a verificação *da prática do facto (...) e* averiguação da necessidade de educação do menor para o direito, (...) pressuposto indispensável da aplicação de uma medida tutelar". Anabela Miranda Rodrigues e António Carlos Duarte-Fonseca, *Comentário da Lei Tutelar Educativa*, Coimbra: Coimbra Editora, 2000, pp. 187 e 188. Itálico nosso.

[770] Os OPC que, nos termos do nº 2 do art. 263º do CPP, actuam sob a directa orientação do Ministério Público e na sua dependência funcional coadjuvam o Ministério Público na investigação do crime.

[771] Cfr. artigos 55º, 249º do CPP e 48º 48º-A e 49º do RGCO.

o colhimento da *notitia criminis*, o impedimento da evolução das consequências do crime, a descoberta do(s) autor(es) do(s) facto(s) e, ainda, a prática de todos os actos que se mostrem necessários e urgentes para que se assegurem os meios de prova[772], e no nº 1 do art. 249º do CPP – norma genérica e abrangente. Os actos necessários e urgentes estão tipificados na lei e o seu uso tem de obedecer necessariamente à proporcionalidade do facto em si e aos fins do próprio acto policial.

Os OPC actuam, em regra, no processo crime no uso de competência delegada – art. 270º do CPP –, e, em "casos pontuais, especificados pela lei, podem praticar actos processuais no uso de competência própria"[773]. Defendemos que os OPC desenvolvem *per si* diligências admissíveis legalmente que se enquadram no âmbito das competências próprias[774], apesar da sua natureza residual e precária ou cautelar, subordinadas sempre à apreciação e validação por parte da AJ[775]: *i. e.*, praticam medidas cautelares e de polícia.

Os actos processuais, praticados quando o agente de um crime é imputável, devem, *mutatis mutandis*, ser levados a cabo pelos OPC quando o agente desse facto típico e ilícito é um menor de 12 a 16 anos de idade, sendo de realçar os que se prendem com a notícia do facto, com as medidas cautelares e de polícia e com a detenção. Quanto à notícia do facto típico e ilícito e à detenção, a LTE especifica os seus pressupostos e as suas formalidades colmatando as omissões com a aplicação subsidiária do CPP (*ex vi* art. 128º da LTE). Mas, quanto às medidas cautelares e de polícia, exceptuando-se a identificação de menor (art. 50º), a LTE é omissa, pelo que se devem aplicar subsidiariamente as disposições processuais do CPP *ex vi* art. 128º da LTE[776].

[772] Neste sentido se pode ler o artigo 249º do CPP.

[773] Manuel Lopes Maia Gonçalves, *Código Processual Penal Anotado*, 7ª Edição, Coimbra: Almedina, 1996, p. 141.

[774] Anabela Miranda Rodrigues, "A fase preparatória do processo penal tendências na Europa. O caso português", *in STVDIA IVRIDICA*, Nº 61, Coimbra: Coimbra Editora, pp. 958/959.

[775] Quanto a este assunto o nosso *Regime Jurídico da Investigação Criminal Comentado e Anotado*, 2ª Edição, Coimbra: Almedina, 2004, pp. 74 e 75 e 3ª Edição, pp. 78-79.

[776] Cfr. o nosso *Direito de Menores*, (Co-autoria com Nieves Sanz Mulas), Lisboa: Âncora Editora, pp. 209-242.

171. Como ensina ANABELA MIRANDA RODRIGUES, o legislador tomou "consciência clara de que a realização de uma investigação criminal necessita, para ser eficaz, de ter ao seu dispor certos meios que são afinal, na prática, os meios *normais* de actuação" nas fases em que se estrutura a prova, ou seja, esta "nova filosofia assenta na legalização dos meios de actuação que até aqui (ao CPP/87) se encontravam numa zona de semi-clandestinidade", apesar da sua consagração representar "um risco, assumido pelo Código, de utilização abusiva dessas medidas", o que conduziu o legislador "a apertar os critérios que legitimam a intervenção das polícias nesses casos – restringe-se a utilização das medidas a *actos urgentes* (arts 251º, nºs 1 e 252º, nº 2) – e a introduzir o **limite da intervenção homologadora da autoridade judiciária** (artigos 251º, nº 2 e 252º, nº 3)"[777].

Os actos a praticar pelos OPC *a priori* da intervenção da AJ obedecem não só à previsão legal, mas também ao preenchimento dos pressupostos materiais e formais da medida cautelar e de polícia, como ainda obedecem aos princípios da legalidade e da constitucionalidade, da prossecução do interesse público no respeito pelos direitos e interesses protegidos do cidadão, norteadores da intervenção policial, sendo de destacar os princípios da legalidade e da constitucionalidade, da prossecução do interesse público e respeito pelos direitos e interesses protegidos do cidadão, da proibição do excesso ou da proporcionalidade *lato sensu*, da igualdade, da justiça, da lealdade, da boa fé e, como epicentro de toda acção, o princípio da liberdade.

§ 49º Da notícia do crime

172. À polícia /OPC cabe colher a notícia do crime e comunicá-la ao titular da acção penal – MP – que tem a obrigação de promoção oficiosa do processo crime[778], desde que detenha legitimidade.

[777] ANABELA MIRANDA RODRIGUES, *O Inquérito no Novo Código de Processo Penal*, in *Jornadas de Direito Processual Penal – O Novo Código de Processo Penal*, Coimbra: CEJ, Livraria Almedina, 1995, p. 71. Neste sentido MANUEL SIMAS SANTOS, MANUEL LEAL-HENRIQUES e DAVID BORGES DE PINHO, *Código de Processo...* – 2º Vol., p. 25. Negrito nosso.

[778] Quanto ao processo tutelar educativo, artigos 41º, 72º, 73º e 74º da LTE.

A polícia/OPC pode adquirir a notícia do crime por *conhecimento próprio ou constatação directa*, por *auto de notícia* lavrado por outro OPC ou por *denúncia* – conforme art. 241º do CPP[779]. Ora vejamos:

α. o *conhecimento próprio ou constatação directa* consiste em o OPC obter o conhecimento do crime de forma directa e ime diata *v. g.*, falamos do flagrante delito. Contudo, como afirma GERMANO MARQUES DA SILVA, aquela "expressão tem um conteúdo mais amplo, abrangendo não só o conhecimento directo, mas também aquele que é obtido por qualquer meio que não pelos expressamente disciplinados pela lei, *i. e.*, aquele que não é provocado por intermédio dos órgãos de polícia criminal ou denúncia"[780].

Desta feita, incluem-se os crimes de que a polícia/OPC tem conhecimento ou por meio da comunicação social, de notícias anónimas ou por meio de rumores públicos. O OPC, como o Ministério Público, por sua vez, ao ter conhe cimento, através da comunicação social, de rumores ou de notícia anónima, de crimes, mesmo que não tenha indícios, pode e, na nossa opinião, deve levantar o auto de notícia para que o MP possa determinar uma "investigação de natureza policial no sentido da sua confirmação, da obtenção de indícios credíveis"[781] da existência ou não do(s) facto(s) falado(s).

Caso se confirmem os rumores ou as notícias, ao Ministério Público cabe iniciar a promoção processual penal quando o(s) facto(s) consigna(m) um crime de natureza pública, sendo que os de natureza semipública e particular carecem de queixa do ofendido [titular do direito de queixa – *titular* do(s) bem(ns) jurídico(s) (*interesses*) *que a lei especialmente quis proteger com a incriminação com idade superior a 16 anos*][782]. Quanto aos rumores e

[779] Quanto a este assunto, o nosso *Processo Penal* – Tomo I, 3ª Edição, pp. 282-286.

[780] GERMANO MARQUES DA SILVA, *Curso de Processo Penal* – Vol. III, 2ª Edição, Lisboa/S. Paulo: Verbo, p. 53. Neste sentido também MANUEL SIMAS SANTOS, MANUEL LEAL-HENRIQUES e DAVID BORGES DE PINHO, *Código de Processo...* – 2º Vol., p. 11.

[781] *Idem*, pp. 53 e 54.

[782] Quanto aos menores que praticam factos qualificados como crime, o nosso *Direito de Menores*, (Co-autoria com NIEVES SANZ MULAS), Lisboa: Âncora Editora, pp. 213 e ss., ANABELA MIRANDA RODRIGUES e ANTÓNIO CARLOS DUARTE-FONSECA, *Lei Tutelar...*,

boatos, já há a referir que carecem de ser confirmados para se poder promover a investigação e que não devem ser desprezados quer pela polícia/OPC quer pela AJ.
A polícia costuma tomar conhecimento directo e próprio – *in situ* e em um quadro físico-psíquico imediato –, lavrando auto de notícia ou detenção e transmite-a à AJ.

β. o *conhecimento por meio de auto de notícia* lavrado por outro OPC ou por AJ assenta em um documento base lavrado quer por autoridade judiciária, quer pelos OPC quer por entidade policial, onde se descrevem os factos constitutivos do crime, o dia, a hora, o local e as circunstâncias em que ocorreu (eram) o(s) crime(s), a identificação dos autores (quando possível), dos ofendidos e onde se relatam os meios de prova conhecidos, assim como as medidas tomadas para a sua salvaguarda e para evitar efeitos nefastos possíveis do crime, cuja verificação do delito é directa ou fruto de denúncia que lhe fora directamente efectuada por qualquer pessoa ou por funcionário[783-784]. Acresce que os mesmos princípios se devem verificar no caso da elaboração dos autos no quadro das contra-ordenações.
A polícia/OPC costuma elaborar autos de notícia, desde que presencie o facto – crime ou contra-ordenação –, relativamente aos crimes de natureza pública e, se o fizerem no caso de crimes de natureza semipública ou particular, o prescrito no auto carece de ratificação por parte do legítimo titular do direito de queixa e, no caso de crime particular, carece também da manifestação expressa do titular do direito de queixa de constituição de assistente no processo.

γ. o *conhecimento por meio de denúncia* é obtido ou através de uma participação facultativa (queixa) apresentada pelos ofen didos ou através de um participação obrigatória quando quem tem

p. 183, § 2º do comentário ao nº 2 do art. 72º da LTE. Cfr. nº 1 do art. 113º do CP e al. *a)* do nº 1 do art. 68º do CPP.

783 Cfr. art. 241º, 242º, 243º, 244º e 248º do CPP, que também se aplicam no processo tutelar educativo *ex vi* art. 128º da LTE, sem se olvidar do art. 73º, nº 1 al. *a*) da LTE e o art. 48º do RGCO.

784 Quanto ao processo tutelar educativo ANABELA MIRANDA RODRIGUES e ANTÓNIO CARLOS DUARTE-FONSECA, *Lei Tutelar...*, p. 185.

conhecimento dos crimes no exercício das suas funções e por causa delas é funcionário, agente dos Estado ou gestor público, ou seja, funcionário na acepção do art. 386º do CP[785]: al. *b*) do nº 1 do art. 242º do CPP.

A denúncia pode, ainda, configurar a participação activa de um cidadão na prossecução da justiça. A denúncia feita por cidadão não titular do direito de queixa. O conhecimento da infracção contra-ordenacional pode ser obtida por denúncia do titular do direito afectado – *p. e.*, denúncia de ruído de vizinhança prevista no art. 24º do RGR – ou por denúncia facultativa de um qualquer cidadão – como no caso das infracções tributárias.

173. As entidades policiais – sejam ou não OPC[786] – têm o ónus de denúncia obrigatória de todos os crimes de que tenham conhecimento – *i. e.*, quer seja crime de natureza pública, quer de natureza semipú blica, quer de natureza particular[787]. O titular da acção penal é o MP e não o OPC ou qualquer outra entidade policial.

O limite que se afere da parte final do art. 244º do CPP – «salvo se o procedimento respectivo depender de queixa ou de acusação particular» – não se aplica aos que se enquadram na al. *a*) do nº 1 do art. 242º do CPP, mas aos demais cidadãos, que, como se afere do art. 244º do CPP, devem comunicar a notícia de qualquer crime público a qualquer autoridade judiciária – MP, JIC ou Juiz – ou Órgão de Polícia Criminal.

Acresce que, não obstante a anterior redacção do nº 3 do art. 242º prescrever que «o disposto nos preceitos anteriores não prejudica o

[785] Quanto ao processo tutelar educativo, qualquer pessoa pode efectuar denúncia ao Ministério Público ou a órgão de polícia criminal por facto qualificado como crime que um menor de 12 a 16 anos de idade tenha cometido, desde que a natureza daquele seja pública, ou seja, desde que o procedimento não dependa de queixa e/ou acusação particular, nos termos dos nºs 1 e 2 do art. 73º da LTE. Quanto a este assunto o nosso *Direito de Menores*, (Co-autoria de NIEVES SANZ MULAS), p. 215 e ANABELA MIRANDA RODRIGUES e ANTÓNIO CARLOS DUARTE-FONSECA, *Lei Tutelar...*, p. 185.

[786] Entendemos que cabem neste conceito de entidade policial as Autoridades de Polícia, os Agentes de Polícia, as Autoridades Policiais, os Agentes Policiais, as Autoridades de Polícia Criminal e os Órgãos de Polícia Criminal.

[787] Quanto a este assunto o nosso *Processo Penal* – Tomo I, 3ª Edição, p. 284.

regime dos crimes cujo procedimento depende de queixa ou de acusação particular», defendíamos[788] a obrigação de relatar os factos da ocorrência a que foram os elementos policiais, como modo de documentação da diligência, elenco e registo de elementos probatórios – principalmente pessoais – que podem não ser identificáveis e determináveis, caso não se elabore um auto de ocorrência ou de notícia. Sendo ainda de relevar que não compete aos OPC ou elementos policiais a qualificação, mesmo que preliminar, da natureza de um crime, competência do MP[789], a quem compete, face ao auto, decidir ou não pela abertura de um inquérito, conforme artigos 262º e 263º do CPP.

Com a devida vénia, não acompanhavamos MAIA GONÇALVES quando afirmava que "a obrigatoriedade de denúncia para as entidades policiais relativamente aos crimes de que tomarem conhecimento é só relativamente aos crimes públicos"[790] face ao disposto no nº 3 do art. 242º do CPP, cuja interpretação se impõe em conjunto com a al. *a*) do nº 1 do mesmo preceito. Pois, entendemos que, a par da incompetência para qualificar o crime [e a natureza], o nº 3 do art. 242º do CPP devia ser interpretado no sentido de que a denúncia obrigatória que se exige às entidades policiais, não afasta o pressuposto dos crimes de natureza semipública – desejar procedimento criminal contra os agentes do crime – e dos crimes de natureza particular – desejar procedimento criminal contra os agentes do crime e constituir-se assistente no processo. A verificação destes dois quesitos[791] não se confunde com ónus de colher a *notitia criminis* e de preservar todos os meios de prova, *ex vi* do art. 55º e 249º, nº 1 do CPP.

A nova redacção do nº 3 do art. 242º do CPP, operada pela Reforma de 2007, veio, na nossa linha, afastar quaisquer dúvidas ao prescrever

[788] Quanto a este assunto e a esta discussão, veja-se a 1ª edição deste o nosso *Teoria Geral do Direito Policial*, Coimbra: Almedina, 2005, p. 165.

[789] No momento da aquisição da notícia do crime pode entender-se que as circunstâncias factuais consignam a prática de um crime de natureza particular que, após alguns dias, se compagina com um crime de natureza pública. Não vemos mal algum ou qualquer objecção que os OPC elaborem auto de notícia ou de ocorrência sobre factos que a priori parecem enquadrar um crime de natureza não pública.

[790] MAIA GONÇALVES, *Código de Processo...*, 7ª Edição, p. 508.

[791] Que o MP pode sanar nos termos do art. 52º do CPP.

que os casos que consiguem crimes semi-públicos ou particular só dão lugar a *inquérito* [e não a denúncia ou aquisição de notícia de crime] se existir queixa no prazo legalmente previsto, *i. e.*, se houver desejo de procedimento criminal e, nos crimes particulares, a constituição de assistente[792].

§ 50º Do auto de notícia, de ocorrência e de denúncia

174. O processo crime inicia-se com a *notitia criminis*, podendo esta revestir a forma de auto de notícia ou de ocorrência e/ou de um auto de denúncia e, ainda, de auto de detenção[793].

O **auto de notícia** consigna-se para factos que sejam presenciados pelo autuante [autoridade judiciária, autoridade de polícia criminal, órgão de polícia criminal ou entidade policial] – *ex vi* do nº 1 do art. 243º do CPP –, conquanto o **auto de ocorrência**[794] – conhecido por participação – tem-se para os factos de que se tem conhecimento, mas que não foram presenciados pelo autuante, não obstante este ter-se deslocado ao local do crime, e que não se compaginam com o auto de denúncia, que está reservado para comunicar crimes de natureza semipública e particular.

O **auto de notícia**, que preenche a figura do *conhecimento directo ou próprio* por parte da polícia/OPC ou AJ, pode ser levantado ou mandado levantar pela AJ, pela autoridade de polícia criminal – APC –, por OPC ou por entidade policial sempre que o crime de que tenha tido conhecimento seja de natureza pública – de denúncia obrigatória, conforme nº 1 do art. 243º do CPP.

792 Quanto a este assunto, o nosso *Processo Penal* – Tomo I, 3ª Edição, pp. 284-286.

793 Quanto ao auto de detenção, *infra* Secção III deste Capítulo.

794 Releva a distinção para efeitos da valor probatório e de fazer fé em juízo, que não se verifica se o agente que levanta o auto não presenciou o facto – *ex vi* nº 1 do art. 99º do CPP. Neste sentido o AC. RL de 13 de Outubro de 1999 *apud* MAIA GONÇALVES, *Código de Processo...*, 7ª Edição, p. 275. Quanto à figura do auto de ocorrência a elaborar no âmbito do consumo de droga, o nosso *Consumo de Drogas. Reflexões sobre o Quadro Legal*, 7ª Edição, Coimbra: Almedina, 2019, pp. 161-164.

Como referimos no §º antecedente, defendemos que os OPC ou APC devem, por prudência, levantar um auto de notícia ou de ocorrência (participação) quanto a factos de que tenham conhecimento mesmo que consignem um crime de natureza não pública, sob pena de perda de elementos probatórios – pessoais e reais – cruciais para a prossecução do processo. O levantamento do auto não se confunde com o acto volitivo do ofendido e titular do direito de queixa que se exerce para que haja prossecução da acção penal.

O **auto de denúncia** compreende o documento elaborado[795] pelo OPC ou pela APC ou pela AJ e destinado a narrar um crime de crime natureza semipública ou particular, *i. e.*, consigna o designado *conhecimento indirecto* ou *por meio de denúncia*[796], ficando esta adstrita à vontade do titular do direito de queixa.

Acresce que pode dar-se a situação de um cidadão, não titular do direito de queixa, se dirigir a uma AJ ou OPC ou entidade policial para denunciar um crime de natureza pública, devendo, neste caso, ser elaborado um auto de denúncia, em que o denunciante é identificado e assina o auto nessa qualidade: *i. e.*, procede a uma declaração de ciência e de vontade.

Refira-se, ainda, que se um cidadão denunciar um crime que *a priori* se afigure de natureza semipública, o OPC deve receber a denúncia e documentá-la, remetendo-a ao MP para que possa promover as diligências necessárias para se notificar o titular do direito de queixa para o exercer – que, muitas vezes, nem sabe que um bem jurídico pessoal foi ofendido, *p. e.*, *furto* de viatura sem que tenha conhecimento por estar ausente do país por motivos de férias ou por motivos de trabalho.

175. Os autos de notícias, de ocorrência ou de denúncia devem:

i) mencionar os factos constitutivos do crime [*i. e.*, responder ao *o quê*];

[795] Como se depreende do nº 1 do art. 4º da Lei nº 45/2004, de 19 de Agosto, que aprovou o regime jurídico das perícias médico-legais e forenses, podem levantar auto de notícia ou de denúncia e comunicá-los (as) ao MP, as delegações, os gabinetes médico-legais do INML e, por maioria de razão, o perito médico.

[796] Cfr. *supra* § 49º Da notícia do crime.

ii) mencionar o dia, a hora[797], o local e as circunstâncias de cometimento do crime[798] [*i. e.*, responder ao *quando*, ao *onde*, ao *modo* e, quando possível, ao *porquê*];

iii) mencionar tudo o que seja idóneo e adequado para se «averiguar acerca da identificação dos agentes do crime» [*i. e.*, responder ao *quem*];

iv) a identidade dos ofendidos e, sempre que possível, todos os meios de prova conhecidos, principalmente testemunhas que possam depor sobre os factos originadores da *notitia criminis* – conforme nº 1 do art. 243º do CPP – quer os que preencham elementos probatórios que fundem a acusação quer os que possam servir de justificação ou exculpação ou que possam provar a inocência do arguido ou que possam relevar para a verificação de inexistência de crime – como se retira e se impõe pelo art. 219º da CRP e pelo art. 53º, nº 1 do CPP – isenção e objectividade[799].

v) ser escritos e, perfeitamente, legíveis, não devendo conter «espaços em branco que não sejam inutilizados, nem entrelinhas, rasuras ou emendas que não sejam ressalvadas» – nº 1 do art. 94º do CPP – e, caso se verifique alguma ilegibilidade, «qualquer participante processual interessado pode solicitar, sem encargos, a respectiva transcrição dactilográfica» – *ex vi* nº 4 do art. 94º do CPP[800].

vi) ser assinados por quem o levantou ou mandou levantar, sendo que a assinatura deve ser feita pelo próprio punho, não sendo admissível qualquer reprodução daquela, *ex vi* do nº 2 do art. 243º e nº 2 do art. 95º do CPP. Ressalvam-se os casos de impos-

[797] A indicação da hora do acto ou diligência processual é de extrema importância quando afecta liberdades fundamentais da pessoa – *p. e.*, a detenção, a condução sob detenção, a obrigatoriedade de permanência no local do exame.

[798] Cfr. nº 6 do art. 94º do CPP.

[799] Quanto à isenção e à objectividade do Ministério Público e demais operadores judiciários – *maxime* polícia/OPC –, o nosso *Processo Penal* – Tomo I, 3ª Edição, pp. 113-121. Com maior desenvolvimento o nosso *Do Ministério Público e da Polícia...*, 417-427.

[800] Acompanhamos MAIA GONÇALVES quando afirma que a inobservância destes quesitos gera única e exclusivamente uma irregularidade processual, devendo-se seguir o regime previsto nos art. 118º, nºs 1 e 2 e art. 123º do CPP. MAIA GONÇALVES, *Código de Processo...*, 7ª Edição, p. 274.

sibilidade por não saber escrever ou se encontrar momentaneamente impossibilitado de escrever – *p. e.*, por ter sofrido um acidente –, em que a entidade deve mencionar no auto a natureza da impossibilidade, *ex vi* do nº 3 do art. 95º do CPP.

No caso em que se impõe a assinatura de outrem – como no auto de apreensão ou de reconhecimento – e aquele se recusar a assinar, a entidade que levantou o auto deve, sempre que possível antes de encerrar o escrito[801], mencionar a recusa e os motivos apresentados, *ex vi* do nº 3 do art. 95º do CPP. Caso já se tenha encerrado o auto e alguém se recuse a assinar, deve fazer-se um aditamento ao auto em causa para se descrever as razões da recusa e se indicar as testemunhas da recusa.

Os autos de notícia/ocorrência e denúncia devem, obrigatoriamente, ser remetidos ao MP no mais curto prazo de tempo, independentemente de já se ter comunicado a notícia do crime via fax, *e-mail* ou via telefone.

176. A denúncia não está sujeita a quaisquer formalismos, sendo que pode ser apresentada oralmente ou por escrito. Quando apresentada de forma oral, deve ser transcrita em auto próprio e deve ser assinada quer pela entidade que a recebe quer pelo denunciante, sem nos olvidarmos de que este pode, física ou academicamente – analfabetismo –, estar impossibilitado de assinar, devendo as razões ser apostas no auto.

Se o denunciante se recusar assinar, devem ser apostos os motivos da recusa. No caso dos crimes semipúblicos e particulares parece-nos, *a priori*, descabido que o denunciante – titular do direito de queixa

[801] No Ac. da RC de 6 de Março de 1991 [*apud* Maia Gonçalves, *Código de Processo...*, 7ª Edição, p. 276] defende-se que a razão da recusa ou da impossibilidade deve ser aposta no auto antes do seu encerramento. Pensamos que como regra se deve seguir o ensinamento. Contudo, casos há de recusa em que esta é manifestada após o encerramento do auto, o que, no nosso entender, não afecta a validade do auto. Partilhamos da posição de Maia Gonçalves quanto à omissão da assinatura gerar simples irregularidade que pode ser sanada com a aposição das mesmas, como se retira do nº 3 do art. 123º do CPP [Maia Gonçalves, *Código de Processo...*, 7ª Edição, p. 275].

– não assine o auto, compreendendo-se nos casos de salvaguarda da integridade física ou do receio de ameaças por parte do denunciado: como nos crimes de *violação, abuso sexual de menores,* conforme e nos termos do art. 178º, nº 1 e nº 4 do CP.

No que respeita ao conteúdo do auto de denúncia, deve seguir-se o estipulado para o auto de notícia, tendo em conta a especificidade da peça processual, de modo a que se possa responder às questões *o quê, quem, quando, onde, como* e, se possível, *porquê.*

Deve, ainda, o denunciante poder declarar que deseja constituir-se assistente. A constituição de assistente[802] é obrigatória e a sua vontade deve ser inequívoca no âmbito dos crimes particulares, cujo procedimento depende de acusação particular, devendo, nestes casos, a entidade que receber a denúncia informar o denunciante desse ónus e dos procedimentos a observar – *ex vi* nº 4 do art. 247º e 50º do CPP.

177. Nos crimes semipúblicos[803], para iniciar a promoção da acção penal, é suficiente que o denunciante declare que deseja procedimento criminal contra os agentes do crime, sendo que existem crimes de natureza pública – *p. e.*, nos *crimes contra a paz, identidade cultural e integridade pessoal, tráfico de influências, favorecimento pessoal praticado por funcionário, denegação de justiça, prevaricação, corrupção,* peculato, *participação económica em negócio, abuso de poder* e *fraude na obtenção ou desvio de subsídio ou de subvenção* – em que qualquer cidadão se pode constituir assistente[804], por os bens jurídicos ofendidos afectarem a colectividade no todo e não apenas o indivíduo considerado isoladamente.

[802] Quanto à constituição de assistente, cfr. os artigos 68º a 70º do CPP. Os operadores judiciários, em especial as polícias, devem ter em conta as alterações produzidas pela Lei nº 130/2015, de 4 de setembro, que operou a vigésima quarta alteração ao CPP, tendo aditado o artigo 67º-A do CPP, em que se define o que se deve entender como vítima para o processo penal português e os seus direitos no processo-crime. Os operadores judiciários devem ter em conta os princípios e as normas de atendimento, tratamento e encaminhamento das vítimas, em especial as dos crimes violentos e dos crimes praticados no *seio da relação familiar*, que o Estatuto da Vítima aprovou. Este estatuto não afasta a aplicação dos regimes especiais da violência doméstica ou das vítimas vulneráveis.

[803] Quanto à queixa como pressuposto para a promoção penal nos crimes de natureza semipública art. 49º do CPP.

[804] Cfr. al. *e)* do nº 1 do art. 68º do CPP.

Relevante é a discussão sobre se a detenção por crime de *injúria a agente de autoridade* – p. e p. pelo art. 181º conjugado com a al. *a)* do nº 1 do art. 188º do CP – e a aposição no auto de detenção, por parte do agente, o desejo inequívoco de proceder criminalmente contra o arguido. Consideramos que este desejo aposto de forma inequívoca no auto [vontade expressa – declaração de ciência e de vontade] deve ser aceite como «exercício do direito de queixa» que lhe assiste, independentemente da sua qualidade de OPC[805], não sendo, por inexistência de obrigação de formalismo para o auto de denúncia e por se considerar ilógico aceitável em exercício de funções de polícia, necessário que o agente de autoridade formalize uma denúncia *stricto sensu*.

Outra discussão prende-se com a situação relatada por OPC se apresentar *a priori* como crime de natureza pública e, após determinadas diligências, o MP identificar e determinar que ao facto é subsumível um crime de natureza semipública ou particular ou quando em sede de concurso de crimes se averigua que um dos factos consigna um crime de natureza semipública ou particular. Nestes casos, somos da opinião que é ao MP – titular da acção penal – que compete decidir, tendo em conta o nº 5 do art. 113º e a al. *b)* do nº 1 e nº 4 do art. 178º do CP – de acordo com o art. 52º do CPP.

> Se o crime mais grave não depender de queixa e se existirem crimes de natureza pública, mesmo que exista um paridade na gravidade, o MP deve, por dotado de legitimidade, promover a acção penal quanto a esses crimes – *ex vi* art. 52º, nº 1 do CPP. Caso o crime público seja de menor gravidade ou ainda se tenha apurada a natureza semipública do crime subsumível aos factos deve o MP notificar os titulares do direito de queixa para que declarem se desejam ou não proceder criminalmente e, quando for caso disso, se desejam constituir-se assistentes no processo – *ex vi* nº 2 do art. 52º do CPP.

A *natureza final do crime* pode ser *diferente* da *natureza que, de início, se afigurava como possível*, pelo que está nas mãos do titular da acção penal – MP – e não do OPC essa determinação final, não obstante daquele ter de se basear *ab initio* em uma possível natureza do crime face aos factos apurados no momento concreto da intervenção policial.

[805] Quanto a este assunto o AC. RC de 18 de Janeiro de 1996 *apud* MAIA GONÇALVES, *Código de Processo ...*, 7ª Edição, p. 511.

Secção II
Das medidas Cautelares e de Polícia no Processo Criminal

§ 51º Da comunicação da notícia do crime

178. As entidades policiais[806], *maxime* as APC e os OPC, que tenham conhecimento directo ou por denúncia de um crime, devem comunicá-lo no mais curto prazo ao Ministério Público, *ex vi* nº 1 do art. 248º do CPP[807] e nº 3 do art. 2º da LOIC[808]. Nos casos de urgência, a comunicação pode ser efectuada por «qualquer meio de comunicação para o efeito disponível»[809], sendo que se for efectuada oralmente – telefone ou telemóvel ou pessoalmente – deve ser confirmada por escrito, *ex vi* do nº 3 do art. 248º do CPP.

[806] Quanto à incongruência do CPP determinar que as entidades policiais devem levantar auto de notícia e os preceitos referentes às medidas cautelares e de polícia atribuirem presumivelmente só aos OPC competências para procederem, assim como se dever considerarem os elementos do Corpo da Guarda Prisional como entidades policiais nos termos processuais penais e deverem proceder como OPC, o nosso *Natureza Jurídica do Corpo da Guarda Prisional,* Lisboa: EDIUAL, 2008, pp. 103-115.

[807] No âmbito dos menores que praticam factos qualificados pela lei como crime, art. 73º, nº 4 da LTE.

[808] Quanto à comunicação da notícia do crime, o nosso *Processo Penal* – Tomo I, 3ª Edição, pp. 295-298.

[809] Como o fax, o telemóvel, o telefone, o *e-mail*.

O prazo para transmissão da notícia do crime não pode ultrapassar 10 dias, conforme parte final do nº 1 do art. 248º, nº 3 do art. 243º e o art. 245º do CPP e o nº 3 do art. 2º da LOIC.

A Reforma de 2007 aditou ao nº 1 do art. 248º do CPP que a transmissão da notícia do crime ao MP se efectua "no mais curto prazo, **que não pode exceder 10 dias**" e que os OPC devem comunicar ao MP as "**notícias de crime manifestamente infundadas**". Quanto à transmissão de notícias de crime manifestamente infundadas, sempre foi nossa opinião que não sendo o OPC o órgão titular da acção penal, não lhe cabia decidir do fundamento ou não e do destino a dar à denúncia apresentada, mas sim ao MP, titular constitucional da acção penal.

Consideramos, sempre e em Portugal, que compete ao MP decidir do fundamento ou não das denúncias e nunca aos órgãos de polícia criminal.

No que respeita à possibilidade do OPC transmitir a notícia do crime ao MP após 10 dias do seu conhecimento, parece-nos, como já afirmámos e escrevemos[810], que não se afigura consentâneo com um processo penal submetido *ab initio ad finem* ao princípio da jurisdicionalidade, nem se afigura de acordo com princípio da titularidade da acção penal atribuída constitucionalmente ao MP.

Acresce que o prazo de 10 dias não se afigura de acordo com outros prazos previstos para diligências cautelares processuais penais levadas a cabo pelos OPC:

- a comunicação de apreensão cautelar deve ser efectuada no má ximo em 72 horas, *ex vi* do nº 5 do art. 178º do CPP;
- a suspensão de correspondência tem de ser apreciada e validada no prazo de 48 horas, *ex vi* do nº 3 do art. 252º do CPP;
- a apreciação e validação de busca não domiciliária levada a cabo pelo OPC [art. 174º, nº 5, al. *a)* e nº 5, art. 251º, nº 1, al. *a)* e nº 2 do CPP] e de busca domiciliária levada a cabo pelo OPC [art. 177º, nº 3, als. *a)* e *b)* do CPP] tem de ser imediata, o que pressupõe comunicação imediata.

[810] Cfr. o nosso *Processo Penal* – Tomo I, 3ª Edição, pp. 296-298.

Face ao exposto, somos da opinião de que a dilatação do prazo para 10 dias para a transmissão da notícia do crime ao Ministério Público, prevista no nº 3 do art. 243º, art. 245º e nº 1 do art. 248º do CPP, assim como no nº 3 do art. 2º da LOIC, está ferida de inconstitucionalidade material por violação do nº 1 do art. 26º, nºs 1 e 5 do art. 32º e nº 1 do art. 219º da CRP[811].

O primado da jurisdicionalidade e judiciariedade do processo crime *ab initio ad finem* com a *notitia criminis* é uma imposição constitucional que não se esgota no quadro do processo penal para os OPC, mas estende-se a toda a ordem jurídico-criminal processual como se pode aferir e exmplificar com o nº 3 do art. 14º do DL nº 318/99, de 11 de Agosto[812], quando impõe ao investigador (técnico) responsável pela investigação de acidentes e incidentes com aeronaves que tem de comunicar de imediato – «proceder à comunicação imediata» – de quaisquer «indícios passíveis de infracção criminal» à autoridade judiciária detectados no «decurso da investigação técnica».

179. A Constituição de 1976 afastou, em definitivo, a *policialização* do processo crime, pelo que nem o legislador nem o intérprete e aplicador da norma [*maxime* OPC/APC] podem esquecer-se de que o processo crime está subordinado *ab initio ad finem* ao princípio da jurisdicionalização. Este desiderato vincula os OPC, as APC e os funcionários que tenham obrigação de comunicar a notícia de crimes.

A comunicação ao MP deve ser imediata[813] e, como estão obrigados os OPC, em regra deve ser feita com o envio do auto de notícia

[811] Quanto a este assunto e na mesma linha de pensamento, PAULO PINTO DE ALBUQUERQUE, *Comentário do Código de Processo Penal à Luz da Constituição da República Portuguesa e da Convenção Europeia dos Direitos do Homem*, 2ª Edição, Lisboa: Universidade Católica Editora, 2008, pp. 644-645.

[812] O DL nº 318/99, de 11 de Agosto, aprova, sob o véu de autorização legislativa da Lei nº 86/98, de 18 de Dezembro, os princípios reguladores da investigação de acidentes e incidentes com aeronaves civis e a criação de um gabinete responsável pela prevenção e investigação desses acidentes e incidentes, conforme se encontra prescrito na Directiva nº 94/56/CE, de 21 de Novembro.

[813] No âmbito da LTE, os OPC além da comunicação da notícia do facto qualificada pela lei como crime, estão obrigados a elaborar uma informação, no prazo máximo de oito dias, sobre *conduta anterior do menor e a sua situação familiar, educativa e social*, conforme art.

(e demais autos, como o de apreensão), que deve conter todas as circunstâncias de facto, de modo, de tempo, de lugar e, se possível, de autoria exigidas pelo art. 243º do CPP.

A comunicação imediata da notícia do crime impõe-se por ser o MP o *titular da acção penal* – art. 219º, nº 1 da CRP e art. 48º do CPP – e para se permitir que a *direcção* e a *orientação* do inquérito – art. 263º do CPP – se verifique *ab initio*, evitando ou minorando-se a ofensa a bens jurídicos pessoais quer das vítimas quer dos arguidos por parte dos operadores judiciários coadjuvantes. Verifica-se, por força constitucional, a intenção de promover, *ab initio*, o princípio da judiciariedade no âmbito criminal sob o primado jurisdicional.

§ 52º Das providências cautelares

180. A Polícia/OPC tem responsabilidade na prevenção criminal – *ex vi* do nº 3 do art. 272º da CRP[814] –, recaindo sobre ela/ele a necessidade de **salvaguardar todos os meios de prova** – quer inculpem quer inocentem o arguido –, pelo que deve socorrer-se da máxima objectividade e isenção (igualdade/imparcialidade) na promoção das medidas cautelares e de polícia[815].

73º, nº 2 da LTE. No entanto há a registar que o legislador atribuiu uma competência própria e não delegada de investigação aos OPC quanto à *conduta anterior do menor e a sua situação familiar, educativa e social.* A atribuição desta competência pressupõe que os OPC saibam que têm como limites o objecto da informação e os princípios processuais consignados na CRP, no CPP e na LTE que são garantias invioláveis dos direitos e liberdades de qualquer cidadão, tendo sempre por base de orientação o respeito da dignidade da pessoa humana. Os OPC jamais, e seria imoral se tal acontecesse, podem utilizar esta competência para poderem entrar nas residências das pessoas afim de verificarem a existência de meios de prova de outros crimes relativamente à restante família, pois qualquer procedimento ou acto dirigido a esses fins tem de obedecer aos trâmites legais consignados no CPP. Quanto a este assunto no âmbito dos menores, o nosso *Direito de Menores...*, pp. 213-215. Quanto à comunicação da infracção contra-ordenacional *supra* § 45º.

[814] Apesar do artigo se dirigir à Polícia – de segurança, ordem e tranquilidade públicas, administrativa e judiciária – a fonte constitucional dos OPC emerge do art. 272º da CRP. Sobre a natureza da actividade da polícia nas três vertentes e face aos poderes legislativo, judicial e executivo, o nosso *Dos Órgãos de Polícia Criminal*, Coimbra: Almedina, 2004, pp. 11 e ss. e *supra* §§ 22º e ss..

[815] Quanto a este assunto, o nosso *Processo Penal* – Tomo I, 3ª Edição, pp. 113-121 e 298-300.

A salvaguarda ou a conservação dos meios de prova emerge da necessidade de carrear para o processo crime os elementos probatórios – pessoais ou reais – capazes e suficientes a induzir ao titular do processo uma decisão fundeada na «verdade material» no duplo sentido de que nos fala FIGUEIREDO DIAS: verdade subtraída à influência da acusação e da defesa e "*judicial, prática* e, sobretudo, não uma verdade obtida a todo o preço mas *processualmente válida*"[816].

Como agravo impõe-se que o tribunal, ao fundamentar a sentença, deve enumerar os factos provados e não provados, expor os motivos de facto e de direito que fundamentam a sua decisão e indicar e fazer um exame crítico das provas que serviram para formar a sua convicção – *ex vi* do nº 2 do art. 374º do CPP –, o que obriga os OPC a actuarem diligentemente ao tomarem conhecimento ou ao 'esbarrarem' com a conduta criminosa.

Impõe-se-lhes que as medidas e actos cautelares obedeçam ao princípio da legalidade e, por consequência, da tipicidade, ao princípio da proibição do excesso ou da proporcionalidade *lato sensu* – adequação, exigibilidade ou necessidade, proporcionalidade *stricto sensu* –, ao princípio da subsidiariedade, ao princípio da prossecução do interesse público – que, neste porto de imbricância, se prende com as finalidades do processo penal –, ao princípio democrático e da lealdade, ao princípio da igualdade, da justiça, da boa fé e da liberdade – o *maior valor da justiça*[817].

Os OPC, ao tomarem conhecimento de um facto que consigna um crime de forma directa ou indirecta (*p. e.* através de denúncia de outrem), devem, antes da intervenção da AJ competente para proceder ou determinar as investigações, praticar **actos cautelares**[818], actos de natureza pré-processual e de competência própria[819], que se mostrem

[816] FIGUEIREDO DIAS, *Direito Processual Penal*, (Col. Clássicos Jurídicos), Coimbra: Coimbra Editora, Reimpressão da 1ª Edição, 2004, pp. 193-194.

[817] Quanto aos princípios norteadores da intervenção da POLÍCIA/OPC, *supra* Capítulo V.

[818] Falamos das *medidas cautelares e de polícia* previstas nos artigos 248º a 253º do CPP.

[819] Para SOUTO DE MOURA, os OPC têm, neste âmbito, uma "competência material originária para tomar conhecimento de um crime e iniciar a respectiva investigação". SOUTO DE MOURA, "Inquérito e Instrução", *in Jornadas de Direito...*, pp. 105 e ss.. Mas consideramos que os OPC apenas podem/devem promover as medidas cuatelares e de polícia, previstas na legislação processual penal, preenchendo a *prevenção criminal em sentido estrito*.

não só **necessários e urgentes**[820], como também **adequados** e **menos onerosos** para os direitos do cidadão, que se destinem a «assegurar os meios de prova». Providências e actos sujeitos a posterior apreciação e valoração por parte da AJ competente [MP, JIC e Juiz (no quadro do processo sumário)].

181. A par dos actos que possam caber na *cláusula geral* do nº 1 do art. 249º do CPP, compete, nos termos do nº 2 do art. 249º do CPP[821], aos OPC praticar actos próprios fundamentais à descoberta da *verdade material, prática, processual e judicialmente válida* e à realização da justiça, sem que ofenda os direitos fundamentais dos cidadãos e de modo que se alcance e se restabeleça a paz jurídica e social[822]. Desta forma, compete aos OPC:

α. proceder a **exames dos vestígios do crime** ocorrido – devendo evitar que os vestígios do crime se apaguem ou alterem, podendo para tal proibir que entrem ou transitem no local do crime e a prática de actos que possam destruir os vestígios antes de examinados, assim como determinar a permanência de pessoas no local do crime – e assegurar que o estado das coisas e dos locais se mantenham de acordo com o facto ocorrido e qualificado pela lei como crime, por força da al. *a*) do nº 2 do art. 249º conjugado com o art. 171º a 173º do CPP.

β. colher **informações** por meio das pessoas que supostamente presenciaram o facto delituoso ou que, por razões de laços de amizade e familiares, conheçam da situação factual, das razões e

[820] Os actos necessários e urgentes prendem-se com **situações de urgência** que "são aqueles que demandam ou exigem diligências imediatas, indispensáveis à recolha e garantia dos meios de prova sujeitos a desaparecimento", conforme art. 249º, nºs 1 e 2 – exames dos vestígios do crime, recolha de informação, apreensões no decurso das revistas e buscas – e art. 251º – revistas e buscas sem prévia autorização judiciária. Neste sentido MANUEL SIMAS SANTOS, MANUEL LEAL-HENRIQUES e DAVID BORGES DE PINHO, *Código de Processo...* – 2º Vol., p. 25.

[821] Cfr. art. 2º, nº 3 da LOIC e o nosso *Regime Jurídico da Investigação...*, 2ª Edição, pp. 59 e ss., 3ª Edição, pp. 63 e ss..

[822] A actividade do OPC é fundamental para uma efectiva concretização das finalidades do processo penal. Quanto às finalidades do processo penal, o nosso *Processo Penal* – Tomo I, 3ª Edição, pp. 25-28.

das circunstâncias, que permitam não só esclarecer a circunscrição do modo, do tempo e do local, mas também identificar o(s) agente(s) do crime que originou a abertura do processo crime e a sua possível reconstituição, por força da al. *b*) do nº 2 do art. 249º do CPP.

γ. apreender os **objectos do crime** e os que serviram de meio ade-quado à prática e à verificação do mesmo para posterior entrega aos seus legítimos proprietários ou para exames técnico-científicos laboratoriais que possam conduzir com rigor à verdade, cuja conservação e manutenção desses objectos é da competência dos OPC até a sua entrega à AJ, por força da al. *c*) do nº 2 do art. 249º conjugado com o nº 4 do art 178º do CPP.

Refira-se que, mesmo após a intervenção da AJ, nos termos do nº 3 do art. 249º do CPP, recai sobre os OPC o ónus de assegurar novos meios de prova de que tenham conhecimento e de procederem, face à urgência e necessidade da actuação, aos exames, à colheita de informações e a novas apreensões.

Este preceito não se confina às diligências ordenadas pela AJ – pois, estas são actos processuais por serem praticados por ordem ou autorização judiciária –, mas às situações em que os OPC têm conhecimento de factos reais e pessoais, relativos a um processo que está em curso, conhecimento esse obtido pelo próprio ou por denúncia sem que para tal tenha sido catapultado: *p.e.*, a descoberta do agente do crime, que deve ser identificado, ou a descoberta e apreensão dos objectos furtados de uma loja, cujo expediente já tenha sido elaborado e enviado ao tribunal competente, dando origem ao designado aditamento e respectivo expediente (*v. g.*, auto de apreensão, termo de entrega, guias de depósito)[823].

[823] Quanto a esta temática e a sua influência no objecto do processo, HENRIQUE SALINAS, *Os limites objectivos do «ne bis in idem» e a estrutura acusatória no Processo Penal*, Lisboa: UCE, 2014, e a dissertação de mestrado da nossa orientanda ANDREIA CRISTINA RIBEIRO PARENTE, *A Extensibilidade da Competência Própria dos órgãos de Polícia Criminal no inquérito, Instrução e Julgamento. O caso do nº 3 do art. 249º do Código de processo Penal*, Lisboa: ISCPSI (Biblioteca), 2014.

182. Questão pertinente é saber se o *uso do conteúdo da comunicação interceptada*[824], na realização de uma escuta telefónica, para proceder a «actos cautelares necessários e urgentes para assegurar os meios de prova», pode consignar uma medida cautelar e de polícia. Como já referimos, as medidas cautelares e de polícia obedecem à sua previsão legal e ao preenchimento do pressuposto da iniciativa pré-processual da *precariedade e da futura sujeição ao controlo jurisdicional e à natureza cautelar*.

O *uso do conteúdo da comunicação interceptada* está previsto no nº 2 do art. 188º do CPP. Respeita-se o princípio da legalidade e da tipicidade. Podemos, também, aferir da sua precariedade e da sujeição ao controlo jurisdicional, por ao Juiz competir fiscalizar toda a actividade investigatória e actos da investigação em curso no âmbito das escutas telefónicas.

Contudo, pensamos que o *uso do conteúdo da comunicação interceptada* não é uma verdadeira medida cautelar e de polícia autónoma, por não obedecer ao pressuposto da iniciativa pré-processual. A utilização do conteúdo da comunicação telefónica interceptada *não é em si mesma uma medida cautelar e de polícia*, mas um instrumento jurídico que legaliza a prática de «actos cautelares necessário e urgentes para assegurar os meios de prova» por parte dos OPC, actos esses caracteristicamente cautelares sob uma prévia autorização judicial.

183. Outro ponto de discussão é o de se saber se o TIR, prescrito nos termos do art. 385º do CPP, pode ser considerado uma medida cautelar e de polícia ou se mantém a sua natureza de *medida de coacção* prevista no art. 196º do CPP.

O OPC, em primeiro lugar, não pode aplicar medidas de coacção, competência própria e exclusiva do JIC – al. *b*) do nº 1 do art. 268º do CPP – com excepção do TIR que «pode» ser aplicado pelo MP. O verbo «poder» retira ao MP qualquer competência originária e própria para aplicar o TIR, ficando o mesmo dependente da aplicação ou não pelo JIC[825]. É uma competência subsidiária do MP.

[824] Quanto a este assunto, o nosso *Escutas Telefónicas. Da Excepcionalidade à Vulgaridade*, 2ª Edição, Coimbra: Almedina, 2008, pp. 81-82.

[825] Não acompanhamos os que se arrogam do prescrito no art. 196º do CPP para defender que o MP e o OPC tem, originariamente, competência para aplicar o TIR, pois

Acresce que, em segundo lugar, a competência para aplicação do TIR por parte do OPC reveste ou deve revestir *natureza subsidiária e cautelar*, como se pode retirar do nº 3 do art. 385º do CPP. O OPC só aplica o TIR e liberta o detido em processo sob forma sumária[826] se não for possível apresentá-lo ao tribunal em tempo útil de funcionamento da secretaria do tribunal.

A natureza subsidiária e cautelar retira-se do próprio sentido e valor precário que revestem os actos praticados pela polícia/OPC *antes da intervenção judicial*. Este TIR não é aplicado por ordem da AJ, mas por iniciativa própria do OPC, acto este sujeito à apreciação e validação por parte da AJ competente.

A aplicação do TIR por parte do OPC, nos termos do nº 3 do art. 385º do CPP, não confina uma medida de coação, mas antes uma *medida cautelar e de polícia* sujeita a apreciação e validação por parte da AJ competente – JIC, no primeiro interrogatório de arguido não detido, e Juiz, em sede de julgamento sumário, e MP, nas restantes situações processuais.

§ 53º Da identificação, detenção para identificação e solicitação de informações

184. A **identificação**[827] de um **suposto autor** ou **co-autor de um delito** tem de respeitar as formalidades prescritas pelo art. 250º do

aquele preceito deve ser interpretado no sentido da especificação que o próprio CPP determinar, como é o caso do art. 385º, nº 3 do CPP.

[826] Quanto à detenção em processo sob forma sumária, al. *a*) do nº 1 do art. 254º do CPP.

[827] Quanto à **identificação** veja-se, também, al. *a)* do nº 1 do art. 28º da Lei nº 53/2008, de 29 de Agosto, que aprovou a Lei de Segurança Interna. O regime jurídico da Lei nº 5/95, de 21 de Fevereiro, que estabelece a obrigatoriedade de porte de documento de identificação e um novo tempo máximo de privação da liberdade – de duas horas – com a harmonização promovida pela redacção do art. 250º dada pela Lei nº 59/98, de 25 de Agosto, no nosso entender este regime foi tacitamente revogado. No mesmo sentido, Maia Gonçalves, *Código de Processo...*, 7ª Edição, p. 516. Quanto ao regime jurídico da identificação, o nosso *Processo Penal* – Tomo I, 3ª Edição, pp. 300-304, António Augusto Tolda Pinto, *A Tramitação Processual Penal*, 2ª Edição, Coimbra: Coimbra Editora, 2001, pp. 637 e ss..

CPP. A *identificação* é uma *medida cautelar e de polícia* que se impõe na desenvoltura de actos pré-processuais ou processuais sob pena de não se assegurar as provas pessoais, para futuro contacto e apresentação quer sede de inquérito ou de instrução quer em sede de julgamento.

A identificação prescrita no art. 250º do CPP difere da identificação prescrita na al. *a)* do nº 1 do art. 28º da LSI quanto aos fundamentos e pressupostos e quanto à natureza, sendo a segunda uma *medida de polícia* a desenvolver por ordem da Autoridade de Polícia (AP) – por força do art. 32º, nº 1 da LSI no respeito do art. 26º da LSI –, e podendo ser desenvolvida quanto a «qualquer pessoa que se encontre ou circule em lugar público ou sujeito a vigilância policial», *ex vi* da al. *a)* do nº 1 do art. 28º da LSI. Acresce que o elemento policial, no âmbito da LSI, actua como agente de polícia e não como órgão de polícia criminal.

Mas, em *caso de urgência e de perigo* na demora da ordem ou determinação da Autoridade de Polícia – cujas leis orgânicas das forças e serviços de segurança com competência em matéria de segurança interna [art. 25º da LSI] estipulam quem detém prerrogativas de autoridade de polícia [art. 26º da LSI] para aplicar qualquer uma medida de polícia, excepto as que carecem de prévia autorização judicial [controlo de comunicações (art. 27º da LSI); encerramento temporário de paióis, depósitos ou fábricas de armamento ou explosivos, revogação ou suspensão de autorizações aos titulares daqueles estabelecimentos, encerramento temporário de estabelecimentos destinados à venda de armas ou explosivos e a cessação da actividade de empresas, grupos, organizações ou associações que actuem no quadro do terrorismo, da criminalidade violenta ou altamente organizada, conforme als. *e)*, *f)*, *g)* e *h)* do art. 29º da LSI] –, os agentes de polícia podem aplicar algumas das medidas de polícia, *in casu* a «identificação de pessoas suspeitas», devendo comunicar de imediato à Autoridade de Polícia competente, nos termos do nº 2 do art. 32º da LSI.

As *medidas de polícia*, previstas nos artigos 28º e 29º da LSI, excepto a do nº 2 do art. 28º da mesma lei, obedecem aos princípios da constitucionalidade e da legalidade democrática, ao princípio da necessidade, indispensabilidade temporária e com a finalidade de «garantir a segurança e a protecção de pessoas e bens», desde que se fundamente a existência de «indícios fundados de preparação de actividade criminosa ou de perturbação séria ou violenta da ordem pública», por força do art. 30º da LSI.

Os agentes de polícia, ao decidirem aplicar as medidas de polícia puras para quais têm competência em situações de perigo e de *periculum in mora* da intervenção da AP, têm de respeitar estes princípios e pressupostos materiais e formais.

185. Quanto ao âmbito do CPP, o OPC deve ter em conta que a pessoa a identificar é um cidadão titular de direitos fundamentais – do qual se destacam a liberdade [o pedido de identificação a um cidadão limita-lhe automaticamente a liberdade de circulação – *ius ambulandi*], o bom nome e reputação [ao ser confrontado com a solicitação de identificação por parte de um OPC, principalmente quando acompanhado de pessoas do seu habitat e em certos locais, produz um efeito estigmatizante pela dúvida que se instaura face ao cidadão identificando].

Do art. 250º do CPP, que deve ser conjugado com a al. *g)* do nº 3 do art. 27º da CRP, retira-se que o OPC pode proceder à identificação de um cidadão que se encontre em lugar público, aberto ao público ou sujeito a vigilância policial, sempre que sobre ele recaiam fundadas suspeitas da prática de crime(s), da pendência de processo de extradição ou de expulsão, de que tenha penetrado ou permaneça irregularmente no território nacional[828] ou de haver contra si mandado de detenção, nos termos do nº 1 do art. 250º do CPP.

Acresce que a identificação do cidadão pela Polícia/OPC não se esgota no âmbito criminal, pois pode ser uma medida administrativa cautelar de polícia: no âmbito das contra-ordenações [art. 49º do RGCO] ou de pura segurança [*p. e.*, à entrada de um estádio de futebol se o cidadão leva um objecto, que, não sendo ilícito, é proibido de entrar e fica à guarda da polícia até ao final do jogo].

[828] Sobre o regime jurídico entrada, permanência, saída e afastamento de cidadãos estrangeiros, aprovado Lei nº 23/2007, de 04 de Julho, alterada pela Lei nº 29/2012, de 09 de Agosto. A título de história legislativa, o art. 218º da Lei nº 23/2007, de 4 de Julho revogou o regime jurídico anterior que havia sido aprovado pelo DL nº 244/98, de 8 de Agosto, alterado pela Lei nº 97/99, de 26 de Julho, pelo DL nº 4/2001, de 10 de Janeiro, alterado pelo DL nº 34/2003, de 25 de Fevereiro, aprovado no uso da autorização legislativa concedida pela Lei nº 22/2002, de 21 de Agosto.

Os OPC, nos termos do nº 2 do art. 250º do CPP e antes de procederem à identificação, devem:

i) em primeiro lugar, provar a sua qualidade de OPC identificando-se;
ii) em segundo lugar, comunicar ao suspeito as circunstâncias que fundamentam a obrigação de identificação, ou seja, as razões fáctico-jurídicas que legitimam e legalizam a actução;
iii) e, em terceiro lugar, indicar os meios por que este se pode identificar.

186. O suspeito [da prática de crime(s)] pode identificar-se mediante a apresentação do bilhete de identidade ou passaporte, caso seja cidadão português, do título de residência, bilhete de identidade, passaporte ou documento que substitua o passaporte, caso seja cidadão estrangeiro, conforme nº 3 do art. 250º do CPP.

Se for impossível apresentar um dos documentos referidos no número anterior, o suspeito pode identificar-se mediante a apresentação de documento original ou cópia autenticada, que contenha o seu nome completo, a sua assinatura e a sua fotografia, conforme nº 4 do art. 250º do CPP.

Quando não for portador de nenhum daqueles documentos de identificação, o OPC deve:

α. procurar, de imediato, comunicar com familiares ou pessoa de sua confiança, podendo ao sujeito ser facultada a possibili dade de se identificar através da comunicação com uma pessoa que apresente os seus documentos de identificação; ou
β. deslocar-se, acompanhado pelos OPC, ao lugar onde se encon tram os seus documentos de identificação; ou
γ. promover a identificação através de reconhecimento da sua identidade por uma pessoa identificada nos termos do nº 3 ou do nº 4 do art. 250º do CPP que garanta a veracidade dos dados pessoais do sujeito.

187. Se o OPC tiver promovido as diligências citadas e, mesmo assim, seja impossível identificar o suspeito de acordo com as formalidades descritas, o OPC pode conduzi-lo ao posto policial mais próximo e compeli-lo a permanecer ali pelo tempo estritamente indispensável à identificação, em caso algum superior a seis horas[829], realizando, em caso de necessidade, provas dactiloscópicas, fotográficas ou de natureza análoga e convidando o identificando a indicar residência onde possa ser encontrado e receber comunicações, conforme o nº 6 do art. 250º do CPP. O OPC pode proceder à *detenção para identificação* como se afere do nº 6 do art. 250º do CPP e da al. *g*) do nº 3 do art. 27º da CRP.

O regime de identificação anterior à redacção do art. 250º dada pela Lei nº 59/98, de 25 de Agosto, por inexistência de previsão constitucional – que veio acontecer com a Revisão Constitucional de 1997 –, prefigura uma "identificação coactiva", detém "natureza puramente instrumental", sem a qual não se poderia obter a identidade do suposto agente da prática de um crime, e encontra-se fora do "elenco das medidas de coacção"[830].

A identificação, levada a cabo pela Polícia/OPC, é uma medida de polícia – na espécie de *medida cautelar e de polícia* –, cuja dimensão se expressa no quadro material e não apenas formal.

A condução à Esquadra da Polícia de um suspeito para ser identificado por impossibilidade de identificação na via pública nos termos dos nºs 3 e 4 do art. 250º do CPP compreende o conteúdo da designada **detenção para identificação** consagrada na al. *g*) do nº 3 do art. 27º da CRP, aditada pela IV Revisão Constitucional operada pela Lei Constitucional nº 1/97, de 20 de Setembro[831], devendo a pessoa detida para identificação ser informada de imediato das razões da sua detenção *ex vi* nº 4 do art. 27º da CRP.

[829] Se for menor o tempo limite é de três horas, conforme al. *b*) do art. 50º da LTE. Quanto à identificação de menor, o nosso *Direito de Menores*, (Co-autoria Nieves Sanz Mulas), Lisboa: Âncora Editora, 2003, pp. 220-222.

[830] Quanto a este assunto, Anabela Miranda Rodrigues, "O Inquérito no novo Código de Processo Penal", *in Jornadas de Direito Processual Penal. O Novo Código de Processo Penal*, Coimbra: Almedina, 1995, p. 72 e AC. TC nº 7/87, publicado no DR, de 19 de Fevereiro de 1987.

[831] A Revisão Constitucional de 1997 veio supervenientemente afastar a inconstitucionalidade material de que padecia o art. 250º do CPP. Quanto a este assunto, Alexandre Sousa Pinheiro e Mário João de Brito Fernandes, *Comentário à IV Revisão Constitucional*, Lisboa: AAFDL, 1999, pp. 118-119.

188. A *detenção para identificação* – em que o OPC tem legitimidade de conduzir um indivíduo para identificação, privando-lhe a liberdade – afasta, por completo, a ideia de que a recusa à identificação, mesmo com a cominação, consubstancia um *crime de desobediência*, p. e p. pelo art. 348º do CP.

A posição doutrinária de que a recusa à identificação gera crime de desobediência mostra-se *contrária à ideia de detenção para identificação* e não faz sentido que, sendo possível deter para identificar – medida coactiva que "só pode ser aplicada quando o suspeito a identificar não o faça doutro modo, nos termos dos nºs 3 e 4 do art. 250º"[832] –, se opte deter pela prática do crime de desobediência.

A opção pela cominação do crime de desobediência demonstra uma intervenção de uma Polícia "fraca" por necessitar de recorrer à ameaça penal para promover as medidas de polícia.

Acresce referir que o prazo de 6 horas para proceder à identificação do cidadão que se enquadre no âmbito do nº 1 do art. 250º do CPP começa a contar desde o momento exacto em que a pessoa fica privada do seu *ius ambulandi*, ou seja, desde o momento em que o cidadão foi interceptado pelo OPC.

Do mesmo modo afirmamos que o prazo de 6 horas é o prazo limite para a identificação do cidadão, ou seja, se o OPC conseguir proceder à identificação do cidadão num prazo inferior [*p. e.*, numa hora ou em duas horas], logo que esteja identificado e se prove que não ficará detido nos termos e para os fins do art. 254º do CPP, o OPC tem de colocá-lo, de imediato, em liberdade, sob pena de abuso de poder e de detenção ilegal [ou sequestro].

Qualquer interpretação contrária ao exposto, *i. e.*, defensora da cominação do crime de desobediência, consideramos que viola não só o princípio *odiosa sunt restringenda*, como os princípios da necessidade e exigibilidade e da proporcionalidade *stricto sensu*, consagrados nos artigos 18º, nº 2 e 266º, nº 2 da CRP.

189. Os actos de identificação devem, sempre, ser reduzidos a auto e as provas de identificação do suspeito constantes são destruídas na

[832] GERMANO MARQUES DA SILVA, *Curso de Processo...* – Vol. II, 2ª Edição, p. 211.

sua presença a pedido do mesmo, caso a suspeita da prática do crime não se confirme, *ex vi* nº 7 do art. 250º do CPP.

Contudo, defendemos que a destruição dos actos de identificação não invalidam a elaboração de uma participação ou auto em que a entidade que procedeu à diligência indique *quem, o quê, quando, onde, como* e *porquê* foi detido para identificação e quando é que a diligência cessou, sob pena da fiscalização e controlo da legalidade da actividade policial não ser exequível.

190. Refira-se, ainda, que no âmbito do art. 250º do CPP, o OPC pode e deve receber do suspeito, bem como de quaisquer pessoas susceptíveis de fornecerem **informações** úteis, sem prejuízo, quanto ao suspeito, do disposto no artigo 59º do CPP – constituição de arguido –, informações relativas ao crime e, nomeadamente, à descoberta e à conservação de meios de prova que podem perder-se antes da intervenção da autoridade judiciária, nos termos do nº 8 do art. 250º do CPP.

O art. 59º do CPP, aquando de recolha de informações, apenas se aplica às pessoas imputáveis que as fornecem, uma vez que apenas pode ser constituído arguido «aquele que contra quem for deduzida acusação ou requerida instrução num processo criminal» (nº 1 do art. 57º do CPP), sendo que é obrigatória a constituição de arguido logo que corra «inquérito contra pessoa determinada em relação à qual haja suspeita fundada da prática de crime, esta prestar declarações perante qualquer autoridade judiciária ou órgão de polícia criminal»; «tenha de ser aplicada a qualquer pessoa uma medida de coacção ou de garantia patrimonial»; «um suspeito for detido, nos termos e para os efeitos previstos nos artigos 254º a 261º»; ou seja «levantado auto de notícia que dê uma pessoa como agente de um crime e aquele lhe for comunicado, salvo se a notícia for manifestamente infundada» (nº 1 do art. 58º do CPP).

Mas a constituição de arguido também deve ocorrer: «Se, durante qualquer inquirição feita a pessoa que não é arguido, surgir fundada suspeita de crime por ela cometido, a entidade que procede ao acto suspende-o imediatamente e procede à comunicação e à indicação referidas no nº 2 do artigo anterior»; e se «A pessoa sobre quem recair suspeita de ter cometido um crime tem direito a ser constituída, a seu pedido, como arguido sempre que estiverem a ser efectuadas diligências, destinadas a comprovar a imputação, que pessoalmente a afectem», conforme nºs 1 e 2 do art. 59º do CPP.

No decurso do procedimento da identificação, o OPC deve facultar a possibilidade do suspeito ou do identificando contactar com pessoa da sua confiança – *ex vi* nº 9 do art. 250º do CPP – imperativo essencial e crucial na actuação das forças de segurança. Se o identificando for menor impõe-se, de imediato, o contacto com familiar ou pessoa de confiança sempre que o OPC tenha necessidade de conduzir o menor para o posto policial mais próximo[833].

Acresce, neste canto, dizer que o procedimento de identificação no quadro das contra-ordenações rege-se segundo as mesmas linhas orientadoras do art. 250º do CPP – por aplicação subsidiária *ex vi* do art. 41º do RGCO.

Há a reter que os direitos fundamentais limitam, aparentemente, muito mais a actividade policial (OPC) no quadro criminal, por a conduta punida a título de contra-ordenação não ser dotada da censurabilidade própria da conduta punida criminalmente, apesar da finalidade da identificação no plano da contra-ordenação em geral ou em um regime específico [como *p. e.* no processo de consumo de droga, prevista no art. 4º da Lei nº 30/2000, de 29 de Novembro] se igualar à do plano criminal – saber dos agentes e das testemunhas (de acusação ou de defesa) da infracção. Sem a identificação e determinação do agente de infracção, esta não passa de um facto que a lei qualifica como crime ou como contra-ordenação.

A identificação é uma medida cautelar e de polícia que nos permite dizer *quem* e *que pessoas* se encontravam ou estiveram envolvidas no facto concreto criminal.

Defendemos que os direitos fundamentais pessoais são um limite inultrapassável para qualquer restrição independentemente da natureza daquela, assim como reside neles o fundamento da intervenção da polícia/OPC.

O direito à liberdade e o direito à realização da justiça por ofensa a um bem jurídico entrecruzam-se e a Polícia/OPC tem o dever de pros-

[833] Quanto à *identificação de menor* de 16 anos de idade, o art. 50º da LTE e o nosso *Direito de Menores...*, pp. 220-222.

seguir a defesa e garantia dos dois sem que um aniquile o outro: sem que a liberdade se converta em anarquia e sem que a realização da justiça se converta em totalitarismo.

Este é um dos casos em que a filigrama da actuação policial mais se faz sentir, porque, e socorrendo-nos de BOBBIO[834], o poder de polícia sem a submissão ao "direito é cego" e o direito policial "sem poder é vazio". A dimensão do princípio da *concordância prática* ganha espaço neste campo da actividade policial.

§ 54º Da revista enquanto medida cautelar e de polícia

191. A revista a pessoas não é, hoje, matéria exclusiva do direito processual penal[835]. A revista pode revestir a natureza de medida preventiva e/ou de segurança[836], mas, neste ponto de estudo – das medidas cautelares e de polícia – centrar-nos-emos na revista como *medida cautelar criminal processual* sujeita a apreciação e a validação judiciária/judicial. Mesmo enquanto medida cautelar restringe, com veemência, direitos fundamentais: *v. g.*, a reserva da intimidade e da vida privada, consagrado no art. 26º, nº 1 da CRP. Este direito fundamental pessoal consome os direitos à vida pessoal e familiar e à privacidade das relações sociais, informacionais e comunicacionais[837] de toda e qualquer pessoa [singular ou colectiva], seja suspeito, seja vítima de um crime.

[834] Cfr. NORBERTO BOBBIO, *Teoria Geral da Política. A Filosofia Política e as Lições dos Clássicos*, (Organizado por MICHELANGELO BOVERO e Tradução do italiano *Teoria Generale Della Politica* de DANIELA BECCACCIA VERSIANI), Rio de Janeiro: Elsevier Editora Ltda., 2000, p. 240.

[835] Quanto à revista como medida de segurança e preventiva ou de prevenção do perigo *infra* Capítulo IX e o nosso *Revistas e Buscas*, 2ª Edição, Almedina, 2005, pp. 24-26, 35-49; o art. 25º da Lei nº 39/2009, de 30 de Julho, alterado pelo DL nº 114/2011, de 30 de Novembro, e pelo Lei nº 52/2013, de 25 de Julho; os artigos 84º, 85º, 86º DL nº 323-D/2000, de 20 de Dezembro; e o art. 6º do DL nº 35/2004, de 21 de Fevereiro, alterado pelo DL nº 198/2005, de 10 de Novembro, e pela Lei nº 38/2008, de 8 de Agosto, pelos Decretos-Lei nº 135/2010, de 27 de Dezembro, nº 114/2011, de 30 de Novembro, e nº 34/2013, de 16 de Maio.

[836] Cfr. *infra* §§ 98º a 101º.

[837] Neste mesmo sentido, DUARTE RODRIGUES NUNES, *Revistas e Buscas no Código de Processo Penal*, Coimbra: GESTLEGAL, 2019, pp. 17-34.

Cumpre, desde já, anotar que a revista cautelar e de polícia prevista no art. 251º do CPP deve obedecer à teleologia do acto em si – prevista no nº 1 do art. 174º do CPP – e que só é cautelar se preencher os pressupostos do art. 251º do CPP, não obstante de, após apreciação e validação pela autoridade judiciária competente, se converter como meio de obtenção de prova.

A revista, no âmbito do Código de Processo Penal, pode ter carácter de *meio de obtenção de prova* – art. 174º e 175º do CPP[838] – ou de *medida cautelar e de polícia* – art. 251º do CPP. Na legislação avulsa a revista, com excepção do art. 53º do DL nº 15/93, de 22 de Janeiro[839], apresenta-se *a priori* como medida cautelar e de polícia em uma vertente preventiva e de segurança – nº 3 do art. 109º do RJAM, art. 25º, nº 3 da Lei nº 39/2009, de 30 de Julho, art. 4º da Lei nº 30/2000, de 29 de Novembro[840].

A epígrafe do art. 25º da Lei nº 39/2009, de 30 de Julho[841], é *revista pessoal de prevenção de segurança*, não obstante de, em um dado momento em que possa aparecer uma prova real da prática de um crime, a mesma possa consubstanciar uma medida cautelar e de polícia [al. *a*) do nº 1 do art. 251º do CPP] e, após apreciação e validação judiciária, um meio de obtenção de prova.

192. A **revista**, como **medida cautelar e de polícia**, é **uma medida de excepção** e, como tal, apenas se **deve efectuar quando se verifica uma detenção** ou o visado com a revista seja interceptado com objectos da prática do crime de que é suspeito de ter praticado – quer para identificação quer para os fins e nos termos do art. 254º e ss. do CPP – e **haja fundadas suspeitas** de que, nas suas roupas ou junto ao

[838] Quanto à revista como meio de obtenção de prova, os nossos *Revistas e Buscas*, 2ª Edição, pp. 19-21 e *Processo Penal* – Tomo I, 1ª Edição, pp. 317-318.

[839] Quanto à revista prevista no art. 53º do DL nº 15/93, de 22 de Janeiro, os nossos *Revistas e Buscas*, 2ª Edição, pp. 26-29 e *Processo Penal* – Tomo I, 3ª Edição, pp. 372-374.

[840] Quanto à revista no âmbito destes preceitos, o nosso *Revistas e Buscas*, 2ª Edição, pp. 24-25 e 29-32. Quanto à revista a menores, os nossos *Revistas e Buscas*, 2ª Edição, pp. 32-49 e *Direito de Menores...*, pp. 222-235. Quanto às revistas de prevenção e segurança *infra* Capítulo III desta Parte.

[841] Diploma alterado pela Lei nº 52/2013, de 25 de Julho, e pelo DL nº 114/2011, de 30 de Novembro.

corpo, o **detido ou suspeito oculta objectos relacionadas com o crime** que sejam **susceptíveis de servir de prova** da infracção (crime) e que, de outro modo, poder-se-iam **perder** ou quando de **fuga iminente do suspeito** – nos termos da al. *a*) do nº 1 do art. 251º do CPP.

Admite-se, ainda, a revista cautelar para **acautelar práticas criminosas durante actos processuais** ou para evitar que pessoas suspeitas que vão ser conduzidas a departamento policial, entrem nas viaturas policiais e nos respectivos departamentos com armas ou «objectos com os quais possam praticar actos de violência» – nos termos da al. *b*) do nº 1 do art. 251º do CPP.

O legislador, com a Reforma de 2007 e nossa linha de pensamento, ampliou o âmbito da revista cautelar e de polícia, seguindo a posição doutrinária por nós defendida como revista de segurança[842].

Esta revista carece de apreciação e de validação por parte da AJ, *ex vi* nº 2 do art. 251º do CPP que remete para o nº 6 do art. 174º do CPP, *i. e.*, está sujeita ao princípio do controlo jurisdicional.

Os OPC, a par da medida cautelar e por razões de segurança, devem efectuar uma **revista sumária**[843], que antecede a revista com maior pormenor, solicitando primeiramente que o suspeito deposite sobre uma superfície rígida todos os artigos que o possam indiciar da prática do facto delituoso que originou a intervenção da Polícia/OPC e que possam ferir o/a agente ou outrem ou a si próprio – *p. e.*, seringas, navalhas, armas de fogo.

Esta revista sumária tem como escopo a segurança de todos quantos lidam com o suspeito da prática de um crime e, em simultâneo, preservar provas reais que possam ser destruídas no trajecto entre o local da intercepção policial e o respectivo departamento policial.

A revista, seja para preservação da prova seja para promover a segurança, *i. e.*, seja minuciosa seja sumária, deve ser efectuada em um local reservado e, sempre que possível, na presença de alguém de confiança

[842] Cfr. o nosso *Revistas e Buscas*, 2ª Edição, pp. 24-26.

[843] Sobre as revistas, os nossos *Revistas e Buscas*, 2ª Edição, pp. 19 e ss., *Lei e Crime...*, pp. 219 e ss., GERMANO MARQUES DA SILVA, *Curso de Processo Penal* – Vol. II, 2ª Edição, Lisboa/S. Paulo: Verbo, 2000, pp. 193 e ss. FERNANDO GONÇALVES e MANUEL JOÃO ALVES, *Os Tribunais, as Polícias e o Cidadão*, Coimbra: Almedina, 2000, pp. 202 e ss., TOLDA PINTO, *A Tramitação Processual Penal*, 2ª Edição, Coimbra: Coimbra Editora, 2001, pp. 648 e ss.. Quanto à revista a menores, o nosso *Direito de Menores...*, pp. 222 a 236.

do revistado e evitar que se ofenda a dignidade pessoal e o pudor do visado com a diligência, conforme preceitua o nº 2 do art. 175º do CPP.

193. A revista de que temos falado enquadra-se no âmbito processual penal. Mas cumpre-nos, neste momento, tecer breves referências a uma revista cautelar, no sentido de prevenção e segurança para tutela de bens jurídicos fundamentais – *v. g.*, vida e integridade física –, prevista como *medida de polícia* na al. *a)* do art. 29º da LSI.

A revista a pessoas para «detectar a presença de armas, substâncias ou engenhos explosivos ou pirotécnicos, objectos proibidos ou susceptíveis de possibilitar actos de violência», assim como para detectar se essa pessoa é procurada, se encontra em situação irregular no território nacional ou se está privada da liberdade, é uma *medida de polícia* que pode ser levada a cabo pelos agentes de polícia das forças e serviços de segurança, previstos no art. 25º da LSI, após determinação das autoridades de polícia [*ex vi* nº 1 do art. 32º da LSI] ou por iniciativa própria em caso de urgência ou por existir *periculum in mora* na intervenção da autoridade de polícia [*ex vi* nº 2 do art. 32º da LSI].

Esta revista inicia-se, sempre, como *medida de polícia* e, verificadas as detecções enunciadas na al. *a)* do art. 29º da LSI, passará de imediato a preencher o quadro de uma revista como *medida cautelar e de polícia*, prevista na al. *a*) do nº 1 do art. 251º do CPP.

O fundamento da revista como *medida de polícia* não se prende com os fundamentos e pressupostos verificados ou verificáveis em concreto e exigíveis para a revista como *medida cautelar e de polícia*, uma vez que aquela se funda no conceito de segurança interna, prescrito no nº 1 do art. 1º da LSI – actuar para defender e garantir a segurança interna, ou seja, prevenção do perigo e do dano –, cuja acção não necessita de uma suspeita concreta, mas as circunstâncias geradoras de perigo legitimam a revista como *medida de polícia*.

Esta revista de segurança, antes da previsão legal expressa, era efectuada com fundamento na *cláusula geral de polícia* prevista no nº 2 do art. 29º da DUDH, sendo que hoje se encontra tipificada em lei aprovada no âmbito da competência político-legislativa da Assembleia da República.

A revista como *medida de polícia*, mesmo que não se converta em *medida cautelar e de polícia*, deve ser comunicada ao Tribunal territorialmente competente no mais curto prazo, nunca excedendo as 48 horas da aplicação da medida, para que o juiz a aprecie e valide no prazo máximo de 8 dias, nos termos do art. 33º, nºs 1 e 3 da LSI. Avoca-se por lei o controlo jurisdicional dos actos materiais de polícia por se considerar que todos os actos do Estado contundentes dos direitos e liberdades fundamentais devem estar sob o controlo de legalidade pelo poder judicial: tutela efectiva jurisdicional.

§ 55º Da busca enquanto medida cautelar e de polícia e/ou busca não domiciliária

194. A natureza das buscas[844] é, originariamente, de *meio de obtenção de prova* – art. 174º a 177º do CPP – e, excepcionalmente, podem ter natureza de *medida cautelar e de polícia* – art. 251º do CPP e nº 3 do art. 109º do RJAM – e, ainda, podem ter natureza preventiva[845] e de natureza de *medida de polícia* no quadro da segurança interna – nos termos da al. *a)* do art. 29º da LSI. A busca, seja domiciliária seja não domiciliária, restringe direitos fundamentais pessoais[846]: *v. g.*, reserva da intimidade da vida privada e familiar, inviolabilidade de domicílio e das relações pessoais e familiares que o espaço domicílio ou social promove a todos enquanto pessoas humanas detentoras de intersubjetividade comunicativa.

As buscas podem classificar-se de buscas domiciliárias[847] e não domiciliárias, sendo que como *medida cautelar e de polícia*, a busca é não domiciliária. Se o OPC tiver de efectuar uma busca domiciliária nos termos da al. *a*) do nº 5 do art. 174º do CPP sem autorização da AJ –

[844] Quanto às buscas domiciliárias e não domiciliárias de forma desenvolvida com crítica à jurisprudência o nosso *Revistas e Buscas...*, 2ª Edição, pp. 59-146; e DUARTE RODRIGUES NUNES, *Revistas e Buscas...*, pp. 63-168. Quanto à busca no âmbito dos menores o nosso *Direito de Menores...*, pp. 236 a 241.

[845] Quanto à busca preventiva ou de segurança, o nosso "Revistas e Buscas: Que viagem queremos fazer?", *in I Congresso de Processo Penal – Memórias,* Coimbra: Almedina, 2005, pp. 307-308 e *infra* Capítulo IX.

[846] Cfr. DUARTE RODRIGUES NUNES, *Revistas e Buscas...*, pp. 68-69 e 109-116.

[847] Quanto às buscas domiciliárias, os nossos *Processo Penal* – Tomo I, 3ª Edição, pp. 395-420 e *Revistas e Buscas*, 2ª Edição, pp. 96-132.

Juiz –, a diligência é uma busca domiciliária de cariz excepcional e não é uma medida cautelar e de polícia – *a contrario* al. *a*) do nº 1 do art. 251º do CPP.

Em todas as tipologias de busca procura-se delimitar o campo de intervenção da diligência que pode agredir (violar) a reserva da intimidade da vida privada da pessoa e da família e a inviolabilidade de domicílio, evitando-se que, mesmo quando legal e legítima, não ofenda o conteúdo mínimo ou essencial dos direitos fundamentais afectados.

As buscas cautelares e/ou não domiciliárias afectam/restrigem, também e necessariamente, direitos e liberdades fundamentais dos visados e, por regra e por conseguinte, carecem de autorização judicial ou do consentimento daqueles, sendo que a intervenção coerciva do OPC é excepcional e funda-se no princípio *periculum in mora*, assim como deve obediência aos princípios que regem a restrição de direitos e liberdades fundamentais consagrados no art. 18º da CRP e aos princípios orientadores da intervenção policial[848].

A intervenção dos OPC no âmbito de uma busca não domiciliária – p. e., busca a um armazém onde se encontram provas reais da prática de desmantelamento de viatura de alta cilindrada para futura venda no estrangeiro – tem de se basear no princípio do *periculum in mora* e da ausência prévia de tempo e impossibilidade objectiva de obter o respectivo mandado judiciário que autorize a busca ao armazém.

Se os OPC sabem que naquele armazém existem aquelas provas reais, se têm o armazém sob vigilância há mais de 20 horas, se a vigilância ocorre em tempo útil para solicitar à autoridade judiciária os mandados de busca e de revista não domiciliárias e de apreensão, os OPC não estão legitimados a fazer a busca sem essa autorização judiciária – Ministério Público –, como impõe o artigo 174º, nºs 3 e 5, conjugado com o artigo 270º, nº 2, al. *d)*, ambos do CPP.

A não verificação destes pressupostos materiais e formais gera nulidade insanável por força do artigo 119º, al. *b)* do CPP, podendo as provas obtidas serem consideradas proibidas por força no artigo 123º, nº 3 do CPP. A prévia autorização judiciária para a realização de buscas não domiciliárias é, ainda, mais imperiosa se estivermos no âmbito

[848] Cfr. *supra* Parte I, Capítulo VI.

de um processo-crime na fase de inquérito, cuja actividade do OPC está subordinada funcionalmente à direção do Ministério Público.

Realçamos, assim e como se pode aferir nos parágrafos anteriores, que a competência originária de autorização ou ordem do MP para a realização das buscas não domiciliárias e, consequentemente, a mesma competência para apreciar e validar a diligência, por tal acto não constar do elenco dos que competem em exclusivo ao juiz de instrução em sede de inquérito – *a contrario* artigos 268º, 269º e 177º do CPP em conjugação com o art. 174º nº 3 do CPP.

195. A **busca** incide sobre **locais/espaços reservados ou não acessíveis ao público** desde que sobre os mesmos recaiam **indícios** de que se **encontram objectos relacionados com a prática de um facto tipificado como crime** e que sejam **susceptíveis de servirem como prova incriminatória ou absolutória** no processo em curso ou que existam indícios de que nesses locais se escondem pessoas que devem ser localizadas e contactadas, *i. e.*, detidas para serem presentes à autoridade judiciária competente – art. 174º, nº 2 do CPP – ou que se destinam a **detectar a intromissão ou a presença de armas e substâncias ou engenhos explosivos ou pirotécnicos nos estabelecimentos de ensino ou recintos desportivos ou onde ocorrem eventos lúdicos, religiosos ou desportivos** – nº 3 do art. 109º do RJAM [conjugado com a al. *a*) do art. 29º da LSI] – ou que se destina à **descoberta de objecto ou de substância perigosa ocultada nos «locais e dependências individuais ou colectivas» dos Centros Educativos ou nos veículos** que entram e saem daqueles centros – artigos 84º e 86º do DL nº 323-D/2000, de 20 de Dezembro – ou que se destinam cautelarmente, por urgência e necessidade, **preservar meios de prova** – al. *a)* do nº 1 do art. 251º do CPP.

O meio de obtenção de prova *buscas* não se reduz ao espectro do domicílio. Como se referiu, podem incidir sobre locais e espaços inacessíveis ao público ou reservados que podem ser locais de domínio privado de acesso condicionado – *p. e.*, discoteca, veículo, oficina, garagem, mala de bagagem, troley – ou de acesso livre – *p. e.*, café ou restaurante –, e locais de domínio público de acesso condicionado – *p. e.*, sala de aula, recinto escolar, auto carro de transportes públicos.

As diligências de procura de objectos ou pessoas relacionados com a prática de um crime nos locais, cuja natureza se destingue da áurea de domicílio, carece, também, de autorização judiciária – Juiz ou MP – e, só nos casos de impossibilidade destes autorizarem ou ordenarem as buscas e por razões de perigo de desaparecimento de provas reais ou pessoais ou de perigo para a vida e integridade física de pessoas, os OPC podem, por iniciativa própria, levar a cabo a diligência[849].

196. Neste espectro impõe-se a apresentação e o tratamento de cinco apontamentos fundamentais sobre as buscas não domiciliárias.

(i) Primeiro apontamento

Referimos que as *buscas não domiciliárias* enquadram-se, com frequência, no plano normativo das *medidas cautelares e de polícia*, sem que se afastem do esqueleto e do escopo do regime regra prescrito nos arts. 174º a 177º do CPP, sujeitas à verificação dos *princípios da urgência e da necessidade de intervenção* do OPC – art. 249º, nº 1 do CPP – *sem a prévia autorização ou ordem judiciária* com o intuito de *preservar meios de prova* que pereceriam caso a intervenção tardasse por razões burocráticas provocando uma derrocada nas finalidades imediatas do processo penal: descoberta da verdade e, por maioria de razão, realização da justiça penal sem que se aniquilem direitos e liberdades fundamentais dos cidadãos sob pena de se comprometer o alcance da paz jurídica.

(ii) Segundo apontamento

Realçamos o facto de **as buscas não domiciliárias estarem sujeitas a pressupostos apertados vinculativos** e **cumulativos** de verificação: desde logo, não podem imbricar com o âmbito das buscas domiciliárias; assim como devem recair sobre o visado suspeito de

[849] Claro é que, em sede de instrução, a autoridade judiciária competente para autorizar e ordenar, assim como apreciar e validar buscas não domiciliária é o juiz de instrução, pois enquadram-se nos actos de instrução considerados adequados à «comprovação judicial da decisão de deduzir acusação ou de arquivar o inquérito em ordem a submeter ou não a causa a julgamento» – conforme art. 286º, nº 1 do CPP.

fuga ou em caso de detenção [*lato sensu*]; deve existir fundada razão de que naquele local/espaço se ocultam objectos ou pessoas relacionadas com o crime – *p. e.*, suspeitos ou vítimas; os objectos que têm de servir como meio de prova; e que a não realização da busca provocaria a perda desses meios de prova, criando uma inutilidade da diligência por impossibilidade de aquisição da prova real e pessoal.

Acresce que a busca não domiciliária pode e deve realizar-se mesmo quando não se verifica o flagrante delito ou quando a detenção resida unicamente no fundamento da identificação do agente do crime – al. *g*) do nº 3 do art. 27º da CRP em conjugação com o nº 6 do art. 250º do CPP –, sob pena de perda de provas reais e pessoais fundamentais para o processo e para a tutela dos bens jurídicos lesados ou colocados em perigo de lesão pela conduta humana.

(iii) Terceiro apontamento

Realce-se que as buscas não domiciliárias no âmbito das medidas cautelares e de polícia preenchem o quadro de actos próprios dos OPC, mas caracterizam-se, em simultâneo, como *actos pré-processuais*[850], actos precários e temporários, sujeitos à apreciação e à validação por autoridade judiciária competente – nº 2 do art. 251º em conjugação com o nº 6 do art. 174º do CPP.

(iv) Quarto apontamento

Destacamos o facto de as buscas em causa se vincularem ao princípio da proporcionalidade *lato sensu*, *i. e.*, a busca tem de ser adequada aos fins da diligência e do processo penal, exigível e necessária para a preservação dos meios de prova e, ainda, proporcional *stricto sensu*, melhor, considerada como o meio ou a medida cautelar e de polícia que menos onera os direitos fundamentais quer do agente da infracção quer dos demais cidadãos.

Reconhecemos que, na situação espacio-temporal em que ocorre a intervenção policial, existe uma premente dificuldade em discernir de

[850] Quanto a este assunto, GERMANO MARQUES DA SILVA, *Curso de Processo Penal* – Vol. III, 2ª Edição, Lisboa/S. Paulo: Verbo, pp. 63 e ss..

forma objectiva os vértices límpidos dos princípios da *proibição do excesso* e da *indispensabilidade da intervenção policial*. Mas, os OPC devem ao máximo respeitar os direitos fundamentais dos cidadãos e evitar excessos e a violação dos princípios constitucionais regedores da actuação policial.

(v) Quinto apontamento

Impõe-se que esclarecemos que as buscas domiciliárias [nocturna ou diurna] com fundamento na alíneas *a)* e *b)* do nº 3 do art. 177º do CPP não configuram uma medida cautelar e de polícia. Estamos em pleno cerne dos meios de obtenção de prova e as buscas levadas a cabo pelos OPC no âmbito do nº 5 do art. 174º do CPP só se justificam no quadro do *estado de necessidade justificante* ou do *estado de necessidade de intervenção do Estado* para salvaguardar a vida, a integridade pessoal ou a liberdade pessoais.

Esta mesma interpretação se coloca no âmbito das buscas domiciliárias nocturnas – al. *c)* do nº 2 do art. 177º do CPP –, cuja inconstitucionalidade já foi por nós colocada em sede de processo penal por o legislador ordinario ter ultrapassado o mandato dado pelo legislador constitucional. Outra interpretação ampliativa da actividade dos OPC está ferida de inconstitucionalidade material por violação do princípio da proporcionalidade e do princípio da jurisdicionalidade, consagrados nos artigos 18º e 32º da CRP.

197. Como havíamos escrito no início deste §, consideramos que existem buscas preventivas no quadro da segurança interna e com natureza de *medida de polícia*, prevista na al. *a)* do art. 29º da LSI.

Estas buscas não se confundem, nem se podem equiparar às buscas preventivas levadas a cabo pelas forças e serviços de segurança em locais fixos ou móveis para salvaguarda de bens jurídicos superiores – *v. g.*, vida, integridade física, liberdade – aos bens jurídicos sacrificados – *v. g.*, liberdade de locomoção, propriedade, inviolabilidade de espaço reservado, intimidade da vida privada –, cuja suspeita é abstracta quanto aos sujeitos e quanto aos espaços.

Estas buscas – *p. e.*, a procura de uma criança desaparecida ou pessoa sobterrada – não se encontram limitadas a pessoas nem aos espaços de actuação e devem enquadrar-se no âmbito da *cláusula geral de polícia* consagrada no nº 2 do art. 29º da DUDH e, caso assim não se entenda, podem enquadrar-se no âmbito das *causas de justificação* – *v. g.*, direito de necessidade previsto no art. 34º do CP – ou no âmbito das causas de exculpação – *v. g.*, estado de necessidade previsto no art. 35º do CP.

As buscas, previstas na al. *a)* do art. 29º da LSI, podem incidir sobre um número indeterminado de pessoas e de espaços fixos – lugares públicos, abertos ao público ou sujeitos a vigilância policial – ou móveis – viaturas, mochilas, malas – sem que exista uma suspeita concreta ou objectiva, bastando tão-só um *perigo abstracto* de que nesses locais e entre aquelas pessoas existam «armas, substâncias ou engenhos explosivos ou pirotécnicos, objectos proibidos ou susceptíveis de possibilitar actos de violência», assim como que aí estejam «pessoas procuradas ou em situação irregular no território nacional ou privadas da sua liberdade».

O objecto e o fim de acção da *medida de polícia* busca, prevista para fins de segurança interna, difere do objecto e fim do *meio de obtenção de prova* ou da *medida cautelar e de polícia* busca. Mas esta pode iniciar-se como *medida de polícia* e, verificadas situações consignantes da prática de crime, passa a ter natureza de *medida cautelar e de polícia* prevista na al. *a*) do nº 1 do art. 251º do CPP. A transversabilidade e a consequente mutabilidade da acção policial verificam-se no campo operacional e, na mesma linha, no campo jurídico.

Se ***A*** (Autoridade de Polícia), comandante responsável pelo policiamento de um evento[851], onde se encontram e para onde se dirigem milhares de pessoas que podem fazer-se acompanhar de armas ou de explosivos ou de objectos susceptíveis de serem usados em actos de violência, determinar aos seus agentes de polícia que efectuem *buscas* a todas as viaturas ou mochilas que vão entrar dentro de um determinado perímetro de segurança, estas buscas enquadram-se no âmbito das *medidas de polícia*, prevista na al. *a)* do art. 29º da LSI.

Se, no decorrer de uma busca a uma viatura, ***B***, agente de polícia, verifica que ***C***, transporta várias *armas de fogo proibidas* e *produto estupefaciente para venda*, a *medida de polícia busca*, prevista na al. *a*) do art. 29º da LSI, passa a *medida cautelar e de polícia busca não domiciliária*, prevista na al. *a)* do nº 1

[851] Cfr. art. 31º conjugado com a al. *a*) do art. 29º da LSI. A opção da Autoridade de Polícia têm de obedecer sempre ao princípio *odiosa sunt restringenda*.

do art. 251º do CPP, assim como tem de proceder à detenção de **C** em flagrante delito, nos termos e para os efeitos dos artigos 254º e ss. do CPP.

A actividade de polícia é uma contínua realidade jurídica cuja natureza depende dos fins e dos factos concretos vividos em cada momento e projectados na esfera jurídica de todos os cidadãos. O início da intervenção pode ser de natureza administrativa e terminar no âmbito jurídico-criminal, como pode tão-só se esgotar numa única natureza. A busca não domiciliária é o exemplo jurídico-operativo dessa realidade mutável.

§ 56º Da suspensão de correspondência

198. A polícia/OPC não pode apreender a correspondência sem autorização ou ordem do Juiz. Contudo, a epígrafe do art. 252º do CPP é *apreensão de correspondência*, o que nos leva a considerar que formalmente os OPC podem apreender cautelarmente a correspondência de um cidadão suspeito da prática de crime.

Tendo em conta a epígrafe, a apreensão de correspondência[852] pode ser vista segundo dois prismas: como *meio excepcional de obtenção de prova* pela ofensa ou restrição de bens jurídicos fundamentais pessoais – reserva da intimidade da vida privada [art. 26º da CRP] tutelado pelo direito ao sigilo e inviolabilidade da correspondência [art. 34º da CRP] – previsto no art. 179º do CPP; e como *medida cautelar e de polícia de cariz excepcional*, *ex vi* do art. 252º do CPP.

A apreensão de correspondência apresenta-se como acto ordenado ou autorizado pelo juiz – nº 1 do art. 252º do CPP –, *i. e.*, ao se prescrever que os OPC transmitem a **correspondência intacta** apreendida **ao juiz** que **tiver** *ordenado ou autorizado* **a diligência,** está-se a prescrever que o acto do OPC resume-se ao cumprimento de uma diligência

[852] Quanto à apreensão de correspondência no âmbito dos menores, o nosso *Direito de Menores...*, pp. 241-242. Quanto à apreensão de correspondência como medida cautelar e de polícia Maia Gonçalves, *Código de Processo...*, 7ª Edição, p. 519, Leal-Henriques e Simas Santos, *Código de Processo Penal Anotado* – II Vol., 2ª Edição, Lisboa: Rei dos Livros, 2000, pp. 40-41. Quanto à apreensão de correspondência como meio de obtenção de prova, o nosso *Processo Penal* – Tomo I, 3ª Edição, pp. 439-441.

ordenada ou autorizada por um juiz e não uma medida precária, temporária e *a priori* da intervenção da autoridade judiciária.

Se considerarmos que os OPC só podem apreender a correspondência por ordem ou autorização do juiz de instrução criminal, a inserção deste preceito – principalmente do nº 1 – nas medidas cautelares e de polícia não se adequa à teleologia daquelas, por não serem um acto pré-processual e de competência materialmente originária dos OPC, mas antes um acto ordenado pela AJ, *i. e.*, não se afigura como medida cautelar e de polícia.

199. Acresce que o nº 2 do art. 252º do CPP suscita, desde logo, duas questões: a abertura da *correspondência* [encomendas] refere-se à correspondência apreendida por ordem ou autorização do JIC ou à correspondência de importância extrema por conter informações cruciais para a investigação de um crime – do catálogo – e, por isso, pode ser aberta por autorização do Juiz sem que tenha ordenado a diligência.

Se a apreensão de correspondência é de um melindre gravoso, esse melindre aumenta se a diligência cominar com a sua abertura. Somos da opinião de que o nº 2 do art. 252º do CPP se correlaciona e entrelaça com o nº 1 do mesmo preceito, *i. e.*, a abertura da correspondência nos termos do nº 2 do art. 252º do CPP – acto exclusivo do juiz [nº 1 do art. 179º do CPP e al. *b*) do nº 1 do art. 269º do CPP *ex vi* do nº 4 do art. 32º da CRP] – só pode cingir-se à abertura por ordem daquele e à correspondência apreendida por ordem ou autorização do mesmo. *Summo rigore*, **o nº 2 do art. 252º do CPP não é uma verdadeira medida cautelar e de polícia**.

A abertura de *valores fechados* [*p. e.*, envelopes com quantias monetárias, com títulos de crédito, com ouro], cuja proveniência seja ilícita e o conhecimento do seu conteúdo pode ser fundamental para a descoberta do crime em investigação, por suspeita de deter material íntimo e da esfera privada do investigado, está sujeita ao mesmo regime das *encomendas* [que é correspondência], ou seja, pode ser apreendido, mas a abertura carece de prévia autorização do juiz que for informado do facto pelo OPC.

Imaginemos que o OPC *A* efectua uma busca à residência de *B*, por suspeita de *tráfico de droga* vindo da Colômbia, em cujo mandado ordenava, também, a apreensão da correspondência de ***B***, e no decurso da operação policial ***A*** verifica que existem cartas ou outras encomendas para ***B*** não abertas vindas da Colômbia. O OPC ***A*** deve entrar em contacto com o Juiz que ordenou a diligência processual e solicitar autorização para a abertura da correspondência por ser admissível que tenha informação crucial para a detecção da droga e a sua respectiva apreensão. Mais, esta solução também se impõe se o crime de que ***B*** for suspeito for o crime de *terrorismo com o uso de engenho explosivo*, crime p. e p. pelo art. 4º da Lei nº 52/2003, de 22 de Agosto, em que se suspeita que, na correspondência apreendida, se possa encontrar o código de desactivação do engenho explosivo.

No âmbito do terrorismo ou de crime em que estejam em causa bens jurídicos superiores como a vida ou a integridade física de pessoas, cuja evacuação seja impossível, se impõe ao OPC que, caso não consiga contactar o juiz e com fundamento no estado de necessidade, abra a correspondência para descobrir os códigos de desactivação dos engenhos explosivos.

Encontramo-nos perante uma situação que preenche o quadro da causa de justificação supra legal de estado de necessidade ou de estado de necessidade justificante.

200. O nº 3 do art. 252º do CPP já reveste natureza precária e cautelar: por um lado, legitima os OPC a ordenar a **suspensão** da remessa de qualquer correspondência nas estações dos correios e de telecomunicações por suspeita de conter informação útil à investigação de um crime ou à descoberta da verdade e que, devido à demora da autorização ou ordem de apreensão por parte do JIC, poder-se-ia perder; mas, por outro, sujeita a ordem de suspensão à convalidação, no prazo de 48 horas, por despacho fundamentado do JIC. Refira-se que a ordem do OPC deve ser fundamentada e não ser o resultado de uma actuação discricionária.

Acresce que a *suspensão da correspondência* só pode ser ordenada por OPC nos casos em que ao Juiz é legítimo ordenar a sua apreensão[853], *i. e.*, nos casos do nº 1 do art. 179º do CPP:

[853] Não faria sentido legitimar uma maior amplitude aos OPC do que a legitimada ao juiz das liberdades.

α. a correspondência ser expedida ou recebida pelo suspeito a investigar – al. *a*);

β. estar em causa um crime que seja punível com pena superior, no seu máximo, a três anos – catálogo de crimes –, nos termos da al. *b*);

γ. e que a diligência se revele de grande interesse para a descoberta da verdade ou para a prova – al. *c*).

Impõe-se suscitar as razões do legislador em não submeter o recurso à apreensão de correspondência aos pressupostos que precreveu para o recurso às intercepções e gravação de comunicações: *v. g.*, a indispensabilidade da diligência para a descoberta da verdade ou da prova e a impossibilidade ou a dificuldade acrescida de obter a prova por outro meio menos oneroso, nos termos do nº 1 do art. 187º do CPP.

Parece-nos que, como meio oneroso para os direitos e liberdades fundamentais pessoais, o legislador tem, *de iure constituendo*, de submeter a apreensão da correspondência (de toda) aos princípios da indispensabilidade de recurso a este meio e da impossibilidade objectiva de obtenção da prova por meio menos restritivo (oneroso) dos direitos e liberdades fundamentais.

Se o OPC ***A*** efectua uma busca à residência de ***B***, e verifica que existe correspondência fechada de ***C*** para ***B***, desde que o mandado determine a apreensão de correspondência, esta apreensão não se enquadra no âmbito das medidas cautelares e de polícia – art. 249º, nº 2, al. *c*) do CPP –, mas no âmbito dos meios de obtenção de prova – art. 179º do CPP. Mas se o OPC ***A*** determinar à estação de correios ***Y*** a suspensão de correspondência de ***C*** para ***B*** por suspeita da prática de crime de furto de peças do culto religioso – al. *c*) do nº 1 do art. 204º do CP –, já podemos falar de medida cautelar e de polícia, precária que carece de apreciação e validação nas próximas 48 horas.

A decisão do OPC/*A* tem de preencher os pressupostos do nº 1 do art. 179º do CPP, pois se o crime fosse de furto de uso de veículo – p. e p. pelo art. 208º do CP –, já não se verificava o pressuposto da al. *b*) do nº 1 do art. 179º do CPP, o que inviabilizava a ordem de suspensão de correspondência. Acresce que consideramos que deve ser a APC a ordenar a suspensão da correspondência.

Summo rigore, consideramos que só **o nº 3 do art. 252º** se pode enquadrar como **medida cautelar e de polícia** – *i. e.*, só a suspensão da correspondência se afigura como medida cautelar e precária – **por ser um acto de iniciativa própria, de natureza precária e temporária e que carece de apreciação e validação judicial posterior e por ser aplicável por necessidade e urgência** sob pena de não se assegurar a descoberta da verdade ou de não se assegurar a prova (real e pessoal).

§ 57º Da localização celular

201. A Reforma de 2007 aditou às medidas cautelares e de polícia a medida *localização celular*, prevista no art. 252º-A do CPP, que se encontra, também, prescrita como *meio de obtenção de prova* – nº 2 do art. 189º do CPP[854].

A localização celular contende directamente com o direito de liberdade de movimentos – *ius ambulandi* – e, consequentemente, com o direito que o cidadão tem de "não se saber, a todo o momento, onde (...) se encontra"[855], devia ser considerada unicamente como meio de obtenção de prova e não como medida cautelar e de polícia. Prendemo-nos na localização celular como medida cautelar e de polícia.

André Lamas Leite, na linha restritiva de direitos e liberdades fundamentais do estado-unidense, indica-nos a posição do Supremo Tribunal Federal dos EUA: *o direito de que o cidadão tem de não se saber onde se encontra* "não é uma garantia dos sujeitos, desde que os mesmos circulem em locais públicos". Já a nossa doutrina, na linha da alemã, considera que o local onde se encontra a pessoa não é o mais importante, "mas sim a natureza e a qualidade dos dados, *maxime* a sua atinência a uma esfera de «auto-determinação informacional»"[856].

[854] Quanto à *localização celular* como *medida cautelar e de polícia* e de *meio de obtenção de prova*, o nosso *Processo Penal* – Tomo I, 3ª Edição, pp. 487-493 e, tendo em conta a conflitualidade de direitos e liberdades fundamentais, assim como a cooperação judiciária internacional, o nosso *Escutas Telefónicas. Da Excepcionalidade à Vulgaridade*, 2ª Edição, Coimbra: Almedina, pp. 100-106 e 133-165.

[855] Cfr. André Lamas Leite, "Entre Péricles e Sísifo...", *in RPCC*, Ano 17, nº 4, p. 664.

[856] *Idem*, p. 664, n. 89.

As *medidas cautelares e de polícia*[857] detêm natureza temporária, precária e carecem de ser apreciadas e validadas pela Autoridade judiciária competente. Desta feita, as medidas cautelares e de polícia só são admissíveis com fundamento na urgência e no *periculum in mora* para fazer cessar o dano de uma conduta humana negativa que afecta qualquer bem jurídico ou que põe em perigo de lesão um bem jurídico e por existir perigo na demora da intervenção da Autoridade Judiciária (AJ).

Impõe-se ao OPC que actue por razões de preservação de prova real e pessoal fundamental para o processo que se irá iniciar ou que está em curso, cuja não actuação da polícia (OPC) podia afectar as finalidades do processo: descoberta da verdade material prática e judicialmente válida, assim como a realização da justiça e a defesa dos direitos fundamentais dos cidadãos e, como ponto final, o alcance da paz jurídica e pública.

As medidas cautelares e de polícia são (ou só devem ser) prosseguidas por elementos policiais (OPC ou APC) e não por AJ[858] como se afere do nº 1 do art. 252º-A do CPP, na linha do que acontece com os nºs 1 e 2 do art. 252º do CPP, cuja epígrafe é *apreensão de correspondência*. Não se nos afigura adequado que as AJ possam praticar medidas cautelares e de polícia, sob pena de se neutralizar a sua *ratio* e teleologia.

A localização celular, como medida cautelar e de polícia, só é admissível quando impere a *necessidade de obtenção de dados sobre o local onde se encontra o cidadão visado* por razões de afastamento do "perigo para a vida ou de ofensa à integridade física grave", conforme nº 1 do art. 252º-A do CPP.

A construção legal positiva configura uma situação de *estado de necessidade* e, nunca, de medida cautelar e de polícia, ou seja, as polícias podem sempre proceder à localização celular desde que em causa estivesse a vida ou a integridade física de qualquer pessoa [arguido, vítima, testemunha ou qualquer outro cidadão] por razões imperio-

[857] Quanto às medidas cautelares e de polícia e a sua justificação no quadro jusprocessual penal, o nosso *Processo Penal* – Tomo I, 3ª Edição, pp. 295-312 e Anabela Miranda Rodrigues "O Inquérito no Novo Código de Processo Penal", *in Jornadas de Direito Processual Penal*, Coimbra: CEJ – Almedina, 1995, pp. 70-72.

[858] Se há intervenção da AJ não podemos confirmar a diligência como pré-processual, mas como processual, e deve seguir os quesitos do art. 189º, nº 2 do CPP.

sas de salvar valores superiores como a vida e a integridade física sob a égide do *princípio do estado de necessidade de intervenção do Estado* por meio da polícia.

202. Outra questão importante para as polícias é saber que tipos legais de crime põem em perigo a *vida* e a *integridade física grave* e que legitimam a sua intervenção por meio da localização celular. Somos de opinião que o legislador, *a priori*, pode ter limitado o catálogo aos crimes contra as pessoas, em especial contra a vida, contra a integridade física e contra a liberdade[859].

Consideramos que a cláusula aberta "perigo para a vida ou de ofensa de integridade física grave" inclui outras tipologias criminais cuja execução afectam, directa e indirectamente, aqueles bens jurídicos – *v. g.*, terrorismo, tráfico de armas, tráfico de droga – e que se enquadram na criminalidade grave, complexa e altamente especializada [criminalidade organizada e violenta].

Como já referimos, o quadro inscrito no nº 1 é de *estado de necessidade* e, por isso, desnecessário uma vez que já se encontra previsto e do qual as polícias/OPC se podem socorrer: *p. e.*, a polícia/OPC pode e deve proceder à localização celular de uma pessoa que se encontra sequestrada ou raptada, quer através do telemóvel do suposto agente do crime quer através do telemóvel da suposta vítima. Mas o quadro prescrito no nº 2 do art. 252º-A do CPP preenche um puro meio de obtenção de prova e, como tal, carece de autorização e/ou ordem do juiz por a diligência colidir com direitos e liberdades fundamentais[860].

Neste sentido, esta tentativa de *policialização* da fase inicial do processo viola o princípio da jurisdicionalização de todo o processo – *ab initio ad finem* – e, consequentemente, está ferida de inconstitucionalidade material por violação do art. 32º, nº 4 da CRP, que consagra a intervenção do juiz sempre que o acto ou diligência processual colidir "directamente com os direitos fundamentais". Este juízo de inconstitucionalidade não enquadrará se a situação factual preencher os

[859] Podemos adiantar que se enquadram neste catálogo os crimes de sequestro, rapto, escravidão, tráfico de pessoas e contra a liberdade de autodeterminação sexual.

[8606] Cfr. nº 4 do art. 32º da CRP e nº 2 do art. 189º do CPP.

quesitos do estado de necessidade[861], o que afasta a opção legislativa demasiado perigosa por poder ser uma alavanca para se proceder a escutas telefónicas sem autorização judicial e fora da fase de inquérito como impõe o nº 1 do art. 187º do CPP.

A comunicação *a posteriori* ao juiz não afasta a violação do direito fundamental *liberdade* e de *não se saber onde se encontra o cidadão*, assim como da *palavra falada* e da *reserva da intimidade da vida privada*. Nem a prescrição de nulidade, que entendemos como proibição de uso dos dados de localização, repõe (ou restaura) a integridade dos direitos fundamentais agredidos.

203. Considerarmos que os OPC podem promover diligências pré-processuais, medidas cautelares e de polícia, depois da comunicação da notícia do crime e das respectivas provas reais e pessoais à AJ – *v. g.*, nº 3 do art. 249º do CPP.

Mas defendemos que o nº 2 do art. 252º-A do CPP, que impõe a comunicação ao juiz no prazo máximo de 48 horas, se a localização celular se referir a um processo em curso, é contrário ao nº 2 do art. 189º do CPP. Tendo em conta que, estando o processo em curso, não se levanta, em princípio, o *periculum in mora* da intervenção da AJ e da perda da prova que se está a recolher para o processo – um dado de localização de um arguido ou intermediário ou vítima por meio celular.

A solução/opção do nº 2 do art. 252º-A do CPP não se adequa ao momento histórico em que já se encontra implementado o tribunal de turno: o MP e o JIC encontram-se, melhor, deviam encontrar-se contactáveis 24 horas por dia. Há uma desconformidade deste preceito com o consagrado no nº 4 do art. 32º da CRP[862], excepto se a situação se enquadrar no *estado de necessidade* de evitar o "perigo para vida ou de ofensa à integridade física grave". Esta factualidade consigna uma causa de justificação supra legal: *estado de necessidade justificante*.

O nº 3 do art. 252º-A do CPP prevê a comunicação dos dados de localização celular ao "juiz da sede da entidade competente para a investigação criminal" caso os mesmos se refiram a um novo processo,

[861] Quanto ao *estado de necessidade* legitimador da restrição de um direito fundamental, GOMES CANOTILHO e VITAL MOREIRA, *Constituição da República...* – I, 4ª Edição, p. 543.

[862] Conjugado com o nº 4 do art. 34º da CRP.

i. e., no âmbito da prevenção criminal *stricto sensu* ou, como afirma PAULO PINTO ALBUQUERQUE, no quadro da "pura prevenção criminal"[863], o que levanta algumas questões.

A intercepção de comunicações – que permite a localização celular do arguido, do intermediário ou da vítima – só é admissível constitucionalmente "em matéria de processo criminal", ou seja, só é admissível quando exista um processo crime e nunca antes da sua existência, sob pena de inconstitucionalidade material por violação do art. 34º, nº 4, *in fine* da CRP.

Esta solução legislativa advinda da Reforma de 2007 é mais um marco significativo da *policialização* do processo e, dentro deste, da investigação criminal e, por consequência, gerador da sua *desjurisdicionalização*. Não queremos afastar a importância dos dados de localização celular das pessoas previstas no nº 4 do art. 187º do CPP, que são fundamentais para provar, quantas vezes, a sua inocência ou para descobrir a verdade sobre se um determinado arguido é quem, num determinado espaço e tempo, coordena as operações de compra e venda de estupefacientes [art. 21º do DL nº 15/93, de 20 de Janeiro] e, desta forma, se realizar a justiça (penal).

É muito preocupante a descaraterização dos institutos jurídico-processuais por meio de uma legiferação acientífica e tão-só preocupada com a eficácia imediata ou do resultado imediato.

204. A tutela efectiva dos direitos, liberdades e garantias fundamentais de todos os cidadãos deve ser uma preocupação diária e contínua da polícia/OPC. A afectação daqueles com a intervenção jurídico-operativa-processual de forma mais grave do que o não alcance da paz pública não se compadece com o espírito constitucional da sua materialização.

A localização celular não se confunde com a vigilância policial. A vigilância policial é uma técnica de pesquisa directa de informações sobre determinada pessoa[864] ou sobre a actividade ilícita de uma ou

[863] Cfr. PAULO PINTO DE ALBUQUERQUE, *Comentário ao Código de Processo Penal à Luz da Constituição e da Convenção dos Direitos do Homem*, 2ª Edição, Lisboa: Universidade Católica Editora, 2007, p. 652.

[864] No quadro da recolha de informações no âmbito de segurança interna ou no âmbito da prevenção criminal, cuja GNR e PSP têm competência nas sua "áreas de actuação e com

mais pessoas, cujo conteúdo é transposto para um relatório que deve ser entregue ao MP para decidir se um requerimento ao Juiz de uma diligência mais gravosa para o cidadão visado tem ou não fundamento: como a realização de uma busca domiciliária, de uma apreensão de correspondência, de intercepção e gravação de conversações e comunicações e, até mesmo, de localização celular.

A vigilância policial não restringe tão forte e tão gravemente os direitos fundamentais pessoais da *liberdade* e, como é quase impossível, na actualidade, localizar sem intercepção comunicacional, da *palavra falada* como a localização celular. A vigilância policial não entra no âmago dos direitos e liberdades fundamentais pessoais como a intimidade da vida privada que a localização celular pode afectar e restringir.

Acresce referir que se for admissível e se a doutrina e a jurisprudência entenderem a *localização celular* como medida cautelar e de polícia, consideramos que os sujeitos passivos desta medida se aferem do nº 4 do art. 187º do CPP [arguido, intermediário ligado ao *factum criminis* e a vítima que consinta], impondo-se aqui o princípio da interpretação restritiva das leis ou preceitos restritivos dos direitos fundamentais, seguindo o brocado *odiosa sunt restringenda*[865].

Do mesmo modo, consideramos que a consequência jurídica de *nulidade*, prevista no nº 4 do art. 252º-A do CPP, para "obtenção de dados sobre localização celular com violação" dos quesitos impostos e do princípio da proporcionalidade *lato sensu* [adequação, necessidade e exigibilidade, subsidiariedade e proporcionalidade *stricto sensu*], assim como do princípio da lealdade, se inserem no quadro das proibições de prova, previstas no art. 126º do CPP e consagradas no nº 8 do art. 32º da CRP[866].

vista à detecção de situações de tráfico e consumo de estupefacientes ou substâncias psicotrópicas", de vigiar recintos "frequentados por grupos de risco" ou zonas "referenciadas como locais de tráfico ou de consumo", cfr. als. *a)* e *b)* do nº 2 do art. 2º do DL nº 81/95, de 22 de Abril.

[865] Quanto ao afastamento da interpretação extensiva das normas restritivas, JORGE MIRANDA, *Manual de Direito...* – Tomo IV, 3ª Edição, p. 340.

[866] Quanto a esta matéria – proibições de rova – os nossos *Do Ministério e da Polícia...*, pp. 482-487 e *Escutas Telefónicas...*, 2ª Edição, pp. 113-116 e 175-179, e JUAN-LUIS GÓMEZ COLOMER, "Estado Democrático e Modelo Policial: Uma Proposta de Estrutura para Obter uma Investigação Eficaz do Crime", *in* FAUZI HASSAN CHOUKR e KAI AMBOS (Coord.),

Refira-se, ainda, que a lealdade da actuação policial impede que a polícia/OPC utilize a localização celular, com fundamento no estado de necessidade justificante de salvaguarda de bens jurídicos como a vida ou a integridade física de uma pessoa [*p. e.*, por suspeita de um crime de sequestro ou de rapto], para obter a localização do agente de um crime de tráfico de droga, p. e p. pelo art. 21º do DL nº 15/93, de 22 de Janeiro, ou de furto qualificado, p. e p. pelo art. 204º do CP. Caso a polícia/OPC aja desta forma, gera uma proibição de prova por violar o princípio da lealdade [nº 8 do art. 32º da CRP e art. 126º do CPP].

§ 58º Da elaboração do relatório

205. Os OPC, sempre que promovam as medidas cautelares e de polícia – que se destinam à recolha e conservação da prova reais e pessoais antes da intervenção da AJ por razões de urgência face ao perigo de se perderem, podendo ser enquadradas como medidas de prevenção sujeitas à apreciação e à validação por parte da AJ competente [MP e JIC] – têm, nos termos do nº 1 do art. 253º do CPP, de elaborar um relatório[867] do qual deve sucintamente constar:

- as *investigações levadas a cabo* – que se devem resumir no apuramento da identidade dos agentes do facto motivador da intervenção do OPC, das testemunhas, nos exames previstos no art. 250º e nas alíneas *a*) e *b*) do nº 2 do art. 249º do CPP. Nunca se

Polícia e Estado de Direito na América Latina, Rio de Janeiro: *Lumen Juris* Editora, 2004, p. 104: "o Estado não pode reagir contra o crime igualando-se ao criminoso, agindo tão barbaramente quanto ele".
Consideramos que a polícia não pode fundar-se numa legalidade formal para produzir resultados imediatos feridos de legalidade material por seguirem uma interpretação literal contrária aos princípios jurídico-constitucionais regentes da actividade persecutória do Estado, sob pena de se deslegitimar e negar "a verdadeira natureza do regime político dominante" (p. 106).

[867] Quanto a este assunto o nosso *Processo Penal* – Tomo I, 3ª Edição, pp. 310-311 e As Autoridades de Polícia Criminal: (Já) é tempo de clarificar a sua intervenção no processo penal. In: *Liber Amicorum Manuel Simas Santos*. Coord. André Piton e Ana Carneiro. Lisboa: Rei dos Livros, 2016, pp. 875-891.

pode interpretar a expressão «investigações levadas a cabo» no sentido de que o OPC pode, *a priori* da actuação da AJ – *maxime* MP –, promover a investigação criminal nos termos da Lei nº 49/2008, de 27 de Agosto. Na fase do inquérito, o titular do processo é o MP, conforme art. 219º da CRP, artigos 48º e ss. e 263º e ss. do CPP e nºs 1, 2 e 3 do art. 2º da LOIC. Contudo, se a AJ competente já tiver intervido, «as investigações levadas a cabo» já se compreendem no sentido pleno da investigação criminal amalgamado na LOIC;

- os *resultados obtidos* – *p. e.*, dos exames promovidos nos ter mos da al. *a)* do nº 2 do art. 249º do CPP, se há detidos ou apenas identificados ou se existem indícios probatórios;
- os *factos apurados* – *p. e.*, se foi uma só ou mais infracções, se todas consignam a prática de crime ou se alguma consigna uma contra-ordenação, se existem danos materiais ou não, se houve necessidade de internamento ou tratamento clínico, se a vítima é menor ou maior de idade (etc.);
- as *provas recolhidas* – quer pessoais [agente(s) do crime, vítima(s), testemunha(s)] quer reais [objectos que serviram para a prática do crime – arma de fogo, gazua, faca – e os objectos móbil do crime – ouro furtado, roubado ou receptado].

206. O relatório deve ser enviado à AJ competente para fase do processo em curso – MP no inquérito e JIC na instrução –, conforme nº 2 do art. 253º do CPP, e não se confunde com a comunicação da diligência – art. 251, nº 2 em conjugação com o nº 6 do art. 174º do CPP – ou com a comunicação da notícia do crime – art. 248º do CPP –, pois funciona como um instrumento de fiscalização e controlo[868] formal e material da actividade dos OPC em uma fase pré-processual ou da actividade dos OPC por determinação da AJ, cujos actos se revestem de teor judiciário e judicial.

Como já escrevemos, consideramos que deve ser a APC a elaborar o relatório e não o OPC. Deve ser a APC a assumir a responsabilidade das operações policiais e dos actos praticados pelos OPC por ser

[868] Neste mesmo sentido Simas Santos e Leal-Henriques, *Código de Processo...* – II Vol., p. 42.

ela quem operacionalmente dirige e orienta a execução das diligências promovidas pelo OPC, a mais estes relatórios não se confundem com os relatórios de vigilância efectuados e elaborados pelos OPC, devendo estes ser confirmados, no seu conteúdo, em audiência e discussão de julgamento pelo elemento policial que o elaborou e subscreveu, sob pena de não poder ser valorado como meio de prova por violação do princípio do contraditório[869].

A medida cautelar e de polícia do *relatório* só faz sentido nos casos em que ocorram essas operações policiais de âmbito processual penal, uma vez que este relatório não é o mesmo relatório que o OPC elabora no final das diligências de investigação no âmbito do inquérito, determinadas pelo MP, ou no âmbito da instrução, determinadas pelo JIC. Este relatório, como medida cautelar e de polícia documental, insere-se no âmbito dos actos pré-processuais que são, *a posteriori*, apreciados e validados pela AJ competente.

§ 59º Das medidas cautelares e de polícia na lei do cibercrime: da notícia do crime e respetiva preservação da prova

207. A Lei do Cibercrime (LCC), aprovada pela Lei nº 109/2009, de 15 de Setembro, aprova, a par das demais medidas cautelares e de polícia, três novas medidas cautelares processuais penais: *v. g.*, a preservação expedita de dados [artigo 12º], pesquisa de dados informáticos [artigo 15º], apreensão de dados informáticos [artigo 16º].

Estas medidas cautelares e de polícia, sem excluir as demais previstas na legislação processual penal, aplicam-se aos crimes *previstos na LCC* [falsidade informática (artigo 3º); dano relativo a programas ou outros danos informáticos (artigo 4º); sabotagem informática (artigo 5º); acesso ilegítimo (artigo 6º); intercepção ilegítima de programa protegido (artigo 7º); reprodução ilegítima de programa protegido

[869] Cfr. os nossos *Processo Penal* – Tomo I, 3ª Edição, pp. 310-311 e *As Autoridades de Polícia Criminal: (Já) é tempo de clarificar a sua intervenção no processo penal*. In: Liber Amicorum Manuel Simas Santos. Coord. André Piton e Ana Carneiro. Lisboa: Rei dos Livros, 2016, pp. 875-891. Veja-se quanto ao relatório de vigilância o Ac. TRP, Proc. nº 93/10.2TAMDL.G1.P1, de 26 de maio de 2015.

(artigo 8º)], aos *crimes cometidos por meio de um sistema informático* e aos quais seja *necessário proceder à recolha de prova em suporte electrónico*, por força do artigo 11º da LCC.

Neste quadro operativo policial, podemos, no mínimo, apurar três situações distintas que são importantes na esfera pré-processual na actuação dos OPC[870], numa relação direta ou não com a vítima do crime, e que têm relevância em termos de tutela dos direitos da personalidade e direitos fundamentais pessoais, consagrados constitucionalmente: (*i*) a vítima tem acesso directo a esse *post* ou ao dado informático probatório da lesão ou perigo de lesão do bem jurídico; (*ii*) a vítima tem acesso a essa factualidade criminal por interposta pessoa; e, ainda, (*iii*) a vítima tem acesso ou conhecimento de que existe um *post* ou dado informático/digital, lesivo dos seus direitos fundamentais pessoais e respetivos bens jurídicos pessoais, a circular e a ser comentado numa rede social aberta ou fechada ou num grupo de partilha de informação e de amizade. Poder-se-ia colocar ou avocar a *autotutela jurídica*, mas não é tema para tratarmos nesta obra, uma vez que nos cumpre estudar as relações jurídico-criminais de momento produzidas pela actuação e função da polícia criminal.

Na primeira situação, em que a vítima [ofendido] tem acesso directo ao *post* ou dado digital probatório da lesão ao bem jurídico de é titular [p. e., porque integra o grupo da rede], a mesma tem o direito de apresentar uma denúncia criminal e entregar a imagem ou o vídeo lesivo dos seus direitos para que se fundamente a comunicação de um crime. A vítima, enquanto ofendido[871], tem o direito de dispor da informação base do crime de que é vítima e de a fornecer no acto da denúncia junto da polícia com funções criminais para que esta proceda à respetiva *preservação expedita de dados*, caso a urgência ou o

[870] Existem muitas outras situações exigentes e carentes de intervenção dos OPC, mas estas são as que mais se verificam no dia-a-dia e pedem uma intervenção imediata – urgência e *periculum in mora* – dos OPC e a respetiva aplicação de medidas cautelares e de polícia gerais e especiais.

[871] Entenda-se ofendido aquele que é titular do direito – bem jurídico – lesado com uma conduta humana, ou na letra da lei «o titular dos interesses que a lei especialmente quis proteger com a incriminação», nos termos do artigo 113º do CP e dos artigos 67º-A e 68º, nº 1, alínea *a*) do CPP.

periculum in mora seja concreto para a obtenção e preservação da prova, nos termos da 2ª parte do nº 2 do artigo 12º da LCC.

Como estamos no quadro da auto disposição do domínio informativo, em que a vítima tem o domínio e acesso ao dado probatório, não existe a necessidade de prévia autorização judicial para a fornecer às autoridades públicas: polícia e judiciário. Foi este o entendimento do Tribunal da Relação de Guimarães quando decidiu que a *transcrição de mensagens SMS do telemóvel de um queixoso que espontaneamente as fornece, pode valer como prova, apesar de não ter sido ordenada pelo juiz. Só será necessária a intervenção do JIC quando quem fornece aquelas mensagens não puder dispor delas*[872]. Mas outra coisa é a preservação dos dados, que cabe ao OPC assegurar e garantir por iniciativa própria ou, caso haja possibilidade e sem risco de perda da integridade e originalidade do dado probatório do crime, por meio de uma autorização ou ordem judiciária. Este é o regime regra, sendo a medida cautelar e de polícia a exceção.

208. No que diz respeito à segunda situação, a vítima tem acesso indirecto ao dado digital/informático base do crime – *post*, imagem ou vídeo lesivo de um bem jurídico –, e comunica às autoridades policiais e judiciárias esse *factum criminis* de modo que possam desenvolver as diligências adequadas à aquisição do elemento material lesivo dos bens jurídicos penalmente tutelados. Cabe àquelas o dever de levantar um auto de notícia criminal e solicitar à autoridade judiciária competente o devido mandado de busca e apreensão digital[873]; mas, neste caso e avocando-se o princípio da *concordância prática* que implica a verificação de determinados pressupostos da aquisição da notícia criminal – *v. g.*, a indispensabilidade investigatória e a certeza de que a mesma prova seria obtida pelos meios normais de obtenção de prova –,

[872] Cf. o Ac. TRG de 15-04-2012.

[873] Veja-se que o Tribunal da Relação do Porto já decidiu que a "jurisprudência tem equiparado as mensagens SMS às cartas de correio, distinguindo se ainda estão fechadas ou se foram já abertas pelo destinatário. Porém, a Lei do Cibercrime alterou esta abordagem: **a leitura de mensagens guardadas num cartão de telemóvel por um agente policial *sem autorização do seu dono ou do JIC é prova proibida*, em nada relevando que as mesmas tivessem sido ou não abertas e lidas pelo destinatário pois que a lei não distingue entre essas duas situações**". Cf. o Ac. TRP de 12-09-2012. Negrito e itálico nossos. Esta mesma jurisprudência aplica-se ao conteúdo das redes sociais gravado em um celular.

não nos parece negativo ou ilegal que esse *post*, imagem ou vídeo possam ser entregues por esse outrem àquelas autoridades ou à própria vítima para que esta lhes dê o devido encaminhamento: conhecimento às autoridades policiais e judiciárias[874] e possa integrar o respectivo auto de notícia. Os OPC podem, também e no caso de urgência e de *periculum in mora*, proceder à preservação expedita de dados [artigo 12º, nº 2 da LCC], assim como à apreensão cautelar desses dados [artigo 16º, nº 2 da LCC].

É de frisar que, quer na primeira quer na segunda situação, em especial quando o terceiro ou a vítima é que comunicam a notícia criminal, as autoridades policiais devem optar pelo regime regra, ou seja, solicitar a devida autorização judicial para a preservação dos dados, assim como o devido mandado de busca e apreensão digital de modo a garantir a originalidade e, em caso de urgência e *periculum in mora*, atuar por iniciativa própria de modo a garantir a integridade do elemento material constitutivo do crime: originalidade e integridade dos elementos probatórios. Acresce que, nos casos em que se mostre necessário, devem lacrar a apreensão do material informático, gravado em CD, ou outro equipamento digital, ou do aparelho detentor da matéria objetiva dos tipos de crime e, assim como, devem preservar a cadeia de custódia da prova[875].

[874] Veja-se que o Tribunal da Relação do Porto decidiu que:
"I. O Facebook é uma rede social que funciona através da internet, operando no âmbito de um sistema informático pelo que a recolha de prova está sujeita à Lei do Cibercrime – DL 109/2009 de 15/9.
II. **Constitui prova legal a cópia de informação que alguém publicita no seu mural do Facebook sem restrição de acesso.**
III. Só está sujeita à disciplina do **artº 16º 1 e 3 da Lei do Cibercrime** a **apreensão da informação original inserta na plataforma, esteja ou não disponível"**. Cf. o Ac. TRP de 05.04.2017. Negrito nosso.

[875] Como informação jurisprudencial sobre esta temática, aconselha-se a leitura da decisão do STF [Brasil], que, em apreciação de *habeas corpus*, admitiu que, mesmo que haja violação da cadeia de custódia da prova, por meio da quebra do lacre e visualização do conteúdo dos ficheiros, se for por pouco tempo e não se tiver alterado a prova, esta, constante das fitas violadas, pode e deve ser admitida como válida em sede de processo-crime. Quanto à cadeia da custódia de prova, o nosso *Cadeia de Custódia de Prova*, Coimbra: Almedina, 2019, e Geraldo Prado, *A Cadeia de Custódia da Prova no Processo Penal*, São Paulo: Marcial Pons, 2019.

209. A terceira situação exposta exige às autoridades policiais – APC e/ou OPC –, após o conhecimento da notícia do crime de que, na rede **A** ou **C**, se encontra um *post*, imagem ou um vídeo lesivo de bens jurídico-criminais dignos de tutela jurídico-criminal, que ordenem a *preservação expedita dos dados* e procedam à respetiva *apreensão de dados informáticos*, caso haja urgência ou haja *periculum in mora*. Mas se não se verificarem esses pressupostos, devem solicitar de imediato os devidos mandados judiciais de busca e apreensão digital de modo a poderem salvaguardar a originalidade da prova de forma legítima, legal e lícita. Cabe, também, prover que a cadeia de custódia de prova não seja violada sob pena de se inutilizar a prova obtida de forma leal e democrática[876].

É de realçar e reforçar que se houver urgência na preservação e cautela daquela prova, as autoridades policiais podem ordenar ao serviço ou entidade respetiva a *preservação dos dados ou informações essenciais à prova* até que haja o devido mandado de busca e apreensão digital, nos termos do nº 2 do artigo 12º da LCC. Esta medida fica sob o regime de confidencialidade por parte da entidade notificada, ou seja, esta assume-se como *fiel depositário* da informação essencial à prova.

As autoridades policiais – APC ou OPC – podem, do mesmo modo e em caso de necessidade de melhor apuramento fáctico e probatório, proceder à pesquisa de dados informáticos essenciais à produção de prova no futuro em sede de audiência e discussão de julgamento, como determina o artigo 15º da LCC; ou seja, desde que se verifiquem as **causas de justificação** – alíneas *a*) [*consentimento*] e *b*) [*estado de necessidade justificante* ou *legítima defesa* ou *direito de necessidade*[877]] do 3º do artigo 15º da LCC –, sejam cumpridas as formalidades do posterior **controlo jurisdicional** [garantia] por meio da comunicação à autoridade judiciária – alíneas *a*) e *b*) do nº 4 do artigo 15º da Lei do Cibercrime –, assim como o **princípio da especialidade** ou do **catálogo** do fundamento da autorização judicial – nº 5 do artigo 15º da LCC.

[876] Quanto a esta matéria o nosso *Cadeia de Custódia de Prova*, Coimbra: Almedina, 2019.

[877] As causas de justificação supralegal – estado de necessidade justificante – podem ser aferidas da alínea *b*) do nº 3 do artigo 15º da LCC: «*b*) Nos casos de terrorismo, criminalidade violenta ou altamente organizada, quando haja fundados indícios da prática iminente de crime que ponha em grave risco a vida ou a integridade de qualquer pessoa».

Como se pode verificar, as polícias criminais detém instrumentos jurídicos suficientes para procederem à aquisição, conservação e tratamento da prova obtida no meio digital. Podem atuar sob a égide das designadas *medidas cautelares e de polícia*, extraordinárias, urgentes e subordinadas ao *periculum in mora*, e, *in casu*, especiais, cabendo-lhes comunicar de imediato a sua atividade às autoridades judiciárias: ao Ministério Público, ao Juiz das Liberdades e ao Juiz[878]. O mesmo se passa no quadro das *apreensões digitais* [apreensão de dados informáticos], como decorre do artigo 16º da LCC[879], com exceção de apreensões que tenham ou visem como foco a atividade ilícita de ***advocacia***, ***médica***, ***bancária*** e ***jornalística*** ou conflituem com estas actividades. Temos, aqui, uma **tutela jurídico-constitucional reforçada** que não pode se postergada apenas porque estamos no âmbito digital[880].

Refira-se que o nº 1 do artigo 16º da LCC obedece ao regime exposto no artigo 187º, nº 1 do CPP, submetendo a pesquisa – busca – informática e a apreensão dos dados aos princípios da indispensabilidade para a *descoberta da verdade* e da impossibilidade objetiva de obter prova por meio menos oneroso. Só uma unidade normativa e hermenêutica podem trazer segurança jurídica ao sistema como um todo organizado racionalmente. Estes princípios vinculam as APC e os OPC quando apreendem cuatelarmente os dados informáticos. Mas a regra é sempre, como determina o CPP e o comando constitucional – artigo 32º, nº 4 da CRP –, a prévia autorização da autoridade judiciária: *v. g.*, Juiz de Instrução Criminal.

[878] Não podendo ultrapassar as 72 duas horas, como se retira do nº 4 do artigo 16º da LCC, na mesma linha do nº 6 do artigo 178º do CPP.

[879] Como se retira do nº 2 do artigo 16º da LCC: «O órgão de polícia criminal pode efetuar apreensões, sem prévia autorização da autoridade judiciária, no decurso de pesquisa informática legitimamente ordenada e executada nos termos do artigo anterior, bem como quando haja urgência ou perigo na demora».

[880] Conforme se retira dos nº 5 do artigo 16º da LCC: «As apreensões relativas a sistemas informáticos utilizados para o exercício da *advocacia* e das atividades *médica* e *bancária* estão sujeitas, com as necessárias adaptações, às regras e formalidades previstas no Código de Processo Penal e as relativas a sistemas informáticos utilizados para o exercício da profissão de *jornalista* estão sujeitas, com as necessárias adaptações, às regras e formalidades previstas no Estatuto do Jornalista». Itálicos nossos.

Caso assim não se entenda, podemos estar perante uma interpretação normativa ferida de *inconstitucionalidade material* quanto aos artigos que admitem que basta a autorização do Ministério Público para aceder e apreender a informação e dados dos sistemas digitais, quando, estando perante uma ofensa ou restrição de direitos fundamentais pessoais – reserva da intimidade da vida privada e familiar, palavra escrita e falada, imagem, artigo 26º da CRP –, e a autorização fundamentada para a restrição cabe ao JIC e, em regra, exige-se que exista um prévio processo-crime [artigos 26º, nº 2, 32º, nº 4, 34º, nº 4, 35º e 205º da CRP], com exceção dos casos em que estejamos perante uma factualidade integrante de uma causa de justificação supralegal, no quadro de uma material especialidade [regime de catálogo] e de posterior controlo jurisdicional.

210. Mas há outros pontos que merecem a nossa preocupação. Desde logo a *admissibilidade* por alguma doutrina – mais policial e/ou de teor securitária e belicista – e por alguma jurisprudência de as *fontes digitais*, em especial as redes sociais de acesso aberto e uso maciço pelas pessoas descuidadas do e no mundo real e jurídico, como (*i*) *fontes de informação policial*, (*ii*) *convertidos em fontes de obtenção de prova* e o (*iii*) *resultado dessa recolha subsumir-se como prova penal*. Neste item iremos tratar apenas os dois primeiros pontos, que podem configurar ou materializar uma ou mais medidas cautelares e de polícia. O ponto (*iii*) enquadra-se no âmbito do agente infiltrado digital a ser tratado em sede própria[881].

No que respeita às redes abertas como (*i*) *fontes de informação policial*, desde que a rede aberta seja de acesso comum e não seja uma rede de acesso restrito, em que qualquer pessoa pode consultar e ler postagens, ver imagens e vídeos ou outra informação ou dados disponíveis, considera-se que não haverá problemas de legalidade e licitude desde que a mesma não venha a configurar como meio de prova ou prova, sob pena de podermos estar a admitir a autoincriminação. Mas se estivermos no quadro de informação e dados de acesso restrito a um grupo de pessoas singulares ou colectivas, cuja partilha daquela

[881] Cf. *infra* §94º.

assenta na base da confiança, das relações profissionais, das relações universitárias, políticas, religiosas ou de outra índole, o acesso policial só devia ser admissível por meio de uma autorização judicial – Juiz –, uma vez que podemos estar perante uma *infiltração policial* que deve merecer os maiores cuidados de fiscalização prévia e de controlo contínuo da actuação dos elementos policiais por parte das autoridades judiciárias, *maxime*, JIC.

Nesse âmbito não estamos, *a priori*, no quadro das medidas cautelares e de polícia, mas num quadro de pura repressão penal. Consideramos que, se não forem respeitados os comandos constitucionais e processuais penais, estamos perante a obtenção de informação de forma antidemocrática, desleal, ilegítima e ilegal, quiçá ilícita, cuja admissibilidade deve ser vetada e a valoração proibida, assim como toda a prova que tiver sido obtida por meio dessas informações policiais viciadas não deve ser admitida nem valorada.

As *redes abertas* (*ii*) *convertidas em fontes directas de obtenção de prova* é, em absoluto, de rejeitar como fundamento/pressuposto de medida cautelar e de polícia, excepto se respeitarem os princípios regentes da sua aplicação e a respectiva natureza – precárias, extraordinárias, temporárias e carentes de controlo judiciário e judicial. Uma coisa são as situações próprias de urgência e *periculum in mora* – princípios regentes das medidas cautelares e de polícia no âmbito criminal –; outra coisa são as redes abertas como fonte natural e legal de obtenção de prova em que as pessoas se autoincriminam sem o saberem ou se autoincriminam por instigação de membros ou, até mesmo, do elemento policial, atuando como agente encoberto que se transforma em agente provocador[882] [883].

[882] Mas que passa a ser provocador/instigador e autor mediato do crime [artigo 26º do CP português]. Quanto a este assunto *infra* §91º, alínea c.

[883] Não cabe na figura do agente provocador o elemento policial que responde a uma proposta de venda de bilhete com um valor especulativo – crime de *especulação*, p. e p. pelo artigo 35º do DL nº 28/84, de 20 de janeiro –, uma vez que esta acção de aceitação e de compra do agente policial não enforma o crime de especulação, uma vez que este já se encontra em execução. Outra coisa é o agente policial inscrever-se numa rede ou plataforma e, na sua actividade de patrulhamento digital, perguntar se têm bilhetes para venda, independentemente do valor a pagar ser muito superior ao de bilheteira, ou que quer comprar

Falamos aqui em agente encoberto[884] porque o elemento policial está dentro de uma rede digital totalmente aberta, em que a sua função é apurar se está ou vai ocorrer um crime para promover uma acção imediata de *terminus* da acção criminal. O agente policial não tem a função de recolher prova e de se dar a conhecer aos demais membros da rede ou plataforma digital, mas tão-só a de estancar um crime que possa ocorrer no espaço digital ou naquele espaço digital e, caso seja necessário, aplicar as medidas cautelares e de polícia – *v. g.*, as previstas nos artigos 12º, 15º e 16º da LCC – que se destinem a salvaguardar direitos e liberdades fundamentais pessoais dos visados [vítimas e suspeitos[885]] e a originalidade e integridade da prova digital.

um bilhete mesmo que o valor seja *Y* ou *X*; aqui estamos perante a figura do agente provocador.

[884] Quanto ao conceito de agente encoberto, em diferenciação com o agente infiltrado e agente provocador, *infra* § 91º, ponto d.

[885] Pretende-se e defende-se um processo justo e equitativo que só será possível se a recolha e preservação da prova digital for isenta, objectiva e imparcial.

Secção III
Da Detenção

§ 60º Da concepção e da finalidade da detenção

211. A *detenção*[886] é uma *privação da liberdade* que ultrapassa o teor finalistico do CPP/29 – "prisão para fins processuais anterior à condenação"[887] – cujo fundamento jurídico-constitucional se afere do art. 27º da CRP.

A par do direito à liberdade – cujo princípio regra da privação da liberdade se resigna na «consequência de sentença judicial condenatória pela prática de acto punido por lei com pena de prisão ou de aplicação judicial de medida de segurança» [nº 2 do art. 27º da CRP] – ancora o direito à segurança quer individual quer colectiva, que, quando afectada, pode legitimar quem de direito a promover diligências que privem o agressor da liberdade[888].

[886] No estudo da detenção seguimos, com alguns ajustes e actualizações, a estrutura e a posição doutrinária adoptada no nosso *Processo Penal* – Tomo I, 3ª Edição, pp. 313-350.

[887] Manuel Cavaleiro de Ferreira, *Curso de Processo...* – Vol. II, 1981, p. 383 e, quanto à detenção e à prisão preventiva, *Curso de Processo...* – Vol. 1º, 1986, pp. 237 e ss..

[888] Quanto ao equilíbrio destes dois direitos o nosso *Dos Órgãos...*, pp. 108 a 111, e Gomes Canotilho e Vital Moreira, *Constituição da República...*, 3ª Edição, pp. 179 e ss.. Como ensina Miguel Faria há "rigor e cautelas legais, no que respeita à detenção com o fim manifesto de evitar excessos, erros e desvios às disposições de lei em matéria tão sensível

A *privação da liberdade* – detenção – é uma excepção ao *princípio geral da privação da liberdade* [nº 2 do art. 27º da CRP] e que apenas se pode verificar sob determinados pressupostos de facto e de direito[889], conforme consagração constitucional: «detenção em flagrante delito» [al. *a*) do nº 3 do art. 27º da CRP]; detenção ou prisão preventiva por fortes indícios de prática de crime doloso a que corresponda pena de prisão cujo limite máximo seja superior a três anos» [al. *b*) do nº 3 do art. 27º da CRP]; «prisão, detenção ou outra medida coactiva sujeita a controlo judicial, de pessoa que tenha penetrado ou permaneça irregularmente no território nacional ou contra a qual esteja em curso processo de extradição ou de expulsão» [al. *c*) do nº 3 do art. 27º da CRP]; «detenção por decisão judicial em virtude de desobediência a decisão tomada por um tribunal ou para assegurar a comparência perante autoridade judiciária competente» [al. *f*) do nº 3 do art. 27º da CRP]; detenção para identificação [al. *g*) do nº 3 do art. 27º da CRP]; e detenção (privação da liberdade) para internamento (compulsivo) de pessoas que sofram de «anomalia psíquica em estabelecimento terapêutico adequado» [al. *h*) do nº 3 do art. 27º da CRP].

A detenção está dotada de uma finalidade *específica*: comparência em tribunal, expulsão ou extradição de um cidadão, proceder a identificação de suspeitos, internamento compulsivo por anomalia psíquica[890]. Esta última figura detentiva é uma privação da liberdade que carece de confirmação de autoridade judicial e tem como fim afastar de imediato o perigo para bens jurídicos de terceiros e próprios afectados ou em perigo de afectação pelo comportamento do portador da anomalia psíquica, inimputável por força do art. 20º do CP.

A Constituição não prevê, de forma expressa, a privação da liberdade das *pessoas portadoras de doenças infecto-contagiosas*. Mas parece-nos

como é a da liberdade dos cidadãos" [MIGUEL JOSÉ FARIA, *Direitos Fundamentais e Direitos do Homem*, 3ª Edição, Lisboa: ISCPSI, 2001, p. 190].

[889] Não olvidamos as privações da liberdade por sanção disciplinar militar [al. *d*) do art. 27º da CRP], por aplicação de medida tutelar educativa em regime fechado, semiaberto ou aberto dos menores[al. *e*) do art. 27º da CRP] , nem por aplicação de internamento por anomalia psíquica[al. *h*) do art. 27º da CRP].

[890] Esta privação da liberdade segue um regime específico expresso em lei – Lei de Saúde Mental, aprovada pela Lei nº 36/98, de 24 de Julho – e vincula a decisão da Autoridade de Polícia à *reserva de decisão judicial*.

que a privação da liberdade impõe-se por razão de ponderação de bens vitais [como a vida, a integridade física, a saúde dos cidadãos não infectados] face ao perigo ou à probabilidade objectiva da prática de crimes de perigo – *v. g.*, *propagação de doença*, p. e p. pelo art. 283º do CP – e ofensa daqueles bens jurídicos.

Impõe-se uma "cuidadosa ponderação dos bens jurídicos-constitucionais e penais"[891] em jogo de modo a decidir-se ou não pela *privação temporária da liberdade* com fundamento na *cláusula geral de polícia* consagrada no nº 2 do art. 29º da DUDH, direito constitucional aplicado por força do nº 2 do art. 16º da CRP. Contudo, esta privação da liberdade não é, nem se pode confundir com a detenção do quadro jurídico-criminal.

212. A detenção distingue-se da prisão preventiva[892] e da própria execução de pena de prisão. Em todas as medidas o cidadão fica privado da liberdade por um determinado período de tempo, sendo, em princípio, o da detenção o mais reduzido. A execução da pena de *prisão* – como a mais gravosa privação da liberdade – apenas se verifica após sentença condenatória em pena de prisão transitada em julgado, pois já se percorreu o *iter processualis* onde os sujeitos processuais participaram activamente.

A *prisão preventiva* é a mais gravosa das medidas de coacção e reveste (ou devia revestir) carácter excepcional e subsidiário, por privar o preso preventivo da liberdade pessoal por decisão de um juiz – conforme art. 28º da CRP e 202º do CPP –, cuja aplicação deve obedecer aos princípios da legalidade e da proporcionalidade *lato sensu* – adequação, exigibilidade ou necessidade e proporcionalidade *stricto*

[891] Cf. Gomes Canotilho e Vital Moreira, *Constituição da República Portuguesa Anotada* – Vol. I, 4ª Edição, Coimbra: Coimbra Editora, 2007, p. 484.

[892] Quanto à destrinça Manuel Cavaleiro de Ferreira, *Curso de Processo...*, Vol. 1º, 1986, pp. 237 e ss., Germano Marques da Silva, *Curso de Processo...* – Vol. II, 2ª Edição, pp. 209 e ss.. Para Francisco Alonso Perez, na linha de Sánchez del Rio, a distinção entre detenção e prisão centra-se no sujeito operativo activo, *i. e.*, a prisão só pode ser decretada por uma autoridade judicial. Quanto a este assunto no direito espanhol, Francisco Alonso Perez, *Medios de Investigación en el Proceso Penal*, 2ª Edição, Madrid: Dykinson, 2003, p. 180.

sensu – e da excepcionalidade e da subsidiariedade, que emerge de "uma decisão judicial interlocutória"[893].

A *detenção* é uma medida privativa da liberdade meramente cautelar e efectuada, em regra, por APC/OPC[894]. Tem *natureza precária, temporária ou provisória e finalidades específicas*[895] que se vincam na própria destrinça das finalidades das várias detenções possíveis e encontra-se "sujeita à condição resolutiva de homologação judicial"[896]. Face ao exposto cabe-nos fazer dois apontamentos:

a. as diferentes detenções, como *p. e.* a detenção para identifica ção, detenção em flagrante delito e a detenção para cumpri mento de mandado judicial, têm natureza precária – sujeitas ao um limite temporário e sujeitas à apreciação e validação pela AJ – sendo que a destrinça se fundeará na finalidade específica que cada uma encerra e nos limites de prazo temporal de 6 horas, 24 horas ou de 48 horas;
b. a ideia de *precariedade* manifesta-se ou reforça-se ao se pres crever que, no âmbito do processo sumário, o arguido deve ser libertado e notificado para se apresentar no primeiro dia útil a seguir para julgamento, após a prestação de TIR – *ex vi* art. 385º do CPP – se houver impossibilidade dos serviços judi ciais de receberem o detido e de ser apresentado ao juiz para julgamento sob forma sumária e se não existirem razões «para crer que não se apresentará espontaneamente perante a autori dade judiciária no prazo que lhe for fixado»[897].

A Reforma de 2007 alterou o regime aprovado pela Lei nº 59/98, de 25 de Agosto, cuja libertação era imediata [após a elaboração do

[893] MAIA GONÇALVES, *Código de Processo...*, 12ª Edição, p. 521.

[894] Dizemos *em regra* porque a maior parte das detenções são efectuadas por elementos das polícias que exercem funções policiais. Como veremos, as detenções podem ser efectuadas pelas autoridades judiciárias, entidades policiais e, em casos excepcionais, por qualquer cidadão, conforme nº 1 do art. 255º do CPP.

[895] Quanto a estas características da detenção, GERMANO MARQUES DA SILVA, *Curso de Processo...* – Vol. II, 2ª Edição, p. 209.

[896] MAIA GONÇALVES, *Código de Processo...*, 12ª Edição, p. 521.

[897] Cfr. segunda parte do nº 1 do art. 385º do CPP.

expediente] caso o detido em processo sumário não pudesse ser presente de imediato a juiz para julgamento.

O novo regime veio restringir o direito à liberdade ao submeter a libertação do arguido detido a um novo pressuposto: que não existam razões que levem a crer que o arguido não se apresente espontaneamente perante AJ no prazo que lhe for fixado. Se existirem razões de que o arguido não se apresenta(rá) à AJ, os OPC não podem, nem devem colocá-lo em liberdade, excepto se o OPC concluir que não consegue apresentar o arguido detido a um juiz no prazo de 48 horas, conforme nº 2 do art. 385º do CPP.

213. A *detenção*, como medida cautelar privativa da liberdade, encerra finalidades próprias ou específicas tendo em conta o cenário factual finalístico da intervenção dos OPC, da APC ou da AJ, independentemente de ser em flagrante ou fora de flagrante delito, mas tendo presente a *natureza do processo* – sob a forma comum ou sob a forma sumária ou sob outra forma especial de processo – e a *natureza do crime* – público, semi-público ou particular.

O art. 254º do CPP estipula as finalidades da detenção procedida de acordo com os artigos 255º a 261º do CPP, o que nos leva a aferir que há outro tipo de detenção que não se enquadra literalmente no âmbito destas finalidades – *p. e.*, a detenção para identificação [nº 6 do art. 250º do CPP *ex vi* al. *g*) do nº 3 do art. 27º da CRP].

Quanto às finalidades da detenção e à redacção do art. 254º do CPP, operada pela Lei nº 59/98, de 20 de Agosto, há dois apontamentos a fazer:

α. quanto à parte final da al. *a*) do nº 1, aditou-se o termo *execução* «de uma medida de coacção» como uma das finalidades da detenção. Aditamento que, na opinião de GERMANO MARQUES DA SILVA, resolveu a controvérsia quanto à audição do arguido antes da execução da medida de coacção, *i. e.*, com a actual redacção do art. 254º do CPP, sempre que a medida de coacção tenha sido aplicada sem audição do arguido recai sobre o juiz que emitiu o mandado a obrigatoriedade de interrogar o arguido «para que possa pronunciar-se sobre a medida de coacção que lhe foi aplicada sem prévia audição»[898], cumprindo a disposição do art. 194º, nº 2 do CPP que prescreve que a aplicação de uma medida de coacção «é precedida, sempre que possível e conveniente, de audição do arguido».

β. o nº 2 do art. 254º do CPP – introduzido pela Lei nº 59/98, de 20 de Agosto – apresenta-se como um reforço do disposto na al. *a*) do nº 1, *i. e.*, na esteira de GERMANO MARQUES DA SILVA, não devemos interpretar literalmente o preceito, porque a obrigatoriedade do interrogatório de arguido detido para «aplicação e *execução* de medida de coacção» não pode cingir-se à medida de coacção prisão preventiva, mas deve verificar-se sempre que se detenha alguém para aplicação ou execução de qualquer uma das medidas de coacção – *v. g.*, a medida de permanência em habitação – e não em exclusivo para aplicação ou execução da prisão preventiva[899].

A apresentação do detido deve ser ao juiz que emitiu ou ordenou a detenção seja o JIC seja o Juiz de julgamento, uma vez que as medidas de coacção podem ser aplicadas em qualquer fase processual e não em exclusivo na fase de inquérito ou na fase de instrução[900].

214. Cabe aferir as finalidades da detenção face ao quadro do *flagrante delito* e ao quadro da detenção *fora do flagrante delito*. No quadro do *flagrante delito*, há, ainda, a aferir a finalidade face à natureza do processo – sob a forma comum ou sob a forma sumária – para se concrecar o escopo da detenção.

A detenção *em flagrante delito* em sede de **processo sob a forma sumária** destina-se a apresentar o detido para julgamento, nunca podendo o prazo entre a privação da liberdade e a apresentação ao Tribunal de Pequena Instância Criminal ultrapassar as 48H00', conforme al. *a*) do nº 1 do art. 254º, nº 3 do art. 382º do CPP *ex vi* do art. 28º, nº 1 e art. 27º, nº 3, al. *a*) da CRP.

[898] Cf. GERMANO MARQUES DA SILVA, *Curso de Processo...* – Vol. II, 2ª Edição, p. 212.

[899] *Idem*, p. 213.

[900] Acompanhamos o sentido de GERMANO MARQUES DA SILVA, *Curso de Processo...* – Vol. II, 2ª Edição, p. 213. Cfr. o nosso *Processo Penal* – Tomo I, 3ª Edição, p. 319, nota 1012.

Se *A* comete um crime de furto simples, p. e p. pelo art. 203º do CP, e se foi detido em flagrante delito por OPC e se acto contínuo o titular do direito de queixa exercer o mesmo, desde que o Tribunal esteja em funcionamento, *A* tem de ser imediatamente presente para julgamento em processo sumário.

Acresce que se o Tribunal não estiver a funcionar e desde que não existam razões para crer que o arguido detido «não se apresentará espontaneamente perante autoridade judiciária no prazo que lhe for fixado», *A* tem de ser libertado sob TIR e notificado para se apresentar perante o MP, no dia e hora que lhe forem determinados, para serem submetidos a julgamento em processo sumário ou para primeiro interrogatório judicial de arguido detido e possível aplicação de medida de coacção, nos termos do nº 1 e do nº 3 do art. 385º do CPP.

O OPC tem de colocar de imediato em liberdade o arguido detido se tiver conhecimento de que o mesmo não pode ser apresentado a juiz no prazo de 48 horas, *ex vi* nº 2 do art. 385º do CPP. A solução adoptada pelo legislador com a Lei nº 48/2007, de 29 de Agosto, é a materialização do princípio da liberdade e do princípio da proporcionalidade na sua vertente de exigibilidade e necessidade da manutenção da detenção, assim como respeita o princípio da constitucionalidade no plano da legiferação.

Se *A* (OPC) detém em flagrante delito *B* por crime de furto simples, p. e p. pelo art. 203º do CP, seguido de apresentação de queixa nos termos do art. 113º do CP, e sabe que *B* não se apresentará à AJ no dia e hora que lhe for fixado, não o deve colocar em liberdade. Mas, não obstante todo este cenário, se *A* souber que o Tribunal não vai funcionar nos próximos 4 dias, tem de colocar de imediato *B* em liberdade.

A detenção *em flagrante delito* em sede de **processo sob a forma comum** destina-se a apresentar o detido para primeiro interrogatório judicial e, sendo caso disso, para aplicação de medida de coacção, nunca podendo o prazo entre a privação da liberdade e a apresentação ultrapassar as 48H00', nos termos da al. *a*) do nº 1 do art. 254º, artigos 141º e 196º a 211º do CPP *ex vi* do art. 28º, nº 1 e art. 27º, nº 3, al. *a*) da CRP.

Se *A* for detido em flagrante delito pela prática de crime de *furto qualificado* – p. e p. pelo art. 204º do CP – ou crime de *roubo* – p. e p. pelo art. 210º do CP –, deve ser presente ao JIC para primeiro interrogatório judicial de arguido detido e, caso seja admissível, para aplicação de medida de coacção.

Os OPC, não obstante estarmos no âmbito do processo comum, devem aplicar o princípio da liberdade e proceder à libertação imediata do arguido detido caso concluam que o arguido detido não pode ser presente a juiz no prazo de 48 horas.

215. A detenção *fora de flagrante delito*, que ocorre, em regra, em sede de processo comum[901] visa:

a) a aplicação ou execução de uma medida de coacção nos casos em que é admitida, devendo o arguido detido ser apresentado ao juiz que emitiu o mandado de detenção – al. *a*) do nº 1 e nº 2 do art. 254º, artigos 196º a 211º do CPP *ex vi* do art. 28º, nº 1 da CRP;

b) assegurar a presença do detido – arguido ou outra pessoa, como uma testemunha, um OPC, um perito[902] – perante a autoridade judiciária – MP, JIC ou Juiz – em acto processual, nunca podendo ultrapassar as 24H00', com o intuito de "evitar a perturbação dos trabalhos e as faltas sucessivas"[903], apresentando-se como uma *medida de disciplina processual*[904] – al. *b*) do nº 1 do art.

[901] Se após uma falta a julgamento, mesmo em sede de processo sumário, se optasse, como na Alemanha, pela emissão de um mandado de detenção para assegurar a presença imediata do faltoso em julgamento, por, como ensina Figueiredo Dias, a detenção ser "um antecedente da contumácia e não tanto uma consequência da mesma"[Figueiredo Dias *apud* Manuel Simas Santos e Manuel Leal-Henriques, *Código de Processo...* – II Vol., 2ª Edição, p. 45], poder-se-ía, desde que se respeitassem os prazos, verificar uma detenção fora de flagrante delito em sede de processo sumário.

[902] Na redacção anterior, a detenção para apresentação em acto processual, visava a apresentação do detido ao juiz em acto processual, enquanto que com a nova redacção a presença é perante a autoridade judiciária – MP, JIC e Juiz. Quanto a este assunto Germano Marques da Silva, *Curso de Processo...* – Vol. II, 2ª Edição, p. 212.

[903] Germano Marques da Silva, *Curso de Processo...* – Vol. II, 2ª Edição, p. 212.

[904] *Ibidem.*

254º do CPP [Cfr. artigos 85º, nº 2 e 116º, nº 2 do CPP] *ex vi* do art. 27º, nº 3, al. *f*) da CRP.

Acresce que a comparência perante o MP em acto processual se processa ou com mandado de condução – art. 273º, nº 3 e art. 116º do CPP – ou, se tiver de ser ordenada detenção, o mandado de detenção tem de ser emitido/ordenado pelo Juiz[905].

§ 61º Da detenção em flagrante delito

a. concepção de flagrante delito

216. O flagrante delito afasta, desde logo, as dúvidas advindas dos meios de prova como testemunhas ou o reconhecimento e permite imprimir uma maior eficácia e eficiência não só ao processo penal em si mesmo, mas também à polícia/OPC.

Dissipam-se as dúvidas quanto à prática do facto, mas quanto às razões e fundamentos que levaram à sua prática as dúvidas têm de ser dissipadas ao longo da investigação criminal. Do texto legal depreende-se que o legislador consagrou *o flagrante delito* – nº 1 do art. 256º do CPP –, *o quase flagrante delito* – 1ª parte do nº 2 do art. 256º do CPP – e, ainda, *a presunção de flagrante delito* – 2ª parte do nº 2 do art. 256º do CPP.

O *flagrante delito* é «todo o crime que se está cometendo ou se acabou de cometer», *i. e.*, há flagrante delito quando o agente do crime é surpreendido a executá-lo ou a terminar de o executar, detendo o agente do delito «sinais que evidenciam a sua participação»[906] no crime, afastando-se desta concepção a aquisição da prova directa do crime – pressuposto de *visibilidade* do delito –, centrando-se a concepção no pressuposto da *actualidade* do delito[907]. Pode, com GERMANO MARQUES DA SILVA, apontar-

[905] Neste sentido se pode ler MAIA GONÇALVES, *Código de Processo...*, 12ª Edição, p. 521.

[906] *Idem*, p. 214.

[907] MAIA GONÇALVES, *Código de Processo...*, 12ª Edição, p. 524. Quanto à questão da actualidade e da visibilidade do crime, MANUEL CAVALEIRO DE FERREIRA, *Curso...* – Vol. 2º, 1981, 389.

-se como características do flagrante delito: a *evidência probatória*, a *actualidade* e a *presença de testemunhas*[908].

No *quase flagrante delito*, o agente não está a cometer a infracção criminal, sendo contudo "surpreendido logo no momento em que findou a execução, mas sempre ainda no local da infracção em momento no qual a *evidência da infracção e do seu autor* deriva directamente da própria surpresa"[909], modalidade a que se refere a 1ª parte do nº 2 do art. 256º do CPP. Consigna o quase flagrante delito a situação em que o indivíduo está pendurado na janela da residência que acabara de arrombar e da qual subtraiu bens. Podemos apontar, como características do quase flagrante delito, a *visibilidade do delito* e a *evidência da infracção.*

Na *presunção de flagrante delito* – modalidade prescrita na 2ª parte do nº 2 do art. 256º do CPP –, o agente não é detido no local do crime, nem durante a execução ou logo que ela cessou. Verifica-se a presunção de flagrante delito quando o agente, logo após o crime, é perseguido por qualquer pessoa – *p. e.*, cidadão ou entidade policial ou judicial – ou é encontrado após o crime com objectos ou sinais que mostrem claramente que o cometeu ou nele participou[910]. Pode apontar-se, como característica da *presunção de flagrante delito*, a *evidência probatória.*

217. O nº 3 do art. 256º do CPP procura clarificar o **flagrante delito nos crimes permanentes**, exigindo-se *actualidade* do crime e, simultaneamente, *evidência* probatória[911].

Desta feita, em caso de *crime permanente* – *p. e.*, *furto de uso de veículo* p. e p. pelo art. 208º do CP, *sequestro*, p. e p. pelo art. 160º do CP, *deserção*, p. e p. pelo art. 142º e ss. do Código de Justiça Militar só há flagrante delito se houver sinais de que o crime se está a cometer e o agente estiver a participar, *i. e.*, como afirma FIGUEIREDO DIAS, «se os membros de uma associação criminosa são detidos enquanto procedem a uma reunião, pode aceitar-se, em princípio, que o tenham sido

[908] GERMANO MARQUES DA SILVA, *Curso de Processo...* – Vol. II, 2ª Edição, pp. 214 e 215.

[909] MANUEL CAVALEIRO DE FERREIRA, *Curso de Processo...* – Vol. 2º, 1981, p. 388. Neste sentido GERMANO MARQUES DA SILVA, *Curso de Processo...* – Vol. II, 2ª Edição, p. 214 e MAIA GONÇALVES, *Código de Processo...*, 12ª Edição, p. 524.

[910] GERMANO MARQUES DA SILVA, *Curso de Processo...* – Vol. II, 2ª Edição, p. 214 e MAIA GONÇALVES, *Código de Processo...*, 12ª Edição, p. 524.

[911] Quanto a este assunto MAIA GONÇALVES, *Código de Processo...*, 12ª Edição, p. 525.

em flagrante, mas já não, seguramente, quando se encontrem a dormir em suas próprias casas»[912].

Consideramos que, nos casos de *crime permanente*, o flagrante delito persiste se o crime estiver a ser executado, cessando quando cessa a execução, impondo-se, face ao preceito, a *actualidade* do crime – «o crime está a ser cometido e o agente está nele a participar» – e a *evidência probatória* – «sinais evidentes»[913]. Só há flagrante delito no crime de *furto de uso de veículo*, p. e p. pelo art. 208º do CP, se o agente do mesmo estiver a conduzir o veículo no momento em que é interceptado pelo OPC ou pela AJ.

É importante advertir que, quando estamos perante crime *permanente* ou, até mesmo, perante crime *continuado*, não podemos admitir que se utilize esta nomenclatura de crime para legitimar o adiamento da intervenção policial em quase 24 horas desde a notícia do *factum criminis* e sempre sob controlo de vigilância policial. Ou existe uma autorização de *acção controlada*, que prescreva o adiamento da intervenção policial, ou, verificando-se o *delictum*, impõe-se à polícia criminal que actue e faça cessar a conduta antijurídica. Não podem os OPC socorrer-se de uma possível continuação criminosa para prorrogar o início da intervenção policial, com o agravo de optarem por deter em flagrante delito quando, na realidade, estamos perante uma situação pura de detenção fora de flagrante delito.

b. detenção em flagrante delito

218. A detenção em flagrante delito só é admissível para os crimes de natureza pública e semipública. Para que a detenção se mantenha quanto aos crimes de natureza semipública impõe-se que, em acto contínuo, o titular do direito de queixa exerça esse direito – *ex vi* nº 3 do art. 255º do CPP – devendo a AJ ou entidade policial (*maxime* APC ou OPC) levantar ou mandar levantar auto em que a queixa fique registada.

[912] FIGUEIREDO DIAS *apud* GERMANO MARQUES DA SILVA, *Curso de Processo...* – Vol. II, 2ª Edição, p. 215.

[913] Cfr. GERMANO MARQUES DA SILVA, *Curso de Processo...* – Vol. II, 2ª Edição, p. 215.

Do exposto se depreende que, no âmbito dos crimes de natureza particular, não pode haver detenção em flagrante delito, mas tão-só identificação do agente do crime – *ex vi* nº 4 do art. 255º do CPP – sendo necessário aguardar por "uma eventual iniciativa do titular do direito de acusação"[914]. No quadro dos crimes particulares, só se pode falar de uma *detenção para identificação*, nos termos do nº 6 do art. 250º do CPP *ex vi* da al. *g)* do nº 3 do art. 27º da CRP.

No caso de crimes permanentes que carecem de queixa – *p. e.*, o furto de uso de veículo, p. e p. pelo art. 208º do CP –, o exercício da mesma é fundamental para a laboração operacional e de prevenção da criminalidade.

A detenção em flagrante delito pode ser operacionalizada quer por AJ quer por entidade policial – *maxime* OPC – quer ainda por qualquer pessoa do povo – *ex vi* do nº 1 do art. 255º do CPP. Enquanto a detenção operada pela AJ e pelos OPC ou entidades policiais não oferece dúvidas de maior, já a detenção por um dos pares sugeriu ao legislador o cuidado de não a dotar de prerrogativas de autoridade, mas de prerrogativas preventivas.

A detenção efectuada por um cidadão – «qualquer pessoa» – só é admissível se o crime motivador da acção for de natureza pública ou semipública, se não estiver presente uma AJ ou entidade policial e se não for possível chamar aqueles em tempo útil, *i. e.*, a detenção reveste carácter residual e subsidiário. O *detentor do povo* deve entregar de imediato o detido ou à AJ ou ao OPC ou entidade policial, que tem de redigir o auto de acordo com os quesitos do art. 243º do CPP e, sendo caso disso, deve comunicar à AJ a detenção, conforme art. 259º do CPP.

219. A detenção em flagrante delito é, de imediato, comunicada ao MP – art. 259º, al. *b)* e art. 248º do CPP – que deve interrogar sumariamente o arguido detido e decidir por:

a. Promover o *arquivamento do processo* – caso conclua que não se verificam os pressupostos para prosseguir criminalmente, nos termos do art. 277º do CPP –, o *arquivamento do processo por dispensa*

[914] Maia Gonçalves, *Código de Processo...*, 12ª Edição, p. 523.

ou isenção de pena – nos termos do art. 280º do CPP –, a *suspensão provisória do processo* – nos termos do art. 281º do CPP – e, ainda, verificados os quesitos do art. 392º do CPP, que a pena seja aplicada em *processo sumarissímo.*

Refira-se que se o MP optar por promover o *arquivamento do processo*, a *suspensão provisória do processo* ou a aplicação da pena em *processo sumarissímo*, deve decidir «em acto se guido à detenção, sempre antes de esgotado o prazo para o julgamento em processo sumário, se for admissível o julga mento em processo sumário"[915].

β. Promover o *julgamento em processo sumário* – caso entenda prosseguir com o processo para julgamento, o MP, fazendo a triagem e verificados os pressupostos do processo sumário – em que verifica uma presunção de legalidade da actuação dos OPC – submete o caso a julgamento sob a forma sumária – art. 381º e ss. do CPP[916].

γ. Ou, devendo o *processo* seguir a *forma comum*, ouve sumaria mente o detido e apresenta-o ao JIC para *primeiro interroga tório judicial de arguido detido* e para *aplicação de uma me dida de coacção ou garantia patrimonial* – art. 254º, nº 1, al. *a*) e art. 141º do CPP. Acresce que Germano Marques da Silva considera que a apresentação do arguido detido ao JIC só se justifica se o MP considerar que o processo deve seguir a forma comum e se entender promover "a aplicação de uma medida de coacção", caso não entenda necessário aplicar medida de coacção o MP pode optar por ouvir sumariamente o detido e libertá-lo imediatamente[917].

Consideramos que a audição pelo JIC do arguido detido é um direito deste e que o MP só o pode libertar de imediato caso

[915] Germano Marques da Silva, *Curso de Processo...* – Vol. II, 2ª Edição, p. 217.

[916] Quanto ao *processo sob a forma sumária*, defendemos que o estipulado no art. 385º do CPP – sujeição a TIR do arguido detido – só é admissível no âmbito do processo sumário se o arguido for notificado para comparecer no 1º dia útil, pois se pode ser apresentado ao Juiz quer para primeiro interrogatório quer para julgamento sob a forma sumária, o OPC não pode nem deve aplicar o TIR. Neste sentido Germano Marques da Silva, *Curso de Processo...* – Vol. II, 2ª Edição, pp. 218 e 219.

[917] Germano Marques da Silva, *Curso de Processo...* – Vol. II, 2ª Edição, p. 218.

haja a certeza de que o JIC não procede ao interrogatório no prazo das 48h. Caso assim não se entenda, pode furtar-se a tutela jurisdicional da liberdade por se limitar a fiscalização imediata da legalidade da privação da liberdade.

§ 62º Da detenção fora de flagrante delito

220. O regime jurídico de privação da liberdade do cidadão por meio da detenção fora de flagrante delito já havia sido alterado com a reforma de 2007, operada pela Lei nº 48/2007, de 29 de Agosto. Este regime volta a sofrer alterações produzidas pela Lei nº 26/2010, de 30 de Agosto, reembolsando os poderes do MP e ampliando para todas as APC, e não apenas para as APC da Polícia Judiciária como decorria da revogada alínea *d*) do nº 1 do art. 12º da LOPJ[918], a possibilidade de emitirem mandados de detenção nos casos integrantes da figura jurídico-criminal processual fora do flagrante delito.

O legislador opta por dotar as APC de um instituto jurídico-processual cuja concordância com a Constituição se nos afigura duvidosa.

O legislador, como colmatação de inexistência de magistrados ou como colmatação da ausência jurisdicional, continua a manter a admissibilidade da detenção fora de flagrante delito por mandado da APC na era da tecnologia e, mais grave, na era dos tribunais de turno.

Resolver problemas operativos judiciários, que acarretam uma restrição de direitos, liberdades e garantias fundamentais do cidadão por acção da Polícia, como se existissem cidadãos de primeira e cidadãos de segunda e de terceira, não nos merece apoio nem consentimento tácito sob pena de se pormover a derrogalidade do *princípio da indisponibilidade das competências constitucionalmente consagradas*[919].

[918] Esta alínea foi revogada pelo art. 3º da Lei nº 26/2010, de 30 de Agosto, que procedeu a mais uma alteração ao CPP. Face às críticas da doutrina, mais não restava ao legislador que proceder à alteração da citada alínea. Como já escrevemos, o art. 12º da LOPJ ou é mais do mesmo ou ultrapassa os pressupostos materiais e formais previstos no CPP para as diligências aí previstas, violando o *princípio de reserva de código* e, por isso, está ferido de *ilegalidade* e, consequentemente, de *inconstitucionalidade material indirecta*.

[919] Quanto a uma análise pormenorizada deste princípio no campo jurídico-processual penal, o nosso *Do Ministério Público e da Polícia*..., pp. 268-276.

A Polícia não pode nem deve substituir as AJ nem estas aquela por razões de inoperabilidade fáctica ou por razões de logística aparentemente necessária para a prossecução da tutela efectiva dos direitos e liberdades fundamentais do cidadão [ofendido, arguido e demais membros da socieade].

Face à implementação dos tribunais de turno – cujo contacto imediato e directo com as AJ [MP e JIC] se impõe –, continuamos a considerar que o nº 2 do art. 257º da CRP se encontra ferido de inconstitucionalidade material por violação do nº 4 do art. 32º da CRP e do nº 1 do art. 202º da CRP por violação dos princípios da jurisdicionalidade e da indisponibilidade das competências constitucionais (e respectiva inderrogabilidade) em que está mergulhado todo o nosso processo penal. Impõe-se uma interpretação restritiva e só se admite o recurso à ordem de detenção emitida por APC nos casos de total impossibilidade de contacto com a AJ de turno na área territorial de jurisdição da ocorrância do *factum criminis*.

Os tribunais de turno tiveram a primeira tentativa de implementação com a Lei nº 24/92, de 20 de Agosto, que procedeu à alteração à Lei Orgância do Tribunais Judiciais (LOTJ), aprovada pela Lei nº 38/87, de 23 de Dezembro, tendo alterado o art. 90º que passou a prever *turnos para o serviço urgente durante as férias judiciais, sábados, domingos e feriados,* nos tribunais judiciais de 1ª instância, assim como a criação de *tribunais de turno de competência especializada, de competência especializada mista e de competência específica mista para assegurar o serviço urgente.* Este modelo foi regulamentado pelos artigos 21º-A e 22º-A do Regulamento LOTJ, aprovado pelo DL nº 312/93, de 15 de Setembro.

Mas este modelo de turnos não funcionou devido às várias resistências e dificuldades de aplicação. Face a esta inoperância, foi aprovado o DL nº 167/94, de 15 de Junho, que veio estipular a organização dos turnos para serviço urgente nas férias judiciais e dos tribunais de turno para serviço urgente de sábados, domingos e feriados, e da Portaria nº 514/94, de 8 de Junho, que regulamenta os turnos dos magistrados. Face a algumas resistências próprias do sistema judiciário e da susceptibilidade de inconstitucionalidade do juiz de turno por violação do princípio do juiz natural – devido à nomeação ser do Presidente da Relação – a Lei nº 44/96, de 3 de Setembro, altera o art. 90º da LOTJ.

A evolução da constituição de turnos e da prestação de um serviço de administração da justiça em nome do povo levou a que, na reforma da organização judiciária de 2008 – Lei nº 52/2008, de 28 de Agosto – se consagrasse a obrigatoriedade da organização de «turnos para o serviço urgente durante as férias judiciais ou *quando o serviço o justifique*», por força do nº 1 do art. 40º, nº 1 do art. 63º e nº 1 do art. 82º da LOTJ (itálico nosso). A nova LOTJ, aprovada perla Lei nº 62/2013, de 26 Agosto[920], manteve a mesma imposição de organização de turnos para os períodos de férias, feriados e fins de semana, conforme se retira dos artigos 36º, 94º, nº 2, al. *b*), e 101º, nº 1, al. *j*) da LOTJ.

A detenção *fora de flagrante*[921] delito só se pode efectuar com mandado do juiz, nos termos da primeira parte do nº 1 do art. 257º do CPP. Esta *prerrogativa constitucional originária* do juiz, por força do nº 4 do art. 32º e do art. 202º da CRP, pode ser operada, subsidiária e excepcionalmente, pelo MP e pela APC, nos termos da segunda parte do nº 1 e do nº 2 do art. 257º do CPP.

A interpretação e a aplicação deste preceito processual penal estão subordinadas ao princípio *odiosa sunt restringenda*[922] que se apresenta aos operadores judiciários como princípio reitor do regime dos direitos e liberdades fundamentais e como uma barreira intransponível na hermenêutica restritiva dos direitos e liberdades fundamentais.

A detenção fora de flagrante delito, como excepção à regra geral da privação da liberdade prevista no nº 2 do art. 27º da CRP e como restrição de um direito fundamental – *liberdade* –, tem consagração constitucional como impõe o nº 2 do art. 18º da CRP e só é admissível quando:

[920] Alterada pelas Leis nº 27/2019, de 28 de Março, nº 19/2019, de 19 de Fevereiro, pelo Decreto-Lei nº 110/2018, de 10 de Dezembro, pela Lei nº 23/2018, de 05 de Junho, pela Lei Orgânica nº 4/2017, de 25 de Agosto, e pelas Leis nº 94/2017, de 23 de Agosto e nº 40-A/2016, de 22 de Dezembro.

[921] Quanto a este assunto Germano Marques da Silva, *Curso de Processo...* – Vol. II, 2ª Edição, p. 219.

[922] Seguimos a posição de Jorge Miranda, *Manual de Direito Constitucional* – Tomo IV – *Direitos Fundamentais*, 3ª Edição, Coimbra: Coimbra Editora, 2000, pp. 337-341.

i. haja «fortes indícios de prática de crime doloso a que corresponda pena de prisão cujo limite máximo seja superior a três anos»[923] – al. *b*) do nº 3 do art. 27º da CRP;
ii. a pessoa «tenha penetrado ou permaneça irregularmente no território nacional ou contra a qual esteja em curso processo de extradição ou de expulsão» – al. *c*) do nº 3 do art. 27º da CRP;
iii. haja «desobediência a decisão tomada por um tribunal ou para assegurar a comparência perante autoridade judiciária competente» – al. *f*) do nº 3 do art. 27º da CRP;
iv. haja necessidade de proceder à de identificação policial[924] – al. *g*) do nº 3 do art. 27º da CRP; e
v. haja um Mandado de Detenção Europeu (MDE)[925] para executar por ordem de decisão judicial, nos termos da Lei nº 65/03, de 23 de Agosto, conjugados com a al. *c*) do nº 3 do art. 27º da CRP.

A detenção fora de flagrante delito e a ordem de detenção – previstas nos artigos 257º e 258º do CPP, cuja interpretação se impõe em harmonia com os artigos 27º, 32º e 202º da CRP – têm de preencher pressupostos materiais e pressupostos formais.

a. pressupostos materiais

221. Os pressupostos materiais devem aferir-se conforme a entidade que emite o mandado ou a ordem de detenção[926]: Juiz, MP ou APC. Os pressupostos materiais devem ser sempre interpretados e aplicados de acordo com a Constituição e a Convenção Europeia dos Direitos do

[923] Cfr. al. *a*) do nº 1 do art. 202º do CPP.

[924] Cfr. *supra* Secção II deste Capítulo – Das Medidas Cautelares e de Polícia, § 51º Da identificação, detenção para identificação e da recolha de informações e art. 250º, nº 6 do CPP.

[925] Quanto ao regime jurídico do mandado de detenção europeu – materialidade e processualidade –, o nosso *Do Mandado de Detenção Europeu*, Coimbra: Almedina, 2006.

[926] Quanto a este assunto GERMANO MARQUES DA SILVA, *Curso de Processo...* – Vol. II, 2ª Edição, pp. 220 e 221 e SIMAS SANTOS e LEAL-HENRIQUES, *Código de Processo Penal* – II Vol., 2ª Edição, p. 53.

Homem sob pena de a interpretação motivadora da decisão estar ferida de inconstitucionalidade material (como temos defendido quanto ao prescrito no nº 2 do art. 257º do CPP).

α. Os pressupostos materiais do **mandado de detenção** emitido pelo **Juiz** [JIC – para o inquérito e instrução – e Juiz de julgamento], aferem-se da interpretação conjunta entre o art. 27º da CRP, sem olvidar os fundamentos juspolíticos e jusconstitucionais consagrados nos nºs 2 e 3 do art. 18º da CRP, e o art. 254º do CPP:

i. para ser presente ao JIC para primeiro interrorgatório de arguido detido [art. 141º do CPP] pela prática de crime que admite mandado de detenção fora de flagrante delito emitido pelo MP ou pela APC[927];

ii. para que seja aplicada ou para que o arguido execute/cumpre uma medida de coacção – al. *a*) do nº 1 do art. 254º do CPP;

iii. para assegurar a presença imediata do detido perante autoridade judiciária – al. *b*) do nº 1 do art. 254º, 116º e 333º do CP[928] e *in fine* al. *f*) do nº 3 do art. 27º da CRP;

iv. a par destes pressupostos, acresce a detenção fora de flagrante delito como *medida preliminar* para "aplicação de uma medida de coacção pela eventual prática de crime punível com uma pena de prisão de máximo superior a três anos ou de pessoa que tenha penetrado ou permaneça irregularmente no território nacional ou contra a qual esteja em curso um processo de extradição ou de expulsão"[929] – alíneas *b*) e *c*) do nº 3 do art. 27º da CRP.

β. Esta prerrogativa de *natureza originária jurisdicional* está, *subsidiária e excepcionalmente*, atribuída ao MP, na fase de inquérito, desde que ao *factum criminis* seja admissível aplicar a medida de coacção prisão preventiva e desde que se verifique um ou mais dos seguintes pressupostos (que não são cumulativos):

[927] Acrescentamos esta finalidade por parecer aquela que é mais premente face à al. *a*) do nº 1 do art. 254º conjugado com o art. 257º do CPP.

[928] Quanto a este assunto Simas Santos e Leal-Henriques, *Código de Processo Penal* – II Vol., 2ª Edição, p. 53.

[929] Cfr. Germano Marques da Silva, *Curso de Processo...* – Vol. II, 2ª Edição, p. 220.

i. quando haja razões fundadas para se considerar que o visado com o mandado de detenção não se apresenta(rá) de forma voluntária perante a autoridade judiciária no prazo que lhe for fixado, conforme al. *a*) do nº 1 do art. 257º do CPP. Pressuposto este que nos parece fortemente subjectivo ou, melhor, de difícil aferição objectiva: como e que elementos são tidos em conta para se apurar se o visado não se vai apresentar voluntariamente perante a AJ? Só é possível objectivar esta factualidade *se o arguido for reincidente* em não se apresentar de forma voluntária à AJ competente.

ii. quando, nos termos da al. *b*) do nº 1 do art. 257º do CPP, se verifique, *em concreto*, uma ou mais das situações previstas no art. 204º do CPP e a detenção possa acautelar essas situações: fuga ou perigo de fuga do visado; perigo em o inquérito ser perturbado [em especial, o perigo do visado poder colocar em causa a aquisição, a conservação ou a veracidade da prova]; e, face às razões em que o crime ocorreu, a sua natureza e a personalidade do arguido, perigo de este poder continuar a actividade criminosa de que é visado ou outra conexionada àquela ou perigo daquele poder perturbar de forma grave a ordem e a tranquilidade pública.

O legislador opta por deixar ao MP a prerrogativa do preenchimento de conceitos indeterminados com a doutrina e a jurisprudência: factualidade que abre espaço a uma menor objectividade judiciária. Quanto à continuação da actividade criminosa, o MP detém, em um caso concreto, precisão legal: violência doméstica, conforme se retira do nº 2 do art. 30º da Lei nº 112/2009, de 16 de Agosto, que aprovou o regime jurídico da prevenção da violência doméstica, da protecção e assistência das suas vítimas. Ou,

iii. nos casos em que a detenção se mostre imprescindível para a protecção da víctima, nos termos da al. *c*) do nº 1 do art. 257º do CPP. Como exemplo de maior relevo e com consagração legal, apontamos os casos dos agressores e das víctimas no quadro da violência doméstica, conforme determina o nº 2 do art. 30º da Lei nº 112/2009, de 16 de Agosto, cuja protecção da víctima se impõe face à probabilidade objectiva de agressão do familiar visado com o mandado de detenção.

Acresce que, em acto contínuo, o MP tem de apresentar o detido ao JIC para primeiro interrogatório – art. 141º do CPP – ou para aplicação de medida de coacção ou de garantia patrimonial – artigos 191º e ss. do CPP – e, se não puder apresentar de imediato o detido ao JIC, pode o MP proceder a um interrogatório sumário não judicial – nº 1 do art. 143º do CPP – e, logo que seja possível, apresentá-lo para interrogatório judicial – nº 3 do art. 143º do CPP – ou colocá-lo em liberdade sob pena de detenção ilegal por violação do prazo máximo das 24 horas ou das 48 horas consagrado no nº 1 do art. 28º da CRP e do art. 254º do CPP.

γ. A admissibilidade da APC poder emitir mandado de detenção fora de flagrante delito está, na nossa opinião, ferida de *inconstitucionalidade material* por *violação* do *princípio da jurisdicionalidade* e da *indisponibilidade* (e respectiva *inderrogabilidade*) *das competências* constitucionais próprias do poder judicial.

Sabemos que existem espaços territoriais nacionais em que a presença de uma autoridade judiciária escasseia e que é necessário não deixar a sociedade desprotegida. Contudo, temos conhecimento prático de que é nesses espaços em que a comunicabilidade operativa e jurídica dos operadores judiciários melhor se empreende, o que afasta a problemática da desprotecção societária. Só há necessidade da APC emitir mandado de detenção com os fundamentos do nº 2 do art. 257º do CPP, se essa comunicabilidade for inexistente: factualidade preocupante para a administração da justiça e para toda a sociedade.

Mantemos a resistência à admissibilidade da detenção fora de flagrante delito com mandado ou ordem da APC face ao quadro jurídico que prevê que estejam em funcionamento os tribunais de turno para os serviços urgentes (que é o caso), onde figuram quer o MP quer o JIC – autoridades judiciárias – que devem estar contactáveis para resolução de factos jurídico-criminais conflituantes com direitos e liberdades fundamentais do cidadão – *v. g.*, a liberdade.

A Reforma de 2007, cuja versão fora abandonada em parte, acrescentara a estes pressupostos materiais, a exigência de existirem «fundadas razões para considerar que o visado se não apresentaria espontaneamente perante autoridade judiciária no prazo que lhe fosse fixado», conforme 2ª parte do nº 1 do art. 257º do CPP. Este pressuposto material aplica-se quer seja o Juiz quer seja o MP quer seja o APC a emitir o mandado de detenção, assim como é pressuposto material de não colocação em liberdade do arguido detido em *processo sumário*, por força do nº 1 do art. 385º do CPP.

222. Exposta esta nossa posição, cabe-nos, contudo, referir que o CPP estipula que as APC podem emitir **mandado** ou **ordem de detenção em** *casos* ou *situações muito excepcionais*, que devem, em concreto, ser excepcionais e, desta feita, respeitar o princípio *odiosa sunt restringenda*, como se depreende do próprio articulado. Ora vejamos.

A APC, e não as autoridades policiais[930], pode, nos termos do nº 2 do art. 257º do CPP, ordenar a detenção fora de flagrante delito caso estejam, *cumulativamente*, preenchidos três pressupostos:

i. se ao *factum criminis* for admissível aplicar como medida de coacção a prisão preventiva;

ii. se existirem elementos que fundamentem o receio de fuga ou da continuação da actividade criminosa [como o caso da violência doméstica, previsto no nº 2 por força da al. *a*) do nº 3 do art. 30º da Lei nº 112/2009, de 16 de Setembro]; e

iii. se, face à situação de urgência e de perigo na demora de intervenção da AJ, não for possível contactá-la para que emita um mandado de detenção[694].

Acto contínuo à detenção, a APC deve apresentar o detido ao MP – se a diligência se mostrar impossível, deve comunicar a detenção *ex vi* da al. *b*) do art. 29º do CPP – que, podendo realizar o interrogatório sumário [art. 143º do CPP], tem de decidir ou pela imediata

[930] Como se sabe, nem todas as Auroridades Policiais detêm prerrogativas de Autoridade de Polícia Criminal, só aquelas que a lei orgânica das polícias, da AR e prévia, identificar e determinar que o são dentro da respectiva orgânização policial. Quanto a este assunto *supra* Parte I, Capítulo II, Secção I, §§ 7º e 8º.

libertação do detido com fundamento no art. 261º do CPP ou pela ordem de apresentação ao JIC para interrogatório judicial e, se for o caso, aplicar medida de coacção ou garantia patrimonial, conforme se afere dos artigos 143º, nº 3 e 141º do CPP.

b. pressupostos formais

223. O pressuposto formal da detenção fora de flagrante delito é ou *mandado* de detenção emitido pelo Juiz ou pelo MP ou a *mandado/ / ordem* emitido/a pela APC. No quadro dos mandados ou ordens[931] de detenção impõem-se, independentemente da entidade emissora, quesitos formais que cumpre referir:

i. têm de ser passados em *triplicado* – sendo um para o detido, outro para o estabelecimento prisional e outro para juntar ao processo. Com Maia Gonçalves, consideramos que o número de três é o mínimo, podendo existir mais do que três exemplares[932] – como estipulava o art. 9º, nº 2 do DL nº 295-A/90, de 21 de Setembro (LOPJ), revogada pela Lei nº 37/2008, de 6 de Agosto;

ii. a *data de emissão* e a *assinatura* da AJ ou APC que emitiu o mandado ou a ordem – al. *a*) do nº 1 do art. 258º do CPP;

iii. *identificação da pessoa a ser detida, i. e.*, do *visado* – al. *b*) do nº 1 do art. 258º do CPP – proibindo-se, desta feita, os mandados em branco, que, como afirma Cavaleiro de Ferreira, não passava de uma "delegação de poderes de ordenar detenções, e por isso ilegal na sua execução"[933];

[931] Quando o art. 258º do CPP fala em *mandados* engloba os mandados emitidos pela AJ e as ordens emitidas pela APC.

[932] Cfr. Maia Gonçalves, *Código de Processo...*, 12ª Edição, p. 528.

[933] Cfr. Cavaleiro de Ferreira *apud* Maia Gonçalves, *Código de Processo...*, 12ª Edição, p. 527. Já as Ordenações Filipinas [L. V, Tít. CXIX, 1] estipulavam que:
"(...) E quando mandarem prender por seus Alvarás, irão neles declarados os nomes dos que houverem de ser presos: e sem a dita declaração os não assinarão. Porém, se para maior segredo e segurança da Justiça passarem Alvarás, que prendam a pessoa ou pessoas que lhes amostrar ou nomear o que o tal Alvará lhe apresentar, levará todavia sempre outro Alvará secreto, em que vão declarados os nomes dos que mandam prender, o qual será

iv. *identificação do facto motivador da detenção e circunstâncias* que legalmente *a fundamentam* – al. *c*) do nº 1 do art. 258º do CPP –, sendo que aquela indicação não se esgota com "a mera indicação das normas aplicáveis" por não permitirem ao visado com o mandado ou a ordem "ajuizar da legalidade da detenção"[934], *i. e.*, deve o mandado conter que "a pessoa a deter e devidamente identificada é detida por fortes suspeitas de ter cometido factos que integram o crime de..."[935];

v. o mandado deve ser *certificado* – da certidão deve constar a hora, o dia, o local onde fora lavrada ou a impossibilidade de efectuar a detenção[936], devendo ao detido ser entregue uma cópia do mandado de detenção ou da ordem, que, no caso do nº 2 do art. 258º do CPP – *requisição de detenção* por motivos de urgência e de *periculum in mora* – e a para os quesitos do nº 1 do art. 258º do CPP, deve conter a requi sição e a indicação da AJ ou APC que a requereu.

224. A inexistência dos quesitos previstos nas als. *a*), *b*) e *c*) do nº 1 do art. 258º do CPP geram *nulidade* e, por conseguinte, legitimam o *direito de resistência* por parte da pessoa a deter e, quando frustada a

apresentado ao Meirinho ou Alcaide ao tempo da prisão e pelo Alvará sem nome poderão buscar o que houverem de prender. Porém não o prenderão realmente sem verem o outro Alvará em que o nome vai declarado; e no Alvará sem nome se fará menção como a parte leva o outro em que o nome vaio declarado. E se por Alvará sem nome prenderem, pague cada um, que o fizer, dez cruzados (...) e mais cada um será degredado um ano para África. E se for pessoa em que caiba pena de açoites, seja açoitado. E o Julgador que o passar pagará ao que por tal Alvará sem nome for preso, cem reis por cada dia que estiver preso e mais será suspenso do ofício até nossa mercê".
Cfr. Germano Marques da Silva, *Curso de Processo...* – Vol. II, 2ª Edição, p. 222, nota 2.

[934] Cfr. Germano Marques da Silva, *Curso de Processo...* – Vol. II, 2ª Edição, p. 223. Na linha de Cavaleiro de Ferreira, Germano Marques da Silva relembra que o saudoso Mestre, na vigência do CPP/29, defendia que a indicação devia recair sobre o "facto concreto correspondente ao preceito incriminador, e sobre o qual há suspeita fundada". *Idem*, p. 222 e notas 4 e 5.

[935] Cf. Maia Gonçalves, *Código de Processo...*, 12ª Edição, p. 527.

[936] Face ao vazio legal do CPP/87, segue-se, como ensina Maia Gonçalves, o determinado pelos §§ 2º, 3º e 4º do art. 296º do CPP de 1929. Cfr. Maia Gonçalves, *Código de Processo...*, 12ª Edição, p. 528.

resistência, de requerer a providência do *habeas corpus* por detenção ilegal – art. 220º do CPP e art. 31º do CRP.

A detenção pode ser efectuada quer por OPC, entidade policial, quer por funcionário de justiça, que deve:

i. dar de imediato conhecimento ao defensor e a familiar do detido ou pessoa de sua confiança – nº 8 do art. 198º *ex vi* art. 260º do CPP –, não carecendo de consentimento do detido para tal contacto se o mesmo for menor de dezoito anos;

ii. comunicar a detenção ao juiz que emitiu o mandado – al. *a*) do art. 259º do CPP – ou ao MP que pode emitir mandado de detenção em caso de crime que admita a prisão preventiva – al. *b*) do art. 259º do CPP;

iii. não deter se existirem causas de isenção da responsabilidade do arguido – causas de justificação ou de exculpação – ou que possam extinguir o procedimento criminal – nº 2 do art. 192º *ex vi* art. 260º do CPP – ou se, quando o mandado visa deter para cumprimento de pena de prisão por incumprimento da pena de multa, o detido se prontificar a pagar a multa. Se não for possível proceder ao pagamento na tesouraria do tribunal, o pagamento pode ser efectuado no posto policial contra entrega de recibo[937].

iv. não manter a detenção se no decurso da diligência ou execução do mandado de detenção se apurar que o cidadão identificado no mandado não é o cidadão visado com o mesmo, por não ter sido ele o autor do crime em perseguição ou por impossibilidade objectiva – à data dos factos não se encontrava no país – ou por impossibilidade subjectiva – o nome que consta do mandado não corresponde ao nome e à pessoa que está identificada em termos físicos nos autos –, como se retira do nº 1 do art. 261º do CPP.

[937] Pensamos que a doutrina prescrita para o então art. 100º do Código das Custas Judiciárias, aprovado pelo DL nº 212/89, de 30 de Junho, alterado pela Declaração de 31 de Julho de 1989, pelo DL nº 323/2001, de 17 de Dezembro, pelo DL nº 34/2008, de de 26 de Fevereiro, se pode aplicar nestes casos. Seguimos o pensamento de Maia Gonçalves, *Código de Processo...*, 12ª Edição, p. 527.

§ 63º Da libertação do detido ilegalmente

225. A actuação dos operadores judiciários – inclusive dos OPC – pauta-se, na privação da liberdade, por critérios de extrema legalidade. Casos há, contudo, em que aquela é ferida (e fortemente ferida) quando se detém ilegalmente uma pessoa, cuja cessação se pode operar ou com a libertação imediata ou ordem de soltura – art. 261º do CPP – ou com a providência do *habeas corpus* – art. 220º do CPP e art. 31º da CRP. A libertação imediata do detido ilegalmente e a providência do *habeas corpus* por detenção ilegal são dois intitutos corolários do princípio da liberdade.

α. Quanto à **libertação imediata** – *ordem de soltura* – prevista no art. 261º do CPP, impõe-se caso se torne manifesto que a detenção:

i. foi efectuada por erro sobre a pessoa: como no caso de deter o indivíduo *A*, sobre quem existe um mandado pendente e, após diligências, se verifica que não era *A* que devia ser detido, mas *B* por este ter dado ao OPC, em um momento anterior, a identificação de *A*, seu irmão; ou

ii. por ser, no caso concreto, legalmente inadmissível a detenção: como na situação de não se preencherem os pressu postos da detenção em flagrante delito e os de fora de flagrante delito, ou se apurar que o crime é de natureza particular e não semi-pública; ou

iii. por se demonstrar uma medida desnecessária.

A libertação imediata ou a ordem de soltura – que se impõe, verificados os quesitos citados, a qualquer entidade que tenha ordenado a detenção ou a quem o detido for presente – apresentam-se como comando de reafirmação de princípios gerais de protecção da legalidade da detenção e como "um esquema de controlo quanto à legalidade da detenção", sendo que poder-se-á afirmar que esse controlo se afere através do despacho fundamentado da decisão de soltura por parte das AJ [MP e JIC] ou através do relatório sumário da ocorrência, onde indicará as razões da libertação, elaborado por APC ou por OPC e entregue ao MP que "apreciará se foram violados quaisquer preceitos legais, e, caso o tenham sido, tomará as providências que repute adequadas"[938].

β. No que concerne ao ***habeas corpus*** em virtude de **detenção ilegal**[939], cumpre-nos proceder a pequenos apontamentos quanto a esta providência por detenções ilegais.

O *habeas corpus* por detenção ilegal é um instituto de impugnação judicial de uma detenção ilegal – art. 31º, nº 1 da CRP e art. 220º do CPP – e não um recurso – "modo de impugnação apenas de decisões judiciais e não de todas as demais entidades que podem ordenar ou efectuar detenções" –, cujo processamento encerra em si mesmo uma demora, contrária ao desejo de uma decisão célere que ponha termo à detenção ilegal.

A providência do *habeas corpus*, cujo fundamento é a detenção ilegal, visa que o detido seja presente ao juiz para que, após cumprimento da finalidade da detenção, faça cessar a situação de privação ilegal da liberdade.

No que concerne à ilegalidade da detenção, cinge-se ao prescrito pelo nº 1 do art. 220º do CPP[940]:

a) que a detenção tenha excedido o prazo para entrega do detido à AJ competente – excedendo-se o prazo das 48 ou 24 horas para apresentação à AJ, o detido deve ser de imediato libertado pela entidade que tiver procedido à detenção – se AJ, por despacho fundamentado, se por APC ou OPC por relatório com enumeração das razões da libertação não procederem à libertação. O detido ou qualquer cidadão no gozo dos seus direitos políticos pode e deve requerer a providência do *habeas corpus* – al. *a*) do nº 1 e nº 2 do art. 220º e art. 221º do CPP e nº 2 do art. 31º da CRP.

[938] Cf. Maia Gonçalves, *Código de Processo...*, 12ª Edição, p. 530.

[939] O *habeas corpus* fora perfilhado pela Constituição Política de 1933 – art. 8º, § 4º – e consagrado no regime ordinário pelo Decreto 35043 de 20 de Outubro de 1945.

[940] Germano Marques da Silva, *Curso de Processo...* – Vol. II, 2ª Edição, pp. 227 e 228.

b) que a detenção se mantenha em locais não permitidos legal mente – conforme se afere do prescrito DL nº 265/79, de 1 de Agosto e DL nº 49/80, de 22 de Março –, cuja ordem judicial de apresentação imediata do detido destina-se a fazer cessar, mesmo que indirectamente, a ilegalidade – al. *b*) do nº 1 e nº 2 do art. 220º e art. 221º do CPP.

c) que a detenção tenha sido efectuada ou ordenada por enti dade incompetente – al. *c*) do nº 1 e nº 2 do art. 220º e art. 221º do CPP.

d) que a detenção tenha sido motivada por facto segundo o qual a lei não permite – tendo-se aqui em causa a tipicidade e legalidade dos factos que a lei consigna como crime ou medida de segurança – al. *d*) do nº 1 e nº 2 do art. 220º e art. 221º do CPP.

Quanto à competência para decidir do *habeas corpus* por detenção ilegal, cabe ao JIC da área em que o detido se encontra detido – nº 1 do art. 221º do CPP –; competência que se mantém, mesmo que tenha sido o juiz de julgamento que emitiu o mandado de detenção para comparência em sede de julgamento[941].

O JIC, considerado com fundamento o requerimento, ordena que a entidade que mantém a detenção apresente o detido, sob pena da prática do crime de *abuso de poder* – p. e p. pelo art. 382º do CP –, devendo aquela se fazer acompanhar de informações e esclarecimentos necessários à tomada de decisão sobre o requerimento, e, promovendo o contraditório – audição do MP e do defensor –, aprecia e decide da legalidade da detenção, devendo-a fazer cessar de imediato se for ilegal[942].

[941] Quanto a este assunto Germano Marques da Silva, *Curso de Processo...* – Vol. II, 2ª Edição, p. 229.

[942] Quanto a este assunto Germano Marques da Silva, *Curso de Processo...* – Vol. II, 2ª Edição, pp. 229 e 230.

Capítulo II
Da Investigação Criminal

Sumário:

Secção I – Da Investigação Criminal como Pilar da Liberdade: Encontro com a Ciência Total:

§ 64º Introdução:

a. da revolução humana emergente dos descobrimentos portugueses: o homem ocupa o centro da discussão

b. da investigação criminal ancorada no Homem como sujeito

c. caminhos a percorrer: política criminal ou política securitária [Apuleio ou Porfírio]

§ 65º O «olhar» constitucional:

a. da dialéctica do art. 27º da CRP

b. da defesa e garantia dos direitos e liberdades fundamentais art. 9º, al. *b)*, art. 202º e art. 272º da CRP

c. da força centrífuga do art. 32º e das esferas paralelas [*p. e.*, os arts. 26º e 34º da CRP]

d. da vinculação e da aplicação directa [art. 18º, nº 1 da CRP]

§ 66º O olhar processual penal:

a. do processo penal como direito dos inocentes e da liberdade

b. da acção penal [art. 219º da CRP e arts. 48º, 262º e ss. do CPP]

c. das medidas cautelares e de polícia

d. dos meios de obtenção de prova [*maxime* revista e busca e escutas telefónicas]

e. dos perigos de novos meios de obtenção de prova propensos a forte *danosidade social* [agente infiltrado e agente provocador]

§ 67º O primado da liberdade na LOIC – a liberdade como fundamento de um direito penal democrático
Secção II – Da Investigação Criminal: Questões Preliminares:
§ 68º Introdução
§ 69º Da investigação criminal e da criminologia;
§ 70º Das finalidades da investigação criminal
Secção III – Do Regime Jurídico da Investigação Criminal:
§ 71º Da tipologia
§ 72º Da direcção da investigação criminal
§ 73º Dos actos cautelares (medidas cautelares e de polícia) e do início da investigação
§ 74º Da autonomia orgânica e hierárquica dos Órgãos de Polícia Criminal
§ 75º Da autonomia técnica e táctica
§ 76º Da avocação e da fiscalização – materialização da direcção do processo
§ 77º Do perigo de policialização da investigação criminal
§ 78º Dos Órgãos de Polícia Criminal:
a. Dos Órgãos de Polícia Criminal de natureza genérica
b. Dos Órgãos de Polícia Criminal de natureza específica
c. Das competências gerais dos Órgãos de Polícia Criminal
§ 79º Da competência do Serviço Estrangeiros e Fronteiras
§ 80º Da competência específica da Guarda Nacional Republicana e da Polícia de Segurança Pública
§ 81º Da competência de investigação da Polícia Judiciária
§ 82º Da operacionalização policial à investigação criminal
§ 83º Da competência deferida para a investigação:
a. Do enquadramento geral
b. Do travão à absoluta exclusividade
§ 84º Do dever de cooperação
§ 85º Sistema integrado de informações criminais
§ 86º Da fiscalização dos órgãos de polícia criminal
§ 87º Coordenação dos órgãos de polícia criminal de natureza (competência) genérica:
a. Do Conselho Coordenador
b. Do sistema de coordenação
§88º Da decisão europeia de investigação
Secção IV – Do Agente Infiltrado – Meio Excepcional de Investigação
§ 89º Considerações Gerais
§ 90º Enquadramento histórico-político-jurídico
§ 91º Do regime jurídico do agente infiltrado:
a. Conceptualização
b. Das finalidades do agente infiltrado
c. Do agente infiltrado face ao agente provocador
d. Do agente encoberto

e. Do terceiro como agente infiltrado
§ 92º Do âmbito geral de recurso ao agente infiltrado
§ 93º Dos pressupostos do recurso ao agente infiltrado:
a. do princípio da proporcionalidade *lato sensu*
b. dos elementos objectivos
c. da liberdade de participação
d. da autorização judiciária
e. do relatório
§ 94º Do agente infiltrado digital – alguns apontamentos
§ 95º Da protecção do agente infiltrado
§ 96º Da irresponsabilidade do agente infiltrado
§ 97º Conclusão

Fontes: **Agostinho**, Santo, *A Cidade de Deus*, (Tradução do latim *De Civitate Dei* de J. Dias Pereira), 2ª Edição, Lisboa: Fundação Calouste Gulbenkian, 1996, Vol. I, Livro II, Capítulo XVI; **Albuquerque**, Paulo Pinto de, *Comentário ao Código de Processo Penal à Luz da Constituição da República Portuguesa e da Convenção Europeia dos Direitos do Homem*, 2ª Edição, Lisboa: Universidade Católica Editora, 2008; **Amaral**, Diogo Freitas do, *Curso de Direito Administrativo* – Volume I, Reimpressão da 3ª Edição, (Colaboração de Luís Fábrica, Carla Amado Gomes e J. Pereira da Silva), Coimbra: Almedina, 2007; **Andrade**, José Carlos Vieira de, *Lições de Direito Administrativo*, 3ª Edição, Coimbra: Imprensa da Universidade de Coimbra, 2013; **Andrade**, Manuel da Costa, *Sobre as Proibições de Prova em Processo Penal*, Coimbra: Coimbra Editora, 1992; "Criminologia", in *Polis, Enciclopédia Verbo da Sociedade e do Estado*, Lisboa/S. Paulo, Editorial Verbo, 1997; **Beccaria**, Cesare, *Dos Delitos e das Penas*, (Tradução do italiano *Dei Delitti e Delle Pene* de Lucia Guidicini), S. Paulo, Martins Fontes, 1991; **Beleza**, Teresa Pizarro e **Isasca**, Frederico, *Direito Processual Penal Textos*, Lisboa: AAFDL, 1992; **Beleza**, Teresa e **Isasca**, Frederido, *Direito Processual Penal Textos*, Lisboa: AAFDL, 1992; **Beleza**, Teresa et Alia, *Apontamentos de Direito Processual Penal* – III Vol., Lisboa: AAFDL, 1995; **Bobbio**, Norberto, *Teoria Geral da Política. A Filosofia Política e as Lições dos Clássicos*, (Organizado por Michelangelo Bovero e Tradução do italiano *Teoria Generale Della Politica* de Daniela Beccaccia Versiani), Rio de Janeiro: 2000; *As Ideologias e o Poder em Crise*, (Tradução do italiano *Ideologie e il potere in crisi* de João Ferreira), 4º Edição, Brasília: UNB, 1999; **Cabral**, R., "Natureza", *in Polis – Enciclopédia Verbo da Sociedade e do Estado* – 4, Lisboa/São Paulo: Verbo, 1986; **Cachão**, Fernanda, "A qualidade do agente", in *Euronotícias*, 27 de Julho de 2001; **Canotilho**, Gomes e **Moreira**, Vital, *Constituição da República Portuguesa Anotada*, 3ª Edição, Coimbra: Coimbra Editora, 1993, e I e II Volumes, 4ª Edição, 2007 e 2010; **Chorão**, Mário Bigotte, "Natureza das Coisas", *in Polis – Enciclopédia Verbo da Sociedade e do Estado* – 4, Lisboa/São Paulo: Verbo, 1986; **Colomer**,

JUAN-LUIS GOMEZ, *El Processo Penal Aleman, Introducion y Normas Basicas*, Bosch, Barcelona: Casa Editorial, AS, 1985; **CONDE**, FRANCISCO MUÑOZ, "Prólogo", *in La Ciência Del Derecho Penal ante el Nuevo Milénio*, Valência: Tirante lo Blanch, 2004; **CORREIA**, EDUARDO, *Direito Criminal* – Vol. I, (Colaboração de JORGE DE FIGUEIREDO DIAS), Coimbra: Almedina, 1997; **COSTA**, JOSÉ DE FARIA, "As Relações entre o Ministério Público e a Polícia: A Experiência Portuguesa", *in BFD*, Coimbra, Vol. LXX, 1994; **CUNHA**, JOSÉ MANUEL DAMIÃO DA, "Dos meios de obtenção prova face à autonomia técnica e táctica dos órgãos de polícia criminal", *in II Congresso de Processo Penal – Memórias*, Coimbra: Almedina, 2006; **DIAS**, JORGE DE FIGUEIREDO e **ANDRADE**, MANUEL DA COSTA, *Criminologia, O Homem Delinquente e a Sociedade Criminógena*, Coimbra: Coimbra Editora, Reimpressão, 1992; **DIAS**, JORGE DE FIGUEIREDO, *Direito Processual Penal*, (Col. Clássicos Jurídicos), Coimbra Editora, Reimpressão da 1ª Edição, 2004; "Sobre os sujeitos processuais no novo Código de Processo Penal", *in O Novo Código de Processo Penal*, Jornadas de Direito Processual Penal, Coimbra: Almedina, 1988; *Direito Penal Português – As consequências jurídicas do crime*, Lisboa: Aequitas – Editorial Notícias, 1993; "Do princípio da «objectividade» ao princípio da «lealdade» do comportamento do Ministério Público", (Anotação ao Ac. STJ nº 5/94, Proc. nº 46 444), *in RLJ*, Ano 128, nº 3860; *Direito Processual Penal*, (Lições coligidas por Maria João Antunes), Coimbra, 1988-9; **DUHAMEL**, OLIVIER e **MENY**, YVES, *Dictionnaire constitucionnel*, Paris: Puf, 1992; **FARIA**, MIGUEL JOSÉ, *Direitos Fundamentais e Direitos do Homem*, 3ª Edição, Lisboa: ISCPSI, 2001; **FERREIRA**, MANUEL CAVALEIRO DE, *Curso de Processo Penal*, Editora Danúbio, L.da, 1986, Vol. 1; *Curso de Processo Penal*, Lisboa, 1981, Vol. 2º; *Curso de Processo Penal I*, Reimpressão da U. Católica, 1981; *Direito Penal Português* – Vol. I, Lisboa/ /S. Paulo: Editorial Verbo, 1982; **FRANCHIMONT**, MICHEL, **JACOBS**, ANN e **MASSET**, ADRIEN, *Manuel de Procédure Pénale*, Ed. Collection Scientifique de la Faculté de Droit de Liége, 1989; **GARCÍA-PABLOS DE MOLINA**, ANTÓNIO, *Criminología – Una Introducción a sus Fundamentos Teóricos para Juristas*, Valencia: Tirant lo Blanch Libros, 1996; **GONÇALVES**, FERNANDO e **ALVES**, MANUEL JOÃO, *Os Tribunais, as Polícias e o Cidadão*, Coimbra: Almedina, 2000; **GONÇALVES**, MANUEL LOPES MAIA, *Código Processual Penal Anotado*, 7ª Edição, Coimbra: Almedina, 1996; **GONZALEZ-CASTELL**, ADÁN CARRIZO, "El Agente Infiltrado en España y Portugal", *in Criminalidade Organizada e Criminalidade de Massa*, Coimbra: Almedina, 2009; **HASSEMER**, WINFRIED, *A Segurança Pública no Estado de Direito*, (Tradução do alemão *Innere Sicherheit im Rechsstaat* de CARLOS EDUARDO VASCONCELOS), Lisboa: AAFDL, 1995; **HORST**, HARTHMUTH, "Os Limites da Prevenção Criminal à Luz dos Direitos do Homem", *in Revista Portuguesa de Ciência Criminal*, Ano 8, 1998; **LARENZ**, KARL, *Metodologia da Ciência do Direito*, (Tradução do alemão *Methodenlehre der Rechtswissenschaft* de JOSÉ LAMEGO), Lisboa: Fundação Calouste Gulbenkian, 1978; **LARGUIER**, JEAN, *La Procédure Pénale*, Paris: Presses Universitaires de France, 1976; **LEAL-HENRIQUES**, MANUEL, **SANTOS**, MANUEL SIMAS e **PINHO**, DAVID BORGES DE, *Código de Processo*

Penal Anotado – II Vol., 2ª Edição, Lisboa: Rei dos Livros, 2000; **Mannheim**, Hermann, *Criminologia Comparada* – Vol. I, (Tradução do inglês *Comparative Criminology – A Text Book* de Manuel da costa Andrade e de José Faria Costa), Lisboa: Fundação Calouste Gulbenkian, 1984; **Meireis**, Manuel Augusto Alves, *O Regime das Provas Obtidas pelo Agente Provocador em Processo Penal*, Coimbra: Almedina, 1999; **Mendes**, Márcio Hugo Costa, *Agente Infiltrado. Contributos para a delimitação de atribuições e competências*, Dissertação de Mestrado, Lisboa: ISCPSI, 2011; **Mendonza**, Amparo López, "De la investigación policial", *in Revista Oficial de la Dirección General de la Policía*, nº 163; **Mesquita**, Dá, "Repressão Criminal e Iniciativa Própria dos Órgãos de Polícia Criminal", *in I Congresso de Processo Penal – Memórias*, Coimbra: Almedina, 2005; **Miranda**, Jorge, "O Regime dos Direitos, Liberdades e Garantias", *in Estudos Sobre a Constituição* – 3º Vol., Lisboa: Petrony, 1979; *Manual de Direito Constitucional*, (2ª Edição), Coimbra: Coimbra Editora, Tomo IV; **Moura**, José Souto de, " Inquérito e Instrução" *in Jornadas de Direito Processual Penal/O novo Código de Processo Penal*, Coimbra: CEJ, Livraria Almedina, 1995; **Moutinho**, José Lobo, "Artigo 219º – Funções e Estatuto", *in* Jorge Miranda e Rui Medeiros (Dir.), *Constituição da República Anotada* – Tomo III, Coimbra: Coimbra Editora, 2007; **Mulas**, Nieves Sanz, *Alternativas a la Pena Privativa de Liberdad*, Madrid; Colex, 2000; **Oneto**, Isabel, *O Agente Infiltrado*, Coimbra: Coimbra Editora, 2005; **Pereira**, Eliomar da Silva, *Teoria da Investigação Criminal*, São Paulo: Almedina Brasil Lda., 2010; **Pereira**, Rui, «O "Agente Encoberto" na Ordem Jurídica Portuguesa», *in I Congresso de Processo Penal* – Memórias, Coimbra: Almedina, 2005; **Perez**, Francisco Alonso, *Medios de Investigación en el Proceso Penal*, 2ª Edição, Madrid: Dykinson, 2003; **Pinheiro**, Alexandre Sousa e **Fernandes**, Mário João de Brito, *Comentário à IV Revisão Constitucional*, Lisboa: AAFDL, 1999; **Pinho**, David Borges de, *Da Acção penal – Tramitação e Formulários*, Coimbra: Livraria Almedina, 1988; **Pinto**, António Augusto Tolda, *A Tramitação Processual Penal*, 2ª Edição, Coimbra: Coimbra Editora, 2001; **Poiares**, Carlos Alberto, *Análise Psicocriminal das Drogas – O Discurso do Legislador*, Braga: Almeida & Leitão, Ldª, 1998; **Popper**, Karl, *Conjecturas e Refutações*, (Tradução do inglês *Conjectures and Refutations* de Benedita Bettencourt), Coimbra: Almedina, 2003; **Queiró**, Afonso Rodrigues, "Competência", *in Dicionário Jurídico da Administração Pública* – Volume II, 2ª Edição, (Dirigido por José Pedro Fernandes), Lisboa, 1990; "Atribuições", *in Dicionário Jurídico da Administração Pública* – Volume I, 2ª Edição, (Dirigido por José Pedro Fernandes), Lisboa, 1990; **Rodrigues**, Anabela Miranda e **Duarte-Fonseca**, António Carlos, *Comentário da Lei Tutelar Educativa*, Coimbra: Coimbra Editora, 2000; **Rodrigues**, Anabela Miranda, "A fase preparatória do processo penal tendências na Europa. O caso português", *in STVDIA IVRIDICA*, Nº 61, Coimbra: Coimbra Editora; "O Inquérito no Novo Código de Processo Penal", *in Jornadas de Direito Processual Penal – O Novo Código de Processo Penal*, Coimbra: CEJ, Livraria Almedina, 1995; Prefácio de *Lei e Crime: O Agente Infiltrado versus o Agente*

Provocador – Os Princípios do Processo Penal, Coimbra: Almedina, 2001; "Política Criminal – Novos Desafios, Velhos Rumos", *in Liber Discipulorum para* FIGUEIREDO DIAS, Coimbra: Coimbra Editora, 2003; **RODRIGUES**, J. NARCISO DA CUNHA, "A posição Institucional e as Atribuições do Ministério Público e das Polícias na Investigação Criminal", *in BMJ*, nº 337; **ROXIN**, CLAUS, *Derecho Procesal Penal,* (Tradução do alemão – *Strafverfahrensrech*, 25ª Ed. – de Julio B. J. Maier), Buenos Aires: Editores del Puerto s. r. l., 2000; **SANTOS**, MANUEL SIMAS, **LEAL-HENRIQUES**, MANUEL e **PINHO**, DAVID BORGES DE, *Código de Processo Penal Anotado,* Lisboa: Rei dos Livros, 1996, 1º Vol.; *Código de Processo Penal Anotado,* Lisboa: Rei dos Livros, 1997, 2º Vol.; **SILVA**, GERMANO MARQUES DA, *Curso de Processo Penal* – Vol. I, Lisboa/S. Paulo: Verbo, 1993; *Curso de Processo Penal* – Vol. II, 2ª Ed., Lisboa/S. Paulo: Verbo, 2000; *Curso de Processo Penal* – Vol. III, 2ª Edição, Lisboa/S. Paulo: Verbo, 2000; *Direito Penal Português* – Vol. I, Lisboa/S. Paulo: Editorial Verbo, 1997; *A Ética Policial e Sociedade Democrática,* Lisboa: Edições do ISCPSI, 2001; "Bufos, Infiltrados, Provocadores e Arrependidos", *in Direito e Justiça,* Vol. VIII, T. 2; **SOUSA**, PEDRO, "Da Análise de Informações como um Contributo para que o Ministério Público Ultrapasse uma Certa Passividade durante a Fase Preparatória do Processo", *in Estudos de Homenagem ao Juiz Conselheiro António da Costa Neves Ribeiro,* Coimbra: Almedina, 2007; **TORNAGHI**, HÉLIO, *Curso de Processo Penal,* 4ª Edição, S. Paulo: Editora Saraiva, 1987; **VALENTE**, MANUEL MONTEIRO GUEDES, *Da Publicação da Matéria de Facto Nas Condenações Nos Processos Disciplinares,* Lisboa: ISCPSI, 2000; "Investigação Criminal como motor de arranque do Processo Penal", *in Polícia Portuguesa,* Ano LXIII, nº 122, Março/Abril, 2000; *Lei e Crime: O agente infiltrado versus o agente provocador – Os princípios do processo penal,* (em co-autoria com FERNANDO GONÇALVES e MANUEL JOÃO ALVES), Coimbra: Almedina, 2001; *O Novo Regime Jurídico do Agente Infiltrado,* (Co-autoria de FERNANDO GONÇALVES e MANUEL JOÃO ALVES), Coimbra: Almedina, 2001; "Natureza da Actuação Policial", *in Polícia Portuguesa,* Ano LXV, nº 134, Março/Abril, 2002; "Dos Delitos Contra a Economia e Contra a Saúde Pública: A actuação dos OPC face ao novo quadro legal da investigação Criminal", *in Revista Polícia Portuguesa,* nº 135, Maio/Junho, 2002; "COOPERAÇÃO POLICIAL – Uma Viagem Inacabada!", *in Cooperación Policial y Judicial en Materia de Delitos Financeiros, Fraude y Corrupción – Delitos Financeiros, Fraude y Corrupción en Europa* – Vol. IV, Salamanca: Aquilafuente, Ediciones Universidad de Salamanca, nº 40, 2002; *Consumo de Drogas – Reflexões sobre o Novo Quadro Legal,* 2ª Edição, Coimbra: Almedina, 2003; *Direito de Menores,* (Co-autoria com NIEVES SANZ MULAS), Lisboa: Âncora Editora, 2003; *Regime Jurídico da Investigaçã o Criminal Comentado e Anotado,* 3ª Edição, Coimbra: Almedina, 2006; *Dos Órgãos de Polícia Criminal,* Almedina, 2004; *Processo Penal* – Tomo I, 3ª Edição, Coimbra: Almedina, 2010; "Terrorismo: Fundamento de Restrição de Direitos?", *in Terrorismo,* Coordenado por ADRIANO MOREIRA, 2ª Edição, Coimbra: Almedina, 2004; *Revistas e Buscas,* 2ª Edição, Almedina, 2005; "Revistas e Buscas: Que viagem queremos fazer?", *in I Congresso de Processo Penal – Memórias,* Coimbra: Almedina, 2005; *Natureza Jurídica do Corpo da Guarda Prisional*, Lisboa: EDIUAL, 2008; *Escutas Telefónicas. Da Excepcionalidade à Vulgaridade*, 2ª Edição, Coimbra: Almedina, 2008; *Direito Penal do Inimigo e o Terrorismo: o «Progresso ao Retrocesso»*, São Paulo: Almedina Brasil Lda., 2010; *Do Ministério Público e da Polícia. Prevenção Criminal e Acção Penal como Execução de uma Política Criminal do Ser Humano*, Lisboa: UCE, 2013; "As Autoridades de Polícia Criminal: (Já) é tempo de clarificar a sua intervenção no processo penal", *in Liber Amicorum Manuel Simas Santos*. Coord. André Piton e Ana Carneiro. Lisboa: Rei dos Livros, 2016; **Vilela**, António José e **Pinto**, Nuno Tiago, "O Agente Provocador. Operação Gralha. Tribunal de Braga Absolve os Quatro Acusados", *in Sábado*, nº 396; **Ziegler**, Jean, *Os Senhores do Crime*, Lisboa: Terramar, 1999.

Secção I
Da Investigação Criminal como Pilar da Liberdade: Encontro com a Ciência Total[943]

§ 64º Introdução

a. da revolução humana emergente dos descobrimentos portugueses: o homem ocupa o centro da discussão

226. A centralização do homem no centro do pensamento, da ciência e da decisão política – mesmo que imbuída de absolutismo ou de totalitarismo – é uma consequência própria dos descobrimentos, feito igualável com a chegada do homem à Lua. A constatação de que o mundo não terminava onde a terra findava e de que do outro lado ou dos outros lados existiam pessoas com a mesma fisionomia e organizadas e adstritas a regras de conduta mais ou menos coercivas transformou a mentalização do homem face ao outro homem e do homem face ao mundo e às leis naturais e humanas que nos têm regido.

[943] O texto, que reproduzimos nesta secção, tem, com novas correcções e actualizações impostas pelo decurso do tempo, como base a conferência proferida no seminário de encerramento do I Curso Intensivo em Ciências Criminais, promovido pelo Conselho Distrital de Lisboa da Ordem dos Advogados – Centro de Formação – sob a temática **Ciências Criminais em Discussão**, no dia 7 de Maio de 2004, em Lisboa, no Auditório Nobre da Ordem dos Advogados.

Fenómeno idêntico se sente quando AMSTRONG pisa o solo lunar: o homem vive em um sistema solar imensamente grande para que se escravize e se objective face aos seus pares ou face a si próprio. A razão humana ultrapassa a barreira do aceitável como legítimo e como contínuo à cortina da subjugação a vectores de pensamento esmagado pela ideia de que o verificacionismo[944] é o caminho a percorrer.

Sentimos que, face à apologia de uma demanda securitária e de um Direito penal bélico, o «eu» escraviza-se ou esvazia-se de direitos em prol da máxima segurança baseada na convicção de que a restrição de direitos, liberdades e garantias são a estrada adequada e exigível na construção de um pilar de prevenção criminal, mesmo que para tal o pilar central da democracia – respeito pela dignidade da pessoa humana – se nihilifique ou inutilize.

É neste sentido crítico que faremos a nossa viagem para que nos convidaram, sabendo de antemão dos sobressaltos inerentes aos socalcos do piso causados pela trituração dos que lutam e acreditam que é na *liberdade* que se realiza o homem, pois kantianamente gritamos que *é o mais alto valor da justiça humana*.

b. da investigação criminal ancorada no Homem como sujeito

227. Outrora a investigação criminal objectivava o homem – objecto do poder político, do poder judicial que não mais era do que um objecto de prova judicial, sobre o qual recaíam todas as formas de tortura e de obtenção da verdade ou da confissão que iria expiar os pecados ou o mal infligido ao outro. A verdade teria de ser obtida a qualquer custo, pois era dotada de carácter absoluto e apresentava-se como valor supremo face à relatividade e efemeridade humana.

A longa pugna dos nossos antepassados, cujas vidas sacrificadas se escrevem nos nossos rostos, não pode esvaziar-se e perder-se com a

[944] Quanto ao *verificacionismo*, KARL POPPER, *Conjecturas e Refutações*, (Tradução do inglês *Conjectures and Refutations* de BENEDITA BETTENCOURT), Coimbra: Almedina, 2003, pp. 310 e ss.. Do outro lado o *falibilismo* – em que não se pode "nunca oferecer razões positivas que justifiquem a crença de que uma teoria é verdadeira" –, permite que a dúvida revele o "máximo de informação verdadeira, *interessante e relevante*" [KARL POPPER, *Conjecturas...*, pp. 310-313].

defesa exacerbada de um Direito penal bélico[945] – em que o Direito penal do Estado de direito material democrático, como Direito respeitador e garante dos direitos fundamentais do cidadão se transforma em Direito penal do inimigo – sem que as vozes dos mais críticos se levantem e defendam os escritos dos que já não conseguem ou não podem falar, cuja memória por nós, cultores do direito baseado no homem e não na estrutura magnânima do Estado como centro do pensamento, deve ser respeitada e perpetuada.

228. A democratização do Direito penal – material, processual e penitenciário – induz-nos a olharmos para a investigação criminal em uma dupla visão: protecção e garante da liberdade[946].

Prima facie, falamos da *liberdade de todos os cidadãos*, pois o Direito processual penal é, por excelência, o Direito dos inocentes. Impõe-se que a intervenção criminal se limite aos casos admissíveis por lei e, mesmo nestes, cuja legitimidade esteja preenchida – *p. e.*, nos crimes semi-públicos e crimes particulares a intervenção do *ius puniendi* estatal depende da intervenção do legitimo titular do direito lesado ou colocado em perigo de lesão pela conduta negativa de outrem.

Secunda facie, a liberdade dos cidadãos poderem gozar e exercer plenamente os seus direitos e liberdades fundamentais – prosseguindo-se a segurança (interna) – materializando-se a cidadania plena de todos os seus congéneres.

Tertia facie, a liberdade do arguido, como se depreende da posição de sujeito do processo, dotado de poderes processuais garantísticos dos seus direitos e liberdades e poderes de intervenção no *iter processualis*.

[945] Quanto à ideia da transformação do Direito penal dos direitos humanos em direito penal bélico, Francisco Muñoz Conde, "Prólogo", *in La Ciência Del Derecho Penal ante el Nuevo Milénio*, Valência: Tirante lo Blanch, 2004, p. 13. Quanto ao Direito penal do inimigo e a defesa de um novo paradigma – Direito penal do ser humano – face à implementação do sistema integral penal do inimigo, o nosso *Direito Penal do Inimigo e o Terrorismo: o «Progresso ao Retrocesso»*, São Paulo: Almedina Brasil Lda., 2010.

[946] Quanto à liberdade como princípio orientador da prevenção criminal e da acção penal, o nosso *Do Ministério Público e da Polícia. Prevenção Criminal e Acção Penal Como Execução de uma Política Criminal do Ser Humano*, Lisboa: UCE, 2011, pp. 481-493.

A limitação da intervenção investigatória dos OPC *prima facie* à *notitia criminis* e ao respectivo despacho da AJ, exceptuando-se as medidas cautelares e de polícia – previstas nos artigos 248º a 253º do CPP e em legislação avulsa processual penal –, demonstra a mutação da visualização do arguido face aos instrumentos operativos da vivificação do *ius puniendi*: centraliza-se e subjuga-se a realização da justiça e a descoberta da verdade às finalidades não de eficácia e eficiência, mas de defesa e garantia dos direitos fundamentais e do seu pilar central – dignidade da pessoa humana – e o alcance da paz jurídica advém da «concordância prática» entre os conflitos inerentes ao processo criminal.

Mutação nascente da lógica sócio-jurídica que nos rege o quotidiano em que o efémero releva e a essência se gladeia na defesa de valores que ancoram o homem no centro da decisão, cuja ponderação depende do que for carreado para o processo no plano operacional investigatório.

229. A investigação criminal ou os actos de investigação, como queiram, olha ou devem olhar para o arguido como um **sujeito** processual dotado de poderes de contrariação de provas carreadas para o processo pelos operadores judiciários[947] – OPC e AJ – e, neste cismar, devem partir do pressuposto, como nos ensina Enrico Altavilla, de que a actividade desenvolvida ter-se-á de prender com o objectivo crucial de localizar, contactar e apresentar o arguido autor do facto típico, ilícito, típico, culposo e punível.

A dinâmica processual democrática, cimentada nos valores da lealdade e da livre vontade, impõe aos investigadores que olhem para o arguido ou suspeito de crime em investigação como um ser humano frágil e pecador, cujo escopo se constrói não no sentido de somente punir seca e eficazmente, mas antes de prevenir que os outros «eu» pequem e que o pecador volte a cometer o mesmo ou outro qualquer pecado.

[947] Temos vindo a defender que a defesa pode proceder a investigações dentro de um quadro legal bem tipificado face à não obrigação da AJ estar vinculada a proceder às diligências de prova requeridas pela defesa ou, então, dever-se-ia prescrever a obrigatoriedade da AJ promover as diligências de prova requeridas pela defesa. Quanto a este assunto o nosso *Regime Jurídico da Investigação Criminal ou Comentado e Anotado*, 3ª Edição, Almedina, 2006, pp. 35-40.

Defendemos não uma teoria retributivista pura do *ius puniendi*, mas antes uma prevenção especial, que parte dos ditames da investigação levada a cabo pelos operadores judiciários e que finaliza com a sua reintegração na comunidade ou habitat em que nasceu e cresceu. Só com uma visão de homem pecador e frágil se pode ancorar a investigação criminal no respeito pela dignidade da pessoa humana e nos valores de um Direito penal democraticamente enraizado nos valores da solidariedade, da justiça e da liberdade.

c. caminhos a percorrer: política criminal ou política securitária [Apuleio ou Porfírio]

230. A visão que escolhermos para a investigação criminal poder-nos-á conduzir ou ao apuleianismo ou ao porfirianismo[948].

Se optarmos por uma investigação criminal estruturada e dotada de espírito e cimentada nos princípios característicos da política criminal – princípio da legalidade[949], princípio da culpa[950], princípio da humanidade[951] e o princípio da recuperação ou ressocialização do delinquente[952] – a visão apuleiana vigora, pois a piedade governa-nos e

[948] Santo Agostinho, *A Cidade de Deus*, 2ª Edição, (Tradução do latim *De Civitate Dei* de J. Dias Pereira), Lisboa: Fundação Calouste Gulbenkian, 1996, Vol. I, Livro II, Capítulo XVI, p. 233.

[949] Que se apresenta como garantia contra o livre arbítrio quer judicial quer administrativo – a legalidade não se esgota na previsão legal do meio, pois engloba a verificação e o respeito integral dos pressupostos exigidos para a aplicação dos meios de obtenção de prova.

[950] Que afasta qualquer possibilidade de responsabilidade objectiva – a investigação, que se destina à descoberta da verdade e da prossecução da justiça, não pode partir do pressuposto objectivo de culpa, mas que aquela está inerente ao sujeito *X* e não a um sujeito qualquer, o que vincula os operadores judiciários a recorrer aos meios de obtenção de prova para descobrir quem e se o suspeito foi, na verdade, o responsável pela conduta.

[951] Que se deve verificar não só na tipificação legal das penas [proibindo a pena de morte e as degradantes à dignidade humana da pessoa recluso], mas também na sua execução [recusando a prisão perpétua e as consequências jurídicas de tempo indeterminado] – princípio que se deve verificar a montante, *i. e.*, no momento da obtenção de prova.

[952] Cujos estabelecimentos penitenciários devem ser idóneos ao cumprimento da pena e a execução das penas deve direccionar-se para a ressocialização (tratamento) e não dessocialização do delinquente.

racionalmente conduz-nos à compreensão do delito e não à censurabilidade imediata.

Se optarmos por uma investigação criminal estruturada e dotada de espírito e cimentada em uma política securitária seca e literal, a visão porfiriana impõe-se, cuja impiedade se apresenta como motor racional da análise do crime.

A ordem que nos rege mental e materialmente conduz-nos sempre à interrogação do que deve ou não deve ser priorizado – se a pessoa dotada de direitos, liberdades e garantias ou se a verdade material a obter a qualquer custo mesmo que por meios que os criminosos utilizam. De um lado, temos a prevenção criminal, do outro temos a segurança no seu máximo esplendor, que justifica todos os meios – que se encontram previstos na lei – para se alcançar a verdade material e a realização da justiça e, consequentemente, a segurança necessária ou adequada à prossecução da liberdade, estando esta sujeita a um estado de obediência àquela.

Não defendemos uma política criminal absoluta que olvida todo e qualquer incremento ou envolvimento da política securitária, sob pena de se converter em apolítica ou em um estado crítico sob a capa da anarquia. Defendemos uma política criminal que tem em conta as variações apontadas pela política securitária, em que toda a estratégia está direccionada para a dignificação do homem seja ou não suspeito, imputado ou arguido.

Somos, desta feita, adeptos de uma primazia da política criminal orientada pelas variações estratégicas da política securitária, estando a segurança subjugada àquela e ao Direito penal.

§ 65º O «olhar» constitucional

a. da dialéctica do artigo 27º da CRP

231. O legislador constituinte consagrou como direitos fundamentais emparelhados no mesmo artigo a *liberdade* e a *segurança*. Contudo, como se depreende do texto, o legislador colocou a liberdade em primeiro lugar e, em segundo, a segurança. Pensamos que a estrutura frásica do nº 1 do art. 27º da CRP não é displicente.

A liberdade deve, quer como princípio quer como direito, sempre sobrepor-se e objectivar-se como princípio face ao direito segurança, que jamais pode ser nihilificado, mas nunca sacralizado, sob pena de sacrificarmos os direitos, liberdades e garantias fundamentais "no altar do combate à criminalidade"[953].

A estrutura do art. 27º da CRP demonstra a consciencialização da valorização e da consagração da liberdade como princípio jurídico-político ao limitar a privação da liberdade por autoridade pública – AJ ou OPC – ou por cidadão nos casos e nos termos previstos no preceito constitucional, ao proibir a detenção por parte de outrem e ao impor a protecção do Estado contra quaisquer atentados ao direito quer os autores sejam entes públicos quer sejam entes privados[954].

232. Como garantia específica do direito à liberdade face à intervenção ilegal das autoridades públicas a Constituição consagra o *habeas corpus* – art. 31º – e o direito a indemnização – nº 5 do art. 27º. Como tutela jurídico-criminal do direito à liberdade, no plano material, prevê-se e pune-se os crimes de *sequestro*, de *rapto*, de *coacção física*[955], de *detenção ilegal*[956] e, no plano processual, legitima-se a intervenção dos OPC sem autorização e ordem judicial para pôr termo à violação deste direito fundamental[957].

Na esteira de Gomes Canotilho e Vital Moreira, a segurança, como vimos defendendo, não é um valor absoluto nem pode ser elevado a princípio jurídico-político. Mas pode e deve ser um princípio garantia ou um bem jurídico garantia dos demais bens jurídicos constitucionalmente consagrados.

A segurança deve ser encarada como uma *garantia* real de gozo e de exercício pleno dos demais direitos e liberdades fundamentais e não tanto como um direito autónomo. Desta feita, a segurança – quer

[953] Anabela Miranda Rodrigues, "Política Criminal – Novos Desafios, Velhos Rumos", *in Liber Discipulorum para Figueiredo Dias*, Coimbra: Coimbra Editora, 2003, p. 224.

[954] Quanto a este assunto, Gomes Canotilho e Vital Moreira, *Constituição da República Portuguesa Anotada*, 3ª Edição, Coimbra: Coimbra Editora, 1993, p. 184 ou I Volume, 4ª Edição, 2007, pp. 478-479.

[955] Cfr. artigos 155º e ss. do CP.

[956] Cfr. art. 369º, nº 3 do CP.

[957] Cfr. art. 177º, nº 2 conjugado com o art. 174º, nº 4, al. *a)* e art. 1º, nº 2, al. *b)* do CPP.

interna quer internacional – ancora em uma *dimensão negativa* [*i. e.*, apresenta-se como um «direito *subjectivo* à segurança (direito de defesa perante as agressões dos poderes públicos)»[958]] e em uma *dimensão positiva* [*i. e.*, encerra em si um direito à protecção por parte dos serviços públicos contra as agressões de outrem[959]].

Summo rigore, a segurança é um direito garantia dos demais direitos, em especial do direito à liberdade plena, conquanto esta se apresenta como um valor jusinternacional e jusconstitucional relevante dotado de prerrogativas de *ser o mais alto valor da justiça*.

b. da defesa e garantia dos direitos e liberdades fundamentais – al. *b*) do artigo 9º, artigo 202º e artigo 272º da CRP

233. Percorrida delevemente a CRP, destacamos, neste momento, três comandos de extraordinária vertente teorética e prática para a compreensão da logicidade própria do valor programático do conteúdo normativo constitucional no campo da investigação criminal e da defesa e garantia da liberdade sob a perspectiva da *dimensão negativa*: a al. *b)* do art. 9º, o art. 272º e art. 202º da CRP. Partimos dos princípios gerais, passando pelo poder judicial e pelo poder executivo administrativo.

Quanto à al. *b)* do art. 9º da CRP, acompanhamos GOMES CANOTILHO e VITAL MOREIRA que defendem que a «Constituição torna claro que as liberdades fundamentais e o Estado de Direito não implicam apenas o seu respeito pelo Estado, mas que constituem também um *encargo* dele, no sentido de os garantir e de os fazer observar por todos»[960]. Esse encargo compete, *prima facie*, aos titulares até a intervenção da autoridade pública quer administrativo-judicial quer judicial.

234. Incumbe à POLÍCIA, como sua missão, defender a legalidade democrática, garantir a segurança interna e os direitos dos cidadãos,

[958] GOMES CANOTILHO e VITAL MOREIRA, *Constituição da República...*, 3ª Edição, p. 184 ou I Volume, 4ª Edição, 2007, p. 479.

[959] *Ibidem.*

[960] GOMES CANOTILHO e VITAL MOREIRA, *Constituição da República...*, 3ª Edição, p. 93 ou I Volume, 4ª Edição, 2007, p. 227. Itálico nosso.

por força do nº 1 do art. 272º da CRP. Podem perguntar-nos como se explica que o legislador constituinte, neste canto, não tenha optado por consagrar o direito à liberdade como missão da POLÍCIA a par da segurança interna.

Três apontamentos simples: por um lado, como já referimos a segurança é uma garantia dos direitos fundamentais, inclusive do direito à liberdade; por outro, à ideia de legalidade democrática está adstrita a ideia de liberdade democrática; e, por último, cumpre como missão da POLÍCIA garantir os direitos dos cidadãos, *i. e.*, de todos os direitos do cidadão, em especial o direito à liberdade.

Na prossecução da missão nobre da POLÍCIA, incumbe-lhe a *prevenção dos crimes* subjugada às «regras gerais sobre polícia e com respeito pelos direitos, liberdades e garantias dos cidadãos», conforme nº 3 do art. 272º da CRP. A prevenção dos crimes concretiza-se, também, na prossecução de actos de investigação criminal levados a cabo pelos OPC que se subjugam a este comando constitucional.

A actividade da polícia não esgrime suficientemente a questiúncula da violação dos direitos fundamentais e a garantia dos direitos e liberdades dos cidadãos passa pela intervenção dos tribunais – MP e Juiz – aos quais cumpre «assegurar a defesa dos direitos e interesses legalmente protegidos dos cidadãos», conforme nº 2 do art. 202º da CRP.

O MP e o Juiz, no âmbito da investigação criminal, devem defender e promover a legalidade de todos os actos de investigação e, ainda, promover a acção penal nos casos de violação de direitos fundamentais[961], prosseguindo a defesa e a garantia da liberdade, desde logo, pela sindicância à detenção em flagrante delito e pela apreciação e validação ou não dos actos cautelares e de polícia. A investigação criminal encontra-se subsumida à esfera da acção penal sob tutela jurisdicional.

c. da força centrífuga do artigo 32º e das esferas paralelas [*p. e.* os artigos 26º e 34º da CRP]

235. A acção penal, por um lado, colide com o direito à liberdade e, por outro, nasce e inicia-se, em regra, exceptuando-se os casos de

[961] Cfr. os artigos 202º e 219º da CRP, conjugados com os artigos 27º, 31º, 32º da CRP.

processo sumário, com a investigação promovida pelos OPC, tendo em conta os despachos de natureza específica e de natureza genérica e as competências originárias, mas relativas de investigação criminal adstritas a cada OPC.

A protecção dos direitos fundamentais ao longo da investigação criminal emerge da Constituição, cujas vinculação e aplicabilidade directas se impõem por força do nº 1 do art. 18º da CRP. Desde logo, o art. 32º da CRP consagra, como a epígrafe demonstra, inúmeras *garantias de processo criminal*, vertidas em uma vasilha protectora da liberdade do indivíduo isolado e inserido em uma comunidade.

No plano da investigação criminal, destacamos o nº 4 do art. 32º da CRP – que impõe que todos os actos instrutórios que colidam com direitos fundamentais sejam da competência do juiz [perícias ao corpo, exames, revistas, buscas, intercepções e gravações de conversas e comunicações, apreensão e abertura de correspondência] – e o nº 8 do mesmo preceito – que prescreve a nulidade das provas obtidas com ofensa à dignidade humana ou aos princípios fundamentais do Estado de direito democrático, *i. e.*, que ofendam a *integridade pessoal* [art. 25º da CRP], a reserva da *intimidade da vida privada e familiar* [art. 26º da CRP], a *inviolabilidade de domicílio e da correspondência* [art. 34º da CRP].

Quanto ao nº 8 do art. 32º da CRP há acrescentar que é, total e absolutamente, proibida a obtenção de prova através da ofensa à integridade pessoal de alguém e que se deve considerar *abusiva* a intromissão fora dos casos previstos na lei ou sem autorização e/ou ordem judicial [nºs 2, 3 e 4 do art. 34º da CRP], a intromissão desnecessária ou desproporcionada e a intromissão que aniquile os próprios direitos protegidos [nºs 2 e 3 do art. 18º da CRP][962].

O art. 32º da CRP é uma **força centrífuga** jurídico-constitucional de vinculação e aplicabilidade directa de defesa e de garantia da liberdade do cidadão face aos actos de investigação criminal perpetrados pelos OPC ou pela AJ competentes na fase processual penal em curso.

[962] Cfr. Gomes Canotilho e Vital Moreira, *Constituição da República...*, 3ª Edição, p. 206 ou I Volume, 4ª Edição, 2007, pp. 392-393.

d. da vinculação e da aplicação directa [artigo 18º, nº 1 da CRP]

236. Os preceitos constitucionais, que tutelam ou respeitam aos direitos, liberdades e garantias, vinculam os OPC ou a AJ na desenvoltura dos actos processuais investigatórios e aplicam-se directamente. Na investigação criminal, os OPC não podem proceder a um acto que possa colidir com um direito constitucionalmente protegido mesmo que a lei processual ou as leis avulsas processuais nada estipulem sobre o acto em si ou contra o acto em si.

Defendemos que a **teoria** de que *o que não é proibido é permitido* **não vigora no plano dos direitos e liberdades fundamentais**, principalmente quando imbrica no campo do direito criminal, cuja restrição só é admissível se estiver prevista na Constituição e se estiver prevista em lei geral e abstracta aprovada sob a égide da proporcionalidade lata (adequação, necessidade e exigibilidade, subsidiariedade e razoabilidade), indispensabilidade da restrição e pelo órgão de soberania competente[963] e não diminua a extensão e o alcance do conteúdo essencial do preceito constitucional[964].

§ 66º O olhar processual penal

a. do processo penal como Direito dos inocentes e da liberdade

237. O Direito processual penal é, por excelência, o Direito dos inocentes e das liberdades e das garantias do cidadão que se vê «a braços» com um processo crime. Como direito dos inocentes, desde logo limita que se apelem ou se promovam técnicas que *a priori* se afiguram céleres na realização da justiça e da descoberta da verdade e que, por seu turno, restrinjam desproporcional ou desnecessariamente ou, até mesmo, nihilifiquem os direitos dos cidadãos.

Todo o processo penal está imbuído de um espírito de defesa do cidadão face aos actos de materialização do *ius puniendi*, como se retira

[963] Cfr. al. *b*) do nº 1 do art. 165º da CRP e nº 2 do art. 165º da CRP.
[964] Cfr. art. 18º, nºs 2 e 3 da CRP.

dos princípios estruturantes do processo penal, dos quais se destacam: princípio do acusatório, princípio da presunção de inocência, princípio do contraditório, princípio da igualdade de armas, princípio da legalidade, do consenso e da oportunidade, princípio da oficialidade, princípio da celeridade processual, princípio *in dubio pro reo*, princípio democrático e da lealdade, princípio da liberdade.

A liberdade e a investigação criminal emparelham-se em uma mesma finalidade: *que não se condene um inocente*. Mesmo que se alcancem os indícios suficientes para deduzir uma acusação, o legislador, conhecedor de que a reintegração do infractor não se adequa à sua privação da liberdade e concretizando o princípio da oportunidade, prescreveu os institutos do *arquivamento em caso de dispensa de pena* – art. 280º do CPPP – e *da suspensão provisória do processo* – art. 281º do CPP.

Manifestação pura de que a investigação criminal pode contribuir para a efectivação daqueles dois institutos marcados pela ideia de liberdade e pela ideia de que a reintegração do delinquente se opera no seio da comunidade.

b. da acção penal [artigo 219º da CRP e artigos 48º a 53º e 262º e ss. do CPP]

238. A acção penal, por um lado, obedece ao princípio da legalidade, da objectividade e da isenção e, por outro, deve observar os limites impostos pela natureza do crime: público, semipúblico e particular.

A legitimidade originária do MP restringe-se aos crimes públicos e secundária aos crimes semipúblicos e particulares, pois se os legítimos titulares do direito de queixa não o exercem não deve ser o Estado a substituir-se à vontade subjectiva do particular para promover a acção penal.

Este plano de *legalidade* e *objectividade* inerente ao MP – que o adstrita a carrear para o processo criminal as provas que indiciam e as provas que inocentam – estende-se aos OPC e deve orientar o JIC na fase de instrução. Os princípios democrático e da lealdade, sendo este o mais alto princípio do processo penal contemporâneo[965], como vec-

[965] CLAUS ROXIN *Derecho Procesal Penal*, (Tradução do alemão – *Strafverfahrensrech*, 25ª Ed. – de Julio B. J. Maier), Buenos Aires: Editores del Puerto s. r. l., 2000, pp. 12-14, 79-81,

tores de orientação na investigação criminal, impõem-se como pilares de garantia efectiva dos direitos e liberdades dos cidadãos, sob pena, em caso de violação, de gerarem proibições de prova – art. 126º do CPP em conformidade com o nº 8 do art. 32º da CRP.

c. das medidas cautelares e de polícia

239. No que concerne às *medidas cautelares e de polícia* há a realçar a sujeição premente, de entre outros de grande relevo, aos princípios da legalidade e da oportunidade (e nunca ao princípio da discricionaridade), aos princípios da proibição do excesso ou da proporcionalidade *lato sensu* – adequação, necessidade e/ou exigibilidade, proporcionalidade *stricto sensu* e subsidiariedade –, da igualdade, da prossecução dos fins do processo – realização da justiça, descoberta da verdade, respeito pelos direitos fundamentais, paz jurídica –, da urgência e conservação dos meios de prova e do *periculum in mora*.

As *medidas cautelares e de polícia* – comunicação da notícia do crime, providências cautelares e urgentes [*p. e.*, exames, recolha de informações, apreensões], identificação, revistas e buscas não domiciliárias, suspensão de correspondência – revestem-se de natureza cautelar e precária, pois estão sujeitas à apreciação e validação da AJ competente. Apesar de serem actos de competência própria *ex lege* dos órgãos de polícia criminal, carecem de serem sindicados para aferição da sua legalidade e do preenchimento dos pressupostos legitimantes.

A fiscalização judiciária e o controlo judicial reforçam a ideia de que a actividade pré-processual dos OPC – que gera o início da acção penal – estão sob o olhar crítico e a pena harmoniosa do juiz, jurisdicionalizando-se a investigação criminal e, consequentemente, evita-se a sua *policialização*.

101, 103-111,193-194, 359, 403, 450 e 476-477. Nesta mesma linha de pensamento, podemos ler Figueiredo Dias, "Do princípio da «objectividade» ao princípio da «lealdade» do comportamento do Ministério Público no Processo Penal", (Anotação ao Ac. STJ nº 5/94, Proc. nº 46 444), *in RLJ*, Ano 128, nº 3860. Quanto aos princípios democrático e da lealdade na actuação da Polícia *supra* §§ 38º e 39º.

d. dos meios de obtenção de prova [*maxime* revista e busca e escutas telefónicas]

240. Outro ponto quente de discussão face à liberdade e à investigação criminal, prende-se com os meios de obtenção de prova – exames, revistas, buscas, apreensões, escutas telefónicas, agente infiltrado, registo de voz e imagem, localização celular –, cuja colisão com os direitos da personalidade fundamentais são uma realidade[966].

Estes meios de obtenção de prova inscrevem-se como primazia entre os actos desenvolvidos no plano da investigação criminal, o que nos induz a tecer duas advertências que demonstram a supremacia do valor liberdade à descoberta da verdade material que, em consequência dessa actuação, pode indiciar segurança.

Em primeiro lugar, realce-se o *primado da autorização ou da ordem judicial* para a prossecução destes meios de obtenção de prova, que restringem direitos fundamentais pessoais como a reserva da intimidade da vida privada, a inviolabilidade de domicílio e das telecomunicações e a própria liberdade individual ou familiar. A sujeição ao controlo prévio da autoridade judicial conduz-nos ao que acima referimos de *dimensão negativa* da segurança, que como garantia da liberdade, se impõe como protecção dos possíveis abusos ou intromissões indevidas da autoridade pública.

Em segundo lugar e exceptuando-se os casos das escutas telefónicas, do agente infiltrado e do registo de voz (*off*) e imagem, os OPC podem, preenchidos determinados pressupostos, sem autorização ou ordem judicial – art. 177º, nº 3 e art. 174º, nº 5, al. *a)* do CPP e art. 34º e art. 35º do CP – desenvolver actos urgentes que ponham termo à violação de bens jurídicos fundamentais, quando em causa estejam a integridade pessoal física ou a vida de alguém, preenchendo-se, desta feita, a segurança na sua *dimensão positiva.*

Exige-se do Estado uma intervenção para prevenir e suster qualquer violação de direitos fundamentais por parte de outrem. Exige-se, em situações excepcionais, uma intervenção da Polícia, na dimensão

[966] Estes meios investigatórios e persecutórios restringem os direitos fundamentais da reserva da intimidade da vida privada e familiar, da imagem, da palavra e da liberdade em várias dimensões, individual e familiar.

jurídico-criminal, para que se efectivem os direitos e liberdades fundamentais.

e. dos perigos de novos meios de obtenção de prova propensos a forte *danosidade social* [agente infiltrado e agente provocador]

241. Perigos maiores sobressaem quando o meio de obtenção de prova já por si só acarreta a desconfiança da legalidade e da legitimidade. Falamos dos meios de obtenção de prova que provocam uma *danosidade social elevada* – o agente infiltrado *versus* o agente provocador – e nos fazem reflectir, mais do que da legalidade do meio, da sua legitimidade em uma sociedade democrática.

A técnica ou o meio de obtenção de prova da acção encoberta – vulgo agente infiltrado – foi aprovado pela Lei nº 101/2001, de 25 de Agosto[967].

Dúvidas fortes se levantam, desde logo, sobre as finalidades deste meio de obtenção de prova – prevenção e investigação criminal [nº 1 do art. 1º] – e sobre a admissibilidade de autorização pelo MP e posterior apreciação e validação pelo JIC [nº 3 do art. 3º], face aos comandos programáticos da constituição – artigos 32º, nº 4 e 272º da CRP. A realização da justiça tem limites, sendo de realçar o princípio do Estado de direito democrático assente numa Constituição que tem como pilar central a dignidade da pessoa humana.

§ 67º O primado da liberdade na Lei de Organização da Investigação Criminal – a liberdade como fundamento de um direito penal democrático

242. A investigação criminal deixou de ser um tabu guardado no cofre do saber policial e judicial. A crítica destrutiva e construtiva, que

[967] Meio ou técnica de investigação que entrou no nosso ordenamento jurídico pelo art. 52º do DL nº 430/83, de 13 de Dezembro, que se manteve com o art. 57º do DL nº 15/93, de 20 de Janeiro, que foi revogado pelo art. 7º da Lei nº 101/2001, de 25 de Agosto. Quanto ao regime jurídico do agente infiltrado *infra* Secção IV.

lhe acerca a cada momento, demonstra que o Direito penal deixou de ser um instrumento de poder discricionário sobre os «pobres», passando a ser aplicado a todos os que violam bens jurídicos individuais ou individuais e supra-individuais ou, somente, supra-individuais, merecedores de tutela jurídico-criminal.

A onda de mudança crespada, mais de conhecimento e consentimento e de legitimidade do comum, conduziu a investigação criminal a apresentar-se como utensílio metódico e taurino adequado, exigível e necessário ao aprofundamento dos valores do homem em liberdade emergente da sua relação com o «eu», com o «outro» e com os «outros». Desta comunicabilidade intersubjectiva constante e ininterrupta permite-se que um instrumento, que outrora fora pilar material e formal do poder absoluto, se tenha mutado em trave mestra da liberdade.

O conhecimento das técnicas, do método e da concepção da investigação criminal não pode desmerecer ou desvalorizar o labor árduo e complexo dos que se dedicam, diariamente, a que cada um de nós possa gozar e exercer os seus direitos sob a capa real da liberdade em segurança, consciente de que a segurança não pode ser fundamento incalculável e legitimador de intervenções judiciais ou policiais ofensivas à liberdade do cidadão.

243. A investigação criminal, que, hoje, objectivamos ou subjectivamos, deve ser a Ítaca de Ulisses ou a ilha de Vig de Hans do Direito penal – a prevenção criminal. Não uma prevenção *stricto sensu* ou meramente localizador do tumor social. Não. Antes uma prevenção capaz de descobrir mais do que o tradicional cálculo matemático *do quê, de quem, do onde, do quando* e *do como*. Para que a decisão detenha a melhor justiça humana – aquela que não condena um inocente ou que condena o culpado cuja responsabilidade da sanção seja por si aceite –, pedimos uma actividade investigatória que carreie para o processo as provas reais e pessoais capazes de fundamentar não só a decisão absolutória ou condenatória e, quando esta, as provas adequadas a encontrar a razão da existência daquele crime, *i. e.*, o «porquê?».

A interdisciplinaridade desejada entre a investigação criminal e a criminológica é ponto assente na reclamação social[968]. Não basta diag-

[968] Neste sentido e como maior desenvolvimento, o nosso *Processo Penal* – Tomo I, 3ª Edição, pp. 31-39.

nosticar a doença, é preciso curá-la e encontrar as causas para que de futuro outros não sejam infectados. Soluções não existem, mas caminhos podem ser traçados e trilhados por toda a comunidade quer nas relações inter-individuais quer nas inter-grupais ou comunitárias.

Temos defendido que *prender é fácil, mas reeducar e reinserir é muito difícil*. Não duvidamos de que a reeducação e a reinserção do delinquente se dificulta caso não exista um estudo aprofundado – sobre o indivíduo e sobre o seu habitat – cabal a direccionar ou a desenhar caminhos possíveis para que não se opte pela extracção do delinquente da comunidade mãe – que o fez nascer e crescer.

A interdisciplinaridade entre investigação criminal e investigação criminológica ajuda a que se possa optar pelo caminho da diversão e de oportunidade e não pela aplicação simples da pena de prisão ou da pena de multa.

244. A investigação criminal, proclamadamente exigida por nós, ocupa um papel fundamental na marcha do processo e no direito penal: por um lado, a actividade desenvolvida pelos OPC ou MP ou JIC releva na preponderância da identificação e determinação do objecto do processo e, por outro, esta concreção promove a prevenção criminal *lato sensu*, quer material quer processual.

Mas este caminho não pode partir e chegar dos e aos OPC, *policializando-se*, *desjudiciarizando-se* e *desjurisdicionalizando-se* a investigação criminal. Aqueles, órgãos auxiliares do MP ou do JIC ou *sujeitos processuais acessórios*, são uma das mãos da justiça dependente de todo um corpo: poder judicial.

Sentida como essencial à defesa e garantia do gozo e exercício pleno dos direitos do «eu», do «outro» e da «comunidade», a investigação criminal, baseada no respeito da dignidade da pessoa humana, deve ser entendida como um **pilar fundamental** não só para o aprofundamento dos **valores** da **solidariedade** e da **democracia**, mas também para **o exercício do** *valor supremo da justiça*: **a liberdade**.

Secção II

Da Investigação Criminal: Questões Preliminares[969]

§ 68º Introdução

245. Os caminhos da verdade trilham-se e marcam-se pela incessante busca da realidade perfeita construída em liberdade. A investigação corre atrás do verídico, muitas vezes intangível pela sua complexidade ou, quantas vezes, pela sua tão ingénua e verosímil simplicidade. Muitos factos são, apenas, compreendidos e resolvidos após uma investigação humana, acompanhada de meios e técnicas, que transformam a investigação criminal em um motor capaz de promover as finalidades do processo penal: descoberta da verdade e realização da justiça, defesa dos direitos fundamentais do cidadão (arguido), alcance da paz jurídica e pública, concorrendo para este desiderato a concordância prática[970].

Investigação vem do étimo latino *investigatione*[971] (*in + vestigius + actio*), significa a acção dirigida sobre o rasto, a peugada, e que levou à tradução de acto de *pesquisar, de indagar, de investigar*. Mas acto de in-

[969] Cumpre-nos informar que esta subsecção tem como base o nosso "Investigação Criminal como motor de arranque do Processo Penal", *in Polícia Portuguesa*, Ano LXIII, nº 122, Março/Abril, 2000, pp. 1 e ss., cuja actualização e ajustamento ao objecto de estudo deste manual se impuseram.

[970] Quanto a este assunto o nosso *Processo Penal* – Tomo I, 3ª Edição, pp. 23-28.

[971] Cfr. *Dicionário Prático Lusitano*, Porto: Lello & Irmãos – Editores, 1979, p. 659.

vestigar o quê? É um olhar inquiridor sobre os vestígios deixados e os rastos não apagados de um facto ou acontecimento de forma a que se chegue a um conhecimento, a uma verdade[972].

A investigação, como defende MANNHEIM[973], é um processo padronizado e sistemático destinado a atingir o conhecimento. A investigação procura descobrir factos que proporcionem uma "melhor compreensão e valoração dos factos *já* observados"[974].

A investigação deve preocupar-se com o encontro de provas e de contraprovas, funções adjuvantes na reformulação de hipóteses e na preparação de novos passos necessários à prossecução deste "infindável processo de reajustamento entre a teoria e a hipótese"[975] e o caso concreto, o motivo da pesquisa.

§ 69º Da investigação criminal e da criminologia

246. A investigação criminal e a investigação criminológica, mesmo que as queiramos aproximar e determinar como ciências exactas, não podem ser consideradas como tal[976], apesar de terem como fundamento a procura da verdade dos factos que originaram o cometimento de um crime, a sua análise, o estudo do delinquente, da vítima e do controlo social.

[972] Quanto às *teorias da verdade* no quadro da investigação criminal, ELIOMAR DA SILVA PEREIRA, *Teoria da Investigação Criminal*, São Paulo: Almedina Brasil Lda., 2010, pp. 93-142.

[973] HERMANN MANNHEIM, *Criminologia Comparada* – Vol. I, (Tradução do inglês *Comparative Criminology – A Text Book* de MANUEL DA COSTA ANDRADE e de JOSÉ FARIA COSTA), 1984; Lisboa: Fundação Calouste Gulbenkian, 1984, p. 117.

[974] Cfr. HERMANN MANNHEIM, *Criminologia...*, p. 117. Itálico nosso.

[975] Cfr. HERMANN MANNHEIM, *Criminologia...*, p. 119.

[976] Neste sentido e com maior desenvolvimento HERMANN MANNHEIM, *Criminologia Comparada* – Vol. I, p. 119. Este investigador defende que a Criminologia não é uma ciência exacta, porque as proposições em que assenta qualquer investigação são temporárias e nunca definitivas, apesar de ter ganho com o positivismo a "consciência de si" e ter procurado "apresentar-se como ciência, alinhada pelos critérios metodológicos e epistemológicos susceptíveis de legitimar aquela reivindicação" e se ter definido "como estudo *etiológico – explicativo* do crime", como nos dizem JORGE DE FIGUEIREDO DIAS e MANUEL DA COSTA ANDRADE, *Criminologia, O Homem Delinquente e a Sociedade Criminógena*, Reimpressão, Coimbra: Coimbra Editora, 1992, p. 5.

A *investigação criminal* e a *criminológica* não *assentam* em proposições definitivas – excepto o facto[977] –, mas em *hipóteses* que o investigador levanta aquando da notícia da conduta ilícita, culposa e típica. A única proposição definitiva que existe é, sem dúvida, o *facto ocorrido*, que, em princípio, produziu uma lesão ao bem jurídico[978] ofendido em mãos [propriedade, vida, honra, segurança do Estado (...)] ou o colocou em perigo de lesão.

O investigador apenas tem na sua mão proposições temporárias como únicas peças que lhe permitem caminhar na busca solitária quer de quem foi o autor do delito, quer das suas causas principais, interligadas com a vítima e o contexto social. Contudo, nem sempre a conduta, que à partida preenche o conteúdo legal de um crime, é no final da investigação considerada como conduta tipificada como crime (nos casos de atipicidade como a adequação social da conduta), ou como conduta ilícita (nos casos de justificação), ou como conduta culpável (nos casos de exculpação), ou como conduta punível (nos casos de inimputabilidade ou de impossibilidade punitiva por extinção do procedimento criminal).

[977] Há a realçar que o facto existe, mas se constitui infracção ou não só após a investigação se pode chegar a um caminho.

[978] A concepção de *bem jurídico*, além de definir o valor, o interesse tutelado pelo Direito penal, também surge, nos finais do século XIX, como limitador do poder punitivo do Estado. Precursor deste sentimento, FRANZ VON LISZT procurou explicar o conceito material de bem jurídico nos "interesses preexistentes à valoração pelo legislador: o conteúdo anti-social do ilícito é independente da valoração pelo legislador. A norma jurídica encontra-o, não o cria.", GERMANO MARQUES DA SILVA, *Direito Penal Português*, Lisboa/S. Paulo: Editorial Verbo, 1997, Vol. I, pp. 21 e ss. Este Professor continua a afirmar que a Constituição deve ser "o critério de referência na escolha do que pode legitimamente ser protegido pelo direito penal" a mais que o legislador ordinário está subordinado aos "bens dotados de relevância constitucional", delimitando as funções quer do "Estado de direito em sentido formal" quer "do Estado de direito em sentido material", sendo assim "o Estado simplesmente limitado pelo direito que cria".
Aqui, também, devemos recordar a conceptualização de que o "Direito Penal foi sempre o direito tutelar dos interesses fundamentais do homem em sociedade e da coexistência social". Cf. MANUEL CAVALEIRO DE FERREIRA, *Direito Penal Português*, Lisboa/S. Paulo: Editorial Verbo, 1982, Vol. I, p. 9.

GARCIA-PABLOS MOLINA define a Criminologia como uma "*ciência empírica e interdisciplinária*"[979]. Não querendo destorcer o sentido, pensamos que, apesar de existirem estudiosos que a querem enquadrar e a vêem como uma ciência exacta, a investigação criminal não está longe do empirismo e da interdisciplinariedade própria de uma área que, muitas das vezes, só alcança os seus frutos quando apoiada e auxiliada por outras ciências: estas sim exactas.

247. A investigação criminal é um processo de procura de indícios e de vestígios que indiquem, expliquem e façam compreender *quem, como, quando, onde* e *porquê* foi cometido o crime ***X*** (*o quê*). Este processo, que dança em um reajustar deambulatório entre a prova conseguida e a contraprova aceite, deve ser padronizado e sistemático segundo as regras jurídicas que travem o poder de quem o pode usar e abusar.

A investigação criminal, como afirma GOMES DIAS, "descobre, recolhe, conserva, examina e interpreta as *provas reais*", assim como "localiza, contacta e apresenta as *provas pessoais*"[980] que conduzam ao esclarecimento da verdade material dos factos que consubstanciam a prática de um crime.

Outra questão é saber se a investigação criminal é o mesmo que investigação criminológica. A primeira, que deve esclarecer "factos de relevância penal (...) indagar, através dos meios de conhecimento humano, de como ocorreu, na realidade, um fenómeno psicofísico do passado"[981], deve também e imperativamente socorrer-se da segunda, que se preocupa "com a descoberta das causas do crime e com os efeitos dos vários métodos de tratamento"[982]. Têm o mesmo objecto,

[979] ANTÓNIO GARCÍA-PABLOS DE MOLINA, *Criminología. Una Introducción a sus Fundamentos Teóricos para Juristas*, Valencia: Tirant lo Blanch Libros, 1996, p. 19.

[980] Posição tomada num debate que decorreu em 1981 sobre **A Revisão Constitucional, o Processo Penal e os Tribunais**, organizado pelo Sindicato dos Magistrados do Ministério Público *apud* TERESA PIZARRO BELEZA e FREDERICO ISASCA, *Direito Processual Penal Textos*, Lisboa: AAFDL, 1992, p. 65 (itálico nosso). Quanto à conceptualização da investigação criminal o nosso *Regime Jurídico da Investigação Criminal Comentado e Anotado*, 3ª Edição, Coimbra: Almedina, 2004, pp. 55-62 e *infra* Secção III.

[981] GOMES DIAS *apud* TERESA P. BELEZA e FREDERICO ISASCA, *Direito Processual...*, p. 63.

[982] *Idem*, p. 120.

métodos equidistantes e fins próprios, mas no global interligam-se e interajudam-se.

A investigação criminológica tem como base a Criminologia, que, segundo SYKES, "é o estudo das origens da lei criminal, da administração da justiça penal, das causas do comportamento delinquente e da prevenção e controle do crime, incluindo a reabilitação individual e a modificação do ambiente"[983]. No mesmo sentido, SUTHERLAND considera-a como "a ciência que estuda a infracção enquanto fenómeno social; o seu campo engloba os processos de elaboração das leis, da infracção às leis e das reacções provocadas pela infracção às leis"[984].

A **investigação criminológica**[985] e o seu campo de aplicação deve ser facto **imprescindível de conhecimento** do *"agente esclarecedor de factos qualificados como infracções"* [986-987], que detém a faculdade de investigar e de descobrir a verdade material dos factos ocorridos, de reconstituir historicamente as condutas passadas que cominaram num crime; pois sendo a investigação criminológica, em "certa medida, dependente do conteúdo do direito criminal"[988], jamais se poderia afastá-la de quem é responsável pela investigação criminal.

Quem investiga deve evitar "a tentação da evidência imediatista em nome da qual se poderia considerar esta discussão como ociosa, uma vez que se pode dizer que o objecto da criminologia *é – e só pode ser – o crime*. Apesar do conceito de crime – conglomerado histórico de ele-

[983] Cf. SYKES *apud* MANUEL DA COSTA ANDRADE, "Criminologia", *in Polis Enciclopédia Verbo da Sociedade e do Estado* – Vol. I, Lisboa/S. Paulo: Editorial Verbo, 1997, p. 1420.

[984] Cf. SUTHERLAND *apud* MANUEL DA COSTA ANDRADE, "Criminologia", *in Polis...* – Vol. I, p. 1420.

[985] Ao discutir-se o objecto da Criminologia, ter-se-á obrigatoriamente de "pôr em causa as formações sociais vigentes e os fundamentos do poder político como instância de definição *do que é e do que deve ser* problema criminal e, por isso, criminológico", JORGE DE FIGUEIREDO DIAS e MANUEL DA COSTA ANDRADE, *Criminologia...*, p. 64.

[986] Seguindo o raciocínio de GOMES DIAS, o investigador criminal deve ser "um criminalista experiente que, a par de uma preparação especializada muito profunda, possua capacidade de raciocínio lógico-crítico, sentido psicológico instintivo, qualidades de carácter, consciência elevada do dever, decisão rápida e grande exactidão de trabalho". TERESA P. BELEZA e FREDERICO ISASCA, *Direito Processual...*, p. 63.

[987] *Idem*, p. 64.

[988] JORGE DE FIGUEIREDO DIAS e MANUEL DA COSTA ANDRADE, *Criminologia...*, p. 121.

mentos jurídicos, éticos, religiosos, de estereótipos e de coeficientes sociológicos – não ser um conceito unívoco"[989].

O conceito de crime é o resultado de um pensar cultural, de um pensar económico e de um pensar político de um povo, cuja afirmação se afere da arquitectura jurídico-constitucional do Estado.

248. Se a investigação criminal surge como rastilho do processo penal, sendo o processo penal a realização do Direito penal, e se a investigação criminológica é a forma da criminologia se realizar, não devemos ignorar o douto ensinamento de PABLOS DE MOLINA:

> "Criminología y Derecho Penal deben coordinar sus esfuerzos sin intransigencias ni pretensiones de exclusividad, ya que una e otra disciplina gozan de autonomía por razón de sus respectivos objectos y métodos, pero están llamadas a enterderse; son inseparables, como partes integrantes de una ciencia penal total o globalizadora"[990].

Um distanciamento do Direito penal da investigação criminológica é uma atitude ignorante e arrogante[991]. Neste sentido, HASSEMER acrescenta que um juiz ao decidir tem de ter conhecimento dos problemas criminais para que a sua decisão seja certa para o caso concreto e tenha sucesso nos programas de prevenção do delito e de ressocialização do delinquente[992].

Como nos ensina CAVALEIRO DE FERREIRA, com o qual concordamos, a evolução da "prognose da criminalidade, de importância basilar para a sua prevenção" para uma ampliação do seu campo de investi-

[989] Cf. JORGE DE FIGUEIREDO DIAS e MANUEL DA COSTA ANDRADE, *Criminologia...*, p. 65.

[990] Cf. todo o conteúdo que expressa esta ideia de interligação entre a Criminologia e o Direito Penal, consequentemente com a investigação criminal, ANTONIO GARCIA-PABLOS DE MOLINA, *Criminología...*, pp. 87 e ss: "Criminologia e Direito penal devem coordenar os seus esforços sem intransigências nem pretensões de exclusividade, já que uma e outra ciência gozam de autonomia devido oas respectivos objectos e métodos, mas também são chamadas a entender-se; são inseparáveis, como partes integrantes de uma ciência penal total ou globalizadora". Tradução nossa.

[991] *Ibidem.*

[992] HASSEMER *apud* ANTONIO GARCIA-PABLOS DE MOLINA, *Criminología,* p. 87, nota 137. Neste sentido NIEVES SANZ MULAS, *Alternativas a la Pena Privativa de Liberdad,* Madrid: Colex, 2000, p. 288.

gação, de forma a que abrangesse "o homem na sua integralidade, e não reduzido a mero expoente de mecanismos causais, bem como da sociedade e sua organização", transformou a Criminologia frente ao "Direito Penal numa ciência de inestimável préstimo", porque sendo aquele "a disciplina jurídica onde mais claramente se surpreende a correspondência das normas com os actos humanos e o próprio homem", ele não pode compreender a realidade empírica sem a indispensável concorrência dos "resultados das investigações criminológicas que tomam na devida consideração a realidade humana e social"[993].

§ 70º Das finalidades da investigação criminal

249. A investigação criminológica tem como finalidade transformar a criminologia em uma ciência credível no estudo do crime, do delinquente, da vítima e do controlo social da conduta delituosa, de forma a que tenha capacidade de captar uma informação válida sobre a origem, a dinâmica e as principais variáveis do delito para que seja um prestigioso auxiliar dos programas de prevenção criminal[994] e das técnicas de ressocialização do delinquente[995].

Recorrendo a ciências auxiliares, entre as quais se inclui a criminologia, e utilizando quer *métodos adequados*, quer *processos apropriados de actuação técnica especializados*, a investigação criminal tem por finalidade *reconstituir factos já ocorridos, (factos com relevância penal) e descobrir quem os produziu*[996] – identificar e determinar o objecto do processo e os seus autores –, melhor, fundar os alicerces da realização do Direito Penal.

[993] MANUEL CAVALEIRO DE FERREIRA, *Direito Penal Português* – Vol. I, Lisboa/S. Paulo: Verbo, 1982, pp. 25 e 28.

[994] Sobre prevenção criminal aconselha-se a leitura de GERMANO MARQUES DA SILVA, *Direito Penal Português* – Vol. I, Lisboa/S. Paulo: Verbo, 1997, pp. 30 e ss.; EDUARDO CORREIA (c/colaboração de JORGE DE FIGUEIREDO DIAS), *Direito Criminal* – Vol. I, Coimbra: Almedina, 1997, pp. 39 e ss.; ANTÓNIO GARCIA-PABLOS DE MOLINA, *Criminología...*, pp. 235 e ss..

[995] Esta nossa análise baseia-se na definição de criminologia de ANTÓNIO GARCIA-PABLOS DE MOLINA, *Criminología...*, p. 19.

[996] GOMES DIAS *apud* TERESA BELEZA e FREDERICO ISASCA, *Direito Processual...*, pp. 63-64.

250. A investigação criminal tem como fim último a realização do direito nas prossecuções de defesa da sociedade, do colectivo, que tem o direito de viver em segurança e numa ordem social e internacional que lhe garanta a efectivação plena dos seus direitos e liberdades[997], ou seja, a realização dos fins e interesses da ordem jurídica, em particular do direito penal e das penas[998], subjugados a princípios consagrados constitucionalmente[999] que só se alcançam quando se descobre *quem é que, como é que, quando é que, onde é que*, e o *porque é que* se praticou aquele delito: *o que é que*. Realiza-se desta forma o "Direito como instituição, como ordem concreta (...) culminando-se o processo jurídico de ordenação da vida em sociedade"[1000]. A realização do Direito concretiza o alcance da paz jurídica e pública.

Como se tudo se processasse na "busca da finalidade adequada ao aperfeiçoamento do homem e da vida social" de forma a que "a resolução de conflitos supusesse a eleição de interesses predominantes ou a conciliação de interesses, aferindo-os pela sua relacionação com interesses superiores, que servirão de critério de decisão" para que se alcance "o fim ou objectivo último de toda a ordem jurídica" como meio de garantir "a segurança na vida social ou nela estabelecer a justiça"[1001].

251. A investigação criminal permite (ajuda) que o processo penal promova a aplicação da lei penal ao caso concreto, promovendo deste modo a sua "cristalização definitiva"[1002], saindo da sua redoma abstracta para uma aplicação material e concreta, movida pelas instâncias que

[997] Como se pode ver pelo art. 28º da DUDH que consigna que *Toda a pessoa tem direito a que reine, no plano social e no plano internacional, uma ordem capaz de tornar plenamente efectivos os direitos e liberdades enunciados na presente Declaração.*

[998] Sobre os fins do direito penal e das penas, veja-se GERMANO MARQUES DA SILVA, *Direito Penal...* – Vol. I, pp. 30 e ss., EDUARDO CORREIA , *Direito Criminal* – I, 39 e ss., MANUEL CAVALEIRO DE FERREIRA, *Direito Penal...* – Vol. I, pp. 41 e ss..

[999] Cfr. artigos 1º, 2º e 9º da CRP.

[1000] MANUEL CAVALEIRO DE FERREIRA, *Direito Penal...* – Vol. I, p. 43.

[1001] MANUEL CAVALEIRO DE FERREIRA, *Direito Penal...* – Vol. I, p. 36.

[1002] JORGE DE FIGUEIREDO DIAS e MANUEL DA COSTA ANDRADE, *Criminologia...*, p. 67 e ss..

controlam[1003] e reagem contra a delinquência, apoiada pela criminologia que nos ajuda não só a entender os pressupostos factuais e a razão da sua existência, mas também porque é que o crime existe, sabendo-se que é um malefício para a sociedade.

A criminologia tradicional tem um carácter exclusivamente etiológico, preocupando-se em "saber *porque é que as pessoas cometem crimes*", tendo como postulado a "*diferença*: o crime radica em características diferentes do delinquente ou da sua inserção sociocultural"; a Criminologia nova preocupa-se em saber "*porque é que determinadas pessoas são seleccionadas e estigmatizadas* como delinquentes e quais as consequências daquela estigmatização" ganhando assim "uma nova vertente: a da reacção social que trata das instâncias de controle, dos critérios e *mecanismos de selecção*, bem como das *carreiras delinquentes* subsequentes à estigmatização formal"[1004].

Um Estado de direito democrático não admite julgamentos populares no âmbito jurídico[1005], uma vez que é desprovido de qualquer possibilidade de defesa e coarcta todos e quaisquer direitos, liberdades e garantias[1006].

O apuramento da verdade material dos factos para que quem julga tenha na sua mão elementos suficientes que determinem a sua vontade no sentido da condenação ou da absolvição é condição inalienável de um Estado subordinado ao direito e aos ditames da democracia, pois só no processo, ou seja, no encadeamento de actos[1007] que são os meios e instrumentos aptos à prossecução de fins, neste caso jurídicos, se podem garantir os direitos dos cidadãos (seja arguido, seja vítima, seja um cidadão anónimo).

[1003] Como instâncias de controle podem considerar-se a lei, a polícia, a acusação pública, o tribunal, o sistema penitenciário, MANUEL DA COSTA ANDRADE, "Criminologia", *in Polis...* – Vol. I, p. 1425.

[1004] MANUEL DA COSTA ANDRADE, "Criminologia", *in Polis* – Vol. I, p. 1424 e 1425.

[1005] Mas já o são no âmbito político e económico desde que o julgamento não se coadune com a prática de um crime.

[1006] Cfr. artigos 30º e 32º da CRP, artigos 10º e 11º da DUDH, artigos 9º, 10º e 14º PIDCP, artigos 5º, 6º e 7º da CEDH.

[1007] JOSÉ SOUTO DE MOURA, "Inquérito e Instrução" in *Jornadas de Direito Processual Penal/O novo Código de Processo Penal*, Coimbra: CEJ/Livraria Almedina, Coimbra, p. 83.

Neste sentido, Hélio Tornaghi define processo como sendo "uma atividade, um encaminhamento, em determinada direcção, *acrescentando que* onde há tumulto, movimento em várias direcções e sentidos, não há processo". Apesar de já se ter definido como objecto do processo "a própria acção, *esta* como meio de pôr em movimento a actividade judicial, *a mesma não passa de* uma das actividades componentes do processo", continuando, Cavaleiro de Ferreira afirma que o objecto do processo é "o facto na sua existência histórica, que importa averiguar no decurso do processo"[1008].

A investigação criminal é, por excelência, o instrumento/meio jurídico-processual que ajuda a identificar e a determinar o objecto do processo crime.

252. Falamos do processo crime[1009], que mais não é do que uma "sequência de actos juridicamente pré-ordenados e praticados por certas pessoas legitimamente autorizadas em ordem à decisão sobre se foi praticado algum crime e, em caso afirmativo, sobre as respectivas consequências jurídicas e sua justa aplicação"[1010].

[1008] Hélio Tornaghi, *Curso de Processo Penal*, 4ª Edição, São Paulo: Editora Saraiva, 1987, p. 3. Manuel Cavaleiro de Ferreira, *Curso de Processo Penal* I, Reimpressão da U. Católica, 1981, p. 32. Juan-Luis Gomez Colomer afirma que é o objecto do processo que "determina, por tanto, los límites de la investigacion y los de la sentencia, (...), determina la correlación existente entre hecho imputado, acusación y sentencia". Juan-Luis Gomez Colomer, *El Processo Penal Aleman, Introducion y Normas Basicas*, Barcelona: Bosch, Casa Editorial, AS, 1985, p. 40. Sobre o objecto do processo veja-se Germano Marques da Silva, *Curso de Processo...* – Vol. I, pp. 18 e ss., e o nosso *Do Ministério Público e da Polícia. Prevenção Criminal e Acção penal como Execução de uma Política Criminal do Ser Humano*, Lisboa: UCE, 2013, pp. 503-535.

[1009] José Souto de Moura, citando Guiseppe Bettiol, afirma que "a definição dos crimes e cominação de penas sem processo é tarefa estéril, e o processo sem crime é obviamente vazio". José Souto de Moura, "Inquérito e Instrução", *in Jornadas de Direito Processual...*, p. 92.

[1010] Germano Marques da Silva, *Curso de Processo Penal* – Vol. I, Lisboa/São Paulo: Verbo, 1993, Vol. I, p. 13. Hélio Tornaghi vai mais longe ao definir o processo penal como "uma sequência ordenada de fatos, atos e negócios jurídicos que a lei impõe (normas imperativas) ou dispõe (normas técnicas e normas puramente ordenatórias) para averiguação do crime e da autoria e para o julgamento da ilicitude e da culpabilidade". Hélio Tornaghi, *Curso de Processo...*, p. 3. Gomez Colomer considera que "el processo penal debe servir para esclarecer y enjuiciar un hecho o acontecimiento producido". Juan Luis Gomez Colomer, *El Proceso Penal Aleman...*, p. 40.

O *processo crime* é, desta feita, uma sequência de actos materiais e jurídicos previamente previstos e que são praticados pelos operadores judiciários, sujeitos processuais ou não, legitimados e autorizados por lei de modo a que haja uma decisão sobre a existência ou não de um crime e, caso se confirme a subsunção do facto a um tipo legal de crime, o apuramento das responsabilidades jurídicas (criminais, administrativas e civis) em sede de julgamento e, posteriormente, a respectiva e justa execução.

O processo penal como direito adjectivo ou formal, visando a aplicação do direito penal material, não se esgota num "simples ordenamento de formas; *mas* antes compreende o ordenamento das actividades necessárias para alcançar a aplicação do direito material aos casos concretos pelos Tribunais, quer consideradas em si mesmas, quer na forma que revestem"[1011].

253. O processo penal surge como forma de realizar o Direito penal material[1012], permitindo assim o reconhecimento jurídico da existência de um crime e a aplicação das penas ou das medidas de segurança[1013-1014], fundado no respeito pelos interesses e direitos jurídica e constitucionalmente protegidos na dialéctica indivíduo/sociedade[1015].

[1011] Manuel Cavaleiro De Ferreira, *Curso de Processo...* – Vol. I, p. 5.

[1012] Apesar de ser "o direito substantivo, cuja concretização pretendem as diferentes espécies de processo, (...) que determina a acomodação, quer dos meios, quer das formas, à sua própria natureza". Manuel Cavaleiro de Ferreira, *Curso de Processo...*, p. 20.

[1013] É que "o crime só pode ser reconhecido juridicamente e as penas ou medidas de segurança aplicadas pelo processo penal", Germano Marques da Silva, *Curso de Processo...* – Vol. I, p. 13. Como já nos dizia Jean Larquier: "La procédure pénale, au contraire, se présente à nous comme une partie integrante du problème pénal: dès lors, en effect, que jaillit l'une des questions évoquées en droit pénal, c'est, dans l'immense majorité des cas, à travers un procès pénal. (...) La procédure pénale est donc la mise en oeuvre concrète du droit pénal – ou, si l'on préfère, le droit pénal en action. L'infraction va permettre de déclencher le procès, et la peine, si peine il y a, ne peut normalement intervenir que sur le fondement d'une décision judiciaire: la procédure pénale est donc, en quelque sorte, la transition entre l'infraction commise et la sanction prononcée". Jean Larquier, *La Procédure Pénale*, Paris: Presses Universitaires de France, 1976, p. 4.

[1014] Neste sentido Michel Franchimont, Ann Jacobs e Adrien Masset, *Manuel de Procédure Pénale*, Liége: Collection Scientifique de la Faculté de Droit de Liége, 1989, p. 11: "O direito penal determina a tipificação das infracções e das sanções aplicáveis. O processo

A função instrumental do processo visa no fundo a "realização da justiça, que pressupõe a descoberta da verdade material e o restabelecimento da paz jurídica", incidindo esta "tanto no plano individual, do arguido e da vítima, como no plano mais amplo da comunidade jurídica". O alcance da paz jurídica só é possível por meio de um processo crime que absorva uma investigação criminal subordinada aos valores da humanidade e da igualdade em dignidade da pessoa humana. Só este pensar produz uma expansão e ampliação por toda a comunidade do valor da justiça.

A realização da justiça não pode ser *um fim absoluto, ou único, do processo penal*, devendo-se muitas das vezes sacrificar a própria verdade *por razões de segurança*, que *só pode ser procurada*[1016] «de modo processualmente válido e admissível e, portanto, com o integral respeito dos direitos fundamentais das pessoas que no processo se vêem envolvidas»[1017]. Função que só se alcança com uma promissora e bem estruturada investigação criminal que está enquadrada dentro de limites intransponíveis como a liberdade, a integridade física e a vida.

254. A investigação criminal compõe-se de actos juridicamente pré-ordenados que são praticados por grupos de pessoas legal e legitimamente autorizadas, que seguem um modelo padronizado e sistemático, e que irão dizer se existiu ou não um crime, determinar os auto-

penal trata da união entre as infracções e a aplicação da pena. Ele trata do processo crime; ele compreende as regras de organização, de competência e de funcionamento das jurisdições respressivas – tribunais –, assim como do desenvolvimento do processo crime ao longo das diferentes fases: inquérito, instrução e julgamento" Tradução nossa.

[1015] O processo penal tem como fim "a aplicação da lei penal aos casos concretos, tendo (...) um valor instrumental bem preciso: que nenhum responsável passe sem punição (*impunitum non relinqui facinus*) nem nenhum inocente seja condenado (*innocentium non condemnari*)". Germano Marques da Silva, *Curso de Processo...* – Vol. I, p. 24. Jean Larquier explica este sentimento de justiça citando Montesquieu: "Pode pensar-se que a existência de uma boa máquina judiciária se fará reflectir nos delinquentes: a causa de todos os relachamentos, diz Montesquieu, vem da impunidade dos crimes, não da moderação das penas". Jean Larquier, *La Procédure...*, p. 5. Tradução nossa.

[1016] Germano Marques da Silva, *Curso de Processo...*, Vol. I, pp. 24 e 25.

[1017] Jorge de Figueiredo Dias, *Direito Processual Penal*, (Lições coligidas por Maria João Antunes), Coimbra, 1988-9, p. 22. Nesta mesma linha de pensamento, Germano Marques da Silva, *Curso de Processo...*, Vol. I, p. 25, nota 3.

res e reunir as provas necessárias a uma decisão[1018], e deve obediência, entre outros, aos princípios da isenção e da objectividade.

Restritamente, podemos afirmar que a investigação criminal pertence, em regra, a uma fase preparatória do processo[1019-1020] que se preocupa em efectivar as diligências necessárias na busca de *provas* [*reais* e *pessoais*] que permitam reconstituir os factos que, no "respeito pelo princípio de verdade material"[1021], conduzirão a uma decisão: submeter ou não submeter alguém a julgamento.

Esta decisão é o "filtro de selecção que impedirá o assoberbamento dos tribunais com casos inviáveis"[1022]; procura-se, desta forma, libertar os tribunais de processos que levariam à partida a uma absolvição do arguido por ser inocente ou por insuficiência probatória.

Mas podemos afirmar, em uma análise mais ampla, que a investigação criminal[1023] *vai desde a notícia do crime até à sentença transitada em*

[1018] Neste sentido, AA, *Investigação Criminal*, Ed. EPP, 1998, p. 34 e José Souto de Moura, "Inquérito e Instrução", *in Jornadas de Direito Processual...*, p. 84. A Investigação que se processa na fase da instrução preparatória procura "investigar a existência das infracções, determinar os seus agentes, e averiguar a sua responsabilidade, recolhendo o conjunto de provas que a tal fim são adequadas; *cuja* sua direcção efectiva cabe ao Ministério Público, porque o seu objectivo é fundamentar a acusação em juízo, isto é, dar consistência ao juízo de probabilidade pelo Ministério Público formulado sobre o fundamento da sua acusação". Manuel Cavaleiro de Ferreira, *Curso de Processo...*, p. 39.

[1019] Não nos podemos esquecer de que existe sempre investigação até ao *terminus* do processo, porque o juiz, em sede de julgamento, também procura as provas que o levam a formar um juízo de absolvição ou de condenação do arguido. Cfr. artigos 340º e ss. do CPP.

[1020] O processo penal alemão também se divide em duas fases fundamentais: a da investigação, na qual se "tiende a poner de manifiesto, en primer lugar, la existência objectiva del hecho; en segundo lugar, la toma en consideración por el Derecho penal de ese hecho, es decir, si se trata de un acto punible o no; y, por último, entrando en el terreno subjectivo ya, si ese hecho punible puede ser imputado con fundamento a una persona"; e a do julgamento que como "(procedimiento principal) sirve para sentar el análisis definitivo del hecho punible y sus consecuencias jurídicas, produciéndose el fallo de culpabilidad o inocencia en relación con el hecho enjuiciado, con expressión, en su caso, de la cantidad de pena a cumplir". Cf. Juan Luis Gomez Colomer, *El Proceso Penal Aleman...*, p. 40.

[1021] Jose Souto de Moura, "Inquérito e Instrução", *in Jornadas de Direito Processual...*, p. 84.

[1022] *Ibidem*.

[1023] A investigação criminal procura, deste modo, que haja uma *identidade do objecto do processo penal*, ou seja, que exista uma *identidade subjectiva e uma identidade objectiva*,

julgado, porque, até este momento, há a presunção de inocência[1024] do suspeito/imputado/arguido[1025] e podem aparecer novos elementos que visem corroborar a condenação ou mesmo demonstrar que o suspeito//imputado/arguido não cometeu a conduta ilícita de que é acusado, evitando-se assim que um inocente entre no degredo da prisão.

> Concordamos com Jean Larquier quando afirma que "dans la vie quotidienne, la procédure pénale nous concerne tous: non par son application effective, mais par la menace et protection qu'elle implique (...) si l'on dit que le Code pénal est la «grande charte des malfaiteurs», on ajoute que le Code de procédure pénale est celle des honnêtes gens (...) Il faudrait pouvoir distinguer l'innocent du coupable – et c'est précisément ce à quoi entend aboutir la procédure pénale!"[1026].

A investigação criminal funciona como um lastro de todo processo penal, caso falhe ao iniciar a marcha pode pôr em causa todos os direitos, liberdades e garantias fundamentais do arguido e do titular do bem jurídico lesado ou colocado em perigo de lesão, destronando valores inerentes ao princípio da dignidade da pessoa humana, que devem presidir a qualquer processo crime.

que àquela mesma pessoa seja imputado o mesmo facto. Neste sentido Juan Luis Gomez Colomer, *El Processo Penal Aleman...*, p. 42.

[1024] O art. 355º do CPP estipula que só são válidas as provas produzidas em audiência de julgamento, logo nesta também se fará investigação e análise de provas que irão conduzir a uma decisão. Neste sentido veja-se o Ac. do STJ de 17/04/91 in AJ, nº 18, processo nº 41356. Esta orientação é consequência dos princípios do contraditório e da imediação, como afirmam Manuel Simas Santos, Manuel Leal-Henriques e David Borges de Pinho, *Código de Processo Penal* – Vol. II, Lisboa: Rei dos Livros, 1996, p. 312.

[1025] Cfr. nº 2 do art. 32º da CRP, nº 2 do art. 14º do PIDCP, nº 2 do art. 6º da CEDH e nº 1 do art. 11º da DUDH.

[1026] Cf. Jean Larguier, *La Procédure...*, pp. 6 e 7: "na vida quotidiana, o proceso penal nos engloba a todos: não pela sua aplicação efectiva, mas pela ameaça e protecção que ele implica (...) se se diz que o Código penal é a «grande carta dos delinquentes», se ajusta que o Código de Processo penal é a grande carta dos homens honestos (...). É necessário poder distinguir o inocente do culpável – e é precisamente isto que se pretende alcançar com o processo penal". Tradução nossa.

Secção III
Regime Jurídico da Investigação Criminal

§ 71º Da tipologia

255. O tema da investigação criminal[1027] tem sido profícuo na promoção da discussão pública sobre os moldes, os modelos ideais e a coordenação das polícias, o que resultou na inevitável publicação da Lei nº 21/2000, de 10 de Agosto, que aprovou a primeira lei de *organização da investigação criminal*. Este regime foi revogado pela Lei nº 49/2008, de 27 de Agosto, que aprovou a nova Lei de Organização da Investigação Criminal.

A Lei nº 49/2008, de 27 de Agosto, foi alterada pelas Leis nºs 14/2013, de 16 de Maio, 38/2015, de 11 de Maio, e 57/2015, de 23 de Junho. As alterações de 2013 e de 2015 produzidas cingiram-se a clarificar os OPC competentes para investigar a criminalidade de terrorismo e associada ao terrorismo, assim como para esclarecer o acesso à plataforma da interoperabilidade das informações criminais.

O legislador, numa tentativa de demarcar os vértices da investigação criminal, levada a cabo pelos OPC, para limitar os possíveis abusos da actuação policial, definiu-a como sendo a actividade que «compreende o conjunto de diligências que, nos termos da lei processual penal, visam averiguar a existência de um crime, determinar os seus agentes e a sua responsabilidade descobrir e recolher as provas, no âmbito do processo».

[1027] Quanto à investigação criminal de modo mais aprofundado, o nosso *Regime Jurídico da Investigação criminal Comentado e Anotado*, 3ª Edição, Coimbra: Almedina, 2006.

A investigação criminal, numa visão restritiva e clássica, visa descobrir, recolher, conservar, examinar e interpretar as provas reais – objectos utilizados na prática do crime e objectos do próprio crime –, assim como localizar, contactar e apresentar as provas pessoais – autores e testemunhas do crime – que conduzam ao esclarecimento da verdade material dos factos que consubstanciam a prática de um crime[1028]. Para tal contribui a inspecção técnico policial que "constitui a pedra angular da investigação, assim como a fonte de alimentação de toda a actividade probatória"[1029].

Centrado em uma versão mais positivista face ao direito punitivo substantivo e adjectivo, David Borges de Pinho considera a investigação criminal como a averiguação de "todo um conjunto de dados e elementos (...) em ordem à comprovação do que foi denunciado ou se teve conhecimento, à identificação dos intervenientes activos e passivos da infracção penal, ao apuramento dos efeitos ou resultados da mesma infracção e à conformidade e enquadramento dos elementos de facto na tipologia descrita nos normativos penais, sem descurar, obviamente, todo aquele circunstacialismo determinante de uma mais ou menos acentuada censura ao agente em termos de culpa"[1030].

A investigação criminal apresenta como fim último a realização do Direito nas prossecuções de defesa da sociedade, do colectivo, que tem o direito de viver em segurança e numa ordem social e internacional que lhes garanta a efectivação plena dos seus direitos e liberdades, ou seja, a realização dos fins e interesses da ordem jurídica, em particular do direito penal e das penas, subjugados a princípios consagrados constitucionalmente (artigos 1º, 2º e 9º da CRP) que só se alcançam quando se descobre *quem é que, como é que, quando é que, onde é que*, e

[1028] Quanto a este assunto o nosso *Lei e Crime: O agente infiltrado versus o agente provocador – Os princípios do processo penal*, (Co-autoria de Fernando Gonçalves e Manuel João Alves), Coimbra: Almedina, 2001, p. 22 e, neste mesmo sentido, Gomes Dias *apud* Teresa Pizarro Beleza e Frederico Isasca, *Direito Processual Penal – Textos*, Lisboa: AAFDL, 1992, p. 65.

[1029] Amparo López Mendonza, "De la investigación policial", *in Revista Oficial de la Dirección General de la Policía*, nº 163, p. 22).

[1030] David Borges de Pinho, *Da Acção Penal – Tramitação e Formulários*, Coimbra: Livraria Almedina, 1988, p. 73.

o *porque é que* se praticou aquele delito: *o que é que*[1031]. Realiza-se, assim, o "direito como instituição, como ordem concreta ... *culminando-se* o processo jurídico de ordenação da vida em sociedade"[1032].

256. O legislador não limitou a investigação criminal a um plano restrito, que incide com o decurso do inquérito. O texto legislativo é, praticamente, uma cópia do preceituado no nº 1 do art. 262º do CPP, em que se prescreve que «o inquérito compreende o conjunto de diligências que visam investigar a existência de um crime, determinar os seus agentes e a responsabilidade deles e descobrir e recolher as provas, em ordem à decisão sobre a acusação», como se o inquérito se resumisse à investigação criminal. Contudo, o art. 1º da LOIC fala «no âmbito do processo» e não apenas «em ordem à decisão sobre a acusação», deixando antever que a investigação criminal tem uma vertente ampla em termos de lei positiva.

Na fase do inquérito, a investigação efectuada deve ser mais abrangente. Deve, também, permitir uma decisão "sobre o pedido de indemnização civil e para fundamentar a aplicação de medidas de coacção e de garantia patrimonial"[1033]. Estes parâmetros devem guiar o investigador criminal, pois **não lhe basta descobrir e recolher a prova real e localizar a prova pessoal**, pois a sua acção é muito mais ampla para uma justa decisão, seja esta em qualquer fase processual.

257. Francisco Alonso Pérez ensina que «para que um Tribunal declare a existência de responsabilidade criminal e imponha a uma determinada pessoa a correspondente sanção penal e, nos devidos casos, civil, é preciso que adquira a certeza de que se cometeu uma infracção penal e que foi autor da mesma o imputado que se condena», pois a aquisição da certeza advém de uma investigação criminal capaz

[1031] Quanto a este assunto, os nossos *Lei e Crime...*, p. 25 e "A investigação criminal como motor de arranque do processo penal", *in Polícia Portuguesa*, nº 122º, p. 3.

[1032] Manuel de Cavaleiro Ferreira, *Direito Penal Português* – I, Lisboa/São Paulo: Verbo, 1982, p. 43. Itálico nosso.

[1033] Germano Marques da Silva, *Curso de Processo Penal* – Vol. III, 2ª Ed., Lisboa/S. Paulo: Verbo, 2000, pp. 74-75.

de convencer o tribunal «de que os factos que se imputam a esta pessoa sucederam na realidade»[1034].

A investigação criminal deve ser o motor de todo o processo que proporciona ao Tribunal o convencimento de que o crime ***Y*** existiu, de que decorreu no local ***W***, na hora ***X***, com o uso dos objectos ***KK***, cujo(s) autor(es) é/são ***ZZ***, pelas razões ***RR***. Não podemos afastar os motivos do crime da sua consumação e da sua efectivação, quer na investigação, quer na fase de decisão, pois esta depende do equilíbrio obtido e verificado entre a causa e o efeito vitimológico triplo: por um lado, a vítima real e efectiva do crime; por outro, a sociedade que se sente insegura; e, por último, o próprio autor do delito, que se pode transformar numa vítima da sede de justiça ["sede de vingança"] ou da aplicação de uma pena exemplar, provocando a revolta e a dessocialização: derrotando o ideário da prevenção.

Como temos vindo a defender, à investigação criminal cabe procurar que exista uma identidade do objecto do processo penal[1035], ou seja, que exista uma identidade subjectiva e uma identidade objectiva, que à mesma pessoa seja imputado o mesmo facto[1036].

258. Investigar um delito é, hoje, mais do que descobrir as *provas reais* para que sejam recolhidas, examinadas e interpretadas e localizar as *provas pessoais*, para que sejam contactadas e apresentadas. Um investigador tem necessariamente de ir mais além, tem de estar **dotado dos princípios inerentes à investigação criminológica** para que se possa decidir com justiça e equidade.

O legislador transpôs para o preceito algumas linhas do que se deve compreender como investigação criminal quotidiana, não seguindo o ensinamento que a Lei Tutelar Educativa [aprovada pela Lei nº 166/99, de 14 de Setembro] prescrito no art. 72º, nº 2, ao impor ao OPC, que denuncia ou transmite uma denúncia de um menor que cometeu um facto qualificado por lei como crime, a elaboração de uma

[1034] Francisco Alonso Pérez, *Medios de Investigación en el Proceso Penal*, 2ª Ed., Madrid: Dykinson, 2003, p. 33. Tradução nossa.

[1035] Neste sentido e com maior desenvolvimento, o nosso "Do Objecto do Processo...", *in Politeia*, Ano III, nº 2, pp. 115-139.

[1036] Quanto a este assunto o nosso *Lei e Crime...*, p. 16 e, *Neste sentido*, Germano Marques da Silva, *Curso de Processo...* – Vol. III, pp. 74 e 94 e ss..

informação «sobre a conduta anterior do menor e sua situação familiar, educativa e social». Dados essenciais a uma justa decisão, que não se reflecte na simples aplicação de uma sanção, mas que essa sanção cumpra os fins do direito punitivo.

Deste modo, a investigação criminal auxilia o tribunal a aplicar lei penal ao caso concreto e promove, deste modo, a sua "cristalização definitiva"[1037]. A lei penal sai, assim, da redoma abstracta para uma aplicação material e concreta, movida pelas instâncias que controlam (como a lei, a polícia, a acusação pública, o tribunal, o sistema penitenciário[1038]) e que reagem contra a delinquência, apoiada pela criminologia que ajuda a compreender os pressupostos factuais e a razão da sua existência e porque é que o crime existe, porque é que aquele cidadão cometeu este ou aquele crime, como ressocializá-lo, como evitar que outros cometam o mesmo crime, que é um malefício para a sociedade[1039].

259. Os juízes que decidem da causa têm de estar dotados de uma formação criminológica[1040], mas não basta. O conhecimento criminológico tem de ser dotado dos *elementos objectivos* – vida económica, social, cultural e educacional do agente do crime – e *elementos subjectivos* cogniscibilidade do acto e da sua conduta diária – de modo que possa tomar uma decisão não só quanto à autoria, mas às razões do crime.

Nesta linha, acompanhamos GERMANO MARQUES DA SILVA, ao escrever que "se a investigação dos factos constitutivos do crime é essencial, não é de somenos importância a investigação sobre a personalidade do agente", e que "o conhecimento da personalidade do agente é frequentemente imprescindível para perceber a motivação do crime e essencial para graduar a sua responsabilidade", tendo também "grande importância em termos estritamente processuais e na fase processual do inquérito"[1041].

[1037] JORGE DE FIGUEIREDO DIAS e MANUEL DA COSTA ANDRADE, *Criminologia...*, p. 67 e ss..
[1038] MANUEL DA COSTA ANDRADE, "Criminologia", *in Polis* – Vol. I, p. 1425.
[1039] Cfr. MANUEL DA COSTA ANDRADE, "Criminologia", *in Polis* – Vol. I, p. 245 e nosso *Lei e Crime...*, p. 26.
[1040] NIEVES SANZ MULAS, *Alternativas a la Pena Privativa de Liberdad*, Madrid: Colex, 2000, p. 288.
[1041] GERMANO MARQUES DA SILVA, *Curso de Processo...* – Vol. III, p. 76.

Nesta fase, em vez da acusação, os elementos objectivos e subjectivos descobertos e colhidos para o processo podem conduzir o MP a optar, recorrendo ao princípio da oportunidade, pelo *arquivamento do processo* por dispensa de pena – nos termos do art. 280º do CPP –, pela *suspensão provisória do processo* – nos termos do art. 281º do CPP –, tendo sempre em conta a personalidade do agente do crime. O conhecimento da personalidade do arguido é fundamental para a escolha das injunções e regras de conduta oponíveis aquando da suspensão provisória do processo, assim como na escolha da medida de coacção a aplicar ao arguido[1042].

Sufragamos a posição de GERMANO MARQUES DA SILVA. É demasiado perigoso e falacioso o investigador "partir do pressuposto de que o crime noticiado foi efectivamente cometido e interpretar as provas indiciárias à luz desta matriz"[1043], sem que o mesmo realize uma apreciação e interpretação crítica das provas, de modo a que se diminuam os erros judiciários que conduzem à detenção e à prisão de inocentes.

260. A investigação criminal *lato sensu* compreende a actividade investigatória desde a *notitia criminis* até sentença transitada em julgado. Pois, até este momento presume-se inocente o imputado e podem aparecer novos elementos de prova que corroborem a condenação ou, até mesmo, demonstrem que o suspeito está inocente[1044].

Como se pode retirar dos Acs. do STJ de 20-12-1989 e de 28-06-1993, a investigação criminal, cuja tutela pertence à autoridade judiciária, não é uma actividade única e exclusiva dos OPC, mas sim orientada, dirigida pela AJ competente e, em simultâneo, partilhada desde a notícia do crime até sentença transitada em julgado. Caso assim não

[1042] Neste sentido GERMANO MARQUES DA SILVA, *Curso de Processo...* – Vol. III, p. 76.

[1043] GERMANO MARQUES DA SILVA, *Curso de Processo...* – Vol. III, pp. 76-77.

[1044] Neste sentido, o STJ considera que «a "*notitia criminis*" é a condição "*sine qua non*" para o início da investigação criminal» (Ac. STJ nº 20188, Proc. nº 40177, de 20-12-1989, consultado em *www.dgsi.pt* no dia 1 de Julho de 2003) e que «num processo como o penal, dominado pelo princípio da verdade material, é ao juiz que compete investigar e esclarecer oficiosamente os factos, sendo a acusatoriedade temperada com o princípio da investigação judicial» (Ac. STJ nº 19257, Proc. nº 63281, de 28-06-1993, consultado em *www.dgsi.pt* no dia 1 de Julho de 2003).

entendêssemos, corríamos o risco de condenar e, mais grave, "colocar" inocentes na prisão.

Como já decidira o STJ, o tribunal «**está** obrigado a investigar os factos atinentes ao juízo de censura ético-jurídico a formular dentro do falado tipo de culpa»[1045], ou seja, a investigação ultrapassa a fase do inquérito ou da instrução, quando haja, devendo os seus princípios serem observados em sede de julgamento de modo que se possa determinar o «juízo de censura ético-jurídico a formular dentro do falado tipo de culpa».

A investigação criminal não se deve prender, única e em exclusivo, com a descoberta, recolha, conservação, exame e interpretação de provas conducentes à incriminação de ***A*** ou ***B***, mas de todas aquelas que possam também corroborar a tese da sua inocência – falamos de uma investigação criminal leal e democrática, em que o ser humano é o centro de partida e de chegada[1046].

O legislador, preocupado com a defesa da sociedade imbuída de um sentimento de insegurança, apenas prescreveu que o conjunto de diligência investigatórias «visam averiguar a existência de um crime, determinar os seus agentes e a sua responsabilidade, descobrir e recolher as provas».

Num Estado de direito democrático e apesar de sabermos que os OPC estão obrigados aos princípios da *legalidade*, da *objectividade*, da *imparcialidade*, da *isenção*, seria mais adequado que, face aos valores e princípios que os norteiam, de modo a vincular a actividade dos OPC, se tivesse prescrito que as diligências se destinam a averiguar a existência de um crime, determinar os seus agentes e a sua responsabilidade, descobrir e recolher as provas que indiciem quer a culpa quer a inocência dos suspeitos e de todas as que possam justificar a conduta ou exculpar o agente, assim como a probabilidade de extinção do procedimento criminal e de todos os elementos probatórios fundamentais para apuramento de uma possível indemnização civil.

261. Impõe-se que relembremos que a investigação criminal se encontra dentro de um processo crime que só existe dentro de uma

[1045] Ac. STJ, Proc. nº 60, de 28-3-1996, *in www.dgsi.pt* no dia 1 de Julho de 2003.

[1046] Quanto à investigação democrática o nosso *Regime Jurídico da Investigação...*, 3ª Edição, pp. 30-54.

acção penal. Consideramos que é inadmissível, por força da Constituição e da legislação processual penal, a existência de pré-inquéritos policiais ou inquéritos crimes em sede de processo administrativo sancionatório[1047].

O próprio conceito de investigação criminal implica a existência de um facto que a lei escrita, prévia e *praeclara* tipifique como crime. Só em sede da existência de um crime ou do facto qualificado como crime é que se admite a investigação criminal. Esta não tem lugar em sede de processo administrativo: *v. g.*, processo contra-ordenacional. Este pode dar origem a uma processo crime, mas jamais deve ser a muleta de investigação de crimes para obtenção de prova em sede administrativa.

A utilização de um processo contra-ordenacional para recolha de informação de índole criminal ou de provas indiciárias da prática de crimes – *v. g.*, processos contra-ordenacionais tributários e financeiros – para *a posteriori* se requerer a emissão do respectivo mandado judicial de busca, de apreensão e congelamento de tráfego financeiro e bancário, mandado de pesquisa de dados informáticos, apreensão de dados informáticos (etc.), a par da contrariedade à legalidade democrática [bloco da legalidade], por isso ilegítima, ilegal e ilícita, viola os princípios da lealdade e democrático a actuação dos operadores judiciários.

Refira-se, ainda, que a interpretação que fundamenta essa actuação está ferida de inconstitucionalidade material por violação do princípio da jurisdicionalidade, da judiciaridade da acção penal e da proporcionalidade, em especial da necessidade/subsidiariedade e exigibilidade/ /indispensabilidade.

A ideia de extensibilidade interpretativa do conceito de recolha de informações criminais não colhe neste dicurso jurídico-processual constitucional, nem os princípios da eficácia e da eficiência colhem face ao quadro jurídico no seu todo, a não ser que se anseie por um regresso ao modelo de Estado de Polícia. Parece-nos que vivemos um

[1047] Neste mesmo sentido, José Lobo Moutinho, "Artigo 219º – Funções e Estatuto", *in* Jorge Miranda e Rui Medeiros (Dir.), *Constituição da República Anotada* – Tomo III, Coimbra: Coimbra Editora, 2007.

tempo de *patologia jurídica* que gerou, em tempos, espaços do Estado de polícia[1048].

O perigo da *administrativização* da investigação criminal e do processo penal – por meio de valoração de provas obtidas sob a égido de um processo administrativo ou de um mecanismo electrónico de autorização executivo-administrativa – é real e é um preço que podemos ter de suportar de forma drástica e elevada, caso se opte pela *eficácia imediata* e se olvide que a *eficácia mediata* – eficiência no resultado, que depende da formação dos operadores judiciários e não do aumento de competências à revelia da tutela jurisdicional. No quadro jurídico-constitucional português só é admissível investigação criminal sob tutela judiciária e/ou jurisdicional.

§ 72º Da direcção da investigação criminal

262. O art. 2º da LOIC, como temos defendido, pouco trouxe de novo a não ser reproduzir o que preceitos processuais penais já consignavam quanto à orientação e direcção das fases processuais. Preconizou que aos OPC está adstrita uma autonomia técnica e táctica (se necessária aos fins da investigação criminal), ficando bem vincada a dependência funcional face à autoridade judiciária titular da fase do processo[1049].

A LOIC é o resultado do que Anabela Miranda Rodrigues designa de "*policialização* da investigação criminal", em cujo filme «o Ministério Público "ocupa parcialmente a cena", quando devia dominá-la,

[1048] Quanto a este assunto e com base no caso da Alemanha de Hitler, Martin Golding, *Filosofia e Teoria do Direito*, (Tradução do inglês de Ari Marcelo Solon), Porto Alegre: Sergio Antonio Fabris Editor, 2010, pp. 181-188.

[1049] Como demonstra o Parecer da Comissão de Legislação da OA sobre a primeira LOIC, aprovada pela Lei nº 21/2000, de 10 de Agosto, cujo relator foi Germano Marques da Silva, quanto às "definições de autonomia técnica, autonomia táctica e simples autonomia, objecto dos nºs 5, 6 e 7 do art. 2º, não são por si suficientemente precisas no que se refere ao nº 7 parece mesmo contraditória, não se conformando com o sistema processual em vigor". Cfr. CL/13/00 – Observações da Comissão de Legislação da Ordem dos Advogados Sobre o Projecto de Lei Sobre Investigação Criminal.

enquanto a polícia desempenha plenamente o seu papel»[1050]. Esta *policialização* deve-se a uma «certa passividade dos magistrados durante a fase preparatória do processo», devido às suas «atribuições essencialmente sedentárias»[1051].

Contudo, na esteira da ilustre Professora, o que se verifica é que «a subordinação orgânica se sobrepõe à subordinação funcional», o que afasta a ideia de controlo e fiscalização pelo MP durante a fase preparatória do processo. Cenário que encobre perigos e cria um «mal-estar». Pois, esta «subalternização da autoridade judiciária na investigação – (...) – põe em causa o princípio da investigação sob garantia judicial»[1052].

263. A direcção da investigação é sempre da competência da autoridade judiciária responsável pela fase do processo em que se encontra, ou seja, transforma toda e qualquer competência de investigação dos OPC em relativa e dependente, *ex vi* nº 1 do art. 263º e nº 1 do 288º do CPP e nº 1 do art. 2º da LOIC. Os OPC não dirigem a investigação criminal, materializam-na quando chamados a coadjuvar.

Como autoridade judiciária, entenda-se «o juiz, o juiz de instrução e o Ministério Público, cada um relativamente aos actos processuais que cabem na sua competência» – nos termos da al. *b)* do nº 1 do art. 1º do CPP. A direcção do inquérito é da competência do Ministério Público (MP) – 1ª parte do nº 1 do art. 263º do CPP – titular da acção penal – nº 1 do art. 219º da CRP. Ao Juiz de Instrução (JIC) cabe a direcção da instrução – 1ª parte do nº 1 do art. 288º do CPP.

O MP dirige a investigação criminal na fase de inquérito, o JIC na fase de instrução e o juiz na fase de julgamento.

264. O nº 2 do art. 2º da LOIC determina a coadjuvação[1053] dos OPC à autoridade judiciária competente para fase do processo em curso.

[1050] Anabela Miranda Rodrigues, "A fase preparatória do Processo Penal – tendências na Europa. O Caso Português", *in STVDIA IVRIDICA – BFD*, Coimbra: Coimbra Editora, nº 61, p. 955.

[1051] *Ibidem*.

[1052] *Idem*, p. 956.

[1053] Quanto à coadjuvação como cooperação judicial vertical, *infra* Capítulo V.

Consideram-se OPC «todas as entidades e agentes policiais a quem caiba levar a cabo quaisquer actos ordenados por uma autoridade judiciária ou determinados» pelo CPP – al. *c)* do art. 1º do CPP – e que lhes compete «coadjuvar as autoridades judiciárias com vista à realização das finalidades do processo» – conforme nº 1 do art. 55º do CPP –, não fazendo sentido algum que o legislador sentisse necessidade de voltar a repetir o que já está determinado desde 1987 e se encontra consagrado no art. 202º, 219º e 272º da CRP.

A coadjuvação do OPC para com o MP encontra-se, também, prescrita na 2ª parte do nº 2 do art. 263º e nº 4 do art. 270º, para com o JIC na 2ª parte do nº 1 do art. 288º, nº 2 do art. 290º, todos do CPP e nas próprias Leis Orgânicas das polícias: na LOPJ – o art. 2º, nº 1 e art. 3º da Lei nº 37/2008, de 6 de Agosto; na LOGNR – al. *e)* do nº 1 do art. 3º e art. 12º da Lei nº 63/2007, de 6 de Novembro; na LOPSP – alíneas *c)* e *e)* do nº 2 do art. 3º e art. 11º da Lei nº 53/2007, de 31 de Agosto; na LOFSEF – o art. 1º, nº 2, do DL nº 252/2000, de 16 de Outubro.

Verifica-se que o legislador sentiu necessidade de rescrever e redeterminar um *princípio de coadjuvação e de obrigatoriedade de assistência* por parte dos OPC para vincar a atribuição e a competência absoluta da investigação da autoridade judiciária. É de realçar que esta coadjuvação não segue de todo o instituto da coadjuvação do direito administrativo, mas tem na sua génese a ideia de que existe um órgão dominante que delimita o "exercício da competência do órgão coadjutor"[1054].

Relembramos o que a Comissão de Legislação da OA defendeu: "por força da lei processual a direcção da investigação compete efectivamente ao Ministério Público ou ao juiz de instrução, no inquérito e na instrução, respectivamente"[1055]. Este princípio, que está consagrado constitucionalmente – nº 3 do art. 202º da CRP –, encontra-se prescrito na al. *c)* do art. 1º, no nº 2 do art. 9º e no art. 55º do CPP. Como afirmam Gomes Canotilho e Vital Moreira[1056], o princípio da coadjuvação perspectiva três vertentes:

1054 Cf. José Carlos Vieira de Andrade. *Lições de Direito Administrativo*. 3ª Edição. Coimbra: Imprensa da Universidade de Coimbra, 2013, p. 91.

1055 Cfr. CL/13/00.

1056 Gomes Canotilho e Vital Moreira, *Constituição da República Portuguesa Anotada*, 3ª Ed., Coimbra Editora, 1993, p. 793 ou II Volume, 4ª Edição, 2010, p. 510, e o nosso

1. o direito de solicitação de "ajuda das demais autoridades";
2. o dever de prestação de ajuda;
3. "a ajuda deve ser prestada nos termos indicados pelo tribunal interessado".

Neste sentido, GERMANO MARQUES DA SILVA afirma que a competência de coadjuvação dos OPC lhes é atribuída «para auxiliar as autoridades judiciárias no exercício das suas funções no processo, nos termos indicados pela autoridade judiciária»[1057].

265. O nº 4 do art. 2º da LOIC prescreve o mesmo teor do nº 2 do art. 263º e do nº 1 do art. 288º, ambos do CPP, introduzindo a expressão «sem prejuízo da respectiva organização hierárquica». Como se retira da exposição de motivos, o legislador procurou *limitar a ingerência da autoridade judiciária* no desenrolar do processo *quanto às decisões internas dos OPC*, ou seja, procurou evitar que fosse a própria autoridade judiciária a decidir (sempre e sem qualquer *motivo de força maior*[1058]) qual o agente da secção de investigação que procede às diligências investigatórias necessárias à decisão de acusação ou não acusação ou de pronúncia ou não pronúncia.

Mas pensamos que esta limitação não pode ser absoluta, porque haverá casos cuja especificidade ou especial melindre imponham que seja a própria autoridade judiciária a determinar quem – o agente ***y*** ou ***x*** – que investiga. Pois, não faltam exemplos académicos capazes de ilustrar uma situação em que o MP ou o JIC tenham necessidade, até pelo necessário segredo de justiça ou sigilo que se impõe no processo, de determinar que quem investiga é o agente ***H*** e não o ***Y*** como desejaria o Comandante da secção de inquéritos.

Como argumento da *dependência funcional* do OPC, apontamos o poder de avocar o processo por parte da autoridade judicial e o exercício da acção penal que cabe ao MP: nº 1 do art. 219º da CRP, art. 48º do

"Natureza da Actuação Policial", *in Polícia Portuguesa*, Ano LXV, nº 134, Março/Abril, 2002, p. 21 e *supra* Capítulo II e Capítulo IV da Parte I.

[1057] GERMANO MARQUES DA SILVA, *Curso de Processo...* – Vol. I, 4ª Edição, p. 282.

[1058] Podemos apontar como *motivo de força maior* o agente do crime em investigação pertencer à brigada ou equipa de investigação criminal a quem a APC entregaria o processo.

CPP e art. 1º, art. 3º, nº 1, al. *c)* do EMP, aprovado pela Lei nº 60/98, de 27 de Agosto. No exercício da acção penal compete ao MP «dirigir a investigação criminal, ainda quando realizada por outras entidades», conforme al. *h)* do nº 1 do art. 3º do EMP e «fiscalizar a actividade processual dos órgãos de polícia criminal», al. *n)* do nº 1 do art. 3º do EMP e «é coadjuvado (...) por órgãos de polícia criminal», nº 3 do art. 3º do EMP.

Consideramos que o legislador pretendeu limitar a ingerência das autoridades judiciárias na vida interna orgânica e hierárquica das polícias criminais e fazer a destrinça entre *autonomias orgânica e hierárquica* aprovada por órgão de soberania[1059] e as autonomias técnica e táctica. A efectividade das autonomias técnica e táctica encontra-se subordinada aos princípios da necessidade e da eficácia das atribuições de investigação adstritas ao OPC e dos actos delegados pelas autoridades judiciárias[1060].

266. Na dependência do PGR funciona o DCIAP – Departamento Central de Investigação e Acção Penal –, «órgão de coordenação e de direcção da investigação e de prevenção da criminalidade violenta, altamente organizada ou de especial complexidade», conforme nº 3 do art. 9º e nº 1 do art. 46º do EMP.

No âmbito da coordenação da investigação criminal, quanto aos crimes previstos no nº 1 do art. 47º do EMP, compete ao DCIAP o «exame e a execução de formas de articulação com outros departamentos e serviços, nomeadamente de polícia criminal, com vista ao reforço da simplificação, racionalidade e eficácia dos procedimentos», al. *a)* do nº 1 do art. 47º do EMP, e em «colaboração com os departamentos de investigação e acção penal das sedes dos distritos judiciais, a elaboração de estudos sobre a natureza, o volume e as tendências de evolução da criminalidade e os resultados obtidos na prevenção, na detecção e no controlo», al. *b)* do nº 2 do art. 47º do EMP.

[1059] Na nossa opinião o órgão de soberania com competência legislativa para aprovar a orgânica de uma Polícia no sentido do art. 272º da CRP é a AR por força do nº 4 deste preceito conjugado com a al. *u*) do art. 164º e al. *b*) do nº 1 do art. 165º da CRP.

[1060] Cfr. *in fine* nº 5 do art. 2º da LOIC.

Ao DCIAP compete dirigir a investigação – *maxime* inquérito – sempre que a actividade criminosa ocorra em comarcas que pertencem a distritos judiciais diferentes – al. *a)* do nº 3 do art. 47º do EMP –, assim como o inquérito relativamente a crimes de manifesta gravidade, de especial complexidade ou de dispersão territorial da actividade criminosa que justifiquem a direcção concentrada da investigação, precedido de despacho do PGR: al. *b)* do nº 3 do art. 47º do EMP. Ao DCIAP, no desenvolvimento das suas atribuições e competências de coordenação e de direcção da investigação, é devido a mesma coadjuvação que os OPC prestam a outros órgãos do MP.

267. Seja o MP seja o JIC seja o Juiz, a actividade do OPC coadjutor é «de ajuda à autoridade judiciária e esta ajuda deve ser prestada nos termos indicados por esta autoridade, uma vez que os actos praticados são *primariamente* da competência da autoridade coadjuvada»[1061]. A autoridade coadjuvada emite «as directivas que entender convenientes para a prática pelos órgãos de polícia criminal daqueles actos ou actividades que, sendo da competência própria das autoridades judiciárias, vão ser praticados pelos órgãos de polícia criminal»[1062].

A autoridade judiciária coadjuvada decide e determina o âmbito, o objecto, o sentido e os termos da coadjuvação a ser prestada pelos OPC. A autoridade judiciária coadjuvada é a autoridade judiciária competente originária.

A dependência funcional do OPC face ao MP «respeita ao concreto exercício da função processual», em que a actividade dos OPC, no processo penal, «deve ser qualificada como actividade de Administração de Justiça»[1063]. Como afirma o GERMANO MARQUES DA SILVA, face ao «sistema processual português a investigação criminal não é autónoma das fases processuais em que se integra (inquérito e instrução)", pelo que a respectiva "direcção compete à autoridade judiciária, a quem a lei atribui o domínio e a responsabilidade" de cada fase do processo[1064].

[1061] GERMANO MARQUES DA SILVA, *Curso de Processo...* – Vol. I, 4ª Edição, p. 283. Itálico nosso.

[1062] *Ibidem.*

[1063] *Idem*, pp. 283-284.

[1064] *Ibidem.*

Nesta linha de pensamento, os processos administrativos ou de informações policiais [estas fora do quadro do nº 8 do art. 250º do CPP] com natureza de investigação criminal não são admitidos pela nossa ordem jurídica.

Ao se prescrever a *dependência funcional* dos OPC, mas «sem prejuízo da respectiva organização hierárquica», reitera-se o *princípio da indivisibilidade do Ministério Público* – que «é um corpo de magistrados e não de polícias e assessores» – e do *respeito pela hierarquia das polícias* de que nos fala CUNHA RODRIGUES[1065]. O MP não «*coordena*» a investigação criminal – «se se entender por coordenação a superintendência numa actividade que gera relações recíprocas» –, pois o MP «não *coordena, ordena*»[1066]. O MP dirige a investigação criminal no âmbito do inquérito de um processo crime.

Como afirma ANABELA MIRANDA RODRIGUES, a **intervenção da autoridade judiciária na investigação criminal** «assenta na ideia de que, a montante do julgamento, a recolha de provas e a sua apreciação com vista a um eventual julgamento é uma actividade que pode ser tão pesada para direitos, liberdades e garantias dos cidadãos que a **sua legalidade deve ser escrupulosamente resguardada**»[1067].

Pretende-se uma investigação criminal sob tutela judiciária e sob a salvaguarda jurisdicional face à probabilidade de restrição de direitos, liberdades e garantias fundamentais dos cidadãos.

268. A *dependência funcional*, como ensina FIGUEIREDO DIAS, é alcançada com «uma rigorosa delimitação de competências entre autoridades judiciárias e as polícias, aquelas dirigindo, estas realizando as tarefas de investigação»[1068], permitindo que a *dependência funcional* deva «desenvolver-se num quadro de coordenação, confiança, desburocra-

[1065] JOSÉ NARCISO DA CUNHA RODRIGUES, "A posição Institucional e as Atribuições do Ministério Público e das Polícias na Investigação Criminal", *in BMJ*, nº 337, pp. 39-40.

[1066] *Idem*, p. 41.

[1067] ANABELA MIRANDA RODRIGUES, "A fase preparatória...", *in STVDIA IVRIDICA*, nº 61, p. 956. Negrito nosso.

[1068] JORGE DE FIGUEIREDO DIAS, "Sobre os sujeitos processuais no novo Código de Processo Penal", *in O Novo Código de Processo Penal*, Jornadas de Direito Processual Penal, Coimbra: Almedina, 1988, p. 13.

tização, simplificação e cooperação, essenciais ao funcionamento do sistema»[1069].

A *dependência funcional* exige que cada operador judiciário respeite as atribuições e competências do outro operador judiciário e se concretize o *princípio da indisponibilidade das competências* constitucionalmente consagradas tendo em conta que a coadjuvação dos OPC se insere na designada cooperação judiciária vertical[1070]. Os OPC não detêm, no âmbito de justiça criminal, independência funcional que gozam no quadro da atividade jurídico-administrativa[1071].

Na esteira de Cunha Rodrigues[1072] e de Germano Marques da Silva[1073], podemos considerar que os poderes de direcção do MP face aos OPC se traduzem em:

- exigir a «comunicação da notícia do crime no mais curto prazo, que não pode exceder 10 dias» – artigos 243º, nº 3, 245º e 248º do CPP – e dos respectivos relatórios quanto às medidas cautelares e de polícia praticadas pelos OPC – artigos 248º a 253º do CPP»;
- «avocar o processo», a qualquer momento, e devolvê-lo, caso se mostre necessário, a outro OPC – art. 263º do CPP e nº 7 do art. 2º da LOIC;
- «emitir directivas, ordens e instruções sobre o modo proces sual de realização da investigação criminal», determinando a realização de actos e diligências – art. 1º, nº 1, al. *c)*, art. 53º, nº 2, al. *b)*, art. 262º, 263º, 270º e 290º, nº 2 do CPP nºs 1, 2 e 7 do art. 2º LOIC;
- «apreciar o resultado das investigações, tomadas as iniciativas que se justificarem»;
- fiscalizar, a todo o momento, o modo de realização da investigação pelos OPC – art. 263º e ss. do CPP e nº 7 do art. 2º da LOIC.

1069 Cf. Anabela Miranda Rodrigues, "A fase preparatória...", *in STVDIA IVRIDICA*, nº 61, p. 957.

1070 Quanto a este assunto *infra* Capítulo V da Parte II.

1071 Cf. José Carlos Vieira de Andrade, *Lições de Direito...*, pp. 88-89.

1072 Cfr. José Narciso Cunha Rodrigues, "A posição Institucional...", *in BMJ*, nº 337, p. 40.

1073 Cfr. Germano Marques da Silva, *Curso de Processo...* – Vol. I, 4ª Edição, p. 271.

A *dependência funcional* impõe que se reitere o princípio de que «as actuações das polícias, do Ministério Público e do Juiz não são mais que níveis diferenciados, mas igualmente necessários, do *combate* pelo direito, pela liberdade e pela segurança»[1074] de todos os cidadãos. Pode afirmar-se que a *dependência funcional* é um *modelo arquitetónico processual de investigação criminal* que *identifica o responsável* e os co-responsáveis na *realização do Direito criminal* e na *afirmação da paz jurídica sem nihilificação do ser humano* e, antes, com *maximização da dignidade de pessoa humana.*

§ 73º Dos actos cautelares (*medidas cautelares e de polícia*) e do início da investigação

269. A competência do OPC de «iniciar de imediato a investigação» antes do conhecimento do crime por parte do MP, mesmo sem prejuízo do despacho de natureza genérica previsto no nº 4 do art. 270º do CPP, conforme nº 3 do art. 2º da LOIC, tem de ser interpretado restritivamente sob pena da interpretação não estar conforme o CPP e, consequentemente, com a Constituição. Pois, defendemos que se deve interpretar esta disposição com a parte final do preceito, ou seja, o início da investigação criminal deve prender-se com a prática de «actos cautelares necessários e urgentes para assegurar os meios de prova», como também prescreve *in fine* nº 1 do art. 249º do CPP.

A *direcção do inquérito* é do MP e a *investigação criminal desenvolve-se dentro do processo, in casu, do inquérito*. Não faz sentido considerarmos que o OPC pode investigar sem que primeiro dê conhecimento dos factos criminosos ao titular da fase processual: inquérito. Caso fosse esta a intenção do legislador – permitir investigação antes e fora do processo –, seria assim uma interpretação revogativa das normas processuais penais e contrária ao nº 1 do art. 219º da CRP.

Aqueles actos, como afirma Anabela Miranda Rodrigues, aquando do novo CPP (1987), representam a consciência, por parte do legislador, «de que a realização da investigação criminal necessita,

[1074] Cfr. José Narciso Cunha Rodrigues, "A posição Institucional...", *in BMJ*, nº 337, p. 43. Itálico nosso.

para ser eficaz, de ter ao seu dispor certos meios que são afinal, na prática, os meios *normais* de actuação naquelas fases em que a prova se estrutura». Pois, por um lado, respeita-se «a nova filosofia assente na legalização dos meios de actuação que até aqui se encontravam numa zona de semi-clandestinidade; por outro lado, a consciência muito nítida de que a sua consagração representa um risco, assumido pelo Código, de utilização abusiva dessas medidas, levou a apertar os *critérios* que legitimam a intervenção das polícias nesses casos (...) e a introduzir *o limite da intervenção homologadora da autoridade judiciária*»[1075]. É neste sentido que o legislador em 2000 e em 2008 quis legitimar a intervenção *a priori* do MP e nunca dotá-lo de um competência independente de investigação criminal.

Os OPC estão, *ab initio*, obrigados a comunicar no mais curto prazo, sem ultrapassar os 10 dias[1076], os crimes de que tenham conhecimento directo ou indirecto ou por denúncia ao MP, como já prescrevia o art. 248º do CPP. O início imediato da investigação e "a prática dos actos processuais derivados, relativamente aos crimes que lhes forem denunciados ou que a integrem", nos termos do nº 4 do art. 270º do CPP[1077], não pode afastar a obrigação de comunicação imediata e

[1075] ANABELA M. RODRIGUES, "O Inquérito no Novo Código de Processo Penal", *in Jornadas de Direito Processual Penal* – CEJ, Coimbra: Almedina, 1995, p. 71.

[1076] Cfr. nº 3 do art. 243º, art. 245º, nº 1 do art. 248º do CPP e nº 3 do art. 2º da LOIC. Como já defendemos, consideramos que estamos perante uma *policialização* da investigação criminal, assim como consideramos que tal disposição é contrária aos artigos 26º, 32º, nºs 1 e 4 e 219º da CRP. Quanto a este assunto *supra* § 50º.

[1077] Conforme **Directiva nº 1/2002, da PGR** – Artigo 270º do Código de Processo Penal – Delegação de competência – Actividade Processual do Ministério Público –, publicada no *DR* – II Série, de 4 de Abril de 2002, nº 79, p. 6222, que transcrevemos:
"Por despacho de 8 de Março de 2002 do conselheiro Procurador-Geral da República, no uso da competência atribuída pelo art. 12º, nº 2, al. b), do Estatuto do Ministério Público (Lei nº 60/98, de 27 de Agosto), a articulação da actuação dos órgãos de polícia criminal com o exercício das competências do Ministério Público, no âmbito do Código de Processo Penal de 1987, teve, como ponto de referência principal, o despacho de 21 de Dezembro de 1987, divulgado a coberto da circular nº 8/87 desta Procuradoria-Geral, da mesma data.
Tal despacho definiu as linhas estruturantes de intervenção dos órgãos de polícia criminal, nas tarefas do processo, e desempenhou um papel fundamental na transição do sistema resultante do Código de Processo de Penal de 1929 e legislação complementar, para

o sistema emergente do novo código. Mantêm aliás toda a actualidade as considerações introdutórias que ali se podem ver, relativamente ao enquadramento da relação entre o Ministério Público e os órgãos de polícia criminal (1).

Decorridos vários anos após a publicação do Código em vigor, torna-se necessária uma revisão da disciplina consagrada naquele Despacho, de forma a que a mesma exprima a experiência entretanto adquirida e contemple as modificações que tiveram lugar no nosso sistema penal e processual penal.

Entre essas alterações surgem, com particular relevo, as operadas com a revisão do Código de Processo Penal, através da Lei nº 59/98, de 25 de Agosto, que consagrou expressamente a delegação genérica de competências, no nº 4 daquele artigo 270º, com a Lei da Organização da Investigação Criminal – Lei nº 21/2000 de 10 de Agosto, bem como com o novo estatuto da Polícia Judiciária, decorrente do Decreto-Lei nº 275-A/2000, de 9 de Novembro, alterado pela Lei nº 103/2001, de 25 de Agosto.

Aproveita-se também a oportunidade para introduzir procedimentos de registo de processos, ao serviço de uma informação rápida, sobre o exercício funcional do Ministério Público.

Assim, nos termos do artigo 12º, nº 2, al. b), do Estatuto do Ministério Público, determino o seguinte:

I – Intervenção do Ministério Público

1 – Os Magistrados do Ministério Público intervirão directamente nos inquéritos relativos a crimes puníveis com pena de prisão superior a 5 anos, analisando a notícia do crime, e, em princípio, definindo as diligências de investigação a levar a cabo, ou participando directamente na sua realização, quando o julguem oportuno, sem prejuízo da delegação genérica de competências para a investigação, na Polícia Judiciária, prevista neste despacho.

2 – A intervenção directa dos magistrados deverá igualmente ocorrer relativamente aos crimes puníveis com pena de prisão inferior a 5 anos, em relação aos quais, pela qualidade dos agentes ou das vítimas, ou pelas particulares circunstâncias que rodearam a sua prática, se justifique essa intervenção.

3 – O disposto nos números anteriores não obsta à delegação de competência para a prática de específicos actos de investigação ou de inquérito nos órgãos de polícia criminal respectivos.

4 – Sem prejuízo da disciplina que antecede, o magistrado titular do inquérito, sempre que ocorrerem motivos ponderosos, pode, no despacho que recair sobre a notícia do crime, revogar a delegação genérica que tenha sido feita em certo órgão de polícia criminal.

5 – Nos casos de delegação genérica de competência num órgão de polícia criminal, enquanto a mesma se mantiver, os magistrados devem abster-se de praticar, no processo ou seu traslado, actos avulsos de investigação.

II – Delegação Genérica na Polícia Judiciária

1 – Nos termos do artigo 270º, nº 4 do Código de Processo Penal, delego genericamente na Polícia Judiciária a competência para a investigação e para a prática dos actos processuais de inquérito derivados da mesma ou que a integrem, relativamente aos crimes previstos no artigo 4º da Lei nº 21/2000, de 10 de Agosto, e nº 2 do artigo 5º do Decreto-Lei nº 275-A//2000, de 9 de Novembro.

2 – A delegação referida no número anterior abrange os actos previstos e não excepcionados pelo nº 3 do artigo 270º do Código Processo Penal, bem como a competência para a prática, por parte das autoridades de polícia criminal referidas no nº 1 do artigo 11º do Decreto-Lei nº 275-A/2000, de 9 de Novembro, dos actos processuais previstos nas alíneas *a*), *b*), *c*) e *d*), do nº 1, do artigo 11º – A daquele diploma, na redacção resultante da Lei nº 103/2001, de 25 de Agosto.

3 – A legalidade dos actos processuais referidos no número anterior, praticados a coberto de delegação genérica de competências, será apreciada pelo magistrado responsável pelo processo, na primeira intervenção que nele tenha, e, designadamente na primeira intervenção posterior à comunicação prevista nº 2 do artigo 11º-A do Decreto-Lei nº 275-A/2000, de 9 de Novembro, na redacção resultante da Lei nº 103/2001, de 25 de Agosto.

III – Deferimento de Competência à Polícia Judiciária

Quando se mostre verificado o circunstancialismo previsto no nº 2, do artigo 5º da Lei nº 21/2000, de 10 de Agosto Magistrado responsável pelo processo requererá o deferimento da competência à Policia Judiciária.

a) – O requerimento será instruído com uma informação que discrimine os elementos resultantes do processo que preenchem as aludidas circunstâncias e remetido à respectiva Procuradoria-Geral Distrital, mantendo-se o processo até tomada de posição final sobre o deferimento no departamento a que pertencer, onde se procederá à prática das diligências urgentes que se justifiquem.

b) – Quando o Procurador-Geral Distrital considerar o requerimento infundado, devolvê-lo-á ao magistrado requerente, o que implica o não prosseguimento do pedido nos termos em que foi formulado.

IV – Delegação Genérica noutros Órgãos de Polícia Criminal

1 – Nos termos do artigo 270º, nº 4 do Código de Processo Penal, delego genericamente na Polícia de Segurança Pública e na Guarda Nacional Republicana a competência para a investigação e para a prática dos actos processuais da mesma derivados, relativamente aos crimes que lhes forem denunciados, cuja competência não esteja reservada à Polícia Judiciária, e ainda dos crimes cuja investigação lhes esteja cometida pelas respectivas leis orgânicas, sem prejuízo do disposto nos números 1, 2 e 3 do ponto I deste Despacho.

2 – Nos termos do nº 4, do artigo 270º do Código de Processo Penal, delego genericamente a competência para a investigação de

b) Crimes de natureza fiscal: – aduaneiros, não aduaneiros e contra a segurança social, nos órgãos de polícia criminal específicos, previstos na legislação respectiva;
c) Crimes anti-económicos e contra a saúde pública, nos órgãos de polícia criminal específicos, previstos na legislação respectiva;
d) Crimes de auxílio à emigração ilegal, associação de auxílio à emigração ilegal, entrada e permanência ilegal, angariação de mão de obra ilegal e crimes conexos, no Serviço de Estrangeiros e Fronteiras;
3 – A presente delegação abrange os actos previstos no nº 3, do artigo 270º do Código Processo Penal.
4 – A delegação prevista nos números anteriores respeitará a competência reservada da Policia Judiciária para a investigação dos crimes previstos nas alíneas *u*), *v*), *w*), do artigo 4º da Lei nº 21/2000, de 10 de Agosto.

V – Comunicações
1 – Os órgãos de polícia criminal devem transmitir ao Ministério Público, no mais curto prazo de tempo, a notícia de crime de que tenham conhecimento ou lhes tenha sido denunciado (artigo 248º do Código de Processo Penal).
2 – Quando a competência para a investigação pertencer a outro órgão de polícia criminal, nomeadamente nas situações de competência reservada da Polícia Judiciária, a transmissão far-se-á mediante o envio do original do auto de notícia ou de denúncia a este órgão e do duplicado ao Ministério Público.
3 – Na situação a que se refere o número anterior, a comunicação ao Ministério Público mencionará o destino dado ao original do auto de notícia ou de denúncia.
4 – Os Magistrados comunicarão ao seu superior hierárquico imediato, nos termos a definir pelos Procuradores Gerais Distritais, os despachos de arquivamento proferidos nos termos dos nº 1 e 2 do artigo 277º do Código de Processo Penal, relativamente a processos por crimes puníveis com pena de prisão superior a 5 anos, salvo se forem contra desconhecidos, ou tratando-se de casos que tenham tido, ou se preveja que venham a ter importante impacto público.

VI – Disposições Finais
1 – É aplicável, devidamente adaptado, o procedimento previsto no ponto III deste Despacho ao deferimento da competência para a direcção do inquérito e exercício da acção penal ao Departamento Central de Investigação e Acção Penal, previsto na alínea *b*), do nº 3, do artigo 47º do Estatuto do Ministério Público.
2 – Os Magistrados comunicarão ao Departamento Central de Investigação e Acção Penal a instauração dos processos de inquérito relativos a crimes previstos no nº 1, do artigo 47º do Estatuto, no prazo de 5 dias após a instauração dos processos, fazendo-se menção desse facto no processo.
3 – É criado, nas Procuradorias da República e nos Departamentos de Investigação e Acção Penal, um sistema de registo que compreenda o seguinte:
– Processos em que se fez uso do artigo 16º, nº 3 do Código de Processo Penal;

- Processos em que se fez uso do instituto da suspensão provisória do processo;
- Processos em que foi deduzida a acusação em processo abreviado;
- Processos em que foi requerida a aplicação de multa em processo sumaríssimo;
- Processos que seguiram a forma sumária;
- Processos que têm por objecto infracções fiscais.

4 – Os Procuradores Gerais Distritais, se o julgarem oportuno, definirão os termos em que o registo a que se refere o número anterior será implementado e os elementos que o mesmo deve integrar.

5 – São revogadas as Circulares nºs 8/87, de 21 de Dezembro de 1987, 4/88, de 11 de Abril, 12/88, de 14 de Outubro, 2/90, de 21 de Março, 1/94, de 11 de Janeiro, 6/96, de 21 de Outubro, 9/99, de 15 de Julho, e 13/99, de 7 de Dezembro, desta Procuradoria-Geral da República."

Transcreve-se a seguinte passagem:

"1 -Ministério Público e órgãos de polícia criminal:

Como se vê da respectiva nota preambular, o Código de Processo penal 'optou decididamente por converter o inquérito, realizado sob a titularidade e a direcção do Ministério Público, na fase geral e normal de preparar a decisão de acusação ou de não acusação'.

A titularidade e direcção do inquérito pressupõe a atribuição ao Ministério Público de competências, poderes e funções alargados.

Todavia, não pode retirar-se deste facto a ideia de que a investigação criminal deve ser directa e materialmente realizada pelo Ministério Público. A investigação criminal exige o domínio de técnicas, o conhecimento de variáveis estratégias e a disponibilidade de recursos logísticos que são geralmente atributo dos órgãos de polícia criminal.

Como magistratura, o Ministério Público não é – não deve ser – um corpo de polícia.

Sendo assim, a titularidade do inquérito deve ser entendida como o poder de dispor material e juridicamente da investigação, no sentido de:

a) Emitir directivas, ordens e instruções quanto ao modo como deve ser realizada;

b) Acompanhar e fiscalizar os vários actos;

c) Delegar ou solicitar a realização de diligências;

d) Presidir ou assistir a certos actos ou autorizar a sua realização;

e) Avocar, a todo tempo, o inquérito.

Para efectivação destes objectivos, os órgãos de polícia criminal actuam sob a directa orientação do Ministério Público e na sua dependência funcional (artigos 56º e 263º).

Este quadro é rico de potencialidades, mas também susceptível de equívocos.

O diverso enquadramento orgânico e hierárquico das polícias criminais e os multiformes estatutos da função impõem que os magistrados do Ministério Público exerçam os poderes directivos tendo presentes dois níveis de intervenção: o processual, em que é mister aplicar e fazer cumprir as normas e os princípios constantes do Código de processo Penal e da Lei Orgânica do Ministério Público, e o organizacional (interessando aspectos técnicos, estratégicos, operacionais e logísticos), em que importa resguardar o conteúdo essencial da autonomia das polícias.

apenas se deve cingir aos actos que se afigurem urgentes e necessários até à intervenção da autoridade judiciária competente.

A **prática dos actos urgentes** e **necessários** à preservação da prova, em especial, as medidas *cautelares e de polícia*, a que estão adstritos os OPC, **obedece** não só ao **princípio da legalidade** – actos previstos ou que se extraem da lei – e ao **princípio da proibição do excesso ou da proporcionalidade *lato sensu*.** O acto cautelar singular do OPC – carente de apreciação e de validação judicial – não pode ofender os direitos fundamentais do agente do crime e, caso, algum dos direitos fundamentais tenha de ser restringido só o podem até ao limite emergente da protecção do conteúdo essencial do direito atingido. Limites esses nascentes da *adequação* do acto ou da medida cautelar ao fim a alcançar – preservação da prova real, *p. e.* apreensão da faca ou da arma usada no homicídio [al. *c)* do nº 2 do art. 249º em conjugação com o art. 178º do CPP], ou pessoal, *p. e.* a identificação de testemunhas implica a obrigação de permanência das pessoas no *locus criminis* [als. *a)* e *b)* do nº 2 do art. 249º em conjugação com o art. 173º e o nº 8 do art. 250º do CPP] –, da *exigibilidade* ou *necessidade* – apresentação do agente do crime ao Juiz de Instrução Criminal, p. e. a detenção em flagrante delito [al. *a)* do nº 1 do art. 254º em conjugação com os artigos 255º e 256º do CPP] – e da *proporcionalidade «stricto sensu»* – a apreensão de um determinado objecto para futuro exame, análise e interpretação era o meio de obtenção de prova mais proporcional ao perito.

Caso fosse outra a interpretação, estaríamos a caminhar para um sistema anglo-saxónico ou de *policialização* da investigação criminal [e, consequentemente, do processo] e a afastarmo-nos do sistema

Estou seguro de que o novo contexto constituirá oportunidade para o desenvolvimento do clima de cooperação que tem caracterizado as relações entre os órgãos de polícia criminal e o Ministério Público e espero que a acção dos Srs. Magistrados e Agentes do Ministério Público se continue a pautar por padrões de cortesia e tenha em conta, particularmente quanto aos corpos e estruturas policiais de primeiro escalão, a conveniência de os poderes directivos serem expressos em linguagem clara e segundo uma dominante informativa e pedagógica".

Cf. *DR – II Série*, nº 79, de 4 de Abril de 2002, pp. 6621 a 6623. Ao texto original do Diário da Republica apenas mantivemos a nota nº 1, por considerarmos que não faria sentido rescrever as restantes notas por serem a letra de preceitos legais do CPP – art. 270º –, da LOIC, do EMP – nºs 1 e 3 do art. 47º –, da LOPJ –art. 11º-A.

continental, o que não nos parece de todo adequado ao nosso ordenamento jurídico e contrário ao princípio da jurisdicionalização do processo crime como consagra a nossa Constituição.

§ 74º Da autonomia orgânica e hierárquica dos Órgãos de Polícia Criminal

270. O prescrito nos nºs 4 e 5 do art. 2º da LOIC do preceito em análise reforça a ideia de separação entre a dependência funcional e a autonomia orgânica e hierárquica dos OPC, promovendo a separação de poderes. Esta separação funcional jurídico-criminal da orgânica e da hierarquia das polícias criminais tem, desde logo, expressão na parte final do nº 4 do artigo 2º da LOIC, quando estipula «sem prejuízo da respectiva organização hierárquica». O legislador frisa a importância de separar as autonomias orgânica e hierárquica das autonomias táctica e técnica, uma vez que estas últimas são mais limitadas e não atribuem aos OPC independência funcional.

As Polícias, como nos ensina Cunha Rodrigues, apesar de «verdadeiros auxiliares da administração da justiça», são órgãos da Administração Pública[1078]. Mas são órgãos coadjutores essenciais à realização da justiça e projectam-se numa tridimensionalidade funcional hibrída sem que coloquem em causa o princípio de separação de poderes. Acresce referir que a autonomia se afirma no âmbito da prevenção criminal quando a Lei de Política Criminal para o biénio 2015-2017, aprovada pela Lei nº 72/2015, de 20 de julho, prescreveu, no artigo 4º, que as forças de segurança – polícias – promovem e realização acções isoladas e conjuntas de prevenção criminal.

O legislador procurou evitar que a AJ decidisse que elemento policial é que vai investigar este ou aquele caso ao determinar que os funcionários que investigam ou praticam os actos delegados pela AJ são designados pela entidade do OPC a quem foi entregue o processo para investigação. Contudo, determinou que, por um lado, essa autonomia se baseia na autonomia técnica e táctica e que, por outro lado, essa autonomia tem de ser «necessária ao eficaz exercício dessas atribuições».

[1078] José Narciso Cunha Rodrigues, "A posição institucional...", *in BMJ*, nº 337, p. 43.

Se se demonstrar que a não ingerência da AJ prejudicará a investigação, defendemos que a AJ deve interferir na designação do funcionário, pois o funcionário pode já ser conhecido como não capaz de praticar as diligências e os actos delegados ou determinados pela AJ, ou, ainda, estarmos perante um caso que possa influenciar uma investigação colateral – em que esse OPC esteja sob investigação ordenada por aquela AJ.

O legislador, ao prescrever que a designação do funcionário de investigação obedece à «autonomia técnica e táctica necessária ao eficaz exercício dessas atribuições», consagra o princípio da separação de funções e de respeito pela autonomia técnica e táctica, tendo em conta o *princípio da indivisibilidade* do MP – que «impõe a unidade de acção», não sendo legítimas quaisquer «*directivas ou instruções diferenciadas segundo o corpo policial a que se dirigem ou os agentes que as têm de executar*»[1079] – e da *estrutura hierárquica* [hierarquia de chefias[1080]] das diferentes polícias – salvaguardando-a «como meio de assegurar as suas coesão e disciplina internas»[1081].

271. Como temos defendido, deve existir uma *cooperação vertical*[1082] entre os OPC e os órgãos da administração da justiça que se traduz na coadjuvação imposta pelo ordenamento constitucional – art. 202º, nº 3 da CRP – e ordinário – artigos 1º, nº, 1, al. *c)*, 9º, nº 2, 55º, nº 1, 56º, 263º, 270º, nº 3, 288º, nº 1 e 290º, nº 2 do CPP.

O nº 4 do art. 2º da LOIC prescreve a *dependência funcional* entre a AJ e os OPC, sendo que esta "é, como se sabe, alheia a qualquer forma de vinculação orgânica ou qualquer esquema organizatório sustentado na hierarquia", devendo funcionar como "modo de organizar o rela-

[1079] José Narciso Cunha Rodrigues *apud* Germano Marques da Silva, *Curso de Processo...* – Vol. I, 4ª Edição, p. 270.

[1080] Quanto à *hierarquia de chefias ou de comando*, Diogo Freitas do Amaral, *Curso de Direito Administrativo* – Volume I, 3ª Edição, (Colaboração de Luís Fábrica, Carla Amado Gomes e J. Pereira da Silva), Coimbra: Almedina, 2007, pp. 813-814.

[1081] *Ibidem*. Cfr. o nº 3 do art. 11º da LOPSP e o nº 3 do art. 12º da LOGNR.

[1082] Quanto a este assunto o nosso estudo "Cooperação Policial – Uma Viagem Inacabada!", *in Cooperación Policial y Judicial en Materia de Delitos Financeiros, Fraude y Corrupción – Delitos Financeiros, Fraude y Corrupción en Europa* – Vol. IV, Aquilafuente, Ediciones Universidad de Salamanca, nº 40, 2002, pp. 286 e ss. e *infra* Capítulo V.

cionamento entre as autoridades judiciárias e os órgãos de polícia criminal". A actuação dos OPC na dependência funcional das AJ afasta qualquer vinculação hierárquica e orgânica.

O *poder de direcção*, em que assenta a dependência funcional, tem de traduzir-se "em poderes de directiva e de controlo". O poder de directiva distingue-se do poder de direcção – sendo este "a faculdade de dar ordens ou emitir directivas" –, conquanto o poder de directiva traduz-se na "faculdade de emitir directivas que são orientações genéricas, definindo imperativamente os objectivos a cumprir mas deixando liberdade de decisão no que concerne a meios a utilizar e às formas a adoptar para lograr os tais objectivos"[1083].

Na Exposição de Motivos da Proposta de Lei nº 26/VIII, que deu origem à Lei nº 21/2000, de 10 de Agosto, revogada pela Lei nº 49/2008, de 27 de Agosto, defende-se que a consagração da autonomia técnica e táctica advém da "ideia que a investigação da criminalidade, em geral, e a de maior gravame social e desvalor ético-jurídico, em especial, implica uma panóplia de conhecimentos e de recursos, enquadrando-se o respectivo exercício na valoração e em conformidade com as orientações das autoridades judiciárias"[1084], ou seja, a autonomia tem de obedecer, segundo o espírito do legislador, à *valoração* e às *orientações das autoridades judiciárias*.

O respeito da AJ pela autonomia orgânica e hierárquica dos OPC sai reforçada com a nova LOIC, ao se ter aditado ao nº 5 do art. 2º que compete às «autoridades de polícia criminal» designar os funcionários (OPC) que procedem à investigação e aos actos delegados pela AJ. Consideramos que este aditamento não se prende com a autonomia táctica e técnica, mas com a autonomia orgânica e hierárquica das polícias que se afere da parte final do nº 4 do mesmo preceito.

Mas consideramos que estas autonomias não são de todo absolutas e estanques, porque quem dirige o processo crime e a investigação criminal do mesmo é a AJ titular da fase processual em curso[1085]: quem dirige o processo crime dirige a investigação criminal directa ou indi-

[1083] Cfr. *Exposição de Motivos* da Proposta de Lei nº 26/VIII, que aprovou a LOIC, consultado em *www.assembleiadarepublica.pt/*, no dia 3 de Julho de 2003.

[1084] Cfr. *Exposição de Motivos* da Proposta de Lei nº 26/VIII.

[1085] Cfr. nº 1 do art. 2º da LOIC.

rectamente [por meio da coadjuvação dos OPC]. Caso assim não entendêssemos, podíamos correr o risco de, por "ironia do destino", ter um funcionário policial a investigar um processo crime cujo desfecho poder-lhe-ia ser útil ou desfavorável.

A salvaguarda prescrita *in fine* do nº 5 do art. 2º da LOIC procura, por um lado, democratizar o processo investigatório de modo a que haja intervenção da AJ sempre que exista prejuízo para a eficácia do exercício dessas atribuições e, por outro, evitar a absolutização da autonomia de modo a que não se caia no erro de um agente investigar um processo em que tenha interesse próprio[1086].

A autonomia táctica e técnica encontra-se subordinada à necessidade da eficácia da investigação criminal, como se pode, também, depreender do artigo 7º da LPC2015, cuja constituição de equipas especiais e equipas mistas cabe ao PGR, e do artigo 10º da LPC2015, conjugado com os artigos 109º e 110º do RJAM, ao estipular que as operações especiais de prevenção criminal relativas a armas devem ser acompanhadas pelo Ministério Público.

§ 75º Da autonomia técnica e táctica

272. O nº 6 do art. 2º da LOIC estipula o que se entende por «autonomia técnica» e por «autonomia táctica»[1087]. Torna-se fundamental que tenhamos bem presente a ideia de que *autonomia* não é o mesmo que *independência* e que esta não significa *liberdade.*

Como ensina SOUSA FRANCO, devemos considerar a **autonomia** como "uma medida limitada de autodeterminação de certa instituição ou de um responsável por determinada incumbência, tarefa ou função", sendo que **independência** "pretende, em princípio, dar uma protecção absoluta a essa auto-organização e auto-decisão, apenas limitada pela função ou interesse que visa prosseguir" e, ainda, que a **liberdade** consubstancia uma "raiz necessariamente pessoal ou inconstitucional – é um direito das pessoas, por si ou agregadas em

[1086] Quanto a este assunto ver a anotação ao art. 2º da LOIC que fizemos no nosso *Regime Jurídico da Investigação Criminal...*, 3ª Edição, pp...... .

[1087] O legislador substitui-se à doutrina e à jurisprudência.

instituições, que exprime a determinabilidade ética pelo modo de prosseguir os próprios fins"[1088].

O legislador não consagrou que os OPC têm *independência* ou *liberdade técnica e táctica*, mas sim *autonomia*, ou seja, "uma medida limitada de autodeterminação" táctica e técnica do OPC na prossecução da investigação criminal sob a direcção e dependência funcional da AJ[1089].

Como refere a Comissão de Legislação da OA, no Parecer que elaborou quanto à Proposta de Lei nº 26/VIII, que deu origem à 1ª LOIC, "não parece crucial que o legislador procure definir conceitos de autonomia técnica e táctica. A concretização desses conceitos há-de ser preferencial fruto da prática e labor da doutrina. Como resulta dos nºs 5, 6 e 7 do art. 2º, a tentativa de delimitação desses conceitos não é alcançada, nada clarificando, antes confundindo", afirmando ainda que "as definições de autonomia técnica, autonomia táctica e simples autonomia, objecto dos nºs 5, 6 e 7 do art. 2º, não são por si suficientemente precisas e no que se refere ao nº 7 parece mesmo contraditório, não se conformando com o sistema processual" vigente[1090].

273. Deve-se entender por *autonomia técnica* a «utilização de um conjunto de conhecimentos e de métodos de agir (adequados)», ou seja, a fruição de conhecimentos e métodos adequados à investigação criminal em curso face à natureza objectiva e subjectiva do processo. Contudo, interrogamo-nos que "conhecimentos" e que "métodos".

Afirmamos que todos "conhecimentos" e "métodos", legalmente admissíveis, que sejam adequados à prossecução dos fins da investigação criminal, mas que respeitem a máxima de que a *verdade material* não é um bem absoluto que se deve obter a qualquer custo, pois aquela cede sempre face a valores e bens jurídicos superiores, tais como a vida, a integridade física e moral, a reserva da intimidade da vida humana, a imagem, a honra, a liberdade, em suma, a dignidade da pessoa humana.

[1088] António Sousa Franco, "A Independência dos Tribunais", *apud* Alberto Campinho, *Independência e Unidade da Judicatura*, Braga: Livraria do Minho, 1994, p. 41.

[1089] Quanto a uma interpretação restritiva (e neste mesmo sentido) das topologias *autonomia táctica e técnica*, José Manuel Damião da Cunha, "Dos meios de obtenção de prova face à autonomia técnica e táctica dos órgãos de polícia criminal", *in II Congresso de Processo Penal – Memórias*, Coimbra: Almedina, 2006, pp. 73-75.

[1090] Cfr. CL/13/00 da Comissão de Legislação da OA.

A absolutização é afastada pelo particípio passado «adequados». Tudo o que ultrapasse a exigibilidade, a necessidade, a adequabilidade e a proporcionalidade *stricto sensu* deixa de ser justiça e passa a injustiça. O conhecimento e/ou método empírico ou científico não podem ser desadequados, porque num Estado de direito democrático, não se pode absolutizar a verdade material como fim único e um ídolo de adoração[1091].

A *autonomia táctica* «consiste na escolha do tempo, lugar e modo adequados à prática dos actos correspondentes ao exercício das atribuições legais dos órgãos de polícia criminal» conforme 2ª parte do nº 6 do art. 2º da LOIC[1092]. Nesta autonomia, que implica estratégia, cumpre aos OPC escolher que estratégia, que meios materiais, que meios logísticos e operacionais se apresentam como os melhores para que seja capaz de cumprir as coordenadas das autoridades jurídicas.

Sempre que o meio a empregar ponha em causa direitos e liberdades do cidadão, deve constar da devida autorização judicial, que deve ponderar se o uso do meio presumível de violar a integridade física do investigado – *p. e.*, o uso de explosivos para o rebentamento de portas blindadas – é o mais adequado, é exigível e necessário e proporcional ao fim do acto de investigação criminal ou diligência a efectuar.

274. Na prossecução de uma busca domiciliária, meio de obtenção de provas reais e pessoais[1093], compreendem a autonomia técnica, o estudo e o método a utilizar na busca, conquanto a autonomia táctica compreende a escolha dos elementos, se vão fardados ou à civil, a escolha do meio locomotor, o uso de martelos pesados ou de explosivos para entrar na residência. Contudo, há técnicas e tácticas que se confundem e provocam uma certa "celeuma" não só entre os OPC, mas também entre estes e as autoridades judiciárias.

[1091] Neste sentido o nosso *Revistas e Buscas*, 2ª Edição, Coimbra: Almedina, 2005, p. 138 e ss. e GERMANO MARQUES DA SILVA, *Curso de Processo...* – Vol. II, 2ª Ed. pp. 116-117.

[1092] A redacção da 2ª parte do nº 6 do art. 2º da LOIC [aprovada pela Lei nº 21/2000, de 10 de Agosto] não era tão específica, porque prescrevia apenas que a autonomia táctica consistia «na opção pela melhor via e momento de cumprir» as atribuições legais dos OPC.

[1093] Quanto às buscas, os nossos *Revistas e Buscas*, 2ª Edição, pp. 59 e ss. e *Processo Penal* – Tomo I, 3ª Edição, pp. 376-433.

Mantemos a posição defendida por GERMANO MARQUES DA SILVA, que sufragamos, de que receava que "o nº 6 do art. 2º da Lei nº 21/2000, de 10 de Agosto, possa vir a constituir mais uma fonte de conflitos sobre as relações entre as polícias e as autoridades se não prevalecer o bom senso e o sentido de humildade próprios do dever de servir que deve inspirar essas relações"[1094].

Estes conflitos não estão excluídos com a nova redacção do nº 6 do art. 2º da LOIC. Acresce que, ao especificar que a autonomia táctica se reduz a questões de tempo, de lugar e modo de execução, a LOIC pode limitar o sentido próprio de autonomia táctica que é muito mais abrangente do que o legalmente positivado.

Como afirma ANABELA MIRANDA RODRIGUES, esta autonomia tem por finalidade "reservar para os órgãos de polícia criminal a realização das tarefas de investigação criminal que exigem técnicas, estratégias e meios logísticos e operacionais próprios das polícias"[1095]. Esta reserva enquadra-se, como afirma a ilustra Professora, no plano organizacional que leva "em conta o disposto nas leis orgânicas das várias polícias definidoras da organização, competência e regras de funcionamento interno"[1096].

A autonomia de que estão dotadas as polícias "não pode nunca ser interpretada no sentido de alterar as coordenadas, quer constitucionais, quer legais, que presidem ao modelo processual penal vigente, mas há-de pressupor que a autoridade judiciária exerce efectivamente a direcção da fase processual e correspondentemente da investigação que nela se integra"[1097].

[1094] GERMANO MARQUES DA SILVA, *Curso de Processo...* – Vol. I, 4ª Edição, p. 284, nota 3.

[1095] ANABELA MIRANDA RODRIGUES, "A fase preparatória..., *in STVDIA IVRIDICA*, nº 61, p. 957.

[1096] *Ibidem.*

[1097] GERMANO MARQUES DA SILVA, *Curso de Processo...* – Vol. I, 4ª Edição, p. 284. Neste sentido ANABELA MIRANDA RODRIGUES, "A fase preparatória...", *in STVDIA IVRIDICA*, nº 61, p. 957. Como denota a Comissão de Legislação da OA, cujo relator foi GERMANO MARQUES DA SILVA, "a investigação de alguns crimes exige especiais conhecimentos e preparação técnica e muitas das vezes pressupõe o domínio de informações de cariz policial de que as autoridades judiciárias podem não dispor e em regra não dispõem, mas o eventual domínio desses conhecimentos, informações e técnicas não basta para legalmente afirmar que a autonomia na investigação por parte de quem tenha essas competências" [Cfr.

Podemos, assim, afirmar que as autonomias táctica e técnica encontram-se subordinadas à necessidade da eficácia da investigação criminal, como se pode, também, depreender do artigo 15º da LPC2017, na linha dos artigos 10º e 7º da LPC2015, cuja constituição de *equipas especiais* e *equipas mistas* cabe ao PGR que, conjugado com os artigos 109º e 110º do RJAM, estipula que as operações especiais de prevenção criminal, relativas a armas, devem ser acompanhadas pelo Ministério Público. Estes preceitos demonstram a reafirmação contínua de que o *titular da acção penal* é quem decide e dirige e acompanha as equipas especiais, mistas e as operações especiais de prevenção criminal.

As autonomias atribuídas aos OPC obedecem sempre aos respectivos princípios de actuação[1098]: legalidade, proporcionalidade *lato sensu*, interesse público, respeito do interesse particular, justiça, boa-fé, igualdade democrático e da lealdade e da cooperação.

A autonomia não significa independência e muito menos liberdade, mas actuação limitada de autoderterminação – *tempo, espaço* e *modo* – com vinculação às directrizes, coordenadas legais emitidas pela AJ na prossecução dos fins do processo penal em geral e do processo crime em concreto.

§ 76º Da avocação e da fiscalização – materialização da direcção do processo

275. A interpretação do nº 7 do art 2º da LOIC[1099] tem que se enquadrar no que Anabela Miranda Rodrigues *considera de competência própria e não meramente delegada*, e que Germano Marques

CL/13/00 – Observações da Comissão de Legislação da Ordem dos Advogados sobre o Projecto de Proposta da Lei sobre a Investigação Criminal].

[1098] Quanto a estes princípios *supra* Parte I, Capítulo VI.

[1099] Quanto a este assunto há a referir que o nº 7 do art. 2º da Proposta de lei nº 26/IX, na versão de 2000/04/06 apresentada ao Conselho de Ministros prescrevia o seguinte: "7. *A autonomia traduz-se no poder de* os órgãos de polícia criminal impulsionarem e desenvolverem, por si, as diligências legalmente admissíveis *e realiza-se* sem prejuízo de a autoridade judiciária poder, a todo o tempo, a avocar o processo, fiscalizar o seu andamento e legalidade e nele instruir **especificamente** sobre a efectivação de quaisquer actos (Itálico nosso)."

DA SILVA, por seu turno, designa de *actos pré-processuais*[1100]. Neste sentido, o STJ há muito já havia firmado que «Os órgãos de polícia criminal exercem no Processo Penal uma actividade coadjuvante das autoridades judiciárias, o que não impede que, em certos casos pontuais possa[*m*] praticar actos processuais no **uso da competência própria e não delegada**»[1101].

Defendemos que "as diligências legalmente admissíveis" que os OPC, por si, podem impulsionar e desenvolver são aquelas que se enquadram na *competência própria* que devem promover por iniciativa própria, competindo-lhe "colher a notícia dos crimes e impedir tanto quanto possível as suas consequências, descobrir os seus agentes e levar a cabo os actos necessários e urgentes destinados a assegurar os meios de prova"[1102].

As competências próprias das polícias, no quadro jurídico-criminal-processual, são as medidas cautelares e de polícia previstas na legislação processual penal.

As alterações foram mínimas em relação à versão em vigor, tendo apenas sido suprimido do texto as expressões «A autonomia traduz-se no poder de» e «realizase». Contudo, e na nossa opinião, estas pequenas alterações não afectam a ideia inicial de que o número em apreço consagra a *autonomia simples* ao prescrever que ao OPC «impulsionam e desenvolvem, por si, as diligências legalmente admissíveis», mas sob o olhar avocante e fiscalizador da Autoridade Judiciária.
As críticas do Parecer CL/13/00, da OA, mantêm a sua pertinência, pois, como se afirma, a simples autonomia a "que se refere ao nº 7, parece mesmo contraditória, não se conformando com o sistema processual em vigor", acrescentando que "o nº 7 do art. 2º, que se refere à autonomia das polícias, não pode nunca ser interpretado no sentido de independência na condução da investigação, porque por força da lei processual a direcção da investigação compete efectivamente ao Ministério Público ou ao juiz de instrução, no inquérito e na instrução, respectivamente", inferindo, ainda, que "o nº 7 do art. 2º suscita-nos, por isso, muitas dúvidas, pois parece pretender consagrar uma autonomia dificilmente compatível com a dependência funcional a que ficam submetidos os órgãos de polícia criminal quando coadjuvam as autoridades judiciárias" [Cfr. Parecer CL/13/00 da OA].

[1100] ANABELA MIRANDA RODRIGUES, "A fase preparatória...", *in STVDIA IVRIDICA*, nº 61, p. 958 e GERMANO MARQUES DA SILVA, *Curso de Processo...* - Vol. III, 2ª Edição, pp. 63 e ss..

[1101] Cfr. Ac. do STJ, nº 22888, Proc. nº 45387, de 25 de novembro de 1993, *in www.dgsi.pt* consultado no dia 1 de Julho de 2003.

[1102] ANABELA MIRANDA RODRIGUES, "A fase preparatória...", *in STVDIA IVRIDICA*, nº 61, pp. 958-959.

Os OPC podem impulsionar e desenvolver os actos processuais prescritos nos artigos 248º e ss. do CPP, nomeadamente, a identificação, as revistas e buscas, as apreensões no decurso daquelas, a suspensão de correspondência, a recolha de informações, o exame dos vestígios do crime e, mais restritiva dos direitos e liberdades, a detenção. Actos estes que estão sujeitos à apreciação e validação por parte da Autoridade Judiciária. Se forem diligências delegadas por despacho de natureza genérica ou natureza concreta, não podem ser consideradas diligências desenvolvidas e impulsionadas "por si", ou seja, por iniciativa própria.

276. Depreendemos que os OPC detêm, por um lado, uma *competência geral* – coadjuvação das autoridades judiciárias no processo penal [art. 1º, nº 1, al. c); art. 9º, nº 2; art. 55º, nº 1; art. 56º; art. 263º; art. 288º e art. 299º todos do CPP e art. 2º, nºs 2, 4 e 7 e art. 3º, nº 4 da LOIC] –, por outro, *competência própria ou específica* – os actos que os OPC devem desenvolver por iniciativa própria como se depreende dos artigos 55º, nº 2 e 248º a 261º do CPP e artigos 2º e 3º da LOIC1103 – e, ainda, *competência delegada* – nº 4 do art. 270º conjugado com al. *c*) do art. 1º do CPP.

Há a referir que os OPC não têm «estatuto de verdadeiros sujeitos processuais», pois os actos por si desenvolvidos e impulsionados «não se integram num procedimento global que conduza a mera decisão, assumindo-se antes como protagonistas de intervenções pontuais e específicas, subordinados às autoridades judiciárias»[1104] competentes, além de que os seus actos carecem sempre de apreciação e validação judicial.

Podemos defender que os OPC são "sujeitos processuais acessórios"[1105] ou sujeitos processuais coadjutores, mas não são puros sujeitos processuais.

[1103] Neste sentido Manuel Leal-Henriques, Manuel Simas Santos e David Borges de Pinho, *Código de Processo Penal Anotado* – Vol. I, Lisboa: Rei dos Livros, 1996, pp. 270 e 271.

[1104] *Ibidem*.

[1105] Cfr. Jorge de Figueiredo Dias, "Sobre os sjeitos processuais no novo Código de Processo Penal", *in O Novo Código de Processo Penal, Jornadas de Direito Processual Penal* – CEJ, Coimbra:Almedina, 1988, pp. 11-14.

277. A interpretação do nº 7 do art. 2º da LOIC tem, também, de incluir os actos que se enquadram no âmbito da delegação genérica – art. 270º, nº 4 do CPP e nº 2 deste preceito – e os prescritos no despacho proferido pela AJ competente na fase do processo em curso. Quer em uma situação, quer em outra, o OPC pode ter necessidade de proceder a um acto de *competência própria*, como *p. e.* a previsão do nº 3 do art. 249º CPP, recaindo sobre o OPC o dever de comunicação imediata à AJ competente.

No plano da direcção da investigação criminal, a AJ tem «o poder, a todo o tempo, de avocar o processo, fiscalizar o seu andamento e legalidade e nele instruir especificamente sobre a efectivação de quaisquer actos». A 2ª parte do nº 7 do art. 2º da LOIC procura dar uma definição ampla do que se deve entender por *direcção e dependência funcional,* incluindo nessa descrição o poder da AJ de «instruir efectivamente», melhor, determinar a "efectivação de quaisquer actos" que considere importantes para uma decisão justa[1106].

Como bem afirma Anabela Miranda Rodrigues, "o perigo da *policialização* da investigação criminal é real"[1107], uma vez que o «ministério público "ocupa parcialmente a cena", quando devia dominá-la, enquanto a polícia desempenha plenamente o seu papel»[1108].

A interpretação do nº 7 do art. 2º não pode pôr em causa a dependência funcional em que se encontram os OPC, sendo que aquela procura "numa rigorosa delimitação de competências entre a autoridade judiciária e as polícias, aquelas dirigindo, estas realizando as tarefas de investigação"[1109]. Não podemos querer alterar as posições e as competências de cada operador judiciário, colocando em causa o sistema processual penal e contrariando a CRP, fazendo perigar "o princípio da investigação sob garantia judicial"[1110].

[1106] Como se afirma no Parecer CL/13/00 da OA, sobressai a ideia de contrariedade, por um lado, e, por outro, pode correr-se o risco de promover uma "acentuada autonomia ou independência das polícias na condução da investigação criminal".

[1107] Anabela Miranda Rodrigues, "A fase preparatória...", *in STVDIA IVRIDICA,* nº 61, p. 955.

[1108] *Ibidem.*

[1109] Figueiredo Dias, "Sobre os sujeitos Processuais no Novo Código de Processo Penal", *in Jornadas de Direito Processual ...*, pp. 13-14.

[1110] Anabela Miranda Rodrigues, "A fase preparatória...", *in STVDIA IVRIDICA,* nº 61, p. 956.

§ 77º Do perigo de policialização da investigação criminal

278. O perigo da *policialização* ultrapassa a própria LOIC. A manutenção do teor que estava prescrito no art. 11º-A aditado à LOPJ [DL nº 275-A/2000, de 9 de Setembro] pela Lei nº 103/2001, de 25 de Agosto, no art. 12º da nova LOPJ, aprovada pela Lei nº 37/2008, de 6 de Agosto, reafirma o real perigo e a efectiva desjudicialização e quebra de garantias jurisdicionais conquistadas ao longo de muitos anos.

Consideramos que o art. 12º está ferido de inconstitucionalidade material por violação do art. 32º, nº 4 da CRP que consagra que todos os actos instrutórios que "se prendem directamente com direitos fundamentais" é da competência de um juiz, como se materializa nos artigos 268º e 269º do CPP e respectivos preceitos processuais penais contundentes com os direitos fundamentais.

O Despacho de delegação genérica não pode atribuir mais do que o próprio CPP atribui, nem pode alguma vez atribuir mais, violando os comandos constitucionais [*maxime*, nº 4 do art. 32º da CRP], a um OPC do que a Constituição e o CPP atribui ao MP. Como afirma Paulo Pinto de Albuquerque[1111], a al. *ii)* da al. *d)* do nº 1 do art. 12º da LOIC [anterior art. 11º-A da LOPJ] atribuia competência à APC da PJ – detenção fora de flagrante delito – que o nº 1 do art. 257º do CPP não atribui ao MP e, até mesmo, ao Juiz. Há um verdadeiro caminho de *policialização* do processo e uma quebra clara das garantias processuais penais constitucionalmente consagradas. Há um «progresso ao retrocesso» pela desjurisdicionalização do processo penal.

279. Se, ainda hoje, dúvidas há e questões se levantam quanto às competências do MP, face à nossa Constituição, que possam ferir direitos, liberdades e garantias fundamentais do cidadão, não compreendemos que uma Autoridade de Polícia Criminal (APC) possa ordenar actos processuais que colidem com direitos fundamentais, tais como:

[1111] Cfr. Paulo Pinto de Albuquerque, *Comentário ao Código de Processo...*, 2ª Edição, p. 682. Mantemos este alerta, não obstante a al. *d)* do nº 1 do art. 12º da LOPJ ter sido revogada pelo art. 3º da Lei nº 26/2010, de 30 de Agosto.

"a) A **realização de perícias** a efectuar por organismos oficiais, salvaguardadas as perícias relativas a questões psiquiátricas, sobre a personalidade e de autópsia médico-legal;

b) A **realização de revistas e buscas**, com excepção das domiciliárias e das realizadas em escritório de advogado, em con sultório médico ou em estabelecimento hospitalar ou bancário;

c) **Apreensões**, excepto de correspondência, ou as que tenham lugar em escritório de advogado, em consultório médico ou em estabelecimento hospitalar ou bancário;

d) A detenção fora do flagrante delito nos casos em que seja admissível a prisão preventiva e:

i) Existam elementos que tornam fundado o receio de fuga ou não for possível, dada a situação de urgência e de perigo de demora, esperar pela intervenção da autoridade judiciária; ou

ii) No decurso de revistas ou de buscas sejam apreendidos ao suspeito objectos que tiverem servido ou estivessem destinados a servir a prática de um crime ou constituam seu produto, lucro, preço ou recompensa"[1112], conforme o nº 1 do art. 12º da LOPJ.

O preceituado nas alíneas *a*), *b*) e *c*) do nº 1 do art. 12º da LOPJ consigam medidas cautelares e de polícia, que pela urgência e necessidade, os OPC, quaisquer que eles sejam, devem impulsionar e desenvolver por força do art. 249º e 251º da CPP.

Se a interpretação não for a de enquadrar estas competências no plano das *competências próprias* do OPC – PJ –, aparecendo como uma repetição do preceituado no CPP, ou, entendemos que, até então, as APC da PJ não se sentiam competentes para ordenar, impulsionar e desenvolver competências próprias dos OPC, ou, podem considerar que a APC se está a substituir à AJ, a quem compete ordenar e proceder as diligências prescritas nas alíneas *a*), *b*) e *c*).

A realização das revistas e buscas não domiciliárias tem de ser ordenadas ou autorizadas pela AJ, devendo em primeiro ser o JIC, caso este não possa, o MP, e, por último, nos casos de urgência e necessidade de preservação dos meios de prova reais e pessoais e nas situações de

[1112] A al. *d*) foi revogada pelo art. 3º da Lei nº 26/2010, de 30 de Agosto, que procedeu a mais uma alteração ao CPP, razão pela qual colocamos o itálico.

periculum in mora, os OPC podem proceder às revistas e buscas não domiciliárias, assim como às apreensões.

A al. *d*) do nº 1 do art. 12º da LOPJ, que criticamos na edição anterior[1113], porque tendo em conta que, nos nossos dias, estão instituídos os tribunais de turno, não fazia qualquer sentido, nem se conformava com a Constituição. Esta alínea já se encontra prescrita no nº 2 do art. 257º do CPP, de constitucionalidade duvidosa, devido à existência do Tribunal de Turno. Acresce, como já referimos, que o segundo parágrafo da al. *d)* do nº 1 do art. 12º da LOPJ atribuia mais prerrogativas processuais penais que as atribuídas pelo CPP ao Juiz e ao MP no nº 1 do art. 257º do CPP.

280. O argumento de que estas competências se desenvolvem «no âmbito do despacho de delegação genérica de competência de investigação criminal» não se nos afigura coerente e conforme à logicidade constitucional do nosso Estado de direito democrático, porque, como já referimos, rebuscando a posição de Anabela Miranda Rodrigues, hoje, estamos a *policializar* e a *desjudicializar* a investigação criminal o que qualificamos de «perigoso».

Os nºs 2 e 3 do art. 12º da LOPJ qualificam-se de "remendo" na manta malogrosamente mal teada ao prescrever que a realização daqueles actos obedecem, "subsidiariamente, à tramitação" do CPP (nº 2) e que as competências prescritas no nº 1 podem ser avocadas ou o seu exercício condicionado pela AJ titular da fase do processo em curso (MP/JIC), nos termos do nº 7 do art. 2º da LOIC. Perdoem-nos a expressão, mas "é pior a emenda que o soneto" ou repete-se para que não olvidem a posição que cada operador judiciário ocupa no processo.

Continuamos a não compreender a necessidade de se prescrever e manter um preceito como o art. 12º da LOPJ, face ao ordenamento processual penal em vigor. A APC ou o OPC não podem alguma vez substituir o papel da AJ (MP/JIC) na investigação criminal, sob pena de perdermos, por falta de sentido, "o princípio da investigação sob garantia judicial"[1114].

[1113] Cfr. este nosso *Teoria Geral do Direito Policial*, 2ª Edição, 2009, p. 350.

[1114] Anabela Miranda Rodrigues, "A fase preparatória...", *in STVDIA IVRIDICA*, nº 61, p. 956. Neste sentido crítico ao famigerado art. 11º-A da LOPJ que deu lugar ao actual art.

§ 78º Dos Órgãos de Polícia Criminal

a. Dos Órgãos de Polícia Criminal de natureza genérica

281. A LOIC - art. 3º - determina, por um lado, os OPC de competência genérica - PJ, PSP e GNR - e, por outro, os que podem ser considerados de competência específica, ou seja, «todos os restantes órgãos de polícia criminal» - como o SEF e a ASAE - e, ainda, as atribuições dos OPC nas fases processuais, que, como sabemos, já se encontram (encontravam) consagradas pela al. *c)* do art. 1º, art. 55º, artigos 241º e ss., artigos 263º, 270º, 288º, 290º, nº 2, todos do CPP.

O legislador optou por considerar a competência em detrimento da natureza e das atribuições. A competência de qualquer entidade, pública ou privada, é consequência da natureza constitucional e das atribuições que o diploma instituidor prescreveu. Deve-se, na nossa opinião, distinguir as polícias criminais de acordo com a sua *natureza* – "essência ou *constitutivo* do ser"[1115], melhor, "a essência constitutiva de um ente enquanto princípio das operações que lhe são próprias, ou o fim (*telos*) ou forma plenamente realizada (*entelecheia*) desse ente"[1116] –, aferida do comando constitucional - art. 272º da CRP - conjugado com a lei orgânica de cada polícia, que delineia o âmbito das *atribuições* – interesses públicos gerais e especiais elencados e estipulados por lei prévia em finalidades que cada uma das policiais criminais cabe prosseguir[1117] de acordo com a sua natu-

12º, Dá Mesquita, "Repressão Criminal e Iniciativa Própria dos Órgãos de Polícia Criminal", *in I Congresso de Processo Penal – Memórias*, Coimbra: Almedina, 2005, p. 77 e Pedro Sousa, "A Análise de Informações Como Um Contributo Para Que o Ministério Público Ultrapasse Uma Certa Passividade Durante a Fase Preparatória do Processo", *in Estudos de Homenagem ao Juiz Conselheiro António da Costa Neves Ribeiro*, Coimbra: Almedina, 2007, pp. 212-213.

[1115] Cfr. R. Cabral, "Natureza", *in Polis – Enciclopédia Verbo da Sociedade e do Estado* – 4, Lisboa/São Paulo: Verbo, 1986, coluna 577.

[1116] Cfr. Mário Bigotte Chorão, "Natureza das Coisas", *in Polis – Enciclopédia Verbo da Sociedade e do Estado* – 4, Lisboa/São Paulo: Verbo, 1986, coluna 584.

[1117] Quanto à topologia «atribuições», Afonso Rodrigues Queiró, "Atribuições", *in Dicionário Jurídico da Administração Pública* – Volume I, (Dirigido por José Pedro Fernandes), 2ª Edição, Lisboa, 1990, pp. 587-591 e Diogo Freitas do Amaral, *Curso de Direito*

reza e por meio dos poderes materiais próprios ou delegados – e, consequentemente, das *competências* – poderes materiais (*poderes-deveres jurídicos públicos*) conferidos por lei a cada polícia criminal para realizar as atribuições (a *matéria*) e concretizar a respectiva natureza de acordo com o *território* e a *hierarquia*[1118].

Sabemos que a opção legislativa se centra em uma ideia de competência em razão da matéria – genérica, específica e delegada – centrada no exercício *ius imperii*, mas consideramos que a terminologia correcta é natureza genérica e natureza específica – onde reside a matéria essência constitutiva de cada polícia criminal –, razão pela qual optamos por estas topologias.

Órgão de Polícia Criminal é toda a entidade, agente ou elemento policial «a quem caiba levar a cabo quaisquer actos ordenados por uma autoridade judiciária ou determinados por este código» ou pela legislação processual penal avulsa que se prenda com coadjuvação das AJ e com o «colher da notícia dos crimes e impedir quanto possível as suas consequências, descobrir os seus agentes e levar a cabo os actos necessários e urgentes destinados a assegurar os meios de prova» – conforme al. *c*) do art. 1º e art. 55º do CPP.

A LOPSP considera que «todos os elementos com funções policiais» são considerados *agentes de força pública e de autoridade* – art. 9º – e que se consideram "*órgãos de polícia criminal* todos os elementos da PSP com funções policiais" – al. *b*) do nº 1 do art. 11º. A PSP tem funções que se enquadram no plano do jurídico-criminal-processual e, também, no plano administrativo, e, em muitas situações, a conduta ilícita é punida a título de crime e a título de contraordenação, mantendo o elemento policial as duas qualificações: a de *agente de autoridade* [autoridade policial ou agente policial] – que se enquadra no plano do

Administrativo – Volume I, Reimpressão da 3ª Edição, (Colaboração de Luís Fábrica, Carla Amado Gomes e J. Pereira da Silva), Coimbra: Almedina, 2006, pp. 776-780 e 788-790.

[1118] Quanto à topologia «competência», Diogo Freitas do Amaral, *Curso de Direito Administrativo* – Volume I, Reimpressão da 3ª Edição, (Colaboração de Luís Fábrica, Carla Amado Gomes e J. Pereira da Silva), Coimbra: Almedina, 2006, pp. 776-790 e Afonso Rodrigues Queiró, "Competência", *in Dicionário Jurídico da Administração Pública* – Volume II, 2ª Edição, (Director José Pedro Fernandes), Lisboa, 1990, pp. 534-539.

poder executivo – e de *operador judiciário* [APC e OPC] – que se enquadra no plano do poder judicial[1119].

A LOGNR prescreve que se consideram OPC, nos termos do CPP, «todos os militares da guarda a quem caiba levar a cabo quaisquer actos ordenados por uma autoridade judiciária ou determinados por aquele código», conforme al. *b*) do nº 1 do art. 12º, optando pela concepção prescrita no CPP. A LOGNR, apesar dos seus elementos serem considerados como agentes de força pública e de autoridade[1120], não se refere aos seus elementos como tal, mas como "militares organizados num corpo especial de tropas", conforme nº 1 do art. 1º da LOGNR.

A LOPJ não identifica quem tem a qualidade de OPC por a PJ ser uma polícia *quase* em exclusivo de *funções criminais*. Consideram-se OPC da PJ todos os elementos policiais [*i. e.*, que exercem funções de polícia criminal] e que não ocupem, no caso concreto, a qualidade de autoridade de polícia criminal[1121].

Acresce referir que não podemos confundir OPC com **Autoridade de Polícia Criminal** (APC)[1122], apesar de o mesmo sujeito poder ocupar as duas qualificações em um determinado momento. São considerados como APC «os directores, os oficiais, os inspectores e subinspectores de polícia e todos os funcionários policiais a quem as *leis respectivas* reconhecerem aquela qualificação»[1123], conforme al. *d*) do art. 1º do CPP. O papel das APC difere quanto à natureza, sendo que a sua actuação implica sempre uma situação mais restritiva de direitos e liberdades do cidadão: *p. e.*, emissão de mandado de detenção – art. 259º, nº 2 do CPP; ou emissão de mandado de comparência – art. 273º, nº 1 do CPP.

[1119] Sobre a natureza híbrida da Polícia, o nosso "Natureza da actuação Policial", *in Revista Polícia Portuguesa*, nº 134, Março/Abril, 2002, pp. 21 e ss. e *supra* Parte I, Capítulo IV.

[1120] Cfr. nº 3 do 10º da LOGNR.

[1121] Esta acepção assenta na interpretação conjunta e sistemática dos artigos 1º, 2º, 3º e 11º da LOPJ.

[1122] Quanto a um estudo desenvolvido histórico, jurídico-constitucional e processual sobre as APC, o nosso "As Autoridades de Polícia Criminal: (Já) é tempo de clarificar a sua intervenção no processo penal", *in Liber Amicorum Manuel Simas Santos*. Coord. André Piton e Ana Carneiro. Lisboa: Rei dos Livros, 2016, pp. 875-891.

[1123] Itálico nosso.

282. A atribuição de qualidade de APC está subordinada ao *princípio de reserva de lei* e de *precedência de lei*, ou seja, as leis orgânicas de cada Polícia é que determinam quem reveste a qualidade de APC[1124]. As leis orgânicas em funcionamento de cada Polícia estipulam quem pode vestir a capa de APC:

α. O nº 1 do art. 11º da LOPJ considera que são *autoridades de polícia criminal*, o Director Nacional, os Directores Nacionais-adjuntos, os Directores das unidades nacionais, os Directores das unidades territoriais, os Subdirectores das unidades territoriais, os assessores de investigação criminal, os coordenadores superiores de investigação criminal, os coordenadores de investigação criminal, os Inspectores-chefes.

β. A al. *a*) do nº 1 do art. 11º conjugada com o nº 1 do art. 10º da LOPSP prescreve que são *autoridade de polícia criminal* o Director Nacional, os Directores Nacionais-adjuntos, o Inspec tor Nacional, os Comandantes da Unidade Especial de Polícia, das Unidades e Subunidades até ao nível de Esquadra e outros Oficiais da PSP quando no exercício de funções de comando ou chefia operacional[1125].

γ. A al. *a*) do nº 1 do art. 12º conjugada com o nº 1 do art. 11º da LOGNR prescreve que são consideradas *autoridades de polícia criminal* o Comandante-geral, o 2º Comandante-geral, o Comandante do Comando Operacional da Guarda, os Coman dantes de unidade e de subunidades de comando oficial, outros Oficiais da Guarda, quando no exercício de funções de comando ou chefia operacional[1126].
Na GNR encontramos, ainda, a figura da *autoridade de polícia tributária* à qual compete a fiscalização, o controlo e o acompanha-

[1124] Quanto a este assunto e com desenvolvimento, o nosso *Natureza Jurídica do Corpo...*, pp. 97-103.

[1125] A LOPSP, como a LOGNR, equiparou as Autoridades de Polícia Criminal às Autoridades de Polícia, cabendo a estas «determinar a aplicação das medidas de polícia previstas na lei», conforme nº 2 do art. 10º da LOPSP.

[1126] Nos termos do nº 2 do art. 11º da LOGNR, prescreve-se que «no caso das suas funções de segurança interna, compete às *autoridades de polícia* referidas no número anterior determinar a aplicação das medidas de polícia previstas na lei».

mento de mercadorias sujeitas à acção tributária, assim como a instrução de processos de contra-ordenação e respectiva aplicação de coimas, bem como a realização de diligências solicitadas pelas autoridades judiciais, no âmbito do regime aplicável às infracções tributárias. Neste âmbito, consideram-se *autoridades de polícia tributária* todos os «oficiais no exercício de funções de comando nas Unidades de Controlo Costeiro e de Acção Fiscal e nas respectivas subunidades» e os oficiais da GNR que exerçam funções de comando operacional de âmbito tributário, conforme nº 1 do art. 13º da LOGNR.

δ. O nº 1 do art. 3º da LOSEF prescreve que são *autoridades de polícia criminal* para efeitos da lei penal o director-geral, os directores-gerais adjuntos, os directores de direcção central e os directores regionais, os inspectores superiores e inspectores, os inspectores adjuntos principais, os inspectores adjuntos, quando exerçam funções de chefia de unidades orgânicas.
O nº 3 do art. 3º da LOSEF vem determinar que "são conside rados agentes de autoridade os inspectores-adjuntos", quando não exerçam funções de chefia de unidades orgânicas, posição que os coloca entre as autoridades de polícia criminal – al. *f)* do nº 1 do art. 3º – e, por maioria de razão, como órgãos de polícia criminal. As APC do SEF «são *competentes* para orde nar a detenção de pessoas e praticar outros actos urgentes, nos termos do Código de Processo Penal», nos termos do nº 2, e «os funcionários mencionados nos nºs 1 e 3, podem ordenar a identificação de qualquer pessoa, nos termos da lei» nos termos do nº 4 do art. 3º de LOSEF.

ε. As *autoridades de polícia criminal* da ASAE seguem a lógica prescrita para as demais polícias com funções de polícia judiciária. O art. 15º da LOASAE[1127] estipula que são APC, para efeitos do CPP, o inspector-geral, os subinspectores gerais, inspectores-

[1127] Aprovada pelo DL nº 194/2012, de 23 de Agosto. Para melhor compreensão da orgânica e funcionamento da ASAE, consultar-se a Portaria nº 35/2013, de 30 de Janeiro, que fixa a estrutura nuclear da ASAE, e o Despacho nº 2032/2013, de 4 de Fevereiro, que cria as unidades orgânicas flexíveis da ASAE. Da conjugação do inciso *v)* da al. *a)* do nº 2 e do

-directores, os inspectores-chefes e os chefes de equipas multidisciplinares. O legislador optou por submeter as competências das APC da ASAE ao Código de Processo Penal, mas consideramos que as APC da ASAE detêm as com petências que a legislação processual penal confere às APC subjugadas ao edifício do CPP.

Como se pode depreender das leis orgânicas das polícias com funções policiais criminais, respeita-se o *princípio da precedência* e da *reserva de lei* [*absoluta* para a PSP, GNR e PJ, e *relativa* para o SEF e ASAE] na identificação dos membros dessas polícias com prerrogativas acrescidas no patamar jurídico-criminal-processual.

b. Dos Órgãos de Polícia Criminal de natureza específica

283. O legislador abrangeu neste diploma os *OPC de competência específica*, considerando como tal «todos os restantes órgãos de polícia criminal», conforme nº 2 art. 3º da LOIC. De entre muitos, destacamos o SEF (Serviço de Estrangeiros e Fronteiras) e a ASAE (Autoridade de Segurança Alimentar e Económica).

O nº 2 do art. 1º da LOSEF considera o SEF como OPC, competindo-lhe investigar os «crimes de auxílio à imigração ilegal, bem como investigar outros com ele conexos, sem prejuízo da competência de outras entidades», nomeadamente da PJ – alíneas *b*), *c*) e *d*) do nº 4 do art. 7º da LOIC – *ex vi* al. *g*) da al. *1*) do art. 2º da LOSEF. O SEF, como OPC, «actua no processo, nos termos da lei processual penal, *sob a direcção e em dependência funcional* da autoridade judiciária competente, realizando as acções determinadas e os actos delegados pela referida autoridade» – nº 2 do art. 1º da LOSEF.

As autonomias orgânica, hierárquica, técnica, táctica e simples, previstas nos nºs 4, 5, 6 e 7 do art. 2º da LOIC, estendem-se ao SEF quer nas prerrogativas de competência interna quer nas limitações

inciso *vi*) da al. *b*) do nº 2 do art. 2º e art. 15º do DL nº 194/2012, de 23 de Agosto, como materialização da ASAE como polícia criminal ou judiciária.

impostas pelo direito, ao qual se subjuga toda a acção do Estado e seus órgãos e serviços.

284. A ASAE é um *serviço* público *central da administração directa do Estado* com atribuições de natureza científica, administrativa e de polícia em sentido judiciário, pelo que os seus membros, desde que desempenhem funções de polícia preventiva e fiscalizadora e repressiva[1128], são órgãos de polícia criminal nos termos e para os efeitos do Código de Processo Penal, conforme nº 1 do art. 15º da LOASAE, aprovada pelo DL nº 194/2012, de 23 de Agosto.

Compete-lhes promover *acções* de natureza *preventiva e repressiva* em matéria de infracções contra a segurança alimentar (saúde pública) e a segurança económica e coadjuvar as autoridades judiciárias, nos termos do disposto no Código de Processo Penal, nos termos do nº 1, do inciso *v)* da al. *a)* do nº 2 do art. 2º, dos incisos *vi)*, *viii)*, ix), *x)*, *xi)* e *xii)* da al. *b*) do nº 2 do art. 2º e do nº 3 do art. 13º da LOASAE e da al. *c*) do art. 1º do CPP [e quanto à investigação dos crimes anti-económicos e contra a saúde pública, art. 51º do DL nº 28/84, de 20 de Janeiro, que prevê e pune delitos antieconómicos e contra a saúde].

O nº 2 do art. 15º da LOASAE determina, como já frisámos, que se devem considerar APC o Inspector-geral, os Subinspectoresgerais, os inspectores-directores, os inspectores-chefes e os chefes de equipas multidisciplinares.

As autonomias orgânica, hierárquica, técnica, táctica e simples de que gozam os outros OPC, também preenchem o funcionamento da ASAE no plano do processo penal, ficando como qualquer OPC sob a direcção e dependência da AJ competente para a fase do processo em curso.

285. Acresce referir que a LOIC actual, diferentemente da LOIC anterior – (talvez) para limitar a tentação de criação de OPC de competência específica e de evitar conflitos e duplicação de processos –, sujeitou, nos termos do nº 1 do art. 6º, a atribuição de OPC de *competência específica* a dois princípios: ao *princípio da especialização* quanto

[1128] Cfr. nº 1, inciso *v)* da al. *a)* do nº 2 do art. 2º e do nº 3 do art. 13º da LOASAE.

às matérias a serem investigadas e ao conhecimento do *modus operandi* dos infractores, e, consequentemente, ao *princípio da racionalização de recursos* disponíveis para a prossecução de investigação criminal no sentido de evitar a duplicação de recursos na investigação criminal por meio da duplicação de processos crime.

O nº 1 do art. 6º da LOIC materializou o princípio da racionalização consagrado no nº 5 do art. 267º da CRP, que se impõe quanto aos recursos humanos e materiais e se afere da própria exigência de especificidade do novo órgão de polícia criminal.

Nesta senda, o legislador prescreveu, no nº 2 do art. 6º da LOIC, uma limitação automática de intervenção dos OPC de natureza genérica nas investigações dos OPC de natureza específica. Exceptuando-se as situações previstas nos nº 4 e 5 do art. 7º da LOIC, que dirime os conflitos entre a PJ e a Unidade de Acção Fiscal da GNR, o SEF e a CMVM, assim como da PJM[1129], os OPC de natureza genérica não podem «iniciar ou prosseguir a investigação de crimes que, em concreto, estejam a ser investigados por órgãos de polícia criminal de competência específica».

Esta disposição legal não afasta a competência da AJ – titular de investigação criminal – para determinar qual o OPC que, em concreto, investiga o crime, uma vez que serve apenas orientação impositiva para os OPC e não para as AJ.

c. Das competências gerais dos Órgãos de Polícia Criminal

286. O nº 4 do art. 3º da LOIC estipula competências gerais dos OPC quer de natureza (competência) genérica – PJ, PSP, GNR – quer específica – SEF, ASAE, IGAC, (...). A al. *a)* do nº 4 do art. 3º da LOIC prescreve e materializa, mais uma vez, o *princípio de coadjuvação geral* ou da *cooperação vertical* entre OPC e AJ.

O mesmo princípio está consagrado desde logo no art. 202º, nº 3 da CRP, nos artigos 1º, al. *c)*, 9º, nº 1, 55º, 56º, 263º, 270º, 288º e 290º do CPP, no art. 2º, nº 1 e art. 3º da LOPJ, art. 3º, nº 2 al. *l)*, art. 11º, da LOPSP, art. 3º, nº 2, al. *e)*, art. 12º e 13º da LOGNR, art. 1º, nº 2 da

[1129] Quanto a estas matérias *infra* § 77º.

LOSEF e art. 15º da LOASAE conjugado com as als. *c)* e *d)* art. 1º do CPP. O princípio da coadjuvação ou de cooperação vertical é um reforço do preceituado no nº 2 do art. 2º da LOIC[1130].

A al. *b)* do nº 4 do art. 3º da LOIC prescreve que aos OPC compete promover os actos que preenchem a *competência própria*, que compreendem «as acções de prevenção e investigação» criminal, e os que lhe sejam cometidas pela AJ, quer por despacho da delegação genérica[1131], quer por despacho específico, através do qual a AJ instrui o OPC a efectuar quaisquer actos atinentes à descoberta da verdade material para a realização da justiça.

287. Quanto às **acções de prevenção criminal**, função da polícia por imposição constitucional – art. 272º, nº 3 –, não consideramos que estejam aqui prescritas as acções da prevenção da função de vigilância – que compreendem mais as funções administrativas, apesar de protegerem bens jurídicos fundamentais –, mas antes as acções de prevenção criminal *stricto sensu*, que compreendem a "adopção de medidas adequadas para certas infracções de natureza criminal"[1132], medidas essas que visam a tutela de pessoas e bens, a vigilância de indivíduos e locais suspeitos, capazes de permitir acções de investigação criminal legais e adequadas aos fins do direito[1133].

As acções de **investigação criminal** compreendem aqueles actos que se destinam a descobrir, recolher, conservar, examinar e interpretar as **provas reais** e localizar, contactar e apresentar as **provas pessoais**, capazes de explicarem o "porquê" daquela conduta delituosa. A al. *b)* do nº 4 do art. 3º da LOIC deve ser interpretada de acordo com os artigos 248º e ss. e 270, nº 4 do CPP.

[1130] Quanto a este assunto, o nosso estudo "Cooperação Policial: Viagem inacabada!", *in Cooperación Policial y Judicial en Matéria de Delitos Financeiros, Fraude y Corrupción*, Aquilafuente, Ediciones Universidad de Salamanca, nº 40, pp. 286-289 e *infra* Capítulo IX.

[1131] Cfr. *supra* Directiva nº 1/2002, que procede à delegação da competência genérica dos OPC, transcrita na nota 603.

[1132] Gomes Canotilho e Vital Moreira, *Constituição da República...*, 3ª Edição, pp. 956-957 ou II Volume, 4ª Edição, 2010, p. 861.

[1133] Quanto a este assunto o nosso estudo "A Segurança como Tarefa fundamental do Estado de Direito Democrático", *in Polícia Portuguesa*, nº 125, p. 28 e *supra* Parte I, Capítulo III.

§ 79º Da competência do Serviço de Estrangeiros e Fronteiras, da Unidade de Acção Fiscal da Guarda Nacional Republicana, da Comissão do Mercado dos Valores Mobiliários e da Polícia Judiciária Militar

288. O DL nº 305/2002, de 13 de Dezembro, aditou à LOIC de 2000, aprovada pela Lei nº 21/2000, de 10 de Agosto, um nº 5 ao então art. 3º, com o fundamento de que «atendendo (...) à forte incidência da criminalidade associada à imigração ilegal em termos de desestabilização colectiva, reforça-se o combate a esta forma de criminalidade através da inclusão dos crimes de auxílio à imigração ilegal, tráfico de pessoas e outros conexos no âmbito da competência de investigação da Polícia Judiciária, sem prejuízo das competências do Serviço de Estrangeiros e Fronteiras»[1134].

Ao SEF fora atribuída competência para investigar crimes conexos com a sua actividade administrativa – tendo por base a especificidade da função –, que se manteve com a LOIC2008, conforme se pode retirar das als. *b)*, *c)* e *d)* do nº 4 do art. 7º da LOIC. Da al. *d)* do nº 4 do art. 7º da LOIC afere-se que fora acrescentada a competência para investigar crimes de «falsificação ou contrafacção de documento de identificação ou de viagem,...», tendo em conta que, na sua actividade diária nas fronteiras, lidam com crimes desta natureza ligados à imigração. Por outro lado, no sentido de lhe ampliar a competência de investigação de crimes de tráfico de pessoas, o legislador retirou as condicionantes previstas na al. *b)* do nº 5 do art. 3º da LOIC, aprovada pela Lei nº 21/2000, de 10 de Agosto, alterado pelo DL nº 305/2002, de 13 de Agosto: «..., com emprego de coacção grave, extorsão ou burla relativa a trabalho».

A competência de investigação criminal adstrita ao SEF retira-se da interpretação *a contrario* do nº 4 do art. 7º da LOIC: se compete à PJ investigar, sem prejuízo das competências do SEF, crimes de «auxílio à imigração ilegal e associação de auxílio à imigração ilegal» [al. *b)*], «de tráfico de pessoas» [al. *c)*] e «falsificação ou contrafacção de documento de identificação ou de viagem, falsidade de testemunho,

[1134] Preâmbulo do DL nº 305/2002, de 13 de Dezembro.

perícia, interpretação ou tradução», conexos àqueles crimes [al. *d*)], depreende-se que ao SEF compete sempre investigar esta tipologia de crimes excepto se a natureza de criminalidade desenvolvida exige uma *maior sofisticação de técnicas*, de *meios humanos* e *meios materiais* inerentes a "um corpo superior de Polícia altamente especializado e dotado de meios de recolha, análise e difusão da informação em permanente actualização e desenvolvimento, garantia de uma particular eficácia no combate ao crime"[1135].

289. O nº 4 do art. 7º da LOIC prescreve que a Unidade de Acção Fiscal da GNR [UAFGNR] detém competência para investigar crimes tributários até € 500.000,00 (quinhentos mil euros) *a contrario* al. *a)* do nº 4 do art. 7º da LOIC. Esta alínea atribui, também, competência de investigação criminal de crimes tributários de valor superior a € 500.000,00 (quinhentos mil euros) caso a PJ não esteja a investigar esse crime ou a AJ não atribua à PJ a competência para o investigar – nº 1 do art. 2º, *in fine* nº 5 do art. 7º e nº 7 do art. 8º da LOIC – ou por despacho do PGR – nº 5 do art. 8º da LOIC.

Do mesmo modo se deve interpretar a competência específica de investigação criminal atribuída à Comissão de Mercado de Valores Mobiliários (CMVM) – art. 385º Código do Mercado de Valores Mobiliários – para investigar os crimes «relativos ao mercado de valores mobiliários», conforme al. *e)* do nº 4 do art. 7º da LOIC, caso a PJ não esteja a investigar ou a AJ competente não tenha delegado a investigação à PJ – nº 1 do art. 2º, *in fine* do nº 5 do art. 7º, nº 7 do art. 8º da LOIC – ou por despacho do PGR – nº 5 do art. 8º da LOIC.

A CMVM não é OPC, mas no quadro criminal das suas competências de fiscalização detém prerrogativas de OPC, actua com os mesmos

[1135] Preâmbulo do DL nº 305/2002, de 13 de Dezembro. Como já defendemos, não é essa a justificação fundamental para encher a alcofa das competências da polícia judiciária com mais estes tipos de crime. Por um lado, a envolvência de elementos do SEF em processos pouco claros de imigração e, por outro, as redes de imigração ilegal são autênticas *associações criminosas*, que, como sabemos, *ex vi* al. *p)* do art. 4º da LOIC, aprovada pela Lei nº 21/2000, de 10 de Agosto, actual al. *g)* do nº 2 do art. 7º da nova LOIC é, caso o MP não entenda de modo diferente e no respeito pelo nº 1 do art. 219º da CRP, da *competência da PJ*, foram a razão fundamental para esta alteração legislativa. Quanto a este assunto o nosso *Regime Jurídico da Investigação...*, 2ª Edição, pp. 86-87.

poderes materiais de um órgão de polícia criminal, podendo aplicar as medidas cautelares e de polícia previstas no Código de Valores Mobiliários e na legislação processual penal, no âmbito das suas atribuições e competências.

A actual LOIC não olvidou a competência da Polícia Judiciária Militar (PJM), que é órgão de polícia criminal de natureza específica e tem competência para investigar os crimes estritamente militares, que, nos termos do nº 2 do artigo 1º do Código de Justiça Militar [Lei nº 100/2003, de 15 de Novembro], são os factos lesivos dos «interesses militares da defesa nacional e dos demais que a Constituição comete às Forças Armadas e como tal qualificado pela lei», por força do nº 6 do art. 7º da LOIC, artigos 1º a 5º [em especial as *alíneas b)* e *c)* do nº 2 do art. 5º] da Lei nº 97-A/2009, de 3 de Setembro, que aprovou a natureza, a missão e as atribuições da PJM, e artigos 6º e 7º da LOPJM[1136].

A competência de investigação da UIC da PJM respeita as competências de investigação da GNR – que é, também, uma força militar –, assim como pode ser afastada por despacho do PGR, ouvida a PJM,

[1136] A Lei Orgânica de Polícia Judiciária Militar foi aprovada pelo Decreto-Lei nº 9/2012, de 18 de Janeiro, mantendo a natureza, missão e atribuições da PJM, aprovadas pela Lei nº 97-A/2009, de 3 de Setembro. Da orgânica consta a **Unidade de Investigação Criminal da PJM** que tem como competência *assegurar a prevenção, detecção, investigação e coadjuvação das autoridades judiciárias relativamente aos crimes da competência da PJM, e demais funções que pelo Código de Processo Penal sejam atribuídas aos órgãos de polícia criminal; assegurar o serviço permanente, nomeadamente de piquete e prevenção; fornecer a informação para a base de dados de investigação criminal da PJM*; e *contribuir para a elaboração do plano de actividades, orçamento e relatórios anuais e demais instrumentos de gestão,* nos termos do artigo 6º da LOPJM. A Unidade de Investigação Criminal da PJM *desenvolve as suas competências através das equipas de investigação,* que *são constituídas por um oficial investigador, chefe de equipa, e por outros investigadores, oficiais ou sargentos.* Cabe aos ***oficiais investigadores***, chefes de equipa, *chefiar pessoalmente as diligências de investigação criminal* [planear, distribuir e controlar as tarefas executadas pelos investigadores da equipa]; *controlar e garantir o cumprimento de prazos processuais e das operações, acções, diligências e actos de investigação criminal* [validar os respectivos relatórios]; *realizar as funções de prevenção e investigação criminais que lhe sejam cometidas pelo director da UIC; fornecer ao director da UIC todos os elementos de informação susceptíveis de o manter ao corrente das actividades de prevenção e investigação criminais; integrar os serviços de piquete e unidades de prevenção.* Cabe aos ***investigadores*** realizar, sob orientação do respectivo chefe, acções e diligências de prevenção e investigação criminal e efectivar os correspondentes actos processuais; proceder a vigilâncias, detenções ou capturas; integrar os serviços de piquete e unidades de prevenção. Tudo nos termos do artigo 7º da LOP.

desde que a investigação do crime, mesmo sendo de natureza estritamente militar, seja de *especial complexidade* [carácter plurilocalizado das condutas ou pluralidade de agentes ou de vítimas], ou os factos praticados revistam *forma altamente organizada* ou tenham *carácter transnacional* ou *dimensão internacional*, ou a investigação exija *conhecimentos ou meios de elevada especialidade técnica*, nos termos do nº 2 e nº 3 do art. 8º por força da segunda parte do nº 6 do art. 7º da LOIC.

290. A competência de investigação criminal por parte do OPC de competência específica – *v. g.*, UAFGNR, SEF e CMVM – obedece, cumulativamente, ao *princípio da subsidiariedade* e ao *princípio da primazia da aquisição de notícia do crime.*

A competência de investigação criminal das tipologias criminais identificadas nas alíneas do nº 4 do art. 7º da LOIC é originária da polícia judiciária, mas não reservada. Desta feita, em obediência ao *princípio de subsidiariedade* podem os OPC identificados nesse número – UAFFNR, SEF e CMVM – proceder à investigação daqueles crimes, como se retira *a contrario* da 1ª parte do nº 4 do preceito.

Acresce, cumulativamente, que se preencha o *princípio da primazia de aquisição da notícia do crime* materializado no nº 5 do art. 7º da LOIC, que impõe que tem a competência para investigar os crimes identificados nas alíneas do nº 4 do art. 7º da LOIC o OPC que iniciou a investigação criminal por ter em primeiro lugar adquirido a notícia do crime. Se a PJ adquiriu a notícia do crime de *tráfico de pessoas*, poder-lhe-á ser atribuída a competência para investigar este crime por despacho do MP, no respeito ao princípio da primazia de aquisição da notícia do crime; se for o SEF, na mesma linha de raciocínio, o MP poder-lhe-á atribuir a investigação do crime de tráfico de pessoas.

Mas os princípios não são absolutos e têm de ser conjugados com outros princípios superiores como os que regem o processo penal e com as suas finalidades. Desta feita, não obstante ter sido a PJ ou SEF adquirir a notícia do crime, o MP pode despachar a investigação criminal para o OPC que não adquiriu a notícia do crime, conforme *in fine* nº 5 do art. 7º da LOIC.

A esta ideia de não exclusividade de competências, acresce o prescrito no nº 5 do art. 8º da LOIC: o PGR, ouvidos os OPC em causa

[PJ e SEF] e obedecendo ao princípio do interesse jurídico da realização da justiça (Direito), pode deferir a investigação do crime ao OPC diferente do que adquiriu a notícia do crime se, em concreto, for «mais adequado ao bom andamento da investigação».

§ 80º Da competência de investigação criminal da Guarda Nacional Republicana e da Polícia de Segurança Pública

291. A LOIC prescreve, no art. 6º, a competência da GNR e da PSP. Compete, especificamente, àqueles órgãos de polícia criminal, a prevenção e a investigação:

- **a.** dos crimes cuja competência não esteja reservada a outros órgãos de polícia criminal;
- **b.** e dos crimes cuja investigação lhes seja cometida pela autoridade judiciária competente para a direcção do processo.

A actual LOIC não consagrou competência directa de investigação criminal à GNR e à PSP como acontecia com a LOIC revogada, quando, no nº 6 do art. 3º, previa a competência de investigação dos crimes cometida pelas leis orgânicas.

O legislador atribuiu à GNR e à PSP, ao prescrever as competências de investigação criminal pela negativa [de crimes que não sejam da competência da PJ e de outros OPC de competência específica] e pela via da subordinação a um despacho da AJ competente. Da análise do art. 6º conjugado com o art. 7º e o art. 8º, nº 1, nº 6 e nº 7 da LOIC, pode aferir-se que as competências de investigação criminal atribuídas à GNR e à PSP se inserem no âmbito de crimes que mais afectam a própria população no seu dia a dia.

Existe a tentativa por parte do legislador de diminuir os conflitos institucionais no âmbito da prevenção e da investigação do crime. Acresce que é à AJ que cabe decidir qual o OPC que deve investigar, *in concreto*, um determinado crime, mesmo que seja da competência de outro OPC[1137], *i. e.*, as competências específicas e reservadas são

[1137] Como reforço da nossa posição temos o nº 7 do art. 8º da LOIC.

sempre relativas e dependentes da decisão da AJ competente para a fase processual em curso.

A nova LOIC, ao prescrever que o deferimento da investigação criminal a outro OPC, que não o detentor da competência originária, tem de ser por despacho do PGR – nº 1, nº 3, nº 4 e nº 5 do art. 8º da LOIC – e pelos procuradores-gerais distritais, sob delegação do PGR, diminui ou aniquila a *autonomia interna* que deve ser respeitada a cada titular de cada processo na fase de inquérito [MP] e coloca em causa o nº 2 do art. 219º da CRP, além de burocratizar a investigação criminal que deve ser simples e deve estar sob a alçada do seu titular por força do nº 1 do art. 2º da LOIC.

O legislador, com a LOIC de 2008, não só diminui as competências de investigação da GNR e da PSP, como quase aniquilou o *poder efectivo de direcção do inquérito* por parte do Procurador titular do processo, *politicizando pela via da policialização* a investigação criminal.

292. As alíneas *c)*, *d)*, *e)* e *m)* do nº 2 do art. 3º da LOPSP enquadram-se no plano da prevenção criminal *stricto sensu*, cabendo aos seus elementos prevenir e investigar os ilícitos [al. *n)* do nº 2 do art. 3º da LOPSP], e, conjugadas com o art. 11º da LOPSP, enquadram o plano da investigação criminal.

Da LOGNR podemos aferir preceitos que se enquadram no plano da prevenção criminal *stricto sensu* – alíneas *c)*, *d)*, *e)* e *m)* do nº 1, als. *a)*, *d)* e *j)* do nº 3 do art. 3º da LOGNR – que consequentemente se enquadram no plano da investigação criminal.

293. De interesse elevado reveste-se a competência de investigação dos crimes que lhes [GNR e PSP] seja cometida pela AJ competente para a direcção do processo.

Do exposto, por um lado, devia ter saído reforçada a ideia fulcral, que temos defendido, de que o *dominus* do processo é o detentor da competência originária exclusivamente absoluta – facto que não aconteceu, como se depreende do art. 7º, art. 8º (excepto o nº 7) e o art. 16º da LOIC –, e, por outro, de que a PSP e GNR continuam a poder investigar um crime da competência reservada da PJ, desde que a mesma lhes seja cometida por despacho da AJ competente – quanto ao Ministério Público, PGR ou procuradores-gerais distritais, quanto ao magistratura judicial, juiz de instrução.

Consideramos, ainda, que *este «fechar» legislativo* prescrito no art. 8º da LOIC – pois, neste preceito a transferência de competência de investigação resulta do consenso entre o PGR, os Directores Nacionais da PJ e PSP e do Comandante Geral da GNR e de outros responsáveis de outros OPC de competência específica, depende de Despacho do PGR e, quando delegado por este, dos procuradores-gerais distritais – *não pode afastar o despacho concreto do Procurador titular do processo*, sob pena de violar o nº 1 do art. 2º da LOIC e o nº 2 do art. 219º da CRP.

A decisão do JIC pode determinar, como OPC para coadjuvar na investigação, outro OPC que não o OPC da fase do inquérito, prescrita no nº 7 do art. 8º da LOIC, neutralizando o nº 2 do art. 2º da LOIC, ou seja, afasta por completo a limitação da AJ não poder deferir a outros OPC a investigação dos crimes de competência reservada elencados no nº 2 do art. 7º da LOIC.

Caso assim não se entendesse, o *princípio da independência* dos Tribunais e dos juízes seria violado e a interpretação em sentido contrário à nossa posição estaria ferida de inconstitucionalidade material por violação do art. 203º da CRP.

294. A atribuição destas competências de investigação criminal à PSP e à GNR levantou algumas dúvidas em várias instituições como a OA, de cujo Parecer CL/13/00 se pode retirar que a questão fundamental se prendia com a preparação e estrutura a curto prazo para que estas instituições policiais pudessem realizar «investigação criminal com verdadeira autonomia».

Apesar de se saber que o principal objectivo desta Lei era clarificar e redistribuir competências no domínio da Investigação Criminal, de modo que a PJ se concentrasse na prevenção e investigação da criminalidade de sua competência reservada, o parecer da OA duvidava quanto à "preparação técnica da GNR e da PSP para assumirem as competências que são retiradas à PJ".

Pensamos que quer a GNR quer a PSP fizeram um esforço enorme desde a formação técnica, estratégica, logística e táctica, passando pela criação de estruturas e unidades orgânicas novas capazes de compreender os desafios que lhe foram incumbidos, cujos resultados se podem situar no plano positivo face às dificuldades próprias de cada instituição.

§ 81º Da competência de investigação criminal da Polícia Judiciária

295. A LOIC prescreve a competência reservada e deferida de investigação criminal da PJ, conforme art. 7º e art. 8º da LOIC. A par destes, compete à PJ prevenir e investigar os crimes que lhe sejam cometidos pela AJ. Cabe, ainda, à PJ assegurar a ligação dos restantes OPC portugueses à INTERPOL e à EUROPOL, e a obrigação de centralizar, tratar, analisar e difundir nacionalmente a informação quanto aos crimes de que teve conhecimento, cabendo-lhe, ainda, cooperar com os demais OPC, assim como «coadjuvar as autoridades judiciárias na investigação, desenvolver e promover as acções de prevenção, detecção e investigação» de crimes cuja competência lhe esteja cometida pela LOIC ou deferida pelas AJ[1138].

O legislador, em 2008, optou por não identificar as tipologias criminais, cuja competência de investigação seja da PJ, num preceito da LOPJ, como acontecera no art. 5º da LOPJ anterior. O legislador manteve a mesma unidade legística por que optara nas demais LO de outros OPC.

A competência de investigação criminal da PJ é *reservada* e *deferida*. A PJ *não detém competência exclusiva* de investigação criminal em qualquer tipologia criminal, porque essa competência exclusiva implica o *poder de direcção* da investigação que está atribuído à AJ competente em cada fase do processo – *ex vi* do nº 1 do art. 2º da LOIC no respeito pelos artigos 219º, 202º, 203º e 32º da CRP, sem se olvidarem os artigos 9º, 48º, 56º, 262º, nº 2, 263º, 288º, nº 1, 290º, nº 2 e 340º do CPP.

Face ao exposto e ao positivado no CPP e na CRP, como veremos, não existe, em Portugal, qualquer OPC com competência exclusiva de investigação criminal. Todos os OPC estão sob a direcção e a dependência funcional de AJ competente.

1138 Cfr. artigos 2º, 3º, 4º, 5º, 6º, 7º e 12º da LOPJ e os artigos 3º, nºs 1 e 3, 7º, 8º e 12º da LOIC.

296. Quanto ao nº 4 do art. 7º da LOIC, relembramos que se deve correlacionar com o nº 5 do art. 7º e com o nº 5 do art. 8º da LOPJ e com o art. 10º da LOIC, *i. e.*, com o princípio da cooperação que, *in casu*, é horizontal[1139].

O nº 4 do art. 7º da LOIC estipula, especificamente, sem prejuízo das competências da UAFGNR, do SEF e da CMVM, a PJ detém competência para investigar crimes, cujo *modus operandi* criminal impõe que sejam aqueles OPC de competência específica ou autoridades reguladoras com prerrogativas de OPC a procederem à investigação criminal dessas tipologias criminais[1140].

297. À PJ compete, também, investigar os crimes que não lhe estejam originalmente cometidos, que não estejam elencados nos nºs 2 e 3 do art 7º da LOIC, mas que possam estar conexos com os crimes de contrafacção [al. *d)* do nº 2 do art. 7º da LOIC], de tráfico de influência, de corrupção, de peculato e participação económica em negócio [al. *j)* do nº 2 do art. 7º da LOIC], de fraude na obtenção ou desvio de subsídio ou subvenção e fraude na obtenção de crédito bonificado [al. *o)* do nº 2 do art. 7º da LOIC] *ex vi* da al. *q)* do nº 2 do art. 7º da LOIC, assim como os crimes conexos com os crimes de insolvência dolosa e administração danosa [al. *d)* do nº 3 do art. 7º da LOIC], económico-financeiros [al. *j)* do nº 3 do art. 7º da LOIC], informáticos e praticados com recurso à tecnologia informática [al. *l)* do nº 3 do art. 7º da LOIC] *ex vi* da al. *n)* do nº 3 do art. 7º da LOIC.

O legislador, na linha de 2000[1141], ao atribuir à PSP e à GNR competência não cometidas a outros OPC, em especial à PJ, reafirma que,

[1139] Quanto a este assunto, o nosso estudo "Cooperação Policial: Viagem Inacabada!", *in Cooperación...*, pp. 289-291 e *infra* Capítulo V.

[1140] Quanto a este assunto *supra* § 68º.

[1141] Na LOIC/2000, aprovada pela Lei nº 21/2000, de 10 de Agosto, [*v. g.* art. 4º] confirma-se que à PSP e à GNR ficou reservada "a criminalidade cuja investigação requer uma eficácia de proximidade" [Cfr. Exposição de Motivos da Proposta de Lei nº 26/IX], enquanto que à PJ ficou reservada, tendo em conta a sua especialização, a investigação "da criminalidade mais complexa que deve estar a cargo de uma polícia mais científica" [*Idem*]. Mas, da conjugação com o art. 3º, nºs 2, 5 e 6 e com o art. 5º da LOIC/2000 aferia-se que as competências, apesar de reservadas ou específicas, são de todo relativas face ao titular da fase processual em curso: MP no inquérito e JIC na instrução. Este espírito manteve-se com a nova LOIC, aprovada pela Lei nº 49/2008, de 27 de Agosto.

sendo a PSP e a GNR duas forças de segurança (polícias) de natureza originária preventiva, devia caber-lhes investigar as tipologias criminais cuja incidência e proximidade e não exigibilidade de elevada sofisticação técnica e inamobilidade dos OPC se verifiquem.

Mas se a prática dessas tipologias criminais forem a actividade dos agentes do crime e, por isso, consignarem a prática do crime de associação criminosa, a competência para investigação criminal é, *a priori*, da PJ, caso assim entenda a AJ[1142].

298. A competência de investigação criminal da PJ é uma competência reservada e não exclusiva. Consideramos que, em termos fenomenológicos, o tópico mais adequado ao tecido jurídico-constitucional é competência originária [e relativa] e competência delegada.

O preâmbulo do DL nº 305/2002, de 13 de Dezembro[1143], enuncia que a **competência reservada** da PJ «funda-se na circunstância de a investigação dos crimes mais graves, quer pelo desvalor dos actos que os integram, quer pela sua complexidade, dever ser atribuída a um corpo superior de polícia criminal, conforme se retira também do Decreto-Lei nº 275-A/2000, de 9 de Novembro, que aprovou a Lei Orgânica da Polícia Judiciária»[1144].

O legislador de 2008 manteve a mesma linha de 2000 e consagrou uma competência reservada e não absoluta de investigação dos crimes prescritos no art. 7º, além de que a *competência efectiva* da investigação de todos os crimes pertence ao Ministério Público na fase de inquérito, como entidade titular da acção penal, como consagra o nº 1 do art. 219º da CRP, e do Juiz, nas restantes fases – ex vi do nº 1 do art. 2º da LOIC, artigos 288º, nº 1, 290º, nº 2 e 340º do CPP e art. 202º e 203º da CRP.

[1142] Posição por nós defendida no seminário "*Criminalidade Económica-Financeira e Tributária*", no Instituto Superior de Ciências Policiais e Segurança Interna, no dia 5 de Junho de 2002. Quanto a este assunto, o nosso estudo "Dos Delitos Contra a Economia e Contra a Saúde Pública: A actuação dos OPC face ao novo quadro legal da investigação Criminal", *in Revista Polícia Portuguesa*, nº 135, Maio/Junho, 2002, pp. 15 e ss..

[1143] Revogado pela Lei nº 49/2008, de 27 de Agosto.

[1144] A LOPJ aprovada pelo DL nº 275-A/2000, de 9 de Novembro, foi revogada com a aprovação de nova LOPJ pela Lei nº 37/2008, de 6 de Agosto.

A competência reservada da PJ tem **carácter relativo** e esse carácter é reafirmado pelo nº 7 do art. 8º da LOIC, ao determinar que, na fase de instrução, pode ser outro OPC que não o da fase do inquérito a promover as diligências investigatórias, designado pelo JIC, por entender que «não se afigura, em concreto, o mais adequado ao bom andamento da investigação» a manutenção do OPC que fez a investigação na fase do inquérito.

299. No que respeita ao articulado actual, podemos manter as críticas da anterior edição, não obstante o legislador ter optado por elencagem de tipologias [dá amplitude de crimes] e não por catálogo de tipos legais de crime. Neste sentido, podemos referir que:

α. a al. *a)* do art. 4º da LOIC, aprovada pela Lei nº 21/2000, de 10 de Agosto, consignava a investigação do «Homicídio voluntário, desde que o agente não seja conhecido» tendo sido alterada pelo DL nº 305/2002, de 13 de Dezembro, e, por uma questão de coerência, a al. *a*) do nº 2 do art. 5º da LOPJ, aprovada pelo DL nº 275-A//2000, de 9 de Novembro, foi alterada com a mesma redacção pelo DL nº 304/2002, de 13 de Dezembro, tendo passado a: «homicídio doloso e ofensas dolosas à integridade física de que venha a resultar a morte»[1145].

A priori e *ab initio* do processo qualquer homicídio ou ofensa à integridade física de que resulte a morte de uma pessoa são dolosos, pois com o decorrer do processo investigatório podemos concluir, melhor, presumir que o crime que se investiga se enquadra no crime de homicídio por negligência, p. e p. pelo art. 137º do CP ou no crime de ofensas à integridade física por negligência, p. e p. pelo art. 148º do CP. Parece-nos descabido e sem sentido que a qualificação de competência reservada passe pelo tipo subjectivo de ilícito – dolo.

[1145] Aceitamos, mas dificilmente compreendemos que a PJ perca tempo a investigar um crime de homicídio doloso quando o seu autor foi detido em flagrante delito [art. 256º do CPP] por outro OPC – PSP/GNR –, quando sobre ela recaem outras importantíssimas incumbências de investigação criminal. Pois, da redacção da al. *a*) dever-se-ia retirar o tipo subjectivo de ilícito – dolo – e acrescentar o pressuposto, «desde que o agente não seja conhecido».

O legislador, em 2008, optou por manter a mesma linha legística ao prescrever que compete à PJ proceder à investigação de «crimes dolosos ou agravados pelo resultado, quando for elemento do tipo a morte de uma pessoa», conforme al. *a)* do nº 2 do art. 7º da LOIC. Mantemos as críticas que temos feito à técnica legística de separação ou de identificação da competência se fundar no elemento subjectivo do tipo – dolo –, quando este se apura ao longo do processo na fase de inquérito – investigação criminal – e, muito em especial, em sede de julgamento.

β. as als. *ee)* e *ff)* foram aditadas pelo DL nº 305/2002, de 13 de Dezembro, à LOIC, aprovada pela Lei nº 21/2000, de 10 de Agosto, com o fundamento de que «recentemente vem-se assis tindo ao aumento do número de infracções fiscais e contra a segurança social, fenómenos criminais de elevada repercussão social e com reflexos consideráveis ao nível da cobrança de receitas do Estado» e de que «com a presente alteração à lei de organização da investigação criminal pretende-se cometer em exclusivo a investigação desta criminalidade complexa e organizada à Polícia Judiciária, que constitui um corpo supe rior de polícia altamente especializado e dotado de meios de recolha, análise e difusão de informação em permanente actua lização e desenvolvimento, garantia de uma particular eficácia no combate ao crime»[1146].

Pensamos que esta qualificação da PJ pode ser soberba e injusta para com todos os outros corpos de polícia. Não existem face à Constituição corpos superiores e inferiores de polícia, nem alta ou baixa polícia, mas tão-só polícia num plano horizontal com naturezas, atribuições e competências que se resumem em servir o povo português no respeito da dignidade da pessoa humana.

Ao art. 4º da LOIC/2000, *ex vi* do mesmo diploma, foram aditadas duas alíneas, atribuindo à PJ competência específica para a investigação dos crimes tributários de valor superior a € 500,00, quando assumam especial complexidade, forma organizada ou carácter transnacional" [al. *ee)*] e "tráfico de armas, quando praticado de forma organizada" [al. *ff)*].

[1146] Cfr. preâmbulo do DL nº 305/2002, de 13 de Dezembro.

Como temos referido, esta alteração marcou e remarcou redundâncias e eufemismos nas competências de investigação. Do preceito proposto não constavam os crimes elencados nas alíneas *bb*) e *dd*), que pelo seu melindre e especificidade se impunha que fosse conferida a competência de investigação criminal, conforme constava da Proposta de Lei nº 26/IX, apresentada ao Conselho de Ministros de 6.4.2000.

O legislador, em 2008, manteve esta linha legística ao atribuir à PJ competência de investigação criminal à PJ, sem prejuízo de outros OPC e autoridades reguladoras com prerrogativas de OPC – UAFGNR, SEF e CMVM –, poderem investigar desde que tenham adquirido em primeiro lugar a notícia do crime e desde que a investigação não seja atribuída à PJ por determinação da AJ, se essa decisão, em concreto, se afigurar mais adequada ao bom andamento da investigação, conforme nºs 4 e 5 do art. 7º e nºs 5 e 7 do art. 8º da LOIC.

300. A prescrição da **competência reservada** da PJ para investigação de determinados crimes pode, por má interpretação ou interpretação de conveniência corporativa, acentuar o designado «perigo da *policialização* da investigação criminal»[1147], que se pode prorrogar no Despacho de Delegação Genérica, nos termos do nº 4 do art. 270º do CPP, do Procurador-Geral da República, em que se delega «genericamente na Polícia Judiciária a competência para investigação e para a prática dos actos processuais de inquérito derivados da mesma ou que a integrem relativamente aos crimes previstos no art. 4º da Lei nº 21/2000, de 10 de Agosto»[1148], ou seja, no art. 7º da Lei nº 49/2008, de 27 de Agosto.

Uma interpretação literal do art. 7º da LOIC acentua esse perigo, por a autoridade judiciária competente – MP – ficar alheada de uma suposta fase pré-processual que pode ser muito longa, em que direitos

[1147] ANABELA MIRANDA RODRIGUES, "A fase preparatória...", *in STVDIA IVRIDICA*, nº 61, p. 955.

[1148] Cfr. *supra* Directiva nº 1/2002, nota 727. Onde se lê Lei nº 21/2000, de 10 de Agosto, deve fazer-se a correlação com a actual LOIC: Lei nº 49/2008, de 27 de Agosto.

e liberdades fundamentais das pessoas podem ser postos em causa sem que, no mínimo, o MP se tenha pronunciado.

301. Este perigo aumentou com a possibilidade dos OPC terem 10 dias para comunicar a notícia do crime ao MP, conforme nº 3 do art. 243º, art. 245º, e nº 1 do art 248º, todos do CPP, e art. 2º da LOIC.

Como agravo e ferido de inconstitucionalidade material por violação do nº 1 do art. 219º e art. 202º da CRP, temos o nº 2 do art. 7º da LOIC quando estipula que a investigação das tipologias criminais elencadas são da competência reservada da PJ, «não podendo ser deferida a outros órgãos de polícia criminal».

Quem dirige a investigação criminal não são os OPC, que são órgãos coadjuvantes de administração da justiça, mas as AJ: MP, JIC e Juiz. Este preceito não só está ferido de ilegalidade, por violação dos artigos 48º, 262º, 263º, 288, nº 1, 290º, nº 2, 340º do CPP, como de inconstitucionalidade material por violação do nº 1 do art. 219º, art. 202º, 203º e 32º, nº 4 da CRP.

É como fazer renascer o *inquérito preliminar*, introduzido no nosso sistema processual penal pelo DL nº 377/77, de 6 de Setembro, que substitui o famigerado *inquérito policial*, criado pelo Decreto-Lei nº 605/75, de 3 de Novembro, *que*, nos casos de julgamento em processo correccional, por razões de aceleração da marcha do processo penal, *dispensava a instrução* – quer a preparatória, quer a contraditória –, *devido ao princípio da celeridade* – «exigência da própria justiça, a qual não se compadece com delongas na apreciação dos feitos penais, de que deriva a atenuação ou mesmo a extinção dos efeitos de prevenção geral que às penas cumpre assegurar, e ainda a necessidade de dar pronta satisfação à pressão dos interesses violados»[1149] –, e *no qual se enfatizava a função do juiz de instrução em detrimento da função* do MP.

Temos defendido que a delegação genérica, prevista no nº 4 do art. 270º do CPP, não afasta a comunicação da *notitia criminis* ao MP, no mais curto prazo [espaço de tempo], a que estão obrigados os OPC – *ex vi* do nº 1 do art. 248º do CPP. O OPC, logo que tenha a notícia de um crime, tem o dever *ex lege* de comunicá-lo ao MP, devendo automa-

[1149] Preâmbulo do DL nº 605/77 e neste sentido ANABELA MIRANDA RODRIGUES, "A fase preparatória..., *in STVDIA IVRIDICA*, nº 61, p. 943.

ticamente proceder de acordo com as suas *competências próprias* – art. 248º e ss. do CPP –, praticando todos os actos urgentes e necessários para a preservação de provas reais quer pessoais.

O perigo existe ao se associar a expressão «competência reservada» ao despacho de delegação genérica de competência e o OPC praticar todos os actos processuais de inquérito que derivem da investigação e os que a integrem sem que comuniquem de imediato a *notitia criminis* ao MP. O "perigo" diminui se o MP entrar em cena *ab initio*, assumindo o seu papel de verdadeiro "timoneiro" da investigação criminal que a lei lhe impõe e que a sociedade lhe exige *ex vi* nº 1 do art. 219º da CRP.

302. A *competência reservada* da PJ, para investigar e proceder a actos processuais de inquérito, que devia/deve ser após o despacho da AJ competente, ressalvando-se os actos e as medidas cautelares e de polícia, incide sobre a criminalidade mais complexa prevista e punida quer pelo Código Penal, quer por legislação avulsa[1150].

A diversidade e, em simultâneo, a especificidade investigatória imposta pela qualidade e natureza criminógena, leva-nos a defender que as competências genérica, reservada e específica dos OPC estão sujeitas à determinação do *dominus* do processo, ou seja, este pode delegar a investigação de um crime a outro OPC que não originariamente competente. Numa cidade em que a PJ não esteja sediada e exista a PSP ou a GNR e AJ entenda que o factor de proximidade pode funcionar em termos de celeridade processual, princípio corolário do princípio de presunção de inocência, aquele pode delegar a investigação

[1150] Dos quais se destacam:
- DL nº 28/84, de 20 de Janeiro – Regime Jurídico das Infracções Contra a Economia e a Saúde Públicas;
- DL nº 15/93, de 22 de Janeiro – Regime Jurídico aplicável ao Tráfico de Estupefacientes e Substâncias Psicotrópicas;
- Lei nº 109/2009, de 15 de Setembro – Lei do Cibercrime;
- Lei nº 83/2017, de 18 de Agosto – Medidas de Combate ao Branqueamento de Capitais e ao Financiamento do Terrorismo;
- DL nº 486/99, de 13 de Novembro – Código de Valores Mobiliários (com 25 alterações);
- Lei nº 15/2001, de 6 de Junho – Regime Geral das Infracções Tributárias;
- Lei nº 23/2007, de 4 de Julho, alterada pela Lei nº 29/2012, de 9 de Agosto – Regime jurídico de entrada, permanência, saída e afastamento de estrangeiros do território nacional.

de um crime cuja competência esteja reservada à PJ, sob pena do MP estar subordinado à PJ ou a outro OPC.

Somos da opinião de que não faz sentido que a investigação de um crime de roubo, *p. e.*, cuja competência originária é da PJ – al. *p)* do nº 2 do art. 7º –, em que o agente do crime é conhecido, tenha de ser da PJ quando há tanto crime complexo, plurilocalizado, com pluralidade de agentes, altamente organizados, transnacionais, internacionais, exigentes de conhecimentos e meios de elevada especialidade técnica[1151] para investigar. Exceptuamos a situação do crime de roubo ser conexo com vários crimes de roubos ou do agente pertencer a um grupo de pessoas que se dedica à prática de criminalidade violenta[1152].

§ 82º Da Operacionalização Policial à Investigação Criminal

303. O OPC, que investiga um determinado crime, como rapto, sequestro, terrorismo, pode não ser aquele que desencadeia a operação táctica final para a detenção dos agentes. Em certos crimes de extrema violência física e psicológica, cuja competência de investigação criminal é da PJ, a operação capaz a pôr termo à conduta criminal pode e deve ser desencadeada por elementos de outra polícia[1153] – *p. e.*, PSP[1154].

No quadro próprio do terrorismo, cuja investigação criminal compete originariamente à PJ – al. *l)* do nº 2 do art. 7º da LOIC –, existe uma *unidade especializada*, da Polícia de Segurança Pública, que se designa por Grupo de Operações Especiais (GOE), para *intervir e pôr*

[1151] Consideramos serem estes os fundamentos da existência de um OPC ou de uma unidade de polícia especializada como a PJ. Cfr. nº 2 do art. 8º da LOIC.

[1152] A celeridade processual passa, indubitavelmente, pela operacionalização dos meios humanos e materiais e não pela diminuição ou limitação de direitos, liberdades e garantias do cidadão.

[1153] Ter-se-á de ter *inteligência e humildade* suficientes para se discernir o papel que cada OPC ocupa na cena, nem o nosso país é um país rico para desperdiçar recursos humanos, especializados para intervir em certos momentos de crise pontual ou geral. Esta lei foi alterada pela Lei nº 25/2008, de 5 de Junho, que alterou os artigos 2º, 4º e 8º e aditou o art. 5º-A.

[1154] Veja-se o caso do assalto ao BES de Campolide em Lisboa, Agosto de 2008, cuja operação de reposição da ordem jurídica foi, e bem, efectuada pela PSP.

termo à ocorrência deste tipo de crime. O GOE é uma «força de reserva da PSP, à ordem do Director Nacional, destinada, fundamentalmente, a combater situações de violência declarada, cuja resolução ultrapasse os meios normais de actuação», nos termos do art. 43º da LOPSP, além de poder colaborar com outras forças policiais em acções contra outras actividades criminais, por determinação do Director Nacional, nos termos do art. 6º da LOPSP.

A prevenção da criminalidade organizada e do terrorismo constam do elenco dos *objectivos* – competências – fundamentais da PSP, devendo sempre ocorrer em cooperação com as demais forças e serviços de segurança e, sempre, sem prejuízo das atribuições legais de outras entidades – *ex vi* do art. 6º da LOPSP.

Há a referir, quanto al. *l)* do preceito, a Lei nº 52/2003, de 22 de Agosto – LCT –, que aprovou "a previsão e punição dos actos e organizações terroristas, em cumprimentos da Decisão Quadro nº 2002/475/ /JAI, do Conselho, de 13 de Junho, relativa à luta contra o terrorismo", que prevê e pune os crimes de *organização terrorista* – art. 2º da LCT –, de *terrorismo* – art. 4º da LCT –, de *outras organizações terroristas* – art. 3º da LCT –, de *terrorismo internacional* – art. 5º da LCT – e de *financiamento do terrorismo* – art. 5º-A da LCT[1155].

304. À PSP está atribuída a *exclusividade* de, em território nacional, licenciar, controlar e fiscalizar o fabrico, o armazenamento, a comercialização, o uso e o transporte «de armas, munições e substâncias explosivas e equiparadas que não pertençam às forças armadas e demais forças de segurança» – *ex vi* da al. *a)* do nº 3 do art. 3º da LOPSP.

A investigação do crime de tráfico de armas não é da competência reservada da PJ – como se retira da al. *m)* do nº 3 do artigo 7º da LOIC – pelo que, nos termos do art. 6º da LOIC, a PSP tem competência para investigar este tipo de crime desde que a prática do mesmo não consigne crime de associação criminosa [al. *g)* do nº 2 do art. 7º da LOIC] ou seja cometido em conexão com os crimes previstos nas als. *d)*, *j)* e *o)* do nº 2 por força da al. *q)* do mesmo número e als. *d)*, *j)* e *l)* do nº 3 por força da al. *o)* do mesmo número do art. 7º da LOIC.

[1155] Quanto a este assunto, o nosso estudo "Terrorismo: Fundamento de Restrição de Direitos?", *in Terrorismo*, (Coordenado por ADRIANO MOREIRA), 2ª Edição, Coimbra: Almedina, pp. 419 e ss..

O legislador teve o cuidado de limitar o âmbito de investigação no crime de tráfico de armas como forma de "respeitar" a atribuição exclusiva da PSP. Controlar não é sinónimo de investigar, mas é uma das tarefas da prevenção criminal e a investigação criminal pode permitir uma melhor actividade de controlo sobre o fluxo de armas[1156]. A *exclusividade* administrativa não se converte em *exclusividade* no quadro criminal.

Compete à PSP o licenciamento, o controlo e a fiscalização das actividades de segurança privada. Tendo em conta que a PJ não tem competência reservada para investigar o crime de *exercício ilícito da actividade de segurança privada*, p. e p. pelo art. 32º-A do DL nº 35/ /2004, de 21 de Fevereiro, alterado pelo DL nº 198/2005, de 10 de Novembro, e pela Lei nº 38/2008, de 8 de Agosto, a competência para investigar este crime cabe à PSP – conforme al. *n)* do nº 3 do artigo 7º conjugado com o artigo 6º, ambos da LOIC – caso o mesmo não esteja conexo com os crimes previstos nas als. *d)*, *j)* e *o)* do nº 2 por força da al. *q)* do mesmo número ou com os crimes previstos com as als. *d)*, *j)* e *l)* do nº 3 por força da al. *o)* do mesmo número do art. 7º da LOIC.

Do mesmo modo, caso o crime de *exercício ilícito da actividade de segurança privada* seja integrante da actividade criminosa de uma *associação criminosa*, a competência para investigar o crime pode passar para a PJ por força da al. *g)* do nº 2 do art. 7º da LOIC, se a AJ competente[1157] considerar que se justifica para um melhor andamento da investigação, podendo aquela provocar a cooperação entre os dois OPC, nos termos do nº 3 do art. 5º e no respeito pelos nºs 1 e 2 do art. 10º da LOIC.

305. Este raciocínio deve ser aplicado quando outro OPC detém competências de prevenção e investigação de infracções criminais como acontece com a GNR que detém a competência para promover acções policiais que assegurem o cumprimento da lei e dos respectivos regulamentos de tutela e conservação da natureza e do ambiente[1158].

[1156] No uso das competências da PJ e dos restantes OPC, impõe-se **inteligência e bom senso** para que cada actor saiba desempenhar o seu papel e servir a comunidade.

[1157] Conforme se impõe constitucionalmente pelos artigos 219º (para o MP), 202º, 203º, 32º, nºs 1 e 4 (para o Juiz), e pelo CPP: artigos 48º, 56º, 262º, nº 2, 263º, 288º, nº 1, 290º, nº 2 e 340º.

[1158] Cfr. al. *a)* do nº 2 do art. 3º da LOGNR.

Se a infracção a investigar for integrante ou for conexo com o crime de poluição[1159], a competência de investigação criminal é da PJ, excepto se houver deferimento na GNR por despacho proferido pelo PGR, pelos procuradores-gerais distritais e, na nossa opinião, do procurador titular do processo –, assim como no âmbito dos crimes tributários[1160] cuja correlação tem de obedecer ao disposto na al. *a*) do nº 4 e no nº 5 do art. 7º conjugado com o nº 5 do art. 8º da LOIC.

§ 83º Da competência deferida para a investigação criminal

a. Do enquadramento geral

306. O artigo 8º da LOIC consagra a competência deferida para a investigação e materializa o princípio da tutela efectiva da investigação criminal pela AJ – quanto ao MP, os nºs 1 a 6 e, quanto ao JIC, o nº 7.

O artigo 8º limita ou tranquiliza-nos, aparentemente, um pouco quanto aos perigos da total *policialização* do processo, assim como imprime uma ideia de efectiva garantia dos direitos e garantias fundamentais dos cidadãos. Mas essa efectiva garantia apenas se verifica no nº 7 do art. 8º da LOIC. Ora vejamos.

307. O deferimento de competência de investigação implica a transferência de competência de investigação atribuída *ex lege* originariamente a um OPC para outro OPC de natureza genérica ou natureza específica. O legislador quando fala em deferimento não está a falar de delegação de prossecução de diligências processuais, cujas autonomia e/ou independência da AJ permitem que a mesma delegue diligências num OPC diferente do que tem atribuída a competência quer por força da lei quer por força de despacho de deferimento.

O art. 8º da LOIC estipula, para a *fase de inquérito*, as regras do deferimento geral baseado num despacho de natureza genérica – nº 4 – e deferimento de despacho de natureza concreta para investigação de crimes concretos.

[1159] Cfr. al. *g)* do nº 3 do art. 7º conjugada com nºs 1, 3 e 6 do art. 8º da LOIC.
[1160] Cfr. als. *d)* e *e)* do nº 2 do art. 3º da LOGNR.

O deferimento prescrito neste preceito é da competência originária do Procurador-geral da República – nºs 1, 3 e 5 – e delegada dos procuradores-gerais distritais – nº 6. O deferimento de competência originária, atribuída ao Procurador-geral da República, é de *natureza genérica*, conquanto o de competência delegada, atribuída aos procuradores-gerais distritais, é de *natureza concreta*. Os dois tipos de deferimento devem obedecer aos princípios e quesitos expostos ao longo dos nºs 1, 2, 3, 4, 5 e 6 do art. 8º da LOIC.

O deferimento procura materializar o *princípio da racionalização dos meios e de rentabilização* dos mesmos na prossecução da realização da justiça. Consideramos que a *opção pelo deferimento geral do PGR ou pelos procuradores-gerais distritais e não pela prescrição legal dos crimes que a cada OPC* cabe investigar por decisão da AJ independentemente do lugar, da especificidade, da complexidade, da plurilocalização e da pluralidade de agentes ou da necessidade de utilização de meios e conhecimentos técnicos especiais – que deviam estar centralizados num laboratório de polícia científica independente e ao serviço de todas as polícias – *é uma demonstração de uma deficiente organização estatal dos serviços públicos de polícia* e de uma fraca estratégia global dos serviços de polícia criminal para um país tão pequeno como o nosso.

308. O deferimento da investigação de crimes de competência atribuída à PJ a outros OPC de competência genérica – GNR e PSP – e de competência específica, e *vice-versa*, prescrito no art. 8º da LOIC, *não afasta a possibilidade do Procurador, titular do processo, no caso concreto, determinar, por despacho de natureza concreta, a outro OPC a prossecução de diligências processuais penais* que não ao OPC competente originalmente para crimes que não constem do deferimento do Procurador-geral da República ou dos procuradoresgerais distritais, sob pena de violação total do princípio da autonomia interna do MP.

Desta feita e como já referimos anteriormente, afirmamos que o Procurador titular do processo, por despacho de natureza concreta, pode, se assim entender, determinar à PSP ou à GNR a promoção de actos processuais e de investigação criminal para os crimes elencados no nº 2 do art. 7º da LOIC, sob pena da interpretação contrária se considerar ferida ilegalidade por violação do art. 263º do CPP e de inconstitucionalidade material por violação do nº 1 e nº 2 do art. 219º da CRP.

O deferimento não pode alguma vez aniquilar o *efectivo poder de direcção* do inquérito por parte do Procurador que o titula, sob pena de *desfuncionalizarmos a acção de direcção* daquele e de abrirmos portas à sua *irresponsabilização justificada* por não detenção efectiva da direcção do inquérito.

O despacho de deferimento genérico não pode limitar o poder de acção penal que recai em cada Procurador e, para tal, a autonomia que lhe está conferida pela Constituição.

309. O deferimento da investigação criminal dos crimes previstos no nº 3 do art. 7º da LOIC, de competência reservada da PJ, podem ser deferidos, por Despacho de natureza genérica e ouvidos os OPC envolvidos, a outro OPC de competência genérica ou específica desde que estejam preenchidos determinados princípios e pressupostos, conforme nº 1 conjugado com o nºs 4 e 6 do art. 8º da LOIC.

O deferimento depende da verificação do *princípio da adequação da decisão* ao bom andamento da investigação dos crimes[1161] elencados ao longo do nº 3 do art. 7º da LOIC, o que implica que a adequação dos meios humanos, materiais, técnicos, científicos do OPC receptor da competência.

O nº 1 do art. 8º da LOIC estipula que, cumulativamente com o *princípio da adequação da decisão* ao bom andamento da investigação dos crimes, se devem verificar outros princípios ou pressupostos:

- O *princípio da evidência e da simplicidade probatória* dos crimes, por força da al. *a)* do nº 1 do art. 8º da LOIC: *i. e.*, existem crimes cujas evidência da prova e simplicidade do processo não implicam que se verifique a necessidade de recurso a conhecimentos e meios de elevada especialidade técnica para provar a existência do crime e a autoria dos mesmos.
- O *princípio da inexigibilidade de mobilidade de acção e de meios* humanos e materiais de elevada especialidade técnica para a descoberta e produção de prova real e pessoal desses crimes, por força da al. *d)* do nº 1 do art. 8º da LOIC.
- Os tipos legais de crime preenchem os pressupostos das formas especiais do processo – sumário, sumaríssimo e abreviado –, por

[1161] Cfr. primeira parte do nº 1 do art. 8º da LOIC.

força da al. *b)* do nº 1 do art. 8º da LOIC, cuja audiência de julgamento necessite de desenvolvimento e prossecução de diligências processuais.

- A prossecução de orientações de prevenção e de investigação sobre a pequena criminalidade no âmbito da política criminal, que estavam previstas nos artigos 15º[1162] e 16º da Lei nº 38/2009, de 20 de Julho, por força da al. *c)* do nº 1 do art. 8º da LOIC. É de realçar que a LPC2015 optou por não seguir a mesma lógica impositiva de acções concretas nem a enunciação das medidas admissíveis na prevenção e repressão da pequena criminalidade da LPC2009. Pensamos que esta opção tem a ver com o desenho desta nova LPC2015, que seque dois vectores de orientação: o primeiro destina-se a orientar a actividade dos operadores judiciários para prevenir e reprimir a criminalidade violenta, altamente especializada e organizada transnacional que tem sido mais badalada nos meios de comunicação social; o segundo prende-se com o facto de que o estipulado nos artigos 15º e 16º da LPC2009 deve ser uma obrigação processual de política criminal dos operadores judiciários em geral e, muito em especial, do Ministério Público como o titular da ação penal e o responsável pela execução da política criminal [nº 1 do artigo 219º da CRP].

[1162] Não obstante a LPC2009 já não estar em vigor, consideramos que o seu espírito de prevenção da criminalidade menos grave se mantêm, devendo-se por isso a «favorecer a reparação da ofensa causada à vítima do crime, a reintegração social do agente e a celeridade processual e abrangem» os crimes: contra as pessoas, o aborto com consentimento da mulher grávida fora das situações de não punibilidade legalmente previstas, a ofensa à integridade física simples, a participação em rixa, a ameaça, a fraude sexual, a importunação sexual, a difamação e a injúria [al. *a)* do art. 15º]; contra o património, o furto, o abuso de confiança, o dano e a burla não qualificados e a burla para obtenção de alimentos, bebidas ou serviços [al. *b)* do art. 15º]; contra a sociedade, a falsificação de documento punível com pena de prisão não superior a 3 anos e a condução de veículo em estado de embriaguez ou sob a influência de estupefacientes ou substâncias psicotrópicas [al. *c)* do art. 15º]; de emissão de cheque sem provisão e o tráfico de estupefacientes e substâncias psicotrópicas de menor gravidade ou praticado pelo traficante consumidor e a condução sem habilitação legal [al. *d)* do art. 15º]. A Lei nº 38/2009, de 20 de Julho, que aprovou a LPC para o biénio 2009-2011, não obstante se encontrar caduca e as LPC 2015 e LPC 2017 nada disporem sobre a temática, mas, quanto aos princípios regetes de política criminal inscritos nesta lei, consideramos que se encontram em vigor.

310. O deferimento da investigação de crimes da competência dos OPC de competência genérica e específica para a PJ pode ocorrer por despacho de natureza genérica do Procurador-geral da República ou por despacho de natureza concreta dos procuradores-gerais distritais, ouvidos os OPC, desde que se verifiquem determinados princípios e pressupostos prescritos no nº 2 por força do nº 3 do art. 8º da LOIC.

O deferimento pode depender da verificação do *princípio da elevada especialidade e especificidade investigatória* devido à especial complexidade, à plurilocalização das condutas criminosas e/ou pluralidade de agentes e/ou de vítimas, nos termos da al. *a)* do nº 2 do art. 8º da LOIC.

Pode, ainda, depender do *princípio organizativo do «modus operandi»* que implica uma comissão de forma altamente organizada ou de quadro transnacional ou de dimensão internacional, nos termos da al. *b)* do nº 2 do art. 8º da LOIC. Se o crime de tráfico de armas que está cometido à PSP revestir esta natureza, a investigação criminal deste crime pode ser deferida à PJ.

O deferimento pode, também, ter como base o *princípio da cientificidade técnica da investigação* uma vez que o crime implica uma investigação criminal que exige conhecimentos e meios de elevada especialidade técnica, nos termos da al. *c)* do nº 2 do art. 8º da LOIC. Se o crime de tráfico de armas que está cometido à PSP exigir exames e perícias balísticas laboratoriais constantes de elevado teor técnico, a investigação criminal deste crime pode ser deferida à PJ.

Os princípios ou pressupostos do nº 2 do art. 8º da LOIC não são cumulativos, conquanto no nº 1, só são cumulativos os princípios extraídos das alíneas com o *princípio da adequação da decisão judiciária ao bom andamento da investigação.* Este princípio dever-se-ia verificar no processo de deferimento das competências dos outros OPC na PJ, porque é demasiado importante, senão um princípio reitor da investigação criminal.

311. O deferimento da investigação criminal na fase da instrução ou de julgamento, ou em sede de recurso, é da competência do Juiz, que não está subordinado às competências reservadas, nem está subordinado aos Despachos emitidos pelo Procurador-geral da República ou os procuradores-gerais distritais. Assiste aos juízes toda a independência, que constitucionalmente lhe está consagrada, para que o Tribunal administre a justiça em nome do povo.

Não obstante esta afirmação, o legislador estipulou que a competência de investigação nas fases sequentes ao inquérito pertence ao OPC que assegurou a investigação naquela fase, excepto se o Juiz entender «que tal não se afigura, em concreto, o mais adequado ao bom andamento da investigação», *ex vi* nº 7 do art. 8º da LOIC.

O Juiz é soberano, cuja manifestação de soberania se revê na *potestas* de decidir que OPC investiga o crime em mãos, se o da fase de inquérito ou se um outro diferente independentemente da natureza da competência: genérica, reservada ou específica. Esta posição, amalgamada positivamente, centra-se no princípio *da adequação da decisão judiciária ao bom andamento da investigação* ao qual as AJ se encontram subordinadas para as tomadas de decisão quer por deferimento quer por despacho concreto sobre um processo em curso.

b. Do travão à absoluta exclusividade

312. O legislador, não obstante a redacção do nº 2 do art. 7º da LOIC, que consideramos estar ferida de ilegalidade e inconstitucionalidade material [por violação dos nºs 1 e 2 do art. 219º da CRP], ao fazer vincar que a competência da investigação está sempre nas mãos da AJ [nº 1 do art. 2º da LOIC], trava a absoluta exclusividade da investigação criminal e evita o poderio que pode advir de um império arreigado aos poderes inquisitoriais. O legislador quis evitar que se consagrasse um império polícia, melhor, um *Estado Polícia.*

Do art. 8º conjugado com o art. 2º, nºs 1 e 2, 4 e 7, art. 3º, nº 4, art. 5º, nº 3, art. 6º, art. 7º, nº 1, art. 8º, art. 9º, art. 11º, nº 3 e art. 16º da LOIC, cuja interpretação tem de ser conforme o CPP e a Constituição, retiram-se quatro ensinamentos fundamentais, que podem contribuir para "o bom senso e o sentido de humildade próprios do dever de servir"[1163], imprimindo aos espíritos mais cépticos da sua limitada atribuição e relativa competência:

[1163] Germano Marques da Silva, *Curso de Processo...* – Vol. I, 4ª Edição, p. 284, nota 3.

- O domínio da investigação criminal pertence à autoridade judiciária competente – MP no inquérito, JIC na instrução e Juiz no julgamento;
- Não existem competências absolutas ou exclusivas de investigação criminal nos OPC, excepto a do *dominus* da fase processual em curso;
- A necessidade de coordenação operacional e judicial, irmãs gémeas, onde se prendem as autonomias técnica, táctica e sim ples, estão sob a alçada da coordenação judicial, principalmen te, na fase do inquérito, em que *o deferimento da investigação criminal* de certos tipos de crime e competências reservadas e específicas é da competência originária do Procurador-geral da República e delegada dos procuradores-gerais distritais.
- O despacho de deferimento de natureza genérica do Procurador-geral da República e de natureza concreta dos procuradores-gerais distritais não afasta o despacho concreto do Procurador titular do processo para a prossecução de diligências processuais penais.

313. O desferimento final de que nenhum OPC detém competência exclusiva para investigar seja que crime for, e na linha da posição defendida sempre por nós, é dado pelo legislador que tem, sempre e por meio das Leis de Política Criminal, especificado o titular da acção penal como aquele a quem cabe promover a *constituição de equipas especiais* e equipas mistas de investigação de criminalidade altamente complexa e violenta e grave, integrante da tipificada investigação prioritária, cabe ao PGR[1164].

As *equipas conjuntas* podem ser *equipas especiais* com a finalidade de prosseguirem investigações altamente complexas e/ou *equipas mistas*, que compreendem elementos dos diferentes OPC, ouvidos seus dirigentes máximos, para promoverem investigações de crimes violentos e graves de investigação prioritária[1165]. Estas equipas funcionam sob a direcção e a dependência funcional do Ministério Público e no respeito da dependência hierárquica policial[1166].

[1164] Cfr. o artigo 7º da LPC2015, que segue a lógica do nº 1 do artigo 12º da LPC2009. Na mesma linha se deve ler o nº 2 do artigo 10º da LPC2015.

[1165] Cfr. primeira parte do artigo 7º da LPC2015.

[1166] Cfr. segunda parte do nartigo 7º da LPC2015.

As *equipas conjuntas* (ou mistas) constituídas pelo Procurador-geral da República enquadram-se no plano da acção penal – nº 1 do art. 219º da CRP –, conquanto que as equipas constituídas pelo Secretário-geral do Sistema de Segurança Interna[1167] enquadram-se no plano de prevenção criminal – nº 3 do art. 272º da CRP.

§ 84º Do dever de cooperação

314. O dever de *cooperação* – mútua – prescrita no art. 10º da LOIC preenche o espectro nacional e o que designamos de *cooperação interna horizontal* – entre os vários serviços de polícia. O legislador optou pelo regime da cooperação e não pelo regime da substituição ou da suplência, institutos próprios do direito administrativo para solucionar situações de impossibilidade objectiva de acção do órgão originário[1168].

Consagrou-se o *princípio da cooperação mútua* no exercício das atribuições de cada polícia, que pressupõe por um lado a troca de dados e de informações[1169] sobre os vários crimes sempre que uma das polícias o solicite ou seja da sua competência específica, por outro lado o dever que recai num OPC de comunicar, no mais curto prazo, não devendo exceder 24 horas, ao outro OPC "os factos de que tenham conhecimento relativos à preparação e execução de crimes para cuja investigação sejam competentes, apenas podendo praticar, até à sua intervenção, os actos cautelares e urgentes para obstar à sua consumação e assegurar os meios de prova", *ex vi* nº 2 art. 10º.

O art. 6º, nº 1, da LOPJ impõe à PJ a sua cooperação para com as outras entidades, assim como o nº 2 impõe às demais entidades públicas

[1167] Cfr. artigos 4º e 5º da LPC2015.

[1168] Quanto a estes institutos jurídicos, José Carlos Vieira de Andrade, *Lições de Direito...*, 3ª Edição, pp. 92-93. É de frisar que conhecemos as "desavenças" e os atritos normais do serviço entre as várias polícias. Não são poucas as vezes em que operação de tráfico de droga desenvolvida pela PSP ou GNR faz surgir algum mal estar a elementos da PJ. Sejamos justos em reconhecer que, amiúde, algumas operações inopinadas da PSP ou da GNR podem conduzir ao desfecho incompleto e malogrado de uma investigação que há muito a PJ desenvolvia. Quanto a este assunto, o nosso estudo "Cooperação Policial: Viagem Inacabada!", *in Cooperación...*, pp. 289 e ss. e *infra* Capítulo V.

[1169] Cfr. artigo 5º da LPC2015.

o dever de cooperar com a PJ sempre que esta o solicite. O dever de cooperação para com a PJ no âmbito das suas atribuições, recai, também, sobre o pessoal e entidades que exercem funções de vigilância, protecção e segurança nos termos do artigo 35º da Lei nº 34/2013, de 16 de Maio, alterada pela Lei nº 46/2019, de 8 de Julho, conjugado com o nº 3 do art. 6º da LOPJ.

315. Do mesmo modo, o nº 1 do art. 6º da LOPSP prescreve que à PSP incumbe cooperar com as demais forças e serviços de segurança, tendo em conta que prosseguem os mesmos fins, pois um desses fins é «prevenir a criminalidade em geral» e «prevenir a prática dos demais actos contrários à lei e aos regulamentos», *ex vi* al. *c)* e *d)* do nº 2 do art. 3º da LOPSP. Quanto à prevenção da criminalidade geral, a mesma deve ser efectuada em *coordenação* com as demais forças e serviços de segurança, *ex vi* al. *c)* do nº 2 do art. 3º da LOPSP.

Quanto ao SEF, o art. 5º da LOSEF não só consagra o princípio da cooperação mútua, em especial na prevenção e investigação criminal, como também impõe o dever dos outros serviços públicos – como as polícias – prestarem a colaboração que for solicitada pelo SEF.

No âmbito da fiscalização e controlo da circulação de pessoas, o SEF não só coordena a «cooperação entre as forças e serviços de segurança nacionais e de outros países em matéria de circulação de pessoas, do controlo de estrangeiros e da investigação dos crimes de auxílio à imigração ilegal e outros com eles conexos», nos termos da al. *v)* do nº 1 do art. 2º da LOSEF, como também assegura «a realização de controlos móveis e de operações conjuntas com serviços ou forças de segurança congéneres, nacionais e espanholas» e procede «à investigação dos crimes de auxílio à imigração ilegal, bem como investigar outros com ele conexos, sem prejuízo da competência de outras entidades», nos termos das als. *f)* e *g)* do nº 2 do mesmo preceito.

No que respeita à GNR, o nº 1 do art. 6º da LOGNR expressamente dita, como sua missão, a obrigatoriedade de cooperar com as demais forças e serviços de segurança. Nesta linha e no sentido de evitar sobreposições, a al. *c)* do nº 1 do art. 3º da LOGNR estipula que a missão de prevenção da criminalidade em geral deve ser prosseguida em coordenação – cooperação – com as demais forças e serviços de segurança.

316. Os OPC portugueses GNR, PSP, PJ, SEF, ASAE e outros de natureza (competência) específica estão subordinados ao princípio *dupla obrigação de cooperação* por força do art. 12º da LOIC: *nacional* [entre os vários OPC]; e *europeia* e *internacional* [através da integração daqueles OPC nos Gabinetes Nacionais de Ligação que funcionam junto da EUROPOL e da INTERPOL], nº 3 do art. 12º da LOIC.

À PJ compete «assegurar o funcionamento da Unidade Nacional EUROPOL e do Gabinete Nacional INTERPOL», por força do nº 1 do art. 12º da LOIC e do nº 2 do art. 5º da LOPJ. Integram a Unidade da EUROPOL e o Gabinete da INTERPOL, por meio de oficiais de ligação, os órgãos de polícia criminal GNR, PSP e SEF, por força do nº 2 do art. 12º da LOIC.

Acresce referir que, não obstante da Unidade da EUROPOL e do Gabinete da INTERPOL, fazerem parte os OPC de natureza (competência) genérica – GNR, PSP e PJ – e de natureza (competência) específica – SEF –, o legislador determinou que «todos os órgãos de polícia criminal têm acesso à informação disponibilizada» pela EUROPOL e INTERPOL, tendo em conta as competências de cada OPC, sendo que a cooperação com o órgão de polícia criminal ASAE deve ser levada a cabo por meio da PJ, por força do nº 4 conjugado com o nº 1 do art. 12º da LOIC.

Sempre que lhe seja facultada a cooperação *activa* – solicitar – e *passiva* – dar/prestar – na interligação com a INTERPOL ou EUROPOL, os OPC estão obrigados a fazê-lo desde que a matéria solicitada não esteja em segredo de justiça por motivo de processo crime em curso, cuja transmissão da informação solicitada carece de autorização da AJ titular da fase do processo.

317. A par do *dever geral de cooperação* [nº 1 do art. 10º da LOIC], como corolário deste, o nº 2 do art. 10º da LOIC determina o *dever de comunicação* quanto à preparação ou à execução de um dos crimes[1170], cuja competência seja de outro OPC. Contudo, o preceito impõe que o OPC, não competente originariamente, pratique, até que o OPC competente intervenha, todos os actos cautelares e urgentes que obstem a consumação do crime e que assegurem os meios de prova.

[1170] O *dever de comunicação* já estava prescrito no art. 3º do DL nº 81/95, de 22 de Abril.

O OPC não competente originariamente está obrigado, *ex lege*, a desenvolver e promover as providências cautelares urgentes que se impõem por *periculum in mora* da intervenção do OPC originariamente competente e por necessidade de salvaguarda de provas reais e pessoais.

A 2ª parte do nº 2 do art. 10º da LOIC, que deve ser conjugado com o nº 1 do art. 5º da LOIC, remete-nos para o procedimento que se impõe *ex vi* do art. 249º e ss. do CPP. Actos esses que podem ser a identificação – art. 250º do CPP –, a revista e busca não domiciliária – nos termos do art. 251º conjugado com o art. 174º do CPP –, as apreensões cautelares – art. 249º, nº 2, al. *c)* conjugado com o art. 178º, nº 4 do CPP –, a suspensão de correspondência – nº 3 do art. 252º do CPP –, a detenção dos agentes do crime – art. 254º e ss. do CPP –, a recolha de informações – art. 249º, nº 2, al. *b)* do CPP –, a realização de exames dos vestígios do crime – al. *a)* do nº 2 do art. 249º do CPP.

318. O teor nº 2 do art. 10º da LOIC, aprovada pela Lei nº 49/2008, de 27 de Agosto, é idêntico ao nº 2 do art. 6º da LOIC, aprovada pela Lei nº 21/2000, de 10 de Agosto.

A nova redacção não só associou a cooperação policial e a comunicação do crime ao órgão de polícia criminal competente para investigação ao preceituado quanto aos conflitos de competência e às regras do deferimento da investigação criminal, como também trouxe duas novas situações.

O legislador afastou do articulado a ideia de que as regras existentes para a cooperação apenas se dirigiam à GNR, à PSP e à PJ, mas que englobam todos os OPC sejam de natureza (competência) genérica, reservada ou específica[1171]. Todos os órgãos de polícia criminal estão obrigados a cooperar mutuamente com os outros órgãos de polícia criminal e num plano de igualdade e nunca de subalternidade.

A segunda situação é a prescrição de que a comunicação do crime ao órgão de polícia criminal competente originária ou deferidamente para a investigação do mesmo por parte do órgão de polícia criminal não competente está subordinada ao princípio da comunicação «no mais curto prazo, que não pode exceder *vinte e quatro horas*».

[1171] O legislador seguiu a nossa crítica quanto ao art. 6º da LOIC, aprovada pela Lei nº 21/2000, de 10 de Agosto, como se pode ler no nosso *Regime Jurídico da Investigação...*, 3ª Edição, pp. 107 e 108, 2ª Edição, pp. 101-104, e 1ª Edição, pp. 91-93.

O legislador penal e processual penal denota uma elevada e preocupante incongruência legística e uma desordenada valoração das competências constitucionalmente atribuídas. A comunicação ao MP da notícia do crime deve ser efectuada «no mais curto prazo, que não pode exceder 10 dias», mas a comunicação do OPC incompetente para o OPC competente tem de ser feita em menos de 24 horas, o que significa que a comunicação ao OPC competente é mais importante do que ao MP.

O argumento de que esta forma de actuação é a adequada para que o OPC competente possa promover as diligências pré-processuais urgentes e necessárias não é suficiente, porque o OPC incompetente tem o dever de praticar essas diligências – medidas cautelares e de polícia – por força dos nºs 1 e 2 do art. 10º conjugado com o art. 5º da LOIC e da al. *a*) do nº 1 do art. 242º, art. 243º e artigos 248º e ss. do CPP.

Cumpre-nos acrescentar que não nos parece errado que o OPC incompetente para a investigação criminal deva comunicar os factos criminais ao OPC legalmente competente para a investigação em menos de 24 horas. Errado e inaceitável é o legislador ter estipulado que o OPC não competente para a investigação do crime em causa comunique de imediato o crime ao OPC competente e não ao MP, ou seja, o legislador devia ter estipulado a comunicação imediata ao MP com conhecimento ao OPC com competência para a investigação do crime *sub judice*.

319. O *princípio da cooperação mútua* imposto pelo nº 1 do art. 10º da LOIC encontra-se, desde logo, afectado e colocado em "perigo" por três ordens de razão. A terceira razão desenvolve-se no § seguinte.

A primeira, de que já falamos, prende-se com a competência de investigação criminal de todos os OPC que se encontra expressa de forma negativa ou subsidiária, excepto a competência de investigação criminal da PJ que está expressa de forma positiva, como se pode verificar ao longo do art. 7º da LOIC.

A segunda razão prende-se com a regra da atribuição do número único de identificação de processo crime [NUIPC] que, por força do nº 3 do art. 10º da LOIC, passa a ser atribuição do OPC com competência de investigação do crime em concreto.

Desta forma e como a norma revogatória, art. 21º da LOIC, revoga expressamente tão-só a Lei nº 21/2000, de 10 de Agosto, alterada pelo DL nº 305/2002, de 13 de Dezembro, podemos afirmar que o nº 3 do art. 10º da Lei 49/2008, de 27 de Agosto, revogou tacitamente o nº 13 da Portaria nº 1223-A/91, de 30 de Dezembro, que estipulava que o «NUIPC é atribuído pelo serviço notador que proceder ao primeiro registo do processo, no momento deste, e mantém-se em todos os registos subsequentes».

A nova disposição prescreve que a atribuição do NUIPC é do OPC competente para a investigação do crime em concreto. Esta nova disposição abandonou o espírito legislativo e operativo da criação do NUIPC, que se prendia com a «ideia de facilitar a relação entre os cidadãos e o sistema de justiça criminal»[1172] e para se evitar a duplicação de registos do processo sem que transitasse um serviço para outro serviço e para, por meio do sistema informático, identificar com celeridade o processo, assim como promover uma melhor justiça criminal com uma melhor identificação da localização territorial do crime e da operatividade policial quanto aos fenómenos criminais[1173].

A atribuição do NUIPC pelo serviço judiciário ou policial que regista pela primeira vez o crime permitia uma melhor atribuição do processo crime tendo em conta o princípio da *territorialidade* [art. 19º e ss. do CPP] e o princípio da *materialidade* [art. 10º e ss. do CPP].

A regra do nº 3 do art. 10º da LOIC prejudica a relação de cooperação mútua entre os OPC – porque a estatística criminal dos OPC se faz reflectir no Relatório Anual de Segurança Interna –, e não se afigura conforme aos preceitos processuais penais referentes às competências territorial, material e funcional dos tribunais.

§ 85º Sistema integrado de informações criminais

320. A terceira razão, que afecta o *princípio da cooperação mútua*, prende-se com o sistema integrado de informação criminal prescrito no art. 11º da LOIC, que, na nossa opinião, não se afigura como um

[1172] Cfr. preâmbulo da Portaria nº 1223-A/91, de 30 de Dezembro.

[1173] Cfr. preâmbulo da Portaria nº 1223-A/91, de 30 de Dezembro.

verdadeiro preceito de cooperação, porque não cria um sistema integrado de informações criminais.

O art. 11º da LOIC instituiu tão-só aquilo que existe na actualidade: um *sistema de partilha de informações* subordinado aos *princípios da necessidade* e da *competência*, assim como às regras que regem o *segredo de justiça* e *segredo de Estado*, conforme nº 1 do art. 11º da LOIC, e de *conveniência* e da *relevância da informação*, conforme nº 3 do art. 3º da Lei da Interoperabilidade entre Sistemas de Informação dos Órgãos de Polícia Criminal (LISIOPC), aprovada pela Lei nº 73/2009, de 12 de Agosto, alterada pela Lei nº 38/2015, de 11 de Maio. O modelo de partilha de informações pode ser exemplificado pela figura **A**:

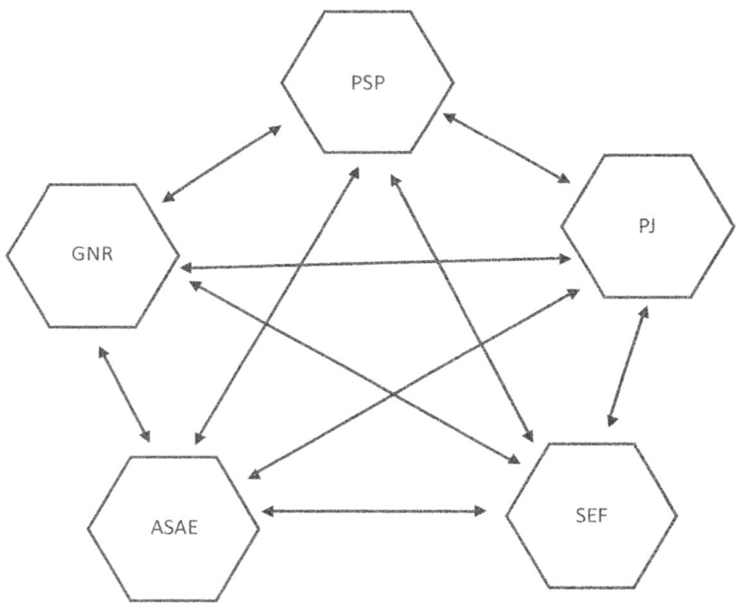

Figura A

Um sistema integrado de informações criminais pressupõe a existência de *uma só base de dados de informações criminais*, detentora de todos os registos, tratamento [análise, estudo, recomendações], conservação, sob alçada de uma entidade diferente de qualquer OPC, para a qual todos os OPC remetem obrigatoriamente, sob pena da prática de crime de abuso de poder e de denegação de justiça, todos os dados informativos criminais, base essa fiscalizada pelas AJ e Comissão Nacional de Protecção de Dados [CNPD], cujo acesso à base se faria por níveis de competência funcional e material. O modelo que defendemos pode ser exemplificado pela figura **B**:

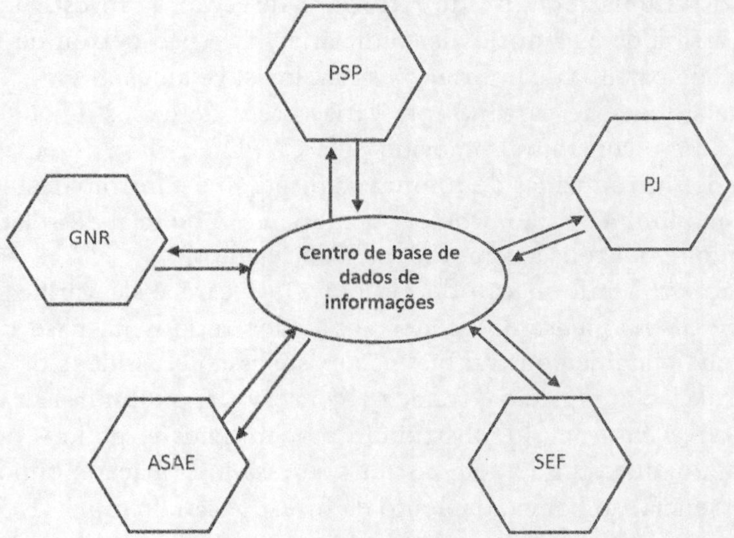

Figura B

O legislador não teve a coragem de uma só vez resolver o problema do *laboratório da polícia científica* que nunca deve estar sob a direcção de qualquer polícia, mas ser totalmente independente, e o problema das informações criminais com a criação de um verdadeiro sistema integrado de informações criminais, independente de todos os OPC, permitindo uma melhor e mais eficaz fiscalização e controlo por parte da CNPD e das AJ.

321. O art. 11º da LOIC institui um *Sistema Integrado de Partilha de Informações*, que pressupõe que cada OPC tem o seu sistema interno de informações, tem a sua base de dados informativos criminais e tem o seu próprio registo, tratamento e conservação.

A alteração à LOIC, operada pela Lei nº 38/2015, de 11 de Maio, veio reforçar o controlo do acesso às informações constantes dos sistemas de interoperabilidade de informações criminais dos vários OPC por parte do Ministério Público e do JIC, como se retira da nova redação dos nº 3 e 4 do artigo 11º da LOIC. Esta mesma opção foi reforçada no âmbito dos perfis de acesso com a alteração produzida no artigo 10º da LISIOPC pela Lei nº 38/2015, de 11 de Maio. Poder-se-á afirmar que existiu uma tentativa de reforçar a direcção da investigação criminal atribuída às autoridades judiciárias, mas não deixou de ser um sistema de partilha de informações criminais. Vejamos.

Este sistema de partilha com várias bases de dados dificulta a fiscalização e o controlo promovido pela CNPD e pelas AJ – apesar das alterações introduzidas de reforço da direcção e controlo destas –, assim como limita ou não promove a cooperação policial dessejada pelo legislador e por toda a comunidade. Ora vejamos.

O acesso à informação detida por OPC carece da verificação do *princípio de necessidade* de aceder aos dados retidos na base daquele OPC, que pode demonstrar que não existe essa necessidade de recurso à informação aí registada, tratada e conservada, ou limitá-la a uma só parte dessa informação, obstruindo a operatividade policial do OPC solicitante, que tem de demonstrar que essa informação é fundamental e essencial ao bom andamento da investigação do crime. É de todo importante relembrar que as autoridades judiciárias podem aceder à informação constante do sistema integrado de informação criminal quer no âmbito da direção da investigação criminal, quer no âmbito da prevenção criminal, como se retira dos nºs 3 e 4 do artigo 11º da LOIC.

O acesso à informação, que se deve fazer por níveis de acesso, está subordinada ao *princípio da competência*. O OPC solicitante tem de demonstrar que no caso *sub judice* é o OPC competente para a investigação em curso e para obter a informação solicitada, cuja análise dessa competência está nas mãos do OPC solicitado e que pode negar o acesso – a partilha – com fundamento de que, naquele caso concreto, a competência para investigar é sua, independentemente do despacho concreto de AJ titular do processo. Se não existir bom senso podem gerar-se conflitos institucionais entre os OPC devido à sua operatividade[1174].

[1174] Não nos esqueçamos de que a cooperação policial decorre muito do *bom senso* e da ideia de que cada polícia tem de estar ao serviço público do cidadão e não ao serviço do

322. A partilha ou acesso à informação criminal pode ser limitada por a informação solicitada estar a ser alvo de uma investigação ou fazer parte integrante de um processo crime que se encontra em segredo de justiça, decretado nos termos do art. 86º e ss. do CPP. Do mesmo modo pode ser negado o acesso à informação solicitada, por a mesma se encontrar sob o regime legal do segredo de Estado, conforme parte final do nº 1 do art. 11º da LOIC. Acresce referir que o legislador subordinou o regime de *acesso e partilha de informação criminal* a regulamentação sob a *reserva de lei*, tendo em conta o respeito das als. *b)* e *c)* do nº 1 do art. 165º da CRP, por força dos nºs 4 e 5 do art. 11º da LOIC.

Adite-se, ainda, que não se nos afigura correcto a forma verbal – «podem, ..., aceder...» – prescrita no nº 3 do art. 11º da LOIC. A AJ titular do processo, que dirige a investigação, não "pode aceder", mas *deve aceder*, a qualquer momento, ao sistema de informações do

OPC que está investigar o crime para fiscalizar, *in concreto*, a actividade policial sob pena de a garantia da legalidade democrática que lhe está, constitucionalmente, atribuída ser uma inocuidade plena.

A AJ *acede*, sempre que entender, ao sistema de informações criminais dos OPC de modo a assumir em *definitivo* e em *efectividade* a direcção plena da investigação criminal e a respectiva fiscalização e controlo dos dados constantes do sistema integrado de informações.

323. Um sistema integrado de informações criminais exige uma base de dados alimentada e acedida pelos vários OPC, como se identifica na supra figura B. Consciente de que o modelo implementado se esgota numa lógica de partilha, o legislador procurou assegurar um mínimo de um sistema integrado sem na realidade o assumir na plenitude ao aprovar a *Lei da Interoperabilidade entre Sistemas de Informação dos Órgãos de Polícia Criminal* (LISIOPC). Esta opção assenta numa *plataforma de intercâmbio de informações criminais* por *via electrónica* entre os OPC[1175].

seu *ego* para promoção da imagem pessoal por meio da imprensa e, desse resultado, obter elevados dividendos.

[1175] Cfr. nº 1 do art. 2º da LISIOPC.

A plataforma não é o modelo que preconizamos, mas já se afigura ser um avanço de intercâmbio nas informações criminais por a *implementação e a coordenação geral da plataforma* estar entregue ao SG SSI, a quem compete a coordenação dos OPC e, *in casu*, *assegurar a funcionalidade de intercâmbio de informação*, *supervisionar* e promover a *segurança global da plataforma*[1176].

A existência da plataforma assenta no *princípio da segurança* no intercâmbio da informação criminal (nº 2 do art. 2º da LISIOPC) que exige *a criação e gestão de uma rede virtual cifrada* (nº 3 do art. 5º da LISIOPC) que se encontra ligada aos sistemas de informação de cada OPC que deve assegurar o *regular funcionamento* (nºs 3 e 2 do art. 5º da LISIOPC). O princípio da segurança compreende a *protecção física dos dados* (devendo existir planos de emergência de protecção de infra-estruturas essenciais), *acesso limitado aos níveis autorizados*, *impedimento de leitura do suporte de dados*, *impedimento de introdução não autorizada de dados*, *impedimento de utilização por pessoas não autorizadas de sistemas automatizados de tratamento de dados*, *limitação do acesso ao respectivo nível de autorização*, *criação de funções e de responsabilidades das pessoas autorizadas* a aceder aos dados, *determinação da transmissão activa* de dados, *garantia de fiscalização posterior* dos dados introduzidos, garantir a *fidedignidade dos dados* e o *controlo da eficácia* das medidas de segurança aplicadas na protecção de dados[1177].

A par do controlo do SG SSI, da fiscalização da Assembleia da República, da CNPD, aparece o Conselho de Fiscalização do Sistema Integrado de Informação Criminal (CFSIIC) que tem por atribuição o acompanhamento e a fiscalização do SG SSI e dos OPC no que respeita ao intercâmbio de dados e informações por meio do SIIC[1178]. Este modelo que assenta não numa base centralizada de dados, mas numa plataforma de intercâmbio de informações, exige uma constante fiscalização e controlo tendo em conta a natureza dos dados registados, tratados e sujeitos ao intercâmbio entre os OPC.

[1176] Cfr. nº 1 do art. 5º da LISIOPC.

[1177] Cfr. art. 6º da LISIOPC.

[1178] Cfr. art. 8º da LISIOPC.

324. A plataforma aprovada pela LISIOPC atraca na materialização de vários princípios cruciais para a prossecução de uma transmissão ou intercâmbio de informações fidedignas: o já desenvolvido princípio da segurança, o princípio da confidencialidade, o princípio da relevância e da necessidade e o princípio da independência dos sistemas.

O princípio da *necessidade*[1179], a par do princípio da competência previsto no art. 11º da LOIC, restringe não só o nível de acesso [só o nível autorizado e competente pode aceder à informação concreta], como também a obrigatoriedade de fundamentar a necessidade de aceder à plataforma, o que implica um acréscimo de responsabilidade. Acrescentamos, ainda, que este princípio exige a verificação da *adequabilidade*, da *exigibilidade* e da *razoabilidade* do acesso à informação em relação ao fim processual a prosseguir. Estes corolários da proibição do excesso de intercâmbio de informações – como forma de garantir *níveis elevados de segurança* – têm de se verificar em cada processo em concreto: prevenção e/ou investigação criminal.

O legislador estipulou a par da necessidade o *princípio da relevância*[1180] do fornecimento de dados e informações. Onera-se os OPC a demonstrar que o acesso aos dados e informações são relevantes para a prevenção ou investigação criminal no caso em concreto. A relevância apresenta-se, neste ponto, como corolário da adequabilidade e exigibilidade do intercâmbio de informações criminais. Este desiderato encontra-se em ligação com o princípio da *acessibilidade*[1181] à informação ou dado dentro das atribuições e competências do OPC respectivo, *i. e.*, exige-se que a acessibilidade se processe de acordo com a *natureza jurídico-constitucional do OPC* devendo esta orientar a relevância e a limitar a própria necessidade de intercâmbio.

O princípio da *confidencialidade*, ónus imperativo para todos os OPC, engloba em si mesmo o *sigilo* imposto às pessoas autorizadas a aceder aos sistemas de informação dos OPC – nº 5 do art. 3º e nº 2 do art. 14º da LISIOPC – e o respeito e prossecução do *segredo de justiça* – al. *b*) do nº 1 do art. 9º e nº 1 do art. 14º da LISIOPC. O princípio da confidencialidade apresenta-se como um *corolário do princípio da segurança*

[1179] Cfr. nº 3 do art. 3º e al. *a*) do nº 1 do art. 9º da LISIOPC.

[1180] Cfr. nº 3 do art. 3º da LISIOPC.

[1181] Cfr. nº 2 do art. 3º da LISIOPC.

das informações e dos dados acedidos para as acções de prevenção criminal e de investigação criminal[1182].

Esta arquitectura modelar – assente numa plataforma de intercâmbio de informações – ancora no *princípio da independência* dos sistemas de informação dos OPC, inscrito no nº 1 do art. 3º da LISIOPC. Este preceito legal, materializante do *princípio feudalístico* de domínio espacial e material, é a confirmação de que o legislador não conseguiu ultrapassar a barreira do *modelo da partilha de informações criminais*, tendo tão acrescentado uma plataforma coordenada, supervisionada e fiscalizada, em primeira linha, pelo SG SSI que pode agir sobre os responsáveis dos OPC para que criem um sistema e medidas adequadas a garantir a interoperabilidade para «possibilitar a *partilha* de informação através da plataforma»[1183].

É o próprio legislador a reconhecer a incapacidade de implementar em pleno um sistema integrado de informações criminais.

§ 86º Da fiscalização dos órgãos de polícia criminal

325. O legislador, em 2008, na linha de toda a LOIC retira a força directiva do Procurador titular do processo em investigação, diminuindo ou inocuizando o princípio da *autonomia interna* própria de quem é o responsável directo pelo desfecho final do processo, optou por centralizar no Procurador-geral da República a fiscalização da actividade dos órgãos de polícia criminal, conforme art. 16º da LOIC. Este patamar de acção fiscalizadora não afasta o dever de direcção e de fiscalização das equipas especiais e mistas de investigação criminal, criadas pelo PGR, nem o dever de acompanhar as operações especiais de prevenção relativas a armas, atribuídas ao Ministério Público, por força da parte final do artigo 7º e do nº 2 do artigo 10º da LPC2015.

Afirmamos, desde já, que a fiscalização concreta da actividade dos OPC no processo *sub judice* cabe, sob pena de neutralização total da figura do titular do processo – *processi dominus* –, pertence, sem qualquer dúvida, ao Procurador titular do processo, na fase de inquérito, e

[1182] Cfr. artigos 11º, 12º e 13º da LISIOPC.

[1183] Cfr. *in fine* nº 1 do art. 3º da LISIOPC. Itálico nosso.

ao juiz, nas fases sequentes. A fiscalização concreta tem a sua materialização efectiva no nº 7 do art. 2º da LOIC.

A fiscalização a levar a cabo pelo Procurador-geral da República é uma fiscalização superior, incide sobre a actividade processual dos OPC e ocorre na fase do inquérito, por força do nº 1 do art. 16º da LOIC.

A intervenção do Procurador-geral da República só se justifica em situações muito específicas e, desde logo, se a direcção do inquérito estiver a ser conduzida de forma ilegal, contrária à Constituição, aos princípios do Estado de direito democrático e se violar os direitos, liberdades e garantias fundamentais dos cidadãos [vítima, arguido e demais comunidade], e, na nossa opinião, se os procuradores-gerais distritais não exercerem a sua competência de fiscalização hierárquica que o CPP prescreve: art. 278º do CPP. Digamos que a intervenção hierárquica do Procurador-geral da República no processo para fiscalizar a actividade processual dos OPC já se aferia do art. 278º do CPP.

Acrescentamos que o Procurador-geral da República, pelo seu estatuto e como última instância de intervenção no inquérito, não deve fiscalizar, mas determinar a fiscalização. O nº 1 do art. 16º da LOIC devia ter prescrito «determina a fiscalização» em vez de «fiscaliza». É esta a interpretação que deve ser feita sob pena de inocuizar e de aniquilar o princípio da autonomia interna do MP, consagrada pelo art. 219º da CRP.

326. Consideramos que, se por um lado os poderes de fiscalização do Procurador-geral da República foram, de forma aparente, ampliados ou reforçados, esses mesmos poderes não são tão reforçados como se afirma[1184], uma vez que já estavam previstos e se aferiam das funções do mesmo prescritas no art. 12º do EMP conjugado com o art. 220º da CRP. A LOIC tão-só materializou as atribuições e competências do Procurador-geral da República estatuídas no EMP e na Constituição.

A acção do Procurador-geral da República, segundo o art. 16º da LOIC, parece esgotar-se na fase de inquérito ou actuar sobre factos ou diligências processuais penais desenvolvidas pelos OPC na fase de inquérito. Não concordamos com esta redução da actividade de fiscalização à actividade processual penal dos OPC atribuída ao MP, no

[1184] Cfr. Exposição de motivos da Proposta de Lei nº 185/X.

agente do Procurador-geral da República, à fase de inquérito. Ao MP cumpre, constitucionalmente, defender a legalidade democrática, por força da parte final do nº 1 do art. 219º da CRP.

Face ao exposto, consideramos que o Procurador-geral da República pode determinar a fiscalização de toda a actividade processual penal investigatória, assim como administrativa preventiva e sancionatória, desenvolvida pelas polícias na qualidade de OPC ou de polícia administrativa ou de polícia de ordem e tranquilidade públicas.

327. A fiscalização da actividade de investigação criminal dos OPC desenvolvida ou determinada pelo Procurador-geral da República pode decorrer de vários moldes. O Procurador-geral da República pode determinar superiormente a fiscalização da «actividade processual dos órgãos de polícia criminal no decurso do inquérito» que pode consistir em:

- Na solicitação aos OPC de natureza (competência) genérica de informações sobre a actividade processual e/ou na ordenação de inspecções aos respectivos serviços, para fiscalizar o cumprimento da lei, quanto à investigação criminal promovida na fase de inquérito, conforme nº 2 do art. 16º da LOIC.
- Na emissão de directivas ou instruções genéricas sobre o cum primento da lei por parte dos OPC de natureza (competência) genérica, no âmbito da investigação criminal desenvolvida na fase de inquérito, conforme nº 3 da LOIC.
- Na ordem de realização de inquéritos e sindicâncias aos OPC de natureza (competência) genérica quanto a factos praticados no quadro da investigação criminal promovida na fase de inquérito. A decisão de realização de inquéritos e sindicâncias pode ser de sua iniciativa ou por solicitação dos membros do Governo responsáveis pela sua tutela ou por solicitação dos dirigentes máximos daqueles OPC, conforme nº 4 do art. 16º da LOIC.

328. O art. 16º da LOIC estipula que a fiscalização incide sobre os OPC de competência genérica – GNR, PSP e PJ –, mas consideramos que esse mesmo poder de direcção, de fiscalização, de sindicância e de emissão de directivas, que reside no Procurador-geral da República estende-se, com a mesma força, aos OPC de competência específica por força do art. 12º do EMP e do art. 22º da CRP.

Reafirmamos que este poder de fiscalização geral não elimina o poder de direcção e de fiscalização concreta dos Procuradores titulares do processo *sub judice*, sob pena do poder de direcção do inquérito e da investigação criminal – art. 263º do CPP e art. 2º, nºs 1, 2, 4 e 7 do art. 2º da LOIC – ser inocuizado. Este poder concreto que reside nos Procuradores titulares do processo não se esgota na relação com os OPC de natureza (competência) genérica, mas verifica-se em relação a todos os OPC, independentemente da natureza (competência): genérica, reservada ou específica.

§ 87º Coordenação dos Órgãos de Polícia Criminal de Natureza [Competência] Genérica

a. Do Conselho Coordenador

329. A LOIC de 2008 manteve o Conselho Coordenador da Investigação Criminal, composto pelo MJ e MAI, que presidem, pelo Secretário-Geral do Sistema de Segurança Interna, pelos Directores Nacionais da PSP, da PJ e do SEF, pelo Comandante-Geral da GNR, os dirigentes máximos dos OPC de natureza (competência) específica, o director-geral dos Serviços Prisionais no qual pode participar o membro do Governo responsável pela coordenação política da droga e o Presidente do Conselho Superior da Magistratura e o Procurador-Geral da República, ao qual compete coordenar jurídico-processualmente toda a investigação criminal a nível nacional, legitimando e limitando operações, sem que fira a autonomia táctica e técnica, assim como redefinindo formas de intervenção investigatórias previstas na lei, nos termos dos nº 1, 4, 5, 6 e 7 do art. 13º da LOIC.

Os dirigentes dos órgãos de polícia criminal de competência específica, com excepção do SEF, participam nas reuniões do Conselho Coordenador sempre que as matérias a tratar justifiquem a respectiva presença, nos termos do nº 2 conjugado com a al. *c*) do nº 1 do art. 13º da LOIC. Do mesmo modo, podem ser convidados para participar nas reuniões do Conselho Coordenador outras entidades, cuja função, legalmente atribuída, se enquadre em «especiais responsabilidades na prevenção e repressão da criminalidade ou pesquisa e produção de informações relevantes para a segurança interna» – *p. e.*, o SIS –, por força do nº 8 do art. 13º da LOIC.

A participação dos OPC de competência específica no Conselho Coordenador não é originária. Seria inadequado que a participação desses OPC e/ou os seus dirigentes máximos fosse originária, devido ao excessivo número de OPC com competência específica[1185]. O legislador não afastou ou limitou o acesso ao Conselho dos dirigentes máximos dos órgãos de polícia criminal com competência específica, uma vez que quer a PJ, quer a GNR, quer a PSP, quer o SEF, efectuam certas operações com esses OPC: *p. e.* ASAE, IGT, IGF.

330. Aplaudimos a inserção permanente no Conselho Coordenador de Segurança do director-geral dos Serviços Prisionais, como se afere do nº 2 e da al. *d)* do nº 1 do art. 13º da LOIC[1186], que é o dirigente

[1185] Um dos últimos OPC a ser criado foi, em 2003, a **Autoridade da Concorrência** que «no exercício de poderes sancionatórios e de supervisão, (...), através dos seus órgãos ou funcionários, goza dos mesmos direitos e faculdades e está submetida aos mesmos deveres dos órgãos de polícia criminal», podendo «proceder, (...), à busca, exame, recolha e apreensão de cópias ou extractos da escrita e demais documentação, que se encontre ou não em lugar reservado ou não livremente acessível ao público», após despacho de autorização judiciária – conforme nº 1, al. *c)* e nº 2 do art. 17º da Lei nº 18/2003, de 11 de Junho, alterada pelo Decreto-Lei nº 219/2006, de 2 de Novembro, pelo Decreto-Lei nº 18/2008, de 29 de Janeiro, e pelas Leis nºs 52/2008, de 28 de Agosto, e 46/2011, de 24 de Junho, que estabelece o Regime Jurídico da Concorrência, que foi revogado pela Lei nº 19/2012, de 8 de Maio.
Com o novo Regime Jurídico da Concorrência, aprovado pela Lei nº 19/2012, de 8 de Maio, a **autoridade da concorrência** ganha plenos poderes de autoridade de polícia criminal e de órgão de polícia criminal no *exercício de poderes sancionatórios*, conforme se retira dos artigos 17º – abertura de inquérito –, 18º – poderes de inquerição, busca e apreensão –, 19º – busca domiciliária –, 20º – apreensão –, e 22º – procedimento de transação de inquérito – deste diploma.
Se lermos com atenção as leis orgânicas de imensas autoridades ou inspecções gerais, verificamos que existem serviços que ou são órgão de polícia criminal de competência específica ou têm prerrogativas de órgão de polícia criminal.

[1186] A LSI seguiu a mesma linha ao integrar, como membro efectivo do Conselho Superior de Segurança Interna, o director-geral dos Serviços Prisionais, conforme al. *m)* do nº 1 do

máximo do Corpo da Guarda Prisional, que é uma força de segurança e que, na nossa opinião, detém materialmente prerrogativas de órgão de polícia criminal, além de ter acesso a uma elevada panóplia de informação criminal[1187] fundamental para a prevenção e a investigação de crimes em concreto.

A coadjuvação do Conselho Coordenador ficou adstrita ao Secretário-Geral do Sistema de Segurança Interna, cabendo-lhe coadjuvar a presidência quer na preparação quer na condução das reuniões, por força do nº 3 do art. 12º da LOIC. Ao Secretário-Geral do Sistema de Segurança Interna compete, também, a coordenação dos órgãos de polícia criminal, sem que ofenda a autonomia orgânica e hierárquica dos dirigentes máximos e superiores dos respectivos OPC, como se retira do art. 15º da LOIC, conjugado com os artigos 14º a 24º e 32º da LSI[1188].

A operacionalização dos OPC, que estão sob a direcção e na dependência funcional do MP no âmbito da investigação criminal, pertence à hierarquia dentro da sua autonomia orgânica e dentro dos limites das autonomias tácticas e técnicas.

331. O art. 14º da LOIC prescreve as competências do Conselho Coordenador, que, sem menosprezar quaisquer outras, destacamos a garantia de adequada coadjuvação às autoridades judiciárias – al. *b*) –, a solicitação ao PGR para que adopte medidas, «providências que se revelem adequadas a uma eficaz acção na prevenção e investigação criminais» – al. *d)* –, e a definição de metodologias de trabalho e de acções de gestão que permitam uma melhor coordenação entre os vários OPC e uma maior eficácia de acção dos OPC nos vários patamares da hierarquia – al. *f)*, todas do nº 1 do art. 14º da LOIC.

Ao Conselho Coordenador compete, ainda, emitir orientações genéricas, sem que prejudique as orientações emitidas pelo Procurador-Geral da República e demais agentes do MP, que assegurem a articulação entre todos OPC, por força da al. *a)* do nº 1 do art. 14º da

art. 12º da LSI.

1187 Quanto a este assunto e com profundo desenvolvimento, o nosso *Natureza Jurídica do Corpo da Guarda Prisional*, Lisboa: EDIUAL, 2008.

1188 Quando ao sistema de coordenação *infra* pontos 322 e 323.

LOIC. Esta atribuição/competência do Conselho Coordenador não lhe permite ingerências em processos concretos, ou seja, o Conselho Coordenador «não pode emitir directivas, instruções ou ordens» quanto a processos em investigação[1189] sob pena de *violação* do princípio *democrático da separação de poderes*, do princípio da *autonomia* do MP e do princípio da *independência* do juiz consagrados constitucionalmente.

As deliberações do Conselho susceptíveis de relevar para o exercício das competências do Conselho Superior da Magistratura devem-lhe ser transmitidas, por força da al. *c)* do nº 1 do art. 14º da LOIC. Ao Conselho cabe, ainda, apreciar as estatísticas que incidem sobre acções de prevenção e de investigação criminal para uma melhor decisão quanto à emissão de orientações genéricas para os OPC, por força da al. *e)* conjugada com a al. *a)* do nº 1 do art. 14º da LOIC.

b. Do sistema de coordenação

332. O sistema de coordenação é um complemento importante do conselho coordenador, permitindo que cada OPC se organize e estruture de acordo com a sua Lei orgânica. O nº 2 do art. 15º da LOIC é uma manifestação da autonomia técnica e táctica dos OPC, cuja coordenação operacional de cada OPC compete internamente a cada responsável máximo e intermédio de cada OPC, afastando a possível ingerência de um outro OPC ou da própria Autoridade Judiciária e do próprio Scretário-Geral do Sistema de Segurança Interna.

A LOIC de 2000 tinha um sistema de coordenação centrado nos oficiais de ligação e na possível criação de um Sistema Integrado de Informações Criminais:

> O nº 2 do art. 8º da LOIC de 2000 determina que sejam designados oficiais de ligação por parte da PSP ou GNR junto da PJ. Este preceito é um corolário do princípio de *cooperação mútua* prescrita no art. 6º da LOIC e da prossecução do interesse público, que no plano da investigação criminal, é a segurança, que irá permitir o exercício pleno dos direitos e liberdades fundamentais.

[1189] Cfr. nº 2 do art. 14º da LOIC.

Os «oficiais de ligação» têm como função permitir uma "*articulação específica* com os Laboratórios de Polícia Científica e o Instituto Superior de Polícia Científica e Ciências Criminais". A articulação abrange não só o campo operacional – LPC –, mas também o campo da formação científica e de especialização – ISPJCC.

O Sistema Integrado de Informação Criminal, previsto no art. 8º, nº 3 da LOIC de 2000, tem em vista a recolha, a centralização, o tratamento e a difusão da informação, cuja competência é da PJ, como se depreende o art. 8º da LOPJ.

O Sistema Integrado de Informação Criminal – SIIC – tem, também como fundamento o preceituado quer na al. *c*) do nº 4 do art. 3º da LOIC de 2000 quer na al. *c*) do nº 1 do art. 5º da LOPJ anterior, permitindo que todo o conhecimento técnico-científico, a informação obtida, tratada, analisada, sejam difundidos não só entre a própria PJ, mas também aos demais OPC, com os quais está obrigada a cooperar – *ex vi* art. 6º, art. 5º, nº 1 da LOPJ anterior e art. 6º e art. 3º, nº 4 da LOIC de 2000.

O novo regime jurídico da investigação criminal, *ex vi* do nº 4 do art. 8º da LOIC de 2000, não afasta o regime jurídico da prevenção e investigação criminal no âmbito do tráfico de droga, aprovado pelo DL nº 81/95, de 22 de Abril[1190].

333. A coordenação dos OPC – competência genérica, reservada e específica – está atribuída ao Secretário-geral do Sistema de Segurança Interna. Este coordena os OPC sem afectar as competências do MP e no âmbito das orientações genéricas emitidas pelo Conselho Coordenador da Investigação Criminal, devendo para prosseguir as suas funções de coordenação ouvir os dirigentes máximos, níveis hierárquicos, unidades territoriais, autoridades e agentes dos OPC, conforme nºs 1 e 2 do art. 15º da LOIC.

Compete ao Secretário-Geral do Sistema de Segurança Interna promover o cumprimento das respectivas competências de investigação criminal para que se evitem conflitos entre os diferentes OPC, por força da al. *a)* do nº 2 do art. 15º da LOIC.

Do mesmo modo, cabe-lhe garantir não só a partilha de meios e serviços de apoio aos OPC – *v. g.*, Laboratório de Polícia Científica –,

[1190] Solução mantida pelo art. 19º da LOIC.

como também assegurar que funcione o sistema de partilha de informações criminais e que haja o efectivo acesso por parte dos OPC, tendo em conta os *princípios da necessidade* e da *competência*, nos termos do art. 11º da LOIC, por força das al. *b)* e *c)* do nº 2 do art. 15º da LOIC, sem que se ofendam os princípios da independência dos sistemas de informação de cada OPC, da acessibilidade e da confidencialidade estipulados pelo art. 3º e 4º da LISIOPC[1191].

O Secretário-geral, na linha do Conselho Coordenador, não pode emitir quaisquer directivas, instruções ou ordens quanto a processos concretos[1192], assim como lhe está, *ex lege*, vedado o acesso a qualquer processo concreto, aos seus elementos, nem pode aceder às informações constantes do sistema integrado de partilha de informações criminais[1193]. Não nos podemos esquecer de que o cargo de Secretário-geral de Sistema de Segurança Interna é um cargo de elevado teor político.

§ 88º Da Decisão Europeia de Investigação

334. A cooperação jurídica europeia e internacional tem-se desenvolvida através da cooperação policial, em especial por meio de actos e diligências processuais próprias de investigação criminal levadas a cabo pelas APC e OPC. A Decisão Europeia de Investigação (DEI)[1194] é mais um instrumento de cooperação jurídica – judiciária e policial –, cuja direção cabe à autoridade judiciária competente para a fase processual em curso [MP, JIC ou Juiz] com a coadjuvação de todas as entidades policiais, em especial as APC e os OPC[1195]. A direção das medidas e meios de investigação criminal no âmbito de uma DEI, cuja

[1191] A Lei da Interoperabilidade dos Sistemas de Informação dos Órgãos de Polícia Criminal (LISIOPC) foi aprovada pela Lei nº 73/2009, de 12 de Agosto, alterada pela Lei nº 38/2015, de 11 de Maio.

[1192] Cfr. nº 3 do art. 15º da LOIC.

[1193] Cfr. nº 4 do art. 15º da LOIC.

[1194] A Lei nº 88/2017, de 21 de Agosto, que aprovou *o regime jurídico da emissão, transmissão, reconhecimento e execução de decisões europeias de investigação em matéria penal*, transpõe a Diretiva 2014/41/UE, do Parlamento Europeu e do Conselho, de 3 de abril de 2014, e revoga a Lei nº 25/2009, de 5 de junho.

[1195] Cfr. artigos 1º, alíneas *c)* e *d)*, 9º, 55º, 263º, 289º e 290º do CPP e artigo 202º, nº 3 da CRP.

validade deve ser prévia, cabe à autoridade judiciária do Estado de execução sob o manto do princípio do *reconhecimento mútuo*[1196] e sob a égide do princípio *locus regit actum*[1197] mitigado e moderado pelo princípio *forum regit actum*[1198].

Esta temática podia ser inerida no capítulo dedicado à cooperação policial, mas tendo em conta o objecto concreto em estudo – medidas de investigação [criminal] –, parece-nos mais adequado tratá-la na sequência do regime jurídico da investigação criminal por a sua concretização depender da coadjuvação prestada pelos integrantes da polícia criminal e por a direção das medidas de investigação caber à autoridade judiciária competente. Desde logo a Decisão Europeia de Investigação (DEI) tem como escopo concretizar a cooperação judiciária por meio da realização de qualquer medida ou meio de investigação [criminal] para obtenção de prova a integrar um processo instaurado por uma autoridade judiciária de um Estado-membro da União Europeia, sendo que também se pode aplicar à "obtenção de novos elementos de prova e à transmissão de elementos de prova na posse das autoridades competentes do Estado de execução"[1199].

A DEI não engloba a constituição de equipas de investigação conjunta e a obtenção de prova pelas mesmas, a não ser que essas medidas de investigação se destinem «à realização dos objetivos de uma equipa de investigação conjunta, a executar num Estado membro que nela não participa, por decisão da autoridade judiciária competente de um dos Estados membros que dela fazem parte»[1200].

[1196] O princípio do *reconhecimento mútuo* é um princípio pilar do Direito da União Europeia na construção de um espaço penal europeu – *v. g.*, artigos 67º, 82º e 83º do TFUE –, designado de espaço de liberdade, segurança e justiça, e que significa que a decisão de uma autoridade judiciária [juiz, JIC e MP] de um Estado membro [Estado de emissão] vale como decisão para todos os Estados membros, em especial para o Estado de execução, como se fosse exarada por uma sua autoridade judiciária; bastando, neste caso, que seja infração [criminal ou contra-ordenacional] no Estado de Emissão. Quanto a esta matéria, o nosso *Do Mandado de Detenção Europeu*, Coimbra: Almedina, 2006, pp. 19-119.

[1197] Cfr. em especial os artigos 18º, nº 1, 21º, nº 1, 41º, nºs 4, 5 e 6, 44º, nº 9 da DEI.

[1198] Cfr. em especial os artigos 18º, nº 2 e 45º, nº 2 da DEI.

[1199] Cfr. nºs 3 e 1 do artigo 4º em conjugação com o artigo 2º da DEI.

[1200] Cfr. nº 2 do artigo 4º da DEI.

A DEI não se esgota no quadro dos processos-crime instaurados ou a instaurar, mas estende-se aos processos contra-ordenacionais desde que «instaurados por entidades administrativas relativamente a factos ilícitos puníveis ao abrigo do direito interno do Estado de emissão», cujas decisões dessas autoridades administrativas «admitam recurso para um órgão jurisdicional competente, nomeadamente em matéria penal»[1201]. No espaço de liberdade, justiça e segurança da UE vive-se a 'perigosa' administrativização do Direito penal [material e processual] e o reforço da força persecutória própria do Direito penal no âmbito da ordenação social[1202]. A DEI desenrola-se em áreas de excelência da actuação da polícia, seja na função de polícia criminal – judiciária [APC e OPC] –, seja de polícia administrativa preventiva, fiscalizadora e sancionadora[1203], e, por essa razão, é um instituto propício e proporcionador a administrativizar o Direito penal.

335. A conceitualização de medida de investigação integrante da DEI está prevista na alínea *e)* do artigo 3º da DEI:

> todo o acto ou toda a diligência de investigação conducentes *à realização das finalidades do inquérito ou da instrução, destinados à obtenção de meios de prova*, assim como todos os *actos de produção de prova em julgamento ou em fase posterior do processo*, e ainda os actos *necessários à instrução dos processos de contraordenação pelas autoridades administrativas.*

A medida de investigação, como se pode aferir desta conceção normativa europeia, é todo o acto ou diligência de investigação destinada a realizar as finalidades do processo-crime e do processo de contra-ordenação. E a prossecução desses actos ou diligências obedecem à legislação processual penal e contra-ordenacional [*v. g.*, RGCO] e demais legislação vigente aplicável em cada um dos casos. A execução de uma DEI obedece, acima de tudo, aos comandos constitucionais atinentes aos direitos, liberdades e garantias fundamentais pessoais, em especial as garantias processuais[1204].

[1201] Cfr. alínea *c)* do artigo 5º da DEI.

[1202] Quanto a esta matéria no âmbito da videovigilância, *infra* §105º, alínea f.

[1203] Quanto a estas matérias, *supra* §§7º a 9º e 24º a 26º.

[1204] Cf. artigos 3º, nº 2, 13º, 18º, 20º, 29º, 27º, 32º, 34º e 202º e ss. da CRP.

A execução da DEI em Portugal, desde que não existam causas absolutas ou facultativas de não validação e não execução nos termos do artigo 22º da DEI[1205], respeita e segue a ordem jurídica interna, ou seja, vigora o princípio *locus regit actum*[1206]. Mas se a medida ou acto requerido pela autoridade judiciária de emissão não integrar o tecido jurídico português ou não for admissível pela ordem jurídica nacional, deve a autoridade de execução [MP, JIC ou Juiz] executar o pedido por meio de outra medida de investigação que garanta as finalidades fundantes da emissão[1207].

A autoridade de execução não pode aplicar uma medida ou meio de investigação alternativo se a medida ou meio solicitado disser respeito a «informações ou de elementos de prova que já estejam na posse da autoridade de execução e, de acordo com o direito do Estado de execução, fossem suscetíveis de ter sido obtidos no âmbito de processos penais ou para efeitos da DEI», a informações registadas e tratadas nas «bases de dados detidas pelas entidades policiais ou pelas autoridades judiciárias e às quais a autoridade de execução pode ter acesso direto no âmbito de processos penais», a audição de «testemunhas, peritos, vítimas, suspeitos ou arguidos, ou terceiros, no Estado de execução», a medidas ou meios de investigação «não intrusivas previstas na lei do Estado de execução», e à identificação de «pessoas que tenham uma assinatura de um número de telefone ou um endereço IP específicos»[1208]. Neste campo de informações e de prossecução de obtenção de determinados meios de prova reais e pessoais, as APC e os OPC são chamados a ter ou já tiveram uma acção relevante na obtenção da prova sob direção de uma autoridade judiciária.

A execução das medidas de investigação de uma DEI pode ocorrer com a coadjuvação de agentes e autoridades do Estado de emissão[1209].

[1205] Consideramos que do artigo 22º da DEI retiramos duas causas absolutas de não execução: se da execução da DEI resultar a violação do princípio *ne bis in idem*, assim como a violação do artigo 6º do TUE, que impõe aos Estados membros o respeito e a realização dos direitos, liberdades e garantias consagradas na CEDH. Cfr. alíneas *e*) e *g*) do nº 1 do artigo 22º da DEI.

[1206] Cfr. artigo 18º, nº 1 da DEI.

[1207] Cfr. artigo 21º, nº 1 da DEI.

[1208] Cfr. artigo 21º, nº 2 da DEI.

[1209] Cfr. artigo 15º da DEI.

Mas se a execução dessas medidas de investigação expressas numa DEI for *contrária* ou *negue* ou *neutralize* os *princípios fundamentais do direito nacional* ou *prejudique os interesses nacionais essenciais de segurança*, o dever de cooperação – coadjuvação – cessa, assim como a respetiva execução e a coadjuvação desses agentes e autoridades, como se retira da leitura conjugada dos artigos 27º, nº 1 e 15º da DEI face ao artigo 22º do CCiv., ao artigo 31º, nº 1 do CP e aos artigos 7º e 33º da CRP.

336. As medidas de investigação de uma DEI, cuja operacionalização da execução necessita das APC e dos OPC, podem ser: transferência temporária de pessoas detidas para efeitos de investigação criminal com a obrigação de devolução dessa pessoa ao Estado de execução [artigos 32º a 34º da DEI] em obediência ao princípio da imunidade[1210], *i. e.*, especialidade[1211]; audição por videoconferência ou conferência telefónica de suspeitos ou arguidos, de peritos e de testemunhas [artigos 35º a 37º da DEI]; informações sobre contas bancárias e contas financeiras e operações bancárias e financeiras [artigos 38º e 39º]; prossecução de medidas e meios atinentes a recolher prova em tempo real, tais como vigilância de operações bancárias e entregas vigiadas ou controladas no Estado de execução [artigo 40º da DEI]; recurso ao agente infiltrado de acordo com a legislação portuguesa, em que os OPC de um Estado de emissão pode actuar como agente infiltrado no nosso Estado no âmbito da boa cooperação e coadjuvação [artigos 41º (nº 7) e 15º da DEI]; e recurso a interceções e gravações de comunicações com ajuda técnica de um outro Estado membro [artigos 42º e 43º da DEI].

A par destas medidas de investigação solicitadas através da emissão de uma DEI, podem ser implementadas outras medidas cautelares e de obtenção de prova que sejam adequadas a impedir a «destruição, transformação, deslocação, transferência ou alienação de um elemento que possa servir de prova ou que qualquer elemento probatório»[1212]. Podemos aqui alocar medidas cautelares e de polícia, que se podem converter em meios de obtenção de prova, como p. e., apreensão de correspondência, ativos e documentos, congelamentos de ativos e de

[1210] Cfr. artigo 34º.

[1211] Quanto ao princípio da especialidade, o nosso *Do Mandado de Detenção...*, pp. 273-289.

[1212] Cfr. artigo 44º da DEI.

contas bancárias, preservação expedita, pesquisa e apreensão de dados informáticos, que são desenvolvidas e implementadas pelos OPC por iniciativa própria ou por determinação das APC, nos termos e por força do nº 3, conjugado com o nº 1, do artigo 249º do CPP e respectiva comunicação à autoridade judiciária competente.

A efectiva execução das diligências e actos de investigação integrantes de uma DEI depende da relação funcional entre os operadores judiciários. A investigação criminal, cujo início ocorre com a notícia do crime e o *terminus* com o trânsito em julgado da decisão judiciária [despacho de arquivamento, despacho de não pronúncia, sentença condenatória ou absolutória], é a medula de qualquer processo-crime, em especial de qualquer processo de cooperação jurídica como é o caso da DEI, e do efectivo alcance das finalidades do processo penal – *realização da justiça, descoberta da verdade material, prática, processual, judicial e válida, garantia dos direitos fundamentais de todos* e *restabelecimento da paz jurídica e social* –, cuja filigrana deste escopo depende da atuação das APC e dos OPC, mãos e olhos da autoridade judiciária.

Secção IV
Do Agente Infiltrado – Meio Excepcional de Investigação

§ 89º Considerações Gerais

337. A sociedade, pela sua normal desenvoltura cultural, exige cada vez mais dos poderes político, legislativo, executivo. A nossa comunidade caminha e não se compadece com atrasos estruturais ou legislativos que sejam a causa de uma paz e segurança em queda, em que o crime se transforma num negócio compensador e numa realidade intangível pela justiça criminal.

A lei tem de se adequar aos tempos, ao quotidiano desenvolvimento das novas estruturas sociais e, consequentemente, da "nova" e especializada criminalidade. O crime está à frente da sua prevenção e, muito mais à frente, da sua repressão. As bandeiras da eficácia e da eficiente prevenção caiem por terra, como os acontecimentos de 11 de Setembro de 2001 de Nova Iorque, de 11 de Março de 2004 de Madrid e de 7 de Julho de 2005 de Londres demonstram ao mundo.

O legislador e muito menos os homens que interpretam e aplicam a lei dificilmente se antecipam aos factos humanos que violam (lesam ou colocam em perigo de lesão) bens jurídicos essenciais e fundamentais ao desenvolvimento do Homem[1213].

[1213] Sendo a lei um legado de todos os tempos históricos e valendo em cada momento do modo que este a entende e desimplica e de acordo com a consciência jurídica [Neste

Como no passado, "os homens independentes e isolados se uniram em sociedade, cansados de viver em contínuo estado de guerra e de gozar de uma liberdade inútil pela incerteza de sua conservação"[1214]. A sociedade, hoje, cede também parte da sua liberdade em troca de segurança e tranquilidade, impondo que os seus representantes criem os mecanismos adequados, necessários e proporcionais para que a Polícia possa desempenhar a função que o poder constituinte de 1976 lhe confiou: *defender a legalidade democrática e garantir a segurança interna e os direitos dos cidadãos.*

A nível internacional, relembremos as críticas e a análise de ZIEGLER quanto às estruturas e às interdependências demasiado burocráticas das polícias a nível europeu, ao afirmar que a transnacionalidade do crime organizado aponta, como grande passo para uma *luta eficiente* contra esse mesmo crime, a instituição de uma organização policial internacional "dotada de competência supranacional", uma vez que a Europol não passa de um "Eunuco", que tem como "única arma o rato do computador"[1215].

A EUROPOL, face ao fenómeno do terrorismo e da criminalidade organizada transnacional, a par da criação da EUROJUST, ganha uma dimensão supranacional (europeia) e assume um papel fundamental na repressão criminal.

338. A busca de mecanismos capazes de prevenir e investigar a criminalidade mais grave – altamente organizada, complexa, violenta, transnacional, internacional – e que mais preocupa e fere o normal desenvolvimento do Homem impele o legislador a decidir ampliar o âmbito das acções encobertas, vulgo *agente infiltrado*, subordinando o regime estabelecido aos princípios norteadores da administração da justiça, ajustando a lei ao tempo dos nossos dias e dando à sociedade a segurança jurídica no sentido de legalizar um meio de investigação excepcional que, até então, podia, apenas, ser usado no âmbito do tráfico de droga [artigos 59º e 59º-A do DL nº 15/93, de 22 de aneiro] e no

sentido KARL LARENZ, *Metodologia da Ciência do Direito*, (Tradução de JOSÉ LAMEGO), Lisboa: Fundação Calouste Gulbenkian, 1978, pp. 193 e ss. e CARLOS ALBERTO POIARES, *Análise Psicocriminal das Drogas – O Discurso do Legislador*, Almeida & Leitão, Ldª, 1998, p. 76], a mesma não pode estagnar sob pena de ser inútil e rejeitada pela comunidade.

[1214] CESARE BECCARIA, *Dos Delitos e das Penas*, (Tradução do italiano *Dei Delitti e Della Pene* de LUCIA GUIDICINI), São Paulo: Martins Fontes, 1991, p. 43].

[1215] JEAN ZIEGLER, *Os Senhores do Crime*, Lisboa: Terramar, 1999, pp. 215 e 214.

âmbito do combate à corrupção e à criminalidade económico financeira [art. 6º da Lei nº 36/94, de 29 de Setembro][1216].

A Lei nº 101/2001, de 25 de Agosto, alterada pelas Leis nºs 60/2013, de 23 de Agosto, e 61/2015, de 24 de Junho, aprova o Regime Jurídico de Acções Encobertas [RJAE], e alarga o âmbito de possível aplicação e as finalidades do recurso ao agente infiltrado estipula os pressupostos da acção encoberta [legitimando-a e limitando-a], regula a protecção do funcionário e do terceiro que actue como *agente infiltrado*, e a irresponsabilidade penal do agente[1217].

A Lei nº 109/2009, de 15 de Setembro, que aprovou a *lei do cibercrime*, introduziu o meio de obtenção de prova do agente infiltrado – acções encobertas digitais ou agente infiltrado digital [art. 19º] – para a repressão de crimes cometidos por meios informáticos e através dos meios informáticos – *falsidade informática* (art. 3º), *dano relativo a programas* ou *outros dados informáticos* (art. 4º), *sabotagem informática* (art. 5º), *acesso ilegítimo* (art. 6º), *intercepção ilegítima* (art. 7º), *reprodução ilegítima de programa protegido* (art. 8º), *crimes cometidos por meio do sistema informático a que corresponda pena de prisão de máximo supeiror a 5 anos* [primeira parte da al. *b*) do nº 1 do art. 19º] ou *crimes dolosos* contra a *liberdade e autodeterminação sexual* caso os *ofendidos* sejam *menores* ou *incapazes*, *burla qualificada*, *burla informática* e nas *comunicações*, *discriminação racial, religiosa ou sexual*, *infracções económico-financeiras* e crimes previstos no título IV do Codigo de Direitos de Autor e Direitos Conexos [segunda parte da al. *b*) do nº 1 do art. 19º].

[1216] Preceitos revogados pelo art. 7º do RJAE.

[1217] Quanto ao regime jurídico do agente infiltrado, os nossos *Processo Penal* – Tomo I, 2ª Edição pp. 507-548, *O Novo Regime Jurídico do Agente Infiltrado Comentado e Anotado*, (com Fernando Gonçalves e Manuel João Alves), Coimbra: Almedina, 2001 e Rui Pereira, «O "Agente Encoberto" na Ordem Jurídica Portuguesa», *in I Congresso de Processo Penal* – Memórias, Coimbra: Almedina, 2005, pp. 225-256, Isabel Oneto, *O Agente Infiltrado*, Coimbra: Coimbra Editora, 2005. Quanto a um estudo comparado entre o regime português e o regime espanhol, fundado numa linha humanista e defensora dos direitos e liberdades fundamentais, Adán Carrizo Gonzalezcastell, "El Agente Infiltrado en España y Portugal. Estudio comparado a la luz de las ga-rantias y de los princípios constitucionales", *in* Manuel Monteiro Guedes Valente (Coord.), *Criminalidade Organizada e Criminalidade de massa. Interferências e Ingerências Mútuas*, Coimbra: Almedina, 2009, pp. 185-219.

Existe uma ampliação do âmbito de recurso ao agente infiltrado, mas este recurso só é admissível na fase de inquérito e verificados os pressupostos materiais e formais estipulados na Lei nº 101/2001, de 25 de Agosto, para o recurso este meio excepcional de obtenção de prova, desenvolvidos nesta secção. O recurso ao agente infiltrado digital segue o mesmo regime do agente infiltrado físico e os mesmos princípios jurídico-constitucionais que são fundamento [e pressuposto], fim e limite do recurso a meios de obtenção de prova de elevada danosidade social, como o é o agente infiltrado[1218].

§ 90º Enquadramento jurídico-político

339. O Regime Jurídico das Acções Encobertas para Fins de Prevenção e Investigação Criminal (RJAE), aprovado pela Lei nº 101/2001, de 25 de Agosto, ampliou o âmbito de aplicação da acção encoberta ou do agente infiltrado a um leque «alargado» de infracções criminais – art. 2º –, possibilitando o recurso a este meio ou técnica de investigação e de prevenção excepcional para um maior catálogo de crimes (tipologias criminais).

O recurso a esta técnica de investigação excepcional obedece aos princípios orientadores da restrição dos direitos fundamentais na investigação criminal, em especial ao princípio da proporcionalidade *lato sensu* na sua visão tríplice: adequação, necessidade e proporcionalidade *stricto sensu*[1219]. O princípio da necessidade impõe que se obedeça aos vértices do princípio da subsidiariedade.

O agente infiltrado, como técnica excepcional de investigação criminal, quer por razões de ordem moral e ética, quer por razões de segurança do próprio infiltrado, *somente,* e repetimos somente, *deve ser usado quando todos os outros meios de obtenção de prova não forem suficientemente capazes e eficazes para a descoberta da verdade e obtenção da prova.* Acrescentamos que o recurso ao agente infiltrado deve obedecer ao *princípio da indispensabilidade* para a descoberta da verdade e ao *princípio da impossibilidade* objectiva de obtenção de prova por qualquer outro

[1218] Quanto ao agente infiltrado digital, *infra* §94º.

[1219] Cfr. *supra* § 33º.

meio menos oneroso para os direitos e liberdades fundamentais dos cidadãos[1220].

Ao vector de eficácia exige-se o vector de eficiência, *i. e.*, impõe-se uma ponderação restritiva do recurso ao agente infiltrado de modo que a prova produzida não se encontre ferida de ilegalidade – proíbida – e não tenha sido produzida sob uma interpretação desconforme à CRP e à CEDH.

340. A barreira entre acção infiltrada [encoberta] e a provocação é muito ténue, impendendo sobre o agente infiltrado uma formação moral e ética muito forte e fundada em valores e princípios cimentados no respeito pelos direitos, liberdades e garantias individuais para que a sua acção apenas seja informativa e não formativa do crime.

O legislador, procurando marcar a fronteira de recurso e evitar o seu desmoronamento, vinculou o recurso à técnica do agente infiltrado à verificação de determinados pressupostos (art. 3º):

α. a *adequação* da acção infiltrada [encoberta] à *prevenção e repressão criminal*;
β. aquela deve destinar-se à *descoberta de material probatório* (prova real);
γ. a acção encoberta tem de ser *proporcional* quanto aos *fins* e quanto à *gravidade do crime* a investigar;
δ. tutela jurisdicional *ab initio ad finem*.

No plano material, tudo depende de quem investiga, de quem autoriza e de quem julga. O agente infiltrado é um meio de obtenção de prova que colide com o exercício de direitos fundamentais pessoais – como a reserva da vida privada e familiar, pois o agente ao se tornar uma pessoa de confiança do suspeito pode aceder a factos da vida e da família daquele, cujo conhecimento não se efectuaria se não fosse a actuação como agente infiltrado –, o que coloca certas reservas ao recurso esta técnica de investigação e prevenção criminal excepcional.

[1220] Princípios defendidos por nós para os meios de obtenção de prova que provoquem uma maior *danosidade social* e que o legislador prescreveu no nº 1 do art. 187º do CPP. Quanto a este assunto, o nosso *Escutas Telefónicas...*, 2ª Edição, pp. 61-65.

O recurso a esta técnica, como afirma GERMANO MARQUES DA SILVA, depende "muito da prudência dos juízes que têm as formações mais diversas. É grande a margem entregue à **prudência do julgador**"[1221]. Prudência essa assente em uma ética democrática e em uma formação jurídica consistente.

341. A Lei nº 101/2001, de 25 de Agosto, ampliou o âmbito de aplicação da acção encoberta, permitindo, desta feita, recorrer a este meio de investigação para o deslindamento de outros tipos (tipologias) de crimes, que não os já previstos. Caso não fosse efectuada esta ampliação, "nos termos da Convenção Relativa ao Auxílio Judiciário Mútuo em Matéria Penal entre os Estados-Membros da União Europeia, teríamos de **admitir acções encobertas em investigações transnacionais fora do tráfico de droga e fora da corrupção**, *o que* seria, no mínimo, estranho admiti-lo para a cooperação internacional **e não para as investigações puramente nacionais**"[1222].

Deste fundamento apresentado por ANTÓNIO COSTA, à altura Ministro da Justiça, pode, numa primeira análise, aferir-se que esta mudança legislativa se deve aos ventos internacionais, aparecendo como uma «nova» que, para evitar a incongruência entre as permis-

[1221] GERMANO MARQUES DA SILVA *apud* FERNANDA CACHÃO, *"A qualidade do agente"*, in *Euronotícias*, 27 de Julho de 2001, p. 30. Refira-se que "uma sociedade organizada na base do respeito pelos valores da dignidade humana, que respeite e promova os valores da amizade e da solidariedade, que *vise a construção de um país mais livre, mais justo e mais fraterno*, não pode consentir que o exercício de uma das funções do Estado possa constituir a causa da quebra da solidariedade entre os seus membros, possa ser motivo de desconfiança no próximo, possa conduzir ao egoísmo e ao isolamento", [GERMANO MARQUES DA SILVA, *A Ética Policial e Sociedade Democrática*, Lisboa: Edições do ISCPSI, 2001, p. 70] e que "a sociedade não oferece mais um direito penal que realmente seja uma garantia de liberdade: à *magna charta* do delinquente a sociedade opõe a magna carta do cidadão, o reclamo por um arsenal de meios efectivos de luta contra o crime e a repressão da violência", [ANABELA MIRANDA RODRIGUES, *in* Prefácio de *Lei e Crime: O Agente Infiltrado versus o Agente Provocador – Os Princípios do Processo Penal*, Coimbra: Almedina, 2001, p. 6].

[1222] ANTÓNIO COSTA (Ministro da Justiça), in *DAR*, I Série, nº 99, de 22 de Junho de 2001, p. 3865, Col. 1; itálico e negrito nossos; Cfr. art. 160º-B da Lei nº 144/99, de 31 de Agosto, que aprovou a *Lei de Cooperação Judiciária Internacional em Matéria Penal*, aditado pela Lei nº 104/2001, de 25 de Agosto. Cfr. art. 20º da Convenção das Nações Unidas Contra a Criminalidade Organizada Transnacional.

sões legais nacionais quanto às autoridades internas face a crimes cometidos quer portugueses quer por estrangeiros em território nacional e as permissões que o mesmo ordenamento jurídico dava em termos de cooperação judiciária internacional em matéria penal, impeliu o poder legislativo a ampliar o âmbito de aplicação da acção encoberta.

Pensamos que não tem sido esse o único motivo impulsionador da alteração legal do regime, mas cremos que ajudou a fundamentar as razões para que o regime fosse modificado. A segurança e a liberdade são irmãs gémeas, cuja tutela jurídica tem de se prender com o equilíbrio do exercício de ambos os direitos, sendo que a liberdade, como o *mais elevado princípio da justiça*, deve enquadrar (absorver) a segurança dentro de uma política criminal humanista[1223].

§ 91º Do regime jurídico do agente infiltrado

a. Conceptualização

342. A Lei nº 101/2001, de 25 de Agosto, fala em acções encobertas e não em acções infiltradas. Mas o regime aprovado é, legal e doutrinariamente, próprio do agente infiltrado, cujas características se distanciam do agente encoberto quer na natureza quer na competência subjectiva e objectiva.

No que concerne *à natureza* o agente encoberto não necessita de prévia autorização judicial, porque não actua ao lado dos agentes dos crimes a investigar e a prevenir. O agente encoberto é uma técnica e táctica policial em que o elemento policial se encontra à espera que a infracção ocorra para deter os agentes do crime.

Quanto à *competência objectiva*, o agente encoberto não procede a investigações em locais cujo acesso careça de prévia autorização judicial e não se cinge a um catálogo de crimes, como prescreve o art. 2º da Lei nº 101/2001. E quanto à *competência subjectiva*, o agente encoberto não tem de ser necessariamente da PJ, podendo ser de outra força de segu-

[1223] Quanto à liberdade como princípio *supra* § 43º.

rança como a PSP, a GNR ou SEF dentro das atribuições e competências gerais e específicas de investigação criminal, conforme artigos 3º, 6º, 7º e 8º da LOIC, e o catálogo de crimes prescritos no art. 2º deste diploma[1224].

O nº 2 do art. 1º da Lei nº 101/2001 estabelece o conceito de acção encoberta, *i. e.*, de *acção infiltrada*, desenvolvida pelo agente infiltrado ou agente «investigador», como aquelas acções **"que sejam desenvolvidas por funcionários de investigação criminal ou por terceiro actuando sob o controlo da Política Judiciária para prevenção ou repressão dos crimes indicados nesta lei, com ocultação da sua qualidade e identidade".**

Da tipologia estipulada pela mão do legislador afere-se que a figura do agente infiltrado não se deve confundir com a do agente provocador ou com a do agente encoberto, como veremos mais adiante[1225].

343. O agente infiltrado é, *ab initio*, e deve ser sempre encarado como uma **técnica de investigação excepcional** que está, actualmente, consagrada em praticamente todos os ordenamentos jurídicos europeus – *v. g.*, França, Itália, Alemanha – variando apenas na amplitude e fundamentos de recurso.

A figura do agente infiltrado, bem como o uso de outros meios preventivos do crime – *p. e.*, a observância contínua de uma pessoa, a vigilância electrónica, os informadores secretos (etc.) – têm suscitado, no entanto, viva discussão doutrinária. Na Alemanha, por exemplo, como nos dá conta HARTHMUTH HORST, a actual discussão a este propósito é dominada pela "preocupação de que um aumento dos poderes da polícia (...) possa acabar por perturbar o equilíbrio entre o poder da polícia e o poder dos tribunais e possa tornar-se indirectamente numa ameaça dos direitos humanos"[1226].

[1224] Quanto ao conceito de agente encoberto *infra* ponto **d.** deste §º.

[1225] Quanto à discussão na generalidade na Assembleia da República relativamente à figura infiltrado e ao novo regime, *DAR*, I Série, nº 99, de 22 de Junho de 2001, pp. 3865 e ss. e o nosso *Processo Penal* – Tomo I, 3ª Edição, pp. 517-558.

[1226] HARTHMUTH HORST, "Os Limites da Prevenção Criminal à Luz dos Direitos do Homem", *in Revista Portuguesa de Ciência Criminal*, Ano 8, 1998, p. 384. Neste mesmo sentido podemos ler WINFRIED HASSEMER, *A Segurança Pública no Estado de Direito*, (Tradução

Em sentido oposto concluiu o nono congresso das Nações Unidas para a prevenção do crime e tratamento dos delinquentes que teve lugar na cidade do Cairo de 29 de Abril a 8 de Maio de 1995, quando declarou que a polícia e outros serviços de ordem pública têm de se socorrer das novas tecnologias de ponta como meio necessário para combater eficazmente a criminalidade organizada que também ela se socorre e domina essas mesmas tecnologias. No mesmo sentido, o nº 1 do art. 20º da Convenção das Nações Unidas contra a Criminalidade Organizada Transnacional, aprovada em Palermo, prescreve o recurso a acções encobertas «a fim de combater eficazmente a criminalidade organizada.

344. Agente infiltrado é, pois, o funcionário de investigação criminal ou terceiro – *p. e.*, o cidadão particular ou um elemento de outra força ou serviço de segurança, que actue sob o controlo da Polícia Judiciária – que, com ocultação da sua qualidade e identidade e com o fim de obter provas para a incriminação do suspeito, ou suspeitos, ganha a sua confiança pessoal e (quantas vezes) a familiar, para melhor o observar, em ordem a obter informações relativas às actividades criminosas de que é suspeito e provas – reais e pessoais – contra ele(s), com as finalidades exclusivas de prevenção ou repressão criminal, sem contudo, o(s) determinar à prática de novos crimes.

A figura do agente infiltrado é, material e processualmente, diferente da do agente provocador. O agente provocador cria o próprio crime e o próprio criminoso, porque induz o suspeito à prática de actos ilícitos, instigando-o e alimentando o crime, agindo, nomeadamente, como comprador – *p. e.*, de auto-rádios furtados ou de droga – ou fornecedor de bens ou serviços ilícitos – *p. e.*, venda de armas. O agente infiltrado, por sua vez e através da sua actuação, limita-se, apenas, a obter a confiança do suspeito(s), tornando-se aparentemente num deles para, como refere Manuel Meireis, «desta forma, ter acesso a infor-

do alemão *Innere Sicherheit im Rechsstaat* de Carlos Eduardo Vasconcelos), Lisboa: AAFDL, 1995, pp. 91-97. Em Portugal o tema tem suscitado interesse jornalístico (e doutrinário e jurisprudencial) como se pode ler António José Vilela e Nuno Tiago Pinto, "O Agente Provocador. Operação Gralha. Tribunal de Braga Absolve os Quatro Acusados", *in Sábado*, nº 396, 2011, pp. 98-99.

mações, planos, processos, confidências ... que, de acordo com o seu plano constituirão as provas necessárias à condenação»[1227].

O Tribunal Constitucional considerou, nesta linha, que o "que verdadeiramente importa, para assegurar essa legitimidade – da intervenção do agente infiltrado – é que *o funcionário de investigação criminal não induza ou instigue o sujeito à prática de um crime que de outro modo não praticaria* ou que não estivesse já disposto a praticar, antes se limite a ganhar a sua confiança para melhor o observar, e acolher informações a respeito das actividades criminosas de que ele é suspeito. E, bem assim, que a intervenção do agente infiltrado seja autorizada previamente ou posteriormente ratificada pela competente autoridade judiciária"[1228].

A actuação do agente infiltrado, como já frisamos, é material e processualmente diferente e não se confunde com a do agente encoberto[1229]. A natureza, os fundamentos, os fins e os limites diferem de um instituto jurídico para o outro, como veremos em sede própria. Pena é que o legislador, em uma lógica de tradução literal, tenha optado por designar o regime jurídico de agente encoberto.

345. O agente infiltrado, na sua actuação, pode, de acordo com o seu plano e tendo em conta os fins pretendidos [obtenção de prova contra o(s) suspeito(s), com as finalidades exclusivas de prevenção ou repressão criminal], colaborar na actividade criminosa desenvolvida pelos respectivos agentes, prestando-lhes, designadamente auxílio material ou moral, ou até mesmo, praticar actos de execução do crime, até certo limite, como estabelece o nº 1 do art. 6º do RJAE.

Porém, essa colaboração (e prática de actos de execução) só é lícita se a *actividade criminosa estiver já em curso*, *i. e.*, **não pode ser ele a instigar ou a dar início ao crime**. É intolerável que o agente infiltrado

[1227] Manuel Augusto Alves Meireis, *O Regime das Provas Obtidas pelo Agente Provocador em Processo Penal*, Coimbra: Almedina, 1999, p. 164.

[1228] Ac. TC nº 578/98, Proc. nº 835/95, *in DR-II Série*, nº 48 de 26 de Fevereiro de 1999, p. 2951. Neste mesmo sentido quanto à provocação, se devem ler os Ac. do TRL de 22 de Março de 2011, Proc. nº 182/09.6JELSB.L1-5, e de 25 de Maio de 2010, Proc. nº 281//08.1JELSB.L1-5, consultados em www.dgsi.pt.

[1229] Cfr. *infra* alínea d. deste §.

adopte uma conduta de impulso ou instigação dessa actividade, sob pena de se converter em um verdadeiro agente provocador.

Em suma, não pode o agente infiltrado, ou agente «investigador», como também é designado, determinar a prática do crime. A sua actividade não pode ser formativa do crime, mas apenas informativa[1230].

346. A decisão do STJ, amalgamada no Ac. de 15 de Janeiro de 1997, face ao circunstancialismo fáctico, confirmou o acórdão recorrido, que absolveu o arguido, devido ao facto de os agentes da Polícia (PSP), através da sua actuação, *determinarem* o arguido à prática do crime, induzindo-o e instigando-o, sem o qual o crime não seria cometido.

[1230] A este propósito reveste de grande interesse o douto acórdão do Supremo Tribunal de Justiça, de 15 de Janeiro de 1997. [Acórdãos do STJ, in *Colectânea de Jurisprudência*, Ano V, Tomo I, pp. 185-188], no qual foi dada como provada a seguinte matéria fáctica:
«1 – No dia 9 de Setembro de 1995, cerca das 22 horas, no lugar de Mariz (...) o arguido encontrava-se junto de diversos indivíduos conotados com o consumo de estupefacientes;
2 – Estavam, todos, na via pública perto de uma paragem dos transportes públicos;
3 – Nesse momento e nesse local encontravam-se dentro de uma viatura aí estacionada, dois agentes da PSP, trajando à civil, viatura essa não identificada como da PSP (...);
6 – Ao observarem aquele ajuntamento, um dos agentes, de nome Paulo Sérgio, *dirigiu-se* ao arguido, a *quem perguntou* se tinha droga para vender;
7 – O arguido, desconhecendo que o Paulo Sérgio era agente da PSP, disse que não tinha droga mas sabia onde arranjá-la;
8 – Então o agente Paulo Sérgio *solicitou-lhe* que lhe obtivesse um grama de heroína;
9 – O arguido negou-se a tal;
10 – O agente Paulo Sérgio *voltou a pedir* ao arguido que lhe conseguisse a heroína, *tendo insistido* com ele para que lha obtivesse;
11 – Ao fim de algum tempo o arguido acedeu ir, com eles, buscar a droga;
12 – Dirigiram-se, o arguido e os dois agentes da PSP, no veículo destes, para próximo da Ponte do Freixo;
13 – Aí chegados o arguido saiu do carro, onde ficaram os agentes, e foi buscar a droga a um indivíduo que não foi possível identificar em concreto;
14 – Quando o arguido voltou para junto do veículo e dos agentes da PSP, a fim de lhes entregar a heroína que havia ido adquirir para eles, estes identifi caram-se como agentes de autoridade e de imediato detiveram o arguido;
15 – Na revista que então lhe foi feita apreenderam-lhe 6 embalagens (...) de heroína...;
16 – Destas 6 embalagens, uma delas(...) era destinada aos agentes da PSP
– *conforme o solicitado*, e as restantes 5 embalagens (...) destinavam-se ao seu consumo pessoal» (itálicos nossos).

Os *agentes actuaram*, pois, como *verdadeiros agentes provocadores*, sendo por isso, considerada ilícita, com a consequente nulidade de todas as provas assim obtidas e a responsabilização dos mesmos.

A actuação dos agentes da polícia «não foi destinada a encontrar ou criar uma situação em que se pudesse surpreender o arguido no desenvolvimento de uma actividade criminosa *que já viesse de trás*, essa abordagem, bem como a *insistência persistente* que se lhe seguiu, foi pelo contrário, (...), uma actuação *à sorte* a ver se se topava por acaso, com um indivíduo que estivesse ligado a meios de tráfico (...). Não havendo qualquer elemento que referenciasse o arguido a anteriores actividades de tráfico, foi a actividade policial *que o impeliu* enganosamente (...) a uma actividade pontual e desgarrada, *concluindo que*, a actuação policial foi nula (...), e os seus resultados não podem ser considerados. A justiça não pode ser feita à custa da moral; Se o for, é uma falsa justiça»[1231].

A actuação policial é ilícita e as provas obtidas são nulas (proibidas) "quando os agentes se acercam do arguido, em relação ao qual não era referido qualquer conotação como consumidor ou traficante, *lhe perguntou se tem droga para vender* e perante a resposta de que não tinha mas sabia onde a poderiam adquirir, acedeu a ir com eles até um local onde ficando eles no automóvel, o arguido foi junto da pessoa desconhecida trazendo consigo 6 embalagens, uma das quais para ceder a esses agentes»[1232].

Neste sentido, o Ac. do Tribunal Europeu dos Direitos do Homem – caso Teixeira de Castro C. Portugal (44/1997/828/1034), de 9 de Junho de 1998 – condenou o Estado português a pagar a "título de indemnização, a quantia de dez milhões de escudos a um cidadão português, condenado pelos tribunais portugueses por tráfico de droga, por concluir que os agentes da PSP, aí referidos, com ocultação da sua qualidade, ao procederem à detenção do cidadão, no momento em que lhes entregou certa porção de heroína, *que insistiram comprar*, *não actuaram como agentes infiltrados*, mas sim *como verdadeiros agentes provocadores* do crime" praticado[1233].

[1231] *Ibidem*. Itálicos nossos.

[1232] Itálicos nossos.

[1233] Itálicos nossos.

347. O recurso à figura do agente infiltrado é um meio oculto de investigação criminal e consubstancia, intrinsecamente em si mesma, uma *técnica de investigação de moral e ética duvidosa*, uma vez que *é o próprio suspeito que*, actuando em erro sobre a qualidade do funcionário de investigação criminal *produz, involuntariamente, a prova da sua própria condenação*.

Esta situação não se enquadra no âmbito da violação do princípio de fuga à auto-incriminação por o agente do crime desconhecer que aquele cidadão, seu presumível companheiro (e amigo), é um agente de investigação criminal. Pode questionar-se até que ponto esta técnica põe em causa o princípio da confiança na relação comunicacional e social humana.

Como consequência desta realidade, *esta técnica só é de admitir no limite*, ou seja, e recorrendo uma vez mais às palavras de GERMANO MARQUES DA SILVA, «**quando a inteligência dos agentes da justiça ou os meios sejam insuficientes** para afrontar com sucesso a actividade dos criminosos e a criminalidade ponha *gravemente* em causa os valores fundamentais que à justiça criminal cabe tutelar»[1234], e depois de esgotados que estejam os restantes meios de investigação criminal, como resulta, aliás da exposição de motivos da presente lei ao referir que a «primeira das preocupações traduz-se desde logo no princípio geral de que estas actuações estão sujeitas aos princípios da necessidade e proporcionalidade face à investigação a desenvolver»[1235]. Impõe-se, também, a verificação do princípio da *subsidiariedade* no recurso aos meios ocultos de investigação criminal.

b. Das finalidades do agente infiltrado

348. O RJAE, nos termos do nº 1 do art. 1º, tem como finalidades a *prevenção* e a *investigação criminal*. O legislador limita o recurso à técnica do agente infiltrado não só no seu âmbito (art. 2º), mas também quanto aos fins do uso desta técnica de investigação criminal, apesar de a ter

[1234] GERMANO MARQUES DA SILVA, "Bufos, Infiltrados, Provocadores e Arrependidos", in *Direito e Justiça*, Vol. VIII, T. 2, , p. 31.

[1235] Quanto a este assunto, o nosso *Processo Penal* – Tomo I, 3ª Edição, p. 528-529.

consignado neste diploma não apenas para fins de investigação criminal, mas para fins de prevenção criminal.

Extensão esta que provocou dúvidas e mereceu reparos de alguns deputados na discussão do diploma na generalidade[1236]. Pois, existe a preocupação de evitar que uma técnica que deve ser **excepcional** passe a ser regra. Que alcance pode ter o fim de prevenção criminal inscrito nos nºs 1 e 2 do art. 1º do RJAE?

349. A função de prevenção criminal, atribuída à Polícia, está consagrada no nº 3 do art. 272º da CRP, que consagra que "a **prevenção dos crimes**, incluindo a dos crimes contra a segurança do Estado, só pode fazer-se **com observância das regras gerais sobre polícia e com respeito pelos direitos, liberdades e garantias dos cidadãos"**[1237].

A CRP consagra a prevenção criminal desenvolvida pela polícia – nº 3 do art. 272º – e, em simultâneo, limita-a e sujeita-a aos princípios e às regras legais a que as polícias devem obediência e pelas quais devem pugnar e ao respeito do cidadão na sua plenitude como sujeito de direitos, de liberdades e garantias que devem ser defendidos e garantidos por aquelas, *ex vi* nº 1 do art. 272º da CRP.

De iure condito, surge a questão de se saber se o legislador, ao prescrever a possibilidade de uso da acção encoberta para fins de prevenção criminal, pretendeu abranger a prevenção criminal *lato sensu*, ou seja, na sua dupla função [de vigilância e de prevenção em sentido estrito] ou prevenção criminal *stricto sensu* [função de prevenção em sentido estrito].

Obedecendo à observância obrigatória do princípio da *ultima et extrema ratio* desta meio/técnica de investigação, isto é, do princípio da subsidiariedade, da excepcionalidade e da proporcionalidade [na sua

[1236] Destaca-se a interpelação feita pelo deputado António Filipe (PCP) ao Ministro da Justiça, na discussão na generalidade na AR, no sentido do perigo da "*banalização excessiva da figura do agente encoberto*, (in *Diário da Assembleia da República*, I Série, nº 99, de 22 de Junho de 2001, p. 3870, Col. 2, itálico e negrito nosso). A estas dúvidas e reparos, assim como aos dos deputados o Ministro da Justiça, António Costa, reafirmou a sua convicção da eficácia e da justiça desta técnica de investigação, ao afirmar que o *recurso à acção encoberta na área da prevenção da criminalidade já é hoje admitida*, (*in DAR*, , I Série, nº 99, de 22 de Junho de 2001, p. 3873, Col. 2, itálico nosso).

[1237] Itálico e negrito nossos.

trilogia: adequação, necessidade e proporcionalidade *stricto sensu*], da indispensabilidade e da impossibilidade objectiva, quanto ao **recurso da figura do** *agente infiltrado,* defendemos que aquele **apenas se deve observar quanto à prevenção criminal** *stricto sensu* que se traduz "na adopção de medidas adequadas para certas infracções de natureza criminal"[1238], medidas essas que visam a protecção de pessoas e bens, a vigilância de indivíduos e locais suspeitos, sem que se restrinja ou limite o exercício dos direitos, liberdades e garantias do cidadão[1239]. Impõe-se, nesta hermenêutica, que se faça um juízo segundo o princípio *odiosa sunt restringenda.*

350. No âmbito da investigação criminal tem sido profícua a discussão pública sobre os moldes, os modelos ideais e a coordenação das polícias, o que resultou na inevital publicação da Lei nº 21/2000, de 10 de Agosto, que aprovou a *Organização da Investigação Criminal* (LOIC)[1240], que fora revogada pela nova LOIC, aprovada pela Lei nº 49/2008, de 27 de Agosto.

O legislador, numa tentativa de demarcar os vértices da investigação criminal para limitar os possíveis abusos da actuação policial, definiu-a como sendo a actividade que "compreende o conjunto de diligências que, nos termos da lei processual penal, se destinam averiguar a existência de um crime, determinar os seus agentes e a sua responsabilidade e descobrir e recolher as provas, no âmbito do processo", art. 1º da LOIC.

O conceito de investigação criminal deve, na nossa opinião e como temos defendido, ser mais abrangente. Compreende o processo de procura de indícios e de vestígios que indiquem e expliquem e nos façam compreender *quem, como, quando, onde* e *porquê* foi/é cometido o crime ***x***[1241]: *o quê.*

[1238] Gomes Canotilho e Vital Moreira, *Constituição da República Portuguesa Anotada,* 3ª Ed., Coimbra: Coimbra Editora, pp. 956-957 ou II Volume, 4ª Edição, 2010, p. 861.

[1239] *Idem.* Neste mesmo sentido, o nosso estudo, "A segurança como tarefa fundamental do Estado", in *Polícia Portuguesa,* nº 125, p. 28.

[1240] Quanto à investigação criminal o nosso *Regime Jurídico da Investigação Criminal Comentado e Anotado,* 3ª Edição, Coimbra: Almedina, 2006. Quanto a uma visão dogmática da investigação criminal *supra* Secção III deste Capítulo.

[1241] Quanto a este assunto o nosso *Regime Jurídico da Investigação...,* 3ª Edição, p. 56.

A investigação criminal visa descobrir, recolher, conservar, examinar e interpretar as provas reais, assim como localizar, contactar e apresentar as provas pessoais que conduzam ao esclarecimento da verdade material dos factos que consubstanciam a prática de um crime[1242].

O recurso à acção encoberta para fins de prevenção criminal funciona, por princípio e necessariamente, como uma técnica de investigação excepcional que tem como fim último a realização do Direito nas prossecuções de defesa da sociedade, do colectivo, que tem o direito de viver em segurança e em uma ordem social e internacional que lhes garanta a efectivação plena dos seus direitos e liberdades.

A realização dos fins e interesses da ordem jurídica, em particular do Direito penal e das penas, subjugados a princípios consagrados constitucionalmente [artigos 1º, 2º e 9º da CRP] só se alcançam quando se descobre **quem é que, como é que, quando é que, onde é que**, e o **porque é que** se praticou aquele delito[1243] – **o que é que**. Realiza-se, desta feita, o Direito "como instituição, como ordem concreta ... *culminando-se* o processo jurídico de ordenação da vida em sociedade"[1244].

A investigação criminal permite, desta feita, a aplicação da lei penal ao caso concreto, promovendo deste modo a sua "cristalização definitiva"[1245], saindo da sua redoma abstracta para uma aplicação material e concreta, movida pelas instâncias que controlam (como a lei, a polícia, a acusação pública, o tribunal, o sistema penitenciário[1246]) e reagem contra a delinquência, apoiada pela criminologia que nos ajuda não só a entender os pressupostos factuais e a razão da sua existência, mas também *porque* é que aquele tipo de crime ocorreu naquele local e naquela hora, sabendo-se que é um malefício para a sociedade[1247].

1242 *Ibidem* e neste sentido, GOMES DIAS *apud* TERESA PIZARRO BELEZA e FREDERICO ISASCA, *Direito Processual Penal – Textos*, Lisboa: AAFDL, 1992, p. 65.

1243 Quanto a este assunto os nossos *Regime Jurídico da Investigação...*, 3ª Edição, p. 57, "A Investigação Criminal como Motor de Arranque do Processo Penal", in *Polícia Portuguesa*, nº 122, p. 3.

1244 MANUEL CAVALEIRO DE FERREIRA, *Direito Penal Português*, Lisboa/São Paulo: Verbo, 1982, Vol. I, p. 43, itálico nosso.

1245 JORGE DE FIGUEIREDO DIAS e MANUEL DA COSTA ANDRADE, *Criminologia*, Coimbra: Coimbra Editora, 1997, pp. 67 e ss..

1246 MANUEL DA COSTA ANDRADE, "Criminologia", *in Polis*, Vol. I, p. 1425.

1247 *Idem* e o nosso *Regime Jurídico da Investigação...*, 3ª Edição, pp. 59-62.

A finalidade *investigação criminal* tem guarida no texto constitucional, em especial quando a inserimos no quadro da coadjuvação ao Tribunal na administração da justiça. Mas a finalidade *prevenção criminal* só será admitida se intrínseca à prevenção criminal do artigo 272º, nº 3 da CRP, caso contrário e outra interpretação normativa que não seja esta, parece-nos estar ferida de inconstitucionalidade[1248].

c. Do agente infiltrado face ao agente provocador

351. O RJAE, aprovado pela Lei nº 101/2001, de 25 de Agosto, não legaliza a figura do *agente provocador* (*polizeiliche Lockspitzel, Agent Provocateur, Entrapment*), cuja actuação e provas obtidas por aquele são ilícitas e violam os princípios democrático e da lealdade, vectores que devem estar presentes na prevenção e na investigação criminal, sendo que a eficácia e a eficiência jamais podem ser alcançadas com o sacrifício dos direitos, liberdades e garantias do cidadão.

A investigação e a prevenção criminal, como primeiro patamar de tutela, promovida pela polícia/OPC, deve, fundamentalmente, tutelar os direitos e liberdades fundamentais individuais contra os abusos do *ius puniendi* do Estado. Neste sentido, o poder material de investigar não pode arrogar-se de todos os meios e métodos ao seu dispor para perseguir os infractores. Os fins não podem e, muito menos, devem em um Estado de direito democrático justificar os meios e métodos. Quem se arroga da moral para executar a perseguição não pode socorrer-se de meios desonestos, de meios em nada deontológicos, embora apregoados como eficazes, mas nem sempre eficientes, para 'apanhar' alguns infractores. Como escreve Bobbio[1249]: "Os meios maus corrompem até os melhores fins".

As técnicas de obtenção de meios de prova no processo penal democratizante e erigido sobre a pedra do respeito da dignidade da pessoa humana e da vontade formada livre e concientemente, têm de promover a materialização dos princípios e dos direitos próprios

[1248] Quanto ao agente infiltrado digital, *infra* §94º.

[1249] Norberto Bobbio, *As Ideologias e o Poder em Crise*, (Tradução do italiano *Ideologie e il potere in crisi* de João Ferreira), 4º Edição, Brasília: Editora UNB, 1999, p. 112.

de um Estado de direito democrático, ou seja, devem materializar o princípio democrático como "*forma de legitimação do poder*"[1250] de forma que se torne no "*impulso dirigente* de uma sociedade"[1251].

Os direitos fundamentais impõem uma atitude contra o exercício do poder autoritário no sentido de que exigem que toda e qualquer investigação criminal se execute segundo os princípios e as regras da transparência democrática[1252]. A investigação criminal deve decorrer de forma transparente sem qualquer subterfúgio capaz de conduzir o cidadão mais incauto a actos ilícitos[1253], sendo de realçar dois princípios que devem orientar a actividade policial, principalmente no quadro do agente infiltrado [acções encobertas]: democrático e da lealdade[1254].

352. O princípio democrático impõe que ao cidadão seja dada a liberdade de escolha dos seus actos. Como afirma e bem GERMANO MARQUES DA SILVA, "a capacidade para o bem e para o mal está em cada um de nós como uma possibilidade que as circunstâncias podem sempre ajudar a exteriorizar – «a ocasião faz o herói e o ladrão»"[1255] –, logo não faz parte da democracia que exista uma estrutura processual que permita que os operadores da justiça, incluindo obrigatoriamente os órgãos de polícia criminal que trabalham no seu dia-a-dia para que a mesma se cumpra e que a mesma seja um valor essencial da sociedade, utilizem meios e métodos antidemocráticos[1256], próprios de uma legitimação autoritária do poder[1257].

[1250] GOMES CANOTILHO, *Direito Constitucional e Teoria da Constituição*, Coimbra: Almedina, 1999, p. 282 e *supra* Capítulo V.

[1251] *Ibidem.*

[1252] *Ibidem.*

[1253] Quanto a este assunto, o nosso *Processo Penal* – Tomo I, 3ª Edição, pp. 533 e ss..

[1254] Cfr. *supra* §§ 38º e 39º.

[1255] GERMANO MARQUES DA SILVA, "Bufos, Infiltrados ...", *in* TEREZA BELEZA e Outros, *Apontamentos de Direito Processual Penal* – III Vol., Lisboa: AAFDL, 1995, p. 63 e *Curso de Processo Penal* – Vol. II, 2ª Edição, Lisboa/São Paulo: Verbo, 1999, p. 160.

[1256] *Ibidem.* Se a Polícia é a face visível da lei, não pode ser simultaneamente a face do crime.

[1257] Quanto a este assunto, os nossos *Processo Penal* – Tomo I, 3ª Edição, pp. 533 e ss. e "Os princípios democrático e da Lealdade: Vectores de orientação dos órgãos de polícia criminal", in *Polícia Portuguesa*, nº 124, p. 9.

O respeito da dignidade da pessoa humana como princípio estruturante do estado de direito democrático obriga a que a igualdade entre todos os cidadãos face à lei – para ALEXIS DE TOCQUEVILLE o sentido da democracia no mundo moderno assenta na igualdade de condições[1258] – igualdade de direitos e de deveres, seja uma igualdade de natureza e de dignidade humana, afastando toda e qualquer discriminação de tratamento, ou seja, não podemos partir para uma investigação escalonizando as pessoas segundo uma apetência ou não para a prática do mal[1259].

Acompanhamos GERMANO MARQUES DA SILVA quando afirma que a "ordem pública é mais perturbada com a violação das regras fundamentais da dignidade e da rectidão da actuação judiciária, pilares fundamentais da sociedade democrática, do que pela não repressão de alguns crimes, por mais graves que sejam, pois são sempre muitos, porventura a maioria, os que não são punidos, por não descobertos, sejam quais forem os métodos de investigação utilizados"[1260].

Se os OPC exercem uma actividade investigatória através da acção encoberta em um Estado que assenta nos primados do direito e da democracia, devem actuar de acordo com o **princípio democrático**, tendo sempre em consideração que cada indivíduo é um ser humano sujeito à fraqueza do mal e nunca *à priori* como um criminoso[1261].

[1258] Cfr. ALEXIS DE TOCQUEVILLE, *Da Democracia na América*, Tradução do francês *De la Démocratie en Amérique* de CARLOS CORREIA MONTEIRO DE OLIVEIRA, S. João do Estoril: Principia, 2002, pp. 39, 42, 49, 329, 339, 587-590, 669-673, 715-721. Seguem este mesmo pensamento, OLIVIER DUHAMEL e YVES MENY, *Dictionnaire constitucionnel*, Paris: PUF, 1992, p. 286.

[1259] Quanto a este assunto, os nossos *Processo Penal* – Tomo I, 3ª Edição, pp. 533 e ss. e "Os princípios democrático e da Lealdade...", in *Polícia Portuguesa*, nº 124, p. 9. A concepção democrática da sociedade impõe uma visão do ser humano como um ser frágil, impondo a recriminação deste método de investigação criminal – provocação – que cria o seu próprio objecto. Não é um método de investigação legal e deontológico próprio de uma sociedade assente em valores morais e éticos como o da solidariedade, o do perdão, o do respeito pela dignidade da pessoa humana, pela personalidade humana que por natureza é frágil [*Idem*, pp. 524-527 e *Idem*, p. 10].

[1260] GERMANO MARQUES DA SILVA, *Curso de Processo...* – Vol. II, 2ª Edição, p. 160.

[1261] Quanto a este assunto, os nossos *Processo Penal* – Tomo I, 3ª Edição, pp. 534-535 e "Os princípios democrático e da Lealdade...", in *Polícia Portuguesa*, nº 124, p. 11.

353. **O princípio da lealdade** ou do *fair trail*[1262], que impõe aos agentes da administração da justiça – em especial às Polícias – a obrigatoriedade de actuarem no estrito respeito pelos valores próprios da pessoa humana, como a sua dignidade – valor supremo que se sobrepõe aos próprios fins de justiça –, como a sua integridade pessoal – física ou moral – 1ª parte do nº 8 do art. 32º e nºs 1 e 2 do art. 26º e art. 25º da CRP –, cuja "interdição é absoluta"[1263], como a própria liberdade de formação e manifestação da sua vontade perante a demais sociedade.

Devemos ter uma atitude de profundo respeito pela personalidade humana – princípio da autonomia da vontade – e de respeito pela realização de justiça, que não se alcança quando *a priori* esses agentes se socorrem de meios de obtenção de prova e de investigação que violam um dos pilares do processo penal: o respeito pela dignidade da pessoa humana[1264]. Estes perigos aumentam quando o agente infiltrado se encontra por de trás de um écran de um qualquer aparelho informático ou digital.

Se o agente policial infiltrado provocar a acção criminosa, a sua acção é tipicamente [material e processual] enquadrável no agente provocador e actua contrariamente aos princípios e às normas próprias de um Estado de direito democrático e inerentes a um processo penal de estrutura acusatória temperado pelo princípio da investigação. A sua conduta enquadra-se no nº 8 do art. 32º da CRP que consagra "a nulidade de todas as provas obtidas mediante tortura, coacção, ofensa da integridade física ou moral da pessoa, abusiva intromissão na vida privada, no domicílio, na correspondência ou nas telecomunicações", cuja expressão processual se manifesta nos artigos 118º e 126º do CPP[1265].

[1262] Quanto a este princípio orientador da actividade policial *supra* § 39º.

[1263] GOMES CANOTILHO e VITAL MOREIRA, *Constituição da República...*, 3ª Edição, p. 206 ou I Volume, 4ª Edição, 2007, p. 524.

[1264] GERMANO MARQUES DA SILVA, *Curso de Processo...* – Volumes I e II, 4ª Edição e 2ª Edição, pp. 53 e 161; os nossos *Processo Penal* – Tomo I, 3ª Edição, p. 535 e "Os princípios democrático e da Lealdade...", in *Polícia Portuguesa*, nº 124, p. 11.

[1265] Quanto a este assunto, os nossos *Processo Penal* – Tomo I, 3ª Edição, p. 536 e "Os princípios democrático e da Lealdade...", in *Polícia Portuguesa*, nº 124, p. 12.

O princípio da lealdade, cuja violação na obtenção de provas é "fundamento de proibição de provas"[1266], não se esgota na fase da investigação, mas é nesta fase que se estrutura a identidade e a determinação do objecto do processo que reveste grande relevo.

Os OPC não podem actuar por meios ilícitos para obterem a *notitia criminis*, com o fundamento de que o indivíduo ***A*** tem uma propensão natural para o crime, cuja materialização depende apenas de um incitamento, de uma provocação. O incitamento ou a interpelação à prática do facto presente ***X***, que consigna o crime do catálogo em investigação, confirmando-se a aptidão de ***A*** para a prática daquele crime, é um meio de obtenção de prova próprio dos processos de estrutura inquisitória em que a verdade material era o fim único e essencial do processo criminal para a realização da justiça[1267].

354. A polícia/OPC tem de se consciencializar de que **a verdade material não é um valor supremo**, contrariamente à dignidade da pessoa humana, à integridade, à liberdade de pensar e conhecer sem qualquer coacção, interpelação, provocação. A busca da verdade material não se pode prender com métodos ou meios criminosos com a finalidade de combater o crime, pois seria a realização de uma justiça enferma como fim de um processo penal doente, cultivado por uma sociedade delatora e germinadora da sua auto destruição[1268]. Como ensina Claus Roxin, o princípio da lealdade deve ser encarado como "«o mais alto princípio de todo o processo penal: o de exigência de *fair trail*», de um *procedimento leal*"[1269], ao qual toda a administração da jus-

[1266] Germano Marques da Silva, *Curso de Processo...* – Vol. II, 2ª Edição, p.161 e *apud* Tereza Beleza, *Apontamentos...*, Vol. III, p. 65.

[1267] Quanto a este assunto, o nosso *Processo Penal* – Tomo I, 3ª Edição, p. 536 e "Os princípios democrático e da Lealdade...", in *Polícia Portuguesa*, nº 124, p. 12. Neste sentido Manuel Augusto Alves Meireis, *O Regime das Provas Obtidas pelo Agente Provocador em Processo Penal*, Coimbra: Almedina, 1999, p. 196.

[1268] Quanto a este assunto, os nossos *Processo Penal* – Tomo I, 3ª Edição, pp. 536-537 e "Os princípios democrático e da Lealdade...", in *Polícia Portuguesa*, nº 124, p. 12. Neste sentido Germano Marques da Silva, *Curso de Processo...* – Vol. II, 2ª Edição, p. 162 e *apud* Tereza Beleza, *Apontamentos...*, Vol. III, p. 66.

[1269] Claus Roxin *apud* Jorge de Figueiredo Dias, "Do princípio da «objectividade»...", in *RLJ*, Ano 128, nº 3860, p. 344/345.

tiça – em especial os que de forma directa constróem a identidade do objecto – se deve subordinar, para que não se confundam justiça e criminosos, para que a sua distinção não se resuma a números, mas exista antes uma diferença de qualidade entre aqueles para quem a paz jurídica é um pilar fulcral da Ordem Pública[1270].

355. O procedimento leal do polícia/OPC infiltrado proíbe que faça uso de métodos proibidos – como a provocação na recolha de provas ou a prática efectiva de crimes de associação criminosa –, porque o suspeito (arguido) nunca pode ser tratado como um objecto, *i. e.*, como um meio de prova utilizado contra si mesmo, por característica do processo de estrutura inquisitória, mas tem de ser visto como um sujeito processual, "que persiste e subsiste na plenitude do seu sentido e alcance mesmo quando figura (ao mesmo tempo) como um meio de prova"[1271-1272].

O princípio da lealdade exige à administração da justiça que não recorra a meios enganosos, a métodos ardilosos que traduzem a obtenção de provas de forma ilícita, que induzem o arguido à pratica de factos que não praticaria se não fosse ardilosamente interpelado, provocado e incitado. O princípio de lealdade proíbe que o Estado persiga o crime com a prática de crimes.

O *dever-ser*, que impende sobre a polícia/OPC, de actuar lealmente tem de estar presente aquando do aparecimento de novos meios técni-

[1270] Quanto a este assunto os nossos *Processo Penal* – Tomo I, 2ª Edição, pp. 526-527 e "Os princípios democrático e da Lealdade...", in *Polícia Portuguesa*, nº 124, p. 12. Neste sentido GERMANO MARQUES DA SILVA, *Curso de Processo...* – Vol. II, 2ª Edição, p. 162 e *apud* TEREZA BELEZA, *Apontamentos...*, Vol. III, p. 66. O princípio da lealdade retira-se do texto constitucional, prescrito no nº 8 do art. 32º da CRP, como ditame e limite orientador da investigação e da recolha de provas pelos órgãos da polícia criminal, que coadjuvam o Ministério Público no exercício da acção penal que deve ser norteada por critérios de legalidade e de objectividade.

[1271] MANUEL DA COSTA ANDRADE, *Sobre as Proibições de Prova em Processo Penal*, Coimbra: Coimbra Editora, 1992, pp. 212-213.

[1272] Quanto a este assunto os nossos *Processo Penal* – Tomo I, 3ª Edição, p. 537 e "Os princípios democrático e da Lealdade...", in *Polícia Portuguesa*, nº 124, p. 13; Neste sentido, GERMANO MARQUES DA SILVA, *Curso de Processo...* – Vol. II, 2ª Edição, p.162 e *apud* TEREZA BELEZA, *Apontamentos...*, Vol. III, p. 66.

cos e científicos de investigação criminal, cujo uso deve ser conforme à disposição constitucional do nº 8, do art. 32º, ao art. 125º e 126º do CPP, e à legalidade internacional – artigos 5º e 12º da DUDH, artigos 3º e 8º CEHD e art. 7º do PIDCP.

A acção encoberta jamais pode servir de um encapotamento desmedido da figura do provocador, sendo as provas obtidas pelos infiltrados não aceitáveis, nem mesmo desculpáveis, mas antes condenáveis pela violação dos princípios democrático e da lealdade[1273].

d. Do agente encoberto

356. Próxima da figura do agente infiltrado existe a figura do *agente encoberto* que não deve confundir-se com aquele, e muito menos, com a do agente provocador. O agente encoberto tem como características fundamentais «a sua absoluta passividade relativamente à decisão criminosa»[1274] e inexistência de relação pessoal com o agente do crime.

O agente encoberto pode *ser um OPC* – da Polícia Judiciária, Polícia de Segurança Pública ou da Guarda Nacional Republicana que, *sem revelar a sua qualidade ou identidade, frequenta os lugares conotados com o crime* – *v. g.*, bares, cafés, supermercados, estações de caminhos de ferro e outros lugares abertos ao público –, com a *finalidade de identificar*, e eventualmente *deter possíveis suspeitos da prática de crimes*, mais ou me-

[1273] Neste sentido, o Ac. STJ de 13-01-99:
"I É característico do meio enganoso de prova – artigo 126, n. 2, alínea a), do CPP – a figura do **agente provocador** em que um membro da autoridade policial, ou um civil comandado pela polícia, induz outrem a delinquir por forma a facilitar a recolha de provas da ocorrência do acto criminoso.
II – Diferente da figura do agente provocador é a do **agente infiltrado**, caracterizando-se esta por o agente se insinuar junto dos agentes do crime, ocultando-lhes a sua qualidade, de modo a ganhar as suas confianças, a fim de obter informações e provas contra eles mas sem os determinar à prática de infracções.
III – Comummente vêm-se aceitando as provas obtidas através do agente infiltrado, porque, se a utilização do agente provocador representa sempre **um acto de deslealdade** que **afecta a cultura jurídica democrática** e a **legitimação do processo penal** que a acolhe, tal não ocorre naquela figura, em que tais valores não se revelam afectados". Cfr. *in www.dgsi.pt/jstj.nsf/.*

[1274] Manuel Augusto Alves Meireis, *O Regime das Provas...*, p. 192.

nos graves, de natureza púbica ou semipública (art. 255º do CPP), *sem que determine a prática de qualquer crime* e/ou *sem que conquiste a confiança de alguém*.

Nas edições anteriores[1275] admitíamos o terceiro como agente encoberto, desde que actuasse sob o controlo do OPC e sem relação de confiança para com o visado da acção investigatória. Ponderados os princípios que devem reger e orientar estas actuações promotoras de meios de obtenção de prova real e pessoal para o processo crime, sendo de destacar o *princípio odiosa sunt restringenda* conjugado com o *princípio da indisponibilidade das competências*, consideramos que o agente encoberto só deve ser admissível aos elementos das polícias/OPC.

A presença, no local conotado com o crime, e a qualidade do agente não determinam o "rumo dos acontecimentos; naquele lugar e naquele momento poderia estar qualquer outra pessoa e as coisas aconteceriam da mesma forma; aqui o risco corre, no todo, por conta do delinquente (...) o agente encoberto nunca teve nem o domínio absoluto nem o domínio funcional do facto"[1276].

357. Pode configurar *agente encoberto*, por exemplo, o agente ***A*** da PSP, que, à civil, se dirige ao café ou ao bar ***B***, onde sabe que se vendem objectos de ouro, provenientes de furtos ou roubos, com o intuito de que algum dos suspeitos o aborde nesse sentido ou proceda à transacção, para proceder à respectiva detenção, ou ainda, o mesmo agente "que trajando à civil, se dirige a um bar, onde sabe que se trafica droga com o intuito de que alguém o aborde nesse sentido. Senta-se a uma mesa e alguém se lhe dirige perguntando-lhe se quer comprar 10gr. de heroína. O agente reage detendo essa pessoa em flagrante delito"[1277].

A actuação do agente encoberto é lícita e legalmente admissível, ao abrigo dos princípios da liberdade, da atipicidade dos meios de prova que não forem proibidos por lei – art. 125º do CPP –, da oficialidade e da investigação. Desta feita, as provas assim obtidas são válidas, devendo ser aceites e livremente valoradas pelo tribunal[1278].

[1275] Cfr. o nosso *Teoria Geral do Direito Policial*, 2ª Edição, p. 416.

[1276] Cfr. Manuel Augusto Alves Meireis, *O Regime das Provas...*, pp. 192-193.

[1277] *Idem*, p. 192.

[1278] *Idem*, p. 192-193.

O agente encoberto é, aliás, fundamental, a nosso ver, para o exercício das competências que recentemente foram atribuídas, em matéria de investigação criminal, aos diversos órgãos de polícia criminal, através da Lei nº 49/2008, de 27 de Agosto, que positivou pela negativa as competências específicas de investigação criminal da PSP e da GNR, e dos demais OPC de natureza específica[1279]. O recurso à figura do agente encoberto é, pois, e recorrendo, uma vez mais, às palavras de AUGUSTO MEIREIS, «uma verdadeira medida de profilaxia criminal»[1280].

Parece-nos difícil conceber um agente encoberto quando estamos a falar da persecução criminal no espaço digital, tendo em conta a dimensão funcional e funcional desta categoria. Do mesmo modo é de ressaltar que a Decisão Europeia de Investigação não admite esta categoria de meio de persecução criminal, como se retira do artigo 41º da Lei nº 88/2017, de 21 de Agosto[1281].

e. Do terceiro como agente infiltrado

358. A referência a *funcionários de investigação criminal* do nº 2 do art. 1º, da presente lei, abrange, somente, os funcionários de investigação criminal da PJ e não, também, os funcionários da mesma natureza da Polícia de Segurança Pública e/ou da Guarda Nacional Republicana[1282]. Por outras palavras: agente infiltrado apenas pode ser um funcionário de investigação criminal da Polícia Judiciária.

Se o legislador tivesse admitido a possibilidade de o agente infiltrado poder ser um funcionário de investigação criminal da PSP ou da GNR, não teria, certa e expressamente, estabelecido:

[1279] Quanto a este assunto *supra* §§ 71º a 88º.

[1280] Cfr. MANUEL AUGUSTO ALVES MEIREIS, *O Regime das Provas...*, pp. 192-193.

[1281] A Lei nº 88/2017, de 21 de Agosto, aprova o regime jurídico da emissão, transmissão, reconhecimento e execução de decisões europeias de investigação em matéria penal, transpõe a Diretiva 2014/41/UE, do Parlamento Europeu e do Conselho, de 3 de abril de 2014, e revoga a Lei nº 25/2009, de 5 de Junho.

[1282] No sentido de defesa dos elementos da PSP poderem recorrer a esta técnica de investigação criminal de natureza excepcional, a dissertação do ciclo de estudos integrado de Mestrado em Ciências Policiais do nosso orientando MÁRCIO HUGO COSTA MENDES, *Agente Infiltrado. Contributos para a delimitação de atribuições e competências*, Lisboa: ISCPSI, 2011, depositada na biblioteca do ISCPSI.

α. no nº 2, do art. 1º, que o terceiro haveria de actuar apenas sob controlo da Polícia Judiciária, mas também sob o controlo da PSP ou GNR, consoante os casos;

β. no nº 3 do art. 4º, que «oficiosamente ou a requerimento da Polícia Judiciária, a autoridade judiciária competente pode, mediante decisão fundamentada, autorizar que o agente enco berto, que tenha actuado com identidade fictícia (...) preste depoimento sob esta identidade ou processo relativo aos factos objecto da sua actuação»;

γ. no nº 2 do art. 5º, que «A identidade fictícia é atribuída por despacho do Ministério da Justiça, mediante proposta do director nacional da Polícia judiciária»;

δ. acresce, aos argumentos expostos, que a investigação dos crimes previstos no artigo 2º da Lei nº 101/2001, de 25 de Agosto, é da competência "reservada" [mas não exclusiva] da polícia judiciária, como resulta do nºs 2 e 3 do art. 7º da LOIC.

Os agentes de investigação criminal, que não pertencem à PJ, podem, a nosso ver, intervir como *terceiro*, bem como agentes encobertos, dentro dos limites em que caracterizamos a figura do agente encoberto.

359. O nº 2 do art. 1º da Lei nº 101/2001, de 25 de Agosto, consigna a possibilidade de um "*terceiro* sob o controlo da Polícia Judiciária" poder actuar como agente infiltrado.

A utilização do agente infiltrado para a investigação de crimes típicos do crime organizado – tráfico de estupefacientes, tráfico de armas, terrorismo, empresas de máquinas de jogos, contrabando, falsificação de medicamentos, pornografia, prostituição, (etc.)[1283] – é, por si só, de valor duvidoso (moral e ético), mas o recurso a esta técnica com um terceiro infiltrado aumenta as dúvidas e a legitimidade da perseguição criminal.

Se o recurso ao agente infiltrado policial levanta problemas quanto à legitimidade ético-jurídica[1284], esta legitimidade é, muito mais posta em causa, quando se recorre a um terceiro para actuar de forma enco-

[1283] Rodrigo Santiago, "O «Branqueamento de capitais e outros produtos de crime»", *in RPCC*, Ano 4º, fase 4, Out./Dec. 1994, pp. 499.

[1284] Manuel da Costa Andrade, *Sobre as Proibições de Prova...*, p. 221.

berta[1285]. Este *labéu de indignidade* aumenta quando o terceiro, que actua como agente infiltrado, tem interesses directos quanto ao crime a investigar, o que lhe proporciona um melhor controlo das operações da Polícia e, consequentemente, a proliferação da sua actividade ilícita.

O recurso ao "terceiro" para actuar como agente infiltrado é um perigo acrescido, como se afere da jurisprudência do TC: "a técnica do agente infiltrado comporta, contudo, perigos vários: desde logo, se o funcionário de investigação criminal encarregado dessa missão *não for pessoa de sólida formação moral e firmeza de carácter*, pode facilmente deixar-se envolver nas actividades criminosas que investiga; depois, entre a actividade do *agente infiltrado*, que, disfarçadamente, procura *ganhar a confiança dos suspeitos*, para melhor os observar e obter informações sobre a sua actividade delituosa, e a do agente provocador, que induz à prática do crime, a diferença é, por vezes, bem ténue (...)"[1286].

Se dúvidas existem quanto à possibilidade de controlo eficaz da conduta do funcionário e quanto à sua legitimidade ético-jurídica, muito maiores são se o agente infiltrado for um *terceiro não polícia*.

§ 92º Do âmbito geral de recurso ao agente infiltrado

360. O artigo 2º do RJAE estabelece, através de uma enumeração taxativa, os tipos (tipologias) de crime em que o recurso à figura do agente infiltrado, enquanto técnica de investigação criminal excepcional, com vista à obtenção de prova, e de prevenção criminal *stricto sensu*, é admissível de ser utilizado[1287].

O recurso à figura do agente infiltrado fora das finalidades previstas no art. 1º e quanto aos crimes possíveis da aplicação desta técnica é

[1285] Relembremos a preocupação de WITTERMAYER, quando afirmou que "a combinação com outros reclusos para rondar um recluso acusado (...) lança sobre a justiça penal um labéu de indignidade". WITTERMAYER *apud* MANUEL DA COSTA ANDRADE, *Sobre as Proibições de Prova...*, p. 230.

[1286] Ac. do T.C. nº 578/98, Processo nº 835/98, publicado no DR – II Série, nº 48, de 26FEV99, p. 2950.

[1287] A ampliação do âmbito de aplicação do agente infiltrado mereceu, como seria de esperar, algumas observações e comentários, tendo sido também levantadas algumas questões na discussão do diploma na generalidade. Cfr. *DAR*, I Série, nº 99, de 22 de Junho de 2001, p. 3865, Cols. 1-2.

legalmente inadmissível, sendo, por consequência dessa taxatividade, ilícito, e as provas obtidas são provas proibidas face, desde logo, ao art. 125º do CPP, que estabelece que só são admissíveis as provas que não forem proibidas por lei, e por força do nº 2 do art. 126º do CPP.

361. As provas obtidas fora ou das finalidades ou do âmbito do art. 2º são recondutíveis aos «métodos proibidos de prova»[1288], de acordo com o disposto na última parte da alínea *a*), do nº 2, do art. 126º do CPP – utilização de meios enganosos –, sendo, por isso, nulas, não podendo ser utilizadas a não ser para o exclusivo fim de proceder criminalmente contra quem as produziu, nos termos do nº 4, do referido art. 126º do CPP.

Estamos perante uma nulidade atípica, uma vez que não consta do elenco dos artigos 119º e 120º do CPP. Esta nulidade é, pela sua natureza, de conhecimento oficioso não dependente, consequentemente, de arguição do interessado. Note-se que, como ordena o art. 118º, nº 3, do Código de Processo Penal, *as disposições do presente título*[*Título V – Das Nulidades*] *não prejudicam as normas deste Código relativas a proibições de prova*, onde se inclui, evidentemente, o art. 126º do CPP.

Ao agente infiltrado, legitimado pela lei e no *cumprimento estrito de um dever prescrito* no art. 1º da Lei nº 101/2001, se exclui a ilicitude dos seus actos, nos termos o art. 6º, nº 1 do mesmo diploma e do art. 31º, nº 1 e 2, al. *c*) do CP[1289].

§ 93º Dos pressupostos do recurso ao agente infiltrado

a. do princípio da proporcionalidade *lato sensu* ou da proibição do excesso e corolários

362. Os requisitos e pressupostos a que estão sujeitas as acções encobertas, desenvolvidas pelo agente infiltrado estão estabelecidos no art. 3º do RJAE.

[1288] Quanto à valoração das provas e às proibições de prova, os nossos *Processo Penal* – Tomo I, 3ª Edição, pp. 423-433 e *Revistas e Buscas*, 2ª Edição, pp. 133-146.

[1289] Quanto a este assunto *infra* § 95º.

O nº 1 estabelece o princípio geral, nos termos do qual, as acções encobertas estão sujeitas ao **princípio da proporcionalidade** *lato sensu*[12901]:

α. **adequação** [a acção encoberta tem de ser adequada à prossecução dos fins visados – à prevenção e/ou à investigação crimi nal do caso concreto –, *i. e.*, a acção encoberta deve ser adequada "aos fins de prevenção e repressão criminais identificados em concreto, nomeadamente à descoberta de material probatório"].

β. **necessidade e exigibilidade do recurso ao meio** [a medida da acção encoberta deve ser exigíveis ou necessária para a prevenção e/ou investigação criminal do caso em concreto, porque é o meio de obtenção de prova e de prevenção mais eficaz e menos oneroso para os restantes direitos, liberdades e garantias].

γ. **proporcionalidade** *stricto sensu* ou da razoabilidade [em que, como meio legal restritivo de direitos e liberdades, a acção encoberta e os fins obtidos situam-se numa justa e proporcionada medida, *i. e.*, tem de haver uma proporcionalidade "quer àquelas finalidades – *de prevenção e repressão criminais* – quer à gravidade do crime em investigação", o que implica que basta que não se verifique cumulativamente estes pressupostos para que não se recorra à acção encoberta para a prevenção e investigação do crime a investigar[1291]].

δ. **subsidiariedade** [como consequência do princípio da necessidade[1292], deve ser tida em conta quando a autoridade judiciária competente autorizar a acção encoberta, ou seja, não pode autorizar esta técnica sempre que uma técnica de investigação e prevenção criminal possa atingir os mesmos fins].

[1290] Quanto ao princípio da proporcionalidade *lato sensu* como princípio norteador da intervenção policial, *supra* Capítulo VII da Parte I, § 33º.

[1291] Quanto ao princípio da proporcionalidade em termos gerais, Gomes Canotilho e Vital Moreira, *Constituição da República...* – I Volume, 4ª Edição, pp. 392-393; Jorge Miranda, "Os Direitos Fundamentais...", *in Estudos...*, 3º Vol., p. 82; o nosso *Da Publicação da Matéria de Facto Nas Condenações Nos Processos Disciplinares*, Lisboa: ISCPSI, 2000, pp. 64 e 65; Cfr. o nº 2 do art. 18º da CRP, art. 29º da DUDH e art. 18º da CEDH.

[1292] Jorge de Figueiredo Dias, *Direito Penal Português – As Consequências Jurídicas do Crime*, Lisboa: Aequitas – Editorial Notícias, 1993, p. 446, §705.

ε. e **indispensabilidade** [como consequência do princípio da exigibilidade, deve ser avocado aquando da proposta da APC e da decisão da autoridade judiciária competente no recurso ao meio de obtenção de prova agente infiltrado, ou seja, exige-se a indispensabilidade de recurso deste meio oculto de investigação criminal para a descoberta da verdade e da prova como já se impõe para o recurso à escuta telefónica].

De iure constituendo, não obstante já defendermos esta posição, consideramos que o legislador devia prescrever o *princípio de indispensabilidade* para a descoberta da verdade e o *princípio de impossibilidade objectiva* de obtenção de prova como princípios legitimantes e limitador da autorização do recurso ao agente infiltrado. Estes dois princípios são corolários do princípio *odiosa sunt restringenda*.

363. O recurso à figura do agente infiltrado consubstancia, intrinsecamente em si mesma, uma técnica de investigação de moral duvidosa, uma vez que é o próprio suspeito que, actuando em erro sobre a qualidade do funcionário de investigação criminal, produz, involuntariamente, a prova da sua própria condenação[1293].

O recurso a esta técnica de investigação só é de admitir no limite, ou seja, e recorrendo às palavras de GERMANO MARQUES DA SILVA, «quando a inteligência dos agentes da justiça ou os meios sejam insuficientes para afrontar com sucesso a actividade dos criminosos e a criminalidade ponha gravemente em causa os valores fundamentais que à justiça criminal cabe tutelar»[1294], e esgotados que estejam os restantes meios – menos onerosos dos direitos e liberdades fundamentais – de investigação criminal.

[1293] Os requisitos e pressupostos estipulados no art. 3º funcionam como uma limitação à 'banalização' do recurso a uma técnica que deve ser de natureza excepcional.

[1294] GERMANO MARQUES DA SILVA, "Bufos, ...", in *Direito e Justiça*, Vol. VIII, Tomo 2, p. 31. HASSEMER critica o recurso a técnicas de investigação que restringem as liberdades do cidadão desmesuradamente e a sua proliferação sem que os polícias tenham de prestar contas do uso desses meios [WINFRIED HASSEMER, *A Segurança Pública...*, pp. 92, 95, 100-101].

b. dos elementos objectivos

364. O recurso ao agente infiltrado, como técnica de investigação criminal excepcional, obedece a uma prévia recolha de *elementos objectivos* capazes de demonstrar *fortes indícios* de que se está perante um suspeito da prática de um dos crimes previstos no art. 2º e de que *os meios de obtenção de prova menos lesivos dos direitos fundamentais* dos suspeitos e de terceiros, que em nada contribuíram para aquela investigação, são humana e inteligentemente *incapazes e insufientes* para de descobrir a verdade para que se realize a justiça e se alcance a paz jurídica[1295].

c. da liberdade de participação

365. O nº 2 do art. 3º consagra[1296], também, o *princípio da liberdade em geral* ao excluir qualquer obrigatoriedade de qualquer cidadão de participar em uma acção encoberta e o *princípio da liberdade em especial* ao abranger nessa exclusão *todo funcionário* de investigação criminal, que *não está vinculado*, por força deste preceito, ao *dever de praticar e desenvolver* uma *técnica capaz de pôr* em *perigo* a sua *própria segurança* e dos *demais familiares*, preocupação fundamental demonstrada na exposição de motivos e nos artigos 4º e 5º do RJAE[1297].

[1295] Quanto ao nº 2, principalmente por funcionários da polícia se poderem recusar participar como agente infiltrado, que na opinião de António Costa, Ministro da Justiça à altura de aprovação de diploma, justificar por o perigo e o risco que se corre nestas situações ser um risco ou perigo extraordinário e acrescido. *DAR*, I Série, nº 99, de 22 de Julho de 2001, pp. 3865 e 3866, Cols. 2 e 1 respectivamente.

[1296] Quanto ao nº 2, principalmente por funcionários da polícia se poderem recusar participar como agente infiltrado, que na opinião de António Costa, Ministro da Justiça à altura de aprovação de diploma, justificar por o perigo e o risco que se corre nestas situações ser um risco ou perigo extraordinário e acrescido. *DAR*, I Série, nº 99, de 22 de Julho de 2001, pp. 3865 e 3866, Cols. 2 e 1 respectivamente.

[1297] Quanto ao nº 2 do art. 3º da Lei nº 101/2001, de 25 de Agosto, o deputado Marques Mendes fez a seguinte crítica: "não percebo a questão de ninguém ser obrigado a participar numa acção encoberta, porque não se trata de uma questão de consciência mas de risco. Ora, se é uma questão de risco, por que é que os agentes podem ficar inibidos ou auto-inibir-se de participar neste tipo de acções? Se fosse uma questão de consciência, eu

O dever de cumprir as funções adstritas à função de polícia não é suficiente face ao perigo concreto que acarreta esta técnica de investigação. O ónus profissional cede a valores superiores como os direitos subjectivos do funcionário de investigação criminal e à liberdade de autodeterminação daquele perante um método investigatório de elevada perigosidade pessoal e familiar.

d. da autorização judiciária

366. O recurso ao agente infiltrado depende de *prévia autorização da autoridade judiciária* competente, Ministério Público ou JIC, consoante os casos, nos termos dos nºs 3 a 5 do presente preceito legal[1298].

percebia; como é apenas uma questão de risco que está por detrás desta situação, não consigo perceber" [*Diário da Assembleia da República*, I Série, nº 99, de 22 de Junho de 2001, pp. 3865 e 3866, Cols. 2 e 1 respectivamente]. O Ministro da Justiça afirmou que "quanto à questão do risco, é um risco extraordinário. Aliás, há dias, veio relatado no jornal uma acção que decorreu fora do território nacional, que envolveu a intervenção da Marinha e em circunstâncias em que os agentes estavam em situação de altíssimo risco. Não é, portanto, um risco comum. Podem ser de circunstâncias de risco anormal que, em meu entender, justificam que não se possa impor ao agente que se submeta a esse risco", pois, como "a experiência nos revelou, é a grande determinação e a grande coragem dos agentes da Polícia Judiciária no desempenho das suas missões, muitos com sacrifícios da sua própria vida". Estando-se, assim, perante "uma questão de princípio" [*Diário da Assembleia da República*, I Série, nº 99, de 22 de Junho de 2001, p. 3866, Col. 1].

[1298] Os nºs 3, 4 e 5 da proposta de Lei nº 79/VIII foram alterados, sendo o texto proposto o seguinte:
3. A realização de uma acção encoberta depende de prévia autorização da autoridade judiciária titular da direcção do processo, a proferir no prazo máximo de 5 dias e a conceder por período determinado.
4. Se a acção referida no número anterior decorrer no âmbito da prevenção criminal, é competente para autorização o Magistrado do Ministério Público junto do Departamento Central de Investigação e Acção Penal.
5. Se, por razões de urgência, não for possível obter as autorizações referidas nos números anteriores, deve a intervenção ser validada no primeiro dia útil posterior, fundamentando-se as razões da urgência.
A alteração deveu-se às criticas desenvolvidas na discussão da lei na generalidade, sendo de referir a intervenção de Marques Mendes (PSD) que, interrogando o Ministro da Justiça sobre a legitimidade do agente encoberto, afirmou que era "manifestamente inadequado, com a amplitude boa, correcta, que agora se preconiza nesta proposta de lei,

O nº 3 do art. 3º do RJAE, que fora alterado em sede de especialidade, manteve como autoridade judiciária competente para a autorização o Ministério Público, caso a acção se encontre na fase de inquérito, mas estipulou-se a obrigatoriedade de comunicação ao Juiz de Instrução para validação, que se verifica(rá) se o mesmo não exarar um "despacho de recusa nas setenta e duas horas seguintes". A *autorização do Ministério Público* fica, desta feita, sujeita ao *controle jurisdicional* – tácito e não expresso –, procurando-se conformar o preceito com a parte final do nº 4 do art. 32º da CRP.

Mas somos de opinião de que a AJ competente para proceder à autorização do recurso ao agente infiltrado é e devia ser por força constitucional o JIC, desde logo porque uma operação de infiltração impõe uma preparação táctica, técnica, ética e jurídica do infiltrado, e, por isso, afasta-se o *periculum in mora* de intervenção do JIC.

Acresce que estamos em uma área de intervenção do Direito cuja aplicação gera restrição do direito à reserva de intimidade da vida pri-

que se diga que a legitimação dos agentes encobertos é feita pelo próprio coordenador da acção de prevenção ou de investigação criminal"[*Diário da Assembleia da República*, I Série, nº 99, de 22 de Junho de 2001, p. 3865, Col. 2], defendendo que devia ser um juiz a ordenar e a legitimar o recurso à acção encoberta, não podendo ser o Ministério público, que é, nos termos da al. *b)* do nº 1 do art. 1º do CPP, uma autoridade judiciária, abrindo-se 'as portas'.

O deputado MARQUES MENDES questionou se, sendo o Ministério Público quem "coordena estas acções de prevenção", o cidadão pode não ficar "a descoberto da possibilidade de haver uma qualquer intenção de colocar o agente encoberto para instigar, de certa forma, comportamentos menos adequados da parte dos cidadãos e, depois, esses cidadãos virem a ser por essa investigação acusados". Pois, a salvaguarda dos direitos dos cidadãos, de acordo com normas que foram propostas na última revisão constitucional (...), as normas que têm que ver, porventura, com factos susceptíveis de violar direitos e garantias dos cidadãos, devem sempre ser caucionadas pela autoridade judicial e não apenas pela autoridade judiciária" [*Idem*, p. 3866, Col. 1]. O Ministro da Justiça, Dr. ANTÓNIO COSTA, defendeu que o regime de autorização apresentado pela proposta de Lei nº 79/VIII era "o adequado ao equilíbrio entre a eficácia e a protecção dos direitos que devem ser objecto de tutela na investigação deste tipo de crimes", propondo para a comissão a discussão mais detalhada do preceito. Tendo ainda lembrado que, "relativamente às autorizações, (...) nos casos já existentes de acções encobertas, a autorização compete ao Ministério Público. Portanto, nesta matéria, não inovamos", tendo concordado que "quando se alarga, talvez se devessem criar outros mecanismos" de controle e fiscalização [*Diário da Assembleia da República*, I Série, nº 99, de 22 de Junho de 2001, p. 3866, Cols. 1 e 2].

vada e familiar, direito fundamental pessoal, que merece tutela jurisdicional *ab initio ad finem* do processo crime[1299] .

Dentro da mesma linha, consideramos não conforme com o nº 4 do art. 32º da CRP a validação tácita – *autorização superveniente tácita* – do JIC caso o mesmo não profira, em 72 horas, despacho de invalidade da infiltração decidida pelo magistrado do MP[1300]. Parece-nos que o nº 3 do art. 3º do RJAE, está ferido de inconstitucionalidade material por violação do nº 4 do art. 32º da CRP.

A mesma linha de operacionalização ocorre no âmbito da Decisão Europeia de Investigação, conforme se retira do artigo 41º, nº 5 da Lei nº 88/2017, de 21 de Agosto. Solução que nos parece continuar a merecer criticas por o texto e a respectiva interpretação normativa não serem conformes ao nº 4 do artigo 32º da CRP.

367. No que concerne ao nº 4 do art. 3º do RJAE, a proposta de lei consignava como autoridade competente para autorização da acção encoberta o Ministério Público quando aquela acção se destinasse à prevenção criminal.

O texto final aprovado em sede de especialidade consagra como autoridade competente para a autorização o JIC por *proposta do Ministério Público*. Se estamos no âmbito da prevenção criminal, entendida no plano *stricto sensu*, e como a acção encoberta colide com os direitos fundamentais do cidadão, não faria sentido que a autorização não seguisse o regime consagrado na Constituição – *in fine* do nº 4 do art. 32º – e no CPP – artigos 268º e 269º.

Quanto ao nº 5 do art. 3º do RJAE, o legislador, apercebendo-se dos perigos que poderiam advir da norma proposta, *i. e.*, o receio mais que justificado de surgirem *situações de urgência* infundadas e sem preencher os requisitos do nº 1 do mesmo preceito, preferiu dar uma nova redacção ao preceito, *retirando qualquer possibilidade aos funcionários de investigação criminal fazerem uso de uma técnica de investigação sem a prévia autorização* do MP e do JIC. A actual redacção do nº 5 clarifica a apli-

[1299] Cfr. artigos 26º e 32º, nº 4 da CRP.

[1300] Quanto a uma análise crítica e acompanhando a nossa posição, Adán Carrizo, "El Agente Infiltrado...", *in Criminalidade Organizada...*, pp. 202-207 (pp. 203-204).

cação do nº 4, considerando competente para a proposta [*iniciativa*] o MP que se encontre junto do DCIAP e para a autorização [*decisão*] o Juiz de Instrução Criminal do TIC.

e. do relatório

368. A Polícia judiciária deve fazer o relato da intervenção do agente infiltrado à autoridade judiciária competente, no prazo máximo de 48 horas, após o termo de tal intervenção – nº 6 do art. 3º do RJAE –, que só deve ser juntado ao processo se a autoridade judiciária o reputar absolutamente indispensável em termos probatórios, conforme art. 4º, nº 1 do RJAE.

§ 94º Do agente infiltrado digital – alguns apontamentos

369. O agente infiltrado pode ser físico ou digital, sendo que a legislação processual penal em vigor nos apresenta o regime geral, previsto no RJAE, e o regime especial, previsto no artigo 19º da LCC, de um dos meios de obtenção de prova mais ocultos, intrusivos e lesivos dos direitos fundamentais pessoais: *v. g.*, reserva da intimidade de vida privada e familiar. O regime do artigo 19º da LCC encontra-se, por um lado, subordinado ao regime geral do RJAE quanto aos fundamentos, pressupostos materiais e formais, fins e limites, amplia o âmbito do recurso ao meio investigativo, e, por outro, como veremos, subsume-se [restringindo-se o recurso] aos pressupostos e princípios regentes das intercepções e gravações de comunicações, em especial ao corpo do nº 1 do artigo 187º do CPP.

O agente infiltrado digital, cujo rosto e forma do agente policial não são confirmáveis, visíveis e palpáveis, é portador de um elevado risco para o Estado constitucional democrático, cujos valores da lealdade e da democracia se esmiúçam e se esmiolam nas relações de confiança societária. Mas temos consciência de que existem determinadas tipologias e fenómenos criminais que exigem meios de investigação e de obtenção de prova capazes de responder aos desafios de tutela dos direitos e liberdades de todos os cidadãos, enquanto finalidade do processo penal, assim como adequados a garantir o restabelecimento da paz jurídica e social. Razão pela qual devemos frisar e fixar que estamos perante um meio [excepcional] de obtenção de prova e não perante um meio de prova ou prova.

A criminalidade cibernética e informática, tipos criminais próprios e tipos criminais praticados pelo sistema informático e digital, impõem o recurso a meios de obtenção de prova tradicionais adaptados ao sistema informático e digital e outros meios de obtenção de prova, típicos da criminalidade económico-financeira, organizada transnacional e do terrorismo, convertidos ao ambiente digital e regulamentados para obter prova capaz de promover a prevenção de bens jurídicos por meio de uma justa e equitativa repressão dos factos lesivos desses bens jurídicos pessoais e *supra* pessoais.

Existem crimes cometidos através de redes e plataformas e grupos digitais de acesso restrito ou fechado, cujas prevenção e repressão criminais exigem meios sofisticados e especializados de investigação criminal. A ordem jurídica considerada no seu todo permite, para estes casos, que a actuação do agente policial possa revestir a figura do ***agente infiltrado digital***, que tem a função de ganhar a *confiança dos demais membros do grupo restrito ou fechado*, cujo acesso até pode ser livre, mas o contato e a assimilação de informação restrita, e possa *obter informações* e, por esse método, possa *obter meios de prova* ou *provas* destinadas a *prevenir* e a *reprimir crimes*. É este o entendimento que se retira do artigo 19º da LCC[1301], que nos apresenta um catálogo de crimes ampliativo quanto ao âmbito do recurso ao agente infiltrado digital:

(i) *os crimes previstos na LCC* [*v. g.*, falsidade informática (artigo 3º); dano relativo a programas ou outros danos informáticos (artigo 4º); sabotagem informática (artigo 5º); acesso ilegítimo (artigo 6º); intercepção ilegítima de programa protegido (artigo 7º); reprodução ilegítima de programa protegido (artigo 8º)];

[1301] Como se pode aferir da leitura e análise do artigo 19º da LCC estamos perante um exemplo normativo sem consistência sistemática legiferativa, própria de uma deficiente técnica legislativa porque a legística é inexistente.

(ii) os crimes praticados através de um *sistema informático, quando lhes corresponda, em abstrato, pena de prisão de máximo superior a 5 anos*;
(iii) os *crimes contra a liberdade e autodeterminação sexual* nos casos em que os *ofendidos* sejam *menores ou incapazes*, a *burla qualificada*, a *burla informática e nas comunicações*, a *discriminação racial, religiosa ou sexual*, as *infrações económico-financeiras*, desde que sejam crimes dolosos, ainda que a pena de prisão seja inferior a cinco anos;
(iv) os *crimes consagrados no título IV do Código do Direito de Autor e dos Direitos Conexos.*

O âmbito do agente infiltrado digital encontra-se ampliado face ao previsto no artigo 2º do RJAE, tendo em conta que o legislador não elegeu apenas um catálogo fechado, mas optou por apresentar um catálogo semi-aberto e modal[1302].

370. O recurso ao agente infiltrado, de acordo com a lei portuguesa, para fins de *repressão criminal* – investigação criminal –, carece de autorização do Ministério Público e posterior ratificação do Juiz de Instrução Criminal. Esta opção legislativa tem merecido a nossa crítica por considerarmos que está ferido de inconstitucionalidade material por violação do artigo 32º, nº 4 da CRP. O agente infiltrado digital também pode ter como finalidade a *prevenção criminal*, carecendo, neste caso, de autorização do JIC. Estamos perante um dos meios ocultos de obtenção de prova mais lesivos da reserva da intimidade da vida privada e familiar [e reserva de relações sociais, comerciais e empresariais (sigilo e segredo profissional)] que devia sempre merecer e carecer de prévia tutela jurisdicional: *i. e.*, prévia autorização judicial, que deve ser fundamentada.

Esta norma da LCC coloca dúvidas e gera incertezas jurídicas, uma vez que remete para dois regimes diferenciados: por um lado e nos termos do nº 1, o recurso ao agente infiltrado segue o regime previsto na lei do agente infiltrado físico [Lei nº 101/2001, de 25 de agosto],

[1302] Quanto a este assunto, *infra* ponto 370 *in fine*.

mas, por outro e nos termos do nº 2, se for necessário recorrer a meios e dispositivos informáticos, o regime a seguir é o previsto para as interceções de comunicações [artigos 187º a 190º do CPP].

Como temos defendido, a autorização de recurso a agente infiltrado – quer para investigação quer para prevenção criminal – deve ser [é] da competência do Juiz das liberdades, por força do nº 4 do artigo 32º da CRP[1303]. Mas o legislador ordinário decidiu que o Ministério Público pode autorizar o recurso ao agente infiltrado, desde que já esteja em curso um processo-crime – com a finalidade de investigação criminal –, cabendo-lhe comunicar ao JIC para que este, em 72 [setenta duas] horas, derrogue ou ratifique a autorização do MP. Como se retira do nº 4 do artigo 3º do RJAE, podemo-nos deparar perante uma situação de ratificação tácita, caso o JIC nada decida ou nada pronuncie dentro desse prazo. Este regime, segundo uma interpretação literal das normas – em especial da previsto no nº 1 do artigo 19º da LCC –, admite que o recurso ao agente infiltrado digital seja ou possa ser autorizado pelo Ministério Público, interpretação normativa esta que consideramos ser materialmente inconstitucional por violação do nº 4 do artigo 32º conjugado com o nº 2 do artigo 18º, ambos da CRP.

Mas a autorização do recurso ao agente infiltrado digital para efeitos de prevenção criminal carece sempre de autorização judicial – JIC –, por força do nº 5 do artigo 3º do RJAE conjugado com o nº 1 do artigo 19º da LCC[1304]. Mas este devia ser o regime regra para todo o agente infiltrado, físico ou digital, seja para fins de prevenção criminal seja de repressão criminal [investigação criminal], para que se pudesse afirmar, com HENKEL, que o *Direito processual penal é Direito constitucional aplicado*.

Contudo e existindo necessidade de recorrer a meios e dispositivos informáticos para que se possa implementar o agente infiltrado digital, o regime vigente e regente dessa acção é o previsto para a intercepção e gravação de comunicações, previsto nos artigos 187º a 190º do CPP. Amplia-se e efectiva-se a *tutela jurisdicional*, exige-se a autorização judicial – JIC –, e devem observar-se todos os *pressupostos formais*

[1303] Cf. *supra* §93º, alínea d.

[1304] Quanto a esta discussão *supra* §93º, alínea d.

e materiais da intercepção de comunicações, em especial a *indispensabilidade para a descoberta da verdade* e a *impossibilidade objetiva de obter prova por meio menos oneroso*[1305]. O legislador aprovou um regime híbrido que pode gerar [gera] conflitualidade normativa e insegurança jurídica, pelo que se impõe avocar a melhor conformidade [interpretativa e aplicativa] com a Constituição de modo a evitar interpretações normativas materialmente inconstitucionais.

A esta hibridade, salientamos e alertamos que, nesta embrenha legislativa, o legislador apresentou, ao intérprete e aplicador da norma, como âmbito de admissibilidade do recurso ao agente infiltrado digital, um *catálogo* heterogéneo de crimes: ***fechado*** [alínea *a*) e segunda parte da alínea *b*), ambas do nº 1 do artigo 19º da LCC], ***(semi)aberto*** [início da alínea *b*) do nº 1 do artigo 19º da LCC] e ***modal*** [como se afere das expressões «pena de prisão de máximo superior a 5 anos» e «ou, ainda que a pena seja inferior, *sendo dolosos*», previstas na mesma alínea *b*) do nº 1 do artigo 19º da LCC]. Esta heterogeneidade do catálogo neutraliza os axiomas da subsidiariedade, da excepcionalide e da especialidade do meio de obtenção de prova, dando-lhe uma dimensão de vulgaridade.

O catálogo de um meio de investigação criminal de elevada *danosidade* social e pessoal reflete a natureza com que o legislador o quis enroupar. Mas a Polícia, enquanto garante da Constituição e dos direitos dos cidadãos, deve optar por respeitar a sua natureza e os seus axiomas próprios e originários procedendo a uma interpretação normativa conforme a Constituição[1306].

371. O recurso ao agente encoberto digital no sentido descrito por nós nesta obra[1307] não se nos afigura possível por o patrulhamento digital não ser muito apropriado à finalidade concreta desta figura preventiva policial: identificar e fazer cessar o crime em curso, em regra de execução prolongada ou continuada, e deter os seus agentes. Poder-se-ia dizer que, havendo conhecimento de que na plataforma ***Y***

[1305] Cf. *caput* do nº 1 do artigo 187º do CPP. Quanto a este assunto o nosso *Escutas Telefónicas. Da Excepcionalidade à Vulgaridade*, 2ª Edição, Coimbra: Almedina, 2008, 56-83.

[1306] Exige-se uma releitura do artigo 3º, nº 2 e do artigo 18º da CRP exposta *supra* §32º.

[1307] Cf. *supra* §91º, alínea d.

ou no grupo ***Z*** se comercializam bens móveis, com preço fixo, a preços especulativos, pode a Polícia fazer um patrulhamento digital, sem se identificar como tal, mas mantendo o seu perfil [e rosto], para poder interceptar os agentes do crime e proceder à detenção em flagrante delito e aplicar as medidas cautelares e de polícia gerais e as especiais, previstas no CPP e na LCC[1308]. Face aos perigos de uma actuação sem controlo prévio e assente numa lógica operativo-policial, parece-nos que se deve seguir o regime do agente infiltrado como **forma de garantir mínimos de tutela judiciária e jurisdicional efectiva**.

Somos da opinião de que esta mesma linha de raciocínio nos orienta para a ideia de que uma rede social aberta como fonte originária do *resultado da recolha de informação e dados de um determinado crime* pode vir a *subsumir-se como prova penal*, mesmo que a rede não seja restrita ou fechada. Mas esta dimensão de acesso e recolha de prova em redes abertas ou de acesso geral, restrito e fechado, sujeita a admissibilidade de recurso ao agente infiltrado digital a prévia autorização judicial e, em consequência, o respectivo juízo de admissibilidade e de posterior valoração em sede de audiência e discussão de julgamento.

O argumento de que a recolha foi efetuada numa rede aberta ou aberta restrita ou fechada, porque o cidadão escreveu ou disponibilizou um vídeo autoincriminatório, não colhe nem deve num Estado democrático de direito ser admitida. Exceptuam-se, tão-só, os casos destinados a obter e a comunicar a notícia do crime. Caso assim não ocorra, podemos estar perante uma clara proibição de prova, nos termos do artigo 126º, nºs 1 e 3 do CPP e artigo 32º, nº 8 da CRP, uma vez que as relações de confiança e lealdade social e pessoal assentam num esquema engenhoso de engano e erro perentoriamente produzido.

Avocamos, também, um alerta de que a leitura do artigo 41º da DEI está obrigada a respeitar este caminho de filigrana, a mais que o recurso ao agente infiltrado com base numa DEI, emitida por uma autoridade judiciária de um Estado membro, pode configurar uma infiltração física ou digital, assim como a função de agente infiltrado poder ser prosseguida por um dos elementos de uma autoridade policial do Estado de emissão da DEI[1309]. Mas caso o recurso ao agente infiltrado

[1308] Quanto a este assunto, *supra* §59º.

[1309] Cfr. artigos 41º, nº 7 e 15º da DEI.

digital só seja possível processar com violação de *princípios de soberania, segurança, ordem pública* ou *negação da unidade da ordem jurídica como um todo*[1310], a cooperação jurídica por meio do agente infiltrado digital não deve ser validada e, caso já tenha sido validada, deve de imediato cessar.

O intérprete e aplicador da norma não pode socorrer-se de uma DEI para desenvolver e praticar actos ou diligências de investigação que o regime interno nacional não permite nem admite, a mais que está submetido aos mesmos pressupostos, aos mesmos direitos, às mesmas liberdades e obrigações penais e processuais penais que um agente infiltrado digital implementado segundo o Direito nacional.

§ 95º Da protecção do agente infiltrado

372. A segurança dos agentes infiltrados[1311], como um "domínio sensível, quer por actuarem junto dos criminosos, quer por estarem sujeitos a eventuais represálias", deve, sem dúvidas, merecer uma protecção não apenas material, mas também formal. Neste sentido, o legislador estipulou, desde logo, no nº 2 do art. 3º que *ninguém pode ser obrigado a participar numa actuação encoberta,* e previu "regras de protecção do agente no que toca aos meios pelos quais a prova assim produzida é apresentada no processo e um regime de identidade fictícia"[1312-1313].

[1310] Cf. respectivamente o artigo 22º do CCiv., artigo 31º, nº 1 do CP, o artigo 2º, nº 1 da LCJIMP, e os artigos 7º e 33º da CRP.

[1311] Quanto a este assunto veja-se Exposição de Motivos transcrita no nosso *O Novo Regime do Agente Infiltrado Comentado e Anotado,* (Co-autoria de Fernando Gonçalves e Manuel João Alves), Coimbra: Almedina, 2001, pp. 15-18.

[1312] *Diário da Assembleia da República,* I Série, nº 99, de 22 de Junho de 2001, p. 3860, Col. 2.

[1313] Na discussão na generalidade, o art. 4º mereceu reparos e criticas. O deputado Marques Mendes (PSD) defendeu a reprodução do "regime idêntico ao *estipulado* para as gravações das conversas telefónicas" para que se salvaguarde, "no interesse da defesa, todas as situações" [*Diário da Assembleia da República,* I Série, nº 99, de 22 de Junho de 2001, p. 3866, Col. 1, itálico nosso]. Quanto ao regime das gravações das escutas o que fora discutido e questionado era "o que é que se apresentava à autoridade judiciária", mas no que se refere ao agente infiltrado "a questão que se coloca não é a de saber o que é que se apresentar à autoridade judiciária mas o que é que fica junto ao processo. Pode haver circunstâncias que determinem que, sem vantagem acrescida para a prova ou para os direitos de

O art. 4º do RJAE estabelece normas de protecção do funcionário de investigação criminal e do terceiro infiltrados, salientando-se a possibilidade de o agente infiltrado, que tenha actuado com identidade fictícia, poder ser autorizado, oficiosamente ou a requerimento da Polícia Judiciária, pela autoridade judiciária competente, a prestar depoimento sob esta identidade no processo relativo aos factos objecto da sua intervenção, pois são medidas que visam, sobretudo, prevenir e evitar eventuais represálias contra o agente infiltrado, pelos suspeitos, objecto da sua intervenção.

Como medida material de protecção do agente infiltrado, prescreve-se que a junção do relato tem de obedecer ao **princípio da indispensabilidade probatória**, *i. e.*, se ao longo do processo se depreender que a sua junção não é necessária ou exigível para questões de prova dos factos imputados ao(s) arguido(s), por razões de segurança jamais a autoridade judiciária deve ordenar a junção do relato ao processo[1314].

A apreciação da *indispensabilidade*, nos termos do nº 2 do art. 4º do RJAE, pode ser remetida para o termo da(s) fase(s) do inquérito ou da instrução. Desta forma, o Ministério Público pode ter necessidade de fundamentar de facto a dedução da acusação [art. 283º do CPP], também o Juiz de Instrução, aquando da sua decisão pela pronúncia, pode ter necessidade de recorrer ao relato, considerando-o indispensável em termos de prova [art. 308º do CPP].

Se o juiz, na fase de julgamento, optar pela *indispensabilidade da audiência* do agente infiltrado [encoberto], nos termos do nº 4, deve restringir *a livre assistência do público* ou que a audiência ou parte dela decorra com *exclusão da publicidade*, conforme determina a 2ª parte do nº 1 do art. 87º do CPP, e deve seguir o preceituado pela Lei nº 93/99,

defesa, mas com risco de prejuízo para a própria segurança dos agentes envolvidos, se possam juntar imediatamente aos autos todos os elementos. Uma coisa é apresentá-los à autoridade judiciária, outra coisa é a autoridade judiciária incorporar esse relato no próprio processo"[António Costa, Ministro da Justiça, *Diário da Assembleia da República*, I Série, nº 99, de 22 de Junho de 2001, p. 3866, Col. 1].

1314 Pois, como afirma António Costa, contrariando a tese de Marques Mendes, o relato deve ser sempre presente à autoridade judiciária que decidirá pela sua junção ou não ao processo, o que acontecendo porá, consequentemente, em perigo a segurança do agente encoberto.

de 14 de Julho, alterada pela Lei nº 29/2008, de 4 de Julho, e Lei nº 42/2010, de 3 de Stembro, que regula a *aplicação das medidas para a protecção de testemunhas em processo penal*[1315].

373. O artigo 5º do RJAE estabelece, como medida de protecção e segurança do agente infiltrado, a possibilidade do agente infiltrado poder actuar sob *identidade fictícia*, a qual é atribuída por despacho do Ministério da Justiça, mediante proposta do DN/PJ. Esta atribuição é válida por um período de seis meses prorrogáveis por períodos de igual duração, ficando o respectivo funcionário de investigação criminal autorizado a, durante aquele período, actuar sob a identidade fictícia, quer no exercício da concreta investigação quer genericamente em todas as circunstâncias do tráfico jurídico e social – nºs 1 a 3 do art. 5º do RJAE.

Ao *despacho* atributivo da identidade fictícia deve ser dado classificação de *secreto*, cujo teor do mesmo não está acessível ao público em geral, nem mesmo ao público que o rodeia no ambiente de trabalho, e deve incluir a referência à verdadeira identidade do agente infiltrado – nº 4 do art. 5º do RJAE.

Acresce que o agente infiltrado, que tenha actuado com identidade fictícia, pode ser autorizado pela autoridade judiciária competente, a prestar depoimento sob esta identidade em processo relativo aos factos objecto da sua actuação, nos termos do nº 3 do art. 4º do mesmo diploma.

A *identidade fictícia* é uma *manifestação formal e material* da protecção do agente infiltrado, cujo risco que o agente corre não é comum, mas sim anormal e muito acrescido, pelo que se impõe por necessidade e exigibilidade que os agentes encobertos actuem sob identidade fictícia.

[1315] Neste sentido deve ler-se o Ac. STJ de 6 de Julho de 1995, proc. nº 28 003, ao decidir que "é admissível não chamar a depor esse homem de confiança, tendo em conta o interesse legítimo das autoridades policiais na investigação do tráfico de estupefacientes, de forma a preservar o seu anonimato e a protegê-lo de previsíveis futuras retaliações". Cfr. *www.dgsi.pt/jstj.nsf/*.

§ 96º Da irresponsabilidade do agente infiltrado

374. O nº 1 do artigo 6º do RJAE estipula a não punibilidade da «conduta do agente encoberto que, no âmbito de uma acção encoberta, consubstancie a prática de actos preparatórios ou de execução de uma infracção em qualquer forma de comparticipação diversa da instigação e da autoria mediata, sempre que guarde a devida proporcionalidade com a finalidade da mesma».

Se a conduta do agente infiltrado, no âmbito de uma acção encoberta, também não fosse punível, no âmbito da instigação ou da autoria mediata, estaria a lei a admitir a figura do agente provocador, totalmente inadmissível em um Estado de direito democrático. O *agente provocador*, ao criar o próprio crime e o próprio criminoso, porque induz o suspeito à prática de actos ilícitos, instigando-o e alimentando o crime, agindo, nomeadamente, como comprador ou fornecedor de bens ou serviços ilícitos, *é um verdadeiro criminoso.*

Como o agente do crime, o agente infiltrado/provocador deve ser responsabilizado jurídico-criminalmente, para além das provas assim obtidas serem provas proibidas, por inadmissíveis face, desde logo, ao art. 125º do CPP, sendo ainda recondutíveis aos «métodos proibidos de prova», face ao disposto na última parte da alínea *a)*, do art. 126º do CPP – utilização de meios enganosos –, sendo por isso nulas, não podendo ser utilizadas [nº 1 do art. 126º do CPP], a não ser para o seguinte e exclusivo fim: proceder criminalmente contra quem as produziu, nos termos do nº 4 do mesmo preceito legal.

O Estado de direito democrático, baseado na dignidade da pessoa humana, no respeito e na garantia de efectivação dos direitos e liberdades fundamentais – artigos 1º e 2º da CRP –, *não pode admitir que a justiça actue por meios ilícitos*, sob pena de a justiça e os criminosos se distinguirem apenas pela quantidade e não pela qualidade[1316].

375. O legislador optou por recorrer a conceitos típicos e conhecidos do Direito penal que são "mais claros para o aplicador penal". Ao prever-se que, caso haja instigação ou autoria mediata, não haverá

[1316] Sobre o agente provocador *supra* § 91º, ponto c.

isenção de responsabilidade penal, o legislador "impõe ao agente encoberto um cuidado acrescido na forma como actua"[1317].

Na linha do art. 59º do DL nº 15/93, de 22 de Janeiro, o novo regime jurídico do agente infiltrado "considera como lícito um facto que, de outra maneira, seria subsumível à lei penal, *deixando* de haver, em harmonia com os princípios gerais constitucionais (artigos 31 e seguintes do Código Penal e 29 da Constituição), qualquer acto ilícito gerador da nulidade de provas processuais obtidas com o recurso à prática daquele facto", o que não deve confundir-se com a realidade do «chamado "agente provocador" que não é mais do que um simples autor mediato do crime, isto é, a pessoa que dolosamente, determina outrem à comissão do crime, o qual não seria cometido sem a sua intervenção"[1318].

O legislador exclui da responsabilidade penal os actos preparatórios que a lei dispõe expressamente a sua punibilidade, como no caso de *contrafacção de moeda*, crime p. e p. pelo art. 271º do CP, pois o princípio é de que "a preparação de uma infracção penal e os actos em que se traduz não devem ser em regra puníveis", *ex vi* art. 21º do CP[1319].

De acordo com o nº 2 do art. 22º do CP, são actos de execução aqueles que «preencherem um elemento constitutivo de um tipo de crime» [al. *a)*], «os que forem idóneos a produzir o resultado típico» [al. *b)*], ou aqueles «que, segundo a experiência comum e salvo cir-

[1317] Cfr. *DAR cit.*, p. 3873, Col. 1.

[1318] Ac. do STJ de 21 de Março de 1996, Proc. nº 30 319 *Neste sentido* Ac. do STJ de 05 de Março de 1997, Proc. nº 31 712 e de 6 de Maio de 1995, proc. nº 28 003, todos *in www.dgsi.pt/jstj.nsf/*. O STJ pelo Ac. de 14 de Maio de 1997, Proc. nº 32 893, considerou que:

«III – Se um guarda da polícia, abordando o arguido, e perguntando-lhe se "tinha para ele" dizendo o arguido que, "naquele momento não tinha, mas que ia a casa buscar", como foi, trazendo quatro embalagens de heroína, não pode qualificar-se a actuação do referido agente da PSP como sendo "agente provocador" ou "agente infiltrado".

IV – É que, o agente policial em causa não determinou o arguido à prática de qualquer crime, antes de ser interpelado por aquele guarda da polícia, já tinha ilicitamente a heroína em sua casa.

V – A conduta daquele agente da polícia não configura o uso de meios "enganosos", nos termos do artigo 126, n. 2, alínea a) do CPP, nem foi violado o disposto no artigo 32, n. 6 – *actual nº 8* – da Constituição da República Portuguesa.»

[1319] José de Faria Costa *apud* M. L. Maia Gonçalves, *Código Penal Português Anotado e Comentado – Legislação Complementar*, Coimbra: Almedina, 2001, p. 112.

cunstâncias imprevisíveis, forem de natureza a fazer esperar que se lhes sigam actos das espécies indicadas nas alíneas anteriores» [al. *c)*].

Os pressupostos, fins e limites da não responsabilidade do agente infiltrado físico aplicam ao agente infiltrado digital, como se retira do corpo do nº 1 do art. 19º da Lei do Cibercrime.

§ 97º Conclusão

376. A (nova) criminalidade, mais sofisticada e apetrechada de meios materiais e humanos e extra-muros nacionais e regionais, coloca novos desafios à justiça e aos seus operadores judiciários, pelo que o legislador, conhecedor desses árduos desafios, consagrou um novo regime jurídico do agente infiltrado, duplicando a responsabilidade daqueles que investigam, para que crimes, como o de branqueamento de capitais, de corrupção e do tráfico de droga, tráfico de armas, tráfico de seres humanos, tráfico de órgãos humanos, não proliferem como um «cancro» em um Estado de direito democrático.

Como nos dão conta os vários instrumentos internacionais de prevenção e repressão ["combate"] à criminalidade, hoje, mais do que nunca, visível transfronteiriçamente, o estabelecimento de técnicas ou meios de obtenção de prova capazes de minimizar os efeitos destabelizadores da paz jurídica e social é uma das prioridades das quais se destaca o recurso a acções infiltradas [encobertas] – *p. e.*, veja-se o art. 20º da Convenção contra a Criminalidade Organizada da ONU –, dentro dos limites democrática e legalmente admissíveis face aos direitos e liberdades fundamentais de todos os cidadãos (*v. g.*, vítima e arguido) e, em especial, de terceiros inocentes.

Capítulo III
Das Revistas e Buscas (Não Domiciliárias) Preventivas e de Segurança

Sumário: § 98º Enquadramento geral
§ 99º Da revista preventiva e de segurança nos recintos desportivos ou de espectáculos culturais
§ 100º Da busca preventiva: evolução histórica e regime actual
a. Da evolução histórica
b. Do regime jurídico
§ 101º Conclusão capitular

Fontes: **Andrade**, J. Vieira de, *Direitos Fundamentais*, 2ª e 3ª Edição, Coimbra: Almedina, 2002 e 2004; **Canotilho**, J. J. Gomes, *Direito Constitucional e Teoria da Constituição*, Coimbra: Almedina, 3ª Edição, 2000; **Ferreira**, Marques, "Meios de Prova", in *Jornadas de Direito Processual Penal – O Novo Código de Processo Penal*, Coimbra: CEJ – Livraria Almedina, 1995; **Matos**, Varela de, *Conflito de Direitos em Direito Constitucional*, Braga: Almeida & Leitão, 1998; **Miranda**, Jorge, *Manual de Direito Constitucional – Tomo IV – Direitos Fundamentais*, Coimbra: Coimbra Editora, 1998; **Rotman**, Edgardo, "O conceito de prevenção do crime", *in Revista Portuguesa de Ciência Criminal* (RPCC), Coimbra: Coimbra Editora, Ano 8º, Fasc. 3º, 1998; **Silva**, Germano Marques da, *A Ética Policial e Sociedade Democrática*, Lisboa: Edições do ISCPSI; *Curso de Processo Penal*, Lisboa/São Paulo: Verbo, 1999, Volumes, I, II e III; **Sousa**, António Francisco de, "Prevenção e repressão como função da Polícia", *in Revista do*

Ministério Público (RMP), Ano 24, Abril/Junho, 2003, nº 94 e "Prevenção e repressão como função da Polícia", *in Revista do Ministério Público* (RMP), Ano 24, Abril/Junho, 2003, nº 94; **Valente, Manuel Monteiro Guedes**, "Delinquência Juvenil: Dos actos praticados pelos Órgãos de Polícia Criminal no Processo Tutelar Educativo", *in Revista Infância e Juventude*, nº 4/01, Outubro-Dezembro, 2001; *Direito de Menores – Estudo Luso-Hispânico sobre Menores em perigo e Delinquência Juvenil*, (Co-autoria de Nieves Sanz Mulas), Lisboa: Âncora Editora, 2003; "Revistas e Buscas – Que viagem queremos fazer?", *in I Congresso de Processo Penal – Memórias*, Coimbra: Almedina, 2005; *Consumo de Drogas – Reflexões Sobre o Quadro Legal*, 3ª Edição, Coimbra: Almedina, 2006; *Processo Penal* – Tomo I, 3ª Edição, Coimbra: Almedina, 2004; *Revistas e Buscas*, 2ª Edição, Coimbra: Almedina, 2005.

§ 98º Enquadramento geral

377. O procedimento da *revista* a cidadãos ultrapassa o estreito campo das medidas cautelares e de polícia e dos meios de obtenção de prova. Os elementos policiais têm, em muitas situações do quotidiano, necessidade ou impõe-se-lhe para salvaguarda de bens jurídicos, como a vida e integridade física dos demais utentes ou frequentadores de um espaço de domínio público ou de domínio privado aberto ao público com acesso livre ou condicionado, que procedem à *revista* de pessoas.

Os elementos policiais estão obrigados a proceder à revista de prevenção e de segurança em várias circunstâncias: aos cidadãos que desejam aceder aos *recintos desportivos* – nº 3 do art. 25º da Lei nº 39/2009, de 30 de Julho –, ou que se encontram em *lugar sujeito a vigilância policial* ou aberto ao público de *domínio público* ou *domínio privado* – al. *a)* do art. 29º da LSI –, ou ao menor ou a quem deseja *entrar num centro tutelar* para visitar um menor sujeito a medida tutelar educativa de internamento – artigos 84º e 86º do DL nº 323-D/2000, de 20 Dezembro[1320] – ou, ainda, a pessoas que se dirigem ao tribunal ou a uma secção de inquéritos para prestarem declarações ou acompanharem um familiar ou, ainda, a revista de segurança efectuada pelos OPC na via pública para salvaguarda da integridade física própria ou de outrem «sempre que houver razões para crer que ocultam armas ou objectos com os quais possam praticar actos de violências»[1321] – al. *b)* do nº 1 do art. 251º do CPP[1322].

O legislador com o Regime Jurídico das Armas e Munições (RJAM) revogou expressamente o preceito que prescrevia a revista a todos os que frequentam um *estabelecimento de ensino*, nos termos do art. 5º da Lei nº 8/97, de 12 de Abril. Com a revogação deste regime, coloca-se a questão do fundamento jurídico para que os elementos policiais pro-

[1320] Quanto a este assunto nosso *Direito de Menores – Estudo Luso-Hispânico sobre Menores em perigo e Delinquência Juvenil*, (Co-autoria de NIEVES SANZ MULAS), Lisboa: Âncora Editora, 2003, pp. 229-236.

[1321] A redacção actual da al. *b)* do nº 1 do art. 251º da CPP, aditada pela Reforma de 2007, vai de encontro com o que há muito já defendíamos quanto às revistas como medidas preventivas e de segurança. Cfr. o nosso *Revistas e Buscas*, 2ª Edição, Coimbra: Almedina, 2005, pp. 24-26, assim como na primeira edição desta obra (pp. 318-320).

[1322] Quanto a este assunto *supra* § 53º.

cedam à revista de prevenção e segurança à entrada de um estabelecimento escolar. Não obstante esta revogação, consideramos, desde já, que os bens jurídicos vida e integridade física não se encontram desprotegidos por existir uma aparente (e tão-só aparente) inoperacionalidade da Polícia. Esta encontra fundamento, como veremos, na al. *a*) do art. 29º da LSI ou no art. 110º do RJAM.

O procedimento da revista, desenvolvida neste capítulo, apresenta-se *a priori* como uma medida de polícia de segurança e preventiva, que tutela processualmente bens jurídicos pessoais fundamentais tais como a vida, a integridade física dos executores e de outras pessoas utentes dos mesmos momentos espácio-temporais.

A finalidade deste procedimento de revista é evitar um mal maior ou a violação [lesão ou perigo de lesão] de um bem jurídico individual ou supra-individual de valor superior ao restringido com a medida policial.

De realçar é a estruturação jurídica da legitimação do próprio acto, que materializa o aprofundamento dos *direitos fundamentais* pessoais e de um *dever fundamental* de acção activa e passiva na sua efectividade por parte dos elementos policiais. Por um lado, os direitos e liberdades fundamentais pessoais não podem ser restringidos no desenvolvimento de medidas de segurança e preventivas sem que se verifiquem determinados pressupostos – tais como as pessoas sobre quem pode incidir a revista e os fundamentos causais e finalistas da medida a executar – que se devem verificar cumulativamente. Por outro, a não verificação dos pressupostos materiais e formais do procedimento da revista abre caminho à resistência «a qualquer ordem que ofenda os seus direitos, liberdades e garantias e de repelir pela força qualquer agressão, quando não seja possível recorrer à autoridade pública», *ex vi* do art. 21º da CRP, direito fundamental autonomizado com a Revisão Constitucional de 1982[1323].

378. Questão imbricante é saber se podemos considerar esta revista como uma *revista administrativa*, *i. e.*, medida destinada, por um lado, à

[1323] Neste sentido o nosso "Revistas e Buscas – Que viagem queremos fazer?", *in I Congresso de Processo Penal – Memórias*, Coimbra: Almedina, 2005, pp. 293-294.

prevenção do perigo[1324] – para manutenção da ordem e segurança públicas e, por conseguinte, para a prevenção de prática de infracções – e, por outro, à possibilidade de *recolha, preservação e conservação de provas* da prática de uma infracção administrativa susceptível de responsabilidade contra-ordenacional.

Quanto à *revista administrativa de prevenção do perigo* podemos aferi-la dos diplomas que legitimam a intervenção policial próactiva no sentido de *evitar* que *o perigo ou dano* se concretize: *p. e.*, a *revista à entrada de um estádio de futebol* [art. 25º, nº 3 da Lei nº 39/2009, de 30 de Julho[1325]] é uma *medida administrativa preventiva* de promoção da segurança e tranquilidade pública dentro do recinto desportivo e de tutela operativa de bens jurídicos pessoais, tais como a vida e a integridade física das pessoas. O controlo jurisdicional da aplicação deste procedimento de *revista* processa-se *a posteriori*, estando, *prima facie*, o controlo e fiscalização da mesma entregue aos superiores hierárquicos dos elementos policiais.

A *revista administrativa para recolha e preservação de provas da infracção contra-ordenacional* exige-nos um apontamento próprio.

O RGCO prescreve que as autoridades policiais devem **apreender os objectos** que *serviram ou estavam a servir para a prática da contraordenação* ou que foram *produzidos por aquela* ou que sejam *susceptíveis de servir de prova* – *ex vi* nº 1 do art. 48º-A –, que, em caso de omissão, se deve **aplicar subsidiariamente os preceitos do CPP** – art. 41º – e, ainda, que as autoridades policiais estão obrigadas a **tomar conta da ocorrência** que consigna a prática de uma contraordenação – art. 48º – e a levantar o respectivo auto de notícia.

As autoridades policiais – entendam-se as Autoridades Policiais e os Agentes Policiais –, para promoção daquelas medidas administrativas adjectivas de índole punitivo , mas administrativas, têm de ter ao

[1324] Quanto à prevenção do perigo António Francisco de Sousa, "Prevenção e repressão como função da Polícia", *in Revista do Ministério Público* (RMP), Ano 24, Abril/Junho, 2003, nº 94 e "Prevenção e repressão como função da Polícia", *in Revista do Ministério Público* (RMP), Ano 24, Abril/Junho, 2003, nº 94 e Edgardo Rotman, "O conceito de prevenção do crime", *in Revista Portuguesa de Ciência Criminal* (RPCC), Coimbra: Coimbra-Editora, Ano 8º, Fasc. 3º, 1998.

[1325] O DL nº 39/2009, de 30 de Julho, foi alterado pela Lei nº 52/2013, de 25 de Julho, e pelo DL nº 114/2011, de 30 de Novembro.

seu alcance **instrumentos jurídicos processuais** que possam operativizar a sua actividade e concrecionar a prevenção (já repressiva) e a ordem e tranquilidade públicas, tais como a possibilidade de se proceder **à revista de pessoas** – *p. e.*, para verificar se oculta a factura da venda ou compra de álcool por menor, conduta punida como contra-ordenação nos termos do DL nº 9/2002, de 24 de Janeiro – ou à **realização de busca** ao estabelecimento comercial [busca não domiciliária] que vendeu a dita bebida alcoólica para **apreensão** do vasilhame ou do lucro da venda. Medidas estas cuja não aplicação frustram, em sede de prova em tribunal, a veracidade dos factos que consignam a contra-ordenação.

O legislador, consciente desta problemática, estipulou, no âmbito do *consumo de estupefacientes e de substância psicotrópicas* – que foi descriminalizado e passou a contra-ordenação pela Lei nº 30/2000, de 29 de Novembro –, a possibilidade dos elementos policiais poderem efectuar a *revista ao suspeito de possuir, de deter ou de ter adquirido* estupefacientes para consumo[1326]. Como esta conduta deixou de ser crime e passou a ser enquadrada no regime jurídico do ilícito de ordenação social, o legislador admitiu o procedimento de revista para obtenção de elementos probatórios para o processo contra-ordenacional.

§ 99º Da revista nos recintos desportivos ou de espectáculos culturais

379. O ordenamento jurídico português previa que a realização de revistas à entrada de recintos desportivos só podiam ser efectuadas por autoridades policiais ou OPC. Com a entrada em vigor do DL nº 35/2004, de 21 de Fevereiro, passou a admitir-se que os agentes de segurança privada podem proceder à revista à entrada dos recintos desportivos, sendo que o artigo 25º da Lei nº 39/2009, de 30 de Julho, veio criar a figura do *assistente do recinto desportivo* com as funções de

[1326] Cfr. art. 4º da Lei nº 30/2000, de 29 de Novembro. Quanto a este assunto o nosso *Consumo de Drogas – Reflexões Sobre o Quadro Legal*, 3ª Edição, Coimbra: Almedina, 2006, pp. 121-122.

revista preventiva à entrada dos recintos desportivos. Vejamos um pouco da história desta função de revista preventiva.

O Regime Jurídico da Segurança Privada de 2004[1327] havia aprovado o *regime jurídico da segurança privada,* que promove o alargamento do âmbito da actividade privada e o reconhecimento da subsidiariedade desta actividade face ao *ius imperii* do Estado e da sua preponderância no sector económico, permitindo que lacunas de acção preventiva e de segurança mitigada de uma coercibilidade limitada *ex lege et ex materia* fossem deslindadas e colmatadas, induziram o legislador cauto a legitimar e a legalizar as revistas preventivas e de segurança desenvolvidas por assistentes de recinto desportivo – nº 5 do art. 6º do DL nº 35/2004, de 21 de Fevereiro, que materializou o prescrito na al. *f)* do art. 2º da Lei nº 29/2003, de 22 de Agosto.

Há que reconhecer que, por um lado, os agentes de autoridade são insuficientes para proceder a revistas a todos os fruidores dos recintos desportivos e, por outro, os ventos europeus em matéria de prevenção e segurança em recintos desportivos impõem o recurso a elementos não dotados de *ius imperii,* mudança iniciada com o DL nº 94/2002, de 12 de Abril, que alterou o DL nº 231/98, de 22 de Julho.

A alteração do regime advém do TC ter declarado a "inconstitucionalidade, com força obrigatória geral, por violação do artigo 165º, nº 1, alínea *b),* da Constituição, da norma do artigo 7º, nºs 1, *a), b), c), d), e), f), g)* e *h)* e 2, *a)* e *b),* do Decreto-Lei nº 231/98, de 22 de Julho" e a "inconstitucionalidade, com força obrigatória geral, por violação do artigo 165º, nº 1, alínea *b),* da Constituição, das normas dos nºs 1 e 2 do artigo 12º, do Decreto-Lei nº 231/98, de 22 de Julho"[1328]. A Assembleia da República autorizou o Governo a legislar sobre a matéria *sub judice* pela Lei nº 29/2003, de 22 de Agosto.

As revistas preventivas e de segurança à entrada dos recintos desportivos, quer por meio de raquetes de detecção de metais e de explosivos,

[1327] Este regime jurídico fora aprovado pelo DL nº 35/2004, de 21 de Fevereiro, alterado pelo DL nº 198/2005, de 10 de Novembro, pela Lei nº 38/2008, de 8 de Agosto, pelos Decretos-Lei nºs 135/2010, de 27 de Dezembro, e 114/2011, de 30 de Novembro.
Este Regime jurídico foi revogado pela Lei nº 34/2013, de 16 de Maio, que aprovou o novo Regime Jurídico da Segurança Privada (RJSP), alterada pela Lei nº 46/2019, de 8 de Julho.

[1328] Cfr. Ac. TC nº 255/02, de 12 de Junho de 2002. Proc. nº 646/96, consultado em *www.tribunalconstitucional.pt/jurisprudencia.htm,* em 30 de Março de 2004.

quer as revistas pessoais, estão previstas no Regime Jurídico do Combate à Violência, ao Racismo, à Xenofobia e à Intolerância nos Espectáculos Desportivos (RJED), e no artigo 19º e 18º, nº 2 alínea *e*) do atual RJSP[1329]. Estas acções de prevenção integram as operações policiais especiais e as operações de prevenção da violência no desporto, na linha do prescrito nos artigos 4º, 6º, 8º, 10º e 11º da LPC2015.

O regime previsto pelo art. 5º da revogada Lei nº 8/97, de 12 de Abril, aplicava-se às revistas, desenvolvidas pelos elementos policiais à entrada e no interior de recintos desportivos ou de espectáculo cultural. Com a revogação da Lei nº 8/97, de 12 de Abril, o regime das revistas à entrada de espectáculos culturais difere (em termos formais) do regime das revistas à entrada dos recintos para assistir a todo o tipo de espectáculos desportivos. Estas revistas seguem o regime previsto na Lei nº 39/2009, de 30 de Julho, alterada pela Lei nº 52/2013, de 25 de Julho, e pelo DL nº 114/2011, de 30 de Novembro, que aprovou o Regime Jurídico do Combate à Violência, ao Racismo, à Xenofobia e à Intolerância nos Espectáculos Desportivos (RJED).

As revistas desenvolvidas no âmbito do RJED destinam-se a evitar que se criem condições objectivas de racismo, de xenofobia e intolerância germinadoras de violência e de actos violadores da segurança. São *revistas de prevenção e segurança* e não de repressão e de procura de provas reais para um processo crime em concreto.

O RJED assenta na ideia de "*combate*" aos fenómenos, quando devia assentar na ideia primária de *prevenção* daqueles fenómenos, função nobre da Polícia. Estas revistas de prevenção e segurança – tutela preventiva de bens jurídicos vida e integridade física dos participantes no evento – encontram-se, desde logo, limitadas pela *natureza*, pelo *fundamento* e, ainda, pelo *factor espácio-temporal*[1330].

[1329] Regime jurídico aprovado pela Lei nº 34/2013, de 16 de Maio, alterado pela Lei nº 46/2019, de 8 de Julho. Este regime tem em curso uma alteração, sem que afete o regime específico das revistas preventivas e de segurança. A alteração já foi aprovada e promulgada, mas ainda não foi publicada.

[1330] Como acontece para os assistentes de recinto desportivo. Quanto a este assunto os nossos "Revistas e Buscas...", *in I Congresso de Processo Penal – Memórias*, pp. 294-296 e *Revistas e Buscas*, 2ª Edição, pp. 50-52.

380. A *natureza* da revista é *preventiva* e de *segurança* tende a evitar que o perigo e o risco (e até mesmo o dano) se concretizem com a entrada de objectos ou substâncias que possam, pela sua natureza e funcionalidade [*v. g.*, armas, ripas de madeira, latas de refrigerante fechadas, material explosivo], lesar ou colocar em perigo de lesão bens jurídicos como a vida e a integridade física.

A *natureza preventiva e de segurança* desta revista afasta completamente a possibilidade de se considerar como meio de obtenção de prova ou medida cautelar e de polícia previstas no CPP. Mas consideramos que, na situação de os elementos policiais encontrarem «objectos ou substâncias proibidas» – tais como armas, droga – passam a revestir a natureza de polícia judiciária – OPC – e a *revista preventiva passa a medida cautelar e de polícia*, prevista na al. *a*) do nº 1 do art. 251º do CPP.

Na situação descrita, os OPC devem proceder segundo os princípios de intervenção processual penal para aplicarem as respectivas medidas cautelares e de polícia, previstas nos artigos 248º e ss. do CPP[1331]: identificação, revista e apreensão dos objectos consubstanciadores da prática de um crime.

381. O *fundamento* das revistas preventivas e de segurança é a *prevenção do perigo* (assim como do *risco* e do *dano*) de futura lesão ou de futuro perigo de lesão de bens jurídicos. É este o intuito inscrito nos nºs 1 do art. 25º do RJED, ao admitir que os Assistentes de Recintos Desportivos (ARD) possam efectuar a revista pessoal de prevenção e segurança. Esta revista não exige a verificação de quaisquer suspeitas da prática de crime, basta tão-só que o cidadão deseje entrar no recinto desportivo.

Se o ARD, no acto da revista, verificar que o cidadão detém um dos objectos proibidos e perigosos, consubstanciadores da prática de crime, devem parar de imediato a revista e solicitar a presença de um elemento policial para que proceda à revista como medida cautelar e de polícia.

Este procedimento de prevenção e segurança exige o fundamento da prevenção do perigo e a verificação material da necessidade de intervenção do elemento policial quando prescreve que, «*sempre que*

[1331] Quanto a este assunto *supra* §§ 41º e ss. e o nosso *Processo Penal* – Tomo I, 3ª Edição, pp. 296-312.

tal se mostre necessário, podem proceder a revistas aos espectadores, por forma a evitar a existência no recinto de objectos ou substâncias proibidos ou susceptíveis de possibilitar actos de violência».

A *necessidade de intervenção da Polícia* num domínio em que se privatizou a função estatal de segurança *só é possível demonstrar com a existência de uma suspeita objectiva* de detenção ou posse de objectos, a par do cidadão a revistar deseje entrar no recinto desportivo para que a revista seja legal. Mas estas revistas continuam a ter como fim impedir que aqueles objectos ou substância quer proibidos quer susceptíveis de gerar ou possibilitar actos de violência entrem no recinto.

Considerámos que esta *destadualização* e respectiva *privatização* da função de produção de segurança é incoerente no quadro dos fundamentos da aplicação dos procedimentos. Às polícias – forças e serviços de segurança preparados com formação especifica e de respeito pelos direitos fundamentais das pessoais – exige-se a verificação do princípio da necessidade de intervenção, conquanto aos ARD, servidores de empresas de segurança ou de serviços de autoprotecção, apenas se exige que o cidadão a revistar deseje entrar no recinto desportivo: espaço de domínio privado de acesso condicionado.

A tutela do bem jurídico *paz pública* residual a um recinto desportivo e a *tutela (in)directa de bens jurídicos pessoais*, como a vida e integridade física dos utentes do espectáculo desportivo, impõe-se face às ameaças e às possibilidades de violência em espectáculos com estas características demonstradas no dia a dia, legalizando-se e legitimando-se a revista preventiva e de segurança no *estrito objectivo* de impedir a introdução de objectos ou substâncias potenciais geradoras de violência.

A *prevenção do perigo* está bem presente no nº 4 do art. 25º da Lei nº 39/2009, de 30 de Julho, que impõe às forças de segurança a *obrigatoriedade de proceder à revista dos elementos* que façam parte dos *grupos organizados de adeptos*. Foi aprovada e promulgada uma alteração a este nº 4, que passará a consignar que a *revista é obrigatória no que diz respeito aos adeptos que pretendam aceder às zonas com condições especiais de acesso e permanência de adeptos*. O legislador ampliou o âmbito dos visados com esta revista preventiva e de segurança. Pois, não se cinge apenas ao grupo organizado de adeptos, mas a todos os que pretendam integrar as *zonas com condições especiais de acesso e permanência de adeptos*.

O legislador, ao prescrever o preceito sem indicar quem efectua esta revista – força de segurança ou assistente de recinto –, como efectuou nos nºs 1, 2 e 3 do mesmo artigo, pretende impor a obrigatoriedade aos ARD e, muito em especial, às forças de segurança, que, quanto a estes elementos, face ao perigo que representam, não necessitam de fundamentar a necessidade da revista.

382. A limitação da *localização* da revista – «proceder a revistas aos espectadores, por forma a evitar a existência *no recinto*», nº 3 do art. 25º da Lei nº 39/2009, de 30 de Julho –, pensamos que abrange *os acessos ao recinto* desportivo ou de espectáculo, bem como *o interior do recinto*. Pois, afasta-se a restrição à entrada dos recintos imposta aos assistentes de recinto desportivo, que se apresenta desmedida e de aplicabilidade demasiado restritiva, prescrita no nº 1 do art. 25º da Lei nº 39/2009.

Compreendendo o legislador – se a revista se efectuar de forma correcta não haverá necessidade de efectuar novamente a revista no interior do recinto –, parece-nos que se aqueles assistentes de recinto desportivo se encontram autorizados *ex lege* a efectuar a revista à entrada, também deveriam poder realizar a revista no interior dos recintos, além de que são estes que efectuam a 'segurança' nesses locais.

O regime das revistas previsto no RJED levanta questões de coerência operativa e de coerência sistemática jusconstitucional e de respeito duvidoso pelo primado da razoabilidade da restrição de direitos e liberdades fundamentais.

383. Este regime não se aplica aos estabelecimentos de ensino ou recintos em que hajam manifestações religiosas, políticas e cívicas, como estava prescrito no art. 5º da Lei nº 8/97, de 12 de Abril. A estes espaços de reunião e de vivência social comunitária pode aplicar-se os regimes previsto na al. *a*) do art. 29º da LSI e no nº 3 do art. 109º do RJAM, tendo em conta o crime de *detenção de armas ou outros dispositivos, produtos ou substâncias em locais proibidos*, p. e p. e pelo art. 89º do RJAM[1332].

[1332] O RJAM, aprovado pela Lei nº 5/2006, de 23 de Fevereiro, já conta com seis alterações legislativas operadas pelas Leis nºs 59/2007, de 4 de Setembro, 17/2009, de 6 de Maio, 26/2010, de 30 de Agosto, 12/2011, de 27 de Abril, 50/2013, de 24 de Julho, sendo a última

O regime previsto nos artigos 109º e 110º do RJAM é de excepcional restrição dos direitos e liberdades dos cidadãos e aplica-se em qualquer *espaço de domínio público* e de *domínio privado* de acesso condicionado e livre com a finalidade «controlar, detectar, localizar, prevenir a introdução, assegurar a remoção ou verificar a regularidade da situação de armas, seus componentes ou munições ou substâncias ou produtos a que se refere a presente lei, *reduzindo o risco* de prática de infracções previstas no presente capítulo, bem como de outras infracções que a estas se encontrem habitualmente associadas ou ainda quando haja suspeita de que algum desses crimes possa ter sido cometido como forma de levar a cabo ou encobrir outros»[1333].

As forças de segurança com competência no âmbito da segurança interna, como a PSP e a GNR, devem aplicar a revista como *medida de polícia* prevista na al. *a*) do art. 29º da LSI. Esta revista tem como fundamento «detectar a presença de armas, substâncias ou engenhos explosivos ou pirotécnicos, objectos proibidos ou susceptíveis de possibilitar actos de violência», *i. e.*, procuram prevenir o perigo de ocorrerem condutas que afectem bem jurídicos como a vida e a integridade física de pessoas que estejam ou que entrem em *lugar público, aberto ao público* ou *sujeito a vigilância policial.*

Os estabelecimentos de ensino são de *domínio público* – locais públicos de acesso condicionado (abertos ao público) e sujeitos a vigilância policial – e de *domínio privado* – de acesso condicionado (abertos ao público) e sujeitos a vigilância policial – e encontram-se sob este regime na admissibilidade de efectuação de revistas preventivas para detectar a presença de armas, substâncias ou engenhos explosivo ou pirotécnicos, objectos proibidos ou susceptíveis de possibilitar a violência: lesar ou colocar em perigo de lesão bens jurídicos como a vida e a integridade física.

As *revistas de prevenção* e *segurança* desenvolvidas nos locais de culto religioso, de reuniões políticas e de manifestações cívicas e culturais pelas forças e serviços de segurança seguem este regime e entram no âmbito das medidas de polícia puras.

Lei nº 50/2019, de 24 de Julho [que transpõe a Diretiva (UE) 2017/853 do Parlamento Europeu e do Conselho, de 17 de maio de 2017, que altera a Diretiva 91/477/CEE do Conselho, relativa ao controlo da aquisição e da detenção de armas].

[1333] Cfr. o nº 1 do art. 109º do RJAM.

Mas, verificadas as situações previstas no art. 89º do RJAM – o transporte, a detenção, o uso, distribuir ou for portador, *sem estar especificamente autorizado por legítimo motivo de serviço ou pela autoridade legalmente competente*, «em recintos desportivos ou religiosos, em zona de exclusão, em estabelecimentos ou locais onde decorra manifestação cívica ou política, bem como em estabelecimentos ou locais de diversão, feiras e mercados, qualquer das armas previstas no nº 1 do artigo 2º, bem como quaisquer munições, engenhos, instrumentos, mecanismos, produtos ou substâncias referidos no artigo 86º» do RJAM – a Polícia, na dimensão de polícia judiciária, está obrigada a proceder à revista de prevenção e segurança.

§ 100º Da busca preventiva: evolução histórica e regime actual

a. Da evolução histórica

384. Os acontecimentos do jogo da final da *taça* de Portugal em Junho de 1996 levou o legislador a criar e a Assembleia da República a aprovar a Lei nº 8/97, de 12 de Abril[1334]. Esta lei criminalizava *condutas* susceptíveis de criar *perigo para a vida e integridade física* decorrentes do uso e porte de armas e substâncias ou engenhos explosivos ou pirotécnicos no âmbito de realizações cívicas, políticas, religiosas, artísticas, culturais ou desportivas. Esta criminalização passou a constar do art. 89º do RJAM.

A teleologia deste diploma não se prendia com a efectivação do perigo, bastando somente que esse mesmo perigo seja criado, ou seja,

[1334] Este diploma surge, por infelicidade, em consequência da morte do adepto do Sporting no Estádio Nacional, quando decorria a final da Taça de Portugal entre o Benfica e o Sporting, em 1996. No decurso do jogo, quando o Benfica inaugurou o marcador, houve um seu adepto que lançou um *very light* que atingiu mortalmente um adepto do Sporting, o que causou alguma preocupação e algum mau estar face à desregulamentação quanto a procedimentos de segurança, principalmente no que dizia respeito à previsão legal desses procedimentos que legitimassem as forças de segurança a proceder a revistas às pessoas que entrassem nos recintos desportivos e a efectuar buscas nas viaturas que entram nos recintos desportivos ou onde decorrem os eventos, assim como nos locais onde as "claques" guardam os adornos e material de apoio.

bastava que alguém, sem autorização para o efeito, transporte, detenha, traga consigo ou distribua armas[1335], substâncias ou engenhos explosivos ou pirotécnicos não só nos recintos onde decorram as manifestações referidas, mas também em estabelecimentos de ensino, conforme se retirava do nº 1 do artº 1º da Lei nº 8/97[1336], de 12 de Abril.

385. O legislador havia dotado e legitimado os Órgãos de Polícia Criminal (OPC) a efectuarem buscas não domiciliárias preventivas e de segurança de modo a evitar que, nos recintos onde decorram as referidas manifestações, entrem armas e substâncias ou engenhos explosivos ou pirotécnicos, tutelando-se e promovendo-se os bens jurídicos vida e integridade física de todos quantos assistem a um espectáculo ou divertimento ou, ainda, manifestação pública.

O legislador quis, e bem, abranger as condutas descritas quando o recinto é um estabelecimento de ensino. Cumpria-se a *função preventiva legiferante*, ao se legitimar por lei os OPC a efectuarem uma busca a uma viatura ou a uma mochila de um aluno de uma escola, de um professor ou de um funcionário do estabelecimento de ensino[1337] suspeito de se enquadrar nas referidas condutas.

Como se sabe, hoje, a criminalidade ocupa o espaço das nossas escolas e, como a imprensa nos tem demonstrado, todos os anos e de todos lugares do mundo nos chegam notícias de alunos que se dirigem armados às escolas, onde efectuam autênticos massacres[1338], e, Portugal, não está isento destes fenómenos de violência elevada como os

[1335] Enquadrava-se neste contexto, segundo o legislador, arma de fogo, arma de arremesso, arma destinada a projectar substâncias tóxicas, asfixiantes ou corrosivas, arma branca, conforme prescrevia o nº 1 do art. 1º da Lei nº 8/97, de 12 de Abril.

[1336] Quanto à pena, dependia se fazia uso ou não dos instrumentos perigosos referidos (art. 1º), no caso de fazer uso deles, se ofende a vida ou a integridade física (art. 2º – agravação pelo resultado). Além destas sanções, ao agente do crime podia ser aplicada uma sanção acessória de "proibição de frequência dos estabelecimentos de ensino ou recinto onde tenham decorrido as manifestações referidas", conforme nº 1 do art. 3º da Lei nº 8/97, de 12 de Abril.

[1337] Quanto às **revistas** a menores, o nosso estudo "Delinquência Juvenil: Dos Actos Praticados pelos Órgãos de Polícia Criminal no Processo Tutelar Educativo", *in Revista Infância e Juventude*, nº 4/01, Outubro-Dezembro, 2001, p. 73.

[1338] Mais propriamente nos Estados Unidos da América e, em alguns casos, em países europeus como na Alemanha.

últimos tempos têm demonstrado: esfaqueamento e morte de alunos junto a escolas problemáticas da grande Lisboa.

A revista a menores, como já escrevemos e afirmamos, deve ser efectuada em um local reservado e, sempre que possível, na presença do responsável pelo poder paternal ou de um familiar idóneo, quando não for possível encontrar os pais ou quando os pais se encontram implicados nas circunstâncias factuais do crime[1339]. Quanto às *buscas aos objectos dos menores* é de todo conveniente (até mesmo imperativo) que o Presidente da Comissão Executiva da Escola ou algum responsável ou funcionário assista à busca às mochilas, às pastas e/ou aos ciclomotores, aos carros dos alunos, quer quando eram realizadas no quadro dos pressupostos do art. 5º da Lei nº 8/98, de 12 de Abril, quer posteriormente no quadro da al. *a*) do art. 29º da LSI.

A revogação do regime previsto na Lei nº 8/97, de 12 de Abril, pela al. *g*) do art. 118º do RJAM não desprotegeu os bens jurídicos vida e integridade física dos cidadãos. A tutela preventiva e operativa dos mesmos pela actuação das forças e serviços de segurança encontra-se prevista como uma medida de polícia pura ou como uma medida de polícia especial de prevenção [nº 3 do art. 109º do RJAM] por o crime previsto no art. 1º da Lei 5/97, de 12 de Abril, passou a estar previsto no art. 89º do RJAM, sob a epígrafe *detenção de armas e outros dispositivos, produtos ou substâncias em locais proibidos*.

b. Do regime jurídico

386. O revogado art. 5º da Lei nº 8/97, de 12 de Abril[1340], estipulava um regime especial de *busca não domiciliária* face ao ordenamento jurídico processual penal, afastando os pressupostos mais restritos e limitadores do regime prescrito nos artigos 174º e ss. e 251º nº 1, al. *a)* do CPP.

A al. *a*) do art. 29º da LSI prescreve um regime de busca não domiciliária de *natureza preventiva e de segurança* com *fundamento* na *prevenção*

[1339] Quanto a este assunto, o nosso *Direito de Menores...*, p. 226.

[1340] O art. 5º da Lei nº 5/97, de 12 de Abril, prescrevia que as forças de segurança, sempre que houvessem *fundadas suspeitas,* "podem realizar buscas (...) *tendentes a detectar a introdução* ou a *presença* de armas e substâncias ou engenhos explosivos ou pirotécnicos *nos estabelecimentos de ensino* ou *recintos* onde ocorram as manifestações referidas".

do perigo e/ou para evitar que se criem as condições adequadas a ocorrência de violência e a consequente lesão ou perigo de lesão de bens jurídicos individuais – vida e integridade física –, *i. e.*, prevenção do risco (ameaça em concreto) e do dano (lesão efectiva).

Esta busca preventiva, que *não carece de prévia autorização judiciária*, mas de comunicação posterior ao JIC (devendo passar pelo MP) para apreciação e validação no prazo máximo de 48 horas [nos termos dos nºs 1 e 3 do art. 33º da LSI] pode ocorrer no *espaço* de *domínio público* de acesso condicionado ou de acesso livre – *v. g.*, acesso e no estabelecimento de ensino, via pública, jardim – e no domínio privado de acesso condicionado ou de acesso livre – *v. g.*, acesso e no recinto desportivo, recinto de um espectáculo cultural ou evento religioso.

O legislador, com a aprovação do RJAM pela Lei nº 5/2006, de 23 de Janeiro, e posteriores LSI e RJED separou o âmbito da revista aos cidadãos que desejem aceder aos recintos desportivos, das buscas às viaturas e objectos dos cidadãos. Mas, para a *revista preventiva e de segurança* no acesso aos recintos desportivos, e por força do regime de imposição da UE, o legislador optou por criar um regime específico: art. 25º do RJED, com o mesmo sentido de revista como medida preventiva ou de segurança.

O legislador separou deste regime, onde abriu as portas aos ARD como actores activos desse procedimento, do regime da revista a efectuar a quem frequente um determinado estabelecimento de ensino ou recinto lúdico, religioso, partidário ou desportivo, desde que se suspeite que o mesmo tenta introduzir naquele local arma(s) ou substâncias explosivas ou pirotécnicas, que pode ser aferido da al. *a*) do art. 29º da LSI e, nos casos de operações especiais do nº 3 do art. 109º do RJAM, devendo neste caso a Autoridade de Polícia demonstrar a *necessidade* do recurso à revista às pessoas e à busca a viaturas e equipamentos.

387. O âmbito das buscas preventivas e de segurança (não domiciliárias) detêm maior dimensão no quadro da al. *a*) do nº art. 29º da LSI do que no nº 3 do art. 109º conjugado com mo art. 89º do RJAM. Em ambos os quadros normativos, se impõem limites meta-jurídicos ou metapositivos inerentes a um Estado de direito estruturado segundo os princípios da democracia e do respeito pela dignidade da pessoa humana.

Consideramos que se impõe que a decisão da aplicação da medida de polícia pura e da medida de polícia especial (excepcional e sujeita a prévia comunicação ao MP), se desenvolva segundo um *fundamento* (a causa da acção policial) – prevenção de situações geradores de violência e dirigidas a evitar a lesão de bens jurídicos ou indícios da prática de crime (fundadas suspeitas) –, em determinados *locais* – lugares públicos, abertos ao público ou sujeitos a vigilância policial [estabelecimentos de ensino, recintos onde decorram manifestações desportivas, políticas, religiosas, artísticas, culturais e cívicas; ou «áreas geográficas delimitadas» ou pontos «de controlo de acesso a locais em que constitui crime a detenção de armas, dispositivos, produtos ou substâncias enumeradas na presente lei» e «gares de transportes colectivos rodoviários, ferroviários ou fluviais, bem como no interior desses transportes, e ainda em portos, aeroportos, vias públicas ou outros locais públicos, e respectivos acessos, frequentados por pessoas», nos termos dos nºs 1 e 2 do art. 109º do RJAM] –, e nos *limites estritos das finalidades* das buscas preventivas não domiciliárias – detectar a introdução ou a presença de armas[1341] ou engenhos explosivos ou pirotécnicos ou objectos proibidos susceptíveis de gerar actos de violência e a prática de crime.

O pressuposto *fundamento das buscas preventivas e de segurança* deve centrar o âmbito de actuação das forças de segurança no quadro jurídico concreto: a *busca preventiva e de segurança* da al. *a*) do art. 29º da LSI, medida de polícia pura, deve ser fundamentada dentro do espírito da segurança interna (de todas as condutas susceptíveis ou possíveis de afectar o status quo da segurança interna); conquanto a *busca preventiva e de segurança no quadro das operações especiais de prevenção criminal* têm fundamento na prevenção de crimes por detenção ilícita de armas e engenhos explosivos ou praticados com armas e engenhos explosivos e na obtenção de provas para futura responsabilização penal, nos termos dos artigos 109º e 110º do RJAM.

A assumpção da existência de fundamentos como limites à restrição de direitos e liberdades fundamentais é a afirmação de diminuição ou aniquilação da arbitrariedade das forças e serviços de segurança.

[1341] Quanto ao *conceito de **armas***, defendemos que se enquadram naquelas as previstas e descritas no nº 1 do art. 1º deste diploma, quer também aqueles objectos transformados em armas de fogo como canetas metálicas, guarda chuvas, bengalas, isqueiros, etc..

Deve evitar-se o pensamento de que pode desenvolver buscas preventivas e de segurança com o argumento de que o espectáculo ou divertimento público ou manifestações a decorrer naquele tipo de recinto ou a mera suspeita de crime legitima e legaliza toda e qualquer busca não domiciliária.

> Se um grupo de alunos da escola ***X***, referenciado por andar a ameaçar os seus colegas com armas brancas ou armas de fogo, ou o grupo de adeptos que, no jogo anterior, efectuou o lançamento de engenhos pirotécnicos, pondo em perigo a vida e a integridade física dos restantes adeptos, que naquele momento se encontram na presença das forças de segurança e estas não têm tempo para solicitar autorização ou ordem de busca à autoridade judiciária, como preceitua o nº 3 do art. 174º do CPP, impõe-se uma intervenção de polícia em sentido judiciário e nos termos da al. *a*) do nº 1 do art. 251º do CPP.
>
> Mas se esse grupo não estiver na presença da força de segurança e se souber a área geográfica onde costuma actuar ou a planear as suas acções ou a contactar e a angariar membros, impõe-se uma operação especial de prevenção criminal prevista no nº 1 do art. 109º do RJAM com prévia comunicação ao MP.

Acresce referir que estes elementos factuais, que preenchem *a priori* o pressuposto *fundadas suspeitas e da necessidade de intervenção* da polícia criminal, podem *a posteriori* não ser suficientes para que a actuação policial seja legal e legitima, pelo que o juízo efectuado pelo OPC tem de ser bem fundamentado. A fundamentação apresenta-se como uma garantia do cidadão na limitação do arbítrio e como transparência da actuação do Estado e legitimidade da confiança depositada pelo povo na Polícia.

388. Este regime entronca numa linha *conflituante de direitos*[1342]: de um lado, os direitos individuais respeitantes ao suspeito de introduzir

[1342] Quanto ao Conflito de Direitos, VARELA DE MATOS, *Conflito de Direitos em Direito Constitucional*, Braga: Almeida & Leitão, 1998; J. J. GOMES CANOTILHO, *Direito Constitucional e Teoria da Constituição*, Coimbra: Almedina, 3ª Edição, 2000; J. C. VIEIRA DE ANDRADE, *Direitos Fundamentais*, 2ª e 3ª Edições, Coimbra: Almedina, 2002 e 2004; JORGE MIRANDA, *Manual de Direito Constitucional* – Tomo IV – *Direitos Fundamentais*, 3ª Edição, Coimbra: Coimbra Editora, 1998.

ou de transportar na sua mochila ou na sua viatura que tem acesso ao parque interior do recinto de armas e substâncias ou engenhos explosivos ou pirotécnicos [como a intimidade e reserva da vida privada, o seu bom nome e reputação, a imagem]; e, do outro lado, a vida e a integridade física de adeptos, assistentes ou de uma comunidade estudantil, que, numa ponderação de valores, se sobrepõem aos primeiros, como valores supremos que justificam o sacrifício daqueles.

A teleologia dos dois diplomas analisados neste § é garantir à comunidade que a Polícia – quer de ordem e tranquilidade pública quer de polícia judiciária – detém os *instrumentos jurídicos* adequados e exigíveis para garantir a segurança (interna) e os direitos dos cidadãos: garantir a *paz pública e jurídica*.

As forças e serviços de segurança podem sempre socorrer-se da *cláusula geral de polícia* quando o caso em concreto não está previsto, tendo em conta que essa cláusula se impõe sempre que da não actuação se gerem danos em bens e valores (direitos e liberdades) superiores aos sacrificados. Contudo, o legislador, face ao princípio da tipicidade (expressa) das medidas de polícia para que aparentemente aponta o nº 2 do art. 272º da CRP e aos novos fenómenos de violência no desporto e nas manifestações culturais, decidiu dotar as polícias de instrumentos jurídicos claros – medidas de polícia puras e especiais – para que aquelas possam desempenhar a missão constitucionalmente atribuída.

Cabe, ainda, frisar que a *busca não domiciliária preventiva e de segurança* da al. *a*) do art. 29º da LSI é uma *pura medida de polícia preventiva e de segurança*, conquanto a busca às viaturas e equipamentos dos cidadãos no âmbito do nº 3 conjugado com os nºs 1 e 2 do art. 109º do RJAM é uma *medida de polícia preventiva excepcional e especial* com prévia comunicação ao MP que detém uma *pré-natureza* de *medida cautelar e de polícia*. Nesta dialéctica relacional o direito à e da liberdade do cidadão conflitua com os demais direitos e liberdades que se pretendem garantir com a actuação da Polícia.

389. No que concerne aos *procedimentos*, a Polícia obedece a dois âmbitos de actuação processual: o âmbito da prevenção da segurança geral centrada na ideia de uma prevenção de perigos e riscos germinadores de lesão grave da paz pública e, em simultâneo, de bens jurídicos vida e integridade física [al. *a*) do art. 29º da LSI] e âmbito da prevenção/repressão de condutas negativas que assentam na detenção e posse de armas, explosivos e substancias pirotécnicas e no recurso aquelas para a prática de crimes [nºs 1 e 3 do art. 109º do RJAM].

A polícia, independentemente da dimensão em que actua, deve obedecer aos princípios orientadores da intervenção da Polícia e, no caso concreto, deve aferir da existência dos pressupostos *material e processual* das medidas de polícia a aplicar.

Quanto à medida prevista na al. *a*) do art. 29º da LSI compete à Autoridade de Polícia determinar o recurso à mesma para que os Agentes de Polícia a apliquem[1343]. A *urgência e o perigo na demora* da decisão e determinação da Autoridade de Polícia oneram os Agentes de Polícia a procederem á busca preventiva e de segurança, devendo estes comunicar de imediato à Autoridade de Polícia[1344]. Terminada a acção policial, deve ser elaborado o respectivo relatório ou auto e transmitir ao JIC as razões e os visados da busca preventiva não domiciliária para que aprecie e valide a medida de polícia e se salvaguardem as provas recolhidas[1345].

A *busca a viaturas e equipamento* no âmbito do RJAM, cuja natureza não é no seu todo preventiva e de segurança, carece de *prévia comunicação* ao MP: por meio do «procurador-geral distrital com competência territorial na *área geográfica visada*», que deve ser «feita, com antecedência adequada e especificação da *delimitação geográfica e temporal* das medidas previstas, pelo director nacional da PSP, pelo comandante-geral da GNR ou por ambos, caso se trate de operação conjunta» e podem ser «acompanhadas, na modalidade tecnicamente disponível que se revele mais apropriada, por um magistrado, o qual é responsável pela prática dos actos de competência do Ministério Público que elas possam requerer»[1346]. Os elementos *espaço* [geográfico] e *tempo* podem ser alargados para prossecução de actos iniciados e que necessitam de ser terminados[1347].

[1343] Cfr. nº 1 do art. 32º da LSI.

[1344] Cfr. nº 2 do art. 32º da LSI.

[1345] Cfr. art. 33º da LSI.

[1346] Cfr. nºs 1, 2 e 3 do art. 110º do RJAM. Itálico nosso.

[1347] Cfr. nº 4 do art. 110º do RJAM.

Se da actuação se verificar uma afirmação da dimensão de polícia judiciária da polícia – OPC –, estes têm de actuar de acordo com as regras processuais prescritas no CPP, quanto *à elaboração do auto de notícia* [art. 243º do CPP], *à apreensão cautelar* [al. *c)* do nº 2 do art. 249º em conjugação com os artigos 178º e ss. do CPP], *à identificação* [artgos 250º e 249º, nº 2, al. *b)* do CPP em conjugação com a al. *g)* do nº 3 do art. 27º da CRP], *à elaboração do relatório* [art. 253º do CPP], *à detenção* [artigos 254º e ss. do CPP], e respectiva *comunicação da notícia do crime* ao MP [art. 248º do CPP e nº 3 do art 2º da LOIC].

A Autoridade de Polícia ou a Autoridade de Polícia Criminal deve elaborar o relatório da diligência policial ou pré-processual: busca não domiciliária preventiva e de segurança. O relatório deve "conter" as investigações levadas a cabo, os resultados das mesmas, a descrição dos factos apurados e as provas recolhidas [nº 1 do art. 252º do CPP], assim como os *fundamentos da busca não domiciliária e respectivas suspeitas* que imputaram a efectuação da busca, e deve ser remetido à autoridade judiciária competente: ao **Ministério Público** caso não seja realizada qualquer detenção ou ao **Juiz de Instrução** quando se verificar(em) a(s) detenção(ões) de indivíduos para primeiro interrogatório judicial de arguido detido, que é apresentado a este pelo Ministério Público.

390. No que respeita às **formalidades** destas buscas não domiciliária, referimos que a diligência *busca* deve respeitar *o pudor e a dignidade pessoal do cidadão visado*. Por imposição a que se afere das revistas prevista no nº 2 do art. 175 do CPP[1348], caso a busca ofenda a integridade física ou moral dos visados, mesmo que haja consentimento daqueles, a mesma é nula e as provas obtidas mediante essa ofensa[1349] são nulas e não podem ser usadas no processo crime, mas sim contra os elementos das forças de segurança, caso contra as mesmas haja procedimento criminal, *ex vi* art. 126º do CPP em conjugação com o nº 8 do art. 32º da CRP.

[1348] Neste sentido MARQUES FERREIRA, "Meios de Prova", in *Jornadas de Direito Processual Penal – O Novo Código de Processo Penal,* Coimbra: CEJ – Livraria Almedina, 1995, p. 265.

[1349] O legislador entendeu fixar condutas que ofendam a integridade física ou moral das pessoas no nº 2 do art. 126º do CPP, cujo consentimento não justifica a ilicitude dessa conduta e demonstrar que a verdade material não é um fim absoluto.

As buscas preventivas e de segurança, realizadas no âmbito da LSI e do RJAM, não obstante estarem dotadas de teor de prevenção do perigo, logo que sejam obtidos objectos que consubstanciem o conceito de arma, engenho explosivo ou pirotécnico, seguem o regime das buscas como medida cautelar e de polícia sujeitas a apreciação judicial em ordem à respectiva apreciação e validação, prescrita no art. 251º conjugado com os artigos 174º e ss. do CPP.

§ 101º Conclusão capitular

391. Podemos afirmar que estamos perante *revistas e buscas preventivas e de segurança*, que antecedem as caracterizadas medidas cautelares e de polícia – à excepção da situação de se encontrarem objectos que consignem a execução de um crime [*p. e.*, posse de arma ou de explosivos, crime de *detenção de arma proibida* p. e p. pelo art. 86º do RJAM, ou a detenção de estupefacientes superior ao permitido por lei para consumo, podendo consignar a prática do *crime de tráfico de droga*, p. e p. pelos art. 21º e ss. do DL nº 15/93, de 22 de Janeiro] – destinam-se a prevenir o perigo da afectação da ordem e segurança públicas e de futuras lesões ou colocações em perigo de lesão de bens jurídicos pessoais e supra-individuais.

Capítulo IV
Da Videovigilância

Sumário: § 102º Enquadramento geral
§ 103º Da análise técnico-táctica
§ 104º Dos direitos fundamentais pessoais restringidos:
a. Do direito à segurança
b. Do direito à liberdade
c. Do direito à reserva da intimidade da vida privada (e familiar) e à imagem
§ 105º Do regime jurídico da utilização de câmaras de vídeo em locais de domínio público de utilização comum
a. Da competência
α. Competência para requerer
β. Competência para autorizar
γ. Incidência objectiva
b. Da finalidade e do tempo
c. Dos limites à utilização das câmaras de vídeo:
α. Dos princípios gerais orientadores do uso de câmaras de vídeo
β. Do princípio da legalidade
γ. Do princípio da proporcionalidade *lato sensu*
δ. Da protecção dos direitos fundamentais
ε. Do parecer *negativo* da CNPD
d. Do tratamento das imagens e sons captados e gravados
e. Da captação de imagens e sons de notícia de crime
f. Da valoração probatória em processo penal (a administrativização do processo penal)

Fontes: **Amaral**, Diogo Freitas do, *Direito Administrativo* - Vol. II, Lisboa, 1988; **Andrade**, José Carlos Vieira de, "Interesse Público", in *Dicionário Jurídico da Administração Pública* - Vol. V, Lisboa, pp. 275 e ss.; **Andrade**, Manuel Da Costa, *Liberdade de Imprensa e Inviolabilidade Pessoal*, Coimbra: Coimbra Editora, 1996; "Devassa da Vida Privada", *in Comentário Conimbricense ao Código Penal - Parte Especial*, (Dirigido por Jorge de Figueiredo Dias), Coimbra: Coimbra Editora, 1999, Tomo I; "Gravações e fotografias ilícitas", *in Comentário Conimbricense ao Código Penal - Parte Especial* - Tomo I (Dirigido por Jorge de Figueiredo Dias), Coimbra: Coimbra Editora, 1999; **Caetano**, Marcello, *Manual de Direito Administrativo* - Vol. I, 7ª Reimpressão da 10ª Edição, Coimbra: Almedina, 1990; *Manual de Direito Administrativo* - Vol. II, 7ª Reimpressão da 10ª Edição, Coimbra: Almedina, 2004; **Campos**, Manuel Fontaine, *O Direito e a Moral no Pensamento de Friedrich Hayek*, Porto: UCE, 2000; **Canotilho**, Gomes e Moreira Vital, *Constituição da República Portuguesa* Anotada, 3ª Edição, Coimbra: Coimbra Editora, 1993; Caupers, João, *Introdução ao Direito Administrativo*, 5ª Edição, Lisboa: Âncora Editora, 2000; **Chambel**, Élia Marina Pereira, *A Videovigilância em Locais de Domínio Público de Utilização Comum*, Lisboa: ISCPSI (de consulta na Biblioteca), 2000; **Conde**, Francisco Muñoz, *La Ciência del Derecho Penal ante el Nuevo Milenio Prólogo a la Edición Española*, Valencia: Tirant lo Blanch, 2004; **Dias**, Jorge de Figueiredo e **Andrade**, Manuel da Costa, *Criminologia, o Homem Delinquente e a Sociedade Criminógena*, Coimbra: Coimbra Editora, 1997; **Espada**, João Carlos, *A Tradição de Liberdade*, São João do Estoril: Principia, 1998; **Faria**, Miguel José, *Direitos Fundamentais e Direitos do Homem*, 3ª Edição, Lisboa: ISCPSI, 2001; **Gouveia**, Jorge Bacelar, *Novos Estudos de Direito Público*, Lisboa: Âncora Editora, 2002; **Hassemer**, Winfried, *A Segurança Pública no Estado de Direito*, (Tradução do alemão *Innere Sicherheit im Rechsstaat* de Carlos Eduardo Vasconcelos), Lisboa: AAFDL, 1995; **Kelsen**, Hans, *A Justiça e o Direito Natural*, (Tradução do alemão de João Baptista Machado), Coimbra: Almedina, 2001; **Larguier**, Jean, *La Procédure Pénale*, 4ª Edição, Paris: Presses Universitaires de France, 1973; **Liszt**, Franz von, *Tratado de Direito Penal* - Tomo II, (Tradução do alemão *Lehrbuch des deutschen Strafrechts* de José Higino Duarte Pereira), Campinas/SP: Russell, 2003; **Neves**, A. Castanheira, "O princípio da legalidade criminal", *in Digesta* - Vol. I, Coimbra: Coimbra Editora, 1995; **Mata-Mouros**, Maria de Fátima, *Juiz das Liberdades. Desconstrução de um Mito do Processo Penal*, Coimbra: Almedina, 2011; **Novais**, Jorge Reis, *As Restrições aos Direitos Fundamentais não Expressamente Autorizadas pela Constituição*, Coimbra: Coimbra Editora, 2003; **Pinheiro**, Alexandre Sousa e **Fernandes**, Mário João de Brito, *Comentários à IV Revisão Constitucional*, Lisboa: AAFDL, 1999; **Schneider**, Jochen, "Processamento electrónico de dados - Informática jurídica", *in Introdução à Filosofia do Direito e à Teoria do Direito Contemporâneo*, (Coordenação de A. Kaufmann e de W. Hassemer), (Tradução do alemão de Marcos Keel e de Manuel Seca de Oliveira), Lisboa: Fundação Calouste Gulbenkian, 2002; **Silva**, Germano Mar-

QUES DA, "Entrevista", *in Revista Polícia Portuguesa*, Ano LXIII, nº 123, Maio/Junho, 2000; *Ética Policial e Sociedade Democrática*, Lisboa: Edição do ISCPSI, 2001; **SOUSA**, RABINDRANATH CAPELO DE, *O Direito Geral de Personalidade*, Coimbra Editora, 1995; **VALENTE**, MANUEL MONTEIRO GUEDES, "A crítica", *in Polícia Portuguesa*, Ano LXII (II Série), nº 115, Jan/Fev99, p. 24; "Será a Policia uma Minoria?", in *Polícia Portuguesa*, Ano LXII, Mai/Jun99, pp.18 e ss.; "Videovigilância – Um meio técnico-jurídico eficiente na prevenção e na repressão da Criminalidade nos locais de domínio público de utilização comum", in *Revista Polícia Portuguesa*, Ano LXIII, nº 123, Março/Abril, 2000, pp. 2 e ss.; "Da Publicação da Matéria de Facto das Condenações nos Processos Disciplinares na PSP", in *Polícia Portuguesa*, Ano LXII/LXIII, números 120/121, Nov//Dez99, Jan/Fev2000, pp. 7 e ss. e pp. 14 e ss.; *Da Publicação da Matéria de Facto nos Processos Disciplinares*, Lisboa: Edição do ISCPSI, 2000; *Consumo de Drogas – Reflexões sobre o Novo Quadro Legal*, 3ª Edição, Coimbra: Almedina, 2006; *Escutas Telefónicas – Da Excepcionalidade à Vulgaridade*, Coimbra: Almedina, 2004; "Enquadramento Jurídico das Polícias Municipais: Do quadro Constitucional ao Quadro Ordinário", *in Estudos de Homenagem ao Professor Doutor GERMANO MARQUES DA SILVA*, Coimbra: Almedina, 2004, pp. 249-278; *Processo Penal* – Tomo I, Coimbra: Almedina, 2004; "As Novas Tecnologias de Prevenção Criminal e o Urbanismo: o Caso da Videovigilância", *in Urbanismo, Segurança e Lei – Tomo II*, Coimbra: Almedina, 2009; **ZIPPELIUS**, REINHOLD, *Teoria Geral Do Estado*, (Tradução do alemão *Allgemeine Staatslehre* de KARIN PRAEFKE-AIRES COUTINHO), 3ª Edição, Lisboa: Fundação Calouste Gulbenkian, 1997.

§ 102º Enquadramento geral

392. O tema da **videovigilância**[1350] conduz-nos à expressão de MILAN KUNDERA de que se lembrava de que, na sua "infância, quando se queria fotografar alguém, se tinha que pedir licença"[1351]. O direito à *imagem* e à *reserva da intimidade da vida privada e familiar* da pessoa humana, com a aprovação do regime jurídico da utilização de câmaras de vídeo em locais públicos de utilização comum pela Lei nº 1/2005, de 10 de Janeiro, com três alterações legislativas, que aprova o Regime Jurídico da Videovigilância (RJV), encontram-se, melindrosamente, expostos.

Vence o ideário securitário em detrimento do ideário da cultura da cidadania. O medo rege as decisões dos políticos dotados de pragmatismo[1352] administrativo. O polígono cognitivo vence o polígono real na ponderação dos direitos e liberdades a sacralizar e a sacrificar. A relevância política de promoção de segurança no espaço de domínio público – ou no mínimo com o intuito de promover um maior sentimento de segurança – tem expressão na Lei de Política Criminal do

[1350] Este capítulo tem como base o nosso "Videovigilância – Um meio técnicojurídico eficiente na prevenção e na repressão da Criminalidade nos locais de domínio público de utilização comum", publicado na *Revista Polícia Portuguesa*, Ano LXIII, nº 123, Março/ /Abril, 2000, pp. 2 e ss.. A aprovação da Lei nº 1/2005, de 10 de Janeiro, alterada pela Lei nº 39-A/2005, de 29 de Julho, pela Lei nº 53-A/2006, de 29 de Dezembro, e pela Lei nº 9/2012, de 23 de Fevereiro, impõe uma reflexão mais aprofundada e crítica não só no plano doutrinário, mas também *de iure condito*.
Neste capítulo não vamos abordar a videovigilância em locais privados de acesso livre e de acesso condicionado, operativizada pelas empresas de segurança privada – Lei nº 34/2013, de 16 de Maio [artigos 3º, nº 1, al. *c*); 8º, nº 1, alíneas *b*) e *d*), nº 2, alíneas *b*) e *d*), nº 3, al. *a*), e nº 6; 14º, nº 3; 18º, nº 10; e 31º, nº 2 e nº 5, al. b)] –, nem a videovigilância promovida nos recintos desportivos, cujo regime consta do art. 18º da Lei nº 39/2009, de 30 de Julho, alterada pela Lei nº 52/2013, de 25 de Julho, e pelo DL nº 114/2011, de 30 de Novembro.
Mas os princípios e a doutrina defendida por nós aplica-se em todas as situações que se verifique o recurso da videovigilância, especialmente no que respeita aos direitos e liberdades fundamentais.

[1351] MILAN KUNDERA *apud* MANUEL DA COSTA ANDRADE, *Liberdade de Imprensa e Inviolabilidade Pessoal*, Coimbra: Coimbra Editora, 1996, p. 132.

[1352] Quanto ao princípio do pragmatismo, o nosso *Consumo de Drogas – Reflexões Sobre o Quadro Legal*, 3ª Edição, Coimbra: Almedina, 2006, pp. 78-83.

biénio 2015-2017. O artigo 9º da LPC2015 determina que as forças de segurança e as autarquias locais promovam a elaboração de um plano nacional de videovigilância para os espaços públicos de utilização comum. Não obstante já não estar em vigor e a LPC2017 nada estipular sobre esta matéria, o sentido de prevenção por meio do recurso à videovigilância mantém-se no espectro da actualidade política e policial.

O sentimento de insegurança, hoje reclamado pelos cidadãos, conduz a que as forças de segurança[1353] se empenhem na reinvidação e na instituição de novos meios de segurança capazes de permitirem uma mentalização global de que existe uma técnica policial eficaz na prevenção e eficiente na repressão de infracções – quer no sentido de aplicação de sanções [*p. e.*, aplicação de uma coima por infracção a norma do CE] quer no sentido de aplicação de medidas cautelares[1354] e de polícia, prescritas nos artigos 248º e ss. do CPP [*p. e.*, levantamento do auto de notícia e respectiva transmissão/comunicação ao MP].

393. O intuito que impulsionou a aprovação da utilização da **videovigilância** como um **meio de segurança** nos **locais de domínio público de utilização comum**[1355] foi a prevenção do perigo promovido pelas infracções rodoviárias. Este capítulo será uma crítica táctica e técnico-jurídica séria e profunda à videovigilância como meio de segurança e, como tal, limitador de direitos, liberdades e garantias do cidadão e um discretear do regime aprovado.

O regime da prevenção e repressão das *infracções rodoviárias* encontra-se como um regime especial face ao regime geral de todo o diploma, previsto no Capítulo V, art. 13º – *utilização de sistema de vigilância*

[1353] O nº 1 do art. 1º do RJV, estende aos serviços de segurança a possibilidade de recurso à «captação e gravação de imagem e som e o seu posterior tratamento», o que, desde já, nos preocupa por parecer que os serviços de segurança podem não ter a função adstrita à teleologia do regime aprovado.

[1354] Quanto a este assunto MARCELLO CAETANO, *Manual de Direito Administrativo* – Vol. II, 7ª Reimpressão da 10ª Edição, Coimbra: Almedina, 2004, pp. 1164-65.

[1355] Quanto a este assunto, o nosso "Videovigilância – Um meio técnico-jurídico eficiente na prevenção e na repressão da Criminalidade nos locais de domínio público de utilização comum", in *Revista Polícia Portuguesa*, Ano LXIII, nº 123, MAR/ABR, 2000, pp. 2 e ss. e ÉLIA MARINA PEREIRA CHAMBEL, *A Videovigilância em Locais de Domínio Público de Utilização Comum*, Lisboa: ISCPSI (de consulta na Biblioteca), 2000.

rodoviária –, aditado pela Lei nº 30-A/2005, de 29 de Julho[1356], que aditou a al. *d*) do nº 1 do art. 2º do mesmo diploma, determinando a aplicação da videovigilância para «prevenção e repressão de infracções estradais».

O Regime da Instalação e Utilização de Sistemas de Vigilância Electrónica Rodoviária e a Criação e Utilização de Sistemas de Informação de Acidentes e Incidentes pelas Estradas de Portugal e Concessionárias Rodoviárias foi aprovado pela Lei nº 51/2006, de 29 de Agosto. Este regime deve obediência aos princípios e à doutrina explanada ao longo deste capítulo, sob pena de ofensa (restrição excessiva) desnecessária e inaceitável de direitos e liberdades fundamentais.

394. A alteração ao RJV, operada pela Lei nº 9/2012, de 23 de Fevereiro, reajusta e ressistematiza as finalidades do recurso à videovigilância estipuladas pelo nº 1 do art. 2º e adita a finalidade «proteção florestal e deteção de incêndios florestais» por meio do aditamento da alínea *f)* ao nº 1 deste mesmo artigo.

Mas a alteração mais significativa prende-se com dois pontos concretos: um tem a ver com o afastamento da vinculação ao parecer negativa da CNPD do membro do Governo que tutela a força de segurança requerente, prevista no regime anterior para as câmaras fixas [veja-se o art. 3º do novo RJV]; a segunda prende-se com a ampliação e o contínuo reforço da *securativização* do Direito penal processual ao tentar submeter o Tribunal à produção de prova por meio de autorizações administrativas e executivo-políticas, gerando-se assim uma governamentalização do processo penal [vejam-se o nº 3 do art. 8º, al. *d)*

[1356] Esta lei foi alterada pela Lei nº 53-A/2006, de 29 de Dezembro, que aprovou a Lei do Orçamento do Estado para 2007, e pelo seu art. 142º aditou à Lei nº 1/2005, de 10 de Janeiro, o art. 14º – *utilização de sistemas municipais* – de videovigilância para a prevenção e repressão de infracções de trânsito.
Só um apontamento para a má legistica e a promoção da violação do princípio geral do Direito *segurança jurídica* com a opção de aprovar normativos materiais e processuais distintos da matéria inerente ao Orçamento do Estado.
É demonstrativo da precaridade do Estado de direito democrático o recurso à Lei do Orçamento do Estado para aprovar novas tipologias criminais, novos métodos de prevenção e repressão de condutas negativas, novas restrições de direitos, liberdades e garantias fundamentais pessoais.

do nº 2 do art. 13º e al. *c)* do nº 2 do art. 15º do novo RJV e nº 2 do art. 18º do RJED].

Esta solução legislativa coloca em causa o princípio da separação de poderes como princípio estruturante de um Estado de direito democrático.

A CNPQ tem de emitir parecer prévio, com excepção dos casos de urgência em que o parecer é *a posteriori*, e pode, contudo, proceder à formulação de «recomendações tendo em vista assegurar as finalidades a que se refere o nº 2, sujeitando a emissão de parecer totalmente positivo à verificação da completude do cumprimento das suas recomendações», assim como decidir pela dispensa expressa da «existência de certas medidas de segurança, garantido que se mostre o respeito pelos direitos, liberdades e garantias dos titulares dos dados», conforme se afere do nº 7 do art. 3º do actual RJV.

Acresce referir que não se deve confundir a utilização de câmaras de vídeo fixas e portáteis pelas forças e serviços de segurança em uma operação de ordem pública de grandes eventos – *v. g.*, manifestação de grandes dimensões – com a solicitação a *posteriori* de imagem das cadeias de televisão de domínio público que se encontram disponíveis na internet ou nos sistema de recuperação retroactiva de algumas de informação.

Consideramos, ainda, que recorrer à lei do cibercrime para defender que as forças e serviços de segurança, de dimensão de polícia criminal – APC e OPC –, devem previamente munir-se de mandado judiciário para a junção de imagens constantes do sistema informático-televisivo é demonstrativo da deslocação do real problema – imagens colhidas no domínio público e não domínio privado ou domínio público de acesso restrivo [p. e., computador de serviço do funcionário público] – para um âmbito que não se configura com a teleologia da lei do cibercrime e com a teleologia dos meios de prova cometidos por meio do domínio do cibercrime.

As infracções criminais praticadas no quadro de uma manifestação pública de milhares de pessoas e filmadas pelas cadeias de televisão, que as transmitiram em directo, sem estarem editadas, e pertencentes ao domínio público, não se configura dentro do espírito da lei do cibercrime, pelo que os OPC podem solicitar as mesmas para juntar aos autos de notícia a remeter ao Ministério Público.

Como se pode ver nestas pequenas palavras, somos contrários à fundamentação do Parecer nº 45/2012, PGR, homologado pelo Ministro da Adminsitração Interna, e publicado no DR, 2ª Série, nº 14, de 21 de Janeiro de 2013. Esta questão coloca em cima da mesa a real funcionalidade do Tribunal de turno, que deve funcionar 24 horas por dia e evitar as questões, que à data, foram levantadas.

§ 103º Da análise técnico-táctico

395. O sistema de videovigilância, na perspectiva técnica, temos de referir que é *um sistema imperfeito*[1357], não só porque é dispendiosa a sua aquisição e manutenção, mas também porque é manobrado pelo homem, como por ele foi inventado. É um **meio de fácil sabotagem**, o que permite **inutilizá-lo** ou **torná-lo inoperável** durante o tempo suficiente para a prática de qualquer delito.

O espírito economista dir-nos-á que este meio permite-nos tacticamente diminuir o número de efectivos, uma vez que uma câmara "pode substituir" o elemento fardado. Discordamos plenamente desta ideia, porque nada substitui a presença do ser humano. Mesmo que a câmara capte mais ampla e eficazmente o facto ocorrido e permita que o operador accione os meios técnicos e humanos adequados à resolução do problema, jamais substitui a emotividade e a sociabilidade proporcionada pelo elemento policial. Pensamos que queremos uma sociedade humana e não robotizada.

Em Inglaterra e em Espanha, a videovigilância é considerada como um meio eficaz e preponderante na prevenção e na repressão criminal. Contudo, há a referir que Inglaterra e Espanha foram e são dois países assolados pelo terrorismo – IRA, ETA e ALQAED –, havendo desta forma uma maior necessidade de uma vigilância não só imediatamente mais eficaz, como ainda mais abrangente, melhor, que cubra um maior número de ruas. Segundo a nossa visão tudo se prende com uma questão de necessidade de utilização dos meios mais adequados, quer técnica, quer táctica, quer economicamente para prosseguir uma

[1357] ÉLIA CHAMBEL, *A Videovigilância em Locais...*, p. 21.

das necessidades colectivas do Estado de Direito[1358]: a *segurança* e *o bem estar* da Comunidade[1359].

A "esquizofrenia" portuguesa na defesa deste sistema prende-se com a paneonomia da insegurança e da presumível transmissão da ideia eficaz e eficiente. Este sintoma estava bem patente nas propostas de alteração legislativa da lei vigente por uma *lei de vídeo-protecção*, cujo projecto foi aprovado pelo Conselho de Ministro, no dia 9 de Novembro de 2011, que veio resultar na Lei nº 9/2012, de 23 de Fevereiro, e procedeu à terceira alteração ao RJV. O jogo das palavras políticas apresenta-se como legitimação do *munus* jurídico.

396. Perguntamo-nos se, caso não existisse a permanente ameaça de actos terroristas e terrorismo naqueles países, os seus cidadãos aceitariam ser filmados em todos os locais. É por sabermos que o povo inglês é um povo que preza a sua independência, que cresce numa dialéctica de responsabilidade e liberdade, que duvidamos que aceitasse que cada um dos seus passos fosse filmado e gravado. Mas, mesmo que o aceitasse de forma livre, sabemos que isso dever-se-ia unicamente ao sentimento de responsabilidade que é incutido a cada cidadão inglês desde que nasce[1360], o que não existe na formação familiar e pedagógica dos portugueses, que analisam e vivem a liberdade em uma perspectiva de não responsabilidade.

A implementação da videovigilância em locais de domínio público de utilização comum, como meio de segurança, apenas pode ser visto como *meio técnico e táctico auxiliar* das forças de segurança e não como meio principal, ao qual se interligam todos os outros meios[1361].

A utilização de câmaras de vídeo, a par da obediência aos princípios da intervenção policial, deve obedecer ao princípio da subsidiariedade de meios, *i. e.*, deve ser visto como um **meio de apoio auxiliar à actividade preventiva (e repressiva) das forças policiais** no sentido de permitirem uma **melhor visualização territorial (geográfica)** que

[1358] Situação esta que poderemos equiparar a um estado de necessidade.

[1359] Que se alcança quando se mantém a segurança e a ordem públicas e se previnem a prática de crimes, condição para o uso de câmaras de vídeo – *ex vi* do nº 2 do art. 7º do RJV.

[1360] Neste sentido KARL POPPER *apud* JOÃO CARLOS ESPADA, "Inglaterra: sentido liberal do dever", *in A Tradição de Liberdade*, São João do Estoril: Principia, 1998, p. 25.

[1361] Neste sentido art. 7º, nºs 1, 2, 3 e 5 do RJV.

lhes permita uma **percepção mais adequada dos factos** o que poderia conduzir à **movimentação de meios humanos e materiais proporcionais à necessidade**, ou seja, o operador faria uma análise mais fria dos acontecimentos, retirando toda a emotividade do patrulheiro, o que lhe permitia racionar a actuação policial, promovendo uma eficiência resoluta extraordinária, que, certamente, criaria um vazio no espectro humano: oco de sentimentos.

Reafirmamos, hoje mais do que nunca, que a **robotização da sociedade, que começa pela subjugação do homem à máquina, é o caminho para o desmoronamento da riqueza humana: o pensamento.**

§ 104º Dos direitos fundamentais pessoais restringidos

397. Ao se falar de polícia – defensora da legalidade democrática, dos direitos, liberdades e garantias do cidadão, ou seja, garante do bem colectivo *segurança* – levanta-se a problemática da violação desses mesmos direitos, principalmente quando a **polícia** se sente a "*paria da sociedade*"[1362].

O recurso à videovigilância como um meio técnico de segurança de que as forças policiais se socorrem para prevenir, quiçá investigar, e, por consequência, reprimir o crime, podemos violar direitos pessoais tais como *o direito à imagem, à reserva da intimidade de vida privada e familiar, à liberdade em geral e de circulação em especial*, que no nosso entender são corolários[1363] do direito à integridade moral que solidifica forte e materialmente o princípio fundamental do Estado de Direito Democrático: **respeito pela dignidade da pessoa humana**.

[1362] WESTLEY *apud* JORGE DE FIGUEIREDO DIAS e MANUEL DA COSTA ANDRADE, *Criminologia, o Homem Delinquente e a Sociedade Criminógena*, Coimbra: Coimbra Editora, 1997, p. 464 e o nosso estudo "Será a Polícia uma Minoria", *in Polícia Portuguesa*, Ano LXII, MAI/JUN, 1999, pp. 18 e ss..

[1363] Neste sentido, o nosso estudo "Da Publicação da Matéria de Facto das Condenações nos Processos Disciplinares na PSP", *in* Polícia Portuguesa, Ano LXII/ LXIII, números 120/121, NOV/DEZ, 1999, JAN/FEV, 2000, pp. 7 e ss. e pp. 14 e ss.. Aqui podemos relembrar a posição de MONTESQUIEU: «La cause de tous les relâchements vient de la impunité, *non de la moderation des peines»*. *Apud* JEAN LARGUIER, *La Procédure Pénale*, 4ª Edição, Paris: Presses Universitaires de France, 1973, p. 5.

Se para Germano Marques da Silva repugna que existam câmaras que filmem namorados num jardim[1364], a nós, não só repugna, como nos preocupa o fundamento e o fim dado a essas imagens.

O argumento do "complexo das/dos amantes" é o mais fácil para quem pensa que a videovigilância é um meio auxiliar capaz de resolver uma enorme percentagem da nossa criminalidade e para quem apenas analisa as situações expostas numa perspectiva de dogmática técnico-táctica, melhor, desconhecendo o real problema que sociológica e axialogicamente desemboca na questão da violação ou não de direito fundamentais que jamais poderão ser restringidos ou suspensos, exceptuando-se nas situações enquadráveis na vinculação do art. 18º da CRP e do Estado de Sítio e de Necessidade[1365].

398. Menezes Cordeiro afirma que *só se pode criticar o que se conhece*[1366]. O conhecimento a que este professor se reporta não se reduz a uma mera percepção empírica, mas a uma aquisição científico-jurídica da problemática que nasce com o estudo e confrontação das principais e circunstanciais questões levantadas por aqueles que marcam o testemunho da história.

Acresce que não se deve justificar o quadro técnico-jurídico em uma perspectiva de *grande gestão*, porque é impossível e esta apenas serve para auxiliar a uma melhor e própria análise de um meio de segurança que tem de obedecer na sua génese ao ordenamento jurídico a que pertence. Costa Andrade, em Outubro de 1996, escreveu que "**Apolo**, que ao vencer e expulsar as **Erínias,** impôs (...) a justiça e o direito como o espaço de ultrapassagem dos conflitos dos homens"[1367].

[1364] Germano Marques da Silva, "Entrevista", *in Revista Polícia Portuguesa*, Ano LXIII, nº 123, MAI/JUN, 2000. Nos termos do nº 4 do art. 7º da Lei nº 1/2005, de 10 de Janeiro, defendemos que é um dos locais em que, pela sua natureza, as câmaras se destinam a ser utilizadas com resguardo, excepto se esse jardim em concreto for um local em que a ordem e a segurança públicas estejam obrigatoriamente afectadas – *p. e.*, vandalismo, encontro de grupos que se destinam à pratica de ilícitos criminais.

[1365] Cfr. art. 19º da CRP.

[1366] Menezes Cordeiro *apud* Manuel Valente, "A crítica", *in Polícia Portuguesa*, Ano LXII (II Série), nº 115, JAN/FEV, 1999, p. 24.

[1367] Manuel da Costa Andrade, *Liberdade de Imprensa e Inviabilidade Pessoal*, Coimbra: Coimbra Editora, 1996, p. 6.

Perante este ensinamento, pensamos que a lógica da vida em sociedade e da solução dos seus problemas, como o da segurança, não passa, apenas, por uma perspectiva de *grande gestão*, porque esta é um apêndice da estrutura colectiva que está, também, sujeita não só a regras constitucionais, como ainda a ordinárias.

As imagens captadas podem proporcionar a violação quer do direito à imagem, quer do direito à reserva da intimidade da vida privada, assim como podem restringir o direito à liberdade em geral e de circulação em especial.

a. Do direito à segurança

399. A **segurança**, na linha de GOMES CANOTILHO e VITAL MOREIRA, e como "garantia de exercício seguro e tranquilo dos direitos, liberto de ameaças ou agressões", ou seja, mais como *garantia de direitos do que* como *direito autónomo*, aparece consagrada constitucionalmente com o art. 3º da Constituição de 1822, na qual se consagra *a ideia de segurança pessoal* em que ao governo competia promover a protecção de *todos para poderem conservar os seus direitos pessoais*[1368]. O **direito à segurança**, seja na sua *dimensão* negativa – protecção contra *os poderes públicos* –, seja na sua *dimensão positiva* – protecção contra *agressões de outrem* –, como bem jurídico tutelado constitucionalmente, não pode ser promovido de forma que viole a prossecução dos direitos pessoais, cujo exercício lhe limitam a sua amplitude baseada no pressuposto da realização do interesse público[1369].

O direito à segurança, que deve ser preferencialmente prosseguido pelo Estado[1370], deve abster-se de recorrer a meios ou medidas de

[1368] GOMES CANOTILHO e VITAL MOREIRA, *Constituição da República Portuguesa* Anotada, 3ª Edição, Coimbra: Coimbra Editora, 1993, p. 184 ou I Volume, 4ª Edição, 2007, pp. 478-475.

[1369] Pensamos importante referir que o **interesse público deveria ser** *o de que cada um tenha as melhores possibilidades de alcançar a satisfação dos seus interesses.* MANUEL FONTAINE CAMPOS, *O Direito e a Moral no Pensamento de Friedrich Hayek*, Porto: UCE, 2000, p. 106.

[1370] Neste sentido WINFRIED HASSEMER, *A Segurança Pública no Estado de Direito*, (Tradução do alemão *Innere Sicherheit im Rechsstaat* de CARLOS EDUARDO VASCONCELOS), Lisboa: AAFDL, 1995.

cariz de Estado de polícia, mas sim **de meios que encontram o seu fundamento e a sua causa de existência nos próprios direitos pessoais enraizados na promoção do respeito da dignidade humana.** A segurança é um direito do cidadão e um dever do Estado, que, além desta garantia, lhe compete constitucionalmente *defender* e *garantir os direitos e liberdades fundamentais e o respeito pelos princípios do Estado de Direito Democrático* – al. *b*) do art. 9º da CRP. Pensamos que é nesta perspectiva que Germano Marques da Silva fala em limitar as restrições *ao mínimo indispensável, para se poder conciliar o aprofundamento das liberdades individuais com a segurança colectiva*[1371].

As liberdades individuais respeitam aos direitos pessoais, que estão *directamente ao serviço da protecção da esfera nuclear da pessoas e da sua vida*[1372], cuja protecção não se esgota civilmente, masse estende a uma tutela penal de alguns desses direitos – direito à vida, à integridade física, à imagem, à reserva da vida privada, ao bom nome e reputação.

400. O **direito à segurança** não **pode** nem **deve ser encarado** como um **direito absoluto do cidadão, nem** como uma **garantia absoluta** de todos os outros direitos, porque estes podem ser garantidos não só através de uma acção activa do Estado, mas também através de medidas e acções preconizadas pelos próprios cidadãos, que devem ter um papel dinâmico e activo fundamental na prossecução e desenvolvimento de um Estado que se quer de Direito e Democrático. Perante esta perspectiva o Estado não se pode arrogar como defensor absoluto dos direitos dos cidadãos com todos os meios técnicos, mesmo que eficazes e eficientes, que possam pôr em causa não só direitos, liberdades e garantias, como ainda o desenvolvimento livre e responsável de uma sociedade.

O Parque das Nações foi um dos primeiros locais de **domínio público de utilização comum** a utilizar o sistema de videovigilância, mesmo antes da entrada em vigor da Lei nº 1/2005, de 10 de Janeiro – RJV. Esta opção técnica e administrativa, à data estava ferida de ilegalidade e a interpretação da possibilidade do seu uso suscitava a desconformidade com a Constituição.

[1371] Germano Marques da Silva *apud* Élia Chambel, *A Videovigilância em Locais...*, p. 35.

[1372] Gomes Canotilho e Vital Moreira, *Constituição da República...*, 3ª Edição, p. 179 ou I Volume, 4ª Edição, 2007, p. 461.

A *decisão administrativa* que determinava o uso da videovigilância no Parque das Nações estava *ferida de inconstitucionalidade* formal, orgânica e material por violação do princípio da soberania popular consagrado no art. 1º da Constituição da República, uma vez que a sua implementação partia de uma actividade administrativa e não de uma fonte legal originária da Assembleia da República [al. *b)* do nº 1 do art. 165º da CRP].

Aquela decisão administrativa agredia, também, o *princípio da separação de poderes*, base da estrutura dos Estados Modernos, porque a decisão do uso da videovigilância não provinha da Assembleia da República, mas do poder executivo, pondo em causa direitos, liberdades[1373] e garantias do cidadão. Hoje, o uso de videovigilância naquele local tem de preencher os pressupostos estipulados pelo RJV.

Como temos vindo a defender, a *dignidade da pessoa humana* efectiva-se com o reconhecimento dos direitos da personalidade[1374]. Há um reconhecimento de que a videovigilância, como meio de segurança, põe indubitavelmente em questão a violação de direitos fundamentais, cuja prossecução compete primeiramente ao Estado. Há o reconhecimento de que *o Estado* não pode fazer valer o seu *ius imperii* para justificar medidas que podem suspender e restringir direitos, liberdades e garantias fundamentais sem o respeito dos pressupostos e requisitos do art. 18º da CRP[1375].

b. Do direito à liberdade

401. O **direito à liberdade**[1376] **em geral** abrange a *liberdade física*, a liberdade de *movimentos*, assim como a liberdade de escolha de um local não conhecido e cognoscível dos demais.

[1373] Neste sentido ELIA CHAMBEL, *A Videovigilância em Locais...*, p. 35, nota 65.

[1374] *Idem*, p. 44.

[1375] Sobre a restrição de direitos, o nosso estudo "Da Publicação da Matéria de Facto nos Processos Disciplinares na PSP", in *Polícia Portuguesa*, Ano LXIII (II Série), nº 120, JAN/FEV, 2000, pp. 14 e ss..

[1376] Podemos acompanhar a posição de que a "Liberdade é obediência a regras gerais, por contraposição a obediência a caprichos dos homens, dos tiranos", [JOÃO CARLOS ESPADA, "Entre a servidão e o abuso", *in A Tradição da Liberdade*, São João do Estoril: Principia, 1998, p. 106].

A dimensão da liberdade implica o direito de não ficar *fisicamente confinado a um determinado espaço*, sem que seja impedido de se movimentar sem qualquer constrangimento, podendo este ser de natureza física ou moral. É nesta perspectiva que o nºs 1 e 2 do artº 27º da CRP consagram o direito à liberdade que se projecta no *direito de não ser fisicamente impedido ou constrangido por parte de outrem* de se movimentar, de se expressar, de um normal crescimento, cuja acção do Estado deve posicionar-se na defesa e na protecção deste direito contra as restrições que outrem promova[1377].

O **direito à liberdade de deslocação**[1378] pode ser posto em causa quando, entre a cidade ***X*** e a cidade ***Y***, os cidadãos tenham de escolher pela residência na cidade ***X*** porque nesta não se filmam nem se gravam os passos dados no seu dia a dia, no ensejo de evitar que os seus filhos nasçam cresçam e se formem numa cidade onde tudo e todos são controlados por olhos que desconhecemos, por mentes que nos são completamente incógnitas.

Devemos evitar a utilização de meios que possam restringir os direitos fundamentais, que possam perigar o aprofundamento desses direitos[1379] ou evitar que a utilização desses meios, nos termos do RJV, aniquile ou modifique os direitos fundamentais pessoais.

A existência da videovigilância pode, sem qualquer margem de dúvida, **restringir** materialmente os direitos que os **cidadãos** têm de **livremente** se **reunir**, de se **manifestar**[1380] – art. 45º CRP –, de **cons-**

[1377] Gomes Canotilho e Vital Moreira, *Constituição da República...*, 3ª Edição, p. 184.

[1378] O direito de deslocação dentro do território de um Estado está consagrado no art. 13º da DUDH, no art. 12º do PIDCP. Quanto a este Assunto Miguel José Faria, *Direitos Fundamentais e Direitos do Homem*, 3ª Edição, Lisboa: ISCPSI, 2001, pp. 200-202. Quanto à liberdade de um cidadão sair do seu país por não aceitar e não reconhecer como sua a ordem jurídica imposta pela maioria, mesmo em democracia, Reinhold Zippelius, *Teoria Geral Do Estado*, (Tradução do alemão *Allgemeine Staatslehre* de Karin Praefkeaires Coutinho), 3ª Edição, Lisboa: Fundação Calouste Gulbenkian, 1997, p. 174. Neste sentido Franz Von Liszt, *Tratado de Direito Penal* – Tomo II, (Tradução do alemão *Lehrbuch des deutschen Strafrechts* de José Higino Duarte Pereira), Campinas/SP: Russell, 2003, p. 95.

[1379] Neste sentido Germano Marques da Silva *apud* Élia Chambel, *A Videovigilância em Locais...*, p. 35.

[1380] O direito de reunião e manifestação está consagrado no art. 20º da DUDH, no art. 11º da CEDH e no art. 21º do PIDCP. Quanto a este assunto Miguel José Faria, *Direitos Fundamentais...*, 3ª Edição, pp. 202-203.

tituir associações e de se **associar livremente** – art. 46º CRP –, de **tomar parte da vida política** – nº 1 do art. 48º da CRP –, ou seja, o direito de viver em uma sociedade dita democrática. Este pensamento não é um processo garantista desenraizado da realidade, porque não queremos processos de segurança que nos tragam novos tipos de criminalidade, como *a violação de direitos, extorsão, chantagem* por meio da *ameaça* ou *coacção*[1381], mas sim processos adequados não só a prosseguir as necessidades colectivas, mas também proporcionais ao exercício efectivo dos direitos, liberdades e garantias do cidadão.

402. As restrições e suspensões de direitos e liberdades e/ou as penas abstractamente pesadas não promovem uma diminuição da criminalidade, pois *esta pode mudar de forma e modo e de lugar* (fenómeno da movimentação criminal). A diminuição da criminalidade pode advir da certeza de responsabilidade por infringir, ou seja, o *terminus* da impunidade reinante nos Estados democráticos modernos.

O argumento de que *sem segurança não existe liberdade* não pode ser o único fundamento para defender a implementação da videovigilância como um meio auxiliar essencial na prevenção e repressão da criminalidade. A atribuição de carácter quase absoluto ao bem jurídico segurança de forma que se superiorize aos direitos e liberdades fundamentais pessoais não é o caminho.

Numa sociedade democrática, os direitos pessoais devem ser intangíveis, quando queremos e defendemos uma estrutura social em crescimento assente nas premissas da independência e da afirmação pessoal do indivíduo: liberdade e responsabilidade. Ao coarctarmos estes dois vectores estamos, indirectamente, a restringir o exercício pleno e concreto dos direitos e liberdades fundamentais.

c. Do direito à reserva da intimidade da vida privada (e familiar) e à imagem

403. A utilização de câmaras de vídeo fixas ou móveis pode ofender os *direitos à imagem e à reserva da intimidade da vida privada e familiar*[1382], se

[1381] Neste sentido Luís Fábrica *apud* Élia Chambel, *A Videovigilância em Locais...*, p. 21.

[1382] Como ensina Marcello Caetano a "acção da polícia deverá desenvolverseno lugares públicos ou onde decorrem actividades sociais ilícitas", mas há "um mínimo de liberdade

usadas fora do quadro jurídico, podendo essa ofensa consignar a prática dos crimes de *gravações ilícitas* – p. e p. pelo art. 199º do CP – e da *devassa da vida privada*[1383] – p. e p. pelo art. 192º do CP –, *i. e.*, ao prosseguir a garantia constitucional – *segurança* – através da videovigilância, fora do regime previsto no RJV, as forças de segurança estão a infringir as normas jurídicas que tutelam *direitos da personalidade*, melhor ainda, com base na prevenção e no combate à criminalidade as polícias desencadeiam condutas previstas e punidas pelo nosso ordenamento jurídico como crime. Os nºs 5, 6, 7 e 8 do art. 7º do RJV procuram minorar ou evitar esse perigo ou ameaça da prática de crimes por parte das forças de segurança.

A captação de imagens e a sua gravação através da videovigilância pode violar o bem jurídico-penal **privacidade/intimidade**, ou seja, pode segundo GERHARD SCHMIDT violar "objecto de tutela penal da privacidade/intimidade assumindo o «carácter próprio do segredo», ou seja, «aquela parte da vida pessoal, de acção pessoal e do pensamento limitado de pessoas em quem expressamente se confia – pode ter conhecimento»"[1384]. Se filmarmos factos relativos à reserva da vida privada, estamos, sem qualquer dúvida, não só a violar o seu conteúdo "individual – subjectivo, correspondente à «vontade de segredo ou de reserva», como também o seu conteúdo objectivo – comunitário, correspondente «ao interesse objectivo de segredo»"[1385].

Essas filmagens encerram em si mesmas eventos dos indivíduos que os mesmos querem "manter sob reserva da privacidade/intimidade" violamos "valorações objectivas de algum modo correspondentes às representações colectivas historicamente dominantes, sancionadas pelo legislador"[1386]. Ao fazermos uma gravação desses eventos estamos

que as autoridades têm de respeitar: pertence a esse âmbito de acção livre a vida íntima". MARCELLO CAETANO, *Manual de Direito Administrativo* – Vol. II, 7ª Reimpressão da 10ª Edição, Coimbra: Almedina, 2004, p. 1157. Neste sentido GERMANO MARQUES DA SILVA, *Ética Policial e Sociedade Democrática*, Lisboa: Edição do ISCPSI, 2001, pp. 53-56.

[1383] Sobre o crime da devassa da vida privada leia-se o nosso *Da publicação da Matéria de Facto nas Condenações dos Processos Disciplinares*, Lisboa: Edição do ISCPSI, 2000, pp. 58-60.

[1384] GERHARD SCHMIDT *apud* MANUEL DA COSTA ANDRADE, *Liberdade de Imprensa...*, p. 101.

[1385] EBERHARD SCHMIDT *apud* MANUEL DA COSTA ANDRADE, *Liberdade de Imprensa...*, p. 101. Negrito nosso.

[1386] MANUEL DA COSTA ANDRADE, *Liberdade de Imprensa...*, p. 102.

a quebrar a "confiança que a cada um merecem as pessoas a que abre o espaço da sua privacidade"[1387], os laços de confiança que o cidadão depositou no próprio Estado.

404. Estes ensinamentos não são, na nossa opinião, derrogados pelo argumento do o nº 2 do art. 192º do CP, que estipula uma salguarda relativamente à **divulgação de factos da vida privada de outra pessoa**, al. *d*) do nº 1 do art. 192º do CP, quando esta seja a forma mais adequada para realizar um **interesse público legítimo e relevante**. Contudo, impõe-se que **se questione que interesse público**[1388] **se realiza a filmar factos que dizem respeito à intimidade do cidadão**. Pensamos que só prosseguimos os fins do direito de um Estado democrático e a realização das necessidades colectivas, promovendo-se e respeitando-se os direitos, liberdades e garantias dos cidadãos.

As filmagens realizadas pela videovigilância podem culminar na prática do crime de **gravações ilícitas** por ofensa ao *bem jurídico-penal* **imagem**, que é "um bem jurídico eminentemente pessoal, com a estrutura de uma liberdade fundamental, que reserva à pessoa uma posição de domínio", pertencendo àquela determinar quem pode filmar, gravar imagens suas e dos seus actos, como os beijos que AGNÉS dava ao seu amigo "no átrio de um grande hotel, enquanto que um tipo de jeans e blusão de couro surgira inopinadamente (...) a saltar para um lado e para o outro como uma pulga, sempre a premir o botão"[1389].

[1387] MANUEL DA COSTA ANDRADE, *Liberdade de Imprensa...*, pp. 104/105.

[1388] Por **interesse público** "diz-se, em sentido jurídico-administrativo, do que é qualificado, a nível normativo superior, como manifestação directa ou instrumental das necessidades fundamentais de uma comunidade política e cuja realização é atribuída, ainda que não em exclusivo, a entidade pública", [JOSÉ CARLOS VIEIRA DE ANDRADE, "Interesse Público", *in Dicionário Jurídico da Administração Pública* – Vol. V, Lisboa, pp. 275 e ss.].
A configuração político-jurídica de associação do Estado ao interesse público e ao bem comum remonta a ARISTÓTELES, predefinindo a prossecução de interesses colectivos por parte dos órgãos do Estado.
MARCELLO CAETANO considerava como interesses públicos os que dizem respeito à *existência, conservação e desenvolvimento da sociedade política* [*Manual de Direito Administrativo* – Vol. I, 10ª Edição, Coimbra: Almedina, 1990, p. 49].

[1389] MILAN KUNDERA, *Imortalidade,* Lisboa: D. Quixote, *apud* MANUEL DA COSTA ANDRADE, *Liberdade de Imprensa...*, p. 132.

O *direito à imagem* é, na linha de ARNDT, a "expressão do princípio jurídico de que a pessoa humana só a si própria pertence"[1390], sendo neste sentido que os arestos do Tribunal Constitucional Federal Alemão de 5.6.73 e de 31.1.73 estipulavam que só ao indivíduo pertence o direito de "determinar se e em que medida os outros podem representar em público a sua vida ou cenas da sua vida", e que era ilegítima a "produção, valoração ou reprodução de fotografias ou filmes que contendam com a área nuclear inviolável da intimidade"[1391].

405. A filmagem efectuada pelas câmaras de vídeo não tem o consentimento dos visados, logo a mesma colide com o direito de *imagem* que é, como afirma LEITE DE CAMPOS, "o mais externo e público dos direitos da pessoa" e o "mais susceptível de ser ofendido"[1392].

Nem mesmo o argumento do nº 2 do art. 79º CC – *exigências de polícia ou de justiça ou quando a reprodução da imagem vier enquadrada na de lugares públicos ou na de factos de interesse público* –, que dispensa o consentimento, deve justificar existirem câmaras a filmar cada passo que damos desde que nos levantamos até que nos deitamos com fins exclusivos de ordem e tranquilidade públicas. Devem exigir-se, como se prescrevem nos artigos 2º e 7º do RJV, o preenchimento dos *fins* e dos *limites* protectores dos direitos fundamentais do cidadão não em abstracto, mas em concreto, sob pena de se ter optado por uma posição economicista da segurança interna.

O argumento de que somos controlados diariamente quando vamos ao multibanco, ao banco, ao hipermercado ou quando utilizamos o cartão multibanco ou o de crédito também não é suficiente para justificar o uso da videovigilância como meio técnico normal de segurança. Nem mesmo o argumento de que *quem não deve não teme.*

Dar poder a quem muitas das vezes o impõe discricionariamente e a quem não o sabe (muitas vezes) aplicar, é um erro que, um dia, poderemos pagar muito caro. **A utilização das câmaras de vídeo** é um **recurso excepcional** e de *ultima et extrema ratio* **da intervenção policial**, teleologia vertida no regime aprovado pelo RJV.

[1390] ARNDT *apud* MANUEL DA COSTA ANDRADE, *Liberdade de Imprensa...*, p. 132.

[1391] MANUEL DA COSTA ANDRADE, *Liberdade de Imprensa...*, p. 138.

[1392] LEITE DE CAMPOS *apud* MANUEL DA COSTA ANDRADE, *Liberdade de Imprensa...*, p. 143.

406. Sufragando a posição de R. LINDON, afirmamos que "serão ilícitas a captação ou a divulgação de fotografias ou filmes em que o lugar ou o facto público, em si mesmos, não sejam o objecto da fotografia ou do filme, mas simplesmente o quadro no qual o objectivo principal é fotografar ou filmar várias pessoas determinadas e recognoscíveis"[1393], e de COSTA ANDRADE, em que, quando **se individualiza e subtrai indesejadamente a imagem** *ao anonimato*, ou seja, **se capta a** *imagem já para além da linha da intimidade*, **reflectindo essa captação** *a emotividade, o afecto, o sofrimento* **da** *auréola da intimidade*[1394], mesmo que essa captação se efectue em *lugares públicos* ou em *factos de interesse público*, **essa conduta é sem dúvida penalmente ilícita**.

Conclui, e bem, COSTA ANDRADE que **as imagens captadas pelas polícias** *e serviços de informação e segurança* **carecem de** *legitimação legal bastante*, **não sendo** *líquidas a admissibilidade e licitude* **das mesmas**, manifestando-se *unívoca a ilicitude da referenciação individualizada de qualquer participante na manifestação, o que preclude a sua utilização como meio de prova em processo*, pois estamos perante *uma invencível proibição de prova*[1395].

O argumento da realização do interesse público *segurança* não colhe total apoio, nem se pode sacralizar, porque este pode ser prosseguido através de outros meios e métodos tácticos e técnicos policiais sem que se inviabilize a materialização do exercício dos direitos liberdades e garantias do cidadão.

O ensinamento de FREITAS DO AMARAL, com o qual concordamos plenamente, de que se deve prosseguir "o interesse público, mas respeitando simultaneamente os direitos subjectivos e os interesses legítimos dos particulares", devendo, desta feita, existir "uma necessidade de conciliar as exigências do interesse público com as garantias dos particulares"[1396-1397].

O interesse público não é, nem pode ser, em um Estado de direito democrático, um todo soberano e absoluto, *i. e.*, a prossecução do inte-

[1393] RAYMOND LINDON *apud* RABINDRANATH CAPELO DE SOUSA, *O Direito Geral de Personalidade*, Coimbra: Coimbra Editora, 1995, p. 327, nota 826.

[1394] Cfr. MANUEL DA COSTA ANDRADE, *Liberdade de Imprensa...*, p. 146.

[1395] *Ibidem*.

[1396] DIOGO FREITAS DO AMARAL, *Direito Administrativo* – Vol. II, Lisboa, 1988, pp. 81 e ss..

[1397] Itálicos nossos.

resse público *segurança* tem de ser conciliado no respeito e na efectividade do princípio da protecção de direitos e interesses legal e constitucionalmente consagrados.

407. A análise feita – centrada no regime jurídico da utilização das câmaras de vídeo – e a necessidade de um equilíbrio entre o direito à liberdade[1398] e o direito à segurança, para que se materializem os direitos pessoais, impõem-nos uma preocupação por o actual **ordenamento jurídico** permitir a **utilização de câmaras de vídeo** pelas **forças de segurança** e pelos **serviços de segurança.** Esta assumpção exige que sejamos **críticos e cautelosos** quanto ao seu **uso em locais de domínio público de utilização comum**[1399].

Sabemos que o legislador impôs uma clara delimitação dos fins e dos pressupostos, por poder ser um meio mecânico de **diminuição da intervenção ou inter-relação humana no processo de socialização da sociedade**, na qual a Polícia é parte interactiva e necessária, e por representar a **incrementação potencialmente perigosa** de um meio de apoio à ordem e segurança públicas pela **susceptibilidade de uma utilização baseada em fundamentos e pressupostos facilmente forçáveis**.

Mas interrogamo-nos se esses limites positivados na lei e a obediência à unicidade da ordem jurídica portuguesa são suficientes para evitar a violação de direitos e liberdades fundamentais do cidadão. A nossa ordem jurídico-constitucional só admite a *ingerência em direitos fundamentais* sob *tutela jurisdicional prévia* ou em *estado de necessidade justificante*.

[1398] Sem que se olvide que a liberdade, como "princípio de justiça do mais elevado valor político", é "tida como o valor supremo" [Hans Kelsen, *A Justiça e o Direito Natural*, (Tradução do alemão de João Baptista Machado), Coimbra: Almedina, 2001, p. 81].

[1399] Nesta definição **não se inserem os comboios, o metro, os autocarros, as bombas de gasolina**, cujo seu uso é fundamental, a mais que são **locais de domínio privado de acesso condicionado ao público**. É de salientar que a videovigilância obrigatória nas dependências bancárias e financeiras, nos espaços comerciais, nos estabelecimentos onde se comercializam metais preciosos e obras de arte, farmácias e postos de combustível, segue o regime previsto para o RJSP, aprovado pela Lei nº 34/2013, de 16 de Maio, alterado pela Lei nº 46/2019, de 8 de Julho [cfr. artigo 8º do RJSP]. Frise-se que os princípios da legalidade e da proporcionalidade em sentido lato regem o recurso e a instalação da videovigilância nestes espaços de domínio privado de acesso condicionado.

408. O perigo aumenta por a sociedade portuguesa não se aperceber de que a passo e passo cede a sua liberdade em troco de uma segurança cognitiva e presumidamente material, crescimento omisso de responsabilidade e de independência de afirmação individual do cidadão, que se auto-coarcta e permite que o respeito pelos direitos, liberdades e garantias seja, cada vez mais, uma miragem.

A utilização de câmaras de vídeo pode desenvolver um programa ou estado imediato de segurança no plano psíquico ou cognitivo – como ensina MUÑOZ CONDE[1400] –, pois vivemos a era da securativização da política criminal e do direito penal do inimigo. Contudo, como nos demonstram as imagens televisivas a existência de câmaras de vídeo não evitam o crime nem a incivilização em crescente[1401].

Cumpre-nos o ónus de discretear o Regime Jurídico da Videovigilância em Locais Públicos de Utilização Comum, aprovado pela Lei nº 1/05, de 10 de Janeiro, alterado pela Lei nº 39-A/2005, de 29 de Julho, e pela Lei nº 53-A/2006, de 29 de Dezembro, e pela Lei nº 9/2012, de 23 de Fevereiro.

§ 105º Do regime jurídico da utilização de câmaras de vídeo em locais de domínio público de utilização comum

a. Da competência

409. Ao falarmos da competência impõe-se-nos, a par de um estudo sobre a competência subjectiva de requerimento, de autorização e de fiscalização, um outro estudo sobre a incidência objectiva, *i. e.*, sobre o objecto – espaço e tempo – em que se pode utilizar as câmaras de vídeo fixas e portáteis.

α. Competência para requerer

410. Quanto à **competência para requerer** a utilização de câmaras de vídeo, o nº 1 do art. 1º do RJV, não só prescreve as forças de segu-

[1400] FRANCISCO MUÑOZ CONDE, *La Ciência del Derecho Penal ante el Nuevo Milenio – Prólogo a la Edición Española*, Valencia: Tirant lo Blanch, 2004, p. 13.

[1401] Há algum tempo as televisões portuguesas mostravam um furto a uma superfície comercial, cujas imagens foram captadas por câmaras de vídeo, que em nada fizeram temer os agentes daquela prática criminosa.

rança, como também legitima os serviços de segurança a se poderem socorrer deste meio mecânico para a prossecução dos fins estipulados no art. 2º do mesmo diploma.

Só podem utilizar as câmaras de vídeo as forças de segurança e serviços de segurança que prossigam como missão e função as finalidades estipuladas no art. 2º – protecção de edifícios e de instalações públicos e respectivos acessos, protecção de instalações com interesse para a defesa e a segurança, protecção da segurança das pessoas e bens públicos e privados, e prevenção da prática de crimes em locais em que exista razoável risco da sua ocorrência, prevenção de actos terroristas, prevenção e repressão de infracções estradais[1402], e ainda, protecção florestal e detecção de incêndios florestais [nº 1][1403].

Qualquer força e serviço de segurança[1404] – exceptuando-se as polícias municipais por não terem, constitucionalmente, natureza originária de força e de serviço de segurança[1405] – que tenha, constitucional e originariamente, por missão ou função as finalidades prescritas no nº 1

[1402] Esta finalidade foi aditada pela Lei nº 39-A/2005, de 29 de Julho, que também aditou o Capítulo V que prescreve o regime jurídico da videovigilância para a finalidade em causa. Os deputados do CDS-PP, na **X** legislatura, apresentaram um Projecto Lei nº 595/X com proposta de alteração do art. 2º da Lei nº 1/05 no sentido de as imagens poderem servir como prova em processo penal ou contra-ordenacional. Parece-nos que os argumentos esbarram na arquitectura jurisdicional do nosso processo penal. Cfr. DAR, II Série A, nº 10/X/4, de 9 de Setembro de 2008.
A proposta de lei de alteração da Lei nº 1/05, aprovada em 9 de Novembro de 2011, em Conselho de Ministros foi mais longe e previa: afasta o parecer prévio da CNPDe denota *uma produção de prova por decisão administrativa, violando o princípio da separação de poderes.* Factualidade que não veio a acontecer conforme se pode ver no nº 2 do art. 3º do RJV. Mas caiu a força vinculativa do parecer negativo.

[1403] A utilização da videovigilância para a *prevenção de infracções estradais*, a utilização de sistemas municipais de videovigilância, e a *protecção florestal e detecção de incêncios florestais* configuram um *regime especial* como se pode aferir da epígrafe do Capítulo V do RJV – *Regimes especiais.*

[1404] Pensamos que a amplitude suscitará a dúvida sobre se o SIS e/ou o SIED, face à amplitude subjectiva de utilização das câmaras de vídeo, podem socorrer-se delas para a prossecução da recolha de informações capazes e idóneas à «protecção de instalações de interesse para a defesa nacional», al. *b*) do nº 1 do art. 2º do RJV. Parece-nos que a extensão a «serviço de segurança» pode facultar a interpretação positiva.

[1405] Quanto ao regime jurídico das polícias municipais *supra* §§ 10º a 14º e o nosso "Enquadramento Jurídico das Polícias Municipais: Do quadro Constitucional ao quadro Ordi-

do art. 2º do RJV, é competente para requerer/solicitar a utilização de câmaras de vídeo.

Esta abrangência preocupa-nos por poder ser demasiado permissiva e, nesta onda securitária, promover restrições desmedidas aos direitos fundamentais pessoais dos cidadãos – que beneficiam de um controlo anterior à autorização prosseguido pela Comissão Nacional de Protecção de Dados (CNPD), que tem de emitir parecer nos casos fora de urgência *ex vi* nº 2 do art. 3º do RJV, cujo parecer negativo para as câmaras fixas deixou de ser vinculativo no dia 23 de Março de 2012[1406], assim como se aprovou o parecer positivo tácito da CNPD, como se afere da nova redação do art. 3º do RJV.

411. O requerimento para a instalação de câmaras de vídeo é requerido pelo **dirigente máximo da força ou serviço de segurança** respectivo – Director Nacional da PSP, Comandante Geral da GNR, Director Nacional da PJ –, cujo processo, nos termos do nº 1 do art. 5º, deve conter: o *local público* objecto de observação pelas câmaras de vídeo, *características técnicas* do equipamento, *identificação dos responsáveis* pela conservação e tratamento do dados, *fundamentos* que justificam a *necessidade* e a *conveniência* da instalação da videovigilância, *procedimentos de informação* ao público – como a existência de câmaras de vídeo, os fins da captação das imagens e sons, o responsável pelo tratamento dos dados recolhidos [art. 4º do DJV] –, *mecanismos* capazes de assegurar um *correcto uso dos dados* captados e registados, *critérios de conservação e o período de conservação dos dados* captados e registados.

O legislador prescreveu a possibilidade do **presidente da câmara** requerer a instalação de câmaras de vídeo, sendo que os elementos do processo, com excepção da identificação do local objecto da videovigilância, devem ser processados pela força de segurança territorialmente competente e não pela polícia municipal, conforme nº 2 do art. 5º do RJV.

O presidente da câmara municipal, antes de requerer em conjunto da força de segurança territorialmente competente o recurso à video-

nário", *in Estudos de Homenagem ao Professor Doutor* GERMANO MARQUES DA SILVA, Coimbra: Almedina, 2004, pp. 249-278.

[1406] Dia em que entraram em vigor as alterações ao RJV, operadas pela Lei nº 9/2012, de 23 de Fevereiro.

vigilância junto do MAI, pode promover uma prévia consulta pública sobre a necessidade e a respectiva legitimidade antropossociológica.

Acresce que as forças de segurança competentes para **fiscalizar as infracções rodoviárias** – GNR e PSP – podem aceder às imagens que as entidades controladoras do tráfego rodoviário captam para fiscalizar as infracções que se registem, *ex vi* do nº 3 do art. 2º e art. 14º do RJV, cujo regime jurídico está aprovado pela Lei nº 51/2006, de 29 de Agosto.

β. Competência para autorizar e fiscalizar

412. Quanto à **competência para autorizar** a utilização das câmaras de vídeo, o art. 3º do RJV, prescreve que é o membro do Governo que tutela a força ou o serviço de segurança requerente, podendo delegar tal competência nos termos da lei – conforme nºs 1 e 3. Como pressuposto a verificar para a autorização é o parecer da CNPD, que sendo positivo ou negativo, aquele pode ou não autorizar a utilização das câmaras de vídeo.

Se o parecer for negativo, aquele pode, mesmo assim, autorizar a utilização das câmaras de vídeo, como se retira da nova redação do art. 3º do RJV. Mas perguntamo-nos se, havendo parecer negativo da CNPD, o membro do Governo deve ou não autorizar a utilização das câmaras de vídeo fixas. Consideramos que, caso opte pela autorização, deve fundamentar de facto e de direito a sua decisão e contrapor cada um dos argumentos apresentados pela CNPD para emissão de parecer negativo.

O parecer positivo da CNPD pode também impor recomendações que assegurem as finalidades de controlo efectivo de *entrada nas instalações, dos suportes de dados, da inserção, da utilização, de acesso, da transmissão, da introdução e do transporte* das fitas gravadas, assim como dos quesitos expressos de informação e de transparência da prevenção por meio da videovigilância, conforme se retira da al. *a)* do nº 7 do art. 3º do RJV.

A CNPD mantém a prerrogativa de parecer vinculativo negativo sempre que a *câmara* a utilizar seja *portátil*, como se pode retirar do nº 3 do art. 6º do RJV. Esta nossa interpretação do parecer negativo vinculativo para utilização de câmaras portáteis, mesmo quando o recurso às mesmas seja precedido de prévia consulta à CNPD, entronca no princípio *odiosa sunt restringenda* e na própria especialidade do regime, que se encontra em preceito normativo próprio.

Como as câmaras de vídeo desempenham uma função de vigilância e, desta forma, de promoção da ordem e tranquilidade pública – função de vigilância – e, *ab initio*, não de prevenção criminal *stricto sensu*, parece-nos que não faria sentido uma autorização judicial. Da 2ª parte da al. *c*) do nº 1 do art. 2º retira-se que a utilização das câmaras de vídeo visam a «prevenção da prática de crimes em locais em que exista razoável risco da sua ocorrência», o que nos leva a questionar se não estamos perante a prevenção criminal *stricto sensu* – acção *a priori* da prática do crime e acção *a posteriori* da prática do crime.

Parece-nos que o legislador ao colocar como pressuposto o «razoável risco da sua ocorrência» enquadra esta situação no quadro jurídico-constitucional da prevenção criminal *stricto sensu* e, por conseguinte, a utilização de câmaras devia ser autorizada pela AJ judicial competentenão pelo membro do governo que tutela a força ou serviço de segurança requerente.

Na mesma questão, podemos enquadrar a autorização a ser prestada pela autoridade administrativa/executiva – Ministro da Administração Interna ou Director Nacional da PSP ou Comandante-Geral da GNR – para utilização de videovigilância para prevenção e repressão de infracções rodoviárias [al. *d)* do nº 1 do art. 2º do RJV], quando conjugado com o regime específico: localizar viaturas para cumprimento de normas penais, tais como *furto de uso de veículos* – [crime p. e p. pelo art. 208º do CP], *furto de veículos* [crime p. e p. pelo art. 204º do CP, caso tenha valor elevado, ou p. e p. pelo art. 203º do CP, fora das situações tipificadas no art. 204º do CP] ou *detecção de matrículas falsificadas em circulação* [crime p. e p. pelo art. 256º, nº 1, al. *a)* e nº 3 do CP[1407]], assim como utilizar os registos para efeitos de prova em processo penal ou contra-ordenacional, conforme als. *c)* e *d)* do nº 2 do art. 13º do RJV.

[1407] A *matrícula* é considerada como um *documento autêntico* [al. *a)* do art. 255º do CP] pela doutrina e pela jurisprudência: Ac STJ, Proc. nº 48 926, de 6 de Março de 1996, Ac. STJ, Proc. nº 586/96, de 10 de Dezembro de 1996, Ac. STJ, Proc. nº 984/97, de 13 de Janeiro de 1998, Ac. STJ, Proc. nº 1256/97, de 19 de Março de 1998.

O sancionamento a *posteriori* da legalidade da captação de um delito – art. 8º do RJV – parece-nos de adequação frágil e perigosa, principalmente se a gravação for usada como meio de prova. Pode estar-se a *legitimar um meio de obtenção de prova por meio de um acto assente em uma autorização administrativa ou executiva* [Governo] e com uma fuga ao ditame constitucional prescrito *in fine* do nº 4 do art. 32º da CRP, apesar de servir como despoletador da elaboração do auto de notícia e, caso assim entenda o MP, da instauração de inquérito.

Se a Polícia sabe que naquele local ocorrem vários crimes e necessita de gravação de imagens para servirem como meio de prova em sede de processo-crime, o responsável policial – APC – deve solicitar ao Ministério Público que requeira ao JIC um mandado judicial que autorize a gravação de imagens e da atividade ilícita.

413. Acresce referir que a autoridade que autoriza a utilização das câmaras de vídeo tem o dever de criar e manter **um registo público** de todas as instalações autorizadas que contenha a data, o período e as renovações de autorização, o local exacto de instalação ou de filmagem por câmara portátil, o sujeito requerente, o fim que serviu de base ao requerimento posterior autorização e o parecer positivo da CNPD – nos termos do RJV. Da decisão de autorização, nos termos do nº 3 do art. 5º do RJV, deve constar o local público objecto da videovigilância, limitações e condições de uso do sistema, proibição de captação de sons, salvo quando haja perigo concreto para a segurança das pessoas e bens, espaço físico susceptível de gravação, tipo de câmara e características técnicas e período de tempo autorizado.

Há a referir que a utilização de câmaras portáteis para os fins previstos neste diploma está vinculada à mesma autorização que a utilização de câmaras fixas – nº 1 do art. 6º do RJV. Contudo, o legislador prescreveu uma excepção para as **câmaras portáteis** quanto ao titular da decisão da autorização: pode ser o **dirigente máximo da força ou serviço de segurança a autorizar** com despacho fundamentado, do qual constem os elementos prescritos no nº 3 do art. 5º do RJV, que usará a câmara portátil quando não for possível obter em tempo útil a autorização segundo o regime regra e sob condição de comunicação no prazo máximo de 48 (quarenta e oito) horas ao membro do Governo que tutela essa força ou serviço de segurança – conforme nº 2 do art. 6º do RJV – e de destruição imediata de todo material gravado se a autorização não for concedida ou se a CNPD der parecer negativo – nos termos do nº 3 do art. 6º do RJV.

Mas se estamos apenas no quadro da segurança e ordem públicas ou de prevenção criminal na função de vigilância, que urgência justifica o recurso a *câmaras de vídeo portáteis* que não seja para recolha de provas reais e materiais de infracções administrativas e criminais? Quanto a estas últimas – infracções criminais –, relembre-se que carecem de autorização judicial – art. 190º do CPP e nº 3 do art. 6º do RJV, que impõe o respeito pelo estipulado na Lei nº 5/2002, de 11 de Janeiro, ou seja, pelo art. 6º deste regime jurídico – registo de voz (*off*) e imagem[1408].

Acresce referir que o novo regime impõe que a decisão de autorização de instalação de câmaras de vídeo e a decisão de instalação em caso de urgência sejam comunicadas ao Ministério Público, conforme nº 3 do art. 8º do RJV. Mas não especifica a finalidade desta comunicação: se para que proceda à *fiscalização da decisão executivo-administrativa* e promova, desta feita, a *defesa da legalidade democrática* como impõe *in fine* nº 1 do art. 219º da CRP; ou se para haver uma *prévia legitimação judiciária* – *v. g.*, legalidade jurídico-penal material e processual das provas que possam advir das gravações das câmaras de vídeo em sede de processo crime.

Parece-nos que apenas se pode aceitar a primeira finalidade sob pena de interpretação contrária ao nº 4 do art. 32º da CRP por violação do princípio da jurisdicionalidade da produção de provas para processo crime cujo, meio colida ou restrinja direitos fundamentais.

γ. Incidência objectiva

414. O **quadro objectivo** em que se insere a utilização das câmaras de vídeo reporta-se a locais de **domínio público de utilização comum**, *i. e.*, deste preceito retira-se que nem todos os locais de domínio público podem ser objecto de protecção e segurança por este meio mecânico, só os que possam ser frequentados por qualquer pes-

[1408] Quanto a este assunto o nosso *Escutas Telefónicas – Da Excepcionalidade à Vulgaridade*, 2ª Edição, Coimbra: Almedina, 2008, pp. 107-109.

soa sem qualquer restrição e, dentro destes, aqueles que não afectem directamente a reserva da intimidade da vida privada da pessoa – conforme se retira dos nºs 4 e 6 do art. 7º do RJV[1409] –, cuja frequência de actos humanos representem «riscos objectivos para a segurança e ordem públicas» [nº 5 art. 7º], desde que a utilização não afecte interiores de residências ou edifícios habitado [nº 6 do art. 7º] e que não seja um local, que pela sua natureza, não seja utilizado com resguardo – *p. e.*, um jardim onde as pessoas passeiem em família ou os namorados costumem frequentar – [nº 4 do art. 7º].

Mas, face às finalidades prescritas no art. 2º do RJV, parece-nos que os locais abrangidos entram na classe do que o saudoso MARCELLO CAETANO designava de "*uso comum ordinário* do domínio público", *i. e.*, "proveitoso a todos e a todos acessível independentemente de autorização ou de licença"[1410].

Consideramos que existe uma incongruência entre o objecto espacial de implementação das câmaras de vídeo previsto no nº 1 do art. 1º e as als. *a*), *b*) e *d)* do nº 1 do art. 2º por poderem encerrar, em si mesmas, uma visão de locais de domínio público de acesso condicionado – *p. e.*, uma esquadra de polícia ou museu são edifícios e instalações públicas, cujo acesso é condicionado *ratione officii* e à finalidade da sua frequência, assim como uma auto-estrada, que é um local de domínio público de utilização condicionada ao pagamento de uma taxa para usufruto momentâneo daquela via rodoviária.

415. Somos da opinião de que os de *locais de domínio público de acesso condicionado* [*p. e.*, uma escola ou uma faculdade em que o acesso a esse local só, em regra, é admissível aos alunos, professores e funcionários do mesmo ou a ponte Vasco da Gama, em que o acesso está vinculado ao pagamento de uma portagem e à circulação de/em veículo] e os de *acesso restrito* [*p. e.*, um gabinete de um dirigente, um consultório médico do hospital, cujas entradas se encontram fundamentadas não só no acto a desenvolver, como também na disponibilidade do seu usu-

[1409] Quanto à destrinça de local público e de local privado, o nosso *Consumo de Drogas – Reflexões Sobre o Quadro Legal*, 4ª Edição, Coimbra: Almedina, 2014, pp. .....

[1410] MARCELLO CAETANO, *Manual de Direito Administrativo* – Vol. II, Coimbra: Almedina, 7ª Reimpressão da 10ª Edição, 2004, pp. 930-931.

frutuário directo, cujo acesso se prende com a razão do ofício] não devem estar abrangidos por este regime jurídico, por não preencherem o ideário de «locais públicos de utilização comum» [nº 1 do art. 1º]: *p. e.*, uma rua ou avenida de uma cidade, uma largo, uma praia, um jardim público.

A *natureza*, a *funcionalidade* e a *competência subjectiva* de requerimento limitam a utilização pelas forças e serviços de segurança das câmaras de vídeo e, consequentemente, não se coaduna este regime jurídico com a natureza de determinados edifícios e instalações públicas como uma escola ou uma esquadra de polícia. Contudo, a extensão operada pelas als. *a*) e *b*) do nº 1 do art. 2º – má técnica legislativa – permitem que a força de segurança local – PSP ou GNR – possa requerer a instalação de câmaras de vídeo para prossecução de protecção não só do edifício escola ou instalação pública, como também do respectivo acesso, cujo teor conceptual ultrapassa a concepção de local público de utilização comum[1411].

Esta possibilidade afasta, por respeito à competência subjectiva de requerimento, o director de uma escola ou de uma faculdade ou de outro organismo público, que não é uma força ou serviço de segurança, a admissibilidade de requerer a utilização de câmaras de vídeo para protecção interna por não ter como missão a manutenção da ordem e tranquilidade públicas.

b. Da finalidade e do tempo

416. A utilização das câmaras de vídeo tem como ***finalidade geral*** manter a segurança e a ordem públicas e prevenir a prática de crimes – nº 2 do art. 7º do RJV–, cuja autorização se deve basear não em considerações abstractas de possível risco de perturbação daquelas, mas em «**riscos objectivos** para a segurança e ordem públicas»[1412] – nº 5 do art. 7º do RJV. Podemos falar de um *perigo* – em que se fundam as medidas de polícia – de "proporções graves para, independentemente

[1411] Para evitar extrapolações o legislador teria maior consenso se optasse pela expressão de MARCELLO CAETANO: *uso comum ordinário* do domínio público.

[1412] Negrito nosso.

da produção de facto delituoso, a polícia poder tomar as precauções permitidas"[1413] para defesa da segurança e ordem públicas.

As finalidades de manutenção de segurança e ordem públicas não vislumbram qualquer objecção à autorização administrativa e à prossecução dessas funções por câmaras de vídeo quando excepcionalmente os *riscos objectivos* demonstram ineficácia ou ineficiência da actividade humana da polícia na prevenção criminal na função de vigilância – onde se enquadra a prossecução de vigilância de ordem e segurança públicas[1414]. Pois, acresce que estamos perante uma acção preventiva das forças e serviços de segurança no quadro da *vigilância especial* a desenvolver em determinados locais[1415].

417. É de realçar a extensão da utilização das câmaras para fins de prevenção criminal *stricto sensu*: a "adopção de medidas adequadas para certas infracções de natureza criminal", medidas essas que visam a protecção de pessoas e bens, a vigilância de indivíduos e locais suspeitos, sem que se restrinja ou limite o exercício dos direitos, liberdades e garantias do cidadão[1416].

Estamos no campo da promoção de uma vigilância criminal em concreto e não apenas uma vigilância de ordem e tranquilidade pública: *p. e.*, se na Rua ***X*** há confirmação de que se praticam crimes de furto em estabelecimentos comerciais pergunta-se se a utilização de câmaras de vídeo servem para a manutenção da segurança de bens privados [al. *c)* do nº 1 do art. 2º do RJV] ou se para a prevenção criminal no sentido de descoberta dos agentes dos crimes; ou se na rua ***Y*** é normal encontrarem-se *viaturas furtadas* ou com *matrículas falsificadas* [al. *d)* do nº 1 do art. 2º conjugado com als. *c)* e *d)* do nº 2 do art. 13º do RJV],

[1413] Marcello Caetano, *Manual de Direito...* – Vol. II, 7ª Reimpressão da 10ª Edição, p. 1170.

[1414] Quanto a este assunto *supra* Parte I, Capítulo IV – Da natureza jurídico-constitucional da actividade policial.

[1415] Neste sentido Marcello Caetano, *Manual de Direito...* – Vol. II, 7ª Reimpressão da 10ª Edição, p. 1165. Para este ilustre Professor a *vigilância geral* enquadra a "observação constante da conduta dos indivíduos nos lugares públicos e de todas as actividades que nestes decorrem" [*ibidem*], *i. e.*, actividade geral de polícia.

[1416] Gomes Canotilho e Vital Moreira, *Constituição da República...*, 3ª Edição, pp. 956-957 ou II Volume, 4ª Edição, 2010, p. 861.

as câmaras de vídeo devem tão-só funcionar para detectar as viaturas ou se para tentar identificar os agentes desses crimes.

A videovigilância só deve ser utilizada no sentido de manutenção da segurança pública que é afectada com os vários furtos praticados em estabelecimentos privados e nunca no sentido da descoberta da prova pessoal dos crimes, sob pena de se legitimar um meio de obtenção de prova [penal] administrativo e não jurisdicionalizado.

O nº 1 do art. 2º estipula **fins objectivos** de utilização das câmaras de vídeo fixas e portáteis. As câmaras de vídeo só são admissíveis se a utilização visar – a par do local e das restrições e da competência subjectiva de uso – a protecção de edifícios e instalações públicas e seus acessos [al. *a)*] ou a protecção de instalações de interesse para a defesa nacional [al. *b)*] ou a segurança de pessoas e bens, quer sejam públicos quer sejam privados e prevenção de crimes em locais públicos de utilização comum em que exista razoável risco da sua ocorrência [al. *c)*], e prevenção e repressão de infracções estradais [al. *d)*].

Mas não basta que a utilização das câmaras de vídeo visem estes fins. Impõe-se a verificação de que o seu uso é adequado, necessário e exigível e proporcional *stricto sensu* para a prossecução desses fins concretos e obejctivos – art. 7º, nº 1 –, e que não ofende com gravidade os direitos e liberdades fundamentais pessoais: *maxime*, reserva da intimidade da vida privada, a palavra, a imagem – nºs 3, 4, 6 e 7 do art. 7º, do RJV[1417].

418. No que respeita ao **período tempo** possível para a utilização das câmaras de vídeo é um dos elementos processuais obrigados a constar na decisão de autorização – *ex vi* al. *e*) do nº 3 do art. 5º do RJV –, sendo que a duração da autorização obedece ao princípio da adequação aos fundamentos que o requerente invocara – nº 4 do art. 5º do RJV.

O membro do Governo, que tutela a força ou serviço de segurança requerente, só pode autorizar a utilização de câmaras de vídeo por um período de tempo de **dois (2) anos** – nº 5 do art. 5º do RJV –, duração ampliada em um (1) ano em relação ao regime jurídico anterior.

[1417] Quanto aos limites da utilização das câmaras de vídeo *infra* alínea c. Dos limites à utilização das câmaras de vídeo.

É uma das alterações que ocorre, mas que nos parece demasiado restritiva dos direitos e liberdades fundamentais dos cidadãos.

Acresce que a autorização pode ser renovada por iguais períodos de tempo caso o sujeito requerente comprove a necessidade e conveniência de manutenção, ou seja, manutenção dos os fundamentos que originaram o requerimento inicial. O pedido de renovação tem de ser efectuado com 30 dias de antecedência ao *terminus* do prazo de duração inicial ou da duração renovada, nos termos do nº 6 do art. 3º do RJV.

Impõe-se esclarecer que os dois anos é a duração máxima inicial, mas o membro do Governo competente para autorizar não está obrigado a autorizar sempre até dois anos. Pode proceder a autorizações por períodos de tempo menores de modo a poder acompanhar o desenvolvimento de prevenção da força ou serviço de segurança requerente e apurar da continuidade ou não da necessidade do recurso às câmaras de vídeos para manutenção da segurança e ordem públicas ou para a prevenção de infracções criminais.

A autorização obedece ao princípio da **revogabilidade** ou da **suspensão** a qualquer momento, *i. e.*, não é uma autorização que possa não ser contestada a todo tempo pelos cidadãos ou que não possa ser suspensa ou revogada por quem autorizou ou por decisão judicial. A suspensão e/ou revogação da decisão de autorização de instalação ou de uso de câmaras de vídeo carece de ser fundamentada nos mesmos moldes – de facto e de direito – que a decisão de autorização.

c. Dos limites à utilização das câmaras de vídeo

α. dos princípios gerais orientadores do uso de câmaras de vídeo

419. Os princípios são vectores de orientação da actividade policial[1418] quer no sentido material diário quer no sentido instrumental de recurso a meios materiais – mecânicos – complementares e de apoio à prossecução da função de defesa da legalidade, de garantia da segurança interna e de direitos dos cidadãos.

[1418] Quanto aos princípios norteadores da actividade policial *supra* Parte I, Capítulo VI.

A utilização das câmaras de vídeo fixas ou portáteis como meios técnico-mecânicos de apoio à actividade de polícia não pode apartar-se da concreção imediata e mediata de todos os princípios inerentes à actividade de prossecução de segurança e ordem pública:

i. **princípio da prossecução do interesse público em simultâneo com a prossecução dos interesses e direitos particular legítimos**[1419] – a al. *c*) do nº 1 do art. 2º do RJV[1420] – na linha do nº 1 do art. 266º da CRP – espelha a consonância e o equilíbrio entre estes interesses ao estipular como fim de utilização de câmaras a «protecção da segurança de pessoas e bens públicos ou privados»;

ii. **princípio da boa fé**[1421] – *i. e.*, a utilização das câmaras de vídeo só são admissíveis desde que se verifiquem determinados pres supostos formais dos quais se destaca a afixação, em local visível por todos, de informação de que aquele local se encontra sob vigilância de câmaras de vídeo, da finalidade da captação de imagens e de sons e do responsável pelo tratamento do dados captados [art. 4º do RJV, em conjuga ção com o nº 2 do art. 266º da CRP], pois o não cumprimento não só viola o princípio da boa fé, como fere o conteúdo do **princípio da lealdade e democrático e da justiça**[1422], assim como o posterior tratamento de dados está vinculado à boa fé [al. *a*) do nº 1 do art. 5º da Lei nº 67/98, de 26 de Outubro, alterada pela Lei nº 103/, de Agosto];

iii. **princípio do respeito pelos direitos do cidadão de forma igual e imparcial**[1423] – *i. e.*, o ónus de destruição das imagens e sons gravados após um mês [*a contrario* nº 1 do art. 9º do RJV],

[1419] Quanto a este assunto *supra* § 35º.

[1420] A conjugação do interesse público a par do interesse particular pode aferir-se da própria al. *d*) do nº 1 do art. 2º do RJV, uma vez que ao se promover a segurança rodoviária (interesse público) promove-se a protecção da vida, da integridade física e do património de cada cidadão considerado individualmente.

[1421] Quanto a este assunto *supra* § 36º.

[1422] Quanto a estes princípios *supra* § 38º, § 39º e § 41º.

[1423] Quanto a estes princípios *supra* § 34º e § 40º e João Caupers, *Introdução ao Direito Administrativo*, 5ª Edição, Lisboa: Âncora Editora, 2000, pp. 81-83.

de 10 de Janeiro e a proibição de autorização de câmaras de vídeo em locais que captem imagens e sons do interior de casa ou de edifício habitado, que afecte directa e imediatamente a intimidade das pessoas ou capte conversas privadas, que se enquadre em um local público de natureza resguardada [nºs 6, 7 e 4 do art. 7º do RJV, de em conjugação com o nº 2 do art. 266º da CRP]; e, até mesmo,

iv. **princípio da oportunidade**[1424] – *i. e.*, a decisão pela opção de utilização de câmaras de vídeo deve basear-se em um juízo de oportunidade operacional e legal, ou seja, a ponderação da finalidade e da coarctação do exercício de direitos pelo uso de câmaras impõe à entidade decisora um juízo crítico da opção a tomar, por não ser um instrumento à mão para se optar de forma discricionária, mas dentro dos pressupostos legais estipulados pelo RJV.

β. do princípio da legalidade

420. Acresce a estes rol de princípios, cuja verificação se impõe a montante – no momento da decisão de requerimento – e a jusante – no momento em que a entidade *decidenti* opta ou não pela utilização de câmaras de vídeo em locais públicos de utilização comum –, os princípios da legalidade e da proporcionalidade, tendo este consagração expressa no diploma – art. 7º, nº 1 do RJV.

No que concerne ao **princípio da legalidade**[1425] não importa discretear a tipificação legal do meio técnico-mecânico, porque é um meio com previsão legal e não um meio atípico de intervenção policial para a prossecução da segurança e ordem públicas.

Mas é de realçar a importância da análise deste princípio da legalidade o preenchimento determinados pressupostos a *montante* e a *jusante*, ou seja, socorrendonos das palavras de CASTANHEIRA NEVES, «exigências de fundamento e critério» para que cumpra a sua "*função*

[1424] Quanto a este princípio *supra* § 37º.

[1425] Quanto a este princípio *supra* § 32º e artigos 3º e 266º, nº 2 da CRP e JOÃO CAUPERS, *Introdução ao Direito...*, 5ª Edição, pp. 63 e ss..

de garantia, exigida pela ideia de Estado-de-Direito, contra o exercício ilegítimo (político-juridicamente ilegítimo) já abusivo (persecutório e arbitrário), já incontrolável (subtraído à racionalidade jurídico-dogmático e crítico-metodológica)"[1426] do poder. Os pressupostos formais e materiais a preencher a *montante* e a *jusante* são um ónus pela natureza excepcional de recurso às câmaras de vídeo.

A legalidade, como ensina REINHOLD ZIPPELIUS, deve "transportar uma legitimidade democrática da acção do Estado: pelo facto de esta se nortear em todas as suas formas de manifestação"[1427] por representar a vontade do «povo», sendo desta legitimidade que emerge a necessária função de garantia.

421. Os **pressupostos *formais*** a ter em conta a *montante* da decisão de autorização de utilização das câmaras de vídeo são o **requerimento** a elaborar pelo dirigente máximo da força ou serviço de segurança ou do presidente da câmara [n°s 1 e 2 do art. 5º do RJV], contendo os **elementos prescritos** nas als. *a)* a *i)* do nº 1 do art. 5º do RJV [o local público objecto de observação pelas câmaras de vídeo, características técnicas do equipamento, identificação dos responsáveis pela conservação e tratamento do dados[1428], fundamentos que justificam a necessi-

[1426] A. CASTANHEIRA NEVES, "O princípio da legalidade criminal", *in Digesta* –Vol. I, Coimbra: Coimbra Editora, 1995, p. 353.

[1427] REINHOLD ZIPPELIUS, *Teoria Geral...*, 3ª Edição, p. 387.

[1428] Quanto à concepção legal de **tratamento de dados pessoais** – "qualquer operação ou conjunto de operações sobre dados pessoais, efectuadas com ou sem meios automatizados, tais como a recolha, o registo, a organização, a conservação, a adaptação ou alteração, a recuperação, a consulta, a utilização, a comunicação por transmissão, por difusão ou por qualquer outra forma de colocação à disposição, com comparação ou interconexão, bem como o bloqueio, apagamento ou destruição" – al. *b*) do art. 3º da Lei nº 67/98, de 26 de Outubro, alterada pela Lei nº 103/2015, de 24 de Agosto, que aprovou a Lei de Protecção de dados Pessoais [LPDP] e de **responsável pelo tratamento de dados** – "a pessoa singular ou colectiva, a autoridade pública, o serviço ou qualquer outro organismo que, individualmente ou em conjunto com outrem, determine as finalidades e os meios de tratamento dos dados pessoais; sempre que as finalidades e os meios do tratamento sejam determinados por disposições legislativas ou regulamentares, o responsável pelo tratamento deve ser indicado na lei de organização e funcionamento ou no estatuto da entidade legal ou estatutariamente competente para tratar os dados pessoais em causa" – al. *d*) do art. 3º da LPDP.

dade e a conveniência da instalação da videovigilância, procedimentos de informação ao público, mecanismos que assegurem o uso correcto dos dados captados e registados, critérios de conservação dos dados, período de conservação dos dados, o comprovativo de aprovação, de capacidade ou de garantia de financiamento da instalação do equipamento utilizado e das respetivas despesas de manutenção], **entidade a quem se dirige o requerimento** [nº 1 do art. 3º do RJV], o **parecer da CNPD** ou o **comprovativo de parecer positivo tácito** [nºs 1, 2 e 3 do art. 3º do RJV], **autorização escrita e fundamentada** da utilização das câmaras de vídeo ou da **renovação da autorização** [nº 1 do art. 3º do RJV], contendo os **elementos prescritos** nas als. *a)* a *e)* do nº 3 do art. 5º do RJV [o local público objecto da videovigilância, limitações e condições de uso do sistema, proibição de captação de sons, salvo quando haja perigo concreto para a segurança das pessoas e bens, espaço físico susceptível de gravação, tipo de câmara e características técnicas e período de tempo autorizado].

Como elemento *formal* e, em simultâneo, *material* é a **fundamentação** do requerimento para uso de câmaras de vídeo e da decisão de autorização, para que não só se garanta a legalidade da actividade, mas também se defenda os direitos dos cidadãos[1429].

É de salientar que o Regulamento(UE) nº 679/2016, de 27 de Abril, que aprovou o Regulamento Geral sobre a Proteção de Dados (RGPD) da União Europeia (UE), não se aplica ao RJV, uma vez que é um regime aplicado pelas *autoridades competentes para efeitos de prevenção, investigação, deteção e repressão de infrações penais ou da execução de sanções penais, incluindo a salvaguarda e a prevenção de ameaças à segurança pública* [conforme al. *d*) do nº 1 do artigo 2º do RGPD]. Mas os princípios e as normas de conteúdo de tutela de direitos e liberdades fundamentais pessoais deve reger o quadro da atuação dessas autoridades, apesar de não lhe ser impositivo.

[1429] Neste sentido o Ac. do STA de 5 de Maio de 1983, decidiu que "o dever de fundamentar obriga a que o órgão competente pondere a sua decisão e funcione não só como garante de legalidade da actividade da Administração, mas também como meio de defesa dos direitos dos Administrado". Cfr. o nosso *Da Publicação da Matéria de Facto nos Processos Disciplinares*, Lisboa: Edição do ISCPSI, 2000, p. 46.

A fundamentação facilita a fiscalização das decisões e obriga as instâncias decisoras a um autocontrolo [neste sentido Reinhold Zippelius, *Teoria Geral...*, 3ª Edição, p. 390]. Como ensina João Caupers, a fundamentação "é um factor indispensável para se controlar a legalidade" da administração [João Caupers, *Introdução ao Direito...*, p. 73].

Quanto aos pressupostos formais a ***jusante*** da decisão de autorização, cabe à força ou ao serviço de segurança usufrutuário das câmaras de vídeo proceder:

- a **informações ao público** da existência de câmaras de vídeo naquele local, dos fins da captação das imagens e sons, do responsável pelo tratamento dos dados recolhidos – conforme art. 4º do RJV;
- ao **registo documentado** – conservação e tratamento – **dos dados**[1430] **captados** durante um mês, excepto se for registo da prática de crime, assim como **documentação da eliminação ou destruição dos dados** – auto de destruição – como forma de permitir o controlo e fiscalização da actividade da força ou serviço de segurança – art. 9º e 12º do RJV;
- **introdução da autorização no registo público** das instalações das câmaras de vídeo autorizadas – art. 12º do RJV;
- **elaboração do auto** que proceda à **comunicação da notícia do crime** à AJ, por meio de auto de notícia e junção da fita ou suporte original das imagens e sons, sempre que as câmaras captem e gravem a sua ocorrência – nº 1 do art. 8º do RJV e art. 248º e 243º do CPP.

Acresce que podemos verificar o **despacho fundamentado de revogação** ou de **suspensão** da autorização de uso de câmaras de vídeo – nºs 5 e 6 do art. 5º do RJV – e que a **recusa de aceder aos dados** captados e registados **carece de ser fundamentada** em pressupostos de

[1430] Consideram-se **dados pessoais** "qualquer informação, de qualquer natureza e independentemente do respectivo suporte, incluindo som e imagem, relativa a uma pessoa singular identificada ou identificável («titular dos dados»); é considerada identificável a pessoa que possa ser identificada directa ou indirectamente, designadamente por referência a um número de identificação ou a um ou mais elementos específicos da sua identidade física, fisiológica, psíquica, económica, cultural ou social", nos termos da al. *a*) do art. 3º da LPDP.
Deve considerar-se como **ficheiro de dados pessoais** ou **ficheiro** "qualquer conjunto estruturado de dados pessoais, acessível segundo critérios determinados, quer seja centralizado, descentralizado ou repartido de modo funcional ou geográfico", conforme al. *c*) do art. 3º da LPDP.

constituição de «perigo para a defesa do Estado ou para a segurança pública, ou quando seja susceptível de constituir uma ameaça ao exercício dos direitos e liberdades de terceiros[1431] ou, ainda, quando esse exercício prejudique a investigação criminal em curso» – nº 2 do art. 10º do RJV.

422. No que respeita aos **pressupostos materiais** a *montante*, há a referir «a existência de **riscos objectivos** para a segurança e ordem públicas» [nº 5 do art. 7º do RJV], **que não ofenda direitos fundamentais pessoais** – reserva da intimidade da vida privada, a palavra, a imagem – [nºs 4, 6 e 7 do art. 7º do RJV e art. 26º da CRP], **incapacidade dos recursos humanos policiais** e de **meios menos onerosos para os direitos dos cidadãos** prosseguirem a função de segurança e ordem pública e prevenção criminal sem o recurso a câmaras de vídeo [art. 2º, art. 3º – necessidade de autorização –, *a contrario* nº 2 do art. 7º do RJV], **meio idóneo** e **adequado** à **prossecução das finalidades** de manutenção da segurança e ordem públicas, incluindo pessoas e bens privados, e de prevenção da prática de crimes [nºs 1, 2, 3 e 5 do art. 7º do RJV].

A *jusante* impõe-se materialmente que a entidade requerente proceda, após um mês, à **destruição das imagens e sons que gravou e registou** – *a contrario* nº 1 do art. 9º do RJV –, que guarde **sigilo** do conhecimento obtido *ratione officii* nº 2 do art. 9º do RJV – e que promova **as medidas cautelares e de polícia** atinentes à preservação e conservação dos meios de prova reais e pessoais sempre que haja a captação da ocorrência de um crime – nº 1 do art. 8º do RJV e 249º e ss. do CPP.

Acresce que o princípio da legalidade será posto em causa quando a(s) razão(ões) que fundamentaram o requerimento e a autorização da utilização das câmaras se extinguirem quer com o tempo quer com a identificação e responsabilização dos autores dos actos que motivaram a insegurança e a desordem públicas.

[1431] Podemos considerar como **terceiro** "a pessoa singular ou colectiva, a autoridade pública, o serviço ou qualquer outro organismo que, não sendo o titular dos dados, o responsável pelo tratamento, o subcontratante ou outra pessoa sob autoridade directa do responsável pelo tratamento ou do subcontratante, esteja habilitado a tratar os dados", conforme al. *f)* do art. 3º da LPDP.

γ. do princípio da proporcionalidade *lato sensu*

423. Ancorado na ideia basilar de que a restrição de direitos fundamentais deve obediência ao **princípio da proporcionalidade** *lato sensu* ou **da proibição do excesso**[1432] – que se apresenta como limite dos poderes da polícia, que não podem ser exercidos e usados além do estritamente necessário[1433] –, cuja expressão se encontra no nº 1 do art. 7º do RJV.

Somos da opinião de que não era necessário prescrever em um preceito a subordinação da utilização das câmaras de vídeo ao princípio da proporcionalidade, por a hermenêutica jurídica impor que se interpretasse os artigos 1º e 2º do RJV – e todo o diploma – de acordo com o art. 18º da CRP – *maxime*, a restrição dos direitos fundamentais dos cidadão não podem ser restringidos sem a aferição, quer no plano legiferante quer no plano da interpretação e de aplicação da lei, do princípio da proporcionalidade – nº 2 do art. 18º e nº 2 do art. 266º da CRP. Mas o legislador optou por não descurar a prescrição legal.

O **juízo de proporcionalidade** estipulado no nº 1 do art. 7º não se esgota no momento da decisão de autorizar ou não a utilização de câmaras de vídeo, mas deve ser aferido no momento da elaboração do requerimento pelo dirigente máximo da força ou serviço de segurança ou do presidente da câmara e ao longo do período de utilização, principalmente pela força ou serviço de segurança que está a fazer uso deste sistema de segurança, e, ainda, pela fiscalização e controlo do uso da videovigilância por aqueles serviços públicos de segurança.

A utilização de câmaras de vídeo fixas e/ou portáteis rege-se pelo principio da proporcionalidade *lato sensu* ou da proibição do excesso na sua tríplice vertente:

i. o uso da câmara de vídeo deve mostrar-se como **o meio concretamente mais adequado** à prossecução da manutenção da

[1432] Quanto ao princípio da proporcionalidade *lato sensu* ou da proibição do excesso *supra* § 22º e toda a bibliografia aí exposta e Reinhold Zippelius, *Teoria Geral...*, 3ª Edição, pp. 385, 389-390 e João Caupers, *Introdução ao Direito...*, p. 82.

[1433] Quanto a este assunto Marcello Caetano, *Manual de Direito...* – Vol. II, 7ª Reimpressão da 10ª Edição, pp. 1158-1159.

segurança e ordem públicas e da prevenção da prática de crimes em um dado local público de utilização comum [nº 2 do art. 7º conjugado com o art. 1º do RJV], *i. e.*, se a utilização das câmaras se presumir que não é o meio mais adequado – ou se posteriormente se verificar da sua inadequação à finalidade – não deve ser autorizada – *p. e.*, se com a instalação de câmaras de vídeo em estabelecimentos comerciais da Rua *Y* a insegurança e a desordem e a prática de crimes imperam, não será por se colocar câmaras na Rua *Y* que o cenário se alterará, o que demonstra, desde logo uma inadequação da videovigilância;

ii. não basta que o uso da câmara de vídeo seja conveniente, pois deve ser **exigível e/ou necessária ou indispensável** – "no sentido do meio mais suave ou menos restritivo que precise de ser utilizado para atingir o fim em vista"[1434] – para a prossecução das finalidades legais admissíveis [al. *d*) do nº 1 do art. 5º do RJV] – *p. e.*, se a opção por colocar dois elementos policiais na Rua *Y* promover um clima de segurança e ordem públicas e de prevenção da prática de crimes capaz de se obter o bem estar social, a utilização das câmaras de vídeo denota um excesso por ser desnecessária e não exigível.

iii. A par da *necessidade* temos de ter em conta a **subsidiariedade** do meio a usar na manutenção da segurança e ordem públicas e na prevenção da prática de crimes, *i. e.*, o recurso às câma ras de vídeo deve obedecer ao princípio da subsidiariedade por ser um meio que ofende direitos fundamentais pessoais – desde logo, o direito à imagem –, pois só depois de esgotados outros meios táctico-policiais menos gravosos para os direitos dos cidadãos – *p. e.*, presença intermitente e/ou permanente policial na Rua *Y* – é que se pode fundamentar a necessidade e a conveniência da utilização da câmara de vídeo.

A par da *exigibilidade* devemos avocar a ***indispensabilidade*** da utilização de câmaras de vídeo para que se possa manter a segurança e ordem pública e a prevenção da criminalidade desde

Jorge Reis Novais, *As Restrições aos Direitos Fundamentais não Expressamente Autorizadas pela Constituição*, Coimbra: Coimbra Editora, 2003, p. 741.

logo por se impor a verificação da existência de riscos objectivos e não meros riscos abstractos, ou seja, fundamentação da indispensabilidade da utilização das câmaras de vídeo para manter a segurança e ordem públicas [nº 5 do art. 7º do RJV].

iv. Mas não basta que se verifiquem, apenas, estes corolários da proibição do excesso, sendo imperioso, até por imposição legal, que se concretize a **proporcionalidade** *stricto sensu* – que de entre os meios possíveis e a finalidade a prosseguir no caso concreto, tendo em conta «os riscos objectivos para a segurança e ordem públicas», a utilização das câmaras de vídeo e a fina lidade a prosseguir se mostrem situadas em uma justa e propor cional medida, ou seja, tem de existir uma proporcionalidade quer quanto à finalidade de manutenção de segurança e ordem públicas e/ou de prevenção da prática de crimes quer quanto à ofensa de bens jurídicos pessoais de tutela jurídico-constitu cional e jurídico-criminal – como se retira dos nºs 3, 4, 5, 6 e 7 do art. 7º do RJV.

A extinção dos pressupostos da adequação, da necessidade, da subsidiariedade e da proporcionalidade *stricto sensu* a autorização da utilização das câmaras de vídeo deve ser **suspensa ou revogada** como se retira do nº 6 do art. 5º do RJV.

δ. da protecção dos direitos fundamentais

424. A utilização de câmaras de vídeo afecta direitos fundamentais pessoais dos cidadãos, tais como a imagem, a reserva da intimidade da vida privada e familiar e a palavra – de consagração constitucional –, conforme nº 1 do art. 26º da CRP.

Os direitos fundamentais pessoais constituem um limite imediato e imanente não só à autorização, como também à decisão de requerimento, que deve fazer um juízo de ponderação sobre a prevalência dos direitos pessoais sobre a manutenção da segurança e da ordem públicas e a prevenção da prática de crimes.

O legislador, desde logo, demonstrou que a ofensa grave àqueles direitos fundamentais pessoais são fundamento legal de não autorização das câmaras de vídeo aos prescrever a **proibição expressa** de instalação de câmaras em locais públicos que sejam destinados por natureza a serem fruídos com resguardo – *p. e.*, jardins, onde namorados se encontram e famílias passeiam –, conforme nº 4 do art. 7º do RJV, e ao **vedar a utilização de câmaras** que captem imagens e sons do interior de casa ou de edifício habitado ou sua dependência, excepto se os titulares do direito ou os proprietários consentirem expressamente[1435] ou autorização judicial, e que afectem, directa e imediatamente, «a intimidade das pessoas, ou resulte na gravação de conversas de natureza pessoal», conforme nºs 6 e 7 do art. 7º do RJV.

Acresce que se, por *acidente*, as câmaras de vídeo captarem imagens e sons do interior de casa ou de edifício habitado ou sua dependência ou afectarem, directa e indirectamente, a reserva da intimidade das pessoas ou resultarem na gravação de conversas de natureza pessoal, o responsável pelo sistema deve de imediato **destruir as captações e gravações indevidas**[1436] – *ex vi* do nº 8 do art. 7º do RJV.

425. Como corolário de garantia e de defesa dos direitos pessoais a afectar com as câmaras, recai o ónus sobre a entidade requerente de afixar nos locais de instalação do sistema de videovigilância *informação da sua existência e respectiva localização, da sua finalidade e do responsável pelo tratamento dos dados e simbologia adequada* – conforme art. 4º do RJV. Promove-se o *direito de informação* prescrito no art. 10º da LPDP, que se aplica ao sistema de videovigilância *ex vi* do nº 3 do art. 4º da LPDP.

O *direito de informação* pode, nos termos do nº 5 do art. 10º da LPDP, ser *vedado por disposição legal* – que diga "respeito a interesses consti-

[1435] Quanto ao consentimento a prestar, somos da opinião que se deve seguir a posição por nós defendida no âmbito das revistas e das buscas, em que deve ser o titular do direito afectado – *in casu*, a imagem e a palavra – que deve prestar o consentimento e não só o proprietário, sob pena da disponibilidade do direito pessoal poder *ex lege* passar para outrem [Cfr. o nosso *Revistas e Buscas*, 2ª Edição, Coimbra: Almedina, 2005, pp. 119-130]. Pode conceber-se o consentimento do titular dos dados como "qualquer manifestação de vontade, livre, específica e informada, nos termos da qual o titular aceita que os seus dados pessoais sejam objecto de tratamento" – nos termos da al. *h)* do art. 3º da LPDP.

[1436] Optamos por considerar essas captações e gravações indevidas por serem obtidas por acidente e não por violação do princípio da legalidade, caso contrário são ilegais e ilícitas.

tucionalmente protegidos, como por exemplo a segurança nacional, a segurança pública e a prevenção ou investigação criminal"[1437] – ou por *deliberação* da CNPD, fundadas em motivos de segurança do Estado e de prevenção ou de investigação criminal, e, no caso do tratamento de dados com finalidades estatísticas, históricas ou de investigação científica, a informação do titular dos dados se revelar impossível ou implicar esforços **desproporcionados, podendo, ainda, a obrigação de informação ser dispensada** quando a lei determinar expressamente o registo dos dados ou a sua divulgação.

426. Ancorado na ideia de fiscalização e controlo pelos lesados da utilização de câmaras de vídeo, os cidadãos têm, por imperativo constitucional – art. 35º da CRP –, o **direito ao conhecimento**[1438] dos dados pessoais tratados e registados – que deve ser exercido perante o responsável pelo tratamento dos dados captados de forma directa ou por meio da CNPD [nº 3 do art. 10º do RJV e nº 2 do art. 11º da LPDP] –, que se desdobra em:

i. o ***direito de acesso aos dados*** captados, tratados e registados – art. 10º do RJV, art. 11º da LPDP. Direito este de consagração constitucional. O *exercício do direito de acesso*, que deve ser gratuito, aos dados obtidos por meio da videovigilância só pode ser **negado** por decisão fundamentada em motivos do acesso «constituir perigo para a defesa do Estado[1439] ou para a segurança pública (...) constituir uma ameaça ao exercício dos direi-

[1437] ALEXANDRE SOUSA PINHEIRO e MÁRIO JOÃO DE BRITO FERNANDES, *Comentário à IV Revisão Constitucional*, Lisboa: AAFDL, 1999, p. 137.

[1438] Quanto a este assunto GOMES CANOTILHO e VITAL MOREIRA, *Constituição da República...*, 3ª Edição, p. 216 ou I Volume, 4ª Edição, 2007, pp. 551-553, e ALEXANDRE SOUSA PINHEIRO e MARIO JOÃO DE BRITO FERNANDES, *Comentário...*, pp. 135-138.

[1439] Quanto *ao segredo de Estado* e ao *segredo de justiça* como cláusulas de reserva de acesso aos dados introduzidas pela Revisão Constitucional operada pela Lei Constitucional nº 1/89, de 8 de Julho, GOMES CANOTILHO e VITAL MOREIRA, *Constituição da República...*, 3ª Edição, p. 217 ou I Volume, 4ª Edição, 2007, pp. 413-414 (segredo de justiça) e II Volume, 4ª Edição, 2010, p. 269 (segredo de Estado).
Prevalece, em certas situações concretas, quanto ao segredo de Estado "a necessidade de resguardar certas informações em nome da segurança, interna e externa, do Estado" e quanto ao segredo de justiça a necessidade de "preservação da efectividade da justiça e da

tos e liberdades de terceiros[1440], ou, ainda, quando esse exercício prejudique investigação criminal em curso», conforme nº 2 do art. 10º do RJV[1441] e nºs 2 e 5 do art. 35º da CRP.

ii. o direito ao ***conhecimento da identidade*** dos responsáveis pela captação e tratamento dos dados e *da finalidade* da ins talação das câmaras de vídeo – als. *b*) e *c*) do art. 4º e al. *c*) do nº 1 do art. 5º do RJV;

iii. os direitos de ***contestação ou de rectificação e de actualiza ção e de eliminação dos dados*** obtidos pelas câmaras de ví deo – nº 1 do art. 35º da CRP e nº 1 do art. 10º do RJV – excepto se quando se verificarem os pressupostos para a negação de acesso prescritos no nº 2 do art. 10º do RJV. O direito à *destrui ção dos dados* após um mês da sua captação – *a contrario* nº 1 do art. 9º do RJV – entronca na ideia de protecção dos direitos fundamentais pessoais possíveis de serem afectados.

427. O direito à ***tutela jurídico-criminal*** da ofensa aos direitos fundamentais pessoais encontra-se previsto no art. 11º do RJV – se a câmara de vídeo for utilizada sem respeito pelos pressupostos legais

eficiência da acção penal na recolha de provas" [Jorge Bacelar Gouveia, *Novos Estudos de Direito Público*, Lisboa: Âncora Editora, 2002, p. 107].

[1440] Na esteira de Gomes Canotilho e Vital Moreira a restrição de terceiros acederem ao dados – imagens e/ou sons – captados e registados pretende garantir e salvaguardar a reserva da intimidade da vida privada e, consequentemente, evitar que haja um descontrolo das informações tratados e registados e afectando a confiança que os cidadão depositaram na administração. Gomes Canotilho e Vital Moreira, *Constituição da República*..., 3ª Edição, p. 217 ou I Volume, 4ª Edição, 2007, pp. 554-555.
A defesa e garantia da privacidade e da intimidade apresenta-se como "limitação quer da utilização de dados pessoais a respeito de pessoas e famílias – os chamados direitos fundamentais à protecção de dados pessoais informatizados – quer do acesso generalizado a informações administrativas que revelam aspectos da intimidade, assim não acessíveis por qualquer cidadão" [Jorge Bacelar Gouveia, *Novos Estudos*..., p. 109].

[1441] O legislador optou por prescrever a negação de acesso e não seguir a disposição da LPDP, que impôs que «se a comunicação dos dados ao seu titular puder prejudicar a segurança do Estado, a prevenção ou a investigação criminal ou ainda a liberdade de expressão e informação ou a liberdade de imprensa, a CNPD limita-se a informar o titular dos dados das diligências efectuadas», conforme nº 4 do art. 11º da LPDP.

prescritos neste diploma, o funcionário pode ser punido pelos crimes de *devassa da vida privada*, crime p. e p. pelo art. 192º do CP[1442], de *gravações e fotografias ilícitas*, crime p. e p. pelo art. 199º do CP[1443], e *abuso de poder*, crime p. e p. pelo art. 382º do CP.

ε. do parecer *negativo* da CNPD

428. O ***parecer negativo*** da CNPD deixou de ser um limite imediato e vinculativo da utilização das câmaras de vídeo fixas para fins de segurança e ordem pública e de prevenção da prática de crimes, com a alteração do RJV, operada pela Lei nº 9/2012, de 23 de Fevereiro[1444].

O parecer negativo vinculativo manteve-se apenas para as câmaras de vídeo portáteis, como se retira do nº 3 do art. 6º do RJV. Vincula de imediato a decisão do membro do Governo que tutela a força ou serviço de segurança requerente no sentido de não autorizar o recurso à videovigilância ou o diriegente máximo da força ou serviço de segurança que se encontra a utilizar a câmara de vídeo portátil com fundamento na urgência, cabendo a este destruir o material gravado.

O parecer positivo da CNPD não vincula o decisor a autorizar o uso das câmaras de vídeo fixas e portáteis. Deixa à reflexão própria e inerente ao cargo a possibilidade de não autorizar. O parecer positivo não é vinculativo, mas orientador e esclarecedor, podendo conter recomendações concretas quanto ao sistema a instalar.

O parecer da CNPD – negativo ou positivo – funciona sempre como um limite de aferição da legalidade do requerimento para utilização das câmaras, promovendo-se uma fiscalização a *priori* da decisão e a *posteriori* nos casos de urgência expressos no nº 10 do art. 7º e nº 3 do art. 6º do RJV.

[1442] Quanto a este assunto o nosso *Da Publicação da Matéria de Facto...*, pp. 77-88, MANUEL DA COSTA ANDRADE, "Devassa da Vida Privada", *in Comentário Conimbricense ao Código Penal – Parte Especial* – Tomo I, (Dirigido por JORGE DE FIGUEIREDO DIAS), Coimbra: Coimbra Editora, 1999, pp. 725-742.

[1443] Quanto a este assunto o nosso *Da Publicação da Matéria de Facto...*, pp. 89-91 e MANUEL DA COSTA ANDRADE, "Gravações e fotografias ilícitas", *in Comentário Conimbricense ao Código Penal – Parte Especial* – Tomo I, pp. 817-845.

[1444] Cfr. a nova redação do art. 3º do RJV.

Acresce referir que, mesmo não estando vinculado ao parecer negativo da CNPD para a utilização de câmaras de vídeo fixas, o membro do Governo tem de fundamentar, de facto e de direito, a decisão de autorização da utilização daquelas câmaras. Relace-se que consideramos ser de elevada 'crispação' relacional institucional o membro do Governo da força ou serviço de segurança requerente autorizar a utilização de câmaras de vídeo fixas em sentido contrário do parecer emitido pela CNPD.

O parecer positivo da CNPD pode funcionar como um dos limites à utilização de câmaras de vídeo fixas caso imponha como condição da positividade a verificação completa das *recomendações* para cumprimento efectivo das *regras* relativas à *segurança do tratamento dos dados recolhidos*, das *medidas especiais de segurança* para *garantir os controlos de entrada nas instalações, dos suportes de dados, da inserção, da utilização, de acesso, da transmissão, da introdução e do transporte*, por força da al. *a)* do nº 7 conjugada com o nº 2 do art. 3º do RJV.

As recomendações podem ser um instrumento jurídico-fáctico limitativo do recurso desmedido à instalação de câmaras de vídeo fixas em locais de domínio público de utilização comum.

d. Do tratamento das imagens e sons captados e gravados

429. O tratamento de dados – imagens e sons captados e gravados por câmaras de vídeo fixas e portáteis – onera os responsáveis pela utilização deste meio técnico, para que se possam operativizar os direitos ao conhecimento e de acesso aos mesmos, a respeitarem e concretizarem determinados princípios[1445] que emergem de comandos constitucionais – *maxime*, artigos 18º, 35º e 266º da CRP.

Desta feita, a operatividade dos direitos de conhecimento, de acesso, de contestação, de rectificação, de actualização, de eliminação e de destruição dos dados pessoais só é possível – até para uma melhor fiscalização e controlo pelo visado – com a criação de um registo informatizado, cujo acesso seja limitado e cujo processo de tratamento e de registo obedeça aos princípios:

[1445] Seguimos os princípics especificados por Gomes Canotilho e Vital Moreira, *Constituição da República...*, 3ª Edição, p. 216 ou I Volume, 4ª Edição, 2007, pp. 551-553.

i. da *publicidade* – *i. e.*, os cidadãos têm de ter conhecimento de que se criaram e se mantêm registos informáticos sobre a captação e gravação de imagens e sons através da utilização das câmaras de vídeo – materializado no art. 4º, no nº 1 do art. 5º e no art. 11º do RJV;

ii. da *justificação social* – *i. e.*, a criação e manutenção de registos informáticos de dados pessoais devem "ter um objectivo geral e usos específicos socialmente aceites"[1446] – materializa do no nº 1 do art. 2º, na al. *d)* do nº 1 do art. 5º e nos nºs 2 e 5 do art. 7º do RJV;

iii. da *transparência ou da clareza dos registos* – *i. e.*, impõem se a transparência e a clareza relativamente "às espécies ou categorias de dados recolhidos e tratados, (...) à existência ou não de fluxos de informação, (...) ao tempo de tratamento (...) e à identificação do responsável do ficheiro"[1447] – materializa do no art. 4º, nos nº 1, alíneas *b), c), e), f), g)* e *h)* e nº 3, alíneas *b*) e *e*), art. 9º e art. 12º do RJV;

iv. da *especificação de finalidades* – *i. e.*, as finalidades da captação e de processamento de imagens e/ou sons têm de ser especificadas no requerimento e na decisão de autorização e nos avisos de que o local se encontra sob videovigilância – materializado na al. *b)* do art. 4º, retira-se da al. *d)* do nº 1 do art. 5º e do nº 3 do art. 7º do RJV;

v. da *limitação ou da proibição do excesso de captação e gravação* – *i. e.*, a captação de imagens e/ou de sons obedece ao princípio da proporcionalidade *lato sensu*[1448] – adequação, necessidade [e subsidiariedade] e proporcionalidade *stricto sensu* – materializado na al. *d)* do nº 1 e na al. *b)* do nº 3 do art. 5º e nºs 2, 3 e 5 do art. 7º do RJV;

[1446] Gomes Canotilho e Vital Moreira, *Constituição da República...*, 3ª Edição, p. 216 ou I Volume, 4ª Edição, 2007, p. 552.

[1447] *Ibidem.*

[1448] Quanto a este assunto *supra* ponto **c.** Dos limites à utilização das câmaras de vídeo: a. dos princípios da legalidade e da proporcionalidade *lato sensu*.

vi. da *fidelidade* – *i. e.*, as imagens e/ou sons captados devem ser exactos, completos e actuais, sob pena de pôr em causa a boa fé, a lealdade e democraticidade da actividade administrativa policial – materializado nos artigos 9º, 10º, 11º do RJV;

vii. da *limitação de utilização* – *i. e.*, as imagens e/ou sons a recolher e recolhidos e tratados só podem ser utilizados para os fins expostos no requerimento e que serviram de funda mento à decisão de autorização – materializado *a contrario* no nº 6 do art. 5º e no art. 11º do RJV;

viii. das *garantias de segurança* – *i. e.*, a utilização de câmaras de vídeo oneram quem se socorre do sistema, devendo tomar medidas destinadas a proteger e a garantir as imagens e/ou sons contra a perda, destruição e conhecimento de terceiros – materializado na al. *a)* do nº 7 do art. 3º, al. *f)* do nº 1 e al. *b)* do nº 3 do art. 5º, nº 1 do art. 9º e nº 2 do art. 10º do RJV;

ix. da *responsabilidade* – *i. e.*, a utilização das câmaras de ví deo obrigam aos operadores do sistema a deveres legais e deontológicos que evitem a delação da sociedade e da credibilidade do sistema – materializado na al. *c)* do art. 4º, na al. *c)* do nº 1 do art. 5º, no nº 2 do art. 9º e art. 11º do RJV;

x. da *política de abertura* – *i. e.*, os registos de tratamento de dados – imagens e/ou sons – têm de "garantir a transparência da acção administrativa, sobretudo quanto à clareza dos registos, às espécies e categorias de dados recolhidos e tratados, à existência ou não de fluxos de informação, ao tempo de tratamento e à identificação do responsável pelo ficheiro"[1449] – princípio materializado nos nºs 1 e 3 do art. 5º, no art. 10º e no art. 12º do RJV;

xi. da *limitação do tempo* – *i. e.*, a autorização de utilização das câmaras de vídeo fixas e portáteis, assim como os registos tratados devem ser suspensos ou revogados ou destruídos logo que a fi-

[1449] GOMES CANOTILHO e VITAL MOREIRA, *Constituição da República...*, 3ª Edição, p. 216 ou I Volume, 4ª Edição, 2007, p. 552.

nalidade do recurso àquele sistema se tenha alcançado – materializado nos nºs 4, 5 e 6 do art. 5º, no nº 1 do art. 9º e no art. 12º do RJV.

430. Esta panóplia de princípios atinentes à prossecução da captação de imagens e/ou sons e respectivo tratamento têm como objectivo exclusivo a protecção dos direitos fundamentais pessoais dos cidadãos e uma actuação administrativa policial dentro do quadro da legalidade democrática.

O tratamento dos dados – imagens e/ou sons captados pelas câmaras de vídeo fixas ou portáteis – deve seguir o regime jurídico prescrito nos artigos 5º a 9º da LPDP:

i. o tratamento deve *ser lícito e respeitar a boa fé*, compatível, adequado, pertinente com as finalidades, exacto e actualizado, de modo a permitir a identificação dos titulares, dentro do tempo estipulado – nos termos do nº 1 do art. 5º[1450];

ii. no caso em análise, o tratamento *carece de consentimento do titular* dos dados ou deve *ser necessário* para a «execução de uma missão de interesse público ou no exercício de autoridade pública em que esteja investido o responsável pelo tratamento ou um terceiro a quem os dados sejam comunicados», nos termos da al. *d)* do art. 6º;

iii. são *proibidos tratamentos* "de dados pessoais referentes a *convicções filosóficas ou políticas, filiação partidária ou sindical, fé religiosa, vida privada e origem racial ou étnica*, bem como o tratamento de dados relativos à saúde e à vida sexual, incluindo os dados genéticos"[1451] – nº 1 do art. 7º –, *excepto*, neste caso, se houver

[1450] O tratamento de dados informáticos implica, como afirma JOCHEN SCHNEIDER, riscos que impõem "novas tarefas e discussões relativas à ética da informática". [JOCHEN SCHNEIDER, "Processamento electrónico de dados – Informática jurídica", *in Introdução à Filosofia do Direito e à Teoria do Direito Contemporâneo*, (Coordenação de A. KAUFMANN e de W. HASSEMER), (Tradução do alemão de MARCOS KEEL e de MANUEL SECA DE OLIVEIRA), Lisboa: Fundação Calouste Gulbenkian, 2002, p. 554].

[1451] Itálico nosso. Este preceito concretiza o comando constitucional de que: «A informática não pode ser utilizada para tratamento de dados referentes a convicções filosóficas

autorização judicial fundada em "motivos de interesse público importante" e "esse tratamento for indispensável ao exercício das atribuições legais ou estatutárias do seu responsável" ou *se o titular dos dados der o seu consentimento expresso* para esse tratamento – nº 2 do art. 7º – ou se for para "proteger interesses vitais do titular dos dados ou de uma outra pessoa e o titular dos dados estiver física ou legalmente incapaz de dar o seu consentimento", ou, com consentimento do titular, para ser efectuado "por fundação, associação ou organismo sem fins lucrativos de carácter político, filosófico, religioso ou sindical, no âmbito das suas actividades legítimas, sob condição de o tratamento respeitar apenas aos membros desse organismo ou às pessoas que com ele mantenham contactos periódicos ligados às suas finalidades, e de os dados não serem comunicados a terceiros sem consentimento dos seus titulares" ou dizerem "respeito a dados manifestamente tornados públicos pelo seu titular, desde que se possa legitimamente deduzir das suas declarações o consentimento para o tratamento dos mesmos" ou por serem necessários "à declaração, exercício ou defesa de um direito em processo judicial e for efectuado exclusivamente com essa finalidade" – nº 3 do art. 7º.

Quanto aos dados sobre *saúde* e *vida sexual dos titulares*, incluindo os dados genéticos, *só é admissível o tratamento* se "for necessário para efeitos de medicina preventiva, de diagnóstico médico, de prestação de cuidados ou tratamentos médicos ou de gestão de serviços de saúde" e se o tratamento desses dados for efectuado por um profissional de saúde obrigado a sigilo ou por outra pessoa sujeita igualmente a segredo profissional, se for notificado à CNPD e se forem garantidas todas as medidas adequadas à segurança da informação – nº 4 do art. 7º.

iv. no que concerne a imagens e/ou sons que indiciem a prática de actos ilícitos – crimes [a par dos procedimentos prescritos

ou políticas, filiação partidária ou sindical, fé religiosa, vida privada e origem étnica, salvo mediante consentimento expresso do titular, autorização prevista por lei com garantias de não discriminação ou para processamento de dados estatísticos não individualmente identificáveis» – nº 3 do art. 35º da CRP.

no art. 8º do RJV], contra-ordenações, disciplinares – só podem ser *tratados por serviços públicos de competência específica, i. e.*, serviços de polícia (PJ, PSP, GNR). Acrescente-se que as imagens e/ou sons recolhidos pelas câma ras de vídeo fixas ou portáteis no âmbito do RJV, obedecem às finalidades do sistema, o que pode afastar o tratamento de dados que impliquem sanção penal, contra-ordenacional e disciplinar por parte da força ou serviço de segurança que tenha requerido e obtido autorização para utilizar as câmaras de vídeo, assim como duvidamos da possi bilidade daqueles poderem utilizar as imagens e/ou sons capta dos com o intuito de investigação policial por as imagens e/ou sons recolhidos deverem ser entregues ao MP nos termos do art. 8º do RJV[1452].

v. o nº 2 do art. 35º da CRP proíbe a interconexão de ficheiros excepto em casos excepcionais previstos na lei. O RJV nada estipula quanto *à interconexão*[1453] *de imagens e/ou sons* – de dados pes-

[1452] A captação e respectivo tratamento de imagens e sons referentes à investigação de crimes não só deve obedecer ao quadro «necessário para a prevenção de um perigo concreto ou repressão de uma infracção criminal» – nº 3 do art. 8º da LPDP, como a captação e gravação de imagens e de sons estão previstas no art. 167º do CPP e carecem de autorização judicial.
O legislador ordinário especificou quanto a determinados tipos de crime – tráfico de estupefacientes, terrorismo e organizações terroristas, tráfico de armas, corrupção passiva e peculato, branqueamento de capitais, associação criminosa, contrabando, tráfico e viciação de veículos furtados, lenocínio e lenocínio e tráfico de menores e contrafacção de moeda e de títulos equiparados a moeda – o registo de voz (*off*) e imagem nos termos do art. 6º da lei nº 5/2002, de 11 de Janeiro. Quanto a este assunto o nosso *Escutas Telefónicas...*, 2ª Edição, pp. 107-109.
Quanto à questão do uso das imagens como prova em porcesso penal – como se afere dos artigos 13º, nº 2, al. *d)* e 15º, nº 2, al. *c)* do RJV e art. 18º, nº 2 do RJED – dedicamos *infra* alínea **f.**

[1453] Como afirmam Gomes Canotilho e Vital Moreira, o nº 2 do art. 35º da CRP proíbe a interconexão de ficheiros excepto em casos excepcionais previstos na lei, proibição que visa **evitar** a *concentração* de dados, criando-se o perigo de centralizar e controlar completamente os cidadãos, o *controlo* da vida dos cidadãos pela *polícia* e a multiplicação de ficheiros – que originaria um acumular incontrolável de informações em um número indeterminado de ficheiros. Gomes Canotilho e Vital Moreira, *Constituição da República...*, 3ª Edição, pp. 217-218 ou I Volume, 4ª Edição, 2007, pp. 554-555.

soais – captados e gravados em câmaras diferentes e por forças e serviços de segurança diferentes. Questão que se levanta é saber se aqueles podem fazer interconexão de ficheiros nos termos do art. 9º da LPDP: a interconexão «está sujeita a **autorização da CNPD** solicitada pelo responsável ou em conjunto pelos correspondentes responsáveis dos tratamentos» e «deve ser **adequada à prossecução das finalidades** legais ou estatutárias e de interesses legítimos dos responsáveis dos tratamentos, não implicar discriminação ou diminuição dos direitos, liberdades e garantias dos titulares dos dados, ser rodeada de adequadas medidas de segurança e ter em conta o tipo de dados objecto de interconexão". Parece-nos que é forçoso seguir uma resposta positiva por o comando constitucional prescrever como reserva de lei a previsão de interconexão de ficheiros, previsão inexistente no RJV.

O tratamento de imagens e/ou sons captados e gravados pelas câmaras de vídeo utilizadas no âmbito do RJV, promovido pelas forças e serviços de segurança, deve ter em conta, *ab initio*, o âmbito de aplicação e as finalidades das câmaras de vídeo e, *ad finem*, que os dados a tratar dizem respeito a pessoas dotadas de dignidade.

e. Da captação de imagens e sons de notícia de crime

431. O art. 8º do RJV onera as forças ou serviços de segurança, que utilizem câmaras de vídeo para fins de manutenção da segurança e ordem pública e para prevenção da prática de crimes, à comunicação da notícia de qualquer crime – pois o nº 1 do art. 8º prescreve «a prática de factos com relevância criminal» –, independente da natureza do mesmo, ao MP para que, dentro do princípio da legalidade e tendo em conta o princípio da oportunidade, promova a acção penal[1454].

Ao MP falta legitimidade para iniciar o inquérito no caso dos crimes de natureza *semi-pública* – carece de queixa – e *particular* – carece

[1454] Quanto a este assunto, o nosso *Processo Penal* – Tomo I, 3ª Edição, Coimbra: Almedina, 2010, pp. 203-234.

de queixa e de acusação particular, devendo o titular do direito de queixa constituir-se assistente no processo[1455].

A força ou serviço de segurança, que verificar a ocorrência de um crime, deve elaborar auto de notícia[1456] – nos termos do art. 243º do CPP – e juntar a fita ou o suporte original das imagens ou sons, assim como deve proceder às medidas cautelares e de polícia que consiga empreender – *p. e.*, identificação do(s) suspeito(s) ou de testemunhas, apreensão de objectos do crime ou que serviram para a sua prática, o exame ao local, a revista ao(s) suspeito(s) e a busca ao local do crime, nos termos dos artigos 249º, 250º e 251º do CPP[1457] – assim como proceder, se possível, à detenção dos agentes do crime[1458].

É neste sentido que se podem ler três decisões dos tribunais das Relações de Guimarães, Porto e Évora. Não obstante serem imagens gravadas por particulares ou fora do circuito de videovigilância, mas seguem a ideia de que as mesmas servem apenas para *documentar o facto criminal*, o *autor* e *infracções criminais*, desde que não lesem ou afectem o núcleo da vida privada. Ou seja, servem de prova do facto criminal, da autoria e de infracção por meio do descrito no acto de notícia, nos termos do art. 243º do CPP.

As decisões dos tribunais superiores têm como base não só que a gravação das imagens tem como finalidade documentar o auto de notícia ou de detenção e integram o processo-crime por meio desse auto, e, por essa razão, funcionam como uma *causa de justificação* e como *justa causa*. Ora vejamos:

> "Não constituem provas ilegais, podendo ser valoradas pelo tribunal, as imagens gravadas por particulares em locais públicos ou acessíveis ao público, se se destinarem a ***documentar*** uma infração criminal e não disserem respeito ao «núcleo duro da vida privada» da pessoa visionada" [Ac. TRG de 29 de Abril de 2014]; "São válidas, não constituindo métodos

[1455] Quanto a este assunto, o nosso *Processo Penal* – Tomo I, 3ª Edição, pp. 286-293.

[1456] Quanto ao *auto de notícia*, o nosso *Processo Penal* – Tomo I, 3ª Edição, pp. 286-293 e *supra* §§ 48º a 50º.

[1457] Quanto às *medidas cautelares e de polícia*, o nosso *Processo Penal* – Tomo I, 3ª Edição, pp. 295-312 e *supra* §§ 51º a 59º.

[1458] Quanto à *detenção* e respectivos pressupostos, o nosso *Processo Penal* – Tomo I, 3ª Edição, pp. 313-350 e *supra* §§ 60º a 63º.

proibidos de prova e podendo ser valoradas pelo julgador, as imagens gravadas por particular, sendo a gravação direcionada para um local público, particularmente *dirigida para o seu veículo automóvel*, estacionado na via pública, apenas com vista a ***apurar quem era o autor*** dos danos, por neste caso existir justa causa para essa captação de imagens (por não serem atingidos dados sensíveis da pessoa visionada). A imagem captada nas circunstâncias deste caso concreto, por um lado não constitui nenhuma violação do «núcleo duro da vida privada», nem do direito à imagem do visionado" [Ac. TRP de 23 de Outubro de 2013]; e "A obtenção das imagens através de sistema, tendo em vista a ***identificação*** *de autores de crimes*, visa ***documentar infrações*** e não diz respeito ao «núcleo duro da vida privada» da pessoa visionada; é um meio necessário e apto ao exercício do direito de defesa, pelo que está excluída a ilicitude do mesmo. Não constitui um método proibido de prova, dado que existe uma **causa de justificação** para a sua obtenção" [Ac. TRE de 28 de Junho de 2011]; "Imagens captadas em local de acesso público, mesmo na falta de consentimento do visado, não correspondem a qualquer método proibido de prova, por não violarem o núcleo duro da vida privada, avaliado numa ***ideia de proporcionalidade*** e *por* ***existir uma justa causa*** na sua obtenção e utilização, que é a prova de uma infração criminal. A falta de parecer prévio favorável da CNPD, só por si, não torna a gravação ilícita, nos termos da lei penal" [A. TRL de 10 de Maio de 2016]; e "A obtenção de fotografias ou de filmagens sem o consentimento do visado, *sempre que exista* ***justa causa*** nesse procedimento, nomeadamente quando as mesmas estejam enquadradas em lugares públicos, visem a realização de interesses públicos ou hajam ocorrido publicamente não constitui ilícito típico. Nessas circunstâncias mesmo que haja falta de licenciamento da CNPD podem ser usadas como meio de prova" [Ac. TRP de 25 de Fevereiro de 2015].

432. Relevante é a questão das gravações ou registos[1459] servirem de prova em sede jurídico-processual – inquérito, pronúncia e julgamento –, por podermos estar a legitimar um *modus operandi* das polícias na obtenção de prova que, em sede de processo penal, não é admissível.

[1459] Cfr. al. *d)* do nº 2 do art. 13º do RJV.

Somos de opinião de que as gravações de imagens e sons da videovigilância autorizada pelo poder executivo [administrativo] devem, *prima facie*, servir de notícia do crime sujeita ao discreteamento próprio de um processo construído na base do contraditório e no respeito por todos os direitos do cidadão, assim como alicerçado numa conduta democrática e leal das polícias. A prova far-se-á por meio do autode notícia.

A utilização de imagens e sons constantes das gravações e registos obtidos por meio da videovigilância, autorizada pelo poder executivo e por via administrativa, como prova em processo crime viola o *princípio de jurisdicionalidade* de que está imbuído constitucionalmente todo o processo penal português e, por conseguinte, viola o princípio de tutela jurisdicional dos direitos, liberdades e garantias processuais penais do cidadão[1460] e o princípio da separação de poderes.

O cidadão não pode ver-se mais despido desses direitos, liberdades e garantias processuais no âmbito administrativo preventivo e sancionatório do que no plano criminal, sob pena de admitirmos a ingerência nos direitos fundamentais para investigação criminal com fundamento em decisão administrativa[1461].

f. Da valoração probatória em processo penal (a administrativização do processo penal)

433. A actual redacção do RJV dá entender que as imagens e sons constantes dos registos vídeo podem ser utilizados para «efeitos de prova em processo penal» conforme se afere da al. *d)* do nº 2 do art. 13º do RJV – para as infracções criminais inerentes ao exercício do direito rodoviário –, e al. *c)* do nº 2 do art. 15º do RJV – para efeitos das infracções criminais inerentes aos incêndios florestais. No mesmo sentido se pode ler a segunda parte do nº 2 do art. 18º do RJED – para infracções criminais relacionadas com os eventos desportivos, previstos no RJED [27º a 33º] e na legislação penal associada ao desporto.

[1460] Cfr. art. 32º nºs 1 e 4 da CRP.

[1461] Quanto a uma análise aprofundada sobre a ingerência nos direitos fundamentais sob tutela jurisdicional, MARIA DE FÁTIMA MATA-MOUROS, *Juiz das Liberdades. Desconstrução de um Mito do Processo Penal*, Coimbra: Almedina, 2011.

A questão que se levanta é saber se o legislador quis aprovar um meio de obtenção de prova através de uma autorização executivo-administrativa ou se apenas quis que as imagens e os sons gravados servissem de fundamento ao auto de notícia elaborado pelas forças ou serviços de segurança fruidoras das câmaras de vídeo, valendo tão-só como fundamento do auto de notícia ao longo de todo o processo.

Impõe-se que se esclareça, como já o fizemos neste capítulo, que a comunicação da autorização de utilização de câmaras de vídeo fixas ou portáteis ao Ministério Público territorialmente competente não pode servir de base a uma autorização tácita para efeitos futuros de prova, mas tão-só como forma de promover a defesa da legalidade democrática da actuação dos operadores do Estado[1462].

Na linha do que temos defendido e em conformidade com a Constituição democrática de 1976, o recurso a meios de obtenção de prova restritivos ou colidentes com os direitos fundamentais obedecem ao princípio da jurisdicionalidade – tutela judicial –, conforme nº 4 do art. 32º da CRP. Não pode uma autorização executivo-administrativa, nem a prévia comunicação ao MP, substituir a tutela jurisdicional.

Mas somos conscientes de que a captação de som ou de imagem da prática de um crime rodoviário ou conexo ao direito rodoviária [*v. g.*, homicídio negligente, ofensa a integridade física, uso de matrícula falsa], prática de um crime de incêndio na floresta, de um crime do RJED, ou mesmo de um crime do Direito penal de justiça por uma câmara fixa em um determinado local deve ter algum fundamento em sede de processo crime. Mas jamais podem configurar-se como prova ou meio de prova ou meio de obtenção de prova.

Consideramos que as imagens e sons gravados pelas câmaras de vídeo devem tão-só fundamenar ou corroborar o que o auto de notícia, de ocorrência ou de denúncia descreve e manter-se intactas ou inalteráveis até ao trânsito em julgado do processo, sob pena de violação do princípio da *jurisdicionalidade* da prova penal e do princípio da *separação de poderes*.

[1462] Cfr. *supra* ponto 378 e nº 3 do art. 8º do RJV.

Capítulo V
Cooperação Policial

Sumário: § 106º Considerações gerais
§ 107º Resenha histórica:
a. Quadro internacional
b. Quadro da União Europeia
§ 108º Cooperação policial – classificações
§ 109º Da cooperação interna:
a. Da cooperação policial interna vertical
b. Da cooperação interna horizontal
§ 110º Da cooperação policial internacional em matéria penal
§ 111º Considerações finais

Fontes: **AAVV**, *Estratégia Nacional de Luta Contra a Droga*, Lisboa: INCM, 1999; **Brandão**, Nuno, *Branqueamento de Capitais: O Sistema Comunitário de Prevenção*, Coimbra: Coimbra Editora, Colecção Argumentum, nº 11, 2002; **Canotilho**, Gomes e **Moreira**, Vital, *Constituição da República Portuguesa Anotada*, 3ª Edição, Coimbra Editora, 1993; **Chevalier-Govers**, Constance, *De la coopération à l'intégration policière dans l'union européenne*, Bruxelles: Bruylant, 1999; **Costa**, José de Faria, "O branqueamento de capitais (algumas reflexões à luz do direito penal e da política criminal)", *in Boletim da Faculdade de Direito*, Coimbra, nº 68, 1992; **Cunha**, J. Manuel Damião da, "Artigo 33º da CRP – Expulsão, Extradição e Direito de Asilo" *in Constituição Portuguesa Anotada* – Tomo I, (Coordenação de Jorge Miranda e Rui Medeiros), Coimbra: Coimbra Editora, 2005; **Dias**, Mario Gomes, "A Convenção das Nações

Unidas Contra a Criminalidade Organizada Transnacional e os Protocolos Adicionais Contra o Tráfico de Pessoas e Contra o Tráfico de Migrantes", *in Estudos de Homenagem ao Professor Doutor* GERMANO MARQUES DA SILVA, Coimbra: Almedina, 2004; **PINHEIRO**, ALEXANDRE SOUSA e **FERNANDES**, MÁRIO JOÃO DE BRITO, *Comentário à IV Revisão Constitucional*, Lisboa: AAFDL, 1999; **RODRIGUES**, ANABELA MIRANDA e **MOTA**, JOSÉ LUÍS LOPES DA, *Para uma Política Criminal Europeia*, Coimbra: Coimbra Editora, 2002; **RODRIGUES**, ANABELA MIRANDA, "O mandado de Detenção Europeu – na Via da Construção de um Sistema Penal Europeu: Um passo ou um Salto?", *in Revista Portuguesa de Ciências Criminais*, Ano 13, nº 1, Janeiro-Março 2003; "La Harmonización de las penas", *in La Orden de Detención Europea*, Toledo 8-11 Noviembre de 2004; "O papel dos sistemas legais e a sua harmonização para erradicação das redes de tráfico de pessoas", *in Revista do Ministério Público*, Ano 21º, Outubro-Dezembro, 2000, nº 84; **SCHULTE**, RAINER, *O Futuro da Formação Policial*, (Tradução do inglês de CRISTINA REIS), Conferência proferida em Viena, em Fevereiro de 2002; **SERRANO**, MÁRIO MENDES, "Extradição", *in Cooperação Internacional Penal*, Lisboa: Centro Estudos Judiciários, 2000; **SOARES**, ROGÉRIO, "Cooperação Policial – Aspectos Práticos", PROJECTO GROTIUS II, *in Aquilafuente – Ediciones Universidad Salamanca*, 2002, nº 40º; **SOUSA**, CONSTANÇA URBANO DE, "A segurança interna no espaço europeu", *in I Colóquio de Segurança Interna* – Tomo I, Coimbra: Almedina, 2005; "A cooperação policial e judiciária em matéria penal na União Europeia – Evolução e Perspectivas", *in Polícia e Justiça*, III Série, nº 2, Julho-Dezembro de 2003; **SOUSA**, PEDRO, *Cooperação Policial na União Europeia – Equipas de Investigação Conjunta*, trabalho de Mestrado em Direito – Ciências Jurídico-Criminais – Faculdade de Direito da Universidade de Coimbra, na Cadeira de Direito Penal Europeu, regida pela Professora Doutora ANABELA MIRANDA RODRIGUES; **TEIXEIRA**, NUNO SEVERIANO, *Contributos para a Política de Segurança Interna*, Lisboa: Edição do Ministério da Administração Interna, 2002; **VALENTE**, MANUEL MONTEIRO GUEDES, "COOPERAÇÃO POLICIAL – Viagem Inacabada!", in *Aquilafuente – Ediciones Universidad Salamanca*, 2002, nº 40º; *Consumo de Drogas – Reflexões Sobre o Quadro Legal*, 5ª Edição, Coimbra: Almedina, 2016; *Regime Jurídico da Investigação Criminal Comentado e Anotado*, 2ª edição, Coimbra: Almedina, 2003; *O Novo Regime Jurídico do Agente Infiltrado Anotado e Comentado*, (Co-autoria com FERNANDO GONÇALVES e MANUEL J. ALVES), Coimbra: Almedina, 2001; "Branqueamento (de Capitais): Da metáfora à legitimidade da incriminação (que tutela jurídico-criminal?)!", *in Volume Comemorativo dos Vinte Anos do ISCPSI*, Coimbra: Almedina, 2005; *Do Mandado de Detenção Europeu*, Coimbra: Almedina, 2006; "Do princípio do Reconhecimento Mútuo. A «porta do sol» do Direito penal europeu (?) ou mero instituto securitário de medidas avulsas (?)! O caso do mandado de detenção europeu", *in Estudos de Homenagem ao Juiz Conselheiro* ANTÓNIO DA COSTA NEVES RIBEIRO, Coimbra: Almedina, 2007; **ZIEGLER**, JEAN, *Os Senhores do Crime*, Lisboa: Terramar, 1999.

§ 106º Considerações gerais

434. A evolução do Homem apresenta-se-nos como um espelho de duas faces: de um lado, procura-se descobrir a cura de imensas doenças, criação de condições técnicas e científicas de vida melhoradas e adequadas ao seu desenvolvimento em comunidade e à afirmação dos direitos humanos, e, do outro, procura-se explorar esses conhecimentos e instrumentos para fins inidóneos e criminosos.

Da mesma enfermidade sofrem os Estados no processo de globalização: os efeitos no plano económico e cultural podem ser benéficos, mas no âmbito da cidadania e da segurança, a globalização tem proporcionado o desrespeito pelos direitos, liberdades e garantias dos cidadãos e fomentado ou facilitado o crime estruturado, organizado, altamente especializado e violento[1463] – pondo em causa a segurança de todos os cidadãos (nacionais, europeus e internacionais)[1464].

Os Estados, em especial no quadro policial e judicial, devem olhar para a globalização como a catapulta para o reconhecimento de que ***o isolamento é o caminho da morte lenta ou da sobrevivência desesperada***[1465]. A solidariedade humana deve impulsionar a cooperação institucional – *maxime* policial e judicial – e não criar bolsas de actuação isoladas que denotam fraquezas, ineficiência e ineficácia global.

A união de esforços não significa quebra de soberania ou de poder, mas reforço de soberania e de poder entre os Estados e as entidades cooperantes.

[1463] Subscrevemos Nuno Brandão, quando defende que "o *branqueamento de capitais* é como que o lado *negro do processo de globalização*, da liberalização das trocas internacionais e dos movimentos de capitais, da abertura dos mercados financeiros, da maciça informatização e do comércio electrónico" [Nuno Brandão, *Branqueamento de Capitais: O Sistema Comunitário de Prevenção*, Coimbra: Coimbra Editora, Colecção *Argumentum*, nº 11, 2002, p. 16. Itálico nosso].

[1464] Como demonstraram os acontecimentos de 11 de Setembro de 2001, de 11 de Março de 2004 e de 7 de Julho de 2005.

[1465] Aproveitamos para este estudo da cooperação policial as ideias base e centrais da nossa conferência «Cooperação Policial – Viagem Inacabada!», proferida na Academia de Ciências de Varsóvia, a 13 de Setembro de 2002, no âmbito do *Proyecto Gotius II*, coordenado pela Faculdade de Direito da Universidade de Salamanca, e que fora publicado na Revista *Aquilafuente – Ediciones Universidad Salamanca*, nº 40º, pp. 275 e ss..

O crime organizado, em especial o crime económico-financeiro, quer a nível mundial quer a nível da União Europeia, tem as portas abertas e facilitadas à sua propagação, ramificando-se e instalando-se em cada país de diversas formas. A liberdade de circulação de pessoas e de capitais[1466] abre a janela a novas oportunidades de fraude e, consequente, de branqueamento de capitais, não só aos principais actores do crime organizado internacional, mas também aos homens de negócios[1467].

435. Utilizemos como exemplo um fenómeno criminógeno delator da sociedade nacional e transnacional o *branqueamento* de vantagens (de bens, sendo de destacar o de capitais) que produz efeitos prejudiciais quer no plano económico, quer nos planos político e social, quer no jurídico[1468]. É um dos fenómenos de escala global que afecta a vida em comunidade.

No âmbito económico, destacamos os interesses que se podem afectar quer quanto à *macroeconomia*, quer quanto à *micro economia*. Esta afectação estende-se como um polvo e tudo contamina. A prevenção e repressão deste fenómeno depende da cooperação dos vários actores estaduais.

No quadro da *macroeconomia*, o *branqueamento* de capitais pode provocar: uma irracionalidade das políticas dos sistemas financeiros, afectando a estabilidade das economias mais vulneráveis; uma instabilidade monetária devido às influências negativas que impendem sobre as taxas de juro e de câmbio, promovendo distorções no mercado e colocando em risco o desenvolvimento económico; uma descredibili-

[1466] Não defendemos que só a liberdade de circulação de capitais promove e facilita o crime organizado, pois as liberdades de circulação de pessoas, de mercadorias e de serviços são, inevitavelmente, factores de influência e de facilidade para que a criminalidade organizada se desenvolva de forma rápida e eficaz.

[1467] Neste sentido CONSTANCE CHEVALIER-GOVERS, *De la Coopération à l'Intégration Policière dans l'Union Européenne*, Bruxelles: Bruylant, 1999, p. 21. Quanto a um estudo sobre o branqueamento de capitais, aconselha-se o nosso estudo e bibliografia indicada no mesmo: "Branqueamento (de Capitais): Da metáfora à legitimidade da incriminação (que tutela jurídico-criminal?)!", *in Volume Comemorativo dos Vinte Anos do ISCPSI*, Coimbra: Almedina, 2005, pp. 711-754.

[1468] Neste sentido NUNO BRANDÃO, *Branqueamento...*, p. 20 e ss..

zação da praça financeira, pois este tipo de operações afasta quem investe com "transparência e respeito pelas regras e códigos de conduta estabelecidos[1469].

No quadro da *microeconomia*, o *branqueamento* de capitais tem um efeito "extremamente negativo, originando situações de concorrência desleal e perturbando a circulação dos bens no mercado". Como afirma JUANA DEL CARPIO DELGADO, a licitude dos bens que circulam no mercado é um dos pressupostos essenciais ao seu bom funcionamento e à ordem socioeconómica[1470].

O fluxo de fundos económicos é elevado, o que proporciona aos actores um desafogo financeiro, permitindo-lhes colocar os bens a um preço muito mais baixo e empreender políticas comerciais de difícil execução para a concorrência.

A livre circulação de mercadorias na União Europeia facilita a prática deste tipo de políticas comerciais, mas esta livre circulação pode originar condutas que ponham em causa toda a teleologia da UE e a sua sobrevivência no mercado internacional. A al. *b)* do nº 1 do artigo 3º de TFUE determina que a União tem competência para aprovar e estabelecer as «regras de concorrência necessárias ao funcionamento do mercado interno», que compreende um «espaço sem fronteiras internas» que permita a *livre circulação* de mercadorias, de pessoas, de serviços e de capitais, sob a égide de uma *política comum*, conforme o estipulado nas políticas e acções internas da União, previstas nos artigos 26º a 197º do TFUE, englobando as *políticas de cooperação judiciária e policial em matéria penal* [artigos 67º a 89º da TFUE].

436. O TFUE proíbe a concorrência desleal, consignando-a como violação das normas do tratado. No plano social e, até jurídico, o usufruto de rendimentos adquiridos ilicitamente demonstra que o crime compensa, prescrevendo-se desta feita a queda dos fins do direito punitivo – a prevenção. O mercado interno comum só sobrevive se existirem normas – regras – que legitimem as condutas humanas no plano supranacional e as limitem de modo a promover-se um espaço

[1469] *Idem*, p. 21.

[1470] JUANA DEL CARPIO DELGADO *apud* N. BRANDÃO, *Branqueamento...*, p. 22, nota 22.

de paz, de valores e de bem-estar dos povos como objectivo cumprido da União[1471].

O agente do crime sente-se seguro e, não sendo investigado, descoberto e responsabilizado [punido], não desiste de uma prática que lhe permite usufruir de bens avultados. A sua reacção imediata é a de criar uma estrutura de acção com um investimento em meios humanos e materiais, arrastando consigo danos sociais incalculáveis. Mas os efeitos sociais sentem-se fortemente no plano político através da designada, por FARIA COSTA, "cultura da corrupção"[1472].

Os alicerces da democracia apodrecem, os seus pilares corroem e a sua estrutura desaba. O sentimento geral é de descrédito face à inexistência de desenvolvimento económico e à constatação de que *o dinheiro é que move o mundo* e não os valores, os princípios, os axiomas, as regras, as normas e códigos de conduta. A economia ilícita domina o mercado dos países mais pobres e em vias de desenvolvimento. Contudo, desta maleita sofrem outros países desenvolvidos, como a Itália[1473].

437. A livre circulação de pessoas e a livre prestação de serviços, pela sua natureza e incidência, devido à inexistência de controlo de fronteiras, são permeáveis à criação e ramificação de estruturas e organizações criminosas poderosas, impossibilitando ou diminuindo as possibilidades de acesso a informações às entidades oficiais de cada Estado sobre a sua actividade. Edificam-se estados não legítimos dentro dos Estados.

Uma organização criminosa, que se estabeleça em vários países da Europa, com elementos operacionais conhecedores da legislação e do pensar e actuação das polícias, recheados de assessores técnicos e jurídicos especializados nas ciências jurídico-económicas e jurídico-criminais, exercerá a sua actividade de forma encapotada sem que aquelas entidades possam detectar a sua actividade.

[1471] Cfr. nº 1 do art. 3º do TUE que integra o TFUE.

[1472] JOSÉ FARIA COSTA, "O branqueamento de capitais (algumas reflexões à luz do direito penal e da política criminal)", *in Boletim da Faculdade de Direito*, nº 68, 1992, p. 67.

[1473] NUNO BRANDÃO, *Branqueamento...*, p. 23, nota 26, permitida e facilitada pelos políticos corrompidos pelas organizações mafiosas.

A abertura de fronteiras a pessoas e a serviços facilita, em simultâneo, o desenvolvimento de actividades lícitas e ilícitas. A probabilidade de desenvolvimento de actividades ilícitas aumenta quando são pensadas e desencadeadas por organizações com recursos humanos e materiais superiores aos de quem fiscaliza, investiga e julga: polícia e tribunais. Falamos de organizações e grupos criminosos supranacionais e embrenhados nas estruturas dos Estados que o maniatam e o dominam.

438. Face a uma realidade incontestável, em que uma chamada telefónica permite fazer explodir uma bomba a milhares de quilómetros ou em que uma tecla de computador consegue movimentar avultadas quantias monetárias sediadas em qualquer parte do globo terrestre, passando de conta em conta até que, num país longínquo, todo o dinheiro seja levantado e desapareça, a actuação das entidades responsáveis pelo cumprimento da lei – tribunais e polícia – mereceu uma nova posição face ao fenómeno da globalização do crime ou à expansão criminógena por territórios geometricamente entrelaçados.

Fenómeno este que acompanhou sempre a globalização económica, mas que hoje sobressai fortemente aos olhos do comum dos mortais, *i. e.*, ganhou presença efectiva na comunidade local, nacional e global.

A *globalização do crime* deve imprimir a necessária e consequente 'globalização' da legislação, da justiça e, por maioria de razão, da *globalização da actuação policial*: liberdade, justiça e segurança[1474]. Um exemplo paradigmático da cooperação internacional é a Estratégia das Nações Unidas na Luta Contra a Droga[1475] que consubstancia um compromisso formal dos Estados quanto a objectivos e metas[1476]. Destas se destaca

[1474] Neste sentido pode ler-se NUNO SEVERIANO TEIXEIRA, *Contributos para a Política de Segurança Interna*, Lisboa: Edição do Ministério da Administração Interna, 2002, p. 15.

[1475] Aprovada na 20ª Secção Especial da Assembleia Geral das Nações Unidas sobre Droga, em Julho de 1998, cujo comité preparatório foi presidido por Portugal.

[1476] Objectivos e metas que se manifestam em seis documentos:

* a *Declaração de Princípios Orientadores Sobre a Redução da Procura;*

* o *Plano de Acção Contra a Produção Ilícita, Tráfico e Consumo de Estimulantes Tipo Anfetaminas e Seus Precursores*;

* um *documento referente ao «Controlo de Precursores»;*

o documento sobre *branqueamento de capitais*, no qual se evidenciam o princípio da *cooperação internacional* e o princípio *conheça o seu cliente.*

Estes dois princípios devem nortear a actuação das instituições responsáveis pelo cumprimento da lei, pela preservação da ordem, da paz e da segurança públicas, por meio da prevenção e da repressão criminal. O conhecimento de cada *um* (de cada ser humano e de cada instituição) é mínimo e o vácuo entre a realidade e a informação recolhida é, muitas vezes, enorme, o que paralisa o homem e mata as instituições. Uma nova postura se impôs e se impõe aos que previnem, investigam e reprimem o crime.

439. A preocupação de compensar as áreas fracas na prevenção e repressão do crime facilitado pela nova ordem europeia vem desde o tratado de Roma. O exercício das liberdades impõe segurança física, real e imaginária. A *segurança* que hoje se exige não se limita ao elemento de rua que protege os bens jurídicos essenciais ao desenvolvimento do Homem em comunidade – como a vida, a integridade pessoal, a autodeterminação sexual, religiosa, política, a propriedade, a honra, a imagem, (etc.).

A sociedade exige algo mais. Sente-se ferida quando uns pagam impostos e outros não pagam, quando cumpre as regras e códigos de conduta e outros manipulam o mercado, quando cumprem as regras da concorrência e outros violam-nas diariamente, quando uns respeitam e cumprem a normatividade vigente e outros as violam todo o tempo e em qualquer lugar. A credibilização das instituições mergulha num pântano submergindo pelas areias movediças da tendencial impunidade.

* um documento sobre «*Medidas de Promoção e Cooperação Judiciária;*

* um *documento sobre Branqueamento de Capitais* (além da cooperação internacional, "consagra entre outros o princípio «Conheça o seu cliente» e a regra da notificação obrigatória de operações suspeitas");

* o *Plano de Acção Sobre Cooperação Internacional em Matéria de Erradicação e Desenvolvimento Alternativo;*

Com mais desenvolvimentos, o nosso *Consumo de Drogas – Reflexões Sobre o Quadro Legal*, 5ª Edição, Coimbra: Almedina, 2016, pp. 104-106, e AAVV, *Estratégia Nacional de Luta Contra a Droga*, Lisboa: INCM, 1999, pp. 35 e ss..

A *compensação* passa por se criar *estratégias capazes – adequadas e idóneas – de diminuir e de eliminar redes organizadas do crime*, descobrindo-as, eliminando-as e punindo os seus agentes independentemente do local onde tenha sido cometido o crime e do local onde se encontram (ou possam ser encontrados) de acordo com a legislação em vigor. Uma dessas estratégias passa por uma palavra-chave: *cooperação – judicial e policial*.

A *cooperação* na prevenção, investigação e repressão do crime é uma estratégia essencial à sobrevivência do ser humano e das instituições nacionais – *cooperação interna* – e das instituições internacionais – *cooperação europeia e internacional*. Quer uma, quer outra interligam-se e cruzam-se, cujo estudo se fará de seguida. A cooperação policial (e judicial) assume-se com o TUE, em 1992, como instrumento fundamental para a criação de um *espaço de liberdade, de justiça e de segurança*, desiderato que continua vivo no TFUE: artigos 67º a 89º.

§ 107º Resenha histórica

a. Quadro internacional

440. A cooperação policial internacional, ao longo de muitos anos, desenvolveu-se de forma mais ou menos espontânea e verificouse na resolução de situações pontuais e específicas. Como referência de uma cooperação internacional mais sofisticada e organizada podemos apontar a INTERPOL[1477], que tem por missão assegurar e desenvolver a assistência recíproca a todas autoridades de polícia criminal de acordo com a legislação de cada país, mas sempre no respeito do espírito da DUDH e estabelecer e desenvolver institutos capazes de contribuir eficazmente para a prevenção e repressão da criminalidade[1478].

A *troca de informações* e o seu *uso passivo* – arquivo e documentação de informação – e *activo* – difusão de mensagens da procura de um suspeito para detenção, pedidos de identificação de pessoas e de cadá-

[1477] Quanto à história da INTERPOL, C. CHEVALLIER-GOVERS, *De la Coopération...*, pp. 121 e 122.

[1478] Para melhor compreensão, veja-se o art. 2º do estatuto da INTERPOL.

veres não identificados, aviso de saídas e entradas de pessoas suspeitas, pedido de procura da pessoas desaparecidas[1479] – preenchem o quadro essencial da sua actividade policial e de cooperação judicial.

441. A INTERPOL, em Portugal, encontra-se sediada na Polícia Judiciária portuguesa em Lisboa. No Gabinete da INTERPOL encontram-se oficiais de ligação da PSP, da GNR e do SEF, para agilizar a cooperação interna horizontal entre as forças e serviços de segurança portugueses.

Podemos referir que um dos casos mais emblemáticos e chocantes em que a INTERPOL tem tido um papel crucial na recolha e tratamento de informações, é o fenómeno criminógeno da pedofilia. Pois, como sabemos, têm sido desenvolvidas várias operações em vários países do mundo quase em simultâneo, o que resulta em uma eficácia operacional e eficiência no resultado, demonstrando que a cooperação policial pode conduzir a uma sociedade onde o exercício de direitos, liberdades e garantias é a meta ou o desiderato da polícia do séc. XXI.

Da nossa vida operacional, podemos referir que foram alguns os mandados de detenção cumpridos quanto a indivíduos que eram procurados internacionalmente por crimes bárbaros, cujos pedidos e informações foram desenvolvidos pela INTERPOL: vejam-se os casos dos mandados de detenção (ou captura) e respectivo pedido de extradição que se encontram no sistema da INTERPOL.

b. Quadro da União Europeia

442. O Tratado de Roma prescrevia a livre circulação dos agentes económicos [trabalhadores, prestadores de serviços ou aqueles que desejam estabelecer-se noutro Estado Membro], ou seja, "a livre circulação de pessoas era concebida de forma economicista"[1480].

[1479] Para melhor desenvolvimento, CONSTANCE CHEVALLIER-GOVERS, *De la Coopération...*, pp. 122 e ss..

[1480] NUNO SEVERIANO TEIXEIRA, "A União Europeia como Espaço de Liberdade, Segurança e Justiça", *in Contributos para a Política de Segurança Interna*, Lisboa: Edição do Ministério da Administração Interna, 2002, p. 82. Quanto à cooperação policial a nível da UE, PEDRO SOUSA, *Cooperação Policial na União Europeia – Equipas de Investigação Conjunta,*

Grande papel ficou reservado ao Tribunal de Justiça das Comunidades Europeias, assim como o Tribunal Europeu dos Direitos do Homem, que, com a sua douta jurisprudência, alargou progressivamente o lote de beneficiários da liberdade de circulação – turistas, estudantes e reformados.

A *supressão das fronteiras* – concepção económica – obriga os Estados Membros a adoptarem medidas que compensem a fragilidade de controlo, fiscalização e investigação, de modo a que se destronem as ameaças constantes e reais da *transnacionalização da criminalidade*.

A cooperação policial (de segurança) desenvolve-se, muitas vezes, de forma espontânea e em um plano informal, fora do quadro da construção comunitária, mas vectorizada para situações específicas[1481].

Nos anos 70, os Estados Membros das Comunidades Europeias sentem e reconhecem que a prevenção e luta contra a criminalidade internacional – tráfico de droga, de armas, terrorismo, contrabando, etc. – não podia circunscrever-se a uma actuação nacional, o que os conduziu à criação de um grupo de trabalho, sobejamente conhecido por **Grupo TREVI**, cujo escopo essencial era a cooperação intergovernamental nos campos da justiça e da segurança, orientada pelo Direito Internacional Clássico.

443. O *Acto Único Europeu* trouxe uma nova vida à cooperação europeia no âmbito da segurança. Sendo atribuído como objectivo a atingir até 31 de Dezembro de 1992 a supressão das fronteiras de modo a que se concretizasse a livre circulação de pessoas, mercadorias, serviços e capitais[1482]. Metas e objectivos que fragilizam a Segurança e delatam a liberdade e a justiça, não só dos Estados Membros isoladamente, mas também no seu todo.

Apesar de nunca se ter chegado a um consenso no interior da Comunidade Europeia, esse sentimento de fragilidade conduziu os

trabalho de Mestrado em Direito – Ciências Jurídico-Criminais – Faculdade de Direito da Universidade de Coimbra, na Cadeira de Direito Penal Europeu, regida pela Professora Doutora Anabela Miranda Rodrigues.

[1481] Neste sentido Constance Chevallier-Govers, *De la Coopération...*, p. 117 e Nuno Severiano Teixeira, "A União Europeia...", *in Contributos...*, p. 83.

[1482] Cfr. o nº 2 do art. 14º (ex art. 7º -A) do Tratado da Comunidade Europeia.

Estados Membros a tomarem medidas de compensação com a assinatura do Acordo de Schengen (1985) e com a sua Convenção de Aplicação (1990)[1483]. Contudo, como se depreende, segue-se uma *cooperação intergovernamental e não comunitária.*

Esta cooperação judicial e policial de natureza nacional e intergovernamental demonstra uma das fragilidades das instituições europeias, contradizendo-se estruturalmente face à teleologia da natureza comunitária da livre circulação e do espaço sem fronteiras[1484].

444. O **Tratado de Maastricht** (TM) consagrou a interligação entre a livre circulação e a segurança, pois, sem esta, aquela encontrava-se sempre ameaçada. Maastricht traz para cima da mesa a ideia de liberdade – circulação de pessoas, de mercadorias, de serviços e de capitais – em segurança num espçao regido pela justiça. A livre circulação não se pode confundir com imigração ilegal[1485], que arrasta consigo problemas sociais, culturais, económicos e políticos complexos – como, *p. e.*, a sua integração na comunidade local, o fluxo de emprego e desemprego provocado por este tipo de imigração, a exploração de mão de obra, que quase nos arriscamos a designar de escravidão, a legislação de cada Estado Membro, as decisões políticas que muitas das vezes se afastam da realidade, provocando cenários de violência ou de discriminação – e, não menos, redes organizadas que se dedicam à exploração da miséria de seres humanos, à promoção da escravatura, para angariarem avultados dividendos pecuniários à conta dos imigrantes ilegais: vejam-se os julgamentos dos responsáveis pelas redes de imigração ilegal de Leste.

A *cooperação*, no domínio da Justiça e dos Assuntos Internos, foi erigida como instituto e instrumento de acção das polícias e das autoridades judiciárias do terceiro pilar da União Europeia pelo Título VI do Tratado de Maastrich – *Disposições Relativas à Cooperação Policial e Judiciária em Matéria Penal*[1486] – [artigos 29º e ss. (ex artigos K1 e ss.)].

[1483] Sobre a cooperação no âmbito de Shengen , Rogério Soares, "Cooperação Policial – Aspectos Práticos", *in Aquilafuente – Ediciones Universidad Salamanca*, nº 40º , pp. 421-438.

[1484] Neste sentido Nuno Severiano Teixeira, "A União Europeia...", *in Contributos...*, p. 85.

[1485] Questão essencial discutida na cimeira de Sevilha em Junho de 2002 – no âmbito da Presidência Espanhola.

[1486] Redacção dada pelo Tratado de Amsterdão.

No âmbito da *cooperação policial*, cria-se uma Unidade Europeia de Polícia – EUROPOL –, prescrevendo-se que a cooperação abarcava os seguintes domínios[1487]: *operacional* – desde a investigação, da recolha, armazenamento, tratamento, análise e intercâmbio de informações, até a operações materiais de intervenção e instalação de agentes de ligação – e *formação* – cursos de aperfeiçoamento e de especialização em áreas como a investigação criminal.

À EUROPOL caberia a coordenação e execução de investigações e de operações entre as várias polícias europeias de modo que se previna e reprima a criminalidade organizada, sendo-lhe, ainda, atribuída a função de criar «uma rede de investigação, documentação e estatística sobre a criminalidade transfronteiriça»[1488]. Contudo, como todos sabemos, as intenções arrastam-se pelos corredores das sedes, enquanto as mentalidades apenas olharem para o seu 'umbigo'.

445. Relembremos a real e verídica constatação crítica de Jean Ziegler quanto às *estruturas* e às *interdependências demasiado burocráticas das polícias a nível europeu* – que apesar da evolução, ainda se mantém –, que afirma que a transnacionalidade do crime organizado, aponta como grande passo para uma luta eficiente contra esse mesmo crime a instituição de uma organização policial internacional "dotada de competência supranacional"[1489], uma vez que a Europol não passa de um "Eunuco"[1490], que tem como única arma o rato do computador[1491]. Realidade que se transformou na primeira década do séc. XXI devido ao fenómeno terrorista, mas a polícia de secretária, dedicada a ouvir conversas, mantém-se com base no recurso 'vulgar' às escutas telefónicas.

A cooperação abrangia outras plataformas: como as políticas de asilo e de imigração, da passagem e controlo de fronteiras externas, da luta contra a toxicodependência, da 'luta' contra a fraude internacional, da cooperação judiciária civil e penal e, por maioria de razão, da cooperação aduaneira. A cooperação informal é inserida no quadro

[1487] Cfr. art. 30º (ex artigo K2) do TM com a redacção dada pelo TA.

[1488] Cfr. al. *d)* do nº 2 do art. 30º (ex art. K.2) do TM com redacção dada pelo TA.

[1489] Jean Ziegler, *Os Senhores do Crime*, Lisboa: Terramar, 1999, pp. 215 e 214.

[1490] *Idem*, p. 215 e p. 214.

[1491] Jurgen Storbeck *apud* Jean Ziegler, *Os Senhores...*, p. 214.

comunitário, quer institucional, quer normativo, subjugado às metas e objectivos da Comunidade Europeia[1492]. É uma cooperação presa aos vocábulos «luta», «combate» e não aos de *prevenção* ou de *repressão*.

A tomada de consciência de que não há qualidade de vida na Comunidade Europeia sem segurança e de que o quotidiano dos cidadãos é o resultado do exercício dos seus direitos e liberdades induz à consagração da segurança e justiça como pilar a desenvolver e a promover quer a nível de Estado individual quer em comunidade de Estados[1493].

446. O Terceiro Pilar da construção da União Europeia, tal a sua importância nos nossos dias, foi o cerne do debate da conferência Intergovernamental de 1996 que originou o Tratado de Amsterdão (TA), que consignou como um dos objectivos «a manutenção e desenvolvimento de uma União enquanto espaço de liberdade, de segurança e de justiça, em que seja assegurada ... *a* prevenção e *o* combate à criminalidade»[1494].

No âmbito da *cooperação policial*, prescrita no Titulo VI do TUE, o TA produziu significativas alterações, das quais se destacam:

i. a cooperação policial e judicial passou a abranger apenas a matéria penal;

ii. a previsão nítida da protecção ao cidadão da UE pela prevenção e combate da criminalidade, quer seja quer não seja orga nizada, incidindo aquelas principalmente sobre o terrorismo, o tráfico ilícito de droga e de armas, tráfico de seres humanos, crimes contra as crianças, corrupção e fraude[1495];

iii. a integração de Schengen na União Europeia, cujo acervo se repartiu entre o Primeiro e o Terceiro Pilar, permitindo aos Estados Membros vinculados uma cooperação democrática mais transparente e legítima e uma cooperação integrada no quadro

[1492] Neste sentido NUNO SEVERIANO TEIXEIRA, "A União Europeia...", *in Contributos...*, p. 87.

[1493] A insegurança provoca uma destruição das estruturas sociais, culturais, políticas e económicas, provoca desequilíbrios e, por conseguinte, a queda da democracia.

[1494] Cfr. art. 2º do TA. Itálico nosso.

[1495] Cfr. art. 29º do TA.

institucional e normativo da Comunidade Europeia e do Terceiro Pilar;

iv. a previsão no Titulo IV do TCE – artigos 61º a 69º (*ex* artigos 73º-I a 73º-Q) – de medidas no domínio da cooperação policial e judicial em matéria penal, que permitam «asse gurar um elevado nível de segurança através da prevenção e combate da criminalidade na União»[1496];

v. a previsão de uma EUROPOL mais eficaz e eficiente na pre venção e combate do crime, podendo mesmo coordenar e desenvolver acções operacionais[1497].

447. No âmbito do III Pilar, no âmbito da cooperação judicial e policial em matéria penal pode referir-se e relevar o **mandado de detenção europeu**[1498] – Decisão Quadro nº 2002/584/JAI, do Conselho, de 13 de Junho, regime transposto pela Lei nº 65/2003, de 13 de Agosto –, o **EUROJUST** – Lei nº 36/2003, de 22 de Agosto, que estabelece normas de execução da decisão do Conselho da União Europeia que cria a EUROJUST, a fim de reforçar a 'luta' contra as formas graves de criminalidade, e regula o estatuto e competências do respectivo membro nacional – Convenção Europeia que aprova as **equipas de investigação conjunta** – Convenção Europeia do Auxílio Mútuo em Matéria Penal entre Estados-Membros na União Europeia, elaborada pelo Conselho no âmbito do art. 34º do TUE, aprovada em Bruxelas, a 29 de Maio de 2000[1499], e Decisão Quadro 2002/465/JAI, de

[1496] Cfr. al. *e)* do art. 61º do TCE coma redacção do TA. Medidas estas que devem ser eficazes no combate à criminalidade transnacional. Neste sentido NUNO SEVERIANO TEIXEIRA, *Contributos...*, p. 91.

[1497] Cfr. nº 2 do art. 30º (ex artigo K.3) do TM alterado pelo TA.

[1498] Quanto ao mandado de detenção europeu, o nosso *Do Mandado de Detenção Europeu*, Coimbra: Almedina, 2006.

[1499] Cfr. Resolução da Assembleia da República nº 63/2001, de 21 de Junho de 2001, publicada no DR, I – Série, nº 240º, de 16 de Outubro. A Convenção de 2000 foi substituída pela Decisão Europeia de Investigação, por força do artigo 48º, al. *c)* da Lei nº 88/2017, de 21 de Agosto.
Quanto às equipas de investigação conjunta, DQ nº 2002/465/JAI, do Conselho de 13 de Junho, publicada no JO C 162 de 20/06/2002. Acresce que, em Livro Próprio, faremos um estudo aprofundado sobre a cooperação policial penal a nível europeu, destacando-se as

20 de Junho de 2002, regime que foi aditado na Lei de Cooperação Judiciária Internacional em Matéria Penal [artigos 145º-A e 145º-B].

A *história de cooperação policial a nível europeu* resume-se a uma caminhada *longa e meticulosa*, no sentido único de criar um **espaço mais livre, mais seguro e mais justo**, impulsionado pela consciência de que as liberdades de circulação de pessoas, mercadorias, serviços e capitais pode, caso não haja compensação, ser uma auto-estrada do crime, em especial do crime organizado.

448. A aprovação do Tratado de Funcionamento da União Europeia [TFUE] promoveu a despilarização e comunitarizou a área da justiça e assuntos internos, criando legitimidade penal à União Europeia: legitimidade partilhada. A cooperação judiciária e policial em matéria penal assumiu maior amplitude com a assumpção do princípio do *reconhecimento mútuo*[1500] como a pedra angular da cooperação penal em detrimento da harmonização material e processual penal.

O TFUE reserva, no Título V da Parte I, um capítulo dedicado à cooperação policial no espaço da União Europeia: Capítulo V, artigos 87º a 89º do tratado. O TFUE enquadra dentro do conceito de *polícia os serviços de polícia «stricto sensu», os serviços das alfândegas e todos os serviços que tenham por missão a aplicação da lei de prevenção e detecção de infracções criminais e respectiva investigação criminal.*

O TFUE traz para cima da mesa uma topologia de polícia amplo próximo da tridimensionalidade de polícia expressa na nossa Constituição. Há uma tentativa de englobar pelo princípio do englobamento material todos os serviços que desempenhem funções de polícia de ordem e tranquilidade pública, administrativa e judiciária.

A legitimidade para legislar sobre a matéria penal material e processual, em especial de cooperação policial no âmbito da União está

equipas de investigação conjunta, o mandado de detenção europeu, o congelamento de bens e de provas, a providência de medidas processuais solicitadas pela entidade competente de outro Estado Membro.

[1500] Quanto ao princípio do *reconhecimento mútuo*, os nossos *Do Mandado de Detenção Europeu*, pp. 19-120 e "Do princípio do Reconhecimento Mútuo. A «porta do sol» do Direito penal europeu (?) ou mero instituto securitário de medidas avulsas (?)! O caso do mandado de detenção europeu", *in Estudos de Homenagem ao Juiz Conselheiro António da Costa Neves Ribeiro*, Coimbra: Almedina, 2007, pp. 113-196.

entregue ao Parlamento Europeu e ao Conselho: legitimidade partilhada para legislar sobre recolha, armazenamento, tratamento, análise e intercâmbio de informações, formação, intercâmbio de pessoal e de técnicas de investigação comuns.

A Polícia ganha, em simultâneo, uma dimensão europeia, uma dimensão de legitimidade europeia e uma dimensão de assumpção das obrigações de promoção da justiça e da segurança no espaço da União.

A EUROPOL, com o TFUE, assume-se como um verdadeiro elo de cooperação e de ligação das polícias no espaço da União, cabendo-lhe, por decisão legislativa do Parlamento Europeu e do Conselho, as funções de recolha, de armazenamento, tratamento, análise e intercâmbio de informações e a coordenação, organização e realização de investigações e de acções operacionais conjuntas a nível da União.

A União atribui-lhe o estatuto de órgão de polícia europeu de cooperação das polícias no espaço da União ao ter como missão *o apoio e o reforço na acção das autoridades policiais e dos outros serviços de polícia* dos Estados-membros.

É de salientar que a Decisão Europeia de Investigação, assente numa lógica de celeridade processual penal na obtenção e preservação da prova criminal, ocupa um novo espaço de cooperação jurídica, judiciária e policial, que substituiu a Convenção da União Europeia de 2000, assim como a CAAS e a Convenção do Conselho da Europa de 1959. Mas optamos por apresentar um breve estudo da DEI no capítulo dedicado à investigação criminal, uma vez que o seu âmbito se prende com essa temática em concreto[1501].

§ 108º Cooperação policial – classificações

449. A cooperação policial pode ser vista segundo vários vectores: o da estrutura, o do trabalho desenvolvido ao longo do tempo e o da natureza.

Den Boer[1502], tendo em conta a *estrutura* generalista ou especialista da cooperação, classificava-a ou de bilateral, ou de intra-europeia, ou

[1501] Cf. *supra* §88º.

[1502] Den Boer *apud* Constance Chevallier-Govers, *De la Coopération...*, p. 119.

de intergovernamental ou de europeia geral. Para BIGO[1503], a diferenciação da cooperação emergia não só da natureza das *estruturas* policiais, mas também das estruturas convencionais – tratados – e das estruturas diplomáticas e políticas.

A classificação para BENYON[1504] assentava no *trabalho desenvolvido* pelos grupos de cooperação, podendo cifrar-se em três patamares distintos: *macro* – aquela que emergia de «acordos jurídicos constitucionais e internacionais»; *médio* – emergente das «estruturas da organização das polícias, dos procedimentos e práticas policiais»; e *micro* – consignando a prevenção e detecção de crimes particulares e das questões da criminalidade.

MONET[1505] considerava que a cooperação policial varia conforme a origem da sua *natureza*: política, técnica e operacional.

A posição de CONSTANCE CHEVALLIER-GOVERS[1506] assenta na ideia de uma classificação de cooperação policial própria e material: de troca de informações; de instâncias de concertação e de comunicação; de elaboração de projectos em conjunto; de coordenação; e de tipo polícia federal. Contudo, CONSTANCE CHEVALLIER-GOVERS[1507] defende que a cooperação deve-se diferenciar segundo a *cooperação inter-policial* e *intergovernamental*.

No âmbito da *cooperação interpolicial*, a Autora fala-nos da INTERPOL, dos acordos interpoliciais regionais – principalmente entre Estados vizinhos e os grupos de trabalho especializados [de um lado, os clubes interpoliciais – o clube de Berne, o Grupo de Trabalho sobre Terrorismo (PWGOT), o Grupo Cross Channel, o *Ständige Arbeitsgruppe Rauschgift* (STAR)[1508] – e, do outro, os grupos de trabalho estritamente policial – cooperação entre polícias e cooperação aduaneira].

A *cooperação intergovernamental* abarca as *estruturas informais de cooperação policial* – Grupos de Luta contra o Terrorismo (o Clube de Viena e o Grupo Quântico) e o Grupo Pompidou sobre a Luta contra o Trá-

1503 *Ibidem.*

1504 *Ibidem.*

1505 *Idem,* pp. 119 e 120.

1506 *Ibidem.*

1507 *Idem,* pp. 120 e ss..

1508 Grupo de Trabalho Permanente sobre Droga.

fico de Estupefacientes –, as *estruturas formais de cooperação* – a Cooperação Formal no Quadro do Conselho da Europa (reflexão e cooperação em matéria penal, de protecção dos direitos das pessoa detidas e das violações das liberdades individuais), Cooperação Formal entre os Estados Membros da Comunidade (Grupo Trevi) e outra Cooperação Formal (os Acordos de Schengen).

450. A **cooperação policial internacional**, assim como **europeia,** depende do **objecto,** dos **sujeitos**, das **relações estabelecidas**, do **método** e da sua **natureza**. A cooperação depende, também, do **grau** e do **carácter da reciprocidade** em que é desenvolvida.

Defendemos que só se deve considerar como cooperação quando a actuação policial de cooperação reveste um *carácter recíproco ou mútuo*, caso contrário, estaremos em uma situação de ajuda na resolução de um caso específico e pontual.

Considera-se que, independentemente dos discursos e patamares de cooperação, esta só existe quando está subordinada ao *princípio da reciprocidade em igualdade de acção* que pode abranger a *reciprocidade na edificação mútua de um espaço comum ou restrito de liberdade, de justiça e de segurança*. Outra posição leva-nos a considerar que estamos no patamar da coadjuvação ou da colaboração, que revestem natureza de cooperação (policial) específica.

§ 109º Da cooperação interna

451. Falar de cooperação policial onera-nos no estudo da cooperação policial no plano interno de Portugal. O modelo policial português é de raiz napoleónica – não tem uma só polícia como acontece no modelo policial nacional – o que implica uma cooperação (colaboração) entre as diversas polícias em sentido orgânico e formal e, posteriormente, a empreitada onera-nos no estudo da cooperação policial internacional – cenário em que se move o crime estruturado e organizado transnacional.

As polícias em Portugal, como característica de agravo, não são tuteladas pelo mesmo Ministério: enquanto que a tutela da Polícia Judiciária cabe ao Ministério da Justiça, a tutela da Polícia de Segurança Pública, da Guarda Nacional Republicana[1509] e do Serviço de Estrangeiros e Fronteiras cabe ao Ministério da Administração Interna, e a tutela da Autoridade de Segurança Alimentar e Economia pertence ao Ministério da Economia. Só nestas polícias, que revestem natureza genérica e específica de órgãos de polícia criminal, temos três Ministérios e três Ministros, o que arrasta sempre questões complexas quer na coordenação, quer na execução das atribuições e competências de cada Polícia.

A sanação da descoordenação operacional geral (abstracta) e concreta obrigou o poder político-legislativo a aprovar a figura de um Secretário-geral do Sistema de Segurança Interna, na linha do então Secretário-geral do Gabinete Coordenador de Segurança, com a nova LSI, aprovada pela Lei nº 53/2008, de 29 de Agosto, que inscreveu o *princípio de cooperação geral* para prossecução das atribuições de todas as forças e serviços de segurança por força do art. 6º da LSI.

Como propósito, temos a análise da cooperação policial interna quer vertical quer horizontal. Quanto à primeira, exploraremos a cooperação entre as polícias e o poder político, entre as polícias e os órgãos judiciais, no que respeita à segunda, exploraremos a cooperação entre as várias polícias: forças e serviços de segurança. Estes patamares são essenciais para perceber que existe *cooperação pura* – a cooperação horizontal subordinada ao princípio da reciprocidade de acção – e a *cooperação impura* – subordinada aos princípios da coadjuvação e da colaboração.

[1509] Quanto à Guarda Nacional Republicana existe uma dupla tutela, como se depreende do artigo 2º da LOGNR: do Ministro responsável pela área da Administração Interna e, em casos excepcionais [estado de sítio e de emergência] do Ministro responsável pela área da Defesa Nacional, por meio da sua subordinação operacional ao Chefe do Estado-Maior-General das Forças Armadas. Quanto à uniformização, à normalização da doutrina militar, ao armamento e ao equipamento a utilizar e a seguir pela GNR, nos quadros constitucionais de excepção (art. 19º), a GNR fica na dependência do membro do Governo responsável pela defesa nacional.

a. Da cooperação policial interna vertical

452. A cooperação policial não se esgota nas relações entre as várias polícias. À Polícia, como defensora da legalidade democrática e garante da segurança interna e dos direitos dos cidadãos – art. 272º, nº 1 da CRP – impende **o dever de cooperar** (*coadjuvar e colaborar*) **com todas as instituições**, em especial com os órgãos de soberania nacional, na prossecução da sua função, cujo escopo se encontra amalgamado nas tarefas fundamentais do Estado, conforme als. *b)*, *c)*, *d)* e *h)* do art. 9º da CRP.

A cooperação interna vertical executiva é, tacita e expressamente, imposta à Polícia pela sua relação de hierarquia interna e externa para com a tutela ministerial. À Polícia cabe desenvolver e executar as políticas de segurança *lato sensu* e *stricto sensu,* consagradas anualmente nas Grandes Opções do Plano, assim como as prescritas no Programa de Governo.

O dever de cooperação de que falamos é um **dever de Estado**, o que a obriga *a não executar cegamente essas directrizes*. Pois, se uma dessas opções ou políticas colocar em risco a própria sociedade ou sectores desta, defendemos que cabe à Polícia, no respeito pelos princípios do interesse público e do respeito pelos interesses legalmente protegidos dos cidadãos, da legalidade, da justiça, da proporcionalidade, da imparcialidade e da boa-fé, o dever de alertar o poder político das consequências da execução dessas opções ou políticas.

Na esteira de MONET, a cooperação vertical, de que falamos, tem fundamentalmente uma **natureza de nível político**. Apesar de ser imposta pela própria realização da democracia participativa e pelo seu fim – sociedade livre, solidária e justa –, esta cooperação insere-se nos princípios de exercício da tutela ministerial.

453. A cooperação interna vertical da Polícia verifica-se, também, face aos tribunais[1510], conforme consagra o nº 3 do art. 202º da CRP: "No exercício das suas funções os tribunais têm direito à *coadjuvação* das outras autoridades"[1511]. Esta cooperação verifica-se, com maior

[1510] Cfr. nº 1 do art. 110º da CRP.

[1511] Cfr. nºs 1, 2 e 3 do art. 202º da CRP. Itálico nosso.

incidência, no âmbito penal, como havemos de verificar, materializando-se na coadjuvação que as polícias criminais devem às autoridades judiciárias: Ministério Público, Juiz de Instrução Criminal e Juiz.

Se aos tribunais[1512] cabe *administrar a justiça em nome do povo* e, nessa administração, *reprimir a violação da legalidade democrática*, tendo *direito à coadjuvação de outras autoridades*, à Polícia, como operador necessário à realização da justiça, incumbe levar a cabo todas as providências, diligências e actos processuais determinados pelas autoridades judiciárias para que se realize o Direito.

No que concerne à cooperação prestada pela Polícia, como OPC, ao Juiz, o CPP prescreve que no decurso da instrução o juiz é *assistido pelos órgãos de polícia criminal, ex vi* nº 1 do art. 288º do CPP, assim como proceder às diligências e investigações relativas à instrução determinadas pelo JIC, nos termos do nº 2 do art. 290º do CPP. Aos órgãos de polícia criminal cabe "levar a cabo quaisquer actos ordenados por uma autoridade judiciária", *ex vi* al. *c)* do nº 1 do art. 1º do CPP, podendo esta ser o juiz, o juiz de instrução ou o Ministério Público, conforme al. *b)* do nº 1 do art. 1º do CPP.

Mas o CPP não utiliza a palavra 'cooperação', mas *coadjuvação* ou o verbo *coadjuvar* com o sentido de dever de cooperar. O legislador optou por materializar o comando constitucional consagrado no nº 3 do art. 202º da CRP: «coadjuvação». Como se pode verificar no nº 1 do art. 55º do CPP: "compete aos órgãos de polícia criminal *coadjuvar*[1513] as autoridades judiciárias com vista à realização das finalidades do processo" crime.

Esta nossa posição é reforçada pelas leis orgânicas de cada polícia – nº 2 do art. 11º e al. *l*) do nº 2 do art. 3º da LOPSP; al. *e*) do nº 1 do art. 3º, art. 12º e art. 13º da LOGNR; art. 2º e art. 3º da LOPJ; nº 2 do art. 1º da LOSEF; nº 3 do art. 13º da LOASAE. Mas a subordinação da ASAE ao dever de *coadjuvação* advém da imposição do CPP e do nº 3 do art. 202º da CRP, porque o legislador optou por determinar que a ASAE «colabora com as autoridades judiciárias, nos termos do disposto do Código de Processo Penal», nº 3 do art. 13º da LOASAE.

[1512] Itálico nosso.

[1513] Itálico nosso.

Na relação com o MP, os OPC assistem-no ao longo do inquérito, cabendo àquele a direcção do mesmo, devendo aqueles actuar *sob a directa orientação do* MP e na sua *dependência funcional*, conforme prescreve o art. 263º do CPP.

A cooperação ou coadjuvação dos OPC pode passar pela iniciativa própria[1514] – aquisição da notícia do crime, impedimento das suas consequências, descoberta dos seus agentes, prática de actos necessários e urgentes destinados a assegurar os meios de prova – ou por determinação do MP[1515] – o procedimento de diligências e investigações relativas ao inquérito –, contribuindo para que se descubra a verdade e se realize o Direito. Já quanto ao JIC e ao Juiz os OPC cooperam – coadjuvam – por determinação e não por iniciativa própria.

Acresce que a cooperação interna vertical se estende, como já frisamos, ao JIC – na fase da instrução –, nos termos do nº 1 do art. 288º, nº 1 e nº 2 do art. 290º do CPP, e ao Juiz em sede de julgamento, em especial para a produção de prova nos termos do art. 340º do CPP. Esta assumpção encontra-se reescrita nos nºs 1 e 2 do art. 2º da LOIC.

454. A cooperação vertical face aos tribunais – maxime AJ – está consignada nas várias leis orgânicas das várias polícias:

a. Da **Lei Orgânica da Polícia Judiciária**[1516] (LOPJ) retira-se que a Polícia Judiciária "*coadjuva* as autoridades judiciárias em processos relativos a crimes cuja investigação lhe incumba realizar ou quando se afigure necessária a prática de actos que antecedem o julgamento e que requerem conhecimentos ou meios técnicos especiais", actuando "no processo sob a *direcção das autoridades judiciárias e na sua dependência funcional*, sem prejuízo da respectiva organização hierárquica", conforme art. 3º, e ainda, "está sujeita ao dever de cooperação nos termos da lei", *ex vi* nº 1

[1514] Cfr. nº 2 do art. 55º do CPP. São as designadas *medidas cautelares e de polícia* ditadas pelo Capítulo II, do Título I, do Livro VI, do CPP. Cfr. art. 3º, nºs 1, 2 e 3 da LOIC. Quanto às *medidas cautelares e de polícia*, o nosso *Processo Penal* – Tomo I, 3ª Edição, Coimbra: Almedina, 2004, pp. 289-306 e *supra* Capítulo I desta Parte.

[1515] Cfr. nº 2 do art. 264º e n.os 1 e 3 do art. 270º do CPP.

[1516] Aprovada pela Lei nº 37/2008, de 6 de Agosto.

do art. 6º. da LOPJ[1517].

b. Da **Lei Orgânica da Polícia de Segurança Pública**[1518] (LOPSP), afere-se que, como força de segurança com a natu reza de serviço público [nº 1 do art. 1º], incumbe-lhe «desen volver as acções de investigação (...) que lhe estejam atribu ídas por lei, delegadas pelas autoridades judiciárias», *ex vi* da al. *e)* do nº 2 do art. 2º, em especial e, enquanto órgão de polícia criminal, o pessoal da PSP «actua sob a *direcção e na dependência funcional da autoridade judiciária competente*», *ex vi* nº 2 do art. 11º da LOPSP[1519]. Cabe à PSP, como dever geral, cooperar com as autoridades públicas, onde se enqua dram os tribunais, conforme nº 1 do art. 6º da LOPSP.

c. Da **Lei Orgânica da Guarda Nacional Republicana**[1520] (LOGNR), apura-se que, como força de segurança, deve «de senvolver as acções de investigação criminal (...) que lhe se jam atribuídas por lei, delegadas pelas autoridades judiciári as», *ex vi* al. *e)* do nº 1 do art. 3º, "*realizar quaisquer actos ordenados* por uma autoridade judiciária ou determinados por aquele Código", *ex vi* al. *b)* do nº 1 do art. 12º, e, no exer cício da função, como órgão de polícia criminal, os militares da Guarda «*actuam sob a direcção e na dependência funcio nal da autoridade judiciária*, competentes», *ex vi* nº 2 do art. 12º da LOGNR[1521]. Cabe à GNR, em termos gerais, cooperar com os serviços públicos, onde se enquadram os tribunais, conforme se retira do nº 1 do art. 6º da LOGNR.

d. Da **Lei de Organização e Funcionamento do Serviço de Estrangeiros e Fronteiras**[1522] (LOSEF), afere-se que, como serviço de segurança [nº 1 do art. 1º] e "enquanto órgão de polícia

[1517] Itálicos nossos.

[1518] Aprovada pela Lei nº 53/2007, de 31 de Agosto.

[1519] Itálicos nossos.

[1520] Aprovada pela Lei nº 63/2007, de 6 de Novembro.

[1521] Itálicos nossos.

[1522] Aprovada pelo DL nº 252/2000, de 16 de Outubro, com as alterações operadas pelos Decretos-Leis nºs 290-A/2001, de 17 de Novembro, 121/2008, de 11 de Julho, e 240/2012, de 6 de Novembro.

criminal, o SEF actua no processo, nos termos da lei processual penal, *sob a direcção e em dependência funcional da autoridade judiciária competente*, realizando as acções determinadas e os actos delegados pela referida autoridade", *ex vi* nº 2 do art. 1º da LOSEF[1523].

e. Da **Lei Orgânica da Autoridade de Segurança Alimentar e Economia** (LOASAE)[1524], retira-se que, como detentora de poderes de polícia criminal (como se afere do art. 15º), está obrigada a coadjuvar as autoridades judiciárias, nos termos do CPP, devendo proceder à *investigação dos crimes cuja competência lhe esteja especificamente atribuída por lei* ou determi nada pela autoridade judiciária, por força do nº 3 do art. 13º da LOASAE.

À Polícia, na dimensão de polícia criminal – c omo autoridade de polícia criminal ou de órgão de polícia criminal –, incumbe o *dever de coadjuvar* – cooperar – com os tribunais, *maxime* autoridades judiciárias: Ministério Público, Juiz de Instrução Criminal e Juiz.

b. Da cooperação interna horizontal

455. A cooperação interna pode e deve desenvolver-se no quadro horizontal, ou seja, entre os vários serviços de polícia. Conhecemos as normais 'desavenças' e os atritos normais do serviço entre as várias polícias. Algumas operações de prevenção do fenómeno do tráfico de droga ou de outro fenómeno criminógeno de relevância social, política e jurídico-criminal, desenvolvidas pela PSP ou GNR, fazem surgir algum mal estar a elementos da PJ.

Mas sejamos justos em reconhecer que, amiúde, algumas operações inopinadas da PSP ou da GNR podem conduzir ao desfecho incompleto e malogrado de uma investigação que, há muito, a PJ desenvolvia. Esta situação era admissível até ao surgimento da figura do Secretário-geral do SSI e à ausência de MP, mas com a assumpção por parte deste das suas atribuições e competências e o assumir do papel de verdadeiro coordenador dos OPC por parte do Secretário-geral do

[1523] Itálicos nossos.

[1524] Aprovada pelo Decreto-Lei nº 194/2012, de 23 de Agosto.

SSI devem afastar ou diminuir ao máximo as situações de conflito de competência operacional.

As Leis Orgânicas das forças e serviços de segurança determinam as atribuições e competências específicas inerentes a cada instituição policial, a par das atribuições e competências genéricas, mas o conflito tem existido e persistido. Esta obrigação de cooperação policial no âmbito do sistema de justiça criminal – cooperação entre os OPC – é uma das exigências do artigo 5º da LPC2015.

A LOPJ estipula que a PJ *está sujeita ao dever de cooperação nos termos da lei* – nº 1 do art. 6º. O legislador, na nossa opinião, quis subjugar a PJ à cooperação derivada da sua LO, do CPP e da Lei de Organização da Investigação Criminal (LOIC), aprovada pela Lei nº 49/2009, de 27 de Agosto[1525], mas deixou a porta escancarada com o nº 2 do art. 7º da LOIC, assim como com o nº 3 do art. 10º da LOIC.

A inscrição de competências reservadas com natureza quase exclusiva – ferida de inconstitucionalidade material[1526] – e a prescrição da atribuição do NUIPC pelo OPC competente para a investigação criminal são dois ingredientes propícios a gerar maior conflitualidade tendo em conta a projecção institucional dos serviços de polícia por meio da estatística com base no registo único.

Da LOIC destacam-se a concepção de investigação criminal – art. 1º[1527] –, as regras quanto à direcção da investigação criminal – art. 2º –,

[1525] A primeira LOIC, aprovada pela Lei nº 21/2000, de 10 de Agosto, mais do que harmonizar e organizar a investigação criminal, apresentou-se como uma solução política para apaziguamento entre os Ministros da Justiça (MJ) e o Ministro da Administração Interna (MAI) – pois, dois crimes muito badalados na imprensa nacional ditaram a LOIC. O lançamento de gás numa discoteca em que morreram 7 pessoas e um roubo com armas de fogo a uma artista famosa da televisão portuguesa, baralhou as atribuições de investigação entre a PSP – tutelada pelo MAI – e a PJ – tutelada pelo MJ. Polémica que legitimou os defensores do modelo nacional de polícia a afirmarem que as polícias deviam estar sob a tutela de um só Ministério e centralizadas numa única direcção nacional. Realidade conceptual e operativa a pensar e a admitir no futuro face à dimensão do território português e à realidade criminógena. Mas, a avançar para este modelo, consideramos que as áreas de acção deviam cingir-se à tridimensionalidade constitucional de polícia: *ordem e tranquilidade pública, administrativa e judiciária.*

[1526] Cfr. *supra* §§ 77º a 81º.

[1527] Como já o havíamos dito, somos da opinião de que a definição do legislador é infeliz. Quanto a este assunto, os nossos *Regime Jurídico da Investigação Criminal Comentado e Ano-*

a especificação os OPC de competência genérica – PJ, GNR, PSP – e de competência específica – art. 3º –, a estipulação da competência reservada da PJ em matéria de investigação criminal – art. 7º – e a competência genérica da PSP e da GNR – art. 6º –, o *dever de cooperação* – art. 10º[1528] –, a criação e definição das funções do conselho coordenador dos OPC – artigos 13º e 14º –, os sistemas de coordenação – art. 15º –, as competências do Procurador-Geral da República – art. 16º.

456. A LOIC consagrou o *princípio da cooperação mútua* no exercício das atribuições de cada polícia, que pressupõe, por um lado, *a troca de dados e de informações* entre os OPC sobre os vários crimes sempre que uma das polícias o solicite ou seja da sua competência específica de investigação e, por outro, o *dever de comunicação*, que recai nos OPC, dos "factos de que tenham conhecimento relativos à preparação e execução de crimes para cuja investigação não sejam competentes, apenas podendo praticar, até à sua intervenção, os actos cautelares e urgentes para obstar à sua consumação e assegurar os meios de prova", *ex vi* nº 2 art. 10º.

Podemos, aqui, falar de *cooperação material ou instrumental* promovida no plano operacional da POLÍCIA e imposta ou exigida por lei.

O nº 1 do art. 6º da LOPJ impõe à PJ a sua cooperação para com as outras entidades, assim como o nº 2 impõe às outras entidades públicas e privadas o dever de cooperar com a PJ sempre que esta o solicitasse.

Do mesmo modo o nº 1 do art. 6º da LOPSP prescreve que à PSP incumbe cooperar com as demais forças e serviços de segurança, assim como «prevenir a criminalidade geral, em coordenação com as demais forças e serviços de segurança», *ex vi* al. *c)* do nº 2 do art. 3º da LOPSP.

A LOPSP de 1999 atribuía à PSP competência para prevenir a *criminalidade organizada e o terrorismo* em coordenação com os demais serviços de segurança, *ex vi* da al. *d)* do nº 2 do art. 2º da Lei nº 5/99, de 27 de Janeiro. A opção legislativa da al. *c)* do nº 2 do art. 3º da actual LOPSP é mais ade-

tado, 2ª edição, Coimbra: Almedina, pp. 51-58 e *O Novo Regime Jurídico do Agente Infiltrado Anotado e Comentado*, (Co-autoria de FERNANDO GONÇALVES e MANUEL J. ALVES), Coimbra: Almedina, 2001, p. 29.

[1528] Quanto à análise deste preceito *supra* § 84º.

quada com as atribuições (finalidades) da polícia, muito em especial a finalidade/função de *prevenção de crimes*, consagrada no nº 3 do art. 272º da CRP.

A LOSEF, no seu art. 5º, não só consagra o *princípio da cooperação mútua*, em especial na prevenção e investigação criminal, como também onera os outros serviços públicos – como as polícias – no dever de prestarem a colaboração que seja solicitada pelo SEF. No âmbito da fiscalização e controlo da circulação de pessoas, o SEF não só assegura o «planeamento e a execução da assistência técnica necessária ao correto funcionamento dos centros de cooperação policial e aduaneira (CCPA) em matéria de sistemas de informação, plataformas digitais de trabalho e sistemas de comunicação», nos termos da al. *v)* do nº 1 do art. 2º da LOFSEF, como ainda assegura «a realização de controlos móveis e de operações conjuntas com serviços ou forças de segurança congéneres, nacionais e espanholas» e procede «à investigação dos crimes de auxílio à imigração ilegal», bem como investiga «outros com ele conexos, sem prejuízo da competência de outras entidades», nos termos das als. *f)* e *g)* do nº 1 do mesmo preceito.

Na LOGNR, como na LOPSP, está expressamente ditada, como missão da GNR, *cooperar com as demais forças e serviços de segurança*, conforme nº 1 do art. 6º da LOGNR, assim como a prevenção da criminalidade em geral deve ser prosseguida em coordenação com as demais forças e serviços de segurança, por força da al. *c)* do nº 1 do art. 3º da LOGNR.

A cooperação inscreve-se na ordem jurídica não como um princípio geral de actuação dos operadores judiciários, mas como um dever jurídico – *dever-ser* – sem a previsão das consequências do seu não cumprimento. É um *dever-ser* em construção e em afirmação dogmática cuja responsabilização dos não aderentes pode passar pela violação do dever de garante de cooperar.

457. A coordenação das forças e serviços de segurança quer no quadro da segurança interna quer no quadro da investigação criminal cabe ao Secretário-Geral do Sistema de Segurança Interna, conforme artigos 15º e 16º da LSI e art. 15º da LOIC. As forças e serviços de segurança encontram-se em um mesmo plano de igualdade, actuando e cooperando dentro das suas competências.

Reafirmamos que a ideia de uma polícia superior e de uma polícia inferior, ou de um corpo superior e um corpo inferior de polícia, ou de uma polícia forte e uma polícia fraca, não colhe apoio nem qualquer fundamento constitucional. O princípio da *igualdade* não deve esgotar a aplicação no espaço das pessoas singulares, mas deve estender-se às relações institucionais ou dos serviços públicos, ou seja, às pessoas colectivas de direito público e de direito privado.

No que respeita à coordenação dos órgãos de polícia criminal por parte do Conselho Coordenador, assim como no que respeita à composição do Conselho e às suas competências e à coordenação dos OPC num quadro operacional pelo Secretário-Geral do SSI, cujo regime se encontra previsto nos artigos 13º, 14º e 15º da LOIC, mantemos as posições defendidas nos §§ 84º a 87º. Do mesmo modo mantemos as considerações expressas por nós no § 85º quanto ao sistema integrado de informações.

§ 110º Da cooperação policial internacional em matéria penal

458. No âmbito da Lei de Cooperação Judiciária Internacional em Matéria Penal (LCJIMP), aprovada pela Lei nº 144/99, de 31 de Agosto[1529], e da Convenção das Nações Unidas contra o Criminalidade Organizada Transnacional (CNUCOT), aprovada pela Resolução da Assembleia da República nº 32/2004, de 12 de Fevereiro de 2004, e ratificada por Decreto do Presidente da República, de 17 de Março de 2004[1530], a actuação da polícia pode ser de extrema importância, principalmente no âmbito da actividade investigatória da polícia, que, como temos vindo a defender, é o motor de arranque do processo

[1529] Alterada pela Lei nº 104/2001, de 25 de Agosto [altera os artigos 145º, 146º e 156º e adita os artigos 160º-A, 160º-B e 160º-C], pela Lei nº 48/2003, de 22 de Agosto [adita os artigos 145º-A e 145º-B], pela Lei nº 48/2007, de 29 de Agosto, rectificada pela Declaração de Rectificação nº 100-A/2007, de 26 de Outubro, e pela Declaração de Rectificação nº 105/2007, de 9 de Novembro [adita o artigo 154º-A] e pela Lei nº 115/2009, de 12 de Outubro, que aprova o Código da Execução das Penas e Medidas Privativas da Liberdade e altera o artigo 118º.

[1530] Publicado no DR nº 79, I Série – A, do dia 2 de Abril de 2004.

crime[1531], dependendo este muito dos indícios probatórios carreados para o processo pelos OPC.

A actividade da polícia no âmbito da prevenção e repressão penal situa-se, face ao poder judicial, em uma cooperação interna vertical. Esta posição de verticalidade interna não difere no patamar da cooperação policial internacional em matéria penal, sendo esta exercida, muitas vezes, de forma indirecta ou por passar por um organismo judiciário governamental e só depois segue para o OPC com competência na matéria ou por depender de um acto desenvolvido e preconcebido por parte da autoridade judiciária – como acontece com LCJIMP.

A cooperação policial internacional em matéria penal é, desta feita, deferida e não directa. Como exemplo da cooperação policial directa, apontamos o prescrito no art. 39º da Convenção de Aplicação do Acordo de Schengen (CAAS): os serviços de polícia dos estados contratantes, de acordo com a legislação nacional e desde que o pedido não esteja reservado a uma pré-decisão judiciária – como no caso da LCJIMP –, podem prestar assistência directa para efeitos de prevenção e investigação de factos puníveis.

A cooperação directa policial pode ser encontrada nas *equipas conjuntas de investigação criminal* a desenvolver no espaço da União e no espaço internacional para a prevenção e investigação de crimes supranacionais, assim como na troca directa – por meio dos *adidos policiais* sediados nas embaixadas – de informações e dados de natureza criminal.

Esta relação directa de cooperação policial supranacional encontra-se reforçada com o papel da EUROPOL no novo quadro da União traçado pelo TFUE cabendo-lhe prestar todo *o apoio e o reforço na acção das autoridades policiais e dos outros serviços de polícia* dos Estados-membros, por força do nº 1 do art. 88º do TFUE. Há um reforço da horizontalidade da cooperação policial sob uma mesma linguagem: jurídico-policial.

A cooperação policial internacional no âmbito da LCJIMP limita-se a actos e diligências determinadas pela autoridade judiciária, em especial pelo MP. Só existe cooperação policial internacional directa nos casos de ***medidas provisórias urgentes***: «as *autoridades judiciárias*

[1531] Quanto a este assunto o nosso estudo "A investigação criminal como motor de arranque do processo penal", *in Revista Polícia Portuguesa,* Ano XLIII, nº 122, MAR/ABR, 2000, pp. 4 e ss.

estrangeiras podem ***comunicar directamente*** *com* as autoridades judiciárias portuguesas, ou por intermédio da Organização Internacional de Polícia Criminal – INTERPOL ou de *órgãos centrais competentes para a* ***cooperação policial internacional*** designados para o efeito, para solicitarem a ***adopção de uma medida cautelar*** **ou para a** ***prática de um acto que não admita demora***, expondo os motivos da urgência e observando os requisitos referidos no artigo 23º» [nº 1 do art. 29º da LCJIMP] e o «*pedido* é transmitido por *via postal, electrónica* ou *telegráfica* ou por qualquer *outro meio* que permita o seu *registo* por escrito e que seja admitido pela lei portuguesa» [nº 2 do art. art. 29º da LCJIMP][1532].

Na mesma linha de cooperação ou de auxílio judiciário, os nºs 4 e 5 do art. 18º da CNUCOT[1533] estipulam ***medidas preventivas*** a aplicar pela polícias sob pena de se perderem provas reais e pessoais na prevenção criminal *stricto sensu* e, até mesmo, relevantes para a investigação criminal.

As medidas preventivas ocorrem sem que tenha existido pedido formal prévio de auxílio:

> «as autoridades competentes de um Estado Parte poderão, *sem pedido prévio, comunicar informações relativas a questões penais a uma autoridade competente de outro Estado Parte,* se considerarem que estas informações poderão *contribuir para que ela proceda ou conclua com êxito investigações e processos penais,* ou *permitir* a este último Estado Parte formular um *pedido* ao abrigo da presente Convenção», devendo a comunicação das informações ser «efectuada sem prejuízo das investigações e dos processos penais no Estado cujas autoridades competentes fornecem as informações», devendo aquelas «satisfazer qualquer pedido no sentido de manter confidenciais as referidas informações, mesmo que temporariamente, ou de restringir a sua utilização», sem que se impeça receber «informações que ilibem o arguido».

[1532] Itálicos e negrito nossos.

[1533] Quanto a um estudo aprofundado da CNUCOT, Mario Gomes Dias, "A Convenção das Nações Unidas Contra a Criminalidade Organizada Transnacional e os Protocolos Adicionais Contra o Tráfico de Pessoas e Contra o Tráfico de Migrantes", *in Estudos de Homenagem ao Professor Doutor Germano Marques da Silva*, Coimbra: Almedina, 2004, pp. 107-131.

459. No âmbito da ***extradição***[1534] – "o mais antigo e tradicional instrumento de cooperação internacional", como denota a história de Sansão, detido pelos homens de Judá e entregue aos filisteus[1535] ou a reivindicação dos benjamitas, filhos da tribo de Benjamim, por suspeita da violação e morte da mulher de um levita da cidade de Gabaa[1536-1537] –, às autoridades de polícia criminal é lícito "efectuar a detenção de indivíduos que, segundo informações oficiais, designadamente da INTERPOL, sejam procurados por autoridades competentes estrangeiras para efeito de procedimento ou de cumprimento de pena por factos que notoriamente justifiquem a extradição", *ex vi* art. 39º da LCJIMP, devendo a autoridade que efectuar a *detenção* apresentar "o detido ao Ministério Público junto do tribunal da Relação em cuja área a detenção foi efectuada, para aí promover a audição judicial daquele, nos termos do nº 2 do artigo 62º", *ex vi* nº 1 do art. 64º da LCJIMP. Podemos afirmar que, neste ponto, também se verifica quase uma cooperação directa, mas não tanto quanto a prevista no art. 29º da LCJIMP.

No decurso do processo, se for entregue o mandado de detenção ao MP, este irá solicitar os serviços dos OPC para se executar o mandado – cooperação indirecta. A autoridade judiciária detentora do processo de extradição pode ter necessidade de informações complementares, sendo as mesmas solicitadas aos OPC que irão efectuar vigilâncias ao extraditando – conforme nºs 3 e 4 do art. 51º da LCJIMP.

Detido o extraditando[1538], a autoridade que a efectuar "comunica-a de imediato, pela via mais expedita e que permita o registo por

[1534] Quanto ao regime jurídico da extradição, Mário Mendes Serrano, "Extradição", *in Cooperação Internacional Penal*, Lisboa: Centro Estudos Judiciários, 2000, pp. 15-112. Quanto à evolução do regime do instituto de extradição, o nosso *Do Mandado de Detenção...*, pp. 141-163.

[1535] Juízes, 15, 9-14.

[1536] Juízes, 20, 11-14.

[1537] Vejam-se os acordos entre Ramsés II do Egipto e Hattuschili II de Chetta, Rei dos Hititas e as relações entre as cidades-Estado da antiga Grécia. Cfr. Mário Mendes Serrano, "Extradição", *in Cooperação Internacional...*, p. 16.

[1538] Quanto aos *limites imanentes* ao provimento da extradição destacam-se os consagrados nos nºs 1, 3, 4, 5 e 6 do art. 33º da CRP: ser cidadão português, só com observância do princípio da reciprocidade e para determinadas categorias de crimes – terrorismo e

escrito, ao Ministério Público junto do tribunal da Relação competente", sendo o "extraditando apresentado ao Ministério Público, juntamente com as coisas que lhe forem apreendidas, para audição pessoal no prazo máximo de quarenta e oito horas após a detenção" – conforme nºs 1 e 2 do art. 53º da LCJIMP.

Procedimento idêntico deve ser prosseguido quando a *detenção* se efectua de forma provisória, conforme nºs 1 e 2 do art. 62º da LCJIMP. Nesta linha de orientação, o art. 16º da CNUCOT estipula o quadro orientador da extradição para os crimes prescritos nos art. 5º – participação num grupo criminoso –, art. 6º – branqueamento do produto do crime –, art. 8º – corrupção –, art. 23º – obstrução à justiça –, e al. *b)* do art. 2º – infracções graves.

A par da *extradição*, a CNUCOT prescreve a «transferência para o seu território de pessoas condenadas a penas de prisão ou outras penas privativas de liberdade decorrentes da prática de qualquer infracção prevista na presente Convenção, para que aí cumpram o resto da pena» – nos termos do art. 17º.

A extradição, dentro da União Europeia, foi afastada com a aplicação da Decisão Quadro nº 2002/584/JAI, do Conselho, de 13 de Junho, aprovada pela Lei nº 65/2003, de 13 de Agosto, que institui o *Mandado de Detenção Europeu*[1539]. A linguagem deixou de ser híbrida – *política e judiciária* – e passou a ser única e horizontal – *judiciária*.

criminalidade internacional organizada – e com garantias de um processo justo e equitativo, garantias de não aplicação de pena perpétua e pena de morte, mesmo que para aquele tipo de crime haja estas penas em abstracto, não ser por crime por motivos políticos, só por decretação por AJ. Acrescem, a este lote de limites, os previstos no nº 9 do art. 18º da CNUCOT – princípio da *dupla incriminação* – e do nº 21º do art. 18º da CNUCOT – *incumprimento de formalidades*, ofensa à soberania nacional e à segurança interna, proibição pelo direito interno do acto solicitado, contrariação do sistema jurídico português – nos casos específicos do art. 16º da mesma Convenção. Quanto a este assunto, Gomes Canotilho e Vital Moreira, *Constituição da República Portuguesa Anotada*, 3ª Edição, Coimbra: Coimbra Editora, 1993, pp. 209-211 ou I Volume, 4ª Edição, 2007, pp. 532-535 e Alexandre Sousa Pinheiro e Mário João de Brito Fernandes, *Comentário à IV Revisão Constitucional*, Lisboa: AAFDL, 1999, pp. 130-134, José Manuel Damião da Cunha, "Art. 33º da CRP – Expulsão, Extradição e Direito de Asilo", *in Constituição Portuguesa Anotada* – Tomo I, (Coord. Jorge Miranda e Rui Medeiros), Coimbra: Coimbra Editora, 2005, pp. 364-370.

[1539] Quanto ao regime jurídico, o nosso *Do Mandado de Detenção...*, 2006.

460. Caso a detenção se verifique no âmbito da CAAS[1540] – devido às informações existentes no Sistema de Informações de Schengen (SIS) – a autoridade deve apresentar o detido ao MP junto do tribunal da Relação, devendo a apresentação da pessoa detida ser "acompanhada dos elementos disponíveis que lhe digam respeito, referidos no nº 2 do artigo 95º da Convenção de Aplicação do Acordo de Schengen, nomeadamente: a indicação da autoridade donde provém o pedido de detenção; a existência de mandado de detenção ou acto de carácter análogo, ou de sentença condenatória; a natureza e qualificação legal da infracção; a descrição das circunstâncias em que a infracção foi cometida, e as consequências jurídicas da infracção", conforme nºs 1 e 2 do art. 77º da LCJIMP.

Caso a pessoa reclamada seja "localizada e detida no seu território é de imediato transmitido pelo Gabinete Nacional SIRENE ao tribunal que emitiu o mandado e à Procuradoria-Geral da República, com vista à formalização do pedido de extradição", conforme nº 2 do art. 78º da LCJIMP.

461. Quanto à *transmissão de processos penais*, os OPC podem e devem coadjuvar o juiz na prática dos actos necessários à continuação do processo, conjugando-se a al. *b)* do art. 84º da LCJIMP com o artº 288º do CPP.

Neste sentido, o art. 21º da CNUCOT estipula que os Estados Partes devem «*transferir mutuamente os processos* relativos a uma infracção prevista na presente Convenção, nos casos em que esta transferência seja considerada necessária no interesse da boa administração da justiça e, em especial, quando estejam envolvidas várias jurisdições, a fim de centralizar a instrução dos processos».

462. No que respeita à *execução de sentenças*, os OPC podem (e devem) cooperar com a autoridade judiciária, conduzindo o detido ou preso, executando o designado mandado de condução, nº 1 do art. 102º da LCJIMP.

[1540] A CAAS foi substituída pela Decisão Europeia de Investigação, no espaço da União Europeia, por força do artigo 48º, al. *b)* da Lei nº 88/2017, de 21 de Agosto.

O apoio no controlo do cumprimento das *medidas de coacção* impostas ao arguido no processo[1541], como a apresentação na esquadra mais próxima – art. 198º do CPP –, suspensão do exercício de funções, de profissão e de direitos – art. 199º do CPP –, proibição de permanência, de ausência e de contactos – art. 200º do CPP –, a prisão domiciliária – art. 201º do CPP –, cabendo aos OPC fiscalizarem e informarem a autoridade judiciária competente, é uma manifestação de *cooperação policial internacional indirecta*, que a CNUCOT também prescreve – nº 3, em especial a al. *i*), do art. 18º desta Convenção.

Os OPC assumem-se, no cenário supranacional, como verdadeiros sujeitos coadjuvantes das autoridades judiciárias nacionais e transnacionais.

463. No âmbito *auxílio judiciário mútuo em matéria penal* previsto no artigos 145º e ss. da LCJIMP, a *polícia* pode, também, desenvolver uma *cooperação internacional directa*: actuar sob uma relação cooperante directa.

Nos termos dos nºs 1 e 2 do art. 145º da LCJIMP, o *auxílio* compreende «a comunicação de informações, de actos processuais e de outros actos públicos admitidos pelo direito português, quando se afigurarem necessários à realização das finalidades do processo, bem como os actos necessários à apreensão ou à recuperação de instrumentos, objectos ou produtos da infracção», nomeadamente:

- a «notificação de actos e entrega de documentos»;
- a «obtenção de meios de prova»;
- as «revistas, buscas, apreensões, exames e perícias»;
- a «notificação e audição de suspeitos, arguidos, testemunhas ou peritos»;
- o «trânsito de pessoas»; e
- as «informações sobre o direito português ou estrangeiro e as relativas aos antecedentes penais de suspeitos, arguidos e condenados».

O nº 4 do art. 145º prescreve que, após autorização do MJ ou em conformidade com o acordo, tratado ou convenção, "pode *haver comu-*

[1541] Cfr. art. 111º da LCJIMP e artigos 191º e ss. do CPP.

nicação directa de simples informações relativas a assuntos de carácter penal entre *autoridades portuguesas* e estrangeiras que actuem como *auxiliares das autoridades judiciárias*"[1542], como se destacam os OPC.

Do mesmo modo pode ser autorizada pelo MJ[1543] a deslocação "de *órgãos de polícia criminal estrangeiros* com vista à participação em *actos de investigação criminal* que devam realizar-se em território português, inclusivamente no *âmbito da formação de equipas de investigação criminal conjuntas*, compostas por elementos nacionais e estrangeiros"[1544]. Mas, esta autorização tem natureza de coadjuvação dos OPC portugueses competentes para o acto, devendo fazer constar dos autos essa mesma coadjuvação, conforme nº 7 do art. 145º da LCJIMP.

No mesmo sentido, o nº 3 do art. 18º da CNUCOT estipula o âmbito da prestação de auxílio: recolha de testemunhos ou de depoimentos, notificação de actos judiciais, realização de buscas, apreensões e congelamentos, exame de objectos e de locais, fornecimento de informações, de elementos de prova e de pareceres de peritos, fornecimento de originais ou de cópias certificadas de documentos e de processos pertinentes, incluindo documentos administrativos, bancários, financeiros ou comerciais e documentos de empresas, identificação ou localização dos produtos do crime, bens, instrumentos ou outros elementos para fins probatórios, facilitação da comparência voluntária de pessoas no Estado Parte requerente, prestação de qualquer outro tipo de assistência compatível com o direito interno do Estado Parte requerido.

464. Ao Ministro da Justiça cabe autorizar "a constituição de *equipas de investigação criminal conjuntas* quando esta constituição não for já regulada pelas disposições de acordos, tratados ou convenções internacionais", conforme nº 6 do art. 145º da LCJIMP[1545].

[1542] Itálicos nossos.

[1543] Esta competência pode ser delegada na Autoridade Central ou, quando a deslocação respeitar exclusivamente a autoridade ou órgão de polícia criminal, no Director Nacional da Polícia Judiciária *ex vi* nº 9 do art. 145º da LCJIMP com a redacção dada pela Lei nº 104/2001, de 25 de Agosto.

[1544] Cfr. nº 5 do art. 145º da LCJIMP com a redacção dada pela Lei nº 104/2001, de 25 de Agosto. Itálicos nossos.

[1545] O nº 6 foi aditado à LCJIMP pela Lei nº 104/2001, de 25 de Agosto. Negrito nosso.

Neste sentido, a CNUCOT incentiva a celebração de acordos bilaterais para a criação e constituição de equipas conjuntas de investigação para a *investigação, procedimentos criminais ou processos judiciais* – art. 19º da CNUCOT – e para recorrer a *técnicas especiais de investigação* – como acções encobertas, cuja decisão deve ser tomada casuisticamente e ter acordos financeiros quanto ao exercício da jurisdição – nos termos do nº 2 em conjugação com o nº 1 e nº 3 do art. 20º da CNUCOT.

465. No âmbito da investigação criminal, permitindo uma cooperação mais abrangente e dirigida a situações operacionais, mantém-se o *carácter vertical da cooperação* quer nas *entregas controladas e vigiadas*, previsto no art. 160º-A da LCJIMP, aditado pela Lei nº 104/2001, de 25 de Agosto[1546], no recurso ao agente infiltrado, quer nas designadas *acções encobertas*, previstas no art. 160º-B da LCJIMP aditado pela Lei

[1546] O artigo 160º -A (*Entregas controladas ou vigiadas*) estipula que:
"1 – Pode ser **autorizada** caso a caso, pelo **Ministério Público**, perante o pedido de um ou mais Estados estrangeiros, nomeadamente se previsto em instrumento convencional, a não actuação dos órgãos de polícia criminal, no âmbito de investigações criminais transfronteiriças relativas a infracções que admitam extradição, com a finalidade de proporcionar, em colaboração com o Estado ou Estados estrangeiros, a identificação e responsabilização criminal do maior número de agentes da infracção.
2 – O direito de agir e a direcção e controlo das operações de investigação criminal conduzidas no âmbito do número anterior cabem às autorida des portuguesas, sem prejuízo da devida colaboração com as autorida des estrangeiras competentes.
3 – A autorização concedida nos termos do nº 1 não prejudica o exercício da acção penal pelos factos aos quais a lei portuguesa é aplicável e só é concedida quando:
a) Seja assegurado pelas autoridades estrangeiras competentes que a sua legislação prevê as sanções penais adequadas contra os agentes e que a acção penal será exercida;
b) Seja garantida pelas autoridades estrangeiras competentes a segu rança de substâncias ou bens em causa contra riscos de fuga ou extravio; e
c) As autoridades estrangeiras competentes se comprometam a comunicar, com urgência, informação pormenorizada sobre os resultados da operação e os pormenores da acção desenvolvida por cada um dos agentes da prática das infracções, especialmente dos que agiram em Portugal.
4 – Ainda que concedida a autorização mencionada anteriormente, os ór gãos de polícia criminal intervêm se as margens de segurança tiverem diminuído sensivelmente ou se se verificar qualquer circunstância que dificulte a futura detenção dos agentes ou apreensão de substâncias ou bens; se esta intervenção não tiver sido comunicada previamente à enti-

nº 104/2001, de 25 de Agosto[1547], quer na *intercepção de telecomunicações* em território português, prevista no art. 160º-C da LCJIMP aditado pela Lei nº 104/2001, de 25 de Agosto[1548].

dade que concedeu a autorização, é-o nas vinte e quatro horas seguintes, mediante relato escrito.
5 – Por acordo com o país de destino, quando se estiver perante substâncias proibidas ou perigosas em trânsito, estas podem ser substituídas parcialmente por outras inócuas, de tal se lavrando o respectivo auto.
6 – O não cumprimento das obrigações assumidas pelas autoridades estran geiras pode constituir fundamento de recusa de autorização em pedidos futuros.
7 – Os contactos internacionais são efectuados através da Polícia Judiciária, pelo Gabinete Nacional da INTERPOL.
8 – Qualquer outra entidade que receba pedidos de entregas controladas, no meadamente a Direcção-Geral de Alfândegas, através do Conselho de Cooperação Aduaneira ou das suas congéneres estrangeiras, e sem prejuízo do tratamento da informação de índole aduaneira, deve dirigir imediata mente esses pedidos para a Polícia Judiciária, para efeito de execução.
9 – É competente para decidir do pedido de entregas controladas o magistrado do Ministério Público na comarca de Lisboa."

[1547] O artigo 160º-B (*Acções encobertas*) determina que:
"1 – Os **funcionários de investigação criminal de outros Estados** podem **desenvolver acções encobertas em Portugal,** com estatuto idêntico ao dos funcionários de investigação criminal portugueses e nos demais termos da legislação aplicável.
2 – A actuação referida no número anterior depende de pedido baseado em acordo, tratado ou convenção internacional e da observância do princípio da reciprocidade.
3 – A autoridade judicial competente para **a autorização é o juiz do Tribunal Central de Instrução Criminal**, sob proposta do magistrado do Ministério Público junto do Departamento Central de Investigação e Acção Penal (DCIAP)."
Quanto ao regime do agente infiltrado *supra* Secção IV do Capítulo II desta Parte e toda a bibliografia aí referida.

[1548] Artigo 160º-C (*Intercepção de telecomunicações*) estipula que:
"1 – Pode ser **autorizada a intercepção de telecomunicações realizadas em Portugal,** a pedido das autoridades competentes de Estado estrangeiro, desde que tal esteja previsto em acordo, tratado ou convenção internacional e se trate de situação em que tal intercepção seria admissível, nos termos da lei de processo penal, em caso nacional semelhante.
2 – É competente para a recepção dos pedidos de intercepção a Polícia Judiciária, que os apresentará ao juiz de instrução criminal da comarca de Lisboa, para autorização.
3 – O despacho referido no número anterior inclui autorização para a trans missão imediata da comunicação para o Estado requerente, se tal pro cedimento estiver previsto no acordo, tratado ou convenção internacio nal com base no qual é feito o pedido."

No âmbito das *entregas controladas e vigiadas*, "os contactos internacionais são efectuados através da Polícia Judiciária, pelo Gabinete Nacional da INTERPOL", conforme nº 7 do art. 160º-A da LCJIMP, sediado nas instalações da PJ.

O controlo e a vigia é efectuado pelos OPC portugueses – *ex vi* nº 2 – e intervêm caso as margens de segurança diminuírem sensivelmente ou caso se verifique uma circunstância que dificulte a futura detenção dos agentes do crime e a apreensão das substâncias e bens – *ex vi* nº 4.

466. A Lei nº 48/2003, de 22 de Agosto, adita à LCJIMP os artigos 145º-A e 145º-B[1549] que regulam as *equipas conjuntas de investigação*

[1549] O artigo 145º-A (*Equipas de investigação criminal conjuntas*) determina que:
1 – As equipas de investigação criminal conjuntas são criadas por acordo entre o Estado Português e o Estado estrangeiro, nomeadamente quando:
a) No âmbito de investigação criminal de um Estado estrangeiro houver necessidade de realizar investigações de especial complexidade com implicações em Portugal ou noutro Estado;
b) Vários Estados realizem investigações criminais que, por força das circunstâncias, tornem indispensável uma acção coordenada e con certada nos Estados envolvidos.
2 – O pedido de criação de equipas de investigação criminal conjuntas inclui, para além dos elementos referidos nas disposições pertinentes do artigo 14º da Convenção Europeia de Auxílio Judiciário Mútuo em Matéria Penal e do artigo 37º do Tratado do Benelux de 27 de Junho de 1962, alterada pelo Protocolo de 11 Maio de 1974, propostas rela tivas à composição da equipa.
3 – Os elementos destacados pelo Estado estrangeiro para a equipa de in vestigação conjunta podem estar presentes em actos de investigação criminal que se realizem em território português, salvo decisão em contrário, devidamente fundamentada, em conformidade com a legislação portuguesa, da autoridade nacional que dirigir a equipa.
4 – Os actos de investigação criminal que se realizem em território nacional podem ser praticados pelos elementos destacados pelo Estado estrangeiro para a equipa de investigação conjunta, por decisão da autoridade nacional que dirigir a equipa e mediante aprovação do Ministro da Justiça e da autoridade competente do Estado estrangeiro.
5 – Se a equipa de investigação conjunta necessitar de auxílio de um Estado que não participou na sua criação, o pedido respectivo pode ser apresentado pelo Ministro da Justiça às autoridades competentes do Estado em questão, em conformidade com os instrumentos e as disposições pertinentes.
6 – Os membros das equipas de investigação conjuntas destacados pelo Estado Português podem transmitir àquelas informações disponíveis em Portugal, para efeitos das investigações conduzidas pelas mesmas.
7 – As informações legitimamente obtidas pelos membros das equipas de investigação conjuntas durante o exercício da sua actividade, que não sejam acessíveis por outra forma às autoridades competentes dos Esta dos que os destacaram, podem ser utilizadas:

criminal e a respectiva *responsabilidade civil dos membros das citadas equipas*. A constituição e a respectiva admissibilidade passam por um processo político – Ministro da Justiça –, sem menosprezo ou diminuição do processo judiciário, e incrementa uma relação de *cooperação horizontal policial indirecta internacional*: depende sempre da intervenção de dois actores que não são os responsáveis hierárquicos e orgânicos da instituição policial.

Esta opção tem fundamento na *tutela jurisdicional*, que consome a tutela judiciária, do processo crime em Portugal e na ideia de *soberania política e jurídica* de cada Estado-membro ou Estado parte. As polícias não ocupam o lugar de sujeitos processuais, mas ocupam, tão só, o lugar de *sujeitos coadjutores das autoridades judiciárias* que são os verdadei-

a) Para os efeitos para os quais foi criada a equipa;
b) Mediante autorização prévia do Ministro da Justiça, para efeitos de detecção, investigação e instauração de procedimento judicial por outras infracções penais, desde que tal utilização não comprometa investigações em curso em Portugal, ou quando estejam em causa factos relativamente aos quais pode ser recusado pelo Estado em causa o auxílio mútuo;
c) Para evitar uma ameaça grave e imediata à segurança pública, e sem prejuízo do disposto na alínea *b*), caso seja posteriormente instaura do procedimento penal;
d) Para outros efeitos, desde que exista acordo dos Estados que criaram a equipa.
8 – Pode ser permitida, por acordo, a participação nas equipas de investigação conjuntas de pessoas que não sejam representantes dos Estados que as criaram, de acordo com a legislação nacional ou outro instrumento jurídico aplicável, não gozando estas pessoas dos direitos conferidos aos membros destacados pelos Estados, salvo acordo expresso em contrário.
O artigo 145º-B (*Responsabilidade civil dos membros das equipas de investigação criminal conjuntas*) estipula que:
1 – O Estado estrangeiro responde pelos danos que os elementos por si designados para a equipa de investigação conjunta causarem a terceiros no desempenho das suas funções, de acordo com a legislação do Estado onde os danos são provocados.
2 – O Estado Português assegura a reparação dos danos causados em território nacional por elementos destacados por Estado estrangeiro, devendo exercer o seu direito de regresso relativamente a tudo o que tenha pago.
3 – O Estado Português procede ao reembolso das quantias pagas a terceiros pelo Estado estrangeiro por danos causados pelos membros das equipas de investigação conjuntas por si designados.
4 – O Estado Português renuncia a solicitar ao Estado estrangeiro a reparação dos danos por si sofridos, provocados pelos membros das equipas de investigação conjuntas designados pelo Estado estrangeiro, sem prejuízo do exercício dos seus direitos contra terceiros.»

ros titulares da investigação criminal. Esta só existe e só deve existir, como temos defendido ao longo do nosso magistério, dentro da acção penal personificada no processo crime concreto.

A cooperação em matéria penal no quadro da União ou no quadro internacional – mesmo através das equipas conjuntas de investigação criminal – está obrigada e subordinada ao sistema jurídicoconstitucional do válido e vigente. O sistema deve manter intacta a estrutura arquitectónica de modo a garantir a *segurança jurídica*, cuja cooperação existe para a reforçar e nunca para delatar um princípio essencial à fortaleza de um Estado de direito material democrático.

Este princípio é uma das fontes da determinação da *responsabilidade civil* dos membros das equipas conjuntas de investigação, que se admite como instrumento jurídico-processual para a prevenção e repressão da criminalidade organizada e altamente especializada supranacional, mas subordinado ao princípio da responsabilização individual de modo a evitar que se abrisse a porta à produção de prova com métodos inidóneos e reprováveis e à violação da ordem jurídica válida num espaço estatal por elementos de outras polícias de outros Estado que não o Estado persecutor do agente do crime.

467. Podemos afirmar que existe *cooperação internacional policial em matéria penal*, quer em *termos técnicos* quer *no quadro jurídico-processual*. No mesmo sentido se pronuncia o art. 20º, nº 4 da CNUCOT, especificando que o recurso às entregas controladas, no quadro internacional «pode, com autorização dos Estados Partes envolvidos, incluir métodos, tais como, a intercepção de mercadorias e a autorização de prosseguir o seu encaminhamento, sem alteração ou após subtracção ou substituição da totalidade ou de parte dessas mercadorias».

No âmbito da *intercepção de telecomunicações*[1550], é "competente para a recepção dos pedidos de intercepção a Polícia Judiciária, que os apresentará ao juiz de instrução criminal da comarca de Lisboa, para autorização", conforme nº 2 do art. 160º-C da LCJIMP. Verifica-se cooperação internacional quase directa, mas que se sujeita à cooperação interna vertical policial por se encontrar subordinada à decisão do JIC.

[1550] Quanto a este assunto o nosso *Escutas Telefónicas – Da Excepcionalidade à Vulgaridade*, 2ª Edição, Coimbra: Almedina, 2008, pp. 159-163.

468. A CNUCOT em vários preceitos estipula aos Estados Partes para tomarem determinadas medidas que possam contribuir para a prevenção e luta contra a criminalidade organizada transnacional: *p. e.*, relativamente aos arrependidos – art. 26º da CNUCOT –, o reforço da eficácia das medidas de controlo do cumprimento da lei, a coordenação entre as autoridades, a troca de informações, a cooperação directa entre as autoridades competentes para aplicação da lei – art. 27º da CNUCOT –, a recolha, intercâmbio e a análise de informações quanto à natureza da criminalidade organizada – art. 28º da CNUCOT –, formação e programas técnicos específicos para as AJ e polícias – art. 29º da CNUCOT –, e prevenir através da redução de participação de pessoas ou grupos criminosos em negócios lícitos – art. 31º da CNUCOT[1551].

§ 111º Considerações finais

469. A sociedade está em constante processo de alteração nas suas estruturas quer no plano do rendimento, da educação, das garantias sociais, quer no plano dos conceitos ético-morais e das próprias características culturais. Mutação que é fortemente influenciada pela globalização, que se manifesta na criminalidade organizada transnacional, da qual se destaca o tráfico de droga, o tráfico de armas, o tráfico de seres humanos, o tráfico órgãos humanos, a fraude, a criminalidade informática, o branqueamento de capitais, a corrupção (etc.).

Alterações que, como ensina Rainer Schulte, afectam a polícia "não só nas áreas de actividade policial, de organização e dos requisitos de habilitações, como também chegam a afectar o modo como a polícia se vê a ela própria"[1552].

Sabendo-se que as funções, os requisitos e as expectativas que recaem sobre a polícia, tendo em conta o seu trabalho, as condições

[1551] A CNUCOT já tem quatro protocolos de relevante interesse para a cooperação judicária e policial em matéria penal.

[1552] Rainer Schulte, *O Futuro da Formação Policial*, (Tradução de Cristina Reis), Conferência proferida em Viena, em Fevereiro de 2002. Rainer Schulte foi o Presidente da *Polizei-Fuhrungsakademie*.

básicas e as normas que regulamentam a sua conduta, têm fomentado o aumento de conflitos, impõe-se que novas atitudes de gestão da actividade policial, alterações na organização e na cultura de liderança da polícia, uma participação activa nos processos de decisão.

Face a uma Europa que não pára de crescer e ao desejo de promover a todos os cidadãos um espaço de liberdade, segurança e justiça, "só a força policial direccionada estritamente para os direitos do homem e para um Estado governado pelo direito"[1553], pode fomentar "uma força policial eficaz, inteligente e moderna"[1554] não só no espaço europeu, mas também no espaço global.

A longa viagem espera-nos com as agruras próprias dos desafios, mas que será facilitada se existir comunicação e cooperação entre as polícias: *i. e.*, cooperação nacional, regional e internacional mútua. O princípio da intervenção/cooperação mútua é essencial para que haja cooperação em plano de igualdade entre as várias polícias e as polícias dos vários Estados-membros ou Estados parte.

470. Acompanhados pela experiência adquirida na área operacional e de investigação científica, continuamos, ainda hoje, a detectar que a cooperação policial interna, regional e internacional – global – continua a sofrer de alguns males que precisam de pequenas soluções que os diminua e, se possível, os elimine.

Do nosso estudo, podemos considerar pertinentes que:

i. a *legislação* continua *diferente* em cada Estado-membro ou parte. Esta realidade de presuntiva soberania ou de soberania enfraquecida limita e prejudica a cooperação *interpolicial*. Impõe-se um mínimo de **harmonização das disposições le gais** não só quanto ao direito penal material e processual, mas também quanto às atribuições e competências legais dos OPC[1555].

[1553] *Ibidem*.

[1554] *Ibidem*.

[1555] Quanto à harmonização, o nosso *Do Mandado de Detenção...*, pp. 10-61; ANABELA MIRANDA RODRIGUES, *Para uma Política Criminal Europeia*, (co-autoria com JOSÉ LUÍS LOPES DA MOTA), Coimbra: Coimbra Editora, 2002; "O mandado de Detenção Europeu – na Via da Construção de um Sistema Penal Europeu: Um passo ou um Salto?", *in Revista Portuguesa de Ciências Criminais*, Ano 13, nº 1, Janeiro-Março 2003; "La Harmonización de las

ii. a dispersão e multiplicação de organismos europeus e internacionais, muitos deles sobrepondo-se nas competências, que, ainda, impera, sem um *centro coordenador único*, permite, também, *dispersar informação fulcral* para a prevenção e repressão da criminalidade em geral e do crime organizado em especial. A EUROPOL não se encontra preparada, não obstan te o profundo avanço estrutural e funcional (legal) ocorrido com o TFUE. Desta feita, defendemos a **centralização dos vários organismos**, independente da vontade política, ficando cada um deles agregado a um centro de decisão.

iii. a *cooperação policial é fundamentalmente de natureza diferida e não directa*, o que dificulta a articulação entre o poder judicial e as polícias. A **cooperação policial deve ser mais directa** e, sem dúvida, fiscalizada pelo poder judicial.

iv. a **cooperação policial europeia sem que** deixasse de desenvol ver as suas estruturas a funcionar de acordo com o preceituado nos artigos 87º a 89º do TFUE dentro do espírito da coopera ção judiciária inscrita no mesmo tratado, deve estar **integrada física e conceptualmente na cooperação internacional**, pois hoje o crime não é regional, mas transnacional e internacional.

v. a *cooperação internacional é sempre um fracasso e um logro se a cooperação interna continuar a ser uma miragem no deserto*, em que o protagonismo jornalístico e televisivo ou mesmo político se sobrepõem aos fins do Direito e ao bem comum. Defendemos uma **cooperação interna sólida** entre o poder judicial e as polícias e entre as várias polícias.

vi. os *vários acervos de informações* – sem qualquer tratamento ou documentação e esquecidos em momentos cruciais – im põem com urgência a ***centralização da informação*** recolhi da e reenviada por todos os OPC e o seu tratamento adequa do às novas tecnologias, de modo que o acesso fosse efectuado por níveis

penas", *in La Orden de Detención Europea*, Toledo 8-11 Noviembre de 2004; e "O papel dos sistemas legais e a sua harmonização para erradicação das redes de tráfico de pessoas", *in Revista do Ministério Público*, Ano 21º, Outubro-Dezembro, 2000, nº 84.

de responsabilidade. É impensável que sejam ne cessários 2 dias para obter uma informação que nos pode chegar em minutos pelo telefone.

vii. a ***formação*** é o *metal precioso da cooperação policial.* Sem formação ético-moral, científica, técnica, cívica e de responsabilização não evoluímos. Pois, voaremos com um balão, enquanto os agentes do crime voam a jacto.

viii. mesmo com os fenómenos criminais de índole aterradora, ***continua a existir*** *um* ***sonegamento de informação*** quer a nível interno quer a nível internacional. Se pensarmos de forma diferente, não seremos mais que o PETER PAN. Para evitar este comportamento imoral e censurável, defendemos a *responsabilização efectiva* dos que não efectuaram a reco lha, o tratamento e a difusão da informação, pois esta **omissão** pode custar vidas ou fazer perigar a sociedade.

Summo rigore, não podemos ser avestruzes e esconder a cabeça na areia como se nada girasse à nossa volta, como se o mundo fosse o «eu» do «nós» sem que ao nosso lado estivesse(m) o(s) «outro(s)».

BIBLIOGRAFIA

AAVV, *Estratégia Nacional de Luta Contra a Droga*, Lisboa: INCM, 1999.

Agamben, Giogio, *Estado de Exceção*, (Tradução do italiano *Stadio di Eccezione* de Iraci D. Poleti), 2ª Edição revista, São Paulo: Boitempo Editorial, 2012.

Agostinho, Santo, *A Cidade de Deus* – Volumes I e III, (Tradução do latim *De Civitate Dei* de J. Dias Pereira), 2ª Edição, Lisboa: Fundação Calouste Gulbenkian, 1996.

Albuquerque, Paulo Pinto de, *Comentário do Código de Processo Penal à Luz da Constituição da República Portuguesa e da Convenção Europeia dos Direitos do Homem*, 2ª Edição, Lisboa: Universi dade Católica Editora, 2008.

Almeida, Luís Nunes de, "Tolerância, Constituição e Direito Penal", in Revista Portuguesa de Ciência Criminal (RPCC), Ano 13, nº 2, 2003.

Almeida, Maria Cândida de, "O Ministério Público. Contributo para uma cidadania", *in Estudos em Homenagem a Cunha Rodrigues* – Volume I, (Organização J. de Figueiredo Dias *et Alii*), Coimbra: Coimbra Editora, 2001.

Alonso Peréz, Francisco, *Medios de Investigación en el Proceso Penal*, 2ª Edição, Madrid: Dykinson, 2003.

Amaral, Diogo Freitas do *et Alii*, *Código do Procedimento Administrativo Anotado*, 3ª e 6ª Edições, Coimbra: Almedina, 1997.

Amaral, Diogo Freitas do, *Curso de Direito Administrativo* – Volume I, Reimpressão da 3ª Edição (Colaboração de Luís Fábrica, Carla Amado Gomes e J. Pereira da Silva) Coimbra: Almedina, 2007.

——, *Do 11 de Setembro à Crise do Iraque*, Lisboa: Bertrand Editora, 2003.

——, *Direito Administrativo*, Lisboa, 1988, Vol. II.
——, *Curso de Direito Administrativo* – Volume I, Coimbra: Almedina, 1996.
——, *Última Lição*, Coimbra: Almedina, 2007.
——, "O princípio da Justiça no art. 266º da Constituição", *in Estudos em Homenagem ao Prof. Doutor Rogério Soares, Boletim da Faculdade de Direito, STVDIA IVRIDICA, 61, AD HONOREM* – 1, Coimbra: Coimbra Editora, 2001.
ANDRADE, JOSÉ CARLOS VIEIRA DE, *Direitos Fundamentais na Constituição Portuguesa de 1976*, 2ª e 3ª Edição, Coimbra: Almedina, 2002 e 2004.
——, *Lições de Direito Administrativo*, 3ª Edição, Coimbra: Imprensa da Universidade de Coimbra, 2013.
——, "Interesse Público", *in Dicionário Jurídico da Administração da Justiça* – Volume V, (Director JOSÉ PEDRO FERNANDES), Lisboa, 1993.
ANDRADE, MANUEL DA COSTA, *Liberdade de Imprensa e Inviolabilidade Pessoal*, Coimbra: Coimbra Editora, 1996.
——, *"Sobre o Regime Processual Penal das Escutas Telefónicas"*, in *Revista Portuguesa de Ciências Criminais*, Ano I, Fasc. 3º, Julho-Setembro, 1991.
——, "Devassa da Vida Privada", *in Comentário Conimbricense ao Código Penal – Parte Especial* – Tomo I, (Dirigido por JORGE DE FIGUEIREDO DIAS), Coimbra: Coimbra Editora, 1999.
——, "Gravações e fotografias ilícitas", *in Comentário Conimbricense ao Código Penal – Parte Especial* – Tomo I, (Dirigido por JORGE DE FIGUEIREDO DIAS), Coimbra: Coimbra Editora, 1999.
——, *Sobre as Proibições de Prova em Processo Penal*, Coimbra: Coimbra Editora, 1992.
——, "Criminologia", in *Polis – Enciclopédia Verbo da Sociedade e do Estado*, Lisboa/S. Paulo: Editorial Verbo, 1997.
——, *"Bruscamente no Verão Passado", a Reforma do Código de Processo Penal. Observações críticas sobre uma lei que podia e devia ter sido diferente.* Coimbra: Coimbra Editora, 2009.
ANDRÉS IBÁÑEZ, PERFECTO, "Por um Ministério Público «dentro da legalidade»", *in RMP*, Ano 18º, Abril/Junho, 1997, nº 70.
ANTUNES, LUÍS FILIPE COLAÇO, *O Direito Administrativo sem Estado, Crise ou Fim de Paradigma?*, Coimbra: Coimbra Editora, 2008.
ARISTÓTELES, "Do Discurso e do Discurso Jurídico", *in Obra Jurídica*, Porto: Rés-Editora, Colecção Resjurídica.
BANDEIRA DE MELLO, CELSO ANTÔNIO, *O Conteúdo Jurídico do Princípio da Igualdade*, 3ª Edição – 22ª Tiragem, São paulo: Malheiros Editores Ltda., 2012.

BARRETO, MASCARENHAS, *História da Polícia em Portugal*, Braga, 1979.

BECCARIA, CESARE, *Dos Delitos e das Penas*, (Tradução do italiano *Dei Delitti e Delle Pene* de JOSÉ DE FARIA COSTA), 2ª Edição, Lisboa: Fundação Calouste Gulbenkian, 1998.

——, *Dos Delitos e das Penas*, (Tradução do italiano *Dei Delitti e Delle Pene* de LUCIA GUIDICINI), S. Paulo: Martins Fontes, 1991.

BELEZA, TERESA PIZARRO e ISASCA, FREDERICO, *Direito Processual Penal – Textos*, Lisboa: AAFDL, 1992.

BELEZA, TEREZA *et* ALII, *Apontamentos de Direito Processual Penal* – III Vol., Lisboa: AAFDL, 1995.

BERNAL POLIDO, CARLOS, *El Princípio de la Proporcionalidad y los Derechos Fundamentales*, 3ª Edição, Madrid: Centro de Estudos Políticos y Constitucionales, 2007.

BOBBIO, NORBERTO, *Teoria Geral da Política. A Filosofia Política e as Lições dos Clássicos*, (Organizada por MICHELANGELO BOVERO e Tradução do italiano *Teoria Generale Della Politica* de DANIELA BECCACCIA VERSIANI), Rio da Janeiro: Elsevier Editorial, Lda., 2000.

——, *As Ideologias e o Poder em Crise*, 4ª Edição, (Tradução do italiano *Ideologie e il potere in crisi* de JOÃO FERREIRA), Brasília: UNB, 1999.

BOSLY, HENRY-D. e VANDERMEERSCH, DAMIEN, "La loi Belge du 30 juin 1994 relative a la protection de la vie privée contre les écoutes, la prise de connaissance et de telecomunications et de telecomunications privées", *in Revue de Droit Penal et de Criminologie*, 75º Année, Avril 1995.

BRANDÃO, NUNO, *Branqueamento de Capitais: O Sistema Comunitário de Prevenção*, Coimbra: Coimbra Editora, Colecção *Argumentum*, nº 11, 2002.

CABRAL, R., "Natureza", *in Polis-Enciclopédia Verbo da Sociedade e do Estado* – 4, Lisboa/São Paulo: Verbo, 1998.

CACHÃO, FERNANDA, *"A qualidade do agente"*, *in Euronotícias*, 27 de Julho de 2001.

CAETANO, MARCELLO, *Manual de Ciência Política e Direito Constitucional* – Tomo I, Coimbra: Almedina, 1996, 6ª Edição, Reimpressão.

——, *Manual de Direito Administrativo* – Volumes I e II, 7ª Reimpres são da 10ª Edição, Coimbra: Almedina, 2004.

CAMPOS, MANUEL FONTAINE, *O Direito e a Moral no Pensamento de Friedrich Hayek*, Porto: UCP, 2000.

CANARIS, CLAUS-WILHELM, *Pensamento Sistemático e Conceito de Sistema na Ciência do Direito*, (Tradução do alemão *Systemdenken und Systembergriff in der Jurisprudenz* de ANTÓNIO MENEZES CORDEIRO), 4ª Edição, Lisboa: Fundação Calouste Gulbenkian, 2008.

CANAS, VITALINO, "Princípio da proibição do excesso e a polícia", *in I Colóquio de Segurança Interna* – Tomo I, Coimbra: Almedina, 2005,

——, "Princípio da Proporcionalidade", *in Dicionário da Administração Pública* – Vol. VI, (Dirigido por JOSÉ PEDRO FERNANDES), Lisboa, 1994. CANOTILHO, GOMES e MOREIRA VITAL, *Constituição da República Portuguesa Anotada,* 3ª Edição, Coimbra: Coimbra Editora, 1993.

——, *Constituição da República Portuguesa Anotada* – Volomes I e II, 4ª Edição, Coimbra: Coimbra Editora, 2007 e 2010.

CANCIO MELIÁ, MANUEL e DÍEZ, GOMÉZ-JARA (Coord.), *Derecho Penal del Enemigo. El Discurso Penal de la Exclusión*, Madrid e Montevideo: Edisofer s. l. e Editorial B de f Ltda., 2006, Volumes 1 e 2.

CANOTILHO, GOMES e MOREIRA, VITAL, *Constituição da República Portuguesa Anotada – I e II.* 4ª Edição. Coimbra: Coimbra Editora, 2007 e 2010.

——, *Constituição da República Portuguesa Anotada.* 3ª Edição. Coimbra: Coimbra Editora, 1993.

CANOTILHO, GOMES, *Direito Constitucional e Teoria da Constituição,* 3ª Edição e 7ª Edição, Coimbra: Almedina, 1999 e 2003.

CARBONELL MATEU, JUAN CARLOS, *Derecho Penal: Concepto y Principios Constitucionales,* 3ª Edição, Valencia: Tirant lo Blanch, 1999.

CARVALHO, RAQUEL, *O Direito à Informação Administrativa Procedimental,* Porto: Publicações Universidade Católica, 1999.

CARVALHO, SALO DE, *Penas e Medidas de Segurança no Direito Penal Brasileiro,* São Paulo: Editora Saraiva, 2013.

CAUPERS, JOÃO, *Introdução ao Direito Administrativo,* 5ª Edição, Lisboa: Âncora Editora, 2000.

CHAMBEL, ÉLIA MARINA PEREIRA, *A Videovigilância em Locais de Domínio Público de Utilização Comum,* ISCPSI (de consulta na Biblioteca), Lisboa, 2000.

CHIAVARIO, MARIO, "Opções Valorativas e Técnicas Legislativas na Tutela da Liberdade de Consciência. Algumas Experiências da Codificação Processual Penal de Itália", *in Revista Portuguesa de Ciência Criminal,* (Tradução do italiano de CRISTINA LÍBANO MONTEIRO), Coimbra/Lisboa: Coimbra Editora/Aequitas, Ano 7, Fasc. 1º, 1997.

CHEVALIER-GOVERS, CONSTANCE, *De la coopération à l'intégration policière dans l'union européenne,* Bruxelles: Bruylant, 1999.

CHORÃO, MÁRIO BIGOTTE, "Natureza das Coisas", *in Polis – Enciclopédia Verbo da Sociedade e do Estado* – 4, Lisboa/São Paulo: Verbo, 1986.

CLEMENTE, PEDRO, *Da Polícia de Ordem Pública*, Lisboa: Edição do Governo Civil de Lisboa, 1998.

CONDE, FRANCISCO MUÑOZ, "Prólogo a la Edición española", *in La Ciencia del Derecho Penal ante el Nuevo Milenio*, Valencia: Tirant lo Blanch, 2004.

——, *La Ciência del Derecho Penal ante el Nuevo Milenio – Prólogo a la Edición Española*, Valencia: Tirant lo Blanch, 2004.

CORDEIRO, ANTÓNIO MENEZES, *Tratado de Direito Civil Português* – I – Parte Geral – Tomo I, 2ª Edição, Coimbra: Almedina, 2000.

CORREIA, EDUARDO, "Direito penal e o direito de mera ordenação social", *in Direito Penal Económico e Europeu: Textos Doutrinários – Problemas Gerais* – Vol. I, Coimbra: Coimbra Editora, 1998.

——, *A Teoria do Concurso em Direito Criminal. Caso Julgado e Poderes de Cognição do Juiz*, Coimbra: Almedina, 1996.

——, *Direito Criminal* – Vol. I, (Colaboração de JORGE DE FIGUEIREDO DIAS), Coimbra: Almedina, 1997.

COSTA, JOSÉ DE FARIA, *Noções Fundamentais de Direito Penal (Fragmenta iuris poenalis). Intodução. A Doutrina Geral da Infracção [A Ordenação Fundamental da Conduta (Facto) Punível: A Conduta Típica (O Tipo)]*, 2ª Edição, Coimbra: Coimbra Editora, 2009.

——, "O branqueamento de capitais (algumas reflexões à luz do direito penal e da política criminal)", *in Boletim da Faculdade de Direito*, Coimbra, nº 68, 1992.

——, "As Relações entre o Ministério Público e a Polícia: A Experiência Portuguesa", *in BFD*, Coimbra, Vol. LXX, 1994.

——, *Direito Penal e Globalização. Reflexões não locais e pouco globais*, Coimbra: Walters Kluvers Portugal/Coimbra Editora, 2010.

CUNHA, JOSÉ MANUEL DAMIÃO DA, *Do Caso Julgado Parcial*, Porto: UCE, 2002.

——, "Artigo 33º da CRP – Expulsão, Extradição e Direito de Asilo", *in Constituição Portuguesa Anotada* – Tomo I, (Coord. JORGE MIRANDA e RUI MEDEIROS), Coimbra: Coimbra Editora, 2005.

——, "Dos meios de obtenção de prova face à autonomia técnica e táctica dos órgãos de polícia criminal", *in II Congresso de Processo Penal*, (Coord. MANUEL MONTEIRO GUEDES VALENTE), Coimbra: Almedina, 2006.

DAMIÁN MORENO, JUAN "Un Derecho Procesal de Enemigos?", *in Derecho Penal del Enemigo. El Discurso Penal de la Exclusión*, CANCIO MELIÁ e GOMÉZ-JARA DÍEZ (Coord.), Madrid e Montevideo: Edisofer s. l. e Editorial B de F Ltda., 2006, Volumes 1.

DELMAS-MARTY, MIREILLE, *Por um Direito Comum*, (Tradução do francês – Pour un Droit Commun – de ERMANTINA DE ALMEIDA PRADO GALVÃO), São Paulo: Martins Fontes, 2004.

DIAS, JORGE DE FIGUEIREDO e ANDRADE, MANUEL DA COSTA, *Criminologia – O Homem Delinquente e a Sociedade Criminógena*, Reimpressão, Coimbra: Coimbra Editora, 1992.

DIAS, JORGE DE FIGUEIREDO, "O movimento da descriminalização e o ilícito de mera ordenação social", *in Direito Penal Económico e Europeu: Textos Doutrinários – Problemas Gerais* – Vol. I, Coimbra: Coimbra Editora, 1998.

——, *Direito Penal – Parte Geral – Questões Fundamentais – A Doutrina Geral do Crime* – Tomo I, Coimbra: Coimbra Editora, 2005.

——, *Direito Processual Penal*, (colecção Clássicos Jurídicos – Reimpressão da 1ª Edição de 1974), Coimbra: Coimbra Editora, 2004.

——, "Sobre os sujeitos processuais no novo Código de Processo Penal", *in O Novo Código de Processo Penal*, Jornadas de Direito Processual Penal, Coimbra: Almedina, 1988.

——, *Direito Penal Português – As consequências jurídicas do crime*, Lisboa: Aequitas – Editorial Notícias, 1993.

——, "Do princípio da «objectividade» ao princípio da «lealdade» do comportamento do Ministério Público no Processo Penal", (Ano tação ao AC. STJ nº 5/94, Proc. nº 46444), *in Revista de Legis lação e Jurisprudência*, Ano 128, nº 3860.

——, "O Novo Código de Processo penal", *in* TERESA BELEZA e FREDERICO ISASCA (Coord.). *Direito Processual Penal – Textos*, Lisboa: AAFDL, 1992.

DIAS, MARIO GOMES, "A Convenção das Nações Unidas Contra a Criminalidade Organizada Transnacional e os Protocolos Adicionais Contra o Tráfico de Pessoas e Contra o Tráfico de Migrantes", *in Estudos de Homenagem ao Professor Doutor GERMANO MARQUES DA SILVA*, Coimbra: Almedina, 2004.

DUHAMEL, OLIVIER e MENY, YVES, *Dictionnaire constitucionnel*, Paris: PUF, 1992.

ESPADA, JOÃO CARLOS, *A Tradição de Liberdade*, São João do Estoril: Principia, 1998.

FARIA, MIGUEL JOSÉ, *Direitos Fundamentais e Direitos do Homem*, 3ª Edição, Lisboa: ISCPSI, 2001.

ENGISH, KARL, *Introdução ao Pensamento Jurídico*, (Tradução do alemão *Einführung in das Juristische Denken*, Estugarda, 1983, por J. BAPTISTA MACHADO), 7ª Edição, Lisboa: Fundação Calouste Gulbenkian, 1996.

FELDENS, LUCIANO, *A Constituição Penal. A Dupla Face da Proporcionalidade no Controle de Normas Penais*, Porto Alegre: Livraria do Advogado, 2005.

——, *Direitos Fundamentais e Direito Penal – A Constituição Penal –*, 2ª Edição, Porto Alegre: Livraria do Advogado, 2012.

FERNANDES, ANTÓNIO JOAQUIM, *Regime Geral das Contra-Ordenações – Notas Práticas*, Lisboa: Ediforum, 1998.

FERNANDES, FERNANDO, *O Processo Penal como Instrumento de Política Criminal*, Coimbra: Coimbra Editora, 2001.

FERNANDES, LUÍS A. CARVALHO, *Teoria Geral do Direito Civil – I – Introdução, Pressupostos da Relação Jurídica*, 3ª Edição, Lisboa: Universidade Católica, 2001.

FERRAJOLI, LUIGI, "Jurisdição e democracia", *in RMP*, Ano 18º, Out./Dez., 1997, nº 72.

——, *Derecho y Razon. Teoría del Garantismo Penal*, (Tradução do italiano *Diritto e Ragione* de ANDRÉS IBAÑEZ *et ALII*), 7ª Edição, Madrid: Trotta, 2005.

——, *Democracia y Garantismo*, (Tradução do italiano de PERFECTO ANDRÉS IBÁÑEZ *et ALII*), Madrid: Editorial Trotta, 2008.

FERREIRA, MANUEL CAVALEIRO DE, *Curso de Processo Penal* – Vol. 1, Editora Danúbio, Lda, 1986.

——, *Curso de Processo Penal* – Vol. 2º, Lisboa, 1981.

——, *Curso de Processo Penal* I, Reimpressão da Universidade Católica, 1981.

——, *Direito Penal Português* – Vol. I, Lisboa/S. Paulo: Editorial Verbo, 1982.

FRANCHIMONT, MICHEL, JACOBS, ANN e MASSET, ADRIEN, *Manuel de Procédure Pénale*, Liége: Ed. Collection Scientifique de la Faculté de Droit de Liége, 1989.

FREITAS, MANUEL DA COSTA, "Teoria", *in Logos – Enciclopédia Luso-Brasileira de Filosofia* – Vol. 5, Lisboa/S. Paulo: Verbo, 1992.

GARCIA, MARIA DA GLÓRIA FERREIRA PINTO DIAS, *Da Justiça Administrativa em Portugal. Sua Origem e Evolução*, Lisboa: UCE, 1994.

——, "Princípio da igualdade – Fórmula vazia ou carregada de sentido?", *in BMJ*, nº 385.

GARCÍA-PABLOS DE MOLINA, ANTÓNIO, *Criminología Una Introducción a sus Fundamentos Teóricos para Juristas*, Valencia: Tirant lo Blanch Libros, 1996.

GIACOMOLLI, NEREU JOSÉ, *O Devido Processo Penal. Abordagem Conforme a Constituição Federal e o Pacto de São José da Costa Rica. Cases da Corte Interamericana, do Tribunal Europeu e do STF*, São Paulo: Atlas, 2014.

——, *Prisão, Liberdade e as Cautelares Alternativas ao Cárcere*, Madrid/Barcelona/Buenos Aires/São Paulo: Marcial Pons, 2013.

GOLDING, MARTIN, *Filosofia e Teoria do Direito*, (Tradução do inglês de ARI MARCELO SOLON), Porto Alegre: Sergio Antonio Fabris Editor, 2010.

GOMES, D. ANTÓNIO FERREIRA, "A sociedade e o Trabalho: Democracia, Sindica lismo, Justiça e Paz", in *Direito e Justiça*, Vol. I, 1980.

GÓMEZ COLOMER, JUAN-LUIS, *El Processo Penal Aleman, Introducion y Normas Basicas*, Barcelona: Bosch, Casa Editorial, AS, 1985.

——, "Estado Democrático e Modelo Policial: Uma Proposta de Estrutura para Obter uma Investigação Eficaz do Crime", *in* FAUZI HASSANCHOUKR e KAI AMBOS (Coord.), *Polícia e Estado de Direito na América Latina*, Rio de Janeiro: *Lumen Juris* Editora, 2004.

GONÇALVES, FERNANDO e ALVES, MANUEL JOÃO, *Os Tribunais, as Polícias e o Cidadão*, Coimbra: Almedina, 2000.

GONÇALVES, MANUEL LOPES MAIA, *Código Processual Penal Anotado*, 7ª Edição, Coimbra: Almedina, 1996.

——, *Código de Processo Penal Anotado e Comentado*, 12ª Edição, Coimbra: Almedina, 2001.

GOUVEIA, JORGE BACELAR, *Novos Estudos de Direito Público*, Lisboa: Âncora Editora, 2002.

——, *Manual de Direito Constitucional*, Coimbra: Almedina, 2005, Vol. I.

HABERMAS, JÜRGEN, *Direito e Moral*, [Traduzido do alemão – *Recht und Moral (Tanner Lectures 1986) aus «Faktizitat und Geltung Beitrage zur Diskurstheorie der Rechts und des Democratischen Rechtsstates»* – por SANDRA LIPPERT], Lisboa: Piaget Editora, 1999.

——, *Técnica e Ciência como "Ideologia"*, (Tradução do *Technik und Wissenschaft als «Ideologie»* de ARTUR MORÃO), Coimbra: Edições 70, 2006.

HART, HERBERT L. A., *O Conceito de Direito*, (Tradução The Concept of Law, Oxford University Press, 1964, de ARMINDO RIBEIRO MENDES), 2ª Edição, Lisboa: Fundação Calouste Gulbenkian, 1995.

HASSEMER, WINFRIED, "Alternativas al principio de culpabilidad?", *in Cuadernos de Política Criminal*, Instituto Universditario de Criminología – Universidad Complutense de Madrid, nº 18, 1982.

——, *A Segurança Pública no Estado de Direito*, (Tradução do alemão *Innere Sicherheit im Rechsstaat* de CARLOS EDUARDO VASCONCELOS), Lisboa: AAFDL, 1995.

——, *Persona, Mundo y Responsabilidad*, (Tradução de Francisco Muñoz Conde e de Mª del Mar Díaz Pita), Valencia: Tirant lo Blanch Alternativa, 1999.

——, *História das Ideias Penais na Alemanha do Pós-Guerra*, (Tradução do alemão – *Strafrechtswissenschaft in der Bundesrepublik Deutschland* – de Carlos Eduardo Vasconcelos), Lisboa: AAFDL, 1995.

——, "Seguridad por intermedio del Derecho penal", *in Problemas Actuales del Derecho Penal y de la Criminología*. Estudios penales en memoria de la Profesora Dra. María Del Mar Díaz Pita, (Dir. Francisco Muñoz Conde e Tradução do alemão – Sicherheit und Strafrecht – de Gabriela E. Córdova e Julio B. J. Maier), Valencia: Tirant lo Blanch, 2008.

Hespanha, António Manuel, *O Caleidoscópio do Direito – O Direito e a Justiça nos Dias e no Mundo de Hoje*, Coimbra: Almedina, 2007 e 2ª Edição, reelaborada, 2009.

——, *Cultura Jurídica Europeia – Síntese de um Milénio*, 3ª Edição, Mem Martins: Publicações Europa América, 2003.

Hobsbawm, Eric, *Globalização, Democracia e Terrorismo*, (Tradução do original *Globalisation, Democracy and Terrorism* de Miguel Romeira), Lisboa: Editorial Presença, 2008.

Horst, Harthmuth, "Os Limites da Prevenção Criminal à Luz dos Direitos do Homem", *in Revista Portuguesa de Ciência Criminal*, Coimbra: Coimbra Editora, Ano 8, 1998.

Jakobs, Günther, *Derecho Penal del Enemigo*, 2ª Edição, (Tradução do Bürgerstrafrecht und Feindstrafrecht de Manuel Cancio Meliá), Cizur Menor/Madrid: Thomson/Civitas, 2006.

——, *Sobre la Normativización de la Dogmática Jurídico-Penal*, (Tradução do alemão – Die Idee der Normativierung in der Strafrechtsdogmatik – de Manuel Cancio Melia e de Bernardo Feijóo Sánchez), Madrid: Thomson/Civitas, 2003.

Kant, Immanuel, *Metafísica dos Costumes* – Parte I – *Princípios Metafísicos da Doutrina e do Direito*, (Tradução do alemão – *Die Metaphysik der Sitten. Erster Theil: Metaphysische Anfansgründe der Rechtslehre*, 1797, 1798 – de Artur Mourão), Lisboa: Edições 70, 2004.

Kaufmann, Arthur, *Filosofía del Derecho*, (Tradução do alemão – *Rechtsphilosophie* – de Luis Villar Borba e Ana María Montoya), 2ª Edição, Reimpressão, Bogotá: Universidad Externato de Colombia, 2006.

Kelsen, Hans, *A Justiça e o Direito Natural*, (Tradução do alemão *Reine Rechtslehre* de João Baptista Machado), Coimbra: Almedina, 2001.

——, *Teoria Geral das Normas*, [Tradução do alemão *Allgemeine Theorie der Normen* (1979) de José Florentino Duarte], Porto Alegre: Sergio António Fabris Editor, 1986.

LOPES JR., AURY e GLOECKNER, RICARDO JACOBSEN, *Investigação Preliminar no Processo Penal*, 5ª Edição, São Paulo: Editora Saraiva, 2013.

LOPES JR., AURY, *Direito Processual Penal*, 10ª Edição, São Paulo: Editora Saraiva, 2013.

LARENZ, KARL, *Metodologia da Ciência do Direito*, (Tradução do alemão *Methologenlehre der Rechtswissenschaft* de JOSÉ LAMEGO), 3ª Edição, Lisboa: Fundação Calouste Gulbenkian, 1997.

LARGUIER, JEAN, *La Procédure Pénale*, 4ª Edição, Paris: Presses Universitaires de France, 1973.

LEAL-HENRIQUES, MANUEL e PINHO, DAVID BORGES DE, *Código de Processo Penal Anotado* – II Vol., 2ª Edição, Lisboa: Rei dos Livros, 2000.

LIPOVETSKY, GILLES e JUVIN, HERVÉ, *O Ocidente Mundializado. Controversia sobre a Cultura Palnetária*, (Tradução de LUÍS FILIPE SARMENTO), Lisboa: Edições 70 Lda., 2011.

LOMBA, PEDRO, "A Actividade da Polícia como Relação Administrativa", *in Estudos de Direito de Polícia* – Vol. I, (coordenação de JORGE MIRANDA), Lisboa: AAFDL, 2003.

MACARINO, EZEQUIEL, "A Polícia nos Estados de Direito Latino-Americano: Um Resumo Comparativo", *in* FAUZI HASSAN CHOUKR e KAI AMBOS (Coord.), *Polícia e Estado de Direito na América Latina*, Rio de Janeiro: *Lumen Juris* Editora, 2004.

MALARINO, EZEQUIEL, "A Polícia nos Estados de Direito Latino-Americano: Um Resumo Comparativo", *in* AUZI HASSAN CHOUKR e KAI AMBOS (Coord.), *Polícia e Estado de Direito na América Latina*, Rio de Janeiro: *Lumen Juris* Editora, 2004.

MANNHEIM, HERMANN, *Criminologia Comparada* – Volumes I e II, (Tradução do inglês *Comparative Criminology – A Text Book* de MANUEL DA COSTA ANDRADE e de JOSÉ FARIA COSTA), Lisboa: Fundação Calouste Gulbenkian, 1984.

MATA-MOUROS, MARIA DE FÁTIMA, *Juiz das Liberdades. Desconstrução de um Mito do Processo Penal*, Coimbra: Almedina, 2011.

MAURER, HARTMUT, *Direito Administrativo Geral*, (Tradução do alemão *Allgemeines Verwaltungsrecht* – 14. *Auflage* de LUÍS AFONSO HECH), S. Paulo: Editora Malone, 2001.

MEDEIROS, RUI, *A Decisão de Insconstitucionalidade*, Lisboa: Edições da UCP, 1998.

——, *Responsabilidade Civil dos Poderes Públicos*, Lisboa: Universi dade Católica Editora, 2005.

MEIREIS, MANUEL AUGUSTO ALVES, *O Regime das Provas Obtidas pelo Agente Provocador em Processo Penal*, Coimbra: Almedina, 1999.

MEIRELLES, HELY LOPES, *Direito Administrativo Brasileiro*, 35ª Edição, (Actualizada por EURICO DE ANDRADE AZEVEDO, DÉLCIO BALESTERO ALEIXO e JOSÉ EMMANUEL BURLE FILHO), São Paulo: Malheiros Editores Ltda., 2009.

MENDES, ANTÓNIO DE OLIVEIRA e CABRAL, JOSÉ DOS SANTOS, *Notas ao Regime Geral das Contra-Ordenações e Coimas*, Coimbra: Almedina, 2003.

MENDES, MÁRCIO HUGO COSTA, *Agente Infiltrado. Contributos para a delimitação de atribuições e competências*, Dissertação de Mestrado, Depositado na Biblioteca, Lisboa: ISCPSI, 2011.

MENDONZA, AMPARO LÓPEZ, "De la investigación policial", *in Revista Oficial de la Dirección General de la Policía*, nº 163.

MESQUITA, DÁ, "Repressão Criminal e Iniciativa Própria dos Órgãos de Polícia Criminal", *in I Congresso de Processo Penal – Memórias*, Coimbra: Almedina, 2005.

——, *Direcção do Inquérito Penal e Garantia Judiciária*, Coimbra: Coimbra Editora, 2003.

MIRANDA, JORGE e MEDEIROS, RUI (Org.), *Constituição Portuguesa Anotada – Tomo I*, Coimbra: Coimbra Editora, 2005.

MIRANDA, JORGE, *Manual de Direito Constitucional* – Tomo IV – *Direitos Fundamentais*, 2ª e 3ª Edição, Coimbra: Coimbra Editora, 1993 e 2000.

——, "O Regime dos Direitos, Liberdades e Garantias", *in Estudos Sobre a Constituição*, Lisboa: Petrony, 1979, 3º Vol..

——, *Manual de Direito Constitucional* – Tomo V – *Actividade Constitucional do Estado*, Coimbra: Coimbra Editora, 1997.

——, "Igualdade", in *Dicionário Jurídico da Administração Pública* – Volume V, (Director JOSÉ PEDRO FERNANDES), Lisboa, 1993.

MONCADA, L. CABRAL, *Filosofia do Direito e do Estado – Volume II – Doutrina e Crítica*, Colecção Clássicos Jurídicos, Reimpressão da 1ª Edição de 1966, Coimbra: Coimbra Editora, 2006.

MONTEIRO, CRISTINA LÍBANO, "O consumo de Droga na política e na técnica legislativa: Comentário à Lei nº 30/2000", *in Revista Portuguesa de Ciências Criminais*, Ano 11, Fasc. 3º, 2001.

MONTESQUIEU, *O Espírito das Leis*, (Tradução do *L'Esprit des Lois* de CRISTINA MURACHCO), 3ª Edição, S. Paulo: Martins Fontes, 2005.

MOURA, JOSÉ SOUTO DE, "Inquérito e Instrução" in *Jornadas de Direito Processual Penal/O novo Código de Processo Penal*, CEJ, Coimbra: Livraria Almedina, 1995.

——, "Dignidade da pessoa e poder judicial", *in RMP*, Ano 18º, Abril/ /Junho, 1997, nº 70.

NEVES, A. CASTANHEIRA, "O princípio da legalidade criminal", *in Digesta* Vol. I, Coimbra: Coimbra Editora, 1995.

——, *Coordenadas de uma Reflexão sobre o Sentido Actual do Direito*, Lições policopiadas de Filosofia de Direito, Centro de Publicações da UCP, 2002/03.

——, *O Actual Problema Metodológico da Interpretação Jurídica – I*, Coimbra: Coimbra Editora, 2003; Digesta: Escritos acerca do Direito, do Pensamento Jurídico, da sua Metodologia e Outros – Volume 2ª, Coimbra: Coimbra Editora, 1995.

NOVAIS, JORGE REIS, *As Restrições aos Direitos Fundamentais não Expressamente Autorizadas pela Constituição*, Coimbra: Coimbra Edi tora, 2003.

NUNES, DUARTE RODRIGUES, *Revistas e Buscas no Código de Processo Penal*, Coimbra: GESTLEGAL, 2019.

OLIVEIRA, MÁRIO ESTEVE DE, GONÇALVES, PEDRO COSTA e AMORIM, J. PACHECO, *Código do Procedimento Administrativo*, Coimbra: Almedina, 1997.

ONETO, ISABEL, *O Agente Infiltrado*, Coimbra: Coimbra Editora, 2005.

OTERO, PAULO, *Instituições Políticas e Constitucionais*, Coimbra: Almedina, 2007, Vol. I.

——, *Legalidade Administração Pública. O Sentido da Vinculação Administrativa à Juridicidade*, Coimbra: Almedina, 2003.

PEREIRA, ANTÓNIO BEÇA, *Regime Geral das Contra-Ordenações e Coimas*, 5ª Edição, Coimbra: Almedina, 2003.

PEREIRA, ELIOMAR DA SILVA, *Teoria da Investigação Criminal: Uma Introdução Jurídico-Científica*, São Paulo: Almedina Brasil, 2010.

PEREIRA, RUI, «O "Agente Encoberto" na Ordem Jurídica Portuguesa», *in I Congresso de Processo Penal* – Memórias, (Coord. MANUEL MONTEIRO GUEDES VALENTE), Coimbra: Almedina, 2005.

PERÉZ, FRANCISCO ALONSO/SÁNCHES, JOSÉ CABANILLAS/CASTAROYO, JOSÉ ESCALANTE/MALUENDA, JAIME FA/ESCALONA, ANTONIO NICOLÁS M./PLAZA, CARLOS JULIO SAN ROMÁN e PEREIRA, ARTURO, *Manual del Policía*, 4ª Edição, Madrid: La Ley, 2004.

PINHEIRO, ALEXANDRE SOUSA e FERNANDES, MÁRIO JOÃO DE BRITO, *Comentário à IV Revisão Constitucional*, Lisboa: AAFDL, 1999.

PINHO, DAVID BORGES DE, *Da Acção Penal – Tramitação e Formulários*, Coimbra: Livraria Almedina, 1988.

PINTO, ANTÓNIO AUGUSTO TOLDA, *A Tramitação Processual Penal*, 2ª Edição, Coimbra: Coimbra Editora, 2001.

PINTO, PAULO MOTA, «Notas sobre o "imperativo de tolerância" e seus limites», *in Estudos em Memória do Conselheiro* LUÍS NUNES DE ALMEIDA, Coimbra: Coimbra Editora, 2007.

POIARES, CARLOS ALBERTO, *Análise Psicocriminal das Drogas – O discurso do Legislador*, Braga: Almeida & Leitão, Ldª, 1998.

POLAINO-ORTS, MIGUEL, *Derecho Penal del Enemigo*, Barcelona: Bosch, 2009.

POPPER, KARL, *Conjecturas e Refutações*, (tradução de BENEDITA BETTENCOURT), Coimbra: Almedina, 2003.

——, *The Open Society and Its Enemies*, Vol. 1: The Spell of Plato, Mew York, 2003.

PRADO, GERALDO, *Prova Penal e Sistema de Controles Epistêmicos. A quebra da cadeia de custódia das provas obtidas por métodos ocultos*, Madrid/Barcelona/Buenos Aires/São Paulo: Marcial Pons, 2014.

——, *A Cadeia de Custódia da Prova no Processo Penal*, São Paulo: Marcial Pons, 2019.

PRETO, ANTÓNIO MARTINEZ VALADAS, "Jurisdição", *in Dicionário Jurídico da Administração Pública* – Volume V, (Director JOSÉ PEDRO FERNANDES), Lisboa, 1993.

QUEIRÓ, AFONSO RODRIGUES, "Competência", *in Dicionário Jurídico da Administração Pública* – Volume II, 2ª Edição, (Director JOSÉ PEDRO FERNANDES), Lisboa, 1990.

——, "Atribuições", *in Dicionário Jurídico da Administração Pública* – Volume I, 2ª Edição, (Director JOSÉ PEDRO FERNANDES), Lisboa, 1990.

RADBRUCH, GUSTAV, *Filosofia do Direito*, (Tradução do alemão – *Rechtsphilosophie* – de MARLENE HOLZHAUSEN), São Paulo: Martins Fontes, 2004.

——, *Introdução à Ciência do Direito*, (Tradução de VERA BARKOW), São Paulo: Martins Fontes, 1999.

RANGEL, PAULO CASTRO, "A Justiça nas Constituições", *in Julgar*, Coimbra: Coimbra Editora, Setembro-Dezembro, Número Especial, 2008.

RAWLS, JOHN, *Uma Teoria para a Justiça*, (Tradução do inglês *A Theoty of Jusice* de CARLOS PINTO CORREIA), Lisboa: Editorial Presença, 1993.

RAPOSO, JOÃO, *Direito Policial* I – Colecção ICPOL-ISCPSI, Coimbra: Almedina, 2006.

RODRIGUES, ANABELA MIRANDA e DUARTE-FONSECA, ANTÓNIO CARLOS, *Comentário da Lei Tutelar Educativa*, Coimbra: Coimbra Editora, 2000.

RODRIGUES, ANABELA MIRANDA e MOTA, JOSÉ LOPES DA, *Para uma Política Criminal Europeia*, Coimbra: Coimbra Editora, 2002.

RODRIGUES, ANABELA MIRANDA, "A fase preparatória do processo penal – tendências na Europa. O caso português", *in STVDIA IVRIDICA*, Nº 61, Coimbra: Coimbra Editora.

———, "O Inquérito no Novo Código de Processo Penal", in *Jornadas de Direito Processual Penal – O Novo Código de Processo Penal*, CEJ, Coimbra: Almedina, 1995.

———, Prefácio de *Lei e Crime: O Agente Infiltrado versus o Agente Provocador – Os Princípios do Processo Penal*, Coimbra: Almedina, 2001.

———, "Política Criminal – Novos Desafios, Velhos Rumos", *in Liber Discipulorum para Figueiredo Dias*, Coimbra: Coimbra Editora, 2003.

———, "O mandado de Detenção Europeu – na Via da Construção de um Sistema Penal Europeu: Um passo ou um Salto?", *in Revista Portuguesa de Ciências Criminais*, Ano 13, nº 1, Janeiro-Março 2003.

———, "La Harmonización de las penas", *in La Orden de Detención Europea*, Toledo 8-11 Noviembre de 2004.

———, "A celeridade do processo penal – Uma visão de Direito Compa rado" *in Actas da Revisão do Código de Processo Penal*, Lisboa: Assembleia da República-Edições, 1999, Vol. II – Tomo II.

———, "O papel dos sistemas legais e a sua harmonização para erradicação das redes de tráfico de pessoas", *in Revista do Ministério Público*, Ano 21º, Outubro-Dezembro, 2000, nº 84.

———, "O Tribunal Penal Internacional e a Prisão Perpétua – que futuro", *in Direito e Justiça*, Vol. XV, Tomo 1, 2001.

Rodrigues, J. Narciso da Cunha, "A posição Institucional e as Atribuições do Ministério Público e das Polícias na Investigação Criminal", *in BMJ*, nº 337.

Rodrigues, J. Resina, "Técnica", *in Logos – Enciclopédia Luso-Brasileira de Filosofia* – Vol. 5, Lisboa/S. Paulo: Verbo, 1992.

———, "Técnica", *in Polis* – Enciclopédia Verbo da Sociedade e do Estado – Vol. 5, Lisboa/S. Paulo: Verbo, 1987.

Rosseau, Jean-Jacques, *O Contrato Social (Manuscrito de Genebra)*, [Tradução do francês *Du Contrat Social ou Essai sur la Forme de la République (Première Version)* de Manuel João Pires], Lisboa: Temas e Debates, 2012.

Rotman, Edgardo, "O conceito de prevenção do crime", *in Revista Portuguesa de Ciência Criminal* (RPCC), Ano 8º, Fasc. 3º, 1998.

Roxin, Claus, *Derecho Procesal Penal*, (Tradução do alemão – *Strafverfahrensrech*, 25ª Ed. – de Julio B. J. Maier), Buenos Aires: Editores del Puerto s. r. l., 2000.

———, *Estudos de Direito Penal*, (Tradução dos vários artigos em alemão de Luís Greco), 2ª Edição, Rio de Janeiro: Renovar, 2008.

Salinas, Henrique, *Os Limites Objectivos do «ne bis in idem» e a Estrutura Acusatória no Processo Penal*, Lisboa: UCE, 2014.

SANDEL, MICHAEL J., *O Liberalismo e os Limites da Justiça*, (Tradução do *Liberalism and the Limits of Justice*, 2ª Ed., de CARLOS PACHECO DO AMARAL), Lisboa: Fundação Calouste Gulbenkian, 2005.

SANTOS, MANUEL SIMAS, LEAL-HENRIQUES, MANUEL e PINHO, DAVID BORGES DE, *Código de Processo Penal Anotado*, Lisboa: Rei dos Livros, 1996, 1º Vol..

——, *Código de Processo Penal Anotado* – 2º Vol., Lisboa: Rei dos Livros, 1997.

SANZ MULAS, NIEVES, *Alternativas a la Pena Privativa de Liberdad*, Madrid: Colex, 2000.

SCHULTE, RAINER, *O Futuro da Formação Policial*, (Tradução do inglês de CRISTINA REIS), Conferência proferida em Viena, em Fevereiro de 2002.

SEGORBE, BEATRIZ e TRABUCO, CLÁUDIA, *O Conselho Constitucional Francês*, Quarteto, Coimbra, 2002.

SERRANO, MÁRIO MENDES, "Extradição", *in Cooperação Internacional Penal*, Centro Estudos Judiciários, Lisboa, 2000.

SILVA, BENJAMIM RODRIGUES, *Direito Constitucional*, Lisboa: Rei dos Livros, 2011.

——, *Da Prova Penal* – Tomos I e II, 3ª e 1ª Edições, Lisboa: Rei dos Livros, 2010.

SILVA, GERMANO MARQUES DA, *A Ética Policial e Sociedade Democrática*, Lisboa: Edições do ISCPSI.

——, *Curso de Processo Penal* – Volumes I, II e III, 4ª Edição e 2ª Edição, Lisboa/S. Paulo: Verbo, 2000, 1999 e 2000.

——, *Curso de Processo Penal* – Vol. I, Lisboa/S. Paulo: Verbo, 1993.

——, *Direito Penal Português* – Vol. I, Lisboa/S. Paulo: Editorial Verbo, 1997.

——, "Bufos, Infiltrados, Provocadores e Arrependidos", in *Direito e Justiça*, Vol. VIII, T. 2.

——, *Direito Penal Português – Teoria Geral do Crime* – Vol. II, 2ª Edição, Lisboa/S. Paulo: Verbo, 2005.

——, "Entrevista", *in Revista Polícia Portuguesa*, Ano LXIII, nº 123, Maio/ /Junho, 2000.

——, *Introdução ao Estudo do Direito*, Lisboa: Universidade Católica Editora, 2006.

——, *Direito Penal Tributário. Sobre as Responsabilidades das Sociedades e dos Administradores Conexas com o Crime Tributário*, Lisboa: UCE, 2009.

——, "Bufos, Infiltrados, Provocadores e Arrependidos. Os princípios democrático e da lealdade em processo penal", *in* TEREZA BELEZA

(Coord.), *Apontamentos de Direito Processual Penal* – Volume III, Lisboa: AAFDL, 1995.

SILVA, JOSÉ AFONSO DA, *Comentário Contextual à Constituição*, 6ª Edição, São Paulo: Malheiros Editores, 2009.

SILVA, VASCO PEREIRA DA, *Em Busca do Acto Administrativo Perdido*, Coimbra: Almedina, 1998.

SILVA SÁNCHEZ, JESÚS MARÍA, *La Expansión del Derecho Penal. Aspectos de la Política Criminal en las Sociedades Postindustriales*, 2ª Edição (2ª Reimpressão), Montivideo/Buenos Aires: B de f, 2008.

SOARES, ROGÉRIO, "Cooperação Policial – Aspectos Práticos", Projecto Grotius II, *in Aquilafuente – Ediciones Universidad Salamanca*, 2002, nº 40º.

SOUSA, ANTÓNIO FRANCISCO DE, "Prevenção e repressão como função da Polícia", *in Revista do Ministério Público* (RMP), Ano 24, Abril/Junho, 2003, nº 94.

——, "Prevenção e repressão como função da Polícia", *in Revista do Ministério Público* (RMP), Ano 24, Abril/Junho, 2003, nº 94.

SOUSA, CONSTANÇA URBANO DE, "A segurança interna no espaço europeu", in *I Colóquio de Segurança Interna* – Tomo I, Coimbra: Almedina, 2005.

——, "A cooperação policial e judiciária em matéria penal na União Europeia – Evolução e Perspectivas", *in Polícia e Justiça*, III Série, nº 2, Julho-Dezembro de 2003.

SOUSA, MARCELO REBELO DE, *Lições de Direito Administrativo* – I, Lisboa, 1995.

——, *Lições de Direito Administrativo* – Volume I, Lisboa: Lex, 1999.

——, *Direito Administrativo Geral – Introdução e Princípios Funda mentais* – Tomo I, (Co-autoria de ANDRÉ SALGADO DE MATOS), Lisboa: Dom Quixote, 2004.

SOUSA, PEDRO, "A Análise de Informações como Contributo para que o Ministério Público Ultrapasse uma Certa Passividade durante a Fase Preparatória do Processo", *in Estudos de Homenagem ao Juiz Conselheiro António da Costa Neves Ribeiro*, (Coord. GERMANO MARQUES DA SILVA e MANUEL MONTEIRO GUEDES VALENTE), Coimbra: Almedina, 2007.

——, *Cooperação Policial na União Europeia – Equipas de Investigação Conjunta*, trabalho de Mestrado em Direito – Ciências Jurídico-Criminais – Faculdade de Direito da Universidade de Coimbra, na Cadeira de Direito Penal Europeu, regida pela Professora Doutora ANABELA MIRANDA RODRIGUES.

SOUSA, RABINDRANATH CAPELO DE, *O Direito Geral da Personalidade*, Coimbra: Coimbra Editora, 1995.

STOBER, ROLF, *Direito Administrativo Económico Geral. Fundamentos e Princípios. Direito Constitucional Económico*, (Tradução da 15ª Edição alemã – *Allgemeins Wirtschafts Verwaltungsrecht: Grundlagen des Wirtschaftsverfassungs – Und Binnenmarktrechts* – de ANTÓNIO FRANCISCO DE SOUSA), Lisboa: Universidade Lusíada Editora, 2008.

SUNDFELD, CARLOS ARI, *Fundamentos de Direito Público*, 4ª Edição – 10ª Tiragem, São Paulo: Malheiros Editores Ltda., 2009.

TEIXEIRA, ANTÓNIO BRAZ, *Sentido e Valor do Direito*, 2ª Edição, Lisboa: INCM, 2000.

TEIXEIRA, NUNO SEVERIANO, *Contributos para a Política de Segurança Interna*, Lisboa: Edição do Ministério da Administração Interna, Lisboa, 2002.

TOQUEVILLE, ALEXIS, *Da Democracia na América*, S. João do Estoril: Principia, 2002.

TORNAGHI, HÉLIO, *Curso de Processo Penal*, Editora Saraiva, 4ª Edição, S. Paulo, 1987.

VALENTE, MANUEL MONTEIRO GUEDES, *Segurança – Um Tópico Jurídico em Reconstrução*, Lisboa: Âncora, 2013.

____, *Cadeia de Custódia da Prova*, Coimbra: Almedina, 2019.

____, "Meios ocultos de Investigação. Contribuição mínima para uma reflexão maior", *in: Boletim IBCCRIM – Publicação do Instituto Brasileiro de Ciências Criminais.* Ano 23 – Nº 274 – setembro de 2015. São Paulo: IBCCRIM, pp. 2-4.

____, "As Autoridades de Polícia Criminal: (Já) é tempo de clarificar a sua intervenção no processo penal", *in Liber Amicorum Manuel Simas Santos.* Coord. ANDRÉ PITON e ANA CARNEIRO. Lisboa: Rei dos Livros, 2016.

____, *Ciêncais Policiais – Ensaios*, Lisboa: UCE, 2014.

——, *Direito Penal do Inimigo e o Terrorismo: O "Progresso ao Retrocesso"*, 1ª e 2ª Edições, São Paulo: Almedina Brasil, 2010 e 2016, e 2ª e 3ª Edição – Versão Portuguesa, Coimbra: Almedina, 2017 (Reimpressão em 2018) e 2019.

——, *As Autoridades de Polícia Criminal: (Já) é tempo de clarificar a sua intervenção no processo penal.* In: Liber Amicorum Manuel Simas Santos. Coord. André Piton e Ana Carneiro. Lisboa: Rei dos Livros, 2016.

——, *Do Ministério Público e da Polícia. Prevenção Criminal e Acção Penal como Execução de uma Política Criminal do Ser Humano*, Lisboa: UCE, 2013.

——, *Natureza Jurídica do Corpo da Guarda Prisional*, Lisboa: EDIUAL, 2008.

——, "A Investigação Criminal como Motor de Arranque do Processo Penal", in *Polícia Portuguesa*, Ano LXIII, II Série, nº 122, Março/ /Abril, 2000.

——, *Regime Jurídico do Agente Infiltrado Comentado e Anotado*, (Co-autoria Fernando Gonçalves e Manuel João Alves), Coimbra: Almedina, 2001.

——, *Escutas Telefónicas – Da Excepcionalidade à Vulgaridade*, 1ª e 2ª Edições, Coimbra: Almedina, 2004 e 2008.

——, "Enquadramento Jurídico das Polícias Municipais: Do Quadro Constitucional ao Quadro ordinário", *in Estudos de Homenagem ao Professor Doutor Germano Marques da Silva*, Coimbra: Almedina, 2004.

——, *Consumo de Drogas – Reflexões Sobre o Quadro Legal*, 3ª, 4ª e 5ª Edições, Coimbra: Almedina, 2006, 2014 e 2016.

——, *Processo Penal* – Tomo I, 1ª, 2ª e 3ª Edições, Coimbra: Almedina, 2004, 2009 e 2010.

——, "Revistas e Buscas – Que viagem queremos fazer?", *in I Congresso de Processo Penal – Memórias*, Coimbra: Almedina, 2005.

——, "Terrorismo – Fundamento de restrição de direitos?", *in Terrorismo*, Coordenação de Adriano Moreira, 2ª Edição, Coimbra: Almedina, 2004.

——, *Regime Jurídico da Investigação Criminal Comentado e Anotado*, 2ª Edição e 3ª Edição, Coimbra: Almedina, 2004 e 2006.

——, "Cooperação Policial – Viagem Inacabada", *in Projecto Grotius II Penal*, Varsóvia, 12 de Setembro de 2002.

——, "A Segurança como tarefa fundamental do Estado de Direito Demo crático", *in Revista Pública Portuguesa*, ano LXIII, II Série, nº 125, Set/Out 2002.

——, *Lei e Crime – O Agente Infiltrado versus o Agente Provocador – os Princípios do Processo Penal*, (Co-autoria com Fernando Gonçalves e Manuel João Alves, Coimbra: Almedina, 2001.

——, *Da Publicação da Matéria de Facto Nas Condenações Nos Pro cessos Disciplinares*, Lisboa: ISCPSI, 2000.

——, "Natureza da Actuação Policial", *in Polícia Portuguesa*, Ano LXV, nº 134, Março/Abril, 2002.

——, "Dos Delitos Contra a Economia e Contra a Saúde Pública: A actuação dos OPC face ao novo quadro legal da investigação Criminal", *in Revista Polícia Portuguesa*, nº 135, Maio/Junho, 2002.

——, *Dos Órgãos de Polícia Criminal*, Coimbra: Almedina, 2004.

——, *Revistas e Buscas*, 2ª Edição, Coimbra: Almedina, 2005.

——, "A crítica", *in Polícia Portuguesa*, Ano LXII (II Série), nº 115, Jan//Fev 99.

——, "Será a Polícia uma Minoria", in *Polícia Portuguesa*, Ano LXII, Mai//Jun 99.

——, "Videovigilância – Um meio técnico-jurídico eficiente na pre venção e na repressão da Criminalidade nos locais de domínio público de utilização comum", *in Revista Polícia Portuguesa*, Ano LXIII, nº 123, Março/Abril, 2000.

——, "Da Publicação da Matéria de Facto das Condenações nos Processos Disciplinares na PSP", in *Polícia Portuguesa*, Ano LXII//LXIII, números 120/121, Nov/Dez99, Jan/Fev2000.

——, *Direito de Menores – Estudo Luso-Hispânico sobre Menores em perigo e Delinquência Juvenil*, (Co-autoria com Nieves Sanz Mulas), Lisboa: Âncora Editora, 2003.

——, "Contributos para uma Tipologia de Segurança Interna", *in I Colóquio de Segurança Interna*, Coimbra: Almedina, 2005.

——, "Do Objecto do Processo: Da Importância dos Órgãos de Polícia Criminal na sua Identificação e Determinação", *in Politeia*, Coimbra: Almedina, Ano III, nº 2, Jul/Dez, 2006.

——, "Do princípio do Reconhecimento Mútuo. A «porta do sol» do Direito penal europeu (?) ou mero instituto securitário de medidas avulsas (?)! O caso do mandado de detenção europeu", *in Estudos de Homenagem ao Juiz Conselheiro António da Costa Neves Ribeiro*, Coimbra: Almedina, 2007.

——, "Branqueamento (de Capitais): Da metáfora à legitimidade da incriminação (que tutela jurídico-criminal?)!", *in Volume Comemorativo dos Vinte Anos do ISCPSI*, Coimbra: Almedina, 2005.

Vitorino, António, *Carta dos Direitos Fundamentais da União Europeia*, S. João do Estoril, Principia, 2002.

Wolf, Hans J., Bachoff, Otto e Stober, Rolf, *Direito Administrativo* – Vol. 1, (Tradução da 11ª Edição alemã – *Verwaltungsrecht* – de António Francisco de Sousa), Lisboa: Fundação Calouste Gulbenkian, 2008.

Zaffaroni, Eugénio Raúl, *O Inimigo no Direito Penal*, (Tradução *El Enemigo en el Derecho penal* de Sérgio Lamarão), 2ª Edição, Rio de Janeiro: Revan, 2007.

——, Em Busca das Penas Perdidas: A perda de legitimidade do sistema penal, (Tradução do espanhol – *En Busca de las Penas Perdidas* – de Vânia Romano Pedrosa e Amir Lopez da Conceição), 5ª Edição, Rio de Janeiro: Revan, 2001.

Ziegler, Jean, *Os Senhores do Crime*, Lisboa: Terramar, 1999.

ZIPPELIUS, REINHOLD, *Teoria Geral Do Estado*, (Tradução do alemão *Allgemeine Staatslehre* de KARIN PRAEFKE-AIRES COUTINHO), 3ª Edição, Lisboa: Fundação Calouste Gulbenkian, 1997.

ZUÑIGA RODRIGUES, LAURA, *Política Criminal*, Madrid: Colex, 2001.

ÍNDICE GERAL

NOTA À 6ª EDIÇÃO 9
NOTA À 5ª EDIÇÃO 11
NOTA À 4ª EDIÇÃO 13
NOTA À 3ª EDIÇÃO 15
NOTA INTRODUTÓRIA – 2ª EDIÇÃO 17
LISTA DE ABREVIATURAS & ACRÓNIMOS 21

PARTE I
TEORIA GERAL DO DIREITO POLICIAL
ENQUADRAMENTO GERAL

CAPÍTULO I
RAZÃO DE SER DE UMA TEORIA GERAL
DO DIREITO POLICIAL

§ 1º Âmbito da Teoria Geral do Direito Policial 29
§ 2º Conteúdo da Teoria Geral do Direito Policial 30
§ 3º O Direito Policial como ramo do Direito Público 39
§ 4º Razão da destrinça e da integração do Direito Policial como ramo do Direito Público 45
§ 5º Fontes do Direito Policial 47

CAPÍTULO II
DA TIPOLOGIA «POLÍCIA»

SECÇÃO I
DA POLÍCIA GERAL

§ 6º Enquadramento geral. Evolução (breve) histórica do conceito de polícia 54

§ 7º Da polícia como força de segurança 60
§ 8º Da polícia em sentido orgânico e funcional 72
§ 9º Da polícia como *polícia judiciária*: Autoridade de Polícia Criminal e Órgão de Polícia Criminal 78

SECÇÃO II
DA POLÍCIA ADMINISTRATIVA ESPECIAL: A POLÍCIA MUNICIPAL

§ 10º Considerações gerais 84
§ 11º Da construção da *polícia municipal*: princípios enformadores 85
§ 12º Do quadro jurídico-constitucional 95
§ 13º Lei Quadro – da concepção à fiscalização dos actos da Polícia Municipal 108
§ 14º Dos órgãos de polícia municipal 111

SECÇÃO III
NOVA TIPOLOGIA DE POLÍCIA

§ 15º Dos contributos finais para uma nova tipologia de polícia 115
§ 16º Conclusão capitular: Uma nova tipologia de Polícia 117

CAPÍTULO III
DA SEGURANÇA COMO TAREFA FUNDAMENTAL DO ESTADO DE DIREITO DEMOCRÁTICO

§ 17º Enquadramento geral 123
§ 18º Da Segurança como direito dos Cidadãos 125
§ 19º Das funções de Polícia como garantia dos direitos e da segurança 130
§ 20º Da investigação criminal eficiente como 'trave mestra' da segurança num Estado de direito democrático 134
§ 21º Conclusão capitular 136

CAPÍTULO IV
DA NATUREZA JURÍDICO-CONSTITUCIONAL DA ACTIVIDADE DE POLÍCIA

§ 22º Enquadramento do tema 142
§ 23º Natureza político-legislativa da actividade de Polícia (?) 146
§ 24º Natureza judicial da actividade de Polícia (?) 150
§ 25º Natureza executiva da actividade policial (?) 159

a. Defesa da Legalidade Democrática 162
b. Defesa e Garantia de Segurança Interna 165
c. Defesa e Garantia dos Direitos do Cidadão 174
§ 26º Da interdisciplinaridade da actividade de polícia com o poder judicial 176
α. Direito civil 176
β. Direito administrativo 177
γ. Direito criminal 177
δ. Direito de menores 178
ε. Direito do trabalho 179
ζ. Direito tributário 180
§ 27º Breves considerações finais do capítulo 181

CAPÍTULO V
DA LEGITIMIDADE DA ACTIVIDADE POLICIAL E DA «DEMANDA DA SEGURANÇA»

§ 28º Da legitimidade da acção preventiva e da acção repressiva do Estado 188
§ 29º A tolerância como fonte de legitimidade 207
§ 30º Da legitimidade como limite à 'desajustada' «demanda da segurança» 222

CAPÍTULO VI
DOS PRINCÍPIOS DA INTERVENÇÃO DA POLÍCIA

§ 31º Considerações gerais 240
§ 32º Dos princípios da legalidade e da constitucionalidade 242
§ 33º Do princípio da proibição do excesso ou da proporcionalidade *lato sensu* 253
§ 34º Do princípio do respeito dos direitos e interesses legalmente protegidos dos cidadãos 264
§ 35º Do princípio da prossecução do interesse público 269
§ 36º Do princípio da boa fé 272
§ 37º Do princípio da oportunidade da actuação policial 276
§ 38º Do princípio democrático na actuação da polícia 278
a. Considerações gerais 278
b. Da actuação da Polícia [autoridades e órgãos de polícia criminal] como realização dos princípios constitucionais 279
c. Do princípio democrático como princípio de dignidade e de liberdade 280

d. Da inadmissibilidade de provas *(ilícitas)* como manifestação do princípio democrático 283
§ 39º Do princípio da lealdade na actuação da Polícia 286
a. Considerações gerais 286
b. Do princípio da lealdade e os métodos proibidos de prova 288
c. Da actividade policial na administração da justiça e do princípio da lealdade 290
§ 40º Dos princípios da igualdade e da imparcialidade 292
§ 41º Do princípio da Justiça 298
§ 42º Do princípio da "concordância prática" na actuação da polícia 300
§ 43º Do Princípio da Liberdade 306
a. Considerações genéricas 306
b. Manifestações do princípio da liberdade na actuação dos OPC – Polícia 311
α. primado da liberdade individual 311
β. estrutura do processo (crime) 312
γ. presunção de inocência 313
δ. princípio do contraditório 316
ε. princípio da juridicidade 317
ζ. princípio da lealdade 318
η. identificação e determinação do objecto do processo 320
θ. da libertação em caso de detenção ilegal 321

CAPÍTULO VII
DAS COMPETÊNCIAS EM GERAL FACE À NATUREZA DA INFRACÇÃO

§ 44º Considerações gerais 325
§ 45º Do papel da Polícia nas contra-ordenações 327
a. Enquadramento geral 327
b. Das contra-ordenações em geral 330
c. Da actividade policial no processo contra-ordenacional 335
d. Dos direitos do arguido em processo contra-ordenacional – breve alusão geral 344
§ 46º Da intervenção em geral da Polícia: *polícia judiciária* 346

PARTE II
ATRIBUIÇÕES E COMPETÊNCIAS GERAIS E ESPECÍFICAS FACE À DA TRIDIMENSIONALIDADE DA POLÍCIA

CAPÍTULO I
ATRIBUIÇÕES E COMPETÊNCIAS ESPECÍFICAS NO ÂMBITO DO PROCESSUAL PENAL

§ 47º Introdução 356

SECÇÃO I
DA NOTÍCIA DO FACTO – CRIME/CONTRA-ORDENAÇÃO

§ 48º Considerações gerais 357
§ 49º Da notícia do crime 360
§ 50º Do auto de notícia, de ocorrência e de denúncia 365

SECÇÃO II
DAS MEDIDAS CAUTELARES E DE POLÍCIA NO PROCESSO CRIMINAL

§ 51º Da comunicação da notícia do crime 371
§ 52º Das providências cautelares 374
§ 53º Da identificação, detenção para identificação e solicitação de informações 379
§ 54º Da revista enquanto medida cautelar e de polícia 387
§ 55º Da busca enquanto medida cautelar e de polícia e/ou busca não domiciliária 391
§ 56º Da suspensão de correspondência 398
§ 57º Da localização celular 402
§ 58º Da elaboração do relatório 408
§ 59º Das medidas cautelares e de polícia na lei do cibercrime: da notícia do crime e respetiva preservação da prova 410

SECÇÃO III
DA DETENÇÃO

§ 60º Da concepção e da finalidade da detenção 419
§ 61º Da detenção em flagrante delito 427
a. concepção de flagrante delito 427
b. detenção em flagrante delito 429

§ 62º Da detenção fora de flagrante delito 432
a. pressupostos materiais 435
b. pressupostos formais 440
§ 63º Da libertação do detido ilegalmente 443

CAPÍTULO II
DA INVESTIGAÇÃO CRIMINAL

SECÇÃO I
DA INVESTIGAÇÃO CRIMINAL COMO PILAR DA LIBERDADE: ENCONTRO COM A CIÊNCIA TOTAL

§ 64º Introdução 454
a. da revolução humana emergente dos descobrimentos portugueses: o homem ocupa o centro da discussão 454
b. da investigação criminal ancora no Homem como sujeito 455
c. caminhos a percorrer: política criminal ou política securitária [Apuleio ou Porfírio] 458
§ 65º O «olhar» constitucional 459
a. da dialéctica do art. 27º da CRP 459
b. da defesa e garantia dos direitos e liberdades fundamentais – al. *b*) do art. 9º, art. 202º e art. 272º da CRP 461
c. da força centrífuga do art. 32º e das esferas paralelas [*p. e.* os arts. 26º, 34º da CRP] 462
d. da vinculação e da aplicação directa [art. 18º, nº 1 da CRP] 464
§ 66º O olhar processual penal 464
a. do processo penal como Direito dos inocentes e da liberdade 464
b. da acção penal [art. 219º da CRP e artigos 48º a 53º e 262º e ss. do CPP] 465
c. das medidas cautelares e de polícia 466
d. dos meios de obtenção de prova [*maxime* revista e busca e escutas telefónicas] 467
e. dos perigos de novos meios de obtenção de prova propensos a forte *danosidade social* [agente infiltrado e agente provocador] 468
§ 67º O primado da liberdade na Lei de Organização da Investigação Criminal – a liberdade como fundamento de um direito penal democrático 468

SECÇÃO II
DA INVESTIGAÇÃO CRIMINAL: QUESTÕES RELIMINARES

§ 68º Introdução 471
§ 69º Da investigação criminal e da criminologia 472
§ 70º Das finalidades da investigação criminal 477

SECÇÃO III
REGIME JURÍDICO DA INVESTIGAÇÃO CRIMINAL

§ 71º Da tipologia 485
§ 72º Da direcção da investigação criminal 493
§ 73º Dos actos cautelares (*medidas cautelares e de polícia*) e do início da investigação 501
§ 74º Da autonomia orgânica e hierárquica dos Órgãos de Polícia Criminal 508
§ 75º Da autonomia técnica e táctica 511
§ 76º Da avocação e da fiscalização – materialização da direcção do processo 515
§ 77º Do perigo de policialização da investigação criminal 519
§ 78º Dos Órgãos de Polícia Criminal 522
a. Dos Órgãos de Polícia Criminal de natureza genérica 522
b. Dos Órgãos de Polícia Criminal de natureza específica 527
c. Das competências gerais dos Órgãos de Polícia Criminal 529
§ 79º Da competência do Serviço de Estrangeiros e Fronteiras, da Unidade de Acção Fiscal da Guarda Nacional Republicana, da Comissão do Mercado dos Valores Mobiliários e da Polícia Judiciária Militar 531
§ 80º Da competência de investigação criminal da Guarda Nacional Republicana e da Polícia de Segurança Pública 535
§ 81º Da competência de investigação criminal da Polícia Judiciária 538
§ 82º Da Operacionalização Policial à Investigação Criminal 546
§ 83º Da competência deferida para a investigação criminal 549
a. Do enquadramento geral 549
b. Do travão à absoluta exclusividade 554
§ 84º Do dever de cooperação 556
§ 85º Sistema integrado de informações criminais 561
§ 86º Da fiscalização dos órgãos de polícia criminal 568
§ 87º Coordenação dos Órgãos de Polícia Criminal de Natureza [Competência] Genérica 571

a. Do Conselho Coordenador 571
b. Do sistema de coordenação 574
§ 88º Da Decisão Europeia de Investigação 576

SECÇÃO IV
DO AGENTE INFILTRADO – MEIO EXCEPCIONAL DE INVESTIGAÇÃO

§ 89º Considerações Gerais 582
§ 90º Enquadramento jurídico-político 585
§ 91º Do regime jurídico do agente infiltrado 588
a. Conceptualização 588
b. Das finalidades do agente infiltrado 594
c. Do agente infiltrado face ao agente provocador 598
d. Do agente encoberto 604
e. Do terceiro como agente infiltrado 606
§ 92º Do âmbito geral de recurso ao agente infiltrado 608
§ 93º Dos pressupostos do recurso ao agente infiltrado 609
a. do princípio da proporcionalidade *lato sensu* 609
b. dos elementos objectivos 612
c. da liberdade de participação 612
d. da autorização judiciária 613
e. do relatório 616
§ 94º Do agente infiltrado digital – alguns apontamentos 616
§ 95º Da protecção do agente infiltrado 622
§ 96º Da irresponsabilidade do agente infiltrado 625
§ 97º Conclusão 627

CAPÍTULO III
DAS REVISTAS E BUSCAS (NÃO DOMICILIÁRIAS) PREVENTIVAS E DE SEGURANÇA

§ 98º Enquadramento geral 631
§ 99º Da revista nos recintos desportivos ou de espectáculos culturais 634
§ 100º Da busca preventiva: evolução histórica e regime actual 641
a. Da evolução histórica 641
b. Do regime jurídico 643
§ 101º Conclusão capitular 650

CAPÍTULO IV
DA VIDEOVIGILÂNCIA

§ 102º Enquadramento geral 654
§ 103º Da análise técnico-táctica 658
§ 104º Dos direitos fundamentais pessoais restringidos 660
a. Do direito à segurança 662
b. Do direito à liberdade 664
c. Do direito à reserva da intimidade da vida privada (e familiar) e à imagem 666
§ 105º Do regime jurídico da utilização de câmaras de vídeo em locais de domínio público de utilização comum 672
a. Da competência 672
α. Competência para requerer 672
β. Competência para autorizar e fiscalizar 675
γ. Incidência objectiva 678
b. Da finalidade e do tempo 680
c. Dos limites à utilização das câmaras de vídeo 683
α. dos princípios orientadores do uso de câmaras de vídeo 683
β. do princípio da legalidade 685
γ. do princípio da proporcionalidade *lato sensu* 690
δ. da protecção dos direitos fundamentais 692
ε. do parecer negativo da CNPD 696
d. Do tratamento das imagens e sons captados e gravados 697
e. Da captação de imagens e sons à notícia de crime 703
f. Da valoração probatória em processo penal (a administrativização do processo penal) 706

CAPÍTULO V
COOPERAÇÃO POLICIAL

§ 106º Considerações gerais 711
§ 107º Resenha histórica 717
a. Quadro internacional 717
b. Quadro da União Europeia 718
§ 108º Cooperação policial – classificações 725
§ 109º Da cooperação interna 727
a. Da cooperação policial interna vertical 729
b. Da cooperação interna horizontal 733
§ 110º Da cooperação policial internacional em matéria penal 737

§ 111º Considerações finais 750

BIBLIOGRAFIA 754

ÍNDICE GERAL 775